美国海军信息战装备体系
——PEO C4I 项目概览

Naval Information Warfare Equipment System:
Introduction to U.S. Navy PEO C4I Programs

谢 伟 董晓明 张 克 张 虎 编著

国防工业出版社
·北京·

内 容 简 介

本书系统阐述美国海军 C4I（指挥、控制、通信、计算机和情报）与空间系统项目执行办公室（PEO C4I&SS）分管的业务范围及项目。PEO C4I 是海军信息战系统司令部（NAVWAR）下辖的 3 个项目执行办公室之一，负责其管理项目的从方案到建造、服役、退役等全寿期管理工作。

首先介绍了美国海军信息战系统司令部（NAVWAR）的组织架构，几个项目执行办公室及其主要业务。然后详述 PEO C4I&SS 下属 11 个项目办公室，分别负责：战场感知与信息作战、赛博安全、指挥与控制、战术网络、通信与 GPS 导航、海军通信卫星、航母与航空集成、水面舰船集成、水下集成、岸基集成、国际合作，及其分管的一百多个国防采办项目，涵盖了美国海军的信息战装备体系，包括海军分布式通用地面系统（DCGS-N）、赛博安全、海上全球指挥控制系统（GCCS-M）、数据链 Link 16/多功能信息分发系统（MIDS）、综合海上网络和企业服务（CANES）、海军极高频卫星通信计划（NESP）、GPS 现代化、移动用户目标系统（MUOS）等重大项目，同时介绍相关舰船平台、岸基、卫星的集成现状。读者通过阅读本书，能够对美国海军 C4I 信息战系统及装备体系的现状和发展有比较系统、概要的了解。

本书可供从事舰船与作战系统规划、研究、设计等领域的有关人员，以及高等院校舰船电子信息系统、船舶与海洋工程类学科的师生拓展相关专业技术和知识参考。

图书在版编目（CIP）数据

美国海军信息战装备体系：PEO C4I 项目概览 / 谢伟等编著 . —北京：国防工业出版社，2024.4
ISBN 978-7-118-13290-8

Ⅰ. ①美… Ⅱ. ①谢… Ⅲ. ①海军-信息战-武器装备管理-美国 Ⅳ. ①E712.53

中国国家版本馆 CIP 数据核字（2024）第 066770 号

※

国防工业出版社出版发行

（北京市海淀区紫竹院南路 23 号　邮政编码 100048）
雅迪云印（天津）科技有限公司印刷
新华书店经售

*

开本 787×1092　1/16　印张 48½　字数 1260 千字
2024 年 4 月第 1 版第 1 次印刷　印数 1—2500 册　定价 468.00 元

（本书如有印装错误，我社负责调换）

国防书店：(010) 88540777　　　书店传真：(010) 88540776
发行业务：(010) 88540717　　　发行传真：(010) 88540762

《美国海军信息战装备体系
——PEO C4I 项目概览》
参加编写人员

郭雨橙　张龙剑　王　娜　张　舒

涂震飙　黄羽静　罗　威　向科兵

刘同林　吴　康　王质松　赵炎州

序

信息是军队作战形态最重要的组成要素之一。从古至今各类战役胜利的决定性因素很多，或战术谋略高超，或战士作战勇猛，或武器装备优良，但背后真正影响战役胜利天平的是作战双方不同层面对于信息的把控与处理能力。正如《孙子兵法》所言，"兵者，诡道也。故能而示之不能，用而示之不用……攻其无备，出其不意"；又如《草庐经略》所言"实而示之以虚，以我之实，击彼之虚，如破竹压卵"。战争中要及时获得对手的全面信息，并隐藏自身信息，才能做到知己知彼。也就是说，作战双方力图全面掌握战场态势，主动搜集战场情报，利用信息获取作战胜利。

在冷兵器时代，信息的传递靠自然信道和人工信道，战争指挥依靠烽火、旗、鼓、锣、角和人的交互。在机械化时代，出现了电报、电话、雷达等信息技术，战争指挥可以使用电磁波传递信息，为大空间、远距离作战开辟了道路。进入信息化时代，科学技术飞速发展和生产力水平大幅提高，信息技术不断涌现，并逐渐融入到武器之中，逐渐形成以指挥、控制、通信、计算机、情报、监视与侦察（C4ISR）为核心的全链路作战体系，可实现全域分布式协同作战。

2017年，美军条令将"信息"与"指挥控制、情报、火力、移动和机动、防护、维持"一起确立为军队的第七项联合职能。美国国防部描述"信息战"为：调动信息以获得竞争优势并实现国家的政策目标。军方有意利用作战活动中固有的信息方面，并在信息环境中开展行动，从而为信息战做出贡献。信息环境下的行动涉及综合运用多种信息力量，攻击、利用以及保护相关行为者信息、信息网络和信息系统。战略沟通、外交、公共和民政以及赛博空间行动可以由信息部队整合和使用。这些努力可能发生在空中、陆地、海洋、太空和赛博空间的每一个领域。

信息战孕育于20世纪60年代的越南战争、70年代的第四次中东战争和80年代的马岛战争，1991年的海湾战争由美国等多国部队在战场上进行了首次实践。进入21世纪后，美、俄等世界军事强国相继投入巨大精力建设自己的信息化部队，至此信息战成为核心作战理念。同时，移动互联网、大数据、云计算和人工智能等为代表的新一代信息技术飞速发展，军事领域的信息获取、处理、传输、融合能力空前提高,"空海一体战""决策中心战""分布式作战"和"电磁频谱战"等新型作战概念正逐步扩展信息战的内涵和实现。

"十年磨一剑,匠心至初心。"《美国海军信息战装备体系——PEO C4I 项目概览》是编著者团队花费多年心血查阅大量文献资料,结合丰富的海军装备研制经验凝练而成。本书以美国海军项目执行办公室之一 PEO C4I 的主管项目为出发点,从战场感知与信息作战、赛博安全、指挥与控制、海军通信卫星等多个方面,详细论述了美国海军信息战装备体系的发展沿革、研发过程和作战能力,创新性地分析其信息战技术特点和多域联合作战模式。

本书结构清晰、图文并茂,具有较强的可读性和专业性,是一部研究美国海军信息战的上好佳作,相信一定能为军事领域感兴趣的读者朋友和军工行业人员提供有价值的借鉴参考。

中国工程院院士

2023 年 10 月

前言

信息无处不在。"信息战"是目前美军正在集中开发的重要军事领域，对于任何作战部队来说，掌握精确的战场信息是作战前首先要考虑的重要一步。掌控、理解和利用信息往往会带来优势。信息起到的作用是决定性的，甚至可能比行动本身更关键。

21 世纪的大国冲突，特别是影响海洋领域的冲突，将在太空、电磁或赛博空间展开。美国国防部已经正式将赛博空间和电磁频谱域视作陆/海/空/天之外的第五、第六维作战域，并且跨越传统物理域，任何一个作战域的指挥控制、兵力部署及力量组织必须接入电磁频谱，共享信息，推进作战行动。因此信息战的核心是围绕电磁频谱开展争夺和信息对抗。美国正处于与中国和俄罗斯的长期战略竞争中。在这场旷日持久的斗争中，赛博空间的每一次交战，黑客攻击或泄密行为本身可能不具有战略意义，但其复合效应相当于战争行为的后果。目前，美国三军均在开发"联合全域指挥控制"（JADC2）解决方案。

近几年来，美国相继发布一系列国家安全战略，为大国竞争做准备。美国《国家安全战略》指出大国竞争的重新出现是对美国繁荣和安全的主要挑战，将"信息/赛博安全威胁"列为美国面临的五项重大威胁之一，将赛博安全纳入国家安全战略框架。2023 年 3 月最新版《国家赛博安全战略》，阐述美国政府赛博安全政策将采取的全方位措施。在本书出版过程中，2023 年 7 月美国白宫发布《国家赛博安全战略实施计划》，以提高应对重大赛博攻击的长期防御能力，提出具体举措和要求。

2020 年 8 月，美国海军舰队赛博司令部/第十舰队发布《2020—2025 年战略规划》，集中体现了"分布式海上作战"的总体构想，聚焦三大支柱：①确保全频谱信息战的先发优势；②在竞争激烈的战场作战并取胜；③推进现代化和创新。该战略强调旨在实现"分布式海上作战"的舰队赛博战职能，以可靠的指挥控制、战场态势感知和综合火力系统为基础，建立强有力的网络、信息和完善的杀伤链系统。

美国海军建设形成一套完善的国防采办管理组织体系，主要包括 5 个系统司令部和 14 个项目执行办公室（PEO）。2021 年初，国防工业出版社出版了《美国海军水面舰船作战系统及装备——PEO IWS 项目概览》。本书的核心内容是 PEO C4I&SS，即指挥、控制、通信、计算机、情报与空间系统，是美国海军另一个与 PEO IWS（综合作战系统）并列的项目执行办公室，可以说本书是前者的姊妹篇。

海军信息战系统司令部（NAVWAR）的任务是确认、发展、交付和支撑信息战能力和服务，使美国海军、联合部队、盟军能够在从海底到太空的作战域并贯穿赛博空间进行作战，保持作战优势。其前身是空间与海战系统司令部（SPAWAR），于 2019 年 6 月 3 日更名重组，以推动"信息战成为海军常规作战方式"。

PEO C4I&SS 是 NAVWAR 所辖的三个项目执行办公室之一，为舰队提供可负担的、综合的和互操作的信息战能力。该项目执行办公室是原 SPAWAR 的 PEO C4I 和 PEO SS 的合并，负责所有 C4I 和空间系统采办计划和项目的管理。

本书第 1 章简述了美国海军的装备研制与采办，特别是海军信息战系统司令部（NAVWAR）和 PEO C4I 的使命任务、组织机构等。然后分 11 章分别对应 PEO C4I 下属的 11 个办公室，全面系统阐述各办公室的业务范围及分管的一百多个国防采办项目。前 6 个项目办公室 PMW 1××重在能力开发，包括：战场感知与信息作战（PMW 120）、赛博安全（PMW 130）、指挥与控制（PMW 150）、战术网络（PMW 160）、通信与 GPS 导航（PMW/A 170）、海军通信卫星（PMW 146）；后面 5 个项目办公室 PMW 7××重在平台集成，包括：航母与航空集成（PMW 750）、水面舰船集成（PMW 760）、水下集成（PMW 770）、岸基集成（PMW 790）、国际合作（PMW 740）。

前一本书中 PEO IWS 分管的项目，例如宙斯盾作战系统（AEGIS）、舰艇自防御系统（SSDS）、全舰计算环境（TSCE）等是针对各型水面舰船平台的舰载系统。而本书的内容，PEO C4I 分管的项目都是跨平台或全域体系作战所需要的，包括海军分布式通用地面系统（DCGS-N）、海上全球指挥控制系统（GCCS-M）、数据链 Link 16/ 多功能信息分发系统（MIDS）、综合海上网络和企业服务（CANES）、海军极高频卫星通信计划（NESP）、GPS 现代化、移动用户目标系统（MUOS）等重大项目。

在本书编写过程中，编著者查阅了大量英文资料，在书中给出了参考文献。为了帮助读者更加准确理解相关内容，这里对几个典型词语的译法作出如下说明：

（1）Cybersecurity，赛博（空间）安全，而不是网络安全，避免与 Network security 混淆，具体见 3.2.1 节。

（2）Enterprise，企业，体系。CANES、网络中心企业服务（NCES）、企业信息系统（EIS）、企业架构（EA）等多数位置，以及"福特"级的第三艘 CVN 80"企业"号，仍然按传统的叫法译为"企业";DCGS Enterprise、国防情报信息体系(DI2E)、海军作战业务后勤体系(NOBLE)等位置译为"体系"。这个"企业"是指一种大型组织,具有明确定义的目标和使命任务。国内有的学者主张译为"复杂组织体""使命组织"或"体系",但未达成普遍共识。美国国防部引入1920年诞生的经济术语"Enterprise",是为了表示国防部或其组成部门要像工业企业那样管理和运行,讲求效率和效益,其最终目标是把国防部从工业时期的组织机构转变为基于信息和知识的企业。之所以没有全部译为"体系",是因为中文"体系"本来出现很多,英文原文可能是System或System of Systems(SoS),为了避免"体系"太多造成的混淆,所以较少将Enterprise译为"体系"。

(3)Operation,作战,运营,操作。信息作战(IO)、实时频谱作战(RTSO)、电磁频谱作战(EMSO)、海上作战中心(MOC)、分布式海上作战(DMO)、初始作战能力(IOC)、作战视图(OV)等,在军事领域多数情况我们把Operation译为"作战"是比较合适的;少数情况译为"运营",例如开发、安全和运营(DevSecOps),GPS现在则由2019年底新成立的美国太空军拥有和运营,海军卫星运营中心(NAVSOC)等;此外,也有不少位置是平常的意思"操作",如网络操作中心(NOC)、操作系统(OS)等。

在本书编写、出版过程中,得到了中国舰船研究设计中心和航天科工三院体系总体部的指导与支持。中国船舶集团第709研究所夏学知研究员(集团首席专家)、中国电科集团智能科技研究院院长徐珞研究员、中国电科集团第28研究所王海青研究员(集团首席专家)、中国电科集团第28研究所王海宁研究员审阅了书稿并提出宝贵意见。在本书面世之际,编著者对所有关心、支持我们的领导和同事们表示诚挚感谢!

在本书编著过程中参考了许多相关的文献资料,在此向各位作者表示感谢!

感谢国防基础科研项目(编号:JCKY2019204A007)资助。

由于本书内容多、专业广,前后历时两年多,加之编著者水平有限,书中不妥或疏漏之处在所难免,恳请读者给予批评指正。

编著者

2023年7月

目 录

第1章　绪论 ··· 1
　1.1　美国海军的装备研制与采办 ·· 1
　1.2　海军信息战系统司令部（NAVWAR） ·· 5
　　1.2.1　使命任务 ·· 5
　　1.2.2　总部与组织机构 ··· 6
　　1.2.3　PEO C4I & SS ·· 8
　　1.2.4　PEO Digital ·· 8
　　1.2.5　PEO MLB ·· 11
　　1.2.6　NIWC-Atlantic ·· 12
　　1.2.7　NIWC-Pacific ·· 14
　　1.2.8　NAVWAR Space Field Activity ··· 15
　1.3　海军空间与海战系统司令部（SPAWAR） ·· 16
　　1.3.1　组织机构 ··· 16
　　1.3.2　PEO C4I ·· 17
　　1.3.3　PEO SS ··· 17
　　1.3.4　PEO EIS ·· 18
　1.4　PEO C4I & SS ·· 19
　　1.4.1　使命任务 ··· 19
　　1.4.2　组织机构与项目概述 ·· 22
　　1.4.3　最新动态 ··· 25
　1.5　战略规划和愿景 ··· 40
　　1.5.1　战略愿景 2015—2022 ·· 40
　　1.5.2　战略愿景 2018—2027 ·· 41
　　1.5.3　战略矢量 2022 ··· 43
　1.6　美军 C4ISR 系统的发展综述 ·· 44
　　1.6.1　国防信息基础设施（DII） ··· 46
　　1.6.2　全球信息栅格（GIG） ·· 49
　　1.6.3　联合信息环境（JIE） ·· 51
　　1.6.4　数字现代化战略（DMS） ·· 52
　　1.6.5　超越计划（Project Overmatch） ··· 55
　1.7　本书章节结构 ·· 55
第2章　PMW 120：战场感知与信息作战 ··· 57
　2.1　概述 ·· 57

     2.1.1 任务与愿景 57
     2.1.2 主要项目 59
  2.2 信息作战 62
     2.2.1 舰船信号利用设备（SSEE Inc E/F） 62
     2.2.2 舰船信号利用设备改装（SSEE Mods） 66
     2.2.3 频谱（Spectral） 67
     2.2.4 实时频谱作战（RTSO） 68
     2.2.5 密码便携式项目（CCOP） 72
     2.2.6 集成通信和数据系统（ICADS） 73
  2.3 情报、监视与侦察（ISR） 74
     2.3.1 海军分布式通用地面系统（DCGS-N Inc 1/2） 74
     2.3.2 情报便携式项目（ICOP） 100
     2.3.3 船舶自动识别系统（AIS） 102
     2.3.4 海域感知（MDA） 105
     2.3.5 海上综合广播服务/海上联合战术终端（MIBS/JTT-M） 109
  2.4 气象学与海洋学（METOC） 110
     2.4.1 气象学与海洋学空间系统（METOC SPACE） 111
     2.4.2 下一代海军综合战术环境系统（NITES-Next） 113
     2.4.3 第四代海军综合战术环境系统（NITES IV） 116
     2.4.4 下一代海军陆战队气象移动设施（METMF(R) NEXGEN） 116
     2.4.5 灾害天气探测和显示能力（HWDDC） 118
     2.4.6 濒海战场感知无人潜航器（LBS-UUV） 120
     2.4.7 基本海洋预报系统（POPS）与海洋信息系统（OIS） 124
     2.4.8 远程感知能力开发（RSCD） 124
  2.5 电磁机动战（EMW） 125
     2.5.1 背景需求 125
     2.5.2 概念内涵 127
     2.5.3 发展历程 129
     2.5.4 主要功能特点 133
     2.5.5 现行条令 135
     2.5.6 理论与方法 140
     2.5.7 实施过程 141
     2.5.8 采办动态 144
第3章 PMW 130：赛博安全 146
  3.1 概述 146
     3.1.1 任务与愿景 146
     3.1.2 主要项目 147
  3.2 赛博安全综述 148
     3.2.1 概述 148

3.2.2 赛博空间 149
　　3.2.3 信息安全 154
　　3.2.4 信息作战 156
　　3.2.5 赛博战 159
　　3.2.6 赛博安全战略 161
　　3.2.7 组织实施 165
　　3.2.8 赛博空间威胁技术 172
　　3.2.9 技术架构 174
　　3.2.10 发展现状 176
　　3.2.11 采办项目 179
3.3 加密与密钥管理 179
　　3.3.1 加密（CRYPTO） 179
　　3.3.2 简单密钥加载器（SKL） 185
　　3.3.3 战术密钥加载器（TKL） 187
　　3.3.4 密钥管理基础设施（KMI） 188
　　3.3.5 公钥基础设施（PKI） 191
　　3.3.6 电子密钥管理系统（EKMS） 193
　　3.3.7 链路加密器（KIV-7M） 194
　　3.3.8 VISON/ANDVT 加密现代化（VACM） 198
3.4 网络安全 198
　　3.4.1 端点安全（Endpoint Security） 198
　　3.4.2 计算机网络防御（CND） 201
　　3.4.3 防御性赛博作战（SHARKCAGE） 208
3.5 赛博分析（Cyber Analytics） 209
　　3.5.1 漏洞与修复资产管理器（VRAM） 209
　　3.5.2 辐射水星（Radiant Mercury） 212
　　3.5.3 海军赛博态势感知（NCSA） 214
　　3.5.4 海军的战备分析和可视化环境（RAVEN） 216
　　3.5.5 内部威胁防护（CITC） 217

第4章 PMW 150：指挥与控制 219
4.1 概述 219
　　4.1.1 任务与愿景 219
　　4.1.2 主要项目 219
　　4.1.3 热点技术 221
　　4.1.4 联合作战指挥控制系统 223
　　4.1.5 数据链 226
4.2 海上指控 230
　　4.2.1 海上全球指挥控制系统（GCCS-M） 230
　　4.2.2 海军空中作战指挥控制（NAOC2） 237

4.2.3 联合指挥与控制系统（JC2） ………………………………………… 241
　　　4.2.4 海上战术指挥控制（MTC2） ………………………………………… 244
4.3 战术指控/数据链 ……………………………………………………………… 248
　　　4.3.1 Link 16/JTIDS/MIDS/MOS …………………………………………… 248
　　　4.3.2 指挥控制处理器（C2P） ……………………………………………… 268
　　　4.3.3 防空系统集成器（ADSI） ……………………………………………… 270
　　　4.3.4 链路监视管理工具（LMMT） ………………………………………… 272
　　　4.3.5 Link 11 …………………………………………………………………… 273
　　　4.3.6 NILE/Link 22 …………………………………………………………… 280
4.4 后勤保障 NOBLE FoS ………………………………………………………… 295
　　　4.4.1 海军作战供应系统（NOSS） ………………………………………… 296
　　　4.4.2 海军航空维修系统（NAMS） ………………………………………… 300
　　　4.4.3 海军作战维修环境（NOME） ………………………………………… 302
　　　4.4.4 海军战术指挥支持系统（NTCSS） …………………………………… 302
　　　4.4.5 海军航空后勤指挥信息系统（NALCOMIS） ………………………… 304
4.5 防御性指控 ……………………………………………………………………… 306
　　　4.5.1 联合预警和报告网络（JWARN） ……………………………………… 306
　　　4.5.2 联合效应模型（JEM） ………………………………………………… 308
　　　4.5.3 全球生物监测门户（GBSP） …………………………………………… 310

第 5 章　PMW 160：战术网络 …………………………………………………… 313
5.1 概述 ……………………………………………………………………………… 313
　　　5.1.1 使命任务 ………………………………………………………………… 313
　　　5.1.2 主要项目 ………………………………………………………………… 314
　　　5.1.3 美国海军网络环境 ……………………………………………………… 316
5.2 综合海上网络和企业服务（CANES） ………………………………………… 319
　　　5.2.1 概况 ……………………………………………………………………… 319
　　　5.2.2 研制背景 ………………………………………………………………… 321
　　　5.2.3 设计目标 ………………………………………………………………… 327
　　　5.2.4 系统架构 ………………………………………………………………… 330
　　　5.2.5 系统功能与组成 ………………………………………………………… 333
　　　5.2.6 技术特点 ………………………………………………………………… 341
　　　5.2.7 增量开发策略 …………………………………………………………… 343
　　　5.2.8 研制过程 ………………………………………………………………… 346
　　　5.2.9 采办动态 ………………………………………………………………… 354
5.3 敏捷核心服务（ACS） ………………………………………………………… 357
　　　5.3.1 概况 ……………………………………………………………………… 357
　　　5.3.2 发展现状 ………………………………………………………………… 357
　　　5.3.3 ACS 系统功能 …………………………………………………………… 358
　　　5.3.4 技术特点 ………………………………………………………………… 361

5.4 核心企业服务（CES） ……………………………………………………… 362
　　5.4.1 概况 ……………………………………………………………………… 362
　　5.4.2 CES 系统功能 …………………………………………………………… 363
5.5 自动化数字网络系统（ADNS） …………………………………………… 365
　　5.5.1 概况 ……………………………………………………………………… 365
　　5.5.2 发展现状 ………………………………………………………………… 368
　　5.5.3 系统功能与组成 ………………………………………………………… 373
　　5.5.4 系统架构 ………………………………………………………………… 376
　　5.5.5 综合网络管理 …………………………………………………………… 379
　　5.5.6 技术特点 ………………………………………………………………… 383
　　5.5.7 操作描述 ………………………………………………………………… 386
　　5.5.8 ADNS 的优势 …………………………………………………………… 388
　　5.5.9 采办动态 ………………………………………………………………… 388
5.6 企业码头连接架构（Piers-EPCA） ……………………………………… 389
　　5.6.1 概况 ……………………………………………………………………… 389
　　5.6.2 发展现状 ………………………………………………………………… 389
　　5.6.3 系统功能与架构 ………………………………………………………… 390
　　5.6.4 采办动态 ………………………………………………………………… 392
5.7 遗留网络系统（LNS） ……………………………………………………… 392
　　5.7.1 概况 ……………………………………………………………………… 392
　　5.7.2 ISNS ……………………………………………………………………… 393
　　5.7.3 SubLAN …………………………………………………………………… 395
　　5.7.4 SCI-Net …………………………………………………………………… 395
　　5.7.5 CENTRIXS-M …………………………………………………………… 397
　　5.7.6 VIXS/SVDS ……………………………………………………………… 398
5.8 应用集成 ……………………………………………………………………… 398
5.9 DevSecOps …………………………………………………………………… 400
　　5.9.1 概念与内涵 ……………………………………………………………… 400
　　5.9.2 产生背景 ………………………………………………………………… 404
　　5.9.3 演变：从瀑布到 DevSecOps …………………………………………… 406
　　5.9.4 软件供应链与软件工厂 ………………………………………………… 410
　　5.9.5 DevSecOps 的指导原则 ………………………………………………… 411
　　5.9.6 技术架构 ………………………………………………………………… 413
　　5.9.7 技术特点 ………………………………………………………………… 418
　　5.9.8 DevSecOps 平台 ………………………………………………………… 420
　　5.9.9 海军装备的应用 ………………………………………………………… 422

第 6 章　PMW/A 170：通信与 GPS 导航 …………………………………… 429
6.1 概述 …………………………………………………………………………… 429
　　6.1.1 任务与愿景 ……………………………………………………………… 429

	6.1.2	主要项目	429
6.2	战术通信1		433
	6.2.1	作战兵力战术网络（BFTN）	433
	6.2.2	网络战术通用数据链（NTCDL）	435
	6.2.3	通信数据链系统（CDLS & CDLS TR）	437
	6.2.4	作战部队邮件系统（BFEM）	439
	6.2.5	作战幸存者定位（CSEL）	439
	6.2.6	高频无线电组（HFRG）	441
6.3	战术通信2		443
	6.3.1	数字模块化无线电（DMR）	443
	6.3.2	基于DMR的移动用户目标系统（MUOS on DMR）	446
	6.3.3	两栖战术通信系统（ATCS）	446
	6.3.4	数字宽带传输系统（DWTS）	447
	6.3.5	高频舰载自动链路建立无线电（HF SAR）	447
	6.3.6	增强型定位报告系统——数据无线电（EPLRS-DR）	448
	6.3.7	增强型背负式UHF终端（EMUT）	448
	6.3.8	单通道地面和机载无线电系统（SINCGARS）	449
	6.3.9	战术变体开关（TVS）	450
	6.3.10	红黑开关（SA-2112）	451
	6.3.11	小型按需分配多路访问（Mini-DAMA）	451
	6.3.12	5/25kHz UHF SATCOM	452
6.4	卫星通信		452
	6.4.1	海军多波段终端（NMT）	452
	6.4.2	商业宽带卫星计划（CBSP）	454
	6.4.3	全球广播服务（GBS）	455
	6.4.4	环境卫星接收处理器（ESRP）	460
	6.4.5	海军极高频卫星通信计划（NESP）	461
	6.4.6	高级时分多址接口处理器（ATIP）	461
	6.4.7	移动先进极高频终端（MAT）	462
	6.4.8	舰员电视导播器（TV-DTS）	462
	6.4.9	增强型移动卫星服务（EMSS）——铱星IRIDIUM	462
	6.4.10	超高频卫星通信（SHF SATCOM）	465
	6.4.11	国际海事卫星（INMARSAT）	466
	6.4.12	宽带抗干扰调制解调器系统（WAMS）	471
6.5	PNT		471
	6.5.1	全球定位系统（GPS/GPS Mod）	471
	6.5.2	基于GPS的定位、导航和授时服务（GPNTS）	495
	6.5.3	嵌入式GPS/INS现代化（EGI-M）	499
	6.5.4	空中/海上导航战（Air/Sea NAVWAR）	501

- 6.5.5 导航传感器系统接口（NAVSSI, AN/SSN-6（V）） ········· 506
- 6.5.6 国防高级 GPS 接收机（DAGR） ········· 509
- 6.5.7 卫星信号导航装置（SSNS, AN/WRN-6（V）） ········· 510
- 6.5.8 用于水面舰艇的非 GPS 辅助 PNT（NoGAPSS） ········· 512
- 6.5.9 M 码（M-Code） ········· 512
- 6.5.10 多平台抗干扰 GPS 导航天线（MAGNA） ········· 517

6.6 其他 ········· 518
- 6.6.1 高频超视距健壮通信体系（HFORCE） ········· 518
- 6.6.2 海上联合空中层网络（JALA-M） ········· 518

第 7 章 PMW 146：海军通信卫星 ········· 520

7.1 概述 ········· 520
- 7.1.1 主要项目 ········· 520
- 7.1.2 美军卫星通信体系 ········· 521
- 7.1.3 美国太空军 ········· 524

7.2 卫星系统 ········· 531
- 7.2.1 移动用户目标系统（MUOS） ········· 531
- 7.2.2 特高频后继卫星（UFO） ········· 548
- 7.2.3 宽带全球卫星通信（WGS） ········· 553
- 7.2.4 国防卫星通信系统（DSCS） ········· 556
- 7.2.5 先进极高频（AEHF） ········· 557
- 7.2.6 军事星（Milstar） ········· 560

7.3 在轨卫星 ········· 561
- 7.3.1 舰队卫星通信系统（FLTSATCOM） ········· 561
- 7.3.2 租赁卫星（LEASAT） ········· 565

7.4 技术演示 ········· 566
- 7.4.1 海军纳卫星（Naval Nanosat） ········· 566
- 7.4.2 综合通信扩展能力项目（ICE-Cap） ········· 571

第 8 章 PMW 750：航母与航空集成 ········· 574

8.1 概述 ········· 574

8.2 航母与航空平台 ········· 575
- 8.2.1 CVN ········· 575
- 8.2.2 LCC ········· 579
- 8.2.3 LHD/LHA ········· 583
- 8.2.4 MQ-25A Stingray ········· 586
- 8.2.5 MQ-4C Triton ········· 588

8.3 战术行动（TacMobile） ········· 592
- 8.3.1 概况 ········· 592
- 8.3.2 系统组成 ········· 594
- 8.3.3 技术特点 ········· 596

8.3.4　采办动态 ·· 596

第9章　PMW 760：水面舰船集成 ··· 597
9.1　概述 ··· 597
9.2　水面舰船平台 ·· 599
　　9.2.1　AEGIS ··· 599
　　9.2.2　CG 47 ·· 604
　　9.2.3　DDG 51 ·· 607
　　9.2.4　DDG 1000 ··· 611
　　9.2.5　LPD 17 ·· 614
　　9.2.6　LSD Mod ·· 617
　　9.2.7　LCS ·· 619
　　9.2.8　FFG ·· 623
　　9.2.9　CGNSC 和 OPC ··· 626
　　9.2.10　T-AKE ·· 628
　　9.2.11　T-EPF ··· 631
　　9.2.12　T-AO ·· 632
　　9.2.13　T-AGOS ·· 634
　　9.2.14　LCU ·· 636
　　9.2.15　SSC ··· 637
9.3　海军打击群 ··· 639
　　9.3.1　组织结构 ·· 639
　　9.3.2　指挥控制 ·· 644
　　9.3.3　计算 ··· 650
　　9.3.4　通信 ··· 655
　　9.3.5　情报、监视和侦察 ·· 660

第10章　PMW 770：水下通信集成 ··· 666
10.1　概述 ·· 666
10.2　水下平台 ·· 667
　　10.2.1　SSBN ··· 667
　　10.2.2　SSGN ··· 670
　　10.2.3　SSN ··· 672
10.3　天线系统和特殊通信 ··· 675
　　10.3.1　通用潜艇无线电舱（CSRR）··· 675
　　10.3.2　拖曳浮标天线（TBA BRR-6）·· 686
　　10.3.3　潜艇通信浮标（SCB）·· 688
　　10.3.4　多功能桅杆天线（OE-538）··· 690
　　10.3.5　潜艇高数据率天线（SubHDR）··· 693
　　10.3.6　潜艇天线改装和维护（SAMS）··· 695
10.4　岸基/NC3 系统集成 ·· 696

	10.4.1	潜艇作战授权（SUBOPAUTH）	696
	10.4.2	固定潜艇广播系统（FSBS）	697
	10.4.3	"塔卡木"地面移动通信（TACAMO GC-M）	699
	10.4.4	低频段通用通信系统（LBUCS）	701
10.5	技术转移和特殊项目		702
	10.5.1	海底星座	702
	10.5.2	濒海战场感知自主水下航行器（LBS-AUV）	704
	10.5.3	模块化光学通信（OCOMMS）	704
	10.5.4	低截获/低检测（LPI/LPD）	705
	10.5.5	先进高数据率天线（AdvHDR）	705
10.6	潜艇通信和集成		706
	10.6.1	岸舰通信系统（SSCS）	706
	10.6.2	水下确保指挥控制（UAC2）	707
10.7	其他		707
	10.7.1	战略通信持续评估项目（SCAP CEP）	707
	10.7.2	过渡工程（XENG）	707

第11章　PMW 790：岸基与远征集成　708

11.1	概述		708
11.2	弹性网络		710
	11.2.1	岸基战术保证指挥与控制（STACC）	710
11.3	岸基 C3		713
	11.3.1	指挥与控制官方信息交换（C2OIX）	713
	11.3.2	海军现代化混合方案（NC3 NMHS）	715
	11.3.3	电话通信（Telephony）	716
	11.3.4	联合军事卫星通信网络集成控制系统（JMINI CS）	717
	11.3.5	集成波形控制系统（IW CS）	719
	11.3.6	岸上消息现代化	720
11.4	岸基 & 远征平台		721
	11.4.1	可部署联合指挥与控制（DJC2）	721
	11.4.2	海上作战中心（MOC）	727
	11.4.3	远征 C4I	730
	11.4.4	美国海军天文台精确计时和天文测量网（USNO PTA Network）	731
11.5	其他		732
	11.5.1	国防消息系统（DMS）	732
	11.5.2	Teleport	732
	11.5.3	NCTAMS/NCTS	734

第12章　PMW 740：国际C4I集成　736

12.1	概述	736
12.2	国际项目	739

 12.3 对外军售情况 ·· 741
  12.3.1 2023/2024 财年 ·· 741
  12.3.2 2021/2022 财年 ·· 741
  12.3.3 2020 财年 ·· 742
  12.3.4 2019 财年 ·· 742
  12.3.5 2010 财年 ·· 743
附录 1 缩略语 ··· 744

第1章 绪 论

1.1 美国海军的装备研制与采办

美国作为世界上头号经济、技术和军事强国，经过长期的发展，已经建立起一套相对完备、独具特色的国防采办管理制度。

美国采取国防部（DoD）集中统管与各军种分散实施有机结合的采办管理体制。国防部层面，主要由采办、技术与后勤副部长领导美国国防采办管理工作，国防部主计长、政策副部长、成本评估与计划鉴定局长、作战试验鉴定局长及其领导下的机构等参与采办管理工作；军种层面，主要由军种负责采办的助理副部长牵头各军种的采办管理工作，各军种装备司令部（海军为系统司令部）组建项目执行办公室负责具体项目的采办实施工作。

采办、技术与后勤副部长（USD（AT&L））是美军国防采办的最高直接领导，负责与武器装备研发、生产、后勤保障、设施管理、军事工程建设、环境安全及核生化等有关的事务，领导国防高级研究计划局（DARPA）、导弹防御局、国防合同管理局、国防后勤局、国防威胁降低局和经济调整办公室等。

美军国防采办工作实行"国防采办执行官—军种采办执行官—项目执行官—项目主任"的4级管理模式，其中：国防部采办、技术与后勤副部长兼任国防采办执行官（DAE）；各军种负责采办的助理部长作为军种采办执行官（CAE），在国防采办执行官的指导和监督下，统一领导军种采办管理工作；各军种按照采办专业门类，在军种参谋长（海军为作战部长）领导下的装备司令部（海军为系统司令部）设立项目执行官（PEO）体系；每个项目执行办公室下设若干项目管理办公室（PM）。美军建立项目执行官体系的根本目的是理顺各军种负责采办的助理部长与装备司令部（或系统司令部）之间的关系，实现采办管理部门与作战使用部门的有机协调配合。

美国海军国防采办由海军部长（SECNAV）统一领导，由研究、开发与采办助理海军部长（ASN（RD&A））具体管理，如图1-1所示。研究、开发与采办助理海军部长负责所有海军采办功能和项目的执行，包括海军、海军陆战队的平台和武器系统，实施国防部采办、技术与后勤副部长过程；在所有采办政策和项目上对USD（AT&L）和国会代表海军部；依据

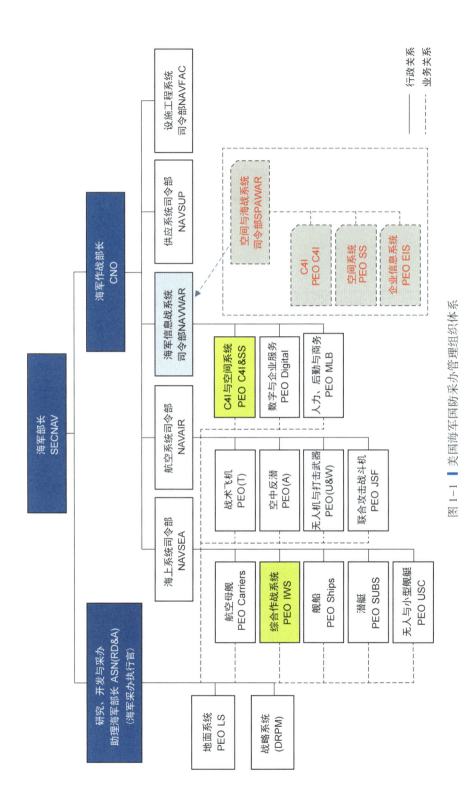

图1-1 美国海军国防采办管理组织体系

美国国防部 DoDD 5000 指令文件建立政策和过程并管理海军的研究、开发与采办活动；同时，对 ACAT IC 类项目拥有决策权，对 ACAT ID 类项目提出决策建议。对海军作战部长（CNO）下属的 5 个系统司令部的项目执行办公室直接进行业务指导。

1. 研究、开发与采办助理海军部长办公室

研究、开发与采办助理海军部长（ASN（RD&A））办公室是海军国防采办政策、项目的统一管理机构，负责执行国防部采办、技术与后勤副部长（USD（AT&L））办公室有关政策与计划，制定海军研究、开发与采办的方针政策，编制国防采办规划计划和年度预算，协调海军国防采办计划，并统一管理有关经费，同时管理海洋和海运工程方面的工作。

该办公室有 8 名助理部长帮办（DASN）协助工作，分别负责舰船、航空、RDT&E、C4I 与空间系统、采办政策与预算、国际项目、采购、保障方面的项目，还设有首席系统工程师和法律顾问助理，协助 ASN（RD&A）的工作。

2. 海军作战部

海军作战部下设 30 多个司令部，其中 5 个系统司令部（SYSCOM）具体组织实施海军国防采办计划，分别负责各领域国防采办工作。

1）海军海上系统司令部（NAVSEA）

海上系统司令部是海军舰船及舰载武器采办的统一组织机构，设在弗吉尼亚州阿灵顿，共有采办人员 1 万多人。该司令部是 5 个系统司令部中规模最大的一个，不仅负责各种舰船和大部分舰载设备的研制、生产、采购、维修、改造和保障工作，包括推进器、动力装置、武器、声呐、搜索雷达和辅助设备等，也是舰船防护器材和核动力装置的安全设备、燃料、传动装置、爆炸物安全、爆炸物处理的主要技术管理机构。海上系统司令部下设 4 个海军船厂，负责维修和改装舰艇，尤其是核动力舰艇。

2）海军航空系统司令部（NAVAIR）

航空系统司令部负责海军所有航空系统及有关军械、装备、器材的研制、采购和供应工作，包括海军和海军陆战队的飞机、机载武器、电子设备、水下声探测系统、机载水雷对抗设备、无人驾驶和拖曳式靶机系统、摄影设备、气象设备、飞机/导弹靶场和鉴定装置、训练与地面设备、弹射器、阻拦装置等。该系统司令部共有采办人员 9000 多人。

3）海军信息战系统司令部（NAVWAR）

海军信息战系统司令部的任务是确认、发展、交付和支撑信息战能力和服务，使美国海军、联合、联盟和其他国家任务能够在从海底到太空的作战领域开展行动。总部位于加州圣迭戈，是海军 C4ISR、商业信息技术和空间系统的技术权威和采办司令部。该系统司令部由 11000 多名现役军人和公务员组成。

NAVWAR 的前身是空间与海战系统司令部（SPAWAR），负责管理海军的战略核潜艇和电子战计划，发展海军航天系统，将海军航天系统、飞机、舰船组成一体化力量，并负责海军与其他军种一级盟国军队的协调工作。

2019 年 6 月 3 日，美国海军空间与海战系统司令部更名为海军信息战系统司令部（NAVWAR），将工作重点从信息技术和卫星网络的采办与维护转移到信息战上，作为海军推动"信息战成为海军常规作战方式"的一部分。

4）海军供应系统司令部（NAVSUP）

海军供应系统司令部负责向海军提供各种保障，管理海军和海军陆战队的器材装备，如设备管理一级器材的处理、包装、运输、储存、分配、清理等，并协助器材供应、分配事务、海军军事采购系统、海军给养计划和其他供应、预算和估算等。该系统司令部共有采办人员 1000 多人。

5）海军设施工程系统司令部（NAVFAC）

海军设施工程系统司令部是海军设施工程系统发展和维修的综合性机构，负责为海军和海军陆战队及其他有关部门提供海岸设施、工程器材和设备，如公共工程、浮吊、两栖浮桥设备、舰队系泊用具、浮坞、固定式水下海洋建筑、辅助设备、可移动地面设备。该系统司令部共有采办人员 3000 多人。

3. 项目执行办公室（PEO）

海军共设有 14 个项目执行办公室（Program Executive Office，PEO），其中：研究、开发与采办助理海军部长下设 1 个项目执行办公室和 1 个战略系统直接报告办公室（DRPM）；海上系统司令部下设 5 个项目执行办公室；航空系统司令部下设 4 个项目执行办公室；海军信息战系统司令部下设 3 个项目执行办公室。每个项目执行办公室分别下设 1 个或多个项目办公室。

- 综合作战系统（PEO IWS）；
- 航空母舰（PEO Carriers）；
- 舰船（PEO Ships）；
- 潜艇（PEO SUBS）；
- 无人与小型舰艇（PEO USC，Unmanned and Small Combatants）；
- 战术飞机（PEO（T），Tactical Air）；
- 空中反潜（PEO（A），Air ASW Assault & Special Mission）；
- 无人机与打击武器（PEO（U&W），Unmanned Aviation & Strike Weapons）；
- 联合攻击战斗机（PEO JSF，Joint Strike Fighter）；
- C4I 和空间系统（PEO C4I&SS，C4I and Space Systems）；
- 数字化和企业服务（PEO DES，Digital and Enterprise Services）；
- 人力、后勤和业务（PEO MLB，Manpower, Logistics and Business）；
- 地面系统（PEO LS，Land Systems）；
- 战略系统直接报告（Strategic Systems Program DRPM）。

其中，NAVWAR 所属的项目执行办公室之一"C4I 和空间系统"（PEO C4I&SS）是本书的核心。有关 NAVSEA 所属的综合作战系统项目执行办公室（PEO IWS）的内容，请参考《美国海军水面舰船作战系统及装备：PEO IWS 项目概览》[1]。

如图 1-2 所示，是海军信息战系统司令部（NAVWARSYSCOM）在美国海军部（DON）的位置。[2]

---

[1] 董晓明，冯浩. 美国海军水面舰船作战系统及装备：PEO IWS 项目概览［M］. 北京：国防工业出版社，2021. 3.

[2] Mr. Peter C. Reddy, Executive Director. Naval Information Warfare Center Atlantic（NIWC Atlantic）. 60th Small Business and Industry Outreach Initiative Symposium（SBIOI），20 April 2022. ［60th-SBIOI-NIWC-Atlantic-presentations.pdf］

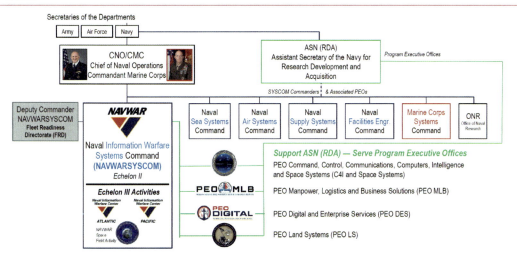

图 1-2 ▍NAVWAR 在美国海军部的位置

1.2 海军信息战系统司令部（NAVWAR）

1.2.1 使命任务

海军信息战系统司令部（Naval Information Warfare Systems Command，NAVWARSYSCOM）由 11000 多名现役军人和公务员组成，分布在世界各地，靠近舰队，使 NAVWARSYSCOM 保持在研究、工程和采办的前沿，为舰队提供和维持信息战能力。[1]

NAVWARSYSCOM 总部位于加州圣迭戈，是美国海军的二级（Echelon II）组织，是海军 C4ISR、商业信息技术和空间系统的技术权威和采办司令部。"二级"是指该组织在军事方面直接向海军作战部长（CNO）报告，在民事方面向海军助理部长（RDA）报告。

海军信息战系统司令部的使命任务：确认、发展、交付和支撑信息战能力和服务，使海军、联军、联盟和其他国家任务能够在从海底到太空的作战域中开展行动，并执行指示的其他职能和任务。

愿景：快速交付从海底到太空的赛博战能力。[2,3]

该司令部以前称为 SPAWAR，即空间与海战系统司令部（详见 1.3 节），2019 年 6 月更名为 NAVWAR，以更好地将其身份与任务保持一致。

---

① Naval Information Warfare Systems Command – About.［https://www.navwar.navy.mil/about/］［2021-2-16］
② Naval Information Warfare Systems Command Overview Presentation. January 2021.［2022-2-28］［https://www.navwar.navy.mil/wp-content/uploads/2022/03/NAVWARSYSCOM_Generic-Overview.pdf］
③ Mission：To identify, develop, deliver and sustain information warfare capabilities and services that enable naval, joint, coalition and other national missions operating in warfighting domains from seabed to space; and to perform such other functions and tasks as directed. Vision：Rapidly delivering cyber warfighting capability from seabed to space.

如图1-3所示，NAVWAR的核心业务领域是"1+3"，即以赛博安全为核心，包括网络与通信，作战系统，业务系统。其职能包括：

（1）NC3-N总工程师；
（2）信息战技术权威机构；
（3）赛博安全认证和标准；
（4）系统测试与校验系统；
（5）运营安全和保证认证机构；
（6）海上和岸上安装服务；
（7）生命周期工程与维护；
（8）支持PEO任务和采办；
（9）多域研究与开发。

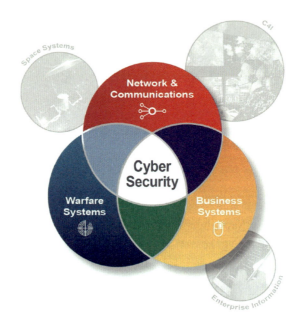

图1-3 ▎NAVWAR的核心业务领域

1.2.2 总部与组织机构

海军信息战系统司令部（NAVWAR）是海军采办司令部五大部门之一，其徽标如图1-4所示。其他海军采办司令部，如海军航空系统司令部（NAVAIR）和海军海上系统司令部（NAVSEA）专注于特定平台，而NAVWAR则专注于跨平台和设施的高效安全通信和网络。

NAVWAR的组织机构如图1-5所示。①现任司令官是道格拉斯·斯莫尔海军少将（RADM Douglas Small）。

NAVWAR支持超过150个项目，由所属的PEO C4I、PEO Digital和PEO MLB三个项目执行办公室管理。NAVWAR在采办项目生命周期的各个阶段为其各自的采办项目执行办

---

① Naval Information Warfare Systems Command Overview Presentation. January 2021.［https://www.navwar.navy.mil/wp-content/uploads/2022/03/NAVWARSYSCOM_Generic-Overview.pdf］

室提供研发、系统工程、测试和评估、技术、在职和支持服务。这几个项目执行办公室位于华盛顿特区。

图 1-4 ▎ NAVWAR 的徽标

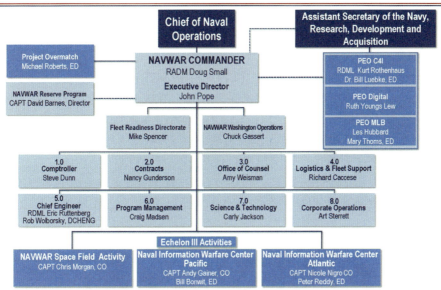

图 1-5 ▎ NAVWAR 组织机构（2022 年）

NAVWAR 还包括东、西海岸的海军信息战中心（NIWC）。大西洋海军信息战中心（NIWC Atlantic）位于南卡罗来纳州查尔斯顿，包括弗吉尼亚州诺福克、路易斯安那州新奥尔良和德国斯图加特的设施。太平洋海军信息战中心（NIWC Pacific）位于加州圣迭戈，包括日本、关岛和夏威夷的设施。自 2019 年 2 月 18 日起，SPAWAR 下属的系统中心（SSC）分别更名为大西洋海军信息战中心和太平洋海军信息战中心。

NAVWAR 空间领域活动分部（NSFA）是美国海军信息战系统司令部下属的三个三级（Echelon III）部门之一。

作为制信息权司令部，NAVWAR 提供将舰船、飞机和车辆从单个平台转变为综合作战部队的产品和服务。为此，该司令部包括八个方面的职能部门（1.0~8.0）：财务、合同、法律、后勤和舰队保障、工程设计、项目管理、科学和技术、公司运营。

NAVWAR 提供多个领域的能力，包括：情报、监视和侦察（ISR），赛博战，指挥和控制（C2），信息和知识管理，通信系统，以及气象学和海洋学等使能技术。NAVWAR 的项目和工作涵盖了研发、体系工程、试验和评估、采办、安装和在役保障的全生命周期。该组织与舰队、系统司令部和海军合作伙伴密切合作，通过为当前和潜在的舰船、飞机、潜艇和无人系统采办和/或集成传感器、通信、武器以及信息和控制系统来交付能力。

下面介绍 NAVWAR 所辖的项目执行办公室和三级部门。

1.2.3　PEO C4I & SS

C4I 和空间系统项目执行办公室（PEO C4I and Space Systems，PEO C4I & SS）是美国海军获得正确的通信和技术工具的第一线，为舰队提供可负担的、综合的和互操作的信息战能力。PEO C4I & SS 总部位于加州圣迭戈的 NAVWAR 老城院区。[①]该项目执行办公室是原 SPAWAR 的两个 PEO，即 PEO C4I 和 PEO SS 的合并，包括 11 个项目办公室，负责所有 C4I 和空间系统采办计划和项目的管理。

详见 1.4 节。

1.2.4　PEO Digital

数字化和企业服务项目执行办公室（PEO Digital and Enterprise Services，PEO Digital）是美国海军部（DON）的企业级信息技术采办代理。PEO Digital 正在进行系统的数字化转型，以发展和提供现代能力和技术，保持竞争前沿优势，同时满足用户需求。其面临的挑战是如何快速、敏捷和可负担地交付美国海军所需的工具。[②]

PEO Digital 是在"企业信息系统"项目执行办公室（PEO EIS）解散后，于 2020 年 5 月成立的，以实现数字化转型的愿景，并优化海军和海军陆战队企业级 IT 能力的项目协调。网络、企业服务和数字基础设施有关的 PEO EIS 已向 PEO Digital 转型。其徽标如图 1-6 所示。

图 1-6　PEO Digital 徽标

1. 使命任务

PEO Digital 的战略目标和目的集中在开发、获取和交付服务，以连接全球海军陆战队和海军官兵。

使命：交付现代、安全和有效的企业信息技术、业务系统和服务。

---

① https://www.navwar.navy.mil/peo-c4i-peo-space-systems-leadership/［2022-3-10］

② https://www.navwar.navy.mil/peo-digital-home/［2023-3-10］

愿景：提供一流的企业信息技术用户体验。①

2. 组织机构

POE Digital 在 2021 年 10 月前完成了组织体系转变。PEO Digital 解散了原有的项目管理办公室，并将其相关的产品、服务和工作转移到 8 个新的项目组合和 3 个核心支柱上。PEO Digital 的组织机构如图 1-7 所示，包括海军企业网络（PMW 205）、企业系统与服务（PMW 250）、海军 SCI/CAP 网络（PMW 260）、海军商业云服务（PMW 270）、海军部 SAP 网络（PMW 280）、企业信息技术战略采购（PMW 290）、网络与基础设施（PMM 170）和客户支持与战略采购（PMM 172）项目办公室。②

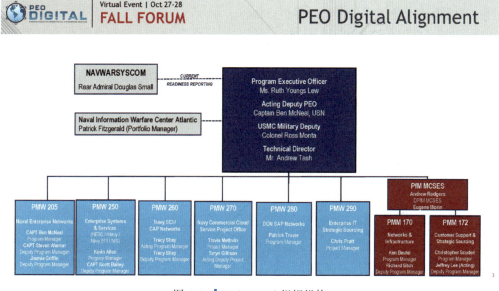

图 1-7　PEO Digital 组织机构

3. 项目组合与核心支柱

项目组合（Portfolio③）包括 PEO Digital 为终端用户提供的众多服务和产品，并由常设团队执行日常的服务交付工作，负责交付管理和端到端责任。项目组合按相关的产品族（以及其中的服务）分组。

- 平台应用程序服务（Platform Application Services）；
- 数字工作环境服务（Digital Workplace Services）；

---

① PEO Digital Strategic Plan FY2022-2025, Version 1.0, 08 July 2022. [https://www.navwar.navy.mil/wp-content/uploads/2022/10/PEO-Digital-Strategic-Plan-FY-22-25_FINAL.pdf]

② Ruth Youngs Lew. PEO Digital, Network, and Cloud Overview. 2020 NDIA San Diego Fall Forum, October 27-28, 2020. [PEOdigital.pdf]

③ 项目组合（Portfolio）、项目集（Program）和项目（Project）之间的关系：项目组合是为了实现战略目标而组合在一起管理的项目、项目集、子项目组合和运营工作的集合。项目集包含在项目组合中，其自身又包含需协调管理的子项目集、项目或其他工作，以支持项目组合。单个项目无论是否属于项目集，都是项目组合的组成部分。虽然项目组合中的项目或项目集不一定彼此依赖或直接相关，但是它们都通过项目组合与组织战略规划联系在一起。Project Management Institute. 项目管理知识体系指南（PMBOK 指南）[M].5 版. 许江林, 等译. 北京：电子工业出版社, 2013.5

- 基础设施服务（Infrastructure Services）；
- 赛博与运营服务（Cyber and Operational Services）；
- 终端用户硬件服务（End User Hardware Services）；
- 战略采购服务（Strategic Sourcing Services）；
- 公共安全系统（Public Safety Systems）。

核心支柱（Pillars）通过治理、公共工具人员配备和协调，为产品组合（Product Portfolios）中的工作交付启用并提供控制，负责执行标准、标准工具、质量监督和人员配备。资源通过核心支柱拉动形成综合敏捷团队，角色取决于项目需求。

（1）业务、战略和资源支柱：控制"前门"（如新的需求），通过资格认证、资金、解决方案、人员配备和需求路线图与产品组合协作。

（2）服务开发和交付支柱：为开发和交付跨项目组合创建、增强或报废产品的项目提供控制，包括策略和过程。

（3）运营支持和舰队集成支柱：支持产品组合操作以及与舰队/客户的连接。确保 PEO Digital 开发的产品和服务满足客户日常运营的需求，并在产品团队和客户之间起到桥梁作用。①

PEO Digital 项目管理办公室与项目组合的关系如图 1-8 所示。

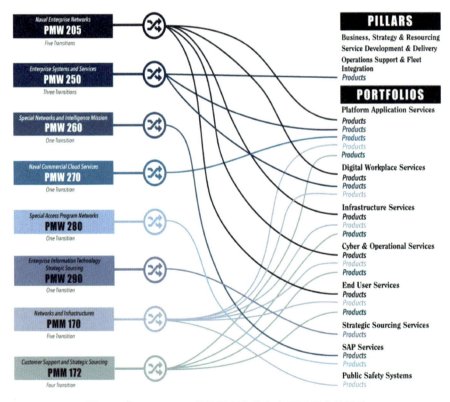

图 1-8 ▎PEO Digital 项目管理办公室向项目组合的转移

---

① Ruth Youngs Lew, Program Executive Officer. PEO Digital Transformation for Modern Service Delivery. Slides, October 25, 2021.［03RUTHYOUNGS-LEW_BRIEF.pdf］

1.2.5 PEO MLB

人力、后勤和业务项目执行办公室（PEO MLB）是美国海军部（DON）人力、后勤和业务解决方案信息技术的采办代理。PEO MLB 开发、获取并交付的系统和解决方案是美国海军部日常管理、业务和财务运作的支柱。PEO MLB 为海军官兵、海军陆战队员、美国海军部文职人员及其支持系统提供完成任务所需的服务，以及管理他们的职业工具。[①]

PEO MLB 成立于 2020 年 5 月，紧随企业信息系统项目执行办公室（PEO EIS）的解散，以支持美国海军部的愿景，为海军和海军陆战队的复杂和多样化的客户实现更敏捷的 IT 交付。过去的 PEO EIS 项目办公室正式过渡到 PEO MLB；同时，为了进一步优化能力和资源赞助商的协调一致，其他与海军后勤和海军陆战队应用相关的项目计划也被重新调整到 PEO MLB。其徽标如图 1-9 所示。PEO EIS 向 PEO MLB 的转变如图 1-10 所示。

图 1-9 PEO MLB 徽标

图 1-10 PEO EIS 向 PEO MLB 的转变

1. 使命任务

使命：迅捷提供相关能力，提升美国海军和海军陆战队的战备完好性。

愿景：改变海军部的业务模式，做好本职工作，让战士专注于作战。

2. 组织机构

PEO MLB 实施了一种新的运营模式，即服务组合（Portfolio Services），如图 1-11 所示，从根本上重新思考 PEO MLB 的工作方式，并推动变革，以提高速度、客户体验和灵活性。其围绕三个服务组合进行组织，以提高人力、物流、业务能力和资源赞助商的协调一致性：企业应用服务（EAS），数据转换服务（DaTS），企业系统和服务（E2S）与创新支持服务（ISS）。PEO MLB 向服务组合组织的转型需要多年持续的努力，预计到 2024 财年转型完成。[②]

1）企业应用程序服务（EAS）

EAS 组合包括美国海军部（DON）的人力、财务、物流和业务 IT 能力，提供日常的人力资源、财务和业务功能，以及直接帮助海军官兵和海军陆战队员完成任务的战术应用。

[①] https://www.navwar.navy.mil/peo-mlb-home/ ［2022-3-10］

[②] PEO MLB Strategic Plan 2021—2024. June 2021.［PEO-MLB-Strategic-Plan-2021-2024-3-Jun-2021-FINAL.pdf］

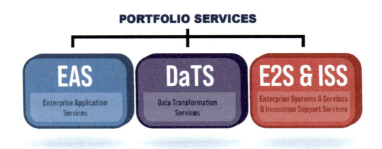

图1-11 ┃ PEO MLB 组织机构（服务组合）

EAS 包括五个服务领域：

"我的海军"人力资源 IT 服务（MyNavy HR IT Solutions Services）：交付现代化的能力，为舰员的人力资源（HR）需求提供全面的服务。

海军 ERP 财务 IT 服务（Navy ERP Financial IT Services）：为财务、考勤和供应链管理提供关键业务的审计解决方案和服务。

后勤 IT 服务（Logistics IT Services）：交付单一的海军项目组合，为超过 300 个美国海军和海军陆战队后勤 IT 系统服务，可以部署在岸上和海上。

海军陆战队后勤信息解决方案（Marine Corps Logistics Integrated Information Solutions，LI2S）：提供集成的、分布式的 IT 能力，执行美国海军陆战队后勤运营。

海军陆战队应用程序：为海军陆战队人力资源、合同撰写、采购申请和作战人员支持提供系统和应用程序。

2）数据转换服务（DaTS）

DaTS 组合是一种新的能力，提供服务和产品，通过数据治理、数据服务、数据体系结构和数据科学对 1500 多个不同的数据源进行校准、规范化、合理化和操作化。

3）企业系统和服务 & 创新支持服务（E2S &ISS）

E2S & ISS 组合支持企业范围内的通用流程和标准能力，同时最大化客户体验并逐步发展规模敏捷（如，敏捷软件开发实践和理念，应用于 PEO 的全部功能）。该服务组合为企业业务系统、舰队、采办和创新支持提供服务。

1.2.6 NIWC-Atlantic

大西洋海军信息战中心（NIWC Atlantic，简称大西洋中心）位于南卡罗来纳州查尔斯顿，直属于海军信息战系统司令部（NAVWAR）。该中心拥有近 5200 名员工，其中 53% 从事科学和工程职业。无论是位于南卡罗来纳州、弗吉尼亚州、路易斯安那州、佛罗里达州和华盛顿特区的主要美国办公室，还是在欧洲、中东和南极洲的海外办事处，都会有效地满足客户的需求（图 1-12）。[①,②]

1. 使命任务

使命：通过提供信息战解决方案来保护国家安全，为国家服务。

---

① https://www.niwcatlantic.navy.mil/ ［2022-3-10］
② CAPT Nicole K. Nigro, Mr. Peter C. Reddy. Naval Information Warfare Center Atlantic，[https://www.niwcatlantic.navy.mil/wp-content/uploads/2021/11/About_211105_Command-Overview.pdf]

图1-12 大西洋海军信息战中心的使命任务

愿景：打赢信息战。

信息战的解决方案主要包括指控（C2）系统、通信系统（无线电）、网络系统（路由器/交换机）、赛博战（红方/取证/网络防御）、情报监视侦察（传感器/决策支持应用）、业务系统（利益/人员）和信息安全。

2. 组织机构

大西洋中心包括下列部门：

- 舰队C4I和战备部（Fleet C4I and Readiness Department）；
- 远征作战部（Expeditionary Warfare Department）；
- 企业系统部（Enterprise Systems Department）；
- 岸上C2ISR和集成部（Shore C2ISR and Integration Department）；
- 科学和技术部（Science and Technology Department）。

2021财年，大西洋中心员工概况如下：

职员人数：5133人（其中5014人来自政府，119人来自军队），113名新聘专业人才，124名实习生，15名高级科学技术经理（SSTM），此外还有超过9000名行业专家。

教育程度：5385名正式职员中，包括1.2%的博士，27%的硕士，44%的学士。

主要职业：IT专家，计算机科学家，电子工程师，电子技术和管理&项目分析师等。

平均从业时间10年，平均年龄45岁。

约42%的人员具有军事背景（退役或现役、预备役人员）。

3. 关键能力领域

（1）水面舰艇和潜艇C4I测试和集成设施；

（2）NAVWAR国家安全行动中心/赛博取证、漏洞评估小组；

（3）赛博取证刑事调查实验室；

（4）赛博计算机网络防御实验室；

（5）国防部组件企业数据中心；

（6）商业和国防部卫星通信的生产和安装；

（7）航行器C4I系统集成、测试和生产；

（8）电磁干扰和电磁兼容性测试；

（9）全球远程保障平台；

（10）空中交通管制系统的开发和安装；

（11）海军陆战队设施司令部电子安全系统。

1.2.7　NIWC-Pacific

太平洋海军信息战中心（简称太平洋中心）位于加州圣迭戈，是海军主要的研究、开发、测试和评估（RDT&E）实验室，用于 C4ISR、网络、以及所有作战领域的空间系统。太平洋中心支持尖端 C4ISR 系统的开发、采集和部署，主要的技术努力是将先进的技术和系统整合到综合的 C4ISR 能力中。①

太平洋中心雇佣了超过 5000 名受过高等教育的、多元化的、多学科的计算机科学家、电气工程师、网络工程师、人工智能和机器学习科学家、技术专家、合同经理等。太平洋中心在所有海军实验室或作战中心中驻扎有最多的现役军事人员。这种独特的安排将舰队和作战人员的专业知识与中心研究人员的技能相结合，以解决美国当前和未来面临的现实世界问题。

1. 使命任务

使命：开展信息战研究、开发、原型设计、工程、测试和评估、安装和维护所有作战领域的一体化 C4ISR、赛博和空间系统。

愿景：利用革命性的信息优势和分散的网络化力量能力，为联合部队指挥官提供前所未有的进攻力量、防御保证和作战独立性。

目前的研究和开发工作包括：

（1）岸上宙斯盾：宙斯盾弹道导弹防御（BMD）系统的陆基能力增强了对抗弹道导弹威胁的能力；太平洋中心被指定为岸上宙斯盾系统 C4I 组件的主要测试和评估机构。

（2）联合空间作战中心任务系统计划（JMS）：提供空间态势感知和指挥控制操作。

（3）海军分布式通用地面系统（DCGS-N 增量 2）的工程和集成：将提供强大的、集成的 ISR 能力，最大限度地利用商用现货和成熟的非开发项目或政府软件。

（4）海上战术指挥控制（MTC2）：将提供一个单一的、可互操作的、集成的、可扩展的指挥控制系统，该系统融合、关联、过滤和显示友军、敌方和中立陆海空军的位置和属性信息。

（5）综合海上网络和企业服务（CANES）：通过升级赛博安全、指挥控制、通信和情报系统，代表了海军现代化计划的一个关键方面；标准化程度的提高将减少整个舰队各个级别的网络变体的数量。

（6）移动用户目标系统（MUOS）：为移动作战人员提供改进的和安全的通信，包括同步的语音、视频和数据通信。

2. 组织机构

太平洋中心包括下列部门：②

---

① https://www.niwcpacific.navy.mil/［2022-3-10］

② Mr. Bill Bonwit, Executive Director. Naval Information Warfare Center Pacific, FY21 End of Year Report［slides］. NDIA, December 7, 2021.［211207_NDIA_NIWC_PAC_EOY_FY21_Bonwit_Final.pdf］

- 舰队设施、工程和后勤部（Fleet Installation, Engineering, and Logistics Department, FIELD）；
- 指挥控制和企业工程部（C2 &Enterprise Engineering）；
- 通信和网络部（Communications & Networks）；
- 情报、监视、侦察部（ISR）；
- 计划和项目管理部（Program & Project Management）；
- 赛博与科学技术部（Cyber/S&T）；
- 印度-太平洋地区指挥（Indo-Pacific CDR）。

2020 财年，太平洋中心员工概况如下：

职员人数：5480 人（其中 5258 人来自政府，222 人来自军队），此外还有 2000 余名来自承包商的保障人员，以及来自海军其他实验室和作战中心的现役军官，这种作战人员与专业研究人员的搭配方式有利于解决美国海军当前面临的各种实际作战问题；

教育程度：5480 名正式职员中，包括 206 名博士、1523 名硕士；

主要学科：计算机科学、电气工程、网络工程、人工智能/机器学习等。

535 人直接保障世界各地的舰队 C4ISR。

约 32%的人员具有军事背景（退役或现役、预备役人员）。

3. 关键能力领域

太平洋中心为美国海军提供以下领域的基本能力：[1]

（1）信息战的全生命周期工程；

（2）基于云的数字开发环境，云使能的数字孪生，开发安全和运营（DevSecOps），敏捷核心服务（ACS）；

（3）强有力的研究、开发和技术转化；

（4）无人系统 C4ISR（无人潜航器、无人艇、无人机）；

（5）机器学习，人工智能，数据科学，决策优化；

（6）应用电磁学、光子学和大气传播；

（7）进攻和防御赛博能力发展；

（8）快速的原型制作和交付；

（9）定位、导航和授时（PNT）实验室和试验设施；

（10）独特的测试设施，BMD/L16 组合测试床，真实-虚拟-构造（LVC）环境。

1.2.8 NAVWAR Space Field Activity

NAVWAR 空间领域活动分部（NAVWAR Space Field Activity, NSFA）是美国海军信息战系统司令部下属的三个三级（Echelon Ⅲ）部门之一，与弗吉尼亚州尚蒂利（Chantilly, Va）的国家侦察局（NRO）位于同一地点。[2]

该分部旨在协调国家侦察局的海军空间和作战系统活动。NSFA 人员为国家侦察计划提供海战和采办专业知识，与这些国家侦察计划协调海军空间研究、开发和采办活动，并提供

---

[1] NIWC Pacific Quick Overview. Rev 20 Jan 2021. ［FactSheet-QuickFactsOverview_20210414.pdf］

[2] https://www.public.navy.mil/navwar/Pages/NSFA.aspx

培训和工具，使舰队能够使用国家空间能力。NRO 是美国政府机构，负责设计、建造、发射和维护美国的情报卫星。

1.3 海军空间与海战系统司令部（SPAWAR）

1.3.1 组织机构

空间与海战系统司令部（Space and Naval Warfare Systems Command，SPAWAR）负责管理海军的战略核潜艇和电子战计划，发展海军航天系统，将海军航天系统、飞机、舰船组成一体化力量，并负责海军与其他军种一级盟国军队的协调工作。

该司令部创建于 1966 年，当时是海军装备司令部下属海军电子系统司令部。1985 年，该司令部更名为空间与海战系统司令部，司令官直接对海军作战部长负责。

2019 年 6 月 3 日，美国海军作战部长约翰·理查森（John Richardson）在华盛顿特区举办的信息战高级领导研讨会上宣布，海军空间与海战系统司令部（SPAWAR）正式更名为海军信息战系统司令部（NAVWAR）。更名后的司令部致力于在信息战领域超越对手。海军作战部长称，自"保持海上优势设计"发布以来，海军在稳步推进信息战的规范化，推动"信息战成为海军常规作战方式"的一部分。新名字更能准确概括部门职能，从海底到太空全面支撑海军作战。信息战系统司令部司令官克里斯蒂安·贝克尔（Christian Becker）称，在大国竞争时代，信息是战争的基本要素，是海军战略的重要组成部分，战场超越了传统的空中、海洋、陆地和太空疆域。司令部名称的变更凸显了在当今复杂且竞争日益激烈的安全环境中，信息战在为舰队提供非对称优势方面的重要性。[1,2,3]

海军信息战系统司令部表示，从司令部的名称中去掉"空间"，绝不是因为美国空军创建了"空军太空司令部"或将部分职能转移到空军。美国海军表示，海军信息战系统司令部将负责确认、发展、交付和支撑信息战能力和服务，使海军、联合部队、盟军及其他国家任务的作战域覆盖从海底到太空。

SPAWAR 的徽标如图 1-13 所示，组织机构如图 1-14 所示。SPAWAR 设置有三个项目执行办公室：

- C4I（PEO C4I）；
- 空间系统（PEO SS）；
- 企业信息系统（PEO EIS）。

图 1-13 SPAWAR 的徽标

---

[1] Kelsey Reichmann. SPAWAR is dead! Long live NAVWARSYSCOM. C4ISRnet, June 3, 2019. [https://www.c4isrnet.com/battlefield-tech/it-networks/2019/06/03/spawar-is-dead-long-live-navwarsyscom/]［2021-2-27］

[2] Barry Rosenberg. Why Is SPAWAR Now NAVWAR? Networks & Cyber Warfare. Breaking Defense, June 5, 2019.

[3] Sam LaGrone. Navy Takes the 'Space' Out of Space and NavalWarfare Systems Command. USNI News, June 3, 2019. [https://news.usni.org/2019/06/03/navy-takes-the-space-out-of-space-and-naval-warfare-systems-command/]［2021-2-27］

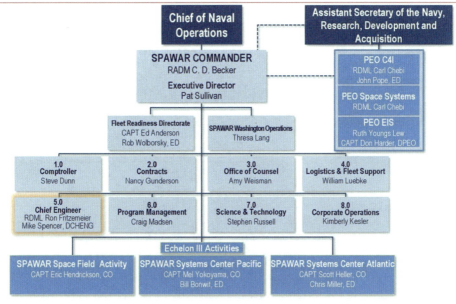

图 1-14 ┃ SPAWAR 的组织机构

1.3.2　PEO C4I

PEO C4I 包括 10 个项目办公室，负责所有 C4I 采办计划和项目的管理，详见 1.4 节。

2002 年 11 月 1 日，美国海军正式建立 PEO C4I。新办公室的成立是时任美国海军采办部长约翰·扬提出的精细化采办过程计划的一部分。通过重整采办司令部，扬希望提高商业化过程，增加相关性，打破壁垒，实现整体性采办结构。

传统上，PEO 的建立是为海军的高级采办官员提供重要采办项目的建议。PEO C4I 的建立被认为，C4I 产品、服务和能力的开发和集成已成为重要采办项目，需要海军部长直接关注。SPAWAR 已指派 C4I 首席工程师负责在海军和其他军种间协调 C4I 系统的技术结构。该司令部还将为 PEO C4I 提供技术、工程、预算和财政、合同、法律和后勤等支持。其徽标如图 1-15 所示。

图 1-15 ┃ SPAWAR 的 PEO C4I 徽标

1.3.3　PEO SS

空间系统项目执行办公室（PEO Space Systems，PEO SS）下属只有一个项目办公室，即 PMW 146 海军通信卫星（Navy Communications Satellite）。

如图1-16所示是PEO SS分管的项目组合,如移动用户目标系统(MUOS)、特高频后继(UFO)、集成通信扩展能力(ICE-Cap)、矢量联合能力技术演示(Vector JCTD)、舰队卫星通信系统(FLTSATCOM)等。

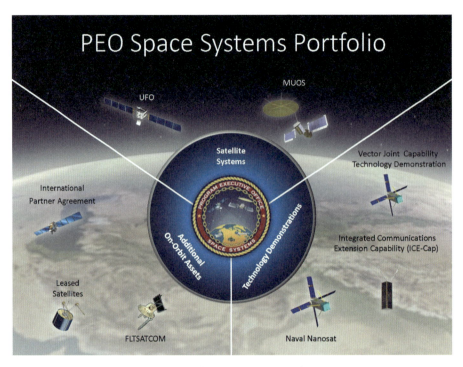

图1-16 ▎PEO SS的项目组合

1.3.4　PEO EIS

企业信息系统项目执行办公室(PEO Enterprise Information Systems,PEO EIS)提供企业业务信息系统、应用程序和网络,海军官兵、海军陆战队和文职人员全天候都依赖这些系统、应用程序和网络。

使命:为海军提供功能强大、安全且价格合理的企业信息技术(IT)解决方案。

愿景:作为企业信息技术解决方案的首要提供商,领导海军,使任务取得成功。

PEO EIS下设多个项目办公室,包括数据中心和应用优化(DCAO)、海军企业网络(PMW 205)、海军业务解决方案(PMW 220)、海上勇士计划(PMW 240)、海军海上维护体系(PMS 444)、海军部企业软件认证(PMM 110)、全球作战保障系统-海军陆战队(PMW 230)、安全协同企业解决方案。①

PEO EIS的项目组合如图1-17所示。②

---

① CAPT Don Harder. PEO EIS. Small Business Forum-Upcoming Opportunities, November 2016. [AFCEAN_SBForum_Final_Navy-PEOEIS_2016-11-2. pdf]

② Kevin Allen. Small Business Overview. 2017 NDIA Navy Gold Coast, August 22, 2017. [NDIA-Navy-Gold-Coast-SBPO-EIS-C4I-Breakout-17AUG2017. pdf]

图 1-17 PEO EIS 的项目组合

1.4 PEO C4I & SS

PEO C4I & SS 是 NAVWAR 所辖的三个项目执行办公室之一，为舰队提供可负担的、综合的和互操作的信息战能力。该项目执行办公室是原 SPAWAR 的 PEO C4I 和 PEO SS 的合并，分别包括 10 个和 1 个项目办公室，负责所有 C4I 和空间系统采办计划和项目的管理。

2019 年 6 月 3 日，美国海军空间与海战系统司令部（SPAWAR）正式更名为海军信息战系统司令部（NAVWAR），将工作重点从信息技术和卫星网络的采办与维护转移到信息战上，作为海军推动"信息战成为海军常规作战方式"的一部分。

本书的主要内容就是围绕 PEO C4I & SS 主管的 170 多个项目进行介绍，项目汇总见 1.4.4 节。

1.4.1 使命任务

使命任务：开发、获取、部署和维持最有效、可负担的海军信息战能力，以满足舰队完成任务的需求。

愿景：为 21 世纪集成信息优势。[①]

其徽标如图 1-18 所示。

---

① John Pope. State of PEO C4I and Space Systems. 2019 NDIA Fall Forum, 8 Oct 2019.［PEOC4I MrJohnPope20191008. pdf］

图 1-18 | PEO C4I&SS 徽标

如图 1-19 所示，PEO C4I 提供集成通信和信息技术系统，实现信息优势和海上部队的指挥控制。PEO C4I 是美国海军管理 DCGS-N、GCCS-M、NMT、DMR、ADNS、CANES、MUOS 等项目的最高机构，直接隶属于 NAVWAR。

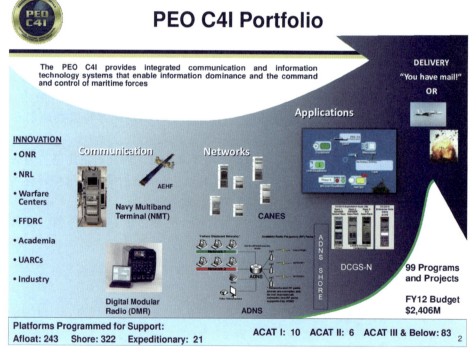

图 1-19 | PEO C4I 的项目组合

如图 1-20 所示是 PEO C4I & SS 的相关统计数据，截至 2019 年 9 月，分管的项目数量有 136 个，其中 ACAT Ⅰ 类项目 11 个；支持的海上平台数量有 216 个。2019 财年的合同有 1254 项，金额达 12.11 亿美元。

Total Workforce: ~1,634	工作人员总计人:	约1634
• PEO Civilian: 254	PEO	254
• SPAWAR HQ Civilian: ~69	SPAWAR总部	约69
• Echelon III Civilian: 205	三级部门	205
• Military: 66	军人	66
• Contractor: ~1,040	分包商	约1040
Total Programs: 136	项目数量:	136
• ACAT I: 11	ACAT I	11
• ACAT II: 8	ACAT II	8
• ACAT III & Below: 117	ACAT III 及以下	117
FY20 Platforms Programmed for Support	FY20支持的平台数量:	581
• Afloat: 216	海上	216
• Ashore: 342	岸基	342
• Satellite Ground Stations: 6	卫星地面站	6
• Expeditionary: 7	远征	7
• Satellites: 10 (5 MUOS, 5 UFO)	卫星	10
	FY20安装数量总计:	3478

图 1-20 ┃ PEO C4I&SS 的相关统计

在 PEO C4I&SS 各种项目的支撑下，最终理想的作战场景如图 1-21 所示①。空间的卫星、空中的预警机、无人机、直升机、导弹，海面的航母打击群、舰艇，水下的潜艇、鱼雷、UUV 等，各种作战平台通过多样化的空间和频谱联网，形成增强的体系作战能力。

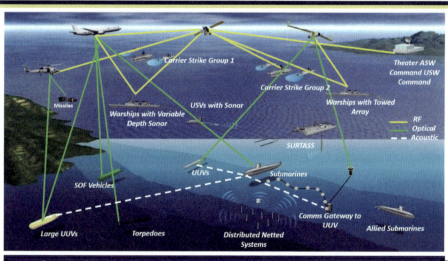

图 1-21 ┃ 最终理想的作战场景

---

① RDML Carl Chebi. PEO C4I and PEO Space Systems. 2017 NDIA San Diego Fall Industry Forum. 24 October 2017. [PEOC4I_FallNDIA2017_1of2.pdf]

1.4.2 组织机构与项目概述

PEO C4I 下设 10 个项目办公室，包括战场感知与信息作战（PMW 120）、赛博安全（PMW 130）、指挥与控制（PMW 150）、战术网络（PMW 160）、通信与 GPS 导航（PMW 170）、国际（PMW 740）、航母与航空集成（PMW 750）、水面舰船集成（PMW 760）、水下通信与集成（PMW 770）、岸基与远征集成（PMW 790），其组织机构如图 1-22 所示。①

前 5 个项目办公室重在能力开发，后 5 个项目办公室重在平台集成。

合并 PEO SS 之后，增加了 1 个项目办公室，即海军通信卫星（PMW 146），但暂时未出现在组织机构图中。

PEO C4I 的项目办公室及其主要项目如图 1-23 所示②，同时见表 1-1。

表 1-1　PEO C4I&SS 的项目办公室

	Program Office	项目办公室与主要项目
PMW 120	Battlespace Awareness and Information Operations	战场感知与信息作战 ● 海军分布式通用地面系统（DCGS-N）
PMW 130	Cybersecurity	赛博安全③
PMW 150	Command and Control Systems	指挥与控制 ● 海上全球指挥控制系统（GCCS-M） ● 指挥控制处理器（C2P） ● 海军战术指挥支持系统（NTCSS） ● Link 16
PMW 160	Tactical Networks	战术网络 ● 自动化数字网络系统（ADNS） ● 综合海上网络和企业服务（CANES） ● 舰载一体化网络系统（ISNS）
PMW/A 170	Communications & GPS Navigation	通信与 GPS 导航 ● 海军极高频卫星通信计划（NESP） ● 海军多波段终端（NMT） ● 超高频卫通（SHF）
PMW 146	Navy Communications Satellite	海军通信卫星 ● 移动用户目标系统（MUOS）
PMW 740	International C4I Integration	国际 C4I 集成
PMW 750	Carrier and Air Integration	航母与航空集成
PMW 760	Ship Integration	水面舰船集成
PMW 770	Undersea Communication and Integration	水下通信与集成
PMW 790	Shore and Expeditionary Integration	岸基与远征集成

---

① Brian Miller, Deputy Program Manager. PMW 790 Overview. 2022 NDIA Fall Defense and Industry Forum, 27 October 2020. [NDIA_Fall_Forum_PMW_790_2022.pdf]

② RDML Jerry Burroughs. PEO C4I & PEO Space Systems Overview, 29 Jan 2013. [PEO C4I and PEO Space Systems Overview.pdf]

③ PMW 130 原名为"信息保证与赛博安全"（Information Assurance & Cyber Security），2020 年改名。

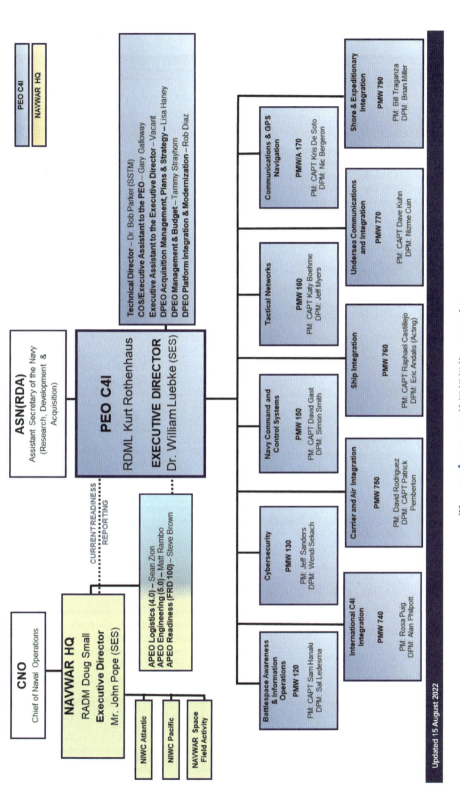

图 1-22 ▎PEO C4I 的组织机构（2022 年）

PEO C4I Offices and Major Programs

Office	Major Programs
PMW 120 Battlespace Awareness & Information Operations PM – CAPT Scott Heller DPM – Suzie Hartzog	• Distributed Common Ground System – Navy (DCGS-N) Inc 1
PMW 130 Information Assurance and Cyber Security PM – Kevin McNally DPM – Rob Diaz	• Information Assurance and Cyber Security
PMW 150 Command and Control PM – CAPT Don Harder DPM – Jim Churchill	• Global Command and Control System – Maritime (GCCS-M) • Command and Control Processor (C2P) • Naval Tactical Command Support System (NTCSS) • LINK 16
PMW 160 Tactical Networks PM – CAPT DJ LeGoff DPM – CAPT William "Ben" McNeal	• Automated Defense Network System (ADNS) • Consolidated Afloat Networks and Enterprise Services (CANES) • Integrated Shipboard Network System (ISNS)
PMW/A 170 Communications PM – Vince Squitieri DPM – CDR Kurt Rothenhaus	• Navy EHF SATCOM Program (NESP) • Navy Multiband Terminal (NMT) • Super High Frequency (SHF)
PMW 740 International C4I Integration PM – Steve Bullard DPM – Joe Orechovesky	• Foreign Military Sales (FMS)
PMW 750 Carrier and Air Integration PM – CAPT Daniel Seigenthaler DPM – Cheryl Carlton	• Carrier and Air Installations and Platform Integration
PMW 760 Ship Integration PM – CAPT Jay Kadowaki DPM – Bill Farmer	• Surface Ship Installations and Platform Integration
PMW 770 Undersea Integration PM – CAPT Miguel San Pedro DPM – Dan Brothers	• Submarine Installation and Platform Integration • Common Submarine Radio Room (CSRR) • Nuclear Command, Control and Computers Long Term Solution (NC3 LTS)
PMW 790 Shore and Expeditionary Integration PM – Ruth Youngs Lew DPM – CAPT Joe Kan	• Shore Installation and Integration • Deployable Joint Command and Control (DJC2)

图 1-23 ▎PEO C4I 的项目办公室及其主要项目

PEO C4I 的 10 个项目办公室及其主要业务如图 1-24 所示，分管上百个项目。该图片源自 2016 年 2 月，时任 SPAWAR 司令官克里斯蒂文·贝克尔在美国武装部队通信与电子协会西海岸研讨会（AFCEA West）的报告①。同期在美国国防工业协会秋季论坛（NDIA Fall Forum）的报告中有相同的图片②。

2022 年 3 月，官网下载的海军信息战系统司令部概览（NAVWARSYSCOM Generic Overview）文件中③提供了更新的项目办公室及主要业务，增加了空间系统项目，如图 1-25 所示。本书主要内容涵盖图中所有要素。

如表 1-2 所示，参考图 1-24、图 1-25 和 PEO C4I 的官方网站，列出所有项目（Programs）的名称、类型及本书对应的章节，共计超过 200 个。其中，序号列有数字编号的项目出现在图 1-24 和图 1-25 中；名称删除线是在图 1-25 中没有的项目；无数字编号的项目出现在官网文字资料中；备注中 N/A 表示该项目资料暂缺。

1.4.3 最新动态

在 2022 年 10 月的 NDIA 秋季论坛上，出现了一个新的项目办公室 PMA/PMW 101，名为 MIDS，即多功能信息分发系统④。PMA/PMW-101 MIDS 项目的主要任务是开发、生产和维护战术数据链路，包括 Link 16 和战术目标网络技术（TTNT），通过通用波形和消息集实现互操作性。该项目原属于 PMW 150 项目办公室。

PEO C4I 于 2022 年 10 月 11 日庆祝其成立 20 周年，这是海军获得合适的通信和技术工具的一线，为舰队提供负担得起的、集成的和可互操作的信息战能力。⑤

值得注意的是，美国海军信息战系统司令部官网显示，其下辖的 3 个项目执行办公室为：PEO C4I、PEO Digital（数字化和企业服务）和 PEO MLB（人力、后勤和业务)⑥。PEO C4I 由 11 个项目办公室组成，这里讲的 11 个项目办公室不包含 PEO SS 的 PMW 146（海军通信卫星），而是增加了 PMA/PMW 101 MIDS⑦。看来，NAVWAR 又放弃了前期合并的 PEO SS，应该是因为 PMW 146 的项目已经移交到美国太空军（见 7.1.3 节）。

据报道，总部位于圣迭戈的 PEO C4I 司令部由近 1700 名政府文职人员、官兵和行业合作伙伴组成。PEO C4I 司令官、海军少将 RADM Kurt Rothenhaus 指出，PEO C4I 在美国海军中发挥着关键作用，为舰队提供决策优势。"我们通过快速交付整个舰队的通信、指挥控制、情报、信号情报、气象、战术网络和赛博系统来实现这一点。"

---

① RDML C. D. Becker. How do we Make the Strategy Work? AFCEA West 2016, 17 February 2016. [PEO C4I and SS-AFCEA_West_19FEB2016_Final Becker.pdf]

② Dr. Robert Parker. PEO C4I Overview and Kickoff. NDIA Fall Forum 2016, October 25, 2016. [PEO C4I Kickoff_NDIA Fall Forum 2016_OCT16.pdf]

③ https://www.navwar.navy.mil/wp-content/uploads/2022/03/NAVWARSYSCOM_Generic-Overview.pdf

④ Mr. Martin Rodriguez, MIDS Acquisition Director. PMA/PMW-101 MIDS Program Overview, NDIA San Diego Defense and Industry Fall Forum 2022, 4 October 2022.
[https：//www.ndia-sd.org/wp-content/uploads/Briefs/Fall2022/NDIA_Fall_Forum_PMW_101_2022.pdf]

⑤ Joey Seymour. PEO C4I Celebrates 20th Anniversary. DVIDS, October 11, 2022.
[https://www.dvidshub.net/news/431100/peo-c4i-celebrates-20th-anniversary]

⑥ About-Naval Information Warfare Systems Command. [https://www.navwar.navy.mil/About/]

⑦ Program Office Information Sheets-PEO C4I [https://www.peoc4i.navy.mil/Program-Offices/]

图 1-24 | PEO C4I 的项目办公室及主要业务（2016 年）

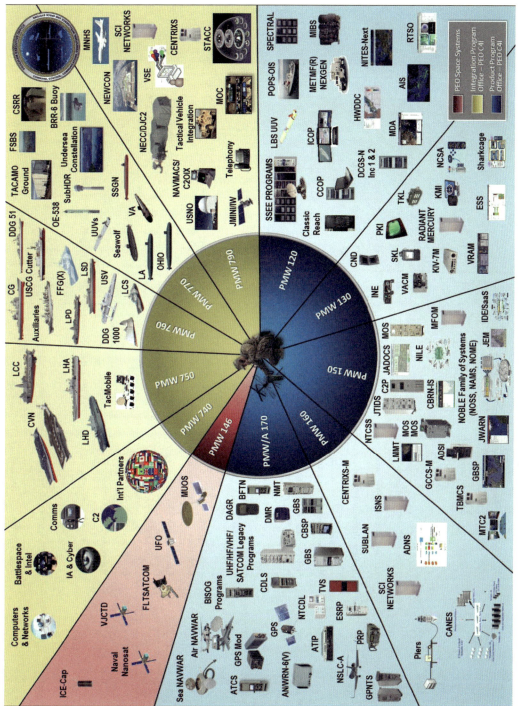

图 1-25 PEO C4I&SS 的项目办公室及主要业务（2022年）

表 1-2 项目汇总表

序号	缩略语	项目名称	中文	项目类型	章节/备注
	PMW 120	Battlespace Awareness and Information Operations	战场感知与信息作战		
1	DCGS-N	Distributed Common Ground System-Navy	海军分布式通用地面系统	ACAT IAC	2.3.1
	DCGS-N Inc 1		DCGS-N 增量 1		同上
	DCGS-N Inc 2		DCGS-N 增量 2		同上
2	AIS	Automatic Identification System	船舶自动识别系统	ACAT IVT	2.3.3
3	ICOP	Intelligence Carry On Program	智能随身携带程序	ACAT Ⅲ	2.3.2
4	MIBS/JTT-M	Maritime Integrated Broadcast Service/Joint Tactical Terminal-Maritime	海上综合广播服务/海上联合战术终端	Project	2.3.5
5	MDA	Maritime Domain Awareness	海域（态势）感知	Project	2.3.4
6	SSEE PROGRAMS	Ship's Signal Exploitation Equipment	舰船信号利用设备	ACAT Ⅱ & ACAT Ⅲ	2.2.1
	SSEE Inc E		SSEE 增量 E		同上
	SSEE Inc F		SSEE 增量 F		同上
	SSEE Mods		SSEE 改装		2.2.2
	Spectral	—	频谱	Pre-ACAT Ⅱ Proposed	2.2.3
	RTSO	Real Time Spectrum Operations	实时频谱作战		2.2.4
7	CR	Classic Reach		Project	N/A
8	ICADS	Integrated Communications and Data System	综合通信和数据系统	Pre-Acq & Project	2.2.6
	CCOP	Cryptologic Carry-on Program	密码便携式项目	Project	2.2.5
9	METOC SPACE	Meteorology and Oceanography Space Systems	气象学与海洋学空间系统		2.4.1
10	METMF(R) NEXGEN	Marine Corps Meteorological Mobile Facility (Replacement) Next Generation	下一代海军陆战队气象移动设备	ACAT IVT	2.4.4
	METMF SMT	METMF Satellite Multiband Transmission	海军陆战队气象移动设备-卫星多波段传输		前一个项目的子项 N/A
11	HWDDC	Hazardous Weather Detection and Display Capability	灾害天气探测和显示能力	AAP	2.4.5

(续)

序号	缩略语	项目名称	中文	项目类型	章节/备注
12	NITES-Next	Naval Integrated Tactical Environmental System-Next Generation	下一代海军综合战术环境系统	ACAT III	2.4.2
13	NITES IV	NITES-Fielded	海军综合战术环境系统		2.4.3
14	LBS UUV	Littoral Battlespace Sensing-Unmanned Undersea Vehicle	濒海战场感知无人潜航器	ACAT IVM	2.4.6
	POPS	Primary Ocean Prediction System	初级海洋预报系统	Project	2.4.7
	OIS	Oceanographic Information System	海洋信息系统	Project	2.4.7
	RSCD	Remote Sensing Capability Development	远程感知能力开发		2.4.8
PMW 130	Cyber Security		赛博安全		
15	CRYPTO	Cryptography (Data and Voice)	加密（数据和语音）		3.3.1
16	SKL	Simple Key Loader	简单密钥加载器		3.3.2
17	TKL	Tactical Key Loader	战术密钥加载器	AAP	3.3.3
18	EKMS	Electronic Key Management System	电子密钥管理系统		3.3.6
19	PKI	Public Key Infrastructure	公共密钥基础设施	Project	3.3.5
	KMI	Key Management Infrastructure	密钥管理基础设施		3.3.4
	TSG	Tactical Shore Gateway	战术海岸网关		N/A
20	CND	Computer Network Defense	计算机网络防御	ACAT IVM	3.4.2
	VRAM	Vulnerability & Remediation Asset Manager	漏洞与修复资产管理器		3.5.1
	CITC	Counter Insider Threat Capability	反内部威胁能力		3.5.5
21	KIV-7M	Programmable Link Encryptor	链路加密器		3.3.7
22	RADIANT MERCURY	Radiant Mercury (RADMERC)	辐射水星	AAP	3.5.2
	NCSA	Navy Cyber Situational Awareness	海军赛博态势感知	RDC	3.5.3
	NC3-N DCO	Nuclear Command, Control and Communications-Navy Defense Cyber Operations	海军核指挥、控制和通信防御性赛博作战	Project	N/A
	SHARKCAGE	Defensive Cyber Operations enclave	防御性赛博作战飞地	RDC	3.4.3

(续)

序号	缩略语	项目名称	中文	项目类型	章节/备注
23	VACM	VINSON/Advanced Narrowband Digital Voice Terminal (ANDVT) Cryptographic Modernization	VISON/ANDVT 高级窄带数字语音终端密码现代化		3.3.8
	NCCD	Navy Commander's Cyber Dashboard	海军指挥官的赛博数据面板		N/A
	RAVEN	Readiness Analytics and Visualization Environment	战备分析和可视化环境		3.5.4
PMW 150		Command and Control Systems	指挥与控制		
24	MTC2	Maritime Tactical Command and Control	海上战术指挥控制	ACAT Ⅲ	4.2.4
25	GCCS-M	Global Command and Control System-Maritime	海上全球指挥控制系统	ACAT IAC	4.2.1
26	NTCSS	Naval Tactical Command Support System	海军战术指挥支持系统	ACAT IAC	4.4.4
27	G-TSCMIS	Global-Theater Security Cooperation Management Information System	全球－战区安全协同管理信息系统	ACAT Ⅲ	N/A
	JC2	Joint Command and Control	联合指挥与控制系统		4.2.3
	NAOC2	Navy Air Operations Command and Control	海军空中作战指挥控制	Project	4.2.2
28	JADOCS	Joint Automated Deep Operations Coordination System	联合自动化深度作战协调系统	ACAT Ⅲ (army)	NAOC2 的子项
29	TBMCS	Theater Battle Management Core System	战区作战管理核心系统		NAOC2 的子项
30	MFOM	Maintenance Figure of Merit	维修质量因数	Project	N/A
	BCS LMAIS	Bar Code Supply Logistics Maintenance AIS	条码供应后勤维护自动化信息系统		N/A
31	Link 16	Link 16 Network	16 号数据链	ACAT Ⅱ	4.3.1
32	C2P	Command and Control Processor	指挥控制处理器	ACAT Ⅱ	4.3.2
33	ADSI	Air Defense System Integrator	防空系统集成器	Project	4.3.3
34	TDL	Tactical Data Links	战术数据链		N/A
35	LMMT	Link Monitoring and Management Tool	链路监视和管理工具	ACAT Ⅲ	4.3.4
36	NILE	NATO Improved Link Eleven International	北约改进 11 号数据链	Project	4.3.6

（续）

序号	缩略语	项目名称		项目类型	章节/备注
			中文		
	Link 22	Link 22 Tactical Data Link	22号战术数据链		NILE
	Link 11		11号数据链		4.3.5
37	JTIDS	Joint Tactical Information Distribution System	联合战术信息分发系统		Link 16
38	CDLMS	Common Data Link Management System	通用数据链管理系统		Link 16 的子项
39	MOS	Multifunctional Information Distribution System (MIDS) On-Ship	舰载多功能信息分发系统		Link 16
40	MOS Mod	MIDS On-Ship Modernization System	MOS 现代化		
41	MIDS	Multifunctional Information Distribution System	多功能信息分发系统	ACAT IC	4.5.1
42	JWARN	Joint Warning and Reporting Network	联合预警与报告网络	ACAT Ⅲ (army)	4.5.1
43	GBSP	Global Biosurveillance Portal	全球生物监测门户	ACAT Ⅲ (army)	4.5.3
	JEM	Joint Effects Model	联合效应模型	ACAT Ⅲ (army)	4.5.2
44	NALCOMIS	Naval Aviation Logistics Command Information System	海军航空后勤指挥信息系统		4.4.5 被 NAMS 替代
45	NOBLE FoS	Naval Operational Business Logistics Enterprise	海军作战业务后勤体系		4.4
46	NOSS	Navy Operational Supply System	海军作战供应系统	BCAT Ⅱ	4.4.1
47	NAMS	Naval Aviation Maintenance System	海军航空维修系统	BCAT Ⅱ	4.4.2
48	NOME	Navy Operational Maintenance Environment	海军作战维修环境	BCAT Ⅱ	4.4.3
49	CBRN-IS	Chemical, Biological, Radiological, and Nuclear-Information System	化学、生物、辐射和核-信息系统		N/A
	IDE/SaaS				N/A
50	PMW 160	Tactical Networks	战术网络		
51	CANES	Consolidated Afloat Networks and Enterprise Services	综合海上网络和企业服务	ACAT IAC	5.2
	ISNS	Integrated Shipboard Network System	舰载一体化网络系统	ACAT Ⅱ	5.7.2

(续)

序号	缩略语	项目名称	中文	项目类型	章节/备注
52	SUBLAN	Submarine Local Area Networks	潜艇局域网	ACAT Ⅲ	5.7.3
53	CENTRIXS	Combined Enterprise Regional Information Exchange System	联合企业区域信息交换系统	ACAT Ⅲ	5.7.5
54	SCI NETWORKS	Sensitive Compartmented Information Networks	敏感隔离信息网络	ACAT Ⅲ	5.7.4
55	ADNS	Automated Digital Network System	自动化数字网络系统	ACAT Ⅱ	5.5
	LNS	Legacy Network Systems	遗留网络系统	ACAT Ⅱ/Ⅲ	5.7
	APP-I	Application Integration	应用集成		5.8
	ACS	Agile Core Services	敏捷核心服务		5.3
	CES	Core Enterprise Services	核心企业服务		5.4
	Piers-EPCA	Enterprise Piers Connectivity Architecture	企业码头连接架构		5.6
	DevSecOps	Development Secure Operations	开发安全与运营		5.9
PMW 170		**Communications & GPS Navigation**	**通信与 GPS 导航**		
56	BFTN	Battle Force Tactical Network	作战兵力战术网络	ACAT Ⅲ	6.2.1
57	NTCDL	Network Tactical Common Data Link	网络战术通用数据链	ACAT Ⅲ	6.2.2
58	PRP	Portable Radios Program	便携式无线电项目	Project	N/A
59	CDLS	Communications Data Link System	通信数据链系统	ACAT Ⅲ	6.2.3
	CDLS TR	Communications Data Link System Tech Refresh	通信数据链系统技术更新	ACAT Ⅲ	
	BFEM	Battle Force Email	作战部队邮件系统	ACAT Ⅳ	6.2.4
	CSEL	Combat Survivor Evader Locator	作战幸存者定位	ACAT Ⅲ	6.2.5
	UHF Legacy		高频无线电组	AAP	N/A
	HFRG	High Frequency Radio Group	高频无线电组	ACAT Ⅲ	6.2.6
	JCSE Mod	Joint Communications Support Element Modernization	联合通信支援分队现代化	Project	N/A
60	DMR	Digital Modular Radio	数字模块化无线电	ACAT Ⅲ	6.3.1
	MUOS on DMR	Mobile User Objective System on DMR	基于 DMR 的移动用户目标系统	EC/MM	6.3.2

（续）

序号	缩略语	项目名称	中文	项目类型	章节/备注
61	ATCS	Amphibious Tactical Communications System	两栖战术通信系统	Project	6.3.3
	DWTS	Digital Wideband Transmission System	数字宽带传输系统	ACAT Ⅳ	6.3.4
	HF SAR	High Frequency Shipboard Automatic Link Establishment (ALE) Radio	高频舰载自动链路建立无线电	AAP	6.3.5
	SINCGARS	Single Channel Ground and Airborne Radio System	单通道地面和机载无线电系统	ACAT Ⅲ	6.3.8
	EPLRS-DR	Enhanced Position Location Reporting System- Data Radio	增强型定位报告系统-数据无线电	AAP	6.3.6
	EMUT	Enhanced Man-pack UHF Terminal	增强型背负式UHF终端	Project	6.3.7
	TVS	Tactical Variant Switch	战术变体开关	Project	6.3.9
	SA-2112	Red/Black Switch SA-2112 (Family of analog/digital switches)	红黑开关（模拟/数字开关系列）		6.3.10
	Mini-DAMA	Mini-Demand Assigned Multiple Access	按需分配多路访问	AAP	6.3.11
	5/25kHz	5/25kHz UHF SATCOM	5/25kHz特高频卫星通信	ACAT IC	6.3.12
62	NMT	Navy Multiband Terminal	海军多波段终端	EC/MM	6.4.1
63	ATIP	Advanced Time Division Multiple Access (TDMA) Interface Processor	高级时分多址（TDMA）接口处理器	ACAT Ⅲ	6.4.6
64	GBS	Global Broadcast Service	全球广播服务	ACAT Ⅲ	6.4.3
65	CBSP	Commercial Broadband Satellite Program	商业宽带卫星计划	ACAT Ⅲ	6.4.2
66	CWSP (WSC-8)	Commercial Wideband Satellite Program	商业宽带卫星计划	ACAT IVT	N/A
67	SMQ-11 ESRP	Environmental Satellite Receiver Processor SMQ-11	环境卫星接收处理器SMQ-11	AAP	6.4.4
68	FMQ-17 ESRP	Environmental Satellite Receiver Processor FMQ-17	环境卫星接收处理器FMQ-17	Project	6.4.5
69	NSLC-A	Naval Senior Leadership Communications -Aircraft	海军高级领导通信-飞机	ACAT IC	N/A
	NEHSP	Navy Extremely High Frequency (EHF) SATCOM Program	海军极高频卫星通信计划		

(续)

序号	缩略语	项目名称		中文	项目类型	章节/备注
	SMT	Spectrum Monitoring and Transition		频谱监测和传输	Project	N/A
	MAT	Mobile Advanced Extremely High Frequency (AEHF) Terminal		移动先进极高频（AEHF）终端	MTA	6.4.7
	TV-DTS	Television Director To Sailors		舰员电视导播器	ACAT IVM	6.4.8
	INMARSAT	International Maritime Satellite		国际海事卫星	ACAT Ⅲ	6.4.11
	IRIDIUM	Enhanced Mobile Satellite Service (EMSS) -Iridium		增强型移动卫星服务（EMSS）-铱星	Project	6.4.9
	SHF AN/WSC-6 (V)	Super High Frequency SATCOM		超高频卫星通信	ACAT Ⅱ	6.4.10
	AC2 Modem	Assured Command and Control Modem		可靠指挥控制调制解调器	EC/MM	N/A
	WAMS	Wideband Anti-Jam Modem System		宽带抗干扰调制解调器系统	EC/MM	6.4.12
70	GPS	Global Position System		全球定位系统	Project	6.5.1
71	GPS Mod	GPS Modernization		GPS现代化	Project	6.5.1
72	GPNTS	GPS-Based Positioning, Navigation and Timing Service		基于GPS的定位、导航和授时服务	ACAT Ⅲ	6.5.2
	EGI-M	Embedded GPS/INS- Modernization		嵌入式GPS/INS现代化	ACAT Ⅲ	6.5.3
73	Air NAVWAR	Navigation Warfare Air		空中导航战	ACAT Ⅲ	6.5.4
74	Sea NAVWAR	Navigation Warfare Sea		海上导航战	ACAT Ⅲ	6.5.4
	NAVSSI	Navigation Sensor System Interface		导航传感器系统接口	ACAT IVT	6.5.5
	DAGR	Defense Advanced GPS Receiver		国防高级GPS接收器	AAP	6.5.6
75	WRN-6(V)	Satellite Signals Navigation Set (AN/WRN-6)		卫星信号导航装置	AAP	6.5.7
	NoGAPSS	Non-GPS Aided PNT for Surface Ships		用于水面舰艇的非GPS辅助PNT	EC/MM	6.5.8
	M-Code	Military code		军用码		6.5.9
	MAGNA	Multi-platform Anti-jam GPS Navigation Antenna		多平台抗干扰GPS导航天线	EC/MM	6.5.10

(续)

序号	缩略语	项目名称	中文	项目类型	章节/备注
76	JEOD-VSAT	Joint Explosive Ordinance Disposal, Very Small Aperture Terminal	联合爆炸物处理案例，甚小孔径终端	Project	N/A
	HFORCE	High Frequency Over the-Horizon Robust Communications Enterprise	高频超视距鲁棒通信体系	Project	6.6.1
	JALN-M	Joint Aerial Layer Network Maritime	海上联合空中层网络		6.6.2
	MFT	Mobile User Objective System (MUOS) Functional Terminal	移动用户目标系统（MUOS）功能终端	Project	N/A
77	BISOG Programs	Blue in Support of Green Programs	蓝色支持绿色计划 EPLRS – DR/ EMUT/ SINC-GARS/ HF SAR/ Iridium		N/A
78	UHF/HF/VHF/ SATCOM Legacy Programs	—	UHF/HF/VHF/ SATCOM 遗留项目		N/A
	PEO Space Systems PMW 146	Navy Communications Satellite	海军通信卫星		
79	MUOS	Mobile User Objective System	移动用户目标系统	ACAT IC	7.2.1
80	UFO	UHF Follow-on	特高频后继	ACAT IC	7.2.2
	WGS	Wideband Global SATCOM	宽带全球卫星通信		7.2.3
	DSCS	Defense Satellite Communications System	国防卫星通信系统		7.2.4
	AEHF	Advanced Extremely High Frequency	先进极高频卫星系统		7.2.5
	Milstar	Military Strategic and Tactical Relay	军事星（军事战略和战术中继卫星）		7.2.6
81	FLTSATCOM	Fleet Satellite Communication System	舰队卫星通信系统		7.3.1
82	Leased Satellites	—	租赁卫星		7.3.2
83	Naval Nanosat	—	海军纳卫星		7.4.1
84	ICE-Cap	Integrated Communications Extension Capability	集成通信扩展能力		7.4.2
85	Vector JCTD	Vector Joint Capability Technology Demonstration	矢量联合能力技术演示		N/A

(续)

序号	缩略语	项目名称	中文	项目类型	章节/备注
86	PMW 740	International C4I Integration			
	INTERNATIONAL C4I INTEGRATION		国际C4I集成（对外军售）		12.3
	PMW 750	Carrier and Air Integration	航母与航空集成		
87	CVN	Nuclear-powered Aircraft Carriers	核动力航空母舰		8.2.1
88	LCC	Amphibious Command Ship	两栖指挥舰		8.2.2
89	LHA	Landing Helicopter Assault	通用两栖攻击舰		8.2.3
90	LHD	Landing Helicopter Dock	多用途两栖攻击舰		同上
91	TacMobile	Tactical Mobile	战术行动	ACAT Ⅲ	8.3
	MQ-25A Stingray	—	"黄貂鱼"无人机		8.2.4
	MQ-4C Triton	—	"特里同"无人机		8.2.5
	PMW 760	Ship Integration	水面舰船集成		
92	CG	Guided Missile Cruiser	"提康德罗加"级导弹巡洋舰		9.2.2
93	DDG 51	Arleigh Burke Class Guided Missile Destroyer	"阿利·伯克"级导弹驱逐舰	ACAT ID	9.2.3
94	DDG 1000	Zumwalt-class Destroyer	"朱姆沃尔特"级驱逐舰	ACAT IC	9.2.4
95	EPF	Spearhead-class Expeditionary Fast Transport	"先锋"级远征运输船	ACAT Ⅱ	9.2.11
	LCS	Littoral Combat Ship	濒海战斗舰	ACAT ID	9.2.7
	LCS Mission Modules	—	LCS任务模块	ACAT IC	
96	LPD 17	San Antonio-class Amphibious Transport Dock	"圣安东尼奥"级两栖船坞运输舰	ACAT IC	9.2.5
97	LSD	Dock Landing Ship	两栖船坞登陆舰		9.2.6
	LX(R)	Amphibious Landing Ship replacement	两栖登陆舰替代型		N/A
	FFG 62		"星座"级导弹护卫舰		9.2.8

(续)

序号	缩略语	项目名称	中文	项目类型	章节/备注
	SSC	Ship-to-Shore Connector Amphibious Craft	舰岸连接器（气垫登陆艇）	ACAT IC	9.2.15
	T-AKE		干货弹药船		9.2.10
	T-AO 205	Replenishment Oiler	舰队补给油船	ACAT IC	9.2.12
	T-AGOS		海洋监视船		9.2.13
	T-ATS	Towing, Salvage and Rescue	拖曳、救助、救援船		N/A
	LCU 1700	Landing Craft Utility	通用登陆艇	ACAT Ⅲ	9.2.14
	USCG NSC	Coast Guard National Security Cutter	海岸警卫队国家安全舰		9.2.9
	USCG OPC	Coast Guard Offshore Patrol Cutter	海岸警卫队离岸巡逻舰		9.2.9
98	USCG Cutter	—	海岸警卫队舰艇		
99	Auxiliaries		辅助设备		
	PMW 770	Undersea Integration	水下集成		
100	OHIO	Ohio-class Nuclear-powered Submarines	"俄亥俄"级战略核潜艇		10.2.1
101	SSGN	Guided-missile Submarines	巡航导弹核潜艇		10.2.2
102	Seawolf	Seawolf-class Submarine	"海狼"级攻击核潜艇		10.2.3
103	VA	Virginia-class Submarine	"弗吉尼亚"级攻击核潜艇		同上
104	LA	Los Angeles-class Submarine	"洛杉矶"级攻击核潜艇		同上
105	CSRR	Common Submarine Radio Room	通用潜艇无线电舱	ACAT Ⅱ	10.3.1
106	OE-538	Multi-Function Mast (OE-538)	多功能桅杆	ACAT Ⅲ	10.3.4
107	SubHDR	Submarine High Data Rate	潜艇高数据速率	ACAT Ⅲ	10.3.5
108	FSBS/NC3	Fixed Submarine Broadcast System	固定潜艇广播系统		10.4.2
109	TACAMO Ground	Take Charge and Move Out (TACAMO) Ground Communications Mobile (TGC-M)	"塔卡木"地面移动通信	AAP	10.4.3
	LBUCS	Low Band Universal Communications System	低频段通用通信系统	ACAT IVT	10.4.4

(续)

序号	缩略语	项目名称	中文	项目类型	章节/备注
	SAMS	Submarine Antenna Modifications and Sustainment	潜艇天线改装和维护	AAP	10.3.6
	SCB	BRR-6/Submarine Communications Buoy	潜艇通信浮标	Project	10.3.2 10.3.3
	Adv HDR	Advanced High Data Rate Antenna	先进高数据速率天线	Project	10.5.5
110	Undersea Constellation	—	海底星座		10.5.1
	LBS-AUV	Littoral Battlespace Sensing Autonomous Underwater Vehicle	濒海战场感知自主水下航行器		10.5.2
	LPI/LPD	Low Probability of Interception/Low Probability of Deception	低截获概率和低检测概率		10.5.4
	OCOMMS	Optical Communications	模块化光学通信		10.5.3
	SSCS	Shore to Ship Communications Systems	岸舰通信系统	Project	10.6.1
	SCAP CEP	Strategic Communications Continuing Assessment Program (SCAP) Continuing Evaluation Program (CEP)	战略通信持续评估项目	Project	10.7.1
	SUBOPAUTH	Submarine Operating Authority	潜艇作战授权	Project	10.4.1
	ISDS	Information Screening and Delivery Subsystem	信息筛查与传输子系统	Project	同上
	XENG	Transition Engineering	过渡工程	Project	10.7.2
	UAC2	Undersea Assured Command and Control	海底有保证的指挥与控制	Project	10.6.2
111	ASW Advanced Dev.	Anti-submarine Warfare Advanced Development	反潜战高级发展项目		N/A
	PMW 790	Shore and Expeditionary Integration	岸基与远征集成		
112	TSw	Tactical Switching	战术交换	ACAT IVM	STACC 的前身
113	NOC	Network Operations Centers	网络操作中心		N/A
114	STACC	Shore Tactical Assured Command and Control	岸基战术保证指挥与控制	ACAT IVM	11.2.1
115	VSE	Virtual Secure Enclave	虚拟安全飞地		STACC 的子项
116	JMINI CS	Joint Military Satellite Communications (MILSATCOM) Network Integrated Control System	联合军事卫星通信网络集成控制系统	ACAT IVT	11.3.4

(续)

序号	缩略语	项目名称	中文	项目类型	章节/备注
117	Telephony	—	电话通信	Project	11.3.3
118	NAVMACS	Naval Modular Automated Communication System	海军模块化自动通信系统	ACAT IVT	C2OIX
119	C2OIX	Command and Control Official Information eXchange	指挥与控制官方信息交换	Project	11.3.1
120	DJC2	Deployable Joint Command and Control	可部署的联合指挥与控制	ACAT IAC	11.4.1
121	USNO	United States Naval Observatory	美国海军天文台	ACAT III	
	USNO PTA Network	United States Naval Observatory Precise Time and Astrometric Network	美国海军天文台精确计时和天文测量网	Project	11.4.4
	Expeditionary C4I	—	远征C4I	Project	11.4.3
122	MOC	Maritime Operations Center	海上作战中心	Project	11.4.2
123	NECC	Naval Expeditionary Combatant Command	海军远征作战司令部		ICOP
	IW CS	Integrated Waveform Control System	集成波形控制系统	Project	11.3.5
124	NC3 NMHS	Nuclear Command, Control, and Communications Navy Modernized Hybrid Solution	核指挥、控制和通信－海军现代化混合方案	ACAT IVT	11.3.2
125	NCTAMS/NCTS	Naval Computer and Telecommunications Area Master Station / Naval Computer and Telecommunications Station	海军计算机和电信区域总站/海军计算机和电信站		11.5.3
126	Teleport	—	国防部远程传输系统	ACAT IAM	11.5.2
	DMS	Defense Messaging System	国防消息系统	Project	11.5.1

在过去的二十年中，PEO C4I 一直专注于其首要任务，着眼于支持海军官兵和海军陆战队，整个 PEO 团队都在各个层面进行创新，以满足战略竞争的紧迫感；并将重点放在项目组合的系统交付上，以实现端到端的无缝能力。随着司令部展望未来，PEO C4I 将继续为作战人员提供灵活性、效率、创新和能力。

作为司令部致力于与行业合作伙伴建立牢固持久关系的一部分，PEO C4I 积极参与国防工业协会（NDIA）、武装部队通信和电子协会（AFCEA）和美国海军工程师协会（ASNE）举办的活动。

1.5 战略规划和愿景

SPAWAR/NAVWAR 先后发布了三版战略规划，提出了未来发展的战略愿景。

1.5.1 战略愿景 2015—2022

在 SPAWAR 发布的《战略规划 2017》中，提出战略愿景 2015—2022，如图 1-26 所示，[①] 即：加快和简化交付；使能现代 IT 服务交付；拥有赛博技术领导力；降低运营成本；优化组织和员工队伍。

图 1-26 SPAWAR 战略愿景 2015—2022

SPAWAR 愿景是"快速交付从海底到太空的赛博战能力"。为了实现这一愿景，我们必须继续建立一支世界一流的团队，专注于利用技术为我们的作战人员配备能够使我们在赛博领域占据主导地位的系统。我们必须提供世界上无与伦比且在整个生命周期中价格合理的系统。SPAWAR 产品必须安全、可靠、直观，保证在整个舰队中的互操作性，并且能够以前所未有的速度应对快速变化的战场环境。

---

① Space and Naval Warfare Systems Command. Strategic Plan Execution Year 2017.

当我们使用术语"赛博"时，我们指的是计算领域或与计算相关的所有领域，其网络化能力已被扩展，以提供对对手的决定性优势。这种能力现在扩展到国家作战系统的核心，以及平台的最基本功能，如机械控制、导航和武器系统。

虽然我们对系统和平台进行了前所未有的控制和管理，但我们也比以往任何时候都更加依赖网络和计算机控制的系统。这些关键系统容易受到赛博攻击。我们需要认识到这些脆弱性的程度，并制定积极措施来应对这些脆弱性。

我们对赛博的日常活动和作战优势的依赖揭示了一个新的作战域。赛博空间是第五个作战域，与陆地、海洋、空中和太空等物理域不相上下。在赛博域，信息被创建、传输和处理。这包括观察物理域的能力，将这些观察转化为可采取行动的情报和指挥决策，并对先进武器系统进行精确控制。信息战是由基于赛博域的技术能力来实现和交付的。海军继续将赛博空间作战作为舰队作战的重要组成部分进行整合。有效、可靠的赛博作战必须成为我们维持作战优势的核心任务的一部分。

机动行动发生在由网络化系统和电磁频谱组成的赛博战场上。SPAWAR必须通过提供在所有领域（包括电磁和信息环境）观察活动的能力，确保海军保持其赛博优势。SPAWAR保持现代海战所需的全方位连接。

我们将提供将观察转化为可行动情报的能力，并在所有五个作战域支持海军部队的指挥和控制。通过向作战人员提供先进的网络能力，提供在赛博和电磁环境中作战和机动（保护、检测和响应）的技术能力。

为了取得成功，我们将在全体员工中扩展赛博作战知识，优化我们的组织，以在不断变化的威胁面前最大限度地提高灵活性和效率。我们将研究和开发在赛博域可视化和进行实时操作的能力，以确保我们能够在动态环境中操作我们的信息和计算机控制系统。而在此过程中，将最大程度地节约经费，降低成本。

1.5.2　战略愿景2018—2027

2017年10月，SPAWAR发布《战略愿景2018—2027》，提出了履行承诺、增强技术、忠诚伙伴和发展组织的指导原则，并将加速和简化交付、提高赛博弹性和优化组织运营作为SPAWAR的战略目标，如图1-27所示。[1]

当时，SPAWAR司令官、海军少将克里斯蒂安·贝克尔（Christian Becker）在一次活动中向全体员工介绍了修订版的《SPAWAR战略愿景2018—2027》，描述了SPAWAR必须实现的远期最终状态，以完全适应海军在赛博域的任务。[2]

1. 加速和简化交付

我们迫切需要为我们的舰队和海岸基础设施从海底到太空确定和交付信息战能力。这要求我们加快内部研发流程，即提高从技术设计、开发、实现以及交付的速度，维持在所有战区的信息优势。信息战平台（IWP）是这项工作的重点，涵盖了海上和岸上海军，为我们的作战人员提供必要的作战能力和杀伤力。IWP需要模块化和开放式设计，内置互操作性、

---

[1]　Space and Naval Warfare Systems Command. Strategic Vision 2018—2027. ［Strategic_Vision-2018-2027. pdf］

[2]　SPAWAR Rolls Out Strategic Vision for Workforce，DVIDS，Oct. 17，2017. ［https://www.dvidshub.net/news/252381/spawar-rolls-out-strategic-vision-workforce］

图 1-27 SPAWAR 战略愿景 2018—2027

灵活性和弹性。应用程序的开发和交付必须符合所需的一套服务和标准,并在完全抽象的硬件平台上运行,为海军官兵提供共同的最终用户体验。建立、部署和维持 IWP 提高了海军的杀伤力。

IWP 将平台内的各个 C4I 能力集成到一个基线中,通过聚合、融合和公开任务区内的数据和服务来增强作战能力,为作战人员提供可操作的知识。IWP 将提供快速的能力开发和更新、机器学习和人工智能的集成,以增强作战人员的决策能力,降低赛博竞争环境中的复杂性。

基于稳健的云架构实现海军数字化,可实现快速升级和安装,以支持当前和安全的应用程序。利用商业云计算和 IT 管理流程提供更快、安全的数据访问,将海军数据优化为致命的力量倍增器。专注于最终用户能力,以确保作战人员能够高效、有效和移动地访问相关数据,同时实现企业分析和指标,以支持服务的持续现代化。

SPAWAR 创造了一个环境,通过快速识别、原型制作、试验和传递信息战技术,减少提供作战能力的障碍,并专注于可现场使用的原型。

2. 提高赛博空间弹性

我们是海军赛博安全的技术领导者,应确保在从系统开发到维持的整个生命周期内,将赛博弹性和互操作性纳入所有海军系统的标准和流程;在全球范围内推动赛博标准的实施,创建一个安全、可防御的信息域;通过管理赛博基线,提高舰队的赛博准备状态。我们明确了赛博威胁对舰队能力的作战风险,从而能够成功地为动态赛博威胁环境进行作战规划。

SPAWAR 建立了标准化的关键流程以满足弹性和互操作性设计的要求,实现对 C4I 系统、体系业务和空间系统的一致性设计与采办,使得在任何通信、网络或赛博条件下都能实现任务优先的信息战能力。通过对操作人员的培训可以实现持久可靠的作战能力。

通过一致的赛博安全规范和标准，确保作战人员的赛博安全，使得赛博空间能够在复杂环境下正常运行。通过部署弹性的赛博空间平台，支持确保战场环境下成功执行作战任务。通过平台自身的监测，为作战人员提供正确的赛博空间健康性信息及赛博安全的改进方向。在设计开发阶段，应该借鉴企业级的深度防御手段，以提高赛博空间弹性并提供一致的赛博安全措施。

为平台提供的赛博空间基本配置要确保符合设计指标并通过交付验证，记录与信息技术权威标准的偏差。SPAWAR 提供端到端的赛博空间兼容服务，能够托管和连接海上与岸上的系统，并确保舰船和岸上系统处于标准状态来减少漏洞，增加操作人员的信心。

3. 优化组织运营

优化组织运营能力，不断发展和强化员工队伍，通过与合作伙伴的努力支持作战人员。不断衡量和改进为客户提供的服务质量，理解客户的需求。强化员工的核心价值观，提高其在国防领域的认识。始终为员工提供平等的就业机会、绩效制度和包容的工作环境。提升学习能力，追求前沿技术，建设一支以解决方案为导向的员工队伍。

2019 年 6 月，更名后的 NAVWAR 继承了 SPAWAR 的战略愿景，直到发布新版的《战略矢量 2022》。

1.5.3　战略矢量 2022

2022 年 5 月 26 日，在圣迭戈的 NAVWAR 总部举行的一场活动中，司令官道格拉斯·斯莫尔（Douglas Small）和主题专家向员工介绍了新的 NAVWAR《战略矢量 2022》(*Strategic Vector 2022*)，阐述了司令部的使命、愿景和战略目标，所有这些都集中于为 One NAVWAR 培养卓越文化。[①]

《战略矢量 2022》旨在使司令部与《海军作战部长发展指南》(CNO NAVPLAN)[②] 保持一致，并描述了一种数据驱动的方法，以实现使 NAVWAR 成为全球领先的信息战（IW）能力提供商的目标，从而推动从海底到太空的作战优势。

"矢量"由方向和大小定义。由于方向是更高级别的指导，如 CNO 的发展指南，因此矢量能够在与所提供的指导一致的情况下，衡量实现所定义目标的进展。

矢量确定了三个战略目标，包括培养世界一流的员工、确保信息准备好和领导海军数字化（图 1-28）。

（1）培养世界一流的员工。赋予卓越文化权力使能数据驱动的文化；激发使命思维。

（2）确保信息准备好。在战略竞争中优先考虑海军自给自足；准备并使能全域舰队作战；优化基础设施以产生海军力量；按时交付。

（3）领导海军数字化。指导海军作战架构的部署；发展、维护和现代化海军数字化；推动基于数据的决策和数字化转型。

---

① Elisha Gamboa. NAVWAR Announces Release of New Strategic Vector, DVIDS, May 26, 2022.[https://www.dvidshub.net/news/422511/navwar-announces-release-new-strategic-vector]

② The CNO Navigation Plan (NAVPLAN), released on July 26, 2022.

图 1-28 ┃ NAVWAR 战略矢量 2022

愿景：成为信息能力的卓越提供商，推动从海底到太空的作战优势。

由于 NAVWAR 的首要任务是员工，因此，文件中描述的第一个战略目标是培养世界一流的员工队伍，通过增强卓越文化，促进数据驱动文化和激发使命思维，这是有意义的。

第二个战略目标是确保信息就绪，着眼于今天的胜利，同时为更大、更有能力的未来混合舰队发展和提供信息战能力。

第三个战略目标是领导海军数字化，旨在创建执行"超越计划"（Project Overmatch）所需的信息战能力和环境，这是海军部的一项高度优先的举措，旨在将平台、武器和传感器连接在一个强大的海军作战体系结构中，该体系结构与联合全域指挥控制（JADC2）系统集成，以增强分布式海上作战（DMO）。

NAVWAR 确认、发展、交付和支撑信息战能力和服务，使美国海军、联军、联盟部队能够在从海底到太空的作战域并贯穿赛博空间进行作战。

1.6 美军 C4ISR 系统的发展综述

美军的 C4ISR 系统是集指挥控制、预警探测、情报侦察、通信、武器控制和其他作战信息保障等功能于一体，用于军事信息获取、处理、传递、决策支持和对部队实施指挥控制以及战场管理的军事信息系统，是信息化战争最基本的物质基础。我国称之为指挥自动化系统、指挥信息系统或综合电子信息系统。20 世纪 50 年代以来，在军事需求牵引和电子信息

技术进步的推动下，美军指挥信息系统经历了多个发展阶段。[1,2,3]

20世纪50—70年代，在美苏冷战时期，为防止敌方飞机的突然袭击和核打击，美军开始规划建设防空自动化指挥系统，并于1958年建成了世界上首个"半自动地面环境系统"（Semi-Automatic Ground Environment System，SAGE）。该系统首次将地面警戒雷达、通信设备、电子计算机等设备链接起来，实现了防空作战目标数据处理和航迹显示的半自动化。

SAGE首次将地面警戒雷达、通信设备、电子计算机等设备链接起来，实现了防空中的部分指挥信息功能，以及目标数据处理和航迹显示的部分自动化，构建了指挥信息系统的雏形。其特点，首先是网络化和半自动化，SAGE系统在全国范围内部署更多的小型雷达，在覆盖区域之间建立通信线路，并使用集中的自动化系统处理信息；其次是单一化，SAGE系统的功能单一（主要功能是指挥控制），任务、结构也单一，不具有与其他兵种系统协同作战的能力。

以SAGE为代表的第一代指挥信息系统只能称为C2（Command and Control）系统，以承担单一的战术作战指挥控制任务为使命，功能相对单一，如防空预警雷达情报综合处理能力、航空兵拦截引导能力等，主要解决情报获取、传递、处理和指挥手段等环节的自动化问题。

20世纪70年代后期至90年代中期，美国各军种根据自身需要建设专用的信息系统，例如全球军事指挥控制系统（World Wide Military Command and Control System，WWMCCS）、陆军战术指挥控制系统（ATCCS）、海军战术指挥系统（NTCS）、战术空军控制系统（TACS）等。NTCS是一套软件应用程序和必要的商用现成硬件，用于向海军和海军陆战队作战部队、海上和岸上的作战部队提供船舶和航空维护管理、库存管理、供应和财务业务管理、行政和人事管理。这些指挥信息系统主要围绕指挥所建设，处于各军兵种主导的分散建设模式，形成了各军兵种专用的指挥信息系统，实现了军兵种内部指挥、情报和通信的相互结合，基本解决了军兵种独立作战的指挥控制问题，但各军兵种指挥信息系统间相对独立运行，不能互联互通，缺乏跨军兵种的信息共享和作战协同能力。

针对C2系统在1962年古巴导弹危机等军事行动中暴露出来的通信能力弱等缺陷，美军重点提升了C2系统的通信（communication）能力，发展成为C3系统。1977年美军首次将情报（intelligence）能力作为不可缺少的要素融入C3系统中，形成了C3I系统。1989年，为了强调计算机在军队指挥控制系统中的核心地位和在信息处理中的重要作用，美军又扩展了C3I系统的内涵，增加了另一个计算（computing）能力，演变为C4I系统。

1997年，美军决定将监视（surveillance）和侦察（reconnaissance）纳入C4I系统中，发展成为C4ISR系统，定义为能在所有军事作战范围中支持指挥员进行计划、指挥和控制部队的一体化指挥、控制、通信、计算机、情报、监视和侦察的信息系统。C4ISR系统的战略意图是，提供为部队能在任何行动中生存并取胜所必须的获取、使用及分享信息的能力。

美军以新兴作战概念为牵引，按照国防部统筹顶层规划、信息基础设施成体系建设以及各军种联合全域指挥控制系统持续演进的模式，在网络中心战作战效能提升和C4ISR系统

---

① 张东，雷正伟，牛刚，等. 美军指挥信息系统发展历程及其结构特征[J]. 兵工自动化，2018，37（2）：19-22.
② 张维明，阳东升. 美军联合作战指挥控制系统的发展与演化[J]. 军事运筹与系统工程，2014，28（1）：9-12.
③ 裴燕，徐伯权. 美国C4ISR系统发展历程和趋势[J]，系统工程与电子技术，2005，27（4）：666-671.

发展方面取得了显著成效。以美军军事信息基础设施发展历程为主线，主要分为以下 4 个阶段[1,2]：

（1）1992 年，美国参谋长联席会议提出了"武士"C4I 计划，随后做出了建设国防信息设施（DII）的决定。

（2）1997 年，美军提出网络中心战（NCW）的概念。1999 年首次提出的"全球信息栅格"（GIG）是进行 NCW 的中心环境。

（3）2011 年，美军提出联合信息环境（JIE）概念，将美军信息环境建设的导向从"以网络为中心"转向"以数据为中心"。

（4）2020 年，国防部首席信息官将 JIE 纳入更广泛的国防部数字现代化战略（DMS）中。

1.6.1 国防信息基础设施（DII）

国防信息基础设施（Defense Information Infrastructure，DII）是集通信、计算机、数据应用、安全服务以及其他服务为一体的共享和互联的系统，可满足国防部用户在各种军事作战行动中对信息处理和传输的要求。

20 世纪 90 年代初，美国开始调整军事战略，强调多军兵种联合作战。1991 年的海湾战争暴露出美军的信息系统缺乏互连、互通、互操作性，无法提供作战空间的统一图像，适应不了联合作战的需要，并且存在严重的重复建设现象，浪费大量人力物力。1992 年，美国参谋长联席会议提出了"武士"C4I 计划，作为美国军事一体化信息系统发展的总目标。在"武士"C4I 概念的指导下，1992 年美国国防部在《国防管理报告决议》中作出了建设国防信息基础设施的决定，1993 年 1 月正式批准，不久发表了《国防信息基础设施总计划1.0 版》。

总计划规定了信息基础设施的主要组成、作用、责任，并成为跟踪其向服务环境发展的工具。国防信息基础设施总体上呈现层次化结构，参考模型如图 1-29 所示[3]。

在这一阶段，美军主要将国防信息基础设施作为实现各军兵种互联互通的共用信息基础平台，并在全球军事指挥控制系统（WWMCCS）的基础上，着手建设全球指挥控制系统（GCCS），着力提高系统互联互通互操作能力，对各军兵种"烟囱"式系统进行整合和集成。

1991 年的海湾战争暴露出美军各军种之间"烟囱式"信息系统的弊端，1992 年美国提出了"武士 C4I"（C4IFTW）计划，基于此建设全球指挥控制系统（GCCS），并逐步取代 WWMCCS。GCCS 是一个高度机动，具有兼容性、互操作性和集成性的指挥、控制、通信、计算机和情报（C4I）系统。GCCS 将国防部、陆军、空军和海军的指挥系统联合起来，同时与联合作战部队、特种部队及联邦机构 C4I 系统连接，具有高度集成化的特点。GCCS 应用了分布式计算，保障指挥和控制功能的软件及数据被分布在通过网络互联的异构与互操作

---

[1] 裴晔晔，倪得晶，陶智刚，等．美军国防信息基础设施体系建设发展与启示［J］．指挥信息系统与技术，2021，12（6）：7-13.

[2] 王静，钟瑶，等．美军通信网络与信息系统发展研究综述［J］．中国电子科学研究院学报，2021，16（11）：1094-1102.

[3] 徐斌，代科学．美军信息基础设施发展研究［J］．兵工自动化，2016，35（12）：17-20.

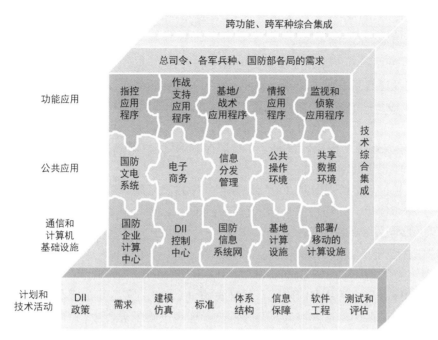

图1-29 ┃国防信息基础设施的参考模型

的计算机上。

GCCS 是可互操作的、资源共享的、高度机动的、无缝连接任何一级 C4I 系统的、高生存能力的全球指挥控制系统。同时,陆军在开发陆军战斗指挥系统(ABCS)、空军在开发战区作战管理核心系统(TBMCS)、海军在开发海上全球指挥控制系统(GCCS-M)、海军陆战队在开发战术战斗作战系统(TCOS)。

GCCS 包括四个部分:GCCS-J 将国家指挥机构与联合特遣部队、分队指挥官联系起来;GCCS-A 为陆军的战略、战区和战术指挥的控制和通信系统,可实现 GCCS-J 到陆军战区作战信息和关键数据之间的无缝链接;GCCS-AF 为空军提供通用的基础设施硬件和软件,在司令部、司令部组件和 GCCS-J 之间传递空军指挥与控制(C2)数据,提供全套联合基线能力(包括通用作战图)和 AF 特定应用;GCCS-M 为海军的现场指挥与控制系统,能够帮助作战指挥官收集战场信息,并为决策提供帮助。

GCCS 遵循信息管理技术架构框架(TAFIM)。TAFIM 由国防信息系统局(DISA)开发,为 DoD 技术基础架构的发展提供指导。

1. 武士 C4I 计划

从 20 世纪 90 年代初开始,美军在总结以往 C4I 系统建设和应用的基础上,特别针对海湾战争中所暴露的系统不能互联、相互脱节的问题,决定把过去那种分立的"烟囱式"系统集成为分布式、横向互通的扁平式大系统。因此,美军参联会于 1992 年 2 月提出了一个新的联合 C4I 结构计划,即武士 C4I 计划(C4I for the warrior,也译作勇士 C4I 计划)。它为一体化 C4ISR 系统的发展提出了需求和目标,旨在建立 4 个军种共同的一体化 C4I 系统。

它的近期目标是把各军种主要的 C4I 系统综合起来,在它们之间实现"三互";远期目标是建立一个全球无缝的多级安全保密的信息网络,使在世界任何地方的美国作战部队能在任何时间、从任何级别的C4I系统中获得所需的作战空间图像，为任何参战人员提供准确的信息和指令。实现过程分三个阶段：

第一阶段为1992—1995年，主要是确定需求和方案，建立标准、政策和条令，把4个军种的典型系统互连起来，通过翻译器或解释器实现数据、信息互通和数据库的互操作。

第二阶段为1995—2004年，主要实施过渡计划。一是把已有的"烟囱式"系统通过转换器与现有基于"互联网"的国防信息系统网（DISN）连接，组成联合网络；二是按武士C4I计划中新的信息系统结构建设新的全球指挥控制系统（GCCS），实际上是建设联合C4I系统和各军种C4I系统的示范系统。

第三阶段为长远目标阶段，从20世纪90年代末直至完成，在示范系统基础上，不断采用先进技术，连续优化，直到提供全球信息球（infosphere）。整个计划的实现依靠DISN和GCCS，以及一些新发展的设备和系统。

2. 全球指挥控制系统

全球指挥控制系统（Global Command and Control System，GCCS）是武士C4I计划的核心部分，是美国综合C4I系统和国防信息基础设施（DII）的重要组成部分，是美军用以保障其在全球范围内部队的派遣和协调，实施危机管理和协调多军兵种/多国联合作战的系统。全球700多个地区都安装了该系统，可满足作战部队对无缝一体化指挥和控制的要求。它的目标是提供一个跨军（兵）种、跨功能的系统，对指战员提供一个统一的战场态势图形；通过利用公共操作环境（COE），将陈旧的应用转变为现代化的计算方法和技术。

它的系统有：作战体系结构（OA），包括作战概念、功能结构、组织与条令等；技术体系结构（TA），亦称物理结构，描述GCCS所使用的基本技术设备，包括硬件、软件、通信、安全保密等；系统体系结构（SA），亦称运行结构，利用TA来实现OA的系统集合。

GCCS分为三层：最高层是国家指挥当局、国家军事指挥中心和战区总部及特种作战司令部等9个分系统；中间层是战区和区域汇接层；最低层是战术层，包括联合特遣部队，战区内各军兵种司令部系统等。它的核心功能包括应急计划、部署和控制部队，后勤保障、情报态势、通信、定位、火力支援、空中作战、战术图像、数据表示与处理、数据库、办公自动化等。

GCCS由全球作战保障系统来补充、支持、增强作战能力。它将人事、后勤、财务、采办、医疗及其他支援活动合并成一个跨职能的系统。

GCCS系统于1996年初达到初始作战能力，逐步替代使用了20多年的WWMCCS。1998年，GCCS的3.0版已能提供形象化气象和海洋数据；绝密版GCCS-T 2.2版已能提供核作战计划能力及高度机密的情报公共操作图像，2010年全面进入作战服役。美军将继续致力于将现有系统迁移到一体化的C4ISR系统，在2000年清除掉1000个遗留系统，通过与技术体系结构及标准的进一步吻合，进一步提高系统的兼容性、互操作性及集成度等性能指标。在信息处理方面，现已将各军种及国防部机构和59个数据中心合并为国防部的16个"大中心"（即全球的16个大型计算中心），而且已决定再进一步合并为5个中心。

GCCS的建设除了通用部分外，还包括各军兵种的一些专用计划（或称为独立系统），如陆军的"企业"（enterprises）计划、空军的"地平线"（horizon）计划、海军的"奏鸣曲"（sonata）计划和海军陆战队的"海龙"（sea dragon）计划。但它们都是按照一体化C4I

系统的要求，在纵向和横向能够实现"三互"。

3. DII COE

DII COE（国防信息基础设施-公共操作环境）是由美国防信息系统局（DISA）负责开发和发布的一种开放性的、即插即用的模型结构。它为C4I系统提供了一个公共操作环境以及系统所需的共用功能。

DII COE有三个分层结构：核心软件、基础设施服务和共用支持应用。DII COE顶层支持C4I系统专用的任务应用。共用支持应用提供一组支持指控系统的共用任务应用，如办公自动化工具、态势显示、数据访问服务、安全管理、地图服务和显示、航迹相关和融合管理、通信输入和输出、报文加密和解密处理、战术决策辅助等。基础设施服务是中间层设备，提供跨系统的共用服务功能，包括相关数据库管理系统、Web服务器/客户机、网络管理、国防报文系统服务、办公自动化分布式计算服务、数据和目标管理服务、与外系统接口/报文交换的通信服务。核心软件包括操作系统及其扩展、打印服务、运行管理器、名称域服务、安全与系统管理服务。安全服务为系统管理员提供建立不同种类的访问控制和用户账号管理。必须指出的是，核心层配置事关大局，任何有偏差的配置都可能引起系统集成问题。COE的底层部署系统共享的数据库，包括情报数据库、作战支持辅助、战术专用数据库、战略专用数据、其他文件等。

1.6.2 全球信息栅格（GIG）

20世纪90年代后期战争形态的演变对作战能力提出新的需求，交战双方强调以信息为主导的体系与体系之间的对抗。随着网络中心战（Network Centric Warfare，NCW）[①]等新型作战理论的提出，美军认识到综合集成后的C4ISR系统仍然很难满足联合作战的需要。同时，互联网技术和面向服务的体系结构（SOA）等信息技术的快速发展为指挥信息系统建设提供了技术支撑。指挥信息系统的构建方式发生了重大变化，将依托军事信息基础设施来构建和运行各级各类指挥信息系统。

美国国防部于1999年提出建设全球信息栅格（Global Information Grid，GIG）的战略构想，并且依托这一全新的信息基础设施，全面建立网络中心化的C4ISR系统，这也标志着指挥信息系统进入了一体化建设新阶段。在《2020联合构想》中将GIG作为实现网络中心战的重要基础，支撑网络中心和面向服务的技术理念落地。GIG提供了一个用户可以主动提取所需信息，而不依赖于情报生成中心被动推送的网络中心环境。

GIG是第二代国防信息基础设施，相比DII更具继承性，可以支持：信息的处理、存储和传输；人与GIG的交互；网络管理；信息分发管理和信息保证；等等。这些功能完全实现了互操作性。通过GIG建设，美军实现了网络化，大大拓展并保护作战人员的信息域，从而使网络中心战概念成为现实。

GIG建设分为3个阶段：第一阶段为1999—2003年，主要按照GIG的初步设想对原有网络和设施进行集成；第二阶段为2004—2011年，在各军种内部实现GIG功能；第三阶段为2012—2020年，实现三军信息系统的互连、互通、互操作，全面完成GIG建设。目前，

---

① ALBERTS D S, GARSTKA J J, STEIN F P. Network Centric Warfare: Developing and Leveraging Information Superiority [M]. Washington, DC: CCRP, 1999.

GIG 建设已经发展到第三阶段，一是提出了 GIG 3.0，包括由作战网络域（Operational Network Domain，OND）定义的赛博联合作战区域（Joint Operations Area，JOA），可以进行深度防御、信息共享和灵活的飞地化体系结构，可以进行高效信息共享的多飞地客户端，用于指挥官中心（Commander Centric）赛博作战的辅助人员、培训和工具等新的设计思路；二是通过《GIG 会聚总体规划（GCMP）》提出了以云计算为中心的新体系结构。随着国防部各种平台的演进，目标技术体系结构还将持续更新。

GIG 的高层作战概念图如图 1-30 所示。

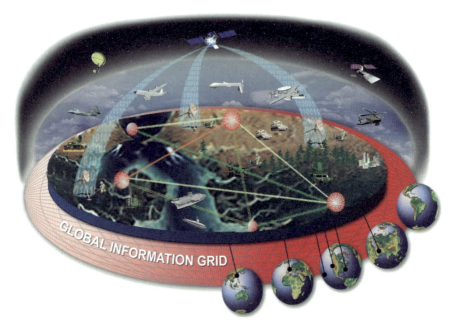

图 1-30 全球信息栅格的 OV-1

GIG 的七个组成部分包括战士、全局应用、计算、通信、网络运作（NetOps）、信息管理和基础设施。这使 GIG 具备四类能力：计算能力、通信能力、表示能力和 NetOps 能力。这四类能力可进一步细分为七种基本能力，分别为信息处理、存储、传输、人机交互、网络管理、信息分发管理和信息保证。美军构建的国防部信息体系架构（DoD Information Enterprise Architecture，DIEA）描述了国防部信息体系要素及如何运作，并提供了有效且高效的信息与服务共享。GIG 基于 DIEA Version 1.0。

GIG 涵盖了陆海空三个军种，包括陆军"陆战网"（LandwarNet）、海军"部队网"（FORCEnet）、空军"星座网"（ConstellationNet）。FORCEnet 既包括海军用于指导网络中心战实施的规范和条例，又包含用于作战的网络和基础设施等，在信息的利用上，FORCEnet 能够充分利用 GIG 的能力，并且在海军领域填补 GIG 所存在的缺陷和空白。

FORCEnet 是美国海军实现网络中心战和 GIG 的关键，不仅对美军实现"21 世纪海上力量"（Sea Power 21）的新构想至关重要，也是"海上打击""海上盾牌""海上基地"三种核心作战概念的实现手段，代表着美国海军未来电子信息系统的发展趋势。

FORCEnet 是信息时代海战的作战构想和体系框架，它将人员、传感器、网络、指挥与控制、平台和武器集成起来，形成一种网络化、分布式的作战力量，灵活应对从海底到太空、从海上到陆地的各种冲突。

部队网具有如下能力：
- 通用作战和战术态势图；
- 情报、监视和侦察；
- 通信和数据网。

1.6.3 联合信息环境（JIE）

GIG 是美军为"网络中心战"建设的重要基础设施，而联合信息环境（Joint Information Environment，JIE）则是美军基于安全性考虑，对整个 GIG 重新设计提出的一个概念，它将成为 GIG 之后下一代战略储备，也将成为赛博空间发展的基础设施。现在，联合信息环境已成为美国信息系统局的一大战略目标，旨在提供一个安全的联合信息环境，包括单一安全架构、共享 IT 基础设施和企业服务，以满足美军全球一体化联合作战的需求。

2013 年 1 月，美国参谋长联席会议主席发布了关于《联合信息环境白皮书》[1]，要求美军采取措施调整现有信息处理方式，包括信息系统的结构、功能及其使用，面对联合作战需求，应用新技术对现有信息基础设施进行现代化改造，克服国防信息基础设施的不足。

基于 DIEA Version 2.0，JIE 是一种具有安全性和联合性的信息环境，主要由共享性信息技术设施、体系级信息服务、统一安全架构组成，目的是要达成全域作战优势、提升任务实施效力、增进安全水平、实现信息技术效益。美军着力构建联合信息环境，主要是为联合部队及其各方任务合作伙伴在实施全域作战行动中，提供一种统一、安全、可靠、实时、有效且灵活的信息环境，任何行动、任意条件下的指挥、控制、通信与计算功能都可依托其展开实施。此外，联合信息环境并不是一个具体的国防项目，而是要利用现行的项目、倡议、技术、举措、采办、资金，将相关的技术设施部署并迁移到联合信息环境的标准上。[2]

JIE 运营视图如图 1-31 所示。[3]

JIE 运营的核心目标是摆脱过去各军种机构独立运行的网络和能力，通过整合使其发展成为一种协同化的联合信息环境，为实施联合作战创造最佳条件。联合信息环境的运营视图可解析为以下几个方面：

第一，管控能力。通过构建体系作战中心（Enterprise Operations Centers，EOC）实施集中式的网络管理和防护，提供的服务包括向核心数据中心提供支持、在其他中心失效时承担转移来的运营任务、为整个国防部的所有服务提供计算机网络防御能力。最终，体系作战中心将能够依托单一站点，向指挥官提供关于所属责任区域国防部信息网络运行、防御及态势感知能力。联合信息环境的运营中心可以分为三个层级：在战略层级上，主要通过全球体系作战中心（Global Enterprise Operations Center，GEOC）实施运营；在战役层级上，有体系作战中心（EOC）；在战术层级上，有各类基地/指挥所/兵营/兵站（B/P/C/S）、战术部

---

[1] Chairman of the Joint Chiefs of Staff. Joint Information Environment White Paper [R]. U. S.：Department of Defense, 2013.
[2] 周光霞. 美军联合信息环境建设情况分析及启示 [J]. 指挥与控制学报，2016，2（4）：354-360.
[3] https://www.dote.osd.mil/Portals/97/pub/reports/FY2016/dod/2016jie.pdf?ver=2019-08-22-105334-823

Joint Information Environment (JIE)

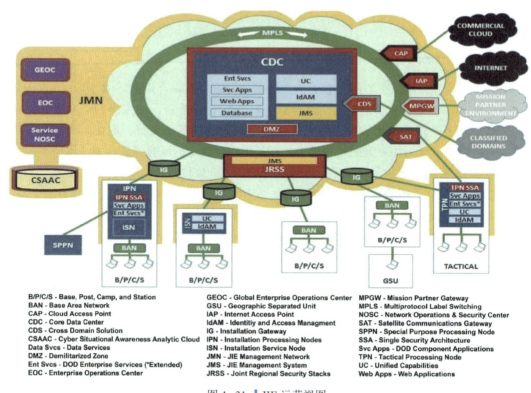

图 1-31 JIE 运营视图

队等。

第二，数据能力。将应用和数据资源整合进入云平台，或者集中式的数据中心，数据资源管理与服务主要依托核心数据中心（CDC），在统一安全架构下，按照国防部数据策略，根据需求向所有用户提供标准的计算和存储服务。

第三，通信能力。对网络基础设施进行更新，其中包括多协议标签交换机（MPLS routers）和光纤传输技术升级，进一步提升网络的灵活性和带宽容量，增进传输能力。

第四，安全能力。通过建立体系级的统一安全架构，解决美军在遂行任务中存在的机构重叠、职能不清等问题，消除过去各军种之间存在的赛博安全界限，降低外部网络攻击面。其中，联合区域安全栈（JRSS）是统一安全架构的重要组成部分，能够把各处国防部网络的数据流发送到网络态势感知分析云，提供更佳的赛博空间可视化和赛博作战指挥控制能力。

1.6.4 数字现代化战略（DMS）

2019 年 7 月 12 日，美国国防部发布《国防部数字现代化战略》[①]，并将其作为 IT 领域

---

① DoD Digital Modernization Strategy [R]. Washington D. C.：Department of Defense，July 2019.

的顶层战略。2020 年，国防部首席信息官批准数字现代化基础设施执行委员会章程，将数字现代化战略（Digital Modernization Strategy，DMS）视为具体计划，将 JIE 纳入其中并对工作内容进行了延展。2021 年 1 月，美国防部作战试验和评估办公室（DOT&E）发布的 2020 年度报告将 JIE 计划更名为 DMS 相关企业 IT 倡议，意味着 DMS 取代了 JIE，并成为美军国防信息基础设施体系未来的发展方向。

从 GIG 到 JIE，表明了美军国防部 IT 建设的上一个转型，牵引美军从高度分散和孤立的架构向统一的单一安全架构转变；从 JIE 到 DMS，表明了美国防部企业信息环境的下一个转型，信息基础设施数字现代化改造将全面升级，新型信息基础设施体系将成为美军实现数字化转型的新动力。

美军 DMS 示意图如图 1-32 所示。DMS 以作战人员为核心，将优先发展赛博安全（Cyber）、云（Cloud）、人工智能（AI）、指挥控制与通信（C3）和数据（Data）5 大战略领域。其中，数据是美国防部企业信息环境数字化转型的基石；赛博安全是一切信息活动的前提；云是所有关键重点领域的基础，可帮助作战人员解锁先进技术；人工智能是美国国防部所有功能转换的中介和倍增器；指挥控制与通信现代化是保障作战任务的关键环节。围绕 5 大战略，美国防部希望打造一个更加安全、协同、无缝、透明和高效的 IT 体系，以更好地支撑联合全域作战（JADO）。

DMS 实现了 IT 现代化，其核心是"加速过渡"到企业级服务和产品方法。它首次构建并迁移到作战云，并转变劳动力和文化，以支持数字和网络需求。除此之外，还构建了跨整个生命周期和技术堆栈安全层的无缝、敏捷、弹性、自动化、透明和安全的基础设施和服务。

DMS 有四个总目标：通过创新来获得竞争优势，通过优化来提高效率和能力；发展赛博安全和实现敏捷而弹性的防御态势；培养数字人才。

DMS 在战略层面上对上承接了国防政策层面的战略，对下导出了国防部各个 IT 领域的战略。在作战层面，DMS 向作战部队提供无缝、敏捷、弹性、透明和安全的基础设施和服务，优化与任务伙伴的信息共享。DMS 将提高联合作战人员的杀伤力，增强新的任务伙伴关系，并实施新的改革，以提高整个信息体系的能力。国防部的 IT 改革活动将使数字环境标准化和现代化，消除不必要的系统，缩小国防部赛博空间威胁攻击的范围。

DMS 中有应用前景的技术主要包括人工智能（AI）、大数据分析、IT 常青方法（Evergreen IT Approaches）、IT 开发安全与运作（DevSecOps）、超汇聚基础设施（HCI）、无服务器型计算或事件驱动型计算、软件定义组网、区块链网络安全防护、加密现代化、量子计算、物联网（IoT）、5G 通信、IPv6、无源光网（PON）、零信任安全（Zero Trust Security）和微电子。

这里着重介绍新的国防部信息网络（DoDIN）。DoDIN 是承载国防部、国家安全和相关情报机构信息和情报的全球基础设施，基于 JIE 架构。

JIE 框架包括主要网络（NIPRNET 和 SIPRNET）、处理机密和机密/可发布（S/REL）材料的联盟网络，以及部署的作战人员与持续 IT 基础设施的通信连接。如图 1-33 所示是 JIE 基础设施优先工作的范围。它包括关键部件，如云接入点、赛博指控与态势感知、互联网接入点（IAP）、联合区域安全栈（JRSS）、企业跨域解决方案、国防部数据中心、卫星网关（SATGW）、移动网关（MGW）、支持多协议标签交换（MPLS）的 DISN 光传输网络站

图 1-32 美军数字现代化战略示意图

点以及任务伙伴环境。JIE 能力旨在在全球（企业范围）、地区和国防部组件/任务级别使能 DoDIN 作战和 DCO-IDM。

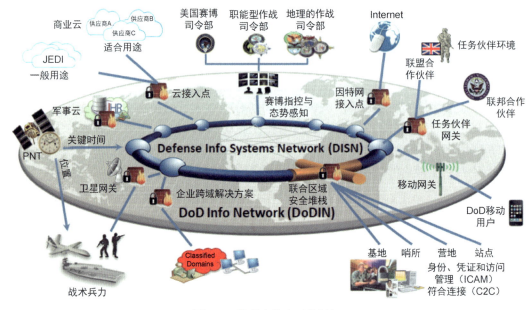

图 1-33 联合信息环境框架

国防信息系统网（DISN）是美国防部全球信息传输的主干网络，遵循开放式系统环境，采用异步传输模式（ATM）、同步光纤传输网（SONET）、宽带综合业务数字网（B-ISDN）等技术，为国防部用户提供语音电话、格式报、视频等形式的大范围信息服务。

当前 DoDIN 是美国防部最新的通信网络，DISN 是 DoDIN 的核心，是国防部的全球企业级电信基础设施，为国防部安装和部署的部队提供基本的 DoDIN 服务。

DoDIN 运维任务包括为保护、配置、运行、扩展、维护和保障国防部网络空间以及创建和维护 DoDIN 机密性、可用性和完整性而采取的运维行动。类似 NetOps，DoDIN 运维也包括三个关键任务，即 DoDIN 企业管理、赛博安全、DoDIN 内容管理。

DoDIN 运维不断适应现代化战争，为满足日益增长的宽带需求，不断识别和采购新兴技术，并迁移至云端。类似 NetOps，DoDIN 应用软件定义网络（SDN）、网络功能虚拟化（NFV）等技术，可以实现可编程网络，结合 DevOps 可以实现自动化管理与控制。

1.6.5　超越计划（Project Overmatch）

近几年，美国三军均在开发"联合全域指挥控制"（JADC2）解决方案，如美国空军的"先进作战管理系统"（ABMS）、美国陆军的"融合计划"（Project Convergence）、美国海军的"超越计划"（Project Overmatch）。为协调 JADC2 相关工作，国防部设立了一个 JADC2 的跨职能团队。

2020 年 10 月 1 日，海军作战司令迈克尔·吉尔迪（Michael Gilday）指挥建立了"超越计划"，旨在实现海军和海军陆战队的平台和能力，从远近、每个轴向和每个领域同步提供致命和非致命效果。超越计划的关键是开发网络、基础设施、数据架构、工具和分析，以支持作战和发展环境，从而实现持续的海上优势。①

此外，超越计划将利用最新的数字技术，如人工智能（AI）、机器学习（ML）以及信息和网络技术，提升全球舰队的战备状态。这包括 NAVWAR 开发的"超越软件军火库"（Overmatch Software Armory, OSA），这是一个云使能数字环境，采用 DevSecOps 原则，将软件能力快速交付舰队，使作战人员能够访问边缘的关键信息。OSA 是一个符合 Impact Level 6 要求的数字环境，利用各种方法来管理海军软件开发周期的安全性。在 IL6 下，平台可以接收来自国防部的秘密信息。海军指出，该版本的 OSA 已被纳入"海军数字市场"，在该市场中，用户可以获得用于测试和战术目的的涉密环境支持。海军数字和企业服务项目执行办公室（PEO Digital）的云项目经理 Travis Methvin 表示，数字市场是 DevSecOps 产品和服务的网关。OSA 已被集成到多个项目中，包括风险管理框架、企业级信息技术工具授权的赛博安全战略，以及使用人工智能和机器学习系统实现舰队现代化的超越计划。

NAVWAR 已经启动了一个基于云的 DevSecOps 管道，以帮助美国海军人员保护和管理数据和应用程序。②

1.7　本书章节结构

本书共 12 章。全书章节结构如图 1-34 所示。

---

① Navy Hosts Project Overmatch Industry Day, Communicates Importance of Government-Industry Collaboration. U. S. Navy News Stories, 15 December 2020. [https://www.navy.mil/Press-Office/News-Stories/Article/2457414/ navy-hosts-project-overmatch-industry-day-communicates-importance-of-government/]

② NAVWAR's DevSecOps Pipeline to Serve as Digital Environment for Classified Mission Applications. [https://executivegov.com/2021/07/navwar-launches-overmatch-software-armory-to-secure-data-and-applications/]

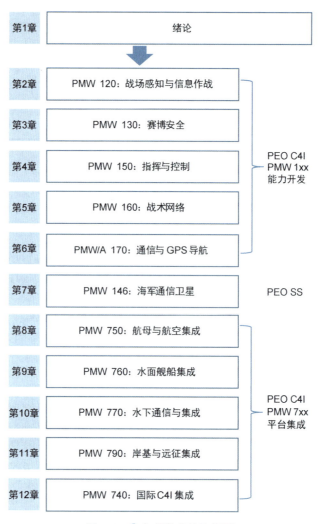

图 1-34　本书章节结构框图

第 2 章 PMW 120：战场感知与信息作战

2.1 概述

2.1.1 任务与愿景

美国海军战场感知与信息作战项目办公室（PMW 120）是海军信息战系统司令部（NAVWAR）下属的项目办公室之一，其最终目标是防止动能冲突；如果发生冲突，则提供赢得动能和非动能战斗所需的战术和作战情报优势，通过以与威胁相关的速度提供能力来使能杀伤链。

使命任务：不断提供安全可靠的情报、气象、海洋学和信息作战的数据、产品和服务，快速提升舰队的信息战能力，实现非动能和动能效果。

愿景：为作战人员提供情报、环境感知、瞄准和反瞄准优势，以阻止对手发起动能冲突，并最终取得胜利，如图 2-1 所示。[1,2]

图 2-2 所示为 PMW 120 整体作战视图。[3]

PMW 120 战略目标：为作战人员提供情报、目标瞄准、反目标瞄准和环境情报方面的巨大优势，使对手不敢发起他们知道自己无法赢得的动能冲突，防止竞争演变为冲突。

PMW 120 作战目标：在发生冲突时，提供赢得动能和非动能战斗所需的战术和行动情报优势，通过以与威胁相适应的速度提供能力来实现杀伤链。如图 2-3 所示为 PMW 120 作战过程（OODA）。

---

[1] CAPT Samuel Hanaki, Program Manager. PMW 120 Overview. 2021 NDIA Fall Forum, 26 October 2021. [11HANAKI_PMW120_BRIEF.pdf]

[2] CAPT Samuel Hanaki, Program Manager. PMW 120 Overview. 2022 NDIA Fall Forum, 04 October 2022. [NDIA_Fall_Forum_PMW_120_2022.pdf]

[3] CAPT Samuel Hanaki, PMW 120 Program Manager. PMW 120 Overview. 2020 NDIA Fall Forum, 27 October 2020. [https://www.ndia-sd.org/event/ndia-fall-forum/]

图 2-1 ┃ PMW 120 的任务和愿景

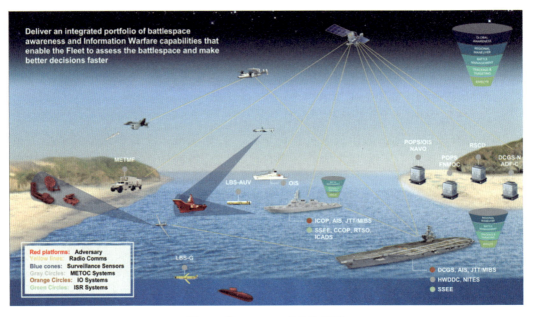

图 2-2 ┃ PMW 120 整体作战图

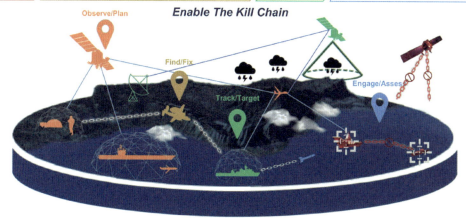

图 2-3 | PMW 120 作战过程

2.1.2 主要项目

PMW 120 办公室分管的项目包括信息作战（IO）、情报/监视与侦察（ISR）、气象学与海洋学（METOC）、电磁机动战（EMW）。下面简单介绍主要项目的基本情况。

1. 信息作战（IO）

信息作战战术密码能力融合和利用海上射频（RF）信号情报，实现电磁机动战（EMW）和电子攻击，以保护舰艇部队。其主要采办项目包括 SSEE、CR、RTSO、CCOP 等。①

- SSEE FoS：舰船信号利用设备系统簇（FoS）提供海军的水面加密能力，可搜索、识别、定位、利用、拒止和降低敌方通信。
- SSEE Inc E：为舰船和打击群提供威胁指示和警告；提供数据，包括高度灵敏的电子支持测量系统提供自动信号采集、测向、目标识别和地理定位；检测、分类和跟踪感兴趣的信号（SOI）；提供发射器的方位线（LOB），并使用来自有能力的平台、岸上站点和敌方拦截战术系统地理定位服务的 LOB 获取发射器的方位信息。
- SSEE Inc F：基于 SSEE Inc E 构建，以扩展 RF 并扩展信号情报收集。最先进的信息作战系统基于共同的核心能力，在多个海上平台上提供标准化的信息作战武器系统，以应对新出现的威胁，促进灵活任务，并支持交叉培训人员。模块化 SSEE Inc F 小封装变体实现了任务特定配置和新技术的快速部署。
- SSEE Mods（改装）：增强 SSEE 增量 F 功能，以检测和跟踪 RF 信号。先进的天线增加了频率覆盖范围，以改善威胁信号的获取。
- Spectral（频谱）：下一代信息战武器系统增强了信号利用能力。可伸缩、任务可配置、模块化和可重构，以快速响应新的威胁或能力；具有更强、更快、集成的能力，能够与其他系统共享数据，以支持电磁机动战（EMW）/集成火力（IF）；检测、分类和跟踪超出规定要求的 SOI；提高任务分配、收集、处理、开发和传播（TCPED）

---

① INFORMATION OPERATIONS, October 2017. ［navy.mil/PMW120_IOTearsheet_DistA.pdf］

过程的自动化、可操作性和直观性；敏捷软件开发确保了满足紧急需求和解决舰队用户优先级的灵活性。
- CR：虚拟化能力使作战人员能够进行分布式多源情报作战。为海军提供一个集成、分布式、以网络为中心的传感器网格框架；远程操作允许岸上支持快速提供威胁指示和警告。
- CCOP：快速反应能力应对紧急威胁。提供快速反应密码能力，以应对外国军事通信和情报、监视和侦察（ISR）系统的进步；为未装备永久信息作战系统的平台提供非永久能力，或在需要时扩充永久性装备；提供关键威胁的实时态势感知和高优先级目标的地理定位；关联非舰载数据，为舰队提供有价值的、可操作的情报；分发多种情报产品，以支持舰队和国家决策。

2. 情报、监视与侦察（ISR）

ISR 支持数据共享，并将海军作战传感器和平台连接到情报机构、联合和海军体系。扩大监视可以实现弹道导弹防御，增强海上安全，提高舰队理解和预测敌方行动的能力。其主要采办项目包括 DCGS-N、AIS、ICOP、MDA、MIBS/JTT、RSCD。①

- DCGS-N FoS：DCGS-N 系统簇为海军提供情报、监视、侦察和瞄准（ISR&T）支持能力。
- DCGS-N Inc 1：将地理空间、人类、图像和信号情报分析工具以及更广泛的 FoS 情报产品整合到集成计算环境中。从当前和新兴的海军、联合和国家传感器中获取、处理、利用、融合和传播数据；企业节点门户允许访问更广泛的情报产品；基于 Web 的通用情报图片有助于分析和开发；Analyst Workshop 是一个全方位的服务框架，能够在全谱军事行动中提供快速、全面的情报支持。
- DCGS-N Inc 2：自动化数据融合和工作流程让海军官兵有时间专注于分析。跨领域数据融合和自动化分析弥补了海军作战传感器和平台与海军、联合和情报机构之间的差距；加快了任务分配、收集、处理、开发和传播（TCPED）流程；利用灵活的软件开发方法，每 12~18 个月进行一次舰队能力发布（FCR），以确保满足紧急需求和解决舰队用户优先事项的灵活性；通过加快海上部队对情报机构和 ISR 数据的访问，提高检测、识别和预测海上威胁的能力。
- AIS：自动识别系统，是海上安全的基石。收集商业船舶广播的开源数据，并将其与 ISR 数据融合；提供船舶位置、速度、航向、目的地以及航行安全和海上安全的关键数据；提供超视距视图；应答器区分雷达信号以识别威胁；用于在阻塞点、船舶交通服务区和恶劣天气期间避免碰撞；识别未知环境的大片区域，以帮助部署的打击群提高态势感知并减少其调查范围。
- ICOP：将 ISR 体系和 DCGS-N FoS 能力扩展到单元级部队和联合情报机构。便携式工作站接收、处理、利用和传播来自机载和有机传感器的多源情报数据；整合作战空间的三维 ISR 图像；单元级和远征军关键 ISR 能力通用工具包；支持 NECC、USMC、USCG；向联合情报机构提供数据，而不增加有限带宽信息系统的负担。

---

① INTELLIGENCE, SURVEILLANCE, & RECONNAISSANCE, October 2017. [navy.mil/PMW120 _ ISRTearsheet _ DistA. pdf]

- **MIBS/JTT-M**：舰船传感器具有一定的雷达范围，无法始终探测超视距的威胁。综合广播终端发送和接收国家和战区数据，使各单位能够收集情报，特别是高优先级事件的指示和警告；舰艇指挥官对其单元面临的威胁有更准确和及时的态势感知。

3. 气象学与海洋学（METOC）

METOC 测量、感知、评估和利用物理环境的当前和预测状态，为作战人员提供相关作战信息。其主要采办项目包括 HWDDC、LBS-UUV、METMF（R）NEXGEN、NITES-Next。[①]

- **METOC FoS**：METOC 系统簇是海军和海军陆战队的预测能力，可提供对物理环境的实时综合利用。
- **HWDDC**：气象雷达操作员寻找执行任务的最佳条件。从监视雷达中提取和转换数据，以生成天气态势感知；有机地检测和显示风暴单元移动、降水强度、径向风和大气湍流；向舰队数值气象和海洋学中心提供非机载数据，以直接影响区域天气预测模型并增强实时运行分析。
- **LBS-UUV FoS**：在支持反潜战、反水雷和特种作战方面使能水下优势。LBS 滑翔机（LBS-G）提供对海洋热和可见光传输特性的长久感知，对武器和传感器性能、规划和执行至关重要；LBS-G 沿着路径测量温度、盐度和压力，以确定海洋中的声速；LBS 自主水下航行器（LBS-AUV）提供了对海底环境的作战空间感知；LBS-AUV 扩大了有争议地区的感知能力，以确保进入并降低舰队作战风险；LBS-AUV 收集高分辨率测深和海底图像，用于海底作战规划/执行和航行安全。
- **METMF(R) NEXGEN**：持续作战和全球部署有助于作战人员在动态战场条件下作战。紧凑型 HMMWV 车载移动预测系统是当前和未来作战空间的特征；拥有雷达、传感器、计算设备和预测工具，用于收集、处理和传输 METOC 数据，从而影响任务效率和武器系统性能；C2 装备在现场处理数据；联系 CONUS 军事气象部门进行全球范围的分析。
- **NITES-Next**：海军必须预测环境，以了解其对作战行动的影响。现场气象学家和海洋学家使用一站式工具和战术决策辅助工具开发并预测对电磁频谱传播和海军作战的影响；融合大气、海洋和日月数据，以确定物理环境对空中、水面和水下平台的影响及其相关武器系统执行任务的能力；海军 C4I 体系处理、开发和传播软件工具，托管和运行在 CANES 硬件上；访问军事 METOC 信息中心生成的 METOC 有机数据和全球信息；以软件为中心的 IT 精简计划执行敏捷的软件开发，以确保在满足紧急需求和解决舰队用户优先事项方面的灵活性。
- **POPS-OIS**：超级计算机融合了世界各地的 METOC 数据，为数值天气预报模型提供数据。位于加利福尼亚州蒙特雷的舰队数值气象学和海洋学中心（FNMOC）和位于密西西比州斯坦尼斯航天中心的海军海洋学办公室（NAVO）是海军 METOC 数据的战略存储库；他们接收和处理大量观测数据，并运行赛博安全数值预测模型，供舰队使用；NITES-Next 和 METMF（R）NEXGEN 从这些岸上命令中检索数据；LBS-UUV FoS 和 HWDDC 向其提供数据；OIS 支持全球海洋和水文测量；POPS 是一种 IT 基础设施，为海军收集、处理和分发的地球物理数据提供跨多个保密飞地的环境预测。

[①] Meteorology & Oceanography，October 2017.［navy.mil/PMW120_METOCTearsheet_DistA.pdf］

4. 电磁机动战（EMW）和综合火力（IF）

EMW 和 IF 能力将实时反 C4ISR 和瞄准（C-C4ISR-T）以及情报集成到作战和武器系统中，以利用非动能力量，实现更有效的超视距瞄准（OTH-T），实现动能战。

PMW 120 通过简化的工作流程、无缝接口和改进的数据共享提供全面的态势感知，如图 2-4 所示为 PMW 120 实现信息优势能力。

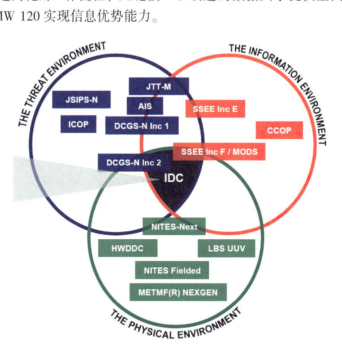

图 2-4 ｜ PMW 120 形成信息优势能力（IDC）

2.2 信息作战

信息作战（Information Operations，IO）战术密码能力融合和利用海上射频（RF）信号情报，实现电磁机动战（EMW）和电子攻击，以保护舰艇部队。主要的内容有：SSEE、RTSO、CCOP、ICADS、Spectral 等。

2.2.1 舰船信号利用设备（SSEE Inc E/F）

2.2.1.1 概况

舰船信号利用设备（Ship's Signal Exploitation Equipment，SSEE），美国海军将其描述为"提供关键战术情报、态势感知、战斗空间感知、指示和警告以及敌对威胁评估的涉密信息战/电子战和战术密码系统"。SSEE 系统簇（FoS）为战斗群提供信号的实时采集和定位。SSEE 还通过电子攻击和赛博攻击为战斗指挥官提供水面舰队唯一的非动能能力。

SSEE 采用模块化的商用现货/非开发技术（COTS/NDI），这使得系统可以轻松地重新配置，并对紧急任务和不断发展的威胁做出快速响应。SEEE 的硬件和软件是可扩展和可定制的，能够以最小的集成努力快速插入新技术和新兴技术。SSEE 增量 E/F 是一种增量采办的战术密码系统，其功能是为海军水面平台提供执行全面水面战术信息战和电子战保障措施。

SSEE 增量 E 是一个高度敏感的电子保障措施系统，提供自动信号采集、测向、目标识别和地理定位；为舰船/打击群提供威胁指示和警告（I&W）。SSEE 增量 E 检测、分类和跟踪感兴趣信号（SOI）。它提供方位线（LOB）发射器，并使用能力平台、岸上站点和敌对拦截战术系统地理定位服务的 LOB 对发射器进行定位。最后一个增量 E 系统于 2022 年退役。

SSEE 增量 F（SSQ-130）是一种舰载作战系统套件，可为区域指挥官提供自动目标捕获、地理定位和非动能火力的能力。SSEE 增量 F 集成了反情报、监视和侦察能力，提高了态势感知能力并增强综合火力。SSEE 增量 F 提供了一个跨多个海军平台的标准化信息作战武器系统。模块化的 SSEE 增量 F 小尺寸变体进一步实现了特定任务配置和快速部署，为"阿利·伯克" I 型导弹驱逐舰提供永久密码能力，并加速 SSEE 增量 E 的退役。

该系统的研制生产商是 Argon ST 公司，于 2010 年被波音公司收购，目前作为波音公司电子和任务系统业务的全资子公司运营，是 SSEE 增量 E 和后续增量 F 的主承包商。这两个系统都部署在大型两栖舰、巡洋舰和导弹驱逐舰上，由公司 Lighthouse 系统架构的迭代支撑。

2.2.1.2 发展现状

1997 年 4 月，美国海军成立了一个海事 SIGINT 架构（MSA）研究小组，以确定开发通用技术架构的可行性。该架构满足海事局战术密码系统的需求。海事局随后为海事系统之间的互操作性和通用性制定了一套技术标准，这一方法体现在海事局的 21 世纪海事密码系统（MCS21）计划中。美国海军在该计划下引入了一个通用的、可扩展的软件基线，适用于潜艇和机载系统以及水面舰艇套件。在后一种情况下，采用了 SSEE 的阶段性发展，包括增量 E、增量 F 和改装计划，作为后续能力，继承传统的 SSQ-124(V) 合作舷外后勤升级（COBLU）、AN/SRS-1 战斗 DF 和 AN/ULQ-20 战斗群被动视距扩展系统（BGPHES）套件。[①]

2001 年将 SSEE 增量 E 的开发合同授予 Argon ST，该系统于 2005 年初达到初始作战能力（IOC）。SSEE 增量 E 系统自 2003 年起装备美国海军的大部分水面舰船，以替换原先的舰载通信情报系统，至 2010 年夏天已完成约 75 艘水面战舰的安装工作，其中包括"阿利·伯克"级驱逐舰、"提康德罗加"级巡洋舰以及"黄蜂"级两栖攻击舰等。

2006 年 4 月，Argon ST 获得了一份价值 5280 万美元的合同，在 30 个月内为 SSEE 增量 F 的开发提供资金；该合同包含五年内交付生产装置的定价选项。确定的分包商包括 Promia （企业安全）、HYPRES（负责开发和演示多输入数字射频信道化接收机系统）、Cubic、TICOM Geomatics、诺斯罗普·格鲁曼、TASC、数字接收机技术和 ARINC。

SSEE 增量 F 以增量 E 的功能为基础，引入了 Argon ST 的 Lighthouse 3.0 传感器技术和开放式体系结构，以及最新的 FPGA 技术、嵌入式处理和服务器网络技术。增量 F 开发包括两个工程开发模型（EDM）的硬件和软件的系统设计、集成和测试，以及集成开发和运行测试。设计和开发活动于 2008 年完成，随后于 2009 年底完成作战评估。在里程碑 C 批准后，Argon ST 于 2010 年 4 月开始 SSEE 增量 F 的低速初始生产（LRIP），2011 年 8 月达到大

---

① Richard Scott. Maritime SIGINT: Shipborne Ears for the "Five Eyes". The Journal of Electronic Defense, February 2015.

批量生产里程碑，将 SSEE 增量 F 转换为全速生产（FRP）。截至 2019 财年，已交付 77 套系统，计划于 2023 财年形成完全作战能力。

2014 年 5 月，Argon ST 宣布，根据 SSEE Mods 改装计划，它收到了美国海军的第一份生产订单。在一份声明中，该公司确认，SSEE Mods 的开发工作已于 2013 年底完成工厂和船上测试，这些增强功能现在将推广到选定的 SSEE 增量 E 和增量 F 系统。该合同将项目从开发阶段过渡到低速初始生产（LRIP）阶段，从 2014 年下半年开始交付。

下一次迭代，即 SSEE 增量 G，在 2016 财年通过里程碑 B 采购批准。增量 G 将以增量 F 为基础，增加整个射频频谱的频率范围，解决新的 SOI，以及开发新的和以前未开发的赛博能力，与电子战作战管理网络的集成保持一致。此外，增量 G 将利用增量 F 系统的先进性，将所有现有舰船的信号利用空间功能自动化并集成到一个通用用户界面中，同时，继续通过开放式体系结构整合新技术，以实现这些功能的快速集成和部署。因此，它将可扩展到平台，可重新配置到任务，在体系结构中采用模块化（即插即用），并可动态重新编程以支持新功能。

SSEE 为美国海军主力战舰大量装备 AN/SSQ-137（V）舰船信号利用设备，以提高其舰载通信情报侦察能力，弥补天基、空基和陆基平台持久和灵活通信情报侦察能力的严重不足。目前 AN/SSQ-137（V）舰船信号利用设备一直在持续改进升级中。AN/SSQ-137（V）是美国海军特别重视的先进舰载通信信号情报侦察列装装备，被称为"提供关键战术情报的保密战术密码信息作战/指挥控制系统"。它具备截获、识别、定位和分析信号所必需的全部处理能力，并包括一个用于任务管理和分析的子系统，能够有效地评估并分析信号情报数据，使海军作战人员迅速果断地作出决策。SSEE 真正贯彻了使通信信号情报侦察发挥早期预警、态势感知、辐射源测向定位、威胁目标引导、威胁目标识别、情报收集与产品分发、电磁频谱监视等作用的设计与综合应用思想，是通信信号情报侦察直接支持战术作战行动，特别是舰船自防御作战行动的重要装备。①

SSEE 增量 F 带来了信号情报（SIGINT）能力的新维度，同时为任务规划人员提供了高级可扩展性和模块化。作为增量采办项目，需要 RDT&E 资金来快速开发和集成新技术和相关的新作战能力，以应对已知和未来的信号威胁，并随着预先规划的产品改进（P3I）升级到系统的硬件/软件配置中，通过年度构建版本交付给已部署的系统。该项目的资金基于 P3I、新的商用现货（COTS）或政府现货（GOTS）的技术和软件整合到现有系统中，以解决舰队需要的优先级、能力差距或应对已知威胁。资金还集中于开发和交付扩展的非动能电子战能力和网络中心面向服务体系结构（SOA），以及通过舰队定义的公共核心体系结构（CCA）实现预期的互操作性目标，以实现应用程序托管服务；所有这些都符合战略目标，同时也支持多种作战计划（OPLAN）、作战概念（CONOPS）和面临通信挑战的反介入/区域拒止（A2/AD）场景。

2019 财年，SSEE 增量 F 继续开发、完善和测试新的、未开发的赛博能力，整合解决方案，以纳入其他海军开发投资，增强舰队主导和防御赛博空间的能力，通过增量软件和硬件升级插入新的技术增强，并以年度构建发布的形式交付。具体而言，增量 F 继续开发和集成设计，以支持 VITA 49/VPX 下一代机柜的软件和硬件开发，提供增强的数据处理，并在满

---

① 刘重阳. 国外舰载通信情报侦察系统的作用及发展 [J]. 通信对抗，2014，33（3）：10-14.

足舰船空间、质量、功率和冷却（SWPaC）要求的同时，进一步暴露现有系统服务。它将在动态环境中提供高级功能，同时将托管服务集成到平台上，带来增强模块化、任务定制的系统基础设施。继续开发旨在满足联合接口和合规标准（4.X）的解决方案，同时创建网络传感器框架战略，提供增强的自动化能力，以加快传感器任务分配、控制和简化操作员工作流程。SSEE 增量 F 继续将 A2/AD 能力集成到系统配置中，同时在大型甲板平台上部署国家安全局网络（NSAnet），通过使先进的打击群间网络能力能够运行，来实现与美国海军水面密码系统的高级国家/战术集成，从而遵守国家赛博安全倡议以及开发、测试和集成先进的、有针对性的海上信息战（IW）能力和技术，以支持国防部副部长管理行动小组（DMAG）亚太安全倡议（APSI）。它开始将密码系统与舰载作战系统集成，以实现紧密耦合的电磁机动战/综合火力（EMW/IF），从而在 SSEE 系统簇中提供高端融合和作战管理。

2.2.1.3　系统功能与组成

SSEE 是一个密码系统，它执行实时信号情报分析并提供跨一系列目标的精确地理位置。它用于海军舰艇上，执行获取、识别、定位和分析信号所需的所有处理功能。它还包括一个执行任务管理和分析的子系统。SSEE 是一个渐进的采办计划，开发和交付舰载系统，通过增量升级提供战术密码/信息战开发和攻击能力。其设备如图 2-5 所示。

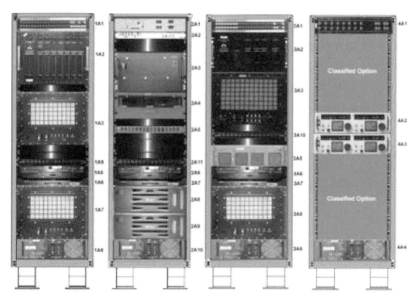

图 2-5 ▎SSEE 设备

SSEE 增量 F 为海上信息战（IW）/密码专家提供信息作战/非动能能力，以及通信情报的后续威胁识别和分析。设备包括接收机、射频管理系统、录音机、音频分配系统、计算机、天线和辅助硬件。随着改进的发展，系统将逐步升级。SSEE 增量 F 采用 21 世纪的海事密码策略，即易于现代化和扩展的单核架构。系统设计允许快速插入新的和新兴的预先规划的产品改进（P3I），以应对不断演变的威胁。SSEE 增量 F 计划将通过提供检测、获取和收集任何潜在威胁数据的最先进系统，为打击群提供信息作战/非动能能力以及后续利用感兴趣信号的能力。

SSEE 增量 F 以增量 E 的功能为基础，利用通用处理器技术，通过数字信号处理

(DSP)/现场可编程门阵列（FPGA）技术解决过时问题，并提供软件接收器，以应对已知和预计的 SOI 威胁。SSEE 增量 F 系统包含自动信号采集和集成无线电测向。SSEE 增量 F 还包括一个小型变型战术密码系统（TCS），以满足"阿利·伯克"级 I 型驱逐舰平台上的信息作战/非动能和后续战术密码能力，并作为选定 SSEE 增量 E 变型和旧信号情报系统的替代品。

战术密码系统（TCS）是 SSEE 增量 F 的可扩展、模块化变体，允许配置满足平台任务要求。TCS 利用 SSEE 增量 F 的通用软件、训练和后勤。TCS 包括基础设施（顶部天线）和甲板下核心系统，模块化组件以提高能力，用于所有任务可定制升级。TCS 的模块化和可扩展性通过工程变更建议书（ECP）交付。

SSEE 系统检测敌方的射频发射，并利用它们提供关键的战术和战略情报、态势感知和敌方威胁评估，从而剥夺敌方增强的信号利用能力，限制其反击能力。SSEE 采用可重构的开放核心架构，通过增量开发快速现代化和/或升级，并与 FORCEnet 和海域密码体系结构兼容。

2013 年 9 月，美国海军接收了第 100 套 SSEE，这标志着美国海军关键信息的接收和处理能力达到一个新的里程碑。

下一次迭代，即 SSEE 增量 G，在 2016 财年通过里程碑 B 采购批准。增量 G 将以增量 F 为基础，增加整个射频频谱的频率范围，解决新的 SOI，以及开发新的和以前未开发的赛博能力，与电子战作战管理网络的集成保持一致。此外，增量 G 将利用增量 F 系统的先进性，将所有现有舰船的信号利用空间功能自动化并集成到一个通用用户界面中，同时，继续通过开放式体系结构整合新技术，以实现这些功能的快速集成和部署。因此，它将可扩展到平台，可重新配置到任务，在体系结构中采用模块化（即插即用），并可动态重新编程以支持新功能。[①]

计划于 2023 财年形成完全作战能力。

2.2.2　舰船信号利用设备改装（SSEE Mods）

2.2.2.1　概况

舰船信号利用设备改装（Ship's Signal Exploitation Equipment Modifications，SSEE Mods）增强了 SSEE 增量 F 检测和跟踪的能力无线电信号，先进的天线提高频率覆盖和威胁信号采集。根据海军的计划描述，SSEE Mods 将扩展感兴趣信号处理能力，允许收集最新的高优先级现代技术威胁信号，实现紧密集成的信息作战/非动能能力，以支持时间关键型军事打击行动以及后续处理和分析，从而实现及时准确的目标部队保护的态势感知。

SSEE Mods 包括"Paragon"（试金石）和"Graywing"（灰翼）提供的频率能力增强。"试金石"是一种机密战术信号情报频率扩展能力，集成到 SSEE 增量 E 和 F 中，可以在选定的频率范围内，同时检测、收集、处理和显示来自敌对、高威胁和敌方平台的通信情报数据。"灰翼"是一种先进的通用数据链系统，集成到 SSEE Inc E 和 Inc F 系统中，具备电子感应和攻击能力，共享"试金石"平台上部开发资产。

SSEE Mods 的另一个关键组成部分是在 SPAWAR 太平洋中心的领导下开发、原型制作

---

① Richard Scott. Maritime SIGINT: Shipborne Ears for the "Five Eyes". The Journal of Electronic Defense, February 2015.

和测试新天线,以支持"试金石"和"灰翼"。其中包括新的 AS-4710 高增益信息战天线和 AS-4708 半球形宽带测向天线。

2014 年 5 月,Argon ST 宣布,根据 SSEE Mods 改装计划,它收到了美国海军的第一份生产订单。在一份声明中,该公司确认,SSEE Mods 的开发工作已于 2013 年底完成工厂和船上测试,这些增强功能现在将推广到选定的 SSEE 增量 E 和增量 F 系统。该合同将项目从开发阶段过渡到低速初始生产(LRIP)阶段,从 2014 年下半年开始交付。

2015 财年开始,"试金石"的功能被整合到"灰翼"硬件中,从而提高了成本效益。

2019 财年,SSEE Mods 的资金支持执行硬件和软件开发,为舰队带来先进的能力,以便在选择的扩展频率范围内,同时检测、收集、处理、电子战和显示来自敌对、高威胁和敌方平台的通信情报数据。

2.2.2.2 采办动态

2020 财年《国防授权法案》中指出,"额外的资金可用于扩大舰船的信号利用空间,并在"阿利·伯克"级Ⅰ型驱逐舰上安装 SSEE Mods"。委员会建议增加 800 万美元用于 SSEE 项目的采购,将预算增加到 2.028 亿美元。①

2018 财年计划:实现项目采办策略中定义的全速生产(FRP)里程碑和初始作战能力(IOC)。SSEE Mods 过渡到 FRP 后的年度建造版本,执行硬件和软件开发,使舰队具备先进的能力,能够同时检测、收集、处理、电子战和显示来自高威胁和敌方平台的通信情报数据,这些数据位于当前未占用的特定扩展频率范围内,以及进一步的工程开发,将先进的信号处理引入下一代"灰翼"能力,同时迁移以满足未来的行业背板互连标准,以符合公共核心体系结构(CCA)战略。继续开发和集成面临通信挑战的反介入/区域拒止(A2/AD)解决方案,并将增强的信号利用和扩展的感兴趣信号处理能力带到实战系统中。

2019 财年计划:通过年度软件发布,继续执行硬件和软件开发,在扩大的射频(RF)范围内为舰队带来进一步的先进能力,例如提供先进的测向(DF)算法以提高地理定位精度,并集成新的技术以应对新出现的信号威胁。继续设计,为下一代"灰翼"能力带来先进的信号处理。开始工程开发和系统设计,以满足未来行业背板互连标准,与 CCA 战略保持一致。完成联合互操作性测试中心(JITC)认证测试。

2.2.3 频谱(Spectral)

2.2.3.1 概况

频谱(Spectral)是下一代信息战武器系统,增强了舰船信号利用系统(Ship Signals Exploitation System,SSES)的能力。Spectral 具有可扩展性、任务可配置性、模块化和远程性,能够快速响应新的威胁和/或能力。更强、更快的集成能力使得能够与其他系统共享数据,支持电磁机动战(EMW)/综合火力(IF)。Spectral 对感兴趣信号(SOI)进行检测、分类和跟踪,以提高 TCPED 过程的自动化、可操作性和直观性。敏捷软件方法确保了在满足紧急需求和解决舰队用户优先级方面的灵活性。

频谱项目是一个增量采办、政府现货/商用现货(GOTS/COTS)计划,提供加密信号开发能力,旨在满足各种舰船型号的舰船信号利用系统的舰载和岸上设施加密操作需求。

---

① Senate FY2020 Defense Policy Bill Advances. The Journal of Electronic Defense,July 2019. [SIGINT. pdf]

频谱系统提供一种机动的、被动的能力，通过利用敌方部队的指挥和控制发射来探测、分类、跟踪和确定敌方意图。该系统在计算机控制下，根据操作员定义的搜索策略搜索射频（RF）频谱，当检测到信号时向操作员发出警报，并创建用于联机和后处理的信号文件。频谱系统将利用现有架构，支持舰载作战系统的综合火力，提供非动能交战以增强作战效能。该系统可扩展、可重构、模块化、可远程和动态可编程，以应对新的威胁和能力。随着改进的发展，系统逐步升级。频谱系统将在海军平台上提供改进的信息战/赛博战规划、开发和攻击能力。

2.2.3.2 采办动态

2018 财年计划：实现项目里程碑 B 决策，进入工程制造阶段。完善反介入/区域拒止（A2/AD）能力，将其纳入未来的舰队能力发布（FCR）基线。继续进行海上作战系统集成和研究分析工作，以支持先进的射频孔径开发和集成，以满足舰队对多任务天线和控制模块的需求，作为频谱需求的一部分，同时扩展信息战（IW）/电子战（EW）和战术密码系统在全球范围内利用信号的能力，除了将新技术集中于新的和以前未开发的赛博能力之外，我们还将其集成到综合火力体系结构中，并开发增强的接口，以便与舰艇的作战和情报系统互操作。

2019 财年计划：支持工程设计模型 EDM 开发，巩固与 FCR-1 相关的需求和工程计划。FCR-1 建立了与下一代系统相关的初始软硬件基线配置和通用核心能力，包括将系统与舰艇作战和情报集成以支持综合火力的增强需求，同时还集成了 A2/AD 能力。启动系统设计，包括扩展的任务模块托管环境、能够利用整个射频频谱信号的先进信息战/电子战赛博空间能力。启动测试计划，以支持 FCR-1 集成测试和运行评估。

2.2.4 实时频谱作战（RTSO）

2.2.4.1 概况

实时频谱作战（Real Time Spectrum Operations，RTSO）是美国海军海上电磁频谱战计划（AESOP）与舰载传感器集成并实现自动化的结果，这是电磁机动战（EMW）的一个关键原则和实现手段。

实时频谱作战主要功能是感应、控制和计划电磁频谱的使用以及通知操作员频谱问题。它是一个由固件、软件和硬件组成的网络集合，通过直接连接到现有的舰载系统以及接收外部环境的天线来持续监测频谱。一旦部署，它将在打击群中共享这些信息，并掌握全球频率限制。RTSO 提供频谱地形的实时动态指挥和控制，通过控制电磁频谱地形和缓解电磁干扰（EMI）来实现海军的信息战和电磁机动战愿景，使海军能够从传统的静态频谱作战过渡到三大增量改进，包括动态、自动化、实时频谱作战方法。实时频谱作战的高层作战概念如图 2-6 所示。

2016 年，196 艘船使用 AESOP 3.2。伴随 AESOP 软件计划的是海军系统 Rev 3 和沿海频谱限制 Rev 4 的 EMC 标准。它是 EMW 框架的基础：电磁资源控制和分配、电磁感知、电磁敏捷性、信号控制和电磁接触。

实时频谱作战计划研究舰艇上的舰载发射机和接收机之间的电磁环境效应（E3），以及电磁系统与安装在打击群兵力上的其他系统之间的相互作用。该项目将开发监控海军平台上电磁频谱使用的能力，并能够验证频谱计划，以确保在打击群内实现电磁兼容（EMC）。该

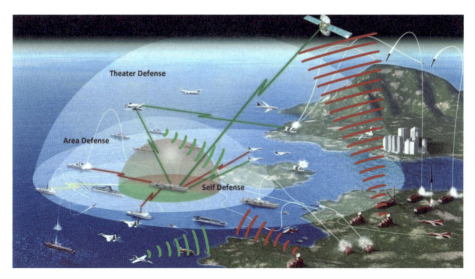

图 2-6 实时频谱作战 OV-1

项目旨在开发一种在通用作战图像（COP）显示屏上显示符合频谱计划的能力。这些初始的己方部队监控能力提供了作战空间感知，并将有助于实现电磁机动战。这些自我感知能力将进一步增强海军在电磁频谱作战领域执行指挥与控制（C2）的能力。

RTSO 的研制目的是积极响应美国海军 E3 频谱政策和需求以及电磁机动战的要求。在研发过程中，需要优先解决电磁干扰（EMI）并做到能够预防，如用于频谱管理的舰队工程工具以及核电磁脉冲（EMP）生存计划等。

RTSO 研制需要获取、协调、注册、分配和保护无线电频率；需要研发、测试和评估（RDT&E）和作战使用；还需要确保所有频谱认证的评审、协调和批准请求；最后为国家电信和信息局（NTIA）提供频谱费用。

2.2.4.2 系统功能与组成

目前，实时频谱作战 1.0 版主要包括：反冲突软件；实时自有舰船频谱数据；发射控制（EMCON）验证。美国海军正在开发和部署 RTSO，以保证能够在竞争和拥挤的频谱环境中完成任务。其主要作用：优化岸上和海上所有海军频谱相关系统的频谱使用和性能（预先规划和实时）；提供无线电频谱的实时监控；作战推演能力。

RTSO 为舰队用户包括盟军在内的所有参与部队的雷达、作战系统和通信网络制定频率计划。数据库包括舰船、设备和设备参数，以支持战术上可行的频率规划和协调。RTSO 战术应用如图 2-7 所示。

如图 2-8 所示，RTSO 系统的工作流程分为以下四个阶段：

（1）利用现有工具优化频谱使用——独立 RTSO，具有频谱数据、平台位置数据、传播数据、东道国和条约数据。

（2）向 RTSO 提供实时射频数据。

（3）利用作战系统位置和跟踪数据，了解自己的舰船、蓝军和地理位置。

（4）提供共同的己方兵力频谱信息交换。

目前，RTSO 1.0 版主要包括：反冲突软件；实时自有舰船频谱数据；排放控制（EMCON）验证。RTSO 于 2018 年 1 月部署给 560 多名美国用户，包括所有美国海军水面舰艇

图 2-7 RTSO 战术应用

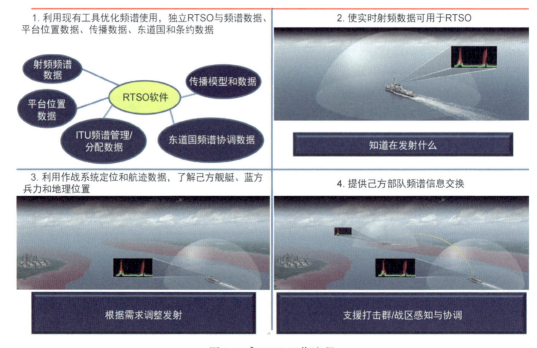

图 2-8 RTSO 工作流程

(航母/两栖舰/宙斯盾舰)、军事海运司令部、美国海岸警卫队、各舰队司令部、海军频谱办公室、研究开发实验室。软件能力包括：满足电磁机动战；频谱规划和频谱开发（包括 OPTASK 通信计划，TACAIR 通道计划；OPTASK 电子战附件 K 雷达频率计划；TACAN 任务；海军限制频率列表层）；支持频谱可视化及作战推演；综合数据库（含美国和外国舰队、海岸站点、水面平台）；按模式列出的设备和参数；平台设备安装。①

2.2.4.3 技术特点

RTSO 是一种新的、高度自动化的能力，理论上为作战人员提供理解和驱动其部队使用电磁频谱资源的能力。RTSO 预测基于三个主要技术：物理算法、传感器特性和数值天气预测（NWP）。这三方面必须共同努力，才能使 RTSO 从理论过渡到现实。②

1）感知

需要分布在整个战场上的传感器来不断测量环境并相应地调整武器系统以优化性能。"环境"包括电磁信号和它们传播的物理环境。作为前沿部署的军种，海军经常在缺少数据的区域行动，因此每个平台，无论是有人驾驶还是无人驾驶，都必须是一个传感器。所有舰船和飞机都需要环境传感器，从无人艇到无人机，从后勤船到攻击战斗机。这些数据都必须收集、处理，最重要的是发送回建模和融合中心，为优化作战效能提供信息。

除了实际所需的信号外，还可以通过传感器收集大量环境数据。例如，多普勒雷达天气数据可以从 SPS-48 空中搜索雷达以及宙斯盾武器系统的 SPY-1 雷达中提取。由于可用的传感器众多，因此有许多未开发的环境数据来源。

还需要利用商用现货数据收集系统，例如已被 40 多家商业航空公司采用的飞机气象数据中继（AMDAR）项目。AMDAR 使用现有的飞机传感器、处理系统和通信网络来收集、处理、格式化和传输气象数据到地面站，然后将其转发给国家气象和水文部门进行处理，并传输到世界气象组织的全球电信系统。海军可以将类似的系统整合到其平台中，以收集和传输有关 EMS 和物理环境的数据。

2）描述特性

一旦我们掌握了环境数据，就可以用它来表征环境。在 EMS 中，这包括绘制所有参与者使用的频率并推断其行动和意图。对于物理环境，它包括将收集到的数据整合到数值天气预测中以预测未来的物理环境；可以将其输入 EMS 分析中，以预测传感器和接收器将如何响应新条件。为了有效地做到这一点，我们必须投资于超级计算和共享处理。未来，综合海上网络和企业服务（CANES）和海军战术云的高级版本可能会提供在大型水面平台上安装超级计算机的能力，即使在数据链路中断时也能实现这种能力。

3）利用

我们一旦了解了环境，就必须通过调整我们的策略来利用它。抢占频谱高地，将机动战原则应用于频谱，以确保我们的带宽。比对手更好地了解环境将使我们能够评估权衡，并将战场感知转变为信息战。只有这样，我们的部队才能通过充分整合海军的信息功能、能力和资源来优化决策，从而拥有作战优势并超越对手。

4）拒止

需要通过进一步开发诸如水面电子战改进计划（SEWIP）之类的系统，并交付下一代干扰器，来拒止对手使用频谱。通过 DARPA 的模数转换器（ADC）扩展 HAVE QUICK 无线电系统，可以提供抗干扰的跳频安全通信。

---

① Real-Time Spectrum Operations (RTSO). National Spectrum Management Association 2019 Conference. [real-time-spectrum-operations.pdf]

② Douglas Wahl and Tim McGeehan. Get Ready for the Spectrum Melee. Center for International Maritime Security, August 21, 2017. [https://cimsec.org/get-ready-spectrum-melee/]

我们还必须防止向对手的频谱辐射。一个很好的经验法则是，如果雷达探测距离达到 100 海里，对手至少可以探测到 200 海里。为了避免被探测到，无线电静默是一种正常的操作程序。目前，激光通信中继系统既非常安全又具有高数据速率。

RTSO 技术使海军能够在频谱内进行实时调整，以响应电磁环境和操作要求的变化。RTSO 就像管弦乐队指挥，指导哪些系统按照指挥官的意图运行以及运行多长时间。在战斗顺序中，指挥官需要系统在特定时间进行交战。在其他活动中需要使用侦听系统。它基于当前的战争努力、信息优势或信息共享优先级，以及指挥官的意图，同时控制所有平台和打击群的所有系统的频谱。

如图 2-9 所示是商业和军用雷达、卫星通信的频谱使用。

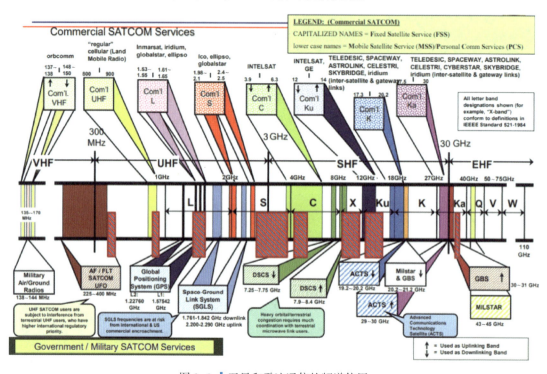

图 2-9 卫星和雷达通信的频谱使用

2.2.5 密码便携式项目（CCOP）

2.2.5.1 概况

密码便携式项目（Cryptological Carry-On Program，CCOP）提供快速反应密码能力，以解决国外军事通信和 ISR 系统的同步。CCOP 为既没有配备永久性信息作战（IO）系统也没有在需要应对紧急威胁时增加永久性设备的平台提供非永久性能力，或增强永久性装备。CCOP 检测感兴趣信号，提供关键威胁的实时态势感知和高优先目标的地理位置。此外，CCOP 获取并关联舰上和有机情报数据，提供有价值的、可操作的情报，并传播多种情报产品，以支持舰队和国家决策。CCOP 系统以可伸缩和灵活的方法为舰队、为世界上最远的角落提供全面的密码能力，能够快速部署以支持危机态势。

CCOP 是高级密码系统工程（ACSE）计划的一个产品，开发了最先进的 ISR 能力，以响应作战指挥部对水面、水下和空中快速反应密码携带能力的要求。CCOP 系统有多种类型，具有不同的范围和功能。CCOP 允许商用现货（COTS）和政府现货（GOTS）来增强当前舰船上的系统。COTS 和 GOTS 系统通常需要集成和修改以兼容舰载 ISR 技术。截至 2005 年，大约 100 艘水面舰艇具备了 CCOP 能力。如图 2-10 所示是 CCOP 的情报采集过程。①

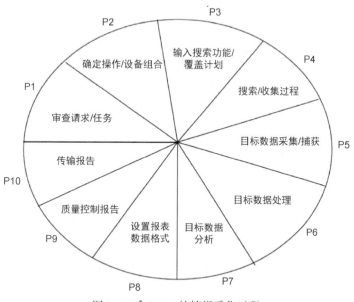

图 2-10 ｜ CCOP 的情报采集过程

2.2.6 集成通信和数据系统（ICADS）

2.2.6.1 概况

集成通信和数据系统（Integrated Communications and Data System，ICADS）能备份通信和数据系统，满足在被拒止或降级环境中的鲁棒指挥和控制需求，同时提供高价值装置的高通量备份/应急通信和数据链路。

ICADS 项目由大西洋 SPAWAR 系统中心（SSC-Atlantic）指导，设计为海军现有数字模块化无线电（DMR）项目的一个模块化、可部署的扩展。其目的是将模块化的 ISO 机柜装备为自包含的、独立的、可部署的 DMR 套件。ICADS 系统可以在全球部署，以应对海上或岸上的紧急情况，或者在当地基础设施无法支持先进通信的情况下，成为需要先进无线电通信的项目的一部分。

Electromet 公司为海军舰载 DMR 通信套件提供电子机柜。与 SPAWAR 合作，Electromet 公司设计了改进的集成电子设备机柜，以支持 ICADS 项目。集成电子柜的首批交付于 2012 年开始。

ICADS 增量 Ⅱ 项目由大西洋海军信息战中心指导，从最初的 ICADS 项目派生而来。其范围已经扩大到寻求一种有限的、后备的通信能力，可以部署在大多数水面战斗舰艇上。Electromet 公司于 2020 年 8 月开始交付电子机柜。②

---

① Benjamin J. Carlton. A Comparative Analysis of Advanced Methodologies to Improve the Acquisition of Information Systems within the Department of Defense. Naval Postgraduate School, March 2020. [AD1114152. pdf]

② https://electromet.com/2020/08/10/electromet-supports-src-icads2-program/

2018 财年计划：继续 ICADS 增量 Ⅱ 采购和系统工程活动，包括支持里程碑决策和合同发布的文件。完成增量 Ⅱ 设计评审，包括系统需求评审（SRR）、初步设计评审（PDR）和关键设计评审（CDR），交付 EDM-1 用于测试周期，并启动集成测试 B1，作为工程和制造阶段的一部分。

2019 财年美国海军预算文件显示，对 ICADS 增量 Ⅱ 的资助将支持 EDM-2 的开发，并对 EDM-1 进行任何必要的工程变更，以准备第二次集成和开发测试（作战评估），并支持低速初始生产（LRIP）/里程碑 C 决策。ICADS 增量 Ⅱ 是一个任务关键型系统，为海军平台提供先进的能力和备份通信，并以更高密级提供更多细节，以支持能力生产文件中所述美国太平洋舰队司令部（COMPACFLT）的要求。

2.3 情报、监视与侦察（ISR）

情报、监视与侦察（Intelligence, Surveillance, and Reconnaissance, ISR）支持数据共享，并将海军作战传感器和平台连接到情报机构、联合和海军体系。扩大监视可以实现弹道导弹防御，增强海上安全，提高舰队理解和预测敌方行动的能力。情报、监视与侦察系统无疑是未来战场上实时获取电磁与赛博空间态势等情报信息的核心装备；从工作方式来看，通信情报侦察系统最大的特点就是无论在和平时期的平静电磁与赛博空间环境还是在突发事件时期密集、复杂、激烈对抗的动态电磁与赛博空间环境中，都能开放式无源或隐蔽工作。在航母战斗群的航空母舰、驱逐舰、护卫舰、潜艇以及舰载预警机、舰载电子战飞机、舰载无人机平台上装备通信情报侦察系统，并作为其有机组成部分，组成一个功能性能强大的完整体系，已经成为美国海军有效应对越来越复杂和动态变化的海战场电磁与赛博空间环境的首要选择。

其主要项目有 DCGS-N、ICOP、AIS、MDA、MIBS/JTT。

2.3.1 海军分布式通用地面系统（DCGS-N Inc 1/2）

2.3.1.1 概况

分布式通用地面系统（Distributed Common Ground System, DCGS）是美国空军、陆军、海军、海军陆战队以及特种作战部队通用的多源 ISR 信息综合应用系统，可近实时接收、处理及分发从侦察卫星、侦察飞机、无人侦察机以及地面/海面等侦察监视平台传送来的各种情报信息，进行多源 ISR 信息的分布式处理和综合应用，为联合部队提供安全有效地存取、处理、传输、使用和管理来自多种 ISR 平台信息的能力，是一个与因特网类似的情报共享网络。DCGS 的总目标是为美军情报分析人员提供一种综合的情报信息共享系统，使其能够访问和分析数百种渠道的情报数据，并将形成情报产品实时提供给其他用户。

根据各军种和作战性质的不同，美军 DCGS 系统主要由空军 DCGS-AF 系统、陆军 DCGS-A 系统、海军 DCGS-N（Distributed Common Ground System-Navy, DCGS-N）系统、海军陆战队 DCGS-MC 系统、特种部队 DCGS-SOF 系统、情报机构 DCGS-IC 系统以及其他部门乃至盟军的 DCGS 系统等多个系统组成。不同性质的 DCGS 系统通过 DCGS 集成中枢（DIB）构成一个互通、互连、信息共享的 DCGS 体系（DCGS Enterprise）。

DCGS-N 是美国国防部 DCGS 系统簇的海军部分，提供情报、监视、侦察和目标能力的多军种综合。它是部队的主要情报、监视、侦察和目标（ISR&T）支持系统，并在战争的行动层和战术层提供处理、开发和传播服务。DCGS-N 在机密和敏感隔离信息（SCI）安全级别运行，最大限度地利用了成熟的商用现货（COTS）和政府现货（GOTS）硬件和软件，以及联合部队软件、工具和标准，提供可伸缩、模块化、可扩展的多源能力，可与其他军兵种和机构 DCGS 系统互操作。

使命任务：作战指挥官使用 DCGS-N 参与联合特遣部队级别的联合目标定位和规划过程，并为联合部队共享和提供海军有机情报、侦察、监视和目标数据。配备 DCGS-N 的部队将：①通过多源情报识别、定位和确认目标；②通过处理从可用传感器提取的数据，更新敌军航迹位置，并向联合部队海上指挥官提供态势感知。

DCGS-N Inc 1 取代了所有遗留的联合军种图像处理系统-海军和 SCI 全球指挥和控制海上系统。Inc 1 Block 2 功能由综合海上网络和企业服务（CANES）托管，并为用户提供一体化的 ISR 套件。在此之前 DCGS-N Inc 1 兼容 ISNS 和 SCI 网络。DCGS-N 通过 DIB 和网络中心企业服务（NCES）与 DCGS 系统簇实现互操作。

DCGS-N Inc 2 提供一个企业解决方案，以满足特定的能力差距。这包括集成和自动化所有来源融合和分析功能的能力；通过自动化工作流流程，增强任务分配、收集、处理、利用和传播（TCPED）能力；以及维持和增强海洋领域感知能力。Inc 2 在司令部、军种和机构之间共享信息，以根据新兴的联合信息环境和情报机构信息技术企业概念提高态势感知能力。作为一种强大的综合 ISR&T 能力，Inc 2 具有可伸缩、模块化和可扩展的特点，可与海军和联合 ISR、传感器和基础设施能力互操作。Inc 2 为海上作战中心和情报组织提供在岸上企业节点进行情报利用、分析、生产和传播的能力。企业节点提供全源交叉引导功能，以改进海军情报分析员 TCPED 的工作流程自动化。此外，Inc 2 提供全源海上资源利用，并将有机 TCPED 与战略和战区情报生产组织提供的情报相融合，以解决时间敏感的动态战术规划和海上执行决策问题。

DCGS-N Inc 1 部署在部队级舰船和海岸站点。海军计划通过 5 个 FCR 交付 DCGS-N Inc 2。FCR-1 的设计目的是为 DCGS-N 数据分析节点（DAN）提供更新的、基于云架构的态势感知功能。DAN 处理、关联和融合所有源数据，并提供基于 Web 的情报图像。

DCGS 从功能上主要由通用地面站和情报融合信息系统两部分构成。通用地面站可实时接收侦察卫星、侦察机等多种侦察传感器的图像情报（IMINT）、信号情报（SIGINT）等信息；情报融合信息系统可实现对各类 ISR 传感器的任务规划（Task）、情报信息发布（Post）、多源情报融合处理（Process）和情报应用分发（Use），即 TPPU。早期的 DCGS 主要按照任务分配、处理、利用和传播（Task, Process, Exploitation, Dissemination, TPED）模式依次进行情报的分发和应用，该模式的特点在于以平台为中心，情报处理采用线性流程，先由下级节点进行处理，再由高级节点进行融合；缺点在于效率低下，情报融合的时效性难以满足灵敏作战和快速打击的需求。而现行的 TPPU 处理模式的特点在于以网络为中心，DCGS 体系的每个节点既是原始情报数据的提供者，又可以是情报信息的需求者，原始和预处理数据一旦获取后就可以快速发布在网络上，情报分析员和作战人员可以根据需求进行灵活组合，达到一点发现和全网理解，大大缩短了从传感器到射手的时间。

在过去的十年中，国防部对 ISR 系统的需求不断增加，以支持军事行动。20 世纪 90 年代末以来，国防部一直与军方合作开发 DCGS 体系，以提供更有效的处理、分析和传播情报数据的能力。DCGS 体系的总体目标是建立一个可互操作的信息共享网络，在该网络中可以发现和使用情报数据，而不管其所有者是谁，要求高评估的执行情况。无论是海上（CVN、LHA、LHD 或 LCC）还是岸上（MHQ 或 MOC），DCGS-N 对作战指挥官的战场空间感知和网络中心作战都至关重要。

2.3.1.2 项目背景

随着以信息技术为核心的装备技术迅猛发展，未来作战环境和作战样式发生了深刻的变化，呈现出作战空间不断扩大、局势瞬息万变和战场情况模糊等特点。此外，武器射程和精度的不断提高，导致各军种作战空间发生重叠，军种边界日趋模糊。因此，联合作战已成为现代战争的基本形式。与传统作战的情报保障相比，现代战争的情报保障已不仅是作战计划和作战行动的前提和基础，更成为计划、准备和实施作战行动的核心。美军联合情报将各军种及国家情报能力综合集成为一个整体，向联合部队指挥官提供比单一情报单位更准确和及时的情报产品。联合情报的重点在于强调不同军种及国家情报机构间的联合。美军作为装备最先进和战斗力最强的军事力量，高度重视全源情报分析，建立了庞大的联合情报体系，构建了自动化程度极高的联合情报处理系统。每次联合作战的背后，都有联合情报提供的多方位和多层次支持。近年来，美军积极抢占信息技术的制高点，广泛利用云计算和应用商店等新技术提升联合情报能力。

海湾战争以前，美军各军兵种以及国防情报局、国家侦察局等部门根据自身业务需求，独立建设了大量情报处理系统，在"沙漠风暴"行动中这些"烟囱"林立的情报处理系统互不相联，严重降低了作战指挥控制的效能。

进入 21 世纪，美国国防部对"联合指挥控制"有几种不同的、基本上不连贯的观点。一些领域已经（某种程度上）得到了管理，但跨域协同仍然是一项正在进行的工作。第一个真正的"联合"多域指挥控制是空军和陆军项目的融合，成为联合监视目标攻击雷达系统（JSTARS）。正如 20 世纪 80 年代末设想的那样，JSTARS 将在飞机上安装战场传感器和作战行动中心，并通过移动"地面站模块"将有关敌军装甲和车辆的信息传输给战术空军和地面部队指挥官。海湾战争期间，旧的波音 707 机身被回收并重新引擎化，变成了 E-8"联合之星"（JSTARS）飞机。E-8 配备了一个巨大的地面目标运动指示器（GMTI）雷达系统和机载作战行动中心，由空军和受过专门训练的陆军人员组成，为联军提供了伊拉克地面部队的清晰图像，并检测到"飞毛腿"导弹的发射。17 架 E-8C 飞机中的最后一架于 2005 年交付。但随着阿富汗和伊拉克战争的进展，飞机的作用发生巨大变化，成为战场上的通信中心和空中光学眼睛，与地面雷达不易显示的敌人作战。

JSTARS 计划是所有 C4ISR 计划之母。地面站模块演变为通用地面站，这是一个基于商用现货技术的系统；这反过来又在各个军种的情报系统之间滚雪球，并催生了分布式通用地面系统（DCGS），一个将"ISR"连接到所有军种的"C4"上的平台。[1]

DCGS 是美国陆军、海军、空军和海军陆战队通用的多源 ISR 信息综合应用系统，可近实时接收、处理及分发 ISR 信息。1996 年，美国国防部开始研制 DCGS，旨在搭建一个以网络为中心的实时情报共享体系，提升情报处理系统的互操作性。该项目由美国空军率先研

---

[1] Gallagher S. The connected battlespace, part two: The fault in our (joint) stars. Ars Technica, 2/8/2021. [https://arstechnica.com/information-technology/2021/02/connected-battlespace-2/]

制，系统总集成商雷声公司联合了微软、谷歌、惠普、甲骨文和 BEA 等公司参与了研制。该系统是第一个以网络为中心的后方支援系统，它的建设起源于美军"沙漠风暴"作战行动所得的教训，DCGS 项目对美国的分布式情报、监视和侦察（ISR）系统进行了改进，搭建了一个实时情报共享的全球范围、以网络为中心的情报体系。由于当时美军重点关注的是情报搜集能力，因此直到 2003 年，美军提出构建"网络中心"情报共享能力，DCGS 系统才开始受到广泛关注，成为美军情报转型的焦点和系统革新的里程碑。随着美军海、陆、空、天多维一体情报侦察体系的成型，各种情报搜集平台和传感器不断涌现，美军更加重视和发展 DCGS 系统的能力。在全球信息栅格（GIG）、云技术、大数据等新兴信息技术推动下，近年来，美军 DCGS 系统的发展取得了显著的成果。

DCGS 是美军 GIG 全球信息栅格建设中的成功典范，它推动了美军情报体系的横向集成与融合，实现了网络中心化情报数据的无缝链接，使传感器到射手、到打击效果评估的一体化成为现实。在 2001 年的阿富汗战争和 2003 年的伊拉克战争中，美军均部署了 DCGS，检验了 DCGS 的作战性能。如 2003 年 4 月 9 日"全球鹰"采集到一幅伊拉克 SAM 导弹图像并把它近实时地传给 DCGS-CONUS 系统，一位情报分析专家仅用 2 分钟就完成了目标定位，并用不到 10 分钟的时间将完成情报标注的 SAM 导弹图像提交给火力打击部署中心，在 45 分钟后该目标被 B-2 轰炸机投射的导弹摧毁，从侦察传感器到完成打击任务花了 57 分钟；同一天，一架搜索导弹移动发射装置的"捕食者"飞机发现了两辆坦克，DCGS 把坦克的信息传输给作战中心，作战中心把目标数据发送给附近游弋的战斗机，从侦察传感器到完成打击任务仅仅花了 17 分钟。

2013 年夏天，美国空军以 DCGS-AF 为中心的开发路线图获得批准，该路线图旨在实现"全源"情报，即融合来自空间、空中平台的图像、信号、赛博和开源情报。美国空军正在与国防信息系统局联合开展用于 MQ-1"捕食者"/MQ-9"死神"无人机获得的全动态视频（Full-Motion Video，FMV）图像的新型存储系统。[①]

2.3.1.3　体系构成

美国国防情报体系向作战部队、国家指挥当局以及盟友提供全方位的情报保障，由国防情报搜集体系（DICE）和国防情报信息体系（Defense Intelligence Information Enterprise，DI2E）组成，DICE 的主要任务是搜集情报数据，DI2E 将搜集到的数据处理成情报产品并将其分发给合适的用户。美国国防情报信息体系如图 2-11 所示。

分布式通用地面系统（DCGS）是主要的情报信息系统。在国防情报体系建设过程中，美军一直重视系统互操作性，试图打破系统条状分布状况并为此采取了很多措施，但在实际使用中效果不甚理想。究其原因，美军认为由于各利益相关方仅关注自身需求，缺乏协作的动机，导致情报系统间缺少"天然"集成。2011 年，国防情报次长 Michael G. Vickers 正式提出 DI2E 计划，旨在激励各军种和工业界进行合作，促进情报数据的共享与处理系统间的互操作。[②]

经过二十多年的发展，DCGS 已发展为空军 DCGS-AF 系统、陆军 DCGS-A 系统、海军

---

① 顾呈. 分布式通用地面站 [J]. 航空电子技术，2013，44（3）：52-56. 原文来自 Command, Control, Communications & Intelligence Forecast, 2011.

② 吉祥，吴振锋，王芳. 美军联合情报保障体系及其信息系统发展. 指挥信息系统与技术 [J]，2015，6（4）：7-13.

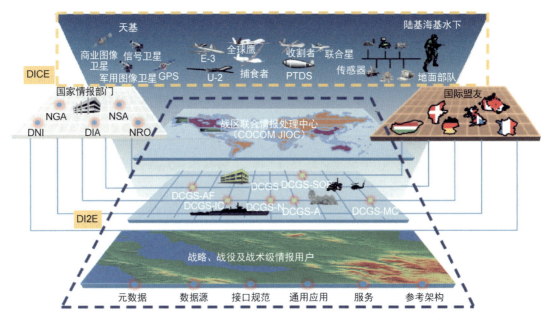

图 2-11 ┃ 美军国防情报体系

DCGS-N 系统、海军陆战队 DCGS-MC 系统、特种作战部队 DCGS-SOC 系统以及情报机构 DCGS-IC 系统。不同军种的 DCGS 通过集成中枢 DIB（DCGS Integration Back-bone）系统构成一个互连、互通、信息共享的 DCGS 体系。美国国防部 DCGS 体系的构成如图 2-12 所示。

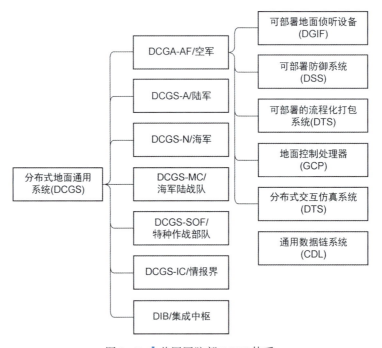

图 2-12 ┃ 美国国防部 DCGS 体系

在诸多 DCGS 系统中，空军 DCGS-AF 系统是各军种中开发最早的系统，发展相对成熟。

陆军 DCGS-A 系统是各军种中部署范围最广、应用较成熟的系统,海军 DCGS-N 系统起步较晚,其他系统的建设中也大多借鉴了 DCGS-AF 系统和 DCGS-A 系统的先进技术。

如图 2-13 所示是各军种 DCGS 项目的进度计划,包括已经完成的和正在进行的(2013 年)。

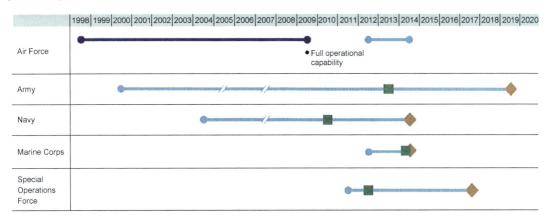

图 2-13 各军种 DCGS 项目的进度计划(2013 年)

美国国防部部署了大量的 ISR 系统,如无人机系统,以满足伊拉克和阿富汗日益增长的作战需求。这些系统在提供关键威胁警告、定位目标和帮助作战单位对对手进行突袭方面的成功,导致了对更多 ISR 系统的需求,以收集数据。然而,军方有效利用大量数据的能力并没有跟上步伐。情报分析人员报告称,他们很难知道哪些信息是可用的,花费了太多时间对人力和其他情报来源收集的大量数据进行分类,试图找到相关信息,并且缺乏有效地在国防部和其他机构、联盟伙伴之间共享数据和产品的工具。

20 世纪 90 年代后期以来,各军种努力发展 DCGS 提供更有效的能力去处理、分析和传播情报数据。DCGS 不是一个单一的系统,而是已经演变成一个系统簇,包括 6 个采办项目,分别为空军、陆军、海军、海军陆战队、特种作战司令部(SOCOM)和情报机构管理。这些项目统称为 DCGS 体系(DCGS Enterprise),旨在使用通用软件架构和一套数据标准将 ISR 系统与分析人员联系起来。整个系统网络包括基础设施服务器、数据链路、路由器和计算机工作站,用于存储和维护情报数据仓库,以及使能搜索和操作数据的软件工具和技术,以准备支持军事行动的产品。

DCGS 体系已经建立了共享数据的基础。DCGS 机构在开发和完善一套通用数据标准方面取得了长足的进步,这些标准是实现系统兼容和数据共享不可或缺的一部分,但 DCGS 的几个项目尚未采用最新的标准,因此无法利用全套的信息共享功能。[1]

ISR 系统——包括有人/无人的机载、星载、舰载和地面平台和传感器——在支持军事行动和国家安全任务中发挥着关键作用。这些系统提供战场态势感知,警告迫在眉睫的威胁,识别目标位置,并为规划和执行任务提供关键信息。各军种开发和部署 ISR 系统,重点收集不同类型的情报信息,包括:

---

[1] Michele Mackin. Distrituted Common Ground System-Better Measures and Plans Needed to Help Achieve Enterprise Intelligence Sharing Goals. GAO Report, GAO-13-327SU, June 2013. [GAO-13-327su-DCGS- June-2013. pdf]

- 信号情报（SIGINT），来自通信、电子和数据传输的信息；
- 测量与特征情报（MASINT），提供特定事件（例如核爆炸）显著特征的技术派生信息，或通过光学、声学或地震传感器等手段定位、描述和识别目标的信息；
- 人力情报（HUMINT），从知道或有机会获得信息的个人处获得的信息；
- 地理空间情报（GEOINT），用于描述、评估和视觉描绘地球地形的物理特征和地理参考活动的图像和其他地理空间信息；
- 开源情报，以印刷和电子形式公开的信息。

收集情报的 ISR 系统连接到各个地面处理中心，这些处理中心收集、分析数据，并根据需要将数据分发给其他处理中心或作战部队。许多系统是烟囱式的，因为它们只为一个目的收集情报数据，而且不能与其他系统互操作。也就是说，它们不能直接与其他系统或用户共享数据，因为它们基于不同的技术、软件架构和数据标准。例如，侦察飞机上的 ISR 传感器可能会收集图像数据，然后必须将原始数据处理成可用的形式。数据被传送到其所在的一个独特的地面处理中心，或分发给选定的情报用户。由于数据位于不同的位置，因此情报分析人员和其他军事用户经常需要查询多个来源才能获得完成任务所需的信息。对情报人员来说，咨询许多不同的数据源的过程既费时又有压力，无法提供有用的情报来支持军事行动。此外，在需要的时候无法找到正确的情报也会影响军事行动。

情报数据要想发挥作用，必须能被分析人员发现。使数据可发现可以通过元数据标记来完成，该过程通过在创建数据时自动或手动添加的其他数据（元数据）来描述数据。例如，相机可以为照片创建元数据，例如位置、日期、时间和镜头设置；摄影师可以添加进一步的元数据，比如主题的名称。对信息进行元数据标记的过程取决于收集信息的传感器的技术能力。当一些 ISR 平台上的传感器将数据传输到接收器（通常是地面站）时，它们会自动进行元数据标记，但许多接收器不会这样做。这些性能较差的平台和传感器是在国防部几年前强调实施元数据标准之前开发的。当传感器不自动标记元数据时，地面上的情报分析人员在传感器收集数据后手工对数据进行分类。

为了满足更有效处理、分析和传播情报数据能力的需求，国防部长办公室在 20 世纪 90 年代后期开始与各军种合作，将其独特的情报数据处理系统过渡到 DCGS 体系。一些军种开始开发系统，但使用了不同的软件体系结构方法。2003 年，负责采购、技术和后勤的国防部副部长（USD（AT&L））决定，各军种应该继续单独采购 DCGS 系统，但要有一个更协调的、基于标准的方法，以确保系统实现互操作性。USD（AT&L）要求采用一套通用的软件和数据标准，并将最初由空军作为其自身 DCGS 系统的一部分开发的 DCGS 集成中枢（DIB）作为建立这些标准的框架。USD（AT&L）还要求 USD（I）牵头为 DCGS 体系提供战略方向。

随后，负责情报的国防部副部长（USD（I））建立了一个协调的治理结构，包括系统开发人员、用户和其他利益相关者，以指导军种的 DCGS 系统开发。然而，系统采办的监督和管理仍然是 USD（AT&L）和各军种的责任。DCGS 体系由 USD（I）主持的一个监督委员会领导，由几个团队组成，协调和解决 DCGS 体系方面的问题，其治理机构如图 2-14 所示。以下是已建立的三个关键团队的描述。

（1）体系团队：由 USD（I）和国防情报局（Defense Intelligence Agency，DIA）领导，负责制定 DCGS 系统架构的标准、政策和程序，以及表征信息共享成熟度的技术指标。还通

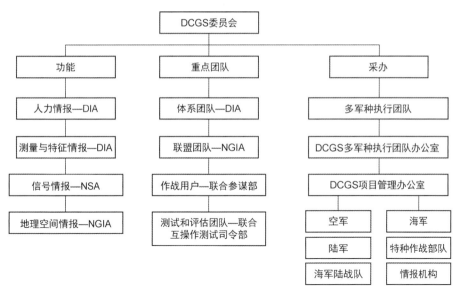

图 2-14 ┃ DCGS 体系治理结构

过解决军种和其他团队关注的问题,开发协作论坛,并管理 DCGS 的各种利益相关者来牵头体系。

(2) 多军种执行团队:是 DIB 开发、采办和集成的主要决策机构,负责为每个新版本的 DIB 建立内容和功能,制定这些新版本的开发和发布时间表,提供 DIB 及 DIB 相关软件和文档的配置管理。

(3) 测试和评估团队:计划并执行 DCGS 体系的测试,以衡量性能并帮助确定系统互操作性。作为这个团队的主席,联合互操作性测试中心(JITC)负责监督一系列支持 DCGS 体系互操作性年度评估的活动。

DCGS 体系的总体目标或最终状态是提供一个集成的情报信息共享系统,军方的分析员可以访问来自数百个来源的情报数据,对其进行分析,并使产生的情报产品可被发现并实时提供给其他用户。DCGS 体系由网络基础设施、软件工具和技术组成,其中网络基础设施包括服务器、数据链路、路由器和计算机工作站,用于存储和维护情报数据仓库;软件工具和技术使数据能够被搜索和处理,以准备产品来帮助作战人员。国防部还预计,体系数据和产品将可以通过笔记本电脑和网络链接访问部署的作战单位。图 2-15 描述了 DCGS 的作战概况,并显示了 DCGS 如何将 ISR 系统连接到地面处理系统和情报分析员。

DCGS 体系随着时间的推移而发展,以适应技术的进步和军事任务的变化。最初,DCGS 计划建立一个信息基础设施,为分析人员提供对情报数据的实时访问。随着时间的推移,该基础设施计划扩展到更广泛的情报机构,开发新的工具和方法来更有效地利用数据,例如发现和整合来自多个来源的数据的自动化能力。所有的 DCGS 项目都是在使用开放式架构软件方法进行开发,使添加、升级或交换软件和组件变得容易,并利用可用的商业或政府网络和计算机硬件。通过使用开放式架构方法,国防部可以对系统进行改进,而不必致力于特定的产品或开发商。此外,DCGS 将在现有的国防部信息网络上运行,特别是保密互联网协议路由网络(SIPRNET)和绝密级联合全球情报通信系统(JWICS)网络。

DCGS 体系的总体指导和方向在初始能力文件和作战概念中进行阐述,初始能力文件确

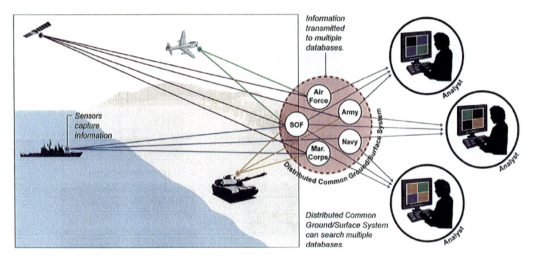

图 2-15 ┃ 分布式通用地面系统作战概况

定了所需的能力和优先级,作战概念定义了如何在一系列军事行动中使用 DCGS。在这种结构中,各军种根据自己的任务、需求和优先级,定义各自 DCGS 系统的作战需求。

DCGS 体系也是国防情报信息体系(DI2E)的一个重要组成部分,它为国防部、国家情报机构(例如中央情报局和国土安全部)之间共享情报信息提供统一的结构。

由于不同的任务、需求和优先事项,各军种在开发和部署 DCGS 能力方面处于不同的阶段。对于目前正在开发和部署的基线能力集,所有军种 DCGS 系统的总成本估计超过 106 亿美元。由于国防部需求和采办过程漫长,因此项目有效响应不断变化的需求的能力可能会变得复杂。

所有的军种目前都在通过增量采办获得 DCGS 能力,目前的计划侧重于将现有的情报系统迁移到一个统一的框架中,同时增强处理和分析情报数据的能力。DCGS 项目的规模各不相同,并接受来自军种和国防部的不同级别的采办监督。随着新需求和新技术的出现,陆军和海军的 DCGS 项目已经进行了重组,并被指定为重要自动化信息系统(Major Automated Information System,MAIS),而其他军种较小的 ACAT Ⅲ 采办项目正在进行中。例如,空军在 2012 年建立了四个 ACAT Ⅲ 项目来升级其系统。在现有项目完成后,军种计划启动额外的项目增量,以提高 DCGS 能力并采用更先进的技术。几个军种已经开始为这些增量进行规划,但是还没有定义能力、获取策略和它们所需的投资。

1. DCGS-AF 空军

空军是 DCGS 系统的创始方,空军分布式通用地面系统采用"点对多点"传输方式,将美军的多种情报系统集成到通用工作站系统,从而彻底改变了美军情报信息的处理和分发方式,建成全球网络化的 ISR 系统。此外,DCGS-AF 作为空中作战中心(AOC)和无人机体系结构之间的接口,可从世界上任意位置通过基于互联网的工具,对 U-2 侦察机、"全球鹰"无人机和其他 ISR 平台进行实时规划。

DCGS-AF 已经升级到 Block 10.2 版本,升级后的 DCGS-AF 已分别于 2010 年 12 月和 2011 年装备在德国的拉姆斯坦空军基地和夏威夷希卡姆空军基地。后续工作是完成全球范围内的部署,形成分布式的网络中心结构,以便通过通用数据链等接收侦察平台传送的图像情报、测量与特征情报和信号情报等,执行协同情报处理任务,并通过全球信息栅格在更大范围内向美军各战场用户分发信息。DCGS-AF Block 10.2 系统采用全新的数据处理方式，相关数据在具备可用性之后发布在共享网络上，用户可以提取数据并将其纳入自己的处理进程中，这一点对于定位时敏目标之类的军事任务非常有用。

DCGS-AF 由美国空军 ISR 机构的第 480 情报、监视与侦察联队操作与维护。目前，DCGS-AF 已装备了 45 个地理上分散的、互相联网的站点，它是美国空军首个全球联网的情报、监视与侦察武器系统，系统的情报信息由 U-2、RQ-4 "全球鹰"、MQ-1 "捕食者" 以及 MQ-9 "死神" 无人机收集。

空军运行几个国家级 ISR 系统，收集大量 GEOINT 和 SIGINT 数据，并为世界各地的联合部队和盟军提供支持。这项任务需要一个大型的固定 DCGS-AF 中心网络来处理、分析和传播情报数据，主要是在美国。DCGS-AF 开始于 20 世纪 90 年代末，作为支持 U2 飞机的可部署 ISR 数据处理能力。空军扩展了 DCGS，以便处理和分析来自许多其他 ISR 系统的情报数据。该系统于 2009 财年宣布投入运行，此后一直得到支持。在 2012 财年，美国空军决定升级 DCGS-AF 系统解决以下问题：DCGS-AF 数据处理中心有不同的系统配置，包括不同的硬件、软件和网络基础设施，维护这些设施的成本很高；近几年部署的用来支持伊拉克和阿富汗作战的许多 ISR 系统并没有与 DCGS-AF 系统集成；该系统不符合所有当前和发展中的 DCGS 体系标准和软件架构。

美国空军计划升级 DCGS 系统，在系统维持期间对其进行增量改进，对当前的 ISR 操作产生最小的影响。在 2012 财年，USD（AT&L）批准了一项空军采办策略，以启动 DCGS-AF 的四个 ACAT Ⅲ 升级项目。根据空军官员的说法，通过这些较小的项目升级系统比将工作合并到一个单一的较大的项目中提供了更大的灵活性来响应需求。这四个项目旨在为 DCGS-AF 网络通信、数据管理、GEOINT 和 SIGINT 能力提供升级。

DCGS-AF 系统包括以下几部分：可部署地面侦听设备（DGIF）、可部署防护系统（DSS）、可部署的流程化打包系统（DTS）、地面控制处理器（GCP）、分布式交互仿真系统（DIS）和通用数据链系统（CDL）。

空军 DCGS-AF 系统不仅是各军种中开发最早的系统，也是各军种中发展相对成熟且技术水平最先进的系统，被空军认为是 ISR 系统转型的基础。美国空军不只把 DCGS 看作情报能力，更将其视为一种武器系统，并于 2013 年 7 月发布了《2020 空军分布式通用地面系统路线图》，规划了实现"全源"情报目标的各阶段措施，将已有的 ISR 力量进行同步和整合，为空军提供信息优势、作战优势和决策优势。

DCGS-AF Block 10.2 系统采用了全新的 TPPU 模型处理方式。相关数据在具备可用性之后，立即被发布在共享网络上，允许用户提取数据并将其纳入他们自己的处理进程中。这一点在时敏目标定位之类的军事应用上显得尤为重要。该系统采用了 Java 连接器体系结构来实现对 DIB 系统的访问，而不需要在每个节点上运行独立的应用软件来访问各个数据库。

此外，DCGS 还将成为空中作战中心对无人机体系结构的接口。DCGS-AF Block 10.2 系统支持从世界上任意位置，通过基于 Internet 的工具，对 U-2 侦察机、"全球鹰"无人侦察机和其他 ISR 平台进行实时规划。DCGS 系统通过美军的通用数据链（CDL）和综合广播服务（IBS）系统接收由美国空军侦察平台送来的图像情报、测量与特征情报、信号情报等多种情报数据，通过 GIG 向美军各战场用户进行更大范围的信息分发。DCGS-AF Block 10.2 是最先依据 DIB 网络集成 SIGINT、IMINT、MASINT 及全源分析服务的系统。

2014年10月1日，美国空军的ISR机构正式变更为美国空军第25航空队，该航空队的一项特别任务就是通过DCGS-AF系统，为空军提供定制、近实时的情报信息。根据2016年2月的数据，美国空军及其DCGS-AF系统每天执行61组战斗空中巡逻任务，这反映出各方对DCGS-AF系统战术侦察需求的增长，日益增多的侦察数据要求空军必须进一步提升DCGS-AF系统能力。目前，美国空军重点改进DCGS-AF系统为开放式体系结构，以提升情报获取的速度。

2. DCGS-A 陆军

2000财年以来，陆军一直在开发和部署其DCGS系统的组件，以满足部队的多种情报需求。随着时间的推移，由于需求的变化，该计划已经进行了多次更改，现在的重点是提供一个移动的、集成的ISR地面处理系统，该系统由与传感器和其他信息源互操作的通用组件组成。DCGS-A系统旨在提供对多源情报数据的访问。

陆军最初建立DCGS是为了整合提供单一来源情报数据的许多不同的陆军情报系统。然而，陆军意识到，为了在伊拉克和阿富汗开展反叛乱行动，DCGS需要额外的情报处理、分析和传播能力。因此，根据2005财年的重组计划，陆军重新将DCGS-A的重点放在发展能力上，以支持已部署的旅战斗队，并将陆军系统与当时正在部署的其他联合情报作战能力相结合。重新聚焦计划还旨在根据USD（AT&L）的指示纳入DIB标准。

陆军重组计划的总体战略是加速发展初始DCGS-A能力，以支持当前部队，同时为未来部队发展先进的SIGINT、GEOINT、HUMINT和多源情报分析能力。然而，在2011财年，陆军重新调整了该计划的重点，专注于开发单一的集成软件基线系统，而不是继续部署不同配置的DCGS-A。此外，该计划采用了国防部的信息技术系统采办框架，并被指定为MAIS计划。作为MAIS项目，DCGS-A被要求在2012年12月前完成系统的开发和运行测试，并作出全面部署决定。根据这一决定，陆军计划发布几个软件版本，以增加数据处理和分析能力。

然而，在2012年6月的正式作战试验和评估中，DCGS-A系统并没有成功展示其预期的某些能力。国防部作战试验与评估主任办公室得出结论，根据试验结果，总体而言，DCGS-A在作战上没有达到有效、合适或可生存的要求。作战试验之后，陆军修改了部署DCGS-A的方法，推迟了引起许多问题的绝密网络飞地，并实施解决方案来修复系统的许多其他技术问题。2012年12月，USD（AT&L）批准部署DCGS-A系统的修改配置，其系统架构如图2-16所示。

DCGS-A系统有固定式、移动式和嵌入式三种配置。固定式系统主要用于开展日常情报计划制订、情报收集和处理，以保持在所有作战阶段信息的优先权，一般部署在后方的安全地带，如美国本土或海外战区的区域作战中心。固定配置还可为陆军的交战单元提供"战术守望"（over watch）能力，以在固定站点为作战交战单元提供增强的态势感知、信息融合及分析、瞄准和相关支持。移动式系统具有可部署性和模块化的特点，可由车辆运载至前线部署，也能进行行动中通操作，并能根据任务需求升级。嵌入式系统具有软件能力，以螺旋输出的方式开发通用ISR任务工具，能够集成到陆军平台和其他网络系统中。

DCGS-A支持目标定位、传感器管理和信息使用。系统提供传感器信息融合，使情报分析员搜集信息并生成情报图像。DCGS-A还将利用云技术组建核心、区域和边缘节点，以支持陆军情报数据收集和分析。

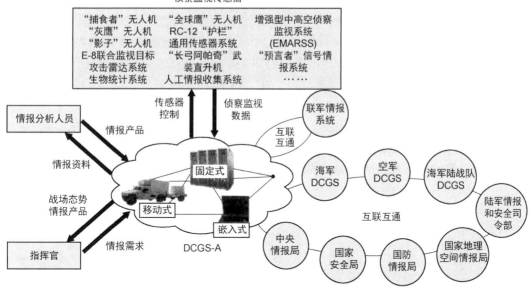

图 2-16 ｜ DCGS-A 系统架构

陆军 DCGS-A 系统是各军种中部署范围最广、应用最成熟的系统，是陆军情报框架的核心和国家级情报作战梯队的能动器，是提供网络化 ISR 能力的超级系统。该系统改变了传统的情报系统运作模式，可搜集分析来自侦察卫星、侦察飞机、地面传感器、人力情报等 700 多种来源的数据。DCGS-A 提供的情报及作用已拓展到了陆军以外的用户，目前对其后台数据库的访问已超过 25 万次/月。

DCGS-A 采用分布式结构，综合了 12 个子系统的能力。系统从研制开始时起就致力于保持系统的灵活性，采用开放式的可编程结构，使情报分析员获得尽可能多的应用工具，同时还允许情报分析员能够对其工作空间进行个性化设置，可方便地添加新的应用程序。作为一种下至战术端且用户数最多的应用系统，DCGS-A 系统与时俱进，在外观设计、用户体验及系统易用性等方面不断改进，力求与商业网络应用及技术同步。DCGS-A 系统在阿富汗已部署十几年，系统版本不一，当前部署的软件基线主要以 DCGS-A V3.0 为主（软件名为 Griffin）。

DCGS-A 的核心功能是对陆军及联合的 ISR 传感器分配任务，并对其获取的信息进行处理、发布和利用。DCGS-A 将具有收集图像情报（IMINT）、信号情报（SIGINT）、测量与特征情报（MASINT）、人力情报（HUMINT）以及对其进行融合的能力。依托全球信息栅格（GIG），DCGS-A 系统将为全部的战场空间提供情报产品。现有的 DCGS-A 系统包括以下部分：通用地面站（CGS）、综合处理设施、"护栏"信息节点（GRIF）、轻型全源分析系统（ASAS-L）、反情报及人力情报管理系统（CHIMS）、主站操控中心（HSOC）和战术开发系统（TES）。

3. DCGS-N 海军

DCGS-N 系统旨在提供对多源情报数据的访问，使分析员能够识别、定位和确认目标，合并 ISR 传感器数据以增强海上态势感知。海军需要情报处理和分析能力，以支持海军编队执行其任务。海军计划建立一个 ISR 网络，使已部署的船只能够收集和分析来自不同来源的情报数据。此外，岸上的数据处理设施将为船只提供情报数据和产品支持。DCGS-N 专注于从海军 ISR 机载平台以及国家地理空间情报局提供图像情报和信号情报处理能力。

DCGS-N 项目始于 2004 财年，目标是将几个现有的海军 SIGINT 和 IMINT 数据处理系统合并成一个实体。由于技术问题、新出现的海军 ISR 需求，以及需要将 DCGS-N 系统与海军发展 CANES 的计划保持一致，该项目在 2007 财年被停止并进行重组。CANES 项目的启动是为了解决舰船物理空间和带宽有限的问题。CANES 网络减少并消除了舰船上现有的独立网络，并为多种战术信息系统提供了技术平台，包括 DCGS-N。为了整合 DCGS 的硬件，DCGS-N 项目将与 CANES 的部署同步。在项目重组和重新调整后，海军采用了一种方法，将系统的成熟技术和组件快速转移到战场，以提供近期能力，便于 DCGS-N 向 CANES 的过渡。

DCGS-N 系统的开发计划分两个阶段进行。目前的项目在 2009 财年成为 MAIS 计划，提供两个模块的第一个能力增量，交付初始能力，然后将 DCGS-N 软件与系统硬件分离，以促进向 CANES 的过渡。美国海军 2009 财年开始在 34 艘战斗舰艇以及岸上情报中心安装该系统。DCGS-N Inc 1 初始预计在 2014 财年全面部署。然而，该项目遇到了 6 个月的时间表延迟，部分原因是它依赖 CANES 网络，最近经历了生产延迟。一旦部署，系统硬件将每四年更新一次，软件每两年更新一次，这取决于舰船的可用性。最终，海军期望将 DCGS-N 能力与 CANES 基础设施完全集成，形成 ISR 系统，并提供改进的消除数据冲突和提供分析的能力。

4. DCGS-MC 海军陆战队

海军陆战队最初采取"等等看看"的方法来采购自己的 DCGS 系统，以便利用其他 DCGS 系统的设计并逐步发展能力。它在 2012 财年开始开发初始系统，重点是提供集成 GEOINT 功能，并计划通过未来的项目增量来扩展该系统。海军陆战队在多种环境下执行任务，包括海上、空中和地面。此外，两栖和分布式作战要求海军陆战队能够使用模块化的情报数据系统，该系统将适用于大规模集中的海军陆战队或单个排。海军陆战队将开发和部署 DCGS 能力集，为指定的部队提供特定的能力。

DCGS-MC Inc 1，属于 ACAT Ⅱ 项目，采用了一种设计方法，将商用成熟技术，其他 DCGS 项目已经采购和开发的组件，以及新的软件开发结合起来。海军陆战队计划在技术可用时进行部署，而不是等待整个系统开发完成。DCGS-MC 在 2012 财年开始部署部分功能，初始预计在 2014 财年全面部署 Inc 1 系统，固定情报操作中心和部署单位。海军陆战队计划实施后续项目增量，将 SIGINT、HUMINT 和其他类型的情报能力引入 DCGS-MC。官员们计划继续利用其他军种成熟的 DCGS 设计和投资。

海军陆战队 DCGS-MC 是海上空地情报系统（MAGIS）网络的重要组成之一。海上空地情报系统可搜集、处理、分析、融合以及分发来自所有海上情报系统的信息，包括图像情报、信号情报、测量与特征情报、人力情报以及来自国家情报搜集系统和战区情报搜集系统的各类情报信息。DCGS-MC 正由组网的系统簇向体系能力转变，将海军陆战队的所有 ISR 资产连接起来，与各军种、机构和作战指挥官实现完全的互操作。然而，与其他三个军种相比，美国海军陆战队的 DCGS-MC 项目仍处于研制阶段，还未达到初始作战能力（IOC）。该项目于 2011 年秋天进入工程和生产研制阶段，于 2014 年底达到 IOC/FOC（完全作战能力）。海军陆战队采取螺旋方式推进其 DCGS 项目，将现有在册项目综合到系统中，并利用其他军种的投资。

由于 DCGS-MC 系统还存在可用性和可靠性没有满足需求、系统难以操作等问题，海军陆战队系统司令部于 2014 年 9 月决定推迟该系统的全面部署计划。

5. DCGS-SOF 特种作战部队

直到最近，特种作战司令部（SOCOM）还依赖其现有的情报系统，现在正在开发 SOF（特种作战部队）情报系统和网络，并将其集成到 DCGS-SOF 系统中。DCGS-SOF 将为该司令部提供独特的决策能力，用于收集、处理和分析 SIGINT 和 MASINT 数据。

SOCOM 的要求包括能够与各军种、其他国家情报机构、作战司令部和支持联合特遣部队的多国合作伙伴持续、不受阻碍地共享情报数据和信息。部署后，SOCOM 计划 DCGS-SOF 把特种作战部队的作战人员与重要的情报信息联系起来，并提供态势感知信息给特种作战部队，通过 DCGS-SOF 的计算机和网络能力在整个部队中发挥领导作用。

SOCOM 在 2009 财年开始开发 DCGS-SOF 系统的组件，最初专注于提高处理和分析全动态视频和 SIGINT 数据的能力。在 2011 财年，SOCOM 建立了 ACAT Ⅲ 项目，以开发一套更强大的 DCGS 能力，满足特种作战部队独特的任务。

SOCOM 目前的项目是将其现有的情报系统与新的能力相结合，并为现场的移动、不相连的单位提供信息共享和全源分析能力。SOCOM 还采用了一种设计方法，将商用成熟技术、其他 DCGS 项目已经开发的组件以及最适合特种作战部队需求的新软件的开发结合起来。该项目策略旨在最大限度地重复使用成功的组件，减少 DCGS-SOF 系统投入使用所需的时间和资源。SOCOM 还计划定期识别并在 DCGS-SOF 中加入最新技术，以扩展数据融合和协作能力。SOCOM 将每年评估技术插入，作为计划评审过程的一部分。DCGS-SOF 系统于 2012 财年开始投入使用，在 2017 财年继续分阶段投入使用。

DCGS-SOF 系统将特种作战部队的作战人员与传感器紧密联系在一起，以达到发现和确定恐怖分子或敌军单兵的目的。全网数据共享对特种作战部队尤为重要，因为他们要在超过 60 个国家工作，需要在不同网络间转移数据，为决策者提供情报。DCGS-SOF 系统向特种作战部队指挥官提供指挥控制和态势感知能力，为其特种作战部队任务规划和管理提供支持。DCGS-SOF 系统的早期目标是使特种作战部队具备来自无人侦察平台的全运动视频的应用能力，最终目标是通过集成中枢与其他的 DCGS 进行情报信息共享和交互。

6. DCGS-IC 情报机构

美国国防部目前有 5 个项目：DCGS-A（陆军）、DCGS-AF（空军）、DCGS-N（海军）、DCGS-MC（海军陆战队）和 DCGS-SOF（特种作战部队）。第六个项目 DCGS-IC（情报机构）由国家侦察局管理，为国防部和国家情报组织之间提供联系。

DCGS-IC 系统的使用单位和服务对象是美国情报机构，采用了开放的面向服务架构进行综合集成。首先，将国家侦察局、国家地理空间情报局和国家安全局作为一个实体共同工作于一个网络上。然后，将所有可利用的情报集成到同一个网络中，有效提高多源数据融合的能力。最后，通过发展一体化的任务管理、任务过程、指挥与控制，不需要重复建立烟囱式的地面系统，而是最大限度地实现即插即用。

2.3.1.4 集成中枢

DCGS 集成中枢（DCGS Integration Backbone，DIB）是 DCGS 体系的基础设施，其核心是一组符合 SOA 架构的通用服务和标准，各军兵种和部门的 DCGS 均通过 DIB 实现互连、互通和互操作。

美国国防部主导的 DCGS 聚焦联合作战、体系作战,以全球信息栅格(GIG)和集成中枢为基础,贯穿空军、陆军、海军、海军陆战队、特种作战部队和国家地理情报局等,实现情报体系的多源信息共享和按需服务。DCGS 主要由通用地面站和情报融合信息系统组成。作为 DCGS 基础设备的 DIB,其核心是一组符合 SOA 架构的通用服务和标准,采用开放式的可编程体系结构,提供不同 DCGS 体系之间的信息共享,保证 DCGS 系统的数据发掘和互操作性。①

未来,基于 DCGS 的国防情报信息体系是一种基于网页的网络中心体系结构,在数据层实现互操作,采用直接访问企业体系应用程序的方法减少终端大型服务器和处理器的安装。这种以数据标准、数据安全和数据分析为主的数据中心模式,将推动情报与作战的无缝集成,使得情报与作战行动更加紧密地结合在一起。

DCGS 的关键能力由体系能力构成,主要组成部分是 DIB,它是所有 DCGS 系统的基础设施,可保证 DCGS 系统的数据发掘和互操作性。2009 年 4 月,新版 DCGS 集成中枢交付使用,为作战人员提供了更为灵活的性能和服务,简化了情报分析员在纷繁复杂的态势感知中寻找有效数据的工作,为作战人员在查找数据时提供了灵活的检索工具。新版 DIB 被集成到陆军、海军、海军陆战队、特种作战部队以及情报团体的 DCGS 各站点,所有这些部队及团体的情报分析员能够查找、访问、使用整个 DCGS 体系中的信息。2010 年 10 月发布了 DIB 2.0 版本,它由一组通用的服务和标准组成,链接了 DCGS 的所有站点,可以实现 ISR 的信息共享、查询和获取。DIB 3.0 版本于 2011 年 6 月发布,该版本提供了更加标准和灵活的软件服务,能与已有的 DCGS 集成,已有的 DCGS 可从集成中枢的软件服务包中选择所需的服务,实现个性化的功能以支持他们的任务,这样就能显著提高士兵的情报收发能力。

DIB 是 DCGS 体系实现数据互操作的通用基础,分为数据仓库层、服务层和客户层,主要包括资源适配器、DIB 集成数据库、元数据目录、元数据框架、数据集成框架、安全服务、工作流服务、Web 门户等组成部分。DIB 提供的能力包括通用硬件基础设施、通用数据服务、通用数据知识库和通用应用软件等。目前,DIB 4.0 版本提供的分布式数据架构是实现数据为中心的重要手段,重点是数据的互操作性,而不是应用程序或者传输通道。随着技术进步,这种数据中心模式将逐渐模糊系统网络的概念,解决跨多个网络的分散数据问题,实现以数据为中心的知识管理。②

通过 DIB,任何一个具有特定权限的情报用户就可以在任何地方通过浏览器或应用终端查看整个情报体系内的任意情报。DIB 建设的目的在于帮助用户快速、准确地发现、检索情报信息。DIB 采用了一种基于标准的构建方法,允许第三方软件供应商自己完成软件与集成中枢的集成工作,也可使用户从现有情报系统中提取元数据发布在互联网上。DIB 4.0 版本的新特征在于以下方面:

- 组件化开发与发布,目的在于简化新的网页服务组件和数据源的集成;
- 包含新的国防部/情报机构目录发现与检索规范,以提升 DIB 现有的揭示、搜索、发现和检索能力;

---

① 王超,刘玉,陈明浩,等. 美军 DCGS-A 对建立我陆军侦察情报体系的启示[C]. 第七届中国指挥控制大会论文集,2019:67-72.
② 陈祖香,吴技. 美军分布式通用地面站系统的发展现状与趋势[J]. 电讯技术,2015,55(4):462-466.

- 通过运用高效的 XML 交互，提升 DIB 节点在低带宽环境下的性能；
- 利用 DIB V2.0 的安全服务参考执行或第三方安全服务参考执行组件，继续支持基于属性的接入控制安全能力；
- 利用分布式数据框架发展现有的 DIB 元数据框架，实现从基础数据结构和多样数据源中提取逻辑业务和服务。

目前，DIB 4.0 提供的分布式数据框架（Distributed Data Framework，DDF）是实现数据互操作的重要手段。作为 DIB 4.0 的核心引擎，DDF 提供了与元数据目录、DIB 共享标准以及其他数据进行交互的标准方式，图 2-17 给出了 DDF 组成图。①

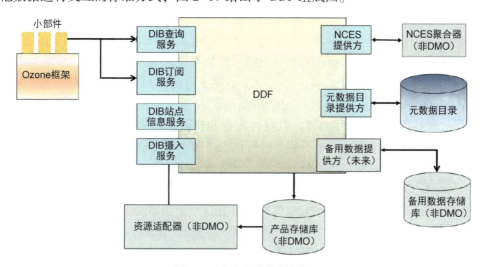

图 2-17 分布式数据框架

DDF 从底层数据结构和异构数据源中将元数据框架抽象成通用服务，形成统一的数据层，从而实现用户和底层数据的解耦。DDF 已于 2012 年开放源代码，目前最新版本为 V2.11。②

DCGS 正在使能情报信息共享，但挑战依然存在。

DCGS 体系在开发和成熟互操作性标准方面取得了相当大的进展，但各军种处于不同的实施阶段。跨 DCGS 体系实现情报信息共享或互操作性的基础是 DIB，它是每个 DCGS 系统必须纳入的一组通用软件标准和服务，以完全共享数据。通过使用 DIB 标准，每个 DCGS 系统及其分布式系统节点可以链接在一起，以促进数据共享。通过相同的保密网络联合系统节点，数据就可以共享，就像它驻留在同一个系统或位置，就像公共互联网一样。DIB 不仅提供连接系统的标准，还提供使数据可见、可访问、可理解和安全的标准，以及通过搜索引擎管理和访问数据的软件服务，这些搜索引擎的运作方式与公众在互联网上使用的类似。DIB 的核心功能是一个框架，通过称为元数据标签的标准化标识描述情报数据。情报数据的元数据标签包括标识符，例如，描述一段图像数据的日期、时间、来源和地理位置信息。用标准标识符标记情报数据对于使数据可见并因此被用户发现是必要的。如果没有准确的标记，用

---

① The DCGS MET Office. DCGS integration backbone (DIB) v4.0 Overview [R]. Hanscom AFB, MA: The DCGS MET Office, 2012. [https://ntrl.ntis.gov/NTRL/dashboard/searchResults/titleDetail/ADA556470.xhtml]
② 李智，胡敏. 美军分布式通用地面系统的建设发展及启示 [J]. 指挥与控制学报，2017，3（2）：171-176.

户在搜索数据时可能会缺失相关的数据、包含不相关的数据，导致情报分析不完整或不准确。

2003 年以来，USD（AT&L）指示各军种采用最初由空军创建的作为互操作性框架的 DIB，国防部在开发 DIB 并不断提高成熟度，使其成为一套体系范围的标准和服务方面取得了实质性进展。为了支持 DIB 的发展，国防部建立了一个 DCGS 多军种执行小组办公室（DCGS MET Office，DMO），由每个 DCGS 项目和其他情报机构利益相关者的技术代表组成。

最新版本的 DIB v4.0 于 2012 年完成，为 DCGS 体系提供了一个改进的、更灵活的分布式数据框架。该框架使 DCGS 系统集成商能够将用户界面与底层的 DCGS 数据存储库解耦，从而打破应用程序的"烟囱"，并促进向面向服务体系结构（SOA）的迁移，用户将能够共享公共应用程序，访问多个数据存储和其他云计算功能。例如，该版本将有助于搜索包括驻留在非情报系统中的数据，如指挥和控制系统、情报系统和非结构化系统。DIB 4.0 的目的是使数据系统更容易改为 DIB 兼容，这进一步消除了可能阻碍军种和其他机构之间的数据共享的烟囱。这个灵活的框架还允许用户根据他们在情报分析和准备中的角色定制查询。DIB 4.0 还旨在减少 DCGS 项目对特定软硬件配置和产品的依赖。DIB 的早期版本设计用于有限数量的配置，因此 DCGS 项目不容易进行更改并利用商业软件和硬件创新。

虽然 DCGS 多军种执行小组办公室已经对 DIB 进行了重大改进，但将这些新能力集成到当前和计划的 DCGS 项目中却滞后了。DIB 的不同版本是向后兼容的，这意味着最新的版本可以与之前的两个版本共享数据。但是仍然使用 DIB 早期版本的 DCGS 系统不能利用与最新版本相关的升级。由于各军种在发展和部署 DCGS 系统的不同阶段，因此他们依赖不同版本的 DIB。这种情况导致一些 DCGS 项目难以跟上 DIB 的快速改进。所有军种现在都在实施计划，将他们的系统升级到最新版本的 DIB，海军、海军陆战队和陆军可能很快就会实施 DIB 4.0。表 2-1 显示了各军种目前和计划的 DIB 版本。[①]

表 2-1　各军种 DCGS 的 DIB 版本现状

DCGS-AF	美国空军将其 DIB 的升级推迟了好几年。从 2012 年开始，DIB 从 1.3 升级到 2.0，但目前还没有计划完成日期
DCGS-A	美国陆军在目前部署的系统中使用 DIB 1.3。开发中的系统计划纳入 DIB 3.0 或 4.0。陆军计划在观察海军和海军陆战队合并 4.0 版本后作出上述决定
DCGS-N	海军在其最初的系统部署中使用 DIB 1.3，并计划在该系统的下一次部署中纳入 DIB 4.0
DCGS-MC	海军陆战队在部署初始核心 DCGS 能力时使用了 DIB 2.0，并计划将 DIB 4.0 纳入其增量 1 系统
DCGS-SOF	SOCOM 在其 DCGS 系统中部署了 DIB 3.0

空军在将 DIB 升级到其系统方面是最落后的。这些延迟很大程度上是由于空军担心为了升级而中断数据操作。DCGS-AF 是围绕大型核心数据处理中心设计的，每个中心都有专用的通信网络和安全架构。根据空军官员的说法，需要大量投资来修改网络和架构，以安装新版本的 DIB。此外，空军官员不想破坏处理中心对军事行动的持续支持。由于 DCGS-AF 使用 DIB 版本 1.2，不支持国防部的元数据标签规范过程，空军的数据并不总是被空军以外

---

① Michele Mackin. Distributed Common Ground System-Better Measures and Plans Needed to Help Achieve Enterprise Intelligence Sharing Goals. GAO Report，GAO-13-327SU，June 2013. Page 30.［GAO-13-327su-DCGS- June-2013. pdf］

的用户发现，特别是当其他军种升级到 DIB 4.0 时。

DCGS 体系建立了促进 DCGS 项目和其他利益相关者之间协调和沟通的机制。主要的协调和沟通活动之一是 DCGS 体系的季度会议，称为 DCGS "团队周"。在 DCGS 团队周期间，USD（I）与军种一起计划和协调 DCGS 活动，并解决军种关切。然而，DCGS 体系不能指导这些军种，也不提供资金来激励军种实现特定目标。军种的滞后，部分原因是他们不需要升级 DIB，除非他们不能再与其他军种的数据源联合。此外，据联合参谋部官员称，一些军种不愿意升级 DIB，因为目前的 DCGS 系统满足他们自己处理和分析数据的短期需求，这对他们来说比在整个体系共享数据的需求更重要。因此，各军种的 DIB 实施和能力问题可能会继续削弱体系范围内实现的互操作性水平。

2.3.1.5　发展现状

美军于 1996 年开始研制分布式通用地面系统（DCGS）。美国国防部对 DCGS 系统的设想，是将各种来源的情报融合于系统中，使战场士兵、司令部指挥官、远程协同分析专家和计划者都能获取同样的情报。DCGS 系统正在不断升级成为一个面向服务的系统，可提供多种类的情报处理、加工、分析、分发能力。

美国陆军、海军、空军和海军陆战队都各自建立了 DCGS 系统，因其任务需求不同而略有不同。DCGS 项目由负责情报的国防部副部长进行监督，使各军种的系统能够协调发展、互连互通。DCGS 项目建立了一个全球分布、以网络为中心的体系结构，以开展联合情报行动及其产品的分发。[①]

DCGS-N 是整个美国军方通用情报系统的一部分。陆军、空军和海军陆战队都有各自的版本，允许各分支机构共享相关数据。DCGS-N 安装部署计划包括航母、大型甲板两栖攻击舰、舰队指挥舰、以及海军作战中心（MOC）、海军情报局、海军打击和空战中心和海军训练中心等岸基设施。海军情报局的 DCGS-N 企业节点（DEN）连接到其他军种的 DCGS 网络。

DCGS-N 系统以两种增量方式（Inc 1 和 Inc 2）部署。该计划在 2007 年重新调整，以适应 CANES 体系结构，如图 2-18 所示。这是海军的下一代战术水上网络，最终装备整个舰队。DCGS-N Inc 2 从 2016 财年开始主要作为软件在 CANES 内托管，成为海军整合 C4I 网络和服务的长期愿景的一部分。

Inc 1 在 2014 年实现了总库存目标，并实现了完全作战能力（FOC）。Inc 2 在 2021 财年第二季度达到初始作战能力（IOC）。FCR-1 于 2018 财年投入使用，开发岸上节点基础设施和核心分析工具。FCR-2 在 2021 财年交付海上作战能力。

1. DCGS-N Inc 1

DCGS-N Inc 1 将地理空间、人类、图像、信号情报分析工具和更广泛的系统簇（FoS）情报产品整合到一个集成显示器中。DCGS-N Inc 1 接收、处理、利用、融合和传播来自当前和新兴海军、联军和国家传感器的数据。企业节点门户允许访问更广泛的 FoS 情报产品。DCGS-N Inc 1 提供了一个支持 Web 的通用情报图，便于分析和利用。分析师工场是一个全面军种框架，能够在全方位军事行动中提供快速、全面的情报支持。系统承包商为 BAE 系统公司。

---

① 谭玲，印骏，徐进. 美军分布式通用地面系统发展现状［J］. 飞航导弹，2014，(4)：76-79.

DCGS-N Inc 1 是美国国防部 DCGS 系统簇的最初组成部分，正在取代传统的 ISR&T 系统。增量 1 被分成两个批次。Block 1 于 2011 年部署，Block 2 在 2012 财年第四季度部署，专注于能力差距，如增加存储、增强收集管理工具、增强地理空间和信号情报工具。Inc 1 Block 2 也作为迁移到 CANES 环境的初始版本。

Inc 1（Block 1 和 Block 2）的所有硬件需求随着 Inc 2 的交付而逐步取消。Inc 2 也解决剩余的能力差距，包括处理能力、利用和传播新兴传感器数据。增量 2 大大提高了海军的能力：①探测和识别海上威胁；②融合国家、战术和战区间数据用于作战；③允许 DCGS 系统簇和情报机构对海上情报收集需求更好的可见性。[1]

SPAWAR 发言人称，美国海军的 DCGS-N Inc 1 已经在 34 个站点中的 22 个进行了外场测试，包括航空母舰、两栖侦察舰、舰队指挥舰、海上作战中心和岸上站点等，并于 2014 年底达到完全作战能力。Inc 1 包括全球指挥控制系统-联合综合图像与情报（GCCS-J I3）（用于情报分析以及处理工具和功能）、通用区域限制环境（用于信号情报分析）、通用地理定位服务（用于图像处理和应用，以及武器的瞄准点测量，以支持精确制导和协同寻的武器）、DCGS 集成中枢设施（在 DCGS 系统簇之内共享情报）以及战场 GCCS 系统簇，进行 ISR 与目标瞄准和指挥控制跟踪信息的交换。

图 2-18 DCGS-N 的进度计划

2. DCGS-N Inc 2

DCGS-N Inc 2 以 DCGS-N Inc 1 和海域感知（MDA）Spiral 1 提供的能力为基础，将海上和岸上 ISR 融合为一体化信息优势体系。Inc 2 是一个以软件为中心的项目，从 2016 财年开始，通过早期和频繁的交付能力，支持不断发展的舰队需求。Inc 2 充分利用云架构，将海上和岸上的 ISR 集成在一起，更加强调数据融合和情报分发。

2018 年 9 月至 2019 年 2 月，海军为 DCGS-N Inc 2 FCR-1 进行了一系列综合开发测试/作战测试（DT/OT）。2019 年 8 月，DOT&E 发布了 DCGS-N FCR-1 的作战测试报告。由于测试性能不佳，海军决定在作战测试后不部署 FCR-1，并停止了测试 FCR-2 的计划。海军将继续对目前部署的 DCGS-N Inc 1 能力进行小型增量更新。海军目前正在更新采办策略和测试评估大纲。[2]

DCGS-N Inc 2 FCR-1 的主要承包商有 Leidos 公司、通用动力信息技术公司和 SRC 公司（加州圣迭戈）。

---

[1] Distributed Common Ground System–Navy（DCGS–N）Fact Sheet. PEO C4I, November 2011. [https://www.secnav.navy.mil/rda/Documents/dcgs-n+overview+for+asn+rda+nov11-s.pdf]

[2] Distributed Common Ground System-Navy（DCGS-N）Fleet Capability Release（FCR）1. DOT&E, January 2020. [https://www.dote.osd.mil/Portals/97/pub/reports/FY2019/navy/2019dcgs-n.pdf?ver=2020-01-30-115459-470]

DCGS-N Inc 2 解决了任务分配、收集、处理、利用和传播（TCPED）能力，以及在整个联合军事行动范围内支持作战、战术规划和执行的能力方面的严重不足。海军、联合和盟军计划部署新的 ISR 平台，将加剧现有 TCPED 的不足。

目前部署的系统提供了本地化的处理能力，在未来几年中，如果海军处理、利用和传播情报数据的方式没有重大改变，这些能力将不堪重负。DCGS-N Inc 2 将提供所有信源融合和分析能力；提供海事领域感知（MDA）能力，并集成 TCPED 能力，以改进传感器和平台数据的使用和分析。DCGS-N Inc 2 基于企业解决方案，在司令部、军种和机构之间共享这些信息，以促进共享态势感知。DCGS-N Inc 2 由多个版本组成。第一个版本提供了一个增强的 ISR 体系，该体系融合并建立在 DCGS-N Inc 1 和 MDA 企业节点上；利用国防情报信息体系（DI2E）；符合通用计算环境（CCE）和情报机构信息技术体系（IC ITE）；联合 ISR 和 TCPED 工作流，并在整个自动化过程中改进生产；利用新的和不断发展的无人系统传感器数据；提供多情报（Multi-INT）交叉队列和模块化工具。第二个版本通过提供一组以软件为中心的工具来增强海上 ISR 能力，这些工具提供多点融合和分析、行为预测和情报知识管理，旨在在断开连接或被拒绝的通信环境中运行。后续版本将根据舰队要求开发。

3. 发展需求

在过去几年中，随着各军种规划和开发其 DCGS 系统，它们在适应能力方面面临着挑战，以满足迫切和新兴的用户需求，提高情报分析能力，并利用商业技术快速发展的优势。

军种面临的一个关键挑战是为用户提供分析收集到的大量情报数据的能力。已经被开发和部署的 ISR 系统的数量和种类急剧增长。例如，技术的快速发展导致了无人机系统的激增，如空军"捕食者"和陆军"猎人"飞机，它们可以在战场上空盘旋相当长的时间，并拍照、提供实时视频或收集红外或其他图像。从 2002 年到 2010 年，国防部库存中的无人机系统数量增加了约 40 倍，从大约 170 架增至 7500 架。同样，随着新技术和传感器的发展，收集通信和电子数据传输的军事能力也有所增长。许多用于支持伊拉克和阿富汗作战的 ISR 系统都作为快速反应能力来满足迫切作战需求。整合大量现有情报数据的需求，包括综合来自不同类型情报来源（如人工情报、信号情报、地理空间情报和开源）信息的能力，在处理简易爆炸装置威胁和跟踪当地人口某些部分的活动方面已变得越来越重要。

在部署这些新的 ISR 系统的同时，驻阿富汗的联合和军种指挥官开始向国防部提交紧急需求申请，要求获得更好的工具，使他们的分析人员能够确定各种不同情报数据之间的关系，并以不同的图形格式查看数据。根据这些要求，在阿富汗的情报分析人员必须单独搜索许多数据库，现有的工具无法及时综合和分析这些数据。这些要求还强调了用户友好、直观的软件产品和工具，以便分析人员能够快速响应作战请求。

将新兴需求和技术纳入 DCGS 计划的能力超出了战时环境和紧急需求。用户对在部队结构的各个层次访问和分析情报信息的更大能力需求可能会继续。此外，商业公司继续在开发新技术方面处于领先地位，这些新技术可以帮助用户继续进行数据分析。军种已经开始认识到不断变化的需求和技术前景，并正在评估如何在未来增加 DCGS 来应对这些发展。然而，在采办项目中建立足够的灵活性来解决不断变化的需求和技术是困难的，因为项目必须遵循结构化的需求和采办流程来规划、开发、采购、测试和部署系统。国防科学委员会 2009 年的一项研究发现，国防部的信息技术采办过程过于冗长和烦琐，无法满足许多需要频繁更换和升级的系统的需求。根据该研究和随后的国会指示，国防部实施了新的信息技术系统指南,旨在为军种提供更大的灵活性,以满足新出现的需求。例如,国防部修改了其需求流程,指导军种根据现有技术可实现的目标,定义信息技术系统所需的最低能力水平,并建立计划,在项目生命周期中利用不断发展的技术。

以下是军种目前正在探索的一些领域的例子。

(1) 所有军种都在探索云计算,以扩展现有的 DCGS 能力。美国陆军正在进行 DCGS 云开发工作,并计划将其与 DCGS 项目合并。其他军种的努力才刚刚开始。例如,海军在 2011 年启动了一项替代方案分析,以帮助确定 DCGS-N Inc 2 项目的选项。在进行了几个月的分析后,美国海军在混合方案的基础上增加了一个额外的替代方案,专注于云技术解决方案。海军陆战队还在探索与海军合作开发云能力,以支持其海上远征任务,并在海军陆战队舰艇上提供情报数据能力。这些工作还处于早期阶段,暂时还没有将云能力纳入下一个 DCGS-N 或 DCGS-MC 项目增量的正式计划。

(2) 美国空军和其他军种正在研究如何更有效地处理 ISR 系统收集的大量全动态视频。2012 年 10 月,美国空军发布了一份来自潜在供应商的信息请求,称目前正在使用的全动态视频流程在控制和报告有意义的内容方面需要劳动密集型的分析。目前的分析技术有限,因为它们需要至少两名情报分析人员的全部注意力,他们的任务是观看视频、发出观察报告和转录内容。美国空军正在寻求超越这种低效的转录模式,实现有效的自动化能力。

(3) 臭氧小部件框架(Ozone Widget Framework)正在由国家安全局开发。这项技术是一种开源框架,可用于开发和运行小部件和 Web 应用程序。该程序的主要作用是汇集来自不同来源的情报信息,也可用于创建程序来理解、分析和显示这些信息。类似于 Ozone 框架的应用程序是发挥云计算性能、获得更高效率的关键。这些应用程序的开发可以让用户根据自己的特定目的定制应用程序,同时仍然可以访问 DCGS 云环境可以提供的所有数据。陆军目前正在其现役 DCGS-A 实施中使用 Ozone 框架,其他军种正在探索如何最好地采用该框架。

2.3.1.6 系统功能与组成

DCGS-N 是 DCGS 系统的海军部分,实现各类涉海 ISR 资源的集成共享,确保海军能将来自各国家和战区传感器的信息与作战部队的有机传感器数据进行融合,以支持海军作战任务,使作战部队的 ISR 传感器向联合部队无缝提供数据。DCGS-N 将海上和岸上 ISR 综合成一个信息优势体系,充分利用海军的综合海上网络和企业服务(CANES)、国防部和情报机构的硬件和软件基础设施,以及国防情报信息体系,以保证海军联合 C4ISR 的互操作性。

DCGS-N 是一种通用的情报系统。它集成了多个情报系统,对各种来源的情报数据、测量数据等进行处理、存储、相关、利用和分发。DCGS-N 系统支撑了各种作战任务,如信号与通信情报、特种作战、战场情报准备以及精确制导打击等各类作战样式。海军舰艇指控系统集成了 DCGS-N 系统的终端、处理设备以及服务器,使用户能直接访问情报系统信息数据库。[①]

DCGS-N 系统可分为 3 个层级:第 1 层为编队级系统,主要安装在编号舰队指挥舰和 MOC;第 2 层为部队级(force-level),部署对象为 CSG 或远征打击群(ESG),安装在航母和大甲板两栖舰船,该层级的 DCGS-N 系统具有计算、情报分析和分发管理等功能;第 3

---

① 杨建涛. 美国海军情报系统及其启示 [J]. 雷达与对抗,2018,38(1):9-12.

层为单元级（unit-level），主要用于接收情报，不具备图像处理等情报处理能力，其系统功能较单一。由于舰艇空间和设计问题，美国海军目前只有新一代 DD（X）驱逐舰和新型核动力潜艇可直接安装舰载 DCGS-N 系统。为此，美国海军研制了情报便携式项目（ICOP）系统，为现役驱逐舰和巡洋舰等海上作战平台提供 DCGS-N 的部分情报能力。①

1. DCGS-N Inc 1

图 2-19 为 DCGS-N 系统作战视图。DCGS-N Block 1 包括常规服务（GENSER）、敏感隔离信息（SCI）和体系能力，其硬件兼容 ISNS/SCI 网络通用计算环境（CCE），具有以下能力：

- 全球指挥控制系统-综合图像和情报（GCCS-I3）；
- 分析工具集能力；
- 分析员工作站；
- 信号情报/电子情报能力；
- 国家和战区图像能力；
- 现代化综合数据库（MIDB）；
- 精确的地理定位功能。②

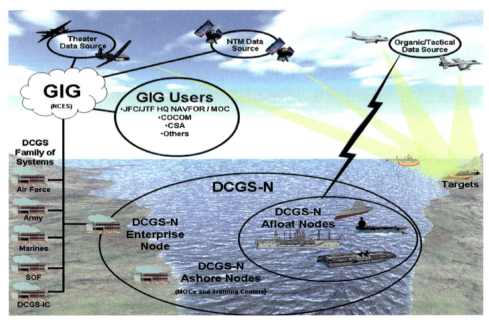

图 2-19 DCGS-N 系统作战视图

DCGS-N 系统的主要作用是为海军提供 ISR&T 支持。这种基于网页的、联合互操作企业体系结构的系统将联合多个数据源，为作战指挥官提供战场态势感知和网络中心战能力。为改进其 ISR、目标定位和态势感知能力，海军计划在关键的舰船和海岸站中安装和升级

---

① 吉祥，曹仁政，戴钰超，等. 美国海军航母打击群信息系统体系发展 [J]. 指挥信息系统与技术，2021, 12 (4)：10-17.

② Choosing a Career of Significance, Why the Government. pptx

DCGS-N 系统。目前，DCGS-N 系统已在"杜鲁门"号航母（CVN-75）、"里根"号航母（CVN-76）和两个海岸站完成安装，"斯坦尼斯"号航母（CVN-74）、"蓝岭"号指挥舰（LCC-1）和"艾森豪威尔"号航母（CVN-69）也正在进行该系统的安装。系统的安装和升级（包括软件和硬件增量）由 BAE 公司负责，升级的部分包括早期协调工程软件和升级项目；为航母舰载机联队提供多源情报；海军情报局 DCGS-N 体系节点升级项目；为舰艇提供双向传输能力；回放海军内外部的情报来源。

DCGS-N 集成了众多情报系统，从而形成一种通用的 ISR 系统，对多来源的 ISR 数据、瞄准数据等进行处理、存储、相关、利用和分发。美国海军计划部署 39 套 DCGS-N 系统。作为美国国防部分布式通用地面系统计划的组成部分，DCGS-N 正在升级。升级后的 DCGS-N 系统将为 ISR 数据的共享和分发创造一个公共框架和体系结构。该系统将在海军 FORCENet 体系结构下运行，可使处理和利用来自各信息源信息的方式标准化，从而满足战术级和国家级的作战需求。DCGS-N 系统将用于支持各种类型的任务，如信号与通信情报、战场情报准备、特种作战以及精确制导、打击等。DCGS-N 系统的终端、处理设备以及服务器将被集成到海军舰只的指控设备，使用户能访问 ISR 信息数据库。DCGS-N 系统输入的数据包括原始数据和经充分分析的数据。

DCGS-N 系统包括以下子系统：
- 战斗群被动视距扩展系统（BGPHES）；
- 战斗方向发现系统（CDFS）；
- 海上全球指挥控制系统综合图像和情报（GCCS-M I3）；
- 海军联合军种图像处理系统（JSIPS-N）；
- 舰船信号利用设备（SSEE）；
- UAV 战术控制系统（UAVTCS）；
- JSIPS 集中器体系结构（JCA）；
- 海军战术开发系统（TES-N）。

联合军种图像处理系统（JSIPS）是 DCGS 的一个重要组成部分，它能提供图像接收、处理、利用和报告能力。其设计具备与模块化部件极大的灵活性，可对 JSIPS 进行配置以满足各个用户的需求。配置成地面或舰载的处理和分发元素，JSIPS 可用于空中、海上或地面部队，通过设备将近实时图像情报引入操作层的决策制定流程中，从而为作战指挥官决策提供支持。系统能力可被分成以下几个部分：

（1）软拷贝开发，本部分可以对数字化图像进行处理、分析，以及对从工作站中接收的图像进行在线存储的全面管理和控制。与传统的胶卷处理方法相比，JSIPS 的软拷贝能力能显著缩短了冲洗时间。数字化处理的图像可在约 20 分钟后就显示在工作站的屏幕上。相比而言，为了进行照片判读，需要 1~3 小时才能取回并处理胶卷暗盒。软拷贝数据开发能力包括：可变速回放；图像修正；对比度操控；实时转换、旋转及扩大；灰度拉伸和压缩；图形注解；目标定位；图像/数据插入以及地图叠加。

（2）硬拷贝开发，硬拷贝能力包括免显影胶卷打印，以及对图像和地图进行数字化处理，从而可通过其他手段进行分析和分发。

（3）战术输入，诸如 F-16、F/A-18 的战术侦察源以及 UAV-MRATARS 传感器和其他情报设备提供了数据输入信息，而且还提供了光电、合成孔径雷达和红外（IR）图像传感器接口。

(4) 国家输入,该部分提供了与国家情报设施的链接,如侦察卫星和飞机,并且是由美国国防部及其相关情报机构进行维护的。

(5) 通信支持,该部分提供了接口和安全语音与数据修补和切换,从而通过宽带数据链路或局域网将 JSIPS 与其他的地面或海面设施连接起来。

(6) 开发支持,该部分支持对国家来源和战术来源的信息进行管理。具体功能包括:计算机处理和存储;报告生成、评审和验证;对报告和参考图像数据库进行维护。

(7) 系统支持,该部分支持 JSIPS 的功能,包括环境控制、能源产生和分发、存储以及维持。

(8) 武器系统支持,该部分与现有的或是尚处于开发中的精确攻击武器系统如"战斧"、斯拉姆增程(SLAM-ER)、联合直接攻击弹药(JDAM)、联合防区外武器(JSOW)以及 FA-18E/F 进行协同作战。

2. DCGS-N Inc 2

DCGS-N 是海军海上和岸上的主要 ISR&T 的处理和利用系统。它支持多源情报处理和利用能力。DCGS-N Inc 2 将通过聚合、关联和融合所有信息源的实时和近实时活动分析来缩短目标时间,提高信息保真度,以产生预测态势感知。

DCGS-N Inc 2 通过加快对海上部队情报机构(IC)和 ISR 数据的访问,提高了检测、识别和预测海上威胁的能力。强大的跨域数据融合、自动化分析和工作流程将海军作战平台传感器与海军、联军和情报机构连接起来。DCGS-N Inc 2 加快了任务分配、收集、处理、利用和传播(TCPED)过程。DCGS-N Inc 2 利用敏捷软件开发方法,每 12~18 个月提供一个舰队能力发布(FCR),以确保满足紧急需求和解决舰队用户优先级的灵活性。DCGS-N Inc 2 的承包商是 SSC Pacific。

2013 年,海军完成了 DCGS-N Inc 2 的备选方案分析工作。海军初始计划 2016 年在部队级、海上作战中心、海军情报办公室、海上打击与空战中心以及海军训练基地部署 DCGS-N Inc 2。Inc 2 创建多个信息域的无缝工作流程,使用户能最大化地利用丰富的数据资源。同时,Inc 2 还具备处理、利用和分发新型传感器数据的能力,包括海军广域海上监视传感器、航母起降空中监视传感器、打击系统无人传感器以及新型 P-8 海上巡逻机。Inc 2 从以下三个方面改进海军的能力:探测和识别海上威胁;融合国家、战术和战区内的数据供作战使用;为 DCGS 系统和情报机构的情报收集提供更好的视角。[1]

DCGS-N Inc 2 作战视图如图 2-20 所示。[2]

2.3.1.7 技术特点

美军情报信息融合体系具有以下特点:[3],[4]

(1) 以 DIB 数据集成为核心,实现情报体系的多源信息共享和按需服务。

DCGS 集成中枢(DIB)是 DCGS 体系的基础设施,其核心是一组符合 SOA 架构的通用

---

[1] 谭玲,印骏,徐进. 美军分布式通用地面系统发展现状 [J]. 飞航导弹,2014,4:76-79.
[2] Chuck Gassert. Distributed Common Ground System-Navy (DCGS-N) Increment 2 Program Overview. APM DCGS-N Enterprise Services, 2018. [DCGS-N Increment 2-2018. pdf]
[3] 顾呈. 分布式通用地面站 [J]. 航空电子技术,2013,44 (3):52-56.
[4] 李智,胡敏. 美军分布式通用地面系统的建设发展及启示 [J]. 指挥与控制学报,2017,3 (2):171-176.

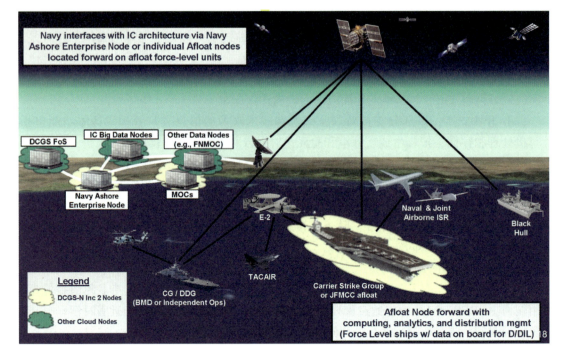

图 2-20 ｜ DCGS-N Inc 2 OV-1

服务和标准,以实现不同 DCGS 系统之间的信息共享和互操作。DIB 分为数据仓库层、服务层和客户层,主要包括资源适配器、DIB 集成数据库、元数据目录、元数据框架、数据集成框架、安全服务、工作流服务、WEB 门户等部分。DIB 为系统提供了通用硬件基础结构、通用数据服务、通用知识库及通用应用等。DIB 是一种基于 J2EE 的软件系统,具有开放式的可编程体系结构,因此可方便地添加新的应用,并且还可使其与其他系统实现互操作。美三军可通过 DIB 彼此互连,共享所有重要的 ISR 资源。DIB 系统采用了一种基于开放标准的构建方法,允许第三方软件供应商自己完成软件与 DIB 系统的集成工作。这种方式 DIB 也可使用户从现有情报系统中提取元数据发布在互联网上。DIB 是 DCGS-AF Block 10.2 的核心,通过 DIB 的建设,任何一个具有权限的情报用户均可以在任意地方通过浏览器或应用终端可以查看整个情报体系内的任意情报,实现了情报体系的多源信息共享和按需服务。

美军 DCGS 通过 DIB 将不同军种和部门分散在异地的 DCGS 集成在一起,打破了各专用情报分析处理系统间的烟囱壁垒,实现了情报体系的多源信息共享和按需服务。而且,美军不断推出集成中枢 DIB 的新版本,目的就是推动各军种和情报机构的信息共享。可以预见,未来的 DCGS 必将在开放式架构的推动下,集成更多的传感器平台,综合更多的人力情报、技术情报等信息,使各军种和情报机构能够无缝互操作。

(2) 以 TPPU 为主要模式,推动情报融合体系由逐级融合的纵向模式向以网络为中心的融合模式转型。

早期的 DCGS 系统采用传统的纵向融合处理模式,即 TPED (Task, Process, Exploitation, Dissemination,任务分配、处理、利用和传播) 模式,在此模式先由下级融合节点进行低级融合,然后分发到高级节点进行高级融合,最后统一汇总到最高司令部进行统一融合。此种模式的最大问题是情报融合的时效性难以满足灵敏作战、快速打击的需要。现在各军种的

DCGS 系统都在进行升级，改用了新的 TPPU（Task，Post，Process，Use，任务规划、发布、处理和应用）模式。在 TPED 模式中，任务规划包括用户请求的具体信息、平台或者传感器的使命管理、ISR 使命规划和实力部属。然而，在 TPPU 模式中，任务规划以网络为中心、所有授权用户都可以访问，它集成了用户计划和作战行动；TPPU 模式中的"Post"是指数据提供者在从获取平台得到数据后立即以能够进一步处理的方式将原始数据和预处理数据发布到网上，而不必等处理完分发，以保证时效性。从一般意义上说，TPPU 中的"Post"包括了 TPED 中的处理和传播（processing and dissemination）工作，其中"processing"是指把原始数据转换成情报分析员能够使用的情报产品；"Process"本质上是 TPED 中的"E"（Exploitation），情报产品可以像在 TPED 中那样分发，但是可以更加有效地动态推送或者拉取；TPPU 中的"Use"可以使多个用户实时访问原始数据或者完成的情报产品，以供它们进一步分析、融合和协作。采用 TPPU 模式后，DCGS 体系的每个节点既是原始数据或情报产品的提供者，又是原始数据或情报产品的需求者，各节点之间没有固定的情报信息流程，而是根据作战任务灵活组合，实现了以网络为中心的信息融合，大大缩短了从传感器到射手的时间。

早期的 DCGS 系统采用传统的线性处理方式，按照 TPED 模式依次进行。现在各军种的 DCGS 系统都在进行升级，改用新的 TPPU 情报流程，以适应网络中心战的 ISR 信息服务能力。

早期 DCGS 系统采取的 TPED 模式本质上是一种以平台为中心的作战方式，任务分配、处理、利用以及传播等情报活动均围绕特定平台独立进行，难以在军种间形成互操作，系统效率低下。在 TPPU 模式中，由于已通过 DIB 将多种情报系统集成为单一和全球分布的网络中心型体系，情报原始数据在搜集后的第一时间便可发布到网上，情报分析员和作战人员能够根据各自需求迅速将它集成到情报产品中，达到一点发现和全网理解。[1,2]

（3）以 SOA 架构为基础，广泛应用云计算、大数据等技术。

实现对现有系统集成和整个情报体系的横向融合。DCGS 系统的建设不是另起炉灶，而是在美国国防部体系结构框架（DoDAF）理念的指导下进行架构设计，采用了开放的基于 SOA 的架构。在此结构下，多源情报融合的各项业务、功能将以服务的形式集成、共享与使用，具有即插即用、按需共享、柔性重组等特征。通过采用 SOA 架构，DCGS 打破了现有各专用系统的烟囱壁垒，并将其不断改造、集成到 DCGS 系统中；采用搜索服务、消息服务、协作服务、安全服务等核心服务，加上共享的共用接口和数据标准，各军种、各情报单元的情报系统能够实现互连、互通、互操作，实现了整个情报体系的横向融合。

采用云技术处理 DCGS 的大数据是美国陆军的倡议，美国陆军正在研究云技术，目的是使情报分析员更容易处理海量数据。云计算技术的应用使 DCGS 的整体性能、部署灵活性、系统稳定性进一步加强，实现基于云计算的共享服务模式。随着信息技术的飞速发展，云计算、大数据、人工智能、移动互联网等信息技术日趋成熟，利用新兴信息技术降低 DCGS 成本、提升 DCGS 服务能力必将引起美军的极大关注。

DCGS 发展云计算技术，强调系统开放性和可重构性，在技术上多采用开源的商用技

---

[1] 李政，祝利，高志扬，等. 美国陆军分布式通用地面情报系统体系结构及作战运用［J］. 国防科技，2015，36(5)：81-84.

[2] 周海瑞，张臻，刘畅. 美国空军情报监视侦察体系［J］. 指挥信息系统与技术，2017，8(5)：56-61.

术，如 Apache 的 Hadoop 分布式系统架构、Accumulo 开源数据库和 Twiter 的开源实时分析架构 Storm，并使系统易于更新升级，系统生存能力得到了提升，可以为地理上分散的用户提供情报。而且，云计算具有近乎无限的存储空间和运算能力，使得情报保障能力大为提高。[1]

（4）提升情报处理分析的自动化水平，加快 DCGS 的跨域互操作性建设。

美军 DCGS 的优势在近几场高技术局部战争中体现得淋漓尽致，美军并不只把 DCGS 看作情报系统，更重要的是看作武器系统。面对日益增多的传感器数量和更加先进的传感器平台，收集、处理和分发情报的任务也迅速增多，而 DCGS 情报分析员必须实时地给出分析结果，这就要求提升 DCGS 的自动化处理水平，通过智能化的辅助分析，帮助情报分析员从海量数据中快速发现情报。

依赖强大的网络性能，美军 DCGS 实现了不同用户的按需定制和灵活选取，保障各级各类用户及时、可靠地获取所需的情报产品。这种以用户为中心的指导思想，实现了信息和作战的无缝集成，提高了作战指挥反应能力。美国国防部及各军种正在加快推进 DCGS 的跨域互操作性建设，重点是实现情报信息在各种军用系统（包括网络和数据库）的安全交换，目的是通过连接各种信息网络和情报源，提高联合作战效能。

美军强调所有情报须服务于作战，并利用 DCGS 实现跨军兵种间战术情报产品和数据共享，通过国防情报信息体系（DI2E）和情报机构信息技术体系（IC ITE）等项目解决跨部门情报处理能力的共享发布和使用，向用户提供近实时的识别、访问、灵巧推送和融合网络数据的工具，形成一致态势，并理解收集的数据。未来将以多军兵种联合作战为主要形态。因此，需紧密围绕作战任务和用户需求组织情报保障，实现情报数据和能力共享，实现联合战场感知，获取情报优势，进而获取决策和作战优势。

从数据独立到数据共享再到服务共享，是技术发展和应用牵引的共同结果。美军意识到各部门独立建设的"烟囱"式系统无法实现情报数据的跨部门使用，不能适应作战应用，因此通过开展跨部门情报系统集成，实现了情报数据共享。随着情报数据量增加，仅靠数据共享已不能满足情报深层次应用需求，进而又提出了情报服务共享应用模式。通过构建国防部乃至整个情报领域的云服务环境，可实现情报处理和分析服务能力共享。[2]

2.3.1.8 采办动态

2021 年 9 月 28 日，位于弗吉尼亚州雷斯顿的 Octo 公司宣称美国海军已授予其一份合同，为 DCGS-N 计划提供联盟软件原型。[3]

2.3.2 情报便携式项目（ICOP）

2.3.2.1 概况

情报便携式项目（Intelligence Carry On Program，ICOP）是巡洋舰和驱逐舰上 DCGS-N 情报能力的子集，满足舰队需求和紧急作战需求。ICOP 是 DCGS-N 的一种改型，它为单元

---

[1] 刘冠邦，张昕，郑明，等．分布式通用地面系统（DCGS）在杀伤链中的应用［C］．第七届中国指挥控制大会论文集，2019：270-274．

[2] 邵静，黄强，刘超．从情报数据共享到情报服务共享的发展［J］．指挥信息系统与技术，2015，6（5）：62-67．

[3] Loren Blinde. Octo wins DCGS-N program contract. Intelligence Community News, September 30, 2021．［https://intelligencecommunitynews.com/octo-wins-dcgs-n-program-contract/］

级和远征军提供情报、监视、侦察和瞄准（ISR&T）支持，保障态势感知和任务执行。ICOP 提供与体系节点（DEN）、海上作战中心和部队级 DCGS-N 的互操作性和数据共享。海上用户可以访问海军情报局 DCGS-N DEN 网关，该网关由 DCGS 系统簇和美国情报行业使用。BAE 系统公司是主承包商。

ICOP 套件包括情报和其他数据源的一体化三维作战显示，以提供完整的战场图像。该系统支持全动态视频接收、处理、利用和传播能力，以及处理和关联电子情报和外部通信的能力。它将成熟的 COTS 和 GOTS 应用程序与共享的存储和通信路径集成在一起，以回溯到 DCGS-N 企业节点和国家 ISR 系统，使战术用户成为大型 ISR 组织的一部分。

在配备 DCGS-N 开发套件（DCGS-N Exploitation Suite，DES）并连接到海军情报局的 DCGS-N 体系节点的部队级舰船上，分析人员可以在断开、间歇和低带宽通信环境中从有机和外部来源访问情报数据。美国海军正在根据美国舰队的要求，将类似的系统功能扩展到单元级舰船。BAE 系统公司与美国海军研究局、PEO C4I 和 SPAWAR 系统太平洋中心合作，快速研究、集成和部署 DCGS-N 作战原型，以满足巡洋舰、驱逐舰和类似大小舰船的情报专家需求，以及可部署的远征岸上节点。[①]

ICOP 系统包括易于使用的应用程序、本地共享存储和企业访问，以支持近实时决策，可以直接从国家、战术和有机传感器分析、融合和传播情报。有一个可选的全动态视频（FMV）模块，能够配置多个成熟的商用现货和政府现货应用程序，以支持特定的任务需求。此外，与 ICOP 一起部署的每个平台成为传感器，具有快速部署海上、集成舰载 FMV 传感器和直接向企业传播情报的能力。

2.3.2.2 发展现状

ICOP 是一种可携带的、坚固的工作站，可在多种硬件配置中使用。ICOP 项目开始于 2010 年，目的是在不适合完整系统的小型舰艇上提供 DCGS-N 的大部分能力。初始原型在 2010 年 12 月准备就绪。

2011 年 7 月，ICOP 原型在"三叉戟勇士"军事演习期间安装在美国海军巡洋舰上，成功展示了其全动态视频和情报、监视和侦察能力。由于 ICOP 的成功、经证实的价值以及作战指挥官的有力作战反馈，ICOP 目前部署在维克斯堡号（CG-69）巡洋舰上，以进一步制定和完善美国海军后续 ICOP 项目的最终要求，由 DCGS-N 项目办公室管理。

ICOP 系统于 2015 财年交付。

2.3.2.3 系统功能与组成

ICOP 系统的特征主要有以下几点：

将 ISR 企业级和 DCGS-N FoS 能力扩展到部队级装备和联合情报中心；

便携式工作站接收、处理、利用和传播来自机载和建制传感器的多情报数据；

集成作战空间的三维 ISR 图像；

向联合情报中心提供数据，而不会给有限带宽的信息系统带来负担；

响应多个舰队需求（C5F/C3F UON）。

如图 2-21 所示是 ICOP 的原型工作站。现有的 ICOP 原型是为了满足紧急需求而建造

---

① Intelligence Carry-On Program (ICOP). BAE Systems.［https://www.baesystems.com/en-us/product/intelligence-carryon-program-icop#］

的，主要由海军研究局资助。ICOP 系统是一个坚固的 45 磅的工作站，通过三个显示器显示战场信息。该系统配有手柄和可折叠显示器，便于携带。ICOP 用户使用标准计算机键盘和鼠标进行操作。第一个屏幕包括几个小窗口，显示"三叉戟勇士"演习期间拍摄的全动态视频。第二个屏幕上显示了一个三维地球，实际上是存储在本地服务器上的谷歌地球版本，上面叠加了舰船跟踪数据、卫星轨道和无人机的信息，包括它们的位置和方向。信息通过情报态势感知工具（ISAT）传输到全球，使用来自各种商业和政府来源的数据，包括每艘船上的自动识别系统（AIS）应答器和全球指挥控制系统（GCCS）。第三个屏幕使用 WebTask 数据管理软件获取信息，比如在海军情报局的 Seawatch 数据库中找到的信息，并将其推送到图形表示地图上。在 DCGS-N 或 ICOP 之前，舰船无法以图形方式显示这些数据。[①]

图 2-21　情报便携式系统的原型工作站

2.3.3　船舶自动识别系统（AIS）

2.3.3.1　概况

船舶自动识别系统（Automatic Identification System，AIS）是一种海上数字广播系统，通过甚高频（VHF）无线电在网络参与者之间持续交换航行和船舶数据，以支持区域和全球海域感知（MDA）需求。这些数据包括船舶标识、位置、速度、航向、目的地和其他对航行安全和海上安全至关重要的信息。通过与情报、监视和侦察（ISR）数据融合，以告知船舶位置。

国际海事组织（IMO）和 1974 年《国际海上生命安全公约》要求 300 总吨以上的商船和所有客船使用 AIS 系统。军舰是豁免的。海军 AIS 系统计划从商业船只上的 AIS 收发器收集开源的 AIS 数据广播。开源 AIS 数据与其他政府情报和监视数据相结合，被海军舰艇和潜艇用于提高导航安全，并被集成到通用作战图像中以增强态势感知。海军平台收集的 AIS 数据也会在多个海岸作战站点的 MDA/AIS 传感器/服务器（MASS）功能中进行汇总。然后，MASS 将数据提供给非机密和机密用户，以支持 MDA 的工作，侧重于提高国家的海上安全。

---

① Matthew Poletti. Equipping Navy Ships With Carry-On Intel Systems. Military Periscope Special Reports, 4/23/2012.

2.3.3.2 发展现状

自动识别系统（AIS）最初是为了帮助船舶交通服务（VTS）而开发的，使用VHF转发器在VHF信道70上进行数字选择呼叫（DSC），目前仍在英国沿海地区和其他地区使用。随后，国际海事组织开发了一种通用AIS，使用了一种新的复杂技术，称为基于VHF数据链路的自组织时分多址（SOTDMA）。该系统与GPS时间同步，以避免多个用户之间的冲突。

AIS是一种允许VTS追踪船只的工具，它提供了一个通信的国际标准，通过甚高频（VHF）无线电传输关键信息，如船名、位置、速度、注册国家等。1989年，油轮Exxon Valdez撞上了阿拉斯加海岸的一块礁石，造成37000吨原油的溢出，随后发生了一场巨大的环境灾难。这次事故是美国历史上迄今为止第二大漏油事故，事故之后，美国海岸警卫队推动建立了一个国际海上感知的标准。在国际海事组织（IMO）和国际电信联盟（ITU）的监督下，AIS于20世纪90年代中期开发，从一开始就完全用于民用。国际海事组织《海上人命安全公约》第5章第19.2.4条要求每艘超过特定吨位的运输船和世界各地的所有客船都要广播AIS信号，除非出于安全原因无法做到。与以前的海上安全信息相比，AIS提供了各种改进。首先，它提供了大量的信息，可分为静态信息（如船名和船型）、动态信息（如船位、速度和航线）、与航行有关的信息（如货物类型和目的地）和简短的安全信息（最多156个字符，供船舶与邻船交换安全信息）。在技术方面，由于使用了VHF，在特定条件下，它比传统的雷达有更好的探测能力，所有的信息都可以被使用低成本设备的人获得。虽然很难确定因果关系，但引入AIS后，尽管活动和船舶规模大大增加，但事故却大大减少。[①]

AIS最初是一种快速部署能力，于2008年12月24日被指定为ACAT IV类采办项目。截至2016年10月，AIS系统增量I已安装在170艘单元级和编队级舰船（如巡逻艇、巡洋舰和驱逐舰）、20艘部队级舰船（如航空母舰和大型两栖攻击舰）、37艘潜艇和4个岸上基地（第三舰队、第五舰队、太平洋舰队和舰队司令部）。该系统包括在舰桥上的便携计算机显示器和将非密AIS数据发送到岸上站点的连接。它们还可以直接传输AIS航迹信息。海军正在实施固件升级，在潜艇AIS系统上添加加密功能，以提高在海岸警卫队船只附近作业的潜艇的导航安全，这些船只通常对其AIS位置报告进行加密。

AIS设备的开发商是L-3通信公司和SAAB应答器技术公司。

2.3.3.3 系统功能与组成

AIS是国际海事组织条约规定的商用技术。AIS系统通过VHF视距与其他AIS设备交换位置、移动、名称、货物和相关数据。运行中相互接近的AIS单元自动创建一个虚拟网络，提高态势感知和导航安全；岸上电台也可以加入这些虚拟网络。

AIS由岸基（基站）设施和舰载设备共同组成，是一种新型的数字助航系统。AIS主要作用是将船舶标识信息、位置信息、运动参数等重要数据，通过VHF数据链路，广播给周边船舶，以实现对本海区船舶的识别与监视。根据国际海事组织要求，300总吨以上的国际航行船舶和500总吨及以上的非国际航行船舶以及所有客船被要求配备船舶自动识别系统。AIS系统主要功能有：

---

① Quentin Verspieren, Hideaki Shiroyama. From the Seas to Outer Space: The Reverse Dynamics of Civil-Military Situational Awareness Information and Responsibility Sharing. Space Policy 50, 2019: 1-6. [https://doi.org/10.1016/j.spacepol.2019.07.003]

(1) 收集并融合商业船舶广播的开源数据和 ISR 数据。

(2) 支持航行安全和海上安保。

(3) 提供超视距视图。

当船舶在近海时，船载 AIS 可通过 VHF 数据链路将数据传送给岸基基站。当船舶在远海时，需要通过船舶自动识别系统卫星协助传输。船舶自动识别系统卫星搭载 AIS 接收机，可接收覆盖区域内的船舶 AIS 信息并转发给地面站，再经地面站进行加工、处理和应用。当覆盖区域内存在地面站时，可将船舶 AIS 信息实时转发给地面站，否则信息将先存储在卫星中，等到覆盖区域内出现地面站时再转发。目前全球有 8 颗支持卫星和 16 个网关地面站（GES），随着卫星组网、数据中继等方式的发展，将极大提高船舶自动识别系统信息的转发实时性。[1]

如图 2-22 所示为 AIS 系统工作网络。

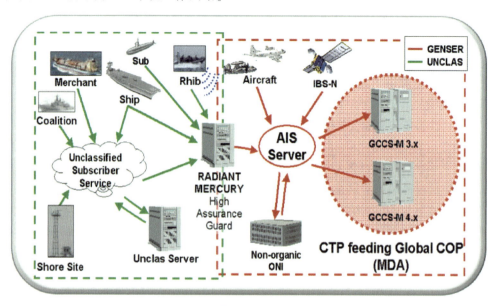

图 2-22 AIS 系统工作网络

AIS 系统以三种模式运行：自主（在所有区域连续运行）、指定（间隔的数据传输，交通监控服务中由当局远程控制）和轮询（响应船舶或当局的询问）。通常使用 VHF 信道 87B 和 88B，此外还有本地 AIS 频率。船载 AIS 转发器在由船上 DSC 接收机接收的频率管理遥控器自动设置的任一频率上交换 IMO 和 ITU 规定的各种数据。所有船舶广播静态和动态信息（自主和连续模式）。

根据 2008 服役的 A 级船只的数量，估计有超过 40000 艘船只正在使用 AIS A 级设备。2007 年，B 级 AIS 标准被推出，使新一代经济的 AIS 收发器能够被较小的船只使用。包括中国、印度、美国和新加坡在内的许多其他一些国家已经启动了 AIS 授权计划，要求大量船只安装经批准的 AIS 设备。[2]

---

[1] 贺文红，王达，戚艳嘉. 美国海军海域态势感知力量浅析［J］. 船舶科学技术，2019，41（12）：216-221.

[2] AIS Automatic Identification System for Vessels at Sea. pdf

2.3.3.4 系统配置

如图 2-23 所示，英国 Raymarine 公司的船舶配件有三种类型的 AIS 设备：A 类收发器、B 类收发器和接收器。

AIS950 A 类收发器　　　　AIS350 B 类收发器　　　　AIS350 接收器

图 2-23 ┃ 三种类型的 AIS 设备

A 类适用于强制安装的船舶。A 类比 B 类传输更多更频繁的信息。AIS 传输中的大部分信息来自船舶上的其他设备，例如来自 GPS 的地面航向（COG）和地面速度（SOG），但也有一些信息需要手动输入，例如船舶状态"正在航行""锚泊""靠岸"等，以及下一个停靠港和乘客人数。①

B 类适用于自愿安装的船舶。它在很大程度上是"安装后不管"的，不需要手动更新。安装时输入船舶详细信息，发送船舶名称、呼号（MMSI）、位置、COG 和 SOG。

A 类和 B 类 AIS 设备都接收来自其他船只的数据，用于在绘图仪的屏幕上放置图标。这些可以依次被查询以显示所有的船只数据。

对于小型船只来说，第三种选择是接收其他船只的 AIS 信号并显示出来。早期用于小型船只的设备仅接收，后来 B 类设备进入市场，现在很受欢迎。接收信号只意味着你能看到其他船只在做什么，但它们看不到你。大型船只正逐渐习惯于在 AIS 上看到小型船只，而发射 AIS 的船只可能会比那些不发射 AIS 的船只得到更多的关注。②

2.3.4　海域感知（MDA）

2.3.4.1　概况

海域感知（Maritime Domain Awareness，MDA）项目旨在通过将情报、监视、侦察和导航系统整合到美国政府可访问的通用作战图中，提高识别海上威胁的能力。MDA 是在地理区域内的海上政治、社会、经济和环境趋势的背景下，发现、收集、共享、融合、分析和传播任务相关的数据、信息和情报的结果，能促进及时决策，使之能够尽早采取行动，消除对美国国家安全利益的威胁。

MDA 需要一个跨越国际和机构边界的协作以及全面的信息和情报共享环境。2011 年 7 月签署的海军《MDA 概念》强调，海军海上作战中心是改进海军 MDA 努力的焦点，利用后援情报中心提供分析支持。海军的《MDA 概念》是对 2012 年《关于海上安全的总统政策指令 PPD-18》和 2013 年《国家 MDA 计划》的补充，该计划指导整合所有来源的情报、执法信息和开源数据；2015 年的《国防部 MDA 战略计划》提供了全面指导，专注于企业范围

---

① Raymarine AIS950 Class A AIS Transceiver.［https：//www.raymarine.com/ais/ais950.html］

② Automatic Identification System（AIS）.［https：//www.raymarine.com/uploadedFiles/Blog/Raymarine_Blog/AutomaticIdentificationSystem.pdf］

内的努力，以缓解 MDA 能力差距和长期挑战。海军资金还支持海军情报企业（包括海军情报办公室）的 MDA/情报重点分析能力，以及其他海军活动，以缩小验证的能力差距。通过应对美国及其合作伙伴目前面临的海洋挑战，并推动在识别和应对 MDA 挑战方面取得进一步进展，MDA 寻求通过加强信息共享环境来帮助决策者。MDA 将通过持续发展政策、增强态势感知、情报整合、信息共享和保障能力来实现这一目标，以提供一个海上领域，支持美国国内边界和世界各地的繁荣和安全。

2.3.4.2 发展现状

对敌方的海上武装平台进行准确定位和识别是现代海洋战争的基础，而随着现代海战样式不断变化和海上伪装手段日趋先进，对旨在发现并监视海上船只动向的海域感知（MDA）也提出了更高要求。新型传感器、无人侦察平台和大容量通信技术不断涌现和进步，进一步扩大了海上探测能力，不仅数据量呈爆发式增长，数据的复杂程度也进一步加深，符合大数据体量大（Volume）、种类多（Variety）、更新快（Velocity）和价值高（Value）的"4V"特征。在先进传感器、人工智能和大数据技术的推动下，海域感知技术正成为各国研究的热点。

MDA 项目旨在通过将情报、监视、侦察和导航系统整合到美国政府可访问的通用作战图中，提高识别海上威胁的能力，使其尽早、尽可能远离我们的海岸。

图 2-24 是 MDA 系统的作战视图。

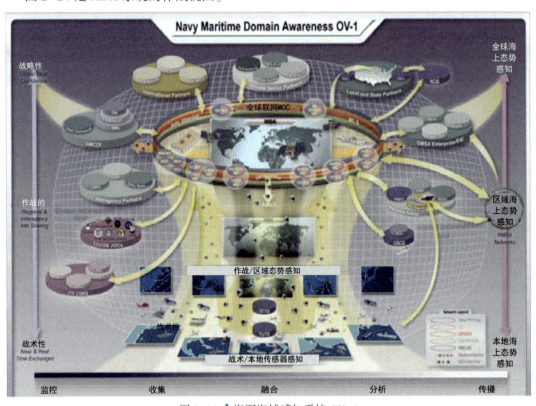

图 2-24 海军海域感知系统 OV-1

发展现状美国国土安全部根据美国总统指令，针对恐怖主义等非传统海上威胁对美国海上安全和海上利益等多方面的影响，考虑到既有能力的不足和问题，分别于 2005 年和 2007

年发布了《为海上安全国家战略而实现海域感知的国家规划》和《国家的海域感知作战概念》。2007年美国海军为响应《国家规划》发布了《海域感知的海军概念》。该计划旨在为美国政府服务，指导各种联邦部门和机构密切协调，并联合国际力量，在联邦政府、美国私营部门和民事当局以及盟国和合作伙伴之间的共同努力下，尽快建立海域感知（MDA）体系，为应对新的海上安全形势和全谱威胁奠定基础。MDA的实施对维护美国海上利益、实现全球海上安全战略目标具有重要意义。首先，实施MDA是美国执行《国家海上安全战略》安全计划任务的基础。其次，实施MDA是从"信息单方占有"向"信息联合共享"的战略转变。[1,2]

2010年，联合需求监督委员会批准了MDA初始能力文件，该文件确定了MDA能力的20个优先级差距，旨在改善信息获取、分析和与广泛的机构间和国际合作伙伴的共享。例如，SeaVision是一款基于网络的非密海上态势感知工具，用户可以通过该工具查看、跟踪、理解和分析船只的运动情况。SeaVision显示自动识别系统（AIS）数据，来自美国运输部的Volpe中心开发的海事安全和安全信息系统（MSSIS）网络以及其他数据源，并摄取和显示各种各样的海事和地理空间参考数据。未来的工具主要在秘密通用服务和机密级别上运行，将驻留在DCGS-N Inc 2中。

2.3.4.3 系统功能与组成

"海域"是指海、洋或其他通航水道之内、之上、之下、相关、临近和相接的所有区域和事物，包括所有海上相关的活动、基础设施、人员、货物和运输工具；MDA是对影响美国安全、经济或环境的一切海域相关事物的有效理解。

MDA系统具有以下特征：①提供全国全源融合航迹服务（NAFTS），权威的全国海上航迹图；②NAFTS是超视距瞄准（OTH-T）工作流的第一步；③包括多个信息领域的多种功能，用于政府和外国合作伙伴信息共享。

MDA系统功能：①持续监视全球海域的船舶与飞机、货物、船员与乘客以及所有利益相关区域；②访问和维护关于船舶、设备和基础设施的数据；③收集、融合和分析海域信息，向决策者分发便于有效理解的海域信息；④访问、开发和维护MDA使命任务相关数据。

MDA信息体系结构应是基于网络中心原则的面向服务体系结构（SOA），以提供保密和协作的信息共享环境，支持无障碍访问决策级质量的信息。网络中心原则的优势是任何用户在需要时能获得所需信息，每个数据提供者均应发布用户希望检索的数据，基础软件/系统与其数据应易于分离，使用多级安全协议和访问授权机制，允许共享信息在不同密级用户间流转，系统能自动筛选从高密级向低密级用户传递的信息。SOA的优势是允许跨机构访问数据和应用，对有可能但暂未明确需求的数据打上共享标记，允许原始数据管理者根据共享需求和完整性控制数据访问，允许使用界面友好和易于理解的互联网技术，允许各用户选择需要的数据及其适合的形式，形成用户定义作战图像（UDOP），以便用户专注于唯一、准确、服务于自身任务需求以及满足自身兴趣的海上图像。

MDA企业网络依赖以下4条产品线：①SOA基础设施，提供可互操作的计算结构，核

---

① 詹武，丁冠东，董亚卓，等. 美国海域感知（MDA）关键技术需求 [J]. 指挥信息系统与技术，2018，9（1）：18-22.

② 卢峰，杨志霞，徐歌. 美国海域感知计划关键技术研究 [J]. 中国电子科学研究院学报，2019，14（7）：703-708.

心服务包括加密和信息保证、服务发现、服务管理、端到端消息传递、人员与设备发现以及媒介与元数据注册服务；②支持同步通信和用户间文件共享，其服务包括会话管理、展现和感知、语音协作、视频协作、文本协作、应用共享、应用广播和虚拟空间；③内容发现和提交，提供跨企业信息披露、搜索、检索和共同规范；④访问入口服务，提供个性化、用户自定义和 Web 界面，提供对企业的安全访问。

MDA 体系结构是基于美国国防部门提出的网络中心概念，基于 IT 行业流行的面向服务的信息系统技术体制，以跨企业信息共享为目标，以决策支持为目的，以不同保密等级信息流转和多形态信息共享为重点的体系结构，适应 MDA 跨机构、跨领域和跨区域特点，符合维护美国海上安全和利益的使命任务需求。MDA 体系结构具有以下功能性技术特点：①信息主动式和预期式服务，"每个数据提供者均应发布用户希望检索的数据"体现了主动式服务，"对有可能但暂未明确需求的数据打上共享标记"体现了预期式服务，从而提高海域信息拥有者与需求者的沟通效率；②UDOP 生成仅以网络中心通用作战图像（COP）共享方式作为海域信息共享机制还不够充分，每个海域信息用户对自身所需的信息内容和展现形式可能不同，应允许用户选择和生成满足各自特定需求的信息并以自身容易理解的形式展现。

在开始实施 MDA 时，美国的网络中心企业服务（NCES）已经开始建设，NCES 是美国国防部从 1999 年开始建设的全球信息栅格（GIG）的骨干建设项目，包括一系列标准、规范、可重用组件、应用程序接口，以及构建系统环境的方法论，目的包括将数据与应用分离、为信息资源提供安全支持和协调管理的能力等。而 MDA 从一开始就强调跨部门共享数据和服务，需要一个强大的架构来支撑这种共享以及未来的服务扩展。NCES 很自然地就成为 MDA 的架构支撑。图 2-25 是 MDA 的架构图，左方的黄色部分就是基于 NCES 的架构。

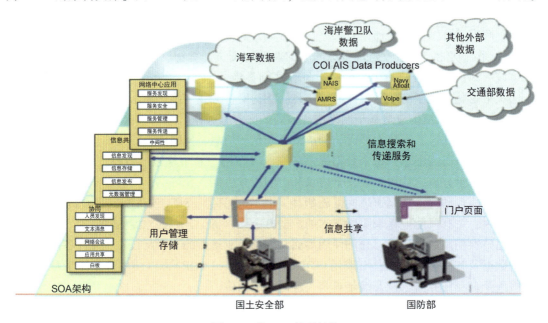

图 2-25 ┃ MDA 体系结构

NCES 基于面向服务架构，主要包括信息发现、信息交换、协同等功能。信息发现服务给服务提供者和使用服务的终端用户提供了必要的搜索能力，使用户可以在编目、索引、注册组成的共享空间仓库中确定数据资产的位置以及服务的位置。信息交换服务支持用户以同步或异步方式执行消息的建立、格式化、编码、传输、缓冲、存储、解析、显示等操作，并提供存储与转发、延时广播或中心化发布等多种信息交换能力。协同服务包括共享工作空间、电子白板、共享应用以及支持音频、视频和对话。信息交换与协同服务、发现服务相结合，再加上基于属性的访问控制，保障用户对信息资源及时、安全和全面的访问使用。

除了国防部的 NCES 外，国土安全部也有自己的系统，即国土安全信息网络（Homeland Security Information Network，HSIN）。国土安全部的数据通过 HSIN 提供。

MDA 在诞生初期就是一个不断验证能力和扩充用户的过程，其研发模式采用了螺旋式迭代模式。从 2006 年 2 月到 2009 年 3 月，其历经 3 个迭代版本：第一个版本直接建立在国防部和国土安全部原有的平台架构（NCES 和 HSIN）上，通过定义统一的数据格式、建设数据交换平台、搭建门户终端等实现了跨部门信息共享，并于 2006 年底对国防部进行了展示；第二个版本重点研发应用服务，包括历史档案服务和异常发现服务等；第三个版本进一步扩展了应用服务，包括预先到达通知服务和单一关注目标服务，并最终纳入统一的国家安全建设规划中。

2.3.5 海上综合广播服务/海上联合战术终端（MIBS/JTT-M）

2.3.5.1 概况

海上综合广播服务/海上联合战术终端（Maritime Integrated Broadcast Service/Joint Tactical Terminal-Maritime，MIBS/JTT-M）为水面平台提供空中、近实时的致命威胁情报；综合广播终端传输国家和战区数据，使部队能够收集情报，特别是高优先事件的指示和警告；舰长具有准确和及时的态势感知。

IBS 是一个集成的交互式传播系统，为海军指挥官和部队提供实时/近实时的所有来源、情报、信息和数据，允许在任务执行之前连续更新；任务执行期间的指示和警告、战略和威胁警告/情报、战术警告和情报、时间敏感目标和态势感知；以及任务后评估和分析。传统 IBS 将迁移到包含通用消息格式（CMF）的联合军种 IBS 通用交互广播（CIB）波形中。IBS 将通过特高频（UHF）卫星通信和超高频（SHF）、极高频（EHF）、全球广播服务（GBS）网络等通信路径发送数据。联合战术终端（JTT）是一种多信道发射和接收无线电设备，具有对 IBS 数据进行加密/解密、过滤、处理和转换的机载能力，可在战术数据处理器上用于舰载。海军正在升级海上 JTT 系统的现役舰队库存，以实施通用交互广播波形和通用消息格式，并要求分配多址综合波形能力，以提高带宽利用率。

当前 MIBS/JTT-M 具有以下特征：
- 为水面平台提供空中、近实时致命威胁情报；
- 综合广播终端传输国家和战区数据，使部队能够收集情报，特别是高优先级事件的指示和警告；
- 舰船指挥官具有准确、及时的态势感知。

2.3.5.2 发展现状

综合广播服务（IBS）取代传统的 UHF 卫星广播系列，用以支持全球战区和本地用户通用和特定的情报需求。这种需求目前由采用相关战术应用数据传播系统（TDDS）、战术数据信息交换系统-B（TADIXS-B）、战术信息广播业务（TIBS）和战术侦察情报交换系统

(TRIXS)的战术系统来满足。前两个系统属于国家范围侦察并提供消息的网络,借助侦察卫星的信息识别威胁及威胁方向;TIBS 向战场提供由空军监视飞机收集的情报信息;TRIXS 属于陆军网,提供由信号情报飞机和其他一些渠道来的精确的瞄准信息。IBS 计划的重点是将几个情报广播系统合成为一个系统,并将多种战术终端和接收机改为采用单一的 JTT 系列。JTT 电台在设计上主要用以接收通过卫星发射的来自多个情报广播网络的合成威胁数据。JTT 终端将支持多达 8 个接收信道,每一个用户自行决定其需求。IBS 系统采用单一通用的数据格式,该格式将使用 TIBS 的 E 版本报文作为 IBS 空中无线传输的报文格式。计划将指挥官战术终端(CTT)、多任务先进战术终端(MATT)和战术接收设备(TRE)最终过渡到联合战术终端。这种过渡继续强调要保持各类用户所提出的需求。JTT 将使美军在野战时仅用一个单独的小盒子便可以接收到他们所需的情报,而无须考虑他们身处世界的哪个角落。

近期,过渡性计划是在 TDDS 和 TIBS 之间建立作战协同线路,以及增强型双向数据交换的 TIBS/TDDS 数据线路。在军一级的综合处理设施处设立网关,以实现 TRIX 和 TIBS 数据的交换。在战区一级设立网关,以便将 TIBS 数据传输到 TDDS。在中期,海军陆战队战术网(MTN)将并入到 TDDS,并成为 IBS 的资源。TDDS、TIBS、TRIXS 和 TADIXS-B 已转换使用 TIBS 的 E 版本报文格式,并设立一个网关,将 IBS 报文传输到 TADIL-J 网络和可变报文格式(VMF)网络。IBS 将不直接加入 TADIL-J 和 VMF 网。在不久的将来,IBS 将使用多个 UHF 卫星广播通信信道,作为传输高级别报文的媒介,用以支持目标捕获、威胁告警、威胁避免等应急信息,以支持常规报文的交换。海军陆战队战术数据系统所应用的系统或与 IBS 接口的系统有情报分析系统、技术控制分析系统、战术空中指挥中心、战术空中作战中心、战术电子侦察处理和评估系统。系统所含的数据有参量数据和电子战(ELINT)数据。[1,2]

IBS 和 JTT 的开发商分别为 L-3 通信公司和雷声系统公司。海军于 2001 财年开始了 JTT 的初始舰载安装,截至 2016 年底,共部署了 133 套 JTT-M 系统。为了支持增加需要接近实时空中 IBS 特殊情报的新舰船,海军与雷声公司空间和机载系统部签订合同,重新开放 JTT 高级生产线。在 2016 财年结束之前,满足了不断增加的舰队、宙斯盾弹道导弹防御系统和陆基宙斯盾的需求。2013 财年开始向下一代通用交互广播服务过渡,为遗留系统安装了 JTT 升级套件,该套件通过联合服务合同从雷声公司采购。

2.4 气象学与海洋学(METOC)

气象学与海洋学(Meteorology and Oceanography,METOC)能测量、感知、评估和利用物理环境的当前和预测状态,为作战人员提供相关作战信息。其主要项目有 METOC SPACE、NITES-Next、METMF(R)NEXGEN、SSBN HWDDC、LBS-UUV、POPS、OIS、RSCD 等。

美国海军海洋学(Naval Oceanography)综合战力作为美国海军全球海洋战略的信息化

---

[1] 周乾南. 美国海军陆战队战术数据链[J]. 电信资料,2005,6:22-31.
[2] 王湘江. 美军将装备联合战术终端(JTT)电台[Z]. 世界军事年鉴,2003.

作战力量前沿，在海洋环境气象水文信息获取和监测预报能力方面具有突出的技术领先优势。20世纪70年代，美国海军就意识到了海洋预报的重要性，随后几十年，美国海军海洋学发展经历了复杂的演变过程，其体系结构虽不断调整，但其遍布全球的业务保障机构提供了非常有效的服务，海军独具特色的科技研发力量也一直处于国际领先地位。海军的业务系统从最初的定性预报、区域预报发展到后来的全球和区域定量化、精细化预报，其理论基础不断完善，信息获取和处理手段不断丰富，高性能计算机的飞速发展也使得海军预报水平有了大幅跃升。迄今，海军海洋学已经拓展到沿海预报、海军海陆空分队、两栖舰船登陆、水雷战等作战应用领域。随着计算机和网络技术的飞速发展，海军海洋学的全球海域实时观测、信息获取、数据处理、海洋气象预报能力得到快速提升，国际优势地位日趋显见。

美国气象海洋（METOC）保障体系大致可以分为日常作战业务保障和总体规划管理及科技研发两部分。海军的总体规划管理由海军海洋学家（Oceanographer of the Navy）负责实施，其专有研发机构包括海军研究实验室（NRL）、海军研究局（ONR）等。美国海军海洋学家是海军作战部气象海洋计划的发起者，也是海军海洋学计划（Naval Oceanography Program，NOP）的代表，与气象海洋司令部密切协作，其使命是为作战用户提供海战场物理环境认知，在保证作战和航行安全的前提下，结合实时观测和数值预报模式，开发环境的可变性，使海军具备信息优势和海上机动作战能力。NOP负责技术和人力资源相关工作，以满足海军和国防部需求，其业务部门是海军气象海洋司令部，负责管理NOP并直接向舰队司令报告，这保证了海军海洋学机构可以直接面向保障用户，其资金则由海军海洋学家进行管理。海军气象海洋司令部隶属于舰队司令部，作为NOP的业务部门，负责海军气象水文业务保障。它包括海军海洋局、舰队数值气象海洋中心、海军海洋作战司令部、海军气象海洋专业发展中心、海军天文台5个下属业务单位。[①]

2.4.1　气象学与海洋学空间系统（METOC SPACE）

2.4.1.1　概况

气象学与海洋学空间系统（Meteorology and Oceanography Space Systems，METOC SPACE）利用环境卫星传感器数据，支持海军对METOC天基传感器的需求，包括对卫星、传感器和运行演示/开发活动的投入，以及与3个卫星项目相关的舰队应用：①联合国防气象卫星计划（DMSP）；②联合资助的Coriolis卫星，包括海军风速卫星（WindSat）和空军太阳喷射成像仪；③地质/地球物理卫星（GEOSAT）后续2（GFO-2）。

METOC天基传感能力项目确保海军的作战需求主要通过操作卫星星座的技术演示得到满足，如国防气象卫星计划（DMSP）、联合极地卫星系统（JPSS）和美国国家海洋和大气管理局的地球同步运行环境卫星（GOES）。该项目为海军参与DMSP特殊传感器微波/成像仪和特殊传感器微波成像仪发声器校准/验证工作提供保障，以支持舰队的作战需求。

WindSat是一项始于1997年的计划，是一个合作项目，它满足了多种海军遥感要求，并为联合极地卫星系统（JPSS）卫星的锥形微波成像传感器（CMIS）降低风险。DMSP和未来的JPSS卫星上搭载的无源微波仪器提供与作战直接相关的全球海洋和大气数据，包括海面风速、海冰和降水。

---

① 朱亚平，程周杰，何锡玉．美国海军海洋业务预报纵览［J］．海洋预报，2015，32（5）：98-104．

GFO-2 计划将提供一颗极地轨道卫星，使用精确的高度计测量海面地形。

2.4.1.2　系统功能与组成

海军 METOC 旨在支持世界范围内的海上部队及其相关的海军空中、水面、水下、特种作战和两栖部队。为此，海军在大型甲板航空能力部队（核动力航母［CVN］、两栖攻击舰［LHA、LHD、LPD］和指挥舰［LCC、MCS、AGF］）上前沿部署气象和海洋学人员。这些单位拥有一个完全有能力的 METOC 办公室，并得到了海军区域 METOC 预报中心（MFC）、大型生产中心（FNMOC、NAVOCEANO、AFWA）和任何其他可用来源（AFOWS、国家气象局和外国天气来源）的支持。这些舰艇提供 METOC 支持给联合部队部署或操作。此外，海军为小型海军水面舰艇提供机动环境小组（MET），并支持联合岸上行动。MET 提供全方位的战术支持，并根据任务规模进行人员配备。海军 METOC 岸上活动根据要求向各中心提供支持。所有应征的海军领航员、军需等级都要接受训练，在不携带海军应征的 METOC 人员、航空技师的舰艇上进行天气观测。

1. 海军 METOC 硬件设备

海军综合战术环境子系统（NITES）是一个基于 UNIX 工作站的系统，通过舰船路由器和 SHF 卫星通信连接到 SIPRNET。NITES 提供了一个模块化、交互式的 METOC 分析和预测系统来接收、处理、显示和传播 METOC 数据。

NITES 安装在主要海上区域，接收和处理机载 METOC 传感器数据（风、温度、能见度等）、AWN/MIST 数据和 AN/SMQ-11 图像（包括国防气象卫星计划［DMSP］、地球同步卫星和电视红外观测卫星［TIROS］数据）。NITES/SMQ-11 界面还用于显示 WEFAX 产品。

NITES 也安装在一些海军 METOC 海岸司令部，提供连接将 METOC 信息从 NITES 传输到海上全球指挥控制系统（GCCS-M）。NITES 通过网关连接到舰艇的战术局域网，并通过舰艇通信到 SHF 战术 IP 网络进行 SIPRNET 连接。

Mini Rawinsonde 系统（MRS）安装在船上，由 MET 运输。

流动海洋学支援系统及临时海洋学支援系统安装在台式/便携式计算机上，供流动环境小组在海上及岸上部署时使用，一般包括连接到 INTERNET/SIPRNET 的通信软件，还包含 GFMPL 和 EOTDA 软件。

一次性深海温度记录仪（XBT）安装在船上，由 MET 携带。

在船上安装用于传真和/或 RATT 的高频无线电接收器。

海军相当依赖 AUTODIN/防御信息系统通信。大多数带有 METOC 部门的船只使用 SIPRNET、电子邮件、IRC 聊天和联合 METOC 查看器进行数据采集。

2. 海军 METOC 软件

联合 METOC 查看器下载包括网格化 METOC 数据字段的预览图，允许用户查看选择的数据字段、非密地球物理舰队任务计划库（GFMPL）和秘密 GFMPL、光电决策辅助软件、HF Prophet、IREPS/AREPS（高级屈光环境预测系统）、商业 Web 浏览器。

3. 海军 METOC 通信与计算机

位于维持基地和岸上指挥中心的海军部队使用 DII DISN 进行信息推送。DISN 提供了一个无缝的高容量通信网络、计算机数据库、应用程序和其他信息处理和传输网络。不在维持基地和指挥中心的海军部队通过被称为 TADIXS 和 BCIXS 的哥白尼体系结构传输信息。战术数据信息交换系统（TADIXS）和战列舰信息交换系统（BCIXS）依赖于射频介质。这就要求在所有可用频段（即 ELF、VLF/LF、HF/VHF、UHF、SHF、EHF）有效利用和联网通信资源。海军使用的商业卫星通信系统包括 GTE 太空网、国际海事卫星系统（INMARSAT）和挑战雅典娜（Challenge Athena）。

4. 海军 METOC 数据源

作战部队水面舰艇。所有战斗舰艇/水面战斗群（航空母舰、巡洋舰、驱逐舰、护卫舰、两栖、水雷战和后勤支援舰）在海上每 6h 提供一次 METOC 水面天气观测。这些报告是在天气时 0000Z、0600Z、1200Z 和 1800Z 提交的。如果能见度低于 1n mile，风速超过 35kn，则报告频率增加到每 3h 一次，直到情况好转。所有在海上航行的船只都需要定期进行观察，但当船只以编队或近距离航行时，战术司令部（OTC）的军官可以指定一艘船为小组报告。

所有反潜战（ASW）舰艇（巡洋舰、驱逐舰和护卫舰）。通过将一个可消耗的温度传感器扔进海里来收集海底温度图（BT）数据，BT 数据的收集速率由作战需求驱动。

高空观测由海军舰艇定期收集，这些舰艇有一个永久指定的 METOC 部门或机动环境小组（MET）。如操作许可，高空观测时间为 0000Z 和 1200Z。

航母编队。机组人员提供气象观测、飞行员报告（PIREP），根据其任务规定，或在数据稀疏的地区（如海洋、目标天气）需要时提供。PIREP 通过无线电提交，或在飞机返回时提交给承运人气象办公室（或岸基气象办公室，如果飞机在岸上回收）。

海上巡逻机。机组人员根据任务规定或在数据稀少的地区（如海洋）需要提供气象观测。飞机观测数据在进行无线电接触或交付时，连同途中意外天气的观测数据，被发送到飞机降落的航空站的海军气象海洋司令部。配备声呐浮标的飞机在深度超过 100 英尺的开放海域进行机载抛弃式水深温度测量仪（AXBT）观测。在使用声呐浮标的每次反潜战飞行中至少进行一次水深温度（Bathy Thermograph）观测。收集到的数据将提交给飞机降落的航空站的海军气象海洋司令部。

无人机和无人潜航器。在战略和战术位置附近的战场空间，无人机和无人潜航器是越来越重要的天气和海洋学信息来源。METOC 数据通过用于飞行和侦察图像的 C2 系统提供。

潜艇。只有由于操作需要而无法进行观察时，潜艇才可豁免这些要求。它们能够收集水面天气和深海温度记录仪观测数据，并可执行这项任务。

宙斯盾巡洋舰。被选中的宙斯盾巡洋舰将拥有一种新的能力，即作为战术环境处理器（TEP），其中宙斯盾巡洋舰上的相控阵雷达作为天气传感器。这些能力包括折射剖面和充当多普勒天气雷达。

2.4.2 下一代海军综合战术环境系统（NITES-Next）

2.4.2.1 概况

下一代海军综合战术环境系统（Naval Integrated Tactical Environmental System-Next Generation，NITES-Next）是一个以软件为中心的解决方案，利用 CANES 基础设施和部队级舰艇上的服务（如航空母舰和大型两栖攻击舰）、岸上亚马逊 Web 服务以及远征战用户的移动变体。

NITES 是美国海军将海洋环境信息与 C4ISR 进行整合的一套软件系统。该系统的主要目标是以分布式海洋环境数据库和可视化仿真为基础，通过使用决策辅助工具来分析海洋环境对武器和作战系统的影响，进而为指挥员提供战场空间表征和态势感知。其主要功能涵盖了数据管理、可视化、环境信息分析、传感器性能预测、兵力环境阈值评估、危险预测等。对于这样一个贯通海洋环境与作战单元及战术决策的关键系统，美国海军对其升级改造不遗余力，最新的 NITES-Next 由美国的 GeoCent 公司研发，耗资数千万美元。

它正在开发以取代传统的 METOC 能力，支持海军气象海洋司令部的作战概念、舰队安全、综合火力和战场空间感知。NITES-Next 代表 METOC 专业人员的核心处理、开发和传播工具，并提供"一站式服务"生成决策产品以支持全谱海军作战所需的工具和战术决策辅助工具。它能够使用开放地理空间联盟（OGC）兼容的信息和产品、经处理的遥感环境信息以及海洋和大气模型。数据通过嵌入式战术决策辅助工具进行分析和融合，以加快 METOC 专业人员预报舰队安全、武器性能、传感器性能和总体任务的环境条件及影响。NITES-Next 还能够生产 OGC 兼容的产品，如指挥和控制快速原型连续体（C2RPC）、海上战术指挥控制（MTC2），以及海军分布式通用地面系统（DCGS-N），这将增强整个舰队的态势感知。

NITES-Next 是一个一站式的战术决策辅助工具。海洋气象操作员使用 NITES-Next 进行预报，并预测对电磁光谱传播和海军作战的影响。NITES-Next 融合大气、海洋和日月数据，以确定物理环境对空中、水面和水下平台及其相关武器系统执行任务的能力的影响。作为海军 C4I 体系处理、开发和传播软件工具，NITES-Next 在 CANES 硬件上托管和运行。它访问军事 METOC 信息中心生成的有机 METOC 数据和全球信息。该软件采用敏捷软件开发，以确保满足舰队用户需求的灵活性。承包商是 Forward Slope 公司和通用动力信息技术公司。

2.4.2.2 发展现状

从作战层面而言，海洋环境数据直接对指挥员起到的辅助决策作用是有限的，当海量海洋环境数据直接推送给指挥员时，所起到的作用甚至是负面的。战场态势瞬息万变，决策指挥者没有太多的时间精力和专业的知识去分析海洋环境要素的具体数值和含义，其对海洋环境的需求往往直接明了，即时间（when）、地点（where）、影响因素（with what）和影响程度（how）。为了迎合这种需求，美国海军研发了相应的信息系统来发挥海洋环境辅助决策作用。

2012 年 3 月，NITES-Next 被指定为信息技术精简试点项目，并于 2012 年 5 月获得舰队能力发布 FCR-1 建造决定。NITES-Next 将在五个 FCR 中开发。FCR-1 在 2015 年 2 月成功进行作战测试和评估后，获得了初始作战能力（IOC）。FCR-5 投入实战后，将在 2024 财年实现完全作战能力。

AN/UMK-4(V) NITES 是 AN/UMK-3(V) 战术环境支持系统的进化升级。NITES-Next 将是 AN/UMK-4(V) NITES 的最新版本，提供对现有实现的重大改进。NITES-Next 将为海军、海军陆战队和参与全球陆上和海上行动的联合部队提供气象学与海洋学支持。系统的主要功能：收集、存储和预测 METOC 信息；评估当前 METOC 条件的影响，并预测未来 METOC 条件对作战、武器系统和传感器系统的影响；向作战人员的任务规划和决策支持系统提供 METOC 数据。

NITES-Next 在气象学与海洋学（METOC）任务领域，批准使用软件采办途径（SWAP），加强了项目当前的 METOC 能力持续开发、测试、部署和集成。NITES-Next 在过去五年中成功地向舰队部署了增量软件更新，采用 SWAP 政策与实践保持一致，并有助于提高能力交付的频率。更快的交付周期确保舰队用户拥有通知作战任务所需的工具。①

目前，NITES-Next 系统具有以下特征：
- 融合环境数据，以确定对平台武器系统执行任务能力的影响；
- 现场气象员用于开发预报的战术决策辅助工具，并预测对电磁频谱传播的影响；
- 执行敏捷软件开发，确保在满足紧急需求和解决舰队用户优先事项的灵活性。

2.4.2.3 系统功能与组成

NITES 有 3 个较为重要的子系统，分别为阈值评估工具集、高级折射效应预测系统（AREPS）和目标获取武器软件（TAWS）。

（1）阈值评估工具集主要将作战样式、平台、武器装备海洋环境要素阈值与任务区域海洋环境观测预测值进行关联分析，在此基础上，给出定性的影响评估，例如，某一海洋环境条件下某型武器装备是否适用等。评估结果通常为一个环境影响矩阵，横向是环境要素，纵向是作战行动、平台和装备，影响程度划分为处于不利条件、处于不利边缘和处于有利条件 3 个等级。

（2）高级折射效应预测系统侧重于传感器性能环境影响预测，输入为传感器电磁参数、大气环境信息和地形信息，计算模型采用高级传播模型（APM），输出包括高度、方位和范围等信息。该系统主要用于雷达目标探测，电磁战场监视、超高频/甚高频通信等方面的辅助决策，例如，通过该系统分析可以得出大气波导通信工作频率 10.5GHz、天线高度 4m 时最适合于利用蒸发波导实现远距离海洋通信。

（3）目标获取武器软件侧重于武器性能环境影响预测，主要功能是通过接收当前或预测的环境数据，通过相应的可见光、激光和红外物理模型，定量确定目标探测和锁定范围。该系统的基础支撑为目标数据库、武器传感器数据库、海洋环境数据库、物理模型等，其输出可以辅助作战人员在对海对陆打击、近距离空中支援、空中拦截、搜救、目标识别等任务中进行攻击方案制定、战术机动规划和武备选择。②

METOC 的有关作战概念是赢得战争的决定因素之一。美国舰船 METOC 的核心设备是战术环境支持系统或海军综合战术环境系统（TESS/NITES）。它是一种交互性的联合系统，可以接收、储存、处理、显示、传播气象海洋数据和产品。NITES 为主要战舰人员提供 METOC 资料以支持武器的装载以及决定是否发射。数据源包括舰上传感器、同步卫星和极轨卫星、美国和其他国家的天气广播、以及岸上配备的海洋数据场等。TESS/NITES 采用模块化、开放式架构，可以根据实际任务按用户的不同需要进行开发。TESS 系统通过接收并处理环境传感器实时探测的环境数据（包括气象和海洋数据）和/或岸上气象水文保障机构提供的环境数据，不仅可以提供日常气象水文保障，还可以分别针对水下声呐系统、舰载电磁系统提供具体保障。③

NITES 是一个主网关，用于接收数据，并将环境产品转换到 C4I 网络中，以支持美国海军、海军陆战队和联合部队。NITES 通过各传感平台以及外部资源（如通过数据连接接收

---

① Joshua W. Miller. Battlespace Awareness and Information Operations (PMW 120) is leading the pack in implementation of the Adaptive Acquisition Framework. CHIPS, February 23, 2021. [https://www.doncio.navy.mil/chips/ArticleDetails.aspx?ID=14392]

② 赵健，梁志诚，阎成赟，等. 美国海军海洋环境保障业务研究[J]. 海洋测绘，2020，40（3）：78-82.

③ 许兆新，吴传利，殷志伟. 美国海军海洋环境信息应用系统综述[J]. 舰船电子工程，2005，25（4）：25-29.

NOAA 数据等）为气象水文专家接收、显示并分发环境数据。NITES 也为近海、远海指挥官和战场相关决策人员的作战决策提供实时气象图像。

NITES 是基于 UNIX 操作系统的工作站，通过舰载和超高频（SHF）卫星通信连接到 SIPRNET 上。NITES 提供模块化的、互动的气象水文分析和预测系统，以接收、处理、显示和分发气象水文数据。

NITES 安装在主要舰艇上，包括 30 艘大型军舰。NITES 接收处理舰载气象水文遥感器数据（温度、风数据等）、自动天气网络/气象信息标准终端（AWN/MIST）数据和 AN/SMQ-11 图像数据（包括 DMSP、NOAA 卫星和静止轨道气象卫星数据）。NITES 有多种衍生型，其中，NITES-II 是全球指挥控制系统（GCCS 4.0）联合气象水文段的一部分，目前已经服役。

NITES-Next 基于面向服务架构（SOA）设计，将融合地理信息系统（GIS），支持基于物理的建模，将使气象水文产品能够在跨全球信息栅格（GIG）的联合作战环境中使用。①

2.4.3 第四代海军综合战术环境系统（NITES IV）

2.4.3.1 概况

第四代海军综合战术环境系统（Naval Integrated Tactical Environmental System IV，NITES IV）是海军陆战队战术行动中的主要便携式装备，可由 1 名士兵安装、运行和维护，也可由气象水文保障组运行。它是临时海洋移动支持系统（IMOSS）的换代产品。NITES IV 包括 3 台终端和一些外围组件。3 台终端虽然功能不同，但安装有相同的软件，每台终端均具有执行另一台终端功能的能力，所以 3 台终端实际是功能冗余备份的，通常情况下不会一起部署。NITES IV 可利用自动气象观测系统、国际海事卫星组织卫星（INMARSAT），通过 SIPRNET/NIPRNET 向前线气象水文预报员提供数据。

2.4.4 下一代海军陆战队气象移动设施（METMF(R) NEXGEN）

2.4.4.1 概况

下一代海军陆战队气象移动设施（Marine Corps Meteorological Mobile Facility (Replacement) Next Generation，METMF(R) NEXGEN）是一个移动气象站，安装在紧凑型、高机动性多用途轮式车辆（HMMWV）上。它是一个车载移动预测系统，描述当前和未来的作战空间环境，支持海军陆战队空地特遣部队（MAGTF）的作战。METMF(R) NEXGEN 能够在全球范围内连续作战和部署，帮助作战人员在动态战场条件下导航。气象站拥有雷达、传感器、计算设备和预测工具，用于采集、处理和传输影响任务效能和武器系统性能的 METOC 数据。指挥和控制（C2）设备在现场处理数据，并返回美国大陆（CONUS）军事气象局进行全球尺度分析。

该系统的承包商是马里兰州的史密斯探测公司（Smiths Detection），为美国海军提供移动天气信息系统，支持任务规划和军事行动。METMF（R）NEXGEN 系统通过连续观测、卫星图像和预报提供战术气象支持，将由 MAGTF 操作。安装在车辆上的 METMF（R）NEXGEN 分析来自各种来源的数据，在几分钟内提供当前和未来天气模式的完整战场环境图像。该系统利用来自地面传感器和卫星的信息，帮助军队在战场上作出关键决策。它还经

---

① 刘韬，王丹，武珺. 美军气象卫星的应用与管理［J］. 航天返回与遥感，2019，40（5）：15-26.

过加固以应对极端环境。[1]

如图 2-26 所示是下一代气象移动设施的 HMMWV 车辆和拖车。

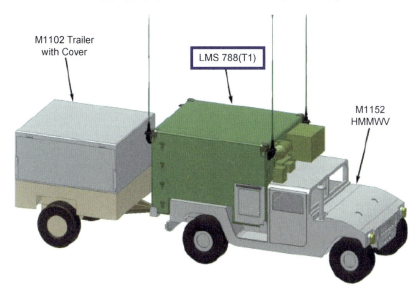

图 2-26 NEXGEN HMMWV 的车辆和拖车

2.4.4.2 发展现状

美国海军批准了下一代 METMF(R) 系统，用于在战场上探测天气，该系统将具有更大的机动性和灵活性。被称为 METMF(R) NEXGEN 的新一代气象移动设施将取代现有的 METMF(R)。目前，海军陆战队有 12 套 METMF(R) 系统在服役。[2]

METMF（R）NEXGEN（TMQ-56）环境采集和预报系统为海军陆战队特遣部队提供 METOC 支持。系统主要功能是采集和分析数据、预测未来环境、定制 METOC 产品和信息、减轻未来环境的影响。渐进式采购的 METMF(R) NEXGEN 取代了气象移动设施，并提供了更大的机动性和操作灵活性，以应对已确定的气象能力缺口。

2010 年 7 月，开发了两个 METMF（R）NEXGEN 原型系统，并批准了能力生产文件（CPD）。METMF(R) NEXGEN 于 2011 年 9 月通过了作战评估，并于 2011 年 10 月在里程碑 C 批准了全速生产。2013 年 7 月，METMF(R) NEXGEN 正式满足初始作战能力的所有要求。

2.4.4.3 系统功能与组成

METMF(R) 是一种可运输系统，在海上作战、岸上持续作战和非战争行动中提供战术 METOC。METMF(R) 被安置在一个标准集装箱中，可通过 C-130 运输并快速部署。METMF(R) 能够为 MAGTF 提供连续 30 天的气象观测、卫星图像、预报和其他战术决策辅助工具和产品，无须再补给。该系统最初设计于 20 世纪 60 年代，并分别在 1988 年和 1998 年进行过更新。METMF(R) 已在 2002 年达到完全作战能力。

---

[1] Smiths Detection supplies mobile weather systems to U. S. Marines. The Mobile Internet, February 2012.

[2] David R. Stauffer, Aijun Deng, et al. Numerical Weather Prediction (NWP) To War. 22nd Conference on Weather Analysis and Forecasting/18th Conference on Numerical Weather Prediction, June 2007.

海军陆战队气象水文支持系统是面向严酷使用条件下的灵活、可伸缩、易于使用的系统，其主要目的是为海军陆战队空地特遣部队（MAGTF）提供准确、及时和全面的气象水文支持。每个海军联队支援中队（MWSS）装备一辆METMF(R)，用于为MAGTF提供气象水文支持。METMF(R)是高度集成的系统，能够从气象卫星、本地和远程气象遥感器自动获取数据，具有分发气象水文数据和产品的能力。METMF(R)包括9个子系统，如表2-2所示。①

表2-2 METMF(R)系统组成

METMF(R)子系统名称	用途
处理子系统	处理气象水文数据，制作相关产品
通信子系统	通过保密路由网络（SIPRNET）和非保密路由网络（NIPRNET）接收，传输保密和非保密气象水文数据
气象卫星子系统	接收极轨和静止轨道气象卫星数据
无线电探空测风仪子系统	上层大气探测
本地探测器子系统	在离METMF(R)150ft距离内安装，探测气象数据
远程遥感器子系统	在离METMF(R)200n mile距离内安装，探测气象数据，使用甚高频（VHF）传输
气象雷达子系统	多普勒气象水文雷达，探测气象数据
便携气象子系统	连接海军集成战术环境子系统（NITES Ⅳ）
保护子系统	装有电磁干扰保护器

2.4.5 灾害天气探测和显示能力（HWDDC）

2.4.5.1 概况

灾害天气探测和显示能力（Hazardous Weather Detection and Display Capability，HWDDC）被动地从SPS-48(E)和SPS-48(G)三维空中搜索雷达的战术扫描中提取数据，近实时生成天气态势感知。在雷达场中，HWDDC显示降水强度、风暴单体移动、大气折射率（影响电磁传播）以及风速和风向的运行影响。这是同类能力中的第一种，可显著提高飞行安全性，降低其他舰载作战的风险，包括小型舰船作战、两栖机动和甲板操作（加油或军械处理）。海军气象员不仅在航母和大型两栖攻击舰上使用数据支持飞行甲板操作和导航，而且通过闭路电视将数据共享给每个中队的待命室和登舰人员。信息通过SIPRNET（保密互联网协议路由网络）与其他舰船和战区海事作战中心以及海事总部共享。数据也被每小时地传输到加州蒙特利的舰队数值气象海洋司令部，吸收到耦合的海洋/大气中尺度预报系统数值环境模型中，从而提高战术气象预报的准确性。

2.4.5.2 发展现状

HWDDC从监视雷达中提取和转换数据，以生成天气态势感知。HWDDC帮助舰队找到执行任务的最佳条件。HWDDC有机地检测和显示风暴单体运动、降水强度、径向风和大气湍流。此外，该计划还将数据发送给舰队数值气象海洋中心（FNMOC），为建立区域天气预测模型提供信息，并增强实时操作分析。

第一个SPS-48(E) HWDDC原型系统安装在LHA-5上，2006年2月开始部署期间在海

---

① 刘韬，王丹，武珺. 美军气象卫星的应用与管理［J］. 航天返回与遥感，2019，40（5）：15-26.

上进行演示试验。该舰遇到的第一个天气是在夏威夷东北的训练演习期间雷达上出现的轻微阵雨。HWDDC 的第一次真实世界测试是在 2006 年 2 月 22 日凌晨，当时恶劣的天气从西北方向移动，伴随着雷电。利用舰桥上的天气雷达显示和舰上 METOC 人员提供的解释，LHA-5 的指挥官操纵舰只以避免危险的天气。

HWDDC 由空间和海战系统司令部 PEO C4I 指定了一个采办项目，安装在配备 SPS-48(E) 或 SPS-48(G) 空中搜索雷达的 9 艘航空母舰和 7 艘大型两栖攻击舰上。HWDDC 于 2016 财年进入 CANES 集成和测试，当所有航母和两栖攻击舰均获得 SPS-48(G) 升级后实现完全作战能力。战术环境处理器（TEP）是 HWDDC 的后续能力，装备在舰载 AN/SPY-1D(V) 雷达的驱逐舰，通过多任务信号处理器（MMSP）进行升级，2017 财年已安装在"阿利·伯克"号（DDG 51）、"米切尔"号（DDG 57）和"米利乌斯"号（DDG 69）驱逐舰上，总计可达 30 艘。当所有进行 ACB12 和 ACB16 现代化升级的驱逐舰都安装战术环境处理器之后，将实现完全作战能力。

2.4.5.3 系统功能与组成

HWDDC 从美国海军 SPS-48E 三维空中监视雷达提取原始雷达数据，利用 SPS-48E 雷达信号处理器和辅助数据处理计算机自动处理，返回和生成天气雷达数据文件和图像。

该 HWDDC 系统是基于商用成熟技术来进行实时雷达处理的，并提供了一个基于 Web 服务的操作界面和显示来查看雷达图像。实时雷达图像通过舰载局域网提供给舰上的各种用户，如气象与海洋部门、飞行员准备室和舰桥。系统配置将不仅允许舰上的用户查看数据，还可以通过海军安全网络访问雷达数据，实时向预报员和战士提供数据和图像。HWDDC 处理器执行传统天气雷达处理器的一些功能，如光谱矩估计，但也包含专门从传统天气雷达扫描中提取准确的数据的处理。该处理器包含大量的体重组处理，以从快速雷达扫描中收集数据到一个一致的数据体，并且该系统的当前升级还将提供海面杂波过滤、点目标去除功能，以及先进的地缘测绘和风暴跟踪功能。

如图 2-27 所示是 HWDDC 系统框图。HWDDC 系统由两个子系统组成，即天气数据接口卡（WDIC）和天气提取计算机（WEC）。WDIC 接口卡在 SPS-48E 雷达内获取完全无干扰的数据，以提取原始雷达回波。WDIC 提供对原始雷达回波和 SPS-48E 设备为处理回波提供的相应信息的访问，如波束的方位角和仰角、发射机功率电平以及船舶的位置、航向和速度。天气提取计算机子系统接受 WDIC 捕获的雷达数据，将数据转换为频谱矩估计，并提供基于 Web 的用户显示。

WEC 服务器支持的基于 Web 的显示和接口可在舰上的海军保密局域网（SIPRNET）上使用，也可通过卫星连接到其他舰上和陆地 SIPRNET 客户端。此外，视频转换器通过舰船的闭路电视系统（称为 23-TV）提供实时显示视频，可由海军 METOC 操作员选择，以允许没有 SIPRNET 终端的用户看到实时雷达显示。[①]

从 HWDDC 的实验和演示，以及之前海军的实验中得出了三个主要结论：①天气探测能力可以经济地添加到战术雷达中，并同时提供给飞机和天气监视；②战术防空和监视雷达可以提供高质量的天气数据来支持战术行动；③通过传感器（Through-The-Sensor，TTS）能

---

① Timothy Maese, Jim Hunziker, Lee Wagner, et al. Hazardous weather detection and display capability for US navy ships. AMS Annual Meeting, 2008.

力平台提供实时的相关天气信息，而不是依赖于基于远程获得的数据的预报。

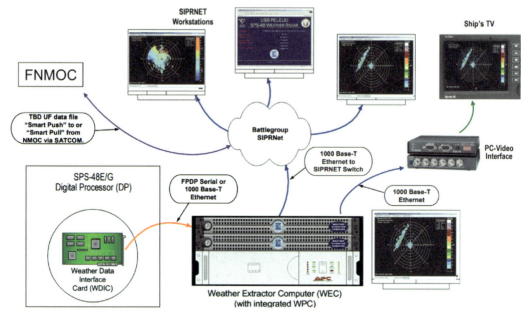

图 2-27　HWDDC 系统框图

2.4.6　濒海战场感知无人潜航器（LBS-UUV）

2.4.6.1　概况

濒海战场感知无人潜航器（Littoral Battlespace Sensing-Unmanned Undersea Vehicle，LBS-UUV）提供了一系列具有低可观测性的潜航器，连续描述影响声光传播的海洋特性的能力，用于声光武器和传感器性能预测。对实现海底优势至关重要的是，该项目提供了浮力驱动的海底滑翔机（LBS-G）、由 T-AGS 60 探路者级海洋调查船发射的电动自主水下航行器（LBS-AUV）以及从潜艇发射的自主水下航行器（LBS-AUV）。这三个系统都提供持久的作战空间感知，并支持反潜、反水雷、远征和海军特种作战规划和执行以及持久的环境情报准备（IPOE）。从该系统收集的相关信息在滑翔机作战中心集成到海军 C4ISR 系统中，作为全球信息网格企业服务的一部分。这些系统是 T-AGS 海洋调查船的一个力量倍增器，进一步扩大了有争议区域的收集能力，以确保进入并降低舰队作业的风险。

为联合部队指挥官、联合部队海上部分指挥官或战斗指挥官提供增加的海洋数据收集能力，以支持海军反潜战、水雷战和特种战行动。LBS-UUV 提高了环境描述的覆盖范围、准确性和精确度，使作战人员能够通过优化传感器和武器平台的布置和作战模式，提高战术效能，同时减少战术时间和部队风险，对资产配置进行战术调整。LBS-UUV 能力由海洋滑翔机和自主水下航行器组成。滑翔机体积小（可随身携带）、寿命长（几周到几个月）、依靠浮力驱动、成本低、半自主，以及在空间和时间分辨率上对海洋水柱特性进行高度持久采样和表征，这是 T-AGS 60 探路者级海洋调查船或战术单位无法实现的。自主水下航行器体积更大、续航时间更短（数小时到数天）、采用传统动力（通常由电动马达驱动），将增加 T-AGS 级舰船收集的水深数据的空间范围和分辨率。

LBS-UUV 在反潜战、反水雷和特种作战中，能够发挥水下优势，感知海洋和热光传输特性，这对武器和传感器性能至关重要，收集水深和海底图像，提供水下环境的战场感知。

2.4.6.2 发展现状

LBS-G 在 2012 年 7 月实现了完全作战能力，到 2016 年 8 月，该项目已经向海军海洋局交付了 137 架滑翔机，另有 25 架正在接受政府验收测试。LBS-AUV 在 2015 年 2 月达到并获得了完全作战能力，截至 2014 年 5 月，共交付了 5 个 AUV，包括提供给海军海洋局的两种工程设计模型；到 2017 财年，总共交付 7 台潜航器。LBS-G 和 LBS-AUV 都在海外执行真实的海洋传感任务，以支持反潜战、水雷战和作战环境的情报准备（IPOE）。LBS-AUV 在 2019 财年达到初始作战能力，并支持潜艇部队进行 IPOE 和其他海底作战行动，如图 2-28 所示。

濒海战场感知无人潜航器具有以下特征：
- 在支持反潜战、反水雷、特种作战方面实现海底优势；
- LBS-G 感知对武器和传感器性能、规划至关重要的海洋和热光传输特性；
- LBS-AUV 收集水深和底部图像，以提供海底环境的作战空间感知。

图 2-28 无人潜航器

2.4.6.3 系统功能与组成

LBS-UUV 项目提供了一种连续的能力，可以描述影响声光传播的海洋特性，用于感兴趣区域内的声光武器和传感器性能预测。它将提供 LBS-G 和 LBS-AUV，以实现反潜战、反水雷、远征和海军特种作战（ASW/MIW/EXW/NSW）的规划和执行以及环境的持续情报准备。LBS-G 和 LBS-AUV 从 T-AGS 海洋调查船发射和回收，将扩大调查船在争议地区的调查能力，同时增加收集数据的空间和时间保真度，以满足舰队和战斗指挥官（COCOM）的要求。

LBS-UUV 是濒海战场空间传感、融合和集成（LBSF&I）的增量 1，是海军部门主要的 IPE 项目建设，用于 METOC 数据收集、处理和数据/产品传播。LBS-UUV 是 2020 年及以后战场空间感知的关键组成部分。LBSF&I 是一个完整的端对端系统，能够测量从海底到大气顶部的各种环境参数。LBS F&I 能够处理、利用和保证这些数据的质量。从该系统收集的相关信息被整合到滑翔机作战中心的海军 C4ISR 系统中，作为全球信息网格企业服务/

FORCEnet 基础设施的一部分。①

LBS-UUV 海洋调查滑翔机和自主水下航行器测量海洋温度、盐度、光学清晰度、水深和水文数据，用于航行安全和规划。

LBS-UUV FoS 在支持反潜战、反水雷和特种作战时具有水下优势。LBS 滑翔机可长期感知海洋热能和可见光传输特性，这对确定武器和传感器性能、制定和执行规划至关重要。LBS-G 通过测量温度、盐度和压力来确定海洋中的声速。LBS-AUV 提供了对海底环境的战场状况感知，提升了作战区域的传感能力，因此确保了解舰队操作并降低操作风险。LBS-AUV 收集高分辨率的测深和海底图像，用于制定和执行海底作战规划并确保导航安全。

1. LBS-G 水下滑翔机

LBS-G 是更广泛的 LBS-UUV 计划的一部分，如图 2-29 所示。双人便携式系统包括潜航器、滑翔机接口软件、一个集装箱、航行器处理设备、部署套件和特殊工具或测试设备。航行器子系统包括通信、导航和传感器子系统。LBS-G 与滑翔机作战中心（GOC）之间的主要数据链将通过一个双向铱星通信链路，使用基于路由器的无限制数字互联连接解决方案（RUDICS）服务来建立。滑翔机接口软件将驻留在海军海洋局（NAVOCEANO）的计算环境中，由供应商开发。该滑翔机在水面上使用 NAVSTAR GPS 星座导航，在水下使用一套机载水下导航传感器。它将配备传感器来测量电导率、温度、深度和光学清晰度。NAVWAR 规定，该滑翔机必须能够在 200m 深的浅水和 1000m 深的深水中工作至少 90 天。它还应该能够在特定的深度、海底和海面巡航。美国海军正在寻找一种新的自主水下滑翔机，以提高其水下态势感知能力。②

图 2-29 LBS-G（Teledyne Brown 公司）

2. LBS-AUV 自主水下航行器

REMUS 自主水下航行器（AUV）最早是在 20 世纪 90 年代末由康斯伯格海事公司

---

① Littoral Battlespace Sensing Unmanned Underwater Vehicle（LBS-UUV）-Robotics.pdf
② Nishant Kumar. US Navy seeks next generation LBS-G system. JANES, 26 February 2021.［https://www.janes.com/defence-news/news-detail/us-navy-seeks-next-generation-lbs-g-system］

（Kongsberg Maritime）的子公司 Hydroid 公司为伍兹霍尔海洋研究所开发的。便携式 36 千克级 REMUS 100 AUV 被美国海军用于浅水反水雷和水文侦察。三种型号的 REMUS 在美国海军服役：

MK18 Mod 1 Swordfish（剑鱼）UUV 基于 REMUS 100。剑鱼被设计用于搜索、分类和绘图非常浅水区域（10~40ft）。

MK18 Mod 2 Kingfish（王鱼）UUV 基于 REMUS 600，增加了区域覆盖率，增加了续航能力，并将作为先进传感器的平台。2012 年 7 月，美国海军在中东部署了第一波王鱼 UUV，用于搜索、分类和绘图任务。

濒海战场感知无人潜航器（LBS-UUV），同样基于 REMUS 600，SPAWAR 已订购三艘 LBS-UUV 用于海洋、沿海和近海水域的环境调查。REMUS 600 的 5.2kW·h 可充电锂离子电池充电后，使 UUV 能够在时速 5kn、1970ft 深的情况下运行长达 70h。①

如图 2-30 所示是 Hydroid 公司 REMUS 600 潜航器。

图 2-30 REMUS 600 UUV（Hydroid 公司）

2.4.6.4 采办动态

1. Hydroid 公司的 LBS-AUV 进入全速生产

2013 年 2 月，Hydroid 公司开始全速生产海军 LBS 无人潜航器。在订购 LBS-AUV 之前，海军进行了一年多的测试和评估。UUV 的最终用户将是美国航空航天局（NASA）位于密西西比州的斯坦尼斯航天中心的海军海洋局，该中心负责获取和分析开放的海洋、沿海水域和港口数据。SPAWAR 订购 3 艘 LBS-AUV（基于 REMUS 600）和一个由布放回收系统（LARS）、LARS 平板架、任务和维修车以及车辆支持设备组成的船组。REMUS 600 AUV 采用先进技术收集、处理和共享准确和关键的气象海洋数据，以增强决策能力。②

2. Teledyne Brown 公司赢得美国海军 LBS-G 生产合同

2021 年 7 月，Teledyne Brown 工程公司获得美国海军一份为期五年、最高价值达到 3920 万美元的 LBS-G 项目合同，用于设计、开发、制造、生产、测试和保障 LBS-G 系统。Teledyne 的 Slocum 长航程、浮力驱动 AUV 能够持续采样和研究海水特性。Slocum 滑翔机可以绘制水下沿海水域的"空间和时间"特征。AUV 配备不同类型的海洋传感器，可帮助执行各种任务，例如反潜、反水雷等。LBS-G 系统是第一个进入全速生产（FRP）的无人航行器项目。根据美国海军在 2009 年授予的一份较早的合同，Teledyne 交付了 203 台滑翔机。③

---

① Remote Environmental Monitoring Unit System（REMUS）. NavalDrones，March 2014. ［2022-8-18］［http://www.navaldrones.com/Remus.html］

② Hydroid's LBS AUV enters full-rate production for US Navy. Naval Technology，February 20, 2013. ［https://www.naval-technology.com/news/newshydroids-lbs-auv-enters-full-rate-production-us-navy/］

③ Teledyne wins US Navy IDIQ contract for LBS-G systems. Naval Technology，July 20, 2021. ［https://www.naval-technology.com/news/teledyne-wins-us-navy-idiq-contract-for-lbs-g-systems/］

2.4.7 基本海洋预报系统（POPS）与海洋信息系统（OIS）

基本海洋预报系统（Primary Ocean Prediction System，POPS）作为超级计算机系统，融合了全球 METOC 数据，为天气预测模型提供数据，支持海底作战和航行安全。位于加州蒙特利的 FNMOC 和位于密西西比州斯坦尼斯航天中心的海军海洋局（NAVOCEANO）是海军 METOC 数据的战略仓库。两个中心都接收和处理大量观测数据，并运行舰队使用的网络安全数值预测模型。NITES-Next 和 METMF（R）NEXGEN 从这些岸上指挥部检索数据；LBS-UUV FoS 和 HWDDC 向它们提供数据。IT 基础设施为海军地球物理数据提供跨多个涉密飞地的环境预测。

POPS 提供了关键的产品引擎，使全球气象海洋司令部能够为舰队提供支持。POPS 在一个全天候作战中心内，通过天气和海洋预测产品以及对舰队安全和作战效能至关重要的作战应用支持全球舰队作战。POPS 通过向舰队、国防部、联合、盟军和各级作战人员提供及时、相关的全天候 METOC 数据和产品，为维持全球陆上和海上作战提供了技术和基础设施。POPS 采购并维持高性能计算（HPC）环境的运行，为按需战场空间（Battlespace on Demand，BOD）Tier 1 提供大部分可靠的 METOC 预测产品和服务，这些产品和服务直接源自 METOC 模型、卫星处理软件和应用程序。Tier 1 还为许多按需战场空间 Tier 2 和 Tier 3 产品提供输入。需要不断更新技术，以满足对这些产品日益增长的需求，特别是在更加重视准备和应对区域冲突，以及来自国家极地轨道伙伴关系（NPP）和未来遥感环境数据源的更大数据量的情况下。总之，这些改进将为舰队提供更准确、更快速的环境支持，跨三层按需战场空间。

海洋信息系统（Oceanographic Information System，OIS）维持全球海洋和水文测量，以支持海底战争和航行安全。其体系结构提供信息技术基础设施，以便收集、处理、存储、存档、检索和传播海洋数据、产品，以及其他科学信息，使舰队获取 METOC 优势。2019 年总统预算显示，部署新的最先进的海洋学传感器，如高速、高分辨率数字侧扫声呐系统，收集的数据量远远超过当前 OIS 接收、处理、存储和存档数据的能力。通过传感器数据将舰队集成到 OIS 产品中，并收集遥感数据，增加了 OIS 所需技术基础设施的复杂性，包括对现有存储资源的升级，支持数据仓库并扩展存储区域网络，以满足预期的数据存储需求。

POPS 和 OIS 采用高性能计算（HPC）技术、数据存储技术，新一代 HPC 设备和基础设施组件需要满足不断扩大的舰队数值气象海洋中心和海军海洋局任务和赛博安全的要求。POPS 是一种信息技术基础设施，为海军收集、处理和分发的地球物理数据，提供跨多种类区域的环境预测。OIS 负责全球海洋和水文测量。根据 POPS 系统集成总体规划，存储、网络和计算节点/内存的更换周期为五年。所需的技术更新包括增强 POPS 硬件和软件、模型套件、观测数据接收能力、数据分发能力和回访客户支持。OIS 的改进可以收集、处理和存储全球水文/测深数据，支持国家地理空间情报局为国防部创建/更新导航图，以支持水面和水下航行安全。

2.4.8 远程感知能力开发（RSCD）

远程感知能力开发（Remote Sensing Capability Development，RSCD）为舰队提供了增强

的遥感能力，以区分海洋现象和自然环境。RSCD 提供了用于分配任务、分析和传播海洋学数据的自动化工具，以增加覆盖范围、缩短时间并减少分析人员的工作量。

RSCD 使用各种遥感技术来描述海洋环境，这些技术提供了将非典型海洋现象与自然环境区分开来的能力，大大提高了海底优势。海军海洋局将利用海洋数据完善和扩展现象的环境特征，并向舰队传播数据。

2020 财年美国海军预算文件显示，海军海洋局继续收集各种天气和海况下的数据，以扩大环境条件的范围，减少环境预测中的不确定性。继续软件算法性能分析，增强软件算法，自动检测海洋现象。协调机构间的任务分配、收集、处理、利用、传播（TCPED）过程，以支持海军任务。开发、增强和集成水面探测算法能力，并为舰队训练和作战概念（CONOPS）开发提供投入。

2.5 电磁机动战（EMW）

2.5.1 背景需求

随着世界新军事革命的深入发展，战争形态加速向信息化战争演变。电磁频谱是侦察监视、指挥控制、武器制导、电子对抗、敌我识别、预警探测等信息的共同载体，是链接陆海空天跨域协同作战的纽带，存在于作战的全时空，作用于战争的全要素，贯穿于作战的全过程，是信息化战争之魂。战场处在广阔的电磁环境之中，无线电频谱已经成为影响战争全局不可或缺的重要战略资源，电磁频谱资源管理能力不足必将影响军队整体作战效能的发挥。可以说，未来信息化作战，谁赢得了制电磁权，谁就掌握了战场的主动权。美军在电磁频谱管理方面起步早，是进行实战运用发展最为完善的国家之一。

美国航空航天局（NASA）定义，电磁频谱（EMS）是指所有类型电磁辐射的范围。电磁频谱是一个机动空间，由电磁辐射的所有频率（以频率和波长为特征的振荡电场和磁场）组成。电磁频谱通常根据某些物理特性按频带组织。如图 2-31 所示，电磁频谱包括无线电波、微波、红外（IR）辐射、可见光、紫外线、X 射线和伽马射线。

美军在《联合电磁频谱管理行动》中给出了电磁作战环境（EMOE）的定义：电磁作战环境是指全球背景的电磁环境，以及在与指定作战域有关的相应电磁域中友方、中立方和敌方的电子战斗序列（EOB）。电磁环境由空间、时间和电磁频谱三要素组成，而电子战斗序列是指电子设备的作战编组（包括其性能和配置地点）以及指挥关系等。在现代战争中电磁作战环境的作用与地位越来越重要，雷达目标探测、通信信息传输、导航与授时，制导与指控等都严重依赖于电磁频谱，所以电磁作战环境几乎成为继海、陆、空、天之后的又一重要环境。

为确保美军对战场电磁优势的有效掌控，美国国防部、各军兵种及相关研究机构推出了一系列涉及电磁频谱战的发展战略、作战条令及研究报告，用于指导装备发展、力量建设及作战运用。在顶层设计层面，美军为在 21 世纪获得频谱优势，制定了《电磁频谱战略》《21 世纪联合频谱使用与管理构想》等远景规划，提出了"21 世纪频谱管理指导方针""国防部电磁频谱管理计划"，明确了美军对频谱资源的需求和美国国防部电磁频谱管理目标，将电磁频谱的控制和管理上升到国家级战略地位。

在美国海军研究局 2015 年发布的《海军科技战略》中有如下阐述，"电磁频谱是一个

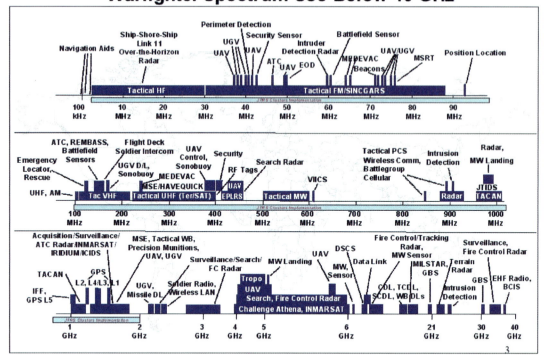

图 2-31 美国国防部日益增长的频谱需求

关键的作战机动空间,可用于对所有频谱活动的连续、实时感知。频谱优势是首要组成部分,包括聚焦于理解和塑造战斗空间的通信、监视、电子战等工作。可以利用超宽带系统并结合频谱监测能力,来充分利用未使用的频谱部分,避免当前因人工解决冲突而耗费的大量人力资源。保证所有频谱接入能力是战斗空间感知和威胁监视/武器传感器交战的要点"。

美国战略与预算评估中心(CSBA)在《制胜无形之战:在电磁频谱内获取持续性优势》的研究报告中明确给出建议"将电磁频谱视作一个作战域"。报告指出,"为夺取电磁频谱优势,美国国防部应该将电磁频谱视作与陆、海、空、天、赛博空间一样的独立作战域。将电磁频谱视作作战域比单独创造一个泛泛而谈的'信息域'更合适。将电磁频谱视作作战域便于形成概念、分析能力或决策,因为电磁频谱是一个军队可运用、且由已知物理定律来支配的领域,反观信息,指的是电磁频谱或赛博空间内流动的内容,从发送者、接收者、语境等不同角度来看都会产生不同的主观效果"。

美国国防高级研究计划局(DARPA)将电磁频谱控制和利用视为"改变战场游戏规则"的重要技术,立项支持了多个电磁频谱共享和研究计划。在此基础上,开发高端频谱,研发微波、激光、电磁脉冲等武器装备,抢占频谱资源。美军日益增长的频谱需求如图 2-32 所示。

美军欲借鉴赛博空间成为独立作战域的成功经验,使电子战能力获得飞跃发展。2015年 12 月,美国国防部把电磁频谱视作一个作战域,成为继陆、海、空、天、赛博空间之外的第 6 个作战域,树立电磁频谱的绝对优势。电磁频谱域是跨越陆、海、空、天、赛博空间

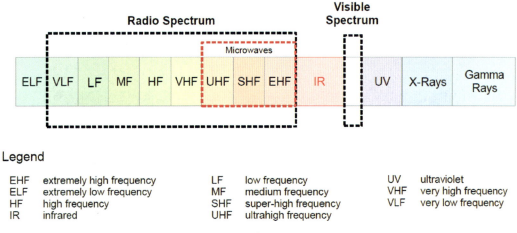

图 2-32 电磁频谱

的支撑领域,任何一个作战域的指挥控制、兵力部署及力量组织必须接入电磁频谱,共享信息,推进作战行动。因此信息中心战的核心是围绕电磁频谱开展争夺,实现电磁频谱域的机动作战。电磁频谱域对抗的下一次重大变革将是电磁机动能力带来的作战概念、作战能力与装备形态的重大变革。其实质是比对手更灵活地掌控电磁频谱,进而比对手更快地获取并使用有效信息。

电磁频谱对于促进作战环境内的控制至关重要,并影响作战环境和军事行动。军事行动和训练的环境日益复杂,电磁频谱的需求和约束越来越具有挑战性。正如在物理域和赛博空间中一样,军队在电磁频谱内机动和开展行动,以达到战术、作战和战略优势。电磁频谱内的机动和行动自由对美国和多国作战至关重要。

目前,电磁频谱已成为横跨多个作战域、贯穿战争始终的作战空间,表现出与多种因素、军事能力和军事行动的强关联、强耦合。美军推进"联合电磁频谱作战"的核心目的是通过统一视角来获取电磁频谱作战域的优势,从而获得战场主动权。电磁频谱的利用与控制也成为现代战争的核心能力要素。

2.5.2 概念内涵

1. 电子战/电磁战

根据美国多军种联合作战条令《JP 3-13.1:电子战》的描述,"电子战是指利用电磁能和定向能来控制电磁频谱或攻击敌人的军事行动。包括三种功能:电子攻击(EA)、电子防护(EP)和电子战支援(ES)"。电子战三种功能的具体描述如图 2-33 所示。

电子攻击涉及使用电磁能、定向能或反辐射武器攻击人员、设施或设备,目的是降低、削弱或摧毁敌方作战能力,被视为一种火力。电子攻击的主要手段包括电磁干扰、电磁欺骗、定向能武器、反辐射导弹和目标隐身等。

电子防护涉及为保护己方人员、设施和设备免受敌方或友方电磁频谱的影响而采取的行动,这些电磁频谱会降低、削弱或摧毁我方作战能力,包括频谱管理、电磁加固、发射控

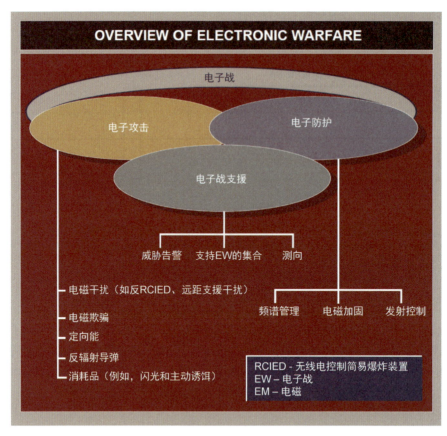

图 2-33 电子战概况

制等。

电子战支援涉及在作战指挥官负责的作战任务或直接指挥的作战行动中,搜索、拦截、识别、定位有意和无意电磁辐射源的行动,以便快速识别威胁、瞄准目标、规划和开展下一步行动。电子战支援包括威胁告警、战斗测向和信号情报等。

2020年6月,美军发布新版《美国国防部军事及相关术语词典》。"电磁战"替代"电子战"成为美军正式军语。电磁战沿用了电子战的定义与组成,是对电子战的改名。美军认为,"电磁战"从技术上讲更为准确,电子战中的"电子"主要指无线电和雷达系统,而"电磁"则包括所有的电磁辐射,内涵更丰富,外延更广泛。

2. 电磁频谱作战/电磁机动战

电磁频谱是信息最重要的载体,任何军事行动必须接入电磁频谱才能实现信息的交互,围绕信息开展的行动实质都是在电磁频谱域开展的争夺。2010年,美国"老乌鸦协会"发布《21世纪电子战》白皮书,提出把电磁频谱作为一个整体化战斗空间,通过构建包括电子战、频谱管理及ISR(情报、监视和侦察)等一体的"联合电磁频谱作战",达成阻止敌方用频自由、确保己方用频自由的电磁频谱控制能力,电磁频谱战思想初露端倪。

随着电磁频谱作战的概念不断演变,各兵种相应提出各自的作战概念,如空军的频谱战、陆军的网络电磁行动与海军的电磁机动战。电磁机动的概念是指获得在电磁作战环境中的机动自由，拒止敌方进入和使用频谱，积极管理和控制己方对频谱的使用，以保持己方的信息优势。电磁机动能力本质是占据、控制、操纵与重构电磁域，实现对电磁频谱的灵活使用。

"机动战"概念的提出远早于"电磁机动战"，传统的机动战发生在实际的三维实体空间之中，而电磁机动战则发生在电磁作战环境之中。实际上"Maneuver"一词在英语中的词义是比较丰富的，主要包括：作战力量的调遣，转换阵地，改变战术，换防部队所作的战略或战术移动；操纵车辆、飞机等在运动或方向上的改变；技术动作所涉及的技术和技巧过程；为达到某种目的所采取的战略运动；仔细谋划，使用策略等。而"机动"一词在汉语中主要指：利用机器开动；权宜处理，灵活运用。由此可见，英语中的"Maneuver"比汉语中的"机动"含义更加广阔，所以对电磁机动战一词的准确理解对于把握现今全球电子战的发展动向和未来发展趋势十分必要。

2.5.3 发展历程

人类战争中电磁频谱域的对抗由来已久。早期无线通信出现并应用于大规模军事行动中，导致战争指控方式发生重大改变，使得信息传递的速度与距离发生颠覆性变化。随着战争对预警及探测传感器（雷达为代表）的需求增加，高效率、大功率、稳定性好的半导体器件高速发展，系统集成化设计、天线阵列控制等设计技术不断提高，电磁频谱的应用呈现使用频段更宽、辐射功率更大、波形更复杂、全向可探测等特点。

未来的战争是以信息为中心开展的作战行动，电磁频谱域是获取信息优势的核心作战域，将成为信息争夺的最重要战场。对电磁频谱域的有效控制是实现其他作战域的指挥控制、情报、火力打击、调整与机动、防护、战场维护的关键支撑。战场电磁频谱对抗现象愈发强烈，战争双方谁控制了电磁频谱就掌握了战场信息主动权，就可以引导并控制战争走向。发展卓越的电磁频谱作战能力是一项长期战略。

电磁频谱作战（Electromagnetic Spectrum Operations，EMSO）是联合部队为利用、攻击、防护和管理电磁环境而采取的军事行动。EMSO 大致可分为通信、传感和电子战。大多数人都熟悉电磁频谱射频部分的无线电和雷达等通信和传感系统。未来，军事系统将使用更广泛的电磁频谱，包括使用激光、红外（IR）和紫外线（UV）辐射的能力，或在光谱的 X 射线和伽马射线区域辐射的发射器和探测器。

2010 年美军率先提出电磁频谱作战的早期概念，丰富电子战内涵，在作战概念、政策条令、关键技术、装备 4 个维度上均有举措，如图 2-34 所示。[①]

美军在电磁频谱中的五大战略目标包括：①开发具有优势的电磁频谱能力；②发展敏捷、综合一体的电磁频谱基础设施；③追求整体兵力的电磁频谱作战准备；④确保持久的合作以获得电磁频谱优势；⑤构建有效的电磁频谱监管。

美国为发展电磁频谱作战能力采取了一系列措施，包括战略规划、作战条令、组织机构、作战概念等，指导作战行动。

1. 颁布发展战略，进行顶层设计

2002 年 12 月，美国国防部为加快其军事变革步伐和更好地支持电磁频谱管理转型，颁

---

① 张澎，张成，管洋阳，等. 关于电磁频谱作战的思考［J］. 航空学报，2021，42（8）：535898.

图 2-34　美国电磁频谱作战概念的发展

发了《国防部电磁频谱管理战略规划》。该规划勾勒了对电磁频谱管理和电磁环境效应（E3）控制的构想，明确了"使作战部队在未来动态的战场环境中，获得克敌制胜所需的频谱接入能力"的建设目标。据此，美国国防部对其 4650.01 号指令《电磁频谱的管理和使用政策》进行了修订，并开始构想全球电磁频谱信息系统（GEMSIS）的概念和着手拟定《国防部以网络为中心的频谱管理战略》。

为确定电磁频谱和电子战的战略目标，指导美军未来发展，美国国防部于 2013 年 2 月和 2017 年 1 月先后颁布了《电磁频谱战略》和《电子战战略》。这两个战略的颁布具有重大里程碑意义，凸显了电磁频谱的重要地位，对美军电子战的发展将发挥巨大的引领作用。《电磁频谱战略》指出，国防部在陆地、海上、空中、太空以及赛博空间的行动从根本上都与电磁频谱的使用和控制有关。美军所有联合军事行动——机动、火力、指挥控制、情报、防护、维修以及信息，都通过用频系统来实现。美国公民的安全、美军作战部队的战斗力以及美军军方成员、盟国和非战斗人员的生命，都前所未有地依赖频谱接入。

2013 年，任美国海军作战部长乔纳森·格林纳特在"老乌鸦协会"第 50 届国际研讨会上提出电磁机动战的概念：电磁机动战（Electromagnetic Maneuver Warfare，EMW）和综合火力（Integrated Fires，IF）将实时反 C4ISR-T 和情报集成到作战系统和武器系统中，以利用非动能力量，实现更有效的超视距瞄准，实现动能战。后续几年中，美国海军对电磁机动战概念的研究、对相关技术能力的研发呈方兴未艾之势。简言之，电磁机动战就是在电磁环境中的机动作战，通过创建电磁环境中的整体作战优势，达到扰乱敌方杀伤链、优化己方杀伤链的目的。电磁机动战的关键是拒止敌方进入和使用频谱，同时积极管理和控制己方对频谱的使用。对于美国海军而言，则要综合利用赛博空间域、电磁频谱域的各类作战能力，依靠高度的敏捷性挫败敌方行动。

随着电子信息技术的飞速发展及其在军事领域的广泛运用，美国海军各级平台装备电磁设备越来越普遍，性能越来越先进，作战运用越来越频繁，促使美国海军重新思考和认识电磁频谱斗争在未来作战中的地位和作用。美国军事专家西德尼·弗里德伯格在其2014年发表的《海军正在创造新的电子战略——电磁机动战》一文中认为，电磁机动战就是在电磁战斗管理系统的协调下，所有武器平台在搜集敌人信号并将信号传至电磁战斗管理系统的同时，调节自身电磁排放来欺骗和干扰敌人。不管哪一种定义，其概念中必然包含以下3项共识：①

一是"干扰"不再是传统武器的"赋能器"，其本身就是一种武器。利用电磁波的"机动"特性进行的电磁"干扰"或电磁"欺骗"行动，其作战效果在某些方面已经取代了动能武器，甚至比单一的动能武器产生的作用还要大。例如，一艘诱饵船通过发射航空母舰级别的大功率电磁信号，就可误导敌人把它当作一艘航空母舰来看待，从而产生很大的欺骗效果。

二是"被动探测"是电磁机动战的基础。由于现代战争中每个武器平台都处于网络之中，都在不断发射电磁波，因此在电磁空间，只有充分利用"被动探测"，才能最大程度地获取敌方武器平台的全方位信息，为己方在电磁空间的作战行动提供基本的信息情报基础。

三是每种武器平台都应该成为电磁机动战的一个组成部分。电磁机动战不是电子战飞机的专利，也不是它的独门任务。每个作战平台，从无人机到核潜艇都应该参与其中。只有把每个平台的电磁作战模块有效利用起来，探测敌方电磁信号或实施电磁欺骗，电磁机动战才能发挥最大效能。

在2015年3月发布的《21世纪海上力量合作战略》文件中，美国海军正式对电磁机动作战的概念进行了明确——综合利用舰队在太空、赛博空间和电磁空间中的先进非动能能力来实施作战，从而创造出作战优势。该战略讨论了海上军种如何通过"五项基本功能"完成其任务：全域介入、威慑、海上控制、力量投射和海上安全。"电磁作战环境正是在这些领域变得重要。"该战略指出："全域介入都是在有争议的地区部署军事力量的能力，有足够的行动自由来有效运作。"其主要要素是作战空间感知、有保证的指挥控制、赛博空间作战、电磁机动战和综合火力。电磁机动战被描述为一个相对较新的概念，它将空间、赛博空间中的舰队作战和电磁频谱与先进的非动能能力相结合，以创造作战优势。"综合火力"为指挥官提供了更多的动能和非动能选择，以充分利用并在必要时攻击对手的能力和弱点。当这些要素同步时，就会实现跨域协同，为联合部队指挥官提供所有领域的一系列选项，以制定反介入/区域拒止策略。这些选项包括更加强调部队范围、协调的非动能能力，而不是用越来越昂贵的动能武器对付每一种威胁。例如，通过利用卓越的作战空间感知能力，在综合火力方法中使用赛博和电子战能力，在威胁尚未发射之前就将其击溃，可以更有效地应对反舰弹道导弹和巡航导弹威胁。总的来说，该战略代表了海军在战后旧思维中迈出的重要一步，在这一思维中，其分散的海军力量为了有效运作，变得更加依赖电磁领域。与此同时，海军也了解了电磁领域控制的战略重要性。②

2020年10月，美国国防部再一次发布《电磁频谱优势战略》，在电磁频谱基础设施、战备能力、作战管理、伙伴共享及联合管控等多个维度分析制定其电磁频谱战略的发展路线

---

① 钱明．美国海军"电磁机动战"理论［J］．国防科技，2017，38（2）：102-104．
② A Cooperative Strategy for 21st Century Seapower, US Navy, March 2015. ［https://www.globalsecurity.org/military/library/policy/navy/21st-century-seapower_strategy_201503.pdf］

图及实时计划，目的是确保美军在大国竞争时代重新获得并保持电磁频谱作战优势。《电磁频谱优势战略》指出，美军应"发展鲁棒的电磁战斗管理能力"，并明确，电磁战斗管理是动态监测、评估、规划和指导电磁频谱内作战行动的一个综合框架，以支持指挥官作战概念。电磁战斗管理利用可信的数据源来提供电磁频谱态势感知和决策支持，并与功能系统及其网络（包括宽带网络和软件定义网络）进行交互。美国国防部必须发展具备监测、识别、表征和适应作战环境的电磁战斗管理能力，并通过机器与机器、人与机器的协同，实现对电磁频谱实时作战的动态控制。它应在联合规划周期内，根据不断变化的电磁作战环境条件，自动调整作战。

2. 制定条令法规，具体指导电子战和电磁频谱作战的发展

近年来，美军在电子战和电磁频谱领域修订和颁布了多项条令。这些条令对电磁频谱的各项活动进行了规范和定义，确定了电子战、频谱管理以及电磁频谱作战之间的关系，标志着电磁频谱作战已进入实质性建设阶段，将对美军部队建设、作战的规划、组织、实施产生重大影响。

2020年5月，美国参联会制定完成 JP 3-85《联合电磁频谱作战》条令，7月正式发布，同时宣布废除 JP3-13.1《电子战》、JP 6-01《联合电磁频谱管理行动》条令以及 JDN 3-16《联合电磁频谱作战》条令说明。JP 3-85 为美军规划、实施与评估电磁频谱作战提供了规范与指导，建立了联合电磁频谱作战的框架。条令从新的维度定义了电磁频谱内的军事行动，将电磁频谱作战确立为新的作战类型并赋予电子战新的定位。

3. 成立高规格机构，谋划并督导电子战发展

为弥补美军电子战领导力的不足，加快推进电子战建设，指导各军种电子战工作，2015年3月美国国防部成立了电子战执行委员会。该委员会成立以来，制定了《电子战战略》并促成在国防预算中大幅增加了电子战预算。电子战执行委员会是美军历史上规格最高的电子战管理机构，委员会的设立显著提升了美军电子战领导力，从战略、项目、技术、采办等层面对电子战发展进行全局谋划，实质性地推动了电子战的发展。

2020年，美军深化电子战机构调整，围绕电磁频谱作战构建新的组织架构体系。《2021财年国防授权法案》要求在两年内，美国国防部应将与电磁频谱作战相关的职能从目前美军战略司令部转交至其他实体，要求国防部考虑组建独立的电磁频谱作战机构，正在拟定的电磁频谱路线图很可能要求成立电磁频谱作战司令部。此外各军种不断调整和组建新的电子战部队，美国空军在2020年重新启动了第39电子战中队，并策划在2021年成立第一支专注于电磁频谱能力的第350频谱战联队。美国陆军将在每个旅战斗队中建立一个电子战排和一个信号情报网络支援小组。

4. 多方助力电磁频谱域作战概念的发展

除美国军方外，美国智库、国会等机构对美军电磁频谱优势越来越重视。2016年2月和4月，美国参议院和众议院分别通过了《2016年电子战能力增强法案》，要求国防部简化电子战系统的采办流程，加速研制并装备新型电子战能力。这些报告和法案进一步促进了电子战的发展和电磁频谱域的确定形成。

美国战略与预算评估中心（CSBA）近年来高度关注电磁频谱作战，发布了3份相关研究报告。2015年12月，该机构发布了《电波制胜：重拾美国在电磁频谱域霸主地位》[1] 和《决胜电磁波：重塑美国在电磁频谱域的优势地位》两份研究报告，2017年底，CSBA发布了题为《决胜灰色地带：运用电磁战重获局势掌控优势》的报告。上述3份报告阐述了新型电磁空间作战的相关作战理念，并提出"低-零功率"电磁频谱作战等新型作战理念，以期运用该作战概念全面超越竞争对手，使美国在电磁频谱域的霸主地位更加稳固。

报告率先提出了"电磁频谱作战"理念，并从战略层面、作战层面、技术层面阐述了其重要性，包括：从战略层面来讲，电磁频谱作战可以为美军带来长久的、可维持的电磁频谱域主宰地位；从作战层面来讲，电磁频谱作战可以解决美军如何打赢反介入/区域拒止环境下的战争的问题；从技术层面来讲，传统电子战的几大技术发展趋势（网络化、捷变性、多功能、小型化、自适应）均可很好地融合到电磁频谱作战理念内。

报告首次提出"低-零功率"作战理念，指出其是"电磁频谱作战"在中短期内的主要作战模式，并给出了该理念可能的作战想定，包括利用网络化低功率诱饵实施抵近式干扰与诱骗、无源/多基地探测概念、无源雷达或无源相干定位等。报告并未给出电磁频谱作战（EMSO）的本质性定义，只是笼统地给出了一种构成性的描述"将美国军方在电磁频谱中执行的所有行动都视为电磁频谱作战的一部分"。这种描述已经大大超越了传统"电子战"（EW）的范畴。

报告认为，自从军方开始将电磁频谱用于作战行动（大致是从第一次世界大战），电磁频谱作战就已经存在了，只是不同时期其外在形态有所不同。而当前及未来较长一段时间内，电磁频谱作战的外在形态主要是"隐身与低功率网络的较量"，即报告所称的"低功率至零功率电磁战"（low-to-no power EM warfare）。

2.5.4 主要功能特点

电磁机动战（EMW）是美国海军的作战概念，目的是在电磁频谱（EMS）中获得决定性的军事优势，从而实现海军所有任务区的行动自由。成功需要一个全面的体系，不仅关注系统本身，还关注作为系统维度的"间隙"空间。EMW将需要跨所有作战域（陆地、海洋、空中、太空和赛博）进行协调和同步集成。EMW本质上意味着利用赛博空间和整个电磁频谱达到进攻和防御效果，通过创建在电磁作战环境中的整体作战优势，达到扰乱敌方杀伤链，优化己方杀伤链的目的。[2]

电磁机动能力本质是占据、控制、操纵与重构电磁域，实现对电磁频谱的灵活使用。将电磁作战环境作为军事力量必须使用的对抗环境，在这其中可能会受到拥塞冲突或敌对阻碍的影响，如果希望保持战场信息优势，就必须准备面对冲突或通过在电磁作战环境中的机动来寻找冲突与阻碍最小的路径。传统的运动战与作战地形是紧密相联的，复杂的地形对于能够迅速熟悉地形并实施运动的一方是非常有利的；而电磁机动战又会对等地出现一个电磁地形的新概念，实际上电磁地形更多的应该理解为电磁环境中电磁信号的一种时空频分布特性，复杂电磁环境是复杂电磁地形的一种重要表现。近十几年，世界各国军队对复杂电磁环

---

[1] Bryan Clark, Mark Gunzinger. Winning the Airwaves: Regaining America's Dominance in the Electromagnetic Spectrum. CSBA Report, December 2015.

[2] Joseph Caliri, Conference Chairman. Agenda, Electromagnetic Maneuver Warfare (EMW) and Warfare Systems Integration Conference. Dahlgren, VA: 10-11 September 2019.

境条件下的作战都开展了深入的研究，实际上在复杂电磁环境下的作战研究也是电磁机动战需要延续开展的重要工作之一。由此也可以看出：电磁机动战的提出是历史发展的必然结果，也是现阶段电磁空间中军事斗争的重要产物，电磁机动战与复杂电磁环境下的作战具有紧密的联系。

电磁机动战的基本原则是要获得在电磁作战环境中的机动自由，以及对变化环境的适应速度，以保持己方的信息优势。这体现为一种电磁行动上的敏捷性，高度的敏捷性将为作战部队提供在严密防护或复杂电磁环境中的作战能力，使我方能够选择与敌方交战的最佳时间、地点和手段，此外还能使我方反应速度比敌方更快，从而迫使敌方在不利的电磁环境中进入防御状态。由此可见，电磁机动战的核心要素之一是速度，速度越快，敏捷性越好，所耗费的时间也越短。如果从OODA环的角度来思考，实际上就是要综合降低观测、定位、决策、行动这四个步骤的时间，从而做到快速反应。

电磁机动战降低了对固定防御工事的依赖，转而依靠敏捷性来挫败敌方的行动。这一作战理念旨在分散己方的电磁薄弱点，迅速适应并消除冲突，使敌方面对我方大型或连续变化的目标而不知所措，机动战术是隐蔽己方行动，使敌方很难在电磁作战环境中有效"重点突破"。跳频通信与频率捷变雷达是两种典型的电磁机动战的应用实例，它们依靠快速改变用频的频率来实施频谱上的机动。其他的例子还包括：在战场通信过程中，当地面无线电台的通信链路受到敌方干扰时，及时将通信流量切换到通过其他频段的通信链路进行继续传输，如通过卫星通信链路实施传输或通过散射通信链路实施传输等，从而确保战场通信流量的连贯性。[①]

美国海军研究局的《海军科技战略》阐述了电磁机动战的三方面目标：

（1）频谱优势，包括：通过感知理解电磁环境；实现战斗空间感知、威胁评估、防御性和进攻性作战，确保对所有频谱的接入；影响/控制对手的战斗空间视图。

（2）电子战（现已更名为电磁战），包括：全频谱电子感知措施；综合、协同电子攻击；弹性电子防护。

（3）先进电子、感知和响应技术，包括：超宽带孔径和电子；抗干扰/高频谱效率技术；用于自动响应的机器学习；跨战斗部队、系统和组件的频谱管理和控制算法。[②]

根据美国海军2013年发布的《美国海军信息优势路线图2013—2028》，海军未来将主要在可靠指控、战场态势感知、综合火力三方面实现信息优势。电磁机动战是美国海军信息优势战略的主要手段之一，其主要功能与美国海军信息优势路线图规划的功能模块一脉相承，也包括这三方面，并在此基础上增加了"电磁机动"这一特色功能。因此，电磁机动战的功能可归纳为"理解并控制电磁频谱特征（战场态势感知），将电磁频谱视作关键机动空间来实施指控（可靠指控与机动），并使用电磁频谱来实现综合火力（综合火力）"。

- 战场态势感知。电磁机动战的战场态势感知功能主要是实现对所有辐射的感知、分辨、理解，包括如下功能：多谱传感；无源探测跟踪与目标定位；实施频谱感知；网络态势感知。
- 可靠指控。电磁机动战的可靠指控功能主要是确保安全可靠通信路径基线（此处

[①] 石荣，张伟，刘畅. 电磁机动战：强调速度及机器智能的较量[J]. 电子对抗，2015，(5)：1-6.
[②] 张春磊. 广义电磁机动战探析[EB/OL]. 电科防务，2022-04-15. [https://mp.weixin.qq.com/s/bBw33j3yXAwCyh-uF5kX_Q]

"指控"指广义的指控通信与网络），包括如下功能：鲁棒且弹性的电路、收发信机、链路；电子防护、网络安全、电磁环境效应工程。
- 机动。电磁机动战的机动功能主要是实现电磁频谱的灵活应用，包括如下功能：辐射管理；扩频等低检测概率能力；欺骗与诱饵；无缘与自动化作战。
- 综合火力。电磁机动战的火力功能主要是在电磁频谱内实现各种效应，包括如下功能：电子攻击，含定向能；网络作战；网络化传感器与武器系统；辅助战斗管理。

美国海军电磁机动战主要特点概述如下：

(1) 电磁机动战的"主战场"是电磁作战环境（EMOE）。电磁机动战将电磁频谱视作一个基本作战域。顾名思义，电磁机动战主要在电磁频谱域内展开，而具体到战场作战，则主要是在电磁作战环境内展开。

(2) 电磁机动战的"机动范围"可扩展至电磁/赛博空间环境。随着电磁频谱与赛博空间的不断融合，二者间的界限越来越模糊，因此"跨界机动"的概率会越来越高。

(3) 电磁机动战是"电磁频谱内的一种分布式网络化机动活动"。通过规划、协同多种"射频活动"来实现比一种射频活动更为强大的电磁频谱"集体机动效能"，因此可以将电磁机动战视作"电磁频谱内的分布式网络化机动活动"。

(4) 获取电磁频谱机动自由是电磁机动战的直接目标。与其他域内的机动战类似，电磁机动战的直接目标是实现电磁作战环境内的机动自由，进而获取信息优势能力。

2.5.5　现行条令

2.5.5.1　《JP 3-85：联合电磁频谱作战》条令解读

2020年5月22日美国国防部发布了《JP 3-85：联合电磁频谱作战》条令[1]。该条令侧重于整个对抗中电磁频谱（EMS）的军事行动，并解释了与EMS相关的作战司令部（CC-MD）、联合部队总部、军种部件、功能组件和EMS用户的关系和责任，为联合电磁频谱作战（JEMSO）的执行建立了一个框架。自此，"联合电磁频谱作战"这一理念从美军最顶层得到正式确立。此后不久，国防部发布了《电磁频谱优势战略》，进一步从战略层面巩固了该理念的地位。

该条令替代、取消了3份文件。

一是《JP 3-13.1：电子战》[2]，全方位继承其内容，同时将"电子战"相关术语用"电磁战"相关术语替代，本质未变。

二是《JP 6-01：联合电磁频谱管理行动》[3]，将其从"通信系统"类条令中单独拿出来放在"作战类"条令中。这充分体现了美军希望借助包括电磁频谱管理、电磁战斗管理等手段在内的管理能力，作为电子战/电磁战聚能、释能的使能手段，同时基于原有电子战/电磁战三位一体的作战体系（"攻击、支援、防护"）打造全新的联合电磁频谱作战四位一体的作战体系（"利用、攻击、防护、管理"）。

---

[1] U.S. The Joint Staff, Joint Electromagnetic Spectrum Operations, Joint Publication 3-85, Washington, DC：DoD, 22 May 2020. ［https://www.jcs.mil/Portals/36/Documents/Doctrine/pubs/jp3_85.pdf］

[2] U.S. The Joint Staff, Electronic Warfare, Joint Publication 03-13.1, Washington, DC：DoD, February 8, 2012.

[3] U.S. The Joint Staff, Joint Electromagnetic Spectrum Management Operations, Joint Publication 6-01, Washington, DC：DoD, 20 March 2012.

三是《JDN 3-16：联合电磁频谱作战》①，是一种"联合条令注释"（JDN），这类条令通常充当两种角色：要么作为尚未正式发布的联合条令的草案/征集意见稿；要么作为已经发布的正式条令的补充性文件。从《JP 3-85：联合电磁频谱作战》发布的时间来看，应该属于前者，即《JDN 3-16：联合电磁频谱作战》是《JP 3-85：联合电磁频谱作战》的预发布稿。

电磁频谱（EMS）是一个机动空间，对于促进作战环境内的控制至关重要，并影响作战环境和军事行动。军事行动和训练的环境日益复杂，电磁频谱的需求和约束越来越具有挑战性。正如在物理域和赛博空间中一样，军队在 EMS 内机动和开展行动，以达到战术、作战和战略优势。EMS 内的机动和行动自由对美国和多国作战至关重要。

电磁作战环境（EMOE）是实际和潜在电磁能量辐射、条件、环境和影响的组合，能够影响能力发挥和指挥官决策。它包括现有的背景辐射（即电磁环境）以及能够在电磁影响区域内辐射的友军、中立军、敌军和敌军电磁系统，这些系统可能会影响联合作战。

JEMSO 在整个对抗过程中支持军事行动，以实现预期目标和最终状态。平时，JEMSO 旨在确保充分使用 EMS，可能包括在联合用户之间消除 EMS 的冲突，并与东道国协调。随着危机升级为武装冲突，JEMSO 从 EMS 接入协调转变为 EMS 优势，采取协调一致的军事行动，以利用、攻击、防护和管理电磁作战环境。

JEMSO 是联合部队为利用、攻击、防护和管理 EMOE 而采取的军事行动。这些行动包括/影响所有联合部队的电磁（EM）能量传输和接收。JEMSO 在进攻和防守上都得到了运用，以达到指挥官的目标。JEMSO 集成并同步电磁战（EW）、EMS 管理和情报以及其他任务领域，以获得 EMS 优势。

电磁战的新需求依赖于新的作战概念和条令，描述未来部队如何作战、作战所需的能力以及当前系统支持新作战概念的能力差距。近几年，各军种和联合司令部发布了新的作战概念，描述 EMS 作战的原则和组织，例如陆军的赛博电磁活动（CEMA）、海军的电磁机动战（EMW）、海军陆战队空地特遣部队（MAGTF）信息战小组、空军的非动力作战协调单元（NKOCC）等。这些是各军种对 JEMSO 的支持。

其中，电磁机动战是美国海军在 EMS 中获得决定性军事优势的作战方法，也是支持JEMSO 的基本概念。感知、评估和监控 EMOE 和所有 EMS 相关活动提供了战略优势，并使能所有海军任务区域的行动自由。

下面是联合电磁频谱作战的特点分析。

1. 强调电磁频谱"作战域"的属性

随着电磁频谱应用的泛在性越来越明显，电磁频谱已逐步成为了继传统地理空间域（陆、海、空、天）和赛博空间之后又一个典型的作战域。

作为一个作战域，电磁频谱与其他作战域类似，也具备物理特性和时间特性。基于电磁频谱的作战能力是军事行动的基本组成，是多域协同的关键使能因素。电磁频谱是工作于零到无穷大频率范围内的电磁辐射，包括了无线电波、微波、毫米波、红外、可见光、紫外、X 射线和伽马射线等。电磁频谱包含了人为的和自然生成的所有电磁辐射，从地表以下（如

---

① U. S. Joint Staff, Joint Electromagnetic Spectrum Operations, Joint Doctrine Note 3-16, Washington, DC：DoD, 2016. [https://fas.org/irp/doddir/dod/jdn3_16.pdf]

与潜艇通信的极低频无线电）持续延伸到太空（如与深空探测器进行的 X 波段通信），会对联合部队的调动、机动、部署和作战产生影响。

与其他作战域一样，在各种军事行动中要依赖电磁频谱中的机动自由，因此必须以赢得电磁频谱控制、实现电磁频谱优势为主要目标。随着民用和军用电磁频谱应用越来越多、电磁作战环境拥塞以及电磁频谱威胁的增加，获取电磁频谱优势也越来越困难。因此，必须有一种能够在这种新形势下获取电磁频谱这一作战域内机动自由的新型作战方式，而传统电子战理念必须进行转型才能满足这一需求，电磁频谱作战即是转型的结果。

2. 打造全新作战体系

实现传统电子战"攻击、支援、防护"三位一体的作战体系向电磁频谱作战"利用、攻击、防护、管理"（Exploit，Attack，Protect，and Manage）四位一体的作战体系转型，更加强调电磁战斗管理的重要性。尤其需要注意的是，条令中明确，"利用"既包括传统电子战中的电子支援，也包括信号情报。从作战要素角度来讲，则是实现了电磁战本领域的"小闭环"向电磁频谱作战"大闭环"转型。

3. 强调电磁频谱机动能力

电磁频谱作战非常重视电磁频谱机动，相关条令、战略指出，电磁频谱中的机动与在其他作战域的机动类似。例如，在空域中的机动需要三维定位和时间，而在电磁频谱中的机动则必须考虑电磁频谱的工作参数（如频率、功率、调制样式等），以获得对敌优势。

从机动角度来讲，电磁频谱作战以及传统电磁战需改进哪些方面，值得深入思考。另外，考虑到电磁机动对于高速、实时重构的需求，软件定义一切、人工智能等理论领域将是其技术基础。

4. 以电磁频谱优势夺控为核心目标

电磁频谱优势是指通过电磁频谱控制，能够在特定时间和地点不受限制地实施作战行动，同时影响对手实施作战行动的能力。电磁频谱优势是通过联合电磁频谱作战来实现的，是在整个作战环境获取优势的关键使能因素。

在实现"电磁频谱优势夺控"这一核心目标的过程中，电磁战将起到核心作用。

5. 强调管理的增益

相关条令、战略指出，美军应充分借助电磁频谱管理（EMS Management）与电磁战斗管理（EMBM）这两种管理方式，打造电磁频谱作战相对于传统电磁战的新增益。尤其是电磁战斗管理能力，更是得到了美军的高度重视。电磁战斗管理可视作实现电磁频谱作战"管理域"增益的最主要手段，其具体"增益"可总结为如下几方面。[1]

（1）态势感知层面的增益。通过对电磁频谱作战中各种态势感知活动（包括电子侦察、雷达、光电/红外侦察、信号情报、测量与特征情报乃至赛博空间情报等活动）进行基于人工智能和大数据分析的纵向与横向共享、反馈、联合、融合、挖掘，可获得单一态势感知活动乃至多个态势感知活动无法感知的态势，全面感知有关敌方（作战对象）、己方、第三方、作战环境、作战效能等方面的态势，最终全面提升信号层面、数据层面、逻辑层面、信息层面、认知层面的态势感知能力。

---

[1] 张春磊. 美军联合电磁频谱作战特点分析［EB/OL］. 电科防务，2022-04-11.［https://mp.weixin.qq.com/s/Vjll9h-sd55zMGzCHdZRkA］

（2）信息传输层面的增益。电磁战斗管理可以让信息传输能力的发展更具体系层面的针对性、完备性。电磁战斗管理的横向与纵向信息共享、反馈、互操作等环节都会从体系层面对信息传输能力提出新需求，并最终促进信息传输在整个体系中发展更具针对性的作用。这主要解决了传统信息传输系统能力发展不聚焦、缺乏体系性的问题，例如，传统信息传输系统的发展基本上以提升容量、提升安全性等方面为发展方向，然而，如果从体系层面出发、以电磁战斗管理的角度来看，对信息传输的需求可能更多样、灵活并聚焦作战效能，所有这些都有望最终导致网络中心战理念的转型。

（3）决策支持与指挥控制层面的增益。由于电磁战斗管理的"输入"通常是作战任务本身的需求，因此，决策支持与指挥控制也相应地从传统模式转型为面向任务的指挥控制、以决策为中心的作战（决策中心战）新模式。此外，随着人工智能技术的快速发展，这种模式还将大幅提升"控制"的效率与能力，最终实现一种"人工指挥+机器控制"的新模式。

（4）体系层面的增益。总地来说，电磁战斗管理所带来的增益终归是体系层面的，即，对电磁频谱作战进行环路内、环路上、环路外等多层级的管理，以实现整体作战效能提升。当然，体系层面的增益提升途径、提升维度、提升效能等尚需后续研究，并将这些作为电磁战斗管理系统与能力构建的指导原则。传统电磁频谱作战的发展要么是目标（作战对象）驱动型，要么是个体或群体能力（效能）驱动型，很少采用体系能力（效能）驱动模型。而电磁战斗管理有望改变这一点，让电磁频谱作战的发展更具体系性。

2.5.5.2 《电磁频谱优势战略》解读

2020年10月29日，美国国防部正式对外发布了《电磁频谱优势战略》报告[①]，这是继其2013年发布《电磁频谱战略》报告和2017年发布《电子战战略》报告后，发布的第三份关注无线频谱军事应用的专题报告。该战略是美国国会在《2019财年国防授权法案》中要求美国国防部制定的，由国防部电磁频谱作战跨职能小组拟制，目的是确保美军在大国竞争时代重新获得并保持电磁频谱作战优势。

时任美国国防部长的马克·埃斯伯在序言中提到，美国在电磁频谱中的支配地位正在受到对手的挑战，电磁频谱在民用领域的大量应用也给军事需求带来了挑战。美国国防部将致力于把过去相对独立的电子战和频谱管理相统一，建设灵活、高度集成的电磁频谱基础设施，促进美国电磁频谱企业的发展和壮大，依靠电磁频谱专家队伍以满足新的战略需求。

报告全文对电磁频谱战略的描述分为愿景、指导原则和战略目标几个层级，自上而下提出了美国期望形成电磁频谱支配优势的战略步骤和行动计划。[②]

1. 愿景

美国电磁频谱优势战略的愿景，是指无论时间、地点和参数如何选择，都能保证军事电磁频谱行动自由无阻碍地进行，因为这是所有领域军事行动的必要前提。到2030年，美军将形成在拥挤、有争议和受限的电磁频谱军事环境条件下，主动取得电磁频谱优势的能力，从而支撑战争的胜利。

---

① Department of Defense. Electromagnetic Spectrum Superiority Strategy, October 2020. [https://media.defense.gov/2020/Oct/29/2002525927/-1/-1/0/ELECTROMAGNETIC_SPECTRUM_SUPERIORITY_STRATEGY.PDF]

② 徐弘良. 美国《电磁频谱优势战略》报告解析[J]. 中国无线电, 2021, 01: 24-25.

2. 指导原则

美国电磁频谱优势战略的指导原则涵盖现代电磁军事环境、频谱复杂性、大国竞争时代的电磁频谱优势、频谱机动和频谱共享技术等方面。

现代电磁军事环境：提出在现代战争中，电磁频谱优势是获得空中、陆地、海洋、太空或赛博空间优势的领先指标和基本组成部分，为美军提供全域作战的关键连接能力，但也是联合作战中的薄弱点，并意识到电磁频谱并非一个独占空间，军事和商业活动在其中存在互相竞争。

频谱复杂性：指出频谱的复杂性体现在竞争性、拥塞性和受限性。美军的对手会检测、破坏、利用、降级、否认、欺骗电磁环境；各种军用和商用的无线系统占用越来越多的频谱，并增加了无线干扰的数量；国际和美国国内的无线电法规导致可供军事使用的频谱数量减少。

大国竞争时代的电磁频谱优势：提出了美国需要开发创新的、革命性的、非对称的电磁频谱能力来应对其他国家的挑战。在大国竞争过程中，电磁频谱优势既能在商用领域带来经济繁荣，也能在军事行动的情报、冲突和针对性活动中占据先手，以及提供更多选择。特别是目前美国、盟友和竞争对手都大幅投资和依赖于星基电磁频谱能力。

频谱机动：美军将电磁频谱视为关键战场，并且有其自身特点。频谱机动就是指在三维定位、时间和电磁频谱操作参数（如频率、功率、调制）等几方面取得超越对手的优势，并为此建立全新电磁频谱基础和互操作能力，同时也要对现有系统进行修改。

频谱共享技术：目前传统的静态频谱策略已经不适合解决日益拥挤和受约束的电磁频谱问题，特别是当5G和未来宽带技术在频谱上的大量需求和军事应用相冲突时。频谱共享技术为电磁频谱域的行动自由提供了新的模式。频谱共享是多个独立实体在特定地理区域和时间中同时使用特定频段的方法。频谱机动侧重于获得优于对手的优势，而频谱共享旨在减轻自身干扰和限制。而且，这种共享应包括商业和军事的双向共享，国际和国内频谱政策和法规必须继续发展。

3. 战略目标解析

美国国防部在选择时间和地点实现电磁频谱行动自由的能力，对于美国和其盟军获得优势至关重要。为此，美军将把电磁频谱工作重点放在以下五个相互依赖的战略目标上：

- 开发卓越的电磁频谱管控能力；
- 建设灵活全面的电磁频谱管理基础设施；
- 完成全军电磁频谱作战准备；
- 确保持久的电磁频谱合作伙伴关系；
- 建立有效的电磁频谱管理方法。

美军认为，电磁频谱优势的建立要求对以下关键数据进行收集、分析和验证：①参数数据，包括所有频谱传感器、通信参数、数据链路、雷达、干扰器、定向能量、光电和红外系统；②工程数据，用来描述相关设备、武器和平台的性能、特性和签名信息；③战斗数据的顺序；④作战支援数据；⑤建模和仿真支持。

美国国防部长期以来一直重视电磁频谱的作战应用，这次《电磁频谱优势战略》报告的发布，彰显了其在电磁频谱域的野心。马克·埃斯伯在序言中指明，在报告发布的180天内，美军将制定报告的实施方案以支持战略落地。

2.5.6　理论与方法

美国海军对大量电磁频谱技术的投资，将使海军在频谱领域获得极大战场竞争优势。要达成电磁机动战目标，海军需要无缝整合通信、指挥与控制、信号情报、频谱管理、电子战和赛博空间等作战能力，以实现在整个电磁频谱域的"行动自由"。该"行动自由"将使海军享有具备信息优势的一体化火力支撑，包括破坏敌方指挥与控制、通信、ISR 与侦察系统的能力，限制敌方机动和行动自由的电子战能力，增强己方武器瞄准的能力，以及作战工具和作战方式的情报选择能力等，能够有效反制"反介入/区域拒止"作战。海军最初将电磁机动战技术研发的重点放在了在网络领域，目前相关工作仍在继续，但海军的关注重点已经扩展到整个电磁频谱领域。

电磁频谱的广泛使用为电磁空间作战提供了实现可能性。当今世界，随着科技的发展，信息化武器装备越来越多，电磁频谱在军事上的使用越来越频繁：人员或单位之间的指挥控制、通信联络，传感器的探测侦察，卫星的导航、定位，武器平台的打击、评估等都需要使用电磁频谱。

人工智能对电磁频谱的深度利用使得实现电磁机动战成为可能。在过去，无线电和雷达是由硬件制作而成的，其发射的电磁波频率、模式都相对固定，通过探测平台和装备的电磁排放，就可判读出平台和装备的种类、位置和状态等信息。如今，由计算机软件控制的无线电和雷达能够时时改变频率和模式，使得电磁频谱由"固定不变"转变为"机动可变"，从而让"电磁机动"成为可能。

美国海军认为潜在对手反介入/区域拒止战略的核心是精确打击能力，而应对对手的精确打击武器有两种手段：一种是也用精确打击进行防御或攻击；另一种是通过在电磁空间实施破坏来瓦解对手的感知-杀伤链，从而达到防御和攻击的目的。通过两种手段对比可以发现，前者费用高，后者费用低；更为重要的是前者的实施必须要以控制后者为前提，即"控制电磁空间"是实施"精确打击"的基础。

目前，电磁机动战的主要理论如下：

一是建立电磁战斗管理系统，加强对电磁情报信息的管理和应用。电磁战斗管理是电磁机动战能够顺利进行的一个重要促进因素。由于对手的每种平台和装备的电磁排放频率、功率和模式大体上是固定的，因此在和平时期，利用美国海军的各种传感器对潜在对手各种武器平台的电磁排放进行搜集，并把搜集到的数据上传到电磁战斗管理系统中，那么这些电磁信息就成了进行电磁机动战的重要情报资源。利用电磁战斗管理系统，海军武器平台在探测到电磁信号后，就可以立即进行电磁信息查阅，实时判断出该信号所对应的装备类型、位置等信息，从而为执行电磁干扰和欺骗提供依据。

二是重点发展电磁作战模块，确保海军的每个武器平台都能参与并实施电磁机动战。美国海军当前的主要电子战平台是 EA-6B"徘徊者"电子战飞机和替代它的 EA-18G"咆哮者"电子战飞机。虽然 EA-18G"咆哮者"的电磁作战模块功能非常强大，但由于对手武器平台的电磁排放正在向"难以捕捉、低功率和迅速变化"发展，单凭 EA-18G"咆哮者"难以完全探测到所有敌方转瞬即逝的信号。美国海军认为，如果每种武器平台，从无人机到核潜艇都具备电磁作战模块，都能进行电磁探测，并能实施电磁干扰和欺骗，那么海军的电磁机动战将能发挥更大的优势。

三是建立单一的电子战网络。就像"海军综合火控防空系统"（NIFC-CA）对于提升海军舰队防空能力的重要性一样，建立单一的电子战网络将有助于把海军各个平台的电磁作战能力融合起来，从而创造出整体的电磁作战优势。

从电磁频谱域的发展历程与现代战争经验来看，电磁频谱域的优势是实现从"无"到"有"。电磁机动核心是开发并利用新的电磁频段，阻止对手使用频段，降级对手频段使用能力，塑造新的电磁域作战理论与概念。电磁频谱域的作战首先是对接入能力的需求，其次是接入时机与接入频带的判断，最后是电磁频谱内的信息的分发与交互，未来的电磁机动表现为以下四点：

（1）占据新开发的电磁频段。在电磁频谱域开发与利用新的频带是不变的主题，当战争一方拥有一个频带的独有使用权，也就获得了新的信息交互途径。

（2）控制核心电磁频段。目前电子设备的工作频段主要集中 C、S、X 频段，未来对这些频段的争夺将愈发激烈，对这些频段实现控制的核心是保证己方可用，敌方不可用。

（3）操纵通用电磁频段。通信频段是传输信息的最重要频带，在该频带内的行动，窃取比干扰更有效，操纵的核心是让对方有限制的使用该频段，让对方以简单、通用的方式开展通信活动，从而实现对对方信息的获取。

（4）重构电磁作战概念与战术。军事思想的调整决定了军事战略的更新，再依据新的作战战略塑造对应的作战概念与战术。当电磁域成为一个新的作战域，传统的以物理/动能打击为核心制定的作战概念将被颠覆。

2.5.7 实施过程

做到电磁作战环境中的机动要依靠具有电磁域敏捷机动能力的电子设备，要能及时探测到威胁，并能够在电磁作战环境中快速调整工作参数，并动态地实施重构。综合所有设备的电磁机动能力则需要从静态作战模式转变为动态作战模式，具体来说包括：

（1）提高电磁感知能力，扩展感知带宽，并提高接收灵敏度。

（2）多传感器的信息融合，综合现有的地基、空基、天基平台上的射频、红外、光电等多种传感器，构建完善的电磁域信息采集能力，能够实时对电磁作战环境进行态势感知，为电磁机动的实施提供决策支持信息。

（3）开发软件化的功能可重构平台，发展认知技术和基于人工智能的决策支持技术等软件使能能力，进一步提高电子设备的电磁机动能力。

机动战的核心之一就是快速运动，运动对于三维实体空间来说意味着物体位置的变化，传统的提升机动能力的方法是提高平台运动的速度，所以现代战斗机和导弹大都向超高声速方向发展。但是在电磁空间中，一般来说任何电磁波都以光速进行传输，大家的传输速度几乎都一样，那么如何才能做到更快呢？由此可见，电磁机动战中的快速运动应该理解为电磁波信号的快速变化，而能够描述电磁波信号的各种参数主要包括频率、带宽、调制方式、功率、场强、极化、波形等。实施电磁机动的方式之一就是要做到电磁波信号参数的快速变化，前面所列举的跳频通信与频率捷变雷达就是电磁信号的载波频率这一参数的快速改变，通过快速跳频来躲避敌方所释放的电磁干扰。

从另一个角度考虑，运动是跨不同地域的，那么电磁频谱中的不同地域又由什么来进行区分？显然除了按照频段来划分电磁频谱的不同区段之外，还可以通过其他方式对空间电磁频谱进行划分：按频率来划分可以认为是频分多址；按扩频码来划分可以认为是码分多址；按照不同类型的电子设备来划分，其对电磁频谱的使用方式更是各不相同，以无线通信传输为例，有短波电离层反射通信、地面甚高频视距通信、卫星转发通信、散射通信等。如果要实现信息传输，可采取的手段与方式也多种多样，而这些手段与方式的协调组合、灵活协作同样是在电磁作战环境中实施电磁机动的重要形式之一，所以电磁机动是一个非常广阔的概念。

作为远征部队，美军在电磁频谱作战方面具备先天劣势。由于美军的平台具有移动性特点，因此缺乏用于大型高增益无源接收机的空间，美国平台和部队编队使用有源雷达和干扰机来实现防空或快速发现和目标敌军所需的距离、精度和响应能力。然而，主动辐射电磁信号会让美军更容易被敌方的广域信号情报和电子支援系统感知到。因此，美军意图通过如下几种方式来实现电磁机动作战。

（1）向高性能无源感知能力和多基地感知能力转型。美军应打造一个框架，以评估何时何地应该使用有源、无源或多基地电子战和电磁频谱作战能力，此时，美军应将实现电磁频谱优势作为目标，而不是将缩短个体能力差距作为目标。

（2）将电磁频谱视作一个作战域。为了获得电磁频谱优势，美国国防部应该将电磁频谱作为一个作战域，与陆、海、空、天、赛博空间一样，这种视角比单独创造一个泛泛而谈的"信息域"更合适。

（3）在电磁频谱中实施机动战。作为一个作战域，电磁频谱应能够支持机动战而非消耗战的实施，当前电磁频谱作战就是一种消耗战。例如，将电子战、通信、传感等行为视作独立的作战，总体目标是系统的压制而非体系的优势。在一个作战域中，这些行动将被视为相互关联的行动，可以协同使用以完成指挥官的意图，并通过电磁频谱中的机动任务来完成。机动战包括击败对手的两种主要机制：错位（dislocation），使对手无法实现其目标或在预期时间内实现这些目标；分裂（disruption），使机动部队直接削弱和破坏敌方部队的凝聚力。

（4）部署更多的网络化电子战和电磁频谱作战系统以及电磁战斗管理能力。在电磁频谱中进行机动战应优先部署网络化的电子战和电磁频谱作战系统，因为网络化可以在感知、攻击、防护等各个领域都实现能力提升。此外，还应采用加快部署电磁战斗管理能力。

（5）部署认知化电磁频谱能力。美国国防部需要在现有和规划中的电子战和电磁频谱作战系统中部署更多的自适应和认知算法，且应该加速部署，同时努力为未来的认知电子战和电磁频谱作战系统建立测试流程和数据治理程序。

（6）解决标准化、安全性方面的互操作能力挑战。网络化电子战和电磁频谱作战以及电磁战斗管理面临的最大障碍是创建可互操作的数据传输标准，以及不同的电子战和电磁频谱作战系统实现跨密级互操作的问题。使用自主路由协议和人工智能语言处理相结合的多密级系统有望使电子战和电磁频谱作战系统网络实现无缝数据共享，同时确保数据安全。①

为在电磁频谱领域实现作战优势，美军在装备上，从系统化、认知化、网络化、软件化

---

① Bryan Clark, Timothy A. Walton. Winning the Invisible War: Gaining an Enduring U. S. Advantage in the Electromagnetic Spectrum. CSBA Report, November 2019.

等多个方面开展项目研究。[①]

系统化。电磁战斗管理是对联合电磁频谱行动的动态监控、评估、计划和指导，致力于实现对频谱的控制，从对电子战资源的管理延伸发展对整个频谱和用频装备的管控，是电子战向电磁频谱作战转型的关键。美国各军种都十分重视电磁战斗管理能力的建设，每个军种都在电磁战斗管理方面开展了自己的项目，如美国陆军的电子战规划与管理工具（EWPMT）、海军的实时频谱作战（RTSO）、海军陆战队的频谱服务架构（SSF）、空军的非动能作战小组和其他一些处于初期的态势感知项目。但目前这些项目相互之间没有实现互通，未来联合部队必须在作战层面上具备电磁频谱战斗管理能力，能够感知和指挥控制所有的军种。

认知化。传统电子战主要基于先验的威胁目标特征库来识别威胁，进而采取预先编程的对抗措施来对抗威胁，但这种方法难以在复杂的电磁环境中有效对抗新型雷达与通信威胁。电子战必须变得更加智能，才能适应环境的变化和威胁的发展。美国很早就开始研究用频系统的认知化能力，其中认知无线电的发展起步最早，而认知电子战则是近些年来电磁频谱作战领域又一次尝试，典型项目如 DARPA 开发的自适应电子战行为学习、自适应雷达对抗均已取得初步结果，并逐步走向实战化部署。

网络化。一直以来，电子战系统之间的网络化协同能力仅作为配套能力来开发，但随着大数据分析、云计算、多源情报共享与融合等技术领域的飞速发展，电子战网络化协同技术已逐步发展成为必需品。美国典型的网络化电子项目主要包括"舒特"计划以及下一代干扰机项目，"小精灵"项目不但体现了无人化的发展趋势，也体现了网络化的发展趋势。

软件化。软件化（可重构、开放式、多功能、模块化）电子战技术的目标是将软件无线电理念用于电子战领域，以解决以硬件为核心的电子战系统所存在的升级困难、功能单一且无法改变、灵活性差等问题。未来战场中，美军每个平台、载荷和车辆都成为电磁频谱战的一部分。因此将开发独立的电磁频谱战系统，这种系统具有通信、传感、干扰、诱骗、照射目标的能力，可打通雷达、电子战和通信领域间壁垒，对电磁频谱以及设备资源实现最优的实时动态分配。DARPA "协奏曲"（CONCERTO）项目、美国陆军的模块化开放式射频体系结构（MORA）等都是典型尝试。

此外，在落实电磁机动战理论方面，美国海军正在加紧提高空中电磁干扰系统和舰船电磁作战模块能力。在空中电磁干扰系统方面，美国海军当前正在进行 EA-18G "咆哮者"替换 EA-6B "徘徊者"的过渡工作。EA-18G "咆哮者"于 2017 年达到完全作战能力。同时，正在研究的作用于中波段频率的下一代干扰机（NGJ）在 2021 年达到初始作战能力后，将取代当前的 ALQ-99 干扰吊舱，从而极大地提高海军空中电磁干扰能力。在提高舰船电磁作战模块能力方面，美国海军 2016 年开始对舰船的 SLQ-32 电子监视和干扰系统进行水面电子战升级项目 SEWIP Block 2，从而使美国海军舰船获得更先进的电磁感应能力。美国海军正在研发舰船信号利用设备（SSEE），于 2020 年开始列装，能使得舰船中断通信，破坏对手的杀伤链元素。

[①] 李硕，李祯静，朱松，等. 美军电磁频谱战发展分析及启示. 中国电子科学研究院学报，2020，15（8）：721-724.

2.5.8 采办动态

1. 美国 DARPA 启动自适应电子战学习行为项目

2010年7月，美国国防高级研究计划局（DARPA）启动自适应电子战学习行为（BLADE）项目，旨在开发一种实时检测、分析、对抗的无线通信战术级系统，自主学习干扰新的通信威胁，对抗敌方自适应无线通信系统。BLADE 项目的核心技术是软件无线电技术、机器学习技术及相关自适应学习算法，其作战装备将实时分析器局部电磁环境，快速检测并描述威胁信号，对自身干扰装备的发射参数进行修改，自动合成最优化干扰波形，以达到最佳干扰效果。

2016年6月，洛克希德·马丁公司以雷声公司的 Silencer 电子战系统作为硬件平台，展示了该项目快速应对新威胁的技术能力和作战效果，将分析和对抗自适应通信系统信号的时间从此前的几个月缩短至几分钟。

2. 美国海军研究局发布多元素信号特征网络仿真项目

2014年9月，美国海军研究局发布对抗综合传感器的多元素信号特征网络仿真（NEMESIS）项目，针对多种场景实现协调同步电子战能力与战术对抗敌方传感器。美军对该项目高度保密，从现有资料判断，NEMESIS 作为一个系统之系统，主要通过协调分布式电磁对抗资源应对敌方分布式传感器系统，利用搭载侦察类、诱饵类和干扰类系统的空中、水面、水下无人平台，对敌方监视与目标瞄准系统实施干扰和欺骗，对抗敌方多种监视与目标瞄准传感器，通过无缝跨域协同对抗措施为战场上己方平台提供电磁域支持。NEMESIS 项目将以更具弹性和去中心化的方式分布电磁域作战能力，包括模块化可重构电子战载荷、分布式诱饵和干扰机蜂群、声学对抗措施、多输入/多输出传感器/对抗措施，对水面和水下传感器生成虚假兵力目标。其涉及技术包含蜂群平台作战、分布式资源任务控制、多域协调作战和先进射频组件子系统技术，具备在分布式电磁域作战系统中实施协同作战能力。

3. 美国 DARPA 推进融合射频任务行动的协作单元项目

2016年4月，DARPA 发布编号为 DARPA-BAA-16-28 的信息公告，为"融合射频任务行动的协作单元"（CONCERTO）计划征集方案。CONCERTO 项目旨在开发、建造和演示能够在电子战、通信、雷达模式之间自适应和灵活切换的射频系统，其性能要求与当前各种独立的系统相当甚至更优，能够满足多功能需求，支持多平台操作，实现分布式战斗管理目标，为作战人员提供更好、更快、更准确的指挥和控制，同时为美军提供了确保作战成功所需的关键射频优势。

2017年6月，DARPA 以总价值540万美元与英国 BAE 系统公司签订了两份合同，帮助其开发 CONCERTO 计划第一阶段的技术。为此，BAE 致力于从带宽，频率，距离和视场方面充分利用硬件的射频功能，以及一种新的软件引擎来处理所有这些信息并适应不同的模式。

2019年9月，DARPA 授予美国透视实验室 CONCERTO 项目第二、三阶段合同，最高额为750万美元。根据此次签订的合同，透视实验室将进一步开发射频资源管理解决方案，并将展示其作为无人机有效载荷的可扩展性、灵活性和适用性。该实验室的智能射频资源管理解决方案可提供融合、可扩展的宽带射频前端、易于升级的异构射频处理引擎，并可集成为成熟架构进行飞行测试。

4. 美国陆军发布电子战规划和管理工具

2016 年 8 月，雷声公司发布为美国陆军研发的新型战斗管理工具，在电子战规划和管理工具（EWPMT）中将网络和电磁频谱感知能力进行集成。该项目采用复杂的数据融合算法，对多源感知数据进行协同处理，形成电子战综合态势；进而基于该态势和己方电子战平台能力、数量和部署数据，采用智能技术自主规划干扰方案，在减少对己方干扰的同时，使对敌方的干扰效果达到最优。

2020 年 9 月，美国陆军在"网络探索 2020"期间测试了 EWPMT 项目的无线连接和远程控制能力，首次使用其任务指挥软件对传感器进行远程控制，并通过战术网络对传感器进行任务部署和任务再分配等操作。

5. 美国海军研究局启动电磁机动战资源分配管理项目

2019 年 7 月 15 日，美国海军研究局（ONR）发布了电磁机动战资源分配管理（EMWRAM）项目的广泛机构公告（BAA），该项目旨在为分布式电磁机动战的资源及任务管理手段寻求新想法。电磁机动战资源分配管理项目重点关注几个技术领域，分别是电子战战场管理框架、高级电子战自适应系统管理、人机组队的接口。

第3章 PMW 130：赛博安全

3.1 概述

3.1.1 任务与愿景

PMW 130 项目办公室的名称是"赛博安全"，其作为美国海军的赛博安全采办代理，提供赛博安全产品、能力和服务，以保护和抵御赛博威胁。

使命任务：实施完全集成的体系结构，通过创新性的海上赛博安全产品采办，提供保密性、完整性和可用性，为信息战赋能。

愿景：为海事企业安全预测、保护、探测和应对赛博威胁。[1]

2020 年 1 月，PMW 130 将其名称从"信息保证和赛博安全"（Information Assurance and Cyber Security）改为"赛博安全"（Cybersecurity），以配合国防部政策的变化，因为赛博安全一词不仅仅包括信息保证。新的名字和徽标如图 3-1 所示。

图 3-1　PMW 130 项目办公室的徽标

---

[1] John T. Armantrout, PMW 130 Program Manager. Cybersecurity Program Office (PMW 130). 2020 NDIA Fall Forum, 27 October 2020.

3.1.2 主要项目

PMW 130 办公室由三个业务部门组成,分管的主要项目如下。[①]

1. 加密与密钥管理

为舰队提供安全的语音和数据功能,确保在有争议的环境中保持作战的连续性。PMW 130 被指定为加密现代化项目办公室(CMPO)和通信安全(COMSEC)采办机构,负责海军部的许多研发工作,还提供独立加密解决方案和密钥管理解决方案的部署和维护,以实现当前和未来海军安全的语音和数据操作。

- 加密(数据和语音);
- 密钥管理:密钥管理基础设施(KMI),简单密钥加载器(SKL),战术密钥加载器(TKL);
- 战术海岸网关(TSG);
- 公钥基础设施(PKI);

2. 网络安全

提供产品和服务,通过保护、监控、分析、检测和响应战术网络或已部署海军网络内的未经授权活动,实现数据交换、存储和处理,并满足美国国防部关于保护国防部信息网络(DoDIN)的要求。

- 计算机网络防御(CND);
- 端点安全;
- 防御性赛博作战(SHARKCAGE)。

3. 赛博分析

提供收集、检测、关联、分析和可视化海军赛博防御数据的产品,以高效、有效地提供对所有海军网络的攻击态势感知,包括网络健康和战备状态。

- 漏洞与修复资产管理器(VRAM);
- 海军赛博空间态势感知(NCSA);
- 海军指挥官的网络数据面板(NCCD);
- 战备分析和可视化环境(RAVEN);
- 反内部威胁能力(CITC);
- 跨域解决方案:辐射水星(Radiant Mercury)。

PMW 130 办公室的三个业务部门及其主要项目如图 3-2 所示。[②]

---

① Rob Diaz, PMW 130 Program Manager. Fact Sheet: Information Assurance and Cyber Security Program Office. January 2018.[PMW130_FactSheet_2017_DistoA.pdf]

② Jeff Sanders, Program Manager (PMW 130). PMW 130 Leading the Transformation. 2022 NDIA Fall Forum, 04 Oct 2022.[NDIA_Fall_Forum_PMW_130_2022.pdf]

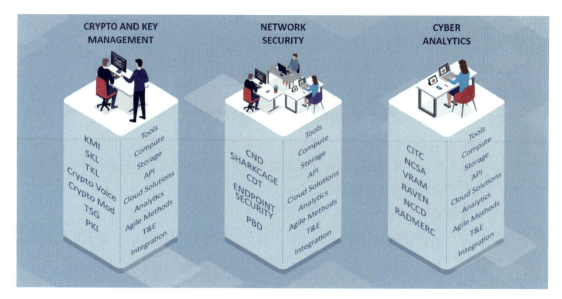

图 3-2 ▎PMW 130 的主要项目

3.2 赛博安全综述

3.2.1 概述

PMW 130 项目办公室的名称为 Cybersecurity，这里译为"赛博安全"，有的地方习惯译为"网络安全"。为了避免混淆，这里做个简要说明。[①,②]

一般认为，"通信安全""计算机安全"和"网络安全"（network security）应该是"信息安全"的子域。显然，cyber security 与 network security 是完全不同的范畴。[③]

倪光南院士在《求是》中认为"网络安全既包含实体物理空间的安全，也包含虚拟数字空间的安全（信息安全也在其内）"。沈昌祥院士在《求是》中指出"网络空间已经成为继陆、海、空、天之后的第五大主权领域空间"。这段话中，网络空间指的是 cyberspace，网络安全指的是 cyberspace security 或 cybersecurity，而不是 network security。

戴浩院士认为，cyber 与 network 应有重大的区分，不赞成将 cyberspace 译为"网络空间"。因为网络的概念是动态变化的，从最早电工基础中的电路网络，到后来的通信网络、信息网络，现在已将网络的概念扩大到物理世界、生物世界，还可描述各种社会现象，如航空网络、神经网络、社交网络……而 cyberspace 仅代表以计算机网络为主体的信息网络。既然 cyberspace 意译如此困难，音译不失为一种明智的做法。鉴于 cyberspace 的词意还会有所变更或有待明确，在确切的中文单词没有发明之前，可以用音译来代替，因此建议将 cyberspace 直译为"赛博空间"，并可近似地理解为"网络空间"。

---

① 谢宗晓. 信息安全、网络安全及赛博安全相关词汇辨析[J]. 中国标准导报，2015（12）：30-32.
② 谢宗晓. 关于网络空间（cyberspace）及其相关词汇的再解析[J]. 中国标准导报，2016（02）：26-28.
③ 注意，目前 cybersecurity，cyber security，cyber-security 的用法并无区别。

ISO/IEC 27032：2012 中将 cybersecurity 定义为不但包括了对信息资源的保护，而且包括了其他资产，例如人本身。①

赛博安全的研究范围是通过信息系统，威胁可以利用的非信息资产的脆弱性。如海军的各类武器装备和分散各处的军事设施，与网络安全相比，更注重网络外围的资产实体的安全。

国际电信联盟标准 ITU-T X.1205 建议书，标题为 Overview of cybersecurity，发布于 2008 年 4 月，其中对 Cybersecurity 的定义如下：赛博空间安全是能够用来保护赛博空间环境与组织和用户资产的工具、策略、安全概念、安全防护措施、指南、风险管理方法、行动、培训、最佳实践、保障与结束的集合。组织和用户资产包括连接的计算设备、个人信息、基础设施、应用、服务、电信系统以及所有的传输和/或存储在赛博空间环境中的信息。赛博空间安全试图确保组织与用户资产的安全属性的获取和维护，避免在赛博空间环境中的相关风险。

美国国防部联合出版物 JP 3-12《赛博作战》中对"赛博安全"的定义是：在受保护的赛博空间内采取的行动，以防止未经授权访问、利用或损坏计算机、电子通信系统和其他信息技术，包括平台信息技术以及其中包含的信息，以确保其可用性、完整性、认证性、保密性和不可否认性。也称为"赛博空间安全"。②

一般安全目标由以下组成：
- 可用性；
- 完整性，可能包括真实性与不可否认性；
- 保密性。

因此，"网络安全"所反映的安全问题基于"网络"，"赛博空间安全"所反映的安全问题基于"空间"。

3.2.2 赛博空间

1. 赛博空间（Cyberspace）

迄今为止，美国安全部门和军方对赛博空间的理解并非完全一致。2004 年以来，美国政府先后推出多个不同的官方定义。这些定义的基本思路相同，但侧重点略有区别。例如，2001 年初美国防部的"官方词典"——联合出版物 JP 1-02 将 cyberspace 定义为"数字化信息在计算机网络中通信时的一种抽象（notional）环境"。这个定义虽很简洁，但有一定的模糊性。

2006 年 12 月，美参联会主席签署了《赛博空间作战的国家军事战略》，并将 cyberspace 定义为"域"，其特征是：使用电子技术和电磁频谱存储、修改和交换信息，并通过网络化的信息系统和物理基础设施达此目的。该定义重在强调支撑赛博空间的技术基础：电子技术和电磁频谱。③

---

① ISO/IEC 27032：2012, Information technology—Security technigues— Guidelines for cyber security.

② Cybersecurity：Actions taken within protected cyberspace to prevent unauthorized access to, exploitation of, or damage to computers, electronic communications systems, and other information technology, including platform information technology, as well as the information contained therein, to ensure its availability, integrity, authentication, confidentiality, and nonrepudiation. Also referred to as "cyber security" or "cyberspace security."（JP 3-12）

③ The National Military Strategy for Cyberspace Operations. Chairman of the Joint Chiefs of Staff, Washington, D. C. 20318, December 2006.

美国国防部联合出版物 JP 3-13《赛博作战》中的定义：赛博空间是信息环境中的一个域，由相互依存的信息技术基础设施和驻留数据组成，包括互联网、电信网络、计算机系统以及嵌入式处理器和控制器。①

这个定义明确指出赛博空间的范围不限于互联网或计算机网络，还包括各种军事网络和工业网络。该定义最早出现于 2008 年 5 月，美国防部常务副部长戈登签署的一份备忘录中，军方一直沿用这一定义。

赛博空间与物理域的关系。赛博空间作为信息环境的一部分，依赖于陆、海、空、天等物理域。正如物理域的行动依赖利用自然出现的特征而创建的物理基础设施一样，赛博空间的行动依赖网络、独立和平台嵌入的 IT 基础设施，此外还依赖驻留在这些部件上并通过这些部件传输的数据，以实现在实体领域的军事行动。赛博空间作战（CO）利用位于物理域的链路和节点，执行逻辑功能，首先在赛博空间中产生效果，然后根据需要在物理域中产生效果。通过精心控制的级联效应，赛博空间的活动可以使物理域的活动具有更多的自由。同样，物理域的活动可以通过影响电磁频谱或物理基础设施在赛博空间内或通过赛博空间产生影响。

赛博空间层次模型如图 3-3 所示，为了协助赛博空间作战的规划和执行，赛博空间可以用三个相互关联的层来描述：物理网络层、逻辑网络层和赛博角色层。每一层代表不同的重点，可以从中规划、实施和评估赛博空间作战。

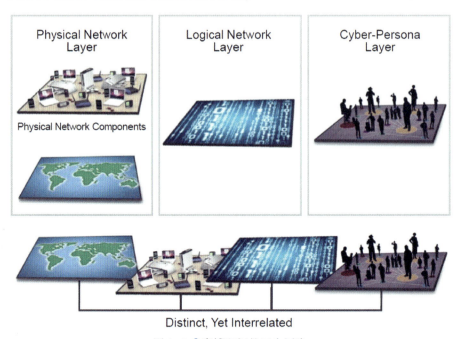

图 3-3 赛博空间的三个层次

---

① Joint Chiefs of Staff, Joint Publication 3-12: Cyberspace Operations. Washington, DC: Department of Defense, 8 June 2018. [https://www.jcs.mil/Portals/36/Documents/Doctrine/pubs/jp3_12.pdf] Cyberspace, which is the domain within the information environment that consists of the interdependent network of information technology (IT) infrastructures and resident data. It includes the Internet, telecommunications networks, computer systems, and embedded processors and controllers. Cyberspace operations (CO) is the employment of cyberspace capabilities where the primary purpose is to achieve objectives in or through cyberspace.

（1）**物理网络层**由物理域中的 IT 设备和基础设施组成，这些设备和基础结构在赛博空间内提供信息的存储、传输和处理，包括数据存储库和网络部件之间传输数据的连接。物理网络部件包括硬件和基础设施（如计算设备、存储设备、网络设备，以及有线和无线链路）。物理网络层的部件需要物理安全措施，以保护它们免受物理损坏或未经授权的物理访问，这些物理访问可用于获得逻辑访问。物理网络层是赛博空间作战用于确定地理位置和适当法律框架的第一个参考点。尽管在赛博空间中地缘政治界限可以轻易快速地跨越，但仍存在与物理领域相关的主权问题。赛博空间的每个物理部件都由公共或私人实体拥有，这些实体可以控制或限制对其部件的访问。在规划的所有阶段都必须考虑作战环境的这些独特特征。

（2）**逻辑网络层**由物理网络抽象的方式彼此相关的网络元素组成，基于驱动网络部件的逻辑编程（代码），关系不一定与特定的物理链路或节点相关，而是与它们的逻辑寻址和交换或处理数据的能力相关。各个链路和节点都在逻辑层中表示，但赛博空间的各种分布式元素也是如此，包括数据、应用程序和不与单个节点绑定的网络进程。一个例子是联合知识在线网站，它存在于物理域中多个位置的多个服务器上，但在万维网上表示为单个 URL（统一资源定位）。逻辑层的更复杂的例子是国防部的非密互联网协议路由网络（NIPRNET）和保密互联网协议路由网络（SIPRNET），这是一种全球多区段网络，仅在逻辑意义上可以被视为单个网络。出于目标定位的目的，规划人员可能知道某些目标的逻辑位置，例如虚拟机和操作系统，允许多个服务器或其他具有独立 IP 地址的网络功能驻留在一台物理计算机上，而不知道其地理位置。逻辑层目标只能通过赛博空间能力：一种设备或计算机程序，包括软件、固件或硬件的任何组合，旨在赛博空间中或通过赛博空间产生效果。

（3）**赛博角色层**（cyber-persona layer）是通过使用逻辑网络层中适用的规则从逻辑网络层抽象数据来创建的赛博空间视图，以开发赛博空间中角色或实体身份（赛博角色）的数字化表示。赛博角色层由网络或 IT 账户（无论是人工还是自动）以及它们之间的关系组成。赛博角色可能与实际的个人或实体直接相关，包括一些个人或组织数据（如电子邮件和 IP 地址、网页、电话号码、网络论坛登录或金融账户密码）。一个人可以通过在赛博空间中使用多个标识符来创建和维护多个赛博角色，例如单独的工作地址和个人电子邮件地址，以及不同网络论坛、聊天室和社交网站上的不同身份，这些身份的真实准确程度可能有所不同。相反，一个赛博角色可以有多个用户，例如多个黑客使用相同的恶意软件控制别名，多个极端分子使用单个银行账户，或同一组织的所有成员使用相同的电子邮件地址。赛博角色的使用会使赛博空间行为的责任归属变得困难。由于赛博角色可能很复杂，许多虚拟地点中的元素与单个物理位置或形式无关，因此识别这些角色需要大量的情报收集和分析，以提供足够的洞察力和态势感知，从而实现有效的目标定位或创造联合部队指挥官（JFC）的预期效果。与逻辑网络层一样，与物理网络层中的类似变化相比，赛博角色可以迅速发生复杂变化，从而使针对这些目标的行为变得复杂。

2. 赛博空间作战（Cyberspace Operations，CO）

赛博空间作战是赛博空间能力的运用，其主要目的是在赛博空间内或通过赛博空间实现目标。在支持信息作战的情况下，赛博空间能力通过针对信息媒介（如物理维度中的无线接入点）、消息本身（信息维度中的加密消息）或赛博角色（在认知维度中促进交流、决策和受众影响的在线身份），阻止或操纵对手或潜在对手的决策。当用于支持信息作战时，赛博空间作战通常侧重于与其他信息相关能力合作，整合在赛博空间的进攻和防御能力，并跨多个行动线进行协调。

作为一种集成 IRC 的使用以影响对手或潜在对手决策者的过程，信息作战可以针对介质（物理维度中的部件，如微波塔）或消息本身（如信息维度中的加密消息）。

1）赛博作战部队

美国赛博司令部（CYBERCOM）司令官，指挥着不被各军种保留的赛博空间部队的优势。美国赛博司令部在三个主要方面完成其任务：保护、操作和防御国防部信息网络（DoDIN）；防护国家在赛博空间免受攻击；根据作战指挥官（CCDR）的需要提供赛博空间支持。各军种负责管理、培训和装备赛博空间部队，并通过军种赛博空间分队（Service Cyberspace Component, SCC）向美国赛博司令部提供服务。美国赛博司令部使用任务调整流程，制定需求驱动、风险知情的赛博任务部队（Cyber Mission Force, CMF）调整建议和任务分配，向已分配或附属的赛博空间部队执行赛博空间作战，利用赛博空间能力达到目标。

2）赛博空间的军事行动

赛博空间作战包括国防部在赛博空间内和通过赛博空间进行的军事、国家情报和普通业务行动。赛博空间中的军事行动被组织成活动的组合，通过执行具体的任务以实现指挥官目标。国防部各机构和部门在赛博空间开展国家情报、普通业务和其他活动。

赛博空间任务（Missions）。赛博空间任务分为三类：进攻性赛博空间行动（OCO）、防御性赛博空间行动（DCO）或国防部信息网络（DoDIN）行动。这三种任务类型全面涵盖了赛博空间部队的活动。赛博空间作战的成功执行需要这些任务的整合和同步。

① DoDIN 行动。DoDIN 作战任务包括为保护、配置、操作、扩展、维护和保持国防部赛博空间以及创建和维持 DoDIN 的保密性、可用性和完整性而采取的作战行动。其中包括主动的赛博空间安全行动，以解决 DoDIN 的漏洞；还包括由部署的部队建立战术网络，维护行动和维持 DoDIN 所需的其他非安全行动，以及红队的行动和其他形式的安全评估和测试。

② 防御性赛博空间行动（Defensive Cyberspace Operations, DCO）。执行 DCO 任务是为了针对赛博空间中的活跃威胁，防护 DoDIN 或其他赛博空间部队。具体而言，这些任务旨在通过挫败正在进行或即将进行的恶意赛博空间活动，保持利用蓝色赛博空间能力，并保护数据、网络、赛博空间支持设备和其他特定系统。

③ 进攻性赛博空间行动（Offensive Cberspace Operations, OCO）。OCO 是赛博空间作战任务，旨在通过支持 CCDR 或国家目标而采取的行动，在外国赛博空间内和通过外国赛博空间投射力量。OCO 可以专门针对敌方的赛博空间功能，或者在赛博空间中产生一阶效应，从而在物理域中引发精心控制的级联效应，影响武器系统、C2 流程、后勤节点、高价值目标等。所有在蓝色赛博空间之外执行的赛博空间作战任务，其目的不是为了保护蓝色赛博空间免受持续或迫在眉睫的赛博空间威胁，都是 OCO 任务。

赛博空间活动（Actions）。执行任何 OCO、DCO 或 DoDIN 作战任务都需要完成特定的战术级活动或任务，这些活动或任务利用赛博空间能力在赛博空间中创造效果。赛博空间活动类似操作指挥控制或后勤系统、发送电子邮件支持信息目标、使用互联网完成在线培训课程或编写简报。挑战是训练所有 DoDIN 用户了解赛博空间威胁的重要性，并识别威胁策略，以便这些赛博空间的使用不会对任务带来不必要的风险。所有的赛博空间任务目标都是通过一个或多个这些活动的组合来实现的。赛博空间活动包括：

① 赛博空间安全。

② 赛博空间防御。

③ 赛博空间利用。

④ 赛博空间攻击。

赛博空间作战任务与活动如图3-4所示。

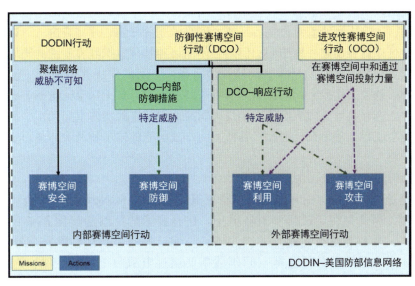

图3-4 赛博空间作战任务与活动

3. 赛博空间与其他

1) 基于位置和所有权查看赛博空间

赛博空间中的机动是复杂的，通常无法观察到。因此，规划、执行和评估赛博空间作战的工作人员受益于基于位置或所有权描述赛博空间的语言，从而有助于快速理解计划的行动。术语"蓝色赛博空间"表示受美国及其任务伙伴保护的赛博空间区域，以及国防部可能命令保护的其他区域。尽管国防部只有保护国防部信息网络（DoDIN）的常规命令，但赛博空间部队在接到其他当局的请求后，应命令准备防护其他美国政府（USG）或其他赛博空间，以及与关键基础设施和关键资源（CI/KR）相关的赛博空间。术语"红色赛博空间"是指由对手或敌人拥有或控制的赛博空间部分。所有不符合"蓝色"或"红色"描述的赛博空间都被称为"灰色"赛博空间。

2) 国防部赛博空间

DoDIN是一系列用于收集、处理、存储、传播和管理作战人员、决策者和支持人员所需信息的信息能力和相关流程，无论是互连的还是独立的，包括通信和计算系统、软件（包括应用程序）、数据、安全服务、其他相关服务和国家安全系统。DoDIN包括国防部所有的赛博空间，包括保密和非密的全球网络（如NIPRNET、SIPRNET、联合全球情报通信系统）和许多其他部件，包括国防部拥有的智能手机、射频识别标签、工业控制系统、隔离实验室网络和平台信息技术（PIT）。几乎国防部的每一位军事和文职员工都使用DoDIN来完成他们的部分任务或职责。

3）连接和访问

赛博空间由无数不同且经常重叠的元素组成，包括网络、节点、链接、相关应用程序、用户数据和系统数据。尽管赛博空间继续变得越来越互联，但一些元素仍被有意隔离，或使用访问控制、加密、独特协议或物理隔离为"飞地"（enclaves）。除了实际的物理隔离之外，这些方法都不能消除潜在的物理连接；相反，它们限制对逻辑网络的访问。无论是经授权还是未经授权的访问，都可以通过各种方法获得。尽管赛博空间作战需要及时有效的连接和访问，但美国政府可能无法拥有、控制或访问支持美国军事行动所需的基础设施。对于赛博空间作战而言，接入意味着对设备、系统或网络的充分暴露、连接或进入，以实现进一步的操作。尽管可以远程创建一些访问，但对封闭网络和其他虚拟隔离系统的访问可能需要物理上的接近或更复杂、耗时的过程。此外，访问赛博空间的作战有用区域，包括其中的目标，受到法律、政策或作战限制的影响。所有这些原因，导致无法保证访问。此外，如果敌人、盟友、中立方和其他美国政府部门和机构同时使用特定的赛博空间元素，那么实现指挥官的目标可能会变得非常复杂。因此，赛博空间作战访问的同步和消除冲突对于所有的成功操作都至关重要。

4）作战环境

作战环境是影响能力运用和影响指挥官决策的条件、环境和影响的综合。信息环境渗透到物理领域，因此存在于任何作战环境中。信息技术的持续进步显著降低了其获取成本和使用成本，导致赛博空间能力的快速增长，使已经具有挑战性的作战环境变得更加复杂。例如，来自移动平台的赛博空间作战需要通过电磁频谱进行传输，这可能会受到拥塞（即商业和军事用途的干扰）、大气条件和敌方电子攻击（EA）的严重影响。使用赛博空间作战创造效果的决定可能会受到政治气候的影响，甚至可能会受到某个人使用赛博空间的影响。了解赛博空间与物理领域和信息环境的关系对于规划赛博空间军事行动至关重要。

5）信息环境

信息环境是收集、处理、传播或根据信息采取行动的个人、组织和系统的集合体。由于所有赛博空间作战都需要创建、处理、存储和传输信息，因此赛博空间完全包含在信息环境中。信息环境分为物理、信息和认知三个维度，包括许多赛博空间以外的信息。尽管被排除在赛博空间之外的信息类型继续减少，但仍有个人和组织在赛博空间以外处理其信息需求，特别是在安全、持久性、成本和范围因素非常重要的情况下。

6）赛博空间作战与信息环境下作战的关系

赛博空间完全包含在信息环境中。赛博空间作战以及其他信息活动和能力在支持联合作战的信息环境中产生影响。它们既相互依赖又是层级关系。赛博空间是其他信息活动和能力的媒介。这些活动和能力包括但不限于理解信息、利用信息影响友军行动、支持人工和自动化决策以及利用信息（如军事信息支持行动［MISO］或军事欺骗［MILDEC]）改变敌方行动。赛博空间作战可以独立进行，也可以与其他行动同步、集成和消除冲突。

3.2.3 信息安全

信息安全的核心是信息保证（information assurance），即维护信息的保密性、完整性和可用性（CIA）的行为，确保在出现关键问题时信息不以任何方式受到损害，这些问题包括但不限于自然灾害、计算机/服务器故障和物理盗窃。[①]

近年来，信息安全领域得到了显著的发展，派生出了许多专门的领域，包括保护网络和相关基础设施、保护应用程序和数据库、安全测试、信息系统审计、业务连续性规划、电子记录发现和数字取证等。

1. 信息安全的基本原则

保密性、完整性和可用性（CIA）是信息安全的核心。然而，关于 CIA 三要素是否足以应对快速变化的技术和业务需求，仍存在争论。

信息安全必须在信息的整个生命周期内保护信息，从信息的最初创建到信息的最终处置。信息在转发和静止时都必须受到保护。在信息的生命周期中，信息可以通过许多不同的信息处理系统。信息和信息系统受到威胁的方式有很多种。为了在信息的生命周期内充分保护信息，信息处理系统的每个组件都必须有自己的保护机制。安全措施的建立、分层和重叠称为"深度防御"。目标是这样一种结构：即使一项防御措施失败，其他措施仍能继续提供保护。如图 3-5 所示，可以将其视为洋葱的多层：数据是洋葱的核心，网络安全、基于主机的安全和应用程序安全形成洋葱的外层。

图 3-5 深度防御的洋葱模型

2. 网络安全

网络安全（Network Security）作为信息安全的子域，一般为信息安全提供硬件安全和基础设施安全支持。

从狭义来说，网络安全指网络系统的硬件、软件及其系统中的数据受到保护，不因偶然的或恶意的原因遭到破坏、更改、泄露，系统连续可靠地运行，网络服务不中断，保障网络信息的存储安全，以及信息的产生、传输和使用过程中的安全。

从广义来说，凡是涉及网络上信息的保密性、完整性、可用性、真实性、可控性的技术和理论，都是网络安全的研究领域。所以广义的网络安全还包括设备的物理安全性，如场地环境保护、防火、防静电、防水防潮、电源保护等。

3. 数据安全

简单来说，网络安全偏向于"动态"安全，即信息系统和信息传递过程中的安全；而数据安全侧重于"静态"的数据自身安全状态。在数据完整生命周期保护的角度，两者既有交集，又有各自的偏重。数据安全也有两方面的含义：

一是数据本身的安全。主要是采用现代密码算法对数据进行主动保护，如数据保密、数据完整性、双向强身份认证等。

二是数据防护的安全。主要是采用现代信息存储手段对数据进行主动保护，如通过磁盘阵列、数据备份、异地容灾等手段保证数据安全。

2020 年 10 月美国防部发布《国防部数据战略》[②]，明确将数据定位为战略资产，加强数

[①] WIKEPEDIA. [https://en.wikipedia.org/wiki/Information_security]

[②] DoD Data Strategy. Sep 30, 2020. [https://media.defense.gov/2020/Oct/08/2002514180/-1/-1/0/DOD-DATA-STRATEGY.PDF]

据融合共享，加强应用导向的数据安全保护建设，注重把握前沿技术发展机遇，通过及时将信息网络、云计算、大数据、人工智能先进技术融入数据采集、传输、共享与利用过程，不断取得创新突破，成为其数据安全保护建设与发展的重要引擎。

一直以来，美军认为数据是任务本身不可或缺的组成部分，是一种高附加值资产，其价值在于以能产生当前和持久军事优势的方式加以利用。美军的数据安全保护建设非常注重从数据生产、管理、治理和使用的用户反馈中获得信息，并特别强调管理业务和作战人员的需求。

2021年7月，美军为了加速联合全域指挥与控制（JADC2）的开展，拟推进数据公开工作，作为联合全域指挥与控制以及美国国防部大型联合作战概念的一部分，它们都会生成数据，都要求在不同的军种或作战域之间进行统一管理和实时共享。国防部每个武器系统产生的所有数据均需要可以访问，从而快速提升作战能力以应对未来局势。如何实现数据公开是重中之重，公开数据本身以及数据如何向不同界面、应用程序、相关人员等公开，是联合全域指挥与控制的重中之重。诺斯罗普·格鲁曼公司称，公开数据通常指公开传统系统或新兴系统的接口，将数据进行收集，再通过人工智能/机器学习（AI/ML）算法，将数据处理或传输至其他系统，或者进入显示器、作战视图中心或指挥中心。比如，如果数据收集点配有机载处理，数据可以传输到战区人员的苹果手机中。公开数据可能面临一定的问题，在联合全域指挥与控制环境中公开数据也意味着可能公开每个密级的数据。例如，空军飞行员可以查看高密级数据，比如飞机实时健康、使用情况和性能数据等；而维修技术员则可在机库中的笔记本电脑上查看降级到较低密级的数据。公开数据也会带来两个方面的挑战：一方面是了解不同的通信、指挥与控制以及情报、监视和侦察（ISR）平台等如何在自己的数字墙内收集和传递数据；另一方面是特定目的、任务或某军种建立的系统，如何在将数据向特定方向提供后，同时提供给其他作战域。克服这两方面的挑战后，相关人员便可随时随地获取数据。数据的公开和人工智能/机器学习的支持让技术能够提供情报供决策人员进行决策，可以在更短的时间用不同的作战概念或程序开展行动，这有助于满足理论变化的需求。联合全域指挥与控制对于国家和联合军种来说是一项关键能力，为实现这一最终目标，需要利用任务工程、技术以及终端用户集成，将传统系统与现代化架构相结合。[①]

3.2.4 信息作战

1. 定义

美国国防部联合出版物 JP 3-13《信息作战》中的定义：国防部长现在将信息作战（Information Operations，IO）描述为在军事行动中，综合运用信息相关能力（Information-Related Capabilities，IRC）与其他作战力量，以影响、扰乱、破坏或夺取对手和潜在对手的决策，同时保护我们自己。[②]

2. 信息环境

信息环境（Information Environment）是收集、处理、传播或根据信息采取行动的个人、

[①] 2021年美军数据安全保护新进展. 信息安全与通信保密杂志社，2022-02-19. [https://mp.weixin.qq.com/s/aVcEzp2UMXjgfEVO3JYVnA]

[②] Joint Chiefs of Staff, Joint Publication 3-13: Information Operations. Washington, DC: Department of Defense. 20 November 2014. [https://www.jcs.mil/Portals/36/Documents/Doctrine/pubs/jp3_13.pdf]

组织和系统的集合体。这个环境由三个相互关联的维度组成,它们不断地与个人、组织和系统相互作用。这些维度是物理的、信息的和认知的,如图3-6所示。联合部队指挥官(JFC)的作战环境是各种条件、状况和影响的综合,这些环境因素影响着作战能力、指挥官的决策(包括陆、海、空和天等物理区域和因素)以及信息环境(包括赛博空间)。

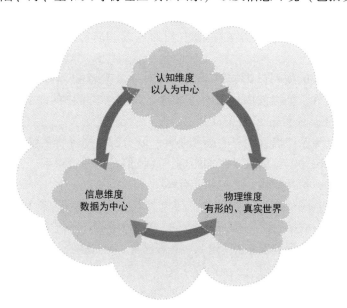

图3-6 信息环境

(1)物理维度。物理维度由指挥控制(C2)系统、关键决策者和支撑基础设施组成,使个人和组织能够发挥作用。这是物理平台和连接它们的通信网络所在的维度。物理维度包括但不限于人、C2设施、报纸、书籍、微波塔、计算机处理单元、笔记本电脑、智能手机、平板电脑或任何其他属于经验主义的物体。物理维度并不仅仅局限于军事或国家的范围;这是一个跨越国家、经济和地理边界的网络。

(2)信息维度。信息维度包括在哪里,以及如何收集、处理、存储、传播和保护信息。这是军事力量执行C2的维度,也是传达指挥官意图的维度。该维度的活动影响信息的内容和流动。

(3)认知维度。认知维度包括那些传递、接收和响应信息或对信息采取行动的人的思维。它涉及个人或群体的信息处理、感知、判断和决策。这些部分受到许多因素的影响,包括个人的文化信仰、规范、脆弱性、动机、情感、经历、道德、教育、心理健康、身份认同和意识形态。在给定的环境中定义这些影响因素对于理解如何最好地影响决策者的思维并创造所需的效果至关重要。因此,这个维度构成了信息环境的最重要组成部分。

3. 信息作战与其他

信息作战不是关于个别能力的所有权,而是将这些能力作为力量倍增器来使用,以创造期望的效果。有许多军事能力有助于信息作战,应该在规划过程中加以考虑。

下面描述一些相关能力与信息作战的关系。

1)赛博空间作战(Cyberspace Operations)

赛博空间是信息环境中的一个全球领域,由相互依存的信息技术网络基础设施和驻留数据组成，包括互联网、电信网络、计算机系统以及嵌入式处理器和控制器。赛博空间作战是赛博空间能力的运用，其主要目的是在赛博空间内或通过赛博空间实现目标。在支持信息作战的情况下，赛博空间能力通过针对信息媒介（如物理维度中的无线接入点）、消息本身（信息维度中的加密消息）或赛博角色（在认知维度中促进交流、决策和受众影响的在线身份），阻止或操纵对手或潜在对手的决策。当用于支持信息作战时，赛博空间作战通常侧重于与其他信息相关能力合作，整合在赛博空间的进攻和防御能力，并跨多个行动线进行协调。

作为一种集成 IRC 的使用以影响对手或潜在对手决策者的过程，信息作战可以针对介质（物理维度中的部件，如微波塔）或消息本身（如信息维度中的加密消息）。

2）信息保证（Information Assurance）

信息保证是获取和保持信息优势的必要条件。联合部队指挥官依赖信息保证来保护基础设施，以确保其可用性，定位信息以施加影响，并将信息传递给对手。此外，信息保证和赛博空间作战相互关联，相互依赖，支持信息作战。

3）太空作战（Space Operations）

太空能力与联合作战结合时，是一种显著的力量倍增器。通过太空部队增强的以下功能支持信息作战：情报、监视和侦察（ISR），导弹预警，环境监测，卫星通信，以及基于空间的定位、导航和授时（PNT）。

4）军事信息支援行动（Military Information Support Operations，MISO）

MISO 是有计划的行动，向外国受众传递选定的信息和指标，以影响他们的情绪、动机、客观推理，并最终影响外国政府、组织、团体和个人的行为。MISO 关注信息环境的认知维度，它的目标受众不仅包括潜在和实际的对手，还包括友方和中立的人群。MISO 适用于广泛的军事行动，如稳定行动、安全合作、海上拦截、非战斗人员疏散、外国人道主义行动、反毒品、部队保护和反贩运。

5）情报（Intelligence）

情报是支持信息作战的重要军事能力。采用信息作战情报综合（IOII）极大地促进了理解信息环境的物理、信息和认知维度之间的相互关系。

通过提供以人口为中心的社会文化情报和物理网络规划，包括通过这些网络传输的信息，情报可以极大地帮助信息相关能力（IRC）规划者和信息作战集成商确定适当的效果，以引发所需的具体反应。情报是一个综合的过程，融合了收集、分析和传播，以提供暴露目标受众潜在能力或漏洞的产品。情报使用各种技术和非技术工具来评估信息环境，从而提供对目标受众的洞察。

6）军事欺骗（Military Deception）

用于影响对手感知的最古老的信息相关能力之一是军事欺骗（MILDEC）。MILDEC 可以被描述为故意误导对手决策者的行动，创造有助于完成友方任务的条件。虽然 MILDEC 需要对对手或潜在对手的决策过程有全面的了解，但重要的是要记住，它关注的是预期的行为。仅仅误导对手或潜在对手是不够的，MILDEC 的设计目的是使他们的行为对友方有利，例如资源分配不当时，在对友方有利的时间和地点攻击，或根本不采取行动。

当与其他 IRC 集成时，MILDEC 可以成为影响对手或潜在对手决策过程的特别强大的方式。

7）联合电磁频谱行动（Joint Electromagnetic Spectrum Operations，JEMSO）

所有与信息有关的任务领域越来越依赖电磁频谱（EMS）。（JEMSO）由电子战和联合EMS管理组成，使依赖于EMS的系统能够在预期的操作环境中工作。电子战任务领域最终负责确保和维护EMS中友军的行动自由，同时利用或阻止对手的行动自由。因此，JEMSO通过成功的任务行动来支持信息作战。

3.2.5 赛博战

在赛博空间内，电子和电磁频谱被用于通过网络系统存储、修改和交换数据。赛博空间作战主要利用赛博空间能力在赛博空间内或通过赛博空间实现目标。这些行动包括计算机网络行动和保卫全球信息栅格（GIG）的活动。

联合国将赛博定义为"由因特网计算机、通信基础设施、在线会议实体、数据库和信息公用设施组成的全球系统，通常被称为赛博"。这主要是指互联网，但是这个术语也可以用来指公司或军队、政府或其他组织的特定的、有边界的电子信息环境。[1]

美国军方目前对赛博战（Cyber Warfare）还没有一个明确的定义。随着时间的推移，这种能力被称为计算机安全、信息安全（InfoSec）、网络中心战（NCW）、信息保证（IA）、信息战、赛博安全，以及现在的赛博战。这些术语通常集中在防御上。今天，当军事规划者使用"赛博"这个词时，也包括了攻击能力。赛博通常被理解为计算机网络作战（Computer Network Operations，CNO）。CNO下有三个功能：计算机网络利用（CNE）、计算机网络攻击（CNA）和计算机网络防御（CND）。

CNO属于信息作战（Information Operations，IO），它具有一组核心、支持和相关功能。有两个领域是重叠的：CNO和信息保证（IA）。CNO由上面列出的三个功能定义，而信息保证则被定义为通过确保信息和信息系统的可用性、完整性、身份验证、保密性和不可否认性来保护信息和信息系统的措施。所以可以把信息保证看作建立和维护网络，而CNO则在上面计划和指挥战斗。

CNE中的"利用"指的是针对系统的利用，目的是获得特权或远程shell，但事实并非如此。实际上，在这种情况下，利用指的是利用从目标收集的数据或信息为我们自己的目的服务的能力。CNE的官方定义是"通过使用计算机网络从目标或对手的自动化信息系统或网络中收集数据而实施的行动和情报收集能力"。CNE是我们目前在全球经历的赛博战阶段。

CNA定义为"通过使用计算机网络来破坏、阻止、降级或摧毁驻留在计算机和计算机网络的信息，或计算机和网络本身的行动"。

在纯赛博战的意义上，小群体或个人攻击者可能使用类似的武器，达到与单一国家类似的效力水平，但相似之处往往仅限于此。一个能够进入大型僵尸网络的指挥控制系统的黑客当然可以造成严重破坏，但将攻击带入常规战争，或将网络攻击作为其他攻击的辅助或补充的能力，往往留给那些拥有更大资源的实体。

CND定义为"为保护、监视、分析、探测和响应国防部信息系统和计算机网络内未经

---

[1] Jason Andress, Steve Winterfeld. Cyber Warfare: Techniques, Tactics and Tools for Security Practitioners, second edition. Syngress, 2014.

授权的活动而采取的行动"。这些活动的广泛范围很可能包括被认为是计算机网络利用和计算机网络攻击的部件。

在军事意义上，CND 可以很好地与用于常规防御的战略和战术相媲美。赛博的防御阵地、监听哨、巡逻等可以被制定出来，常规战争的防御战略可以通过映射概念来适应赛博战。尽管这可能并不总是我们使用赛博战工具的最有效的方式，但它确实允许将经过时间考验的概念应用到战争的新层面。

在研究这个虚拟战场空间的边界之后，我们可以看到三个需要分析的领域：物理的、逻辑的和组织的。在现实世界中，边界可以在法律上得到承认，就像国家之间的边界，也可以在事实上得到承认，就像同一支军队中两个部队之间的分界线；这些定义在虚拟世界中更难以应用。

美国军方对战场空间的定义是："一个用来表示统一军事战略的术语，将包括空中、情报、陆地、海上和太空在内的军事行动领域的武装力量集成和结合，以实现军事目标。它包括成功运用战斗力、保护部队或完成任务所必须了解的环境、因素和条件。这包括敌军和友军，基础设施，天气，地形，以及作战区域的电磁频谱。"在赛博作战中，战场空间包括网络、计算机、硬件（包括带有嵌入式计算机芯片的武器系统）、软件（商业和政府开发的）、应用程序（如指挥控制系统）、协议、移动设备和运行它们的人员。

在军事方面，国防部有一个复杂的分级权力结构。尽管建立了美国赛博司令部（CYBERCOM），但各军种（陆军、空军、海军和海军陆战队）仍有权力和预算来决定如何实施赛博安全。各军种的每个分支都为其所在的网络部分提供一个名称。国防信息系统局（DISA）负责全球信息栅格（GIG），空军拥有 C2 星座，陆军拥有陆战网（LandWarNet），海军拥有 FORCEnet。转变网络能力的新举措包括联合信息环境（JIE）、国防部企业门户服务、企业云代理和标准化移动解决方案。

在信息和网络上也有不同密级。国防部使用非密、仅供官方使用（FOUO）或受控非密信息（CUI）或秘密、机密、绝密、敏感隔离信息（SCI）和特殊访问程序/特殊访问要求（SAP/SAR）。相关网络包括用于非密的 NIPRNET、用于机密的 SIPRNET 和用于绝密的联合全球情报通信系统（JWICS）。此外，还有独立的网络，如国防研究和工程网络（DREN）用于研究。

当我们谈论赛博司令部和各军种时，重要的是要记住，各军种训练和装备部队，战斗指挥官呼叫各军种为其任务提供力量。战略司令部（STRATCOM）的任务是"确保美国在太空和赛博空间的行动自由"。赛博司令部的任务是"计划、协调、集成、同步和执行以下活动：指导特定国防部信息网络的作战和防御；准备好，并在得到指示时，进行全频谱的赛博空间军事行动，以使能全域的行动，确保美国/盟国在赛博空间的行动自由，并阻止我们的对手"。每个军种都有一个支持赛博司令部的赛博部队，空军有第 24 航空兵，陆军有陆军赛博司令部（ARCYBER）或第 2 军，海军有第 10 舰队，海军陆战队有海军陆战队赛博部队。与这些力量密切相关的是情报机构，特别是国家安全局（NSA）。这导致了基于每个组织的不同使命任务的不同优先级和权限。

赛博在陆地、海洋、空中和太空各域中无处不在。最初只有两个作战域：陆地和海洋。随着时间的推移，武器的发展给了一方或另一方优势，但他们将在战场上面对对方。于是，海洋既成为单独的作战域，又成为支持陆地作战的一部分。海洋领域包括海洋、海湾、河口、岛屿、沿海地区以及这些地区（包括沿海地区）上方的空域。海上部队支援陆地部队，通常使用炮火，这被称为濒海战斗。舰船将进行战斗，既控制海洋又支持陆地作战。随着技术不断影响着战场，飞机出现了。空中域被定义为"地球大气层内"。第一架飞机用于侦察，但很快就装备了武器，并进行了空对空和空对地交战。接着，战争蔓延到了太空。空间是与空间域相对应的环境，其中电磁辐射、带电粒子、电场和磁场是主要的物理影响，包括地球的电离层和磁层、行星际空间和太阳大气。这是一个独特的领域，因为它被其他领域使用，而不是战斗的领域。最后，赛博空间对作战人员来说变得如此重要，以至于成为一个作战域。它是信息环境中的一个全球领域，由相互依赖的信息技术基础设施网络组成，包括互联网、电信网络、计算机系统和嵌入式处理器和控制器。现代指挥官依赖它，并积极研究如何在它的基础上作战并赢得下一场战争。

赛博在其他所有现代作战域中无处不在。

3.2.6 赛博安全战略

1. 发展演变

美国国家安全委员会制定发布了 2015 版《美国国家安全系统委员会词汇表》（CNSSI-4009），明确界定了赛博安全的相关概念。依据 CNSSI-4009 的定义，赛博安全是对计算机、电信系统、电信服务、有线通信和电子通信的预防破坏、保护和恢复，包括其中包含的信息，以确保其可用性、完整性、认证性、保密性和不可否认性。其外延是指关于赛博空间安全和运营的战略、政策和标准，包括全面减少威胁、减少漏洞、网络威慑、国际参与、事件响应、弹性和恢复的政策与活动，具体涵盖计算机网络运营、信息保证、执法、外交、军事和情报任务等，涉及全球信息和通信基础设施的安全性和稳定性。

美国国家赛博安全战略的形成，是一个逐步从政策、计划，不断调整完善，并上升为国家战略的过程。美国国家赛博安全战略发展经历了几个阶段。

（1）萌芽期。2000 年版美国国家安全战略（National Security Strategy，NSS），首次在应对国内外威胁和危机章节中，将"信息/赛博安全威胁""破坏美国关键基础设施的能力"列为美国面临的 5 项威胁其中 2 项，首次将赛博安全纳入国家安全战略框架，使其正式成为国家安全战略的重要组成部分，标志着赛博安全开始具有独立的地位，初步形成了美国赛博安全战略。2000 年 4 月美国白宫发布《保护美国的赛博空间：国家信息系统保护计划 1.0 版》[①]，这是美国政府颁布维护赛博安全的第一份纲领性文件。

（2）形成期。2003 年 2 月，美国白宫（小布什总统）发布《确保赛博空间安全国家战略》[②]，其中将"建立国家赛博安全应急体系"作为首要目标，明确了赛博安全的 3 项总体战略目标和 5 项优先任务。

（3）成熟期。这一时期，相继发布了 2010 版和 2015 版国家安全战略报告（NSS），均用专门章节论述确保赛博空间安全。2009 年 2 月，奥巴马政府发布了《赛博空间政策评估》报告，设立了赛博安全协调官职位（Cybersecurity Coordinator），负责全国赛博安全事件的协调，将"数字基础设施将被视为国家战略资产，保护这一基础设施将成为国家安全的优先

[①] Defending America's Cyberspace: National Plan for Information Systems Protection Version 1.0
[②] The National Strategy to Secure Cyberspace

事项"。2011 年 5 月发布《赛博空间国际战略》。2016 年 12 月，出台了正式的《国家赛博安全应急预案》。至此，基本构建了美国赛博安全战略政策、法律和制度体系。

（4）发展期。2017 年 1 月，特朗普政府执政后，陆续签发了有关赛博安全的总统令，特别是 2017 年 12 月发布的国家安全战略，通篇 46 次出现赛博（Cyber）一词，超出以往同类文件，已经将赛博安全上升为国家安全的核心利益。2018 年 5 月，美国国土安全部代表美国政府发布了《赛博安全战略》（Cybersecurity Strategy）；9 月 20 日，特朗普政府公布了美国《国家赛博战略》[1]（National Cyber Strategy），这是 2003 年以来首份完整阐述美国国家赛博战略的顶层战略，阐述了美国赛博安全的 4 项支柱、10 项重点任务和 42 项优先行动，体现了特朗普政府在治理赛博安全上的新思路，标志着新一届美国政府已完成赛博安全战略制定工作。《国家赛博战略》表明了美国政府对加强美国赛博安全能力和保护美国免受赛博威胁的承诺。

2. 国家赛博安全战略

2023 年 3 月 2 日，美国政府正式发布新版《国家赛博安全战略》（National Cybersecurity Strategy），阐述拜登政府赛博安全政策将采取的全方位措施，旨在帮助美国准备和应对新出现的赛博威胁。具体涉及 5 大支柱共 27 项举措。

美国白宫表示，赛博空间是一种以反映美国价值观的方式实现自身目标的工具，必须从根本上改变在赛博空间分配角色、责任和资源的方式，包括"重新平衡保卫赛博空间的责任"以及"重新调整激励措施以支持长期投资"；世界需要一种更有意识、更协调、资源更充足的赛博防御方法，美国将与盟友和合作伙伴共同打造"可防御、有韧性的数字生态系统"。

该战略概述了联邦政府将如何使用所有可用的工具，以协作、公平和互利的方式重塑激励措施。必须确保市场力量和公共计划都能奖励安全和弹性，建设一支强大和多样化的赛博劳动力，通过设计来保障安全和弹性，从战略上协调赛博安全的研发投资，并促进数字生态系统的协同管理。

新战略围绕五大支柱展开：一是捍卫关键基础设施，让美国民众相信关键基础设施的可用性和弹性及其提供的基本服务，重点包括强制实施最低赛博安全要求、改善公私合作、更新联邦事件响应应对政策等；二是打击和瓦解威胁行为者，使用所有国家权力工具使恶意赛博行为者无法威胁美国国家安全和公共安全，重点包括战略性使用所有国家力量工具、让私营部门参与到相关打击机制中、全面应对勒索软件威胁；三是通过市场力量推动安全和弹性，使数字生态系统更值得信赖，确保数据和系统免遭黑客攻击，重点包括促进隐私和个人数据的安全、促进安全开发实践、通过联邦拨款促进安全且有弹性的新基础设施；四是加强对未来弹性的投资，通过战略投资和协调协作行动，继续创新发展安全和有弹性的下一代基础设施；五是发展赛博空间国际伙伴关系，促进赛博空间负责任的国家行为，重点包括共同应对数字生态系统的威胁、提高合作伙伴抵御赛博威胁的能力、打造安全可靠和值得信赖的全球供应链。[2,3]

---

[1] https://www.whitehouse.gov/wp-content/uploads/2018/09/National-Cyber-Strategy.pdf

[2] https://www.whitehouse.gov/wp-content/uploads/2023/03/National-Cybersecurity-Strategy-2023.pdf

[3] https://www.whitehouse.gov/briefing-room/statements-releases/2023/03/02/fact-sheet-biden-harris-administration-announces-national-cybersecurity-strategy/

3. 赛博司令部战略规划

2020年8月，美国海军舰队赛博司令部/第十舰队发布的《2020—2025年战略规划》中，指出美国海军舰队赛博司令部的任务是规划、协调、整合、同步、指导和执行连续的赛博空间作战活动，以确保赛博空间内所有海军作战域的行动自由，并阻止对手进行同样的行动。作为整体任务的一部分，司令部操作和保护海军网络，创建相关的和可操作的情报与监视数据，同时规划和操作新的和旧有的海军太空系统，为全球部署的作战部队提供通信。[1]

愿景包括三个要素：①确保全频谱信息战的先发优势；②在竞争激烈的战场作战并取胜；③推进现代化和创新。

《2020—2025年战略规划》对《2015—2020年战略规划》的五个战略目标进行了修改，以推进远期规划，反映了美国海军向成熟的信息战转变。

1）将网络作为一个作战平台来运营

美国海军必须安全地操作、维护、保卫和机动海军网络、通信和太空系统，以确保美国海军的战备能力。美国海军网络必须能够在降级状态下作战，以实现作战目标。该目标的战略计划包括：①建立海军赛博态势感知；②提供有弹性的、有保证的指挥控制；③减少我们的入侵攻击面；④推进并强化防御能力；⑤通过舰队海上作战中心（MOC）之间的集成和机动来加强并保证指挥控制能力；⑥通过海军采办以及规划、项目、预算与执行（PPBE）流程来加速新能力的集成。

2）执行舰队加密战

舰队加密战（Fleet Cryptologic Warfare）包括：信号情报（SIGINT）；电子战；赛博空间作战（CO）；频谱感知和电磁机动战（EMW）；信号安全（SIGSEC）和行动安全（OPSEC）；信息作战（IO）；信息相关能力（IRC）；对防御性赛博空间作战（DCO）的信号情报支持。

扩展和增强美国海军在分布式信号情报（SIGINT）作战方面的能力，作为对分布式海上作战（DMO）的贡献的一部分，并支持海军对舰队级作战的日益重视。

该目标的战略计划包括：①提倡并执行分布式信号情报作战，作为分布式海上作战的集成组件；②培养并保留一支具有先进作战知识、技术技能和作战文化的加密战部队；③通过对对手的行动和意图进行深入分析来创造作战优势；④通过及时、响应性的技术信号分析来提高作战能力；⑤通过改进互操作性、共享能力和信息的快速交换，加强国家、联合、联盟和合作伙伴关系。

3）提供作战能力和效果

通过赛博空间扩展提供的作战能力和效果（包括移动、机动和火力），使海军指挥官能够充分利用其能力支持分布式海上作战。该目标的战略计划包括：①加快各海上作战中心之间信息战能力和效果的作战使用和同步；②推进赛博效果融入新兴的海军和海军陆战队作战概念；③推动舰队和联合作战之间赛博空间效果的发展、规划和交付。

4）加速提升美国海军的赛博力量

美国海军需要提高其赛博团队的能力，以满足持续交战和"前沿防御"的需求。随

---

[1] U. S. Fleet Cyber Command/U. S. TENTH Fleet Strategic Plan 2020-2025. July 31, 2020. ［https://www.fcc.navy.mil/Portals/37/FCC_C10F%20Strategic%20Plan%202020-2025.pdf］

着国家赛博任务力量的发展，将制定为海军目标服务的舰队赛博作战的要求。该目标的战略计划包括：①通过作战需求驱动部队的生成和能力需求；②完善组织结构、关系和指挥控制。

5）建立并完善海军太空司令部

美国海军需要保持从海底到太空的优势，重点包括杀伤力、战备能力和防御能力。随着美国太空司令部的重组和美国太空军的建立，美国海军必须重新聚焦于提供综合太空能力，以支持全域作战。该目标的战略计划包括：①整合太空和海上战略；②向美国太空军和太空司令部提出海军需求；③发展和改进太空作战技术以确保机动的自由；④确保综合的海军太空视角；⑤利用新兴技术和概念。

从赛博安全到技术创新，从防御网络到防御前沿，再到执行进攻性赛博作战，美国海军必须比对手更快、更灵活、更有效地应对攻击。在发生危机或冲突的情况下，必须计划和准备一场长期的、全球性的、多领域的、联合的综合信息战运动，这场运动是在持续的竞争和冲突中展开的。

赛博空间域需要赛博持久性战略——在持续的作战接触中使用赛博能力以产生持续的战术、作战和战略优势——以及在我们选择的时间和地点在赛博空间内（in）、通过赛博空间（through）和从赛博空间（from）传递效果的能力。

4. 零信任战略

2022年11月22日，美国国防部正式公布《零信任战略》。该战略指出，当前和未来的赛博威胁和攻击推动了对超越传统边界防御方法的零信任方法的需求，国防部打算在2027财年之前实施该战略和相关路线图中独特的零信任能力和活动。报告概述了四个高层次的综合战略目标，这些目标定义了该部门为实现其零信任愿景将采取的行动。[①,②]

零信任战略定义了一种自适应方法，阐述国防部如何必须支持和加速向零信任体系和架构的转变，从而保护国防部联合信息环境（JIE）特别是国防部信息网络（DODIN）中的信息体系（IE）。该战略旨在建立为实现跨系统和网络之间，如非密互联网协议路由网络（NIPRNet）和保密互联网协议路由网络（SIPRNet）所采用的零信任措施所需的参数和目标级别。这种方法强调了国防部及其组成机构需要在适应和应对已知和未知的恶意行为者的同时，拥抱不断发展的技术。它涉及国防部零信任生态系统的所有利益相关者，并允许立即开始实施战略。

零信任指的是"一套不断发展的赛博安全范式，它将防御从静态的、基于网络的边缘转移到聚焦用户、资产和资源"。零信任的核心假设是不会仅根据资产或用户的物理或网络位置（即局域网与互联网）或对资产的所有权（企业或个人拥有的资产）就给予资产或用户隐含的信任。这一理念的转变是当前遗留的身份验证和安全机制的一个重大变化，也是一个重大的文化变革。整个国防部零信任生态系统的利益相关者包括国防工业基地（DIB），从2023财年开始到2027财年以及未来一段时间都将需要拥抱和执行这一重大变化。

---

① DoD Zero Trust Strategy. October 21, 2022. [https://dodcio.defense.gov/Portals/0/Documents/Library/DoD-ZTStrategy.pdf]

② Department of Defense Releases Zero Trust Strategy and Roadmap. Nov. 22, 2022. [https://www.defense.gov/News/Releases/Release/Article/3225919/department-of-defense-releases-zero-trust-strategy-and-roadmap/]

其愿景是，国防部将全面实施零信任赛博安全框架，为国防部的信息体系提供保障。国防部构想了一个可伸缩的、弹性的、可审计的和可防御的环境，其核心是为赛博空间中国防部的数据、应用程序、资产和服务（DAAS）提供安全保护。

四个高级别战略目标及其对应目的决定了国防部将如何实现零信任愿景。这些目标具有协同作用，并解决了成功采用和实施零信任所需的文化、技术和环境要求。

目标1：零信任文化采纳。所有国防部人员都意识到、理解、接受过培训，并致力于零信任思维和文化，支持零信任的整合。

目标2：国防部信息系统的安全和防御。赛博安全实践将零信任纳入新系统和旧系统并使其投入运作。

目标3：技术加速。技术的部署速度等于或超过行业进步。

目标4：零信任实施。国防部和部门级流程、政策和资金与零信任原则和方法同步。

面对不断演变的对手威胁和新技术，实施零信任将是一个持续的过程。随着技术的变化和对手的发展，未来几年还将加入其他零信任增强功能。

国防部《零信任战略》是一系列战略规划的一部分，如图3-7所示。

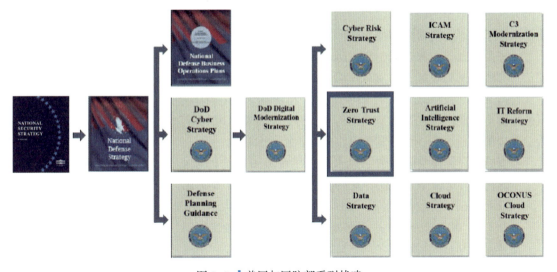

图3-7 美国与国防部系列战略

3.2.7 组织实施

下面介绍与赛博空间安全有关的美国组织机构，包括：[1]
- 国务院
  ——赛博空间和数字政策局（CDP）
- 国土安全部（DHS）
  ——赛博安全和基础设施安全局（CISA）
- 国防部（DoD）
  ——国家安全局/中央安全局（NSA/CSS）

---

[1] Strategic Cyberspace Operations Guide. United States Army War College, 28 September 2022：18-22.

——国防部首席信息官（DOD CIO）
——国防信息系统局（DISA）
- 联合机构
——美国赛博司令部（USCYBERCOM）
——联合频谱中心（JSC）
——联合通信支持部队（JCSE）
- 军种机构
——陆军赛博司令部（ARCYBER）
——海军陆战队赛博空间司令部（MARFORCYBER）
——美国海军舰队赛博司令部（FCC）/美国第十舰队（C10F）
——空军第16航空队/空军赛博部队（AFCYBER）
——海岸警卫队赛博司令部（CGCYBER）

3.2.7.1　国务院——赛博空间和数字政策局

确保赛博空间的安全对于保护美国的国家安全至关重要。赛博空间是美国生活的一个组成部分，包括国家的经济和国防。然而，私营和公共实体仍在努力确保其系统的安全，而对手也增加了其恶意赛博活动的频率和复杂性。

国务院与其他国家合作，正在领导美国政府努力促进一个开放、可互操作、安全和可靠的信息和通信基础设施，以支持国际贸易和商业，加强国际安全，并促进自由表达和创新。

赛博空间和数字政策局（CDP）领导和协调该部在赛博空间和数字外交方面的工作，以鼓励负责任的国家在赛博空间的行为，并推动保护互联网基础设施的完整性和安全性的政策，为美国利益服务，促进竞争力，并维护民主价值观。[①]

- 该局处理赛博空间、数字技术和数字政策带来的国家安全挑战、经济机会和价值考虑，并促进公平、透明和支持我们价值观的标准和规范。
- CDP包括三个政策单位：国际赛博空间安全；国际信息和通信政策；数字自由。

3.2.7.2　国土安全部——赛博安全和基础设施安全局

赛博安全和基础设施安全局（CISA）领导国家努力了解、管理和减少我们的赛博和物理基础设施的风险。我们将行业和政府的利益相关者相互联系起来，并提供资源、分析和工具，以帮助他们建立自己的赛博、通信和物理安全和复原力，从而帮助确保为美国人民提供一个安全和有弹性的基础设施。

CISA成立于2018年，旨在跨公共和私营部门工作，通过与政府、工业、学术和国际合作伙伴的合作，挑战传统的业务方式。随着威胁的不断演变，没有一个组织或实体拥有如何解决关键基础设施的赛博和物理威胁的所有答案。通过汇集洞察力和能力，可以建立一个集体防御，以应对面临的威胁。任务是领导国家努力了解和管理我们关键基础设施的赛博和物理风险。愿景是为美国人民提供一个安全和有弹性的关键基础设施。[②]

CISA扮演着两个关键角色：

（1）联邦赛博安全的业务领导。CISA作为联邦赛博安全团队的四分卫，与负责联邦赛

[①]　https://www.state.gov/policy-issues/cyber-issues/

[②]　https://www.cisa.gov/about-cisa

博安全的管理和预算办公室紧密合作，保护和捍卫主战场——联邦民用政府网络。CISA 还协调执行国家赛博防御，领导重大赛博事件的资产响应，并确保在联邦和非联邦及私营部门合作伙伴之间共享及时和可操作的信息。

（2）关键基础设施安全和复原力的国家协调员。着眼于整个威胁情况，并与政府和工业界的伙伴合作，抵御今天的威胁，同时确保国家的关键基础设施免受即将到来的威胁。

3.2.7.3 国防部

1. 国家安全局/中央安全局

任务。国家安全局/中央安全局（NSA/CSS）在密码学方面领导美国政府，包括信号情报（SIGINT）的见解和赛博安全产品和服务，并使计算机网络操作为国家和我们的盟友获得决定性优势。[①]

中央安全局（CSS）向军事密码界提供及时和准确的密码支持、知识和援助，同时促进国家安全局和武装部队的密码部门之间的伙伴关系。

战斗支持。国家安全局是美国国防部的一部分。国家安全局的分析员、语言学家、工程师和其他人员被部署到敌对地区，为前线的作战人员提供可操作的 SIGINT 和赛博安全支持。

信号情报（SIGINT）。国家安全局负责向我们国家的决策者和军事力量提供外国信号情报。SIGINT 在国家安全中起着至关重要的作用，并在全球范围内推进美国的目标和联盟。SIGINT 是来自外国目标使用的电子信号和系统的情报，如通信系统、雷达和武器系统，为我们国家提供了了解外国对手的能力、行动和意图的重要窗口。

赛博安全。国家安全局的赛博安全防止和消除对美国国家安全系统的威胁，重点是改善国防工业基地和武器安全。通过我们的赛博安全合作中心，NSA 与盟友、行业和研究人员合作，加强认识，推进赛博安全实施。

2. 国防部首席信息官

国防部首席信息官（DoD CIO）是国防部长和国防部副部长在信息技术（IT）（包括国家安全系统和国防业务系统）、信息资源管理（IRM）和效率方面的主要工作助理和高级顾问。这意味着 DoD CIO 负责与国防部信息体系有关的所有事务，如赛博安全、通信、信息系统等。

任务：保护，连接，执行。

愿景：提供一个信息主导的领域来击败我们国家的对手。

重点领域：云、通信、赛博安全、人工智能和数据。

国防部 CIO 包括以下组织。[②]

负责指挥、控制和通信的副首席信息官（DCIO C3）。在与 C3 有关的政策、方案和技术问题上提供专业知识和广泛指导，以整合和同步整个国防部的通信和基础设施方案和努力，实现和保持该部的信息主导地位。

负责赛博安全的副首席信息官（DCIO CS）。在与国防部赛博安全有关的所有方面和事项上提供专家政策、技术、方案和国防部范围的监督。该办公室负责监督整个国防部计划的整合，以保护国防部的关键基础设施免受先进的持久性威胁（APT），并确保与其

---

① https://www.nsa.gov/about/
② http://DODcio.defense.gov/About-DOD-CIO/

他联邦机构、联盟伙伴和行业协调赛博安全标准、政策和程序。DCIO CS 的首要任务是支持国防部赛博战略和国防部首席信息官的愿景,以提供一个信息主导的领域来击败我们国家的对手。

信息体系副首席信息官（DCIO IE）。为国防部信息体系的基础设施部分制定信息技术（IT）政策和指导,包括网络、计算和软件。以此身份,DCIO IE 组织监督和管理正在进行的企业 IT 能力,以及整个部门的现代化和改革举措。这些能力和倡议必须能够无缝和安全地使用数据,以巩固行动优势,建立一个更可靠和有弹性的 IT 基础。

负责资源和分析的副首席信息官（DCIO R&A）。负责国防部首席信息官管理该部的信息技术支出,确保国防部从每一美元中获得最大收益,并确保作战人员有工具来完成任务。该部 2018 财年的信息技术和赛博空间预算需求接近 420 亿美元,其中包括:作战、指挥、控制和通信系统;计算服务;企业服务,如协作和电子邮件;业务系统。

3. 国防信息系统局

国防信息系统局（DISA）是国防部的一个作战支持机构。该机构由 7000 多名军事和文职员工组成,提供、运营和确保指挥、控制、信息共享能力以及全球可访问的企业信息基础设施,以直接支持联合作战人员、国家级领导人以及其他联盟合作伙伴的全方位军事行动。[①]

任务:为联合作战人员执行国防部信息网络（DoDIN）行动,使其能够在保卫我们国家的所有作战域内实现杀伤力。

愿景:成为在赛博空间中连接和保护战士的可信供应商。

DISA 主任也是国防部信息网络（DoDIN）联合部队总部（JFHQ）的指挥官,该网络负责维持防御性赛博行动的指挥和控制（C2）。

联合信息环境（JIE）:随着国防部发展联合信息环境,各组成部分之间的界限将变得模糊。JIE 的矩阵化组织说明了部门的技术发展方向。目前的组织包括参谋长联席会议（JCS）、副首席管理官办公室（DCMO）、国防部首席信息官、联合参谋部 J6、CYBERCOM、各军种、情报界和国民警卫队。JCS 主席和每一位参谋长都支持 JIE 是一种必要的军事行动。

3.2.7.4　联合机构

1. 美国赛博司令部

美军赛博司令部（U. S. Cyber Command, USCYBERCOM）的成立是美国赛博战力量迅速发展的重要标志。其徽标如图 3-8 所示。2009 年 6 月 23 日,时任美国国防部长罗伯特·盖茨签署备忘录,下令成立美军赛博司令部,负责指挥美军的赛博作战行动。9 月 15 日,该司令部宣布正式建立,国家安全局局长凯斯·亚历山大中将为首任司令,隶属于美军战略司令部,总部位于美国马里兰州米德堡陆军基地。美军宣布成立赛博司令部,表明俗称的"网军"正式亮相。

任务:直接、同步和协调赛博空间规划和行动,以捍卫和推进国家利益。

愿景:在赛博空间域实现和保持优势,以影响对手的行为,为联合部队提供战略和作战优势,并保卫和推进我们的国家利益。

---

① http://www.disa.mil/About

该司令部有三个重点领域：
- 保护国防部信息网（DoDIN）；
- 为战斗指挥官执行任务提供支持；
- 加强美国抵御和应对赛博攻击的能力。

该司令部统一了赛博空间作战的方向。加强国防部的赛博空间能力，并整合和增强国防部的赛博专业知识。USCYBERCOM 提高了国防部运营弹性，可靠的信息和通信网络，应对赛博空间威胁和确保赛博空间访问的能力。USCYBERCOM 正在设计赛博部队结构、培训要求和认证标准，以使各军种能够建立执行指定任务所需的赛博部队。指挥部还与机构间和国际合作伙伴密切合作，执行这些关键任务。①

组织：USCYBERCOM 通过各军种赛博部门执行其使命任务。
- 陆军赛博司令部（ARCYBER）；
- 舰队赛博司令部/第十舰队（FLTCYBER）；
- 第十六航空队/空军赛博部队（AFCYBER）；
- 海军陆战队赛博空间司令部（MARFORCYBER）。

部队：赛博任务部队（Cyber Mission Force，CMF）于 2012 年授权，最初由 133 个小队组成，共有近 6200 名军事和文职人员。CMF 团队有以下几种类型：
- 国家任务部队，通过观察对手的活动、阻止攻击和机动击败对手来保卫国家；
- 作战任务部队，开展军事赛博行动，以支持作战司令部；
- 赛博保护部队，保卫国防部信息网络，保护优先任务，并为作战准备赛博部队。

图 3-8 USCYBERCOM 徽标

2. 联合频谱中心（JSC）

愿景：成为电磁频谱工具、能力、服务、数据和应用工程的首要和值得信赖的提供商。

任务：向参谋长联席会议（JCS）、作战司令部和军事部门提供直接支持，以实现电磁频谱体系（作战、服务、数据、工具/能力）、应用工程、采办和分析，以及缓解电磁环境

---

① https://www.cybercom.mil/About/Mission-and-Vision/

效应（E3），以支持我们的国家安全和军事目标。①

3. 联合通信支持部队（JCSE）

任务：根据命令，JCSE立即部署，向区域作战司令部、特种作战司令部和其他机构提供途中、早期进入、可扩展的C4支持；在72小时内提供额外的C4服务，以支持更大的联合特遣部队/联合特遣舰队司令部（CJTF/CJSOTF）的全方位作战。

组织机构：JCSE是一个联合司令部，由一个总部支援中队（HSS）和通信支援分遣队（CSD）、三个现役中队、两个空军国民警卫队中队和一个陆军预备役中队组成。

3.2.7.5　军种机构

1. 陆军赛博司令部

美国陆军赛博司令部（ARCYBER）是隶属于美国赛博司令部的陆军总部。ARCYBER负责运营和保卫陆军网络，并对对手实施赛博空间作战，以保卫国家。②

任务：美国陆军赛博司令部整合和实施赛博空间作战、电磁战和信息作战，确保友军在/通过赛博域和信息维的决策主导地位和行动自由，同时阻止我们的对手获得同样的权利。

重要事项：

- 运营并积极维护DoDIN，这是最关键和最复杂的优先事项；
- 对全球对手进行赛博空间作战——包括防御和进攻；
- 迅速发展和部署赛博空间能力，以装备我们的部队应对未来与有弹性、适应性强的对手的作战。

组织：

- 美国陆军网络体系技术司令部（NETCOM），是陆军所有网络通信的单一信息技术服务提供商；
- 第一信息作战司令部（陆军），是陆军唯一的现役信息作战组织（旅级）；
- 第780军事情报旅（赛博），该旅开展赛博空间行动，为陆军和联合需求提供支持；
- 赛博保护旅（CPB），被称为猎人旅，是陆军的主要赛博部队。

2. 海军陆战队赛博空间司令部

任务：海军陆战队赛博空间司令部（MARFORCYBER）指挥官，作为USCYBERCOM司令官的代表，代表海军陆战队的能力和利益；协调部署、雇用计划和重新部署计划和调动附属部队。

支持全方位赛博空间作战，包括海军陆战队网络体系行动（MCEN Ops）的规划和指导，支持防御性赛博空间作战（DCO）和进攻性赛博空间行动（OCO），以实现跨所有作战域的行动自由。

直接控制海军陆战队赛博空间作战编队（MCCYWG）。此外，海军陆战队信息作战中心（MCIOC）将直接支持MARFORCYBER进行全方位的赛博作战。③

3. 美国海军舰队赛博司令部/美国第十舰队

美国海军舰队赛博司令部/美国第十舰队（U.S. Fleet Cyber Command/U.S. 10th Fleet, FCC/C10F）已经成长为一支由19000多名现役和预备役水兵和文职人员组成的作战部队，

---

① https://storefront.disa.milkinetic/app/resources/disa/DSO%20JSC%20Overview%20brief.pdf
② http://www.arcyber.army.mil/
③ https://www.marforcyber.marines.mil/About/

在全球范围内分为 26 个现役司令部、40 个赛博任务部队和 29 个预备役司令部。

美国舰队赛博司令部作为第二梯队司令部直接向海军作战部长报告，负责海军信息网络作战、攻防赛博空间作战、太空作战和信号情报。因此，美国舰队赛博司令部是 USCYBER-COM 的海军组成部分、美国战略司令部的海军太空组成部分以及国家安全局/中央安全局下属的海军加密司令部的指挥部门。美国第十舰队是舰队赛博司令部的作战部队，通过类似于特遣部队结构执行其任务。第十舰队通过位于马里兰州乔治米德堡的海上作战中心（MOC）提供作战指导。①

（1）舰队赛博司令部。

任务：计划、协调、整合、同步、指导和开展全方位赛博空间作战活动，以确保海军所有作战域在/通过赛博空间的行动自由，并阻止对手。

愿景：在/通过赛博空间、电磁频谱和太空开展行动，以确保海军和联合/联盟的行动自由和决策优势，同时遏制我们的对手。通过加强我们与美国政府、国防部、学术界、工业界和外国合作伙伴之间的联盟，在这些领域取得胜利。

（2）第十舰队。

任务：计划、监视、指挥、评估、沟通、协调和执行作战行动，使能指挥和控制的顺利执行，并为下级指挥创造条件。

- 作为美国舰队赛博司令部的编号舰队，对美国舰队赛博司令部指定的部队行使作战控制；
- 指导并通过赛博空间、太空和电磁频谱向全球海军指挥官提供所需的战术和作战效果，确保美国舰队赛博司令部指定的任务成功执行。

4. 空军第 16 航空队/空军赛博部队

第 16 航空队/空军赛博部队（AFCYBER）总部位于德克萨斯州圣安东尼奥克兰联合基地。第 16 航空队也被称为空军信息战编号航空队，它集成了多源情报、监视和侦察、赛博战、电子战和信息作战能力，跨越冲突连续体，以确保我们的空军在竞争和战争中快速、精准和充分合作。第 16 航空队（AFCYBER）在作战和战术层面提供信息战的任务保护。②

任务：优化和同步赛博空间的战备、生成、使用和维护；电磁频谱；信息情报、监视和侦察；勘测天气；以及其他相关能力，为作战指挥官和空军部门生成信息战成果。

第 16 航空队在全球范围内包括 9 个联队和一个中心，展现出洞察对手的能力，同时确保并拥有持续应对当前、未来和跨竞争连续体威胁的能力。

5. 海岸警卫队赛博司令部

海岸警卫队赛博司令部（CGCYBER）的任务：

- 保护海岸警卫队赛博空间，操作和机动海岸警卫队任务平台，以确保海岸警卫队在所有领域的任务执行，同时积极保护 DoDIN；
- 支持海岸警卫队行动，在/通过赛博空间交付效果，支持海岸警卫队在海上、空中、陆地和太空的行动；
- 保护海上运输系统，在/通过赛博空间交付效果和能力，保护海上关键基础设施。

---

① https://www.fcc.navy.mil/ABOUT-US/MISSION-VISION/

② https://www.16af.af.mil/

愿景：确保赛博空间的安全，保持领先于对手的优势，保护美国关键的海上基础设施。①

3.2.8　赛博空间威胁技术

敌人使用众多的赛博空间技术来实现他们的目标。其中一些方法如下：②

（1）蛮力攻击。在传统的蛮力攻击中，恶意行为者通过猜测密码来获得对单一账户未经授权的访问权限。但这可能导致目标账户被锁定，因为常用的账户锁定策略仅允许在设定的时间段内进行三到五次错误尝试。

密码喷洒攻击。在密码喷洒攻击中（也被称为"低速"方法），恶意行为者先对许多账户尝试同一密码，然后再尝试第二个密码，如此反复。这种技术通过避免快速或频繁的账户锁定来确保恶意行为者不被发现。

电子邮件应用程序也是目标。在这种情况下，恶意行为者有能力利用收件箱同步化来实现：直接从云端获得未经授权的电子邮件；随后将用户邮件下载到本地存储的电子邮件文件；识别整个公司的电子邮件地址列表；偷偷地执行收件箱规则，以便转发和接收邮件。

（2）加密劫持。当恶意行为者利用网页、软件和操作系统的漏洞，在受害者的设备和系统上非法安装加密软件，有效地劫持了受害者设备和系统的处理能力时，就会发生加密劫持。通过安装加密软件，恶意行为者可以获取加密货币。

加密货币是一种作为交换媒介的数字货币，与其他货币类似。但与其他货币不同的是，加密货币的运营独立于中央银行，并使用加密技术和区块链技术来保护和验证交易。

加密货币挖矿是赚取加密货币的方式。个人通过使用加密采矿软件来解决验证交易中涉及的复杂数学问题来挖掘加密货币。每个解决的方程都会验证一笔交易，并获得以加密货币支付的奖励。

（3）拒绝服务（DoS）攻击。拒绝服务是一种攻击，当恶意行为者阻止合法用户访问信息系统、设备或其他网络资源时就会发生。拒绝服务通过大量流量淹没目标主机或网络，直到目标无法响应或直接崩溃，以阻止合法用户的访问。最常见的攻击方法是攻击者用流量淹没网络服务器。在这种类型的 DoS 攻击中，攻击者向目标服务器发送多个请求，使其流量过载。这些服务请求是不合法的，并且有捏造的返回地址。当服务器试图验证请求者的身份时，会被误导。由于这些垃圾请求被不断处理，服务器不堪重负，这给合法请求者造成了拒绝服务的情况。

（4）分布式拒绝服务（DDoS）攻击是指多台机器共同操作来攻击一个目标。DDoS 攻击者经常利用僵尸网络（一群被劫持的互联网连接设备）来进行大规模的攻击。

指挥和控制。攻击者利用安全漏洞或设备弱点，使用指挥控制软件控制众多设备。一旦被控制，攻击者可以指挥他们的僵尸网络对目标进行 DDoS 攻击。在这种情况下，受感染的设备也是攻击的受害者。

僵尸网络。由被攻击的设备组成，也可能被出租给其他潜在攻击者。通常情况下，僵尸网络被提供给"攻击雇佣"服务，允许不熟练的用户发起 DDoS 攻击。

---

① https://www.dco.uscg.mil/Our-Organization/CGCYBER/
② Strategic Cyberspace Operations Guide. United States Army War College, 28 September 2022：18-22.

物联网（IoT）。随着越来越多的设备通过物联网上线，DDoS 攻击的规模也在增加。物联网设备通常使用默认密码，没有健全的安全策略，使其容易受到破坏和利用。物联网设备的感染往往不为用户所察觉，攻击者可以轻易地控制数十万台这些设备，在设备所有者不知情的情况下进行大规模的攻击。

（5）恶意代码，是不需要的文件或程序，可以对计算机造成伤害或损害存储在计算机上的数据。恶意代码的分类包括病毒、蠕虫和特洛伊木马。

病毒有能力破坏或摧毁计算机系统中的文件，并通过分享已经感染的可移动媒介、打开恶意电子邮件附件和访问恶意网页来传播。

蠕虫是一种在计算机之间自我传播的病毒。它的功能是使用你的计算机的所有资源，这可能导致你的计算机停止响应。

特洛伊木马是隐藏病毒或潜在破坏性程序的计算机程序。免费软件含有木马是很常见的，用户认为他们在使用合法的软件。然而，该程序正在你的计算机上进行恶意操作。

恶意数据文件是不可执行的文件，如微软 Word 文档、Adobe PDF、ZIP 文件或图像文件，它们利用了打开它的软件程序的漏洞。攻击者经常使用恶意数据文件在受害者的系统上安装恶意软件，这些文件通常通过电子邮件、社交媒体和网站传播。

（6）勒索软件（Ransomware）是一种赛博行为者用来拒绝访问系统或数据的恶意软件。它经常通过钓鱼电子邮件传递，并以关键数据和系统为目标进行敲诈。勒索软件经常试图传播到共享存储驱动器和其他可访问系统。恶意行为者将系统或数据作为人质，直到支付赎金。如果收到付款，赛博行为者据称会提供一个渠道，让受害者重新获得对系统或数据的访问。如果要求没有得到满足，则系统或加密的数据仍然不可用，甚至数据可能被删除。

（7）木马软件（Rootkit）是一种可以在你不知情的情况下安装并隐藏在你的计算机上的软件。它可能包含在一个更大的软件包中，或者由一个能够利用你的计算机上漏洞的攻击者安装，或者说服你下载它。Rootkit 不一定是恶意的，但它们可能隐藏恶意活动。如果安装了 Rootkit，用户可能不会意识到他们的计算机已经受到影响，传统的反病毒软件也可能无法检测到恶意程序。攻击者可能访问信息，监视你的行动，修改程序，或在你的计算机上执行其他功能而不被发现。攻击者还在创造更复杂的程序，这些程序会自我更新，从而使它们更难被发现。

（8）社会工程攻击。攻击者利用人与人之间的互动（社交技巧）来获取或破坏有关一个组织或其计算机系统的信息。

网络钓鱼是一种社会工程方法，它利用电子邮件或恶意网站冒充值得信赖的组织来索取个人信息。网络钓鱼的电子邮件经过精心设计，看起来好像是由合法组织或已知个人发出的。这些电子邮件通常诱使用户点击一个链接或打开一个含有恶意代码的附件。在代码运行后，你的计算机可能会被感染上恶意软件。

语音钓鱼是利用语音通信的社会工程方法。这种技术可以与其他形式的社会工程相结合，诱使受害者拨打某个号码并泄露敏感信息。先进的语音钓鱼攻击可以通过利用互联网语音协议（VoIP）解决方案和广播服务，完全通过语音通信进行。VoIP 很容易让来电者身份（ID）被欺骗。

短信钓鱼是一种利用短信息服务（SMS）或文本信息的社会工程形式。短信可能包含网页、电子邮件地址或电话号码等链接，点击后可能会自动打开一个浏览器窗口或电子邮件信息，或拨打一个号码。这种对电子邮件、语音、短信和网络浏览器功能的整合，增加了用户成为被设计的恶意活动受害者的可能性。

（9）间谍软件（Spyware），在未经用户同意的情况下从计算机系统中收集信息。间谍软件可以捕获击键、屏幕截图、认证凭证、个人电子邮件地址、网络表格数据、互联网使用习惯和其他个人信息。这些数据通常被传递给在线攻击者，他们将这些数据卖给其他人或自己用于营销或垃圾邮件，或用于执行金融犯罪或身份盗窃。

键盘记录器捕获键盘事件并记录击键数据，然后将其发送到预定的应用程序进行处理。像大多数其他间谍软件捕获技术一样，基于软件的键盘记录器可以根据关键词或事件打开或关闭其捕获功能。

网络流量是另一个有价值的数据来源。通常从网络捕获中提取的数据包括用户名、密码、电子邮件信息和网络内容。在某些情况下，可以从捕获的数据流中提取和重建整个文件。

（10）无线威胁。启用无线功能的笔记本电脑会使用户面临一些安全威胁。

双面恶魔攻击。攻击者收集公共接入点的信息，然后建立自己的系统来冒充真正的接入点。攻击者将使用比真实接入点产生的信号更强的广播信号。毫无戒心的用户将使用更强的假信号进行连接。由于受害者是通过攻击者的系统连接到互联网的，因此攻击者很容易使用专门的工具来读取受害者通过互联网发送的任何数据。

无线嗅探。许多公共接入点是不安全的，它们携带的流量也没有加密。这可能使你的敏感通信或交易处于危险之中。由于你的连接是"透明"传输的，恶意用户可以使用"嗅探"工具来获取敏感信息，如密码、银行账户号码和信用卡号码。

点对点的连接。许多笔记本电脑在彼此的范围内时，可以创建临时网络。这些网络实现了计算机与计算机之间的连接。攻击者如果将网卡配置为特设模式，并使用与受害者计算机相同的设置，就可能未经授权访问敏感文件。一个不安全的无线网络与不安全的文件共享相结合，会带来灾难。在这些条件下，一个恶意的用户可以访问你允许共享的任何目录和文件。

3.2.9 技术架构

赛博空间是一个重要的作战域，确保海军提供端到端通信、计算和软件应用的能力。太平洋海军信息战中心（NIWC Pacific）的赛博工作涉及计算机网络防御、计算机网络攻击与利用、计算机网络开发和工程的紧密耦合。这使美军能够在赛博域机动，阻止对手有能力做同样的事情，同时保护美国的关键基础设施和信息。[①]

NIWC Pacific 独特的赛博能力包括：
- 整体赛博科学与技术；
- 赛博安全架构与工程；
- 密码、密钥管理和跨域解决方案（CDS）工程；

---

① https://www.niwcpacific.navy.mil/cyber-operations/［Cyber-Fact-sheet-2022-08-25-sm.pdf］

- 计算机网络防御（CND）工程；
- 任务评估的赛博风险/评估和认可/风险管理；
- 渗透测试/法证分析；
- 信息/网络战；
- 进攻性赛博工具开发。

NIWC Pacific 拥有超过 1100 名赛博空间/信息技术员工，其中 94% 以上拥有商业认证。今天，美国海军和其他军种必须采取行动，利用赛博域的技术进步以保持对所有对手的关键作战优势。

如图 3-9 所示是赛博安全技术架构图，主要包括开发赛博安全架构、实现赛博安全标准、项目支持、认证、监控赛博安全防御、评估赛博威胁、评估风险并确定优先级等多个方面。

图 3-9 赛博安全技术架构图

目前的一些赛博项目简介如下。

赛博态势感知：开发海军赛博地形的数据整理、分析、可视化、接口和基础设施能力。

漏洞补救资产管理器：开发/维持一个基于 Web 的资产管理、网络漏洞数据存储库和监控工具，提供网络指令遵从性报告功能。

防御型赛博：发展一种能力，使能海军外部边界到战术边缘的可见性，包括平台 IT 系统和网络，以及在对手快速技术工程和插入的决策周期内的监视和决策支持。

信息保证/赛博安全技术权威：支持海军信息保证技术权威建立、监测，批准技术标准、工具和流程，通过识别和减轻赛博安全风险，改善海军的赛博安全态势，促进海军信息优势地位。

密钥管理工程：支持海军密钥管理基础设施（KMI）/电子密钥管理系统（EKMS）集成。开发/维持下一代密钥管理系统，将操作转变为更安全的自动密钥分发。

赛博安全工程：利用信息系统安全工程，构思、设计、开发和验证信息保证插入到国防部和联邦信息中。

赛博安全风险管理：在已开发系统的生命周期中执行风险评估和缓解措施。

加密现代化工程：工程和软件开发代理，为高保证互联网协议加密器（HAIPE）、战术安全语音（TSV）链路加密器家族（LEF）和传输安全（TRANSEC）产品开发互操作性测试需求和工具；评估密码设备，支持企业获取可互操作的密码解决方案。

计算机网络防御（CND）工程：为舰队提供可伸缩的CND安全解决方案，通过实时保护、检测和反应防止赛博威胁。根据首席技术官的要求，将信息保证工具集成到工程解决方案中。

PKI/身份管理：使用加密登录（CLO）、在线证书状态协议（OCSP）和身份管理为海军资产提供研究、开发、测试和评估（RDT&E）以及维护支持。

赛博工具包：开发海军赛博保护团队工具包和可部署任务支持系统海军工具包。

进攻性赛博工具开发：支持快速开发赛博工具，供海军和海军陆战队在战术海上和远征环境中使用。

赛博安全科学与技术：开展全谱赛博科学研究，从密码算法开发的基础研究到移动应用和环境的应用研究，再到关键基础设施和嵌入式系统赛博安全的更高级研究。

赛博测试：开发工具和技术进行赛博安全评估和操作测试，包括渗透测试和漏洞扫描。

软件保证（Software Assurance）：为NIWC Pacific和PEO C4I海军项目提供软件安全工程和软件安全测试支持。开发工具、实践和流程，以开展软件保证活动，支持海军计划/项目和业务应用。

3.2.10 发展现状

赛博安全涉及三个方面，即赛博利用、赛博访问和赛博控制。[①]

赛博利用是赛博服务的目的，如形成作战体系、进行基于信息系统的体系作战等。赛博利用能力是由赛博服务能力决定的。赛博服务是形成达到期望目标而产生的新的信息，这种目标既可能是物理域，也有可能是信息域、认知域或社会域。赛博服务是赛博空间的核心。

赛博访问是赛博服务的前提，它实现进出敌我赛博空间的功能。传统的基于互联网的赛博访问问题较为简单，但针对军事系统的赛博访问，涉及访问信号的物理达到、赛博地图、赛博导航、赛博侦查、漏洞扫描等一系列的技术。

赛博控制是赛博服务的基础，它包括赛博防御和赛博攻击两个方面。赛博攻击主要通过系列信息作战，产生用来控制敌方赛博系统服务能力的赛博服务，实现破坏或影响敌方的赛博利用能力，以便于己方开展其他军事行动，主要包括对敌方赛博空间的侦查、赛博目标服务能力的判断、赛博攻击方式的选择与指挥控制、赛博攻击和攻击后的效果评估等。

赛博防御是指防范、缓解敌方赛博攻击作用，保持或恢复己方赛博服务能力，确保赛博利用等所采取行动的统称。与赛博攻击相反，赛博防御在所有的国家中均被公开地提出，这

---

① 岑小锋，谢鹏年．赛博安全与赛博对抗技术［J］．国防科技，2016，37（2）：23-29．

主要是出于舆论等方面的考虑。

1. 赛博利用

赛博空间是随着信息技术尤其是集成电路、软件、通信等技术的发展而发展的，而赛博利用则是随着体系作战而产生和发展的。在作战体系形成的早期，主要通过电台、点对点数据链等将卫星、飞机、雷达、地面系统和作战平台等连接起来，形成能提供赛博利用能力的C3I和早期的C4I系统，支持战略级国土防空与核攻击用的指挥自动化。在这一阶段，受集成电路、软件、通信等能力的限制，最明显的赛博利用特征是功能相对单一、赛博系统间的互操作能力差。

20世纪80年代末，尤其是20世纪90年代海湾战争之后，美国等西方国家加强了ISR系统、C4系统和精确制导武器三个领域的整合力度，开始构建从传感器到武器平台的灵活的、无缝的链接系统，如1992年提出"勇士C4I计划"、1993年启动国防信息基础设施建设、1994年三军通用的Link 16投入实用、1996年发布C4ISR体系结构框架、1999年提出建立全球信息栅格等。这一阶段主要是将各类独立的传感器赛博系统通过统一的C4系统与武器平台铰链，形成C4KISR系统，实现互连、互通和互操作，因此赛博利用的最显著特征是强调和发挥火力打击武器的及时优势，实现自动化。

进入21世纪，在美国提出网络中心战概念和开始着手构建全球信息栅格（GIG）以后，赛博空间及其发挥主导作用的赛博利用和由此带来的赛博对抗才逐渐被广泛重视。网络中心战的核心是利用宽带通信技术，将分散部署的陆、海、空、天等各种侦察探测、指挥控制和武器系统等分别形成探测网络、信息网络和交战网络，并通过各类信息作战实现这三类网络内部及三者之间的高度集成。而赛博利用最显著特征就是形成全面的发现、决策和行动的及时优势。尤其值得注意的是，在这一阶段，重点强调的是军事行动，而不仅仅是火力打击。因此其赛博利用的范围将拓展到所有的作战方面，如赛博攻击。

2. 赛博访问

赛博访问实际上是指赛博系统的接入问题，赛博空间一般认为其具有开放、无界性；但事实上，当赛博空间从民用PC+互联网拓展到军事信息系统后，赛博访问才逐渐被重视，且成为当前最重要、最复杂、最难解决的课题。

早期的接入问题相对简单，在"PC+互联网"模式下，由于基本上所有赛博空间中的PC均连接在一起，因此赛博访问需要做的工作就是确定其IP、突破其防火墙、找到需要影响其赛博服务能力的信息及信息操作过程，然后由赛博控制按既定的策略实施攻击。一般为了提高赛博访问的效率，计算机、网络及操作系统、应用软件等提供商/国家会有意或无意地制造漏洞和后门，或者制造木马病毒等工具，待PC使用者在浏览网页、接收电子邮件、使用便携存储设备时不慎下载或打开时植入。

由于大部分军事信息系统与互联网采取了物理隔离的措施，其他信息系统亦采用局域网或非TCP/IP通信协议，因此除了利用谍报人员直接接触对方系统，然后采用上述传统的访问模式外，赛博访问问题就日益复杂了起来，从技术层面上总结起来约有四类：①利用物流、系统供应商等环节预埋各类炸弹或病毒，然后通过其他手段在必要的时候激活；②利用工作人员的失误，通过便携存储设备等数据交换介质潜入；③利用无线技术入侵，如通过无线鼠标、无线键盘等链路、USB电磁频谱等；④利用电力线载波通信技术，如在对方赛博基础设施芯片中预留通过电力线进行数据通信的接口等。

3. 赛博攻击

早期的赛博攻击，主要是指计算机软件病毒及其由此引起的赛博犯罪问题。据 2010 年统计，全球有 4.31 亿成年人成为赛博犯罪的受害者，造成的损失高达 1140 亿美元。另外，由于赛博犯罪引申的赛博攻击武器容易被低成本的获得和掌握，以致成为恐怖分子的常用手段，如 1988 年"莫里斯蠕虫病毒"入侵美国 DOD 主控中心和各级指挥中心，导致 8500 台军用计算机出现各种异常，6000 台计算机无法正常运行，造成上亿美元的直接经济损失等。

如上所述，鉴于网络中心战理论、GIG 基础设施等加速发展，而基于计算机网络的赛博犯罪及恐怖攻击等带来的巨大军事影响，各国不可避免的将军事方向拓展到赛博攻击这一领域。1991 年海湾战争中，美国军方通过情报系统，在伊拉克从法国购买的防空系统中植入了计算机病毒，并在美空袭前利用遥控手段激活了这些病毒，导致美国空军飞临巴格达上空时，伊拉克防空系统已经瘫痪；1999 年科索沃战争时，南联盟对北约进行赛博攻击，使北约的指挥控制系统遭受重创，并导致尼米兹航母的指挥控制系统被迫停止运行 3 个多小时，而白宫网站一整天无法工作等。

进入 21 世纪尤其是 2009 年美国成立赛博司令部以后，赛博攻击对象由计算机软件及网络拓展到包括信息创建、处理、存贮、删除及流转等行为的所有领域。利用国家行为，通过对产品和服务设计、研发及制造的供应链过程进行影响，形成利用全谱能力，制造漏洞，并据此漏洞对敌方所有进行赛博攻击，以达到政治、军事和经济等领域特定效果。具备这种能力的典型实例如 2013 年 8 月，伊朗报道通过干扰无人机遥控链路并采取 GPS 欺骗，诱导美国先进无人机 RQ-170 降落到伊朗机场的赛博作战方式；2007 年 9 月 6 日，以色列 F-15 和 F-16 战机在成功避开叙利亚空防雷达探测之后，对叙利亚东北角一处疑似核设施进行了轰炸。美国有关部门和空军官员称，以色列使用了类似美国舒特机载赛博攻击系统的技术，可以利用无线电波监视叙利亚的雷达系统探测到的内容，并且操控雷达以使之转向，进而欺骗或者控制整个防空系统等。

可以看出，赛博攻击的发展也经历了三个阶段：①非官方人士及组织通过互联网针对计算机系统的黑客攻击；②官/军方通过互联网针对计算机系统的攻击；③官/军方通过有线和无线网络或其他方式针对包含信息创建、处理、存储、删除及流转等行为能力的计算机、网络、作战平台、作战武器等所有信息系统的攻击。

4. 赛博防御

与赛博攻击对应，早期的赛博防御主要针对计算机软件病毒，民用或个人计算机广泛采用防火墙+身份认证+查杀毒软件（或再+数据加解密）的方式，而军用系统一般采用"物理隔离+数据加解密+防火墙+身份认证+查杀毒软件"的模式。

实际上，计算机及网络病毒一般均是由系统供应商有意或无意的软、硬件漏洞造成的。在官方或军方开始主导赛博攻击下，计算机及其网络系统的安全漏洞开始以无意识或潜意识为主逐步过渡到有意识为主，也就是一些国家、组织或供应商利用在计算机芯片、板卡、操作系统、路由器、IP 解析等方面的技术、产品供应与网络管理等优势，在设计使用过程中有意预留了进行各种赛博攻击方式的漏洞，以方便在平时收集和整理对方的情报，在必要时激活并进行赛博攻击。与之对应，赛博防御开始从预防单点的、较为低级的计算机与网络病毒向系统性的预防更加隐蔽、高级的赛博攻击方向过渡，出现了诸如可信计算或透明计算等概念和技术。如可信计算的核心是通过计算机设备认证、数据完整性校验、用户身份认证与权限管理、数据加解密、硬件保护等一系列的技术与综合手段来实现对出问题计算机的合理取证,并对病毒、木马等具有免疫能力;而透明计算的核心则是从用户与软件的信息创建/删除操作、计算机软件的信息处理操作、程序与数据的存储操作、网络与操作系统的信息流转操作等多个层次对信息操作流进行跟踪,以发现信息在操作过程中是否被篡改。

21世纪尤其是2009年美国成立赛博司令部以后,赛博防御也从计算机及其软件、TCP/IP网络拓展到所有的信息系统、有/无线电台与网络。从各类信息基础设施入手,建设具有韧性的联合信息环境,确保国防部所属各级在获取赛博服务时能够实现三个"任意"(Any),即使用任意认证过的设备、在任意时间、在全球任意地点。韧性主要体现在对于多样化任务的适应能力以及对抗环境下的持续赛博服务能力,这种能力不仅包括计算机及网络,而且包括其他所有军事信息系统。

3.2.11 采办项目

赛博安全服务是一个海军项目,它根据舰队赛博司令部/第十舰队司令部(FCC/C10F)的优先要求,开发赛博架构,并为国防部(DoD)和海军部(DoN)赛博利益提供安全工程。赛博服务转变新技术,以应对当前海军赛博挑战。

2018—2019财年的工作包括:

继续与联合信息环境(JIE)(如联合区域安全栈[JRSS]、联合管理系统[JMS]、战术处理节点[TPN]等)进行协调,以确保满足海军战术网络架构要求。为国防部和海军部赛博架构的开发以及新技术的过渡提供安全系统工程支持,以应对海军赛博挑战。提供最新信息,以反映新出现的优先事项,并应对海军特有的威胁。通过赛博可信架构协调虚拟系统司令部(SYSCOM)的赛博安全活动,以确保赛博产品和服务的安全设计和集成在整个海军中保持一致,以实现未来海上、岸上和美国大陆外(OCONUS)网络等重大举措。

为海军关键网络和C4I系统提供赛博风险分析和建议的风险缓解策略。与海军采办部门协调,确保在新出现的海军网络和C4I能力的开发周期内确定并解决赛博需求。继续评估产品的安全问题,并通过适当的赛博安全控制制定设计和整合风险缓解策略的指南和程序。

3.3 加密与密钥管理

3.3.1 加密(CRYPTO)

海军密码学和密钥管理为舰队提供安全的语音和数据功能,确保在竞争环境中安全操作的连续性。PMW 130被指定为美国海军加密现代化计划办公室(CMPO)和通信安全(COMSEC)相关研发工作的采办机构,提供独立密码解决方案和密钥管理解决方案的部署和维护,以实现当前和未来的安全海军语音和数据操作。

3.3.1.1 概况

海军加密（Crypto）项目使传统加密设备现代化，包括通信安全（COMSEC）和传输安全（TRANSEC）设备系列，这些设备分为加密语音、加密数据、加密产品和相关辅助设备。这些设备提供了现代加密解决方案，以取代加密类别中过时的传统设备。

密码学是研究如何隐密地传递信息的学科。在现代特别指对信息以及其传输的数学性研究，常被认为是数学和计算机科学的分支，和信息论也密切相关。著名的密码学者 Ron Rivest 解释道，"密码学是关于如何在敌人存在的环境中通信"，自工程学的角度，这相当于密码学与纯数学的异同。密码学是信息安全等相关议题，如认证、访问控制的核心。密码学的首要目的是隐藏信息的涵义，并不是隐藏信息的存在。密码学也促进了计算机科学，特别是在于计算机与网络安全所使用的技术，如访问控制与信息的保密性。

密码是通信双方按约定的法则进行信息特殊变换的一种重要保密手段。依照这些法则，变明文为密文，称为加密变换；变密文为明文，称为脱密变换。密码在早期仅对文字或数码进行加、脱密变换，随着通信技术的发展，对语音、图像、数据等都可实施加、脱密变换。加/解密流程如图 3-10 所示。

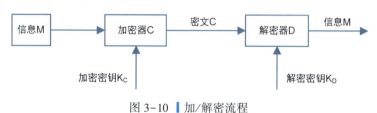

图 3-10 加/解密流程

密码学是在编码与破译的斗争实践中逐步发展起来的，并随着先进科学技术的应用，已成为一门综合性的尖端技术科学。它与语言学、数学、电子学、声学、信息论、计算机科学等有着广泛而密切的联系。它的现实研究成果，特别是各国政府现用的密码编制及破译手段都具有高度的保密性。

进行明文/密文变换的法则，称为密码的体制。指示这种变换的参数，称为密钥。它们是密码编制的重要组成部分。密码体制的基本类型可以分为四种：错乱，即按照规定的图形和线路，改变明文字母或数码等的位置成为密文；代替，即用一个或多个代替表将明文字母或数码等代替为密文；密本，即用预先编定的字母或数字密码组，代替一定的词组单词等变明文为密文；加乱，即用有限元素组成的一串序列作为乱数，按规定的算法，同明文序列相结合变成密文。以上四种密码体制，既可单独使用，也可混合使用，以编制出各种复杂度很高的实用密码。

20 世纪 70 年代以来，一些学者提出了公开密钥体制，即运用单向函数的数学原理，实现加密、脱密密钥的分离。加密密钥是公开的，脱密密钥是保密的。这种新的密码体制，引起了密码学界的广泛注意和探讨。

利用文字和密码的规律，在一定条件下，采取各种技术手段，通过对截取密文的分析，以求得明文，还原密码编制，即破译密码。破译不同强度的密码，对条件的要求也不相同，甚至很不相同。

在密码学中，加密是将明文信息改变为难以读取的密文内容，使之不可读的过程。只有拥有解密方法的对象，经由解密过程，才能将密文还原为正常可读的内容。理想情况下，只有经授权的人员能够读取密文所要传达的信息。加密本身并不能防止信息传输被截取，但加密能防止截取者理解其内容。因为种种技术原因，加密方法通常使用一个通过算法生成的伪随机密钥。虽然任何加密后的消息都可能被破解，但对于一个良好的加密算法而言，破解需要相当多的技术和算力。授权读取信息的人可以轻松通过发信人所提供的密钥解密信息，但未经授权的人员则不行。密码学历史中有众多加密方法；早期的加密方法常用于军事通信。从此开始，现代计算中也出现了众多加密技术，并且加密在现代计算中也变得越来越常见。现代的加密方式通常使用公钥或对称密钥。现代加密技术依赖现代计算机在破解密钥上并不高效的事实来保证其安全性。

随着保密工具变得越来越有价值，破解它们的潜在回报也越来越高，这就引发了密码制定者和密码破解者之间的军备竞赛，因为各国都在进行秘密的、无声的信息战争。对于美国海军来说，这场战斗实际上始于通信安全小组的成立，这是第一个协调海军密码行动的统一组织。尽管海军安全集团司令部（Naval Security Group Command）于 2005 年正式解散并并入海军网络战司令部（Naval Network Warfare Command），但海军密码学的作用仍然与以往一样重要。

密码的日益复杂化以及试图破译它们所涉及的日益艰巨的任务最终导致了世界上第一台可编程电子数字计算机——巨人（Colossus），由英国在第二次世界大战期间开发。这种计算能力的到来很快证明它改变了游戏规则，并最终将密码学的形态带入了数字时代。复杂信息技术和在线连接的全球扩散改变了世界的通信方式，将高级非对称密钥加密置于公共领域，从军事角度来看，不可逆转地改变了战争的进行和速度。

作为高科技数据链路、全球通信网络和先进侦察和监视系统的早期采用者，以及使用这些系统所需人员技能的主要投资者，美国海军在一段时间内相比潜在对手来说享有几乎无与伦比的信息优势。然而，越来越多的国家正在获取和使用更先进的计算机和网络系统，其中一些人正在积极寻求利用弱点来挑战美国长期存在的技术优势。

21 世纪以来，美国海军一直将其与信息相关的举措、资源和人力整合到一个单一的保护伞下，并将信息优势理论整合为海军的核心作战能力。①

3.3.1.2 发展现状

1. 加密现代化一期

美军加密现代化（Crypto Mod）计划由国防部牵头，由国家安全局（NSA）信息保证局领导，使美军全面步入 21 世纪的信息保证功能现代化的一项计划。加密现代化计划的目标是：①在当前情况和新出现的威胁下提供安全、持久和持续的通信；②在所有级别和使用点转换国家安全系统（NSS）的密码安全功能。

它分为三个阶段进行：

- 更换：更换所有有危险的设备；
- 现代化：集成模块化（可编程/嵌入式）加密解决方案；
- 转换：使所有装备符合全球信息栅格（GIG）/NetCentrics（一家云任务应用和网络安全的领先厂商）的要求。

---

① Gareth Evans. After eighty years of Navy cryptography the question is where to next? Naval Technology, June 21, 2016. [https://www.naval-technology.com/features/featureeighty-years-of-navy-cryptography-where-to-next-4922639/]

涉及的设备包括：

（1）所有依靠加密技术提供有保证的保密性、完整性和身份验证服务的C4ISR、IT（信息技术）和武器系统。

（2）硬件、软件、算法和加载设备以实现互联互通。

（3）链路加密器系列（LEF）、第2层/第3层网络加密器（INE）、VINSON/ANDVT加密模块（VACM）、安全语音、密钥管理、战术无线电台等。

采取的行动包括：升级/替换密码产品，以符合加密现代化要求；符合陆军COMSEC现代化实施计划指南（CMIPG）；重点关注Link 16、IFF（敌我识别系统）、ACC（高级加密功能）和战术电台。

加密现代化计划不是美军的一项单一计划，而是一项多组织共同协作实施的计划，旨在升级DoD加密资产。在制定和启动加密现代化计划初期，美军库存的130万种加密设备中，美军预计未来10~15年中将有73%的设备将因为正在进行和计划中的C4ISR系统计划、信息技术现代化计划以及先进的武器平台而被取代。

所有依靠密码技术提供有保证的保密性、完整性和身份验证服务的C4ISR、信息技术和武器系统都将成为这项长期工作的一部分。加密现代化计划是国家安全局、军事部门、作战司令部、国防机构、联合参谋部、联邦政府实体和行业之间紧密集成的合作伙伴关系。

该计划是耗资数十亿美元、历时多年的项目（2004—2018年），目标是改变所有级别和使用点的国家安全系统的密码安全功能。通过利用新兴技术，启动先进的基础架构，同时升级已在运营中使用的旧设备走向现代化。

该计划还直接支持全球信息栅格的DoD愿景。安全配置功能使新的密码系统可以在全球栅格网上的任何地方提供安全的信息传递，同时使用网格本身进行安全配置和供应-无缝集成。

加密现代化计划涉及的设备同时包括Suite A（仅美国）和Suite B支持，可以保护敏感的政府数据以及与北约等联盟伙伴的互操作性。该计划还包括国防部的密钥管理计划，该计划旨在于2015年前完成以基于网络的方法取代烦琐的专用渠道来分发加密密钥。

为了确保加密现代化计划的实施并按期完成，国家安全局还领导了为设备制定标准以防止锁定供应商，好让多家企业竞争研制和生产，特别是高度安全的互联网协议加密器（HAIPE）、链路加密器系列（LEF）等关键设备，并随着需求的更新，构建的加密现代化设备具有在固件更新时添加或替换当前算法的能力。

2. 加密现代化二期

2018年美军全面完成了加密现代化计划一期工作，目前已经开启了加密现代化二期。二期的目标是：①通过更新具有现代功能的美国加密清单来扩展当前的加密现代化计划，以应对当前和未来的威胁；②集成新功能并缓解计划于2020财年第一季度更新的加密现代化初始功能文档中发现的差距。

为此，涉及的项目包括所有依靠加密技术提供有保证的保密性、完整性和身份验证服务的C5ISR、IT和武器系统，为此可能需要物理替换一部分加密清单。

加密现代化计划二期重点还包括密钥管理基础设施（KMI），它是国防部联合需求委员会批准的电子密钥管理系统（EKMS）计划的后续解决方案，自动化的、可通过网络访问的、基于电子的密钥管理和交换的基础设施,为安全地订购、生成、生产、分发、管理和审核加密密钥和产品提供手段。

3.3.1.3 系统功能与组成

Crypto 计划由海军部(DoN)加密现代化计划办公室(CMPO)分管。CMPO 为美国海军(USN)、美国海军陆战队(USMC)和美国海岸警卫队(USCG)采购、安装和提供美国国家安全局(NSA)Type-1 端密码单元的生命周期支持。海军加密海上设备包括通信安全(COMSEC)和传输安全(TRANSEC)设备系列,分为加密语音、加密数据、加密产品和相关辅助设备。这些设备提供现代加密解决方案,以取代所有服务的加密类别中过时的传统设备。

加密数据产品包括:高级加密能力(ACC),在密钥终止日期前为各种通信安全设备提供美国国家安全局授权的加密安全软件现代化;在线网络加密器(INE);KIV-7M(通信安全串行密码替换);KW-46;加密通用外壳(CUE)和 KGV-11M 传输安全。

加密语音产品包括 VINSON/ANDVT 加密现代化(VACM)。VACM 是传统安全语音产品的现代加密产品替代品。

如图 3-11 所示为美军现役航空母舰上安装的主要加密产品,具体如表 3-1 所示。

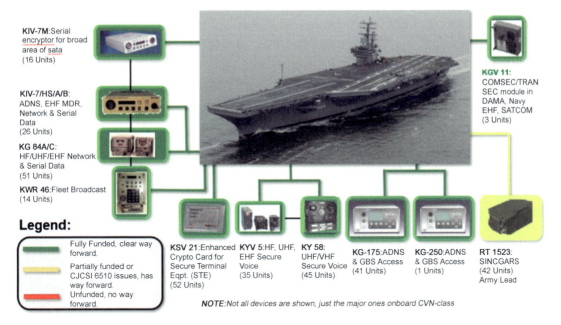

图 3-11 航空母舰上安装的加密产品

表 3-1 美军现役航空母舰上安装的主要加密产品

产品型号	主要功能	安装数量
KIV-7M	链路加密:串行	16
KIV-7HS/A/B	链路加密:ADNS,EHF MDR,网络和串行数据	26
KG-84A/C	HF/UHF/EHF 网络和串行数据	51
KG-175/KG-250	ADNS 和 GBS 接入	41+1

(续)

产品型号	主要功能	安装数量
KGV-11	通信安全、传输安全模块：DAMA, EHF, SATCOM	3
KSV-21	安全终端设备的增强加密卡	52
KWR-46	舰队广播	14
KY-58	UHF/VHF 安全语音（VINSON）	45
KYV-5	HF/UHF/EHF 安全语音（ANDVT）	35
RT-1523	SINCGARS，美国陆军为主	42

3.3.1.4 采办动态

1. 2018 财年美国海军加密业务要点

根据参谋长联席会议主席指令（CJCSI）6510 以及美国国家安全局（NSA）计划取消认证的授权，现代化加密设备将取代传统加密设备，从而改善海军的赛博防御态势。对于高级加密能力（ACC），采购策略将遵循美国国家安全局关于强制软件升级的指示。计划中的 KGV-11M 项目将由海军领导。

2018 财年的增长将使传输安全（TRANSEC）通用软件现代化，包括基于 THORNTON TRANSEC 算法现代化（TTAM）的 KGV-11M 加密核心。规范算法现代化由 CJCSI 6510 授权，以满足授权的国家安全局关键日期。TRANSEC 算法现代化授权保护关键 UHF 电路免受未经授权的访问、欺骗和拒绝服务；完成 KGV-11M TRANSEC 端加密单元（ECU）开发的合同授予；为基于 TRANSEC 和高级加密能力（ACC）的设备制定过渡计划，以支持加密现代化；继续 TRANSEC 替代产品开发和开发测试，重点是 KGV-11M 装置；继续为海军部（DoN）加密系统和可嵌入加密现代化战略的现代化提供开发和安全工程；继续与 NSA 合作，为所有加密现代化工作提供认证机构、获取机构和数据测试。继续调查即将到来的 NSA 安全增强对加密现代化产品的影响；在多个产品中继续开发和测试 ACC 解决方案；对加密现代化产品的新软件功能进行测试和评估；继续对 VINSON/ANDVT 加密现代化（VACM）辅助设备进行现代化改造；继续制定海军战略和实施计划，使海军网络内的安全语音架构现代化。

2019 财年的增长是为了继续开发各种通信安全（COMSEC）设备的高级加密能力安全软件，以及能够接收软件更新的加密设备的兼容性。

2. 美国海军要求 ViaSat 在 MIDS-LVT 系统中实现加密现代化

2020 年 6 月，美国海军授予 ViaSat 公司 7540 万美元合同，用于在美国军事安全数字数据和语音通信系统中实现加密现代化并提高数据吞吐量。NAVWAR 的官员要求 ViaSat 对多功能信息分发系统——低容量终端（MIDS-LVT）进行 Block Ⅱ 改造。这些终端为海军、空军和陆军系统以及美国盟友提供安全、大容量、抗干扰的数字数据和语音通信能力，如图 3-12 所示。[①] 该订单是一项长期计划的一部分，旨在满足美国和盟军对机载、舰载和地面部队之间通信的要求。这些终端正在美国海军 F/A-18E/F、美国空军 F-16、B-1、B-2

---

① John Keller. Navy asks ViaSat to modernize cryptography in MIDS-LVT secure communications networking for military systems. Military Aerospace, June 4, 2020. [https://www.militaryaerospace.com/communications/article/14177117/secure-communications-cryptography]

和 B-52 以及美国和盟国海军舰艇上安装。根据合同，ViaSat 将在加利福尼亚州卡尔斯巴德开展工作，并在 2024 年 5 月之前完成。MIDS-LVT 系统为飞机、舰船和地面应用提供高容量、抗干扰的数字数据和语音安全通信能力。MIDS-LVT Block Ⅱ 涉及加密现代化、增强的吞吐量和频率重新映射要求。MIDS-LVT 旨在以相对较低的质量、体积和成本提供安全的 Link 16 功能。Link 16 提供实时数据通信、态势感知和导航，在某些情况下还提供数字语音，所有这些都在一个抗干扰、加密安全的信息安全包中。

图 3-12 ViaSat 公司 MIDS-LVT 系统

3. 美国海军授予通用动力语音系统工程合同

2019 年 1 月，美国海军空间与海战系统司令部（SPAWAR）大西洋中心授予通用动力信息技术（GDS）语音系统工程合同，为全球海军提供安全通信能力。单次授予、无限期交付、无限量合同的上限为 9120 万美元。

合同要求 GDIT 为海军的安全语音系统提供系统工程和生命周期维持支持，其中包括 VINSON/ANDVT 加密现代化（VACM）、自动化数字网络系统（ADNS）、国防红色交换机网络、战术海岸网关和其他安全语音系统和设备。工作在全球范围内进行，计划于 2023 年 11 月完成。如果行使选择权，工作可能会持续到 2028 年 6 月。[①]

3.3.2 简单密钥加载器（SKL）

3.3.2.1 概况

简单密钥加载器（Simple Key Loader，SKL）属于"填充设备"系列的一部分，是用于将密钥加载到加密机中的电子模块。简单的密钥加载器通常是手持式的，由电池供电，可在现场使用。它是政府专用的销售物品，供美国国家安全局和中央情报局等军事部门和团体使用。

---

① Navy Awards General Dynamics Voice Systems Engineering Contract. General Dynamics Information Technology, Inc., January 9, 2019.［https://www.gdit.com/about-gdit/press-releases/navy-awards-general-dynamics-voice-systems-engineering-contract/］

简单性是 SKL 的另一个关键特性，因为一旦设置了设备，用户只需按一个按钮即可填充密钥槽，这个过程得到了进一步简化，因为士兵只拿了他们巡逻所需的密钥，而不是拿走整个数据库。如果由于某种原因通信设备（例如无线电）受到损害，则整个结构并未完全受到损害。使用战术密钥加载器，无线电可以快速加载新的密钥。此外，使用战术密钥加载器消除了携带额外电缆的需要，因为它的手动端口允许士兵将设备直接夹在无线电上以加载密钥。

3.3.2.2 发展现状

武装部队当前使用的 SKL 型号是 AN/PYQ-10，如图 3-13 所示。该设备由国际科学应用公司（SAIC）与美国陆军、国家安全局合作开发。它是一种现场设备，用于在兼容的加密和通信设备之间传输数据。通俗地说，SKL 是一种解读编码信息的方法。如果没有存储在 SKL 上的加密密钥，就无法将数据从密文转换为明文。它也可以反向工作，使用设备激活传输加密。

SKL 旨在补充并最终取代 AN/CYZ-10 数据传输设备（DTD）。PYQ-10 提供了当前驻留在 CYZ-10 中的所有功能，并结合了新功能，可提供对 COMSEC 密钥、电子保护数据和信号操作指令（SOI）的简化管理。加密功能由国家安全局（NSA）开发的嵌入式 KOV-21 卡执行。AN/PYQ-10 支持 DS-101 和 DS-102 接口，以及 KSD-64 点火密钥（Crypto Ignition Key，CIK）。SKL 向后兼容现有的终端加密单元（ECU），并向前兼容未来的安全设备和系统，包括 NSA 的密钥管理基础设施（KMI）。

图 3-13 SNC 公司生产简单密钥加载器 AN/PYQ-10①

有几家公司为美国政府制造简单密钥加载器（SKL）。

Sierra Nevada 公司（SNC）生产了一种手持式计算机"电子密钥扣"，100,000 台这样的设备已经投入使用。该型号取代了数据传输设备，更轻、更坚固、更先进。

Sypris Electronics 公司生产了一种类似的设备，称为真正的简单密钥加载器（Really Simple Key Loader，RASKL）。它的设计非常人性化和便携，质量不到 1 磅。该公司与国防部签订了一份价值 2 亿美元的合同，用于生产 RASKL。

美国政府关注的另一个重要问题是这些设备在战场内外的存储。这些设备通常对战术或战略安全至关重要，因此需要加以保护。Safe&Vault 销售由汉密尔顿集团制造的各种 GSA 批准的保险箱和集装箱。②

2020 年 8 月 28 日，Sierra Nevada 公司获得美国陆军合同，继续生产支持安全通信的加密设备 SKL。③

---

① Simple Key Loader AN/PYQ-10. Sierra Neada Corporation, 2009. [SNC-SKL Product Sheet. pdf]
② Simple Key Loaders | Storing Classified Materials. Safe and Vault. com. [2022-8-10] [https://www.safeandvault.com/faq/115-gsa-containers/703-key-loaders-gsa-security]
③ https://www.army-technology.com/news/snc-us-army-encryption-device-production/

3.3.3 战术密钥加载器（TKL）

3.3.3.1 概况

战术密钥加载器（Tactical Key Loader，TKL，型号 KIK-11）是一种微型设备，用于加载和删除安全语音和数据通信的密钥，同时提供物理和电子保护，防止敌人入侵。TKL 在功能上取代了 KYK-13，供海军陆战队和海军特种作战人员在战场上使用。作战管理辅助（BMA）功能与单通道地面和机载无线电系统（SINCGARS）兼容，并将与传统、现代和未来的电子控制单元完全互操作。

KIK-11 战术密钥加载器是一个软件可编程解决方案，制造商为 L3 哈里斯公司（L3Harris），如图 3-14 所示。这是一种加固的密钥管理设备，支持接收、存储和向国防部和其他政府机构终端密码单元或战术无线电发送/填充电子密钥。支持灵活升级，以添加现有和新的无线电配置文件版本。这包括与所有 L3 哈里斯公司 Falcon Ⅱ、Falcon Ⅲ 和 Falcon Ⅳ 无线电以及许多其他采用 NSA 高级加密技术的制造商设备的兼容性。

图 3-14 战术密钥加载器 KIK-11

小巧轻便、坚固耐用的 TKL 采用即时启动和简化的按键填充过程，只需按下一个按钮。这个小巧轻便的解决方案专为戴手套操作而设计，坚固耐用，可承受前沿部署团队面临的苛刻条件。KIK-11 包括 40 个密钥的存储空间和 12 个快速装载槽，方便装载最常用的密钥。

绝密数据和密钥由久经考验的 L3 哈里斯公司 Sierra Ⅱ 专用集成电路（ASIC）加密模块保护。L3 哈里斯公司加密点火密钥（CIK）通电要求和 CIK 独立用户功能防止了未经授权的操作。TKL 向后兼容 EKMS 2 级和 3 级设备，支持 SINCGARS 加载集数据以及现代密钥长度和密钥类型。任务计划可以由 TKL 通过通用串行总线（USB）加载，用于无线电配置。这使得能够从一个设备简单地加载带有任务和密钥的无线电。①

3.3.3.2 发展现状

TKL 是相比简单密钥加载器（SKL）的更小、更快的版本，目前在军中部署。TKL 使用了经过验证的技术，这些技术已在其他军种的特种部队的战斗中发挥作用。

战术密钥加载器（TKL）加密密钥设备响应陆军对小型下一代加载设备（NGLD-S）的要求，在特种部队任务期间提供紧急、时间敏感和安全通信的关键指挥控制。

PEO C3T 于 2021 年 3 月在美国陆军特种作战司令部（USASOC）下的陆军特种作战部队中完成了 NGLD-S TKL 的部署。②

---

① cs-tcom-kik-11-tactical-key-loader-datasheet

② Kathryn Bailey, PEO C3T Public Affairs. Special Forces get a small yet powerful cyber support device. U. S. Army, June 1, 2021. [https://www.army.mil/article/247078/special_forces_get_a_small_yet_powerful_cyber_support_device]

为了满足对特种作战设计的加密密钥设备的迫切需求，COMSEC 团队在不到 16 个月的时间内在全球范围内采购并全面部署了 NGLD-S TKL。该团队目前正在为 NGLD-M（中型）进行资源选择，在 2021 财年第四季度授予最多两份合同。NGLD-M 将能够存储超过 10,000 个密钥，并被指定用于替代 SKL，用于战术、战略和企业网络位置。

3.3.3.3 技术特点

TKL 是为巡逻的小部队而设计的，其增强的电池能力提供了 40 小时不间断的加密密钥性能，其功能的提升使我们能够在几秒内启动和登录，而在 SKL 上执行相同功能需数分钟。

简单是 TKL 的另一个关键特性，因为一旦设置好设备，用户只需按下一个按钮即可填充键槽。该过程进一步简化，因为士兵只拿走他们在巡逻所需的密钥，而不是拿走整个数据库。如果出于某种原因，诸如无线电之类的通信设备受到损害，则整个结构并未完全受到损害。使用 TKL 后，剩余的无线电可以快速加载新密钥。

此外，使用 TKL 消除了携带额外电缆的需要，因为它的手动端口允许士兵将设备直接夹在无线电上以加载密钥。

3.3.4 密钥管理基础设施（KMI）

3.3.4.1 概况

密钥管理基础设施（Key Management Infrastructure，KMI）是一个密码系统中加密密钥的管理部分。它包括密钥的生成、交换、存储、使用、密钥销毁以及密钥更替的处理，涉及密码学协议设计、密钥服务器、用户程序，以及其他相关协议。

密钥管理基础设施是电子网络信任体系的基础，能够为证书系统、多种密码设备和密码应用提供密钥支撑服务。密钥管理基础设施是信任体系的安全基础，不管是作为基础设施的 CA（认证机构）还是信任服务，其服务的安全性和可靠性都依赖密钥管理基础设施。[①]

密钥管理关注用户层面或用户与系统之间的密钥，这与密钥调度不同，密钥调度通常指密码内部轮运算中内部密钥的生成和处理这一过程。

成功的密钥管理对密码系统的安全性至关重要。密钥管理在某种意义上比纯数学的密码学更加具有挑战，因为它涉及系统策略、用户培训、组织和部门的相互作用，以及上述所有元素之间的协调，而这些过程往往和密码学的其他组件不同，因为这些过程无法自动完成。

KMI 为所有加密密钥材料、对称密钥以及公钥和公钥证书提供生成、生产、存储、保护、分发、控制、跟踪和销毁的框架和服务。

作战司令部、军种、国防部机构、其他联邦政府机构、联盟伙伴和盟国将使用 KMI 提供安全和可互操作的加密密钥生成、分发和管理能力，以支持任务关键系统、全球信息栅格（GIG）和加密现代化等。军种成员将使用 KMI 加密产品和服务，为各种系统（如敌我识别、GPS、先进极高频卫星系统和战术作战人员信息网络）提供安全服务（保密性、不可否认性、认证和源认证）。

主要供应商包括 Leidos、通用动力信息安全部、BAE 系统、L3 系统等公司。

---

① 刘颖. 密钥管理基础设施中的非对称密钥管理系统设计［D］. 上海：上海交通大学，2008.

3.3.4.2 系统功能与组成

密钥管理基础设施（KMI）是国家安全局（NSA）主导的项目，负责 COMSEC 密钥管理、会计和分发。具体来说，KMI 为所有 NSA 批准的加密系统生成和分发电子密钥材料。使用标准填充设备（即 AN/PYQ-10 或 KIK-11）将电子密钥加载到加密系统中，并指导 NSA 生产的密钥材料的分发。此外，KMI 执行账户注册、特权管理、订购、分发和会计，以指导服务的物理 COMSEC（即受控加密项目或硬复制密钥）材料的管理和分发。通用的 KMI 组件和标准促进了武装部队之间的互操作性和通用性。

KMI 旨在取代传统的电子密钥管理系统（EKMS），提供一种安全订购、生成、生产、分发、管理和审计密码产品的手段，例如，非对称密钥、对称密钥、手动密码系统和密码应用程序等。

KMI Spiral 1 由在国家安全局运营的单个站点上提供网络操作的核心节点组成，它们和分布在全球的单个客户节点为国防部、情报机构和各部局提供安全密钥和软件供应服务。Spiral 2 将通过对 Spiral 1 基线的软件增强提供改进的能力。

KMI 将大量的定制软硬件开发与 COTS 计算机组件相结合。定制硬件包括用于自治密码密钥生成的高级密钥处理器（AKP）和用于基于角色的用户身份验证的 Type-1 用户令牌。提供用户操作的 COTS 组件包括客户端主机、高保证互联网协议加密器（HAIPE）KG-250、显示器、键盘、鼠标、打印机和条形码扫描仪，如图 3-15 所示。

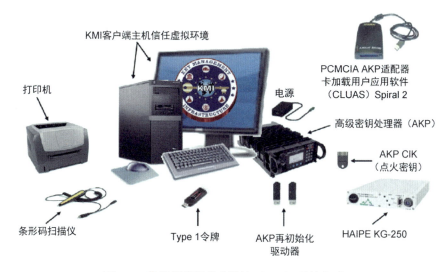

图 3-15　密钥管理基础设施（KMI）系统组成

密钥管理通常包括三个步骤：交换、存储和使用。

1. 密钥交换

在进行任何安全通信之前，用户必须设置加密的详细信息。在某些情况下，这可能需要交换相同的密钥（在对称密钥系统的情况下）。在其他情况下，它可能需要拥有对方的公钥。虽然公钥可以公开交换（其对应的私钥保密），但对称密钥必须通过安全的通信通道进行交换。以前，交换这样的密钥是非常麻烦的，通过外交包等安全通道可以大大缓解。对称密钥的明文交换将使任何拦截器能够立即获知密钥和任何加密数据。

20 世纪 70 年代公钥密码学的进步使密钥交换变得不那么麻烦。1975 年发布 Diffie-Hellman 密钥交换协议以来，通过不安全的通信渠道交换密钥已成为可能，这大大降低了分发过程中密钥泄露的风险。使用类似于书籍代码的东西，可以将关键指标作为明文附加到加密消息中。Richard Sorge 的代码职员使用的加密技术就是这种类型，指的是统计手册中的一页，尽管它实际上是一个代码。德军之谜对称加密密钥在其使用早期是一种混合类型；密钥是秘密分发的密钥计划和用户为每条消息选择的会话密钥组件的组合。

在更现代的系统中，例如 OpenPGP 兼容系统，对称密钥算法的会话密钥通过非对称密钥算法加密分发。这种方法甚至避免了使用像 Diffie-Hellman 密钥交换这样的密钥交换协议的必要性。

另一种密钥交换方法涉及将一个密钥封装在另一个密钥中。通常使用某种安全方法生成和交换主密钥。这种方法通常很麻烦或成本高昂（例如，将主密钥分成多个部分并使用受信任的信使发送每个部分），不适合大规模使用。一旦安全地交换了主密钥，它就可以用于轻松地安全地交换后续密钥。这种技术通常被称为密钥包装。一种常见的技术使用分组密码和加密散列函数。

一种相关的方法是交换主密钥（有时称为根密钥）并根据需要从该密钥和一些其他数据（通常称为多样化数据）中导出辅助密钥。这种方法最常见的用途可能是基于智能卡的密码系统，例如银行卡中的密码系统。银行或信用网络在安全生产设施生产卡期间将其密钥嵌入卡的安全密钥存储中。然后在销售点卡和读卡器都能够根据共享密钥和卡特定数据（例如卡序列号）派生一组通用会话密钥。当密钥必须相互关联时也可以使用此方法（即部门密钥与部门密钥相关联，而个人密钥与部门密钥相关联）。但是，以这种方式将密钥相互绑定会增加安全漏洞可能导致的损害，因为攻击者将了解有关多个密钥的信息。对于攻击者而言，这减少了所涉及的每个密钥的熵。

2. 密钥存储

无论如何分布，密钥都必须安全存储以维护通信安全。安全性是一个大问题，因此有多种技术可以做到这一点。最常见的可能是加密应用程序为用户管理密钥并依赖访问密码来控制密钥的使用。同样，在智能手机无密钥访问平台的情况下，它们将所有识别门的信息与手机和服务器隔离开来，并对所有数据进行加密，就像低技术密钥一样，用户只将密码提供给他们信任的人。

在监管方面，很少有深入解决密钥存储的问题。"有些包含最低限度的指导，例如'不要将密钥与加密数据一起存储'或建议'应安全保存密钥'。"其中值得注意的例外是 PCI DSS 3.2.1、NIST 800-53 和 NIST 800-57。

为获得最佳安全性，密钥可以存储在硬件安全模块（HSM）中或使用可信执行环境（TEE，例如英特尔 SGX）或多方计算等技术进行保护。其他替代方案包括使用可信平台模块、虚拟 HSM，即"穷人的硬件安全模块"（pmHSM）、或具有支持系统的非易失性现场可编程门阵列（FPGA）片上配置。为了在不影响实际值的情况下验证存储的密钥的完整性，使用密钥检查值（KCV）可以使用算法。

3. 密钥使用

主要问题是使用密钥的时间，应提高密钥更换频率。因为它增加了任何攻击者所需的工作量，所以应该经常更改密钥。这也限制了信息的丢失，因为在找到密钥时将变得可读的存储的加密消息的数量将随着密钥更改频率的增加而减少。从历史上看，对称密钥已经在密钥交换非常困难或只能间歇性地进行的情况下使用了很长时间。在理想情况下，对称密钥应该随着每条消息或交互而改变，因此如果密钥被学习（如被盗、密码分析或社会工程），则只有该消息变得可读。

3.3.5 公钥基础设施（PKI）

3.3.5.1 概况

公钥基础设施（Public Key Infrastructure，PKI）是一个包括硬件、软件、人员、策略和规程的集合，用来实现基于公钥密码体制的密钥和证书的产生、管理、存储、分发和撤销等功能。PKI 为安全电子交易的数字证书的生成、管理和交付，以及网络、应用程序、Web 服务器和安全电子邮件的基于硬件证书的双向认证提供了安全的基础设施。

PKI 体系是计算机软硬件、权威机构及应用系统的结合。它为实施电子商务、电子政务、办公自动化等提供了基本的安全服务，从而使那些彼此不认识或距离很远的用户能通过信任链安全地交流。

海军 PKI 工作是国防部 PKI 采办类别 ACAT IAM 项目的一部分。它由国家安全局采办主管作为项目经理，负责国防部采办、技术和后勤的副部长（USD（AT&L））作为里程碑决策机构的指导。DoD PKI 项目管理办公室在 DoD 首席信息官的授权下，开发和测试 PKI 产品，并负责满足 DoD PKI 项目的法律法规要求。PMW 130 提供海军 PKI 产品和服务的集成测试和初始部署。海军 PKI 在非密互联网协议路由网络（NIPRNET）和保密互联网协议路由网络（SIPRNET）上提供增强的身份保证。该项目的目的是为海上舰船和潜艇、美国大陆以外（OCONUS）和美国大陆（CONUS）的非海军/海军陆战队内部网（NMCI）网络实施 PKI 产品。PKI 功能包括安全的官方电子邮件、对 Web 服务器和应用程序的基于证书的双向身份验证、安全的电子交易、以及网络的加密登录。这些以网络为中心的功能通过信息保护和有保证的交付来支持网络安全。

海军 PKI 项目将身份和访问管理（IdAM）制度化，以便个人和非个人实体能够安全地访问所有授权的国防部资源。

3.3.5.2 发展现状

美国的 PKI 建设过程经历了 1996 年之前的无序、1996—2002 年以 FBCA 为核心的体系搭建、2003 之后策略管理和体系建设并举的三个阶段。1996 年以前，很多政府部门自建 PKI 系统，例如美国邮政服务部门、社会安全部门、美国国防部、能源部、美国商标与知识产权局等。1996 年美国提出联邦桥接计划，并于 2001 年正式公布，计划最终建立一个覆盖美国 80 个机构、19 个部的 PKI 以保护电子政府的通信安全。

美国联邦 PKI 体系主要由联邦的桥认证机构（Federal Bridge Certification Authority，FBCA）、首级认证机构（Principal CA，PCA）和次级认证机构（Subordinate CA，SCA）等组成。联邦 PKI 的体系结构中没有采用根 CA，而采用了首级 CA。这是因为在美国，信任域的结构是多种多样的，美国联邦 PKI 体系结构可以支持分级（树状）结构、网状结构和信任列表等。联邦的桥 CA 是联邦 PKI 体系中的核心组织，是不同信任域之间的桥梁，主要负责为不同信任域首级 CA 颁发交叉认证的证书，建立各个信任域的担保等级与联邦 CA 的担保等级之间的映射关系，更新交叉认证证书，发布交叉认证证书注销黑名单。但是联邦的桥 CA 不要求一个机构在与另一个机构发生信任关系时必须遵循联邦 PKI 所确定的这种映射关系，而是可以采用它认为合适的映射关系确定彼此之间的信任。

PKI 是美国国家安全局和国防信息系统局（DISA）联合领导的 ACAT I 项目。负责采办、技术和后勤的国防部副部长（USD（AT&L））是里程碑决策机构（MDA）。海军 PKI 项目支持国防部在海军海上、非海军陆战队内联网（NMCI）、美国大陆以外（OCONUS）网络和其他例外网络上实施 PKI 产品和服务。

2018 财年：继续遵守海军与国防部公钥基础设施（PKI）实施、加密算法和开发工作的兼容性，包括计算机网络防御（CND）、椭圆曲线加密（ECC）、安全哈希算法（SHA-256）和其他加密方法、海军证书验证基础设施（NCVI）、通用访问卡（CAC）、备用登录令牌（ALT）和 SIPRNet 令牌。研究、测试和评估 NIPRNet 企业备用令牌系统（NEATS）、非个人实体（NPE）、支持移动设备的 PKI 认证能力、身份和访问管理（IdAM）技术以及实时自动人员识别系统（RAPID）操作系统（OS）。

2019 财年：继续遵守海军与国防部 PKI 实施、加密算法和开发工作的兼容性，包括 CND、ECC、SHA-256 和其他加密方法、NCVI、CAC、ALT 和 SIPRNet 令牌。继续研究、测试和评估 NEATS、NPE、PKI 认证能力、IdAM 技术和 RAPID OS。

3.3.5.3　系统功能与组成

一个典型的 PKI 系统包括 PKI 策略、软硬件系统、证书机构 CA、注册机构 RA、证书发布系统和 PKI 应用等。

（1）PKI 安全策略：建立和定义了一个组织信息安全方面的指导方针，同时也定义了密码系统使用的处理方法和原则。它包括一个组织怎样处理密钥和有价值的信息，根据风险的级别定义安全控制的级别。

（2）证书机构 CA：证书机构 CA 是 PKI 的信任基础，它管理公钥的整个生命周期，其作用包括发放证书、规定证书的有效期和通过发布证书废除列表确保必要时可以废除证书。

（3）注册机构 RA：注册机构 RA 提供用户和 CA 之间的一个接口，它获取并认证用户的身份，向 CA 提出证书请求。它主要完成收集用户信息和确认用户身份的功能。这里的用户是指将要向认证中心申请数字证书的客户，可以是个人，也可以是集团或团体、某政府机构等。注册管理一般由一个独立的注册机构（即 RA）来承担。它接受用户的注册申请，审查用户的申请资格，并决定是否同意 CA 给其签发数字证书。注册机构并不给用户签发证书，而只是对用户进行资格审查。因此，RA 可以设置在直接面对客户的业务部门，如银行的营业部、机构认识部门等。当然，对于一个规模较小的 PKI 应用系统来说，可把注册管理的职能由认证中心 CA 来完成，而不设立独立运行的 RA。但这并不是取消了 PKI 的注册功能，而只是将其作为 CA 的一项功能而已。PKI 国际标准推荐由一个独立的 RA 来完成注册管理的任务，可以增强应用系统的安全。

（4）证书发布系统：证书发布系统负责证书的发放，如可以通过用户自己，或是通过目录服务器发放。目录服务器可以是一个组织中现存的，也可以是 PKI 方案中提供的。

（5）PKI 的应用：PKI 的应用非常广泛，包括应用在 Web 服务器和浏览器之间的通信、电子邮件、电子数据交换、在 Internet 上的信用卡交易和虚拟私有网（VPN）等。

PKI 融合了非对称和对称加密，对称和非对称加密都有自己的优势和最佳用例场景，这就是将两者结合起来在 PKI 中如此强大的原因。

PKI 系统包括：实时自动个人身份识别系统（RAPID）硬件/软件、海军证书验证基础设施（NCVI）、保密互联网协议路由网络（SIPRNet）和非密互联网协议路由网络（NIPRNet）硬件/软件以及登录令牌产品终端产品。

3.3.5.4 技术特点

PKI 提供"信任服务"——简单来说，信任实体的行为或输出，无论是人还是计算机。信任服务目标包括以下一项或多项能力：保密性、完整性和可用性（CIA）。

保密性：保证没有实体可以恶意或无意地以明文形式查看有效负载。数据被加密以使其保密，这样即使它被读取，它也会像乱码一样出现。出于保密目的，PKI 最常见的用途可能是在传输层安全性（TLS）的上下文中。TLS 是一种支持传输中（即传输期间）数据安全的能力。TLS 保密性的典型示例是使用 Internet 浏览器通过输入密码登录到基于 Internet 的网站上托管的服务。

完整性：保证如果一个实体以最轻微的方式更改（篡改）传输的数据，很明显它会发生，因为它的完整性会受到损害。通常，防止完整性受到损害（防篡改）并不是最重要的，但是，最重要的是，如果完整性受到损害，则有明确的证据表明它已经这样做了（防篡改）。

真实性：确保确定连接到的内容，或在连接到受保护的服务时证明您的合法性。前者称为服务器端身份验证，通常在使用密码对 Web 服务器进行身份验证时使用。后者称为客户端身份验证，有时在使用智能卡（托管数字证书和私钥）进行身份验证时使用。

3.3.6 电子密钥管理系统（EKMS）

3.3.6.1 概况

在安全领域里，选择一个足够安全的加密算法不是困难的事情，难的是密钥管理。在一些实际的攻击案例中，直接攻击加密算法的案例很少，而因为没有妥善管理密钥而导致的安全事件却很多。对于攻击者来说，他们不需要正面破解加密算法，如果能够通过一些方法获得密钥，则事半功倍。密钥管理就是在授权各方之间建立和维护密钥关系的一整套技术和程序。密钥管理是密码学的一个重要分支，也是密码学最重要、最困难的部分，在一定的安全策略指导下完成密钥从产生到最终销毁的整个过程，包括密钥的生成、存储、分配和协商、使用、备份/恢复、更新、撤销、存档和销毁等。

密钥管理的主要目的是防止密钥从非正常的渠道泄露。定期更换密钥也是一种有效的做法。一个比较安全的密钥管理系统，可以将所有的密钥（包括一些敏感配置文件）都集中保存在一个服务器（集群）上，并通过 Web Service 的方式提供获取密钥的 API。每个 Web 应用在需要使用密钥时，通过带认证信息的 API 请求密钥管理系统，动态获取密钥。Web 应用不能把密钥写入本地文件中，只能加载到内存，这样动态获取密钥最大程度地保护了密钥的私密性。密钥集中管理，降低了系统对于密钥的耦合性，也有利于定期更换密钥。

电子密钥管理系统（Electronic Key Management System，EKMS）是美国国家安全局领导的负责通信安全（COMSEC）密钥管理、审计和分发的项目。具体来说，EKMS 为所有使用标准填充设备加载密钥的 NSA 加密系统生成和分发电子密钥材料。此外，EKMS 还执行账户注册、权限管理、订购、分发和记账等功能，以指导相关物理通信安全材料的管理和分发。通用 EKMS 组件和标准促进了武装部队和民间机构之间的互操作性和通用性。

EKMS 实施的目标是通过减少分发过程中对键盘的访问，减少键盘被利用的可能性。电子密钥管理系统具有下述一些功能：监视和记录与安全保密有关事项的自动审计能力；账目登记、系统扩充；可对系统内的敏感密钥数据和功能提供灵活访问控制的操作员特权管理技术。公共 EKMS 的部件和标准将推进各军种的互操作性和共用性。

3.3.6.2 系统功能与组成

EKMS 从由 NSA 运营的中央设施开始，它为军种和其他政府机构提供广泛的功能，整个 EKMS 体系结构由 4 层（Tiers）或 4 层以上组成。每一层都是更高层的一部分。例如，第 3 层（本地元素）就是第 2 层（EKMS 账户）中必不可少的一部分。[①]

第 0 层（中央设施）：EKMS 第 0 层由国家安全局（NSA）的米德堡和芬克斯堡关键设施组成。第 0 层为所有形式的通信安全密钥提供集中密钥管理服务。

第 1 层：EKMS 的这一层充当中间密钥生成和分发中心、中央记录办公室（COR）、权限管理器、权限注册器等功能角色，该系统的管理是一项涉及海军、NSA、联合参谋部（J6）、陆军和空军的合作工作。

通用层 1（CT1）——由两个主要的一级站点（得克萨斯州圣安东尼奥市拉克兰空军基地和亚利桑那州瓦丘卡堡）和几个服务站点的其他物流处理系统组成，包含用于记账的物理 EKMS 服务器，并将为大型网络提供许多传统密钥类型的生成和分发。

军种基本层 1 分段（PT1S）——这是一个术语，用于指定对部分二层账户负有主要 COR（中央记录办公室）责任的 Tier 1 站点。

第 2 层：由管理密钥和其他通信安全材料的 EKMS 账户组成的 EKMS 层。2 层客户配备了本地管理设备（LMD），该设备运行本地通信安全管理软件（LCMS），并与关键处理器（KP）连接。这套设备被称为 LMD/KP。少数持有仅限于设备的 2 层账户为"仅限 LMD 账户"。2 层账户从 0 层、1 层或其他 2 层账户接收电子密钥。

第 3 层：第 3 层是本地元素（LE）的同义词，是 EKMS 体系结构的最低层。第 3 层可能包括 AN/PYQ-10（简单密钥加载器[SKL]）和其他用于填充密钥到端加密单元（ECU）、硬拷贝材料持有以及使用密钥管理实体（KME）的 STE 密钥材料的方式。3 层实体无法直接从 0 层或 1 层接收电子密钥。

3.3.7 链路加密器（KIV-7M）

3.3.7.1 概况

链路加密器（KIV-7）是美国国家安全局 Type-1 单通道加密器，是美国军用 KG-84 加密设备的紧凑微型嵌入式版本，最初由 AlliedSignal 公司于 20 世纪 90 年代中期开发，以满足对安全数据通信链路日益增长的需求。设备制造商为美国 Mykotronx 和 SafeNet，是一种商业现货产品。

[①] EKMS-1E Electronic Key Management System (EKMS) Policy and Procedures for Navy Tiers 2 & 3.07 Jun 2017. [EKMS-1E_Final_Page_Checked_07Jun2017.PDF]

3.3.7.2 系统功能与组成

KIV-7 是加密和解密通信之间专用链路上的数字数据设备。它接受同步或异步、串行、来自各种终端设备的纯文本数据，加密数据，如果需要，对其进行调制，并产生一个串行密文输出。该过程在接收时相反。KIV-7 从内部生成时钟或外部提供的时钟信号，包括终端计时或站时钟源。虽然正常操作是全双工的，它也可以在半双工和单工（点对点、网状或广播）模式下工作。

最初的的 KIV-7 适用于数字串行链路，数据速率在异步模式下为 50~288kbps，同步模式下为 0.5Mbps。KIV-7 进行了多次改进，KIV-7HS（高速）能够在同步模式下达到 1.544Mbps。该装置可与早期（较慢）的 KG-84、KG-84A 和 KG-84C 军用加密设备互操作。①

KIV-7M（链路加密器）于 2006 年推出，并在功能列表中添加了网络功能。它支持高达 50Mbps 的同步数据速率，并向后兼容所有以前的型号。它可以与 KG-84 互操作，也可以与 KG194/A 和 KIV-19 互操作。KIV-7M 支持高保证互联网协议互操作性规范（HAIPIS）。

目前（2011）最新版本 KIV-7MiP 仍在陆军中用作网络链接加密器。

KIV-7 适用于从现代 PC 到潜艇的各种应用。尽管该装置没有采用坚固的外壳，但它非常小，完全符合 NSA TEMPEST 要求。这使其成为空间和负载受限环境的理想选择。它只需要一个 5V 单电源。

图 3-16 显示了典型的 KIV-7HS 装置。它具有与 5¼ 英寸 CD-ROM 播放器相同的外形尺寸，允许将其内置到标准个人计算机的扩展托架中。

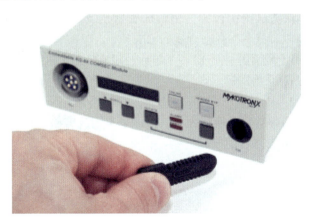

图 3-16 KIV-7 和点火密钥

KIV-7 是一款紧凑型 COMSEC 设备，保护数字数据通信链路的速率高达 512kbps。它与 KG-84 系列兼容安全数据和 OTAR 模式下的加密设备。内置密钥管理功能支持当前密钥分配系统和新兴的电子密钥管理系统（EKMS）。KIV-7 填充界面是兼容 DS-101（数据传输设备）和 DS-102（普通填充）电子键控设备，并提供最多可存储 10 个加密密钥。可移动的加密点火密钥（CIK）可防止未经授权的访问并保护内部存储的密钥。KIV-7 前面板如图 3-17 所示。

---

① https://www.cryptomuseum.com/crypto/usa/kiv7/index.htm

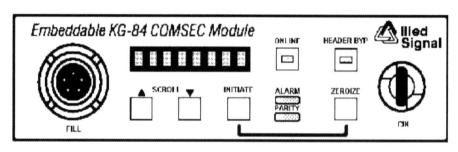

图 3-17 ▎KIV-7 前面板

为了传输加密数据，KIV-7 需要一个加密点火密钥（CIK）和至少一个流量加密密钥（TEK）。这是发送加密数据的最低要求。除此之外，还可以安装密钥加密密钥（KEK），以便通过无线链路安全地发送新密钥。后者通常被称为空中重传（OTAR）。

TEK 和 KEK 通过具有 DS-101 或 DS-102 协议的标准军用密钥传输设备（所谓的填充器或密钥填充设备）加载到 KIV-7 中。填料连接至前面板左侧的嵌入式标准 6 针 U-229 北约兼容填料连接器。最多可存储 10 个 TEK。

KIV-7 只能在前面板右侧的 CIK 插槽中有合适的加密点火密钥（CIK）时操作。这是一个标准的 NSA 认可的物理塑料密钥，可以任意插入，顺时针旋转 90°即可启动，就像普通密钥一样。CIK 包含一个 1KB 闪存设备，用于保护存储在 KIV-7 中的密钥。当 CIK 被移除时，传输将不再可能。KIV-7 和 CIK 的组合应被视为机密，不应无人看管。

当加密变量（即密钥）加载到 KIV-7 中时，KIV-7 生成用于加密实际流量加密密钥（TEK）的随机密钥。该随机密钥被称为密钥加密密钥（KEK），并存储在 CIK 中。因此，称为 CIK 与设备"配对"。只有当存在合适的 CIK 时，KIV-7 才能获取密钥。与一个 KIV-7 单元配对的 CIK 不能用于激活另一个 KIV-7 单元。没有匹配 CIK 的 KIV-7 没有功能，不能用于解码任何流量或检索原始密钥。

3.3.7.3 技术特点

KIV-7M 提供了可编程链路和网络加密，引领了美国政府加密现代化倡议的实施，是首批完全满足加密现代化五大基石的产品之一：

- 有保证的安全稳健性；
- 密码算法合规性；
- 互操作性；
- 可释放性；
- 可编程性。

KIV-7M 完全执行美国国家安全局对 Type-1 认证的所有要求，并被批准在最高级别的保证下使用。这种可靠的安全稳健性反映了 KIV-7M 总体设计的完整性，如图 3-18 所示。

KIV-7M 采用了加密算法配置管理委员会（CACMB）确定的最新安全算法。这些算法在联盟环境中提供了互操作性，并为未来的安全增强提供了算法灵活性和可重编程性。

KIV-7M 完全符合 NSA 的链路加密器系列互操作性规范，并可与 KIV-7 系列和 KG-194/A 系列加密器的早期版本互操作。其创新的多通道设计允许 KIV-7M 用户用一个 KIV-7M 替换两个关键的传统设备，从而在固定的机箱环境中恢复宝贵的空间，并减轻移动应用的质量。每个信道都可独立配置,并能够在每个方向以 50Mbps 的全双工模式运行。此外,每个信道可以被配置为独立的安全涉密级别。

图 3-18 KIV-7M 链路加密器

KIV-7M 可升级,通过添加 SafeNet 网络适配器,根据 NSA 高保证互联网协议互操作性规范(HAIPIS)提供网络互操作性。这种可升级性和向后兼容性允许用户机构分阶段迁移到全球信息栅格,而不会失去与传统架构的连接。[①]

3.3.7.4 系统配置、型谱

链路加密器 KIV-7 有多个型号,如表 3-2 所示。

表 3-2 链路加密器 KIV-7

型号	描述
KIV-7	这是 KIV-7 的初始版本。它是 KG-84 的现代小型化增强版,允许以高达 9600bps(异步)和 32kbps(同步)的数据速率实现互操作性。就其本身而言,它可以以高达 288kbps(异步)或 512kbps(同步)的速度使用
KIV-7HS	这是 KIV-7 的高速版本,建于 1998 年左右。它适用于高达 1.544Mbps(同步)的速度。当这种型号被引入时,KIV-7 停产了。由于其第一代 Windster 处理器芯片中的一些异常,因此与 KG-84 单元通信时有一些限制
KIV-7HSA	在 2000 年左右推出的 KIV-7HS 的改进版本。Windster 处理器芯片已被 Presidio 芯片取代,最大速度提高到 2.048Mbps(同步)
KIV-7HSB	此版本可用于全球之星卫星电话手机,并提供 Type-1 加密速度高达 2.048Mbps。它是在 2003 年左右推出的,并且与 KIV-7、KIV-7HS 和 KIV-7HSA 装置兼容,因此也可以与 KG-84 完全互操作
KIV-7M	此版本于 2006 年推出,并在列表中添加了网络功能,它支持高达 50Mbps 的同步数据速率,并且向后兼容与所有以前的型号。它可以与 KG-84 互操作,也可以与 KG-194/A 和 KIV-19 互操作
KIV-7MiP	与 KIV-7M 类似,但增加了 Type-1 网络到链路 HAIPE 信道。用于高度安全的可互操作数据网络

---

① KIV-7M: Leading the Way in Cryptographic Modernization. SafeNet, June 2009. [https://www.cryptomuseum.com/crypto/usa/kiv7/files/kiv7m.pdf]

3.3.8 VISON/ANDVT 加密现代化（VACM）

3.3.8.1 概况

VINSON/ANDVT 加密现代化（VINSON/ANDVT Cryptographic Modernization）项目也称为 VACM，是一个竞争激烈的项目，它对用户友好，并为加密性能设定了新标准。VACM 项目旨在取代传统的 VINSON/ANDVT 在飞机、舰船和地面固定和移动平台上的传统安全语音通信能力，包括关键的核指挥控制（NC2）和其他绝密和保密网络，以在 UHF、VHF 视距无线电和 UHF 卫星通信（SATCOM）战术电话系统上提供战术安全语音。设备有 KY-57/58、KY-99/100 和 KYV-5。

1. VINSON

VINSON 是美国及盟军使用的语音加密设备系列，基于 NSA 的涉密 Suite A SAVILLE 加密算法和 16kbps CVSD 音频压缩。它取代了越南战争时期的 NESTOR（KY-8/KY-28/KY-38）系列。

这些设备在 UHF 和 VHF 视距（LOS）、UHF 卫星通信（SATCOM）和战术电话系统上提供战术安全语音。这些终端在没有密钥时是非密的受控加密项，在使用密钥时是涉密的。

VINSON 设备包括 KY-57、KY-58、KY-68、KY-99a、KY-100（AIRTERM）等。VINSON 被嵌入许多现代军用无线电中，例如单通道地面和机载无线电系统（SINCGARS）。一些多算法通信安全模块也向后兼容 VINSON。

2. ANDVT

高级窄带数字语音终端（Advanced Narrowband Digital Voice Terminal，ANDVT）是一种安全语音终端，由美国国家安全局在 20 世纪 70 年代后期开发，用于整个美国国防部的低带宽安全语音通信。

ANDVT 是通过窄带信道进行安全语音通信的设备系列，采用 LPC-10 语音压缩（vocoder）和涉密的 Type-1 SAVILLE 加密算法。

ANDVT 系列的设备包括：AN/USC-43 战术终端（TACTERM）；KY-99A 小型化终端（MINTERM）；和 KY-100 机载终端（AIRTERM）。

MINTERM 的功能与 TACTERM 的功能类似；其更新的设计包括改进的模块化架构，并且尺寸有所减小。MINTERM 是轻型、低功耗、单通道、半双工、窄带/宽带/有线终端，提供安全的语音和数据通信，具有完整的密钥分发和远程密钥更新功能。MINTERM 经过认证，可以保护绝密的流量。

AIRTERM 是一种轻型、独立的安全语音和数据终端，可提供安全的半双工语音、数字数据、模拟数据和远程键控功能，用于通过无线电链路或有线介质进行传输。它是一种宽带/窄带终端，可与 TACTERM、MINTERM、VINSON 和 SINCGARS 互操作。

3.4 网络安全

3.4.1 端点安全（Endpoint Security）

3.4.1.1 概况

端点安全（Endpoint Security）是保护终端用户设备（如服务器、台式机、笔记本电脑和移动设备）的端点或入口点免受恶意行为者和活动利用的技术和实践。端点安全系统保护网络或云中的这些端点免受赛博安全威胁。端点安全已经从传统的防病毒软件演变为针对复杂恶意软件和"零日"威胁提供全面保护。

端点安全通常被视为赛博安全的前线，成为保护企业网络安全的首要内容之一。

随着赛博安全威胁的数量和复杂程度稳步增长，对更先进的端点安全解决方案的需求也在增加。当今的端点保护系统旨在快速检测、分析、阻止和遏制正在进行的攻击。为此，他们需要相互协作并与其他安全技术协作，让管理员能够看到威胁，从而加快检测和补救响应时间。①

国防部武器系统和信息技术在日益复杂的网络化联合信息环境中运行。因此所有采集或者操作系统都需要评估端点安全，因为它们与网络、平台、支持系统或操作环境的其他元素的组合相连接，这些元素可能会被不断演变的网络威胁所利用。国防部信息保证政策也在不断发展，以应对技术和威胁能力的进步，并将很快升级到使用风险管理框架（RMF）下的安全管理方法。考虑端点安全的目标是在开始生产和部署之前提高军事能力的弹性。早期发现系统漏洞可以提早进行补救，以减少对成本、进度和性能的影响。

端点保护平台（EPP）是企业赛博安全的重要组成部分，原因有几个。首先，在当今的世界中，数据对于军队或者企业来说是最有价值的资产——失去这些数据，或者失去对数据的访问，可能使整个业务面临破产的风险。因此作为国家防御力量海军不仅要应对端点数量的增加，还要应对端点类型数量的增加。这些因素使得组织端点安全本身更加困难，因此产生了漏洞。威胁环境也变得更加复杂：攻击者总是想出新方法来获取访问权限、窃取信息或操纵员工泄露敏感信息。因此，端点保护平台在保护军队网络方面是必不可少的。

端点安全是保护与连接到网络的各个设备相关的数据和工作流程的实践。端点保护平台在文件进入网络时对其进行检查。现代 EPP 利用云的力量来保存不断增长的威胁信息数据库，将端点从与本地存储所有这些信息相关的膨胀中解放出来，并使这些数据库保持最新。在云中访问这些数据还允许更高的速度和可伸缩性。

EPP 为系统管理员提供集中控制台，安装在网关或服务器上，操作员可远程控制各设备的安全。然后将客户端软件分配到每个终端——它可以作为 SaaS 交付并进行远程管理，也可以直接安装在设备上。一旦设置了端点，客户机软件就可以在必要时将更新推送到端点，验证来自每个设备的登录尝试，并从一个位置管理整个网络的安全策略。EPP 通过应用程序控制（阻止使用不安全或未经授权的应用程序）和加密（帮助防止数据丢失）保护端点。

3.4.1.2 端点保护平台

1. Trellix 端点安全②

Trellix 公司提供的端点保护平台是一种灵活、统一的解决方案，可以保护海军网络边缘的设备和端点，使海军能够彻底、高效、快速地解决复杂的分布式安全问题。它使用分析和机器学习来实现行业领先的效率，同时提供与其他供应商的产品连接的灵活性。该解决方案将帮助海军统一处理从设备到云的数据和威胁防御，实现集成安全。

---

① https://www.trellix.com/en-us/security-awareness/endpoint/what-is-endpoint-security.html

② https://www.trellix.com/en-us/products/endpoint-security.html

该端点保护平台不断学习和发展，以在动态威胁环境中保护海军部队在战场上应对不断变化的业务需求。平台提供端点安全和端点检测与响应两种主要功能；在有效管理攻击面的同时，预防、检测、调查和响应威胁；使用集成扩展检测和响应、托管检测和响应服务、开放 API 和合作伙伴应用程序，帮助海军预测、确定优先级并制定最有效的威胁响应；为海军相关单位远程工作人员提供领先的端点安全和统一防御，以及跨越整个攻击生命周期的全面、主动的威胁情报和防御。

该平台具有三大主要优势：

（1）全面的终端保护免受高级威胁：平台可以进行端点安全的学习和拓展，以在动态威胁环境中为海军网络环境提供最新最全的保护。使用其强大的威胁预防、检测、调查和响应功能搭配增强补救措施和动态应用程序遏制技术防止勒索软件和凭据盗窃攻击，同时发现和保护重要文件免受基于脚本的攻击，通过集成端点检测和响应（EDR）控制，简化复杂的高级持久性威胁（APT）的检测和响应，且支持主动防范威胁，使用机器学习行为分类获得可操作的威胁情报，以接近实时地检测零日威胁，并获得对所有端点的可见性和控制。

（2）集中式控制台简化管理：针对海军庞大的网络范围，平台简化了对所有端点的安全管理，提高了整体的效率，同时轻松扩展到数十万个端点。Trellix 端点安全提供了一个视图，允许操作员从任何地方访问自动化工作流。使用单一控制台可以节省时间、消除差距并简化管理。

（3）积极的风险管理：通过预先确定威胁的优先级，在针对海军网络的攻击发生前先发制人，从而保持攻击的领先地位。在几分钟内获得高优先级可操作的威胁洞察，而不是事后补救。平台提供关于哪些威胁和活动最有可能针对海军网络的优先风险情报，而 Trellix 全球威胁情报增强了网络整体的态势感知能力，帮助网络作战人员准确了解不断变化的风险环境。使用针对海军网络的安全态势的预测性评估来发现潜在的安全漏洞，预览在攻击场景中的表现。

2. FireEye 端点安全[①]

FireEye 公司产品（FireEye Endpoint Security）通过利用 FireEye 技术、专业知识和智能增强传统安全产品，抵御赛博攻击。使用深度防御模型，模块化架构将默认引擎和可下载模块结合起来，以保护、检测、响应和管理端点安全。

为了防止常见的恶意软件，使用基于签名的端点保护平台引擎。为了发现还不存在签名的威胁，MalwareGuard 使用机器学习，从赛博攻击前线获取知识。对于常见软件和浏览器中的漏洞攻击，ExploitGuard 使用行为分析引擎来确定是否正在使用漏洞并阻止其执行。此外，FireEye 不断创建模块，以检测攻击技术并加速对新出现的威胁的响应。

在 NAVWAR 主办的人工智能应用于自主赛博安全挑战赛（AI ATAC）中，FireEye 公司产品胜出。基于 SmartVision 的 FireEye Network Security 具有最佳性能，侧重于人工智能（AI）和机器学习（ML）技术，通过监控网络可观察行为或通过分析整个企业收集的数据来检测对抗性活动。FireEye Endpoint Security 探索了端点安全产品结合 AI 和 ML 模型的能力，以检测并击败各种高级恶意软件的危害指标。[②]

---

① https://www.fireeye.com/content/dam/fireeye-www/products/pdfs/pf/ep/ds-endpoint-security.pdf

② Kara McDermott. NAVWAR Enterprise Announces Winners of Artificial Intelligence Prize Challenge. CHIPS Article, December 7, 2020. [https://www.doncio.navy.mil/CHIPS/ArticleDetails.aspx?id=14181]

3.4.1.3 端点安全的深度防御方法

深度防御端点安全策略包括五个关键端点安全和管理措施,如图3-19所示。①

图3-19 五个关键端点安全

(1) 端点检测和响应(EDR)工具,用于主动识别和调查端点设备上的可疑活动。大多数EDR解决方案持续监控、记录和分析端点事件,帮助IT和安全专业人员有效地检测和缓解高级威胁。

(2) 防病毒和下一代防病毒保护(NGAV)解决方案,可防止、检测和删除各种形式的恶意软件。传统的防病毒程序使用签名和启发式技术来识别和删除不需要的程序。下一代防病毒保护解决方案使用分析和机器学习来防御尖端攻击,例如可以躲避传统防病毒程序的勒索软件和高级网络钓鱼。

(3) 权限管理,授予用户和他们执行任务所需的最低限度的权利集,也称为最小权限原则(POLP),权限管理删除服务器和个人计算机上的本地管理员权限,将访问权限限制为授权用户和应用程序以降低风险。

(4) 应用程序修补,以消除与单个软件应用程序相关的安全风险。组织可以通过确保所有企业桌面、服务器和移动应用程序都是最新的版本来改善他们的安全状况。根据一项研究,90%的生产应用程序使用具有已知CVE的库。

(5) 操作系统修补,以减轻常见漏洞和暴露(CVE)。所有行业领先的操作系统供应商都会定期发布软件更新以解决已知的安全问题。企业IT和安全组织可以通过实施自动操作系统更新和其他系统实践来降低风险,以确保所有企业PC、服务器和移动设备都运行最新的操作系统版本。

3.4.2 计算机网络防御(CND)

3.4.2.1 概况

计算机网络防御(Computer Network Defense, CND)是指运用合理合法的技术手段对计算机系统中各种设备包括硬件和软件进行保护性修复,保证设备中的各种信息不被破坏、修改、泄露,以保证网络服务畅通、维护网络系统的正常运行的一种具有保护性质的操作行为。很多方面都可以被纳入计算机网络安全之中。海军日常运作的数据主要是产生于移动计算和分布式计算等多种不同的计算性应用,其在不断发展完善的同时,使得管理者能够更加快捷高效对数据进行处理,但是也提升了黑客从外部使用病毒和木马对目标计算机的攻击效

---

① https://www.cyberark.com/what-is/endpoint-security/

率。这些恶意的黑客通过对军队内部网络的入侵，能够窃取计算机中的机密数据或者导致网络瘫痪。需要防御的主要问题有计算机程序病毒给网络系统带来不良隐患、环境因素给计算机系统带来存放问题、计算机自身数据保护系统存在漏洞等。

CND 提供工具和应用程序，以防止、监控、分析、检测和响应海军信息系统和计算机网络内的未授权活动、网络威胁和网络漏洞攻击，以及关键资产安全控制。PMW 130 CND 能力安装在综合海上网络和企业服务（CANES）海上部队、舰队 IT-21 网络操作中心（NOC）、单网战区网络运营和安全中心（TNOSC）和本地网络服务中心（LNSC）以及广播控制机构（BCA）上。海军赛博防御作战司令部（NCDOC）也有一个 CND 套件，是海军支持海军作战部队的 CND 服务提供商。

3.4.2.2 发展现状

近年来，互联网越来越重视计算机网络防御功能，充分发挥了计算机网络防御的关键技术，是计算机科学、互联网技术、通信技术、密码技术、数据安全等技术优势的综合结合。

根据美国防部 2016 年发布的《国防部网络安全准则实施计划》列出了基本安全准则：

努力方向 1. 强身份验证：降低对手在国防部信息网络上的机动能力。美国防部将执行更为严格的访问要求并降低网络的匿名性。

努力方向 2. 设备加固：减少进入国防部信息网络的内部和外部攻击矢量。确保设备正确配置和软件补丁为最新，该项工作还包括禁用电子邮件中的活动链接。

努力方向 3. 减少攻击面：减少进入国防部信息网络的外部攻击载体。指挥官和监察人员必须确保只有经过授权的设备可以访问网络、与国防部网络建立信任。此外，减少被攻击面也是 JIE（联合信息环境）的目标之一。JIE 使用联合区域安全栈（JRSS）减少安全区域的数量，从 1000 多个网络访同点减少到 50 个。

努力方向 4. 与网络安全/计算机网络防御服务提供商保持一致：提高对敌方活动的探测和响应能力。监控网络外围，推动赛博事件报告方式的标准化，将提高对赛博事件的快速检测和快速反应。

3.4.2.3 系统功能与组成

CND 提供赛博空间能力以保护赛博域。CND 是硬件、软件、一套过程和保护措施，使用计算机网络来检测、监控、保护、分析和防御导致服务/网络拒止、降级和中断的网络渗透。CND 使海军网络能够抵御恶意或敌对计算机系统或网络实施的赛博攻击。

CND 的海上能力将保持，直到所有系统都过渡到综合海上网络和企业服务（CANES）。CND 海上操作系统环境包括基于主机的保护工具、系统漏洞工具、网络修复工具、国防部授权工具的支持硬件和软件、增强型数据关联工具、交换机、辅助设备和其他相关安全工具。

CND 岸上站点代表每个构建中的多个 CND 架构/能力，这些架构/能力是根据站点任务和最新赛博威胁为每个站点专门采购的。根据 CND 的快速信息技术（IT）部署构造，CND 构建和变体专门针对每个站点进行设计。

CND 岸上站点包括：IT 21 世纪（IT-21）网络操作中心（NOC），为其职责范围内的岸上和海上资产提供区域保护；海军赛博防御作战司令部（NCDOC），指定的海军 CND 服务提供商，其任务是协调、监控、分析和监督负责完成 CND 任务的海军计算机网络和 NOC 的防御；战区网络运营和安全中心（TNOSC），以及美国大陆以外（OCONUS）海军企业网络（ONE Net）本地网络服务中心（LNSC）。

CND 还提供岸上基础设施，为所有海上战术部队提供最新的赛博安全更新，包括 CANES、舰载一体化网络系统（ISNS）和其他网络，这些赛博将网络数据汇总到 NCDOC。CND 将向海岸指挥部和岸基海上基础设施部署技术，以提高网络防御和安全整体性，打击入侵者和旨在破坏海上网关和海岸指挥部战术通信的攻击，这将有助于海军预防、约束和缓解赛博攻击和关键漏洞的能力，并为海军深度防御战略提供更大的弹性、感知、数据分析、冗余和多样性。CND 岸上站点将配备现代网络传感器，以提高检测异常网络模式和防止/阻止恶意攻击的能力。

CND 提供工具和应用程序来防止、监控、分析、检测和响应海军信息系统和计算机网络中的未经授权的活动、赛博威胁和针对赛博漏洞的攻击，以及关键资产安全控制。

CND 功能包括防火墙、基于主机的安全系统（HBSS）、入侵防御系统、有保证的合规评估解决方案（ACAS）、事件记录、安全合规扫描、间谍软件/恶意软件和防病毒保护、电子邮件扫描网关、虚拟专用网络（VPN）和网页内容过滤。

此外，海军 CND 为 SHARKCAGE 和海军 NCSA 系统以及其他外部数据源提供信息，可以一目了然地查看任务/网络状态，以帮助及时作出反馈。

3.4.2.4 CND 路线图

1. 目的

美国海军部（DON）根据 2008 年 5 月的海军网络环境（NNE）—2016 战略定义、范围和策略，制定了指导 DON 走向未来网络中心环境的路线图。路线图展示了从 DON 包含的由四个企业计算和通信环境组成的当前环境到 NNE 的过渡。海军网络环境将提供高度安全和可靠的语音、视频和数据网络环境，重点是为作战人员提供无处不在的数据、服务和应用的访问。

对 DON 信息基础设施的依赖持续增长是因为对手造成的威胁变得更先进、更持续，甚至还在不断变化中。DON 信息保证策略为 DON 提供了一致的深度防御计划。计算机网络防御（CND）路线图的目的是在 DON 向 NNE 过渡的当下和未来，将 DON 战略与 CND 的维持和改进联系起来。在这个网络中心战的时代，计算机和网络技术已经扩散到几乎所有的军事系统中，将相互关联的装备凝聚在一起。CND 对于实现部队的网络保障、信息共享、态势感知、快速指挥和任务有效性至关重要。[1]

路线图从对 CND 的理解开始，再从任务到行动到战略成果的逻辑连续性，揭示 DON 所有级别的共同目标，并将资源和业务流程的流动和整合联系起来以获得战略成果。换句话说，CND 路线图是关于 CND 从任务到成果的垂直对齐排列，如图 3-20 所示，自顶向下依次是：DON 使命任务、DON 构想、DON 信息管理/信息技术策略、CND 倡议、CND 战略成果。

2. 计算机网络防御

计算机网络防御是涵盖更广阔、定义更广泛的赛博空间域和赛博空间作战的诸多要素之

---

[1] Department of Navy, Chief Information Officer. Computer Network Defense Roadmap. May 2009. ［CND-Roadmap2009_508.pdf］

一。CND 的实践和准则是计算机网络作战（CNO）的三个推动者之一，对所有作战领域都至关重要。CNO 的三个推动者是计算机网络攻击（CNA）、计算机网络利用（CNE）和计算机网络防御（CND）。赛博空间域如图 3-21 所示。

图 3-20 ▎从任务到成果的垂直对齐

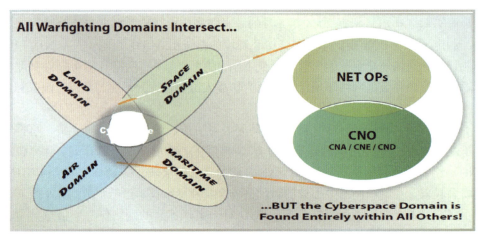

图 3-21 ▎赛博空间域

CNA 包括赛博士兵采取的行动，使用计算机网络来扰乱、删除、降低或破坏对手留在计算机和计算机网络中的信息，或者计算机和网络本身。CNE 包括支持作战和情报收集能力的赛博活动，指的是使用计算机网络从目标或对手的自动信息系统或网络收集数据。CND 包括赛博士兵使用计算机网络采取的行动，以保护、监控、分析、检测和响应国防部信息系统和计算机网络内的未授权活动。

信息保证（IA）的范围更广，包括通过确保信息和信息系统的可用性、完整性、认证性、保密性和不可否认性来保护和捍卫信息和信息系统的措施。这包括通过整合保护、检测和响应能力来恢复信息系统。信息保证和计算机网络作战的所有方面都是相互关联和相互依赖的。

3. 任务

海军部的任务是提供一支海军作战队伍——训练有素、装备精良的海军和海军陆战队部队——以支持可能作为国家权力和影响力的各种任务。这包括用安全可信的系统和信息武装海军，使他们能够战斗并取得胜利。因此，海军和海军陆战队必须阻止、分析、保护、监控和检测网络活动，以响应其计算机和网络系统中的未经授权的活动。此外，海军和海军陆战队必须与其他 CND 服务提供商协调并向其报告未经授权的活动，以确保全球信息栅格（GIG）的更广泛防御。

4. 愿景

海军部的愿景是一支拥有安全、适当、有保证、准确和及时信息的海军作战队伍，以作战并取得胜利。在赛博时代，这意味着海军能够在各种冲突中继续作战。对于 CND 来说，这意味着集成的能力和技术，其中策略、合规性、配置管理、补丁和漏洞管理以及威胁的检测和响应是协调的，能为保护网络提供最大的优势。

5. 策略

DON 信息管理和信息技术战略规划的目标 2 指出："保护和保卫我们海军的关键基础设施、网络和信息，以最大限度地保证任务的完成。"

迄今为止，CND 策略与信息保证策略一样，是一种保护 DON 信息和信息系统的深度防御策略。该策略必须确保海军网络的持续运行以支持任务的执行，即使在降级状态下。所有这些都是在复杂且不断变化的环境中进行的。如图 3-22 所示，深度防御是一种分层方法，能迫使对手穿透多个保护层，从而降低其成功的可能性，它建立在强大的信息保证态势的原则之上，并依赖人员、技术和 CND 行动的有效三位一体。

6. 战略成果

CND 战略成果是拥有可以信赖的信息和网络基础设施。换句话说，该策略的结果是将对手行动的影响降至最低。从海军部的角度来看，必须防范敌方进入海军网络、停留在海军网络中以及对海军信息和网络采取行动的能力。

CND 策略的目标是针对对手进入、停留和在赛博空间域行动的能力。海军网络运营商和防御者将在复杂且不断变化的环境中实施 CND 策略。CND 是深度防御的新方法。

7. CND 服务提供商

国防部要求所有信息系统和网络的所有者都具备 CND 能力。在 DON 内部，海军和海军陆战队分别通过海军赛博防御作战司令部（NCDOC）和海军陆战队网络作战与安全中心（MCNOSC）建立了 CND 服务。CND 的 DON 分队由美国战略司令部全球网络作战联合特遣部队（JTF-GNO）的单一领导进行作战协调和指挥，在 GIG 上进行 CND 作战。

CND 的主要服务领域是保护、监控、分析检测和响应。这些服务包括用于防止或减轻可能导致中断、拒绝、降级、破坏、利用或访问计算机网络、信息系统或信息盗窃的计算机网络攻击的行动。

8. CND 行动方案

DoD 和 DON 的独特需求推动了 CND 项目。在 DON 内部，正在进行许多努力和活动来发展和持续改进 CND 的结构和能力。以下是正在实施的一些主要举措：

普罗米修斯（Prometheus）。为了聚合、关联、融合、分析、显示和传播来自各种来源的不同数据，以产生积极防御海军企业网络所需的网络域感知，DON 已经实施并继续扩展 Prometheus 系统的能力。

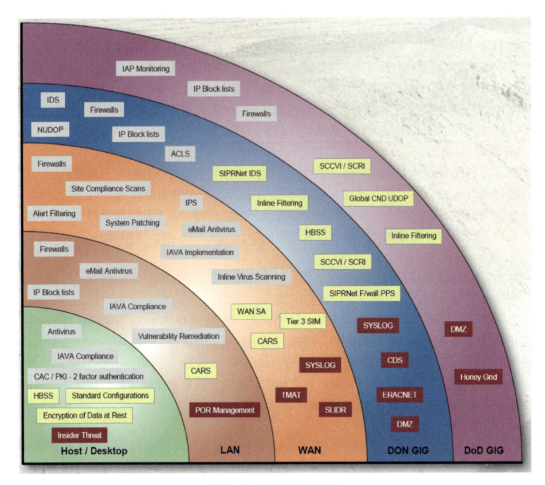

图 3-22 ｜ CND 深度防御

安全配置合规性验证计划（SCCVI）和安全配置补救计划（SCRI）。为了检查安全配置，并自动执行补救流程，确保不符合要求的系统恢复到安全配置，DON 正在实施 SCCVI 和 SCRI。SCCVI 是一种发现漏洞并检查是否符合信息保证漏洞警报的工具。它能发现资产并识别许多不同平台和技术上的已知安全漏洞，包括服务器、数据库、交换机、路由器和无线接入点。SCRI 是一种工具，用于将信息保证漏洞警报补丁程序推送到不兼容的系统，使其符合规范；它实施纠正措施来消除或减轻已识别的漏洞。

基于主机的安全系统（HBSS）。为了实时检测和应对已知的网络威胁，DON 正在实施 HBSS。HBSS 能保护主机免受攻击和恶意活动，提供集中管理的基于主机的防火墙系统和基于主机的入侵防御系统，该系统提供强大的缓冲区溢出保护、基于签名和行为的入侵保护以及应用程序监控。

广告软件和间谍软件检测、根除和防护（SDEP）。对于 SDEP 来说，DON 依赖通过 HBSS 计划提供的能力。

用户定义作战图像（UDOP）。为了使感兴趣的个人或团体能够开发和理解他们的系统和网络上的活动和行为，DON 正在开发和实现一种共享共同理解、提高态势感知和改进网络指挥控制的能力。

国防部内部威胁检测计划。为了应对内部威胁，DON 参与了国防部内部威胁检测计划，该计划开发并部署了内部威胁聚焦观察工具（InTFOT）。

NIPRNET 非军事区。为了在内部和外部网络之间增加保护，DON 与国家安全局（NSA）和国防信息系统局（DISA）合作，为 NIPRNET 开发了一种新的非军事区（DMZ）架构。DON 正在实施新的 DMZ 架构，因为它加强了内部网络信息保证策略以进行外部信息交换。DMZ 为外部不可信来源提供对可发布信息的受限访问，同时保护内部网络免受外部攻击。

入侵保护系统（IPS）。为了监控网络和系统活动中的恶意或有害行为，并允许网络防御人员实时采取果断措施来阻止或防止此类活动，DON 正在实施入侵保护系统。

智能代理安全管理器（IASM）。对来自网络和主机传感器、防火墙、路由器和操作系统的安全事件日志和警报进行近乎实时的采集和标准化；为了对标准化事件进行基于特征的分析，允许对事件进行基于异常的评估，从而生成关于独特安全攻击的警报，DON 正在实施 IASM。IASM 从多个层面监控网络流量，以确定滥用、欺诈或攻击。它收集、标准化、关联和分析数据，以实时确定网络攻击概况。

静止数据（DAR）加密。为了保护政府笔记本电脑、其他移动计算设备和可移动存储介质设备上的敏感、非密数据，DON 正在实施静止数据加密解决方案。

用户 CND 意识。为了确保计算机和网络用户充分意识到这种威胁以及他们在抵制这种威胁中的责任，DON 继续强调并提高用户意识。

加密登录（CLO）。为了提高 DON 网络的安全性，消除对用户名和密码的依赖，DON 网络正在完全过渡到加密登录。

硬件令牌的使用。为了减少软 PKI 证书的固有漏洞，DON 正在完全过渡到硬件令牌，例如通用访问卡、替代令牌、基于硬件的外部认证机构令牌和基于硬件的联合 PKI 令牌等。

联邦台式机核心配置（FDCC）。为了为运行 Microsoft Windows 操作系统的台式机和笔记本电脑提供单一的标准企业级托管环境，并通过使用为企业开发的通用配置而不是数百种成本高昂的定制配置，DON 将提高安全性、降低成本并减少应用程序兼容性问题。

网络内容过滤。为了提供实时保护，防止恶意软件、间谍软件、恶意移动代码和其他不适当的内容进入网络，DON 正在部署 Web 内容过滤功能。

海上 CND。对于舰船，海军正在实施由 SCCVI、SCRI 和 HBSS 组成的海上 CND 套件。在选定的大型甲板平台上，正在安装入侵保护系统。

3.4.2.5 采办动态

计算机网络防御（CND）ACAT IVM 计划是一种分层保护策略，它将商用现货（COTS）军事化，并集成政府现货（GOTS）硬件和软件产品，共同提供有效的网络安全基础设施。网络技术的快速发展需要一个有效的过程来更新部署在海上和岸上的 CND 工具。认识到未来 CND 能力改进的必要性，CND 项目实施了一种渐进式采办策略，该策略在多个构建和功能发布中提供 CND 能力，以满足已验证的需求。

2018 财年计划：

为了提高赛博安全的可见度，2018 财年之前预算在 CND 项下的 SHARKCAGE 和海军赛博态势感知（NCSA）开发工作已经展开。继续开发海军 NC3 和弹道导弹防御（BMD）赛博安全系统，包括 CND 体系结构内的系统。开发、集成和测试 CND Inc 2、深度防御

(DiD)和态势感知（SA）技术，用于海军在美国大陆以外（OCONUS）海军企业网络（ONE Net）和 C4I 网络，以实现更好的网络防御和安全整体性。根据 FCC/C10F 和海军信息部队（NAVIFOR）的要求，增强漏洞修复资产管理器（VRAM）工具，包括安全技术实施指南（STIG）报告集成、VRAM 之间共享数据的 Web 服务，赛博战备数据库和任务支持系统，以提高国防部的赛博战备性。评估利益相关者和 CND 能力指导小组（CCSG）的需求，并相应地开发、更新和整合 CND 套件。将国防部和美国赛博司令部（USCC）的赛博安全工具和任务实施到 ONE Net 和 C4I 网络中。提供技术指导，以支持 CANES 部署新的 CND 能力。开始优化 CND 套件，以与联合区域安全栈（JRSS）保持一致，包括将一些功能从 CND 套件过渡到 JRSS。努力进一步虚拟化 CND 能力，以便更有效、更经济地部署赛博安全技术。开发、集成和测试解决方案，以取代并承担海军赛博防御作战司令部（NCDOC）战术传感器基础设施的采办管理。开发和调整海军内部威胁计划，以识别多个飞地可能存在的内部威胁，以履行总统、国防部和海军部（DON）的指令。

3.4.3 防御性赛博作战（SHARKCAGE）

3.4.3.1 概况

SHARKCAGE 是美国海军的防御性赛博作战（Defensive Cyber Operations，DCO）飞地，是海军实现海上和岸上赛博空间深度探测的手段。SHARKCAGE 是一种机制，通过该机制，部队和舰队将从 C4I 网络获得攻击感知和警报（AS&W）能力，以及从作战系统、船机电（HM&E）和导航网络获得指示/警报；指挥官、特遣部队 1020/海军赛博防御作战司令部（NCDOC）、SOC、FIOC DCO 等在海军 DCO 部队中实现统一努力和节省兵力。[①]

SHARKCAGE 目标：发展全球 DCO 飞地的能力，实现：①从外部海军边界到战术边缘的可见性，包括平台 IT 系统和网络；②对手快速技术工程决策周期内的监控和决策支持。[②]

SHARKCAGE 飞地需要跨多个域的完整生命周期开发，以监控、检测、识别、跟踪、阻止和击败海军网络上的对手、防止犯罪行为和管理内部网络活动。

SHARKCAGE 是一个全球性的联合 DCO 飞地，包括岸上传感器节点、DCO 分析工作台和分析节点。SHARKCAGE 在受保护的带外机密环境中使用单向无源分路器，整合来自多个平台和网络的赛博事件数据，为海军 DCO 部队提供共享环境和通用平台，用于集成工作流、协作和分析。SHARKCAGE 可以有效地检测、关联和分析针对海上赛博关键地形（CKT）和海军网络环境（NNE）的国家和非国家攻击。

3.4.3.2 系统功能与组成

SHARKCAGE 海上套件包括笔记本电脑、服务器、交换机、存储设备、网络接头/电缆设备，使部署的 DCO 部队能够进行本地化的移动分析。海上套件还包括用于增强数据关联工具、辅助设备和其他相关安全工具的硬件和软件。

SHARKCAGE 岸上套件代表多个 SHARKCAGE 架构和变体，这些架构和变体是根据战术环境中的紧急威胁，根据舰队和防御性赛博作战（DCO）要求专门为每个站点设计的。提供的功能包括网络窃听、传感和分析工具集，用于被动监测多个海军网络，以检测和评估多

---

① Loren Blinde. NAVWAR posts SHARKCAGE presolicitation. Intelligence Community News, June 30, 2021. [https://intelligencecommunitynews.com/navwar-posts-sharkcage-presolicitation/]

② https://www.niwcpacific.navy.mil/wp-content/uploads/2021/04/FactSheet-Cyber_20210414.pdf

个安全飞地的赛博威胁。岸上站点包括海军赛博防御作战司令部（NCDOC）、海军信息作战司令部、FCC/C10F、海军 NC3 站点、弹道导弹防御（BMD）站点（即陆基宙斯盾）、SHARKCAGE 生产实验室以及其他网络集中设施。

SHARKCAGE 采购的设备包括：硬件、软件、服务器、数据存储、交换机、笔记本电脑和辅助系统，它们提供以下功能：被动网络传感器节点，收集实时网络流量，并使用基于签名的启发式入侵检测系统（IDS）进行初始分析和警报；分析节点，主要由支持网络流量数据包捕获（PCAP）和事件数据的摄取、存储、保留、检索、关联和实时警报的系统组成；以及分析工作台，为 DCO 分析员提供了一个工具环境，以支持 DCO 任务的各个方面，包括 FCC/C10F、NCDOC、NIOC、海军计算机和电信站（NCTS）以及海军计算机和电信区域主站（NCTAMS）的 DCO 部队。

SHARKCAGE 海军赛博防御作战司令部套件是支持整个海军体系的主要岸上站点，提供分析活跃赛博威胁并采取行动遏制/阻止实际或潜在威胁活动的能力。

SHARKCAGE 分析套件提供了一种区域/责任区域能力，用于分析活跃的赛博威胁，并采取行动遏制/阻止实际或潜在的威胁活动。

SHARKCAGE 传感器套件为操作员提供了对基于事件的数据进行数据摄取、数据存储、数据保留、数据检索、数据关联和实时警报的能力，以支持 DCO 任务。

3.4.3.3　采办动态

FY2018-2019：SHARKCAGE 的开发工作先前在计算机网络防御（CND）下进行了预算。为 SHARKCAGE 的开发工作提供资金，以使防御性赛博作战（DCO）部队能够通过受保护的孤立网络检测对手活动并分析针对海军网络的赛博攻击，并整合情报和海军数据以评估潜在的赛博威胁。SHARKCAGE 将提供分析活跃赛博威胁的能力，并采取行动遏制/阻止威胁活动。通过 SHARKCAGE 收集和分析的数据通过海军赛博态势感知（NCSA）功能呈现和可视化。根据战术环境中出现的威胁，继续开发 SHARKCAGE DCO 飞地，以满足舰队的新需求。开发工作包括网络 Taps、传感器和分析工具集，用于被动监测多个海军岸上和海上网络和飞地（如 C4I 网络、作战系统、HM&E 等），以检测和评估多个安全飞地的赛博威胁。继续为海岸传感器节点开发事件收集和分析组件，并为部署的赛博保护团队（CPT）开发海上飞行套件。

SHARKCAGE 快速部署能力（RDC）工作将整合 COTS 和 GOTS 硬件和软件产品，以监控多个海军网络和飞地，检测、分析和评估威胁。SHARKCAGE 将为海军赛博防御作战司令部（NCDOC）、海军信息作战中心（NIOC）、舰队赛博司令部/第十舰队司令部（FCC/C10F）、赛博保护团队和其他 CND 部署人员提供全球防御性赛博作战（DCO）飞地，以监控海军网络环境（NNE）和海上海军网络，包括执行弹道导弹防御（BMD）和海军 NC3 任务的海军岸上站点和海上平台。

3.5 赛博分析（Cyber Analytics）

3.5.1　漏洞与修复资产管理器（VRAM）

3.5.1.1　概况

漏洞与修复资产管理器（Vulnerability & Remediation Asset Manager，VRAM），是一个

基于网络的资产管理、网络漏洞数据存储库和监控工具，提供网络指令合规性报告功能。赛博安全问题广义上讲还是基于网络上各个应用的安全漏洞问题，各项业务的开展依托于各种应用软件，而应用软件、操作系统的安全性直接影响到整体赛博安全、业务安全。所以应用系统的安全漏洞是影响赛博安全的一个重要因素。漏洞扫描是通过网络漏扫、主机漏扫等手段对指定计算机系统的安全脆弱性进行检测，发现可利用漏洞的一种安全检测（渗透攻击）行为。如果说防火墙、身份认证、授权访问是被动的防御手段，那么安全漏洞扫描就是一种主动的在黑客攻击前进行防范的措施，能有效降低黑客攻击成功率，做到防患于未然。

VRAM 是一个读取安全配置合规性验证计划（SCCVI）或有保证的合规评估解决方案（ACAS）创建的扫描以生成报告并显示信息保证漏洞（IAV）合规性的程序。

国防部要求每月使用 SCCVI 和 ACAS 等法定工具对网络进行扫描。VRAM 根据中央管理计划补丁发布数据从扫描中生成报告。VRAM 比较基线和扫描，以区分站点拥有的漏洞。

目标：这些产品通过共享和提供更强大和更好的系统防御层所需的优势而相互协作，以确保数据的可用性、完整性和保密性，而舰员和岸上站点依靠这些数据来完成手头的任务。

保护美国海军企业网络，使水面舰艇和美国大陆以外的海军企业网络站点能够准确评估网络扫描结果，并修复其网络，以支持舰队信息保证就绪。具有交互式用户界面，用于执行高级查询以及分析历史漏洞趋势。维护网络漏洞数据库/存储库，并生成网络报告摘要。

3.5.1.2 发展现状

一般来说，漏洞（vulnerability）是信息技术、信息产品、信息系统在需求、设计、实现、配置运行等过程中有意无意之间产生的缺陷（bug）。这些缺陷一旦被恶意主体利用，可能会影响构建在信息系统之上正常服务的运行，对信息系统的保密性、完整性以及可用性造成严重损害。然而一些漏洞可能不是系统安全的威胁，而只会导致程序在输出数据时出现特定的错误输出，也就意味着该漏洞是不可利用的。仅当漏洞可以被利用时才被称为安全漏洞，攻击者可以使用该漏洞程序执行恶意行为并破坏计算机安全。[①]

VRAM 是海军为改善舰队赛博安全而与工业界共建的一套软件系统。该系统是实现赛博安全的基础。通过此系统操作人员能够完全了解所处的网络和所拥有的资产，包括接入的计算机、打印机等设备的数量。

VRAM 用以发现和修补漏洞。通过运营商对所属网络的快速扫描，可以掌握网络的最新状态，操作人员通过对收集的数据进行分析来搜索漏洞、了解补丁需求和解决网络问题。VRAM 系统可以将已发现的漏洞和需求与美国海军舰队赛博司令部（FCC）所下发的漏洞或补丁指令作比较，从而确定新的漏洞，减少用户搜索深层漏洞的任务，并以明确的方式展示出可操作信息用以帮助用户修补新的漏洞。

VRAM 的发展需要与行业的先进技术结合。VRAM 构建初期，对于多站点数据上传、实际数据与应存数据的比较和对网络基础设施的快速修补等需求，行业内没有成熟的技术方案。当工业界开发出拥有接收扫描数据、分析标准和需求并提供建议、为操作人员预警以便能持续改善网络运行环境的系统时，VRAM 项目部应该对其进行研究了解。工业界对该系统生命周期内的支持、维护、升级和系统本身的修补对 VRAM 有重要的参考价值。

---

① 赵尚儒，李学俊，方越，等．安全漏洞自动利用综述［J］．计算机研究与发展，2019，56（10）：2097-2111．

VRAM 具有快速移植的特性。商业云计算的发展使操作人员通过全球站点分析系统漏洞成为可能，即便 VRAM 包含了众多的机密信息，商业云也可以根据海军的指令对这些信息进行相应的保密处理，从而替代 VRAM。VRAM 的构建采用了标准数据格式，工业界可以对这种数据进行快速的理解从而转换为新系统，更好地理解和呈现数据并保护网络，也能使操作人员更好地发挥自己的能力。而且不论技术怎样迭代升级，该系统都可作为海军的漏洞数据的一站式解决平台和网络资产管理平台。

目前 VRAM 项目已经收到了海军信息战系统司令部（NAVWAR）的供应商数据等行业数据，计划利用这些数据提出一种解决方案，以融合行业发展的优势，对项目进行整个生命周期的支持、维护和升级。①

3.5.1.3　系统功能与组成

VRAM 提供了一种简化的工具来主动维护、验证和记录系统配置基线。

保护海军舰载网络对国家安全至关重要，维护安全网络状态的一个重要部分是及时应用软件维护补丁。为了满足这一需求，SPAWAR 系统太平洋中心（SSC Pacific）的计算机和网络安全部门开发了 VRAM，这是一个新的门户网站计划，旨在帮助舰艇实现信息保证漏洞（Information Assurance Vulnerability，IAV）合规性。计算机网络深度防御基线评估（CNDIDBA）团队和舰员都使用该工具来验证舰上 IAV 的合规性。

独立的计算机网络防御（CND）专家团队在每艘舰船的单元级训练阶段执行 CNDIDBA。CNDIDBA 包括 IAV 合规性扫描、密码策略评估和对通用 PC 操作系统环境（COMPOSE）的各种安全检查。CNDIDBA 团队使用安全配置合规性验证计划（SCCVI）工具执行 IAV 合规部分。每艘舰船必须每 24 个月或在系统升级或网络重大配置更改后的 60 天内完成一次基线评估。

COMPOSE 结合 COTS/GOTS，为 ISNS、CENTRIXS、SCI-Net 和 SubLAN 提供目录服务、电子邮件、Web 加速、办公自动化应用程序、协作工具和防病毒软件。COMPOSE 通过符合最新国防信息系统局（DISA）标准和指南的安全软件包向作战人员提供这些服务。

SCCVI 是 DISA 在国防部内进行网络漏洞扫描的首选工具，它的使用是由海军赛博防御作战司令部（NCDOC）计算机任务命令（CTO）规定的。舰上人员还进行月度扫描，以识别和解决发现的网络漏洞。NCDOC CTO 06-02 规定的这一要求是为了解决海军网络受到的攻击增加的问题。

为了协助舰队满足这些月度需求，PMW 160 在海上网络部署了 SCCVI。SCCVI 使舰队能够扫描其网络并积极跟踪 IAV 管理计划中的合规性。SCCVI 为舰船信息保证经理（IAM）提供对已安装 IAV 补丁的独立分析。SCCVI 识别的缺失补丁会从 SPAWAR 的海军网络网站下载、安装并推送到易受攻击的机器上。

海军网络网站（Naval Network Web）是为所有 PMW 160 项目（POR）下载补丁的唯一授权存储库。每艘舰船都负责实现所有联网系统的 100%合规性，这些联网系统存在 IAV 并已由相应的 POR 办公室发布修复程序。

然而，使用 SCCVI 的一个主要困难是它不能与相应 POR 办公室发布的补丁交叉引用扫

---

① Tom Temin. Stepping up cyber protections for networks on Navy ships. Federal News Network，July 16，2020.［https://federalnewsnetwork.com/navy/2020/07/stepping-up-cyber-protections-for-networks-on-navy-ships/］

描结果。例如，COMPOSE 的 SCCVI 扫描结果将包括所有缺失的补丁，无论补丁是否得到 COMPOSE 计划办公室的批准。舰队的 IAM 或 CNDIDBA 团队都有责任手动解析 SCCVI 结果并确定哪些 IAV 是舰队的强制可修复或不可修复补丁。可修复的 IAV 是负责的 POR 办公室发布的补丁。无法修复的 IAV 是由项目办公室确定尚未发布的补丁。在负责的项目办公室发布补丁之前，舰船不负责安装无法修复的补丁。

为了纠正这种情况，SSC Pacific 推出了 VRAM，以自动解析 SCCVI 结果并建立扫描数据存储库。VRAM 使舰队的 IAM 能够通过消除使用海军网络网站上批准的补丁交叉引用 SCCVI 扫描结果来跟踪和监控 IAV 的合规性。为了更好地理解 SCCVI 和 VRAM 之间的联系和协同作用，让我们逐步完成对运行 COMPOSE 的舰上网络的典型漏洞扫描。舰上的 IAM 将首先安装然后从连接到非密 NIPRNET 或保密 SIPRNET 飞地的工作站启动漏洞扫描程序。然后，IAM 将根据活动子网对飞地执行发现扫描，以识别所有活动主机。然后将发现扫描结果组合到各种地址组中，定义为与特定 POR 系统相关的主机（服务器或工作站）的集合。例如，COMPOSE 地址组将仅包含 COMPOSE 主机。一旦创建了所有地址组，下一步就是对每个组进行 IAV 审计扫描，以枚举每个系统上的漏洞列表。在 IAV 审计期间，扫描程序连接到地址组中的每台机器，并将机器安装的补丁与 SCCVI 的完整 IAV 补丁列表进行比较。

审计完成后，IAM 通过在完成的扫描上生成漏洞管理系统（VMS）来导出扫描结果。IAM 可以将 VMS 导出文件上传到 VRAM 进行解析，并与 COMPOSE 计划办公室发布的所有已批准补丁自动交叉引用，而不是手动拖拉扫描结果。

VRAM 为信息保证系统提供包含以下信息的报告页面：扫描的主机总数；完全修补的主机总数；可用的补丁总数；完全应用的补丁总数；缺少可修复的 IAV 警报、公告和技术咨询的数量；无法修复的 IAV 警报、公告和技术咨询的数量。

VRAM 已证明其在提供一种劳动密集度较低的方法来发现网络漏洞方面非常有用，从而改进了 CNDIDBA 流程，加快了补救行动，并解放了舰船人员从事其他关键安全活动。[①]

3.5.2 辐射水星（Radiant Mercury）

3.5.2.1 概况

辐射水星（Radiant Mercury，RADMERC）是由洛克希德·马丁公司开发的跨域解决方案（CDS）软件应用程序，主要供美国海军使用。作为 CDS，它旨在允许较高级别的机密网络与较低级别的非机密网络之间进行通信。

RADMERC 计划促进跨安全域以及盟国、联盟和机构合作伙伴之间共享关键信息。RADMERC 提供从绝密/敏感隔离信息（TS/SCI）到常规服务（GENSER）和从 GENSER 到非密信息的跨域信息共享能力。当前的作战基线版本（v5.1.1）已通过 TS/SCI 及以下互操作性（TSABI）和机密及以下互操作性（SABI）实施认证，并且在统一跨域服务管理办公室（UCDSMO）批准的基线上。

RADMERC 提供全自动、双向、多种输入/输出通道能力，可以利用各种传输协议，例如串行、TCP/IP、UDP、Java 消息服务（JMS）、安全超文本传输协议（HTTPS）。RADMERC 支

---

① Lt. Cmdr. Ricardo Vigil. Information Assurance Vulnerability Compliance Tracking and Reporting for U.S. Navy Ships. CHIPS Article，June 2009. [https://www.doncio.navy.mil/chips/ArticleDetails.aspx? ID=2683]

持数据流和基于文件的数据传输，这些数据可以被清理、移译、降级和保护涉密的格式信息给较低密级的用户。RADMERC 还提供了一个受控界面，通过强制执行可靠的人工审查（半自动化）工作流程来支持处理各种非格式化的数据和图像类型。RADMERC 目前在全球拥有 800 多个实例，并通过强大的跨域传输解决方案支持所有军兵种、作战司令部以及众多联邦、国防部和情报机构。在海军内部，RADMERC 支持各种各样的项目，并部署在多个部队级和单元级舰艇、潜艇和各岸上指挥部。RADMERC 支持的其他主要项目包括共享预警、蓝军跟踪（BFT）、CANES、空中作战中心和海上领域感知。

RADMERC 整合了一套高保证、值得信赖的技术，可以保护机密和敏感数据免受未经授权的访问，同时允许政府情报机构网络在不同安全级别的组织之间传输文件。该系统支持同时流向数百个通道的数据流，与大多数主要的 C4ISR 系统接口，并支持大多数传输、网络和数据链路协议。它还确保从一个网络域到另一个网络域的数据和通信经过极高水平的审查，以防止信息泄露。

3.5.2.2 系统功能与组成

RADMERC 的最早报告（1994 年）是使用运行 HP-UX BLS 操作系统的 Hewlett-Packard 750 工作站实现的。这是一个国家安全局认可的系统。该系统在过去 25 年中由洛克希德·马丁公司在空间和海战系统司令部（SPAWAR）进一步发展。2009 年，全球范围内至少有 483 例 RADMERC 工作站，而到 2018 年，有超过 800 例。

RADMERC 由基线软件组成，该软件依赖于洛克希德·马丁旋转和任务系统公司（LM-RMS）专有的消息分析和生成（MAG）软件代码，这是使 RADMERC 充分发挥功能所必需的。MAG 是一种提供解析器/格式化程序功能的软件，可将消息分解为指定字段。

当前的操作基线是在可信的 Solaris 10 上运行的 v5.1.1 版本，由统一跨域服务管理办公室（UCDSMO）批准。此版本已部署在多种平台上，包括 HP、Dell、IBM、Crystal 计算机和 Oracle/Sun，支持格式化和未格式化的数据类型，允许在多个安全域之间同时传输数据的"单箱"解决方案。版本 6 于 2015 年 12 月完成软件开发，2016 年部署，移植到 Red Hat Enterprise Linux 6 (RHEL)。该基线包括核心服务器计算机和单独的软件加载器计算机。服务器规格为基于 Intel Xeon 的计算机。

以下是 RADMERC 系统的功能特点。

1）灵活的数据传输机制[①]

流套接字：支持 COP、模拟、VoIP、视频、NTP 等的 TCP 和 UDP 套接字；

基于文件：支持图像、微软 Office、PDF、视频等的安全 FTP；

支持 Java 消息服务（JMS）；

使用 HTTPS 协议的安全通信，可以选择将并发套接字通道配置为使用 SSL/TLS 来保护其 TCP 通信；

支持跨域 Web 和云服务，促进资源的可扩展性、协作和共享；

完全支持 REST 和基于 SOAP 的 Web 服务；

跨域协作：聊天、白板、Wiki，为部署的协作工具提供跨域组件；

---

① Darlene Gunter, PMW 130 Cross Domain APM; Dennis E. Bowden, Radiant Mercury Technical Director. Radiant Mercury Update to CDSE Workshop, 19 July 2016. [slides]

XML 验证和转换；

2）消息分析和生成（MAG）解析器/格式化程序和规则引擎

MAG 引擎将消息数据内容分成指定的字段或部分；

MAG 和规则引擎通过验证语法和范围检查来验证数据完整性；

3）分布式仿真协议 DIS/HLA/TENA

支持分布式交互仿真（DIS），据报道每秒能够处理 1000 条 DIS 协议数据单元（PDU）消息；

可以通过网关与高层体系结构（HLA）进行操作，Mitre 开发了 Rialto 翻译系统，可与 RADMERC 一起使用，将 HLA 消息处理为 XML 消息；

该方法可用于 TENA 协议；

有计划使 RADMERC 能够直接与运行时基础设施（RTI）一起运行。[1]

3.5.2.3 采办动态

美国海军授予洛克希德·马丁公司"辐射水星"情报共享系统合同。[2]

2015 年 2 月，美国海军与洛克希德·马丁公司签订价值 9 千万美元的合同，用于支持未来 5 年的 RADMERC 系统开发，允许在非密和涉密安全域之间安全共享敏感数据。

今天的军事和情报行动取决于关键信息的及时共享。RADMERC 通过确保从一个网络域到另一个网络的数据传输经过极高级别的审查，防止信息完整性受到损害，从而帮助实现这一目标。在保护机密数据免受未经授权访问的同时，该系统还允许具有适当安全等级的人员检索敏感和关键信息。RADMERC 支持数百个通道的同时数据流，与大多数主要 C4ISR 系统接口，并支持大多数传输、网络和数据链路协议。

RADMERC 符合情报机构指令 503 政策，并获得了统一跨域服务管理办公室（UCDSMO）批准的绝密和机密互操作性。它被美国和盟国合作伙伴在全球 400 多个站点使用。

3.5.3 海军赛博态势感知（NCSA）

3.5.3.1 概况

海军赛博态势感知（Navy Cyber Situational Awareness，NCSA）是一种指挥和控制基础设施，可为海军指挥官提供及时、可信和全面的赛博空间态势感知（SA），包括通过多个来源的数据关联，对网络健康、漏洞和作战准备情况进行定制、近实时可视化。NCSA 可实现早期威胁检测和及时决策。NCSA 结合了资产数据、基线配置数据和实时威胁数据，这些数据对于防御完全互联的网络基础设施至关重要。NCSA 可实现早期威胁检测和及时决策。

NCSA 通过定制的近实时的网络健康、漏洞和作战准备情况可视化，提供赛博作战（赛博空间域）可信和全面的态势感知。该系统将来自多个数据源的数据关联起来，以保护和

---

[1] Peter Ross, William Oliver, and Peter Ryan. A Survey of Cross Domain Solutions for Distributed Mission Training. 2020 Simulation Innovation Workshop (SIW), Orlando, Florida, 10 – 14 Feb 2020. [https://www.sisostds.org/DesktopModules/Bring2mind/DMX/API/Entries/Download? Command=Core_Download&EntryId=51335&PortalId=0&TabId=105]

[2] Samseer M. US Navy contracts Lockheed for Radiant Mercury intelligence sharing system. Naval Technology, February 26, 2015. [https://www.naval-technology.com/uncategorized/newsus-navy-contracts-lockheed-for-radiant-mercury-intelligence-sharing-system-4521866/]

操作一个完全互连的网络基础设施,这对于在战术和作战层面进行早期威胁检测和及时决策至关重要。

NCSA 岸上系统将使海军指挥官能够监控、评估、规划和指挥海军网络,从而提供高度信心,使其能够在不利的赛博条件下按计划执行作战任务。赛博态势感知将通过由海军赛博防御作战司令部(NCDOC)部署的主要核心套件生成的网络可访问服务提供。可视化和分析将根据最终用户的需求,可在不同的最终用户之间共享和定制。最终用户包括舰队赛博司令部/第十舰队司令部(FCC/C10F)、舰队海上作战中心(MOC)、NCDOC 和海军网络战司令部(NNWC)。

NCSA 采购设备,以收集、策划、分析和可视化海上行动,为海军指挥官提供及时、可信和全面的赛博空间域态势感知至关重要;数据即服务(DaaS),提供从众多数据源摄取不同数据的能力;分析软件和逻辑套件,用于整合和翻译 DaaS 组件获取的数据;可视化/用户界面,用于显示与赛博指挥官的独特需求相关的赛博态势感知数据,并通过通用视觉服务进行显示;以及用于执行弹道导弹防御(BMD)和海军 NC3 任务平台的设备。SHARKCAGE 收集和分析的数据将通过 NCSA 功能呈现和可视化。联合区域安全栈(JRSS)/赛博态势感知分析云(CSAAC)将 NCSA 与 CSAAC 集成,实现综合赛博空间任务,以支持联合、海上赛博和任务行动。确保无缝的信息交换和分析共享,提供共享的赛博态势感知。CSAAC 是联合信息环境(JIE)的五个关键要素之一,提供赛博态势感知工具,从 JRSS 和联合管理系统收集和分析数据。

舰队赛博司令部/美国第十舰队(FCC/C10F)是负责确保及时、可信和全面了解赛博空间域态势的运营实体。FCC/C10F 目前依赖于各种不同的工具,其中许多基于独特的显示和数据库技术。当前的解决方案未能实现提供集成的、可定制的赛博态势感知能力的目标,该能力可以结合与海上操作环境同步的动态数据馈送。FCC/C10F 期望一种赛博态势感知系统,该系统可以利用从不同工具获得的数据,动态合并显示其中最相关的信息。支持这一目标需要一种手段来提供:①赛博态势感知的一张协调良好的图像;②对单个来源的输入数据进行深度分析的能力;③能够适应新威胁和数据馈送的解决方案;④敏捷软件开发周期;⑤长期维持策略。

支持 NCSA 的数据源包括:NetOps(企业网络管理系统(ENMS)和计算机网络防御(CND),如基于主机的系统安全(HBSS)和有保证的合规评估解决方案(ACAS));空间;信号情报(SIGINT);信息作战。候选数据源将包括从这些主要组内的任何系统或设备产生的任何形式的输出(如已处理的警报、审计日志、原始数据)。①

3.5.3.2 发展现状

1999 年,Tim Bass 在文中首次提出了"赛博空间态势感知"这个概念,并对赛博空间态势感知与 ATC 态势感知进行了类比,旨在把 ATC 态势感知的成熟理论和技术借鉴到赛博态势感知中。值得注意的是,态势是一种状态、一种趋势,是一个整体和全局的概念,任何单一的情况或状态都不能称为态势。赛博态势感知是指在大规模网络环境中,对能够引起网络态势发生变化的安全要素进行获取、理解、显示以及预测未来的发展趋势。

---

① Utilization Of Inference Engine Technology For Navy Cyber Situational Awareness, 2013. 2. [https://www.sbir.gov/node/401714]

美国海军十分重视海域态势感知能力建设，目前已建成一套成熟的、体系化的海域态势感知机制，包括水面、水下、空中、太空等多维感知力量。通过多层级情报传输，保证了情报数据快速、高效地传输到高层，便于及时决策。[1]

3.5.3.3 采办动态

2018—2019 财年为 NCSA 开发活动提供资金，这些活动为海军部队提供海军网络的近实时赛博风险和战备信息及其在整个海军体系中的相关任务影响，作为有保证指挥控制（C2）的使能器。NCSA 从 SHARKCAGE 接收赛博威胁分析。因此，作战级别的赛博态势感知将通过可视化能力提供给舰队赛博司令部（FCC）和海军地理海上作战中心（MOC），通过相关赛博数据源的关联建立的网络可访问赛博通用作战图（COP）；结合资产数据、基线配置数据、事件数据和实时威胁数据，这些数据对防御海军网络和海军网络基础设施至关重要。根据战术环境中新出现的威胁，继续开发和完善 NCSA 能力，以满足舰队的新需求。开发工作将包括将所有来源的情报与海军海上数据相结合，以实现早期威胁检测，并评估对手的活动和能力、意图以及对关键海军网络的访问。

NCSA 的开发工作将从太平洋舰队司令部（COMPACFLT）海上作战中心开始，在 FCC/C10F（第十舰队司令部）外部提供一个共享的、可定制的海上赛博"综合"COP，以评估与弹道导弹防御（BMD）和海军核指挥、控制和通信（NC3-N）任务相关的赛博漏洞、威胁和风险。NCSA 将提供对相关和当前海军网络的监控，提供赛博空间域的近实时可视化和分析。

NCSA 快速部署能力工作将整合 COTS 和 GOTS 硬件和软件产品，提供海军网络和飞地的可视化，以分析和评估任务威胁。NCSA 将通过渐进式采办方法实施，采用迭代、敏捷的软件增强过程，以能力下沉的形式，解决未来赛博态势感知能力和舰队作战人员所需的改进。

3.5.4 海军的战备分析和可视化环境（RAVEN）

3.5.4.1 概况

海军的战备分析和可视化环境（Readiness Analytics and Visualization Environment，RAVEN）平台是海军广泛数字化转型工作的一部分，旨在创建联邦数据环境，为项目执行办公室、舰队战队指挥部提供战备数据显示，统一用于系统操作测试的权威数据源。RAVEN 在 2020 年达到完全作战能力。

2020 年 3 月 2 日，美国海军信息部队（NAVIFOR）司令官、美国海军中将布莱恩·布朗（Brian Brown）在圣迭戈举办的 WEST 2020 会议表示，海军信息部队现在打算将 RAVEN 的使用范围扩大到人员配备、训练和装备准备以及赛博准备。[2]

3.5.4.2 系统功能与组成

RAVEN 减少了过去信息汇编所需的繁杂的人工工作，捕获丰富且有用的数据并随时显示出来。因此，海军信息部队将使用 RAVEN 平台来展现人员、训练和装备物资等战备情况的清晰画面。通过 RAVEN 平台，海军可以获得以前无法识别的数据信息，该平台未来还可

---

[1] 贺文红，王达，戚艳嘉. 美国海军海域态势感知力量浅析 [J]. 舰船科学技术，2019, 41 (12)：216-221.

[2] Kimberly Underwood. RAVEN Takes Flight. SIGNAL, March 3, 2020. [https://www.afcea.org/content/raven-takes-flight]

以扩展其他用途，海军已发现其巨大的潜力。RAVEN平台可以避免手动汇总数据、导入不同的数据库以及导所需数据，可以协助指挥官了解其管辖范围内的所有人员、培训、装备战备情况。

通过连接RAVEN数据库的不同部分，能够更轻松地提取战备情况报告，可以查看通信站或舰队气象中心的人手状况；可以查看士兵的装备状态，并获得实时更新的战备情况，比手动获取信息的方式更方便、快捷。此外，正在进行一项由RAVEN工具支持的扩展赛博仪表板工作，该工具将允许最终用户定义他们希望如何查看仪表板。

几年前，海军舰队要求海军信息部队开发独立的赛博仪表板显示工具，可提供单一船只的所有信息。数据显示工具可以为用户提供网络、补丁程序等级、扫描频率等舰队整体赛博战备方面的信息。其中涉及很多手动操作，需要抓取不同的报告并进行整合。

RAVEN的开发为赛博数据显示提供了所有核心要素，降低了数据显示工具的开发难度。目前海军作战部长（CNO）要求信息部队为所有指挥官扩大赛博数据显示工具的数据范围。想要达到这一要求并不困难，因为海军信息部队拥有不同的数据源，可满足指挥官的数据需求。这是海军信息部队未来的努力方向。

3.5.4.3 技术特点

基于RAVEN平台，美国海军既能够获得以前无法识别的数据信息并随时显示出来，还能减少人工工作量，扩展其他用途。

RAVEN平台能够提供36个数据库，可显示战备状态的图像。

通过连接RAVEN数据库的不同部分，指挥官能够更方便快捷地提取战备情况报告。

可以扩展支持赛博数据显示工具（dashboard），能够提供网络、补丁程序等级、扫描频率等舰队整体赛博战备方面的信息。

目前，RAVEN平台已经实现完全作战能力，其开发为赛博数据显示提供了所有核心要素，降低了数据显示工具的开发难度，标志着海军关键战备数据环境的初步建成。

3.5.5 内部威胁防护（CITC）

3.5.5.1 概况

内部威胁防护（Counter Insider Threat Capability，CITC）是政府机构的一项基本活动，尤其是国防组织。尽管武装部队各部门的网络安全预计会很稳健，但仍可能存在缺陷。

内部威胁被定义为员工、承包商或有权访问政府信息、系统或设施的个人将有意或无意地使用其授权的访问权限来损害美国安全的威胁。

内部威胁可能对国家安全造成重大损害。有效的内部威胁缓解需要对安全策略和报告能力采取协调和统一的方法。国防部内部威胁管理和分析中心（DITMAC）的使命是为国防部企业提供识别、评估和降低内部人员风险、监督和管理未经授权的披露以及整合、管理、成熟和专业化内部威胁防护的能力。

如图3-23所示是内部威胁的主要形式，包括破坏、盗窃、欺诈、间谍活动、无意知情者（Sabotage、Theft、Fraud、Espionage、Unintentional insiders）。

图 3-23 军队主要内部威胁

3.5.5.2 发展现状

国家认证机构委员会（NCCA）于 2021 年批准了认证反内部威胁专家-基础（CCITP-F）和认证反内部威胁专家-分析（CCITP-A），为期五年，2026 年到期。CCITP 通过提交一份申请证明该项目符合 NCCA 的认证项目认证标准，从而获得了 NCCA 对其项目的认证。[①]

2011 年，第 13587 号行政命令（EO）规定了所有美国政府（USG）行政机构建立内部威胁计划的要求。行政命令还设立了由国家情报总监办公室（ODNI）和司法部（DoJ）共同领导的国家内部威胁特别工作组（NITF），以及反内部威胁（C-InT）计划被视为可操作的最低标准。

负责情报和安全的国防部副部长办公室（OUSD（I&S））与 NITF 合作，重点关注 C-InT 能力中与人相关的方面，并创建了两项专业认证。其中，CCITP-F 衡量和评估个人是否具备 CCITP-F 必要知识和技能，以执行相关的任务工作。CCITP-F 的目标人群是直接在 C-InT 项目中工作的人员。CCITP-A 为所有服务和支持 C-InT 能力的人员建立了一个通用的分析技术标准；它侧重于 C-InT 信息的分析和缓解建议的制定。CCITP-A 专为直接在 C-InT 计划中工作并执行分析功能的人员而设计。

内部威胁包括破坏、盗窃、间谍活动、欺诈和无意知情者，往往是通过滥用访问权、盗窃材料和错误处理物理设备进行的。威胁也可能由于员工的粗心大意或违反政策，使系统被恶意的外来者访问。这些活动通常会持续一段时间，并发生在所有类型的工作环境中，从私人公司到政府机构。

根据 EO 13587，该计划的目标是预防、阻止、检测和减轻内部人员构成的威胁。预防需要在内部威胁事件发生之前就采取行动——足够早，重点可以放在为面临某些压力源的个人提供帮助上，这些压力源可能会变成相关行为的动机。预防工作还需要了解处于风险中的人（使用社会和行为科学研究）并使用适当的管理和缓解方法与人接触。因此，要让反内部威胁人员将个人理解为潜在威胁，他们必须了解那个人的整体。

内部威胁事件在任何部门或组织中都有可能发生。内部威胁通常是指现任或前任雇员、第三方承包商或商业伙伴。在他们现在或以前的角色中，该人拥有或曾有机会进入一个组织的网络系统、数据或场所，并使用他们的访问权（有时是在不知情的情况下）。为了打击内部威胁，组织可以实施一个主动的、以预防为重点的缓解计划，以检测和识别威胁，评估风险，并管理该风险——在事件发生之前。

---

① https://dodcertpmo.defense.gov/Counter-Insider-Threat/

第 4 章

PMW 150：指挥与控制

4.1 概述

4.1.1 任务与愿景

美国海军指挥与控制项目办公室（PMW 150）是海军信息战系统司令部（NAVWAR）下属的项目办公室之一，负责为海军、海军陆战队、联军和联盟部队平台提供指挥控制系统采办、部署和支持。PMW 150 的工作主要是集成实时、近实时战术态势信息，同时还包括目标选取支持、生化告警及后勤支持等服务，为海军作战人员输送战役级和战术级指挥控制能力。

使命任务：为作战人员提供直观、创新、弹性指挥控制和战术通信解决方案。

愿景：赋能更快、更好的决策，如图 4-1 所示。[1,2]

4.1.2 主要项目

PMW 150 办公室分管的项目主要有以下几个部分，如图 4-2 所示。

1. 海上指控（Maritime C2）

海上指控包括 GCCS-M、MTC2、NAOC2 等项目，旨在为舰队指挥官及其作战资产配备完成任务所需的指挥控制系统。

2. 战术指控（Tactical C2）

战术指控包括 Link 16、C2P、LMMT 等项目，负责根据联合战术数据企业服务迁移计划（JTMP）和美国国防部 TDL 实施路线图，开发、部署和支持联合和联盟战术数据链（TDL）能力。

---

[1] CAPT David Gast，PMW 150 Program Manager. Command and Control Systems（PMW 150）Overview. 2021 NDIA Fall Forum，27 October 2021.［08GAST_PMW-150_BRIEF.pdf］

[2] CAPT David Gast，PMW 150 Program Manager. Command and Control Systems（PMW 150）Overview. 2022 NDIA Fall Forum，04 Oct 2022.［NDIA_Fall_Forum_PMW_150_2022.pdf］

图 4-1 ▎PMW 150 的任务和愿景

PMW 150
Command and Control Systems

为作战人员提供直观、创新、弹性指挥控制和战术通信解决方案

Maritime C2	海上指控分部包括GCCS-M、MTC2、NAOC2等系统,旨在为舰队指挥官及其作战资产配备完成任务所需的指挥控制系统	
Tactical C2	战术指控分部(Link 16、C2P、LMMT)负责根据联合战术数据企业服务迁移计划(JTMP),开发、部署和支持联合和联盟战术数据链(TDL)能力,即国防部实施TDL的路线图	
NILE	NILE合作开发计划已经开发了Link 22(以取代Link 11)的网络能力,称为系统网络控制器(SNC),以及Link 22能力的其他组件的标准和规范	
Defensive C2	防御性指控也被看作CBRN信息管理/信息技术联合项目(JPL CBRN IM/IT),负责构建企业解决方案,为收集、分析和传播CBRN信息提供警告和报告、危险预测和决策支持骨干	

赋能更快、更好的决策

图 4-2 ▎PMW 150 项目办公室分管的主要项目

3. 北约改进 11 号数据链（NILE）

NILE 项目开发了 Link 22 网络能力（替代 Link 11），称为系统网络控制器（SNC），以及 Link 22 能力其他组件的标准和规范。

4. 防御性指控（Defensive C2）

防御性指控也称为联合项目负责人 CBRN 信息管理/信息技术（IM/IT），负责构建企业解决方案，为 CBRN 信息的收集、分析和传播提供通用的警告和报告、危险预测和决策支持主干。

主要项目的概况如下:①

- 海上战术指挥控制（MTC2）。MTC2 提供并托管作战管理辅助（BMA）和海事规划工具（MPT），以动态规划、指导、监控和评估分布式海上作战，作为海军、联合部队和盟军在海上领域行使 C2 的一部分。
- 海上全球指挥控制系统（GCCS-M）。GCCS-M 是国防部 GCCS 系列的海上部分。它提供近实时战术和作战态势感知以及指挥控制能力，包括 75 个以上 C5ISR 系统共享的通用作战图像（COP）。
- 海军战术指挥支持系统（NTCSS）。NTCSS 是一套遗留的应用程序，用于管理后勤、维护、管理和供应数据，支持海军和海军陆战队的供应和维护活动，包括陆上和海上。
- 海军作战业务后勤体系（NOBLE）。NOBLE 包括海军作战供应系统（NOSS）/海军航空维修系统（NAMS）/海军作战维修环境（NOME）。NOSS、NAMS 和 NOME 是现代的、赛博安全的应用程序，将取代 NTCSS。它们将更新和简化业务流程，提高后勤数据的准确性，并遵守国家标准和技术协会标准，以及财务改进和审计准备（FIAR）控制。
- Link 16 网络。Link 16 是一个多增量项目。增量 1 提供对舰船上遗留 JTIDS 和 MIDS 终端机的支持。增量 2 提供 Link 16 动态网络管理软件的开发和部署，实现 Link 16 加密现代化和频率重新映射，并实现舰船的 Link 16 现代化。
- 指挥控制处理器（C2P）。C2P 是作战系统和战术数据链（TDL）之间的集成舰载接口，可同时处理 TDL，并为舰载作战系统提供统一的数据流。增量 2 通过超高频时分多址（TDMA）接口处理器提供联合距离扩展（JRE），以支持弹道导弹防御。增量 3 提供 Link 22 能力。
- 链路监视管理工具（LMMT）。LMMT 使联合接口控制官员能够管理和监控 TDL。LMMT 是一个具有多个版本的"IT 箱"采办项目。版本 1 在 2017 财年实现了其部署决策，并提供了 Link 16 和 Link 16 的超视距网络监控和管理能力。版本 2 提供 Link 11 的监控和管理能力。未来的版本将添加额外的 TDL 能力，包括 Link 22。

4.1.3 热点技术

PMW 150 正在努力实现海军作战架构（NOA），通过使用授权的工具和权限来加快所需

---

① Fact Sheet: PMW 150 Command and Control System Program Office. 28 January 2019. ［navy.mil/PMW150_FactSheet_DistroA.pdf］

能力的交付，更快地做出更好的决策。主要运用以下几大热点技术，如图4-3所示。[①]

图 4-3 ┃ 实现海军作战体系结构的相关热点技术

（1）C2C24/DevSecOps。

24小时编译即作战（C2C24），在端到端的云环境中加速应用程序的开发、集成、认证和交付。能力节点按小时或天来计，而不是按月或年。

（2）通用轨迹管理器（CTM）。

通用轨迹管理器将一组通用、共享服务的应用程序套件集成起来，简化开发，加速交付。CTM将覆盖精确定义的轨迹管理服务。

（3）海军战术网格（NTG）。

海军战术网格连接着参与分布式海上作战（DMO）的分布式作战节点。这是一个跨项目执行办公室的、体系化的、基于模型系统工程（MBSE）模型，可以分配功能，确定能力差距，扩大覆盖范围。

（4）数字孪生。

优化设计，促进集成、训练和故障排除。

GCCS-M和MTC2正在从整体式转向集装箱化、模块化架构，通过DevSecOps流程开发微服务，利用通用服务加速向舰队交付海上决策辅助和作战管理辅助。

[①] CAPT David Gast，PMW 150 Program Manager. NDIA Briefing：Command and Control Systems（PMW 150）. 2020 NDIA Fall Forum，27 October 2020. ［PMW150. pdf］

先进战术数据链系统（ATDLS）正致力于加速 Link 16 加密现代化和先进的战术数据链功能。这些新功能与 PEO IWS 领导的通信即服务（CaaS）工作相一致，是构建海军战术网格的核心。

4.1.4 联合作战指挥控制系统

指挥与控制（Command and Control，C2）术语在军事领域的广泛使用源于第二次世界大战时期。从 C2 衍生了一系列相关术语，如 C3、C3I、C4I 和 C4ISR 等。

《美联合参谋手册》（JCS Pub.1，军事相关术语词典）定义："指挥是部队现役指挥员对部属（军衔上较其级别低的人员或配属人员）合法行使职权，指挥包括权力和职责，即有效使用可获取的资源，部署计划、组织、指导、协调和控制部队完成所赋予使命的职责和权力，同时，还包括确保所属人员的健康和福利、维持部队士气与纪律的职责。"指挥与控制是指"经授权的指挥员在执行使命过程中对配属部队行使职权，实施指导"，其内涵包括：

（1）指挥与控制是指挥员对部属行使职权；

（2）指挥与控制对象不仅包括部属人员，还包括系统、设施与程序等；

（3）指挥与控制的行为不仅限于决策环内的决策和命令发布，还包括态势评估、计划和信息收集；

（4）指挥与控制职责还包括确保所属人员的健康和福利、维持部队士气与纪律，也就是说，指挥与控制的职责包括部队的士气鼓舞、领导、组织、管理与控制；

（5）控制是指挥的一部分。

《美国海军作战条令》（1995 年）指出：指挥是武装部队指挥员根据军衔和职务行使在下级之上的法定权力。指挥既包括有效使用现有资源的权力和责任，也包括计划、组织、指导、协调和控制军队的使用以完成所分配的任务。指挥同时负有管理所属人员的保健福利、士气和训练的责任。指挥与控制是指定的指挥员为完成任务对所属和相关部队行使的权力和指导。指挥与控制的职能是指挥员在完成任务的过程中，通过计划、指导、协调和控制部队及作战行动所需的人员、装备、通信、设施和程序的安排来实现的。指挥与控制既是一个过程又是一个系统，指挥员利用这个过程和系统决定必须做什么，并监督其计划的实施情况。

指挥与控制系统简称指控系统，是实现指挥所各项作战业务和指挥控制手段自动化、信息化、智能化的信息系统，是指挥信息系统的核心。

美军联合作战指挥控制系统的发展源于 20 世纪 50 年代各军种单一功能指挥控制系统的建设。在军事需求牵引和信息技术的推动下，指挥与控制系统在半个多世纪的发展过程中，大致经历三个阶段：

第一阶段，冷战时期，以实施核报复战略为主要目的的全球军事指挥控制系统（WWMCCS），是一种应急式、适应机械化装备的指挥与控制系统。

第二阶段，美军全球战略部署时期，以实现军兵种互联互通为主要目的的全球指挥控制系统（GCCS）。

第三阶段，21 世纪初，以实现"长期战争"的战略需求、确保未来战场的指挥控制优势为目的的网络使能指挥能力（NECC）计划，其核心是突出网络使能指挥，具有互联网时

代的特点。[1,2]

2010年，美国防部决定终止JC2/NECC计划。从目前的发展来看，海上战术指挥控制（MTC2）是下一代海上指挥和控制系统解决方案，将成为GCCS-M的后续。

1. 第一代指挥与控制系统

第一代指挥控制系统是经过初创阶段发展建设而成的，时间大体是在20世纪50年代到70年代。第二次世界大战后，美、苏两大政治军事集团的关系日益紧张，苏联成为核大国并研制了战略轰炸机，美国为了防止苏联飞机的突然袭击和核打击，要求具有良好的预警能力和快速的响应能力。美国以第二次世界大战中英伦三岛防空系统为蓝本，开始研制以计算机为中心的防空自动化系统，并于1958年率先建成了半自动地面防空（SAGE）系统，简称"赛其"系统。"赛其"系统是世界上首个半自动化指挥控制（C2）系统，它将北美23个扇区的地面警戒雷达、通信设备、计算机和武器连接起来，实现了目标航迹绘制和数据显示的自动化。它是原北美防空司令部作战使用的半自动化防空预警和指挥系统。"赛其"系统首次将计算机与通信设备结合使用，可接收各侦察站雷达传来的信息，识别来袭飞行物，并指示给拦截部队，再由操作员指挥地面防御武器对飞行器进行拦截。

美军在1962年开始组建全球军事系统工程和计划，定名为全球军事指挥控制系统。它是一个覆盖全球，具有指挥、控制、预警探测和通信能力的战略级指挥控制系统，用来支持高级军事机构在常规和核战争条件下的指挥与控制功能。它的三项基本任务是：日常的指挥与控制活动；危机处理；战时（包括核战争条件下）指挥与控制部队。其核心任务是供国家指挥当局（通过参谋长联席会议）对全球的美国战略核武器系统进行指挥与控制，利用它逐级向第一线作战部队下达命令。20世纪60年代的古巴导弹危机对当时美军C2系统建设进行了一次大检验，从中暴露出军事指挥系统通信能力弱、可靠性差造成的信息传输低速、低效等缺陷。为了克服这些缺陷，美军便在C2的基础上增加了通信（Communication），使C2系统成为指挥、控制和通信（C3I）系统。

20世纪80年代美军C3I系统的发展，无论在WWMCCS上，还是在战术C3I系统上，都取得了较大的成就。在WWMCCS上，为执行战略现代化计划，研制和改进了WWMCCS的诸多分系统，使WWMCCS继续保持技术优势。

全球军事指挥控制系统有遍及全球的30多个指挥中心，分布在世界各地，其中国家级军事指挥中心、国家预备军事指挥中心、国家紧急空中指挥中心和国家舰载预备指挥中心是WWMCCS的"神经中枢"。

WWMCCS的核心是国家军事指挥中心，设在五角大楼内，供总统、国防部长和参谋长联席会议在平时和战时条件下指挥部队使用。指挥中心内装有先进的计算机设备、大屏幕显示器和各种先进的通信设备；备有多个战争总计划和战斗行动方案。参谋长联席会议通过该指挥中心，用40s就可与国外任何一个或全部联合司令部进行联系或召开电话会议。

国家舰载预备指挥中心设在两艘指挥舰上，一艘是"诺思安普敦"号，另一艘是"赖特"号。它们平时不参加指挥，只了解情况，当美军处于临战状态时，它们出航待命，根据需要接替国家军事指挥中心行使对战略部队的指挥权。

---

[1] 张维明，阳东升. 美军联合作战指挥控制系统的发展与演化[J]. 军事运筹与系统工程，2014，28（1）：9-12.
[2] 张维明. 指挥与控制原理[M]. 北京：电子工业出版社，2021.

2. 第二代指挥与控制系统

美军第二代联合作战指挥与控制系统为目前美国国防部的全球指挥控制系统（GCCS），该系统于 1996 年投入使用，包括国防信息系统局（DISA）的联合 GCCS-J 以及各军种 GCCS，即 GCCS-A、GCCS-M 和 GCCS-AF。GCCS 是其一体化指挥、控制、通信、计算机、情报、监视和侦察（C4ISR）系统的核心，网络中心战体系结构的重要组成部分。GCCS 主要用于提高联合作战管理及应急作战能力；与联合作战、特种部队及联邦机构 C4I 系统连接；确保和平时期和战争时期作战计划的制订和军事行动的顺利实施等。GCCS 使美军具备了一定的联合指挥与控制能力。

GCCS 的设计目标：一是用户生产率高，二是开发效率好，三是可移植性和可用性强，四是互操作性优，五是安全保密性高，六是可管理性强。初创的 GCCS 所支持的核心功能包括作战、调动、部署、投入、维护和情报。它的基本任务应用包括联合作战计划和执行系统（DOPES）、资源和训练系统的 GCCS 状态（GSORTS）、全球侦察情报系统（GRIS）和现代综合数据库（MIDB）。它的核心功能包括全球运输网络（GTN）、应急战区自动规划系统（CTAPS）和战区自动指挥与控制信息管理系统。

GCCS 属于一种分布式计算系统，可保障指挥和控制功能的软件及数据被分布在通过网络互联的异构与互操作的计算机上，通过三层客户/服务器结构实现其分布式计算。GCCS 通过威胁识别与评估、战略计划辅助、行动过程拟定、执行计划的实施与监控危险分析、公共战术图像等功能域来支持作战、动员、部署、兵力运用、支持和情报等项任务。

GCCS 的三层结构：最低层是战术层，由战区军种所属各系统组成；中间层是战区和区域汇接层，主要由战区各军种司令部、特种/特遣部队司令部和各种作战保障部门指挥控制系统组成；最高层是国家汇接层，包括国家总部、参谋长联席会议、中央各总部、战区各总部等。GCCS 的实质是一个基于客户机-服务器（C/S）的分布式的全球指挥与控制计算机网络。

3. 第三代指挥与控制系统

联合作战指挥与控制能力是综合运用各军种的作战能力、实施有效联合行动的关键。目前，美国国防部指挥与控制系统为 GCCS，该系统在很大程度上满足了军种内部的纵向信息的交换需要，但由于各军种 GCCS 是为满足各自任务需要而开发的，缺乏联合互操作性和通用的数据结构，因而阻碍了联合部队各军种之间横向的信息交换及协作，计划人员需要花费很多时间在大量不相关的数据或重复的数据中找寻所需信息，这就限制了指挥人员对联合作战进行计划、执行和评估的能力。

为了克服现有系统缺陷，满足美军联合指挥与控制向网络中心战转型及能力要求，美军提出了联合指挥与控制系统（JC2）的研发计划——网络使能指挥能力（NECC）计划。

联合指挥控制系统（JC2）将是美国防部继 WWMCCS、GCCS 之后的第三代指挥控制系统，可用于战略、战役以及战术等所有的指挥层次，将满足指挥官的各种作战指挥需求。

JC2 的顶层建设目标是提供从总司令（总统）到战区部署的联合部队和下属司令部无缝的联合指挥与控制，包括：将 GCCS-J 和各军种的 GCCS 汇聚成一个通用体系结构，以及将全球通信卫星系统并入 GCCS，成为它的组成部分；改进端到端的指挥与控制能力，包括态势感知、情报和战备能力；向 GIG 网络中心企业服务体系结构过渡。

2006年3月，美国国防部将JC2的能力描述为网络使能指挥能力（NECC）。美国国防部认为，由于用户需求的增加，未来JC2将会在更多的网络上运行，包括保密网、非保密网及盟国和政府机构内部更多的网络，JC2的能力也将扩展到无线用户。网络使能指挥能力一词能够更好地体现"联合"这个概念，体现超越国家的、具有战略性的、互操作的全球指挥与控制水平，它标志着美军联合指挥与控制系统的建设进入新的发展阶段。

JC2将为美军提供灵活的指挥与控制能力，使得联合部队能实现敌方难以匹配的作战节奏、决策制定和指挥控制。它将充分利用由网络中心企业服务（NCES）所提供的技术和核心企业服务，通过横向和纵向的联合指挥控制操作性能所达成的高度协调的信息共享来发挥信息优势，使作战人员能够及时读取战场信息，并且能够通过连接通信、情报和战斗系统的接口，达到最快的信息处理速度，以支持国防部、盟军和联合作战部队的指挥与控制。

另外，也有观点认为美军指挥控制系统的发展分为四个阶段：初创阶段（20世纪50—70年代）、各军种分散建设阶段（70年代后期至90年代中期）、集成建设阶段（90年代中期至末期）、网络化建设阶段（90年代末期至今）。其中结合军事信息基础设施的发展，经历了由简单到复杂、从低级到高级、由单一功能到综合功能、由简单互联到高度网络化、由各军种独立建设到一体化建设的过程。①

4.1.5 数据链

1. 数据链的定义

数据链是适应现代战争的需要和信息技术的发展而产生的一种用于在指挥控制系统、传感器和武器平台之间进行数据传输与交换的战术信息系统。它是一种以无线信道为主要传输媒介，以格式化信息的传输、处理为主要目的，在指挥控制系统、传感器、武器平台之间完成特定战役/战术协同所需的信息系统，是实现指挥控制系统与武器平台无缝隙连接的纽带，又是保障联合指挥的重要手段，对提高联合作战指挥能力、发挥武器平台效能具有重要作用。

我们通常所说的数据链是指战术数据链（Tactical Data Link，TDL），美国国防部称之为"战术数字信息链"（Tactical Digital Information Link，TADIL），北约组织和美国海军简称之为"链路"（Link）。

美军参联会主席令（CICS 16610.01B，2003-11-30）的定义为："战术数字信息链通过单网或多网结构和通信介质，将2个或2个以上的指控系统和/或武器系统链接在一起，是一种适合于传送标准化数字信息的通信链路，也简称为TADIL。"典型的战术数字信息链有4号链（TADIL-C/Link 4）、11号链（TADIL-A/Link 11）、16号链（TADIL-J/Link 16）和22号链（TADIL-F/Link 22）等。

美军联合出版物JP 1-02军事术语把数据链（data link）定义为：连通一地和另一地以发送和接收数据的手段。可以将这个定义看作广义的数据链。通常讲的数据链特指"战术数据链"，美军也称之为"战术数字信息链"。"数据链"是北约和美军均采用的术语，与TADIL的概念相同。

---

① 蓝羽石，毛永庆，黄强，等. 联合作战指挥控制系统［M］. 北京：国防工业出版社，2019.9.

需要说明的是，美军2002年颁布的Link 16消息格式标准MIL-STD-6016B中，其标准名称中已经将MIL-STD-6016A的TADIL改为TDL。但是，MIL-STD-6016B中并没有给出"战术数据链"明确的定义，而是沿用原来的TADIL的定义，并且将TADIL和TDL混用。从美军Link 16消息标准名称的变化看，尽管目前在名称上还存在一定混乱，但将来会逐步用"战术数据链"代替"战术数字信息链"。

2. 系统组成

典型的数据链系统通常包括战术数据系统（Tactical Data System，TDS）、加密设备、数据终端设备和无线收/发设备，如图4-4所示。其中TDS硬件通常是一台计算机，它接收各种传感器（如雷达、导航、CCD成像系统）和操作员发出的各种数据，并将其编排成标准的信息格式；计算机内的输入/输出缓存器，用于数据的存储分发，同时接收链路中其他TDS发来的各种数据。加密设备是数据链路中的一种重要设备，用来确保网络中数据传输的安全。数据终端设备（DTS）又简称为端机，是数据链网络的核心部分和最基本单元，主要由调制解调器、网络控制器（以计算机为主）和可选的密码设备等组成。通信规程、消息协议一般都在端机内实现，它控制着整个数据链路的工作并负责与指挥控制或武器控制系统进行信息交换。

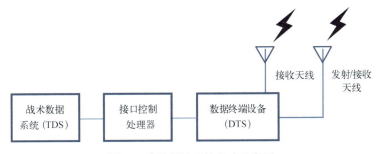

图4-4 数据链系统组成示意图

数据链组成中通常包括3个基本要素：传输通道、通信协议和标准的格式化消息。传输通道通常由端机和无线信道构成，这些端机设备在链路协议的控制下进行数据收发和处理。端机一般由收发信机和链路处理器组成，要求具有较高的传输速率，较强的抗干扰能力、保密性、鲁棒性和反截获能力，实现链路协议。数据链各端机之间需要构成网络便于交换信息，通信协议用于维持网络有序和高效地运行。接口控制处理器完成不同数据链的接口和协议转换，目的是实现战场态势的共享和指挥控制命令的及时下达。TDS一般与应用平台的主任务计算机相连，完成数据格式化消息处理。为了保证对信息的一致理解以及传输的实时性，数据链交换的消息是格式化的。根据战场实时态势生成和分发以及传达指控命令的需要，按所交换信息内容、顺序、位数及代表的计量单元编排成一系列面向比特的消息代码，便于在指控系统和武器平台中的战术数据系统及主任务计算机中对这些消息进行自动识别、处理、存储，并使格式转换的时延和精度损失减至最小。

数据链的一般工作过程：首先，由平台的信息处理系统将本平台欲传输的战术信息，通过战术数据系统按照数据链消息标准的规范转换为标准的消息格式，经过接口处理及转换，由端机中的组网通信协议进行处理，再通过传输设备发送（通常为无线设备）；其次，接收平台（可以1个或多个）由其无线电终端机接收到信号后，由 TDS 处理战术信息，送交到平台信息处理系统进行进一步处理和应用，并显示在平台的显示器上。

数据链的工作频段一般为 HF、VHF、UHF、L、S、C、K。

3. 产生与发展

随着喷气式飞机、导弹等高机动武器的出现，作战节奏加快，对信息的实时性要求日益迫切；同时，雷达等各种传感器的迅速发展和广泛应用，军事信息中的非话音内容显著增加，如数字情报、导航、定位与武器的控制引导信息等，话音通信在时效性和传输能力上已远远不能满足需要。战场态势的这些变化，客观上需要一种新的信息传输手段。于是，数据链的概念应运而生。

为了对付不断增加的空中威胁，适应飞机的高速作战、航母起降以及机载武器导弹化的发展，美军自20世纪50年代后期开始积极发展初级数据链。最早的数据链雏形是美军于50年代启用的半自动防空地面环境（SAGE），其用了各种有线与无线的传输链路，率先在雷达站与指挥控制中心间建立了点对点的数据链，实现系统内的21个区域指挥控制中心、36种不同型号共214部雷达的互连，由数据链自动地传输雷达预警信息，使防空预警反应时间从10分钟缩短为15秒。数据链在 SAGE 系统中的运用，使得北美大陆的整体防空效率大大提高。

美国海军采用交换情报信息的数据链，使舰队中各舰艇或飞行编队共享全舰队的信息资源，分享各作战单元传感器的数据，数据链可使各单元的感知范围由原先各舰或各机所装备的传感器探测范围，扩大到全舰队所有的传感器探测范围，以数据链联结为一个有机整体，大大提高了各作战单元的战场感知能力。利用数据链主动回报各单元战况，可增强敌我识别器（IFF）的识别能力，无形中也扩展了己方作战时的战术行动自由。

20世纪50年代后期以来发展的典型数据链，有美国/北约的 Link 4、Link 4C、Link 11、Link 16 和改进中的 Link 22。其中 Link 22 作为 Link 11 数据链的性能提升版，与 Link 16 数据链有着密切的技术联系。

Link 4 系列数据链包括初期（20世纪70年代）的 Link 4、改进型的 Link 4A（TADIL-C）和 Link 4C，工作在 UHF 频段。其中，Link 4 是单向地空链路，其信息传输速率为 1200bps、600bps 和 300bps；Link 4A 是双向地空链路，其信息传输速率为 5kbps；Link 4C 是空空链路，具有抗干扰能力。

Link 11（TADIL-A）是美国海军于20世纪60年代研制成功的一种低速数据链，也是北约各成员国通用的标准海军战术数据链。Link 11 是目前主要的地空数据链路，也是使用最多的空空数据链路。它工作在 HF 频段或 UHF 频段，采用半双工、轮流询问/应答的主从工作方式，在网控站的管理下进行组网通信，其信息传输速率为 2250bps；它具有保密功能，但无抗干扰能力。

Link 16（TADIL-J）是美国及其他北约国家三军联合战术信息分发系统（JTIDS）的主用链路。与 Link 11 和 Link 4A 相比，Link 16 在波形设计、通信体制等方面进行了很大改进，已发展成为一种具有通用信号格式的高级链路系统。Link 16 工作在 L 波段（960～1215MHz），采用时分多址（TDMA）组网方式，其信息传输速率最高可达 238kbps，它具有通信、导航、识别功能，又具有保密、抗干扰和通信中继能力。

Link 22 是美国及其他北约国家为提高 Link 11 性能而联合开发的改进型数据链,最终将取代 Link 11。其工作频段与 Link 11 相同,但采用 TDMA/DTDMA 组网协议,其信息传输速率可达 12.6kbps。Link 22 具有保密、抗干扰、超视距通信能力。

美国早期的数据链开发与应用是各军兵种各自进行的,如:陆军的先进战术交换系统;空军 F-16 的改进型战术数据机;在多舰、多机之间承担面对面数据交换的 Link 11 数据链;为了解决装备 Link 11 与未装备 Link 11 舰艇间的战术数据传递问题而研制的 Link 14 数据链(仅接收友舰信息而不能传出信息);供指挥控制中心与战斗机联系的 Link 4A;等等。这些数据链已不能满足军事革命化的多军种协同作战的要求。早期数据链的主要缺点是:不适用于联合作战;数据吞吐能力低,节点数少,精度和战术使用范围受限。越南战争后,美军根据战时陆、海、空三军以及各军种内数据链各自为政、互不相通而造成的协同作战能力差的情况,开始研制联合战术信息分发系统(JTIDS),实现战术数据链从单一军种到三军通用的一次跃升。其目的就是增强三军联合作战的能力,同时对数据链的容量、抗干扰、保密以及导航定位性能提出了更高的要求。

美军战术数据链是从各军种开始的,从局部、单一的需求逐步扩展为整体的需求。标准的制定也经历了同样的过程。如表 4-1 所示是美军和北约的主要数据链标准。[①]

表 4-1 美军和北约的主要数据链标准

数据链类型	TADIL-A Link 11	TADIL-B Link 11B	TADIL-C Link 4A/4C	TADIL-J Link 16	TADIL-F Link 22
消息标准	MIL-STD-6011B STANAG 5511	MIL-STD-6011B STANAG 5511	MIL-STD-6004 STANAG 5504	MIL-STD-6016B STANAG 5516	STANAG 5522
消息类别	M 序列	M 序列	V/R 序列	J 序列	F, F/J 序列
接口标准				STANAG 5616	
通信标准	MIL-STD-188-203-1A	MIL-STD-188-212/110/114/200/203-2	MIL-STD-188-203-3	JTIDS/MIDS STANAG 4175	STANAG 44XX Draft（HF/UHF）
操作程序	CJCSM 6120.01 AdatP-11	CJCSM 6120.01 AdatP-11	CJCSM 6120.01 AdatP-4	CJCSM 6120.01 AdatP-16B	AdatP-22
发布时间	1997 年	1999 年	1983 年	1997/2002 年	

进入 20 世纪 80 年代,美军将实现全球联合作战纳入其战略计划。实现各个作战单元之间、作战群体之间战术数据实时交换,是实施全球联合作战的必要条件。Link 16 标准是在 Link 11 和 Link 4 标准的基础上扩展产生的,用以支撑美军各军种及其盟国在全球范围内更有效地实施联合军事行动。

最初,美国国防部颁布 MIL-STD-6016《联合战术信息分发系统(JTIDS)技术接口设计方案》,该标准规定了 Link 16 的模型和基本接口设计要求;美国海军为了更好地实施 MIL-STD-6016,制定了海军标准 OS-516-1,详细说明了 Link 16 的操作规范。北约全面接受了美军 Link 16 数据链,在 MIL-STD-6016 和 OS-516-1 的基础上合并形成了 STANAG 4175《多功能信息分发系统(MIDS)》。

---

① 童志鹏. 综合电子信息系统 [M]. 2 版. 北京:国防工业出版社,2008.

1994年10月18日，美国国防部发布指令，将 Link 16 作为美军作战部队及国防部各部门 C3I 系统和美军各类武器平台的主要战术数据链。至此，MIL-STD-6016 被正式确认为美国国防部全局性战术数据链标准，支持各类武器平台。

4. 先进战术数据链系统（ATDLS）

先进战术数据链系统（ATDLS）项目为美军、盟军和联盟伙伴提供战术数据链（TDL）指挥与控制。ATDLS 在发展未来网络的同时维持和改进现有网络。联合战术数据链（Link 11、Link 16 和 Link 22）包括终端、网关、网络和支持计划，以改善连接性、互操作性、培训和支持。Link 16 是美国防部的主要战术数据链，用于大多数 TDL 能力平台和一些特定应用的弹药。Link 22 是一项多国开发工作，使用类似于 Link 16 的消息格式，使用更合适的高频协议取代 Link 11。终端包括联合战术信息分发系统（JTIDS）和多功能信息分发系统（MIDS），为飞机、舰船和地面站点的指挥控制提供 Link 16 能力。网关包括指挥控制处理器（C2P）、防空系统集成器（ADSI）和链路监视管理工具（LMMT）。

4.2 海上指控

4.2.1 海上全球指挥控制系统（GCCS-M）

4.2.1.1 概况

GCCS-M 是美国防部全球指挥控制系统（Global Command and Control System，GCCS）系统簇的海上实现，该系统为所有指挥层级的海上指挥官提供一个单一的、综合的、可扩展的 C4I 系统，融合、关联、过滤、维护和显示友方、敌方和中立陆、海、空三军的位置和属性信息。它将这些数据与可用的情报以及环境信息相结合，以支持指挥决策。该系统近实时运行，并不断更新作战单元位置和其他态势感知数据。GCCS-M 还将数据记录在适当的数据库中，并维护这些记录的更改历史。用户可以使用地图、图表、地形叠加、海洋学叠加、气象叠加、图像数据和全源情报信息协调成一个通用作战图像（COP），并可以在本地与其他站点之间共享。海军指挥官可以审查和评估总体战术形势、计划行动和作战、指挥部队、同步战术活动以及将部队机动与火力结合起来。该系统在各种环境中运行，并支持联合部队、联盟部队和多国部队。GCCS-M 部署于海上和岸基固定指挥中心。

负责网络和信息集成的国防部长助理办公室（OASD（NII））组建了一系列指挥和控制系统，其目标是加强总体监督、减少重叠，并改进相关系统联合点，尤其是在互操作性领域。该计划作为一项渐进式采购计划存在，可促进新功能、技术和 COTS 的快速插入。GCCS-M 演进式采办过程的一个主要特点是该系统在三个阶段连续并同时运行：新能力开发阶段、集成和测试阶段以及部署阶段。[1]

GCCS-M 为舰队提供整个指挥控制解决方案，由空间与海战系统司令部（SPAWAR）开发。其徽标如图 4-5 所示。

---

[1] https://www.secnav.navy.mil/rda/Pages/Programs/GCCSM.aspx

图 4-5　GCCS-M 徽标

4.2.1.2　发展现状

美军于 1962 年开始建设全球军事指挥控制系统（WWMCCS），该系统由分布于全球的 50 多个指挥中心、60 多个通信系统和 10 多个探测系统组成，分为战略、战区和战术三级。战略级包括全国军事指挥系统、与全球有关的各军种司令部信息系统以及国防部各局的指挥控制保障系统。战区级包括世界五大战区联合司令部和特种司令部的指挥控制系统以及各军种分遣司令部的指挥控制系统。战术级包括陆、海、空和海军陆战队的战术指挥控制系统。WWMCCS 由于工程庞大，纵向指挥层次过多，横向互联互通严重不足，不适应中低级别联合作战的需求，信息不能共享，敌我识别也存在严重问题，到 20 世纪 80 年代已明显不能满足快速处理大量数据和实时响应的要求，更不能适应信息战的需要。美军曾对它进行过两次重大的改进，结果仍不理想，因此美军决定研制 GCCS 取代它。

海湾战争后，美军认识到未来战争将是信息化条件下的诸军兵种或多国部队联合作战，要求其 C4I 系统具有支持一体化联合作战的能力。1992 年 6 月，美国参联会颁布了名为"武士 C4I"，即面向 21 世纪美军一体化 C4I 系统的总体规划框架性文件，GCCS 就是根据这一指南设计的。GCCS 是一个联合作战指挥控制系统簇，主要用来支撑动员、部署、兵力运用、作战、支援和情报等任务，具有强大的数据分析和信息融合能力，能为作战人员近实时提供粒度适宜的 COP，满足从国家指挥当局到联合特遣部队各级指挥员的作战需求。

GCCS 研制计划分为三个阶段。

第一阶段（1992—1995 年），主要任务是军事需求论证和方案设计，制定系统标准及操作政策和条令，使各军种在一定程度上实现数据、话音、图像、报文和视频系统的互通。

第二阶段（1995—2004 年），主要任务是将所有 C4I 系统互联互通。

第三阶段（2004—2010 年），实现 C4I 网络之间最大程度互联互通，并将美国陆军战术指挥与控制系统、海军"哥白尼"C4I 系统、空军战区战斗管理系统和海军陆战队战术指挥控制系统完全集成在一起，建立一个全球的信息管理和控制体系。

建设该系统的目的是解决联合指挥控制的互操作问题，把各军种专用的不兼容的指挥控制系统发展成为一个综合的指挥控制系统。1996 年 8 月 30 日，GCCS 开始投入使用，取代沿用了 30 多年的 WWMCCS。GCCS 主要由联合（GCCS-J）、陆军（GCCS-A）、海上（GCCS-M）和空军（GCCS-AF）组成。

1998 年，GCCS 3.0 版软件取代其 2.2 版。1998 年年底，美军开始开发 GCCS 4.0 版，该版本对通用作战图像、综合成像、情报等功能进行了升级，使数据传输方面的能力得到了增强。2003 年，GCCS 在全球部署 625 个基地。其中，在伊拉克战争中，美军利用 GCCS-J

6.0/6.2 软件，实现了指挥控制系统与侦察监视系统的集成，形成了从传感器到射手的一体化结构。

GCCS-M 可为联军和盟军海上指挥官提供单一、集成的 C4I 系统，该系统接收、处理、显示和维护友方、敌方和中立的海空军力量当前地理位置信息，及其情报和环境信息。GCCS-M 集成了 COTS 硬件和软件，用来促进联合特遣部队的网络连接。GCCS-M 在大多数美国海军水面战舰上运行，包括航空母舰、指挥舰、两栖舰、巡洋舰、驱逐舰、护卫舰、扫雷舰和补给舰。

GCCS-M 努力将多个 C4I 系统的功能融合到单个系统架构和平台中。每一个 C4I 系统都满足了舰队 C4I 要求的一部分。但是在大多数情况下，这些系统已接近其生命周期的终点，并且维护成本越来越高。由于大多数系统基于专有硬件、软件和通信标准，因此数据交换既困难又昂贵，通常需要开发独特的通信接口。随着时间的推移，联合作战战术系统（JOTS）演变成海军战术指挥系统（NTCS-A），然后到联合海上指挥信息系统（JMCIS），再到 GCCS-M。随着软件 4.0 版的出现，任何配置的网络计算机都可以访问战术功能。

当安装有完整功能数据库的时候，GCCS-M 的密级为机密级（Secret），另外还有敏感隔离信息（SCI）和非密级变体。GCCS-M 的目的是传播情报和监视数据，支持作战任务的规划、执行和评估。GCCS-M 对许多不同领域都至关重要，例如打击任务规划、反潜战、反水雷和水面战。①

GCCS-M 项目被指定为 ACAT IAC 类型的演进式采办计划，其开发和实施增量进行。采办策略要求 GCCS-M 更新（主要版本）在部署之前通过审查。该计划以两个采办部分同步运行：增量 1（GCCS-M 4.0 版及更早版本）处于部署/维持中；增量 2（GCCS-M 4.1 版本）于 2011 年 8 月 16 日完成了部署决策评审（FDR），并且授权增量 2 的全面部署，包括部队级（force-level，如航空母舰）和单元级（unit-level，如巡洋舰）配置。增量 2 的编队级（group-level）配置于 2014 年 12 月完成 FDR，正在进行全面部署，预计在 2023 年具备完全作战能力（FOC）。②

截至 2016 年 8 月，美国海军舰队已部署的 GCCS-M 数量见表 4-2。

表 4-2　美国海军舰队已部署的 GCCS-M 数量（2016 年 8 月）

	水　面	水　下	岸　基
3.x	1	—	—
4.0.2	10	—	9
4.0.3	87	44	4
4.1	64	28	9

1996 年 8 月美军 GCCS 开始投入使用。经过多年的使用和改进，GCCS 已发展为一个适用于不同军种和作战地域的指挥控制系统。但是，伊拉克战争等表明，GCCS 缺乏足够的灵

---

① Trainee Guide for Global Command and Control System-Maritime (GCCS-M) 4.0 System Administration Course. Northrop Grumman Mission Systems, San Diego, CA, January 2006：13-20. [https://manualzz.com/doc/6391313/gccs-m---navycooldev.com]

② Elisa Shahbazian. Requirements for the GCCS-M Replacement based on Land Forces Systems. Defence Research and Development Canada, April 2015. p27

活性和信息共享/协同能力，不能满足网络中心战的要求，存在互操作能力差、升级更新困难和不能充分利用 Web 提供的能力等缺陷。

2019—2021 财年，GCCS-M 优先开发统一构建基线，重点关注航迹管理能力。此基线将提高网络弹性、用户体验和功能，同时减少软件变体的数量。统一构建于 2020 财年开始在某艘航空母舰上部署部队级现代化变体。

4.2.1.3 系统功能与组成

GCCS-M AN/USQ-119E（V）的前身为联合海上指挥信息系统（JMCIS），是海军的主要指挥和控制系统。命名 AN/USQ-119（V）和 AN/USQ-119A 到 D 指的是旧版本的海军战术指挥系统（NTCS-A）和 JMCIS。GCCS-M 计划的目标是通过快速有效地开发和部署 C4I 能力来满足舰队 C4I 要求。GCCS-M 通过接收、检索和显示与当前战术形势相关的信息来增强作战指挥官的作战能力并协助决策过程。GCCS-M 通过外部通信通道、LAN 和与其他系统的直接接口，近实时的实现接收、处理、显示和管理有关中立、友军和敌军的战备状态的数据，以便执行全方位的海军任务（如战略威慑、海上控制、力量投送等）。

图 4-6 描述了 GCCS-M 的整体配置。图中中央为系统的功能部件；周围的方框显示了系统的输入和输出。显然，GCCS-M 是一个非常复杂的系统。[1],[2]

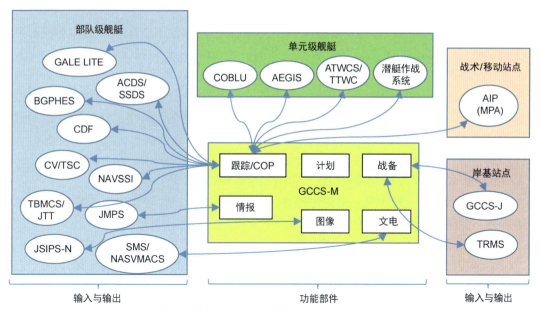

图 4-6 GCCS-M 的系统组成视图（SV-1）

GALE LITE—限制环境信号情报系统；ACDS/SSDS—先进作战指挥系统/舰船自防御系统；BGPHES—战斗群被动视界扩展系统；CDF—作战定向设备；CV/TSC—航母/战术支持中心；NAVSSI—导航传感器系统接口；TBMCS/JTT—战区作战管理核心系统/联合战术终端；JMPS—联合任务规划系统；JSIPS-N—联合军种图像处理系统-海军；SMS/NAVMACS—短信息服务/海军模块化自动化通信系统；COBLU—协同舰外后勤更新计划；ATWCS/TTWCS—先进战斧武器控制系统/战术战斧武器控制系统；潜艇作战系统；AIP—反水面战改进计划

（海上巡逻机 [MPA]）；TRMS—舰种司令战备管理系统。

---

[1] National Research Council. C4ISR for Future Naval Strike Groups. Washington，DC：The National Academies Press，2006. [http://nap.edu/11605]

[2] 杨建涛. 美国海军指挥控制系统研究. 雷达与对抗，2020，40（1）：27-32.

GCCS-M 系统由四个主要变体组成，即岸上、海上、战术/机动和多级安全（MLS），它们共同为所有海军环境中的作战人员提供指挥和控制信息。GCCS-M 为舰队提供集中管理的 C4I 服务，使美国和盟国的海上部队能够实施以网络为中心的作战行动。GCCS-M 被用于支持三种不同的部队环境：岸上、海上和战术/机动。海上配置可分为部队级和单元级。GCCS-M 的岸上配置位于固定站点的舰队和战术指挥中心，以及可快速部署的移动指挥中心，如 MICFAC，移动指挥设施旨在为联合特遣部队（CJTF）在岸上前沿部署时提供类似的 C4I 能力。为了在所有地点（海上、岸上和战术/移动）的 GCCS 系统之间实现最大的互操作性，GCCS-M 最大限度地利用通用通信媒介。保密互联网协议路由网络（SIPRNET）、非密互联网协议路由网络（NIPRNET）和全球联合情报通信系统（JWICS）提供必要的广域网（WAN）连接。联合海上通信策略（JMCOMS）为海上和战术/机动 GCCS-M 系统提供 WAN 连接。这两个网络都使用因特网协议在机密和 SCI 安全级别运行。除了在机密/SCI 安全级别运行的 SIPRNET 之外，GCCS-T 还通过向有限数量的站点提供绝密连接来支持国家指挥机构级别的协同规划。

GCCS-M 传统上是在高性能 UNIX 工作站上实现的，当时只有这些平台才能运行 GCCS-M 软件。随着英特尔 PC 处理器系列处理能力的增长以及 Windows NT 和 JAVA/Web 多用户操作系统的成熟，GCCS-M 迁移到 PC 环境。

在那些安装了 WWMCCS 的主要指挥中心，GCCS 已经取代了全球军事指挥和控制系统（WWMCCS）使用的霍尼韦尔计算机和相关外围设备。GCCS 将包括比以前的 WWMCCS 更多的站点，为满足 IT-21 和 DII COE 要求，不仅为现有的 C4I 系统安装新硬件，还升级现有系统的硬件。理解 GCCS 和 GCCS-M 的关键在于它们主要是在 DII COE 硬件上运行的一系列综合软件应用。在从 UNIX 服务器过渡到 Windows NT 服务器的过程中，这些软件应用程序取代了旧版本，并使用大部分相同的硬件和网络基础设施继续运行，允许分阶段引入新硬件。[①]

GCCS-M 4.x 的标准舰载系统组成，包括 4 台 UNIX 服务器：

（1）通信服务器，提供统一通信处理器、航迹管理、账户管理等功能，维护传入/传出通信链路，管理通信通道，保存航迹数据库等。

（2）备份通信服务器。

（3）情报服务器，提供情报共享数据和图像变换，采用商用关系数据库管理系统（Sybase），包括 6 个部分：公共航迹数据存储、参数列表数据库、综合军事情报数据库、情报商店数据库、海军辐射源参考文档和图像管理数据库。所有访问情报服务器的客户端需要安装情报商店客户端软件。

（4）Web 服务器，为情报共享数据库提供用户友好的界面。

服务器硬件为 Sun 公司的 Sunfire V240。

如图 4-7 所示为 GCCS-M 的舰载 GENSER 局域网。GCCS-M 的大多数设备安全分级为秘密。通信服务器通过国防消息发布系统（DMDS）、战术指挥信息交换系统（OTCIXS）和战术数据信息交换系统（TADIXS-A）传送接收网络消息，LAN 多路复用器（MUX）打包发送数据。另外，GENSER 网络通过单向串行线路传送数据到绝密或敏感隔

---

① https://man.fas.org/dod-101/sys/ship/weaps/gccs-m.htm, Updated January 03, 1999

离信息（TS/SCI）网络。TS/SCI 网络通过"辐射水星"的单向串行线路向 GENSER 系统传送数据。

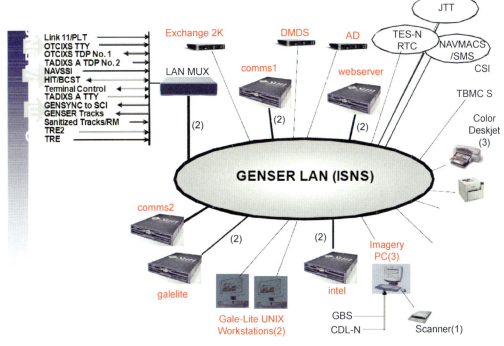

图 4-7 ｜ GCCS-M 的舰载 GENSER 局域网

作为 COE 架构的一部分，C4I 系统的设计满足联合作战人员的战术通信、数据融合和显示需求。

4.2.1.4 技术特点

全球指挥控制系统是一种分布式计算系统，可保障指挥和控制功能的软件及数据被分布在通过网络互联的异构与互操作的计算机上，通过三层客户/服务器结构实现其分布式计算，即高层、中层和低层：高层是国家汇接层，包括国家总部、参谋长联席会议、中央各总部、战区各总部；中层是战区和区域汇接层，主要由战区各军司令部、特种/特遣部队司令部和各种作战保障部门指挥控制系统组成；低层是战术层，由战区军种所属各系统组成，包括联合特遣部队、联合特遣分队和最基层战斗人员的设施。

传统的作战联合 C4I：

- WWMCCS 大型机"联邦"（20 世纪 60 年代）；
- WWMCCS 集中（20 世纪 70—80 年代）：霍尼韦尔标准化大型机、分组交换网、专有/GOTS 软件；
- GCCS（20 世纪 90 年代）：基于商业客户端—服务器 UNIX 硬件/IP 网络、GOTS/商业软件、刚性数据和软件配置管理、通用作战图像（COP）概念；
- GCCS（2000 年）：公共操作环境（COE）概念、综合图像和情报（I3）、协作工具；
- GCCS 4.x（2003 年）：基于 Java 的面向对象代码、PC、Linux、UNIX 平台，基于仿真的 GCCS 应用程序。

4.2.1.5 系统配置、型谱

GCCS 在全球共部署有 600 多个基地，基本上遍及所有指挥层，包括国家指挥当局、国家安全局、参联会、军种司令部、战区总司令、各下属司令、主要作战部队及中情局、联邦调查局、联邦紧急管理局等政府各机构。

GCCS 的主要组成部分包括陆军全球指挥控制系统（GCCS-A）、海上全球指挥控制系统（GCCS-M）、空军全球指挥控制系统（GCCS-AF）、联合全球指挥控制系统（GCCS-J）四大系统。GCCS 系统的组成如图 4-8 所示[①]。

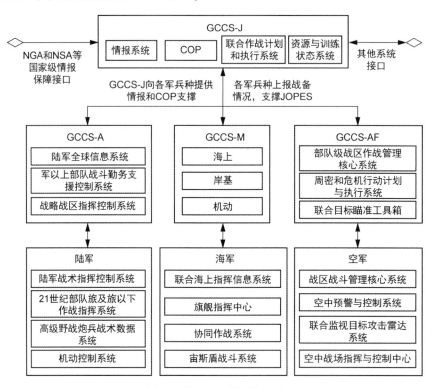

图 4-8 GCCS 系统的组成

GCCS-A 是陆军的战略和战区指挥控制系统，它能为战略级指挥员提供战备、计划、动员和部署能力信息，为战区指挥员提供通用作战图像和敌我状态信息、部队部署计划和执行手段（部队接纳、集结、战区计划、战备、部队移动、执行状态）以及与联合/联盟部队和战术陆军作战指挥系统的互操作。GCCS-A 是一个面向用户的系统，它保障了从国家指挥当局、战区总司令到联合特遣部队司令员对陆军部队的支持，为陆军从战略联合 GCCS 系统到军及军以下各级提供无缝扩展。

GCCS-M 是美国海军战略和战区级的指挥控制系统，也是美国海军"哥白尼"计划的重要组成部分。GCCS-M 能为岸基和海上指挥员提供近实时的通用作战图像，通过接收、恢复、显示战术态势信息，辅助指挥员进行指挥决策，使作战人员能计划、协调、演习、执行和评估海军作战和联合作战。

---

① 周海瑞，李皓昱，介冲．美军联合作战指挥体制及其指挥控制系统．指挥信息系统与技术，2016，7（5）：10-18.

GCCS-M 部署在大约 325 艘舰艇和潜艇上，以及 65 个岸上和战术移动站点。

GCCS-AF 是美国空军的战略指挥控制系统，能在必要的时间和地点为空军军级至战略级提供数字化信息分发手段。GCCS-AF 能提供态势感知、兵力部署、军事力量规划、情报和作战支持能力。其中的作战情报系统能处理来自各种渠道的情报信息，为空军最高司令区战区指挥官提供准确、近实时的情报信息。GCCS-AF 主要部署在太平洋空军、驻日空军第 5 航空队、驻韩空军第 7 航空队、驻关岛国的第 13 航空队等。

GCCS-J 是美国国防部为实现全谱优势而开发的联合指挥控制系统，旨在提高美军战场感知能力，为指挥员提供近实时的 COP，指导联合作战。GCCS-J 主要包括 JOPES、SORTS、I3 和 COP 系统。其中，JOPES 主要负责联合作战计划的制订、执行和监视，它利用军种作战计划和执行系统（如空军的 DCAPES）提供的输入数据，使其功能向更低层次、更详细的计划和执行功能延伸。SORTS 主要负责接收各军种系统的战备状态数据报告。I3 和 COP 统称全球基线，以组件形式向各军种提供联合情报收集和态势感知能力。联合作战时，联合司令官借助 GCCS-J，通过军种 GCCS 与战役战术级指挥控制系统相连，实现对任务部队的指挥与控制。

在 2019 财年，GCCS-J 重点在于维持已部署的 GCCS-J v4.3.x 基线，开发 GCCS-J v6.x 和新的现代化 GCCS-J。联合计划和执行服务（JPES）项目经理负责维持现有的联合作战计划和执行系统（JOPES）v4.3 基线以及 JPES 的开发。2018 年 9 月的 GCCS-J v6.0.1.0 OT&E 报告表明，该系统在运行上并不有效和适用。GCCS-J 由硬件、软件（商业现货和政府现货）、程序、标准和接口组成，提供集成的、近实时的作战空间图像，这是执行联合和多国作战所必需的，其客户端/服务器架构使用开放系统标准和政府开发的军事规划软件。GCCS-J 作战、GCCS-J 现代化和 JPES 是组成 GCCS-J 的三个系统。[①]

4.2.1.6 采办动态

2022 年 8 月 24 日报道，美国海军水面战中心科罗纳分部（NSWC Corona）最近在四艘无人艇上安装了铱星跟踪装置（ITU），以支持环太平洋（RIMPAC）2022 全球最大的海上演习。ITU 提供了时间、航线、速度、纬度和经度等关键信息，使海军能够通过海上全球指挥控制系统（GCCS-M）跟踪无人艇，包括海上猎手（Sea Hunter）、海鹰（Sea Hawk）、漫游者（Ranger）和流浪者（Nomad）[②]。

4.2.2 海军空中作战指挥控制（NAOC2）

4.2.2.1 概况

海军空中作战指挥控制（Navy Air Operations Command and Control，NAOC2）为特遣部队指挥官提供计划、传播、监视和执行战区空战能力。NAOC2 的能力是由战区作战管理核心系统（Theater Battle Management Core Systems，TBMCS）支撑的。TBMCS 是美国空军的 ACAT Ⅲ 采办项目。TBMCS 经过集成和部署，使空中规划者能够制定联合空中任务指令和空中控制指令，从而使海上作战人员和海上作战中心能够在联合部队空军分队指挥官

[①] https://www.dote.osd.mil/Portals/97/pub/reports/FY2019/dod/2019gccsj.pdf?ver=2020-01-30-115432-190

[②] US Naval Surface Warfare Center Outfits Unmanned Surface Vehicles with Its GCCS-M. Military Leak, August 24, 2022. [https://militaryleak.com/2022/08/24/us-naval-surface-warfare-center-outfits-unmanned-surface-vehicles-with-its-gccs-m/]

（JFACC）的大规模联合勤务行动中，领导、监视和指导指定或附属部队的活动。

NAOC2 提供了一个集成和可扩展的规划系统，为全球空军、联合和盟军指挥官提供标准化、安全、自动化的决策支持。这些项目提供部队级的自动化空中作战计划、执行管理和情报能力给舰队指挥官、航母打击群指挥官、远征打击群指挥官、登陆部队指挥官和联合特遣部队指挥官。

NAOC2 包括战区作战管理核心系统（TBMCS）、指挥控制空天作战套件（C2AOS）以及指挥控制与信息服务（C2IS）。C2AOS 和 C2IS 正在开发为面向服务架构（SOA），以允许可扩展性并与通用计算环境（CCE）集成。这些工作将显著增强联合部队空军分队指挥官（JFACC）和联合空中作战中心（JAOC）人员规划日常空中作战的能力，包括打击、空运、空中攻防和加油机任务，为作战行动提供支持，解决作战人员对分布式计划和执行过程的需求，显著提高联合互操作性。TBMCS 将硬件过渡到 CCE 和 CANES。目前，TBMCS 是用于在联合和海军环境中进行空中规划的关键系统。C2AOS 和 C2IS 将在 SOA 环境中取代 TBMCS，同时为作战人员、计划者和执行者带来更大的灵活性。

4.2.2.2 发展现状

洛克希德·马丁公司于 1995 年获得了开发 TBMCS 的合同，并于 2000 年宣布，TBMCS 为空军指挥官提供了计划、指导和控制所有战区空中作战以支持指挥目标的能力。该系统为之前的系统提供了极其优越的联合互操作性，为全球用户提供了通用作战图像和实时共享的战场环境态势感知。

目前，TBMCS v1.1.3 处于运行和维持阶段，并在软件和安全升级可用时进行部署。NAOC2 项目在海军作战环境中进行集成和测试，用于部署到部队级舰艇（如航母、两栖攻击舰和指挥舰）、海上作战中心和选定的训练地点。空军的指挥控制空天作战套件（C2AOS）和指挥控制与信息服务（C2IS）将取代 TBMCS。空军在 SOA 环境中开发这些项目，海军将迁移到这些项目中，并纳入 CANES 环境中。

C2AOS/C2IS 与海军信息技术基础设施（例如 CANES）本身不兼容，并且需要大量的系统集成。继续海军集成和测试工作将显著提高联合部队空军部队指挥官和联合空中作战中心人员规划日常空中作战的能力，包括打击、空运、进攻/防空、导弹防御和加油任务以支持战斗操作。C2AOS/C2IS 解决了作战人员分布式规划和执行流程的需求，同时显著提高了联合互操作性。TBMCS 继续向 CANES 进行硬件过渡。目前，TBMCS 是用于在联合和海军环境中进行真实世界空中规划的关键系统。C2AOS/C2IS 将取代 TBMCS，同时为作战人员带来更多灵活性。2019 财年，该计划继续为空军开发的 C2AOS/C2IS 进行海军 CANES 集成/测试，并在多服务测试事件期间支持海军作战测试机构的执行。

C2AOS/C2IS 是 AOC-WS 10.2 计划的一部分。2018 年，USD（AT&L）取消了空中作战中心-武器系统（AOC-WS）10.2 计划。2018 年 7 月，PEO Digital 将 C2AOS/C2IS 转变为在 AOC-WS 修改的 Block 20 计划下的中间层获取（MTA）快速原型工作。2019 年 3 月，PEO Digital 完成了 C2AOS/C2IS 项目 MTA 快速原型化工作。[①]

4.2.2.3 TBMCS

TBMCS 是一个集成的空中 C2 系统，为全球战区的空军、多军种和盟军指挥官执行标准

---

① https://www.dote.osd.mil/Portals/97/pub/reports/FY2019/af/2019aocws.pdf?ver=2020-01-30-115237-893

化、安全、自动化的空战规划和执行管理。它被部署在国家、部队和单元级的 C2 节点上，以支持联合部队空军分队指挥官（JFACC）级别及以下的规划者和决策者。TBMCS 包括硬件、软件、通信链路、备件、人员、培训和其他资源，以确保强大和可持续的战区空中操作。该系统是模块化的，可扩展，用于空、陆或海上运输，其部署配置可以定制以满足战区情况的需求。TBMCS 提供了计划、指挥和控制所有战区空中作战以及与陆地、海上和特种作战要素进行协调的手段。该系统全面支持平时的训练和日常操作，并及时应对突发事件。TBMCS 在战区空战中实现了与其他 C4I 系统的互操作功能。TBMCS 有几个核心组件，包括迁移系统或遗留系统，如联合海上指挥信息系统和应急战区自动规划系统（CTAPS）。TBMCS 符合国防信息基础设施公共操作环境（DII COE），并包括一个通用作战图像。

如图 4-9 所示，TBMCS 跨越了三个主要的 C4I 设施——空中作战中心（AOC）、空中支援作战中心（ASOC）和单元级作战中心，并连接到许多外部战区 C4I 系统。图 4-9 描述了 AOC、ASOC 和单元级作战中心的功能分解。ISR 和系统支持是所有三个战区元素的核心部分。虽然似乎将 JFACC 描述为空军战区指挥官，但 JFACC 可以来自其他军事部门。在这些情况下，AOC 可能位于该服务的指控设施中。被指定为联合模块的 TBMCS 功能支持联合操作环境中的 JFACC。具体来说，TBMCS 支持"海上 JFACC"的作战概念，是指它支持一艘海军指挥舰上的 JFACC。不管 JFACC 的上层服务如何，TBMCS 都可以在大量的其他 C4I 设施上提供远程终端功能来通信指控信息。这些远程终端是概念上的，它们可以接收、过滤和排序任务，以及监视和更新任务状态。

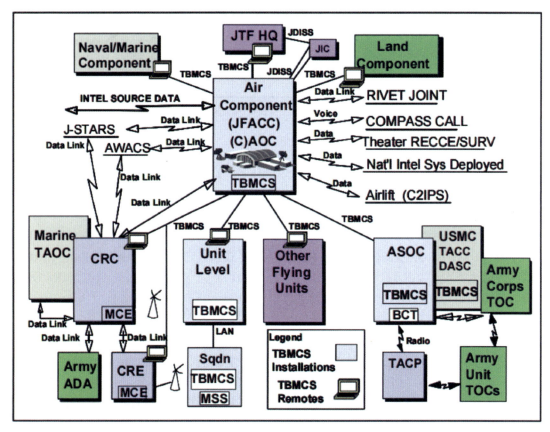

图 4-9 理论上的战区 C4I

在不断发展的战场管理领域，TBMCS 与许多其他 C4I 和管理信息系统相互操作。与空中预警与控制系统（AWACS）和联合监视目标攻击雷达系统（JSTARS）的通信通过 TADIL 和 JTIDS 网络以及通用处理器进行。TBMCS 接收秘密级情报输入，并产生和分发情报产品（战斗命令和目标信息）。图 4-10 描述了这一组更广泛的外部接口集合。

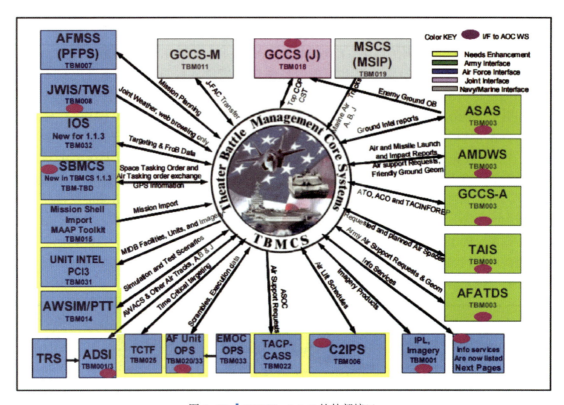

图 4-10 ┃ TBMCS v1.1.3 的外部接口

4.2.2.4 JADOCS

联合自动化深度作战协调系统（Joint Automated Deep Operations Coordination System，JADOCS）软件提供联合火力支援管理和通用作战图像（COP）功能。JADOCS 通过联合和协作能力补充了任务司令部体系结构，可根据部队任务和作战情况使用和定制这些能力。JADOCS 软件提供了参与瞄准过程的军种多个联合指挥与控制（C2）系统之间的集成，包括美国空军（USAF）、美国海军（USN）和美国海军陆战队（USMC）空中作战中心（AOC）、海军陆战队远征军（MEF）、舰队海上作战中心（MOC）以及区域作战司令部（COCOM）、特种作战司令部（SOCOM）、陆军战场协调支队（BCD）、陆军军种司令部（ASCC）、兵团和师。JADOCS V2.0 开发计划于 2014 财年开始。

JADOCS 最初是国防高级研究计划局（DARPA）的技术演示，经过一系列陆军领导的联合先进概念技术演示，最终形成了联合部署的作战能力。2012 年 4 月 16 日批准的 JADOCS 能力生产文件（CPD）记录了当前 JADOCS 的阈值能力。当系统能力单独或集体纳入陆军、军种或联合计划，或根据其多军种用户的决定不再需要 JADOCS 时，JADOCS 将退役。

4.2.3 联合指挥与控制系统（JC2）

4.2.3.1 概况

联合指挥与控制系统（JC2）是一项以网络为中心的计划，将取代当前的 GCCS 系列。JC2 将提供一种集成的、无缝的、以网络为中心的方法来完成这项任务。它是为联合部队指挥官设计的，可以完整地处理某个领域的任务如态势感知和部队保护。为更合理地使用 C2 资源，它已在联合参谋部的 JCIDS 流程和国防部的采办、计划和预算流程中经过全面审查。[①]

JC2 是构建国防部 C2 域的关键贡献者，但并不是唯一的贡献者。JC2 集成 GIG 企业服务，并使用一个被监控和管理的面向服务架构来实现。JC2 允许操作用户链接服务，以创建受管理的工作流和流程，以流程为中心，而不是以应用程序为中心。GCCS 系统将发展为 JC2 功能系列，使用联邦开发、试点服务的流程来降低风险。[②]

JC2 将是美军继 WWMCCS、GCCS 之后的第三代指挥控制系统，用于战略、战役以及战术等所有的指挥层次，满足指挥官的各种作战指挥需求。2006 年 3 月，美国国防部将 JC2 更名为"网络使能指挥能力"（Net-Enabled Command Capability，NECC）。该名称能更好地体现"向网络中心战转型"和"联合作战"概念，实现超越国家的、具有战略性的、互操作的全球指挥控制水平，它标志着美军指挥控制系统的建设进入"智能化"的技术发展阶段。

NECC 系统是美国国防部的关键转型项目，也是国防部原计划逐步取代联合 GCCS 及各军种 GCCS 系列的下一代指挥控制系统。NECC 系统以网络为中心，基于服务并采用开放式系统标准，将通过横向和纵向的互操作，实现先进的协同信息共享，旨在国家、战略、作战和战术层面上为美军提供指挥控制所需的网络中心能力，它是美军在未来"网络中心战"环境中实现联合指挥控制的基础。

全球指挥控制系统（GCCS）于 1996 年投入使用，包括国防信息系统局（DISA）的联合 GCCS（GCCS-J）、各军种 GCCS 即 GCCS-A、GCCS-M 和 GCCS-AF。但是，随着作战任务需求的不断改变和发展，全球指挥控制系统因缺乏系统升级、支持的软件、联合互操作性以及通用的数据结构，阻碍了联合部队各军种分部之间横向的信息交换及协作。于是，2004 年，美国国防信息系统局决定，于 2006 年对全球指挥控制系统进行替换。

然而，在 2010 年 2 月，美国国防部公布的 2010 年版《四年防务审查报告》中指出"已经决定终止网络使能指挥能力（NECC）计划"，国防部认为该项目成本超支、项目延期、性能不佳，予以终止。美国国防信息系统局也说明，认为该项目风险过高，无法按时交付满足作战需求的能力，也没有按计划达到初始作战能力，而之前取得的一些成果将集成到"全球指挥控制系统"（GCCS）中。

4.2.3.2 发展现状

支持未来部队的联合指挥和控制的预期信息技术能力在 JC2 作战需求文件中阐明，目前正在被转换为能力开发文件（CDD）。根据 JV2010 和 JV2020 中的概念，JC2 将"通过垂直

---

① https://www.globalsecurity.org/intell/systems/jc2.htm
② John Wellman. Joint Command and Control In a Net-Centric Environment. NDIA, 2005. [https://ndiastorage.blob.core.usgovcloudapi.net/ndia/2005/netcentric/thursday/wellman.pdf]

和水平互操作性实现的高级协作信息共享来实现决策优势"。JC2作为使用GIG企业服务和基础设施实现的集成功能的集合,包括守备和部署的网络环境。JC2允许指挥官保持态势感知,并计划、执行、监视和评估联合和多国行动。①

JC2能力根据8个联合任务能力包（MCP）定义：部队投送；情报；部队准备；态势感知；部队防护；部队部署：陆地行动；空天行动；海上/沿海行动。

JC2的作战视图如图4-11和图4-12所示。

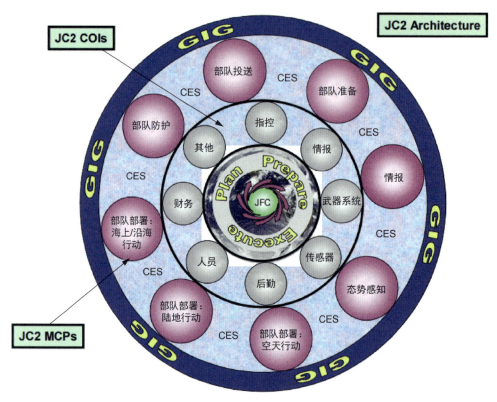

图4-11 JC2 OV-1

美国第三代联合作战指挥与控制系统的建设经历了一个短暂的历程。

2006年3月,美国国防部负责网络与信息集成的助理国防部长宣布将NECC确定为GCCS的升级目标,也标志着NECC正式进入技术开发阶段。

2006年年底,确定采用面向服务架构（SOA）,提出了其硬件与软件体系结构、核心企业服务、数据源、过程管理、最终用户环境和安全性要求等。

2007年第4季度,NECC进入系统开发与演示验证阶段。

2008年,美国国防部为NECC启动了一个为期4年的投资计划,即"增值"计划,下定决心迁移GCCS系统中的所有功能并提供新能力。

2008财年结束时,NECC完成了年初信息技术采办委员会（ITAB）计划报告和采办决

---

① https://www.researchgate.net/publication/228795608_The_integration_of_modeling_and_simulation_with_Joint_Command_and_Control_on_the_Global_Information_Grid

定备忘录（ADM）中授权的 5 大项能力模块的初步开发，分别为可视化用户定义作战图、天气数据、蓝军地面数据、红军数据和联合管理。

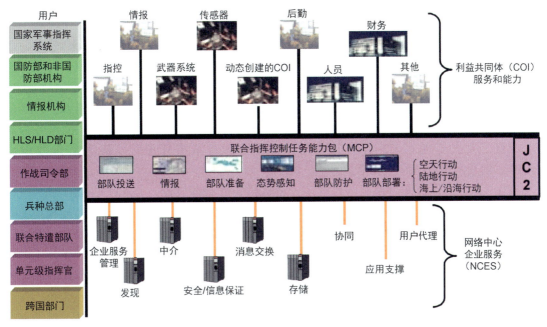

图 4-12　JC2 OV-1

2008 年 7 月 31 日，国防信息系统局采办执行处批准继续对 NECC 计划进行投资，并决定该计划由技术开发阶段进入里程碑 B 阶段。该阶段的工作重点是验证技术成熟度和对计划成本进行评估。

2009 年 1 月 3 日，国防信息系统局采办执行处和里程碑决策权威联合批准了 NECC 的 2009 财年计划。

2011 财年，参议院军事委员会建议终止 NECC 系统，将其资金全部投入完善现有的全军和国防部机构 GCCS。

虽然国防信息系统局（DISA）一再强调 NECC 计划并未出现重大延迟和超支，但历时 4 年短暂发展的 NECC 计划还是走到了尽头。2010 年，美国陆续公布了《2010 年四年防务审查报告》和"2011 财年国防预算"，正式决定终止 NECC 计划。

美军终止 NECC 项目，并不意味着放弃了联合作战指挥与控制系统的转型。从近期看，美军将重点放在了对联合全球指挥控制系统（GCCS-J）的升级改造上。美军已制订了将 GCCS 过渡到未来联合作战指挥与控制能力的长远计划，坚持向更强的网络中心能力发展。美军瞄准面向服务架构的技术优势，放弃旧的公共操作环境（COE），积极推动网络中心企业服务（NCES）的开发，建立了一套 Web 与信息服务及新工具和新应用程序，并将已获得的成熟模块和工具及成型的网络中心企业服务，用于 GCCS-J 的升级改造中。美军新推出的 GCCS-J Block V 新增了核生化攻击效果探测、图像目标与通用作战图像上的元数据合成、告警通报集成、信息战规划工具集成等能力，提升了该系统的联合作战指挥与控制能力。

4.2.4 海上战术指挥控制（MTC2）

4.2.4.1 概况

海上战术指挥控制（Maritime Tactical Command and Control，MTC2）是下一代海上指挥和控制软件专用解决方案，是 GCCS-M 的后续，同样由空间与海战系统司令部（SPAWAR）负责开发。MTC2 利用舰载一体化网络系统（ISNS）、综合海上网络与企业服务（CANES）、海上核心服务（ACS）、下一代企业网络（NGEN）和海军战术云（NTC）提供战术 C2 能力和海上作战能力。此外，MTC2 保留 GCCS-M 4.1 系统的能力，最终提供一套 C2 海上应用程序，能够增强态势感知、规划、执行、监测和评估单位任务和需求。MTC2 大大扩展了 C2 功能的范围，覆盖所有海军指挥层级，从海上作战中心（MOC）到战术单元、海上和岸上。

MTC2 是下一代指挥与控制软件程序，将提供作战管理辅助（Battle Management Aids，BMA）和海上规划工具（Maritime Planning Tools，MPT）来动态规划、指导、监控和评估海上作战，并向联合、多军种和联军规划提供支持。MTC2 将利用服务系统（SoServ，System of Services）提供加快决策速度和兵力动态同步的能力。BMA/MPT 是小型的、注重能力的程序，可以快速开发、测试和部署。MTC2 将结合海军作战部长办公室（OPNAV）的领导和需求治理委员会（RGB）的支持，以定义 MTC2 交付的 BMA 和 MPT 并确定其优先级，并对标 PEO C4I 企业架构整合的 CANES 和 ACS，用于部署到海军所有层级的指挥部（海上和岸上）。该项目的目标是为战术和作战规划、决策和执行提供自动化和结构化的支持。MTC2 整合分布式数据传输能力，以增强指挥控制系统、作战系统、后勤和情报系统之间的作战数据交换，从而及时完成威胁识别、定位敌方。MTC2 是海军满足联合全球部队管理-数据倡议（GFM-DI）分配要求的唯一解决方案。GFM-DI 可实现适用于整个美国国防部兵力结构的数据可见性、可访问和共享。MTC2 支持海军 C2 与国防部联合 C2 的互操作性。MTC2 系统的徽标如图 4-13 所示。

图 4-13 MTC2 系统的徽标

4.2.4.2 发展现状

2005 年，指挥和控制系统是指挥部同步或汇集部队行动的工具，从美国海军部队指挥官（NCC）到战术单位都必须执行指定的海军、联合和盟军部队的命令。传统的 C2 系统不足以满足部队对海上指挥控制能力的预期需求。GCCS-M 是当时的海上指挥控制系统，提供从作战级别到战术边缘的指挥控制系统。与整个 GCCS 系统簇（FoS）一样，它也被认为"不太可能满足联合指挥与控制（JC2）能力开发文件（CDD）中明确阐述的 JC2 能力需求"。此外，该架构需要大量很难改变的单独接口，以及一个维护态势感知的过程。联合指挥和控制能力替代方案分析（AoA）于 2004 年进行，通过比较联合指挥与控制（JC2）能力开发文件（CDD）中的要求与 GCCS FoS 的现有能力，确定 JC2 的能力差距，其目标是"GCCS 从当前的联合和服务变化状态发展为单一的基于 JC2 架构和能力的实现"。

2010 年，国防信息系统局（DISA）称，具备可用网络指挥能力的 JC2 项目，被认为是 GCCS 的替代品的联合计划被取消，因为该项目遇到了许多问题，无法交付满足作战人员要求的能力，也无法在计划内满足初始作战能力。相反，国防部集中精力将联合指挥控制 NECC 项目的系统和技术整合到 GCCS FoS 中。该方法将是一种螺旋式的实现 GCCS FoS 的现代化方法，在转向以网络为中心的、基于 Web 的、基于标准的面向服务架构（SOA）时，部署模块化的、操作上有用的和经过测试的功能。资金重新用于支持当前 GCCS 的维持，以确保强大指挥和控制计划所需活动的正常运营。

2012 年，海军研究局（ONR）称，MTC2 计划的目标是提供一个进化的 C2 解决方案，更能响应舰队的需求，支持快速的软件发布，并实现敏捷地修改需求。MTC2 计划考虑的一个主要改进是结合来自 C2 快速原型连续体的原型能力，这是海军研究局的一个开发。C2 快速原型连续体是一种产品和方法，后者被描述为"开发和实施指挥和控制 C2 软件的新方法"，它依赖美国太平洋舰队司令、ONR 和 PEO C4I PMW 150 项目办公室之间的积极伙伴关系。根据所涉及的利益相关者的说法，该合作伙伴关系是技术概念的孵化器，它正在迅速生产出可转化为 C2 项目的能力。①

MTC2 是 GCCS-M 计划的后续软件程序，它将提供战术 C2 能力和联合作战能力不支持的海上独特作战能力。GCCS-M 向 MTC2 的演变过程如图 4-14 所示。

MTC2 的部署计划包括海军内部的所有指挥层级。MTC2 保留 GCCS-M 4.1 系统的能力，同时最终提供一套海上应用程序，作为"应用程序存储"概念的一部分，能够增强单位任务和需求的态势感知、规划、执行、监控和评估。

MTC2 在 2013 财年第一季度完成了装备开发决策，在 2013 财年第二季度完成了指挥和控制快速原型连续体过渡准备情况评估，并在 2013 财年第三季度完成了替代方案分析。在 2013 财年的 MDD 之后，MTC2 被 PEO C4I 指定为"快速 IT"收购计划。MTC2 计划将定义/开发参考体系结构，开发软件，完成独立技术评估（第二阶段），并在 2014 财年年底或 2015 财年年初进行集成和运行测试。②

2013 财年第三季度，在满足 MTC2 初始能力文件中定义的海上 C2 要求的建议下完成了对备选方案的分析，并增加了利用 NTC 作为扩展的数据源。2014 财年，MTC2 重新调整开发和实施战略，以部署 CANES、分布式通用地面系统（DCGS-N Inc 2）和下一代海军综合

---

① Bradley Wilson, Isaac R. Porche III, et al. Maritime Tactical Command and Control Analysis of Alternatives [R]. RAND Corporation [RR1383], 2016. [https://www.rand.org/content/dam/rand/pubs/research_reports/RR1300/RR1383/RAND_RR1383.pdf]

② https://cradpdf.drdc-rddc.gc.ca/PDFS/unc253/p804763_A1b.pdf

战术环境系统（NITES NEXT）。2017财年作出初步建设决策。

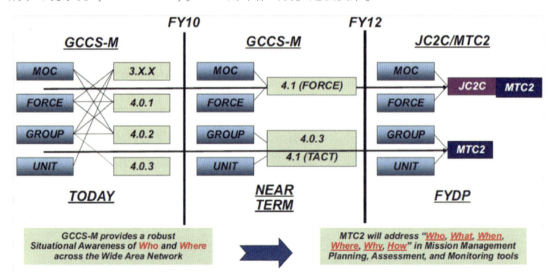

图 4-14　GCCS-M 向 MTC2 的演变过程

2015 年，PMW 150 项目办公室表明，GCCS-M 是美国 GCCS 的海上实施项目，主要关注通用作战图像（COP）形式的态势感知能力，例如"地图上的轨迹"。它为所有层级的指挥官提供一个单一、综合、可扩展的 C4I 系统。该 COP 超过 75 个指挥、控制、通信、计算机、网络、情报、监视和侦察系统共享。MTC2 是 PEO C4I 的 ACAT Ⅲ 项目，逐步取代海军GCCS-M 的实施，重点是使用软件程序以低成本快速部署。海军打算通过 CANES 为软件应用程序提供商品化的硬件，而遗留的硬件和软件系统，如 GCCS-M，必须适应这种新的架构范式。历史上，许多应用程序提供商将自己的硬件带到海上平台，限制了代码重用带来额外的成本。通过 CANES，海军计划花几十年来推动商业计算能力的增加和成本的降低。CANES 是海军的下一代战术网络，将五个遗留网络整合为一个。它包括一个通用的计算环境，以及应用程序提供商可以利用的通用软件服务。

2020 年，MTC2 开始向航母打击群（CSG）和海上作战中心（MOC）初步部署岸上/海上能力，并继续与 PEO C4I 企业架构（CANES/ACS）开发的更新、更改保持一致。MTC2 将继续接收舰队用户的反馈，用于开发、集成和测试附加功能/增强功能（BMA/MPT），MTC2 需求治理委员会（RGB）考虑未来的能力下沉（capability drops）。MTC2 将根据需要为机器对机器规划开发、测试和集成额外的数据馈送和接口。集成到 MTC2 中的数据馈送将在单个显示器上无缝显示，供舰队用户使用，除了开发、集成和测试外，还需要持续的人因工程（HFE）。MTC2 在 Trident Warrior20 进行能力演示。MTC2 继续集成和测试全球部队管理-数据倡议（GFM-DI）能力，以过渡到 MTC2 软件基线进行部署。

2021 年，MTC2 继续在舰队和机动作战中心部署岸上/海上能力。

2019—2021 财年，MTC2 优先考虑作战管理辅助（BMA）和规划工具，以支持分布式海上作战。2020 财年初始作战能力在航空母舰上的部署将提供关键的 BMA，为舰艇、部队和多舰自防御规划以及航母打击群规划工具的资产分配和消除冲突。

4.2.4.3 系统功能

MTC2 提供作战管理辅助（BMA），以动态规划、指导、监控和评估海上行动，是海军、联合部队和盟军在海上领域实施 C2 的一部分。

MTC2 核心能力领域：海上规划工具；指挥领导工具；动态兵力结构；传播指挥官的意图/指导；协作规划环境；同步执行；监控、评估和适应作战空间；利用联合/联盟合作伙伴的能力。

其主要举措：舰队战术网格；分布式海上作战；与云计划保持一致；CANES/ACS；符合 VSE；解耦 MOSA；远程升级。

MTC2 综合并自动化作战空间数据，使美国海军指挥官及其参谋快速协调并取得决策优势。如图 4-15 所示是 MTC2 的系统架构。①

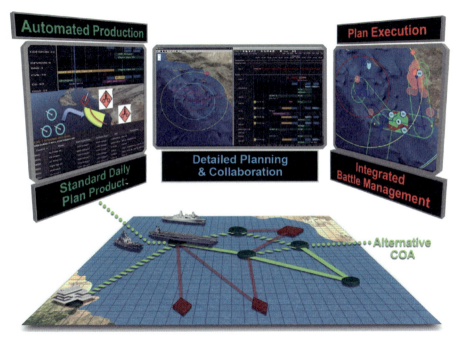

图 4-15 ┃ MTC2 的系统架构

初始原型交付：

为航母打击群（CSG）提供创建作战计划/时间表的能力；

提供可重复/可伸缩的方法，以集成内部和外部调配的决策辅助工具；

允许高效创建和管理作战计划组件；

协作服务，允许用户实时查看其他分布式规划人员的编辑；

在断开、间歇和受限（DIL）环境中工作。

MTC2 的作战管理辅助功能如表 4-3 所示。

---

① Fact sheet：Maritime Tactical Command and Control（MTC2）.［PMW150_MTC2_FactSheet_2017_DistroA.pdf］

表 4-3　MTC2 的作战管理辅助功能

作战管理辅助功能	功 能 描 述
作战计划工具（OPT）	通过使用决策支持服务协助规划者制定计划和重新规划，进行协作规划和简报
海军波浪（Navy Wave）	WAN/LAN 近实时协作库
IWS 战术决策辅助	空战屏幕；交战滑尺；SPY 滑动规则；NPAT（NIFC-CA）
任务上下文服务（MCS）	通过 METOC 分析得出的路线可行性
自动作战管理辅助（ABMA）	利用机器智能算法的资产对目标配对工具
通过优化侦察监视实现信息增益（RIGRS）	提供运行的 MOE/MOP 评估和趋势
在实体缩减中使用谱系、概率和启发式进行态势评估（SAPPHIRE）	提供共享在多个大型数据中心生成或收集的信息的能力，并根据相关上下文筛选大量数据。检索数据并通知用户
任务感知 COA 决策辅助和动态效能评估器（Mac-DADEE）	热图密度统计和趋势工具

4.3 战术指控/数据链

4.3.1　Link 16/JTIDS/MIDS/MOS

4.3.1.1　概况

Link 16，也称为 TADIL-J，是保密、大容量、抗干扰、无节点的数据链，它对数据链的通信体制进行了较大改进，集通信（C）、相对导航（N）和网内识别（I）三大功能于一体，通信性能和战术功能有重大提升，使战术数据链更加适合协同作战。联合战术信息分发系统/多功能信息分发系统（JTIDS/MIDS）通常是指 Link 16 数据链的通信终端。

它采用 J 序列报文，报文标准由美军标 MIL-STD-6016 和北约标准 STANAG 5516 & STANAG 5616 定义。通信标准则遵循 JTIDS 和 MIDS 规定。

Link 16 是一种比较新的数据链，是美国国防部用于指挥、控制和情报的主要战术数据链。Link 16 是 20 世纪 70 年代当 JTIDS 还处于研制阶段的时候，美军根据未来作战的需要和为了充分发挥 JTIDS 的能力而制定的。它支持监视数据、电子战数据、战斗任务、武器分配和控制数据的交换。Link 16 并没有显著改变 Link 11 和 Link 4A 多年来支持的战术数据链信息交换的基本概念，它对现有战术数据链的能力进行了某种技术和操作上的改进，并提供了一些其他数据链缺乏的数据交换。

Link 16 是美军三军通用数据链，经过多年的研究，目前已经进入大量装备期。据统计，美国及其盟国总共部署了约 10 万部各类 Link 16 终端。美军的侦察机、预警机和指挥控制飞机与战斗机、轰炸机、攻击机、舰艇、地空导弹系统等相互之间都可以通过 Link 16 进行高速数据交换。Link 16 高层作战概念如图 4-16 所示。

4.3.1.2　发展现状

1. 研制过程

研制 Link 16 数据链的设想是 20 世纪 60 年代美国在越南战争时萌发的，那时从基地或航母上起飞的飞机，基地难以与它们持续保持联系，不能随时掌握飞机飞到哪里和执行任务的情况。美军各军兵种在以后的军事行动和研究中，又从不同的角度完善了这种新信息系统的方案与要求。1974 年，美国成立了以空军为首的 JTIDS 联合办公室，统一了对这种新系统的要求，并于 1975 年正式开始研制 Link 16 数据链。

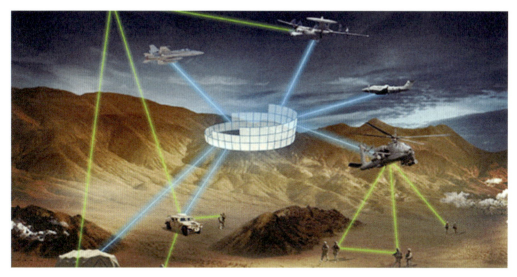

图 4-16 ┃ Link 16 高层作战概念

1974 年，美国开始研制 Link 16 数据链 1 类（Class I）终端（或端机）。JTIDS 从 1983 年开始装备 E-3A 预警机、美军的陆基防空系统地面指挥所和北约的地面防空管制站，主要用于分发 E-3A 预警机的监视情报数据。美国军方称，有了 Link 16 数据链，他们可以在地面上实时掌握对方的动态，并为爱国者和霍克防空导弹提供实时信息与指令，让美军获得先敌发现、先敌攻击的能力。但是，这时的 Link 16 数据链 1 类终端吞吐率只有 56kbps，没有相对导航和话音功能，协议简单。采用的是以 Link 11 的格式化消息标准为基础发展改进的临时消息规范（IJMS）。

Link 16 数据链 2 类（Class II）终端于 20 世纪 80 年代开始研制。与 1 类终端相比，2 类终端采用了新一代电子技术，不仅减小了体积和质量，而且还包含一些 1 类终端不具备的特性，如增加了相对导航功能，提高了数据速率，它的数据吞吐率提高到 238.08kbps，与此同时，还制定了正式的格式化消息和协议标准。

由此 Link 16 数据链各项要素齐备，所以 20 世纪 80 年代末是 Link 16 数据链正式形成的时期。在 2 类终端的基础上还研制了 2H 类终端和 2M 类终端。2H 类终端在 2 类终端的基础上增加了 1000W 功率放大、天线适配等单元，主要用于海军飞机及舰艇指挥控制。2M 类终端是把 2 类终端中的塔康和话音功能去掉，以减小体积，主要用于陆军防空系统，发射功率同 2 类终端一样，为 200W。

在 1991 年年初的海湾战争中，JTIDS 经历了第一次实战考验，战后美军加速了 JTIDS 的建设与发展。1991 年年底，美军在海军维吉尼亚角测试场对 JTIDS 进行了首次三军联合测试，1992 年又在"提康得罗加"级巡洋舰上进行测试。1994 年，美军开始在作战飞机和军舰上大量装备 JTIDS 通信终端，并推出了 TADIL-J 消息标准的试用版本。1994 年 10 月，Link 16 被指定为国防部所有军种和国防机构指挥、控制和情报（C2I）系统的主要战术数据链。经过几年的用户试验，1997 年发布了 Link 16 数据链的正式标准 MIL-STD-6016，1999 年改进为 MIL-STD-6016A，2002 年升级为 MIL-STD-6016B。

2. 装备情况

Link 16 目前由美国、一些北约国家和日本使用，并且被美国和北约选定为战区导弹防御（TMD）的主要战术数据链。许多平台（机载监视和情报系统、指挥控制系统、战斗机和轰炸机、SAM 系统、舰船等）已经或者将要装备 Link 16。

20 世纪 90 年代以来，美国海军舰上的 Link 16 已经分两个阶段进行实施：在宙斯盾平台（CG 和 DDG）上，这些阶段涉及宙斯盾指挥和决策（C&D）战术系统，并被指定为 Model 4 和 Model 5；在非宙斯盾平台上，这些阶段与一种不同类型的战术系统有关，称为先进作战指挥系统（ACDS），被指定为 Block 0 和 Block 1。对于两种通用平台类型的宙斯盾和非宙斯盾，其 Link 16 实现的两个阶段在它们提供的能力上有很大差异。所有的航空母舰平台最初都被安装为 ACDS Block 0，正如两栖攻击舰一样。然而，新建造的航空母舰，如"罗纳德·里根"号（CVN 76），安装了一种新的战术系统，即舰艇自防御系统（SSDS），以及通用数据链管理系统（CDLMS）。这些修改构成了一个新的 Block 1 配置。"尼米兹"号（CVN 68）已经配备了 SSDS，其他航空母舰也会跟进。所有海军平台最终是 Block 1 或 Model 5 的配置。Link 16 也已安装在两艘指挥舰上——"蓝岭"号（LCC 19）和"惠特尼山"号（LCC 20）。到 2004 年，装备了 Link 16 的海军飞机包括 E-2C 鹰眼Ⅱ、鹰眼 2000、F-14D "雄猫"、F/A-18C/D "大黄蜂"和 F/A-18E/F "超级大黄蜂"。Link 16 也安装在 EA-6B 和 EP-3E Aries Ⅱ上。机载平台上的 Link 16 除了需要 Link 16 终端外，还需要对其任务计算机进行软件升级。由于此软件升级完全支持 J 系列消息标准所提供的功能，因此对于所有飞机都被称为 Model 5。大多数海军 Link 16 飞机都配备了 JTIDS 2 类终端。然而，F/A-18 上的 Link 16 功能由 MIDS LVT-1 终端 A 型提供。该终端还将为 EA-6B 提供 Link 16 功能。EP-3E 上的 Link 16 由美国空军在其联合监视目标攻击雷达系统（JSTARS）飞机上实施的 JTIDS 2 类终端类型提供。

美国海军：航空母舰（CVN）、导弹巡洋舰（CG）、导弹驱逐舰（DDG）、两栖攻击舰（LHD/LHA）、核动力潜艇（SSN）、E2C、F-14D、部分 F/A-18、EA-6B。

美国海军陆战队：战术空中作战中心（TAOC）、防空通信平台。配备 Link 16 的海军陆战队飞机是 F/A-18C/D，这些飞机使用 MIDS LVT-1 终端。

美国空军：空中作战中心（AOC）、控制报告中心/控制报告单元、E-3 空中预警与控制系统（AWACS）、RC-135 "联合铆钉"、E-8 联合监视目标攻击雷达系统（JS-TARS）、EC-130E 机载战场指挥控制中心（ABCCC）、F-15A/B/C/D/E、F-16、F/A-22 "猛禽"、F-117A "夜鹰"、B-1B、B-52、U-2 "蜻蜓"、EC-130H、联合攻击战斗机（JSF）和机载激光。美国空军的两架无人机也部署 Link 16：RQ-1A "捕食者"和 RQ-4 "全球鹰"。

美国陆军：爱国者导弹系统、前沿区域防空指挥控制和情报（FAADC2I）、战区高空防御（THAAD）、战区导弹防御战术作战中心（TMDTOC）、中高空防御（HIMAD）、军团地空导弹（CORPS SAM）、联合战术地面站（JTAGS）、空中和导弹防御规划与控制系统（AMDPCS）、联合战术空对地站和目标拦截相控阵跟踪（PATRIOT）信息与协调中心（ICC）。美国陆军采用 JTIDS 2M 类和 MIDSLVT-2 终端。

北约："飓风"、E-3 AWACS、控制报告中心。

Link 16 技术相对成熟，部署广泛，是美军当前探索多域作战即时可用的现成装备，为美军在大规模多域联合作战中快速实施指挥决策、战术机动和战术控制等奠定了良好的基础。依靠 Link 16 战术数据链，美军实际上已具备一定的多域作战能力。在 2020 年 5 月举行的联合国土防卫演习中，美军曾成功验证了 Link 16 实现多域数据共享的能力。在演习中，美军 F-15 战斗机、航母舰载机 F/A-18 和加拿大空军 CF-18 战斗机对美国空军 B-1B 战略轰炸机进行联合拦截。各参与方利用 Link 16 战术数据链对来自空中和海上不同平台的战术指控数据进行实时共享，实现了复杂的空中和海上多域协同作战。

近年来，美军围绕 Link 16 开展了一系列工作，扩展装备范围，提升装备性能，以便更好地支持新型作战概念的实施。为将更多作战平台纳入联合全域指挥控制网络中，美军进一步扩大 Link 16 的加装范围。例如，美国海军准备为 MQ-8C "火力侦察兵" 垂直起降无人机集成 Link 16，这使 MQ-8C 能够向网络中的多个用户（包括船只、飞机、地面站等）提供情报、监视与侦察数据，为关键决策提供信息。美国空军还为 KC-46、KC-135 等空中加油机也加装了 Link 16，并正在探索将其用作先进战斗管理系统（ABMS）中的通信数据中继节点。

为实现空中作战部队信息共享，美军一直致力于解决五代机之间及四、五代机互通问题。目前，F-22 通过名为 "更新 6"（Update 6）的一系列软件升级，已具备 Link 16 接收能力。而美国空军正在开发的通信项目 "TAC Link 16"，将通过软硬件更改在 F-22 上部署 Link 16 发射能力，其通信对象包括 F-35、F-16、F-15 等四代、五代战斗机。这些平台之间可共同形成协同目标瞄准等能力。

美军高层表示，F-22 的 Link 16 数据链收发能力是一种 "战术强制性要求"，计划于 2020 年具备初始作战能力。当前 F-35 上已经搭载了具备收发能力的 Link 16 数据链终端，如果 F-22 再具备完整收发能力的 Link 16，则有望实现五代机之间的 Link 16 互通。

4.3.1.3 系统功能与组成

Link 16 数据链的通信频段为 960~1215MHz，视距通信距离舰对空 150n mile，空对空 300n mile，而舰对舰仅 25n mile，主要用于三军联合作战，在飞机、陆基和舰艇战术数据系统之间交换数字信息，兼具相对导航和识别功能。Link 16 数据链具有以下性能：

（1）容量大。由于采用时分多址（TDMA）工作方式，传输速率最高可达 238kbps，可容纳更多的用户成员，传递更完整、更精确的战术情报。

（2）强大的抗干扰能力。由于采用了脉间跳频直序扩频、纠检错编码及信号交织等多种技术措施，因此系统具有很强的抗干扰能力。比如由于采用了脉间跳频，其跳频速率高达每秒几万跳，这样快的跳速使对方无法进行跟踪干扰，可保证在恶劣的电子战环境中正确发送和接收数据信息。

（3）强大的保密能力。采用发射加密与消息加密共同构成 Link 16 强大的保密能力，从而使对方很难破获正确的发送信息。Link 16 强大的保密能力使信息的交换具备安全可靠性。扩频图案及发射信号前时隙的人为抖动都随时隙号码而变化，而这个变化规律由密钥来控制，密钥每天改变一次。这种由密钥去控制发射的技术就是发射加密。采用加密机对待发送的数据进行消息加密。

（4）灵活的组网方式及高抗毁能力。Link 16 数据链允许多个网在同一区域内工作，实际中可达 20 个。在多网工作方式下，系统的容量可成倍增加。在不同时隙内，这些网根据需要既可互联在一起，也可分开各自工作。这种灵活的组网方式允许根据战场实际情况和参战单位的组成而进行相应的网络管理设计，从而使系统发挥最大的效能。系统中所有的终端完成的功能是相同的，因此，时间基准和导航控制器是可以任意指定的。当它们受到破坏而停止工作时，系统会自动由另一终端接替它们的工作，使系统继续正常运行。

Link 16 数据链具有程序可变特性，可通过组合方式来增强系统的吞吐量、抗干扰或适应特殊战术需求的能力。这些可编程特性包括扩展频谱技术、可变吞吐量、可变输出功率、独特天线增益、可变容量、可变消息打包形式、可指定接入方式。[①]

Link 16 数据链的主要功能由数据终端来实现，目前有联合战术信息分发系统（JTIDS）和多功能信息分发系统（MIDS）两代。典型的舰载 Link 16 系统由战术数据系统（TDS）、指挥控制处理器（C2P）、JTIDS 终端（或其后继者 MIDS 终端）和天线组成。TDS 和 C2P 提供交换的战术数据，而 JTIDS 终端则提供保密、抗干扰和大容量的波形。C2P 是 Link 16 独有的组件，其功能主要是转换报文格式，使 Link 16 的战术数据系统发送的战术数据不仅可在其他 Link 16 系统上传输使用，还可在 Link 11 或 Link 4A 上使用。JTIDS 是 Link 16 的通信部分（图 4-17），可起到 Link 11 中数据终端机、无线电台及加密机的作用。机载 Link 16 系统与舰载 Link 16 系统有所不同。在飞机上，受到机内空间和载荷量的限制，要求机载 JTIDS 终端部件分开放置，而不是集中装于一个大而重的舱内。另外，人机接口也要适合现有的控制和显示。但是两种平台上的 Link 16 系统完成的功能是一样的。机载 Link 16 系统的主要部件包括任务计算机、JTIDS 终端和天线。任务计算机提供要交换的战术数据，JTIDS 终端提供保密、抗干扰、大容量波形。机载平台没有指挥控制处理器，不能转发链路间的数据。其任务计算机与 JTIDS 终端直接相连。

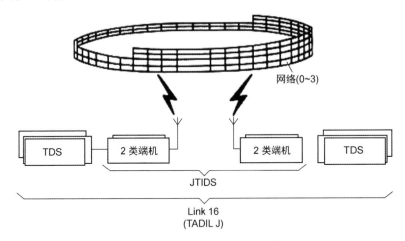

图 4-17 JTIDS 与 Link 16 的关系

数字数据处理器组（Digital Data Processor Group）：其两个主要组件是接口单元（IU）和数字数据处理器（DDP）。电池组件安装在 DDPG 块的前部。该组件由一块镍镉（NiCad）电池和两块二氧化硫锂电池组成。NiCad 电池将在短功率故障时为关键部件供电。二氧化硫锂电池为计时钟供电。接口单元控制 JTIDS 终端和主机之间的通信，并为安全数据单元

---

① 吕娜. 数据链理论与系统 [M]. 2 版. 北京：电子工业出版社，2018.

（SDU）提供通信量。在船上的系统上，C2P 是主机。用户接口计算机程序（SICP）是一种软件程序，它控制与主机的通信，并提供将终端和主机集成所需的数据处理。IU 和 SICP 还提供以下功能：语音信号的模数和数模转换，通过 DDP 和 SDU 之间的接口，以及主电源和备份电源接口。IU 还提供接收和产生 TACAN 空白脉冲的接口。这些消隐脉冲阻止了 TACAN 和 JTIDS 终端的同时传输。DDP 控制接收器/变送器和高功率放大器组。DDP 执行传输和接收 Link 16 消息所需的处理。此处理过程包括：数据加密和解密、错误检测与纠错编码与解码、跳频模式的生成、载波频率的选择、用来进行位置和同步计算的到达数据时间的测量、执行针对故障隔离的内置测试（BIT）、生成警报。

网络接口计算机程序（NICP）是在 DDP 中运行，负责与 JTIDS 射频网络进行通信的软件。NICP 控制消息收发处理、粗细终端同步、相关导航处理、终端和网络监控。DDP 中的全局内存由终端中的所有处理器共享。处理器之间的通信通过称为纯文本总线的内部总线。纯文本总线上的所有事务都是对全局内存的读取或写命令，或是端口到端口的传输。当在 IU 中运行的 SICP 需要与 NICP 通信时，它可以使用 DDP 中的共享全局内存。端口到端口的传输是在端口之间的数据传输，例如在与主机外部定时器通信时。

安全数据单元（SDU）是一个安装在 IU 上的可拆卸部件。它存储在初始化过程中加载的加密变量。SDU 同时提供了消息安全和传输安全性。消息安全是由数据的加密提供的，而传输安全是由伪随机跳频模式和对射频信号引入伪随机的噪声和抖动模式提供的。

接收机/发射机组——射频检测位于设备柜顶部模块内，处理射频信号。R/T 还产生用于 R/T 和 DDPG 之间的内部通信的 75MHz 中频信号。当接收到 Link 16 消息时，R/T 将射频转换为中间频率，并发送到 DDPG 进行处理。当终端发送 Link 16 消息时，R/T 接收到来自 DDPG 的连续相移调制（CPS）IF 信号。然后，R/T 将其转换为 200W 的射频信号，并发送到高功率放大器组。

高功率放大器组（HPAG）位于设备柜的第二个模块内，由一个高功率放大器和天线接口单元（AIU）组成。来自 R/T 组的信号由 HPAG 接收，并从 200W 放大到 1000W。HPAG 还可以在低功率模式下工作，在这种情况下，输出信号约为 200W。天线接口单元提供 HPAG 输出和天线之间的接口。

设备柜中有两个电源接口单元（PIU）。第四个模块是 HPAGPIU，底部的模块是 R/T 和 DDG 的 PIU。这两个 PIU 是相同的。三相、115VAC、60Hz 输入功率转换为两个输出：115VAC、100Hz；400Hz 的单相 115VAC。

每个装备 JTIDS 的平台都至少有 2 部天线。JTIDS 终端选择有最佳信噪比的天线用于接收。为了保证 RF 的互操作性，在所有的舰艇和 E-2C 的 HPA 发射通路上都安装有滤波器组，以确保不对敌我识别器构成干扰。另外，E-2C 的机翼上装有抗干扰接收天线。E-2C 主机软件选择将哪个机翼天线用于与全向接收天线的 S/N 比较。F-14D 的 2 部天线（顶部和底部）都能够接收和发射。发射与接收选择可以自动完成，也可以由操作员手动完成。对于装有 HPA 的单元而言，只将 1 部天线用于发射。

Link 16 的舰载天线系统由 2 部宽带垂直极化的 UHF 天线组成，覆盖 960~1215MHz 的频率范围。舰载天线早期使用的天线是 AS-4127 发射/接收天线和 AS-4400 接收天线，后来使用的天线是 AS-4127A 发射/接收天线和 AS-4400 接收天线。Link 16 无线电设备接收 2 部天线的信息，并从中选出信噪比更好的消息。由于 UHF 信号局限于视距传输，所以这些天线要安装得尽量高以使有效覆盖范围达到最大。发射/接收天线是一部环形天线,安装在 TACAN 天线的正下方,接收天线的位置则因舰艇的级别不同而不同。

陷波滤波器组件(NFA)是一个射频滤波器,由一个双陷波带通滤波器和一个环形器组成。按照定义,射频滤波器是一个用于抑制特定频率信号而使其他频率信号通过的装置。带通滤波器阻止敌我识别器应答机频段上的 JTIDS 波形,应答器频段的中心频率是 1030MHz 和 1090MHz。环形器将发送信号送往天线并将天线接收到的信号送往收/发信机。射频限幅器防止邻近的发射机导致接收机过载。所有的舰艇平台和 E-2C 平台都装有陷波滤波器组件。F-14 在目前没有安装陷波滤波器组件。

陷波滤波器组(NFG)由陷波滤波器组件和一个附属的射频限幅器组成,通常安装在与电子机柜(ECA)相同的空间上,连接舰载无线电设备与发射/接收天线。陷波滤波器组件的组成是:一个双频带(陷波)抑制滤波器,一个环形器,以及一个带通滤波器。双频带抑制滤波器将 IFF 频带(1030±7MHz 与 1090±7MHz)上发射的射频信号进行衰减,以避免与安装的 IFF 设备发生干扰。环形器将大功放大器组发射的信号连到收发信机天线,将来自 T/R 天线的信号通过 RF 限幅器连到收发信机。RF 限幅器限制了收发信机的输入功率。天线反射的功率和通过环形器泄漏的输出功率基本上是相同量级。限幅器保证任何来源的额外射频信号不会损坏收发信机。

4.3.1.4 JTIDS 终端机

在 Link 16 中使用的联合战术信息分发系统(JTIDS)终端是 AN/URC-107(V)7。这是一个先进的无线电系统,提供安全抗干扰的大量用户之间的数字数据和语音通信。该无线电系统将 Link 11 加密设备、数据终端集和无线电所执行的功能结合到一个机柜中。许多其他的功能也被包含在无线电中。这些添加的功能包括:精确的参与者定位和识别;相关导航系统;同步;加密语音;中继;机内测试。

终端中主要的组件包括数字数据处理器(DDP)、接口单元(IU)、安全数据单元、接收器/发射器(R/T)、高功率放大器、天线接口单元和陷波滤波器组件(Notch Filter Assembly, NFA)。接口单元和数字数据处理器构成数字数据处理器组(DDPG)。安全数据单元(SDU)是安装到 DDPG 中的一个单独组件。

如图 4-18 所示为 JTIDS 终端的功能框图,各组成单元都是可更换组件。

按照早期的文献资料,JTIDS 终端主要分为 4 类。在 JTIDS 的研制过程中,研制并进行了飞行测试的是 1 类和 2 类 JTIDS 终端。

1 类终端:指挥和控制终端,适用于大型空中、地面和水面指挥平台。

2 类终端:战术终端,适用于各种中型平台,如战术飞机、小型舰艇等。

3 类终端:小型终端,适用于各种小型平台,如导弹、遥控飞行器、小型车辆及单兵背负等。

4 类终端:自适应地面和海上接口终端,用于地面和海上指挥中心,完成不同数据链信息格式之间的转换功能。

最初的 JTIDS 终端研制始于 1969 年,技术问题阻碍了其发展。1974 年 1 类 JTIDS 终端开始研制。20 世纪 80 年代先后安装在美国空军和北约的 E-3A AWACS 飞机、地面防空系统。终端型号主要是 AN/URQ-33(V),由美国休斯公司生产。其中,AN/URQ-33(V)-1 用于 E-3A 预警机,AN/URQ-33(V)-2 用于美国陆军地面防空系统,AN/URQ-33(V)-

31用于北约地面防空系统。1类JTIDS终端是作为Link 16数据终端的第一代形式出现的，其具备的功能、采用的消息格式（IJMS）、体积、质量均有进一步完善的需要，因而未广泛装备应用。

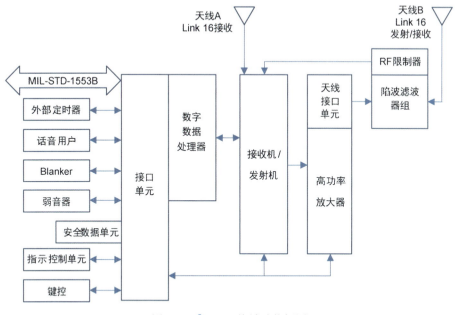

图4-18 JTIDS终端功能框图

20世纪80年代开始研制2类JTIDS终端。2类终端数据传输速率提高，体积、质量减小，除通信外增加了相对导航功能，采用J系列消息标准。美国海军和空军对该类终端进行了一系列的评估测试，20世纪90年代开始为美国海、空、陆军生产。由于应用不同，没有单一的结构能满足所有需求，因此一些硬件和软件结构进行了适应性修改，产生了2类JTIDS终端家族，见表4-4。

表4-4 2类JTIDS终端对比表

类型	质量	体积	功率	型号
2	56.7kg	44.2dm^3	200W	AN/URC-107、AN/URC-107（V6）
2-H	99.8kg	92.0dm^3	1000W	AN/URC-107（V4）、AN/URC-107（V5）、AN/RUC-107（V7）
2-M	40.8kg	35.4dm^3	200W	AN/GSQ-240
2-R	—	—	—	

基本2类：基本2类JTIDS终端是AN/URC-107，数字数据处理器通过MIL-STD-1553B数据总线构建并控制JTIDS网络。在早期的1类终端AN/ARC-181中，处理器是1个16位的处理芯片，处理速度小于1 MIPS。此类终端大量装备在F-14D。

2H类：有舰载型和空中机载型。H表示添加高功率放大模块，用以增加输出功率（200W～1kW），并集成了"塔康"（TACAN，战术空中导航）功能，已装备于E-3、E-2、海军陆战队空中作战中心（MAOC）、空中指挥控制中心（ABCCC）、联合监视目标攻击系统（Joint STARS）、空军方舱控制单元（MCE）、战术空中作战模块（TAOM）、RC-135（Rivet Joint）侦察机和海军航空母舰、巡洋舰、潜艇。

2M 类：美国陆军使用型号，去除了 TACAN 功能，已装备于前沿地域防空指挥控制与情报（FAADC2I）系统、战区高空防空系统（THAAD）、"爱国者"系统以及联合战术地面站、陆军防空旅/战区导弹防御系统、战术作战行动中心系统（ADA Bde/TMD TOC）。

2R 类：F-15 上安装的型号，去除了 TACAN 和话音功能，以减小体积和质量。

所有 2 类 JTIDS 终端具有相同的核心电子模块，满足 Link 16 数据链特性和 J 系列消息标准的应用需求。软件 70% 具有通用性，其余部分支持特定需求。

4.3.1.5 MIDS 终端机

在美国研制 Link 16 数据链 2 类终端的同时，美国和北约也开展合作，以提升北约盟军之间的互操作性。随着电子技术和联合作战理念的发展，美军计划用 MIDS 终端取代 2 类 JTIDS 终端。该计划始于 1987 年，1993 年进行了修订，由美国、法国、德国、加拿大和意大利等 8 个国家共同开发，以更新的电子技术为基础，研制体积更小、价格更低的终端。

多功能信息分发系统（MIDS）作为 Link 16 数据链终端 JTIDS 的衍生物，其性能和功能与 Link 16 数据链 2 类终端完全一样，只是它采用了更加先进的超高速集成电路（VHSIC）、超大规模集成电路（VLSI）、微波/毫米波集成电路（MMIC）等终端小型化电子技术，以及基于 VME 总线标准的开放结构。与 JTIDS 相比，MIDS 具有以下特点：

（1）体积小（减小 40%~50%）、质量轻（减小 60%），可被集成到更多的系统中，应用范围更广泛。

（2）成本较低（减小 50%）。与 JTIDS 相比，采购一套 MIDS 可节约数十万美元。

（3）可靠性高。美国空军要求 JTIDS 终端的故障平均间隔时间（MTBF）是 250h，而 MIDS 在舰载战斗机平台工作环境下，MTBF 指标为 1822h，远高于 JTIDS。

如图 4-19 所示，MIDS 终端有多种型号（变体）。

1. MIDS LVT

MIDS LVT（Low Volume Terminal，低容量终端）将 TACAN 和相关导航功能整合到一个小巧、价格合理且高度可靠的单元中。参与者通过在公共通信链路上交换数字数据来获得态势感知，该通信链路会持续自动实时更新，从而减少相残、重复分配或错过目标的机会。LVT 又分为三种，即 LVT-1、LVT-2 与 LVT-3。LVT-1 与 LVT-3 用于机载平台，LVT-2 用于陆基指挥中心或大型空中平台，另外，LVT-1 也可用于舰艇。MIDS LVT 结构基于 VME 总线，其开放式结构利于不同平台的集成。

MIDS-LVT 比联合战术信息分发系统（JTIDS）终端更小、更轻。MIDS-LVT 由 MIDS 国际项目办公室（IPO）管理。IPO 由一个指导委员会管理，该委员会由法国、德国、意大利、西班牙和美国签署了一份五国项目谅解备忘录。美国和 40 多个盟国和合作伙伴正在使用超过 10000 个 MIDS LVT。

MIDS-LVT 的 Block 2 升级（BU2）计划于 2017—2018 年完成，通过对现有终端的改造增加三个主要功能。首先，BU2 将包括 Link 16 增强吞吐量（LET）模式，该模式将使平台可用的数据速率从现有波形容量的 3 倍增加到 10 倍；其次，内置加密技术正在现代化，以实现下一代 NSA 算法、密钥和安全功能，包括加密逻辑的现场可升级性；最后，BU2 将实施频率重新映射，以满足国防部和交通部的协议，在 2025 年之前更容易地与计划中的民用航空系统共享 Link 16 的部分无线电频谱。MIDS 体系结构的成熟使得实现这些功能成为可能，而不需要更改主机平台接口，同时保持与其他 Link 16 无线电的互操作性。

图 4-19 ▎MIDS LVT-1（左上），MIDS FDL（左中），
MIDS JTRS（左下），舰载 MIDS（MOS）（右）

2. MIDS FDL

MIDS FDL（Fighter Data Link，战斗机数据链终端）是专为美国空军 F-15 战斗机开发的简化版本，取消了塔康与话音信道，功率较低。将战斗机数据链终端集成到 F-15 中可以增强飞行员的战术能力，包括提高态势感知能力。MIDS FDL 使机组人员能够立即访问前所未有的大量关键信息，例如友方、未知和敌方飞行数据，以及位置、飞行方向、高度和飞机类型等关键数据元素。这些数据允许飞行成员在不传输单个语音消息的情况下跟踪彼此的位置和状态。

MIDS LVT 和 MIDS FDL 由 BAE 系统公司和柯林斯航空航天公司的合资企业 Data Link Solutions 生产。LVT 与 FDL 的硬件和软件有 80% 兼容。

3. 舰载 MIDS

舰载 MIDS（MIDS on Ship，MOS）提供与所有 Link 16 系统的完全互操作性，并增加了 1000W 射频输出功率的能力。MOS 是具有高功率输出（HPAG）的 LVT-5。LVT-5 是 LVT-1 变体，减去 TACAN，带有特殊软件以补偿船舶环境。MOS 设计用于机架安装（代替 JTIDS），具有特定的电源和高功率放大器单元。

JTIDS/MOS 终端的更新将满足国家安全局（NSA）密码现代化和国防部/交通部（DoT）频率重新映射任务，2018 财年实现初始作战能力（IOC）。JTIDS/MOS 的项目管理和采办权限属于 Link 16 网络项目。

4. MIDS JTRS

MIDS JTRS（联合战术无线电系统）终端是作为 MIDS-LVT 的多信道、软件定义变体而构建的，包括 Link 16 增强吞吐量（LET）、频率重映射（FR）和加密现代化（CM）。MIDS JTRS 除了 Link 16 之外，还增加了三种波形的容量。指挥控制处理器（C2P）/通用数据链管理系统（CDLMS）是一种与主机作战系统（如宙斯盾［AEGIS］或舰艇自防御系统［SSDS］）相关的 TDL 通信处理器。

MIDS JTRS 是符合 JTRS 软件通信架构（SCA）的软件定义无线电，这是下一代软件定义的 Link 16 终端。MIDS JTRS 是 MIDS LVT 的替代品，并为 JTRS 波形增加了三个额外的通道。随着 MIDS LVT 迁移到 JTRS 合规性，该系统将与使用 MIDS LVT 的海军和空军平台保持其 Link 16 和 TACAN 功能，但也将适应未来的技术和能力作为 MIDS JTRS 的一部分。MIDS JTRS 改进包括增强的 Link 16 吞吐量、Link 16 频率重新映射和可编程加密。MIDS JTRS 将提供额外的三个 2MHz 或 2GHz 可编程通道，以适应高级 JTRS 波形的增量传输。

MIDS JTRS 终端使用软件应用程序扩展功能，超越了传统的战术数据链接，大大提高了操作效率，但它不会在任何平台上消耗额外的空间、质量或功率。MIDS JTRS 非常适合升级各种飞机，包括战斗机、加油机、运输机、指挥控制和旋翼机，但也非常适合海上和固定站点 Link 16 用户。

MIDS JTRS 的更多模块化设计促进了新技术的快速融合，例如四网并发多网（Concurrent Multi-Netting，CMN-4）和并发竞争接收（Concurrent Contention Receive，CCR）。CMN-4 由两种功能组成，即 CMN 和 CCR，这大大增加了 Link 16 网络中可靠包含的平台和网络支持系统的数量。这些增强功能允许单个 MIDS JTRS 终端在单个 Link 16 时隙内接收多达四条消息（而现在只有一条），允许用户一次"听到"来自多达三个额外来源的消息。2017 年部署这一能力，将支持海军综合防空火控（NIFC-CA）。

MIDS JTRS 设计的灵活性已通过几项能力增强的应用得到证明，其中包括增加一种新波形，即 2021 年部署的战术目标网络技术（TTNT）。TTNT 是一种基于 IP 的自动形成网状网络，是一种高带宽、低延迟的波形，可以集成 200 多个平台，即使在高速行驶时也是如此。TTNT 自动优先考虑数据流量，允许装备 Link 16 的部队在没有通信卫星联网协助的情况下维护 COP。MIDS JTRS 将通过添加 TTNT 实现其多信道潜力。TTNT 波形增强了现有的 Link 16 CMN-4 能力，以提供更大的能力来支持 NIFC-CA 和进攻性反水面作战任务能力。

另一种增强的能力称为 Talon HATE，它是一种 pod，使用 MIDS JTRS 与使用不同数据链的隐形战斗机进行通信，以避免暴露其位置。

MIDS JTRS 由 DLS LLC 和 ViaSat 公司合作开发，于 2012 年 4 月获得全面生产和部署批准，其软件定义能力将允许终端将更多平台集成到 Link 16 中。

4.3.1.6 技术特点

1. 时分多址（TDMA）

Link 16 采用向每个 JTIDS 单元（JU）分配单独时隙进行数据传输的网络设计，这样就不再需要网络控制站。它将 1 天 24 小时（1440 分钟）划分成 112.5 个时元，每个时元又划分成 64 个 12 秒的时帧，每个时帧又分成 1536 个时隙，每个时隙长 7.8125 毫秒，用于数据传输。时隙和帧是 JTIDS 网络的两个基本时间单位。所有 JTIDS 系统成员每个时帧均分配一定数量的时隙，在这些时隙里发射一串脉冲信号，以广播它所收集到的情报或发出指挥和控制命令。其他终端机则接收信号，从中提取自己所需的信息。所分配时隙的多少要根据该参与单位的需要而定。为了防止被干扰，终端发射频率的每个脉冲都是变化的，跳频图案是伪随机的，由传输保密（TSEC）决定。Link 16 的 TDMA 体系结构如图 4-20 所示。

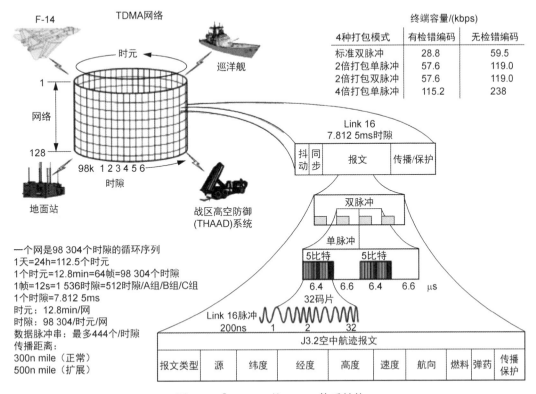

图 4-20 Link 16 的 TDMA 体系结构

2. 无节点的体系结构

节点是维持通信所必需的单元。在 Link 11 网络中，网络控制站就是一个节点。如果网络控制站停止工作，则整个链路也随之停止工作。在 Link 16 中，没有关键节点。时隙被预先分配给每个参与者和链路功能，无须考虑任何特殊单元的参与。在 Link 16 中与主节点最相近的是网络时间参考（NTR）。NTR 主要用于启动网络，对于设备而言，作用是使其进入网络且与网络保持同步。网络建立以后，在没有 NTR 的情况下，网络仍能继续运行数小时。

3. 报文加密和传输加密

报文和传输都需加密，报文是根据报文保密（MSEC）专用的密码变量，通过加密设备（KGV-8）进行加密的，而 TSEC 则是通过控制 JTIDS 专用波形的另一种密码变量来实现的。这种波形采用了直接序列扩频、跳频和抖动等措施降低被截获的概率。一个单元欲接收另一个单元的传输，它们必须被分配给相同的 TSEC 密码变量。一个单元要想解密传输中包含的数据，它们就必须分配有相同的 MSEC 密码变量。

4. 网络参与群

每帧中的时隙被分配给特定的功能，这些功能群被称为网络参与群（NPG）。NPG 支持通信需求并允许网络设计者将由 J 系列报文执行的功能分开。网络功能先分给 NPG，然后分给加入 NPG 的用户。NPG 可分成两大类：一类用于交换战术数据；另一类用于网络维护和辅助操作。常用的 NPG 列于表 4-5 中。

表 4-5 网络参与群（NPG）

NPG	功能
1	初始进入
2	往返计时（RTT A）
3	往返计时（RTT B）
4	网络管理
5	参与者精确定位与识别（PPLI A）——（C2 单元）
6	参与者精确定位与识别（PPLI B）——（非 C2 单元）
7	监视
8	任务管理
9	空中管制
10	电子战
12	语音 A
13	语音 B
14	间接 PPLI
18	武器协调
19	机对机
27	PPLI（联合）
28	分布式网络管理
29	自由文本（残余报文）
30	IJMS 位置与状态
31	IJMS 报文

其他特点包括：

（1）抗干扰。Link 16 具有很强的抗干扰能力，其波形能够对抗最好的瞄准式干扰机。为确保最强的抗干扰能力，其波形采用以下技术：扩频（77000 跳/秒）、跳频、检错和纠错（EDAC）编码、脉冲冗余、伪随机噪声编码、数据交织、自动数据打包、内中继。

（2）多种接入方式。Link 16 网络使用争用、按键讲话（PTT）、专用和带时隙复用的专用 4 种接入方法。接入权限由网络设计和操作员如何使用系统来决定。

（3）栈网和多重网操作。为了提高通信容量，Link 16 采用栈网和多重网操作。在栈网和多重网操作中，同一时隙被分配给多个参与群，并通过网号加以识别。NPG 可以相同，也可以不同。如果 NPG 相同，则这种结构称为栈网；如果 NPG 不同，则这种结构称为多重网。①

4.3.1.7　J 系列消息

Link 16 采用 TADIL-J 消息标准。这些消息格式由多组字段构成，每组字段依次包括规定数目的比特位，可以编码成预定模式以传递特定信息。TADIL-J 系列消息标准在设计之初

---

① 孙义明，杨丽萍．信息化战争中的战术数据链［M］．北京：北京邮电大学出版社，2005．

由固定消息格式和可变消息格式（VMF）组成，其中固定消息格式由美国空军和海军使用，VMF 由美国陆军使用。采用可变的消息格式与长度，可以适应旅以下部队数据链带宽有限的环境，实施近实时的数据交换。随着 VMF 概念的发展，VMF 由 J 系列消息标准的子集发展成为一个独立的消息格式标准，称为 K 系列。目前，美国陆军和海军陆战队是 VMF 的用户。

固定格式 J 系列消息有战术消息、RTT 消息和自由文本消息三种。

每个 J 系列战术消息均以 Ja.b 的形式编码，都由一个大类（a）和一个子类（b）来识别。其标识字段是 5 位，可定义 32 个消息格式，而子标识字段是 3 位，允许每个标识符可定义 8 个子标识，因此共有 256 个可能的消息定义（32×8=256）。例如，在 J12.6 目标排序消息中，可以理解 "J" "12" 是消息的大类标识，"6" 是消息的子类标识。

战术消息分为网络管理（J0/J1）、精确定位与识别（J2）、监视（J3）、反潜战（J5）、情报（J6）、信息管理（J7/J8）、武器协调与管理（J9/J10）、控制（J12）、平台与系统状态（J13）、电子战（J14）、威胁告警（J15）、图像（J16）、气象（J17）、国家使用（J28/J29/J30）、其他（J31）等大类，每大类又分为多个子类，实现多种战术信息的传输和交换。

RTT 消息用于网络的同步定时。

自由文本消息用于文字信息、话音信息的数字传输。

在地面和机载系统中，J 系列消息都由战术或任务计算机直接处理。某些地面和地面系统，如美国海军的 ACDS 和宙斯盾系统以及美国海军陆战队的 TAOM 系统，也可以执行第二个功能：在 Link 11/11B、Link 16、卫星 Link 16 和（在舰载系统中）卫星 Link 11 之间向两个方向转发数据。

Link 16 固定格式消息的帧结构由报头和消息字组成。战术消息帧的报头为 35 比特，消息字为 70 比特。1 个战术消息帧可以传输 3、6 或 12 个消息字。RTT 消息帧仅为 35 比特报头，无消息字。自由文本消息无消息格式限制，其消息字为话音编码后的 75 比特。

由于 Link 16 系统的尺寸增加，报告的战术信息是 Link 11 系统的 3 倍。在 Link 16 系统下已得到改进的区域包括参加者数量、轨道编号、跟踪质量、轨道标识、友军状态、精确度、相关导航系统、电子战争、陆地测点和轨道。

4.3.1.8　系统配置

1. 战术数据系统（TDS）

舰载 Link 16 的战术数据系统（TDS）由一台或多台 AN/UYK-43 或 AN/UYQ-70 计算机组成，如图 4-21 所示。Model 5 的操作员界面分别在 UYK-43 计算机的 OJ-663 控制台和 UYQ-70 计算机的 UYQ-70 控制台上实现。支持操作员界面的其他控制台包括 OJ-451、OJ-194、OJ-719（V）3 和 UYQ-79（V）。

Link 16 的能力最初是在配备了基于 AN/UYK-43 的战术系统的平台上实现的。在 Model 5 中，TDS 还包括 OJ-663 彩色图形控制台。UYQ-70 计算机和控制台组安装在宙斯盾武器系统基线 6.3 及以上版本上。战术控制台的 OJ-719（V）11/UYQ-70V（2）变体在 DDG 85 及以上和其他基线 6.3 或 7.1 配置上使用。

TDS 的主要功能是：

（1）为数据链参与者提供战术数字信息。

（2）接收和处理来自数据链参与者的传入的战术数字信息。

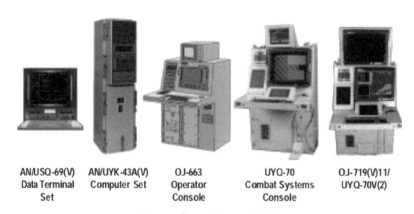

图 4-21 TDS 的配置设施图

（3）维护战术数据库。

除这些之外，TDS 计算机中的程序还执行许多其他功能。它支持系统管理、Link 11 和 Link 16 的管理、识别和武器选择，允许操作人员为作战系统执行控制和集成功能，并管理数据显示。

为了确保美国海军平台之间的互操作性，所有的 TDS 程序都需要在操作部署之前通过严格的测试，称为认证测试。海军认证测试是由总部位于加州圣迭戈的海军战术系统互操作性中心（NCTSI）进行的。目前计划安装 Link 16 的 TDS 平台是那些具有基于 AN/UYK-43 计算机的战术系统的平台。

2. 通用数据链管理系统（CDLMS）

通用数据链管理系统（CDLMS）管理 Link 16、Link 11、Link 4A、S-TDLJ（卫星 Link 16）和 S-TDLA（卫星 Link 11）。CDLMS 机柜被指定为 AN/UYQ-86（V），并被称为嵌入式系统处理器组（ESPG，图 4-22），是一个 VME 机箱，它包含三个主要模块：

（1）人机界面（HMI）。

（2）C2P（R），执行功能的 C2P。

（3）通用舰船数据终端集（CSDTS），按照操作需要用传统或单音 Link 11 波形处理 Link 11。

在 CDLMS 上，操作员可以同时监视和分析通过 Link 4A、Link 11 和 Link 16 上的传输。该系统还支持多链路管理、集中式警报管理、集中式诊断和帮助功能。

CDLMS 系统的主要目标是在日益复杂的多链路环境中减少工作负载。CDLMS 将数据链操作控制、性能监视和维护支持功能整合到一个系统中，同时为舰载战术数据链的显示、控制和分析提供了一个通用的 HMI。如图 4-23 所示，CDLMS 整合了来自以下几个现有系统的这些功能：C2P；CDLMS HMI；CSDTS；Link 11 监控系统（LMS-11）；Link 4 监控系统（LMS-4）；数据链工作站（DLWS），链路监控功能。

3. E-2C 的 Link 16 系统

E-2C 的 Link 16 系统由 L-304 任务计算机、JTIDS 终端和特殊适应的控制器以及四个 Link 16 天线组成。作为任务计算机升级的一部分，JTIDS 终端与全球定位系统（GPS）、一个增强的高速处理器（EHSP）、一个改进的 APS-145 雷达和新的显示器一起安装。L-304 号任务计算机程序也已经升级，以实现 Link 16 号数据交换的协议。

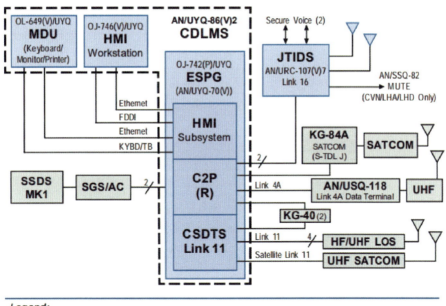

图 4-22 嵌入式系统处理器组（ESPG）

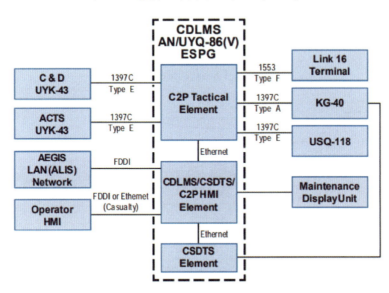

图 4-23 CDLMS 包含的系统功能

E-2C 的设备配置图如图 4-24 所示，设备在飞机上的位置图如图 4-25 所示。

（1）E-2C 任务计算机。在 E-2C 中安装 Link 16 系统的任务计算机程序将战术数字信息格式化为 J 系列消息，并通过 MIL-STD-1553B MUX 总线直接提供到 JTIDS 终端。L-304

任务计算机支持一个完整的 Model 5 型数据库，使其能够充分利用 Link 16，包括增强的 Link 16 空气控制，改进的识别和状态报告，改进的导航，以及在监视跟踪处理中的更大程度的精度。

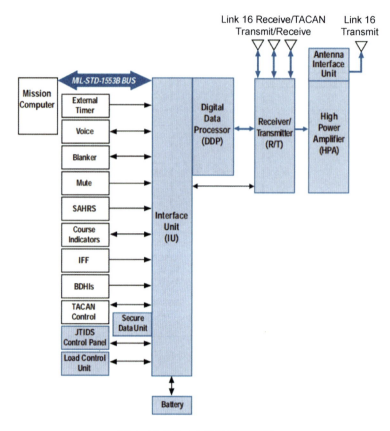

图 4-24 ┃ E-2C 的设备配置图

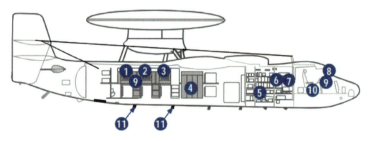

图 4-25 ┃ E-2C 的设备在飞机上的位置图

1—ACO Display；2—CICO Display；3—RO Display；4—Computer；5—JTIDS DGP and Battery；6—JTIDS R/T；7—JTIDS HPAG；8—TACAN Control Panel；9—MF CDU；10—JTIDS Audio Select Panel；11—JTIDS Antennas。

（2）显示和控制台。E-2C 控制和显示器包括多功能控制和显示单元（MFCDU）、JTIDS 音频选择面板、增强型主显示单元（EMDU）和主 JTIDS 功能控制面板。MFCDU 控制 JTIDS 终端的操作模式、功能和数据交换。一个 MFCDU 位于驾驶舱内，另一个 MFCDU 位于作战信息中心（CIC）的尾部。

E-2C 驾驶舱内的 JTIDS 控制器包括两个音频选择面板、MFCDU 和 TACAN 控制面板，如图 4-26 所示。

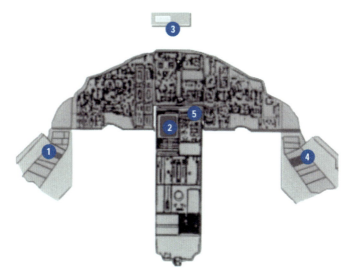

图 4-26 E-2C 驾驶舱内的 JTIDS 控制器图
1—JTIDS Audio Select Panel；2—MFCDU；3—TACAN Control Panel；
4—JTIDS Audio Select Panel；5—MFCDU Control。

用于 Link 16 的 E-2C 天线系统由四个天线组成。主接收天线安装在 E-2C 的底部，在飞机的中央。主 JTIDS 发射天线也安装在下方，但朝向尾部。这两个天线都是宽带的、垂直极化的超高频天线，在 960~1215MHz 的 JTIDS 频段上提供全向覆盖。E-2C 的天线还支持除 JTIDS 以外的其他通信系统。

4. Link 16 管理系统

海军和海军陆战队都部署了 Link 16 管理系统，如图 4-27 所示。海军部署了 LMS-16，一个只接收的 Link 16 系统。海军陆战队部署了 LMS-MT，一个只接收的 TDLA/B/J 系统。这两种变体都通过 MIL-STD-1553B 数据总线从一个专用的 JTIDS 接收器 AN/GRR-43（C）获取 Link 16 数据。这些系统提供了关于多 TDL 网络性能的信号和战术信息。这里将这两种变体称为"LMS"。

LMS 为联合接口控制官（JICO）提供信号测量。这些测量包括包装结构、噪声和干扰，以及基于实际射频传播时间的范围。LMS（R）同时处理直接传输和中继传输，允许 JICO 评估中继性能。还可以观察到 Link 11 和 Link 11B 单元的性能。在海军陆战队的 LMS（R）-MT 中，TDL A/B 信息通过系统的 MIL-STD-1397 接口提供。在海军的 LMS-16 中，它反映在数据转发单元传输的信息中。

LMS 的 NPG 利用率测量验证了单元具有正确的网络负载，并有足够的容量满足其传输需求。网络设计可以从图形化方式显示在屏幕上，并与实际使用情况进行比较。时隙使用实时更新，可以参考实际平台负载，以确定实际传输哪个单元，哪个单元被分配给传输，哪个单元被分配给接收，哪个单元被分配给中继。

LMS 具有时隙以外的唯一同步能力，使 JICO 能够检测由于平台初始化错误导致的意外争用访问，并验证 J0.0 初始输入消息的 IEJU 传输。时隙负荷因子（TSDF）也可以计算为每个 JU 和整个网络，考虑到多个授权继电器的竞争传输。

概述显示器按 ID 和类别维护有关当前轨道负载分布的信息。它标识哪些单元正在传输 PPLI，有多少单元从 Link 11 和 Link 11B 转发，哪些单元有主动传感器和它们正在报告的轨道数量，以及哪些单元正在主动中继数据。有了这些信息，JICO 可以主动管理多 TDL 网络，以确保所有参与者之间可靠和完整的连接。

图 4-27 Link 16 管理系统（LMS-16 和 LMS-MT）

4.3.1.9 采办动态

1. 发展星载 Link 16 数据链终端，拓展各作战域间的互联互通

2020 年 5 月，美国洛克（Roccor）公司研制出一种可接收、发射 Link 16 信号的展开式 L 频段卫星天线，将搭载于美国卫讯（Viasat）公司为美国空军研制的低轨小卫星，验证在低轨小卫星上使用 Link 16 的可行性。在没有星载终端的情况下，Link 16 数据链可以通过卫星来实现视距扩展，但只是将卫星作为一个"信息中继器"来用，在信息传输的实时性、完整性、安全性等方面存在很大局限，无法支持实时联合作战的需求。星载 Link 16 终端可实现更为高效的超视距连通，大幅提升 Link 16 数据链的灵活性与覆盖范围。未来，星载 Link 16 终端与先进的星间链路、新一代太空体系结构结合，数以千计的太空节点可与其他域作战系统组成海量的杀伤链路由，推动杀伤链向杀伤网的演进。

将终端部署到卫星上可谓 Link 16 发展过程中的一次重要创新。星载终端可使传统上作为一种视距通信手段的 Link 16 具备超视距能力。如果单颗卫星验证了概念的可行性，按照美军计划，未来将构建一个由搭载 Link 16 终端的卫星组成的低轨战术数据链星座，实现全球覆盖。届时，传统上低级别部队在战术边缘使用的终端，理论上可直接接入卫星，进而获得更加灵活多样的通信接入手段。

此外，美国太空发展局（SDA）正在打造的国防太空架构也将在传输层卫星上搭载 Link 16 有效载荷，通过 L 波段 Link 16 网络分发来自天基传感器的情报、监视和侦察（ISR）数据。SDA 也期望证明传输层卫星网络能从空基传感器获取数据，并通过战术目标瞄准节点和 Link 16 战术网络跨域传送给地面作战人员。这将为联合全域指挥控制（JADC2）"连接所有传感器和射手"愿景的实现提供重要支撑。纳入天基传输层的 Link 16 作战场景如图 4-28 所示。

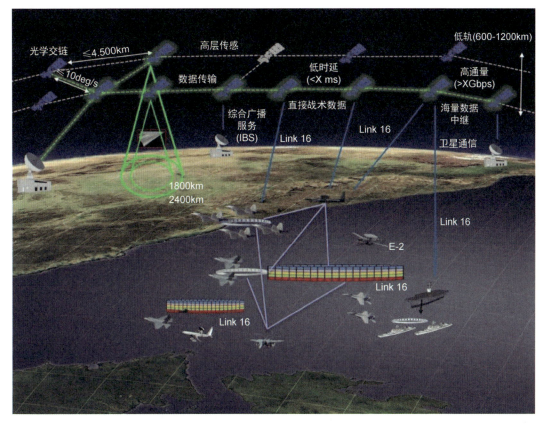

图 4-28 ┃ 纳入天基传输层的 Link 16 作战场景

美国和北约盟国使用的 Link 16 战术数据网络将作为航天发展局的传输层卫星的关键通道，SDA 卫星被设计为未来全域作战的通信骨干网。Link 16 将允许新卫星与 F-16、F-22 和 F-35 等战斗机、PAC-3 和 THAAD 等导弹防御网络、武器系统以及综合防空反导（IAMD）网络连接。

两家公司（Lockheed 和 York 空间系统）一起赢得了为 SDA 未来的太空架构建造 10 颗数据中继卫星的合同。两家公司都在建造七个 A 类卫星，每个卫星之间有四个光链，以及三个 B 类卫星，每个卫星都有两个光链和两个链接到地球上的 Link 16 链路。添加 Link 16、综合广播服务（IBS）以及最终的多功能高级数据链（MADL），将进一步分散通信，从而减少单点故障。MADL 是专门设计并用于 F-35 的隐身数据链。IBS 承载海军当前移动用户目标系统（MUOS）星座使用的超高频或窄带通信。[①]

由 Viasat 开发的具有 Link 16 能力的新卫星将采用军用级加密。Viasat 表示，该卫星将集成该公司的 In-Line 网络加密器（INE），为系统提供可支持 100Mbps 以上吞吐量的耐辐射

---

① THERESA HITCHENS. Link 16 To Tie Legacy Platforms To SDA Satellites. Breaking Defense, September 01, 2020. [https://breakingdefense.com/2020/09/link-16-to-tie-legacy-platforms-to-sda-satellites/]

网络加密。该级别的加密将确保机密数据可以通过其他非密的卫星安全传输。①

2. 美国海军授出 MIDS 现代化改造项目合同

2020 年 5 月 20 日，美国海军向数据链解决方案（DLS）公司授予多功能信息分发系统（MIDS）机柜终端合同，价值 320 万美元，旨在对舰上 MIDS 机柜进行现代化改造。舰上 MIDS 现代化改造项目（MOS MOD）旨在接收和发送空中、地面和海上部队的文本和图像信息，生成实时任务场景，为现役人员提供态势感知。改造后，MIDS 可与所有 Link 16 数据链互操作，并支持美国与北约盟国进行安全的数据交换。DLS 公司是 BAE 系统公司和柯林斯航天公司共同投资成立的子公司。该公司总监艾伦·杜瓦表示："新系统更小、更强，比当前系统轻 60%以上，具有 Link 16 的所有功能，但提高了接入备用线路的能力，改善了维护性。"改造后的 MIDS 系统在现场与 MIDS LVT-4、MIDS 联合战术无线电系统（JTRS）互换，支持频率重新映射、现代化加密、并发多网（CMN）、并发争用接收（CCR），以及三个额外的波形。MIDS MOD 是唯一带有 MIDS JTRS 收发器、功率 1000W 的舰载系统。②

2019 年 8 月 9 日，DLS 公司被 NAVWAR 授予 7500 万美元合同，为美国海军提供大容量、抗干扰的 Block Ⅱ升级版 MIDS LVT，预计将于 2026 年 12 月完成。MIDS LVT 的研发将由 DLS 与卫讯公司共同开展，早在 2015 年 DLS 与卫讯公司就被美国海军授予约 10 亿美元的合同，进行 MIDS JTRS 终端的开发、维护，并且卫讯公司还于 2018 年被授予 8550 万美元合同，为 MIDS LVT 电台提供 Block Ⅱ升级版软硬件及相关服务。

4.3.2 指挥控制处理器（C2P）

4.3.2.1 概况

指挥控制处理器（C2P）是舰载作战系统的一部分，它实际上是一个网关系统，主要完成不同战术数据链之间的格式转换。它与先进作战指挥系统（ACDS）或指挥决策/武器控制系统计算机（C&D/WCS）相连，同时它也与计算机外围设备、导航设备、Link 4A 和 Link 11 系统相连。C2P 配置根据舰船型号具体参数的不同而变化。C2P 充当 Link 16 的主机，它使用 1553B 接口连接 JTIDS 终端，使用海军战术数据系统（NTDS）快速接口连接作战指挥系统（CDS）或 C&D 系统。C2P 将 Link 16 与 CDS 相连，将大多数 TADIL-J 报文格式化。它初始化和控制 JTIDS 终端，并支持 Link 16、Link 11 与 Link 4A 之间的数据转发。Model-4 舰载数据库以 Link 11 和 Link 4A 为基础，在把数据传送到 CDS/C&D 之前，C2P 将所有 Link 16 信息转换成其中的一种格式。③

C2P 遗留、C2P 重置主机（Rehost）和 C2P 增量 1 已完成部署，并处于作战和支持阶段。C2P 增量 2 于 2008 年 7 月实现了全速生产，并将根据现役舰载架构升级计划，在 2016 财年实现完全作战能力并过渡到作战和维持阶段。2013 财年开始开发 C2P 增量 3。

4.3.2.2 系统功能与组成

C2P 是舰载 Link 16 系统的核心，它执行多种关键功能。它接收并翻译从战术数据系统

---

① Nathan Strout. Viasat to add military-grade encryption to experimental Link 16 satellite. C4ISRNET, Jun 2, 2021. [https://www.c4isrnet.com/battlefield-tech/space/2021/06/01/viasat-to-add-military-grade-encryption-to-experimental-link-16-satellite/]

② US Navy awards contract to DIS for MIDS terminals, 20 May 2020. [https://www.naval-technology.com/news/us-navy-awards-contract-to-dis-for-mids-terminals/]

③ 孙义明，杨丽萍. 信息化战争中的战术数据链[M]. 北京：北京邮电大学出版社，2005.

（TDS）传出的信息，并将其格式化，以便在 Link 16、Link 11、Link 4A 上进行后续传输。C2P 也接收来自这些战术数据链的传入信息，将其转换并提供给 TDS。C2P 还实现了许多链路协议、消息格式化和消息接收/发送功能的自动化。最后它执行数据转发，将一个数据链上接收到的信息适当地转换并在另一个数据链上重传。

C2P 提供了 TDS 和 Link 16 DTS、Link 11 DTS 和 Link 4A DTS 之间的接口，如图 4-29 所示。

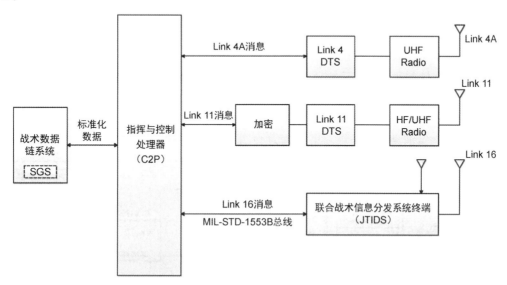

图 4-29 C2P 提供战术数据系统与 Link 16、Link 11 和 Link 4A 的接口

C2P 由 AN/UYK-43A（V）计算机设备和 AN/USQ-69（V）数据终端设备组成。AN/UYK-43A（V）是 C2P 软件的主机，AN/USQ-69（V）是供操作员使用的界面，用于控制和监视 Link 16 的通信。

1. AN/UYK-43A（V）计算机

AN/UYK-43A（V）是美国海军标准的通用战术计算机，是为了在海军舰船和潜艇的作战和武器系统中应用而设计的。AN/UYK-43A（V）执行 C2P 操作程序和测试程序。安装 C2P 软件的 AN/UYK-43 主机是一台 Motorola 68000 型计算机，它配置了 1 个扩展存储系统（EMS）硬盘（或是 AN/UYH-16）。MIL-STD-1553 总线支持 AN/UYK-43 和 JTIDS 终端（URC-107）之间的接口。AN/UYK-43、AN/USQ-69、RD-358 和其他相关设备间的接口通过 MK 70 或等效转换器与 NTDS 连接。AN/UYK-43A（V）计算机围绕 3 个主功能模块进行设计，即 2 个 CPU、2 个输入/输出控制器（IOC）和 6 个易失性存储器（TVM）。

2. AN/USQ-69（V）数据终端设备

AN/USQ-69（V）是一套标准舰载外围显示终端设备，提供 C2P 操作所需的人机接口。该控制台控制 AN/URC-107（V）7 无线电收发信机，也控制和监视 C2P。AN/USQ-69 是操作员操作 JTIDS 终端的唯一接口。Link 16、Link 11、Link 4A 都能通过 AN/USQ-69 进行监视。该数据终端用于初始化 Link 16 和 JTIDS 终端。

4.3.2.3 系统配置、型谱

C2P 是一种消息分发系统，用于控制和管理三个战术数据链（Link 4A、Link 11 和 Link

16），以及操作员和硬件之间的接口。C2P 控制和管理水面各种数据链与飞机 C2 平台之间的接口。最初安装 C2P 系统的水面平台是航空母舰和宙斯盾巡洋舰，随后安装在两栖攻击舰和宙斯盾驱逐舰上。C2P 有两种配置，一种是为具有先进作战指挥系统 ACDS Block 0 配置的舰艇定制的，另一种用于 ACDS Block 1 配置。在宙斯盾舰艇上，宙斯盾 4 与 ACDS Block 0 相似，宙斯盾 5 与 ACDS Block 1 相似。如图 4-30 所示是 ACDS Block 0 平台的 C2P 系统框图。

在 ACDS 计算机中生成的链路信息被发送到 C2P 计算机，以格式通过正确的链路（Link 4A、Link 11、Link 16）传输。根据操作模式和操作员输入的参数，一些消息可能通过两个或多个数据链发送。例如，Link 11 消息通过 Link 11 和 Link 16 传输很常见。C2P 计算机将数据存储在中央数据库中，然后为所使用的链路系统以适当的消息格式格式化数据。

C2P 计算机对接收到的各种数据链接的消息进行处理以查找错误，并发送到正确的目的地。接收到的消息也可以重新格式化，以便在不同的链路上重传。由 C2P 平台接收到的 Link 11 或 Link 4A 消息可以被重新格式化为 Link 16 消息并在 Link 16 上重新传输。

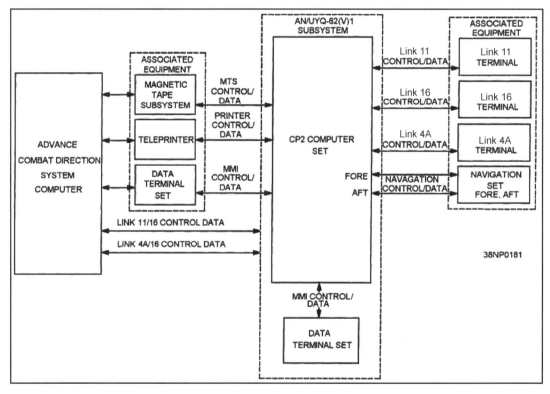

图 4-30 ACDS Block 0 平台的 C2P 系统框图

4.3.3 防空系统集成器（ADSI）

4.3.3.1 概况

防空系统集成器（Air Defense Systems Integrator，ADSI）是实时、战术指挥和控制系统。该系统由美国 Ultra 电子集团公司生产，在全球安装了超过 2000 个，提供战术数据链转发软件，结合大量的战术数据链、雷达和电子情报接口软件。

现在，它被用于航空母舰和指挥舰、战术和空中作战中心、空域集成系统和世界各地的联合指挥中心。ADSI 通过整合陆地、空中和海上领域，提供战术单位的指挥和控制，以及跨战场空间报告实时传感器信息来支持关键任务。

最新版本的 ADSI 系统显著增加了作战人员的互操作性，通过 32 个同步的和动态可重构的数据链，通道容量增加到 16000 条。重要的是，完全改进的用户界面极大地改善了整个 ADSI 用户体验，从系统配置到系统操作。由于它严格遵守所有相关的军事标准，包括最新的 MIL-STD-6016，ADSI 系统确保了可靠的互操作性。[①]

ADSI 是一种时间敏感的战术 C2、商用现货系统，用于处理和显示多个 TDL 接口、数据转发以及向 GCCS-M 提供 TDL 信息。

4.3.3.2 系统功能与组成

防空系统集成器是一个多链路指挥、控制和通信系统，是装载在计算机上的一组软件模块，提供空中态势图的多输入和综合显示。ADSI 能够处理多种战术数据链，如北约 Link 1、Link 11、Link 11B、Link 16、ATDL-1 及综合广播服务（IBS）等。它接收宽范围的多个雷达输入，提供自动航迹初始化，同时将来自多个雷达的航迹综合成集中使用的战术图像。它还接收来自其他情报网的数据，将新数据与接收过的数据进行相关处理，以减少重复信息。它能自动完成空中任务程序对实时战术空中态势的相关处理。ADSI 的作战视图如图 4-31 所示。

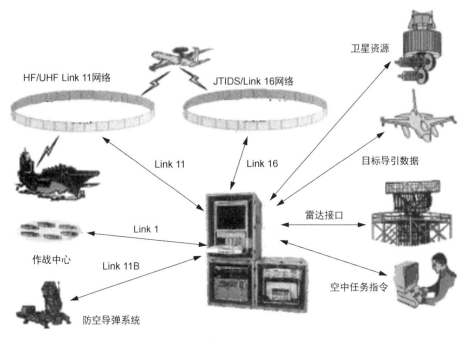

图 4-31 ADSI 的作战视图

4.3.3.3 采办动态

2017 年 12 月，Ultra 电子公司从美国海军获得了一份为期 9 年、价值 4920 万美元的潜

---

① Air Defense Systems Integrator (ADSI): Certified joint tactical data link forwarding and control. Ultra Electronics Ltd., 2021. [https://www.ultra.group/media/2125/adsi-datasheet-032021.pdf]

在合同，用于支持和维护美国海军、国防部和国土安全部的 AN/TSQ-214 防空系统集成器产品和辅助设备。此类系统包括 AN/TSQ-214 ADSI、范围保护系统、高级融合跟踪系统、高级战术机载系统和联合范围扩展应用协议。[①]

ADSI 第 14 版于 2016 年底投入使用。ADSI 第 15 版测试已完成，并于 2014 财年开始有限的部署。该合同旨在用链路监视管理工具（LMMT）功能补充/替换某些 ADSI 系统。

4.3.4 链路监视管理工具（LMMT）

4.3.4.1 概况

链路监视管理工具（Link Monitoring and Management Tool，LMMT）是一种近实时的战术指挥和控制系统，提供多个战术数据链（TDL）接口、路由和显示 TDL 数据，包括 Link 16 和联合距离扩展（Joint Range Extension，JRE）。LMMT 还能够执行 TDL 网络规划、监控、管理、TDL 之间的数据转发，并向全球指挥控制系统（GCCS）提供战术数据，以建立通用作战图像。LMMT 需求将被逐步开发，并以能力下沉的方式交付。

LMMT 是一种网络监控管理和通信系统，用于满足海上作战中心（MOC）指挥控制多任务 TDL 要求，并解决现有系统（如 ADSI）的缺点。

LMMT 软件/原型硬件能力必须在近实时的环境中运行，并且必须在弹道导弹防御（BMD）和其他联合指挥控制网络的 TDL 架构内运行。除了 BMD 网络监控和管理外，该功能还应接口、收集、聚合、过滤、分发、显示来自战术数据链和雷达传感器系统的信息。最后，LMMT 功能应为每个接口提供强大的数据过滤和路由。

海军的战术数据链开发中，包括先进战术数据链系统（ATDLS）集成项目，特别是 Link 16 网络、C2P 和 LMMT，以及网络战术通用数据链（NTCDL）项目。

ATDLS 集成项目为海军战术数据链用户开发新的和改进的能力。海军 Link 16 网络增量 Ⅱ 由动态网络管理（DNM）、加密现代化（CM）和频率重新映射（FR）组成。C2P 技术刷新和 C2P 互操作性将使旧的 C2P 处理组件现代化，以解决 C2P 组件的过时和舰队互操作性问题。C2P 是宙斯盾弹道导弹防御（BMD）体系中的一个关键组成部分。现代化是一个服役寿命延长计划，需要维持 C2P 对海军综合防空反导（IAMD）和 BMD 能力的支持。Link 22 的开发和集成到 C2P 中，允许与联军进行标准的数据链通信。LMMT 升级商用现货的硬件，并使软件操作系统现代化。LMMT 将改进战术数据链的性能监视和管理，以支持综合防空反导和弹道导弹防御任务。

LMMT 能力用来取代先前部署的 ADSI 系统。LMMT 将利用现有的政府现货（GOTS）软件和商用现货（COTS）硬件。LMMT 功能主要在软件中实现，并将在能力下沉中进行开发。现有的 GOTS 软件将被更新，以包括 SPAWAR 系统中心的网络性能监控和管理功能。部署决策将在能力下沉 DT/OT 后完成。

2014 财年：完成能力下沉 1 构造技术评审（BTR）和构造设计（BD）。开始 LMMT 软件开发。

2015 财年：进行 LMMT 能力下沉 1 部署技术评审（FTR）和能力下沉 1DT/OT，从而在 2016 财年实现能力下沉 1 初始作战能力（IOC）/部署决策评审（FDR）。开始进行 LMMT 能

---

① Contracts For Dec. 11, 2017：Navy. [https://www.defense.gov/Newsroom/Contracts/Contract/Article/1393710/]

力下沉 2 的设计和开发工作。

4.3.5 Link 11

4.3.5.1 概况

Link 11 也称为 TADIL-A，是美国海军 20 世纪 60 年代研制成功的一种低速战术数据链，于 70 年代投入使用，是主要的地空数据链，也是使用最多的空空数据链系统。1964 年 Link 11 开始在美国海军服役，装备规模很大。

Link 11 是一条用于交换战术数据的数据链，又称为战斗群侦察与战役管制链路，支持战斗群各分队之间海军战术数据系统的数据传输，通常用来连通参加作战的战术部队，如海上舰艇、飞机和岸上节点，主要用于美国海军的海面单元与机载 C2 单元之间、空军单元之间，以及海军与海军陆战队单元之间的信息交换，并用于反潜作战。

Link 11 数据链与 Link 4A 数据链的应用目的不同，主要是在海上和运动速度较慢的平台之间交换态势图信息。总地来说，Link 11 数据链系统的主要功能是态势共享和指挥引导。

应用于海军作战的 Link 11 数据链系统的战术功能如下：

(1) 舰队区域控制与监视设施。舰队区域控制与监视设施在其管辖区内，计划安排并协调舰队的全部运行、试验和特别使用区域。同时在其管辖区域，可以起空中交通管理者的作用。通常要每月发布一次分配频率，入网单元号码和其他数据链参数的运行任务信息。

(2) 反潜战作战中心。该中心在飞机飞行前、飞行中和飞行后向飞机中队提供实时操纵控制、任务计划、协调和评估支援。通过 Link 11 在海上巡逻机和该中心之间传送数字信息。反潜作战中心彼此也能相互交换信息。

(3) 区域作战控制中心和防区作战控制中心。区域作战控制中心和防区作战控制中心支援北美防空指挥部的战略防空任务，在平时这些控制中心掌握着美国的空中控制权。通过联合监视系统，依靠 Link 11 提供雷达跟踪数据，可保持一幅完整的美国实时空间图像。

(4) 海军陆战队空中指挥与控制系统。海军陆战队空中指挥与控制系统由具备 Link 11 能力的设施组成。它们是战术空中指挥中心和战术空中作战中心，同时也支持其他多种数据链。该系统承担空中防卫、空中控制，并为海上飞机提供空中支援。

Link 11 在美国海军和空军中得到了广泛的使用。

4.3.5.2 发展现状

美国及其北约盟国和日本、韩国、泰国、新加坡、菲律宾及台湾地区等都配有 TADIL-A 数据链。在英国，它被皇家海军、海军陆战队和皇家空军应用于舰船、舰-岸-舰缓冲站（SSSB）、E-3D 空中预警机、战术空中控制中心等。在北约，它主要用作海上数据链。由于能够满足战区导弹防御的信息交换要求，因此地基 SAM（地空导弹）系统也装备有 TADIL-A。

TADIL-A 在美军的装备使用情况如下。

美国海军陆战队：战术空中控制中心（TACC）、战术空中作战中心（TAOC）、战术电子侦察处理和评估系统（TERPES）。

美国空军：空军空中作战中心（AOC）、空军控制报告中心/控制报告单元（CRC/CRE）、E-3 机载预警与控制系统（AWACS）、RC-135"联合铆钉"、SeniorScout、Senior-Troupe、快速可部署的综合指挥和控制（RADIC）、空军区域空中作战中心/防区空中作战中心（RAOC/SAOC）、U2 分布式通用地面站（DCGS）、冰岛防空系统（IADS）、波多黎各作战中心（PROC）。

美国陆军：爱国者、战区导弹防御战术作战中心（TMDTOC）。

美国海军：航空母舰（CVN）、导弹巡洋舰（CG）、导弹驱逐舰（DDG）、导弹护卫舰（FFG）、两栖攻击舰（LHA/LHD）、两栖指挥控制舰（LCC）、核动力潜艇（SSN）、E-2C 预警机、EP-3 侦察机、ES-3 电子侦察机、P-3C 反潜机和 S-3 反潜机。

4.3.5.3 系统功能与组成

TADIL-A 主要用于实时交换电子战数据、空中/水面/水下的航迹，并传输命令、告警和指令信息。它是一条保密的网络化数字数据链，采用并行传输和标准报文格式，在机载、地基和舰载战术数据系统之间交换数字信息。该数据链采用 M 序列报文，报文标准由美军标 MIL-STD-6011 和北约标准 STANAG 5511 定义，通信标准由美军标 MIL-STD-188-203-1A 定义。其标准传输速率为 1200bps 和 2400bps，实际用 1364bps 或 2250bps。它通常在网络控制站的控制下，以轮询方式进行工作，也可采用广播模式工作。TADIL-A 使用 HF 和 UHF 频段。当使用 HF 频段时，能够覆盖信息发送地点周围 300n mile 的区域；使用 UHF 频段时，能够提供舰对舰 25n mile、舰对空 150n mile 的覆盖。

在整个链路中有一个数据网络控制站（Data Net Control Station，DNCS），设在航母、预警飞机或地面；其他网络成员，如舰艇、飞机、车辆等为前哨站（Picket Station，PS）。Link 11 在网络控制站的集中管理控制下，采用半双工、轮询方式进行组网通信（图 4-32）。

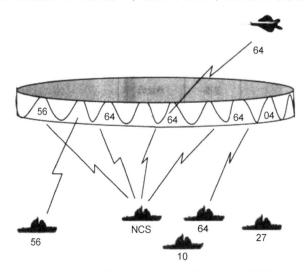

图 4-32 Link 11 时分多路复用网络结构

典型的 Link 11 地面系统构成如图 4-33 所示。除增加了一个保密机之外，Link 11 系统的功能模块与 Link 4A 相同，由保密机、数据通信设备、无线电设备及天线等部分组成，链接战术数据系统（TDS）。

1. 战术数据系统（TDS）

与 Link 4A 数据链系统相近，TDS 由多部计算机设备组成，包括战术应用软件、信息处理软件和战术信息数据库。TDS 接收多路传感源数据，融合处理后显示区域态势，并定期更新数据库；人机交互软件处理和响应操作员的输入与询问信息，并控制外围输入与输出；待发送信息经格式化处理形成格式化的战术信息报文。但是 Link 11 交换数据的目的是为所有成员提供统一的实时态势图。这种态势图不仅来自于各成员本身的传感器，还来自于经过 Link 11 传来的由其他成员的传感器获取的远距信息，要把它们统一起来。因此在 Link 11 数据链系统中，TDS 还要具备下列航迹处理与融合功能：

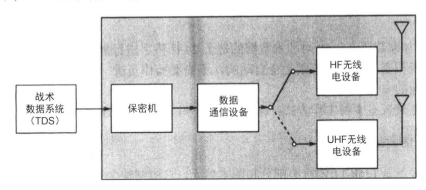

图 4-33 ｜ Link 11 地面系统构成

（1）图形匹配与登录（Picture Matching and Registration）。网内成员要能够把从其他成员传送来的数据与本平台的传感器产生的数据匹配起来。各种误差，尤其是导航误差（为各成员提供实时位置信息），导致从其他成员接收的和本平台产生的数据之间有位移。校正画面，使之在航迹库中对准。

（2）格网锁定（Grid Lock）。用于 Link 11 的移动成员校正其真实位置与系统所保持的图形之间的误差。为此，系统首先要指定一个固定平台或有最好的导航设备的平台作为"格网基准单元"（GRU），其他成员以它为基准进行格网锁定。格网锁定方法有两种：手动锁定，将由 GRU 报告的一个航迹和移动成员雷达产生的航迹匹配，从而校正移动成员的位置误差；自动锁定，将由 GRU 报告的多达 8 对的航迹与移动成员雷达产生的相应航迹的位置相比较。将所有航迹之间的平均误差用做位置和（坐标）旋转校正量。

（3）相关（Correlation）。Link 11 中"相关"指在链路中报告的两条航迹事实上是同一条。链路相关指的是，将接收到的航迹与本平台产生的航迹相比较，进行核对，判明它们之间相关或不相关，其中要考虑位置、航向、速度、高度、属性、IFF 等因素。如果相关，便启动融合处理。相应地，"去相关"即对已作相关处理的两航迹不断进行核对，如果验明没有达到规定的标准，则启动去相关。

（4）航迹质量（TQ）。当一个成员报告航迹时，必须报告 TQ。TQ 是对所报告航迹的位置精度的估计。TQ 的级别为 0 至 7。0 指的是非实时航迹。从 1 到 7 则为实时航迹，TQ 越大，精度越高。给出 TQ 的目的是，当两个以上的成员都看到同一航迹时，按 TQ 确定其中哪一个成员负有报告责任（R2，Reporting Responsibility）。

（5）报告责任（R2）。在 Link 11 中，为了保证由拥有最精确和最新信息的成员报告航迹，用 TQ 确定哪一个成员负有报告责任。当一个成员对同一航迹的 TQ 比另一成员的 TQ 大于或等于 2 时，负有 R2。

2. 加密机

Link 11 的加密装置 KG-40 对战术数据的每个 24 比特字进行加密，以提供保密通信能力。只要密钥被正确预置，保密通信则是全自动的，不需要操作员进一步干预，加密装置确保了网络中数据传输的安全。KG-40 加密装置有 4 种工作方式：密码 A1、密码 A2、密码 B 和明码电报。

系统中使用的加密装置或密码装置是密钥发生器 40 型（KG-40A），KG-40A 是 KG-40 的改进型。KG-40A 是半双工数字设备，它连接计算机和数据终端机。KG-40A 的串行配置（KG-40A-S）用于机载战术数据系统，而并行配置（KG-40A-P）用于海军战术数据系统。

3. 数据通信设备

数据通信设备是 Link 11 的核心部分和基本单元，它控制整个 Link 11 链路的通信。它具有检错与纠错、网络模式控制、链路协议管理、双向数据传输中的数据交换、控制码产生和识别等能力，以及与保密装置和无线电设备的接口控制能力；同时，具有调制解调器的功能，用来完成音频调制。

（1）检错与纠错（误码探测和修正）。数据通信设备对来自战术数据系统的 24 比特战术数据进行信道编码，添加 6 比特汉明码，形成 30 比特编码；对来自飞机的接收数据进行校验，能够确定并纠正单个误码。

（2）链路协议管理。一方面，对来自战术数据系统的数据进行组帧、格式化，以产生标准化数据，比如生成 HF 或 UHF 格式消息。这些格式化消息包括指示传输开始、传输结束和要发送的下一个单元的编码。另一方面，对接收消息拆帧，向战术数据系统提供实时的战术信息。另外，对传输信息进行流量控制。

（3）音频调制。Link 11 利用 $\pi/4$-DQPSK 调制解调，采用"多音并行体制"，将形成的 30 比特编码数据对 15 个内部单音进行调制，再加上一个多普勒校正单音，把数据信息转换为多音频信号，然后送入无线电设备。

（4）网络模式控制（工作方式控制）。Link 11 可实现 6 种工作方式：网络同步、网络测试、点名呼叫、短广播、广播、无线电静默。网络同步用于建立通信开始。网络测试用于通道检验。点名呼叫是 Link 11 的常用工作方式。对于某些战术态势可能需要短广播和广播。无线电静默则只接收不发射，起到隐蔽作用。

4. HF/UHF 无线电设备

Link 11 有 HF 和 UHF 两种无线电设备，提供 HF 或 UHF 两种传输信道，并在数据通信设备控制下实现发送与接收的转换。HF 设备可以调谐到 2~30MHz 频率范围内的任一 100Hz 的整数倍频率，用于入网单元之间距离在 25~300n mile 的组网。UHF 设备可以运行于 225~400MHz 内的任一 25kHz 的整数倍频率，用于入网单元之间舰对舰 25n mile、舰对空 150n mile 的覆盖。对于高频天线，因为短波难以在全频段匹配，所以使用无线电耦合器把无线电的输出阻抗匹配到天线的阻抗。特高频耦合器容易实现，通常应在临近的特高频多路耦合器之间保持 5MHz 的频率隔离度。

Link 11 工作在 HF 频段或 UHF 频段。HF 可达中心半径 300n mile，UHF 可达 250n mile 的全向通信范围。HF 频段主要用于舰艇编队内部、舰艇与岸站之间的战术数据传输，UHF 频段主要用于舰艇编队内部、舰艇与舰载飞机之间的战术数据传输。其性能特点如图 4-34 所示。

Link 11 与 Link 4A 具有一些相同的特点，同时具有自己的特点，如图 4-35 所示。Link 11 与 Link 4A 都是通过点对多点传送，但是在 Link 4A 中，每个入网单元仅与控制台保持联系；而在 Link 11 中，每个入网单元是与所有其他入网单元联系的。Link 11 采取 16 音频且在高频段（短波）传送，作用距离比 Link 4A 远，但受环境影响大，而 Link 4A 在 UHF 波段很少受环境天气因素影响。此外，Link 11 的数据报文长度各不相同，需要战术计算机进行大量处理运算，而 Link 4A 的数据报文长度是一样的，并在预期时间内到达，处理相对简单。Link 11 加装有加密设备，而 Link 4A 不具有保密功能。另外，Link 11 数据链操作员要顾及大量入网单元，而 Link 4A 只同时负责与几架飞机联系，随时需要、随时联系、比较灵活。为了超视距传输信息，Link 11 用了 HF 频率。

频段	工作方式	性能
UHF 或 HF	轮询	传输速率：2 400bps 调制：QPSK、SSB 码型：(30, 24) 汉明码 抗干扰：无 保密：有 消息标准：M系列

图 4-34 Link 11 的性能特点

特性		Link 4A	Link 11
连通性		只在飞机和控制台之间	每个入网单元和所有其他单元
入网单元数		通常是 1~3 架飞机和控制台	2~20 个以上的入网单元
加密能力		未加密	专用设备加密
信号形式		串行数字	16音频QPSK
带宽		40kHz	3kHz
数据速率		5kbps	2.25kbps
频段		UHF	UHF、HF
数据报告	要求	仅在要求时	除非无线电静默
	长度	固定的	变化
	时间	固定的	随入网单元号码，报告长度，距离而不同
人员配备		专用控制台上单人控制员	控制台和数据终端设备的多名人员

图 4-35 Link 11 和 Link 4A 比较

4.3.5.4 技术特点

Link 11 数据链的每次传输都包括报头帧、相位参考帧及信息帧。报头帧是每次传输的前 5 帧，是由 605Hz 和 2915Hz 两种单音构成的双音信号。605Hz 单音用于多普勒校正，而 2915Hz 单音用于同步。2915Hz 单音在每个帧结束时，相位移动 180°，以便接收机能够检测到帧的跳变。相位参考帧紧随报头之后发送，它由 16 个标称单音的混合构成，并作为第一信息帧的相位参考基准。信息帧是控制码帧和数据信息帧组成的 16 个单音混合信号。第一个控制码帧紧随相位参考帧发出。控制码帧控制链路运行。三种基本控制码包括起始码、停止码和地址码。每个控制码由 2 个 30 比特帧构成。只要控制码中每帧出错的比特数不大于 4，接收方就能够正确识别控制码。起始码紧跟相位参考帧，是信息段的头两帧，接收方利用它来通知战术数据系统计算机准备接收数据信息。停止码是紧跟最后一个数据信息帧的两帧长码，它表示信息结束。地址码，每一个网络参与单元都由唯一的 6 比特地址（八进制 01~76）加以标识。数据报文帧用于传输战术信息。数据报文包括任意数目的帧，每帧有 30

比特数据，数据报文紧随起始码发出。30 比特的数据帧是由来自战术数据系统计算机的 24 比特和来自数据终端机的 6 比特检错纠错码组成。跟在起始码之后的第一帧实际上是在密码发生器（KG-40A）中产生的。当报文数据的第一帧被加密时，把起始码传给数据终端机。当第二帧被加密时，把报文数据的第一帧送到数据终端机。这样，数据从战术数据系统通过 KG 到数据终端机以"管线"传输。

发送消息由报头、相位参考、控制码和报文数据等部分组成。

（1）报头。其构成前边已经讨论过，它起着入网单元同步接收和校正多普勒频移的作用。每次传输消息由 5 个报头帧开始。

（2）相位参考。由于采用 QPSK，需要在传输信息中包含相位基准。因此，紧跟在报头帧后有 1 个相位参考帧，它为后面帧的每个数据单音提供一个参考相位基准。

（3）控制码。三种基本控制码包括起始码、停止码和地址码。每个控制码由两帧组成，各帧与数据帧类似，都是不同内容含义的信息代码（起始码、停止码、地址码）与 16 单音频制后的合成多音信号。因此，控制码的组成帧也是数据帧。

起始码：起始码是相位参考帧之后的 2 帧，表明消息正文的开始。

停止码：消息正文结束后的 2 帧，表明消息正文的结束。

地址码：2 帧，表示控制站点名呼叫的前哨站的地址。在网络控制站呼叫的情况下直接跟在相位参考帧后面，在网络控制站报告时跟在停止码后面。

控制码主要控制 Link 11 链路运行，通过起始码标明数据开始、停止码标明数据结束、地址码指明下步哪个入网单元报告，来管理网络运行。

（4）消息数据。起始码与停止码之间是表示战术数据信息的消息数据，根据战术数据信息的内容，用可变的多个数据帧表示。

Link 11 的消息主要有两种类型：一种是数据消息，用于目标、态势信息和命令的传送；另一种是控制消息，用于网络校准和管理。这些消息比特根据战术需要填充到消息结构中的消息数据字段。

Link 11 采用 M 系列消息标准，由美军标 MIL-STD-6011 和北约标准 STANAG 5511 定义。M 系列消息是 Link 11 和 Link 11B 共用的。M 系列消息是面向位的。

4.3.5.5 系统配置、型谱

AN/USQ-125 是美国海军 Link 11 的数据终端设备（DTS），目前正在替代其他诸如 AN/USQ-36 和 AN/USQ-59 等老式的数据终端设备。AN/USQ-125 有两种配置：一种配置是带有 MX-512P/RC 遥控单元的 CP-2205（P）(V)/USQ-125 数据终端；另一种配置是带有运行 MXPCR 软件的个人计算机的 CP-2205（P）(V) 2/USQ-125 数据终端。个人计算机起着与遥控指示器相同的作用。AN/USQ-125 的标准接口配置如图 4-36 所示。

CP-2205（P）(V)/USQ-125 数据终端是一种紧凑型的先进数据终端，它安装在一个标准的 19 英寸设备架上，由处理器板、作战指挥系统接口板和电源三个基本组件构成。

处理器板进行信号调制/解调、错误检测和纠正，以及提供与无线电电台的接口。作战指挥系统接口板提供与作战指挥系统计算机的接口。与老式的 Link 11 数据终端一样，CP-2205（P）(V)/USQ-125 具有数据转换、数据错误检测和纠正、控制码产生和检测、同步、加密数据传输以及产生 Link 11 双向数据传输所需的计算机电平和电台控制信号等基本功能。除此之外，CP-2205（P）(V)/USQ-125 还增加了多音和单音波形工作方式、

增强链接质量分析（ELQA）、最佳频率选择（MUF）、多频链接以及在线和离线系统测试选择等新功能。

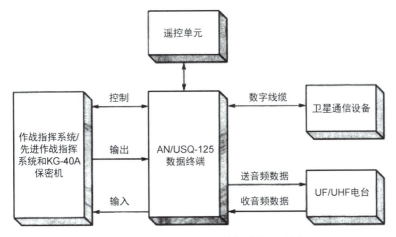

图 4-36 ┃ AN/USQ-125 的标准接口配置

AN/USQ-130 是另一个型号的数据终端设备（DTS），为 Link 11 系统提供所需的调制解调器和网络控制功能，或为 Link 22 网络的操作提供信号处理控制器（SPC）功能，如图 4-37 所示。[①]

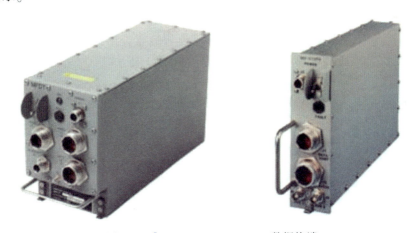

图 4-37 ┃ AN/USQ-130 Link 11 数据终端

AN/USQ-130 可用于 HF 或 UHF 无线电设备。包含先进的信号处理技术，可提供：
- 下一代软件定义调制解调器（SDM）体系结构。
- 为未来的 Link 22 进步增加了备用处理能力。
- 集成多用途可重构信道处理器卡。
- 减小尺寸、质量、功率和物流。

AN/USQ-130 满足北约改进型 Link 11（NILE）信号处理控制器系统规范对 HF 和 UHF 固定频率 SPC 操作的要求，并能够升级到最新的 HF 和 UHF 电子保护措施（EPM）波形以

---

① https://www.leonardodrs.com/media/5620/anusq130_datasheet.pdf

及 STANAG 4539 附录 E、F 和 G 中定义的 HF 固定频率波形。

AN/USQ-130 由 Leonardo DRS 公司设计、开发、生产和维护，已在全球 20 多个国家交付了 2000 多个系统。DRS 数据链系统目前应用于海岸支持设施、驱逐舰、护卫舰、潜艇以及固定翼和旋转翼飞机。

4.3.6 NILE/Link 22

4.3.6.1 概况

22 号战术数据链（Link 22 Tactical Data Link）又称为 TADIL-F 或北约改进型 Link 11（NATO Improved Link Eleven，NILE），是北约正在研发的可经中继系统进行超视距通信的保密、抗干扰的数据链，可在陆地、水面、水下、空中或空间各种平台间交换目标航迹信息，实时传递指挥控制命令与警报信息。

Link 22 的开发是为了提高对抗和通信传输能力，以便与 Link 16 互补和互操作，改进 Link 11 数据链系统。Link 22 数据链系统支持 Link 11 的战术功能，但在通信网络和通信传输体制上有较大变化，系统性能显著提高。参与 Link 22 开发的北约成员国是加拿大、法国、德国、意大利、西班牙、英国和美国。[①]

Link 22 混合了 Link 11 和 Link 16 的功能与特点，属于广义的 Link 16 系列。Link 22 采用由 Link 16 衍生出来的 F 序列报文标准（STANAG 5522）、TDMA 体系结构、特殊的通信介质和协议以及特殊的操作规程。配备 Link 22 的单元叫做 NILE 单元（NU）。NU 能够通过数据转发单元与配备其他战术数据链（如 Link 16）的单元交换战术数据。Link 22 能够在 UHF（225～400MHz）和 HF（3～30MHz）频段使用定频和跳频波形。使用 HF 频段，能够提供 300 海里的无缝覆盖；使用 UHF，覆盖范围仅限于视距；HF 和 UHF 都能够通过中继扩大覆盖范围。

在 Link 22 设计中，网络管理和超网管理得以简化，一个 Link 22 单元最多可同时操作 4 个网络，每一个网络都工作在不同的介质上，作为超网的一部分，任一网络的任一参与者都可互相通信，再加上向其他数据链的数据转发，在未来的网络中心战时代，Link 22 将承担重任，发挥重要作用。[②]

如图 4-38 所示是 Link 22 数据链的高层作战概念图。

4.3.6.2 发展现状

20 世纪 80 年代末，北约认为需要改善 Link 11 的性能，提出了一份任务需要声明，成为建立北约改进 Link 11（NILE）计划的基础。该计划在 NATO STANAG 5522 中指定了一种新的战术信息标准，以增强数据交换，并提供一种新的分层通信架构。这个新的数据链被指定为 Link 22。作战要求在 1990 年 3 月 9 日的《北约参谋需求》中定义。该系统、功能和性能要求在 1994 年 12 月 12 日的《北约基本需求文件》中规定。

NILE 的目标是取代老化的 Link 11 标准，补充 Link 16，提高盟军的互操作性，并提高任务性能。开发 Link 22 标准是为了克服早期数据链的弱点。这些弱点包括 Link 11 缺乏鲁棒性、易受干扰和低数据率。Link 16 的弱点包括短程和使用民用航空频率。

---

① 2018 The SPAWAR List: Programs, Projects, and Funded Work Efforts Associated with SPAWAR HQ and PEOs. 17 January 2018.

② 梁炎，陆建勋. Link22——北约国家的下一代战术数据链 [J]. 舰船电子工程，2006（01）：3-7.

图 4-38　Link 22 战术数据链 OV-1

Link 22 以与 Link 16 格式兼容的固定格式消息传输数据。与 Link 16 一样，通过使用 TDMA 协议与通信信道进行共享。Link 22 网络层的结构允许通过自动路由和中继机制进行任何类型和长度的数据传输。Link 22 还根据用户需求和可用性实现自动带宽重新分配。

NILE 计划于 1989 年开始。首先是定义阶段，确定 Link 22 的体系结构和系统方案；然后转入设计和开发阶段 1，制定 Link 22 数据链系统及其分系统的设计开发标准，有 STANAG 5522、STANAG 5616、AdatP-22 和 Link 22 系统特性等标准文件，以及 Link 22 参考系统规范；设计和开发阶段 2，由各国分别完成 Link 22 数据链终端模块及其他相关系统的研制，如美国 Logicon 公司研制系统网控器（SNC）和 NRS（2001 年完成），以及互操作测试系统（MLTT）（2002 年 3 月完成），美国 DSR 公司研制信号处理控制器（SPC）；最后是运行现场支持阶段，对不同国家在 Link 22 数据链系统生产、组装和集成过程中的进度及使用问题进行监督和协调。

按照最初的时间进度安排，NILE 计划最终的实施日期从 2002 年到 2009 年，但实际情况与预期目标有一定滞后。

Link 22 数据链系统由北约成员国使用，主要支持海上作战，它为战术指挥官提供可靠的、保密的、实时的战术图像，并且可提供一种方式，使指挥官能够对其他作战单元进行有效地指挥。可以预见 Link 22 将成为指挥官用于管理整个作战部队态势而使用的几种战术数据链之一，它将与其他数据链相连以形成总的战术信息分发结构。在 NILE 计划实施过程中，美军仅有海军打算使用 Link 22 数据链系统；英国、德国和意大利海军也有在航空母舰、驱逐舰和护卫舰上装备 Link 22 的计划。

NILE 合作国家已在数量有限的船只和岸上部署了 Link 22。Link 22 能力将作为增量 3 在下一代 C2P 中实施，开发工作已于 2013 财年开始，计划于 2019 财年完成初始作战能力。

NILE 计划的合作国家包括加拿大、法国、德国、意大利、荷兰、英国和美国在内的 7 个北约国家。Link 22 的集成、生产和实现由各个国家负责。美国海军 2004 年使用 Link 22 系统，然而最初使用 Link 22 的平台不足美军平台的 5%。海军计划在海面指挥控制平台上安装 Link 22，以满足战术数据交换的超视距通信需求。Link 16 和 Link 22 之间的转发功能以及 Link 22 功能都将融入到 C2P 中。其他美国部队可能在 Link 11 完全废除后采用 Link 22。皇家海军和德国海军正通过研制多链路处理器对当前的战术数据链系统进行修改，为将来扩展到 Link 22 作准备。意大利海军 2004 年实现 Link 22，系统安装在新航空母舰、"加里波底"号航空母舰、地平线级护卫舰、多用途护卫舰和驱逐舰上。①

4.3.6.3 系统功能与组成

Link 22 是一种可借由中继系统超视距通信的保密抗干扰战术数据通信系统，可在陆、海、空、水下、太空各平台间交换目标跟踪信息，实时传递指挥控制命令与告警信息。其主要战术功能有参与者定位与识别、监视、电子战（包括电子监视）、情报、任务管理、武器协同和管理、信息管理，以及系统信息交换和网络管理。

Link 22 数据链系统的战术功能在包含 Link 11 数据链系统功能的基础上进行了扩展，以适应新的作战需求，如扩展"监视"功能到水下监视、空间监视及地面监视，扩展"电子战"功能并增加"电子战控制和协调"，增加"威胁告警"功能，扩展"武器和控制"功能为"武器协同与管理"等。

虽然 Link 22 和 Link 16 都是 J 系列数据链，但它们具有不同的特点，从而相互补充。Link 16 数据链多用于空战场景中的战术信息视距传输，并依靠空中中继扩展通信距离；Link 22 数据链多用于对海/反潜作战场景中的战术信息视距传输，很少依靠空中中继，而是依靠 HF 远距通信或舰–舰中继扩展通信距离。不同的应用使 Link 22 和 Link 16 构成互补关系，在联合作战中各司其职，通过 C2P 完成 Link 22 和 Link 16 之间的消息转发。

关于 Link 22 的一个关键说明是，它的设计和构造是为了取代 Link 11 和补充 Link 16。具体来说，使用 Link 22 的关键增强是：②

- 不需要卫星的超视距（BLOS）通信，具有高频和特高频视距（LOS）。
- 对于 UHF 介质，有两种不同的传输模式：固定频率（Fixed Frequency，FF）或电子保护措施（EPM）模式下的跳频（Frequency Hopping）模式，它提供抗干扰功能。
- 各种波形，在弹性和吞吐量之间提供不同的折中方案，以适应各种传播条件。
- 使用超网中的 NILE 单元之间的自动中继，而不需要机载中继。
- 一个超网最多可以有 8 个网络和 125 个单元，一个超网中的每个网络都可以使用介质和传输模式的任何组合。
- 每个单元最多可以同时参与四个网络。
- 网络管理高度自动化，相对简单，包括动态带宽分配等功能。
- 不使用网络控制站（NCS），设计无单点故障。
- Link 22 消息是 J 系列系列的一部分（特别是 F 和 F/J 消息），Link 22 使用与 Link 16 相同的数据字典，因此与 Link 11 相比，翻译和转发相对容易。

---

① 王翔，白翔，潘莉丽. 北约 Link 22 系统消息传输策略研究［J］. 通信技术，2013，46（12）：34-37.
② NILE/Link 22 Customer Information Guide. San Diego, CA：NILE Project Management Office, November 2020. ［http://www.link22.org/uploads/7/9/3/2/7932022/20201001_nile_cig_v2.3.pdf］

- 通过使用与 Link 16 相同的数据字典来改进数据项的范围和粒度。
- 无节点时分多址接入（TDMA），无网络时间参考（NTR）。
- 用于拥塞管理的动态 TDMA（DTDMA）。
- 使用 LLC 7M COMSEC（通信安全）进行加密，它使用完整性和基于时间的加密。
- 速率：单个 UHF 网络 12666bps/单个 HF 网络 9600bps，两个 UHF 和两个 HF 网络 44532bps；范围超过 1000n mile。
- LNE（后期网络进入）功能。
- 寻址机制，即总广播、邻居广播、任务区域子网（MASN）、2~5 个单元的动态列表或点对点。
- 传输请求的优先级，以减少重要消息的拥塞延迟。
- 基于链路质量的自动重传输，以提供请求的消息接收概率。

Link 22 数据链的通信性能如表 4-6 所示。

表 4-6　Link 22 数据链性能

通信频段	组网方式	消息标准	通信性能
HF	TDMA/DTDMA	F/FJ 系列	通信距离：300n mile（单跳） 　　　　　1 000n mile（中继） 传输速率：1 493~4 053bps（定频） 　　　　　500~2 200bps（跳频） 调制：单载波串行调制　SSB 抗干扰：低速跳频 保密：现代加密技术 检错：CRC-16 纠错：RS 码/卷积编码
UHF			通信距离：200n mile（视距） 　　　　　300n mile（中继） 传输速率：12.667kbps（定频） 调制：QPSK、8PSK 抗干扰：高速跳频 保密：现代加密技术 检错：CRC-16 纠错：RS 码/卷积编码

1）工作频段与作用距离

Link 22 数据链工作在 HF 和 UHF 两个频段。在 HF 频段，频率范围是 2~30MHz，可提供超视距通信能力，最大通信距离为 300n mile（560km）。在 UHF 频段，频率范围是 225~400MHz，只能进行视距范围通信。Link 22 数据链平台单元在 HF 和 UHF 频段，都能够通过中继协议进一步扩展通信距离，采用舰载中继时，HF 频段的通信距离可扩展到 1000n mile，UHF 频段可扩展到 300n mile。

2）战术消息传输能力

相比于 Link 11 数据链 2400bps 的数据传输速率，Link 22 数据链极大提高了用户数据传输速率。一方面，HF 定频的信息传输速率保持 2400bps，UHF 定频的信息传输速率可达 12667bps。另一方面，装备 Link 22 数据链每一个用户单元可同时采用 HF 和 UHF 两个频段同时传输信息，一个用户最多能支持 4 个网络并行传输信息。

3）调制编码方式

Link 22 数据链采用单载波串行调制，3kHz 常规音频带宽，采用 QPSK/8PSK 调制方式，采用 CRC-16 检错编码和 RS 或卷积纠错编码，确保信息传输可靠性；并可根据所采用的调制方式和编码方式的不同组合，形成不同的信息传输波形。

4）组网方式

Link 22 数据链放弃了 Link 11 数据链双向连通的网络控制模式，使用 TDMA 组网体制构成分布式网状网络，抗毁性明显优于 Link 11 数据链的集中式星状网络。Link 22 数据链使用超网（SN）概念构造网络。超网可由一个或多个（最多 8 个）网络组成。当它拥有多个网络时，它的网络部件为超网的所有 NILE 单元（最多为 125 个）提供数据通道连接。超网配置使 Link 22 数据链可以形成多个任务子网，同时为多种作战任务交换信息，如防空作战、反潜战、对海作战、电子战以及战区弹道导弹防御等，而 Link 11 数据链的单一网络结构同时只能进行某类作战任务的信息交互。

5）消息格式

Link 22 数据链采用 STANAG 5522 定义的 F 和 FJ 系列报文格式。与 Link 11 数据链的 M 消息标准相比，在提高数据元素分辨率的同时，增加对陆地和友军位置/区域/身份的支持，具有统一的位置和敌方索引报告。表 4-7 列出了 Link 22 数据链与 Link 11 数据链消息特性比较。

表 4-7　Link 22 数据链和 Link 11 数据链的消息特性比较

消息内容 \ 数据链类型	Link 11 数据链	Link 22 数据链
单元地址	$(01)_8 \sim (76)_8$	$(00001)_8 \sim (77777)_8$
航迹号	$(0200)_8 \sim (7777)_8$	$(00200)_8 \sim (ZZ777)_8$
航迹质量	0~7	0~15
航迹标识	标识 原始标识扩展 标识扩展	标识 平台 特定类型 平台任务 国籍
状态信息	有限	详细
定位精度/m	457	10
空中速度精度/(km/h)	51	4
电子战	有限	详细

6）抗干扰措施

跳频技术，在每一个工作频段，都可采用固定频率或跳频工作方式。

提供被动电磁抗干扰自适应天线。

功率控制，用于防止可能的截获。

采用现代差错控制技术，根据信道质量选择编码形式，如 CRC-16 检错和 RS 或卷积纠错编码，提高信息传输可靠性。

增强网络鲁棒能力。

Link 22 数据链使用时间分集、频率分集和天线波瓣分集等多种方式，增强单元冗余能力。如一个终端可以不同频率在 4 个网络中并行收发相同信息，某个或某些网络被干扰造成中断时，剩余网络仍能保证信息的正常传输，接收单元根据判决准则选择最优。

4.3.6.4 系统结构

Link 22 系统架构如图 4-39 所示。Link 22 的设计使用分层通信堆栈方法来产生开放系统架构，组件之间具有定义良好的接口。Link 22 数据链的作战平台称为 NILE 单元（NILE Unit，NU），每个 NILE 单元的数据链设备主要是一个 NILE 通信设备（NILE Comunicatioins Equipment，NCE），图中的内部灰色框表示，包括以下功能模块：

- 系统网络控制器（System Network Controller，SNC）；
- 通信加密（Link Level COMSEC，LLC）；
- 信号处理控制器（Signal Process Controller，SPC）；
- 收发信机（Radio）。

Link 22 系统如图 4-39 中绿色外框所示，由 NCE 和数据链处理器（Data Link Processor，DLP）的 Link 22 部分组成。在 DLP 中，还包括 SNC 的接口，以及在数据链上发送和接收的战术消息的处理。DLP 与战术数据系统（TDS）相连或是其一部分，也称为 NILE 的主机系统，处理接收到的战术信息，并根据需要生成战术信息进行传输。NILE 系统的所有组成部分都是联合定义和设计的。SNC 和 LLC 子系统已经共同开发。其他 Link 22 子系统的开发由各国家或制造商负责。①

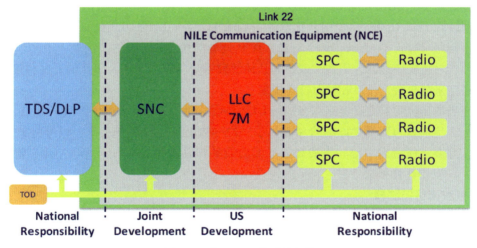

图 4-39 ｜ Link 22 的系统架构

Link 22 系统使用无线电链路将一组至多 125 个 NILE 单元连接成为一个超网（SN），并任命一个 NILE 单元作为超网管理单元（SNMU）。各个 NILE 单元能够在高频 HF（3~30MHz）或特高频 UHF（225~400MHz）波段以固定频率（FF）或电子保护措施（EPM）模式工作。一个 NILE 单元同时提供 4 对无线电收发信道，也是说，能够同时接入 4 个 NILE 网络。

---

① 孙义明，杨丽萍. 信息化战争中的战术数据链 [M]. 北京：北京邮电学院出版社，2005.

1. 数据链处理器

数据链处理器（DLP）是 Link 22 系统的实际接口部件。它支持网络应用层功能，包括产生和构造战术报文、数据翻译格式化处理和翻译语法选择。它还能与其他战术数据链接口，以便与它们进行链路数据转发。

DLP 连接到 NILE 单元（NU）的战术数据系统（TDS）或是其一部分。DLP 处理接收到的战术信息，并根据单元的国家要求生成战术信息进行传输。如果要将 Link 22 添加到现有的操作员界面或 TDS，则可以将 Link 22 TDS/DLP 功能合并到现有系统中；否则，将需要一个新的处理器来运行这些功能。然而，如果现有系统具有备用链路接口，则可以连接到现有备用接口。在这种情况下，需要购买从现有链路格式转换为 Link 22 的网关系统。

DLP 必须符合 STANAG 5522/ATDLP-5.22 或其子集，以及 DLP-SNC 接口设计描述。DLP 部件的开发和集成也是一项国家责任，是 Link 22 实施过程中最重要和最昂贵的工作。根据指定的要求，可以通过了解 DLP 开发成本随着 DLP 复杂性水平的增加而增加来最小化成本。应考虑以下因素：

- 单链路仅接收（或仅显示）DLP 是实现最简单的；
- 单链路全接收和有限发射（监视/PLI）DLP 也相对容易实现；
- 更广泛的具有指挥和控制能力的实现需要更加谨慎，在需求捕获、开发和实施过程中更加以网络为中心的视角；
- 多链路 DLP 比仅 Link 22 的实现更复杂；
- 双链路 Link 16/Link 22 DLP 比双链路 Link 11/Link 22 的 DLP 更易于实现；
- 多链路（Link 11/Link 16/Link 22）DLP 是最难开发和实施的；
- 随着对集成传感器、雷达、武器和其他舰载系统的需求增加，DLP 的开发和集成将变得越来越复杂、昂贵和针对特定国家；
- 充当数据转发器的双链路和多链路 DLP 必须符合 STANAG 5616/ATDLP-6.16。

此外，应向承包商提供详细的 STANAG 5522/ATDLP-5.22 实施要求，以避免实施问题。详细的实施要求应考虑平台的作战和战术能力及其与其他平台（如舰船、空军、潜艇和岸上站点）的互操作性要求。

2. 系统网络控制器

系统网络控制器（SNC）是 Link 22 系统的核心部件，提供通信传输层功能，包括：网络管理和监视、SPC 配置和网络协议。SNC 还支持报文投递服务，包括报文寻址、报文时间印戳、报文中继与路由、迟到网络或传输入口。当 SNC 发现网络出现拥塞时，它询问 DLP 是否可以丢弃一些已过时的报文，以便减缓网络的流量。

SNC 软件需要计算机处理器来执行代码。这通常是运行 Windows 或 Linux 操作系统的个人计算机（PC）类型的硬件。SNC 软件是用 Ada 95 编写的，只要操作系统有符合 Ada 95 的编译器，它就很容易移植到其他操作系统。Link 22 合作伙伴国家将仅接收适用于 Windows 和 Linux 的可执行软件（而非源代码）。计算机需要支持至少一个以太网连接，可能的配置包括带电源和 VME 处理器卡的 VME 背板机柜，或机架式工业 PC。诺斯罗普·格鲁曼公司研发的 SNC 软件能移植在 HP、SUN 和 INTEL 等标准硬件上运行。通用的 SNC 软件能增强各国 Link 22 系统的兼容性和互操作性。

SNC 版本设计为在次要版本号内向后兼容。例如，SNC v10.0 到 v10.2 可以在同一网络中使用，也可以与 DLP-SNC 接口的早期版本一起使用。其主要版本不向后兼容，例如，SNC v10.0 与 SNC v9.x 不向后兼容。

3. 链路层通信加密

LLC 7M 是 Link 22 系统通信安全（COMSEC）部件，仅通过美国的对外军售计划提供，最初于 2016 年 2 月获得认证。LLC 设备是由国家安全局（NSA）核准的高级加密安全设备，它使用以 24h 为基准的天时间（TOD）和用户地址进行加密处理，还对数据完整性进行核实。LLC 支持 SNC 与 4 个 SPC 的接口服务，支持至多 4 个 NILE 网络的并行操作。

LLC 7M 适用于舰船、潜艇、飞机和岸上站点，因为它是为了满足 MIL-STD-810G 中所述的机载平台更严格的环境要求（高度、冲击、振动、湿度等）而开发的。

尽管 LLC 7M 尚未正式认证用于飞机，但它适用于飞机安装。LLC 7M 的设计符合航空运输设备箱和机架的标准 ARINC 规范以及规定的安装系统。

4. 信号处理控制器

信号处理控制器（SPC）支持战术报文分割与组合、转发误码校正（FEC）、调制解调、无线电收发配置和链路质量反馈。高精度传输也与 TOD 的基准精度相关。

SPC 是 NILE 单元要在其上运行的每个网络/媒介所需的 COTS 设备。单个 SPC 可以配置为使用不同的媒介。SPC 硬件单元可能包含多个 SPC。目前，SPC 有两个制造商，它们支持 HF 和 UHF 固定频率（FF）介质以及 UHF 电子保护措施（EPM）介质。SPC 根据需要以不同的形式提供。

SPC 的射频（RF）和功率控制是可选的。SPC 可以嵌入一个或多个波形和一个或更多通道，具体取决于制造商。Link 22 介质类型包括：

- HF FF（根据 STANAG 4539）；
- UHF FF（根据 STANAG 4205）；
- HF EPM（根据 STANAG 4444）——目前未实现；
- UHF EPM（根据 STANAG 4372 附录 B）。

每个 SPC 还必须适合与 STANAG 4430 兼容的单向 TOD 输入，并在整个 Link 22 系统中保持一致。

5. 无线电收发信机

无线电收发信机是多个供应商提供的 COTS 设备。鉴于商用现货无线电具有广泛的可用能力，选择应基于用户的性能要求和 Link 22 能力。

无线电收发设备支持网络单元实现无线电链路连结。慢跳频无线电波支持高频跳频的传输安全；快跳频 SATURN（The Second Generation Antijam Tactical UHF Radio for NATO，北约第二代抗干扰战术 UHF 无线电）无线电波支持特高频跳频的传输安全。自适应阵列天线设备支持 EPM，也有效抑制电磁干扰和射频干扰，还减少无线波瓣的不规则效应。Link 22 系统在 HF 波段提供 300n mile 的通信覆盖域，在 UHF 波段为 200n mile。Link 22 中继设备能将中继数据分别扩展至 1000n mile 和 300n mile。

中继设备单元把接收的中继数据在其指定的中继时隙重新发射。中继策略必须在网络链路部署前确定，包括：指定中继单元、给它们分配足够的能力、确定是否能自动选择中继单元。中继操作既可在一个 NILE 网络内进行，也可在多个 NILE 网络间进行。[①]

现有的 HF Link 11 无线电符合 HF 固定频率 Link 22 波形 1~6（波形 7~18 必须在部署前进行验证）；一些现有的 UHF Link 11 无线电可以重新用于 UHF 固定频率 Link 22 波形。EPM 波形的实现需要支持此功能的无线电设备。

4.3.6.5　F/FJ 系列消息

Link 22 以固定格式消息传输战术数据，并使用与 Link 16 相同的数据元素定义，采用新定义的 STANG 5522 消息标准。这提供了两个战术数据链之间的标准化。Link 22 消息称为 F 系列消息，是 J 系列消息的一部分。F 系列包含两种类型的消息：F 消息和 FJ 消息。F 消息是 Link 16 消息或 Link 16 中不存在的消息的更紧凑版本。FJ 消息将 Link 16 J 系列消息封装在 Link 22 消息中，使 Link 16 战术信息能够在 Link 22 内不经修改地传输。

数据链处理器（DLP）通过传输服务请求（TSR）请求传输 Link 22 战术消息。每个传输请求都使用一个唯一的标识符并定义所需的 QoS。DLP 根据战术数据和 STANAG 5522 标准规定的传输要求创建 Link 22 战术消息。或者，战术消息可以由 TDS 创建，然后传递给 DLP。然而，DLP 是负责将所有 Link 22 战术消息传递给 NCE 的组件。同样，DLP 是 NCE 接收的所有战术消息的目的地。DLP 可以对接收到的战术消息执行有限的处理，或者可以简单地将它们传递给 TDS 进行处理。如上所述，每个消息都可以用不同的 QoS 来定义。

DLP 执行其他战术功能，如航迹管理、关联、报告责任、冲突解决、数据过滤和数据转发。这些职能属于国家责任，可由 DLP 或 TDS 履行。DLP 可以执行最小的战术信息处理，也可以是一个完整的多链路 C2 系统。

战术信息由 1~8 个战术消息字（TMW）组成。每个 TMW 的长度为 72 比特。消息字分为初始字、扩展字和连续字。Link 22 数据链的一条消息最多包含 8 个消息字。

Link 22 系统使用基于 TADIL-J 的报文格式。它的作战数据报文包括 PU 定位与识别、监视、电子战、情报、武器控制、参与单元任务管理与状态。信息管理报文包括航迹管理、更新请求、相关、指针、航迹识别、滤波、关联和相关变化。武器协调和管理报文包括指挥命令、交战状态、越区切换、控制单元、配对与状态。每个战术报文附带一个生存时间参量，陈旧过时的报文将不再被中继转发。除此之外，Link 22 还包含一组网络管理报文。

尽管 F 序列报文与 J 序列报文都使用相同数据元和测地坐标系统元，但是使用 FJ 序列报文更加便利，因为它简化了两数据链间的数据转发作业。DLP 承担 Link 22 与 Link 16 的报文翻译转换工作，但是它仍需要适当的低层处理和用无线设备收发 Link 16 报文。它对 Link 11 报文的处理也很相似，除了报文翻译作业更复杂外，还可能成为难题，因为它们的表示层量化度不同。包含这些处理设备和翻译能力的终端被称为转发单元。STANAG 5616 包含 Link 22 与 Link 11 和 Link 16 的数据转送和报文翻译规则。终端传送的报文具有多种地址类型，包括点对点、射频邻居传送、（传送给所有上级网络单元的）全体传送、任务区域子网（MASN）、单元动态表列。MASN 是一组网络功能逻辑群，类似于 Link 16 NPG。它是为执行一个特定任务而集成的一群单元。报文传输以 DLP 向 SNC 发送 TSR 为起点。TSR 包含描述传输请求参数。按传输优先权，它被放进 4 个不同优先权的队列。只有更高优先权的 TSR 被服务后，才轮到对它服务。

[①] 王翔，白翔，潘莉丽. 北约 Link 22 系统消息传输策略研究 [J]. 通信技术，2013，46（12）：34-37.

4.3.6.6 相比 Link 11 的性能改进

基于 20 世纪 50 年代的通信技术和作战应用而开发的 Link 11 数据链系统，在现代战争联合作战和对抗环境下存在诸多不足，如：

(1) 没有抗干扰设计，在现代对抗环境中的性能明显受限。

(2) 信息传输速率较低，使战术信息容量不足，无法实时分发大量航迹信息以及其他战术信息，也限制了参战单元数量。

(3) 在消息标准中，消息元素精度和消息种类有限，无法支持精确打击目标的要求。

(4) 网络结构单一，无法实现超视距的信息传输和灵活的组网。

Link 22 数据链在 Link 11 基础上进行了性能改进，不论在参与单元数量、跟踪航迹数量与精度方面，还是在抗干扰能力、系统报警或反应时间等方面，都有显著提升。主要性能改进如下。

(1) 波形设计具有电子防护能力。Link 11 数据链有一定的安全保密能力，但抗干扰以及抗截获能力差。Link 22 数据链一方面采用现代加密技术提高传输波形的安全性，另一方面采用跳频技术和自适应天线技术使传输波形抗干扰，同时采用功率控制技术使传输波形低截获。

(2) 提高战术信息传输能力。一方面，通过采用 QPSK/8PSK 调制以及 RS 编码等技术，Link 22 数据链的信息传输速率 HF 定频可达 4053bps，UHF 定频可达 12667bps，比 Link 11 数据链 1800bps 增加。另一方面，每个 Link 22 数据链终端最多可支持 4 个网络，典型配置是 3 个 HF 定频网络与 1 个 UHF 定频网络，可选配置是 2 个 HF 定频网络与 2 个 UHF 定频网络。通过多网并行，整个网络的信息传输能力进一步提高。典型配置能够提供达 24826bps 的总传输速率，可选配置能够提供达 33440bps 的总传输速率。

(3) 提高信息传输可靠性。Link 22 使用现代差错控制技术，并根据信道质量选择编码形式，如 CRC-16 检错和 RS/卷积纠错编码，确保信息可靠传输。

(4) 改进组网体制，增加网络规模。Link 11 数据链的轮询组网体制虽然简单，但限制了一定轮询周期内的网络规模，在保证信息传输实时性的条件下，参战单元数量少（小于 20），不支持联合作战。Link 22 数据链一方面通过提高信息传输速率使系统支持更多的参战单元，另一方面主要通过采用更优的 TDMA 组网体制，大幅提升单网的网络规模，并通过超网配置扩展网络规模，最多支持 125 个参战单元。

(5) 增加多任务信息传输能力。超网配置使 Link 22 数据链可以形成多个任务子网，同时为多种作战任务交换消息，如防空作战、反潜战、对海作战、电子战以及战区弹道导弹防御等，而 Link 11 数据链的单一网络同时只能进行某类作战任务的信息交互。

(6) 增加中继通信能力，扩大通信距离。Link 22 数据链的 HF 频段的单跳通信距离达 300n mile，UHF 频段的视距通信距离达 200n mile，与 Link 11 数据链基本相同。但 Link 22 数据链通过超网配置，可以构成多跳的网络结构，以中继方式扩大战场通信距离，HF 频段中继通信距离达 1000n mile，UHF 频段中继通信距离达 300n mile。

(7) 提高网络鲁棒性。一方面，TDMA 组网体制使 Link 22 数据链构成分布式网状网络，抗毁性明显高于 Link 11 数据链的集中式星状网络。另一方面，Link 22 数据链通过时间分集、频率分集以及空间分集等多种方式，给每个参战单元提供冗余。如一个 Link 22 终端以不同频率在 4 个网络中并行收发相同信息，某个或某些网络被干扰造成中断时，剩余网络仍能保证信息的正常传输；接收单元根据判决准则选择最优。

（8）提高网络灵活性。Link 22 数据链通过动态时隙分配优化时隙使用，具有高度的灵活性。同时，通过自动网络管理，支持快速链路接入、优先中断、自动迟入网和不同信息寻址选择等。

（9）改进消息标准。Link 22 数据链的 F/FJ 消息标准由 Link 16 的 J 系列消息标准衍生，采用了与 Link 16 相同的数据元素和测量坐标系，避免额外的格式转换，确保多链的互操作性。与 Link 11 数据链的 M 消息标准相比，在提高数据元素粒度的同时，增加对陆地和友军位置/区域/身份轨迹的支持，具有统一的位置和敌方索引报告。①

如表 4-8 所示是 Link 22 与 Link 11 数据链的性能对比。

表 4-8 Link 22 与 Link 11 的性能对比

Link 11	Link 22
点名（Roll Call）传输分配。由于参与单位（PU）和航迹数量增加，净循环时间增加。大访问延迟	使用 TDMA 提供对网络的确定性访问。消息的优先级可确保最重要的消息在不重要的消息之前传输
无法传送紧急信息	TDMA 结构中优先级注入时隙的使用，可用于最小化紧急信息传输的延迟
参加数量有限（62）	更多单位（125）
基于单个平台范围的限制性"博弈区域"，更重要的是，基于其与数据链参考点（DLRP）的距离，基于其报告位置和航迹的方法。这些因素限制了 Link 11 在扩展责任范围内的使用，也阻止了极地作业	使用全球大地测量系统（WGS-84），与 Link 16 相同，因此没有限制。每个 NILE 单元可以在多达 4 个网络上同时运行；超网可以由多达 8 个网络组成。这种灵活性极大地增加了博弈区域
所有单元必须与网络控制站进行射频连接，这再次限制了操作区域	路由和中继协议的使用大大增加了博弈区域，甚至在使用视距 UHF 时也是如此
由于系统安全性的弱点，相对容易进行欺骗	由于基于时间的加密等特性，欺骗更难，任何欺骗尝试都更容易检测
相对容易干扰单个 HF 或 UHF 固定频率网络	单个 HF 或 UHF 固定频率网络仍然可能被干扰，但是对于多个网络，更难同时干扰所有网络。跳频媒介的使用使得干扰变得更加困难
加密级别不足以满足现代计算机的处理能力	使用与 Link 16 相同的加密芯片。加密技术正在更新以满足未来需求
失去网络控制站将导致网络崩溃	不使用网络控制站。设计无单点故障
Link 11 的 M 系列消息的准确性不足以实现现代目标	使用与 Link 16 相同的数据字典，以改进的范围和粒度设计数据项
可用波形限制了恶劣射频条件下的通信（如极地地区）	各种更稳健的波形。在恶劣条件下，可以使用强大的编码来维持通信，而牺牲吞吐量
M 系列消息难以翻译，使得链路之间的数据转发变得复杂	Link 22 是 J 系列消息的一部分，使用与 Link 16 相同的数据字典，因此与 Link 11 相比，翻译和转发相对容易
有限带宽（快速 1800bps，慢速 1090bps）	可用带宽范围取决于编码和介质，例如固定频率： HF 1493~4053bps UHF 12666bps

---

① 吕娜. 数据链理论与系统 [M]. 2 版. 北京：电子工业出版社，2018.

4.3.6.7 技术特点

1. Link 22 超网

可运行的 Link 22 系统称为 Link 22 超网（Super Network）。在其最简单的形式中，Link 22 超网仅由两个单元组成，它们在一个 NILE 网络中相互通信。最复杂的 Link 22 超网将由最多数量的单元（125）和 8 个 NILE 网络组成。参与 Link 22 超网的单位最多可以是 4 个 NILE 网络的成员。图 4-40 显示了一个更复杂的超网。①

超网允许使用不同介质的单元之间进行无缝通信，以满足当前介质传播条件下的作战要求。在超网中，任何 NILE 单元都可以与所有其他 NILE 单元通信，而不考虑它们所参与的 NILE 网络，从而扩展了战区。当单元重发送消息以扩展覆盖时，这称为中继，这是 Link 22 的自动功能。

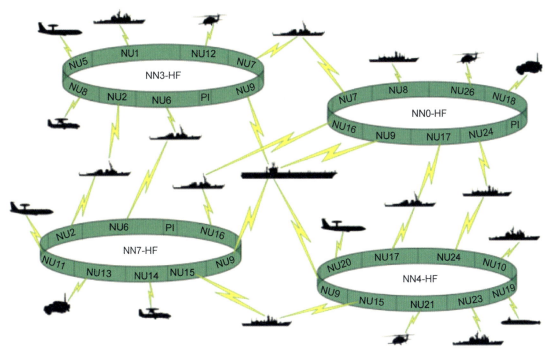

图 4-40　复杂的超网

2. 自动中继（图 4-41）

超出介质本身能力的覆盖范围是由消息的自动中继和自动适应变化的能力提供的，无须操作员的干预。这样就不需要专用的空中转发平台和转发间隙的规划和管理。一个单元将在必要时自动重发送接收到的消息，以确保该消息被其收件人接收到。SNC 根据其对单元间连接的了解计算是否有必要转发。一个单元进行转发的能力可能会受到其继电器设置的影响。此设置的默认值是自动中继，但该装置可以无法执行转发或指定为首选中继器。中继将按每个消息执行。因为消息只有在必要时才会重新传输，所以这减少了带宽的使用。

---

① Link 22 Guidebook Overview, Fourth Edition for the NILE Project Management Office. Northrop Grumman Systems Corporation, July 2013.［Link_22_Guidebook_Overview-July-2013.pdf］

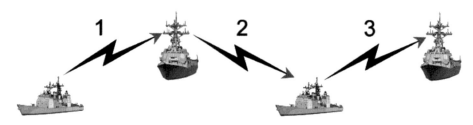

图 4-41 自动中继

3. 强波形和纠错功能

Link 22 比 Link 11 具有更好的战术数据吞吐量,并且它甚至可以在 Link 11 无法工作的情况下工作。当条件不好时,Link 22 可以使用更好的介质参数并保持通信,尽管数据速率比通常更低。当条件良好时,Link 22 可以优化介质参数,以最大化其数据吞吐量。例如,特定的介质参数被设计为在高纬度地区运行,这是一些最坏的情况,而 Link 11 很少运行。

4. 分布式协议-无单点故障

Link 22 使用分布式协议,因此它没有单点故障(即单个单元的丢失不会导致整个网络的丢失)。有些单位执行特定的管理角色,但系统将继续运行。每个执行特殊角色的单元都需要指定一个备用单元,它在发生故障时可以自动接管该角色。Link 22 具有自动化的网络管理功能,最少只需要操作员的交互。这些功能可由网络管理消息的传输来控制。每个单元都可以定义是否自动响应,以及是否自动执行每个网络管理功能。

5. 自动拥塞管理(图 4-42)

在战术层面,当单位拥塞时,可以减少因为提供的拥塞信息而产生的本地流量。此外,Link 22 还以多种不同的方式实现拥塞管理自动化。消息的路由考虑到了拥塞,并将使用替代路径来路由消息,以减少拥塞。Link 22 具有一个动态 TDMA 协议,当在 NILE 网络上启用时,它允许拥塞的单元在永久或临时的基础上自动请求和接收额外的容量(从而修改 TDMA 结构)。如果动态 TDMA 没有达到预期的结果,则管理 NILE 网络的单元可以改变网络的配置来重新分配可用容量,或者更改正在使用的介质参数,以试图增加网络容量。作为最后的手段,一个单位可以与操作员交互,以决定在接收到和排队等待中继的战术消息中,哪一个可以被删除。单元拥塞有两个来源,即要传输的 DLP 请求的消息和必须从其他单元中继的消息,以确保其收件人接收到的消息。DLP 可以完全控制其请求传输的消息。DLP 可以删除选定的请求,以减少拥塞,并可以降低传输请求的速率。正在传送的战术信息通常不受 DLP 的控制。但是,在高拥塞的情况下,可以通知 DLP 中继消息,并决定是否要删除任何消息。最后一种方法减少了拥堵,但它也会影响消息的传递。此决策过程称为中继流控制。

6. 时分多址(TDMA,图 4-43)

消息传输模式:

(1)单网消息传输:在 Link 22 网络中,对于单网,NU 间消息传输模式有点对点、点对多点以及广播。其中点对点和广播与 Link 11 网络相同,点对多点模式用于 NU 向预先确定的 MASN 和特殊的 NU 群同时发送消息。每个 MASN 和特殊 NU 群统一分配一个地址。单网传输中不需要路由选择。

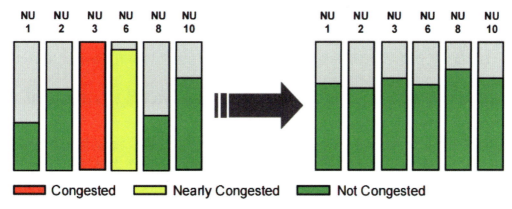

图 4-42 自动拥塞管理

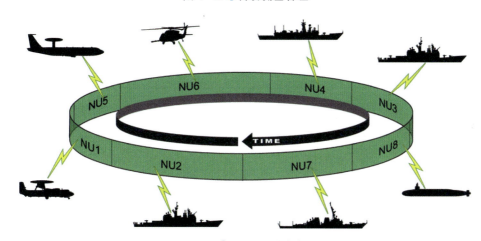

图 4-43 Link 22 时分多址

（2）超网消息传输：对于超网，网络间的消息传输模式有中继和泛洪。其中，中继与 Link 16 网络中继相同，接收消息的 NU 地址明确。而泛洪是在超网连通性不确定情况下的网间消息传输过程，向超网中的所有 NU 中继转发消息。超网传输需要路由选择。NU 存储 NU 间的链路质量，并自动连续更新。基于此信息，选择路由确保消息以可靠概率和最小负荷到达接收端。

（3）多链路信息交互：针对 Link 22 数据链系统与 Link 16、Link 11 以及其他数据链系统在战场中同时使用的情况，Link 22 采用数据转发技术实现不同数据链系统间的信息交换。数据转发技术需要 DLP（或 C2P）具有综合处理 M 系列、J 系列、F/FJ 系列等全系列消息标准的能力：解析 A 数据链接收的 Am 系列格式化消息，转换生成 B 数据链发送的 Bm 系列格式化消息。

7. 服务质量（QoS）

Link 22 提供在 TSR 中指定的许多 QoS 特性。这些特性可以有效地利用可用资源。QoS 特性包括以下内容：

（1）优先：Link 22 提供 4 个优先级（1~4），其中优先级 1 最高，优先级 4 最低。优先级 1 请求还可以利用优先级注入指示符标志，该标志具有通过将请求移动到优先级 1 队列的顶部来提高优先级的效果，并且如果可用的话，有资格在优先级注入时隙中进行早期附加传输。在打包以最高优先级、最早的 TSR 顺序在时隙中传输时考虑 TSR。

根据作战任务，Link 22 数据链给 F/FJ 系列消息设定优先等级 k，共分 4 级，$k=1$，2，3，4。k 取值由低到高，消息优先级逐级降低。如 FJ13.5 威胁告警消息的优先级 $k=1$，优先级最高；FJ13.0 机场状态消息的优先级 $k=4$，优先级最低。

当某 NU 有多条消息等待发送时，NILE 通信设备将根据消息优先级选择待传输消息。消息的优先级越高，等待发送的时间越短，即实时性越高。

如果优先级 k_i 的消息等待发送时间超过规定等待时间 T，则该消息的优先级提高 1 级，直至提高到最高优先级。如果仍一直无法发送，则删除该消息不再发送。

（2）可靠性：接收消息的目的地单元所需的可靠性包含在要发送的每个战术消息中。提供了三个级别的可靠性：标准可靠性有 80% 的接收概率，高可靠性有 90% 的接收概率，还有一个有保证的传送协议。所请求的接收概率用于计算重复传输的次数。可靠性协议消除了 DLP 对冗余传输的需要。保证传递协议根据接收到的确认最小化传输的重复。

（3）数据发起人标识：TSR 中提供了要传输的数据的发起者。Link 22 系统确保该数据发起方标识与数据一起传送，以便接收它的任何单元知道哪个单元发起了数据，而不管它通过的系统路由。

（4）易逝性：系统提供了 4 个级别的消息易逝性，TSR 指定了哪个级别适用于要传输的数据。易逝性允许在数据不再相关之前定义数据的年龄，并且 Link 22 系统确保已经易逝的数据不会被传输。

（5）指示器标志：有两个指示标志。优先级注入指示符标志用于在优先级注入时隙中注入优先级 1 消息，该时隙是未分配给任何特定单元的时隙；当设备处于无线电静音状态时，无线电静音超控指示灯标志允许发送消息。

（6）寻址：提供两种不同的寻址服务，有确认和无确认，通常可以同时使用。对于这两种服务，有五种类型的寻址可用：①Totalcast，即所有 Link 22 单元；②Neighborcast，即 NILE 单元运行的每个 NILE 网络上的所有射频（RF）附近；③任务区子网（MASN），即先前定义的一组逻辑单元；④动态列表，即请求中指定的 2~5 个单元的列表；⑤点对点，即请求中指定的单个单元。

4.3.6.8 采办动态

2010 年 12 月 10 日，北约成员国海军开始新的 Link 22 战术通信装备的测试。意大利和法国海军的舰船在 2010 年年底使用 Link 22 装备在海上试验新的通信网络。

2017 年，美国海军与雷声公司签订了一项 3200 万美元的生产合同，用于生产 Link 22 数据链的新一代加密装置。这些加密装置将与系统网络控制器相配合，成为替代北约现有战术数据链的新型 Link 22 数据链核心设备。[①]

2020 年 11 月 6 日消息，德国亨索尔特（Hensoldt）公司旗下的法国电子 Nexeya 公司将北约 Link 22 战术数据链集成到其嵌入式海军监视和防御战斗管理系统 LYNCEA 中，可以使用机载传感器与其他平台共享和监视战术画面，如雷达、光电设备、声呐、电子战、船舶自动识别系统（AIS）、空管的自动相关监视系统（ADS-B）、北约或非北约数据链。北约 Link 22 战术数据链旨在提供与盟军的互操作性，可与所有海面、水下、机载、陆地和太空平台

---

① https://www.fx361.com/page/2017/1205/2529273.shtml

交换战术数据。Link 22 还提供对电子战域、指挥控制（C2）命令和自由文本的访问，其最大优势是实现超视距通信。LYNCEA 采用模块化架构设计，可适应所有船舶类型。

4.4 后勤保障 NOBLE FoS

海军和海军陆战队作战部队需要一套全面的维修、供应和人事管理能力，以生成和维持作战人员的战备状态。为了应对操作当前系统的挑战，海军希望重组当前的作战舰队供应系统计划，其中最大的一个计划为海军战术指挥支持系统（NTCSS），NTCSS 为所有舰艇、潜艇、航空中队、远征部队和其他岸上作战基地提供这些信息。

NTCSS 是一个 ACAT I 采办计划，用于管理舰艇、航空中队和中期维护活动（海上和岸上）的后勤指挥和控制支持信息系统。其目的是使用增量方法实现 NTCSS 的现代化（图 4-44）。第一个增量使作战供应系统现代化并整合到 NOSS 中，第二个增量使 NAMS 现代化，第三个增量使 NOME 现代化。

然而，NTCSS 已经不能满足舰队的作战理念，海军作战业务后勤体系（Naval Operational Business Logistics Enterprise，NOBLE）是 NTCSS 的后续替代。NOBLE 系列项目包括海军作战供应系统（NOSS）、海军航空系统维修系统（NAMS）和海军作战维修环境（NOME）。这些系统将一起使用开放式架构提供所需的能力，该框架包含业务流程重组，允许整合 23 个以上独立应用程序系统。这些能力包括增强态势感知、规划、执行以及维修、供应物流和业务功能的管理，用户超过 15 万。NOBLE 系列项目满足当前和新兴的网络、财务改进和审计准备的需求，以及海军后勤和海上维修任务要求。NOBLE 部署在岸上海军企业数据中心、海上 CANES 和海军部商业云计算环境。

图 4-44 未来的 NTCSS

海军作战供应系统（NOSS）：为海军作战部队提供单一的端到端可审计财务和供应链管理能力。NOSS 为海军供应系统提供企业范围的供应、库存和财务功能自动化。NOSS 整合了商业最佳实践（如亚马逊、沃尔玛、UPS、联邦快递 FedEx 等），使用商业智能技术聚合和分析物流数据，提供总资产可视化，优化战术层级（战场级）和企业支持活动的业务流程，加速订购/重新订购流程，并允许监控发货，以实现后勤和战备性能需求的历史和预测的通用作战图像。NOSS 保持遵守财务改进和审计准备（FIAR）的法定、法规和政策要求。

海军航空维修系统（NAMS）：为海军作战部队提供单一企业范围的航空维护、修理和大修（Maintenance，Repair，and Overhaul）能力。NAMS维修为超过2100架海军和海军陆战队飞机的各级航空维修（舰员级、中继级和基地级）提供服务，确定和指派航空工匠，并跟踪所有级别的航空维修直至完成。

海军作战维修环境（NOME）：为所有海军舰艇提供海上维修活动的标准化运营业务流程。NOME提供端到端组件跟踪，通过识别和指派技工维修船上设备来减少管理时间，支持将主要维修工作转移到岸上，并支持利用武器系统中的嵌入式传感器触发维修行动通知。

2019—2021财年，NOBLE专注于改善物资和岸上准备状态、用户体验和数据准确性，降低故障率，缩短维修和再补给时间，提供可负担的持续性保障，简化和加快决策制定，以及通过简单直观的用户体验实现数字化培训和协作。

2020年3月，Palantir技术公司获得美国海军的合同，以支持NOBLE系统簇的后续生产工作。根据这份合同，Palantir提供其商业软件作为NOBLE的集成数据环境（IDE）——为数据摄取、集成、管理和分析功能提供开放式架构，为海军陆基供应和作战维修提供服务地点并部署于海上平台。该公司表示，IDE继续与包含NOBLE基础设施的其他POR互操作，包括海军作战供应系统、海军航空维修系统和海军作战维修环境。通过提供现代IDE来支持NOBLE，Palantir帮助海军现代化和简化其当前的传统架构和系统，其中最大的是NTCSS。

在NOBLE下，Palantir与其他解决方案合作，以促进从传统架构的分阶段过渡，该架构由来自700多个不同应用程序和数据库的数据和功能组成。NOBLE提供更现代、灵活和开放的"面向数据的架构"（DaaS），包括使用政府认证的商业云基础设施，以适应海军的新兴需求、更广泛的商业市场趋势和最佳实践。①

4.4.1 海军作战供应系统（NOSS）

4.4.1.1 概况

海军作战供应系统（Navy Operational Supply System，NOSS）是NTCSS相关供应（R-Supply）的后续替代，它提供了企业级和战场级的能力，以实现财务上负责的补给行动。这一概念包括所有商品和社区的物资和财产的规划、采购和实物/财务问责。NOSS通过在企业级和战场级环境之间使用异步、双向数据传输，提供了企业范围的供应、库存和财务功能自动化。NOSS有助于持续的业务流程重组，并符合法律、法规和政策要求，通过采用可互操作的面向服务架构的企业支持活动，进一步优化了战术梯队的业务实践。它在商业智能框架内聚合和分析操作数据，以实现后勤和准备性能需求的历史。

NOSS是一种端到端的供应链管理解决方案，支持海军作战部队，包括海事、航空、远征和海岸支援部队。NOSS在全球范围内部署到大约150000个用户，包括700个水面、潜艇、远征、航空和海岸支援活动。作为一项现代化工作，NOSS旨在取代遗留应用程序和系统，提供用于整个企业的标准化和可扩展解决方案，并将所有功能整合到一个集成解决方案中。它包括所有物资的供应、财务和财产管理能力。NOSS将成为国防部第一个与物资无关的供应链管理解决方案。

---

① Palantir Awarded Contract to Support U.S. Navy NOBLE System. Business Wire，March 5，2020. ［https://www.businesswire.com/news/home/20200305005915/en/Palantir-Awarded-Contract-to-Support-U.S.-Navy-NOBLE-System］

传统上，国防部服务依赖于其供应链中的多个系统，由一个或多个系统管理单个商品。NOSS 通过一个全球联合系统管理和支持美国海军的所有商品类型。这些商品包括弹药、零件和可修理物品、医疗用品、石油、油和润滑油、食品和食品制备、危险物资、零售以及海军支持其关键任务操作所需的所有其他物品。

4.4.1.2 发展现状

美国海军目前运营着一支拥有近 300 艘舰艇的战斗部队，每艘舰艇都需要进行船员的护理和补给、舰艇的维修、海上作战。为了保障这些舰艇和船员，海军需要在世界各地建立数百个海岸基地。海军作战所需物资的采购、分配和核算是支持舰队作战效能的关键功能。

海军目前使用 16 个核心系统来帮助它管理海上供应操作，如表 4-9 所示。其中一些不再由商业供应商支持，或拥有政府所有权。许多都由海军的不同部分拥有和运营。例如，每种商品类型，如食品、弹药、医疗、零售和其他商品，都有自己的系统。其中一些系统只支持供应管理，而其他一些系统，如国防财产审计系统（DPAS），有一个供应组件，但主要支持其他功能如财政。海军想要现代化和巩固的是这 16 个系统的供应部分。

表 4-9 目前支持低负荷供应功能的核心系统

系统或应用程序	系统简要描述
相关供应（R-SUPPLY）	负责舰队作战部队的供应、库存和财务管理的信息管理系统
相关行政数据管理（R-ADM）	处理人力管理功能的信息管理系统，如人事资格、值班账单、车站分配、救生艇、奖励等
弹药信息系统	管理弹药供应的管理系统
SNAP 自动化医疗系统	医疗设备供应的管理
远征军装备包套件（E-PUK）	提供执行分离和部署的远征请求的能力的应用程序
航空库存管理系统（AIMS）	管理航空库存的管理系统
食品服务管理（FSM）	一个提供菜单、食谱、食品准备、库存管理、采购和财务报告的自动化信息系统
零售运营管理（ROM）	为海军舰船仓库人员提供一种手段，以保持商品责任、跟踪销售、确定盈利能力、并有效地管理零售业务
条形码供应（BCS）	与 R-SUPPLY 的接口，以扩展能力
集成条形码系统 ONE（IBS-ONE）	基于工作站的应用程序，允许使用条形码扫描器进行数据采集和标签打印，以实现自动供应功能
持续监测程序（CMP）	一种基于 Web 的相关数据库系统，为类型命令（TYCOM）和船上用户提供后勤和财务支持
财务审计合规性增强工具（FACET）	系统的设计和配置，以协助处理和归档与供应相关的文件
Windows 危险库存控制系统（HICSWIN）	在美国海军军舰上使用的危险库存控制系统
潜艇危险物质清单和管理系统（SHIMS）	帮助管理和控制潜艇上危险品的系统
国防财产审计系统（DPAS）	DPAS 美国国防部物业管理系统
舰队成像系统（FIMS）	IBS-ONE 模块和负责供应链文件自动化管理的应用程序部分

为了解决这些能力差距，海军要求兰德研究团队帮助进行 NOSS 的替代方案分析，以便在 2017 年 1~6 月的 6 个月内评估 4 个拟定备选领域的有效性、成本和风险。2016 年 12 月，

海军发布了一份信息请求书（RFI），以帮助了解商业技术如何满足 NOSS 的要求。RFI 总共收到了 30 个回复，大多数回应来自商业供应商，但也有一些来自政府项目办公室。在某些情况下，政府项目办公室让他们目前的信息系统承包商帮助应对 RFI。[①]

在 2016 年的《保持海上优势的设计》中，海军作战部长列出了"三大日益使用、越来越有压力、越来越重要、竞争日益激烈的全球力量：海上系统中发挥作用的力量、信息系统的力量和技术进入环境的力量"，他还强调了第四支力量"国防和海军预算的持续压力"。这些部队和确保遵守财务改进和审计准备（FIAR）要求的加强审查促使海军计划和设计一个 21 世纪信息技术解决方案，提供企业级和战场级的能力，以财务负责的方式进行供应操作。

海军作战部队此前使用过时的遗留系统和架构，网络脆弱、本地化、刚性、不安全、不可审计、安装和维修成本高、战士使用的功能效率低下、包含重叠和差距，不与联邦、国防部和海军 IT 战略一致。例如，R-Supply 是海军战术指挥支持系统的一部分，是该系统的主要组成部分，专注于备件和一般库存的物流、财务和库存管理。其他的专门系统用于管理弹药、危险物资、食品服务、零售业务和医疗商店。在这些系统和应用程序中，大多数都是针对单一商品、社区、财务会计、物资类型等，不支持企业概念。这迫使使用多个系统来组合一个后勤战备图像。这种方法效率低效、耗时、浪费资源。

4.4.1.3 系统功能与组成

NOSS 由 SPAWAR 根据美国舰队兵力（USFF）的需求开发，取代传统系统并提供企业级和战场级的供应、库存和财务职能自动化。NOSS 也成为总账的一个财务供料系统。它使持续的业务流程重新设计，符合法定、法规和政策要求和 FIAR 要求。它利用可互操作的面向服务架构，优化战术层级（战场级）和企业支持活动中的业务流程。NOSS 在商业智能框架中汇总和分析运营数据，以便为后勤和战备性能需求提供过去和预测的通用作战图像。NOSS 架构如图 4-45 所示。

例如，在各种海上平台上雇用最少的人员，因此需要增加舰外支持，减少手动流程。NOSS 通过提供以下优势来解决这些问题。

（1）企业解决方案影响：总资产可视化；增加物资、财产和财务审计；近实时/准确的后勤和战备图像；距离支持解决方案；企业决策/执行，从而节省成本，提高准备程度；现代化业务流程重新设计。

（2）合并 15 个遗留应用程序并减少软件基线数量。

（3）管理一个项目的所有物资和财务审计。

（4）遵守国防部和财务运营办公室与财务可审计性、互操作性、安全、信息保证和知识共享相关的指令。

（5）培训支持成本降低。

（6）功能和业务流程与人力减少和新的最少载人平台相一致。

（7）允许从权威来源向数据提供新的直接接口，以便用于企业方法。

（8）可信的权威数据交换和批次流程的减少。

---

① Bradley Wilson, Jessie Riposo, et al. Naval Operational Supply System Analysis of Alternatives [R]. RAND Corporation, RR2403, 2018. [https://www.rand.org/content/dam/rand/pubs/research_reports/RR2400/RR2403/RAND_RR2403.pdf]

(9) 消除仅限舰载维护可用性的安装,以及易于应用更新。

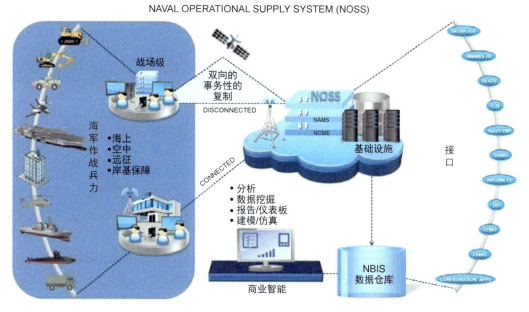

图 4-45 NOSS 架构

当由 SPAWAR 部署时,NOSS 提供一套新的用户友好、负担得起、可审计、安全、适应性强的通用供应业务流程和数据。舰船美国舰队兵力领导了需求——大量利益相关者的建设努力,初始预计 NOSS 在 2021 财年达到初始作战能力(IOC)。随着 SPAWAR 在 2021 年之前的 NOSS 开发工作,NAVSUP 与所有同盟合作,以确保供应程序得到更新,从而反映 NOSS 和新的舰队需求。一旦实施,NOSS 将提供一种更有效的方式进行供应业务。[①]

4.4.1.4 采办动态

2020 年 11 月 4 日,面向自主供应链管理的多方业务网络的全球供应商 One Network Enterprises 宣布,美国海军授予其一份价值 4260 万美元的合同,为 NOBLE NOSS 启动整个作战供应链的现代化。One Network 将为海军带来其商业经验和防御能力,以围绕所有商品类型的可重复业务流程实现现代化。

此外,One Network 的联合平台到平台集成使海军能够拥有延迟/断开连接、间歇连接、低带宽环境(通常称为 D-DIL),这是部署在海上的操作的理想选择。这项工作还包括支持 NOSS 解决方案有限部署所需的所有任务。有限部署解决方案需要实现在生产环境中部署现代化解决方案所需的功能要求。这些要求包括产品定义分析、商业现成配置和相关的开发、测试和集成,以支持确定的有限部署站点。2008 年以来,One Network Enterprises 与美国国防部的多个机构(包括美国陆军、空军、海军陆战队)进行了合作,其团队和盟友在全球

[①] LT. CDMR. EVELYN LEE, SC, USN. The Future of Navy LOG IT: Naval Operational Supply System (NOSS). The Navy Supply Corps Newsletter, March/April 2017, P6-7 [https://media.defense.gov/2018/Jan/12/2002662078/-1/-1/0/180112-N-ZZ219-7413.pdf]

范围内为关键任务能力提供支持。①

4.4.2 海军航空维修系统（NAMS）

4.4.2.1 概况

海军航空维修系统（Naval Aviation Maintenance System，NAMS）是 NALCOMIS OOMA 和 OIMA 的替代品。随着海军航空进入智能武器系统、电磁机动、网络战、分布式杀伤能力和预测分析主导的未来，NAMS 势在必行。NAMS 是可部署的，它在全球范围内连接并可操作，集成并可与用于分析的上线报告和与其他接口系统的无缝服务进行互操作。NAMS 以产品为中心，随时可以集成到产品生命周期管理生态系统中。NAMS 被简化，以使作战人员能够尽可能高效地完成任务。它还具有网络安全和网络隔离功能，减少了网络/服务器级别的 IT 控制风险。它灵活且可维护，允许对业务流程和数据模型进行简单的更正和更新，而无须编码或软件部署。最后，NAMS 提供与其他部署的物流业务系统兼容的价格合理的 IT 操作。

NAMS 提供企业范围的航空维修支持能力，为 3700 多架海军和海军陆战队飞机提供各级航空维修（舰员级、中继级和基地级）服务。NAMS 确定和指派航空工匠，并跟踪所有级别的航空维修工作直至完成。随着对当前低下效率的消除，飞机可用性和执行任务率将提高；总拥有成本将会降低。

2019 年，海军陆战队航空后勤保障部门和作战专家已经全面参与了 NAMS 的开发。2019 财年期间，NAMS 原型使用 2018 年获得的需求来构建，简化和升级了当前的用户界面，并促进更高程度的维修文档保真度和分析，为从战术到战略级决策者更好的决策提供信息。②

4.4.2.2 系统功能与组成

海军航空维修系统包含维修舰员级（O 级）、中继级（I 级）和基地级（D 级）三级部门，每个级别都有相关的软件和硬件系统来支持该项目。D 级维修由海军基地级维修系统（NDMS）支持，O 级和 I 级维修的现行项目为 NTCSS。支持航空后勤的主要 NTCSS 子系统是 NALCOMIS。人们对 NTCSS 提出了一些担忧，包括以下问题：

- 其技术架构不成熟，因此产生了保障能力问题；
- 它有多个野战版本；
- 它有静态业务流程；
- 这些问题导致海军无法实现其飞机准备就绪目标。

目前正在整合基线，以解决一些保障能力和版本控制问题，然而，开放式保障能力、体系结构和业务流程重组仍然面临挑战。为了解决这些问题以及后勤企业内部更广泛的问题，海军已开始用 NOBLE 取代其后勤系统簇，使其现代化。一个关键的目标是提供集中的采办管理和实现信息技术维修 NAMS：通过效率分析替代性和海军后勤运作节约成本。

---

① The United States Navy Awards $43 Million Contract to One Network Enterprises for the Naval Operational Business Logistics Enterprise（NOBLE）Naval Operational Supply System（NOSS）. CISION PR Newswire, Nov 04, 2020. ［https://www.prnewswire.com/news-releases/the-united-states-navy-awards-43-million-contract-to-one-network-enterprises-for-the-naval-operational-business-logistics-enterprise-noble-naval-operational-supply-system-noss-301166187.html］

② 2019 Marine Corps Aviation Plan. ［https://www.aviation.marines.mil/portals/11/2019%20avplan.pdf］

NAMS 系统的一些关键属性见表 4-10。

表 4-10 NAMS 的关键属性

属　性	描　述
企业能力	在全球范围内实现连接和运营； 集成数据环境
产品中心	准备集成到产品生命周期管理中心生态系统中
精简的且可用	使作战人员能够尽可能高效地完成任务； 接受新的运营方式
可保障且可维护	允许在无须编码或软件部署的情况下轻松更正和更新业务流程和数据模型，配置而非自定义； 赛博安全和赛博隔离（以减少网络和服务器级别的 IT 控制风险）
集成的	与其他部署的物流 IT 系统互操作

海军航空维修计划（Naval Aviation Maintenance Program，NAMP）指导整个海军航空过程中各级维修的维修政策、程序和责任。NAMP 由海军作战部长（CNO）通过 OPNAVINST 4790.2 指导。NAMP 的目标是实现由 CNO 和海军空军指挥官（CNAF）与海军陆战队司令（CMC）协调制定的航空物资准备和安全标准。[①]

NAMP 根据技术复杂性、深度、范围和所执行的工作范围，将维修分为三个级别。这三个级别是舰员级（Organizational，O 级）、中继级（Intermediate，I 级）和基地级（Depot，D 级）。

O 级维修。O 级维修是对指定飞机和设备进行的基本维修。组织 O 级维修，实现飞机和设备的快速周转，以优化操作可用性。O 级维修是操作单位对飞机及相关设备的保养，包括检查、维修、润滑、调整、并入 O 级技术指令，以及零件、小部件的更换。

I 级维修。I 级维修由指定的中间维修活动（IMA）负责支持单位操作飞机和航空设备。I 级维修的重点是生产足够数量的备用部件和备用支持装备，以支持飞机操作。

D 级维修和返工。D 级维修和返工由指定的基地活动对需要大修、升级或重建零件、部件和成品的飞机、设备和材料进行，包括零件的制造、修改、测试和回收。

返工需要广泛的诊断设备和工业级制造能力，超出 O 级和 I 级维修活动的能力和资源。返工通常发生在海军航空系统司令部（NAVAIRSYSCOM）管理的基地设施或原始设备制造商现场。选定的机段返工在飞机操作现场执行和维修功能，以减少成本和周转时间。

NAMP 的核心原则是：

- 严格遵守质量和安全程序；
- 在最有效利用资源的维修级别进行航空设备和物资的维修；
- 应用系统计划维修，以尽量减少飞机、发动机和设备的材料退化；
- 收集和分析数据，以提高海军航空维修的效率、有效性、质量和安全。

海军供应系统是联邦供应系统的一部分，负责向海军（DON）的消费者采购、维修和

---

① The Naval Aviation Maintenance Program（NAMP）Instruction. COMNAVAIRFORINST 4790.2D, 1 Feb 2021.［https://www.navair.navy.mil/sites/g/files/jejdrs536/files/2021-02/COMNAVFORINST%204790.2D%20NAMP.pdf］

分发设备、维修部件和消耗品库存（弹药弹药除外）。海军供应配送网络中安装和活动具有复杂性，舰队后勤中心和国防配送中心通常被称为指定支持点，在那里进行接收、存储和发放物品的物理工作。海军供应系统提供物资支持航空设备的操作和维修，目的是在客户需要的地点存放物资。海军供应系统司令部（NAVSUP）负责 NAMP 的物资支持。NAVSUP 武器系统支持（NAVSUPWSS）是负责海军航空物资支持的主要组织。NAVSUPWSS 管理飞机、发动机、系统、零部件和附件、安全设备、支持设备以及航空摄影和气象设备的备件。

4.4.3　海军作战维修环境（NOME）

海军作战维修环境（Navy Operational Maintenance Environment，NOME）是一个完全集成的企业级和战场级（海上和陆上）企业维护解决方案维修，为海军提供强大的可部署、可扩展和简化的海上战术维修解决方案，以保持已部署和可部署舰艇和潜艇的作战可用性。NOME 向舰员们提供最新的信息，该信息允许舰员执行维修并将该信息传输到集成数据环境，以便操作人员和工作计划组织拥有每个船体的当前配置。

NOME 为所有海军舰艇提供标准化的海上维修活动的操作业务流程，并提供端到端的组件跟踪，通过识别和指派工程师来修理舰上设备来减少管理时间，支持将主要维修工作移至岸上，并能够利用武器系统中的嵌入式传感器触发通知维修行动。

NOME 将取代现有的下一代组织维修管理系统（OMMS-NG）和其他几个用于潜艇、水面舰艇和航母的相关舰载维修系统。

4.4.4　海军战术指挥支持系统（NTCSS）

4.4.4.1　概况

海军战术指挥支持系统（Naval Tactical Command Support System，NTCSS）是海军和海军陆战队指挥官的作战后勤保障信息系统，用于管理和评估部队的物资和人员准备状态。NTCSS 为航空、水面和水下作战指挥官提供舰员级和中继级维修、供应和人事管理能力。NTCSS 还通过整合后勤信息来支持网络中心战，以补充作战指挥官的战术准备状况。在职能部门和舰队人员协助下，开发和实施业务流程改进，包括：

- 迁移到开放的面向服务架构；
- 使用海军企业数据中心；
- 将海军和海军陆战队航空中队转换为 NTCSS 虚拟环境，显著降低硬件需求；
- 集中海军资产的可视性（作战补给）；
- 简化航空维修操作（超越能力维修阻断和全球单个部件维修清单管理）。

因此，海军和海军陆战队将实现更高的作战效率和降低总拥有成本。

NTCSS 仍然是作战人员维持舰队战备状态的系统。海军航空站、海军陆战队航空后勤中队、舰艇和潜艇于 2009 财年具备 NTCSS 的完全作战能力（FOC）。针对飞机中队，2007年即开始优化 NTCSS 能力，2016 财年完成了技术更新，以替换传统 NTCSS 硬件/软件，并保持符合国防部/海军部信息保障和基线缩减要求。

NTCSS 提供一个灵活的解决方案，提供后勤、维修、供应（包括食品服务管理和零售运营管理），以及人员管理，以满足海军和联合任务的发展需求。作为 SPAWAR 的一部分，NTCSS 负责关键应用领域的架构和实施，包括：供应—物资零件维修、采购、运输、财务和物流；海军航空维修—零件维修、配置管理，维持海军和海军陆战队飞机战备状态的定期和非定期维修工作；人事—人力资本管理。

4.4.4.2 系统功能与组成

NTCSS 整合了舰载非战术自动数据处理程序（SNAP）系统、海军航空后勤指挥信息系统（NALCOMIS）和维修资源管理系统（MRMS）的功能。维修 NTCSS 通过使用标准化的硬件和软件，提供有效的信息资源管理，以满足海军和海军陆战队新方向下部队维持的舰队信息管理需求。NTCSS 的任务需求是：

- 有效地支持管理全方位的机载和战斗群维修活动的能力；
- 能够在舰艇战术系统和岸上任务支持基础设施之间及时、准确和完整地交换数据；
- 具有可访问性、容量和速度足够的灵活系统，以有效支持本地决策分析；
- 提高部署部队和舰队保障岸上基地的自动化能力，与岸上保障活动处理能力的提高相称；
- 有足够的能力适应任务保障信息资源管理的改进。

SNAP 是一个自动化信息系统，支持海上部队、海上航空后勤中队（MALS）和相关海岸活动的舰员级的维修、供应、财务和管理功能。SNAP 通过提高设备的可维修性，从而提高舰船维修、供应、财务和相关支持数据的准确性；加快管理报告准备和数据传输。SNAP 的范围包括大约 300 个站点。

NALCOMIS 是一个自动化、实时、交互的管理信息系统，为舰员级和中继级飞机维修的日常管理提供了现代化的管理工具。NALCOMIS 自动化管理航空可维修库存，提供通过维修和操作周期的全流程跟踪。海军 NALCOMIS 的范围包括 66 个航空中间维修活动（CVN/LHA/LHD/MALS）、海军航空站，以及大约 326 个海军和海军中队。

MRMS 是一个自动化的信息系统，支持大西洋和太平洋舰队的舰船中间维修管理。MRMS 支持类型指挥官、小组指挥员、区域协调员、准备支援小组、潜艇中队、舰船维修设施和各种中继级维修活动，以进行舰船维修的预算、计划、生产和分析。MRMS 通过改进维修和舰船维修管理、信息资源管理和维修数据处理来提高舰船准备度。MRMS 的范围包括大约 16 艘船载和 65 艘基于海岸的维修和规划活动。

NTCSS 提供全套标准化的任务支持自动数据处理硬件和软件，以支持后勤信息管理、人员、物资管理、设备维修以及维修和运营舰船、潜艇所需的财务，以及支援海军和海军陆战队的飞机。主要组件包括相关供应（R-Supply）、相关行政数据管理（R-ADM）和 NALCOMIS。

R-Supply 为海军和海军陆战队人员提供执行日常业务所需的工具和功能；订购、接收和发放服务和物资，维护财务记录；协调供应、库存和财务记录与海岸基础设施。

R-ADM 为美国海军舰队的人事管理提供自动化服务。除了提供许多工具、实用程序和功能外，R-ADM 还为每个功能生成格式化的报告，报告显示在屏幕上，允许用户预览和打印。

图 4-46 是 NTCSS 的高层作战概念图（OV-1）。[1]

---

[1] Market Research and Request for Information (RFI) For an Open Architecture (OA) Based Maintenance and Supply Logistics Automated Information System. November 2013. [NTCSS_COTS_RFI_27_Nov_2013.pdf]

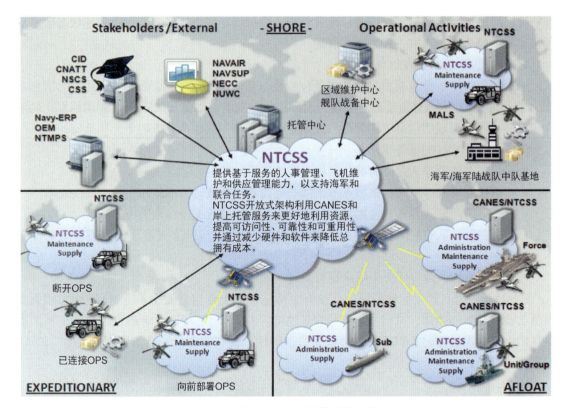

图 4-46 ▎NTCSS 的高层作战概念图

4.4.5 海军航空后勤指挥信息系统（NALCOMIS）

4.4.5.1 概况

海军航空后勤指挥信息系统（Naval Aviation Logistics Command Management Information System，NALCOMIS）是海军和海军陆战队航空队用于管理后勤的 NTCSS 软件套件的主要应用程序之一，旨在提供现代化、响应迅速、基于计算机的管理信息系统。NALCOMIS 的三个目标如下：通过向当地维修和供应经理提供日常管理和决策过程中所需的及时和准确的信息来提高飞机的战备状态；减轻舰队的行政负担；提高上行报告数据的质量。

NALCOMIS 在舰载非战术自动数据处理程序（SNAP-I）计算机 AN/UYK-65（V）上运行，并使用键盘视频显示终端（KVDTS）进行源数据输入和检索。KVDTS 位于维修和供应空间，用于自动准备和处理维修和供应源文件，例如 VIDS/MAF 和 DD 1348。NALCOMIS 包括几个自动化功能，旨在满足不同级别的维修需求。

NALCOMIS 具有一个自动源数据输入设备，用于简化和改进数据收集。NALCOMIS 支持与海军航空资产的舰员级和中继级维修相关的所有数据的配置管理；系统配置实例与中队（舰上以及各种岸基位置）、海上航空后勤中队（MALS）移动设施和舰队战备中心一起部署。至关重要的是，海军作战小组能够获得有关飞机维修和维护历史、零件库存/可用性、工作订单状态、老化和生命周期、维修资源可用性、零件运输跟踪等相关信息。

NTCSS 通过 NALCOMIS 优化组织维修活动（OOMA）支持海军和海军陆战队的航空服

务，OOMA 支持海军和海军陆战队的海军航空维修计划（NAMP）和飞机中队的 3M 功能。它支持航母、两栖攻击舰和 MALS 的飞机中继级维修活动；截至 2016 年 3 月，全球共有 344 个站点。NALCOMIS OOMA 提供了几个关键功能，包括自动下载飞机故障数据、自动飞机日志、自动收集和报告部件标识、利用可用的电子技术数据，管理飞机和组件配置，跟踪寿命有限组件的寿命使用指标。

4.4.5.2　系统功能与组成

NALCOMIS 数据收集系统为航空数据中心提供数据。航空数据中心被所有级别管理层用于与以下内容相关的数据：设备的可维修性和可靠性；设备配置，包括变更和技术指令状态；设备的任务能力和使用情况；物资可用性；物资维护和加工时间；武器系统和维修物资维护成本。

NALCOMIS 具有两种配置供舰员级（O 级）和中级（I 级）维护活动使用，即 OOMA 和 OIMA。

1. 优化组织维修活动（OOMA）

优化组织维修活动（Optimized Organizational Maintenance Activity，OOMA）用于组织级海军和海军陆战队活动。OOMA 使中队能够管理与飞机日志和记录、物资申请相关的维护和供应流程，并通过公共数据库执行共享的数据分析。O 级和 I 级 NALCOMIS 服务器通过 OOMA 中间层服务器进行通信，以相互传递物料申请和状态更新。[①]

OOMA 与 OIMA 的接口包括申请需求、申请状态、申请查询、移交工作单（WO）数据和自动日志集数据。将 O 级和 I 级维修和供应数据集成到一个公共数据库中，减少了冗余，改进了通信，并提高了 O 级、I 级和支持供应活动之间的响应时间。I 级维修活动使用 OOMA 执行飞机发动机、O 级特殊支持设备、人员管理基线和技术指令文档。

OOMA 应用程序被分为 7 个子系统和 1 个查询实用程序。

- 飞行子系统：捕获并跟踪针对机组人员和飞机的飞行时间的类型和数量，并跟踪针对机组人员的训练；
- 配置管理、日志和记录子系统：提供管理飞机和组件配置的工具。它提供了飞机上所有组件的准确清单，维修配置项的历史记录，预测组织的最终项即将进行的计划维修，并跟踪包含到组件中的所有变更和技术指令。它也有能力通过 XRAY 报告来跟踪飞机的物资状况；
- 维修子系统：使人员能够记录飞机和项目维修计划，它列出了修复差异、跟踪工具和人员责任所需的零件和维修措施；
- 物资控制子系统：使物料控制人员能够添加、删除和更新物料控制登记册中的信息，物资控制登记册出现在将物资申请提交到订单、更新状态、拒绝或将这些申请发送给 OIMA 的情况下；
- 人员子系统：使授权人员能够添加或删除人员，分配或删除角色和权限，以及为人员分配工作中心，它还允许授权用户查看和更新机组人员数据，以及机组人员的时间和着陆历史；

---

① Aaron P. Schnetzler. Transitioning Clint-based NALCOMIS to a Multi-function Web-based Applicatioin. Naval Postgraduate School, Monterey, CA, September 2016.［https://apps.dtic.mil/sti/pdfs/AD1029913.pdf］

- 平台软件接口子系统：允许将信息从"智能"飞机上的系统直接传输到 OOMA 系统中；
- 技术出版物子系统：预留给将来使用；
- 临时查询实用程序：提供为特定需要创建报表的能力，特别查询报告可以从各种数据库中汇编，例如，航空 3M 报告、飞行报告、趋势分析、人力利用、用户登录 ID 和特殊维护资格（SMQ）分配，以及特定的工作量报告。

2. 优化中继级维修活动（OIMA）

优化中继级维修活动（Optimized Intermediate Maintenance Activity，OIMA）是海军和海军陆战队中继级航空活动所使用的主要管理信息系统。OIMA 提供类似 OOMA 的功能，同时提供仓库库存和管理工具。

OIMA 提供输入、收集、处理、存储、审查和报告有关发动机和支持设备的维修和供应信息、物资申请、可维修管理、备件（AWP）管理、人员分配和部署、设备子托管、资源使用所需的其他杂项功能的能力。这些功能集成到一个系统中，共享一个共同的维修和供应数据的数据库，从而减少冗余，改善通信，提高响应时间。

4.5 防御性指控

4.5.1 联合预警和报告网络（JWARN）

4.5.1.1 概况

联合预警和报告网络（Joint Warning and Reporting Network，JWARN）是一个联合的自动化学、生物、辐射和核（CBRN）警告、报告和分析软件工具，用于作战空间态势感知。通过迅速警告和传播 CBRN 信息，能够对大规模毁灭性武器所污染的威胁作出立即和综合的反应。JWARN 为联合部队提供了全面的早期预警分析和响应能力，以尽量减少敌对 CBRN 攻击、事件和事故的影响。它提供了使用 CBRN 警告技术的操作能力，收集、分析、识别、定位、报告和传播 CBRN 警告。

JWARN 设在联合和军种指挥控制系统中，包括 GCCS-A、GCCS-J、GCCS-M、指挥控制个人计算机（C2PC）、陆军的 BCCS 服务器和独立计算机上，在通用作战图像上集成并显示传感器警报信息和 CBRN 观察报告，并向作战单位生成警告信息。JWARN 软件自动化了北约组织 CBRN 的警告和报告过程，以提高信息的速度和准确性。

使命任务：根据作战场景或传感器和观察者报告，提供对潜在或实际的 CBRN 危险区域的分析，识别受影响的单位和作战区域，并发送警告报告，以支持指挥官的部队保护和作战决策。[①]

2018 年 1 月 22 日至 2 月 3 日期间，空军作战测试与评估中心（AFOTEC）对 DISA 军事云（milCloud）上托管的 JWARN 增量 2 进行了作战测试。托管在云和独立计算机上的 JWARN 增量 2 在操作上能够支持 CBRN 态势感知和规划。使用 JWARN 的操作员能够提供信息，以支持关键时间的作战决策。当 JWARN 增量 2 与独立版本的 JWARN 一起使用时，它适合于操作的连续性，并可在有网络竞争的环境中生存。

---

① https://www.dote.osd.mil/Portals/97/pub/reports/FY2016/dod/2016jwarn.pdf?ver=2019-08-22-105334-620

AFOTEC 根据 DOT&E 批准的测试计划进行了运行测试。该测试足以评估 JWARN 的作战能力、适用性和网络安全性，以及与在本地计算机上使用 JWARN 增量 2 相关的操作计划的连续性。评估结果为：军事云（milCloud）上托管的 JWARN 增量 2 在作战上有效支持 CBRN 态势感知，以支持作战决策和规划；JWARN 增量 2 达到并在某些情况下超过了及时警告处于风险的下风部队的作战要求；JWARN 证明了警告和报告任务成功完成任务所需的 96% 概率；JWARN 可抵御网络攻击，测试期间的敌对网络活动对装备 JWARN 能力的部队完成任务没有显著影响。①

如图 4-47 所示是 JWARN 作战视图，显示了海军和联合部队之间的信息交换。海军能够在各种作战条件下，在其组成部分之间以及与联合部队之间无缝交换 CBRN 信息。同时，与海上全球指挥控制系统（GCCS-M）和战术信息计划办公室合作，为在排放控制（EMCON）条件下执行的 JWARN 信息交换开发架构。

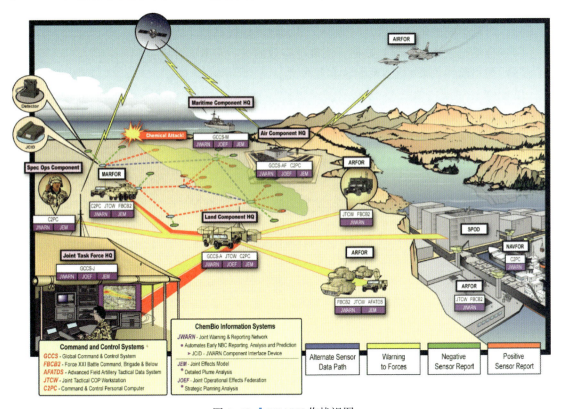

图 4-47 ｜ JWARN 作战视图

4.5.1.2 系统功能与组成

JWARN 是一个 ACAT Ⅲ 信息系统，可以连接核生化（NBC）传感器、任务应用软件工具和 C4ISR 系统。JWARN 通过与基于公共操作环境（COE）的战术 C4ISR 系统完全集成，建立在当前的手动功能基础上，自动生成警报和解除受影响部队的警报，自动生成危险区域图。

---

① https://www.dote.osd.mil/Portals/97/pub/reports/FY2018/dod/2018jwarn.pdf?ver=2019-08-21-155718-197

JWARN 为联合部队指挥官提供以下能力:①

（1）报告 CBRN 和有毒工业材料（Toxic Industrial Materials，TIM）危害检测。在 C2 平台上收集、生成、编辑和发布核生化图和报告，为作战人员提供 COP；

（2）分析检测结果，以识别危险和绘制受影响的位置。自动生成 ATP-45 危险预警区；使用 JEM 生成更详细的危险区域图；

（3）向受影响的单位发送预警和解除预警信息；

（4）自动检索和归档事件数据，以便事后取证评估；

（5）控制和配置一个本地传感器网络——提供 M8A1、M21、M22、IPDS、ADM300、AN/VDR2、JBPDS 的自动传感器接口。

对作战人员的好处包括：

（1）以前手动且容易出错的过程都会实现自动化；

（2）最小化从检测到警告的时间（小于 2min）；

（3）对受影响的单位提供及时预警，最大限度地提高战斗力；

（4）自动记录和存档曝光数据，实现更有效的进一步取证分析；

（5）与当前和未来的 C2 系统兼容和集成。

JWARN 系统架构如图 4-48 所示。

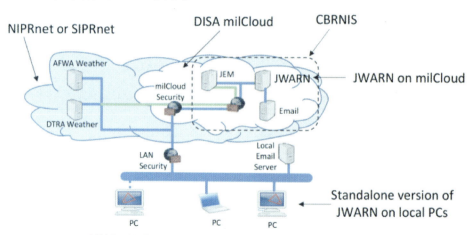

图 4-48 ｜联合预警和报告网络（JWARN，2018）

4.5.2 联合效应模型（JEM）

4.5.2.1 概况

联合效应模型（Joint Effects Model，JEM）是一种基于 Web 的软件应用程序，可以为作战人员提供准确预测 CBRN 和有毒工业化学品/材料（TIC/TIM）事件和效应的时间阶段影

---

① CDR Michael Steinmann. Joint Warning and Reporting Network（JWARN）Briefing to CBIS. Joint Program Executive Office for Chemical and Biological Defense，January 2007.［https://ndiastorage.blob.core.usgovcloudapi.net/ndia/2007/cbis/generalsession/steinmann200.pdf］

响的能力。通过为 DoD 提供经过认证和运行测试的单一工具，以模拟 CBRN 武器打击和事件的影响。

JEM 是一个 ACAT Ⅲ 项目，支持制定计划以减轻大规模毁灭性武器的影响，并提供对 COP 的危害和影响的快速估计。JEM 为作战人员提供了唯一获得国防部认可和运行测试的建模能力，以预测与 CBRN 和有毒工业危害（Toxic Industrial Hazards，TIH）释放到环境中相关的高保真顺风危险区域和影响；将天气、地形和物质相互作用的影响纳入顺风预测；提供增强的战场态势感知能力；并提供近乎实时的危险信息，以最小化 CBRN 和 TIH 对当前作战的影响，并挽救生命。一旦计算出存储了危险物质的位置和数量，JEM 就会计算出危险的严重程度并显示给用户。

JEM 将现有 CBRN 科学与技术（S&T）模型中的最佳组件组合到一个应用程序中，提供了可整合到 COP 中的危害和影响的快速估计。JEM 支持减轻大规模杀伤性武器（WMD）影响的计划，以及国防部多个机构进行的大规模研究的分析要求，提供增强的对作战空间的作战和战术级态势感知，并在事件发生前、事件发生期间和事件发生后提供近乎实时的危险信息，以最小化对当前操作的影响。JEM 可用于从战略到战术、从美国本土（CONUS）到本土之外（OCONUS）的任何级别，收集和报告来自 CBRN 警报系统的 CBRN 事件数据和来自陆地、空中和海上部队的观察数据。CBRN 事件的羽流被计算、格式化以供警告系统使用，并为操作 CBRN 单元的 COP 广播，以提供整个战场 CBRN 材料影响的标准化图片，同时考虑地形和天气信息；可以在 CBRN 单元之间共享分析、回溯和情报数据，以进一步描述 CBRN 事件的影响。如图 4-49 所示是联合效应模型（JEM）的软件界面。

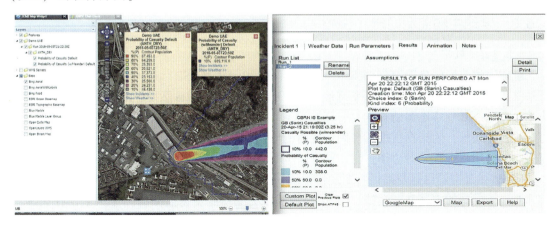

图 4-49 ▎联合效应模型（JEM）

4.5.2.2 系统功能与组成

JEM 与联合指挥控制系统集成，可以为 JWARN、JOEF、任何调用 JEM Web 服务接口的系统提供高保真的危险预测；可以提供与虚拟自然环境网络中心服务（VNE-NCS）、METOC 数据服务（MDS）、综合气象系统（IMETS）、联合天气影响系统（JWIS）等气象数据系统的互操作。

当前的 JEM 能力以两个增量进行开发和部署。增量 1 基于 2004 年批准的 JEM 作战需求文件中包含的要求。增量 2 于 2014 年 9 月达到了里程碑 B 和构建决策 1 的批准。

JEM 的预期用途如图 4-50 所示。作战人员可以将 JEM 用于防御计划、反应和了解 CBRN 事件。战士们也可以和 JEM 一起训练。分析用户，通常是国防部的分析人员，可以使用 JEM 开发战术、技术和程序，同时包括 CBRN 武器可能对未来所需的军队、武器和/或防御设备的数量和种类产生的任何影响。

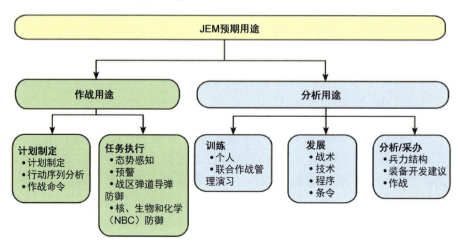

图 4-50　JEM 的预期用途

JEM 功能由可以建模的事件类型定义。JEM 中的事件模型有：化学/生物武器打击、化学储存武器事件、化学或生物设施打击、化学生物高空发射、放射性离散武器爆炸、核武器爆震系统、核反应堆设施释放、核武器事件和分析发布事件等。[①]

4.5.3　全球生物监测门户（GBSP）

4.5.3.1　概况

全球生物监测门户网站（Global Biosurveillance Portal，GBSP）是一个基于网络的信息共享系统，可促进协作和通信，以支持检测、管理和减轻人为和自然发生的生物危害。作为国防部 COVID-19 反应态势感知的"一站式服务"，它将不同的数据源和分析纳入一个反映流行病的整体图景，为指挥官提供准确、及时的信息，以便明智决策，在整个政府响应工作中直接与其他用户进行实时协作。

GBSP 一个主要目标是提供对新发传染病（Emerging Infectious Diseases，EID）的态势感知和对任务支持的关键基础设施。GBSP 可以被认为是所有生物监测的"中央数据存储库"。它可以用于战略、作战和战术层面，主要用于世界各地公共卫生和医疗领域以及作战中心的多个战区和作战中心。

4.5.3.2　发展现状

GBSP 最初的设计是作为一种联合军事能力来增强生物安全。生物安全一直是美国国家安全的重要组成部分。2012 年，化学、生物、辐射、核防御联合项目执行办公室（JPEO-CBRND）计划将 GBSP 作为一个关于生物监测准备以及关键战略盟友之间数据共享的系统网络。

---

① Russell P. Brown. Validation, Verification, and Accreditation (VV&A) Challenges for the Joint Effects Model (JEM). Leading Edge: Chemical, Biological, and Radiological Defense (CBRD), April 2012, p112. [https://www.navsea.navy.mil/Portals/103/Documents/NSWC_Dahlgren/LeadingEdge/CBRD/CBRD02.pdf]

GBSP是一个以公共卫生和医学为重点的系统，但也支持所有危害环境。它最初是作为美国联合部队韩国门户网站和综合威胁识别先进技术演示（JUPITR）的一部分开发的，并由国防部、多个内部机构和国际合作伙伴合作设计，用于作战使用。GBSP通过与多个组织建立伙伴关系，拥有超过250个实时数据层，其中包括：武装部队卫生监测部门；疾病控制和预防中心；国防威胁压制局；国务院；国家生物监测集成中心（NBIC）；国家医疗情报中心；太平洋灾害中心；世界卫生组织（WHO）。GBSP是一个由美国特种作战司令部（US-SOCOM）支持的计划。

图4-51和图4-52说明了该系统如何用于显示来自联邦政府、经认证的国际合作伙伴和非政府组织的地理相关生物监测数据和信息。2014年亚洲和非洲爆发西非埃博拉和中东呼吸综合征（MERS），在美国白宫的指导下，GBSP提供了有关应对西非埃博拉疫情（图4-51）的态势感知。同样，GBSP技术也应用于应对2015年韩国爆发的MERS事件（图4-52）。此外，GBSP平台在涉及14个国家和60多个组织的几次重大国际演习中发挥了重要作用。在完成这些演习后，GBSP实现了将加强生物监测作为COP和公共卫生安全的一部分；加强政府和部门间的生物危机协调和应对，包括医疗合作、信息共享和通信。

图4-51 ▎GBSP提供有关埃博拉应对工作的态势感知

图4-52 ▎韩国运营视图-MERS（2015年）

通过 GBSP 演示了一个集成的全球生物监测平台,其后续发展可以包括一个更复杂的时空算法,使用扫描统计数据进行疾病爆发预测。与其他系统相比,GBSP 的优势在于它能够整合军事和民用监测工作,并利用现有系统纳入数据门户。此外,该平台还可以通过一个敏捷的开发过程来扩展用户界面和分析工具。GBSP 率先开展了监测和信息共享、基于通信的公共卫生和生物威胁应对的主要工作,增强了态势感知和协作,并帮助支持一个关于生物危机管理和医疗合作的通用作战图像。①

为了应对 COVID-19,GBSP 采取了多项有效措施,包括:主动实施增强功能,使政府用户能够查找、共享、显示和分析数据;建立 COVID-19 用户群进行数据共享;开发/部署 15 个额外的数据层;实现来自权威来源的增强数据提源;与联合人工智能中心合作,开发额外的预测分析模型(例如,医疗用品、疾病传播、消费品供应链);研究来自基于社区的测试站点的近实时数据报告的集成,预测建模。

GBSP 可帮助用户增强其对 COVID-19 大流行应对措施的态势感知。GBSP 可以从国防部和跨部门获取非机密数据来源,包括国土安全部、卫生与公众安全部、疾病控制与预防中心、情报部门。如图 4-53 所示,GBSP 将权威数据显示为可搜索的地图覆盖层,通过快速集成新的、尖端的和实验性的软件应用程序,以应对 COVID-19 和未来的危机。②

图 4-53 ┃ GBSP 地图,显示确诊病例、确诊死亡和紧急措施状态的图层

---

① Colonel Paul O. Kwon, Brent Butowsky, Michael E. Mccown. Global Biosurveillance Portal: A OneHealth Approach. The Three Swords Magazine, 35/2019: p88-92 [https://www.jwc.nato.int/images/stories/threeswords/OneHealth2019.pdf]

② Global Biosurveillance Portal (GBSP). JPL CBRN Information Management/Information Technology. [https://www.jpeocbrnd.osd.mil/Portals/90/jpm-fact-sheet-gbsp-final.pdf]

第5章 PMW 160：战术网络

5.1 概述

5.1.1 使命任务

PMW 160 是海军战术网络项目办公室，通过提供海上集成广域/局域网络、计算和数据系统，为地理分散的海军、联合军种和联军提供任务有效、价格合理、赛博弹性强的强大网络。

使命任务：提供并支持创新、灵活和安全的网络和 IT 服务，以确保作战人员任务成功。

PMW 160 的优先事项：以任务驱动，快速构建能力；提高赛博弹性和可靠性；使能海军作战架构（NOA），实施海军 JADC2；聚焦舰队，交付承诺安装的系统；采办系统以支持未来安装；设计、开发、集成和测试未来系统。[1]

如图 5-1 所示，PMW 160 的重要任务之一是构建信息战平台（IWP）[2]。

海上网络能力需求包括：

- 有保障的网络传输：广域网/局域网功能，允许在一系列有争议的带宽环境中跨多个平台和链路类型进行数据流传输；
- 可组合加速软件：通用软件治理、测试、流程、工具和平台，用于在连接、托管和信息战平台的广泛服务目录中进行资源调配；
- 赛博弹性：提供能力、技术指导和网络作战程序，以在加速威胁作战空间的整体框架中保护网络免受各种威胁；
- 信息战平台（IWP）：提供通用数据分析和扩展的企业服务，以推动应用程序的互操作性、经济性，并满足改进数据共享的需求。

---

[1] CAPT Katy Boehme，Program Manager. PMW 160 Tactical Afloat Networks. NDIA 2022 Fall Forum，PEO C4I and Space Systems，4 October 2022. ［NDIA_Fall_Forum_PMW_160_2022. pdf］

[2] CAPT Katy Boehme，Program Manager. PMW 160 Tactical Afloat Networks. NDIA 2020 Fall Forum，PEO C4I and Space Systems，27 October 2020. ［PMW160. pdf］

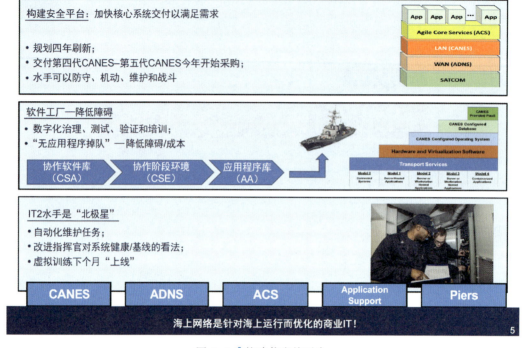

图 5-1 构建信息战平台

5.1.2 主要项目

如图 5-2 所示为 PMW 160 办公室分管的主要项目,包括 CANES、ADNS、ACS、EPCA/Piers 等。

主要项目的概况如下:[①]

1. 综合海上网络和企业服务(CANES)

CANES 是海军作战部长指导的项目,提供海上作战网络平台。CANES 取代了五个现有网络,支持下一代指挥控制(C2),以及情报、监视和侦察(ISR)能力,并通过托管或连接多个安全领域的数百个作战、指挥控制、情报、后勤、业务和行政应用程序,显著提高了作战效能。CANES 提供数据、传输、计算、语音和视频服务、系统管理、企业服务和赛博安全功能。通过不断的竞争、政府拥有的数据权利和开放架构标准的使用,该项目降低了海军网络的总拥有成本。CANES 于 2013 年 10 月实现了初始作战能力。

2. 自动化数字网络系统(ADNS)

ADNS 提供海军通信系统的战术广域网(WAN)功能,以及水面舰、潜艇、机载、战术岸基和岸基广域网网关服务管理。自 1997 年首次部署以来,ADNS 经历了多次升级。增量Ⅲ增加了利用较新卫星通信(SATCOM)系统可用的更高带宽的能力,从而增加了网络容

---

① PMW 160 Tactical Networks Program Office. 14 February 2017. [navy. mil/PMW160_FactSheet_2017_DistroA. pdf]

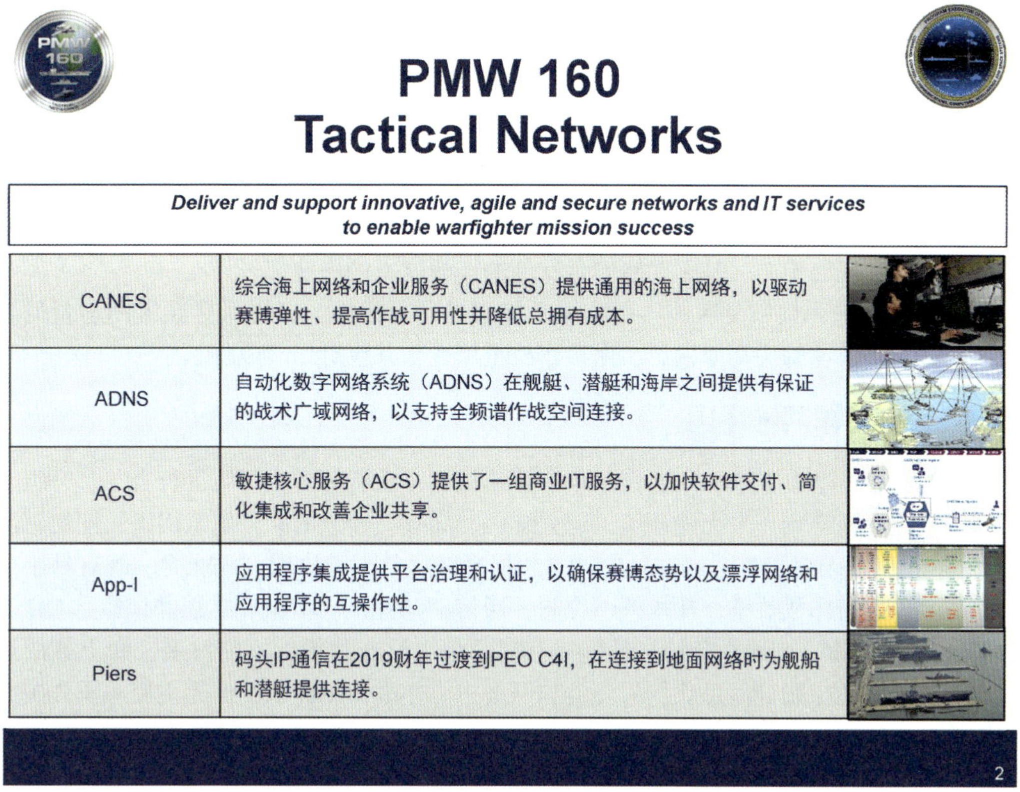

PMW 160
Tactical Networks

Deliver and support innovative, agile and secure networks and IT services to enable warfighter mission success

CANES	综合海上网络和企业服务（CANES）提供通用的海上网络，以驱动赛博弹性、提高作战可用性并降低总拥有成本。	
ADNS	自动化数字网络系统（ADNS）在舰艇、潜艇和海岸之间提供有保证的战术广域网络，以支持全频谱作战空间连接。	
ACS	敏捷核心服务（ACS）提供了一组商业IT服务，以加快软件交付、简化集成和改善企业共享。	
App-I	应用程序集成提供平台治理和认证，以确保赛博态势以及漂浮网络和应用程序的互操作性。	
Piers	码头IP通信在2019财年过渡到PEO C4I，在连接到地面网络时为舰船和潜艇提供连接。	

图 5-2 PMW 160 办公室主管项目

量。通过汇聚到全 IP 语音/视频/数据并在 SATCOM 链路上实现动态负载分配，提高了效率。

3. 遗留网络系统（LNS）

遗留网络系统是 CANES 的前身，由舰载一体化网络系统（ISNS）、敏感隔离信息网络（SCI-Net）、潜艇局域网（SubLAN）和海上联合企业区域信息交换系统（CENTRIXS-M）组成。LNS 为许多应用程序、系统提供基础设施和服务。LNS 还为舰队指挥官和联军提供必要的工具，在从非密互联网协议路由器（NIPR）/保密互联网协议路由器（SIPR）到联军网络的各种"飞地"（enclaves）上进行通信和协作。SCI-N 是连接作战人员和情报机构（IC）的密码系统主干。

4. 应用集成（App-I）

应用集成使用 CANES、ISNS、ADNS、SCI-Net、SubLAN 和 CENTRIXS-M 提供的网络服务和传输来识别、评估、集成和测试所有系统和应用程序。这一过程确保舰上网络应用基线完全集成，并为保障海军海上任务做好赛博准备。

5. 敏捷核心服务（ACS）/核心企业服务（CES）

核心企业服务（CES）管理 PMW 160 软件线的工程、集成和维护，包括操作环境（OE）、敏捷核心服务（ACS）、系统管理（SM）和软件资产管理（SAM）。操作环境为 CANES、LNS 和 SubLAN 开发、集成、测试和维护软件基线。ACS 为 CANES 提供面向服务架构（SOA），包括海军战术分析框架。系统管理提供软件工具和标准操作程序，以确保

CANES 系统的稳定性和响应性。

重点计划：

（1）提高海员自给自足能力：通过改变游戏规则的训练交付（CANES 训练虚拟环境），提高海军的网络作战和防御能力；通过远程访问/远程监控的距离保障能力，提高自动化程度和网络洞察力。

（2）快速能力交付——DevSecOps：交付 DevSecOps 管道，包括基于云的 CANES 开发和集成环境，以实现稳定的、基于网络安全软件的作战能力的快速部署。

（3）提高系统弹性和灵活性：在系统升级中提高灵活性，以提供更频繁的增量网络能力交付，目标是快速解决赛博漏洞，保持作战可用性，并应对作战威胁。

5.1.3 美国海军网络环境

美国海军为了适应未来的联合作战和赛博作战，对现有的多个网络进行合并、升级，将岸基和舰载网络整合到一个无缝环境，建立统一、高效、安全的联合信息网络，即海军网络环境（Naval Networking Environment，NNE），提高信息共享和协同作战能力，既有利于节省成本，又可以提高作战效率。从指挥、控制、通信、计算机、情报、监视和侦察（C4ISR）、全球信息栅格（GIG），到联合信息环境（JIE），信息化作战模式不断发展，海上作战环境也随之改变。为适应联合信息化作战环境和网络中心作战使用需求，世界主要海军强国都在调整海军的发展战略，为海上编队遂行联合信息化作战任务提供有力的信息保障。美国海军正在全球信息栅格和联合信息环境下构建美国海军网络环境。

根据有关发展规划，美国海军通过在作战舰船和海上作战中心安装综合海上网络和企业服务（CANES），将海军网络与防御性更强的联合信息环境结合；在岸上执行下一代企业网络（NGEN）；加强数据中心。另外，美国正在建立"赛博安全"机构对海军网络、平台和系统"从产生到消失"的全过程进行赛博安全管理。这些网络采用全新的通信指挥系统、网络中心战设施等一系列新的信息化装备。舰船，尤其是航空母舰，成为信息接收、处理、发送、使用的重要节点，将美军的各种探测系统、指挥设施、武器装备等组合成有机整体，以获得协同作战的最大效能。

美国海军网络环境包括下一代企业网络（NGEN）、综合海上网络和企业服务（CANES）、美国大陆外海军企业网络（ONE-NET）、海军陆战队企业网络（MCEN）、自动化数字网络系统（ADNS）、战术网关和其他传统网络，以及这些网络中运行的服务、程序和应用系统。根据美国海军舰队赛博司令部/美国第十舰队指挥官 2015 年 4 月发布的关于赛博作战的报告，海军网络环境由超过 500 000 个终端设备、75 000 台网络设备（服务器和域控制器）以及跨越三大安全飞地的约 45 000 个应用程序和系统共同构成。根据美国海军网络整合计划，海军陆战队内联网（NMCI）和美国大陆外海军企业网络（One-Net）最终合并 NGEN。舰载一体化网络系统（ISNS）、敏感隔离信息网络（SCI-Net）、海上联合企业区域信息交换系统（CENTRIXS-M）最终合并成 CANES。在海上环境中，通过 CANES 进行的整合将提供一个适应性强且响应迅速的信息技术平台，能够迅速满足不断变化的作战人员需求。该策略加强了网络的基础设施，提高了安全性，减少了现有的硬件占用空间并降低了总拥有成本。除了提供更强大的能力之外，CANES 还将使受益于通用设备、培训和后勤所带来的减少的操作和维持工作量。

美国海军通信网络的发展目标是使美国海军"烟囱"式指挥集成为高效、统一的指挥体系，是美国海军在强大的网络和信息基础设施的支撑下，实现美军参联会在《2020 联合构想》中提出的"四个正确"，即在正确的时间内，将正确的信息以正确的形式送交给正确的接收者。改善美国海军与美国空军、美国陆军的互通、互联、互操作，实现联合作战下的信息优势、知识优势、决策优势，提高联合作战的整体能力和水平。

美国海军的战术海上网络（Tactical Afloat Network），是指为海军舰船提供组网能力的所有网络组合，包括舰内局域网（LAN，如舰载一体化网络系统 ISNS），连接舰与舰、舰与岸、舰与飞机等外部作战平台或作战指挥单元的战术广域网（WAN，如自动化数字网络系统 ADNS），业务网络（如海上全球指挥控制系统 GCCS-M），卫星通信和支持全球作战的岸基基础设施（如战术交换），等等。海上网络的发展如图 5-3 所示。

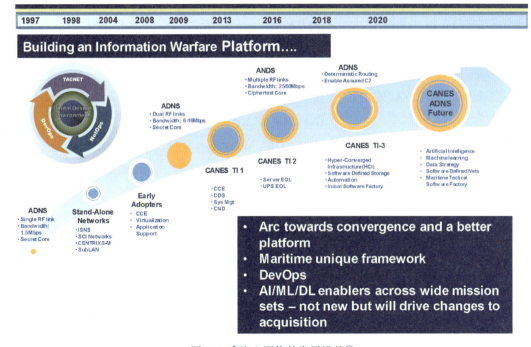

图 5-3　海上网络的发展沿革①

美国海军战术海上网络项目的主要任务是为海军战术部队提供任务高效、价格合理、弹性强的网络。战术海上网络项目为地理位置分散的海军、联军和盟军提供集成的强大网络，包括广域网、本地网络、计算和数据系统。

目前，美国海军的 300 多艘舰艇一共部署了数千种传统网络系统（部分见表 5-1），其中，仅 ISNS 系统就有 297 种，包括机密和非密版本；CENTRIXS 有 151 种；SCI-Net 有 144

---

① K. Rothenhaus, Kris De Soto, Emily Nguyen, Jeff Millard, PhD. Applying a DEVelopment OPerationS (DevOps) reference architecture to accelerate delivery of emerging technologies in Data Analytics, Deep Learning and Artificial Intelligence to the Afloat U. S. Navy. 9 May 2018. [SYM-AM-18-168. pdf]

种，SubLAN 有 50 种，它们都是主要的海上网络。以特定舰船为例，航空母舰（CVN）或两栖舰（如 LPD、LHA）等作战舰艇上有 50 多个独立的部署网络，洛杉矶级攻击型核潜艇和俄亥俄级弹道导弹核潜艇上用于支持关键任务的网络系统不少于 10 个。每个特定网络都有自己专用的机柜和服务器，彼此之间不能共享服务和存储资源，每个特定应用也都有自己专用的网络和硬件，不仅在安装、培训和后续保障服务上会带来成本预算急剧上升和人员增加的问题，更重要的是，每个网络被设计成支持单一的作战功能，这就造成了大量烟囱式海上网络的存在，它们之间的信息共享和互操作能力很差，无法满足海军"网络中心战"的需求。

表 5-1 美国海军现役主要海上网络

序号	网络名称	类型	装备主要平台
1	ISNS（舰载一体化网络系统）	C4I 战术网络	水面舰船
2	SubLAN（潜艇局域网）	C4I 战术网络	潜艇
3	SCI 网络（敏感隔离信息局域网）	ISR 网络	水面舰船、潜艇
4	CENTRIXS（联合区域信息交换系统）	C4I 战术网络	水面舰船、潜艇
5	ADNS（自动化数字网络系统）	C4I 战术网络	所有舰艇
6	DMS（数据复用系统）	HM&E 网络与部分作战系统网络	宙斯盾驱逐舰（DDG 51~71）
6	FODMS（光纤数据复用系统）	HM&E 网络与部分作战系统网络	宙斯盾驱逐舰（DDG 72~110）
6	GEDMS（千兆以太网数据复用系统）	HM&E 网络与作战系统网络	宙斯盾驱逐舰（DDG 111~）、巡洋舰现代化升级
7	SWAN（舰船广域网）	C4I 战术网络与 HM&E 网络	两栖舰（主要为 LPD-17 级）
8	AEGIS 作战系统	作战系统网络/战术 LAN	宙斯盾驱逐舰与巡洋舰
9	SSDS 舰船自防御系统	作战系统网络/战术 LAN	CVN 航母与 LPD、LHA 等两栖舰
10	COMBATSS-21 作战管理系统	作战系统网络/战术 LAN	驱逐舰（DDG 1000）、濒海战斗舰（LCS）
11	ADMACS（航空数据管理与控制系统）	航空系统网络	CVN 航空母舰

为实现网络中心战的要求，美国海军提出了"2016 海军网络环境"战略（NNE 2016），旨在推动传统的烟囱式结构网络转换为公共共享的服务、应用、计算环境、通信与网络，实现真正的信息共享和互操作性。综合海上网络和企业服务（CANES）项目作为 NNE 2016 战略的一部分，旨在通过创建一种单一的公共网络系统来代替先前多种分散式的 C4I 网络系统，以减少网络种类、安装空间及人员配置，提高互操作能力。

随着信息网络的快速发展和海战场电磁环境的不断变化，海军对大容量通信的需求不断增加，对海军通信的实时性、抗干扰性、可靠性、准确性和保密性等方面要求也越来越高；近年来通信技术本身的飞速发展，也为海军新的通信系统和通信技术的发展提供了条件。未来提高信息传输系统的数字化、智能化与综合化，发展全频域、时域、空域的无缝隙通信，将成为美国海军通信系统发展的必然趋势。

美国海军在军事通信与数据链领域围绕战场网络系统、先进战术数据链系统以及新型通信技术等热点领域展开了大量研究和装备部署工作，提出了更加依赖通信网络的未来一体化空战构想，在推进信息网络企业化转型、大力升级机载通信、扩展数据链能力、发展卫星通信、发展新型通信技术等方面逐步发展海军通信装备和技术。

5.2 综合海上网络和企业服务（CANES）

5.2.1 概况

综合海上网络和企业服务（Consolidated Afloat Network and Enterprise Services，CANES）项目作为"海军网络环境 2016"战略的一部分，旨在通过创建统一的公共网络系统来合并、替代先前多种分散式的 C4I 网络系统，以减少网络种类、安装空间及人员配置，提高互操作能力。[1]

CANES 是一个企业信息系统，由计算硬件、软件和网络服务（如电话、电子邮件、聊天、视频电话会议、网络托管、文件传输、计算资源、存储，以及网络配置和监控）组成。CANES 旨在取代舰船、潜艇和岸上的传统网络。CANES 项目通过增加使用标准组件和定期的硬件和软件更新，缓解了海军舰艇和岸上站点的软硬件过时问题。CANES 企业信息环境如图 5-4 所示。

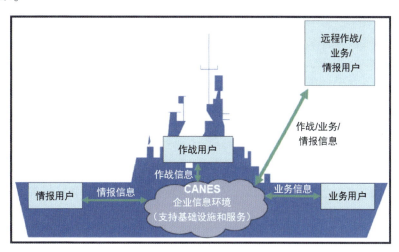

图 5-4　CANES 企业信息环境

CANES 网络为非密、机密、解密和绝密安全域提供了单一的、综合的物理网络以及逻辑子网络。它包括一个跨域解决方案，用于跨这些安全边界进行信息传输，旨在减少海军平台上的网络基础设施占地以及相关的后勤、维护和培训成本。

CANES 有三种为使用平台量身定制的变体：较小型舰船（如驱逐舰和巡洋舰）的单元级，大型甲板舰船（如航空母舰和两栖舰）的部队级，以及潜艇变体。

使命任务：海上和岸上的海军指挥官和舰员使用 CANES 连接武器系统、主机应用程序，并通过聊天、电子邮件、语音和视频，共享指挥控制、情报和业务信息，以支持所有海军和联合作战。

---

[1] 张伟, 董晓明, 王娜, 等. 美国海军"综合海上网络和企业服务"项目研究[J]. 舰船科学技术, 2014, 36（2）: 152-157.

根据 2017 年 6 月结束的 FOT&E 数据，CANES 部队级变体在作战上有效且适用，但在赛博对抗环境中无法生存。2015 年 10 月 13 日，在 DOT&E 根据 IOT&E 的数据评估了单元级舰船的 CANES 在作战上的有效性、适用性和生存能力之后，USD（AT&L）批准全面部署 CANES。

其主要供应商：为诺斯罗普·格鲁曼、通用动力、Serco 和 DRS Laurel 技术公司。[1]

CANES 是海军的项目（POR），用于取代现有的海上网络，并为海军赛博战领域所需的应用程序、系统和服务提供必要的基础设施。CANES 是对现有独立管理的海上网络的技术和基础设施整合，包括舰载一体化网络系统（ISNS）、海上综合企业区域信息交换系统（CENTRIXS-M）、敏感隔离信息网络（SCI-Net）和潜艇局域网（SubLAN）。CANES 正在取代这些传统的、过时的海上网络设计。CANES 为企业信息保障管理提供了能力。它还通过产品和服务的综合和标准化降低了总体拥有成本，同时利用持续的竞争来有效获取新的舰队需求和能力。

CANES 的基本目标是带来基础设施即服务（IaaS）和平台即服务（PaaS），在役和未来的海军战术网络计算和存储能力将驻留其中。CANES 将为各种海军水面战斗舰艇、潜艇、飞机、海上作战中心、区域网络运营和安全中心提供基础设施，包括硬件、软件（含 ACS）、处理、存储和终端用户设备，用于非密（unclassified）、秘密（confidential）、机密（secret）、绝密（top secret）和敏感隔离信息（TS/SCI）的所有基本网络服务（电子邮件、Web、聊天和协作）。托管应用和系统包括指控、ISR、信息战、后勤及业务领域，要求 CANES 基础设施在战术环境中运行。海军经过验证的使用 CANES 基础设施和服务的项目包括海军分布式通用地面系统（DCGS-N）、海上全球指挥控制系统（GCCS-M）、海军战术指挥支持系统（NTCSS）和水下作战决策支持系统（USW-DSS）。这些系统依赖于 CANES，不再提供各自的硬件。

CANES 将迭代开发，进行四年硬件基线和两年软件基线的滚动更新，以确保不存在因硬件和软件过时而导致的赛博安全漏洞。CANES 基于减少海上网络数量的总体概念，并通过专注于集成技术解决方案的单一工程来提高效率。这将允许简化采办、合同签订和测试活动，通过将多个当前配置管理基线、后勤和培训工作整合到一个统一的支持结构中，从而显著提高生命周期效率。

CANES 于 2015 年 10 月作出全面部署决定，授权该计划实现其剩余的目标库存。在全面部署决策中，里程碑决策权被授予海军研究、开发和采办部助理部长，该项目被指定为 ACAT IAC 项目。这一决定是基于在部队级平台上成功进行的初始作战测试和评估（IOT&E）做出的，作战测试和评估主任宣布该系统在作战上有效、适用和可生存。CANES 项目在 2023 财年达到完全作战能力。

CANES 于 2013 年 10 月在"麦坎贝尔"号驱逐舰（DDG 85）上完成安装，2014 财年实现了初始作战能力。截至 2017 年 9 月，已在 61 艘舰艇和潜艇上完成了 CANES 安装，包括 7 艘航空母舰、4 艘两栖攻击舰、2 艘导弹巡洋舰、32 艘导弹驱逐舰、2 艘两栖指挥舰、3 艘船坞登陆舰、5 艘弹道导弹核潜艇、4 艘核潜艇和 2 艘技术训练装备。

---

[1] DOT&E. FY17 NAVY PROGRAMS, Consolidated Afloat Networks and Enterprise Services（CANES）.［https://www.dote.osd.mil/Portals/97/pub/reports/FY2017/navy/2017canes.pdf? ver=2019-08-19-113710-477］

5.2.2 研制背景

5.2.2.1 NNE 2016

为实现网络中心战的要求,美国海军提出"海军网络环境 2016"战略(Naval Networking Environment 2016,NNE 2016),旨在推动传统的烟囱式结构网络转换为公共的服务、应用、计算环境、通信与网络,实现真正的信息共享和互操作性(各层次的"水平融合")。NNE 2016 战略的概念如图 5-5 所示①。

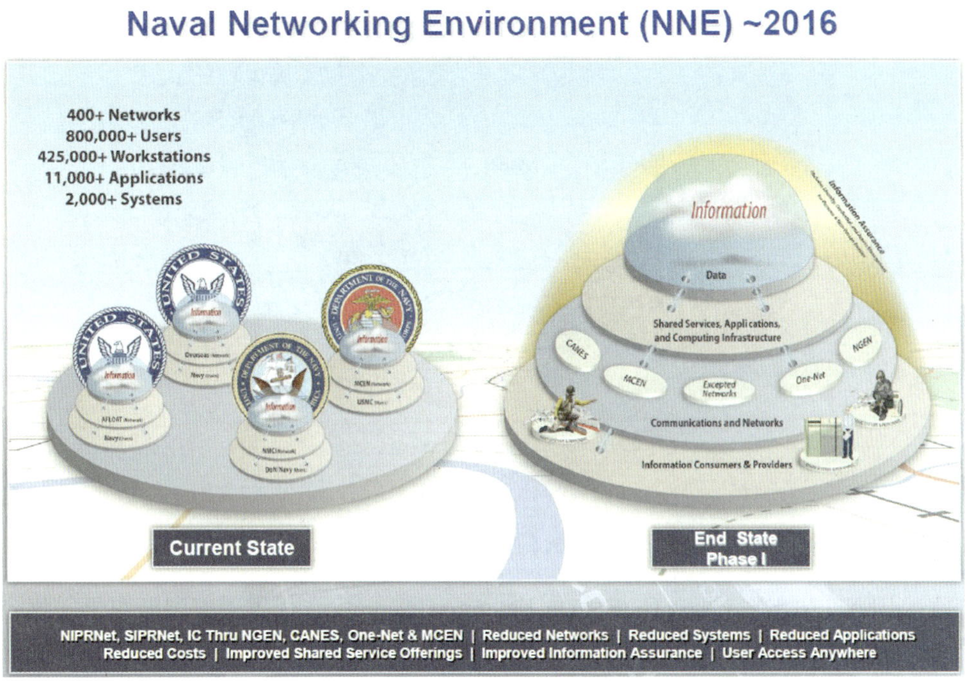

图 5-5 NNE 2016 战略

美国海军 NNE 2016 战略是一个反复迭代的综合性、阶段性项目集,用于指导海军构建一个以网络为中心的企业环境,优先关注作战需求,其数据、服务和应用可供海军用户随时随地获取和调用,能确保所有海军网络(包括未来的海上网络基础设施)都具有完全的互操作性,并具有较高的安全性和可靠性。NNE 2016 的目标是减少和替代传统网络,使应用与具体的软/硬件不再相关。根据 NNE 2016 战略,现有的企业网络、核心网络服务、功能程序、主应用等都将纳入一个与网络作战思想相一致的通用企业架构与标准体系中,从而实现真正的互操作能力。

如图 5-6 所示,NNE 2016 包括下一代企业网络(NGEN)、综合海上网络和企业服务(CANES)、美国大陆外海军企业网络(ONE-NET)、海军陆战队企业网络(MCEN)以及海军部队认可的其他传统网络,同时还包括在通用企业架构和标准下运行在各种海军网络上

---

① Mr. Robert J. Carey, DoN CIO. Naval Network Environment 2016 – Connecting the Naval Warfighting Team. Navy Marine Corps Symposium 2010.

的企业核心网络服务、功能程序和主应用①。按照 NNE 2016 接口控制原则，这些联合网络环境之间均能实现一定程度上的协同、互操作、数据访问和信息保障等能力。NNE 2016 采用基于开放标准的开放式体系结构（OA），这不仅可以获得较好的经济可承受性，还能使海军部队快速地适应新的任务和威胁。

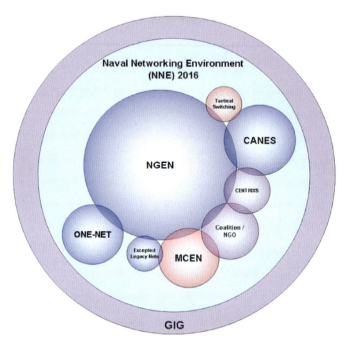

图 5-6 ▍NNE 2016 的范围

（1）NGEN。NGEN（Next Generation Enterprise Network）代表了美国海军下一代企业网络的发展方向，将向海军和海军陆战队提供安全的 IT 基础设施和服务，用以替代现有的海军/海军陆战队内联网（Navy Marine Corps Internet，NMCI）。NGEN 提供的企业网络服务具体是指安全、标准化、端到端的岸基信息技术能力，用于支持语音、视频和数据通信。NGEN 借助于通用计算环境（CCE）来提供一种"应用托管"（Application Hosting）环境，以满足海军指挥部和相关部门的服务需求。②

（2）ONE-NET。通过在美国大陆以外安装标准化的全球 IT 基础设施，并借助于 CCE（支持 NIPRNet 和 SIPRNet），ONE-NET 可向美国大陆外的海军岸基指挥部提供端到端的信息和无线电通信服务。ONE-NET 基于 NMIC 体系结构，可与 IT-21、NMCI 和全球信息栅格（GIG）之间实现良好的互操作性。③

（3）MCEN。海军陆战队企业网络是美国海军陆战队网络力量的主干，可视为一般服务

---

① Naval Networking Environment (NNE) ~2016, Strategic Definition, Scope and Strategy Paper Version 1.1. Department of the Navy Chief Information Officer (DON CIO) NGEN/NNE Strategy & CONOPS Task Force, 13 May 2008.

② Department of the Navy Next Generation Enterprise Network (NGEN) Requirements Document. NGEN Requirements Task Force, 2008.

③ Nathaniel J. Hayes. A Definitive Interoperability Test Methodology for the Malicious Activity Simulation Tool (MAST) [D]. Naval Postgraduate School, Mar 2013.

网络和音频、视频、数据服务环境的总和，包括从广域网线路到桌面计算机。MCEN 也是一种全球网络环境，可向美国大陆和大陆外的部队力量提供网络服务，除了自身所拥有的战术功能外，还可以利用 NMCI 和 IT-21 的网络功能。

（4）CANES。CANES 项目旨在减少舰上服务器等硬件的数量，将现有的舰载网络硬件转变为集中式的、可管控的处理模式，用于整合 ISNS 等传统网络以及部分 IT-21 信息基础设施。CANES 的关键技术包括通用计算环境（CCE）、敏捷核心服务（ACS）和跨域解决方案（CDS）。在岸基网络设施的辅助下，CANES 可为舰队提供一种跨域信息协同和共享能力。

图 5-7 是在 NNE 2016 战略规划下的未来海军网络环境构想，通过创建的公共服务和基础设施，将获得安全性、互操作性、信息保障和作战指挥等能力的显著提升。①

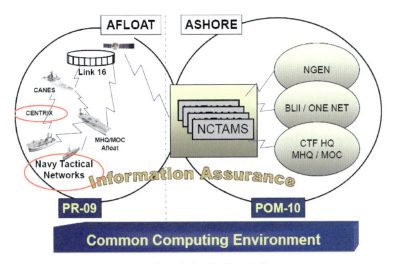

图 5-7 未来海军网络环境构想

5.2.2.2 战术海上网络

21 世纪初，美国海军舰队拥有 640 多个遗留系统，构成舰载 IT 网络环境。这些系统仍在继续使用，因为它们仍然满足美国海军当前的需求，尽管它们的功能不如一个更新的系统，并且无法满足未来海军的需求。舰员们使用的软件有 17 种以上的硬件变体、6 种不同的操作系统变体和 380 个应用程序版本，分散在整个舰队中。

2009 年的一份资料显示，当时美国海军 C4I 系统的状况如下：②

新的 C4I 能力到市场的平均时间：2~3 年；

平均服务器寿命：ISNS 为 3+年，GCCS-M 为 7+年；

平均网络寿命：6.7 年；

网络 FOC 时间：4~9 年；

现役 300 多艘舰艇，642 个遗留网络系统，其中有 297 个 ISNS、151 个 CENTRIXS、144 个 SCI-Net、50 个 SubLAN。

---

① Mr. Dave Weddel. Strike, Land, Attack & AirDefense (SLAAD): Integration and Interoperability with Allies and International Partners in Enhancing Global Security. Deputy N6 for Communications, 2008.

② Chris Miller. Policy, Governance and Performance Management in a Services Oriented Architecture. PEO C4I, 14 May 2009.

典型的美国海军大型水面作战舰船，如提康德罗加级巡洋舰或"阿利·伯克"级驱逐舰，至少有 13 个独立的局域网（LAN）。这些网络不会互通，每个网络都有独立的硬件（包括布线）和软件，造成信息"烟囱"。此外，这些网络中的每一个都是单独管理的，每个服务器都有自己的硬件和软件更新过程，以及自己的安全更新系统。

美国海军对部署在舰船上的重复基础设施和应用程序非常担忧。据估计，美国海军每年花费 16 亿美元用于当前舰载网络系统的遗留成本。由于部件需要更换，预计这一数字只会增加。随着网络老化，平均故障间隔时间（MBTF）越来越低。目前舰载网络的战备率为 95%，但即使这样也不够好。为了完全支持任务关键型应用程序，舰载网络必须具备 99%的准备就绪阈值，99.9%的目标准备就绪阈值。①

在 2006 年海军网络作战司令部举行的年度 N6 舰队会议上，列出了 2007 财年舰队十大 C4 需求，其中一项是：舰上部署了独特的网络，对现有的 ISNS 主干造成了不利负载。这些系统既没有考虑也没有与现有船上网络集成。所有 IP 网络，无论目的为何，都必须根据未来的网络集成项目 CANES 进行整合，以确保作战网络不会受到不利影响，形成统一的 IP 舰载体系结构。

5.2.2.3 CANES 的驱动因素

业务、技术和作战需求的相互作用是一种平衡行为。应从每个领域的角度分析 CANES 项目，以了解推动决策和发展的因素。作战需求，从海上网络的角度广义地说，是指能够"随时随地"进行通信的能力。作战需求包括人力、维护和调度以及培训等子要素，所有这些都是有效部署系统所必需的。从技术角度来看，CANES 大量使用 COTS 硬件和软件，本质上是军事网络的下一个迭代升级，慢慢地从面向系统的体系结构和专有技术中脱离出来。最后，CANES 是工业和军事最佳实践的产物，采办和签订合同策略在 CANES 系统的业务流程中也发挥重要作用。

CANES 的发展主要由以下三点因素驱动，如图 5-8 所示。

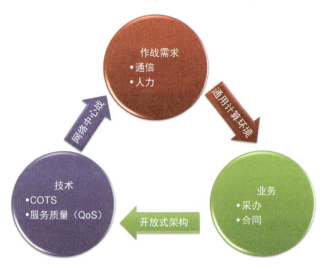

图 5-8 CANES 的主要驱动因素

---

① Aleron B. Rognlie. An analysis of return on investment of the Consolidated Afloat Networks and Enterprise Services (CANES) program [D]. Naval Postgraduate School, June 2010.

1. 作战需求

消除通信制约是任何网络项目的最终目标。CANES 只是实现这一目标的众多通信技术之一。确定系统架构师作战概念的总体战略指南是网络中心战（NCW）范式。该范式包括了网络应该是什么，解决了从战略到战术的自上而下的需求，以及所有军种之间的联合互操作性问题。

塑造作战能力的另一个因素是舰上的人力使用和优先需求。舰上人力规模取决于舰船的能力、任务和所需的值班人员，因此，某些舰载系统优先于日常维护和保养。部署 CANES 系统旨在减少维持网络所需的必要人力。需要对人员和培训需求进行分析，以了解系统的拥有成本。一个综合和高效设计的网络需要专门的系统维护和操作技能，但会腾出额外的人员来从事舰上的其他工作岗位。

2. 技术更新

尽管计算机网络起源于国防应用，但几十年来，民用商业部门一直主导着这一领域。在未来冲突中，能否成功地开展网络中心战，取决于能否缩小商业和军事网络技术之间的技术性能差距。从业务角度来看，任何能够加快集成和提高敏捷性的技术都会带来投资回报的增加。

QoS 是由于网络速度和吞吐量限制而必须进行权衡的结果。QoS 包括三类：硬实时、软实时和非实时调度。硬实时是目标定位或空中交通管制所需的调度。软实时是指发生瞬时网络中断或服务质量下降时，它不会像语音或视频通信那样被认为是灾难性的。非实时将是诸如网络浏览等，在这种情况下，服务的退化不会带来灾难或生命损失。QoS 的等级将决定企业架构的设计方式。

3. 业务需要

多年来，军方部署了基于专有技术的通信系统，这一过程对成本和性能产生了长期影响。过于复杂的商业计划书执行缓慢；可能出现的问题包括技术过时、资金不稳定、培训和人力分配不成比例。

CANES 软件和硬件的设计更新目标分别为 2 年和 4 年；对于前线部署来说，目标是 4 年和 8 年。与审查和批准 CANES 更新相关的流程可以运行数年以上。当这个时间轴与摩尔定律并排放置时，CANES 的速度就快了。CANES 硬件和软件供应商保持快速的创新和部署速度，以保持市场竞争力。通常，这种做法会降低价格，提高性能。

典型海军舰载网络的平均使用年限约为 7 年，远长于 COTS 网络的平均更新率。当舰艇通常接收新的网络系统时，硬件和软件已经落后于行业最新技术 3~4 年。为了纠正这种差异，海军通常会修改安装合同，以便进行升级。该程序通常相当于购买最新的硬件和软件包，这些软件包将满足或超过必要的系统规格，并与现有系统兼容。这一过程效率低下，在某些情况下，海军的成本可能会增加一倍。CANES 合同计划是根据经验教训制定的，并遵循灵活的合同策略。

5.2.2.4　CANES 与其他 C4ISR 项目

为减少网络种类、安装空间及舰员配置并提高信息共享与互操作能力，美国海军一直在努力改进 C4I 网络，如 ISNS 系统就是将原有的 NTCSS（海军战术指挥支持系统）和 GCCS-M（海上全球指挥控制系统）网络集成在一个网络中，提供统一的指挥控制服务。为彻底改变 C4ISR 的网络现状，根据海军 NNE 2016 战略以及 FORCEnet 企业架构和标准，海军提出了基于开放式体系结构的 C4ISR 网络体系结构，并于 2006 年提出了 CANES 项目，2008 年 11 月确定了 CANES 开发决策，从 2011 年起通过 CANES 项目提供包括网络硬件和网络软件基础设施在内的计算机环境建设。

CANES 与其他开放式体系结构的 C4ISR 项目（计划）的层次关系如图 5-9 所示。①

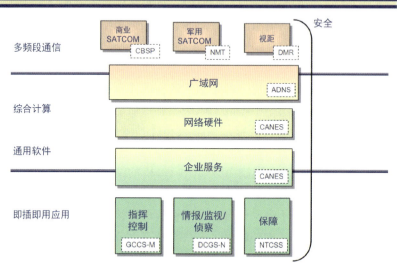

图 5-9 ┃ CANES 在采用开放式体系结构的 C4ISR 中的位置

CANES 以 ISNS 系统为基础，逐步把敏感隔离信息网络（SCI）、潜艇局域网（SubLAN）、联合区域信息交换系统（CENTRIXS）、视频信息交换系统（VIXS）、舰载视频分发系统（SVDS）也集成进来，将这些传统烟囱式网络及其应用都迁移到 CANES 中。根据硬件需求，CANES 利用标准化的网络基础设施和通用化的机柜体系结构来创建统一的计算环境，并通过企业服务为作战和管理应用程序提供"托管"（hosting）服务，以提高互操作能力，减少传统硬件的数量和安装空间。

CANES 代表了对上述 5 种舰载遗留网络项目的整合和加强，为 40 多个指挥、控制、情报和后勤应用提供通用计算环境。它将舰艇上已存在的多个网络系统（包括 SCI、CENTIRX、GENSER、UNCLAS 等）融合成一个舰载局域网，并通过 ADNS 接口和广域网互联，目的是废除海军许多传统、独立的网络，同时提供一个灵活且反应灵敏的网络体系结构，以便对不断变化的海军业务需求快速做出修正。该项目巩固和加强了多个舰载传统网络，建立一个通用计算环境（CCE）基础设施，用于指挥和控制、通信、情报等应用。该项目的其他目标是减少海军舰船上的信息技术基础设施的种类和数量，加强网络基础设施的能力，提高安全性，减少当前硬件的影响，并降低舰载设备部署成本。通过采用通用的装备、训练系统，CANES 也将为海军减少运作和维护的成本和工作量。

---

① Mr. Steve Musson. Transforming Navy C4I to Meet the Present and Future. 25 September 2008. ［Slides］

5.2.3 设计目标

现代战争的基石是一支安全的网络化部队。网络提供了共享信息和拥有对作战空间的共同理解的能力。保护网络以确保自由获取及时、准确的信息是当务之急。国防部的系统和网络不断受到攻击，必须不断进行防御。防御机制必须成为整个企业的系统和网络设计和实施的一个组成部分，以确保成功。此外，必须部署能力以应对和回应网络战威胁。在海上环境中，通过 CANES 的整合提供了一个适应性和反应性强的信息技术平台，迅速满足作战人员不断变化的要求。这一战略加强了网络的基础设施，提高了安全性，减少了现有的"硬件足迹"（hardware footprint）并降低了总成本。

CANES 通过形成一个开放的、虚拟的计算环境，将所有计算资源统一调度管理，可为其他领域的应用提供服务，所有应用软件均分布在这个虚拟的计算环境中。所有传感器、受动器、激励器和武器通过分布式适配处理器（DAP）与全舰计算环境（TSCE）连接。CANES 依靠云计算和虚拟化计算技术，通过网络进行交付应用，而不绑定于特定的计算机。虚拟化意味着部分用户能利用整个网络的 C4ISR 系统上未使用的计算机容量，虚拟化不但不会增加舰载计算机容量，反而会降低舰载的总容量。虚拟化也能转换成生存能力，计算机网络的某一部分被损坏时，可通过其他部分的空闲容量加以弥补。

除了提供更强的能力外，CANES 还使舰员们受益于共同的设备、培训和后勤服务所带来的运作和维护工作量的减少，因为自动化系统所需的监控工作量很小，无须操作人员时刻监控，只要有人待命即可。CANES 也能为海军网络带来其他一系列的改进：提高可用性，改善语音、视频和无线通信；提供更健壮的灾难恢复能力；降低功耗和供热需求；提供高级网络管理工具；等等。舰载用户通过 CANES 网络可以实现：托管应用程序以支持海军和联合作战，并提供计算资源和网络服务；支持武器系统、指挥和控制、情报和商业信息应用。海军指挥官和海上/岸上的舰员通过 CANES 连接武器系统、托管应用程序，并通过聊天、电子邮件、语音和视频共享指挥控制、情报和业务信息，以支持所有海军和联合行动。

CANES 标志着美国海军在 C4ISR 能力方面发生了重大变化。在现有的科技水平和工业标准条件下，CANES 提供了包括网络硬件和网络软件基础设施在内的计算机环境建设，使海军网络环境完全融合，所有海军用户都可以在这一环境下获取数据和服务，保证未来海上所有海军网络的互操作性。CANES 的建设提高了美国海军指挥控制能力，把指挥控制、战场预警与火力打击整合，并能够与其他军种或盟军共享信息，形成完全网络化的通信和指挥控制体系。

CANES 项目开展旨在处理早期舰载网络环境的相关问题，具体目标是：

（1）根据海军和联合作战的需求，建立一个安全的海上网络。

（2）通过使用成熟的跨域技术和通用计算环境（CCE）基础设施，统一和减少海上网络数量，并加以技术更新，提高网络之间的互操作性。现有的海上网络具有独立运行、分散管理的特点，而借助于跨域解决方案（CDS）技术，可以对传统烟囱式的非密网络、秘密网络等加以整合和统一。在这方面，SCI 和 CENTRIXS-M 就是先例，通过运用 CDS 方案，其基础设施的成本和复杂性得以显著降低。此外，CANES 还利用 CCE 等技术创建了统一的网络基础设施，在对 ISNS、SCI、CENTRIXS-M、SubLAN 等传统网络进行整合的同时，保留了它们原有的功能。通过提供通用的体系结构和接口，并利用最新的数据网络技术，CANES

能频繁而简单地对系统进行技术升级。

（3）减少海上网络基础设施的重复现象，减少其安装空间和相关硬件的费用。CANES 可以为所有的 C4ISR 应用和服务提供"托管服务"。例如，在 CANES 项目中，应用提供者只需将磁盘带到舰船上下载软件即可，而不必像过去一样还要购买、安装相关的服务器、存储设备、客户端和网络构件等，也不必再开展配套的保障和训练工作。如此一来，硬件的数量、成本、安装空间就得了有效缩减。

（4）提供更可靠、更安全的作战应用及其他能力，满足当前和未来的作战需求。除了能够减少硬件安装空间和成本外，CANES 提供的统一网络基础设施和服务，还能够形成网络中心企业服务（NCES）海上核心服务（ACS）战术优势，支持国防部所有的 C4ISR 系统应用程序迁移到面向服务架构环境中去，同时借助于 CDS 和 CCE 技术，简化业务流程，将应用/服务与具体的硬件分离开，从而满足当前和未来战术作战任务的需求。

（5）拓宽网络整合范围，扩大整合目标。CANES 的网络整合范围绝不仅局限于当前规划的几种传统网络，还包括其他一些网络和系统。例如，当前许多海上系统为了实现自己的功能需求都拥有配套的网络基础设施，CANES 将继续进一步调查这些系统需要实现哪些网络功能，如果目前 CANES 没有提供这些功能，将在未来的增量开发计划中将其作为特定服务添加进来，以供所有类型的舰载网络加以利用。

图 5-10 展示了 CANES 的高级体系结构构想①，将传统的海上网络整合成一个精简型的公共网络结构是其最终目标，有助于实现该目标的任何解决方案和技术都将得到美国国防部的大力支持。

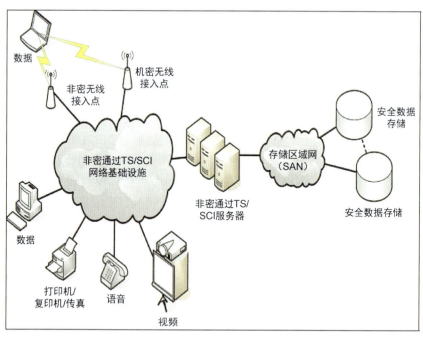

图 5-10 ｜ CANES 的体系结构构想

---

① RFI：Technologies to Collapse Navy Afloat Networks in Support of the Consolidated Afloat Network and Enterprise Services（CANES）Program. SPAWAR，2013.

CANES 分 5 个方面进行开发，每个方面均计划有近期、中期、远期开发目标，其各方面各阶段的开发内容如表 5-2 所示。①

表 5-2 CANES 的近、中、远期开发目标（2020 年）

	近期（1~3 年）	中期（2~4 年）	远期（5 年以上）
弹性	容错网络	服务集群/热备份	动态/隔离网络域
		内置故障测试	通过机器学习进行故障预测
	鲁棒关机和恢复	关键电源的分阶段迁移	降级失效模式 作战和恢复 "战斗片段"
	备份/恢复冗余		
赛博安全	INOCCS（综合海军作战指挥控制系统）对齐	INOCCS 框架	零信任架构
	持续监控	优化的 SIEM 关联规则	虚拟赛博安全场景培训
	赛博威胁升级	虚拟桌面扩展	
效率	最优通用计算环境	多飞地解密托管	通用计算环境 QoS 和 SLA 优化
	简化/弃用软件和服务	数据库驱动设计	最优网络基础设施
快速获得能力	虚拟开发和集成环境	DevSecOps 生产分段和数字孪生	
	DevSecOps 管道	通过 DevSecOps 分段和数字孪生加快安装速度	基于微服务的设计模块化/容器化更新
	分阶段部署版本"早期采用者"	制度化的 C2C 发布流程	
作战人员经验和保障性	扩展远程保障	自动作战人员反馈	
	主动性问题检测	自动配置审计	舰员驱动的技术应用
	操作驱动的仪表板	移动性扩展	

CANES 带来显著的成本效益和减员效益。在遵循海军 FORCEnet 体系结构和标准的基础上，CANES 项目不仅能实现 C4ISR 能力一体化（信息共享与互操作能力），还能在保证节约经费开支的前提下，增强各舰队的作战能力，大幅减少 C4ISR 系统的安装空间和管理人员配置。

成本效益。美国海军研究生院的论文《基于 CANES 项目的预案分析》，对 CANES 的采办与安装成本、软件成本、能源节省成本、人力节约成本等进行分析，结果表明，CANES 的实施可有效减少软件成本，节约能源成本和人力成本。例如，2011—2016 财年，采用 SOA 对节约软件更新成本的效果显著，合计减少 6656.3 万美元；由于减少能源（用于制冷网络硬件）的使用，以及减少了物理硬件的需求，因此减少了服务器的供电需求，所获得的能源节约效果达 4924.2 万美元。

减员效益。在 CANES 项目实现之前，舰上多个烟囱式 C4ISR 网络系统需要 25~65 个机柜和 12~36 名管理人员（不同的舰艇作战平台在配置数量上有差异）。在向 FORCEnet 企业结构演进的过程中，在实现 CANES Inc0 后，机柜数量减少到 6~10 个，管理人员减少到 6~18 名；在 CANES Inc1 阶段，采用 ACS 和应用进一步优化后，系统操作人员的数量进一步减

---

① CAPT Katy Boehme, Program Manager. PMW 160 Tactical Afloat Networks. NDIA 2020 Fall Forum, PEO C4I and Space Systems，27 October 2020.

少到 3~12 名。人员配置的减少，相应的人力成本也会得到有效缩减。①

5.2.4 系统架构

传统的"烟囱"式海上网络根据密级边界规定了物理分离的网络操作。新的跨域解决方案（CDS）将提供技术，使现有的非密、秘密、机密等"烟囱"网络得以显著整合。

如图 5-11 所示，CANES 的主要目标之一是提供自适应的网络基础设施，迁移遗留硬件并减少总体占地面积。首先整合 ISNS、SubLAN、CENTRIXS、SCI、VIXS/SVDS 这几种 C4I 网络，并满足其作战需求；其次逐步整合一些其他网络，如海军核反应推进装置网络（PP-LAN，部署在"尼米兹"级航母上）等。②·③

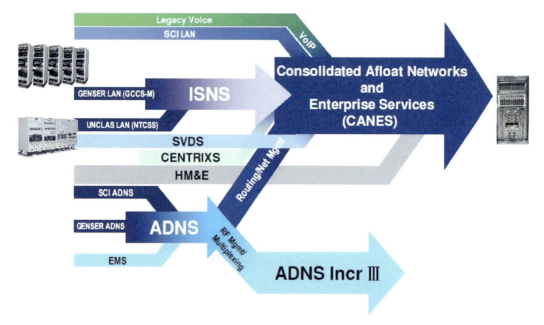

图 5-11 | CANES 的网络架构迁移策略

（1）ISNS。ISNS 是由舰队水面舰艇网络基础设施的硬件和软件组成的综合系统，源于早期为所有美国海军舰船提供基本局域网服务的计划。ISNS 中不同等级的网络使用独立的硬件（如计算机终端、网络交换机、服务器、辅助布线），以支持所有的涉密等级。

（2）SubLAN。SubLAN 本质上是 ISNS 的潜艇版本，具有同样的涉密级别，可提供相似的功能服务，但服务对象仅为美国海军潜艇。

（3）CENTRIXS。CENTRIXS 的用途是实现美国海军同盟军舰艇之间进行互联网协议（IP）通信（电子邮件、网络、对话）。这个独立的通讯网络与 ADNS 连接，可以实现在包括日本、韩国、北约和全球反恐特遣部队在内的盟军间的高速数据传输。

---

① Reginald Badua, Shalanda Warr. CANES Implementation: Analysis of Budgetary, Business, and Policy Challenges [D]. Naval Postgraduate School, December 2014.

② CANES Vision. SPAWAR, 2013.

③ Steve Bullard, Deputy Program Manager (PMW 740). Navy C4I Roadmap. PEO C4I, 18 October 2007. [IDLS2007_PEOC4I.pdf]

(4) SCI。SCI 提供了一个独立的网络，用于接收和传送特殊情报和敏感隔离信息数据，用以满足美国海军计算机安全的标准。这样的网络架构能够实现在具有绝密信息能力的平台中进行语音、视频和数据的加密传输。

(5) VIXS/SVDS。它们是安装在舰船上的一种附加网络，支持视频交换、流媒体视频分发和视频会议。

除了整合以上 5 种传统网络，CANES 还能够支撑大约 40 种 C4I 应用。同时，海军各类无线项目，如无线前传回送系统（WRBS）等，都将集成到 CANES。此外，ISR 和 C2 的主要系统也将并入 CANES 网络设施。这些主要系统具体包括海上全球指挥控制系统（GCCS-M）、海军分布式通用地面系统（DCGS-N）、海军战术指挥支持系统（NTCSS）以及其他一些主要应用程序。

为了减少 CANES 项目实施风险，CANES 主要在早期的 C4I 网络——ISNS 网络上来集成 SCI 网络、CENTRIXS 网络、SVDS 和 VoIP 话音网络。另外，从图 5-11 中还可以看出，HM&E 网络应用也会逐步迁移到 CANES 中，再加上前面提到的 PPLAN 整合计划，可以看出，CANES 的整合范围将不断扩大。CANES 是在保证现有网络完整性的同时对网络进行现代化改造，即在不破坏现有海军多种网络的情况下将现代开放式系统网络集成到海军舰队中。

CANES 通过 ADNS 实现舰—舰和舰—岸 IP 连接，即实现舰外连接。ADNS 增量 3 借助于卫星通信系统为舰船提供了足够的通信带宽，它与 CANES 的无缝结合为海军舰船通信策略带来了变革。CANES 通过与 ADNS 进行接口，可在 GIG 范围内提供端到端的网络服务，能显著增强舰艇作战单元对信息战的控制权，如图 5-12 所示。[①]

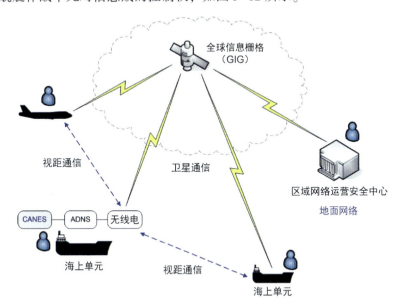

图 5-12 海上网络作战视图

---

① Andy S. Peng, Brian R. Eickhoff, et al. Toward Consolidated Tactical Network Architecture: A Modeling and Simulation Study. MILCOM 2008 - 2008 IEEE Military Communications Conference, November 2008.

如图 5-13 所示为 CANES 的高层次概览。①

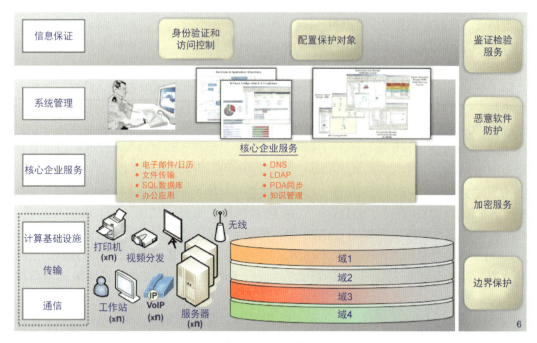

图 5-13 ▎CANES 的高层次概览

图 5-14 显示了阿利·伯克级驱逐舰上 CANES 的概念硬件配置。②

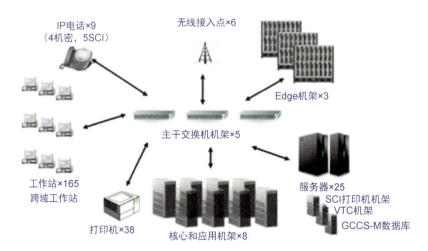

图 5-14 ▎阿利·伯克级驱逐舰上 CANES 的概念硬件配置

---

① Jim Churchill, Acting Program Manager（PMW 160）PEO C4I. Consolidated Afloat Networks and Enterprise Services（CANES）: The Obsolescence Tail Chase. NDIA Fall Defense and Industry Forum, 26 October 2016.［PMW 160_NDIA Fall Forum 2016 Brief_OCT16. pdf］

② Reginald Badua and Shalanda Warr. CANES Implementation: Analysis of Budgetary, Business, and Policy Challenges［D］. Naval Postgraduate School, December 2014.

5.2.5 系统功能与组成

CANES 依靠虚拟化和云计算技术，用网络传送应用程序，而不是把应用程序和特定的计算机绑定在一起，节省舰艇上的实体基础设施空间；同时依托虚拟化和云计算技术增强舰载网络系统数据存储容灾能力，即网络中一个扇区数据损坏可用闲置容量中的另一个扇区来补偿；通过在一台计算机上运行多重独立的虚拟操作环境、可扩展计算机能力，使硬件设施、计算资源和存储资源得到最大化利用；CANES 还可以解决不同安全等级的不同数据库之间无法沟通的问题。

CANES 将提供以下 6 个方面的能力：
- 命令的传输能力，支持美国海军的海上战役战术决策快捷、有效地分发到各个舰队，并且能识别命令的优先级，以便进行处理；
- 信息共享能力；
- 战场空间的通用感知能力；
- 构建满足当前和计划战事需求的网络环境；
- 集成语音、视频、数据和系统管理功能以减少舰艇网络负载；
- 成熟的商业技术和开放式架构。

CANES 是一种信息技术的应用策略，直接满足关键的信息安全/计算机网络防御（CND）需求，提供更加安全和可靠的海上网络基础设施。图 5-15 示意了 CANES 的主要功能（能力），包括话音服务、视频服务、数据服务和系统管理等，其所创建的企业信息环境，可为水面舰船、潜艇、空中作战平台和岸基设施执行常规业务、作战、情报侦察等任务提供有效支持。特别应注意的是，CANES 不仅仅提供公共的网络硬件基础设施（如网络传输、网络存储与计算），更重要的是还提供 C4ISR 应用中最基础、最核心的海上企业服务（全球信息栅格 GIG 的 9 种核心企业服务①），所有的 C4ISR 应用都可调用这些核心服务开发自身的应用程序。

CANES 承诺通过当前安装的网络系统为美国海军舰艇带来益处。它将使用更少的物理服务器机架，降低整体船重，并为其他功能腾出空间。CANES 将通过远程应用安全补丁提供集中管理的安全管理，从而提高舰上网络的安全性。通过增加平均故障间隔时间（MTBF），同时减少从故障恢复所需的时间，升级到 CANES 的舰艇预计也将比当前网络系统具有更高的网络可用性。

CANES 的任务是提供一种企业信息环境，为水面舰船、潜艇、空中作战平台和岸基设施执行常规任务、作战、情报侦察等活动提供有效支持。从体系结构角度来看，CANES 的主要目标包括：①将现有的海上物理网络整合成一个统一的物理网络架构；②对物理服务器和数据存储设施进行虚拟化管理；③在虚拟化资源之上开发一种面向服务的核心服务架构，为信息应用提供一种平台，将这些应用迁移到 SOA 架构中。

如图 5-16 所示说明了 CANES 带来的系统功能层次改变。

---

① 袁照传. 美军全球信息栅格（GIG）理论与方法、研究现状与启示. 科教纵横，2008（10）：139-140.
全球信息栅格 GIG 的 9 个核心企业服务为企业系统管理服务、消息传递服务、发现服务、中介服务、协同服务、用户帮助服务、信息保证和安全服务、存储服务、应用程序服务。

图 5-15　CANES 的主要功能

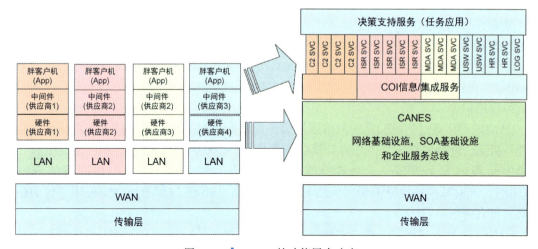

图 5-16　CANES 的功能层次改变

CANES 是采用开放式体系结构的战术网络基础设施，主要由三个部分组成：通用计算环境（CCE）、海上核心服务（ACS）和跨域解决方案（CDS）[1,2]。美国海军研究局曾对 CANES 项目的独立技术准备水平进行评估，得出的结论是三个核心部件关键指标均达到高

---

[1] Consolidated Afloat Networks and Enterprise Services（CANES）: Re-architecting the Navy's C4I Network Infrastructure. Lockheed Martin SNA Media Brief, 11 January 2010.

[2] Aleron B. Rognlie. An analysis of return on investment of the Consolidated Afloat Networks and Enterprise Services (CANES) program [D]. Naval Postgraduate School, June 2010.

级别的技术准备水平,项目风险系数较低。

5.2.5.1 通用计算环境(CCE)

美国海军的应用程序集成方法(以及最终的云架构未来发展策略)被称为通用计算环境(Common Computing Environment,CCE)。PEO C4I 旨在使用 CCE 将遗留的网络配置合并成一个统一的硬件和软件环境。

CCE 可以有效地将舰船的网络硬件整合到一个通用的网络核心中,而不是操作多组不同的硬件。这样,舰上的网络硬件和操作软件都将归入用于集中管理的单一项目,而不是现有基础设施的分散重复。CCE 允许核心网络托管遗留应用程序的虚拟版本,而无须遗留程序所需的冗余硬件。它还将使安全更新的交付标准化,并允许对舰队范围内的硬件和软件更新采取更加可控的方法,以确保舰上网络保持相对现代化。

CCE 成为开发应用程序和系统以供将来使用和集成的标准,CCE 标准对用于分析、集成、测试和认证应用程序或系统的方法产生了深远的影响。

CCE 能有效地利用"虚拟化软件"技术将舰载网络硬件(交换机和路由器)、机架、服务器和通信媒介等整合到公共网络核心中,以取代相似的硬件独立的操作,从而实现硬件基础设施的虚拟化管理。目前,一台服务器上仅能同时运行一种操作系统,但是借助于采用 SOA 架构的虚拟化技术后,不同种类的操作系统(如 Linux、Solaris、Windows 等)以及它们各自所支持的所有应用程序都可以在同样的硬件和服务器设施上加以同时运行,即一台"虚拟化服务器"允许表面上不兼容的系统和多个独立运行的应用程序同时运行在一台单独的服务器上,最终实现将多种计算功能整合到一个公共网络和服务器组中的目标,这将有效扩展计算机能力,并能够使硬件设施投资和物质资源得到最大化利用,见图 5-17 和图 5-18。需要注意的是,CCE 主要侧重于硬件和硬件的虚拟化管理,而不涉及应用和服务对象,舰队所使用的应用和服务都将"托管"在 CCE 的硬件基础设施上,在一台服务器上可以调用任意一种操作系统所支持的全部应用。[1],[2]

虚拟化是一种软硬件策略,允许大量的虚拟机(操作系统、应用程序或网络)在一套通用物理硬件上独立且同时运行,可显著提高信息技术系统的可靠性和效率,减少实际硬件的安装数量和空间,降低维修需求。硬件虚拟化是通过刀片服务器为舰上网络提供中央处理资源,并进行动态资源调配和即时数据恢复。CCE 通过提供一套硬件设备来支持应用需求,目前这些应用功能主要以软件形式安装,与硬件机柜专门执行某一具体应用不同,通过磁盘安装软件可大量减少舰上硬件机柜的数量。CCE 所拥有的刀片服务器和先进的磁盘阵列存储能力,可以实现硬件的虚拟化管理和作战应用软件的"托管",可大幅提高网络管理员进行管控、备份和恢复的能力,还可减少部分系统特殊设备的计算机机柜。[3]

在实现硬件基础设施的虚拟化管理后,所有舰载网络的硬件和操作软件都将进行集中式管理,而不是像目前这样只是基础设施的简单复制。CCE 允许核心网络运行早期程序的虚

---

[1] Jessie Riposo, John Gordon IV, Robert Murphy, et al. CANES Contracting Strategies for Full Deployment [R]. RAND National Defense Research Institute, 2012. [RAND_TR993]

[2] Naval Communications. Naval Telecommunications Procedures, NTP 4 (E), Naval Network Warfare Command, 18 January 2008.

[3] Steve Yuhas. Lincoln Strike Group Transitions to Navy's Virtualized Network. DVIDS News, 2010-4-22. [https://www.dvidshub.net/news/48538/lincoln-strike-group-transitions-navys-virtualized-network]

拟版本，而不需要提供早期程序所需的额外硬件设备。同时，CCE 也使信息安全传输问题实现了标准化，允许以更加托管的方式进行全舰队范围的硬件和软件升级，以确保舰载网络保持先进水平。

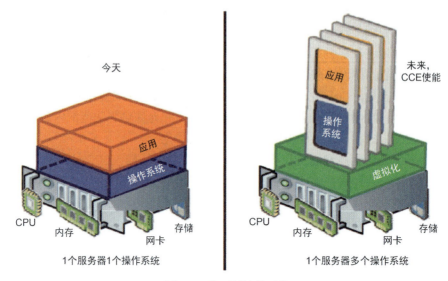

图 5-17　通用计算环境

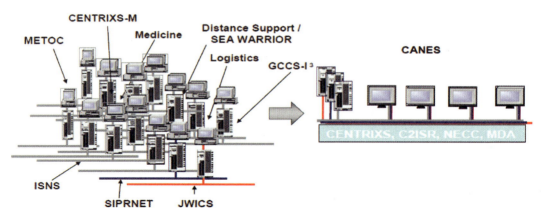

图 5-18　CANES CCE 架构

5.2.5.2　基于 SOA 的海上核心服务（ACS）

海上核心服务（Afloat Core Services，ACS）采用面向服务体系结构（SOA）方法将硬件与专用软件分离，从而使软件开发人员避免重写某些重复的功能，并使用现有的插件解决方案来提供或转换数据。例如，如果应用程序编写者想要在地图上显示从舰艇传感器收集的信息，他就不必为每个部分编写详细的代码，地图显示功能和传感器信息聚合功能都已经作为服务存在，因此，应用程序编写者可以使用这些标准服务，专注于提供增强的功能，而不是重写已经存在的代码。CANES 的 SOA 核心服务架构如图 5-19 所示。[1]

---

[1] Delores Washburn, Nick Freije. CANES Overview to FCC Team. PMW 160, 2006.

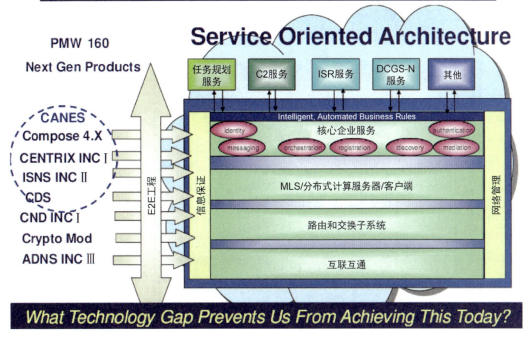

图 5-19 CANES 的 SOA 核心服务架构

CANES 的 SOA 架构旨在为服务使用者提供一种结构平台,在此平台上可以利用开放性源代码和 COTS 软件来对各种初始的能力和核心服务等进行混搭和匹配,快速地创建、调用、执行和管理各种基于服务的新应用以及以网络为中心的核心企业服务等,从而满足不断变化的作战需求。[①]

如图 5-20 所示,基于 SOA 的海上核心服务架构能够创建一种可升级的服务交互分层模型,将现有烟囱式系统的传统应用分解、转换为面向用户、数据的可复用式公共服务和应用,这些公共服务和应用能够利用现有的基本信息服务、架构服务、ACS 和特定的 COI 服务。其中,ACS 需要与 COI 服务保持一定的互操作性;基本信息服务可以提供普遍的信息共享能力;架构服务对应用软件、数据、战略服务等提供"托管"和传送交付功能。通过采用标准化的接口,系统可以调用这些公共服务,这有益于减少成本,统一系统的维护工作。

基于 SOA 架构的 ACS 能够提供通用能力,从而与 COI 服务之间保持一定的互操作性,所有的 C4ISR 应用都可调用 ACS 开发自身的应用(程序)。当通信渠道连接时,ACS 需要与岸基企业服务结合起来使用。ACS 的主要核心服务见表 5-3。

---

① RFI:Service Oriented Architecture(SOA)in Support of the Consolidated Afloat Network and Enterprise Services(CANES)Program. SPAWAR,2013.

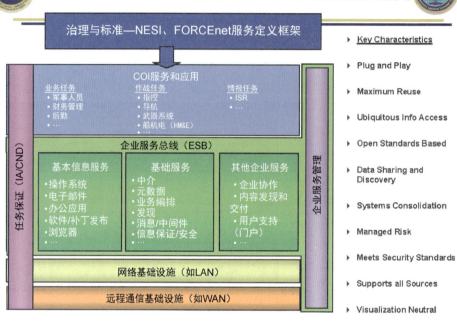

图 5-20 ┃ SOA 参考架构

表 5-3　ACS 的主要核心服务

Collaboration	协同
Distributed Services Security	分布式服务的安全保密
Federated Identity	联合身份
Data Mediation	数据中介
Service Mediation	服务中介
Service Orchestration	服务编排
Metadata Discovery	元数据发现
Service Discovery	服务发现
People Discovery	人员发现
Content Discovery	内容发现
Device Discovery	设备发现
Machine-To-Machine Messaging	机器之间的通信
Federated Search	联合搜索
Systems Management	系统管理
Visualization Services	虚拟化服务

ACS 利用 SOA 方式将硬件从专属软件中分离出来，允许软件开发人员使用现有的插入式方法提供或者转换数据，从而避免必须重写某些重复功能。例如，如果一个程序员实现将舰艇传感器搜集的信息显示到地图上的功能，他不必写下每个部分的详细代码，因为地图显示功能和传感器信息采集功能已经作为服务存在了，程序员只需通过网络载入并使用这些标准服务，致力于如何提高性能而不是重写已经存在的代码。通过开发 ACS，可将 GIG 的核心企业服务应用到作战人员，以支持海军作战人员在中断、时断时续和有限制通信的场景中实现 C4ISR 应用。ACS 的分层结构如图 5-21 所示。① 目前整合的 C4ISR 主要应用包括 GCCS-M、NTCSS 和 DCGS-N 等。CANES 核心服务在 CCE 网络上运行，这种配置将战术应用迁移到更加灵活和经济承受力更好的面向服务方式。

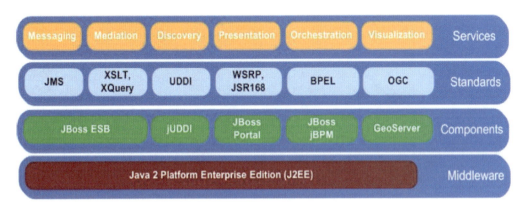

图 5-21 ｜ SOA 的服务分层

5.2.5.3 跨域解决方案（CDS）

跨域解决方案（Cross Domain Solutions，CDS）允许不同级别的涉密系统在同一客户端工作站上一起运行。CDS 还允许用户对数据设置权限级别，以便在不同的安全级别之间访问相同的信息，同时仍能根据具体情况防止信息跨安全域流动。

CANES 提供了单一、统一的物理网络，同时兼顾不同的密级处理，包括非密（Unclassified）、机密（Secret）、解密（Secret Releasable）和绝密（Top Secret）4 个域，同时提供了跨密级通信的解决方案。CDS 能实现多个不同安全保密等级（MLS）的系统运行在同一个客户端工作站，如图 5-22 所示。② CDS 也允许用户设置数据访问的许可级别，以便在不同的涉密等级内均可访问同样的数据，同时阻止信息流在不同安全域中的传输，即 CDS 允许不同涉密等级（非密、机密、解密、绝密）的数据在公共网络设施 CCE 上传输。

CDS 的跨域访问解决方案的相关要求见表 5-4。在 CDS 设计和跨安全域的架构整合过程中，为了降低风险，专门开发了一个 CDS 原型样机加以演示和验证。③

---

① Jason Livingston. Consolidated Afloat Networks and Enterprise Services（CANES）Program and Acquisition Overview. PEO C4I，23 April 2009.

② Nathaniel J. Hayes. A Definitive Interoperability Test Methodology for the Malicious Activity Simulation Tool（MAST）[D]. Naval Postgraduate School，March 2013.

③ Cross Domain Solution（CDS）Prototype in Support of the Consolidated Afloat Networks and Enterprise Services（CANES）Program. SPAWAR，2012.

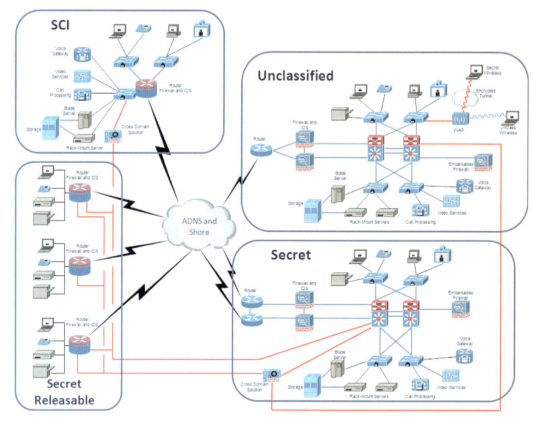

图 5-22 CANES CDS 拓扑结构图

表 5-4 CDS 跨域访问解决方案的主要需求

需 求 名 称	需求描述/功能规范
CDS 要求 1	CANES 仅能采用符合 MLS/CDS 解决方案要求的基线项目
CDS 系统关键特性 1	在 CANES 范围内应实现：能通过机密和解密网传输非密信息，适用于 CG、DDG、CVN、FFG、LCC、LHA、LHD、LSD、MOC 等平台；能通过绝密网传输机密和解密信息，适用于 SSBN、SSGN、SSN 平台；能通过绝密网传输非密信息，适用于 CANES 的所有平台（目标）
MLS 工作站	MLS 工作站应符合《CANES 各平台的数据终端用户设备》所规定的结构和功能规范
MLS 工作站-机密级及其以下安全域之间的互操作性（SABI）	MLS 工作站可利用 SABI 认证产品，从部队平台、单元级平台和小型平台上的机密级及其以下安全域中，同时访问一台单独的用户接口设备
MLS 工作站-绝密级及其以下安全域之间的互操作性（TSABI）	MLS 工作站可利用 TSABI 认证产品，从潜艇上的绝密级及其以下安全域中，同时访问一台单独的用户接口设备
MLS 工作站显示授权	MLS 工作站仅能为得到访问授权的用户显示来自特定安全域的信息
MLS 工作站服务	在一个特定的安全域内，通过一个 CANES 工作站能够访问的所有 CANES 服务，也应该能够通过为该域配备的 MLS 工作站进行访问
MLS 工作站信息传输 1	MLS 工作站应允许用户将数据从低安全级别的系统传输给高安全级别的系统
…	…

5.2.6 技术特点

综上所述，在 CANES 中，CCE 将替代独立的 ISNS、SubLAN、SCI-Net、CENTRIXS 和视频网络硬件，同时通过 CDS 和 ACS 保留这些独立网络系统的原有能力。CANES 的最大特点就是它不仅仅局限于 CCE 硬件，更是一种软件密集型系统，集成了大量的应用和服务。CANES 的软件包括操作软件、系统管理软件、虚拟化软件以及应用或服务软件等，这些软件必须具有 9 种系统关键特性（KSA），见表 5-5。[①]

表 5-5 CANES 软件的 9 种 KSA

序号	KSA	内容注释
1	网络访问	有线网络和无线网络之间的信息传输
2	语音	经由 VoIP
3	视频	可视电子会议能力
4	网络支持	信息的保障、鉴别、认证
5	信息管理	应用托管（CCE） 用户数据存储 印刷媒介 外围设备（黑莓） 邮件和日历应用 办公软件 通信工具 协同（数据/音频会议） 知识管理
6	核心架构服务	数据中介 发现 门户访问 用户分析和服务定制 机器之间的通信 服务编排
7	系统管理	性能、可用性和服务级管理 故障、事故和服务台管理 配置、变更和发布管理 安全管理 容量管理
8	可靠性	平均故障间隔时间
9	成本	与决策相关的执行和保障成本

图 5-23 是 CANES 的应用托管模型，可以看到，在 CANES 的迭代开发过程中，不仅涉及网络硬件基础设施层的开发，还包括软件和架构服务的迁移和托管。随着时间的推进，软件和应用将逐步"托管"在网络硬件基础设施层之上，直到最后全部迁移到 CANES 中。图 5-24

[①] Jessie Riposo, John Gordon IV, Robert Murphy, et al. CANES Contracting Strategies for Full Deployment [R]. RAND National Defense Research Institute, 2012. [RAND_TR993]

展示了计划迁移到 CANES 中的应用、（系统之间）连接和主机访问数量。①

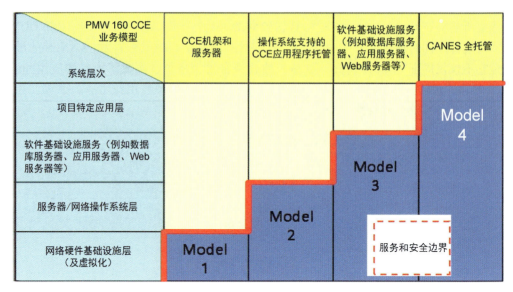

图 5-23 CANES 的应用托管模型

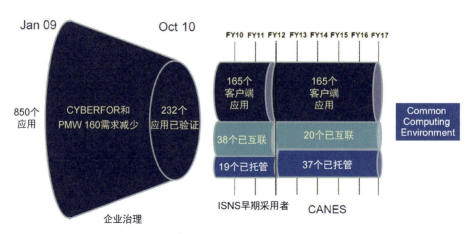

图 5-24 计划迁移到 CANES 中的应用

总之，借助于 CCE、ACS 和 CDS 技术，CANES 将逐步实现对传统独立网络硬件基础设施的虚拟化整合和管理，以及对服务和应用系统的集成，从而实现真正的信息共享和互操作能力，显著增强舰艇作战单元对信息战的控制权，同时还能有效精简海上网络，减少实际硬件的安装数量和空间，降低成本，如图 5-25 和图 5-26 所示。②,③

---

① CAPT D. A. LeGoff, Program Manager. PMW 160 Tactical Networks. NOVA AFCEA Naval IT Day, 9 June 2011. [AFCEAN_NavalITDay_Presentation. pdf]

② Chris Miller. Policy, Governance and Performance Management in a Services Oriented Architecture. PEO C4I, 14 May 2009.

③ CAPT Rock Madsen. USN C4I Migration to a Service Oriented Architecture and Common Computing Environment. PMW 120, Mar 7, 2007. [Madsen_USNC4IMIgrationtoSOAFinal. pdf]

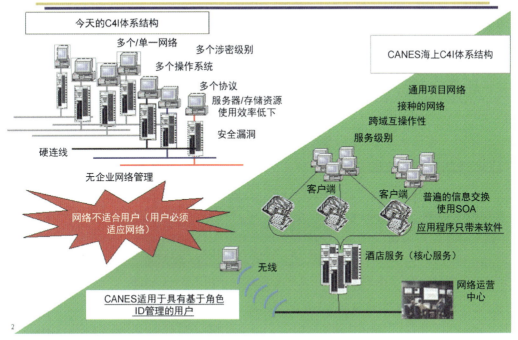

图 5-25 | CANES 的体系结构整合视图

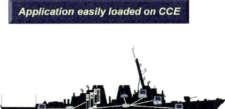

图 5-26 | CANES 对海上网络的整合效果

5.2.7 增量开发策略

CANES 项目采用增量开发的策略，其中 ISNS Inc1（增量 1）作为 CANES Inc0，而 ISNS Inc2 作为 CANES Inc1。在确定 CANES 项目基线（CANES Inc0 或 CANES Lite，也就是 ISNS Inc1）的条件下，分为 CANES Inc1、CANES Inc2、CANES Inc3 三个阶段进行开发，应用系统逐步迁移到 CANES 中。如在 Inc1 阶段，主要实现准实时作战支持系统（C4ISR 应用）迁移到 CANES；在 Inc2 阶段，实现 HM&E 网络中的应用与子系统和实时的作战系统应用迁移到 CANES；在 Inc3 阶段，实现最终目标，构建一个公共的海上网络。

5.2.7.1 CANES Inc1

CANES Inc1 是在早期的 C4I 网络——ISNS 网络的基础上发展起来的，主要任务是实现准实时作战支持系统（C4ISR 应用）迁移到 CANES 中，如图 5-27 所示。

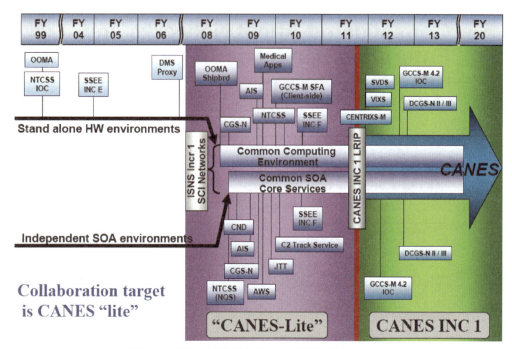

图 5-27 海上系统网络硬件和应用迁移到 CANES

CANES Inc1 的开发策略见图 5-28 的左侧部分。①

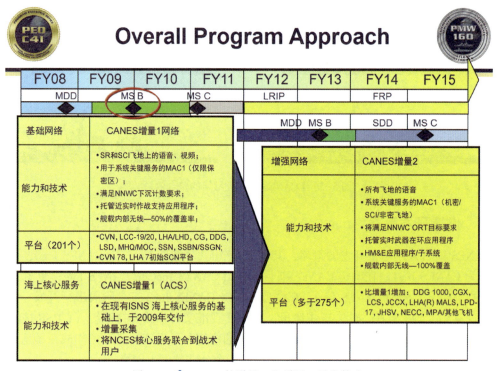

图 5-28 CANES 的增量 1 和增量 2 开发策略

---

① CDR Phil Turner. Bringing Commonality to Navy Afloat Networks: Consolidated Afloat Networks and Enterprise Services (CANES). PEO C4I/PMW 160, 16 Oct 2008. [Afloat Networks CANES-2008. ppt]

5.2.7.2 CANES Inc2

CANES Inc2 是在 CANES Inc1 基础上发展起来的，主要任务是实现 HM&E 网络中的应用与子系统和实时的作战系统应用迁移到 CANES 中，其能力开发计划将覆盖所有的安全域。与现有 ISNS 网络的体系结构相比，CANES Inc2 阶段将实现解密和机密级系统运行在同一个客户端工作站。

CANES Inc2 阶段的开发策略见图 5-28 的右侧部分。事实上，海军网络战中心（NNWC）、海军作战部长办公室（OPNAV）和 PEO C4I 曾联合对前文所提到的 CANES 的详细功能（能力）进行了优先级排序，将这些功能分为了 3 个优先级，并规定 CANES Inc2 阶段必须要实现第 1 优先级的 CANES 功能，见表 5-6。

表 5-6　CANES 功能（优先级 1）

功 能 名 称	优 先 级 别
解密和机密级 CDS 工作站	优先级 1
会议室 VTC/VIXS——SCI 和机密级	
网络基础设施，支持 VoIP 功能	
软件管理——增强安全性 & 软件配置管理	
基本任务或 SCI 飞地	
机密飞地的关键任务	
非密网络的主要任务	
MAC2 用于 SCI 网络	
MAC1 用于机密网络	
MAC2 用于非密网络	
磁盘之间的备份功能	
增强安全性——UA 编码和锁定功能	
协同服务/聊天/电子白板/文件共享/语音	
网络流量控制	
舰载非密无线网	
舰载视频分发系统功能	
全面托管服务	
单一机密 COI 支持特殊用户的访问	

5.2.7.3 CANES Inc3

CANES Inc3 是在 CANES Inc2 基础上发展起来的，主要任务是实现 CANES 项目的最终目标，构建一个公共的海上网络。与 CANES Inc2 阶段要实现的架构设计目标相比，CANES Inc3 阶段要达到的最终网络设计目标，不同安全涉密等级（非密/机密/SCI）的网络系统将得到整合和统一，可在同一个客户端工作站上运行。这意味着，在 CANES Inc3 阶段，必须要实现第 2、3 优先级的 CANES 功能，见表 5-7。[①]

---

① Delores Washburn, Nick Freije. CANES Overview to FCC Team. PMW 160, 2006.

表 5-7 CANES 功能（优先级 2、3）

功 能 名 称	优 先 级 别
SOA 服务	优先级 2
解密 & 机密网络 .99 A0	
网络加速器	
网络压缩	
非密网络 .99 A0	
SCI .99 A0	
网络单元管理器	
舰上技术支持	
非密公用密钥基础设施（PKI）认证	
增强安全性-间谍软件/弹出窗口阻拦器	
IPv6	
绝密级工作站	优先级 3
舰用桌面可视电子会议功能	
服务质量 QoS	
舰载机密级无线网	
机密级 PKI 认证	

总之，CANES 通过实施其 Inc1～Inc3 的增量开发策略，不断朝向最终目标迈进，将传统的海上网络逐步整合成一个精简型的公共网络结构。

5.2.8 研制过程

5.2.8.1 研制生产

CANES 实质性的开发决策在 2008 年 11 月获批，2009 年 4 月发布招标书。2009 年 4 月 2 日，PEO C4I 发布了《CANES 一期发展计划的投标需求（RFP）》，该文件包括了海军通用型战略网络计算机环境的设计、开发、集成及生产。

2010 年 1 月，美国海军通过"林肯"号（CVN 72）航母及其编队作为新型开放式系统舰载组网技术的演示实验室进行测试，演示作为 ISNS 组成部分的新型海面舰船组网能力，希望把新一代高性能军用数据组网技术应用到海军舰船上，为最终实现 CANES 最新数据组网计划铺平道路。

2010 年 3 月 4 日，洛克希德·马丁公司的任务系统和传感器分部以及诺斯罗普·格鲁曼公司的空间和任务系统公司获得了竞争性合同。美国政府采用多阶段、竞争性的向下选择合同策略来设计和开发 CANES 通用计算环境网络基础设施。政府已经解决了"林肯"号航母打击群和其他海上平台的认证工作、舰队引进准备和应用程序托管问题、风险缓解工作。所有这些活动旨在通过减轻潜在风险来最大限度地提高两个系统开发团队的成功可能。

2010 年 8 月，CANES 项目办公室宣布通过为期两天的初步设计评审（PDR），并开始实施关键设计评审（CDR）。

2011 年 1 月，CANES 项目通过了里程碑 B 的评审验收，开始进入项目的工程、制造开发与演示阶段，并许可生产 4 套安装受限的装备。这些装备用于作战和训练，在通过作战评估和里程碑 C 后将不会安装到其他舰艇上。

2011 年 7 月，CANES 项目通过了关键设计评审（CDR），该审查确立了设计基线并保证 CANES 在成本和时间表内满足规定的性能要求参数。根据早前计划和时间表（图 5-29），海军打算在 2012 财年达到初始作战能力（IOC）。海军开发了一套核心服务软件，签订了两个开发 CCE 的合同，并计划在 2011 年春季对该计划的有限部署（LD）阶段进行下选，在 2012 年授出全面部署（FD）合同。此后，CANES 项目开始了有限部署阶段与测试阶段的并行发展。

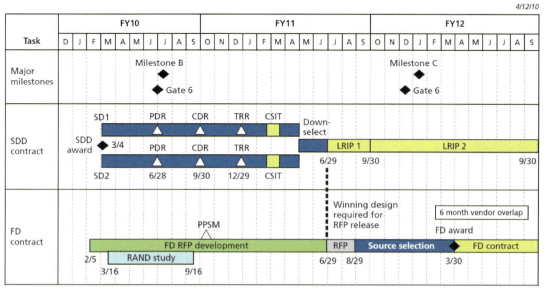

图 5-29 ┃ CANES 初始计划和时间表（FY10-FY12）

如图 5-30 所示是 CANES 的研制过程，包括里程碑、生产、开发、测试评估、应用集成和安装等。

2012 年，CANES 项目达到里程碑 C 并进入生产与部署阶段，开始进行单艘舰艇的安装，包括两套工程开发模型的安装，随后将进行编队舰艇、岸基设施及其他部队级舰艇的安装。2012 年 1 月，SPAWAR 授予诺斯罗普·格鲁曼公司一项价值 6.378 亿美元的 CANES 初始合同，内容包括为 54 艘舰船安装基于商用软硬件的标准网络系统。

2012 年 2 月，美国海军宣布其 2013 年的财政预算，计划购置 21 套舰载 CANES 系统、6 套岸基系统以及 1 套模拟训练系统。2012 年 7 月，美国海军在实验室中对"宙斯盾"驱逐舰上使用的单元级 CANES 系统配置进行测试，并计划对"尼米兹"和"福特"级航母上使用的部队级 CANES 系统配置展开测试，并且要求 F-35 舰载机维护保障系统（ALIS 系统）为 CANES 系统提供所必须的参数信息。

2012 年 9 月 12 日到 10 月 10 日，指挥官作战测试和评估部队（COTF）在实验室环境中对 CANES 系统进行了作战评估。2012 年 12 月，首批 10 套 CANES 系统中的第 1 套安装在"米利厄斯"号（DDG 69）驱逐舰上用于测试和作战评估，安装时间持续 18 周，第 2 套于 2013 年 5 月安装在"斯坦尼斯"号（CVN 74）航母上。2013 年 11 月，安装了 CANES 的

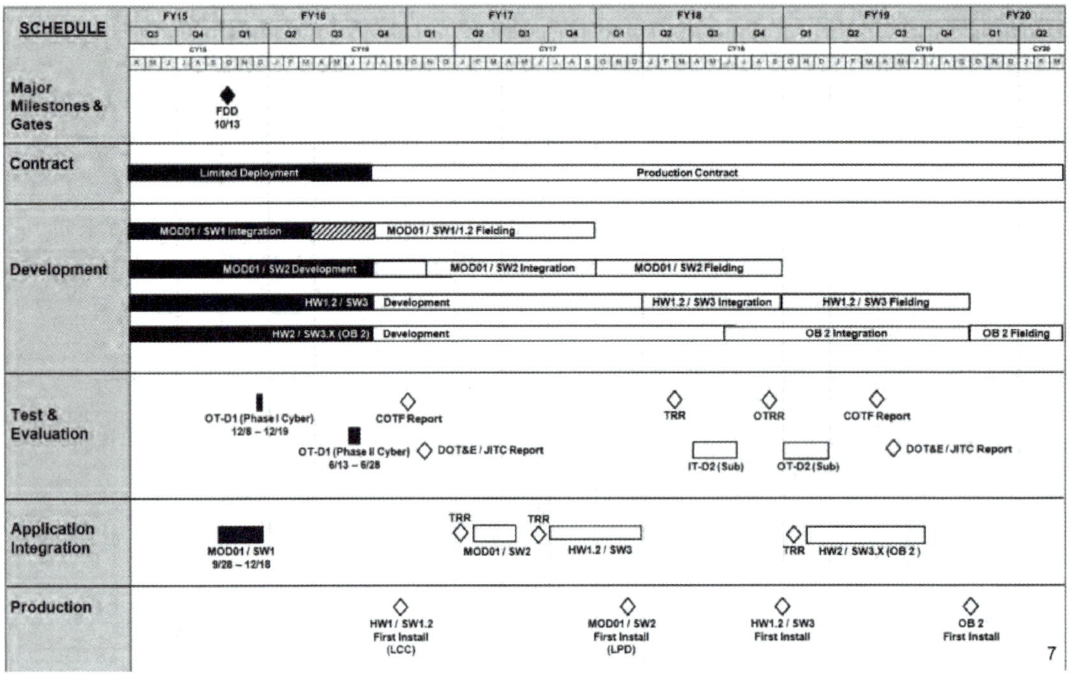

图 5-30 ｜ CANES 的研制过程（FY15-FY20）

"麦克坎贝尔"号（DDG 85）导弹驱逐舰投入使用。如图 5-31 所示为安装在 DDG 85 驱逐舰上的一个 CANES 信号处理机柜正在等待作战测试。

图 5-31 ｜ 安装在 DDG 85 驱逐舰上的一个 CANES 信号处理机柜正在等待作战测试

  2014 年 1 月，在 DoD 发布的 2013 财年作战测试和评估主管办公室发布的 2013 财年报告中，CANES 项目首次列入其中。2014 年 2 月，"斯坦尼斯"号（CVN 74）航母上的 CANES 网络安装完成。2014 年 3 月，在美国海军公布的初步预算请求简介中，CANES 作为关键项目位列其中。简介对关键项目的采购数量进行了计划，其中 CANES 项目花费保持稳定，从 2013 财年的 3.23 亿美元增长到 2014 财年的 3.52 亿美元，2015 财年的预算为 3.89 亿美元。2015 财年投资主要用于采购 33 套设备的全面部署合同，以及在 25 艘水面舰船上预安装设计和安装的相关费用。

2014年8月，美国海军SPAWAR选定了BAE系统技术解决方案与服务公司、通用动力C4系统公司、诺斯罗普·格鲁曼公司、全球技术系统公司和Serco公司5个公司授予CANES合同，在未来8年为美国海军舰船安装软件系统，总合同金额25.3亿美元，合同将持续至2022年8月。2015年1月，又有两个公司——CGI联邦公司和DRS Laurel公司获批参加CANES项目，这2个公司分别签署了一个不定期交付/不确定数量、固定价格、成本加固定费用的合同，联合构建美国海军CANES系统。共计有7家公司参加该价值25亿美元的项目，以提升船舰和岸基的计算机网络服务能力。

2015年6月，诺斯罗普·格鲁曼公司宣布其已成功完成美国海军CANES项目的设计、开发和有限部署阶段。该公司自2012年初赢得CANES的设计和限量生产合同以来已为各种船型交付了37套CANES套件。

2017年2月，美国海军SPAWAR声称，随着舰队战术网络的现代化发展，CANES系统在航空母舰和其他水面舰、潜艇上的安装时间缩短了一半以上，由最初在航空母舰上的18个月的安装周期缩短到2015年的9个月，到2016年又进一步缩短为7个月。[①]

2018年4月，安装于"卡特霍尔"号船坞登陆舰（LSD 50）的CANES生产阶段达到最后一项里程碑，其生产阶段于2018年1月开始，包括安装舰载系统、对现有硬件进行移除和替代的升级工作，主要包括拆除7个数据中心并送至商业企业进行软件升级、改进底座以适配数据中心安装的新机架、升级舰上的边缘交换机和骨干交换机等。

5.2.8.2 安装部署

早前，根据2012财年采办文件显示，初始预计从2012—2020年分9个财年逐步完成192套CANES设备的采购工作，如图5-32所示。其中在2012财年，CANES的采办计划包括DDG（6套）、CVN（2套）；2013财年，包括DDG（16套）、CG（3套）、LHD（4套）、LSD（1套）、CVN（1套）、技术训练设备（TTE，1套）。此后直至2020年，每年都会陆续采购几十套设备，直至最终完成192套CANES设备的采购目标。其中，2012财年和2013财年的采购计划包括了有限部署（LD）阶段的部分设备，2014财年首次开展全面部署（FD）阶段的采购工作。

负责采购、技术和后勤的国防部副部长（USD（AT&L））于2015年10月13日批准了CANES的全面部署决定（FDD），计划先为8艘驱逐舰、2艘航空母舰和1艘两栖攻击舰安装该网络后，陆续为剩余190余艘水面舰艇、潜艇安装该系统。

2013年10月，第一套CANES系统在"麦克坎贝尔"号（DDG 85）驱逐舰上安装完成。

截至2016年9月，美国海军完成了总计43艘舰艇的CANES部署安装，安装平台和时间如图5-33所示。[②]

2017年5月，美国海军对"蓝岭"号（LCC 19）指挥舰实施下一代舰载战术网络改装项目，该舰成为第一艘安装CANES的两栖指挥舰。

---

① Gidget Fuentes. SPAWAR Chief: CANES Installation Time Cut inHalf. USNI News, February 22, 2017. [https://news.usni.org/2017/02/22/spawar-chief-canes-installation-time-cut-half]

② Jim Churchill, PEO C4I. Consolidated Afloat Networks and Enterprise Services (CANES): The Obsolescence Tail Chase-NDIA Fall Defense and Industry Forum. 26 October 2016. [PMW 160_NDIA Fall Forum 2016 Brief_OCT16.pdf]

Carrier (CVN) Force Level Destroyer (DDG) Group Level Maritime Operations Center (MOC) Shore Landing Platform Dock (LPD 17)

Landing Ship (LSD) Unit Level Cruiser (CG) Group Level Submarine Classes (SSN, SSGN, SSBN) Amphibious Assault (LHD) Force Level

CANES Current Target Inventory Objective: 192 platforms

图 5-32 CANES 的初始预计部署平台（部分）

CVN, LHA, LHD, LCC	Date	Force Level	Date
USS JOHN C. STENNIS (CVN 74)	10/17/2014		
USS WASP (LHD 1)	01/23/2015		
USS DWIGHT D EISENHOWER (CVN 69)	03/03/2015		
USS RONALD REAGAN (CVN 76)	03/06/2015		
USS BATAAN (LHD 5)	02/01/2016		
USS CARL VINSON (CVN 70)	04/29/2016		
USS IWO JIMA (LHD 7)	06/17/2016		
CG, DDG, LSD, SSN, SSBN, SSGN	**Date**	**CG, DDG, LSD, SSN, SSBN, SSGN**	**Date**
USS MILIUS (DDG 69)	01/29/2014	USS MONTEREY (CG 61)	05/08/2015
USS FITZGERALD (DDG 62)	01/30/2014	USS SAN JACINTO (CG 56)	05/13/2015
USS CHAFEE (DDG 90)	03/07/2014	USS STETHEM (DDG 63)	07/03/2015
USS HIGGINS (DDG 76)	06/05/2014	USS CARTER HALL (LSD 50)	08/21/2015
USS MCCAMPBELL (DDG 85)	07/29/2014	USS PINCKNEY (DDG 91)	11/25/2015
USS PORTER (DDG 78)	08/29/2014	USS COLE (DDG 67)	12/15/2015
USS GONZALEZ (DDG 66)	09/11/2014	USS COMSTOCK (LSD 45)	01/22/2016
USS RUSSELL (DDG 59)	09/12/2014	USS JOHN S. McCAIN (DDG 56)	04/29/2016
USS MCFAUL (DDG 74)	09/19/2014	USS KIDD (DDG 100)	05/06/2016
USS MOMSEN (DDG 92)	12/18/2014	USS JASON DUNHAM (DDG 109)	07/15/2016
USS THE SULLIVANS (DDG 68)	12/19/2014	USS OSCAR AUSTIN (DDG 79)	07/22/2016
USS LABOON (DDG 58)	01/02/2015	USS FORREST SHERMAN (DDG 98)	09/02/16
USS STOUT (DDG 55)	01/05/2015	USS MUSTIN (DDG 89)	09/02/16
USS MASON (DDG 87)	01/08/2015	USS HALSEY (DDG 97)	09/08/16
USS RAMAGE (DDG 61)	01/26/2015	USS MARYLAND (SSBN 738)	12/15/15
USS CURTIS WILBUR (DDG 54)	02/04/2015	USS NEVADA (SSBN 733)	04/22/16
USS DECATUR (DDG 73)	04/03/2015	USS NEBRASKA (SSBN 739)	04/28/16
		USS TENNESSEE (SSBN 734)	07/13/16
		USS SCRANTON (SSN 756)	02/24/16

Completed: 43 Ships and Submarines

图 5-33 CANES 的部署平台（截至 2016 年 9 月）

截至 2017 年 9 月，已在 61 艘舰艇和潜艇上完成 CANES 的安装，包括 7 艘航空母舰、4 艘两栖攻击舰、2 艘导弹巡洋舰、32 艘导弹驱逐舰、2 艘两栖指挥舰、3 艘船坞登陆舰、5 艘弹道导弹核潜艇、4 艘核潜艇和 2 艘技术训练装备。

图 5-34 准备部署的 CANES 机柜

CANES 的初始总量目标（TIO）是 192 套，包括舰船、潜艇和海上作战中心，初始计划到 2022 年实现完全作战能力，如图 5-34 所示。2021 财年，交付了 31 套系统到舰队（含 26 套水面和 5 套潜艇）。截至 2021 年 10 月，总共完成了 111 套系统的初始安装，实现 58% 的 TIO，其中还有 36 套系统完成了技术更新，39 套系统处于安装中，36 套系统处于生产中。2021 年开始采购初始 HW2/SW4（第 5 代），计划于 2022 财年完成首批安装。[①]

最新资料显示，截至 2022 年 10 月，总共完成了 122 套系统的安装。[②]

5.2.8.3 作战测试与评估

CANES 系统针对不同的部署平台，提供了三种不同的变体方案，包括：
- 装备于驱逐舰和巡洋舰等小型舰艇的单元级变体；
- 装备于航空母舰、两栖舰等大型甲板舰艇的部队级变体；
- 装备于潜艇的变体。

2014 年 8 月至 2015 年 3 月，作战测试和评估部队（COTF）指挥官完成了"希金斯号"（DDG 76）单元级变体 CANES 的初始作战测试与评估（IOT&E），COTF 应项目经理的要求暂停了测试，以便纠正赛博安全漏洞。

2015 年 7 月，美国国防部作战试验与评估办公室（DOT&E）提交了一份关于单元级变体 CANES 的 IOT&E 报告，详细介绍了全面部署决定（FDD）的测试结果。DOT&E 对单元级变体 CANES 的评估意见为：该系统操作有效、合适和可生存，提供了计算资源、吞吐量和传输速度，以及舰船任务所必需的可靠性、可用性和可维护性；然而，海军应该解决与培训、网络映射和排放控制状态相关的缺陷。

2015 年 6 月，COTF 开始在"斯坦尼斯"号（CVN 74）航母上部署 CANES 部队级变体，后续作战测试与评估（FOT&E）于 7 月开始，该测试于 2017 年赛博安全测试之后结束。DOT&E 的初步意见是，部队级变体 CANES 提供了所需的通信和信息技术支持，使舰上人员能够完成指定的任务。

---

① CAPT Katy Boehme, Program Manager. PMW 160 Tactical Afloat Networks. NDIA 2021 Fall Forum, PEO C4I and Space Systems, 26 October 2021. ［12BOEHME_PMW160_BRIEF_UPDATED.pdf］

② CAPT Katy Boehme, Program Manager. PMW 160 Tactical Afloat Networks. NDIA 2022 Fall Forum, PEO C4I and Space Systems, 4 October 2022. ［NDIA_Fall_Forum_PMW_160_2022.pdf］

美国海军作战测试和评估部队（OPTEVFOR）于 2017 年 6 月完成了 CANES 部队级变体 FOT&E。按照执行情况，测试时间跨度为 2015 年 6 月至 2017 年 3 月，测试对象为两艘不同的航空母舰。OPTEVFOR 为支持 FOT&E 开展了以下活动：

（1）2015 年 8 月在 CVN 74 上进行功能测试。

（2）2015 年 12 月，COTF 对 CVN 74 进行了初步的合作漏洞和渗透评估（Cooperative Vulnerability and Penetration Assessment，CVPA），该测试不是为了满足操作测试要求，而是为了在舰艇部署之前尽可能多地识别和修复赛博安全漏洞。

（3）2016 年 6 月，空中联队和驱逐舰中队为 CVN 74 进行了第二次 CVPA 测试。

（4）2016 年 11 月，OPTEVFOR 对 CVN 74 进行了最终 CVPA 测试，但该舰无法进行后续对抗评估（Adversarial Assessment，AA）。通常，赛博测试团队会进行 CVPA，并等待项目办公室和用户修复 CVPA 期间发现的漏洞，然后进行 AA。对于该测试，OPTEVFOR 在 CVN 74 上进行了 CVPA，但在 CVN 71 上进行了 AA。赛博测试团队在开始 AA 之前在 CVN 71 上进行了简短的 CVPA。

OPTEVFOR 没有对 CANES 绝密/敏感隔离信息（TS/SCI）飞地进行赛博安全测试。在 TS/SCI 飞地的赛博安全测试之前，FOT&E 足以评估作战效能、作战适用性和生存能力。

2017 年 6 月，OPTEVFOR 完成了 CANES 部队级变体的 FOT&E，评估意见为：该系统操作有效、合适，提供了支持部队级任务的企业服务、应用托管、网络通信和网络管理能力，满足可靠性、可用性和可维护性要求，并获得了良好的可用性分数；但该系统在赛博对抗环境中不具可生存性，且海军没有在舰上指派专门的网络管理员。专门的网络管理员经过适当的赛博安全培训后，可以监测网络，为舰艇提供检测赛博安全入侵和采取适当行动的手段。该报告由 DOT&E 于 2017 年 9 月 25 日发布。

潜艇变体的 FOT&E 于 2018 财年实施。

5.2.8.4 升级演进

CANES 是信息战平台的核心，能为海军提供安全可靠的海上战术网络。该系统不断改进和升级基线以适应威胁和适应技术利用。其通过 COTS HW/SW（硬件/软件）升级以及业界最佳做法来提供 POR 网络解决方案。

CANES 服役后，其通用计算环境硬件部分以四年为周期进行升级，环境软件以两年为周期进行升级，应用程序以一年为周期进行升级，技术更新以四年为周期进行升级换代，每一次技术更新称为一代（Generation）。

如图 5-35 所示，PEO C4I 原计划（2015 年）于 2015—2018 财年完成 CANES 初始安装，此时部署的版本为 HW 1/SW 1，完成的更新包括工作站、存储卡和软件/操作环境（SW/OE）；2019—2022 财年完成 CANES 第一次技术更新，此时部署的版本为 HW 2/SW 3，完成的更新包括服务器、交换机、工作站、内存和 SW/OE；2023—2026 财年完成 CANES 第二次技术更新，此时部署的版本为 HW 3/SW 5，完成的更新包括工作站、存储卡和 SW/OE；2027—2030 财年完成 CANES 第三次技术更新，此时部署的版本为 HW 4/SW 7，完成的更新包括服务器、交换机、工作站、内存和 SW/OE。[①]

---

① CAPT William McNeal. PEO C4I. Consolidated Afloat Networks and Enterprise Services (CANES). 27 Oct 2015.［PMW 160-CANES-2015.pdf］

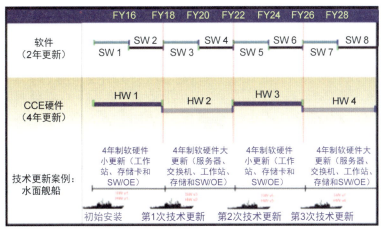

财年	15	16	17	18	19	20	21	22	23	24	25	26	27	28	29	30
软件	SW 1		SW 2		SW 3		SW 4		SW 5		SW 6		SW 7		SW 8	
硬件	HW 1				HW 2				HW 3				HW 4			
技术更新	Initial Install				1st Tech Refresh				2nd Tech Refresh				3rd Tech Refresh			
代						5th GEN				6th GEN						

图 5-35　CANES 的软硬件升级情况

CANES 的技术更新周期由 COTS 过时、新出现的赛博安全需求和"优化舰队反应计划"（Optimized Fleet Response Plan，OFRP）等因素驱动：

（1）运营环境和 COTS 过时的淘汰：包括不同的 EOL 和 EOS 时间表，支持不同程度的应用程序可移植性。

（2）新出现的赛博安全需求：包括对外军售和对某些网络错误的纠正措施。

（3）安装实施要求：包括舰艇主要需求、舰队优先级、整合到总有效包、OFRP 校准。

CANES 系统的技术更新过程为：舰艇接收最新版本的 CANES HW/SW 目标基线（Objective Baseline，OB）、工程更改/现代化（Engineering Change/Modification，EC/MOD）和版本发布（Releases，REL），包括配置更新、服务器、交换机、工作站和软件/操作环境的预定更新。其中现代化是指根据需要对 CANES 硬件和/或软件基线进行更改，以解决组件过时问题（生命周期终止/外贸/保障）和软件更新到当前基线。版本发布是指计划的 CANES 系统更新和修复，通过工程更改请求（Engineering Change Requests，ECR）实现，并打包为 FAM、邮件、WSUS 补丁或 IAVA 发布。CANES 的技术更新政策如图 5-36 所示。

截至 2021 年年底，CANES 已开展了第五代系统（配置 HW 2/SW 4）的部署，其采购始于 2021 年，计划于 2022 财年完成首批该配置的安装。第六代系统（配置 HW 3/SW 5）处于开发中。

第五代 CANES 提供了：

- 基础设施现代化的实现，以满足应用程序托管需求；
- 实施 DevSecOps 方法，以支持速度到能力；
- 提高处理速度/网络性能/赛博安全。

CANES 的基线升级演进如图 5-37 所示。

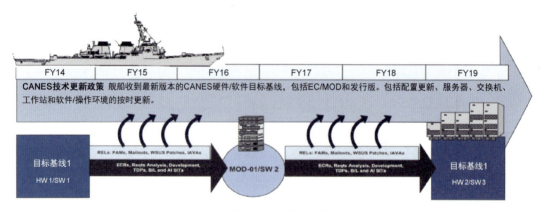

图 5-36 | CANES 的技术更新政策

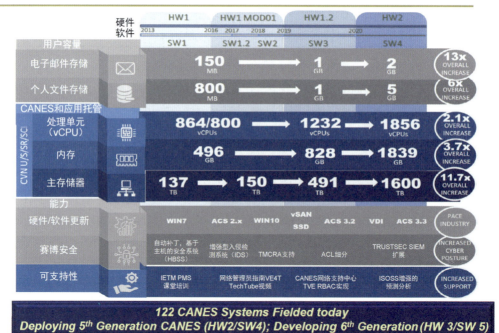

图 5-37 | CANES 的基线升级演进（2022 年）

5.2.9 采办动态

1. DDG 85 驱逐舰完成首套 CANES 安装部署

美国海军于 2013 年 11 月 26 日宣布，在阿利·伯克级导弹驱逐舰"麦坎贝尔"号（DDG 85）上成功安装首个下一代战术海上网络 CANES。[①]

---

① Steven A. Davis. Navy completes first CANES installation on USSMcCampbell：First ship with operational nextgeneration tactical afloat network. DVIDS News，November 26, 2013.

2013年11月6日,驻日本横须贺的DDG 85完成了CANES的安装。在此之前,DDG 85在10月进行了海上试验,以评估该网络在作战环境中的表现以及如何满足任务需求。CANES是美国海军通过升级海上赛博安全、指挥控制、通信和情报系统完成现代化的一个关键方面。标准化程度的增强将减少整个舰队中按舰艇级别划分的异构网络的数量。

美国海军计划每四年进行一次硬件更新,每两年进行一次软件更新,以紧跟科技步伐,统一硬件和软件版本,并减少对网络的威胁。信息安全是构建CANES的基础,它使网络保护更容易,并降低了培训和维护的成本和难度。2021年,CANES部署到190多艘舰艇、潜艇和海上作战中心。

2. CVN 74航空母舰进行首次CANES安装部署

"斯坦尼斯"号(CVN 74)是安装部署CANES的第一艘航空母舰。CVN 74于2013年年底开始了CANES的安装进程,2014年2月开始安装新的固件、服务器,以及超过30000ft的光纤和100mile的网络电缆,同年10月其安装完成认证。2015年8月,该舰将进行作战评估——在航母战斗群部署前的综合训练单元演习(COMPTUEX)期间进行——作为对其操作、维护和防御能力的最终测试。

美国海军官员称,CANES在航空母舰上的安装比巡洋舰和驱逐舰更复杂、更具有挑战性。[1]

CANES在驱逐舰上的安装平均需要158天左右,而首次在航空母舰上的安装长达16个月,主要原因是CVN 74当时正在船坞进行维护,而且相对于驱逐舰来说需要更大规模的基础设施。SPAWAR吸取了CVN 74的经验,之后在第二艘航空母舰CVN 76上的安装周期仅8个月,2017年7月初开始的第四艘航空母舰CVN 70上的安装周期进一步缩短至7个月。

CANES托管了120多个不同的系统,包含作战、供应、维修记录管理、支付和行政管理等功能。从用户的角度来看,CANES通过互联网连接外部网络时区别不大,但是与传统网络相比,内联网能力得到了极大的改进。

3. DDG 104驱逐舰完成CANES升级

2019年7月,PMW 160完成了对CANES的首次重大升级,新的基线是CANES HW 1.2/SW 3.0,在该舰原计划的"干船坞维护"工程期间(Drydocking Selected Restricted Availability, DSRA),首次安装发生在"斯特雷特"号(DDG 104)导弹驱逐舰上。新的基线所固有的能力使系统管理员和舰上最终用户都受益,从而实现更快的数字化转型、成本降低,并为舰队提供更综合的作战能力。CANES HW 1.2/SW 3.0还结合了自动化、系统管理套件功能升级和存储架构实施的使用,可实现更好的数据完整性、容错性和整体系统弹性。

为了增强系统管理能力,CANES HW 1.2/SW 3.0采用了微软系统中心(MSSC)工具,该工具维护一个健壮的系统管理工具包,使用简化的图形用户界面,该界面具有标准化的微软产品外观,舰队系统管理员对此十分熟悉。嵌入式操作管理器功能可以快速监控网络状态、健康和性能。此外,MSSC中的微软系统中心配置管理器能够更快、更彻底地部署适用于Windows 10和Microsoft Sever 2016的CANES配置、应用程序和更新,从而为舰上系统管理员简化这些任务。PMW 160还找到了减少应用程序安装时间和错误的方法,这是关键的

---

[1] Megan Eckstein. Stennis, SPAWAR Prepare for First CarrierDeployment with Next Generation CANES Network. USNI News, June 30, 2015. [https://news.usni.org/2015/06/30/stennis-spawar-prepare-for-first-carrier-deployment-with-next-generation-canes-network]

改进，因为 CANES HW 1.2/SW 3.0 托管或连接到 200 多个应用程序。为了进行必要的改进，应用程序集成团队自动化了托管应用程序和连接系统集成手册中的大量程序，为用户提供了配置 CANES 的安装说明，以便应用程序和系统在网络上正确安装和运行。

此外，CANES HW 1.2/SW 3.0 拥有第一个结合使用 CANES 培训虚拟环境（Training Virtual Environment，TVE）的软件，它使舰员训练采用特定舰艇上的特定 CANES 软件版本。CANES TVE 使每年可以接受培训的舰员学生人数从 240 人增加到 840 人，还为其他托管和连接的 NAVWAR 系统提供基础设施，以加载其软件并培训其他维护人员，从而在 NAVWAR 企业中创建通用性并改进培训，并满足 2018—2028 年 C4I 能力培训路线图的目标。第一次 TVE 课程于 2019 年 12 月举行。

4. CVN 76 航空母舰完成 CANES 升级

美国海军信息战系统司令部宣布，在日本部署的"里根"号（CVN 76）航母已于 2020 年 4 月 1 日完成了 CANES 系统的升级。[①][②] CVN 76 是安装 CANES 的第二艘航空母舰。如图 5-38 所示为 2014 年 6 月准备安装在 CVN 76 上的 CANES 单元在 SPAWAR 网络集成和工程设施中进行装载和测试。

图 5-38　准备安装在 CVN 76 上的 CANES 单元（2014 年 6 月）

CANES 利用标准化的网络基础设施和通用化的机柜体系结构来创建统一的计算环境。为了快速满足作战需求的变化，NAVWAR 的技术专家交付了升级版的 CANES 基线，即 HW 1.2/SW 3.0。本次 CVN 76 升级的 CANES HW 1.2/SW 3.0 提供了一个现代化的海上数据中心，利用超融合基础设施和软件定义存储，以及一个新的系统管理软件，显著提高了舰队任

---

① Elisha Gamboa. NAVWAR Enterprise Completes CANES Install inRecord Time; Rapidly Meets Emerging FleetRequirements. DVIDS News, April 16, 2020. [https://www.dvidshub.net/news/367580/navwar-enterprise-completes-canes-install-record-time-rapidly-meets-emerging-fleet-requirements]

② Defense Brief Editorial. USS Ronald Reagan sports new CANEStactical afloat network after Japan upgrade. Defense Brief, April 17, 2020. [https://defbrief.com/2020/04/17/uss-ronald-reagan-sports-new-canes-tactical-afloat-network-after-japan-upgrade/]

务的可用性和可持续性。升级更新后的 CANES 基线解决了以前硬件和软件基线中的寿命终止问题，并改进了系统管理、赛博安全和可靠性。通过更新的架构和基础设施，实现了重大的舰队改进，包括计算、存储、内存和网络性能的提高。

这项工作由 NAVWAR 舰队战备委员会安装项目办公室（FRD 200）、海军信息战中心（NIWC）太平洋横须贺分部领导。尽管存在后勤、技术和冠状病毒挑战，但 NAVWAR 在不到 4 个半月的时间内成功完成了这一全面的软件和技术更新，并进行了密集的 C4I 更新，这是迄今为止在部队级舰船上安装速度最快的一次，为作战人员节省了宝贵的时间。整个工作包括在平台上安装 52 个设备机架，以及在整个舰上升级 2400 多个工作站。

NAVWAR 已在 5 艘舰艇上安装了 CANES HW 1.2/SW 3.0，计划将 100 多艘舰艇和潜艇升级到新的基线。未来几年，NAVWAR 将继续专注于提供能够应对不断变化的技术和威胁的系统，同时为作战人员提供无与伦比的能力。

5.3 敏捷核心服务（ACS）

5.3.1 概况

敏捷核心服务（Agile Core Services，ACS）是商业现货产品的组合，由美国国防部空间与海战系统太平洋中心（SSC Pacific）整合在 PMW 160 项目办公室之下。ACS 是 CANES 项目的一个子系统，其定义是向作战人员提供松散耦合的系统和能力，这些系统和能力可以重用、发现并连接到建立任务线程。ACS 为作战人员提供通用的企业解决方案，以提高信息共享和作战效能。这套能力有助于信息的获取和交换，以便在前所未有的大量业务数据中进行动态协作和加速决策。ACS 为通用核心服务、数据摄取、数据表示、数据存储、数据索引、数据访问和支持分析的框架提供了一组通用的软件基础设施服务。ACS 直接为国防部、海军、PEO C4I 项目执行办公室和 SPAWAR 战略提供快速交付、应用架构、数据战略、云和 DevOps 软件工程最佳实践。[1]

ACS 提供核心软件服务集，共同为应用程序创建共享框架，以构建、部署和操作任务软件。ACS 托管在 CANES 上实现了硬件的独立性，旨在自动化部署任务应用程序，实现"平台即服务"（PaaS）。ACS 环境提供了管理复杂网络系统自动化所需的框架，并且已经被海军的海上网络所采用。这个软件套件非常重要，因为它是基于系统集成的思想构建的，例如，使多平台（舰艇）系统能够通信和开发新的应用程序。ACS 也被特别挑选为 C2C24 的一部分。

注意，早期资料中的 ACS 是指"海上核心服务"，强调面向服务架构（SOA），从 2013 年左右开始改为"敏捷核心服务"，即 Afloat 改为 Agile，更强调敏捷开发模式、快速交付。

5.3.2 发展现状

ACS 由美国海军的 CANES 项目资助开发，为 SOA on the Ship 提供了基础，提供了一套

---

[1] Max M. Geiszler. Architecting Autonomous Actions in Navy Enterprise Networks [D]. Naval Postgraduate School, March 2020. [AD1114187]

企业服务（即框架），简化了应用程序、服务和数据的集成，有助于标准化通用集成解决方案，简化了复杂问题的模式和实践。Red Hat 作为 ACS 的合作供应商之一，见证了 ACS 的发展，如图 5-39 所示。①

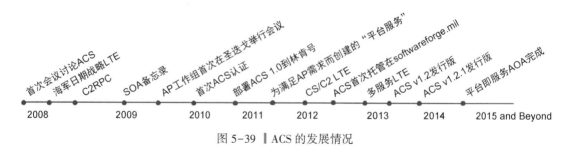

图 5-39　ACS 的发展情况

ACS 提供了一个应用基础设施平台，其中包含多种服务，可以轻松快速地交付任务应用程序。如图 5-39 所示，ACS 于 2010 年进行了第一次认证，2011 年在"林肯"号航母（CVN 72）上部署了 ACS 1.0 版本，2012 年中首次在海军网 softwareforge.mil 上对 ACS 进行托管，2013 年发布 ACS 1.2 版本，2014 年发布 ACS 1.2.1 版本。截至 2019 年 9 月，美国海军在 4 艘舰艇上部署了 ACS 2.X 基线，在 C2S（岸基 DCGS-N Inc 2）上部署了 ACS 3.1 基线，于 2020 财年第四季度在 IWP 2.0/CANES HW 1.2/SW 3 舰艇上部署 ACS 3.2 基线，并于 2021 财年第二季度在 CANES HW 2/SW 4 舰艇上部署 ACS 3.3 基线。

2019 年 1 月消息，PMW 160 加速了 ACS 的第二次海上作战基线发布，该基线将部署在"林肯"号航母（CVN 72）、"巴丹"号两栖攻击舰（LHD 5）和随后的部队级平台上。这种先进的部署将为战术边缘提供早期的机器学习/人工智能功能，并通过舰载数据分析基础设施增强作战能力。此外，ACS 3.2 通过其应用程序库，使应用程序利益相关者能够更快地在海上环境中部署能力，并通过强大的反馈周期更快地从舰队反馈中学习，结果将有助于使海上部队随时做好战斗准备。②

5.3.3　ACS 系统功能

ACS 是 CANES 的一个关键子系统，它有两大类功能——通用服务和数据分析。两者都支持 CANES 托管应用程序的数据共享和分析。ACS 还为软件的快速插入和管理提供了一个平台，便于应用程序访问为支持海上作战空间而优化的商业分析工具。图 5-40 是 ACS 的功能概览。③

如图 5-41 所示，ACS 作为 CANES 系统的一部分位于软件应用程序和 ADNS 之间。此外，对人工智能和机器学习技术的审查表明，ACS 还提供了一个框架，以在海上边缘计算中交付这些新兴技术。

ACS 提供了一组核心软件服务，这些服务共同为应用程序创建一个共享框架，以构建、

---

①　Jason Corey. Enterprise Service Collaboration across the Department of Defense: A Red Hat Perspective on ACS. Red Hat Summit, Boston, MA, June 24, 2015. ［17488_red-hat-as-a-catalyst-for-government. pdf］

②　PEO C4I. First Steps to Making Design 2.0 Reality in Afloat Networks. 23 January 2019. ［https://www.navy.mil/DesktopModules/ArticleCS/Print. aspx? PortalId=1&ModuleId=523&Article=2240143］

③　Brian Miller. Platform Application Services (PAS). 2019 PMW 160 Industry Day, 10 October 2019. ［2019 PMW 160 Industry Day_Slide Deck_Morning B. pptx］

部署和操作任务线程。ACS 为企业计算提供商用现货的集成解决方案，创建支持应用程序现代化的基础服务基础设施。通过两个主要服务——数据分析和通用服务（common services），来促进应用程序之间的连接、协作和通信。图 5-42 是 ACS 的功能框图。

图 5-40　ACS 功能概览

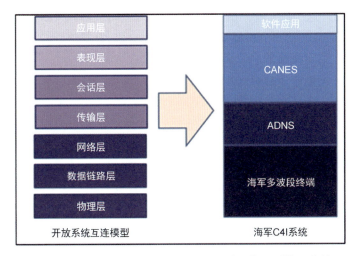

图 5-41　面向当前海军 C4I 系统的开放系统互联模型映射

1. ACS 数据分析功能

海军内部丰富的数据推动了对 ACS 提供通用数据分析架构的需求。通过利用新的行业技术，ACS 能够提供一个数据分析架构，以前所未有的速度处理更大数量和更多种类的数据。数据处理和分析框架利用集群进行流、批处理和数据处理，以支持并行处理，从而提高性能、健壮性和可伸缩性。

ACS 采用 Apache Spark 和 Apache Storm 这两个常见的开源分布式计算引擎。它们都执行分析和分布式计算任务，但是具有独特的实施启用和重点。Apache Spark 提供快速集群计算作为一个通用的分布式计算平台，它确实提供了有限的流处理；而 Apache Storm 专门用于可靠地处理无限制的数据流，提供实时分析、在线机器学习、连续计算、分布式远程过程调用（RPC）以及提取、转换、加载（Extract，Transform，Load，ETL）。Apache Storm 拓扑使用数据流，并

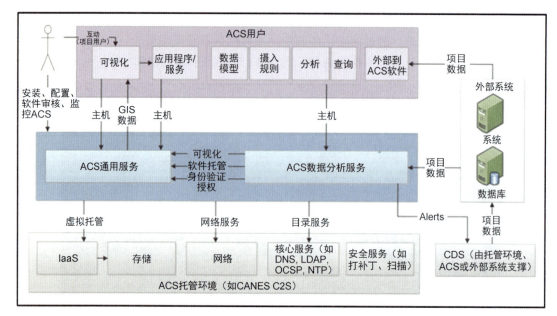

图 5-42 ACS 功能框图

以任意复杂的方式处理这些数据流，在计算的每个阶段之间重新分配数据流，无论需要多少。

这两个引擎只是 ACS 数据分析框架的一个子集。ACS 数据分析框架的功能包括：

- 流处理框架，用于高速数据非交互操作和分析；
- 批处理框架，用于高效、非交互地分析静止存储的大数据；
- 共享语义框架，支持跨异构数据源的通用词表；
- 应用程序编程接口（API），用于数据摄取、规范化、充实和融合；
- 预定义查询处理器，支持跨异构数据（结构化、非结构化和语义化）的交互式查询；
- 警报处理器，通过比较数据和警报标准来生成警报。

识别趋势、发现模式和关系以及得出结论都是数据分析变得至关重要的原因。鉴于海事环境中可用的数据种类繁多，包括操作数据、内容数据（例如文档、视频和图像）、权威数据（例如传感器数据）和系统生成数据（例如系统日志），数据分析解决方案必须足够灵活，能够处理结构化和非结构化的数据。由于数据的多样性，开发新的决策辅助工具可以帮助舰队作战和赢得胜利。

截至目前，许多应用程序都利用数据来完成特定的任务。随着海军向未来迈进，数据将通过提供额外的解决方案来驱动决策，这些解决方案可能由于以前无法分析和提供海量数据之间的关系而被忽视。这就是数据分析引擎能够促进高级分析并能够加速机器学习和人工智能等新兴技术的交付的地方。分析包括机器学习、数据挖掘和统计分析，当实时应用并在作战环境中呈现时，分析可以提高作战人员完成海上复杂任务的能力。

2. ACS 通用服务功能

1）地理空间数据

地理空间数据是许多海军应用程序中常见的一组数据。地理数据量很大在 TB 级别，需要有足够的存储空间。地理空间数据访问层和地理信息系统服务提供了一整套基于标准开放地理空间协会（OGC）接口的地理数据持久性、分析、查询和映射功能。通过为应用程序提供检索地理空间数据的通用服务，减少了承载多个地图服务器的负担，减少了维护工作量，减少了成本、工时和存储空间。

2）中介服务

中介服务提供中间件平台，用于托管和集成模块化软件组件，以及使用主题和队列，通过机器与机器之间的消息传递共享数据。这些组件一起支持公共企业集成模式的实现。

3）可视化

对于舰上人员来说，由于当前软件项目集的多样性，因此学习新的应用程序是非常具有挑战性的。可视化服务提供了一个通用的用户界面框架，以帮助支持具有类似任务线程的应用程序，从而使应用程序的外观和感觉保持一致。一个紧密结合的用户界面，在一个共同的结构中以不同的方式处理不同类型的数据，使作战人员能够集中精力利用所提供的数据进行决策，而不是纠结于使用应用程序的复杂性。将自然语言与用户界面相结合将是用户应用程序交互的下一步。

4）平台即服务

平台即服务（Platform-as-a-Service，PaaS）通过支持服务/微服务架构，降低了构建和维护通常与开发应用程序相关的基础设施的复杂性，使应用程序服务能够快速变化、轻松创新，并保持竞争力。一个日益增长的趋势是对带有微服务的云计算的需求，这些微服务可以单独扩展和部署，从而缩短发布周期。PaaS 通过标准化服务的执行、维护和编排方式来实现微服务的轻松部署，标准化服务使用容器隔离应用程序部署的元素，从而降低了在单片软件架构中常见的集成风险。因此，服务供应商可以更容易地对其服务进行持续交付更新。

5.3.4 技术特点

ACS 的使用场景如下：

- 企业服务（Enterprise Services）提供由多个项目集中管理和使用的通用中间件功能，其特点是快速和可重复，可以最大限度地实现代码重用，并将系统的组装和维护方式标准化，图 5-43 显示了不同节点的 ACS 企业服务；

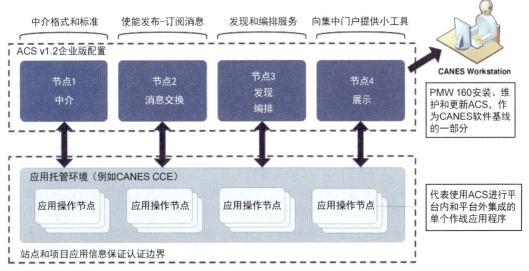

图 5-43 ACS 企业服务

- 平台服务（Platform Services）提供通用中间件功能，其特点是标准化和可重用，几个开发小组将 ACS 视为组装强化基线系统配置的好方法，每个软件组件都经过强化以符合适用的 DoD 标准，ACS 在平台产品中将这一概念正式化，平台旨在通过提供开箱即用的 DoD 兼容基线作为系统的起点；
- 平台即服务（PaaS）是一个标准化/自动化的托管环境，提供通用中间件功能，为基于标准的作战应用程序提供可以快速部署的托管环境，提高计算资源利用率并简化系统管理，其实现基于 Red Hat OpenShift 企业版。

如图 5-44 所示为舰载平台向 ACS 平台服务、平台即服务的演变过程。

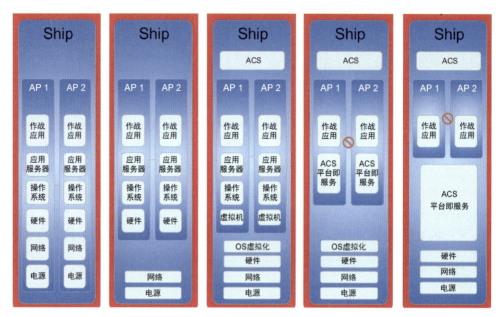

图 5-44 舰载平台向 ACS 演变

5.4 核心企业服务（CES）

5.4.1 概况

核心企业服务（Core Enterprise Services，CES）是管理 PMW 160 软件管道的工程、集成和持续性保障。CES 包括操作环境（OE）、敏捷核心服务（ACS）、系统管理（SM）和软件资产管理（SAM）。操作环境开发、集成、测试维护 CANES、遗留网络和 SubLAN 的软件基线。ACS 为 CANES 提供面向服务架构，包括海军战术分析框架。系统管理提供软件工具和标准操作程序，以确保 CANES 系统的稳定性和响应性。

CES 包括最终用户可用和可访问的软件应用程序和服务，以及可能通过通信域在多个最终用户之间共享并托管在计算基础设施域上的软件应用程序和服务。这些服务包括面向服务架构（SOA）运行时基础架构以及共享的 COI/CANES 数据库、办公效率服务、组织消息传递工具、协作服务以及其他最终用户应用程序和服务。具体的 SOA 运行时基础设施领域包括数据调解、发现、门户访问、用户分析和定制、机器对机器消息传递和服务编排。CES 是基于标准的、独立于平台的、技术中立的 Web 服务。信息安保被抽象成为 CES 后，使得信息安保体系结构具有了更加广泛的适应性。只要采取体系结构中规定的标准就可以实现互操作要求和"即插即用"要求。CES 的目标是为作战人员提供通用的企业解决方案，以改善信息共享和战斗力。CANES 正在开发 CES 以促进信息访问和共享，从而在前所未有的大量运营数据中实现动态、敏捷的协作和加速决策周期。具有可选属性的 CES 功能套件支持所有操作环境中的用户，并使边缘用户能够以最小的延迟从任何可用来源提取信息。

鉴于信息支持服务化思想的深入，DoD 于 2004 年发起了 GIG 骨干建设项目——网络中心企业服务（Net-Centric Enterprise Services，NCES），主要负责 CES 的实现与推广。NCES 项目的目标是为各类 GIG 用户（作战、情报及后勤等）在任何地方均能及时、安全、便捷地访问到决策质量级信息提供支持。建设 NCES 的目的是要建立一个联合的、基于功能的、能满足实时性和安全性要求的基础设施。NCES 在 GIG 上提供了一套 CES，以支持各个利益共同体（COI）在战争、商业和情报领域执行的作战任务。NCES 建立在面向服务架构之上，它能够在无处不在的网络上实现分布式、并行的信息共享和动态协作。[①]

NCES 是 GIG 企业服务的目标，是提供支持作战域、情报域和业务域最重要的基础设施，包括一系列标准、规范、指南、体系结构、软件基础设施、可重用组件、应用程序接口、运行环境定义、参考工具，以及构建系统环境的方法论。NCES 已经成为国防部各部门构建各类军事电子信息系统的基础，NCES 项目所提供的核心企业服务将是诸多"网络中心化"信息系统的基本组成部分。

5.4.2 CES 系统功能

CES 的组成框架如图 5-45 所示[②]。作为 NCES 的重要组成部分，核心企业服务由发现、消息交换、协同、中介、应用支撑、企业服务管理、用户代理、存储和信息保证 9 类核心服务组成。[③]

1. 发现（Discovery）

发现服务是向网络中心能力转型的一个关键要素。其基本能力包括数据源发现、内容管理、利益共同体（COI）管理支持和知识库。发现服务给服务提供者和使用服务的终端用户提供了必要的连接，提供表示能力和搜索能力，使用户可以在编目、索引、注册组成的共享空间中确定数据资产的位置以及服务的位置。在网络中心环境中，发现服务提供可用的信息和服务的可视化，帮助用户尽快找到所需的信息。发现服务的目标是对在开发之初并没有预料到需要信息和能力的系统，也要提供利用同样信息和能力的潜力。

2. 消息交换（Messaging）

消息交换服务的基本能力包括基于浏览器的电子邮件、即时信息交换、轻便的无线支持、统一传真、无线寻呼、语音、视频服务以及可互操作的全球通信。消息交换与协同服务、中介服务和发现服务相结合，可以在任意时间、任何地点对消息进行全面访问。消息交

---

① Yun-Tung Lau, Michelle "TJ" King. Architecture Modeling Approach for Net-Centric Enterprise Services. 10th International Command and Control Research and Technology Symposium（C4ISR/C2 Architecture Track），2005.

② Sven E. Kuehne. Core Enterprise Services, SOA, and Semantic Technologies: Supporting Semantic Interoperability in a Network-Enabled Environment. 2011 SOA & Semantic Technology Symposium, 13-14 July 2011.

③ 徐斌，张晟. 美军网络中心企业服务及其应用［J］. 兵工自动化，2013，32（9）：63-67.

图 5-45 CES 组成框架

换服务包括异步消息交换和同步消息交换。

异步消息交换：支持用户以非并发的方式执行消息的建立、格式化、编码、传输、缓冲、存储、解析、显示和操作，并提供存储与转发、延时广播或中心化发布等多种信息交换能力，如 E-mail、美国信息文本格式（USMTF）、BBS 等。

同步消息交换：支持用户同时或在同一时间阶段执行消息的建立、格式化、编码、传输、缓冲、存储、解析、显示和操作，提供实时、并发的信息交换能力，并支持对话和投票模式，如战术数据链、现场直播、聊天室和即时消息交换等。

3. 协同（Collaboration）

协同服务的基本能力包括共享工作空间、电子白板、共享应用以及支持音频、视频和对话。协同服务补充信息交换服务、中介服务和发现服务，提供在任意地点、任何时间，利用任何媒介，从任意设备或应用，进行信息访问的综合性服务。协同服务将给用户提供建立在安全的和能够满足操作要求的商业标准之上的互操作能力。协同服务包括感知、共享信息、协调和联合产品开发。

从长远看，随着协同标准趋于成熟，协同功能将被嵌入应用中，改进不同 COI 的信息管理、知识管理，并提高它们的功能。协同不应当是固定的，应当允许有关组织跨时间、空间、机构和服务边界快速形成和解除。协同服务提供和控制共享的资源、能力与通信，允许在集团成员之间实时、同步交互。

4. 中介（Mediation）

中介服务是信息生成者和信息使用者之间的中间处理过程，其基本能力包括：确保传递、传递的审计；内容转换、内容融合；数据转换；事务到事务的支持；企业应用集成（Enterprise Application Integration，EAI）；事务过程管理；等等。仲裁服务提供自动化能力，帮助用户选择路由、传递信息、翻译、转换、汇聚、集成、关联、融合、代理、发布及其他的转换任务。中介服务将消除信息生成者和信息使用者间存在的不协同之处，使它们相互配合。

5. 应用支撑（Application）

应用支撑服务提供准备、运行和维护 GIG 应用所需的能力和资源，其基本能力包括保护主机环境、模型操作环境、按需计算容量、标准的操作管理和支撑。应用服务将确保包括管理员在内的所有用户都能得到计算功能。

6. 企业服务管理（ESM）

企业服务管理（Enterprise Service Management，ESM）能使 GES 提供的所有能力与服务实现全生命周期管理，包括规划、设计、开发、组织、协调、升级、执行、监督、维护和配置的管理。ESM 的基本能力包括基础设施管理和服务管理、跨域管理信息交换、跨域的 IT 态势感知和使命效果评估、确保服务高度可用性、支撑政策和程序。

7. 用户代理（User Agent/Assistant）

用户代理服务的共同特征是直接面向端用户，使端用户的活动能够实现。用户代理服务的基本能力包括可存取的认证工具和智能代理——目录监控。用户代理服务的目的是为服务或数据的使用者提供一个自动的"帮手"，减少完成人力密集型任务所需的工作量。用户代理服务辅助用户有效地利用 GIG 的资源完成承担的任务。

8. 存储（Storage）

存储服务提供数据保存、组织和配置所需的一系列能力与资源。其基本能力包括共享存储容量、企业存储体系结构、按需的存储容量和存储管理。云存储的方式将改进现有存储能力的局限性，实现跨越式发展。

9. 信息保证（Information Assurance）

信息保证服务是一种服务结构，其基本能力包括访问管理、认证管理、鉴别、授权、访问强制执行、跨分类互连、日志与审计。信息保证服务提供实现均匀、一致和有效的安全基础。通过确保信息和信息系统的有效性、完整性、真实性、机密性和不可否认性，信息保证服务保护与防御信息和信息系统的运行，并通过综合保护、检测和响应能力为信息系统提供恢复功能。

5.5 自动化数字网络系统（ADNS）

5.5.1 概况

自动化数字网络系统（Automated Digital Network System，ADNS）是美国海军的海上战术广域网（WAN）解决方案，作为进入国防部信息网络的入口，也是美军全球信息栅格（GIG）网络中心战联合作战概念的重要组成部分，是美国海军部队网（FORCEnet）形成健壮、灵活、动态、可调整、安全、抗毁等能力的关键"赋能器"。ADNS 将舰船上的多种无线通信系统综合形成了一个更加有效的通信网络，实现了舰船之间以及舰船与岸基之间的无缝网络连接。ADNS 项目始于 1997 年，历经十几年的发展，目前正处于增量Ⅲ阶段，其技术及能力仍处于持续增强中，充分体现了系统体系结构设计的合理性和前瞻性。美国海军的装备型号为 ADNS AN/USQ-144 系列。

ADNS 是联合规划网的关键组成部分,负责构建海上战术广域网。它将各种无线通信系统综合起来,汇聚到 IP 体制,再与部署于不同安全级别的局域网中的各种指挥控制系统交联,实现对各种数据业务的综合接入;对于需要向外发送的数据,则由其负责选择最适合的无线链路发送。[①]

ADNS 建立在成熟的通信技术基础上,提供一个安全、可靠的战术广域网,在多个视距和卫星通信路径上分布 IP 流量。作为海军舰对岸、舰对舰通信的主要广域网连接手段,可为海军、联军、盟军等提供访问国防信息系统网(DISN)内的非密、机密、绝密业务的能力。ADNS 将作为海军连接 GIG 的网关,为作战人员提供强大的通信传输能力。

ADNS 与 CANES 项目协同发展,分别构建美国海军舰载广域网(WAN)和舰载局域网(LAN),为全球海军、盟军和飞地(enclaves)提供通信连接,并具有路由、交换、基带、设备配置和监视等功能,是美军开发 FORCEnet(部队网)的关键赋能器,也是美国海军当前及未来网络体系结构的关键组成部分。ADNS 提供动态、灵活的带宽分配和服务质量监控和控制。

- ADNS 增量Ⅰ组合来自不同飞地的数据,并跨越可用的通信路径进行传输;
- ADNS 增量Ⅱ增加了在多个传输路径上同时管理来自多个飞地的流量的能力,包括无线电频率和地面链路,但仍然不能满足舰队对更高吞吐量的需求,随着增量Ⅱa/Ⅱb 的部署,增加的吞吐量和融合的 IP(语音、视频和数据)能力被交付给舰队;
- ADNS 增量Ⅲ带来了一个受保护的核心,减少了暴露于赛博战网络渗透。

ADNS 支持潜艇和单元级舰艇 25Mbps 的总吞吐量,部队级舰艇 50Mbps 的总吞吐量。

在 2005 财年,所有现役舰艇和岸上网络操作中心设施都配备了 ADNS 增量Ⅰ或Ⅱ。此外,所有现役潜艇和广播控制设施都装备了增量Ⅰ。在 2006 财年,ADNS 增量Ⅱa 装置开始安装在航母、大型甲板两栖攻击舰和舰队指挥舰(部队级舰艇)上。在 2007 财年,ADNS 增量Ⅱb 开始安装在单元级舰艇上(如导弹巡洋舰和驱逐舰)。在 2008 财年,选定的机载平台被纳入 ADNS,为额外的舰队资产带来网络连接。增量Ⅲ低速初始生产于 2009 财年开始。ADNS 增量Ⅲ在 2010 财年达到初始作战能力。岸上网络操作中心安装工作于 2010 财年完成。增量Ⅲ将安装在所有舰艇和潜艇及各自的岸上设施。ADNS 增量Ⅲ初始计划在 2021 财年达到完全作战能力。

ADNS 利用创新的服务包和功能集战略,为舰队提供新的和改进的能力。服务包是将舰船/岸上或潜艇的硬件和软件更改合并在一个现代化/技术更新包中,每 7 年发生一次。功能集是来自服务包的软件更改的子集,它可以弥补初始硬件安装和技术更新之间的能力差距,每 3 年进行一次部署。

ADNS 提供路由、交换、基带、配置和监控能力,用于连接全球海军、联盟和联合飞地。ADNS 利用联合技术架构规定的商用现货/政府现货(COTS/GOTS)设备和网络协议。ADNS 增量Ⅰ提供初始有限的舰到岸 IP 连接、隔离飞地、重用未使用的飞地带宽以及舰到岸战术 IP 连接。ADNS 增量Ⅱ提供了额外的负载平衡、射频(RF)恢复、初始服务质量(QoS)功能,包括应用程序优先级、初始流量管理,以及旨在最大限度地利用水面、岸上和机载平台"有效"可用带宽的增强功能。ADNS 增量Ⅲ将把所有海军战术语音、视频和数

---

① 陈劲尧,许卡. 美国海军 ADNS 系统综述. 通信技术,2016,49(3):253-258.

据需求转变为聚合 IP 数据流,包括用于 IP 安全电话的 SCIP-IWF,以及用于 IP 安全视频的视频信息交换系统(VIXS)。此外,增量Ⅲ体系结构将包含 IPv4/IPv6 双协议栈和密码文本安全体系结构,以与全球信息栅格(GIG)保持一致,以便将海军战术水面、水下和机载平台与单一 IP 环境相结合,并具有联合和联盟网络的网关功能。ADNS 增量Ⅲ作为海军战术接口(网关),用于与转换卫星、联合战术无线电系统、高保证互联网协议加密器和先进极高频 IP 网络连接。

提供安全视频电话会议(VTC)能力,在海上指挥官、CNO、舰队指挥官、作战指挥官和联合特遣部队组成部分之间提供多点安全 VTC。它还支持北约和 JWICS VTC。它支持全球战术指挥和控制需求,以便高级指挥官和决策者进行分布式协作规划。安全 VTC 是战场和海上指挥官的首选方法,以满足、协作和规划打击战的各个方面。它为海上指挥官提供了无须旅行就可以面对面的唯一方式,从而缩短了战术决策周期,并消除了舰与舰之间飞行的成本和风险。

ADNS 采用商业协议、处理器和路由器创建了一个健壮灵活的网络。它融合了美国海军水面舰船、潜艇和岸上通信设施的多个部件,为舰船、潜艇和岸上设施提供了网络服务和接入国防信息系统网(DISN)的入口,并使用了商业电信上的 IP、ATM 和其他产品,频段从 HF 到 EHF,同时用网络技术提高现有信道的使用效率。该系统有以下特点:

- 按照海军舰船和岸上需求装备自治、数字化、互通和保密的射频(RF)LAN/WAN 管理控制系统;
- 用数据管理程序(DMR)和 IP 控制全球通信 RF 连接;
- 使所有通信系统自动化,用单独的集成网络集线器替代几个子网;
- 用集成网络管理系统解决现有通信线路的过载或利用不足的问题,在传统系统基础上多频谱吞吐效率提高 40 倍以上;
- 运用 COTS/GOTS 路由器、交换机和信息包数据技术,减少全寿期成本。

ADNS 的高层作战概念图如图 5-46 所示。

图 5-46　ADNS 高层作战概念图

5.5.2 发展现状

1. 舰载网络和海上网络架构

面对海上繁杂的通信资源与手段,多种异构通信网络,美国海军自动化数字网络系统(ADNS)通过射频频谱连接舰上内部网络和外部网络,靠港时则连接陆上线缆,对海上各种通信网络资源进行综合管理、协调使用、信息格式转换,使得海上无线通信资源配置更为灵活、信息联通更为流畅。通过 ADNS,海军实现与国防信息系统网(DISN)的互联,完成各类非密、机密、绝密的工作以及各类联军、盟军服务。实质上,ADNS 相当于联军、盟军战术装备的网关,可确保全球信息栅格(GIG)的连通性。海军在 2021 财年实现了最新的 ADNS 增量Ⅲ的完全作战能力,并与 CANES 的部署相配合。

ADNS 海上无线通信综合管理不断进步。美国海军海上无线通信管理系统通过增量式发展在促进通信 IP 化、大带宽、高流量方面不断取得进步,目前,ADNS 已经成为美国海军实现可靠、安全、自适应的海上通信网络中心能力的关键。

ADNS 可实现海上无线通信动态分配带宽。ADNS 能够自动发现海上空闲无线通信带宽并充分利用起来,实现通信流量的最大化。由于去除了人为操作,实现动态带宽分配,因此在不增加发射机数量的前提下使通信流量增长 10 倍以上。系统能够在任意两个路由器之间传输各类 IP 数据报,包括文本、图形、语音或视频应用,无须另外开发新型昂贵的烟囱式系统用于支持新应用。

当前舰载网络架构和未来海上网络架构分别如图 5-47 和图 5-48 所示。[1]

海军舰载通信系统包括转型卫星通信系统(TSAT)、先进极高频卫星(AEHF)、宽带全球卫星系统(WGS)[2]、移动用户目标系统(MUOS)、商业卫星通信(SATCOM)和联合战术无线系统(JTRS)等视距(LOS)无线电。ADNS 路由器和所有出舰链路将放置在 GIG 黑色核心的加密密文(CT)部分,由 ADNS 路由器负责出舰流量的路径选择。岸上体系结构也需要升级以适应未来 DISN 和 TSAT 联合系统的形式,主要是要用单独的频率路由器连接 ADNS 策略路由器。ADNS 策略路由器随后将包发送到相应的加密设备(如 HAIPE),而 TSAT 框架内的海军岸上网络体系结构要求升级 GIG 黑色核心的直接路由。根据 TSAT 初始运行能力,传统 DISN 服务 SIPRNET 和 NIPRNET 将融合到通用黑色载波网,DISA 将为用户提供黑色网络连接。海军 DISN 接口可能放置红色网关,直到这些网关目前实现的功能集成到黑色核心体系结构中。一旦海军网络直接接入 GIG 黑色核心,海军通信就可直接在远程端口路由且无须回程到岸上 ADNS 策略路由器。ADNS 和 TSAT 间没有规划红色网关,进入 TSAT 系统的流量无论服务类型或组织从属关系都将直接路由给终端用户。

随着体系结构逐步向全 IPv6 密文核心转型,ADNS 密文路由体系结构将与非密因特网协议路由器网(NIPRNET)、保密因特网协议路由器网(SIPRNET)和未来 GIG 全球路由域等外部路由域分离,使 ADNS 可对 ADNS WAN 路由域进行保护。

ADNS 和转型卫星通信系统(TSAT)是 GIG 网络中心战联合作战概念中的重要组成部分。TSAT 是未来 DISN 空基中枢传输段,是由地球同步卫星和 IP 终端组成的全球联合网。

---

[1] Kurt Fiscko, Future SATCOM Chief Engineer (PMW 170). Shipboard Networks. PEO C4I, 12 June 2008. [Shipboard-Networks.pdf]

[2] 宽带全球卫星通信系统(Wideband Global Satcom)的前身,是宽带填隙卫星系统(Wideband Gapfiller Satellite)。

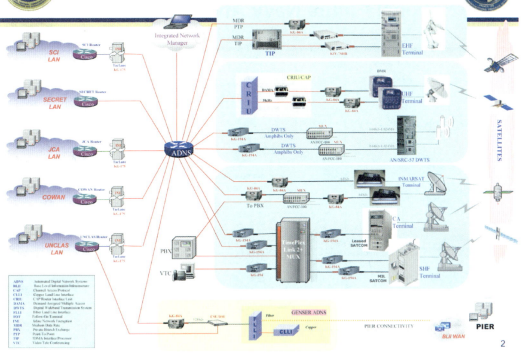

图 5-47 当前舰载网络架构

GIG 需要可靠可持续的端对端保密 IP 网络来支持海军联合作战概念（JNOC）。舰船和潜艇战术及非战术用户，以及岸基和机载战术用户，将用 ADNS 作为海军连接 GIG 资源和服务的接入点。因此，ADNS 需要与 GIG 计划中的关键转型项目尤其是 TSAT 相互协调，从而最终融入 GIG 并具备伸缩性，支撑潜艇和飞机等近 300 个平台。

2. ADNS 增量发展

ADNS 曾是美国海军 C4ISR 计划联合海上通信策略部分的中枢，也是 IT21 射频管理的主要部分。20 世纪 90 年代以来，ADNS 一直用于连接舰船和岸上的网络，舰上位于舰船无线电室和局域网之间用于控制局域网与电台之间的访问通路，在岸上则位于网络操作中心的岸上交换网和无线电舱之间。

ADNS 项目分为 3 个增量阶段，如图 5-49 和图 5-50 所示。

增量 I 从 1997 年到 2004 年左右，建立了 ADNS 的基线，其主要能力及特点包括：①实现了将各种无线通信系统汇聚到 IP 体制；②IP 数据包只能由单条无线链路（卫星）承载；③支持多级安全域的电子邮件、Web 浏览、文件传输；④业务承载、加密及网络管理都基于固定带宽；⑤最大吞吐量为 1.5Mbps。

增量 II 从 2005 年到 2010 年前后，分为 IIa 和 IIb 两个子阶段，其主要能力及特点包括：①实现了负载分担，IP 包可由两条无线链路（卫星）同时承载；②引入了优先级处理机制，针对不同应用可提供分级服务；③采用静态流量分配机制，具有最小带宽保证能力；④吞吐量分两阶段提升，IIa 阶段达到 6Mbps，IIb 阶段达到 16Mbps；⑤具备链路故障切换、恢复能力，增强了健壮性。

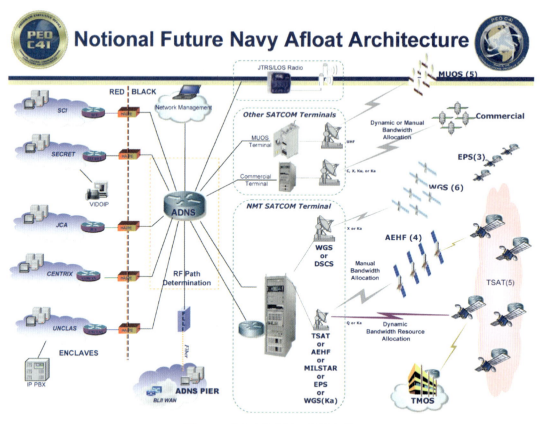

图 5-48　未来海军海上网络架构

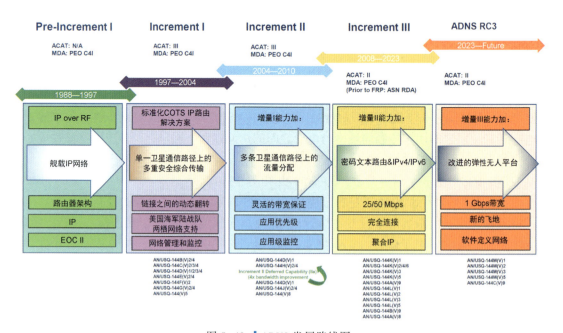

图 5-49　ADNS 发展路线图

ADNS Increment Summary

Increment I	Increment II	Increment IIa	Increment IIb	Increment III
·基于基线路由、加密和网络管理的系统； ·ADNS通过单个RF路径馈送到静态TDM（Timeplex）网络； ·支持基于电子邮件、Web浏览、文件传输和安全飞地，基于基线路由、加密和网络管理的系统	·增加了负载平衡/分配——具有故障转移能力的静态路由； ·流量管理； ·通过双RF路径将IP带宽从13%提高到67%（共享JCA带宽）； ·IP资源管理； ·RF链路的自动故障转移和恢复； ·作战人员带宽保证； ·应用优先级（QoS）——添加了PacketShaper	·增量II增加吞吐量； ·利用所有宽带卫星通信带宽； ·消除了用于串行语音和VTC的专用带宽——消除了串行电路； ·消除了对TDM（Timeplex）WAN电路的需求； ·将IP带宽从13%提高到100%，这得益于融合的IP电路增益； ·将吞吐量提高到8Mbps； ·添加压缩	·增量IIa对单元级舰船的功能； ·由于融合IP电路的增加，IP带宽利用率从67%提高到100%； ·消除了用于串行语音的专用带宽； ·安装SCIP-IWF喊箱； ·消除了对TDM（Timeplex）WAN电路的需求； ·添加压缩	·在融合、完全连接的网络中实现更高的吞吐量（25/50Mbps）； ·添加密码文本核心路由——所有加密的东西，这是1000艘海军舰艇的关键使能器； ·结合IPv4/IPv6双堆栈能力； ·通过优化边缘路由（OER）、通过ADNS QoS边缘设备（AED）增强QoS； ·继续压缩
ADNS shipboard variants – B, C, D, E, F, G, and SUBS	ADNS shipboard variants – H	ADNS shipboard variants – J		ADNS shipboard variants – K SUBS

图 5-50　ADNS 增量发展

增量Ⅲ从 2010 年开始，计划持续到 2024 年，其主要能力及特点包括：①进一步优化了负载分担能力，IP 包可由多条无线链路同时承载，且扩展到非卫星手段，如短波、超短波等；②具有动态流量分配能力；③增强的 QoS 管理能力，应用优先级粒度进一步细化；④支持 IPv4、IPv6 双协议栈；⑤大幅提升吞吐量，小型舰船可达 25Mbps，大型舰船为 50Mbps。

3. ADNS 增量Ⅲ

ADNS 的增量Ⅰ和增量Ⅱ阶段由美国海军开发生产，增量Ⅲ则交由通用动力公司牵头的开发团队完成，商业公司参与 ADNS 的研发。ADNS 增量Ⅲ是 ADNS 的最新版本，计划要求在未来 10 年内为舰队（约 200 艘）配备 ADNS 增量Ⅲ。ADNS 的未来发展主要考虑进一步扩展到飞机、无线航空器等平台上，支持该类快速移动的平台能够更加便捷的接入网络，从而构建一个更加灵活机动的战术广域网。

ADNS 增量Ⅲ在增量Ⅱa 系统的基础上有几项关键改进，包括支持以太网 IP（EoIP）和 IPv6，增加密码主干网作为接入 GIG 的黑色核心（Black core）网络。增量Ⅲ带宽是现用 ADNS 带宽流量的两倍多，可提供附加压缩能力及代理服务，使用户可跨传输控制协议扩大吞吐量，但目前尚需提高海军接收的卫星带宽。ADNS 能管理舰到岸无线电信道的带宽和使用，舰船像其他军用平台一样带宽资源紧缺，但在增加带宽方面具有很大局限性。虽然可以增加卫星终端，但这种方案投入较大，时间较长。近期的解决方案是提高现有带宽的使用效率。早期舰载系统 IP 网是在各种系统之间通过无线链路多路串行连接。增量Ⅱ阶段扩大了 IP 通信量，增加了电话网关等功能，而增量Ⅲ进一步升级，如其电话系统由双绞串行线改为 IP 传输。由于可提供 EoIP 功能，增量Ⅲ能根据已制定的舰船优先性，对接入链路实施更多的控制，并增强了链路的灵活性。以前是各功能分配一定的带宽量，如果某功能不用其分

ADNS Evolutionary Development

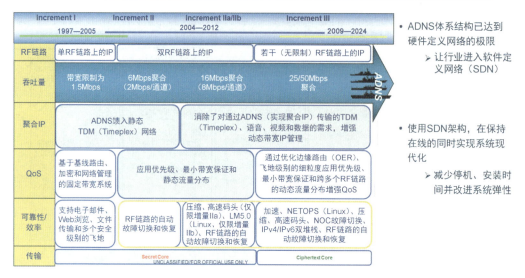

图 5-51 ADNS 的发展演变

配的带宽，则该带宽被浪费。具备更多带宽的大型舰船会有一些信息安全孤岛，每个信息孤岛都有自己固定的带宽保证，而增量Ⅲ具备更高的灵活性，管理人员基于所需带宽量或任务优先次序分配带宽，这种特性在新系统走向融合网后则将更显价值。

增量Ⅲ的关键在于网络管理软件，即 ADNS 网络运行软件（N~Ops），这是一个让管理人员配置系统带宽使用的工具。工程人员为保持连贯性尽量使用现有软件代码。而模块化结构使舰员可灵活地重构通信系统。提高现有资源使用效率的同时，ADNS 也在拓宽通信渠道或者增加带宽容量，因此海军可为舰载通信增加更多终端或卫星链路。增量Ⅲ阶段处理能力是 25Mbps，上限可达 50Mbps 以上。此外，联合网络及未来项目间的协调是个问题。由于各项目的时间节点不同，目前缺乏一个顶层的网络管理系统。

ADNS 系统主要采用商用现货技术，因此升级相对容易。项目采用标准商业路由和电话协议，可通过配置管理进行升级。随着未来对带宽需求的增加，ADNS 将能升级以满足需求。ADNS 初始需求要求支持大型舰船 50Mbps、小型舰船 25Mbps 的舰到岸数据率，系统还要拥有 440Mbps 的带宽以满足未来通信系统项目需求。ADNS 新阶段最重要的改进就是提高了带宽容量。当新带宽需求出现时，ADNS 不会有瓶颈。ADNS 的改进不光是设备升级，还使舰员在日常生活中能更多接触和使用信息技术，为舰员带来进一步改进舰船信息系统的动力。

增量Ⅲ的大规模生产于 2009 年中后期启动。研发人员已在考虑下一代 ADNS。增量 IV 将能自动搜寻进入舰载 LAN 的路径。初始评估把第四阶段主要定位为战术边缘网，将现用网络进一步扩展到飞机和无人航空器等更多平台，最终组建一个更加机动的网络。在该阶段，飞机能随时接入网络，网络也使快速移动的节点随时变更配置，但需要增加带宽，并改变海军传输数据和对数据做出反应的方式。

5.5.3 系统功能与组成

1. 功能原理

ADNS 提供海军通信系统的战术广域网（WAN）能力，提供水面舰艇、潜艇、机载、战术岸基和岸基 WAN 网关服务管理。自 1997 年首次部署以来，ADNS 经历了多次升级。增量Ⅲ通过利用较新卫星通信（SATCOM）系统更高带宽的能力来增加网络容量。通过汇聚到所有 IP 语音/视频/数据并在卫星通信链路上实现动态负载分配，提高了效率。它采用 IP 管理舰艇与网络之间的通信接口，可优化使用系统分配给机密、敏感隔离信息（SCI）的网络带宽，是高效路由传输进出舰信息的关键。

由 ADNS 链接的一组平台创建了一个基于无线电的分组交换 WAN。通过使用现有的互联网技术和开放标准，ADNS 的用户可以无缝、透明地访问互联网。使用负载平衡概念，ADNS 在适当的无线电链路上平均分配流量，这样可用容量就是所有链路的总和。ADNS 不提供额外的带宽，只提供多路复用已经可用的带宽。

无线数据传输的主要目的是与移动平台进行通信。这种能力已经以各种形式存在。但是，ADNS 提供了一种强大的方法，可以选择最有效的路径集，以对用户透明的方式传输数据。它允许将现有的烟囱系统集成到一个通用的数据传输网络中。当与固定岸上站点连接时，提供有线/光纤连接，该网络实质上成为互联网的移动扩展。

移动平台可以被认为是一个漫游的局域网（LAN）。在 ADNS 之前存在于美国海军舰艇上的是不同 LAN 和无线电系统的混合。如果要在舰船之间传输数据，则每种应用都使用不同的介质，例如高频（HF）、特高频（UHF）或超高频（SHF）。ADNS 允许具有多个传输路径的平台通过一个黑盒（ADNS）集成这些不同的系统，然后以最有效的方式将数据分布在不同的路径中。出于以下几个原因，这种方法是可取的：

（1）负载分担。如果一条或多条传输路径出现故障或拥塞，ADNS 可以将数据流重定向到开放通道，从而提高服务质量（QoS）。ADNS 能比目前的烟囱系统更有效地分配数据流。例如，视频电话会议（VTC）经常占用带宽，让其他应用程序寻找开放的传输路径。其他应用程序（例如电子邮件）可以重定向到不那么拥挤的通道，而不是堆积在队列中等待传输。

（2）具有成本效益的带宽。ADNS 可以通过所需的传输路径引导来自不同应用程序的数据。这样做可以优先使用最具成本效益的数据传输方式。

（3）利用现有的互联网。ADNS 的另一大吸引力，也是海军开发它的主要原因之一，是 ADNS 将现有的烟囱式通信架构整合在一起，而无须创建全新的基础设施。现有的 LAN 可以连接到 ADNS，并可以访问该单位可用的全部通信资产。

（4）灵活性。使用开放协议和商用现货（COTS）硬件创建了一个非常灵活的系统。对船上 LAN 的修改或添加对 ADNS 没有影响。通过使用 IP 路由器作为 ADNS 和舰上 LAN 之间的接口，路由器一侧的修改对另一侧是透明的。

2. 系统组成

典型的 ADNS 系统组成如图 5-52 所示。

ADNS 系统主要由 ADNS 路由器、路由器接口单元（Router Interface Unit，CRIU）、信道访问协议（Channel Access Protocol，CAP）以及综合网络管理等功能实体组成。

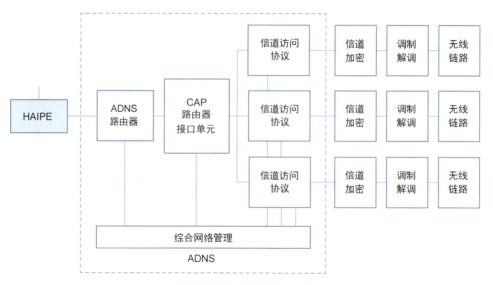

图 5-52 ADNS 系统组成

一个完整的 ADNS 安装所需的最小组合为局域网—路由器—CRIU—CAP—加密设备—调制解调器—射频系统。从 CAP 到路由器接口单元（CRIU）回来（到左边），对于一个特定的安装将只有一个。从 CAP 向前（向右），每个无线电系统都有一个链，是系统的一部分（例如，可能有一个 UHF SATCOM 链、一个 UHF LOS 链、一个 SHF 链、一个 HF 链等）。在这个特定的配置中，有三个射频路径连接到 ADNS。[①]

ADNS 系统组成如下。

局域网：局域网通常是现有的舰用以太网或 FDDI 网络。网络上的主机运行各种各样的应用程序。

路由器：路由器是一个 IP 路由器，充当 ADNS 网络的网关。该路由器可以是任何能够运行 OSPF 的商业路由器。

CRIU（信道接入协议到路由器接口单元）：在一个 VME 机箱中的单板计算机上实现。

CAP（通道访问协议）：在与 CRIU 相同的 VME 机箱中的单板计算机上实现。

信道加密装置：使用 KG-84 进行链接加密。

调制解调器：每个 CAP 都有一个相应的 Modem，对通过 ADNS 的数据进行模数转换（入站）或数模转换（出站）。

连接媒介：当考虑到一个 ADNS 自治系统中的所有资产时，每个射频系统（如特高频卫星通信、极高频卫星通信或 INMARSAT B）构成一个网络。

ADNS 终端如图 5-53 所示。

从安全角度来看，ADNS 将为网络核心中的所有级别的加密密文（CT）流量实施通用传输。这种常见的 CT 网络被称为"核心密文网"。ADNS 将提供一种机制，将当前的串行语音、视频和数据应用程序和服务融合到"融合 IP"数据环境中。提供给 ADNS 平台上的 RF SATCOM 和 LOS 系统的数据将基于 IP。ADNS 将与转型卫星通信系统（TSAT）等关键转型

---

① James A. Sullivan. Management of autonomous systems in the Navy's Automated Digital Network System (ADNS) [D]. Monterey, California: Naval Postgraduate School, Sep. 1997.

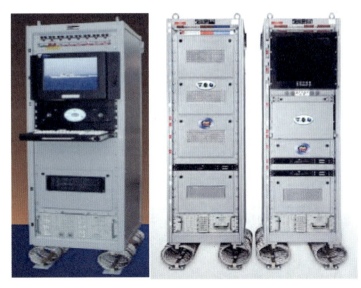

图 5-53 典型舰载 ADNS 终端

计划保持一致。ADNS 将至少提供 4 个系统能力要求,以解决能力差距。要求将包括以下内容:密文(CT)骨干路由、IPv6/IPv4 双栈、跨 WAN 的融合 IP/增强型 QoS,以及 25/50Mbps 的带宽优化。CT 核心骨干安全飞地要求用户数据由国家安全局(NSA)批准的 Type-1 内联网络加密器(INE)加密,如高保证互联网协议加密器(HAIPE)。该架构最初将支持 CT 核心内的"双栈"(IPv4 和 IPv6)路由,以适应海军向全 IPv6 网络最终目标迁移的过渡工作和时间表。ADNS 支持启用 IP 的语音、视频和数据流量的融合,以满足 GIG, QoS 要求并确保应用和功能所需的可用性级别。这需要在既定的时间限制内提供选定的 IP 流量,以支持对抖动、延迟、吞吐量、数据包丢失和其他流量参数有特定网络要求的分布式服务和应用程序。此外,国防部对未来通信系统的投资将增加和提高带宽能力。ADNS 允许海军战术用户充分利用现有和未来的传输资源。预计卫星和码头连接提供的带宽将显著增长,因此,ADNS 将提供舰艇和岸上的接口,以便在可用时提高吞吐率。

ADNS 系统的配置如图 5-54 所示。ADNS 系统为所有的数据用户资源提供了一种及时的数据传送服务,所提供的这种服务来自数据用户资源。ADNS 的开发依赖于商用现货与政府现货技术(COTS/GOTS)的硬件和软件的结合,如 IP 路由器、ISDN 和 ATM 转换。ADNS 包含 3 个功能要素:综合网络管理(INM);路由和转换(R&S);信道访问协议(CAP)。该系统以常规服务(GENSER)进行运作。

3. 工作流程

假设舰上的用户希望将文件传输给另一艘舰上的另一个用户。我们还假设两个用户的计算机都连接到各自的舰上 LAN。当始发用户准备好发送消息时,他只需单击适当的按钮即可通过舰船的 LAN 发送消息。

大多数数据文件的大小需要将它们分成多个 IP 数据报。路由器独立处理每个数据报,使用开放最短路径优先(OSPF)协议来确定到达目的地的最佳路径。如果有多个等价路径,路由器将在它们之间平衡负载。类似于分组交换网络,单个消息可以通过多条路径进行路由。然后路由器将数据报转发到 ADNS。ADNS 对所选无线电系统上的数据报进行优先排序、

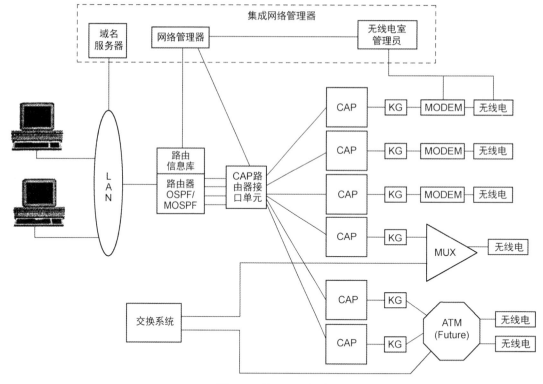

图 5-54 ADNS 配置

排队和传输。传输的数据报在基于无线电的广域网（Radio-WAN）中传输的方式与分组交换网络中的传输方式非常相似。在目的地有传输站点的镜像。到达的 IP 数据报通过 ADNS 传回路由器和 LAN，在那里它们被接收并在目标主机重新组合。

此示例描述了通过单个 RF 路径将一条消息传输到一个目的地。要了解系统的真正潜力，可以设想多个支持 ADNS 的平台通过多个 RF 路径从多个应用程序同时通信。

5.5.4 系统架构

ADNS 为舰船提供了一种将多个独立无线电通信系统的操作集中和自动化成高效通信网络的方法。ADNS 为传输比特（可能表示语音、视频或数据）提供连接，从而创建无缝的舰到舰和舰到岸通信网络。通过管理一个系统内的所有无线电资产，ADNS 创建了一个可靠的多路径通信网络。该网络本质上是基于无线电的广域网（Radio-WAN），图 5-55 所示。①

虽然目前是海军特定的部署，但 ADNS 与任何其他使用商业产品的 LAN/WAN 互联网连接一样。应用程序只需遵守 ADNS 采用的互联网协议。这使得应用程序对 ADNS 有一种透明感。它也是一个开放式系统，允许未来扩展。

ADNS 允许在对用户完全透明的过程中添加无线链路，即插即用。例如，如果要添加额外的 RF 链路，则该链路与 ADNS 兼容所需的只是信道访问协议（CAP）。

美国海军舰载网络系统架构如图 5-56 所示。

---

① Erie L. Andalis. Web-based Network Management Tools for U. S. Navy Mission-Centric Applications [D]. Monterey, CA: Naval Postgraduate School, September, 1997. Ch. IV p. 25-53 [ADA337735.pdf]

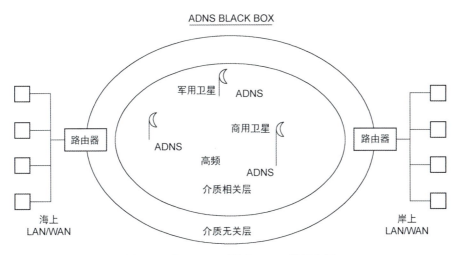

图 5-55 | Internet 环境中 ADNS 的黑盒图

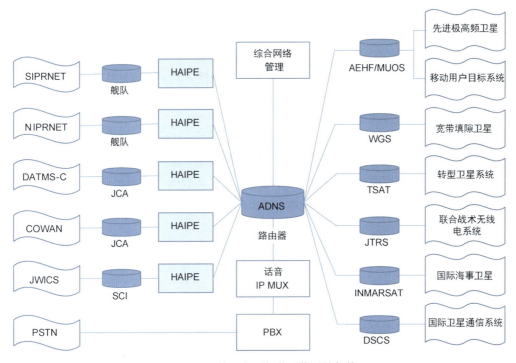

图 5-56 | 美国海军舰载网络系统架构

在外通手段方面,美国海军舰船拥有先进极高频卫星(AEHF)、移动用户目标系统(MUOS)、宽带全球卫星系统(WGS)、转型卫星通信系统(TSAT)、联合战术无线电系统(JTRS)、国际海事卫星(INMARSAT)、国防卫星通信系统(DSCS)等无线通信系统。内部局域网络根据不同安全等级划分为 SIPRNET、NIPRNET、敏感隔离信息局域网(SCI LAN)等,海上全球指挥控制系统(GCCS-M)、战术电视会议系统、海军战术指挥支援系统等,不同安全等级的应用分别部署在上述局域网中。

ADNS 路由器对外集成了上述各种无线通信手段,对内则为各应用提供统一的外发数据包路由服务,解决了以往烟囱架构中应用与通信手段绑定、资源难以共享、系统结构复杂、维护困难等问题。在 ADNS 路由器与舰内各局域网之间部署高保证互联网协议加密器（HAIPE），所有发往舰外的用户流量都将加密。ADNS 与各无线通信系统构成了舰艇用户网络接入 GIG 的"黑色核心网络"，为各级加密密文（CT）通信提供通用传输服务。

舰内向舰外发送数据的流程如下：由用户局域网外发的数据经过 HAIPE 加密后，由 ADNS 路由器负责为其选择最合适的无线链路。路由器接口单元主要负责根据用户的主机（IP 地址）和应用的类型（端口号）为数据包分配优先级。信道访问协议实现 IP 协议与无线协议之间的适配，并根据路由器接口单元指定的优先级分配数据包发送顺序，其后，数据经过信道加密、调制解调后，由相应的无线链路发送至对端。从舰外接收到数据的流程可看作外发数据的镜像流程，不再赘述。

ADNS 的综合网络管理基于简单网络管理协议（SNMP），其大部分被管对象如主机、路由器等，可以采用标准的、商用的网络管理工具进行管理，只有针对海军特殊需求部分，如命令与指挥控制等，才发展专用的工具进行管理。综合网络管理分为三级：最高为海军级，部署在海军作战中心，实现全网级别的管理，称为网络操作中心（NOC）；中间为地区级，部署于海军各区域中心，实现对区域的管理，称自治系统控制中心（ASCC）；第三级为本地级，部署于各岸基节点及舰船单元，实现本地管理，称为本地控制中心（LCC）。5.5.5 节将进行具体描述。

ADNS 使用开放最短路径优先协议（OSPF）和多播 OSPF（MOSPF）作为内部网关协议，使用边界网关协议（BGPv4）作为其外部网关协议。

典型情况下，若干艘舰船再加上至少一个岸基节点构成一个自治系统（AS）。自治系统的组成是基于任务而不是地理位置，例如同一个战斗群的各舰船，不管其实际位置相隔多远，都应属于一个自治系统，这样的逻辑结构有利于任务的组织和协同。

在自治系统内，一艘船就是 OSPF 中的一个区域，其舰内有线网的各路由器为区域内部路由器，而各舰船的 ADNS 路由器即为骨干路由器，它们通过各种无线通信手段互连，形成骨干区域（即区域0）。

各无线子网（如 HF、UHF、SHF 等）构成了自治系统中的无线骨干网。各舰船的 ADNS 路由器会根据无线手段的容量和带宽为其分配一个度量值，ADNS 系统以该度量值为依据实现基于优先级的路由选择、负载平衡以及流量分担等功能。

自治系统的岸基节点支持 BGP 协议，实现到其他自治系统以及广域网之间的路由交换。选择岸基节点作为自治系统与外部系统之间的网关节点的主要原因是：自治系统基于任务组成，其中的舰船节点可能会经常随任务而变化，岸基节点相对固定，可满足 BGP 协议对运行环境稳定性的要求。

图 5-57 描述了 ADNS 及其与之互动的系统的高层概念图。如前所述，ADNS 由一个与调制解调器集成的路由器组成，允许舰载网络在舰外进行通信。它作为信息路由中心，在舰载网络和舰外可用的射频（RF）通路之间分配数据。图中说明了几个关键点，首先，ADNS 处理不同密级的数据；其次，除数据之外，ADNS 还负责语音和视频传输；最后，ADNS 管理可用的带宽，以确保数据在最适当和最有效的路径上离开舰艇。[①]

---

① Phillip L. Allen, David P. Gravseth, Michael Brett Huffman, et al. Ship-to-shore data communication and prioritization. Naval Postgraduate School, December 2011. [NPS-SE-11-015]

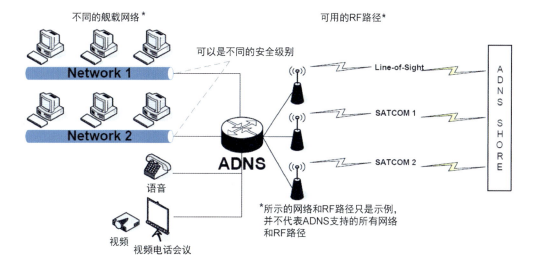

图 5-57　ADNS 高层概念图

由于所有从舰上下来的数据都必须经过 ADNS，所以它是一个系统的瓶颈。在任何瓶颈处，服务质量（QoS）均非常重要。QoS 是使得网络在可用资源无法跟上网络流量负荷时，能够在适应网络流量负荷的情况下做出明智的决定。如果没有 QoS，则所有从舰上下来的网络流量必须争夺有限的带宽。这可能会导致关键任务的数据被延迟或丢弃，无法及时到达目的地。有了 QoS，更高的优先级网络流量比低优先级流量获得更大的网络资源份额。这确保了网络流量尽可能迅速和有效地交付，同时最大限度地提高了网络带宽的利用率。ADNS 通过管理和优化射频资源的使用，确保数据、语音和视频的有效路由。它通过对不同的应用进行分类，并根据该分类将它们路由到队列中。然后，每个队列根据队列中数据包的标记，保证一定的带宽。

图 5-58 显示了 ADNS 和其他可互操作系统的更详细图表。标有利益共同体（COI）的区块描述了代表在不同安全密级下运行的各种舰载网络的区域。该图还显示了数据、IP 语音（VoIP）和视频电话会议（VTC）在这些网络中的应用，如联合通信活动和战术数据链（TDL）在秘密领域中单独列出。每个 COI 通过一个路由器来传递数据，它通常被称为边缘路由器，因为它位于其各自网络的外部边缘。

图 5-59 所示是 ADNS 增量 Ⅱ（型号 USQ-144H（V）2）与舰载一体化网络系统（ISNS）之间通过网络加密器（INE）的连接。①

5.5.5　综合网络管理

ADNS 的网络管理是基于 SNMP v1 标准的。没有专有的海军协议可供对抗，因此允许使用标准网络。

管理工具和实践。大多数需要管理的对象（主机、路由器等）将有代理附加，MIB 将为任何独特的对象如 CRIU 或 CAP 编写。海军将采用一个标准的商业网络管理系统（NMS）来提供网络管理的基础。然而，有一些海军特有的问题，如指挥和控制关系，会影响网络管

---

① Isaac R. Porche Ⅲ, Katherine Comanor, Bradley Wilson, et al. Navy Network Dependability: Models, Metrics, and Tools. RAND National Defense Research Institute, 2010. [RAND_MG1003.pdf]

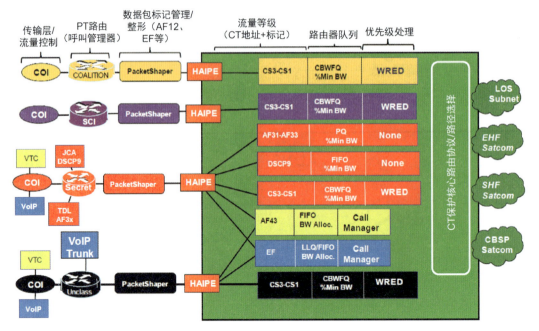

图 5-58 ADNS 详细图

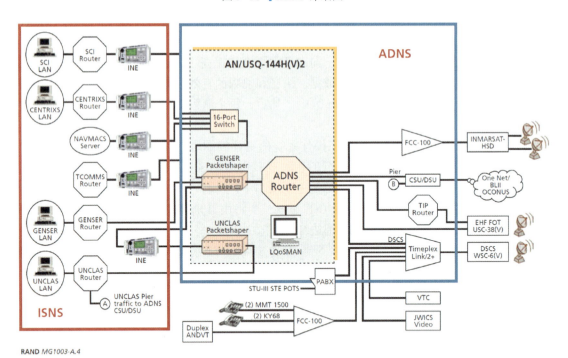

图 5-59 ADNS 增量Ⅱ（部队级）

理。对于这些特殊要求，海军将为 NMS 创建特殊的应用和概念。本节对海军打算如何管理 ADNS 进行广泛描述。

海军节点的网络管理与管理岸上的节点类似。基本概念是相同的。然而，节点的移动性使得管理舰载节点更加困难，而且它们是战斗人员的事实使得网络管理更加重要。正如有一个军事等级制度一样，ADNS 的网络管理也有一个等级制度，每个级别有不同的责任。网络管理是 ADNS 的一个重要部分，因为系统出现错误或故障会直接影响战斗力。

综合网络管理描述了海军将如何在分布式基础上管理网络，一直到单个对象。其包括但不限于一般监测、统计收集、状态监测、流量监测、趋势分析、网络加载、网络优化、配置控制、系统配置、维护、问题识别、问题报告、故障文档、系统管理和排放控制。

ADNS 的网络管理包含三个不同的层次：本地控制中心（LCC）、自治系统控制中心（ASCC）和网络操作中心（NOC）。LCC 负责地方层面的网络，例如在一个区域内（通常是一艘舰）。ASCC 负责区域层面的网络，有几个下属的自治系统。NOC 负责某个地理区域内的所有 ASCC 的工作。这种安排与海军的组织结构是一致的，如图 5-60 所示。

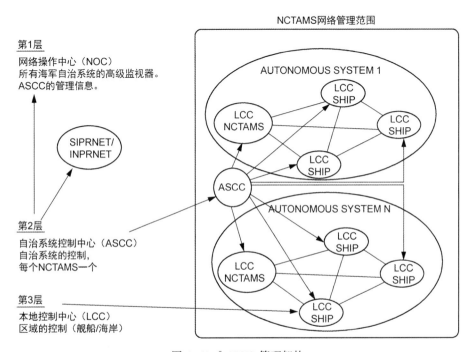

图 5-60 ADNS 管理架构

1. 本地控制中心（LCC）

LCC 是每个单位层面的网络管理中心，负责监测和维护该单位的所有子网的状态。LCC 有三个组成部分：网络管理器、分布式管理器和通信自动化管理器。

1）网络管理器

网络管理器是通过商业途径获得的网络管理系统软件。网络管理器基本上是为了给出网络和单个对象的状态。一个例子是流行的惠普 OpenView 网络节点管理器产品（OV-NNM），它自 1991 年以来一直处于海军战术高级计算机（TAC）采购合同中。它提供了一个单位网络的拓扑图表示，并通过使用颜色和形状显示每个对象的状态。然而，在与 ASCC 和 NOC 对接进行故障排除或维护时，需要人的介入。

网络管理员的具体功能：人机界面；绩效管理；故障管理；会计管理；安全管理；配置管理。

网络管理器被用作海军综合网络管理系统的基础，然后可以在此基础上添加具体的应用程序，以提供其他管理功能。

2）分布式管理器

分布式管理器是一个应用程序，它决定哪些在本地报告，哪些报告给 ASCC 和 NOC。分布式管理器有两个机制来发现是否存在符合其政策规则标准的任何条件：网络管理员的通知；从分布式管理器到网络管理器的查询。分布式管理器的具体功能：政策的解释和执行；管理信息的过滤。

尽管商业产品可以提供这些功能，但海军背景下的分布式管理器具体描述了 LCC 和 ASCC 之间通信关系的策略规则。

3）通信自动化管理器（CAM）

通信自动化管理器负责物理通信硬件和它们的相关要求。在舰上，他们的职能通常与无线电室有关。职责包括通信计划的实施、电路建设和电路管理。通信自动化管理器由三个方面组成：通信管理器、站点管理器和设备管理器。

通信自动化管理器的具体职能：安全管理；日志控制；警报报告；归纳总结；代表关系的属性；访问控制的对象和属性；用量计量；测试管理；事件报告管理；国家管理；安全警报报告；对象管理；带宽管理；沟通计划管理；设备控制；网站配置管理。

海军对这些功能的具体应用是使用一种叫作通信计划（COMMPLAN）的远程管理工具。COMMPLAN 用于指导上述某些网络管理功能，主要由技术员在通过硬拷贝信息收到 COMMPLAN 后手动完成。然而，ADNS 允许许多这些要求通过传送到通信自动化管理器的 COMMPLAN 远程自动完成。这个概念可以应用于商业行业，在这些行业中，在每个本地站点拥有必要的网络管理专业知识是不符合成本效益的，可以通过一个远程中心集中管理。

2. 自治系统控制中心（ASCC）

一个 ASCC 监督几个 LCC 的运行。海军使用其计算机和电信区域主站（NCTAMS）作为 ASCC。ASCC 将收到下属 LCC 的总结报告。LCC 向 ASCC 报告的确切性质仍有待确定，但将包含任务相关的信息，包括：沟通的准备情况；通信服务的状况；硬件和软件的状况；关于使用和可靠性的信息。

ASCC 也可以向 LCC 提供关于通信态势的指导。这可能包括资源的优先次序或设备配置的改变等项目。

3. 网络操作中心（NOC）

NOC 是 ASCC 的上一级，基本上会监控某个地理位置上的所有节点。例如，海军已经在太平洋和大西洋地区建立了 NOC。虽然能够监测详细的网络管理信息，但 NOC 对 ASCC 和 LCC 的整体状态更感兴趣。

4. 网络管理工具

为了实现上述网络管理要求，各级管理和维护人员都可以使用大量的工具。然而，每个工具都有自己的培训要求。因此，必须考虑到总的拥有成本和它们的效用。监控网络的基本工具是市面上的网络管理系统软件。另一个可用于实现透明和可负担的网络管理目标的工具是以下软件，是能够进行远程监控和维护的。

1）网络管理系统软件（NMS）

一个商业的网络管理系统软件已被采用作为 INM 的基础。网络管理系统软件可以实现监控节点和网络状态的基本功能。如前所述，许多不同类型的企业管理软件都可以通过商业途径获得，如流行的 HP Open View Network Node Manager（OV-NNM）。尽管商业软件提供了优秀的监控工具，但通常需要专有软件来实现其他网络管理要求。商业网络管理系统软件提供了一个成本相当低的解决方案，提供了一个坚实的网络管理工具基础。此外，为了提供整个 ADNS 所需的灵活性，COTS 产品是合适的。

2）第三方应用

类似 OV-NNM 网络管理系统的一个具有吸引力的特点是，第三方应用程序可以被集成到其中。特别是对于像海军这样的组织来说，任务特定要求的解决方案不是现成的。这些特定任务的附加设备必须独立开发，然后整合到现有的 NMS 中。专有设备也需要与 NMS 进行某种整合。诸如特定对象的配置管理软件必须从供应商那里获得。例如，公司提供的软件可以与 NMS 集成，使管理人员能够远程配置他们的硬件。第三方应用程序提供远程管理能力。这就是企业管理的全部目的。集中管理节点，而不是对每个节点分散管理，效益是非常高的。尽管在每个层面上都需要一些人的介入，但不需要对地方层面的全面管理。

ADNS 是一个很好的例子，说明了远程管理的必要性。在 ADNS 上实施远程管理使管理人员能够从一个中央管理地点配置和管理移动平台，在本地配置最少的人员，从而节省人员成本。通过 RMON 和 SNMPv2 等标准，远程管理人员可以以安全的方式访问远程网络，并对网络进行故障诊断或重新配置。例如，如果一条传输路径发生故障，远程管理人员可以通过第二条传输路径进入系统，对系统进行故障排除。使用一个以上的传输路径，就可以通过一个开放的路径不断地远程管理 LCC，甚至 ASCC 的能力。虽然 ADNS 还没有采用 RMON 或 SNMPv2 等标准，但这些技术目前已经存在，可以很容易地集成到 ADNS 中。

这些工具也可以从商业上获得，或者开发成特定的任务。在新技术的地平线上，总是有新兴的工具。然而，网络管理技术落后于新的网络技术的主要原因之一是需要时间来观察哪些技术将成为行业标准。ADNS 主要通过 SNMPv1 标准管理对象，这并不代表 ADNS 不能适应任何成为行业标准的新兴技术，如 SNMPv2。

5.5.6 技术特点

1. 功能优先级

在 ADNS 实施过程中评估了几种不同的为传递消息分配优先级的方法。首先考虑了一种显而易见的方法，即使用 IP 标头中的内置优先级字段，但该想法很快中断，因为目前没有相关的应用程序使用 IP 标头的这个特性。最终实施了优先级方案，分配了 3（最低）~15（最高）的优先级。被证明对分配优先级最有用的两种方法是基于源 IP 地址（主机）或端口号（应用程序）。这种方法与使用相同数据进行过滤决策的防火墙具有相同的优点和缺点。优点是具有实用性，缺点是需要手动配置路由器的路由表。

1）优先级表

CRIU 维护两个优先级表。第一个表是源 IP 表，包含相关 LAN 上主机的 IP 地址和分配给它们的优先级。此表没有默认设置。如果主机具有关联的优先级，则必须将其输入表中。此表由本地 ADNS 管理员在初始系统配置期间手动填写，并可随时更新。源 IP 表包含最多 40 个条目的空间。

第二个表是端口优先级表，包含某些应用程序使用的专用端口号以及已分配给该特定应用程序的优先级。与源 IP 表一样，没有默认值，必须手动输入优先级，并且它包含最多 40

个条目的空间。

2）确定消息优先级

CRIU 通过路由器接收数据报。CRIU 确定每个数据报的端口号和源 IP 地址，并根据源 IP 和端口优先级表中的条目分配优先级。在这里，可能会出现冲突。如果源 IP 优先级表为特定数据报分配了某个优先级，而端口优先级表为同一数据报指示了不同的优先级，则将根据源 IP 进行优先级分配地址，这允许优先级主要基于主机，如果主机没有分配的优先级，则其次是应用程序。如果主机和应用程序都没有分配优先级，则 CRIU 分配默认值优先级 4。一旦分配，优先级将放置在 IP 数据报头中，并且将整个 IP 数据报传递给 CAP。

3）消息传输

在分配优先级之后，IP 数据报被转发到适当的 CAP，在那里它根据优先级进入 16 个队列之一。数据报被组装成传输单元，每个传输单元最多可以包含 64 个 IP 数据报。传输单元的大小取决于链路的容量。容量较低的链路将不得不使用较小的传输单元尺寸。CAP 通过按优先级顺序从队列中删除数据报来构建一个传输单元。数据报首先从最高优先级队列中删除，直到它为空。数据报按顺序删除，继续沿优先级队列向下移动，直到传输单元完成或所有队列为空。发射单元从 CAP 发送到相应的 RF 发射器，并重复该过程。

2. 负载平衡

负载平衡是在不同的子网之间平均分担传输负载。当路由器选择一个传输路径时，它是根据分配给该射频系统的度量值来进行的。OSPF 的度量是基于链路的容量，具有类似容量的链路被分配相同的度量值。如果多个 CAP 具有相同的度量值，那么路由器将通过在这些 CAP 之间交替进行负载平衡。为了使负载平衡有效地发挥作用，必须在容量相当的系统之间进行共享。因此，在给 RF 系统分配度量值时，只有容量相同的网络才能被分配相同的值。例如，如果一艘舰正在运行 HF（运行速度约为 2.4kbps）和 SHF（运行速度约为 64kbps）两个活动子网，则为每个子网分配相同的度量值将使 HF 电路过载。路由器将在两者之间平均分配负载，而不是按比例分配。在高流量密度期间，SHF 链路可以比 HF 链路更有效地处理负载，HF 链路将积压数据。

3. 拥堵控制

如上所述，每个 CAP 为每个优先级（0~15）保持单独的队列。如果其中一个队列满了，CAP 不提供任何溢出队列，则具有相同优先级的额外数据报将被丢弃。为了防止这种情况发生，CRIU 监控 CAP 队列，并启动负载分担或发出源端抑制（Source Quench）命令。

CAP 中的每个队列都被分配了一定的队列大小，用于在传输前存储 IP 数据报。CAP 管理着这个队列空间。CRIU 设置一个队列阈值，略小于队列大小，作为确定队列是否存在拥堵的基准。队列阈值和最大队列规模之间的差距提供了一个缓冲区，允许在队列变满和数据报开始被丢弃之前采取行动。这些队列阈值是预先确定的，并由本地 ADNS 管理器输入 CRIU。拥塞识别功能按以下顺序运行。CAP 产生一份队列报告，时间间隔由队列报告阈值指定。该报告捕获实际队列水平，并将其发送到 CRIU。这些水平与每个队列的队列阈值进行比较。如果任何队列水平大于队列阈值，则会有一个队列中存在拥挤状况。这种安排与传统互联网中拥挤的路由器非常相似，因此 TCP，包括 Karn 和 Nagel 算法，将不作任何改变。

1）负载分担

ADNS 的主要特点之一是它能够在可用的子网上分担通信负荷。在目前的海军电路中，经常出现这样的情况：一个通信通道超载，另一个通道完全空闲。ADNS 的负载分担功能通过将部分拥堵转移到空闲信道来缓解这一问题，从而增加吞吐量并缩短通信系统延迟。这与负载平衡不同，平衡是在拥堵发生前将流量分配到具有类似指标值的信道上。共享是在存在拥堵条件的情况下，将流量分配到成本相似的信道上。

限制条件。在使用负载分担方面有两个限制。首先，被转移到另一个通道的流量必须是单播流量。多播应用引入了一定程度的复杂性，导致收益减少，因此不尝试使用多播应用进行负载分担。其次，负载分担只有在带宽处于相同范围的子网之间才是可行的，这意味着它们有类似的时间延迟。因此，负载共享情况的可能机会是在 UHF 和 EHF 之间，或在 SHF 和 Challenge Athena 之间。

实施。当 CRIU 确定其相关 CAP 中的一个子网存在拥堵状况时，负载分担过程开始。然后 CRIU 扫描所有其他兼容的具有类似延迟的子网，以确定是否存在从原点到目的地的路径。如果另一个子网确实存在从原点到目的地的路径，并且该子网不存在拥堵状况，则开始进行负载分担。

2）源端抑制

当确定优先级为 n 的 CAP 队列中存在拥堵时，CRIU 会发出一个源端抑制 ICMP 命令。这个命令会停止所有优先级为 n 或更低的应用程序和主机的信息包的生成。假设符合要求的 TCP，这个源端抑制命令被预设为保持 5s 的效力。在 5s 结束时，受影响的主机和应用程序的传输会自动恢复，除非或直到发出另一条源端抑制命令。应该注意的是，所有的应用程序和主机都需要某种流量控制，以确保在源端抑制条件下，数据包不会被丢弃，而是在源端抑制超时后存储起来进行传输。

4. 传输控制协议（TCP）的重复包传输问题

实施 ADNS 架构的早期主要难点之一是解决最初建立 TCP 连接时的 TCP 重复传输问题。ADNS 使局域网网关路由器的行为就像它与其他局域网上的其他路由器硬连在一起一样。因此，路由器期望在接收其发送的 TCP 数据包的确认时遇到最小的延迟（小于 0.5s）。在现实中，这些 TCP 数据包是通过射频链路传输到遥远的局域网的。在 2400bps 的连接上，一个 1500B（字节）的数据包的最小确认时间是在 5s 左右。若 TCP 在 0.5s 后还没有收到数据包的确认，它就会重新传输数据包。如果 0.5s 后仍未收到确认，它就会继续重新发送数据包。1s 后，TCP 再次重传数据包，2s、4s、8s 后再次重传，以此类推。在最佳条件下，一个 1500B 的数据包将在 2400bps 的连接中被发送 4 次。最终的结果是使用 6000B 来传输 1500B，效率为 25%。

一个实用的解决方案，也是在 ADNS 中实现的解决方案，是设计 CRIU 在通过射频链路传输之前丢弃重复的 TCP 数据包。这是通过为每个子网使用一个表来实现的，该表包含 TCP 序列号和时间戳，表明 CRIU 何时收到数据包进行传输。一个 TCP 原始数据包和每个重复发送的数据包具有相同的 TCP 序列号。当 CRIU 收到一个 TCP 数据包进行传输时，会检查其 TCP 序列号。如果这个号码已经存在于表中，则拒绝该数据包。如果这个号码不存在于表中，它将和它的时间戳一起被添加到表中，然后数据包被传递出去进行传输。每个子网都被分配一个 TCP 重复拒绝时间。如果一个 TCP 序列号在表中的时间超过了 TCP 重复拒绝时间，它将从表中删除。TCP 重复拒绝时间的默认值为 10s。这为原始 TCP 数据包的传输提供了 10s 的延迟，以获得确认。如果没有收到，则允许重传该数据包，然后延迟 10s。本地

ADNS 管理员可以根据链路的延迟情况修改这个时间延迟，以获得最佳性能。

5.5.7 操作描述

ADNS 创建的 Radio-WAN 的行为与陆地 WAN 相同。一个平台上的路由器仍然与其他平台上的路由器"对话"，但速度比通过有线或光纤连接时要慢。海军 ADNS 计划中使用的一些电路，例如 HF 和 UHF，传输速率在 2.4kbps 内。插入 ADNS 硬件和 RF 传输路径只是创建基于路由器的网络的管道。ADNS 严格处理 IP 数据报。尽管由于处理过程而发生了一些封装，但底层数据包没有改变，因此目的地之间的路径对路由器本质上是透明的。

如前所述，路由器接受来自 LAN 的出站数据报并选择到达目的地的最佳路径。连接路由器和 CAP 的 CRKJ 为出站 IP 数据报分配优先级。优先级是根据源应用程序（逻辑端口号）和发出消息的主机（IP 地址）来推断的。在 CAP 中，消息被放置在队列中等待传输。CAP 队列中的消息按 CRIU 分配的优先级排序。

当消息离开 CAP 时，它会通过一个加密设备。标准的海军 ADNS 配置为机密运行，因此进入射频网络的所有信息都是链路加密的。

离开密码设备后，数据报通过调制解调器，然后进入发送器。一旦它离开舰，消息就开始通过预定的路径到达目的地。到达目的地后，数据报通过源系统的镜像，在 IP 报头中指定的主机处终止。

1. 路由协议

ADNS 使用三种不同的路由协议。使用这些算法的主要原因是这三种算法的规范都属于公共领域。

1）开放最短路径优先（OSPF）/多播 OSPF（MOSPF）

OSPF 用作 AS 内路由的内部网关协议（IGP）。OSPF v2 的规范包含在 RFC 2178 中。它是一个动态协议，因为每个路由器都维护一个不断更新的数据库，其中包含同一系统中所有其他路由器的状态。OSPF 使用最低成本算法来确定将消息发送到其目的地的最佳路径。成本是根据分配给各种传输路径的度量值确定的。多播 OSPF（MOSPF）用于 AS 内的多播。MOSPF 规范包含在 RFC 1584 中。MOSPF 使用与 OSPF 相同的最低成本概念，除了最低成本是针对组确定的。

2）边界网关协议版本（BGP4）

BGP4 用作外部网关协议（EGP），用于在 AS 之间进行路由。BGP4 的细节见 RFC 1654。BGP4 不像 OSPF 那样动态，它根据预先确定的路由作出路由决策。在 ADNS 中，BGP4 通常驻留在系统中的岸站。由于 BGP4 需要比 OSPF 更稳定的环境，因此岸站是合乎逻辑的选择。

2. 逻辑组织

ADNS 网络中元素的命名和逻辑分组基于 ADNS 使用的路由协议建立的概念。OSPF 网络的基本单位是区域。对于 ADNS，舰船通常被视为一个区域。某些岸上设施也是区域，因为舰船需要与其他岸上设施的接口点。

使用 OSPF 组合在一起的许多舰船创建了一个自治系统（AS）。典型的 AS 由一组具有某种逻辑联系的海军舰艇组成，例如共同的任务。战斗群是典型的 AS。AS 建立的重点是使命而不是位置。这些单元不在相同的地理区域中也可以在相同的 AS 中。至少一个和可能两个或多个岸上通信设施也将成为 AS 的一部分，作为通往其他海军网络（如 SIPRNET 或互联网）的网关。

RF 系统的组合网络创建了 AS 的子网骨干网。每个子网是一个不同的射频系统，例如 UHF 卫星通信、SHF 卫星通信或 INMARSAT B。每艘舰上与 ADNS 接口的路由器被建立为区域边界路由器（ABR）。每个 ABR 都运行 OSPF。OSPF 路由表中维护的部分数据是 AS 中每个子网的指标。在当前的 ADNS 安装中，指标值是根据子网容量或带宽分配的。更高容量的子网被分配更低的度量值。为这些指标选择的值决定了系统如何执行负载平衡和负载共享，如下所述。显然，由于每个路由器都必须维护 AS 中每个其他路由器的动态更新表，因此可以有效管理的路由器数量是有限的。这就是驱动 AS 大小上限的原因。

充当 AS 与其他 AS、WAN 或 Internet 之间的网关的路由器使用 BGP4。由于 BGP4 需要稳定的环境，岸上机构通常执行此功能。OSPF 到 BGP4 转换的作用是从外部隐藏 AS 的内部。AS 外部的路由器不需要知道 AS 内部所有路由器的细节。他们只需要知道进入 AS 的 BGP4 网关在哪里。更改任务将提示更改 AS。舰船可能需要从一个 AS 转移到另一个 AS 以支持作战或培训目标。这种动态重组要求加强了将每个 AS 的内部路由问题与外部屏蔽的需要。图 5-61 显示了一个通用的 AS 架构。

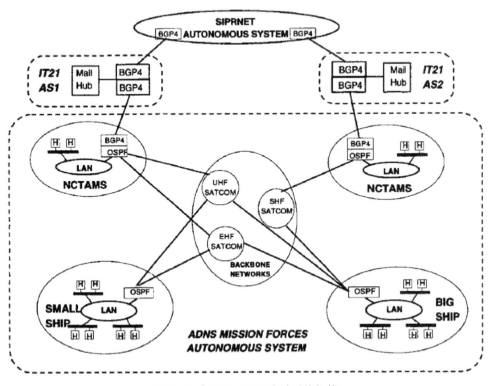

图 5-61 ┃ 通用 ADNS 自治系统架构

5.5.8 ADNS 的优势

取消人工干预。在当前的海军通信系统中,消息是在个人计算机或工作站上生成的。这些消息通过 LAN 传输到通信中心,然后由技术人员处理并传输。这个过程引入了几分钟的时间延迟。ADNS 通过建立从 LAN 上的任何节点通过发送器到预期目的地接收器的直接连接,消除了人工处理消息的需要。结果是传输过程完全自动化,完全消除了人为交互造成的任何处理延迟。

负载分担。大多数海军舰艇始终保持至少两个运营通信通道。多通道的原因是每个通道只能传输和接收某些类型的信息。这经常导致一个或多个频道完全静默,而另一个频道则积压了流量。ADNS 的负载分担功能专门设计用于通过更有效地利用所有运营通道来缓解这些积压。这是通过为每个网络分配一个"成本"值来完成的。每个 CAP 中的消息队列都受到监控,并且消息在等价电路上平均路由。

带宽的优化使用。分配网络成本,从而为更高容量的电路分配更低的成本值。ADNS 通过为消息找到到达其目的地的最低成本路径来最大化吞吐量。取消人工干预、负载共享和使用上面讨论的最低成本路径的组合使得高峰交通时间的吞吐量增加了 4 倍。这直接增加了通信系统的吞吐量,而无须购买额外的发射机。

通信敏捷性。ADNS 为不共享公共通信通道的两个单元提供维持通信的能力。只要每个单元都在运行至少一个通信信道,并且网络上的至少一个节点同时运行这两个信道,就可以进行通信。此过程对用户完全透明,无须人工干预。这类似于 Internet 数据包传送。很少有终端系统共享一个公共通信通道(也就是说,它们在同一个网段上)。

安装和使用的透明性。ADNS 的安装对最终用户是完全透明的。似乎只是在 LAN 中添加了一个新路由器,并链接到许多其他 LAN。不需要进行重大的 LAN 或发射机重新配置。此外,不需要对基础设施进行重大改造(冷却、通风等),并且功率要求适中。

物流。整个装置体积小、质量轻,可以安装在任何未使用的空间,而不影响舰的质量和平衡。

易于升级。在初始安装之后,ADNS 的升级非常简单。可以通过安装适当的 CAP 来添加新的通信通道。向 ADNS 本身添加功能(例如在可用时安装连续构建)就像下载新软件一样简单。路由器重新配置也是一个相对简单的事情。

单点通信管理。ADNS 提供单点监控所有通信,包括传入和传出。在 ADNS 之前,由于烟囱系统之间缺乏互联,因此监控所有通信变得更加困难。这些系统中的每一个都必须单独监控。此监控功能可通过本地网络管理员的工作站在本地使用,或从网络操作中心远程使用。

传输所有类型的数据。本质上,ADNS 将 Internet 协议(IP)数据报从一个路由器传输到另一个路由器。正是这些 LAN 上的应用程序对数据报进行解码并使用其中包含的信息。因此,ADNS 可以通过现有信道传输文本、图形、语音或视频应用程序,而无须开发昂贵的新烟囱系统来支持每个新应用程序。

5.5.9 采办动态

2017 年 6 月,美国海军向四家美国公司——DRS Laurel、Leidos、SAIC 和 Serco 授予了多份价值约 4.92 亿美元的自动化数字网络系统(ADNS)合同。ADNS 增量Ⅲ为海军通信系统的战术广域网（WAN）组件提供支持，提供水面舰船、潜艇、机载、战术岸基和岸基 WAN 网关服务管理。ADNS 增量Ⅲ增加了利用新的卫星通信系统更高带宽的能力，从而增加了网络容量。声明称，这些合同的订购期为 8 年，工程预计将于 2025 年 6 月完工。①

5.6 企业码头连接架构（Piers-EPCA）

5.6.1 概况

企业码头连接架构（Enterprise Piers Connectivity Architecture，EPCA）是自动化数字网络系统（ADNS）的岸基传输网络，将港口内舰船和潜艇连接到对应的海军网络操作中心（NOC）。太平洋舰队、美国海军欧洲司令部和美国海军中央司令部已宣布码头 IT 基础设施的现代化是部队保护的紧急事项。一个完全有能力和现代化的企业码头 IT 基础设施能确保对美国海军舰艇全球 26 个（15 个 CONUS/11 个 OCONUS）码头的射频系统进行关键维护和战斗力训练，同时继续发送和接收作战和情报流量。

EPCA 和无线码头连接系统（Wireless Pier Connection System，WPCS）旨在为舰船和潜艇在港口内提供无缝、可靠和安全的语音、视频和数据通信服务。这包括向所有受支持的海军司令部和全球所有码头站点提供有效指挥控制作战人员和商业任务所需的网络传输能力。

这一计划的要素是为海军在世界各地的码头，包括公共和商业船厂以及授权的 DON 外国港口安装了最先进的 ADNS 兼容 IT 基础设施。EPCA 为码头提供扩大的 NIPRNET/SIPRNET 能力，以满足舰队指挥官的要求，从而保持与反恐军事行动相关的态势感知。此外，它确保带宽要求得到满足，以便下载舰艇所需的关键安全补丁和更新，以保持适当的信息保证安全态势。

5.6.2 发展现状

当前 EPCA 的端到端架构中的多个阻塞点将舰艇连接限制在远低于所需带宽的范围内。此外，不同的运营支持模型会导致效率低下并影响系统的性能。NOC 之间目前缺乏弹性。

EPCA 项目提供多种产品，提供高速码头连接。交付方法各不相同，且适用于现场交付。产品包括：

- EPCA 2.0：支持所有 ADNS 网络，包括千兆以太网（GigE）；
- WPCS：无线码头连接系统支持所有 ADNS 网络，包括千兆以太网（GigE）；
- HSPS（High Speed Piers Suitcase，高速码头箱）：提供高速连接（如 GigE）到低速（T1）舰船；
- NMS：网络管理系统，用于远程故障排除和修补的网络管理；
- CCaaT（Commercial Cellular as a Transport，商用蜂窝传输）：利用 4G/5G 进行传输。

---

① US Navy Awards＄492M Automated Digital Network System Contract. Defense World，Posted by Linda Kay on Jun 20th，2017.［https：//www.defenseworld.net/news/19621/US_Navy_Awards__492M_Automated_Digital_Network_System_Contract#.Yh2JxOOONPY］

EPCA 的发展演变如图 5-62 所示。

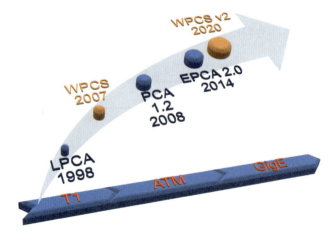

图 5-62 ┃ EPCA 的发展演变

舰外网络连接的理论上限为 150Mbps，ADNS 架构将当前连接限制为 16Mbps。

岸上架构提供了从舰船到岸边 BAN 的高达 1Gbps 的连接。

DISA 回路限制了对跨 WAN 的多个聚合 1Gbps 连接的支持，整个体系的服务级别、成本和性能各不相同。

当前美国海军位于全球的部分码头位置如图 5-63 所示，其中美国本土（CONUS）12 个，境外（OCONUS）5 个（包括西班牙、巴林、关岛和日本）。

图 5-63 ┃ 美国海军位于全球的码头位置

5.6.3 系统功能与架构

商业提供的全球端到端码头连接架构，具有以下功能：
- 舰船/潜艇连接到网络操作中心（NOC）的 1Gbps 初始带宽能力（C2C24 要求）；
- 保障多艘舰船的 WAN 连接；
- 动态带宽分配和可伸缩性，以适应未来的带宽需求；
- 连通性感知，最大限度地自动化离船连接，并为操作员提供态势感知，包括连接状态、降级和替代选项；

- 网络操作中心之间的协作能力；
- 所有舰上飞地的安全传输；
- 跨企业的标准化、可预测和可重复的操作模型。

EPCA 架构设计如图 5-64 所示。如果使用 EPCA Cisco ASR（Aggregation Services Router，聚合服务路由器）平台的内置加密功能，则为实际线路速率。使用 SafeNet 链路加密器可以将线路速率提高到全 10Gbps。SafeNet 设备已通过 EPCA 2.0 ATO 认证，最新安装使用了板载 Cisco 加密以简化架构。通常，EPCA 传输不需要加密，因为 DISA 在其 WAN 回路中提供了安全性。EPCA 加密仅当运行在非美国政府（USG）光纤上的有限情况下使用，包括商业回路（非 DISA）或美国境外基地之间。

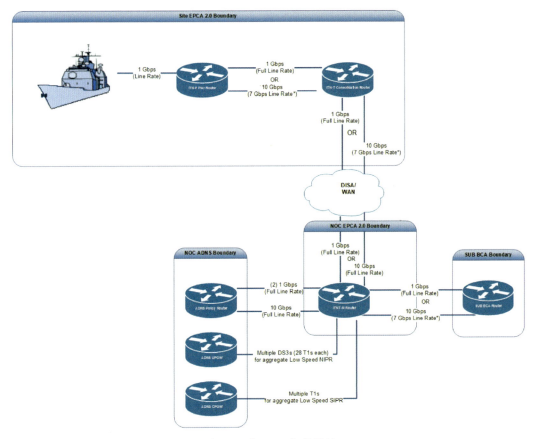

图 5-64 | EPCA 架构设计

目前，EPCA 最大的 DISA 回路为 400Mbps。EPCA 根据我们认为的总流量来申请 DISA 回路。可以请求更大的回路，但可能会受到 DISA 带宽可用性的限制。[1]

EPCA 2.0 架构岸上基础设施如图 5-65 所示，在此构建过程中需要注意舰上光纤、非封闭覆盖区域（Unenclosed Covered Area，UCA）/Pier 光纤的维护，东道国协议可能会限制选项。

---

[1] Sean Murray, EPCA APM. Enterprise Pier Connectivity Architecture（EPCA）. 2019 PMW 160 Industry Day, October 10, 2019.［2019 PMW 160 Industry Day_Slide Deck_Afternoon. pptx］

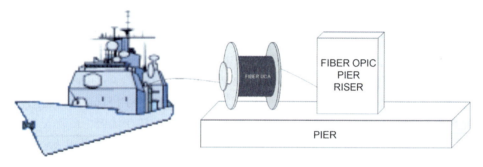

图 5-65 EPCA 2.0 架构岸上设施

5.6.4 采办动态

2014 年，美国海军 SPAWAR 大西洋中心将 C4ISR 技术支持合同授予工程服务网络公司（ESN）。作为由 VT Milcom 签订的合同的一部分，ESN 公司负责提供技术服务，以支持在西班牙罗塔的海军计算机和电信区域主站（NCTAMS）大西洋，实施 EPCA 2.0。此外，ESN 公司负责提供类似服务，以支持位于意大利那不勒斯的海军计算机和电信站（NCTS）。除了提供执行海军任务所需的硬件和软件外，SPAWAR 还支持产品和服务交付的整个生命周期，即从最初的研发到采购和部署，再到运营和后勤支持。[①]

2020 财年，Piers/EPCA 采购和安装码头侧 EPCA 单元，以解决码头 IT 基础设施现代化问题，支持部队保护的紧急事项。资金支持预安装码头 IT 基础设施的设计、现场勘测、硬件和软件采购、生产支持和安装。

2021 财年，码头项目移交给商业造船厂。当前已安装 5 个 EPCA 2.0 海军站点，7 个 EPCA 2.0 海军站点正在等待安装。项目将 8 个商业造船厂连接到海军站点，预计平均每年对 6~10 个海军站点进行安装或技术更新，以便在 2028 财年前实现 61 个站点的总库存目标（TIO）。

5.7 遗留网络系统（LNS）

5.7.1 概况

遗留网络系统（Legacy Network System, LNS）是 CANES 的前身，包括舰载一体化网络系统（ISNS）、敏感隔离信息网络（SCI-Net）、潜艇局域网（SubLAN）和海上联合企业区域信息交换系统（CENTRIXS-M）等。LNS 为许多应用程序、系统和服务提供基础设施和服务，还为舰队指挥官和联军部队提供必要的工具，以便在从非密互联网协议路由器（NIPR）/保密互联网协议路由器（SIPR）到联军网络的各种信息孤岛上进行通信和协作。SCI 网络是连接作战人员和情报机构（IC）的密码系统主干。

2010 年，PEO C4I 战术网络项目办公室完成的一项调查表明，在美国海军 300 多艘海军

---

① Engineering Services Network wins SPAWAR C4ISR technical support contract, Homelandsecurity Technology, 23 April 2014. [https://www.homelandsecurity-technology.com/news/newsengineering-services-network-wins-spawar-c4isr-technical-support-contract-4220440/]

舰艇平台上，安装有 600 多个传统舰载网络，包括 162 个 ISNS（17 个变型），151 个 CENTRIXS（4 个变型），144 个 SCI-Net（10 个变型），50 个 SubLAN（8 个变型），102 个 VIXS（5 个变型）。[①]

2014 年，美国海军在军事通信与数据链领域围绕战场网络系统、先进战术数据链系统以及新型通信技术等热点领域展开了大量研究和装备部署工作，提出了更加依赖通信网络的未来一体化空战构想，主要在推进信息网络企业化转型、大力升级机载通信、扩展数据链能力、发展卫星通信、发展新型通信技术等方面，逐步发展海军通信装备和技术。

5.7.2 ISNS

舰载一体化网络系统（Integrated Shipboard Network System，ISNS）是一个由硬件和软件组成的系统，它们共同构成了整个舰队水面舰艇上的传统网络基础设施，以便在所有美国海军舰艇上提供基本的局域网服务。它通过每个网络硬件（即计算机终端、网络交换机、服务器和相关布线）支持所有涉密级别（绝密到非密）。

ISNS 为海军舰艇和潜艇提供可靠的、高速的机密和非密局域网，包括提供网络基础设施（交换机、路由器以及 PC），托管各种 C4ISR 应用程序，包括 NTCSS、GCCS-M、DCGS-N、计算机网络防御（CND）、国防消息系统（DMS）、海军标准综合人员系统（NSIPS）、海军任务规划系统（NAVMPS）、战区战斗管理核心系统（TBMCS）和战术战斧武器控制系统（TTWCS）等，能够在舰内以及水上部队、分队指挥官和舰队指挥官之间进行实时信息交换。ISNS 的架构如图 5-66 所示。

ISNS 可实现舰岸之间的语音、视频和数据安全交换。这种语音和视频交换融合了战术和非战术网络。ISNS 在架构上集成到海军的端到端打击群中。集成能力使 ISNS 能够适应技术更新和任何增长。ISNS 将在联合和联盟伙伴的环境中运作。该项目将以前由 GCCS-M 和 NTCSS 提供的网络能力与其他海军局域网相结合，包括舰载局域网。ISNS 采用 COTS/GOTS 硬件和软件，是一个适应性强的系统，能够通过快速开发来满足不断变化的需求，也是联合全球信息栅格（GIG）的一个组成部分。

ISNS 增量 1 为海军舰船提供可靠、高速的机密和非密局域网络，提供网络基础设施，包括通用计算环境、基本网络信息分发服务和对国防信息系统网（DISN）广域网（SIPRNET 和 NIPRNET）的访问，该网络由早期采用者计划和其他托管应用程序或系统使用，例如美国海军战术指挥支持系统、战区作战管理核心系统、水下战决策支持系统、DCGS-N、AIS 和战术武器控制系统等。ISNS 是实施《2020 联合构想》海军部分的关键因素。ISNS 为与海军信息应用产品套件（NIAPS）服务器、客户端、接入点和海上连接相关的硬件基础设施提供远程支持。ISNS 提供安全视频电话会议（VTC）能力，在海上指挥官、海军作战部长、舰队指挥官、联合特遣部队之间提供多点安全 VTC。它支持全球战术指挥和控制要求，以便高级指挥官和决策者进行分布式协作规划。安全 VTC 是战场和海上指挥官的首选方法，以协作和规划打击战的各个方面。它为海上指挥官提供了无须旅行就可以面对面交流的唯一方式，从而缩短了战术决策周期，并消除了舰船之间飞行的成本和风险。它于

[①] Alan D. Philpott. Meeting the challenge of installing CANES during new ship construction on LPD 28 [D]. Monterey, California: Naval Postgraduate School, March 2015. [http://hdl.handle.net/10945/45241]

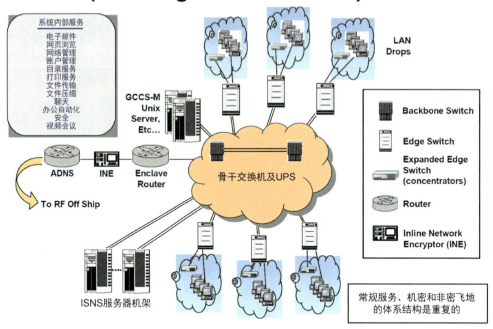

图 5-66 ISNS 架构

2013 财年开始向 CANES 过渡。

ISNS 增量 2/CANES 把众多舰队网络过渡到单一、自适应、可用的、安全的计算网络基础设施，同时为集成语音、视频和数据提供：增强技术；通用计算环境；面向服务体系结构；以及多级安全/跨域解决方案。ISNS 增量 2/CANES 将取代 ISNS 增量 1、CENTRIXS-M 和 SCI 网络。它于 2011 财年开始向 CANES 过渡。

舰载网络技术的应用与商用网络技术的发展密切相关，舰载网络正越来越多的采用 IP 互联网技术体制，特别是在网络层，出现了明显的向 IP 体制汇聚的趋势，宽带化也由于支持大信息量的传输而成为现代网络发展的重要趋势，而对多业务（数据、语音、视频）传输的需求使综合化成舰载网络发展的基本方向。

除此之外，目前适合构建舰船一体化网络的主流先进网络技术主要包括基于 SDH 的多业务传送平台（Multi-Service Transfer Platform，MSTP）、分组传送网（Packet Transport Network，PTN）、电信级以太网等技术。

（1）传统的面向 TDM 业务设计的 SDH 传输网技术已难以满足数据 IP 业务的传送需求，MSTP 技术虽然在一定程度上提供电信级分组业务的传送功能，体现了光传送网向支持分组传送演进的趋势，但 MSTP 仍然是以 TDM 为内核，仅是实现端口级的 IP 化。不支持带宽复用，利用率低；管道刚性，不支持流量突发能力，灵活性差，带宽低且持续升级困难，难以满足以分组业务为主的应用需求。目前舰舰网络承载的信息，85%以上的流量是分组数据业务，因此，舰船一体化网络不适合采用 MSTP 技术。

（2）PTN 技术是目前商用网络发展的前沿技术，主要用于城域网的建设，具有面向连接的数据转发机制、多业务承载、较强的网络扩展性、丰富的 OAM、严格的 QoS 机制以及 50ms 的网络保护等技术特征，可以用来构建舰船一体化信息网络，但是由于该技术类型分为两个技术路线，而且现在的 PTN 技术标准还不成熟，需要增加三层的技术才能承载多业务应用，其国际标准还在不断完善，同时，考虑到舰船网络系统是确定范围内的局域网络，从技术成熟度和未来发展角度来看，不适合目前进行装备和大规模应用。

（3）以太网是以保障计算机系统互联、解决数据传输和交换的局域网技术。由于具有数据业务承载效率高、技术简单易用、应用普遍、经济性好、配置维护简单、费效比高的特点，以太网技术得到不断完善和广泛应用，已经成为局域网的事实标准。当前以太网技术由于具有良好的兼容性和扩展性，已经广泛应用到商业的城域网、工业控制网（智能电网、智能交通）以及船舶行业的各种系统中，并且随着电信级以太网技术的发展，已经可以很好地解决实时性、冗余性、安全性、可靠性、时钟等关键的技术问题，已经被业界所公认，而且在未来发展的过程中还将处于快速增长的趋势。考虑到未来网络技术的发展方向，兼顾国内舰船网络已有基础和技术成果，保证技术平稳发展，舰船一体化网络适合采用以太网技术体制来构建。

5.7.3 SubLAN

潜艇局域网（SubLAN）本质上是 ISNS 的潜艇变体。它处理相同的涉密级别，并具有类似的功能，仅适用于美国海军潜艇。

SubLAN 为海军潜艇提供可靠的、高速的关键任务机密和基本任务非密局域网络。当 SubLAN 网络与其他子系统结合时，它提供端到端网络中心作战能力。AN/USQ-177（V）1，2，3，4，5 和 7 为通用个人计算机操作系统环境（COMPOSE）提供网络基础设施，为网络服务和其他托管应用程序提供服务器和操作系统环境。

当 SubLAN 与其他子系统结合时，通过托管能够与联盟通信飞地连接的应用程序，提供端到端的网络中心战能力。SubLAN 提供网络基础设施，包括一个非密无线 LAN、服务器和 COMPOSE，它提供所有托管应用程序使用的操作系统、办公自动化、安全和其他基本网络服务。SubLAN 为与海军信息应用产品套件（NIAPS）服务器、客户端、接入点和海上连接相关的海上硬件基础设施提供远程支持。

5.7.4 SCI-Net

敏感隔离信息网络（Sensitive Compartmented Information Net，SCI-Net）系统是任务通信杀伤链中的一个关键元素。SCI-Net 系统提供安全的电子邮件、聊天、网页浏览、视频、音频和其他常见的网络企业服务。此外，SCI-Net 系统为特殊情报以及其他 SCI 通信提供了通道。该系统支持联合指挥控制、态势感知、战斗损伤评估、指示和警告以及额外的加密信息的传输。

SCI-Net 系统通过一个灵活的、基于商用现货的、网络中心的应用层系统向联合特遣部队的最终用户和作战规划者提供消息服务，该系统桥接通信网络，提供与美国其他关键网络的互操作性，如联合全球情报通信系统（JWICS）、海军计算机和电信区域主站（NCTAMS）、SCI 网络操作中心（作为岸与舰之间的主要通信网关）。

SCI 局域网为特殊情报和 SCI 数据的接收和传输提供了一个单独的网络，这些数据符合美国海军的计算机安全标准。网络架构能够在支持 SCI 的平台之间处理安全的语音、视频和数据传输。

敏感隔离信息（SCI）是一种涉及或源自敏感情报来源、方法或分析过程的美国机密信息。所有 SCI 必须在国家情报总监建立的正式访问控制系统内处理。SCI 是关于某些情报来源和方法的信息，可以包括与敏感收集系统、分析处理和目标定位有关的信息，或由此而来的信息。只有那些有必要了解、已经获得了由个人安全部门颁发的最高机密许可、并获得了商务部情报机构批准的个人，并且只有在完成单独的保密协议（即 IC 表格 4414）后，才能获得 SCI 的访问权限。

SCI 不是密级分类。SCI 许可有时被称为"高于最高机密，但任何密级的信息都可能存在于 SCI 控制系统中"。当"去隔间"时，此信息被视为与同一密级的附属信息相同。SCI 只能在敏感的隔离信息设施中处理、存储、使用或讨论。访问 SCI 的资格由单一范围背景调查（SSBI）或定期重新调查确定。因为相同的调查被用于授予最高机密的安全许可，所以两者通常一起写为 TS/SCI。仅凭资格并不意味着可以访问任何特定的 SCI 信息，这只是一个资格。必须获得明确许可才能访问 SCI 控制系统或隔间。此过程可能包括测谎仪或其他经批准的调查或裁决行动。一旦确定一个人应该有权访问 SCI 隔间，他们就签署保密协议，被"读入"或灌输，并且这种访问的事实记录在本地存储器或计算机数据库中。从特定隔间终止后，员工再次签署保密协议。

SCI-Net 是一个信息共享网络，在 TS/SCI 级别上运作，通过一个安全的网络接口为加密和情报系统提供受保护的信息传递，是一个战术骨干服务，使用常规服务（GENSER）自动化数字网络系统（ADNS）来连接用户和全球信息栅格（GIG）。SCI-Net 允许在舰对舰、舰对岸、岸对舰的交互中实现这种信息共享。使用 GOTS、COTS 和内联网络加密器（INE），SCI 提供了处理敏感信息的安全机制。其目标是提供实用工具，包括文件传输、邮件接口、互动聊天、网络服务和组织消息。每项任务的信息传递性能都与可用带宽、活跃用户总数和正在使用的服务类型直接相关。这个网络大大扩展了密码学家和情报人员与岸上和舰上系统充分互动的能力。分析人员可以更多地访问态势感知、指示警告、敌军意图和情报准备信息。[1]

SCI-Net 通过与 ADNS 体系结构的安全、可控的网络接口，为战术密码系统和情报系统提供受保护和可靠的特殊情报/SCI 数据传输。该网络接口为特殊情报舰载分析员提供了访问国家和军种战略和战术数据库的途径，这些数据库对执行其指示和预警任务以及对"杀伤链"过程的关键输入至关重要。SCI-Net 是向作战人员决策者提供关键特殊情报数据的传输媒介。该信息通过 SCI-Net 从采集点或来源点移动到决策点。SCI-Net 为舰载特殊情报 LAN 提供完整和通用的网络企业服务，包括发送邮件接口、文件传输协议、交互式聊天和 Web 服务。COMPOSE 为其他应用程序和协作工具（如同步聊天、Domino 和 C2PC）提供了一个服务器和客户端操作系统环境，作为共享通用作战图和使用海上协作交换信息的手段。

SCI-Net 操作中心是海上网络环境与更大海岸和联合机构之间的管理网关，为全球联合情报通信系统和国家安全局网络提供唯一通道，提供类似互联网服务提供商的服务，例如电子邮件存储和转发、域名服务、文件传输服务和赛博安全。位于诺福克和瓦希亚瓦的两个

---

[1] Harry J. Thie, Margaret C. Harrell, Aine Seitz McCarthy, Joseph Jenkins. Consolidated Afloat Networks and Enterprise Services (CANES): Manpower, Personnel, and Training Implications. RAND Report, 2009. Appendixes A. [RAND_MG896.pdf]

SCI-Net 操作中心区域站点在国家和战术情报交流中至关重要。它于 2010 财年开始向 CANES 过渡。

5.7.5 CENTRIXS-M

海上联合企业区域信息交换系统（Combined Enterprise Regional Information Exchange System，CENTRIXS-M）是一种全球网络的组合，允许在战术和作战环境中的联盟伙伴之间有效和高效地共享机密信息。CENTRIXS-M 支持世界各地的作战司令部，包括美国太平洋、中部和欧洲司令部。CENTRIXS-M 还被广泛用于支持环太平洋（RIMPAC）等演习，该演习可涉及 14 个以上的国家。

CENTRIXS 是 1998 年开发的第一个海上联盟广域网，旨在为美国和盟军之间提供安全可靠的连接，最初通过国际海事卫星组织（INMARSAT）卫星链路为海军舰船和盟军海岸司令部提供安全电子邮件服务。后来，它被扩展到支持通过 Web 浏览、带附件的电子邮件、安全 VoIP、近实时态势数据显示和成像进行数据共享。通过与 ADNS 连接，实现了 7 个不同盟国之间的高速数据传输，包括日本、韩国、北约和全球反恐特遣部分。它是 2002 年支持"持久自由行动"的主要联盟网络，该行动是约 68 个国家之间信息共享的标准。CENTRIXS 体系结构如图 5-67 所示①。

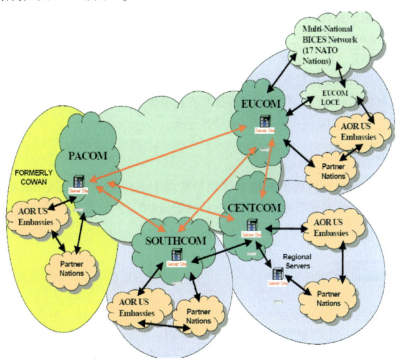

图 5-67 CENTRIXS 体系结构

CENTRIXS-M 是一个全球网络，允许通过安全的电子邮件、网络服务、网络复制、通用作战图（COP）、通用情报图（CIP）和聊天功能进行信息共享。该网络在美国和联盟的

---

① Panagiotis Chatzigiannis. Connecting Land-based Networks to Ships [D]. Naval Postgraduate School, September 2012. [ADA567499.pdf]

海事伙伴之间提供安全战术和作战信息共享。以网络为中心的目的是实现共享感知的水平，从而提高指挥速度。其目标是战术和非战术局域网的整合。CENTRIXS-M 为连接到不同的联盟伙伴或成员国的每个网络使用单独的飞地，以保持适当的分离。然而，CENTRIXS-M Block Ⅱ 通过消除为每个国家切换飞地而简化了通信，在一个显示器中可以看到多达 5 个飞地。在海上，CENTRIXS-M 采用了多级瘦客户机架构，为分析人员提供了适当的许可和机会，访问存储在多个安全域的数据。CENTRIXS-M 采用了各种 COTS/GOTS 软件和硬件。随着这些软硬件的不断发展，CENTRIXS-M 适应于部署最新的设备。

CENTRIXS-M 为美国海军舰艇提供安全、可靠、高速的局域网（LAN），可访问联盟广域网（WAN），包括 CENTRIXS 四眼（CFE，美/英/加/澳）、全球反恐特遣部队（GCTF）、北约信息数据传输系统（NIDTS）、多国联军-伊拉克（MCFI）、双边网络，例如 CENTRIXS-J（日本）和 CENTRIXS-K（韩国）和利益共同体虚拟网络，例如联盟海军力量（中央司令部）和合作海上力量（太平洋）。CENTRIXS 系统在海军海上部队、分队指挥官、舰队指挥官、编号舰队指挥官和联军/盟军之间提供机密和机密可发布级别的实时战术和作战信息共享。当 CENTRIXS 网络与其他子系统（无线电/卫星通信）相结合时，它提供了以网络为中心的端到端作战能力。

CENTRIXS 项目由部署在整个舰队的 Block 0、Ⅰ和Ⅱ系统以及增量 1 组成，增量 1 提供一个网络基础设施，允许同时访问多个联盟 WAN，并结合通用个人计算机操作系统环境（COMPOSE）。COMPOSE 提供一个服务器和客户端操作系统环境，用于其他应用程序和协作工具，如同步聊天、Domino 和个人指挥控制计算机（C2PC），作为一种手段，通过海上协作共享通用作战图和交换信息。CENTRIXS 使用 COTS 硬件和软件以及开放标准，以最大限度地利用商业技术和支持。在役工程和技术支持确保现有系统升级和修改以跟上当前技术和行业的步伐。它于 2011 财年开始向 CANES 过渡。

5.7.6 VIXS/SVDS

视频信息交换系统（VIXS）和舰载视频分发系统（SVDS）是安装在舰上的附加网络，用于支持视频交换、流式视频分发和视频电话会议（VTC）。截至 2008 年，舰队中大约部署了 100 个这样的系统，分为 5 种不同的变型。

5.8 应用集成

应用集成（Application Integration，App-I）使用 CANES、ISNS、ADNS、SCI-Net、Sub-LAN 和 CENTRIXS-M 提供的网络服务和传输来识别、评估、集成和测试所有系统和应用程序。这一过程可确保舰载网络应用基线完全集成，并为支持海军海上任务做好网络准备。应用集成提供平台治理和认证，以确保海上网络和应用的网络态势和互操作性。

应用程序集成是使各个应用程序（每个应用程序都是为自己的特定目的而设计）相互协作的过程。通过合并和优化多个软件应用程序之间的数据和工作流，组织可以实现基础架构现代化并支持敏捷业务运营的集成。应用程序集成有助于弥合现有本地系统与快速发展的基于云的企业应用程序之间的差距。通过无缝互联的流程和数据交换，应用程序集成允许企业在其整个基础架构中编排各种功能，使企业能够更有效和高效地运营。

在可预见的未来，应用程序将继续在业务运营中发挥重要作用。当然，所有这些应用程序都会创建和使用数据，这可能会带来巨大的挑战和机遇。应用程序集成可以帮助解决数据孤岛和数据冗余等挑战，使应用程序可以轻松共享数据并为企业提供高级功能和洞察力。

考虑到这种模式，海军战术网络项目办公室（PMW 160）已开始在云端试行应用程序开发和集成，以加快向舰队交付作战能力。海军促进整合方式的这种变化对于实现海军在 24 小时内编译即作战（C2C24）的愿景至关重要。这些努力的目标是为托管在 CANES 上的所有应用程序提供开发和测试环境，并转变指挥部的集成、测试流程和 C4I 网络。

这种将能力"放在云端"的进步不仅是一个流行的技术流行语还将向舰队提供关键服务，更早地提供对网络服务的访问，并使应用程序开发人员能够更有效地向信息战官兵提供能力。

PMW 160 正在与托管在云环境中的 8 个项目（POR）应用程序合作，以试用 CANES 的集成和测试流程。项目办公室初始预计这些试点将在 2019 年年初至年中开展更广泛的应用程序集成工作。这种云环境是协作阶段环境（Collaborative Staging Environment，CSE）的关键组成部分，是构建关键推动力 DevOps 管道的一部分，旨在提高作战人员 CANES/ACS 的交付速度和质量。CSE 是一个基于云的、代表生产的测试环境，用于信息战平台应用程序进行系统集成测试、补丁测试、集成、故障排除和培训。

云是这些 CANES/ACS 应用程序早期开发和集成到相关环境中的另一个平台，从而实现能力的快速实现。2018 年 3 月，PMW 160 为应用程序提供商进行了现场 CANES 云端服务演示。该演示展示了对托管在亚马逊 AWS GovCloud 虚拟私有云（Virtual Private Cloud，VPC）中的 CANES 和 ACS 的可访问性。这使应用程序开发人员能够及早了解 CANES 网络，以减少与当前应用程序集成系统集成测试（AISIT）流程相关的测试时间，提高应用程序互操作性并最终提高 C4I 系统和托管应用程序的整体可靠性。

除了支持更早的应用程序集成之外，这个相同的环境还将用作 CANES 开发工程师的平台，他们将在此平台上转变赛博安全并推动更多自动化到 CANES/ACS 的构建、配置、测试和部署中。最终，这将通过减少手动步骤、最大限度地减少逐个舰船网络的唯一性和简化维护程序来大大减轻舰上系统管理员的负担。①

应用程序集成阶段及其时间表可能因集成应用程序的数量、架构、遗留软件所需的更改、选择的集成方法、安全性和合规性要求的复杂性等而异。图 5-68 描述了执行应用程序集成所采取的典型步骤。

图 5-68 海军舰艇集成设计平台的设计步骤

---

① Sean Boucek, PMW 160, PEO C4I. CANES is in the Cloud for Application Integration. CHIPS Articles, December 2018. [https://www.doncio.navy.mil/chips/ArticleDetails.aspx?ID=10863]

5.9 DevSecOps

5.9.1 概念与内涵

1. 什么是 DevSecOps

DevSecOps（DSO）是"开发、安全和运营"的缩写。它是一种文化取向、自动化方法和平台设计方法，将安全性作为整个 IT 生命周期的共同责任。

美国军方 DevSecOps 主页的定义：DevSecOps 是一系列软件开发实践，它结合了软件开发（Dev）、安全（Sec）和信息技术运营（Ops），以确保结果的安全并缩短开发生命周期。[1]

Gartner 信息技术术语表中对 DevSecOps 和 DevOps 的定义如下：[2]

DevSecOps 将安全性尽可能无缝和透明地集成到新兴的敏捷 IT 和 DevOps 开发中。在理想情况下，这样做不会降低开发人员的敏捷性或速度，也不会要求他们离开开发工具链环境。

DevOps 通过在面向系统的方法背景下采用敏捷、精益的实践，专注于快速 IT 服务交付。DevOps 强调人（和文化），并寻求改善运营和开发团队之间的协作，其实施利用了技术，尤其是自动化工具，这些工具可以从生命周期的角度利用日益可编程和动态的基础设施。

2021 年 3 月，美国防部发布了《DevSecOps 基础 2.0 版》和《DevSecOps 战略指南 2.0 版》文件，其中的描述如下：

DevSecOps 是一种必须在整个组织内实践的软件工程文化和理念，通过将一组软件开发（Dev）、安全（Sec）和运营（Ops）人员统一为单一团队来实现。DevSecOps 的主要特点是在软件开发的所有阶段实施自动化、监控和应用安全性。其优点在于通过实施特定技术来提高客户和任务的结果，这些技术实现了流程自动化，并有助于以相关性的速度交付软件，这是国防部软件现代化工作的主要目标。DevSecOps 生命周期阶段和理念如图 5-69 所示，是一个迭代的闭环生命周期，跨越 8 个不同的阶段：计划、开发、构建、测试、发布、部署、运营、监控。这种表示强调了软件开发生命周期不是一个单一的线性过程，每个阶段努力实现持续的流程改进，每个阶段都有特定的赛博安全活动。[3]

DevSecOps 描述了一个组织的文化和技术实践，以使组织能够缩小软件开发团队、安全团队和运营团队之间的差距。通过日常协作、敏捷工作流和一系列连续的反馈循环可改进流程。[4]

2. DevSecOps 文化和理念

DevSecOps 及其前身 DevOps 是一种文化和理念。DevSecOps 以 DevOps 的价值主张为基

---

[1] DevSecOps is a set of software development practices that combines software development (Dev), security (Sec), and information technology operations (Ops) to secure the outcome and shorten the development lifecycle. [https://public.cyber.mil/devsecops/]，该网站由美国防信息系统局（DISA）主管。

[2] https://www.gartner.com/en/information-technology/glossary/devsecops

[3] DoD Enterprise DevSecOps Fundamentals, Version 2.0. U.S. Department of Defense, March 2021.

[4] DoD Enterprise DevSecOps Strategy Guide, Version 2.0. U.S. Department of Defense, March 2021.

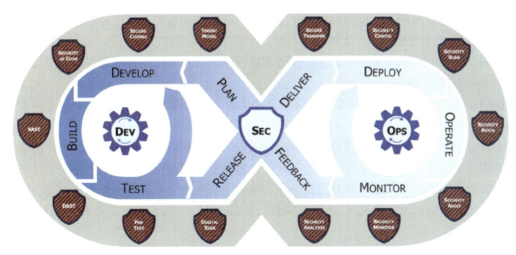

图 5-69 ┃ DevSecOps 的生命周期阶段和理念

础,通过扩展其文化和理念,认识到最大化赛博空间生存能力需要在整个软件开发生命周期(SDLC)中整合赛博安全实践。DevSecOps 提出了一种日益增长的理念和观点,即依赖附加或独立的赛博安全平台无法在当今的操作环境中提供足够的安全。与开发和操作环境完全隔离的赛博安全工具充其量是被动的,而与软件工厂集成的自动化工具是主动的。

积极主动的文化认识到,在软件工厂管道内检测并停止部署的赛博安全风险比在生产中事后检测要好。此外,DevSecOps 赛博安全文化包含另一个核心的敏捷原则,即工作软件优于综合文档。成堆的安全文档不能保证软件是安全的;在软件工厂管道中持续执行的自动化测试,捕获有意义的、及时的度量并进行测试输出,能提供更高级别的安全保证。

要成功转型到 DevSecOps 文化,有以下关键原则:
- 持续交付小的增量变化;
- 附加的安全比嵌入软件工件结构中的安全更弱;
- 重视开放源码软件;
- 尽早和经常让用户参与进来;
- 倾向于以用户为中心和关注作战人员的设计;
- 重视在最大程度上将重复的手工过程自动化;
- 快速失败,快速学习,但不要因为同样的原因失败两次;
- 负责任地失败;
- 把每一个 API 当作头等公民来对待;
- 好的代码总是有尽可能贴近代码的文档;
- 认识到数据的战略价值,确保其潜力不会在无意中受到损害。

DevSecOps 文化的三条实施路线:

(1) 流程。实现了从开发到运营再到客户的快速从左到右的工作流动。为了使流程最大化,需要使工作可见,减小工作间隔,防止缺陷被传递到下游,并不断优化整体目标。这样做提高了工作质量和吞吐量,由此产生的实践包括持续的构建、集成、测试和部署过程。

(2) 反馈。使反馈在价值流的各个阶段从右到左快速而持续地流动。它要求放大反馈,以防止问题再次发生,或实现更快的检测和恢复。这样做可在灾难性的故障发生之前发现和解决问题。不断缩短和放大反馈回路，几乎是所有现代流程改进方法的核心原则。

（3）持续的学习和实验。能够创造一种产生性的、高信任度的文化，支持一种动态的、有纪律的、科学的实验和冒险的方法，促进创造组织学习，包括从成功和失败中学习。

3. DevSecOps 安全

DevSecOps 安全价值的实现来自赛博安全和功能测试的文化和方法的根本改变。安全性持续不断"左移"（shifted left），并从第一天起就集成在软件工件的整个结构中。与陈旧的观点不同，这种方法认为作战试验和评估（OT&E）以及赛博安全可以简单地在软件建立并部署到生产中后作为附加的活动。当生产软件中发现安全问题时，几乎总是需要软件开发团队重新编写代码来修复问题。只有当安全和功能能力在生命周期的每一步都被构建、测试和监控时，DevSecOps 的差异化才能完全实现，从而在第一时间防止安全和功能问题进入生产。

图 5-69 中围绕 DevSecOps 生命周期的每一个"盾牌"都代表了不同类别的赛博安全测试和活动。这个盾牌被有意描述为围绕着 DevSecOps 生命周期的 8 个不同阶段，因为这些测试必须渗透到整个生命周期，以实现效益。如果未能将安全和功能测试纳入某一个阶段，则可能会在最终产品中产生风险，甚至造成危害。

严格来说，采用 DevSecOps 并不需要特定的架构、容器，甚至不需要明确使用云服务提供商（Cloud Service Provider，CSP）。然而，这些东西的使用是被强烈推荐的。在某些情况下，特定参考设计会强制要求使用。软件现代化的目标和 DevSecOps 必须推动的是，通过以解耦的方式释放增量功能，以相关性的速度交付弹性软件功能。

4. DevSecOps 生命周期

DevSecOps 是设计的迭代，表现为"软件永远不会完成"。瀑布过程的"爆炸"式交付被小规模、频繁的交付所取代，这使得在必要时更容易改变路线。每个小交付都是通过一个完全自动化的过程或半自动化的过程来完成的，只有最少的人工干预才能加快持续集成（Continuous Integration，CI）和持续交付（Continuous Delivery，CD）。这个生命周期是可适应的，它包括许多推动持续流程改进的反馈循环。

图 5-70 直观地描述了 DevSecOps 的阶段、反馈回路和控制门[①]。生命周期是围绕着一系列的冲刺而建立的，每个冲刺都涵盖了计划、开发、构建、测试、发布和交付、部署、运行和监控阶段。这张图包含了图 5-69 中描述的步骤，作为一个无限的循环，它被"展开"以有效地说明连续反馈循环的多重性。从视觉上看，赛博安全自动化被描述为支撑所有生命周期阶段的基础核心，渗透到每个阶段的多个接触点，并根据实际产品使用和性能的实时指标指导行动。

下面涉及的另一个反馈回路是持续监控回路。这个循环必须汇集一套深入、丰富的实时性能指标和支撑数据，以持续评估软件环境的整体性。这个回路有两个主要功能：赛博安全监控，以确保事件和事故的处理符合国防部的授权和政策；实时数据反馈与网络防御者和开发者之间的互动。这样一来，过时的赛博安全快照就被实时反馈所取代，使本地防御者、监测团队（赛博安全服务提供商）、事件响应团队（网络保护团队）以及美国网络司令部/联合部队总部-国防部信息网络的指挥和控制元素能够采取安全行动。

---

① DoD Enterprise DevSecOps Strategy Guide, Version 2.0. U.S. Department of Defense, March 2021.

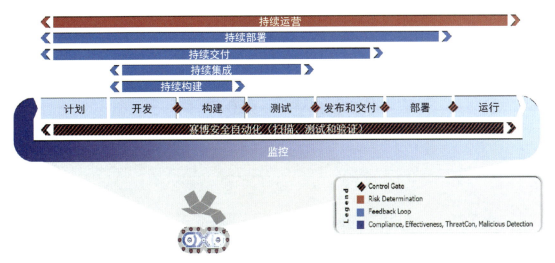

图 5-70 ▎DevSecOps 生命周期阶段、持续反馈环路和控制门

反馈回路是与特定的 DevSecOps 生命周期阶段相重叠的关键机制。每个反馈回路都建立在透明度和速度之上。举例来说，当软件开发人员将代码提交到一个分支时，会自动触发构建，以确认代码仍能正确构建，如果不能正确构建，开发人员会立即得到问题的通知。DevSecOps 基础文件涵盖了每一个反馈回路，以及它为软件供应链的软件工厂增加的价值。

几年来使用 DevSecOps 的先驱项目已经具体证明，采用 DevSecOps 可以以一定的速度提供弹性软件能力。DevSecOps 通过在每一步整合赛博安全，提高了所生产工件和应用程序的网络生存能力。DevSecOps 致力于更快、更安全的软件交付，同时实现一致的治理和控制。

5. 国防部的认识

美国国防部的许多项目和任务缺乏符合工业标准的敏捷软件开发实践。目前大多数赛博安全框架主要关注生产之后部署的攻击面，包括国家标准与技术研究所（NIST）赛博安全框架、国家情报局局长办公室（ODNI）赛博威胁框架、NSA/CSS 技术赛博威胁框架 v2（NTCTF）、MITRE 对抗战术、技术和常识（ATT&CK）等。

此外，每个发布周期都被认为是一场艰苦的战斗。开发团队证明功能，运行测试和评估团队确认特定功能，运营团队努力安装和操作产品。为了以相关的速度交付有弹性的软件能力，该部门需要在整个开发过程中实施注重赛博安全和生存能力的战略。工业界已经通过向 DevSecOps 的文化转变，将部署摩擦降到最低。

国防部首席信息官（CIO）和负责采办和维护的国防部副部长办公室（OUSD A&S）认识到，迫切需要通过利用商业部门的新方法和最佳实践来重新思考软件开发实践和文化。DevSecOps 就是这样一种最佳实践，它能够以相关的速度提供有弹性的软件能力，这是整个国防部软件现代化的核心主题。DevSecOps 是一种经过验证的方法，被商业界广泛采用，并在多个国防部的探索项目中成功实施。DevSecOps 是软件现代化、技术转型和推进组织的软件开发生态系统的核心要义，使其更具弹性，同时确保赛博安全和指标、反馈是最重要的。

DevSecOps 方法创建了跨职能的团队，统一了历史上不同的演变——开发（Dev）、安全（Sec）和运营（Ops）。作为统一的团队，他们遵循敏捷原则，并接受一种文化，认识到有弹性的软件只有在质量、稳定和安全的交叉点上才能实现，如图 5-71 所示。

图 5-71 ┃ 实现弹性软件能力的支柱

采用 DevSecOps 带来的效益包括：
- 缩短生产的平均时间。缩短了从需要新的软件功能到在生产中运行所需的平均时间；
- 增加部署频率。增加了新版本部署到生产环境的频率；
- 减少恢复平均时间。减少了生产部署后发现和解决问题的平均时间；
- 降低了失败率。降低了在生产中交付的新功能在运营中失败的概率；
- 完全自动化的风险管理。在工件发布和推进的过程中定义明确的控制门，从构思到生产的每一步都执行风险定性、监控和缓解；
- 内嵌的赛博安全。以相关的速度交付软件更新和补丁。

5.9.2 产生背景

随着新的想法、新的框架、新的能力和激进的创新的出现，软件开发的最佳实践是不断发展的。随着时间的推移，我们见证了技术的转变，曾经最先进的东西被描述为遗留或废弃的。图 5-72 描绘了过去 30 年软件开发的主流实践[①]。不同的程序和应用团队可能在某个方面更先进，而在另一个方面则滞后。

虽然紧耦合的单体架构是常态，但细粒度、松耦合的微服务的发展现在被认为是最先进的，并发展了面向服务架构（SOA）的服务和模块化概念。开发时间压缩，部署模式已经转向更小的容器化包装，云计算预示着将提供无穷无尽的计算能力，因为计算、存储和网络的基础设施已经从物理转向虚拟转向云。向 DevSecOps、微服务、容器和云计算的转变，需要一种新的赛博安全方法。安全必须与业务发展和软件能力齐头并进，贯穿从计划到产品的所有阶段。

过去对赛博安全的忽视，造成了软件开发人员安全意识的缺乏，使得软件中总是存在着大量的漏洞，甚至是一些极其轻易就能被利用却产生严重后果的漏洞。同时，互联网业务也在高速发展，这对软件开发效率又产生了极高的要求。从最早的瀑布模型，到为了顺应变化需求的敏捷开发模型，再到如今通过运营反馈再高速迭代产品的 DevOps 开发模式，开发速

---

① DoD Enterprise DevSecOps Fundamentals, Version 2.0. U.S. Department of Defense, March 2021.

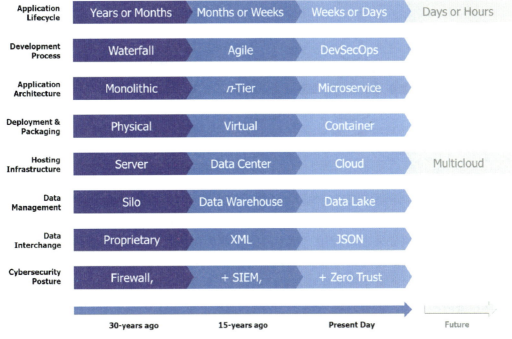

图 5-72 软件开发最佳实践的成熟度

度在不断提升。

从前,安全防护只是特定团队的责任,在开发的最后阶段才会介入。当开发周期长达数月、甚至数年时,这样做也没什么问题,但是现在,这种做法已经行不通了。采用 DevOps 可以有效推进快速频繁的开发周期(有时全程只有数周或数天),但是过时的安全措施则可能会拖累整个流程,即使最高效的 DevOps 计划也可能会放慢速度。

如果缺乏安全管控,迭代速度的增加以及频繁的配置变更反而会大量增加企业的业务风险;随着近年来各个国家对赛博安全的重视提升,各类合规的要求也在越发完善,安全在软件开发中就显得举足轻重。软件开发安全生命周期开始将安全进行了"左移":越早将安全融入软件开发之中,软件产生的安全问题、造成的影响就越有限。但是,"开发"和"安全"似乎依然是割裂的。DevOps 理念中,需要"开发"和"运营"相互结合,从而基于需求和应用反馈快速迭代。

如今,在 DevOps 协作框架下,安全防护是整个 IT 团队的共同责任,需要贯穿至整个生命周期的每一个环节。这个理念非常重要,因此,DevSecOps 就在这样的形势下应运而生:将安全与开发、运营融合,让 DevOps 部门贯彻安全开发的流程,从一开始就要考虑应用和基础架构的安全防护,而不再依赖安全部门进行,从而在快速迭代开发中确保安全的同时,减少因跨部门沟通产生的各种矛盾。图 5-73 演示了这种团队融合的 DevSecOps 概念。

DevSecOps 强调,在 DevOps 计划刚启动时就要邀请安全团队和合作伙伴来确保信息的安全性,并制定自动安全防护计划。它还强调,要帮助开发人员在代码层面确保安全性;在这个过程中,安全团队需要针对已知的威胁共享掌握的全局信息、提供反馈并进行智能分析。由于 DevSecOps 并非始终着眼于较为传统的应用开发模式,所以这可能还包括为开发人员提供新的安全培训。

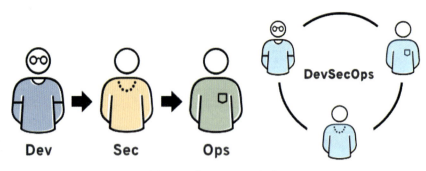

图 5-73 ┃ DevSecOps 概念

优良的 DevSecOps 策略应能确定风险承受能力并进行风险/收益分析。由于在管道中运行手动安全检查可能会非常耗时，所以自动执行重复任务是 DevSecOps 的关键所在。要推行 DevOps，企业需要：确保采用时间短、频率高的开发周期；采取安全措施，最大限度地缩短运营中断时间；及时应用创新技术，如容器和微服务；同时，还要促使以往各自为阵的团队加强合作。这一切对所有企业来说都是艰巨的任务。上述所有措施都是以人员为根本，都需要企业内部协同合作；但是，要想在 DevSecOps 框架中实现这些人员的变革，自动化是关键所在，如图 5-74 所示。

图 5-74 ┃ DevSecOps 自动化

5.9.3 演变：从瀑布到 DevSecOps

1. 瀑布模型

瀑布模型（Waterfall Model）是最早出现的软件开发模型，是传统软件开发方法的代表。在软件工程中占有重要的地位，它提供了软件开发的基本框架。1970 年温斯顿·罗伊斯（Winston Royce）提出了著名的"瀑布模型"，直到 20 世纪 80 年代早期，它一直是唯一被广泛采用的软件开发模型。

20 世纪 80 年代的软件交付依赖软盘或光盘等物理手段，软件开发生命周期是一个很长的过程，软件开发方法是瀑布模型，包括需求、设计、实现、验证、维护等阶段。瀑布模型最早起源于工业生产，由于项目的一个阶段接一个阶段往下发展，像瀑布一样而得名，如图 5-75 所示[①]。瀑布模型在 20 世纪很长一段时间内几乎是唯一的 IT 项目开发模式。就像其名字一样，瀑布模型需要将项目按阶段推进；因此，瀑布模型需要每一个阶段的目标都在

---

① Hideto Saito, Hui-Chuan Chloe Lee, Cheng-Yang Wu. DevOps with Kubernetes [M]. Packt Publishing, 2017.

开发之初就被详细定义，然后当一个阶段彻底完成后，才能进入下一阶段。从概念上来看，将每一个阶段都实现，那么最后项目的成果必然是完美的。

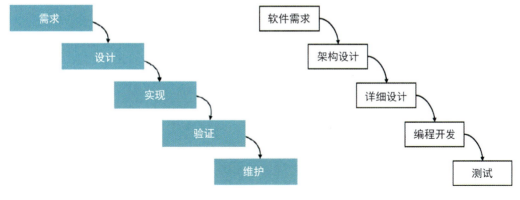

图 5-75 瀑布模型

但是瀑布模型有着很明显的缺点，就是项目前期必须将每一阶段都完整定义才能推动整个开发；同时进入下一个阶段以后，很难对之前的阶段产生的问题进行修改。然而，在现实当中，往往会有大量的需求改变情况——这和瀑布模型需要明确项目目标的情况相悖。因此，当瀑布模型遇上需求变化多的场景时，效率会非常低下。

2. 敏捷软件开发

多年之后，因特网广泛使用，软件交付方法变为电子交付，即在线下载。在这个情况下，许多开发者开始采用新的开发方法，增量、迭代，或者叫"敏捷"（agile）模型。敏捷模型强调的是快速的反复迭代，以应变复杂的需求变化。通过小组化的开发方式，加速完成项目开发，如图 5-76 所示。敏捷开发模式极大地解决了瀑布模型中难以应对的需求变化，以及开发后期出现问题很难解决的问题，软件交付速度更快，开发过程易于调整，软件开发生命周期从瀑布模型的数年缩短到数周（或月）。

图 5-76 敏捷开发模型

3. 云计算

随着无线网络和智能手机的广泛使用，软件从二进制应用变为在线服务。Web 浏览器成为软件的通用界面，同时后台基础设施变为动态的，因为应用需求不断变化，基础设施的容量也需要增长。虚拟化技术和软件定义网络（SDN）支持服务器的动态化。如今的云服务可以方便的创建和管理动态的基础设施，例如亚马逊 Web 服务（AWS）和谷歌云平台（GCP）。

目前，应用程序大多安装在服务器端，而不是客户端个人计算机，基础设施也纳入软件开发生命周期的范围之内。云端发布软件和服务的周期为数天（或周）。

4. DevOps

大多数软件开发人士都认为，敏捷开发比瀑布开发更有优势，但敏捷开发也不是万能的。DevOps 是对敏捷的补充，它认识到许多系统都有一个运营团队，特别是国防部感兴趣的系统。运营团队会花时间在电脑前，他们对一个运行良好、结构完善、考虑周全的工作系统有着最直接的兴趣。DevOps 哲学认为最重要的互动是在运营和开发团队之间。只有通过这些互动，才能建立一个让用户满意的系统。

DevOps 优先考虑交付，也许比敏捷更优先。操作人员往往是发现错误和提出改进建议的人。如果这些可以直接传达给开发人员而不是通过客户，那么就省去了一个步骤，节省了时间和金钱。

DevOps 成为了新的解决问题的钥匙。一方面在文化和制度上，将运营和开发团队结合，分为计划、开发、构建、测试、发布、部署、运营、监控 8 个步骤的闭环，基于业务需求与反馈，更加频繁、快捷地对软件设计进行修改升级，如图 5-77 所示。另一方面在技术上，通过自动化能力，实现持续集成、持续交付（CI/CD）。

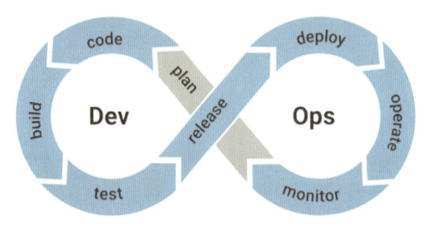

图 5-77 ┃ DevOps

在 DevOps 之前，开发和操作软件基本上是两个独立的工作，由两个不同的群体执行。开发人员编写软件，并将其传递给操作人员，操作人员在生产中运行和维护软件。软件开发是一项非常专业的工作，计算机操作也是如此，两者之间几乎没有重叠。事实上，这两个部门有着完全不同的目标和激励机制，往往相互冲突。开发人员倾向于快速发布新功能，而运营团队则关注使服务长期稳定可靠。

分布式系统是复杂的，互联网非常庞大。操作系统、从故障中恢复、处理超时、顺利升级版本的技术性很难与系统的设计、架构和实现分离。此外，"系统" 不再只是软件，它包括内部软件、云服务、网络资源、负载平衡器、监控、内容分发网络、防火墙、DNS 等。所有这些事情都是密切相关和相互依存的。编写软件的人必须了解它与系统其余部分的关系，操作系统的人必须了解软件是如何工作或出错的。

DevOps 的起源在于试图将这两个群体结合在一起：协作、共享理解、分担系统可靠性和软件正确性的责任，以及提高软件系统和构建软件系统的团队的可扩展性。

采用 DevOps 需要对企业进行深刻的文化转型，这需要从执行、战略层面开始，并逐步传播到每一个部分。速度、敏捷性、协作、自动化和软件质量是 DevOps 的关键目标，对于许多公司来说，这意味着思维方式的重大转变。但 DevOps 是可行的，研究经常表明，采用 DevOps 原则的公司更快地发布更好的软件，对故障和问题的反应越来越快，在市场上更加灵活，并能显著提高产品质量。①

5. DevSecOps 发展现状

如图 5-78 所示，开发模型从瀑布演变到 DevOps，应用架构从单一的到微服务，部署从物理服务器到容器，基础设施从主机到云②。

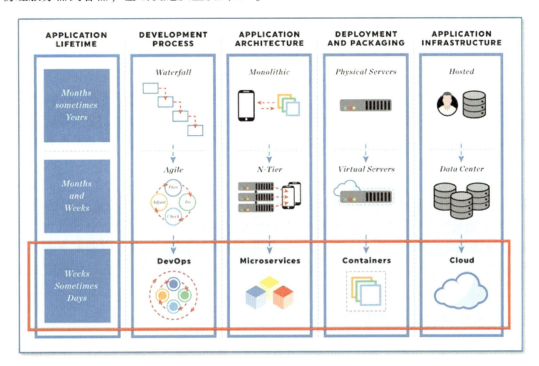

图 5-78 从瀑布模型到 DevSecOps

如果说 DevOps 代表了人员、流程与技术的组合，以不断为客户提供价值，那么 DevSecOps 则代表了这些价值与安全性的融合。将安全嵌入 DevOps 中的理念显然是明智的也是必要的。

DevSecOps 在整个开发过程中都包含离散的安全元素和功能。当前的 DevSecOps 大致可分为两个核心功能：在整个持续集成和持续交付（CI/CD）工作流程中，自动检查和防控已知和潜在的安全漏洞，以及对安全生成的测试流程运行监控和响应。

2020 年，国防分析研究所（IDA）研究对国防部采用 DevSecOps 的情况展开研究③。研究报告指出，美国国防部正在从软件开发的瀑布模型转向现代方法，如敏捷、DevOps，特别是 DevSecOps，它强调在早期考虑赛博安全。2020 年，OUSD（R&E）责成 IDA 研究国防部实施 DevSecOps 和其他非瀑布式方法的组织，记录他们的成功和失败，报告各组织为采用

---

① John Arundel and Justin Domingus. Cloud Native DevOps with Kubernetes：Building, Deploying, and Scaling Modern Applications in the Cloud [M]. O'Reilly, February 2019.

② Mr. Nicolas Chaillan, Chief Software Officer, U. S. Air Force. DoD Enterprise DevSecOps Initiative, v1. 7. August 2019. [DoD-Enterprise-DevSecOps-Initiative-Keynote-v1. 7. pdf]

③ Rachel Kuzio de Naray, Project Leader, George "Lee" Kennedy, Ryan Wagner, Steven Wartik. Cybersecurity and DoD System Development：A Survey of DoD Adoption of Best DevSecOps Practice. Alexandria, Virginia：Institute for Defense Analyses, IDA Document P-22749, September 2021.

DevSecOps 应采取的行动,并建议国防部在全局范围内采取行动促进 DevSecOps 实践。IDA 开发并分发了一份调查问卷,得到了许多成功案例,包括增加前期规划和纳入测试流程,以及实施管道以降低从编码到部署的时间;此外,一些受访者报告他们的指标客观地显示了改进。同时,一些受访者认为:国防部目前的采购模式和 ATO 流程与 DevSecOps 并不真正兼容;组建团队很困难;开发测试在 DevSecOps 中的作用不明确。部分问题包括,DevSecOps 仍然是新的、缺乏标准的概念和术语。IDA 建议国防部采取 11 项行动来促进 DevSecOps 的运用。这些行动将澄清并帮助 DevSecOps 的概念在整个国防部得到推广。这些行动还将简化管道的创建和使用,减少基于 DevSecOps 项目的前期成本。

美国国防分析研究所的访谈和调查表明,在国防部内部,50%的受访者报告说使用了 DevOps 或 DevSecOps。因此无论国防部项目的趋势如何,许多软件供应商都投入了大量精力来开发能够促进自动化测试的工具。自动测试是 DevSecOps 的基础,这只能被看作软件开发社区正在推动必要的技术创新,使 DevSecOps 成为现实。

Gartner 公司在该领域对整个软件开发行业进行了相关研究。Gartner 为 2021 年的应用安全制作了一个炒作周期图,它显示 DevSecOps 处于初期的中间位置,并预测其在 2~5 年内的成熟度。有趣的是,该图显示一些基础性的 DevSecOps 技术在初期坡度上更加落后。无论是 DevOps 测试数据管理还是 API 安全测试,都没有达到期望值的顶峰。容器安全刚刚开始上升到初期的坡度。毫无疑问,在整个领域达到成熟之前,DevSecOps 的某些领域需要进一步研究、开发和采用。

5.9.4 软件供应链与软件工厂

软件供应链是一条物流路径,涵盖了所有硬件、基础设施即服务(IaaS)、平台即服务(PaaS)、软件即服务(SaaS)、技术力量倍增器、工具和实践的全部内容,它们被汇集起来以提供特定的软件能力。图 5-79 描述了一个名义上的软件供应链。软件供应链存在于商业系统、武器系统,以及所有开发和部署软件的地方。DevSecOps 的理念跨越了软件供应链的多个环节。DevSecOps 的存在离不开集成开发环境(IDE)、构建工具、代码库、工件库、测试软件套件等物流供应链以及其他许多软件,必须齐心协力,才能有效地执行 DevSecOps 驱动的软件工厂。

特定工件或应用程序的赛博安全和风险态势必须使用整个软件供应链的产品规则来计算。即使编译器、代码库、工件库、容器协调器均具有 90%的安全性,这时的整个系统也不具备 90%的安全性。端到端生态系统的赛博安全水平实际上是 $0.9 \times 0.9 \times 0.9 \times 0.9$,即大约 65%的安全性。这就是为什么创建硬化的国防部企业 DevSecOps 参考设计是如此关键;DevSecOps 旨在利用整个软件供应链的集体专长和知识,以减少每一步的风险。只有这样,生态系统的整体网络生存能力才会显著提高。进一步举例说明,如果 DevSecOps 团队只增加 5%的安全性,将每个级别从 90%提高到 95%,那么整体赛博生存能力就会从 65%提升到 81%。

如图 5-80 所示为规范性软件工厂构造中的例子,与特定的软件供应链紧密相连。如同物理工厂一样,软件工厂可能包含多条装配线,或者用软件术语来说,就是"管道"或"流水线"(pipeline)。每条管道都包含并定义了一套完整的工具、过程工作流、脚本和环境,它们集成在一起以生产一套生产质量的软件制品。一个软件供应链拥有一个软件工厂,

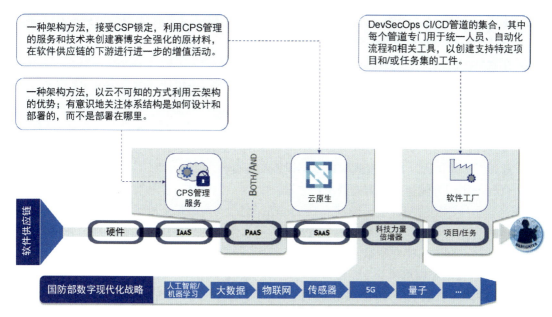

图 5-79 名义上的软件供应链

但软件工厂本身并不是一个完整的软件供应链。

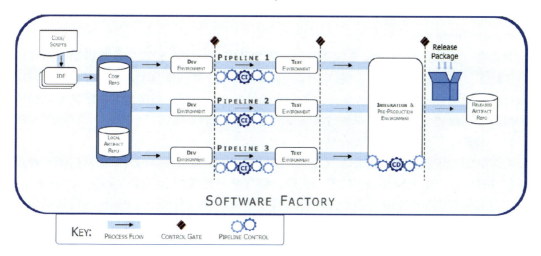

图 5-80 规范的软件工厂结构

与实体物理工厂一样，自动化是一个核心主题。在 DevSecOps 生命周期的开发、构建、测试、发布和交付阶段，软件工厂在多个层面和多个活动中采用自动化。流程中的每个环节都在最大程度上实现了自动化，并使用在各种工具上运行的基础设施即代码（IaC）和配置即代码（CaC）进行"补水"。软件工厂本身就是为多租户设计的，可以为多个项目实现软件生产自动化。从外部系统摄取工件（"原料"）以及随后将软件工厂内创建的增值工件推进给下游消费者需要额外的协调，其中大部分是自动化的。

5.9.5 DevSecOps 的指导原则

采用 DevSecOps、驱动这些生态系统的软件工厂和持续运营授权（Continuous

Authorization to Operate，cATO），代表着国防部采办和提供弹性软件能力的方式发生了战略转变。这一战略体现在以下 DevSecOps 指导原则中。①

- 在软件工厂构造中不懈追求敏捷原则和文化；
- 软件工厂要求安全性内嵌，在整个软件供应链中利用零信任和行为检测原则进行一体化安全实践；
- 从构思到生产，集成的、自动化和持续的端到端测试和监控，并为发布候选者明确定义控制门；
- 通过"x 即代码"设计模式实现基础设施的不变性；
- 全程采用云智能和数据智能的架构主题。

在这些指导原则的基础上，确定了 DevSecOps 生命周期的每个阶段。当原则、实践和工具恰当地结合在一起时，其结果是一个高效、透明和协调的软件工厂，能够以业务相关的速度提供新功能，同时保持在国家安全环境中运行所需的安全水平。

（1）对敏捷的不懈追求。

《敏捷软件开发宣言》抓住核心能力，定义了每个 DevSecOps 团队应该重视的功能关系：

流程和工具上的个人和交互；

综合文档上的工作软件；

合同谈判中的客户协作；

根据计划响应变更。

宣言进一步定义了 12 条敏捷软件原则，为团队必须优先考虑客户参与提供了额外的支持。软件工厂的构造范围很广，横跨采购、工程、测试、赛博安全、运营，甚至领导层。采用敏捷原则和向 DevSecOps 的转变对许多组织来说是一种挑战。国防部有法定义务根据所花费的时间、资源和金钱的组合来评估某项投资是否产生价值。

（2）软件工厂要有内置的安全性。

在国防部，仅安全认证就被证明是一个漫长的、充满繁文缛节的过程。软件工厂通过在整个软件供应链中的完整和全面的安全实践，要有坚定的赛博生存能力姿态。DevSecOps 将赛博安全实践贯穿每个生命周期阶段，将赛博安全实践"左移"，认识到从高度自动化的单元、功能、集成和安全测试中获得的价值。这是 DevSecOps 的一个关键区别，功能和安全能力是同时测试和建立的，有一系列公认的控制门，旨在防止缺陷逃脱，并在发布到下一个环境之前增强软件工件的赛博生存能力。这种方法也包含可以传递给赛博防御者的指标，能够更好地监测和更有针对性地反馈给工程师，以利于未来的更新和修正。

（3）集成的、自动化的和持续的端到端测试和监控。

向持续运营授权（cATO）的转变规定了持续的测试和监控，将风险评估进一步向左转移，使用实时数据驱动的指标评估人员、平台和流程。作为一项原则，DevSecOps 的每个阶段都以自己独特的方式为实时性能指标作出贡献。

（4）通过"x 即代码"设计模式实现基础设施的不变性。

使用"基础设施即代码""政策即代码"和"一切即代码"技术向不可变的基础设施

---

① DoD Enterprise DevSecOps Strategy Guide，Version 2.0. U.S. Department of Defense，March 2021.

转变，以多种方式提供安全和价值。第一，它避免了手动执行的、容易出错的一步步部署和配置指南。第二，它确认了命令将按预期执行，减轻了执行前没有任何类型的同行审查的变化的风险。第三，通过提供一个标准的部署模型，一套标准的输出可以自动归入防御性赛博作战（DCO）平台和数据收集/可视化媒介。这使得它可以即时开始，并提供数据分析以确定必要的下一步创新。

这一指导原则为由代码驱动的自动化基础设施配置确立了明确的任务。代码可以被版本控制、测试、同行评议，并对其执行（日志）进行跟踪。

（5）采用云智能和数据智能的架构主题。

有一种乐观的看法，认为云环境提供了无尽的计算能力，保证了可用性，并降低了运营成本。现实情况是，架构不当的应用程序在云环境中仍然像在区域数据中心中运行一样脆弱。如果不重新架构，它实际上可能更不可靠，运营成本更高。在向云计算转变的同时，必须采用新的架构设计模式，并倾向于在现有企业服务的基础上建立，而不是重新创建重复的功能。

此外，数据的产生、传输和消费没有任何减弱的迹象。软件架构必须通过更智能的应用编程接口设计、缓存策略和数据标记来有意识地认识到这一点。

5.9.6 技术架构

DevSecOps 由以下三方面组成。

（1）文化。这不是一个技术层面，DevSecOps 不仅是应用工具和创建 CI/CD 管道，在 DevSecOps 中，每个团队成员都对安全有责任，并采取相应的行动，承担起安全的责任。在团队中配备一名安全工程师或专业人员，有时被称为安全卫士（security champion），必须在应用安全标准和政策方面领导所有流程，确保合规。

（2）设计安全。安全被嵌入系统的每一层。这通常意味着企业有一个定义好的架构，涵盖了安全的每一个方面，并对系统实施安全措施，如认证、授权、保密性、数据完整性、隐私、问责制和可用性，包括系统受到攻击时的补救和纠正措施。

（3）自动化。DevSecOps 希望尽可能地实现自动化，包括安全。安全自动化可以防止人为错误，也可以有自动化的关卡，进行代码扫描以发现可能的漏洞或不合规的组件，如未经许可的代码。安全负责人也要承担起安全自动化的责任，但要和团队一起进行。自动化过程确保在 DevSecOps 实践中，安全指标被收集并送回进行反馈。

常见的 DevOps 管道如图 5-81 所示。基本步骤包括：
- 从仓库中拉取代码（Pull Code）；
- 构建（Build）；
- 测试（Test）；
- 部署（Deploy）。

图 5-81 DevOps 管道

在 DevSecOps 中，安全被嵌入管道中，使安全标准和策略成为管道的一个组成部分，如图 5-82 所示，安全应用于管道中每一层级，具体步骤如下。

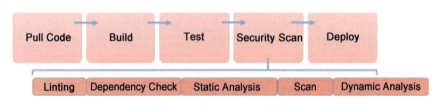

图 5-82 ┃ DevSecOps 管道

（1）依赖性检查：首先，任何可使代码暴露在可利用的风险中的漏洞都应该被移除。这包括依赖其他代码运行的代码。代码的依赖性是有区别的，开发人员可以有受控的和不受控的依赖性。我们不希望在代码中存在依赖性。其风险在于，如果所依赖的代码被攻破或该代码的功能被停止，则整个应用程序可能会失败。另外，若在某段代码中注入恶意软件，但其与其他代码有依赖关系，则会感染整个代码栈。因此，基本原则是消除依赖关系，这是零信任的基本原则之一。

（2）静态分析：可以检查不良的编码实践，如不良配置。几乎每一种编码语言都有开源的工具。

（3）扫描：开发人员可能会使用容器，从而使用容器镜像来构建和打包他们的应用程序。这些镜像需要扫描所使用的二进制文件和库中的漏洞。这种扫描是通过已知漏洞的基础列表完成的；这些列表由国家标准技术研究所（NIST）等机构提供，但也有软件供应商以通用漏洞和暴露（CVE）通知的形式提供。

（4）动态分析：在 Web 应用程序的情况下，开发人员可以运行自动 Web 应用程序扫描，检查坏头或缺失 token。这些自动化的动态扫描可以被集成到管道中。

这些步骤组成了一个内嵌安全的 CI/CD 管道，它将自动覆盖代码中最常见的漏洞。[1]

DevSecOps 的架构如下：

（1）用 RBAC 模式访问仓库；

（2）静态应用安全测试（SAST），检测源代码中的错误；

（3）软件组成分析（SCA），检测代码中的依赖关系；

（4）动态应用安全测试（DAST），动态地扫描代码。

这些组件被嵌入 DevSecOps 管道中。

美国国防部企业 DevSecOps 架构如图 5-83 所示，技术栈如图 5-84 所示。[2]

在美国国防部的视角中，DevSecOps 由下到上分为基础设施层、平台层、CI/CD 层、服务网格层、应用层 5 层，不同的团队关注自身相关的层级，如图 5-85 所示。[3]

---

[1] Jeroen Mulder. Enterprise DevOps for Architects. Birmingham, UK：Packt Publishing, September 2021.

[2] Nicolas Chaillan. DoD Enterprise DevSecOps Platform（Software Factory）. DAU Presentation, v1.3, 7 March 2019.［DAU-Presentation-v1.3-7Mar2019.pptx］

[3] Mr. Nicolas Chaillan, Chief Software Officer, U. S. Air Force. DoD Enterprise DevSecOps Initiative, v1.7. August 2019.［DoD-Enterprise-DevSecOps-Initiative-Keynote-v1.7.pdf］

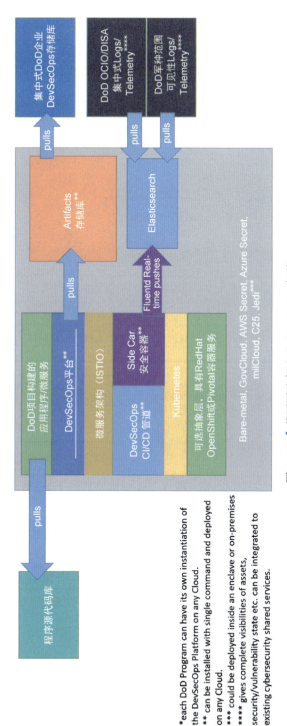

图 5-83 美国国防部企业 DevSecOps 架构

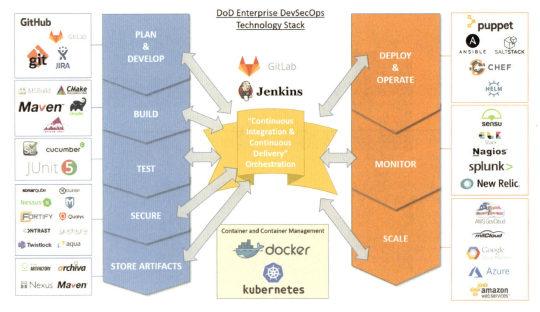

图 5-84 ┃ 美国国防部企业 DevSecOps 技术栈

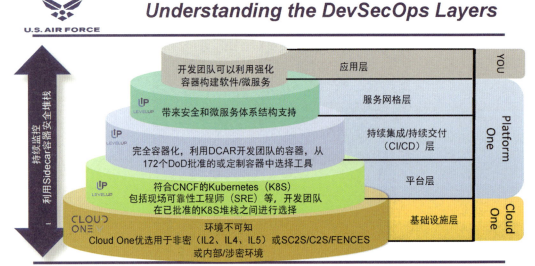

图 5-85 ┃ DevSecOps 分层

如图 5-86 所示,DevSecOps 由 4 个支柱支持:组织、过程、技术和治理。对于每个国防部组织,DevSecOps 的实践都是从组织内的高级领导对 DevSecOps 理念的认可开始的。这将导致组织文化的改变,同时开发新的协作流程、技术和工具,以使流程自动化并应用一致的治理。一个项目必须在所有 4 个方面都取得进展才算取得成功。①

---

① Department of Defense(DoD) Chief Information Officer. DoD Enterprise DevSecOps Reference Design,Version 1.0. 12 August 2019.

图 5-86 ┃ DevSecOps 支柱

（1）组织。组织应接受以下思想，并将其纳入日常活动和软件生命周期管理过程。

改变组织文化，全盘考虑、分担软件开发、安全和运营的责任。对员工进行 DevSecOps 概念和新技术培训。

打破组织孤岛。在软件生命周期的所有阶段增加团队沟通和协作。

可操作的安全和质量保证（QA）信息必须在每个软件生命周期阶段自动提供给团队，以使协作行动成为可能。

通过在整个组织内分享积极和消极事件的事后报告，建立安全文化，并增强事件响应能力。

进行更多的小增量更改，而不是较少的大更改。

接受反馈和用户驱动的更改，以响应新兴的和不可预见的需求。

（2）过程。根据任务环境、系统复杂性、系统架构、软件设计选择和系统成熟度级别，每个采办项目的软件生命周期都有自己独特的管理过程。

要成功运用 DevSecOps 过程，在多个迭代阶段实现它。从一些容易自动化的小任务开始，逐步建立 DevSecOps 功能并调整过程以匹配。软件系统可以从管道的持续构建开始，该管道只能在开发人员提交代码后自动执行构建过程。随着时间的推移，它可以发展到持续集成、持续交付、持续部署、持续运营，最后是持续监控，以实现 DevSecOps 的全闭环。

过程设计没有"一刀切"的解决方案。每个软件团队都有自己独特的需求和约束。为了帮助组织发展其 DevSecOps 能力和过程，国防部开发了 DevSecOp 成熟度模型。该模型详细说明了组织可以采取的许多步骤，以逐步实现更高的 DevSecOps 成熟度级别。国防部《DevSecOps 行动手册》介绍了该成熟度模型。

（3）技术。许多 DevSecOps 工具自动执行软件生命周期中的许多任务，而无须人工参与。其他 DevSecOps 工具，如协作和通信工具，促进和刺激人类互动，以提高生产力。一些 DevSecOps 工具旨在帮助特定生命周期阶段的活动。例如，用于开发阶段的集成开发环境插件，或用于构建阶段的静态应用程序安全测试工具。大多数工具都有助于一组特定的活动。

技术和工具在 DevSecOps 实践中发挥着关键作用,以缩短软件生命周期并提高效率。它们不仅使软件生产自动化成为软件工厂的一部分,还允许操作和安全过程协调。

(4)治理。治理在整个生命周期中积极评估和管理与任务计划相关的风险。管理活动在 ATO 之后不会停止,而是在整个软件生命周期中持续进行,包括操作和监控。DevSecOps 可以促进和自动化许多治理活动。DevSecOps 的管理目标必须是"自上而下"和"自下而上",以平衡更大的战略目标。持续的过程改进对于治理来说是至关重要的,以跟上快速变化的世界。

5.9.7 技术特点

1. DevSecOps 生态

DevSecOps 生态系统是创建和执行的工具和过程工作流的集合,以支持整个 DevSecOps 生命周期中的所有活动。如图 5-87 所示,DevSecOps 生态系统由三个子系统组成:计划、软件工厂和生产运营。DevSecOps 生态系统与外部企业服务交互以获得所有依赖项支持,并与企业和本地 AO 交互以获得操作授权。

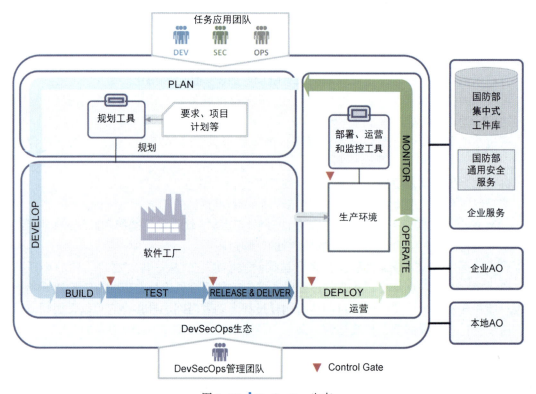

图 5-87 | DevSecOps 生态

DevSecOps 管理团队负责管理生态系统工具和自动化过程工作流。任务应用团队重点关注使用生态系统的开发、测试、安全和运营任务。

计划阶段包括帮助项目管理时间、成本、质量、风险和问题的活动。DevSecOps 设计创建过程和控制门,这将在整个生命周期中指导自动化。DevSecOps 生态系统工具将促进过程自动化。DevSecOps 计划子系统使用一组通信、协作、项目管理和变更管理工具支持计划阶段的活动。

软件工厂包含多条管道,这些管道配备了一组工具、过程工作流、脚本和环境,以生成一组软件可部署工件,而人工干预最少。它自动化了开发、构建、测试、发布和交付阶段的活动。

在生产环境中,已发布的软件从已发布的工件存储库中提取并部署。执行运营、运营监控和安全监控。应根据系统功能要求及其对生产环境基础设施的适用性来选择工具。

2. 持续集成/持续交付

软件交付环境不断变化,交付周期越来越短。为了实现更高质量的快速交付,开发人员和 QA 开始采用一些自动化技术。持续集成(CI)是一种流行的自动化技术,包含一些工具组合,如版本控制系统(VCS)、构建服务器和测试自动化工具等。开发人员每次将代码提交到中央存储库时,CI 都会启动。这意味着,在每次提交改动时所做的基本上是构建整个解决方案。持续集成不仅可以帮助开发人员和 QA 提高质量,还可以缩短应用程序或模块包的归档周期。

持续交付(CD)是持续集成与部署自动化的组合,还包括配置管理工具和编排工具。如果需要,可以将软件发布到生产环境中。

3. 容器

容器的概念是将资源和应用程序隔离开到不同的"盒子"。虚拟机也可以隔离主机资源,不过虚拟机的实现是为了虚拟化硬件层。如果要在虚拟机上运行应用程序,必须首先安装完整的操作系统。相比之下,容器构建在操作系统之上。

要部署一个软件,不仅需要软件本身,还需要它的依赖项,如库、解释器、子包、编译器、扩展等。容器非常适合部署需要。由于只需要打包应用程序本身及其依赖项,因此它的映像大小将远远小于 VM 的映像大小,更易分发。容器是轻量级的、自包含的和不可变的。这也为区分应用程序和基础架构之间的责任提供了明确的界限。

容器编排与概念节点如图 5-88 所示。

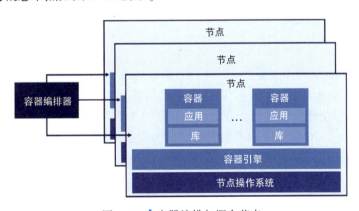

图 5-88 容器编排与概念节点

Kubernetes 是一个跨多个主机管理应用程序容器的平台。它为面向容器的应用程序提供了许多管理功能,如自动扩展、滚动部署、计算资源和卷管理。与容器的性质相同,它设计为可以在任何地方运行,因此可以在裸机、数据中心、公共云或混合云上运行它。Kubernetes 考虑了应用程序容器的大多数操作需求,包括容器部署、永久存储、容器健康监测、计算资源管理等。①

Kubernetes 是一个容器编排器，管理跨多个节点的开放容器倡议（OCI）兼容容器的调度和执行。开放容器倡议是一个开放的治理结构，用于围绕容器格式和运行时创建开放的行业标准。容器支持软件生产自动化，还允许操作和安全流程编排。②

Kubernetes 提供了 API，确保编排、计算、存储、网络和其他核心服务的完全抽象，确保软件可以在任何环境中运行，从云到嵌入飞机或卫星等平台。

Kubernetes 的主要优点包括：

- 多模式环境：得益于 KubernetesAPI 抽象，代码在多种计算环境中运行同样良好；
- 内嵌安全（Baked-In Security）：Sidecar 容器安全栈（Sidecar Container Security Stack，SCSS）会自动注入任何 Kubernetes 集群中，没有信任；
- 弹性：不稳定或崩溃容器的自我修复；
- 适应性：容器化微服务创建高度可组合的生态系统；
- 自动化：对 GitOps 模型和 IaC 速度过程和反馈回路的基本支持；
- 可扩展性：应用程序的弹性，以适当地扩展和匹配服务需求。

4. 安全左移

即使是传统的瀑布开发模型，安全也始终是需要考虑的因素之一。"安全左移"的理念要求让安全更早地进入开发流程，从而为整个软件打下安全的基础，减少后期因为修复安全问题产生的成本。DevOps 模式同样需要安全，在将开发团队和业务团队等结合的同时，也需要加入安全的因素，于是 DevSecOps 应运而生。DevSecOps 将安全尽可能无缝、透明地集成进 IT 和 DevOps 开发当中，在不减少敏捷度和开发者效率，或者不要求开发者离开现有工具链环境的情况下达成目标。

DevSecOps 制度与环境的建立，能让安全元素融入整个开发环境当中，不只是左移，而是将安全贯穿整个开发进程，不仅做到持续集成和持续交付（CI/CD），更需要做到持续安全。

5.9.8 DevSecOps 平台

1. 公有云平台

现在，DevSecOps 应用于主要公有云平台，即亚马逊 AWS、微软 Azure 和谷歌 GCP。

（1）亚马逊 Web 服务（AWS）。在 AWS 中的部署基于云采用框架（CAF）的原则。该框架涵盖了具体的安全任务和责任，分为企业安全的 4 个类别或原则，即预防、检测、纠正和指导。为了管理 CI/CD 管道中的安全策略，AWS 提供了本地解决方案（CodePipeline）。

（2）微软 Azure。使用 GitHub 和 Azure 服务实现 DevSecOps。微软 Azure 对 DevSecOps 采用了不同的方法：它利用 GitHub 的扫描能力和 Azure Kubernetes Services（AKS）的功能，以及集成到 Azure DevOps 和 Azure 安全中心的 Azure 管道，用于存储安全策略。

（3）谷歌云平台（GCP）。在谷歌云中使用 Anthos 和 JFrog 实施 DevSecOps 管道，不仅提供了一个云原生管道，而且为使用 GCP 和本地系统的混合环境提供了一个开发和部署的

---

① Hideto Saito, Hui-Chuan Chloe Lee, and Cheng-Yang Wu. DevOps with Kubernetes [M]. Packt Publishing, 2017.
② Department of Defense (DoD) Chief Information Officer. DoD Enterprise DevSecOps Reference Design: CNCF Kubernetes, Version 2.0. March 2021.

解决方案。这对企业来说很有吸引力，因为很多企业不会把他们的 IT 系统完全转移到公共云上。预计大多数企业会将越来越多的系统转移到云端，但他们的一些系统仍将保留在私有环境上。同时满足云和企业内部解决方案的 CI/CD 管道是有利的，有了 Kubernetes，它们就相对容易建立。①

2. Platform One

Platform One 作为一个 DevSecOps 平台（DSOP），是经批准的、经过加固的原生云计算机基础（Cloud Native Computer Foundation，CNCF）兼容 Kubernetes 发行版，是基础设施即代码（IaC）的行动手册，也是经过加固的容器。该集合实现了符合《美国国防部企业 DevSecOps 参考设计》②的 Platform One DevSecOp 平台，其源代码托管在 Repo One 上。

美国空军首次在其先进作战管理系统（ABMS）提出，要建设一个开源的软件开发平台 Platform One，提供空军在软件开发中的 DevSecOps 环境需求。而后美国海军也提出要建设海军软件生产线，同样提出海军应用程序应当使用行业标准的 DevSecOps 原则。2022 年 2 月，美国国防部发布的《美国国防部软件现代化战略》正式将 Platform One 指定为美国国防部的一项企业服务，为国防用户提供 DevSecOps 环境。

Platform One 具体作用体现在以下几个方面：
- 为开发团队管理软件工厂，使他们能专注于构建任务应用程序；
- 将具有 DeSecOps 和网站可靠性知识的团队与软件工厂团队分离；
- 帮助快速建立 DevSecOps 的持续集成/持续部署（CI/CD）管道或者软件工厂；
- 构建软件开发中的完成定义（Definition of Done）；
- 包含 300 多个企业级开发库（数据库、开发工具、赛博安全工具等）。

同时，Platform One 还提供了相应的软件产品和服务，简介如下。③

Iron Bank 是一个突破性的中央存储库，其中包含数字签名的容器映像，包括开源和商业现成软件，并严格按照国防部的规范进行强化。Iron Bank 中批准的容器在所有分类中都具有国防部范围的互惠性，能够极大的减少项目开发时间。Iron Bank 容器存储库是 DoD 范围的容器存储库，也是 Big Bang 不可或缺的一部分。

Big Bang 作为平台级的专用 DevSecOps 环境，采用 Helm 的文件结构，用于在 Kubernetes 集群上部署 DevSecOps 平台。它可以帮助用户构建一个自定义的软件工厂，更快速地开发和部署任务应用程序。通过 CI/CD 管道和持续运营授权（cATO）在任何保密级别部署专用的 DevSecOps 环境，构建、交付和操作自定义代码，并且可以部署在云、硬件在环测试等众多地方。

Party Bus 是用于开发、测试和生产的共享企业环境。它得益于 Platform One 的 cATO，被托管在 Cloud One 和各种商业云服务平台，由 Platform One 和 ODIN 团队④管理，提供 CI/CD 和各种开发工具。并且 Party Bus 能够提供不同影响等级的环境，适合于中小团队的开

---

① Jeroen Mulder. Enterprise DevOps for Architects [M]. Birmingham, UK: Packt Publishing, 2021.
② Department of Defense (DoD) Chief Information Officer. DoD Enterprise DevSecOps Reference Design, Version 1.0. 12 August 2019.
③ https://software.af.mil/dsop/services/
④ ODIN 提供了平台即服务（PaaS）和 Party Bus 软件工厂选项，该团队主要关注于支撑美国空军的情报部门。[https://software.af.mil/dsop/services/odin/]

发。Party Bus 过程如图 5-89 所示①。

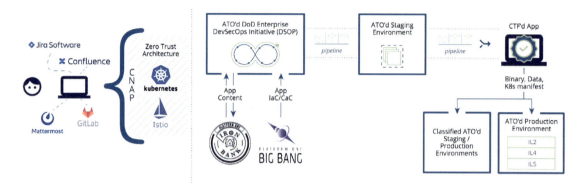

图 5-89 Party Bus 过程

云原生接入点（Cloud Native Access Point，CNAP）在 Cloud One 上提供零信任架构，以提供对影响等级 IL-2、IL-4 和 IL-5 的开发、测试和生产包的访问。CNAP 通过使用面向互联网的云原生零信任环境，提供对 Platform One DevSecOps 环境的访问。CNAP 的零信任架构促进了来自不同组织的开发团队协作。

Repo One 是 DoD 集中式容器源代码存储库，作为源代码的中央存储库，用来存储各种源代码，例如 Kubernetes 的开源产品和各种基础设施代码，也可以用于为 DoD 创建升级后的容器。

Platform One 支持软件的容器化、灵活性和规模化，改变了一线开发人员的工作流程。这种新方法大大减少了相关速度进行关键更新和部署新功能所需的时间，影响了包括 F-35 联合项目、陆基战略威慑（Ground Based Strategic Deterrent，GBSD）、联合人工智能中心（JAIC）联合共同基金会和赛博司令部在内的众多计划。

Platform One 与一批经过审查的承包商就特定供应和/或服务建立了基本订购协议（BOA）。

BOA 1：云服务，在多个保密级别和混合云架构上开发和部署经认证、集成和测试的代码。

BOA 2：DevSecOps 管道和平台集成与许可服务，支持广泛的软件和编程工具集合，支持软件产品的 CI/CD。

BOA 3：软件服务，全栈 DevSecOps 工程师、基础设施工程师和其他关键人员的技术服务。

5.9.9 海军装备的应用

1. 美国海军 OASIS

2018 年，美国空军开始接触 DevSecOps，是第一个成功运用 DevSecOps 概念的军种。其成立的 Kessel Run 实验室在提高效率方面取得了巨大成功，并引起了国防部高层领导的注意。美国海军也效仿了空军的 Kessel Run 模式，海军信息战中心（NIWC）远征战部门的远

---

① https://p1.dso.mil/Party_Bus_Graphics_Process.a1be1197.webp

征企业系统和服务（E2S2）团队于 2019 年创立了作战应用和服务创新站（Operation Application and Service Innovation Station，OASIS），以支持美国海军陆战队负责计划和资源的副司令提出的改进企业软件开发的要求。2019 年夏，E2S2 实现了 OASIS 的初始运行能力，通过实施近 30 项自动化平台服务和 9 项自动化应用开发服务，巩固了 NIWC 大西洋分部 DevSecOps 的领导地位。这些覆盖从业务运营到战术系统的服务，可能将是国防部未来解决方案。海军部必须成为一家配备作战人员的软件公司，这是因为无数基于软件的战场任务可以立即受益于 DevSecOps，这使得 OASIS 的未来与信息环境中的作战密切相关。①

美国海军对于应用 DevSecOps，提出了以下主旨：
- 先租再买，先买再建，仅开发海军部任务独一无二的定制能力；
- 将 DevSecOps 能力作为一项专供本军种的数字核心服务交付并使用；
- 加强软件工厂建设和工具网络铺设，并实现渠道的差异化和局部控制；
- 与国防部企业 DevSecOps 参考设计保持一致；
- 使舰队赛博司令部能够看见并持续控制交付物和目标环境；
- 改变文化，实现敏捷式开发；
- 具有跨工厂互操作性，促进重复利用；
- 整合反馈环，并能自助访问生产数据和开发基线；
- 所有方面做到自动化，包括功能测试；
- 将所有项目视为"基础设施即代码"。

海军陆战队业务运营支持服务（Marine Corps Business Operations Support Services，MCBOSS）是由 OASIS 团队开发的第一项 DevSecOps 能力。MCBOSS 是一个多平台环境，包括 PEGA、Appian、MarkLogic 和 Pivotal Cloud Foundry 等服务。

在 MCBOSS 启动不久，海军陆战队就开始使用首个 OASIS 开发的应用程序——监察长（Inspector General，IG）案例行动管理程序，该程序提供了对监察长调查相关数据的实时跟踪。

最近，OASIS 执行了一个海军创新科学与工程项目，以验证 OASIS 开发的美国海军陆战队应用程序与海军综合海上网络和企业服务（CANES）的互操作性。

2. 超越软件武器库

2021 年 8 月，NAVWAR 宣布启动海军首个涉密商业 DevSecOps 软件生产线"超越软件武器库"（Overmatch Software Armory，OSA）。这里商业的意思是海军相关单位可以购买使用，无须自己开发。OSA 使用亚马逊的 AWS Secret Region 云服务产品。中央情报局 CIA 也使用该云服务，达到影响等级 IL-6 的数字环境，可支持各类涉密任务应用，未来将彻底改变美国海军对各任务领域数据和应用的访问管理和防护模式。使用行业标准的 DevSecOps 原则，在软件开发生命周期的每个阶段自动集成安全性，包括从软件的初始设计到集成测试、部署交付，如图 5-90 所示。

2018 年以来，OSA 一直在美国国防部受控非密信息（Controlled Unclassified Information，CUI）的 IL-4 级别和国家安全系统的 IL-5 级别上运行。这是 OSA 首次在 IL-6 级别上运行，

---

① 戴钰超. DevSecOps：美国海军运用新理念推动软件开发［EB/OL］. 防务快讯，2020 - 05 - 13.［https://mp.weixin.qq.com/s/UBZrYIBPH4ZaWUlrgVtX4w］

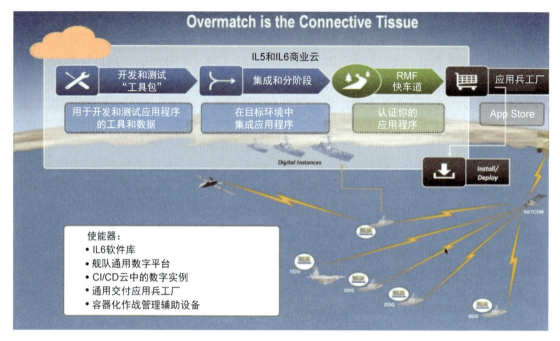

图 5-90 Overmatch 是 "结缔组织"

可容纳机密信息。OSA IL-6 版本是一个镜像配置的软件生产线，具有相同的工具和自动化配置，包括赛博安全工具，能够尽早将安全性纳入开发过程。OSA IL-4/IL-5 目前为 1300 多个用户和 77 个项目提供服务，而 IL-6 版本已添加到海军数字市场，为用户提供一个机密环境，用于支持海军各个任务领域软件的安全开发、测试和部署和强化。海军数字市场由海军数字和企业服务项目执行办公室（PEO Digital）管理，PEO Digital 办公室集中管理海军采办云相关产品和服务，通过多种云平台、多供应商战略支持全方位的任务和数据保密，重点是限制重复、提高效率和加速数字现代化工作。海军数字市场是 DevSecOps 相关产品和服务的单一网关。

超越软件武器库是美国海军首个机密级软件 DevSecOps 生产线，将为用户提供安全、可靠的加密软件开发环境，在保证安全性的同时加快向舰队交付新能力和软件更新的速度。OSA 既是美国海军数字化转型的主要例证，也是从软件/能力开发环节推进"超越计划"发展的重要举措。

海军的"超越计划"（Project Overmatch）旨在利用最新的数字技术，如先进的人工智能、机器学习和网络技术，提高全球舰队的战备水平，并通过海军作战架构（NOA）将有人和无人平台、武器和传感器整合，打造更具杀伤力、互联能力更强的未来舰队，以此支持美国海军和海军陆战队的分布式海上作战（DMO）概念，乃至美军全军层面的联合全域指挥控制（JADC2）构想。"超越计划"是一项高优先级项目，在美国海军优先事项中仅次于建造哥伦比亚级弹道导弹核潜艇。美国海军"超越计划"正是 OSA 的最大用户群体。

此外，OSA 已获批准的项目之一是风险管理框架（RMF）的转型升级，RMF 是一种基于风险的赛博安全方法，用于 IT 系统和服务的企业级授权。RMF 受限于严格的六步流程，IT 系统或服务从获得授权到在海军网络和舰队上部署运行，需要 6~12 个月。OSA 简化了

RMF 流程，加快了向海军交付软件的速度，允许在短时间内持续集成和直接交付新版本的软件。①

3. 应用兵工厂

"应用兵工厂"（Application Arsenal）是 OSA 的应用商店，就像手机应用软件商店一样，获得批准的应用程序和更新将被存储并可快速部署到舰队。"应用兵工厂"的系统管理员和操作员可以远程搜索、发现、下载、安装和管理选定平台应用程序。自动化不但加速软件安装过程，还降低了软件版本错误的风险，这是手动安装软件时常见的错误。②

2021 年 8 月，"应用兵工厂"交付给太平洋战区网络作战中心（PRNOC）。使用最新版本的 CANES 的海军平台能够利用"应用兵工厂"远程自动更新 CANES 上托管的应用程序软件。"应用兵工厂"也是 CANES 敏捷核心服务（ACS）的组件，为海上平台自动部署任务应用。

NAVWAR 在"林肯"号航母（CVN 72）上测试了"应用兵工厂"，在测试过程中，该团队能够成功地将一个容器化应用程序从岸上的"应用兵工厂"下载到 CANES 应用程序托管环境中，证明了使用"应用兵工厂"软件分发功能自动下载和安装软件的价值。

"应用兵工厂"是推进"超越计划"的重要一环，它有效利用了现代数字化技术和信息技术，使旧流程实现自动化和标准化，提升了舰队全球战备水平。美国海军"超越计划"DevSecOps 牵头人表示，DevSecOps 是 OSA 的最大推手，实现了快速部署软件的能力。没有"应用兵工厂"向海上平台分发软件，DevSecOps 就无法真正落地。

4. NetANTX 挑战赛

2021 年 6 月，为支持超越软件武器库的发展，美国海军信息战系统司令部（NAVWAR）启动人工智能和网络先进海军技术演习（Networks Advanced Naval Technology Exercise, NetANTX）挑战赛，通过 OSA 向参赛者提供作战相关数据，希望发掘出具有应用潜力的人工智能赋能技术，为"超越计划"提供更有力的支持。③

NetANTX 由 OSA 支持，旨在向选定的 AI 开发人员提供与操作相关的数据集。

NetANTX 挑战赛聚焦新兴网络和人工智能技术，寻求最佳解决方案，从而为美国海军提供现代化网络，推进"超越计划"进一步发展。2021 年 8 月，NetANTX 挑战赛进入第二阶段。

NetANTX 挑战赛包括网络挑战赛和人工智能挑战赛。网络挑战赛以交付海军作战架构（NOA）为重点，探索新的网络技术，以提高海上战术网络的覆盖范围、容量和韧性。人工智能挑战赛旨在鉴别和利用最新的人工智能技术，使作战人员能够在海上作战环境和作战时间框架内作出决策。

5. DSO 与 CANES

CANES 的目标之一就是降低在 CANES 上托管或连接到 CANES 的应用程序的进入门槛。

---

① NAVWAR Launches First Secret–Level DevSecOps Pipeline. U.S. Navy News–Stories, 28 July 2021. [https://www.navy.mil/Press-Office/News-Stories/Article/2710817/navwar-launches-first-secret-level-devsecops-pipeline/]

② NAVWAR Deploys the Navy's First Application Arsenal. U.S. Navy News–Stories, 19 August 2021. [https://www.navy.mil/Press-Office/News-Stories/Article/2735561/navwar-deploys-the-navys-first-application-arsenal/]

③ NAVWAR Announces Project Overmatch Prize Challenge; Offers＄100,000 in Total Cash Prizes. U.S. Navy News–Stories, 08 June 2021. [https://www.navy.mil/Press-Office/News-Stories/Article/2650056/navwar-announces-project-overmatch-prize-challenge-offers-100000-in-total-cash/]

CANES 服务于美国国防部和海军的 100 多个应用程序，通过为应用程序开发商提供一个通用的开发环境，在某些情况下提供基于云的能力，以及管理和流程，从而快速进展到测试、信息认证和部署管道。CANES 可以提高性价比和提升性能速度。为了提高其比以往任何时候都更快进行发布和补丁的能力，业界建立了软件开发培养和实践来弥合开发和操作之间的差距，即 DevOps，旨在提高 CANES/ACS 交付速度和质量。

在 CANES 平台上，ACS 提供了一个操作环境，使 DevOps 的许多原则得以实现。如前所述，ACS 提供了 PaaS，支持自动化开发、部署、供应、安全和其他软体生命周期管理工具。在 DevOps 中，PaaS 使应用程序能够在开发期间拥有一个具有代表性的操作环境，以便能够自动化从开发到操作功能的每一个步骤。自动化加速了开发周期，增加了部署频率，同时保持了稳定性。

除了为应用程序提供技术和工具以利用 DevOps 之外，CANES/ACS 还从战略上调整了人员、流程和工具，以创建 DevOps 目标结束状态，如图 5-91 所示。它强调了一些组织和培养上的变化，以下详细介绍 CANES/ACS 是如何开发和部署的。[①,②]

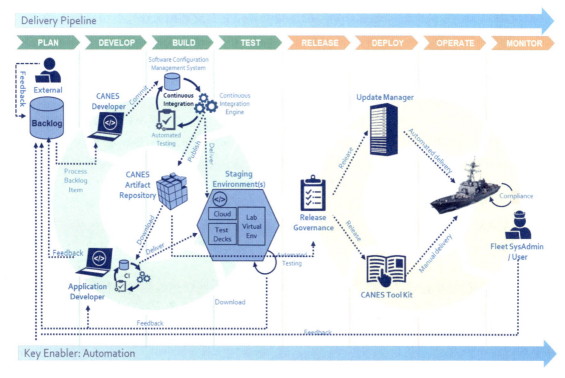

图 5-91 ┃ 海上 DevSecOps 框架

---

① CAPT Kurt Rothenhaus, CDR Kristine "Kris" De Soto, Emily Nguyen, Jeffrey Millard. Applying a DEVelopment OPerationS (DevOps) Reference Architecture to Accelerate Delivery of Emerging Technologies in Data Analytics, Deep Learning, and Artificial Intelligence to the Afloat U. S. Navy. Acquisition Research: Creating Synergy for Informed Change, Proceedings of the 15th Annual Acquisition Research Symposium, May 9, 2018. [SYM-AM-18-085. pdf]

② CAPT Katy Boehme, Program Manager. PMW 160 Tactical Afloat Networks. NDIA 2020 Fall Forum, PEO C4I and Space Systems, 27 October 2020. [PMW160. pdf]

（1）计划。

每个周期都从遵循敏捷 Scrum 方法的计划开始。将工作列为产品待办事项列表，根据关键性和需求进行优先排序。图 5-91 中描述的一个重要变化是反馈回路，它来自于 CANES/ACS 平台中的操作用户和自动监视器，可以向开发人员提供建议和问题。随着 DevOps 的成熟，从接收反馈到部署系统变更的这个周期变得越来越短，将产品生命周期从初始的几年过渡到可能的几天。

（2）开发/构建。

持续集成是 DevOps 的基础部分，在开发过程中，开发人员会定期将代码更改合并到一个中央存储库（即软件版本控制）中，并执行自动构建和测试。CANES 和在 CANES 上部署应用程序的应用利益相关者将通过采用这种开发实践来最大限度地减少整个开发和部署过程中的集成工作，并且能够随时提供新的能力，从而推动可负担性和改善互操作性。

（3）测试。

由于 CANES 提供了由硬件和软件组成的完全集成的计算基础设施，因此临时环境支持各种测试环境。软件级别的应用程序可以在商业云环境中针对最新版本的 CANES 进行测试，而在硬件级别进行测试的应用程序可以在具有代表性硬件的实验室环境中进行测试。临时环境的主要好处是在 CANES 和集成应用程序开发的早期和整个过程中提供集成。分段环境和自动化测试的结合是质量保证不可或缺的一部分。采用这种新的测试策略将节省过去花费在手工测试上的时间，这些测试过于缓慢，无法跟上通常发生的快速开发，并帮助团队专注于质量增强，而这些增强直到现在都是在开发的结尾进行处理的。

（4）发布/部署。

发布作为一个管理过程，将根据现有过程和自动化引入后现有的新选项来定义。此外，ACS 提供的 PaaS 等技术有助于简化现代 Web 应用程序的部署和管理。

（5）运行/监控。

运行是 DevOps 的最后一个阶段，在这个阶段 CANES 被部署并在舰上运行。随着监控工具不断推进，提供了聚合数据和进行交叉分析的平台，商业工具正在改善用户体验，提供易于使用的 UI 和系统警报，以显示提供性能退化的事件之间的相关性或将用户体验问题迅速返回给开发人员，这是缩短已确定问题和部署修复程序之间周期的关键数据。

CANES/ACS 允许开发人员创建快速应用程序，舰上人员能够方便地访问这些应用程序。该项目是海军首次尝试开发 DevOps 的项目之一。CANES/ACS 是海军"24 小时内编译即作战"（Compile to Combat in 24 Hours，C2C24）项目的主要参与者，该项目是一项海军任务，重点是"实现海上端到端架构的现代化，并允许海军在不到 24 小时内部署新的软件能力"。如图 5-92 所示，CANES/ACS 是美国海军的下一代战术海上网络，它将人员、技术和流程结合在一起，简化从代码开发到能力交付的端到端流程。C2C24 实施框架将 CANES/ACS 作为所有海上应用的基线开发目标。[1]

---

[1] Max M. Geiszler. Architecting Autonomous Actions in Navy Enterprise Networks [D]. Naval Postgraduate School, March 2020. [AD1114187]

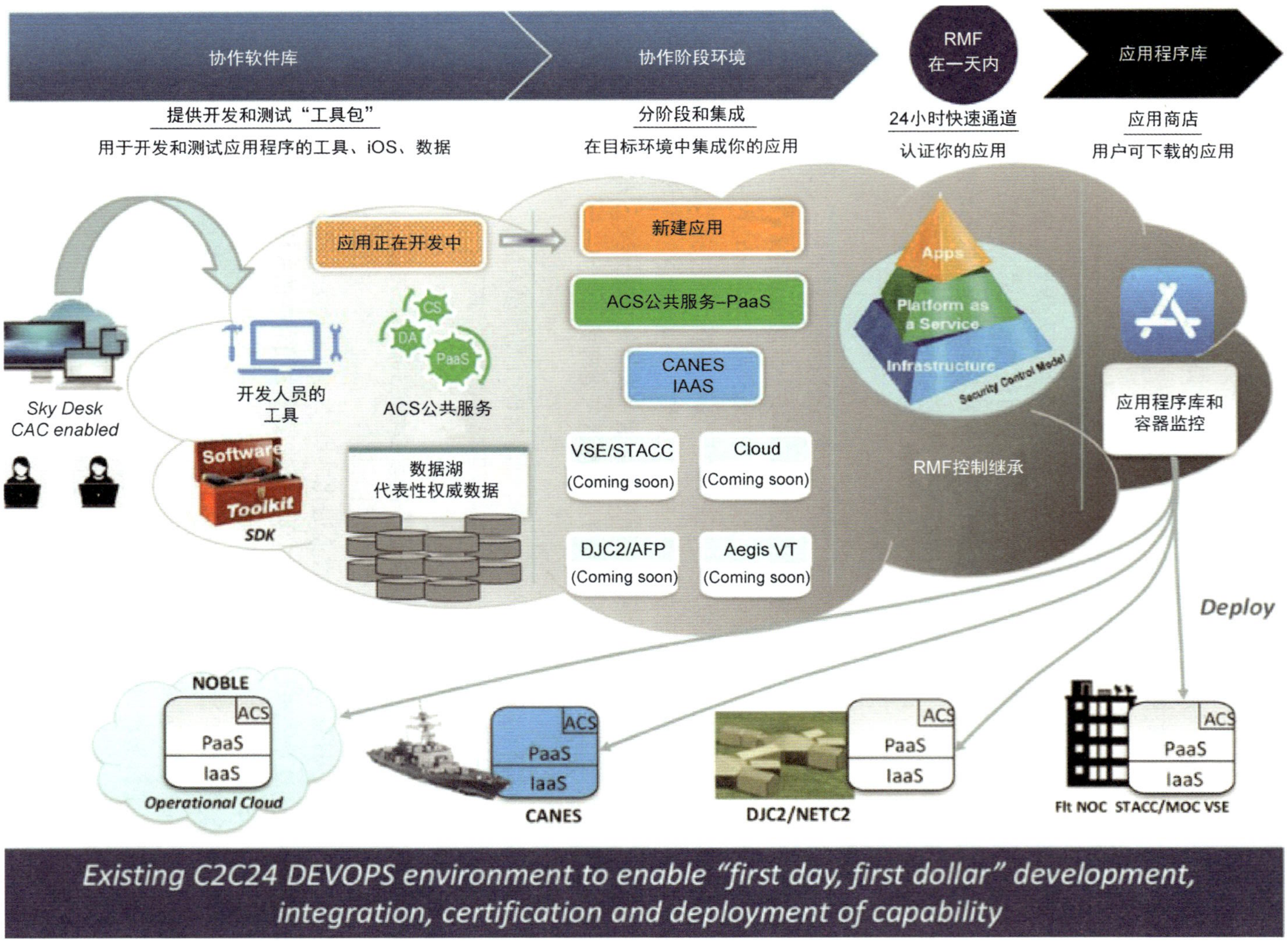

图 5-92 ACS 在 C2C24 中的作用

第6章 PMW/A 170：通信与 GPS 导航

6.1 概述

6.1.1 任务与愿景

美国海军通信与 GPS 导航项目办公室（PMW/A 170）是海军信息战系统司令部（NAVWAR）下属的项目办公室之一，主要负责卫星通信、战术通信、定位、导航和授时（PNT），领导 60 个项目和项目组合，为舰队提供弹性通信和有保证的 PNT 解决方案。

使命任务：提供并支持可互操作、成本效益高的通信和定位、导航、授时服务，为海上部队使能信息战。

愿景：随时随地提供有保证的弹性通信和 GPS 导航。

6.1.2 主要项目

PMW/A 170 办公室分管的项目主要有以下几个部分，如图 6-1 所示。[1]

1. 卫星通信（SATCOM）

卫星通信项目可实现海军平台的语音、视频和数据传输/接收，以满足舰队的战略、战术目标；使用商用和军用卫星星座，提供带宽传输能力，并可返回国防部信息网络；为了应对作战人员面临的不断演变的威胁，卫星通信项目利用现有架构来改善增强海军的弹性指挥与控制（RC2）态势。

---

[1] CAPT Andrew Gibbons, PMW/A 170 Program Manager. Communications and GPS Navigation Program Office (PMW/A 170). 2021 NDIA San Diego Fall Forum, 26 October 2021. ［06GIBBONS_PMW170_BRIEF_UPDATED.pdf］

图 6-1 | PMW/A 170 项目办公室的业务方向

2. 战术通信（TACCOM）

TACCOM 实现所有海军、联军和联盟平台之间的指挥和控制；使用视距、超视距和 2MHz~15GHz 的卫星通信波形，为水面部队、岸上、远征军、特种作战和潜艇平台提供安全的语音、视频和数据连接；符合密码现代化要求。

3. 定位、导航和授时（PNT）

GPS 导航技术将有保证的定位、导航和授时（APNT）服务从海底传送到太空；通过改进的加密技术、抗干扰性能、防欺骗算法，健壮的 PNT 精度和分布，在电子战挑战环境中提供对 GPS 信号的访问；改进了密码学、抗干扰性能、抗干扰算法以及稳健的 PNT 准确性和分布。

4. 领先能力集成商（LCI）

LCI 可领导全球端到端（E2E）C4I 架构，从而使能降级拒止环境的指挥控制（Command and Control in a Degraded Denied Environment，C2D2E）；确保为整体能力集成提供了既定的"系统簇"（FoS）方法；与投资组合级别的执行保持一致，以实现端到端的能力，从而支持战略优势计划。

如图 6-2 所示是 PMW/A 170 的组织机构及各部门分管的主要项目，包括战术通信 1

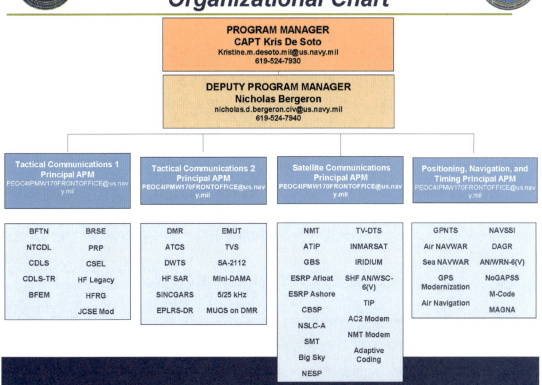

图 6-2 ▎PMW/A 170 的组织机构和主要项目

（BFTN、NTCDL 等）、战术通信 2（DMR 等）、卫星通信（NMT、CBSP、GBS 等）、PNT（GPS 现代化、GPNTS、NAVSSI 等）。

主要项目的概况如下：[①]

- 海军多波段终端（NMT）。NMT 是用于海军平台的第四代军事卫星通信系统。NMT 通过先进极高频（AEHF）、宽带全球卫星通信系统（WGS）、军事星（Milstar）、特高频后继（UFO）和国防卫星通信系统（DSCS）卫星提供联合互操作的、受保护的宽带卫星通信。

- 商业宽带卫星计划（CBSP）。作为海军的下一代商用卫星通信系统，CBSP 为海岸巡逻和反水雷舰艇提供了宽带卫星通信的唯一来源，并为单元级变体（ULV）和部队级变体（FLV）水面舰艇提供了一种多样化的分散通信解决方案。相关体系结构通过为军事卫星通信提供频带分集、有保证的接入和冗余，显著提高了数据吞吐量、海军有保证的指挥和控制（AC2）态势以及 SATCOM 的可靠性和空间弹性。

- 数字模块化无线电（DMR）。DMR 是一种四通道、高容量、软件可编程战术无线电，为舰队提供互操作视距（LOS）、超视距（BLOS）和卫星通信 UHF C4I 能力。该项目目前正在将综合波形（IW）/移动用户目标系统（MUOS）/第 3 代自动链路建立（3GALE）波形进行集成整合。

- 作战兵力战术网络（BFTN）。BFTN 通过 HF 和 UHF 射频频谱，为舰船和潜艇提供视距和超视距互联网协议（IP）数据连接，数据速率达到 19.2kbps（HF）和 64kbps（UHF）。UHF/HF 网络分别支持子网中继（SNR）和高频互联网协议（HFIP）子系统，为海军舰队和指定盟国提供非卫星通信 IP 传输能力。

- 基于 GPS 的定位、导航和授时服务（GPNTS）。GPNTS 是海军的下一代水面 PNT 系统。它为武器、作战、导航和其他 C4I 系统提供关键任务实时、可靠的 PNT 数据服务。

- 网络战术通用数据链（NTCDL）。NTCDL 是海军的下一代战术通用数据链系统，提供多链路、端到端、网络化的海军通用数据链（CDL）任务能力。支持的 CDL 波形包括当前部署在美国飞机（传统的标准海军 CDL 版本 F），以及集成在美国海军空中平台（MQ-25、MH-60R、P-8A）的带宽高效 CDL 波形。NTCDL 提供 LOS 链路，在各种频谱（X、Ku、S、C 波段）上并使用多种天线类型（相控阵天线、定向抛物面天线）。

PMW/A 170 的主要项目在战场中的高层作战概念如图 6-3 所示。

[①] Fact Sheet：PMW/A 170 Communications and GPS Navigation Program Office. October 2018. ［navy.mil/PMW170_Fact-Sheet_DistroA.pdf］

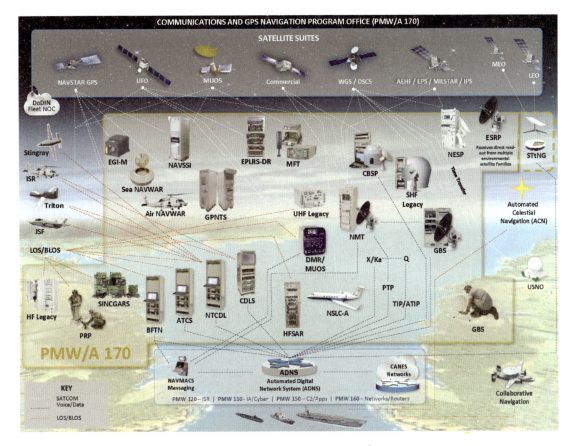

图 6-3 ▎PMW/A 170 的 OV-1 ①

6.2 战术通信 1

6.2.1 作战兵力战术网络（BFTN）

6.2.1.1 概况

作战兵力战术网络（Battle Force Tactical Network，BFTN）是美国海军的高频互联网协议（HFIP）和子网中继（SNR）通信项目，在卫星通信拒止环境中提供指挥和控制，并在没有卫星通信的情况下作为保密互联网协议路由网络（SIPRNET）的主要备份。BFTN 为舰船、潜艇和飞机提供网络连接，以支持美国海军和联合部队的海上防御。BFTN 还提供关键的非卫星视距和超视距 TCP/IP 协议，在美国和盟军舰艇、潜艇和飞机之间建立航母打击群连接，如图 6-4 所示。

BFTN 的作战应用包括海域感知（MDA）、海上截击作战（MIO）、反潜战（ASW）、远征作战（EWO），同时也是对抗 A2/AD 的关键能力之一。

---

① CAPT Kris De Soto, PMW/A 170 Program Manager. Communications and GPS Navigation Program Office (PMW/A 170). 2022 NDIA San Diego Fall Forum, 5 October 2022.

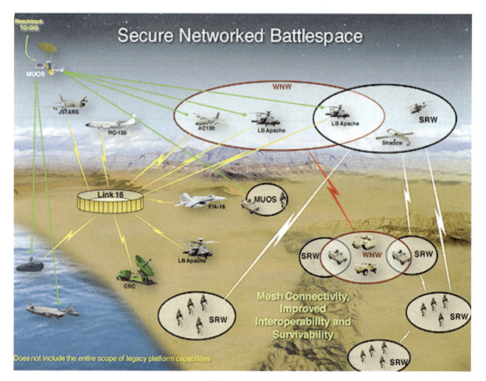

图 6-4 安全网络作战空间

6.2.1.2 发展现状

2012 年 4 月,SPAWAR 与科学应用国际公司(SAIC)签订价值 570 万美元的 BFTN 系统生产合同。初始预计在从 2012 年开始的未来五年内,在大约 255 艘舰船、潜艇以及飞机上安装 BFTN,并于 2022 年具备完全作战能力(FOC)。

2016 年年底,BFTN 被安装在 65 艘舰艇、24 架飞机和 4 艘潜艇上。基线规划战略重新将工作重点放在了 2017 年完成初始运行测试和评估上,根据舰队作战需求,2016—2017 年采购并安装额外的 8 个基线系统,以支持前沿部署的海军部队,并增强基线系统以更高的数据速率和岸上反应能力。该项目还对 BFTN-Enhanced 进行市场研究,以适应舰队要求的基线系统增强。

2019 年 6 月,NAVWAR 与 L-3 签订一份 4150 万美元的为期五年的合同,购买并集成商用现货 HFIP 和 SNR 军事网络硬件和软件,并纳入 PEO C4I 的配置。[①] 美国海军通信专家需要一家公司将 COTS 组件集成到通过高频无线电波段工作的远程军事语音和数据通信网络中。

6.2.1.3 系统功能与组成

BFTN 采用现有的无线设备,并与 CENTRIXS 系统和 ADNS 路由器接口,通过 RF 路径

---

① John Keller. Navy chooses l-3 Communications Systems-East to integrate COTS-based HF-radio military networking system. Military & Aerospace electronics,June 27, 2019. [https://www.militaryaerospace.com/ communications/article/14035497/communications-hf-radio-military-networking]

扩展 IP 数据通信连接。采用令牌协议（Token）和 TDMA 二层协议来维持 RF 网关，具有自组织、自愈功能。它通过 UHF 和 HF 为盟军、联军、水面部队提供一种具备直接平台到平台战术组网能力的 HFIP 与子网中继（SNR）技术，这两种技术是实现海上 IP 组网的有效且成本较低的手段。

BFTN 使用小型对偶网络管理设备，能够适应每个平台的 RF 通信空间，为 SIPRNET 和 CENTRIXS-M 系统提供强大的 IP 连接的集成功能，使海上综合企业区域信息交换系统（CENTRIXS-M）和 SIPRNET 用户可直接与舰船、潜艇、飞机传输 IP 数据，然后在一个实时战术环境中执行并规划任务。这种连接使 BFTN 系统能够在 SATCOM 连接不可用时，在水面战舰和潜艇之间提供语音和数据通信连接。HFIP 采用 HF 频段，数据速率为 9.6kbps（SSB）和 19.2kbps（ISB）；SNR 采用 UHF 频段，数据速率高达 64kbbs。BFTN 可通过卫星通信来实现海上舰船的回传能力。

BFTN-HF 和卫星通信系统（SATCOM）与其他全球通信技术合作是通过高频无线电为舰船、潜艇、飞机和海军海岸站点提供网络连接。这种 HF 通信模式使用的是 2~30MHz 的无线电频率从电离层中反射无线电信号，以实现超视距的全球语音和数据通信。HF 无线电可能难以使用，因为它受到电离层、季节和雷暴的影响。BFTN 系统还具有一种称为 BFTN-UHF 的特高频组件，用于视距语音和数据通信。BFTN 系统使用 COTS 和 GOTS 硬件和软件，通过 HF 和 UHF 频段提供联网的 RF 数据连接。

6.2.2　网络战术通用数据链（NTCDL）

6.2.2.1　概况

网络战术通用数据链（Network Tactical Common Data Link，NTCDL）的前身是通用数据链（Common Data Link，CDL），后者作为一种安全的军事通信协议，由美国国防部于 1991 年建立，作为军方用于图像和信号情报的主要协议。CDL 在 Ku 频段内以高达 274Mbps 的数据速率运行。CDL 允许全双工数据交换。NTCDL 支持多个同步 CDL 任务；提供舰—舰、舰—空、空—空的通信能力；方便下载 ISR 信息到多个舰/岸指挥平台；支持无人机；支持 TCPED 体系结构。NTCDL 旨在提高链路容量并接受波形演变，它使用具有非专有接口的开放系统架构，并且可重新编程，以便适应新的和不断变化的任务需求。

NTCDL 提供了交换指挥和控制信息的能力，同时从多个来源（空中、水面、水下和便携式）发送/接收实时情报、监视和侦察（ISR）信息（语音、数据、图像和全动态视频），跨越不同的联合、军种、联盟和民用网络，增强了海军的态势感知和战术战场优势。海军在部队级舰艇（如航空母舰和两栖攻击舰）上使用 NTCDL 和 CDLS，在单元级舰艇（如巡洋舰和驱逐舰）上使用"鹰链"（Hawklink），在濒海战斗舰艇上使用其他配置。NTCDL 为作战人员提供了支持多个同时网络化作战的能力，包括现役通用数据链飞行器（如 P-3"猎户座"、P-8"海神"和 MH-60R"海鹰"），以及下一代有人驾驶和无人平台（如 F-35 联合攻击战斗机、MQ-4"特里同"、MQ-25A"黄貂鱼"、小型战术无人机系统和 MQ-8"火力侦察兵"）。

NTCDL 拥有可提供模块化、可扩展、多链路网络通信的分层能力，使海军能够同时传输和接收来自多个来源的实时数据，并在不同的网络之间交换指挥和控制信息。NTCDL 时间紧迫的打击任务使用的视距传感器系统提供了视距延伸,通过中继能力支持海上优势,并通过其 ISR 联网能力加强任务分配、收集、处理、利用与分发(TCPED),从而使舰队受益。NTCDL 还通过共享 ISR 数据的能力来支持人道主义援助/救灾工作。

6.2.2.2 发展现状

2010 年 12 月,海军作战部长指导了一项解决方案,以满足未来几年国防计划中海军对多同步 CDL 任务支持的需求。任务是用多点网络系统取代现有的点对点舰载 CDLS,以支持 ISR 传输。2013 年的初始投资建立了 NTCDL 项目,并为航空母舰上的 NTCDL 需求提供了资金,计划于 2019 年实现初始作战能力。未来的投资将为大型甲板两栖舰艇的需求提供资金,并开发多链路 NTCDL,以满足飞机、小型舰船、潜艇和岸上手持用户和移动平台的使用需求。

6.2.2.3 系统功能与组成

CDL 无线电是一种适用于所有领域的完整、实惠的宽带无线网络无线电,由 BAE 系统公司研制,该 CDL 无线电系列融合了最新一代宽带、高速硬件和软件技术,为作战人员提供目前所需的可互操作的宽带数据链路通信解决方案。CDL 无线电设备如图 6-5 所示。

优势:支持与传统 CDL 模式的互操作性;先进的可编程设计允许额外的波形,包括 BE-CDL 和下一代网络波形;用户友好的图形界面简化了 CDL 操作员的控制和管理;高级信号处理允许在双接收配置中使用嵌入式多径抑制算法,在双发射配置中使用高级波束形成算法;与天线解耦的跟踪和扫描算法允许与相控阵天线以及传统的机械操纵天线进行连接。

图 6-5 CDL 无线电设备

下一代技术:BAE 系统公司的 CDL 系列提供模块化终端、射频(RF)和天线组件,可为一系列应用提供灵活的通用数据链解决方案。CDL 通信套件建立在软件定义的、可重新编程的无线电架构之上,可以随着波形的发展轻松升级。技术可与传统标准 CDL 系统互操作,并已集成到有人和无人飞机、移动和固定地面站、水面舰艇、超线宽带卫星通信和地面无人车上。

主要特征:CDL 产品线基于一组宽带核心硬件和软件构建块,由天线、射频(RF)前端、收发器、调制解调器、处理器和加密模块组成。通过这种架构方法,产品线可以轻松集成到所有平台上。使用现成的线路可更换单元(LRU),CDL 无线电频率不可知,可在 L、S、C、X 或 Ku 频段运行。BAE 系统公司最新的 CDL 无线电包括美国国家安全局用于安全通信的通用加密模块(CCM),这是经批准的用于情报、监视和侦察(ISR)CDL 应用的一级加密。该系统是可导出的,可以提供嵌入式 AES-128/256 传输安全(TRANSEC),用于开销和控制通道保护以及批量数据加密。

波形:BAE 的 CDL 产品能运行国防部批准的所有 CDL 波形。许多 CDL 无线电已通过联合互操作性认证(JITC),并成功通过了供应商之间的互操作性测试,使用户能够有效地与其他相关系统交换信息。为了满足未来联合空中层网络(JALN)的需求,正在开发定向网状网络波形。这将允许地面部队使用来自战斗机网络的数据。

CDL 实现了一套完整的波形模式，以极低的体积和成本确保与现场 CDL 系统的互操作性。为了满足未来的标准，这种下一代通用数据链无线电利用可编程硬件和先进的软件无线电设计体系结构，为作战人员提供了一个全面的解决方案，将宽带无线数据链接能力安装到机载和海上平台。它与平台的简单 IP 接口和全双工 Ku 波段输出被集成在一个单一的、坚固的模块中，大大简化了平台集成。

6.2.2.4 采办动态

1. BAE 系统公司和巴尔航天公司合作，加强美国海军共享关键数据的能力

2016 年 9 月，美国海军授予 BAE 系统公司一份价值 8470 万美元的合同，用于采购 NT-CDL 系统，其中包括设计、开发、测试和低速率初始生产（LRIP），以使海军人员能够跨平台共享大量关键 ISR 数据。

该项目的主要承包商 BAE 系统公司通过与科罗拉多州博尔德的合作伙伴巴尔航天公司（Ball Aerospace）合作，推进两家公司的联合多链路 CDL 系统开发工作。这项工作主要在 BAE 系统公司位于新泽西州韦恩和纽约州格林劳恩的工厂进行。该技术能够实现更大、更快的战术通信和信息共享，以帮助海军保持其海上优势。工作初始计划于 2020 年 9 月完成。[1],[2]

2. 巴尔航天公司获得合同生产 NTCDL 相控阵天线

2018 年 3 月，巴尔航天公司获得 BAE 系统公司开发 Ku 波段相控阵天线套件的合同。相控阵天线最初计划集成在美国海军的航空母舰上，以使 NTCDL 系统能够与广泛的 ISR 平台进行通信。巴尔航天公司的多波束平面相控阵天线基于硅锗（SiGe）技术，使用单个电路板，从而形成一个低剖面天线系统。此合同构成了该计划的第一阶段，涉及硬件的低速率初始生产。多波束天线系统的开发和生产将在巴尔航天公司位于科罗拉多州威斯敏斯特的工厂进行。[3]

6.2.3 通信数据链系统（CDLS & CDLS TR）

6.2.3.1 概况

通信数据链系统（Communications Data Link System，CDLS，型号 AN/USQ-167）是美国海军第一个支持所有标准 CDL 接口使能网络中心战的通用数据链系统，是一种超高速宽带数据链，具有先进的软件可编程无线电、天线和安全数据链路技术，可在侦察机传感器和相关水面舰艇处理系统之间传输信号和图像情报数据，以确保快速、安全地向舰队实时传播关键情报信息。

通信数据链系统技术更新（CDLS TR）提供现场链路管理计算机升级，支持各种通用数据链（CDL）空中平台，包括 MH-60R、MQ-4 "特里同"、MQ-8B/C "火力侦察兵"、P-3 和 P-8，实施飞机在飞行作战期间的指挥和控制。

---

[1] Nicole Gable. Bolstering the U.S. Navy's ability to share critical ISR data. BAE Systems, Sep 28, 2016. [https://www.baesystems.com/en-us/article/bolstering-the-us-navys-ability-to-share-critical-isr-data]

[2] Courtney E. Howard. BAE Systems and Ball Aerospace collaborate to bolster U.S. Navy's ability to share critical data. Military & Aerospace electronics, 28 Sept. 2016. [https://www.intelligent-aerospace.com/military/article/16538768/bae-systems-and-ball-aerospace-collaborate-to-bolster-us-navys-ability-to-share-critical-data]

[3] Ball Aerospace to deliver phased array antennas for US Navy's NTCDL. Naval Technology, March 2, 2018. [https://www.naval-technology.com/news/ball-aerospace-deliver-phased-array-antennas-us-navys-ntcdl/]

2003 年以来，立方体公司（Cubic）一直是美国海军 CDLS 系统的提供商。Cubic 的 CDLS 为海军战斗群指挥官提供来自战斗群周围任何位置的多架飞机的关键实时 ISR 和部队保护信息。它还提供 15 种不同的高带宽波形，可以传输到几乎所有变型军用飞机。

6.2.3.2 采办动态

1. Cubic 获得 CDLS 开发合同

2012 年 9 月，Cubic 获得 SPAWAR 价值 1870 万美元的合同，以开发 CDLS 和其他通信技术。根据合同，该公司将提供一个 CDLS 和升级的 KI-11A 安全子系统，用于安装在航空母舰上，以支持反潜战任务。SPAWAR 提供了 870 万美元的初始资金，于 2014 年 2 月完成系统的交付。

自 2003 年签订初始生产合同以来，Cubic 已向海军交付了 20 套 CDLS 先进通信系统，其中 13 套系统已部署在海军舰艇上。①

2. Cubic 获得 CDLS 合同

2016 年 7 月，Cubic 新成立的业务部门 Cubic 任务解决方案（CMS）获得 SPAWAR 系统中心合同，用于交付可交换 CDL，以保障 AN/USQ-167 通信数据链系统（CDLS）的维护。根据合同，交付的 CDL 分体式无线电子系统将安装在美国海军航空母舰上，并将提供宽带安全的舰对空通信。

"美国海军需要在航母上提供额外的同步 CDL 链接能力，以支持战斗群部队保护和情报、监视和侦察（ISR）行动。借助 Cubic 的 CDL 分体式无线电，该系统不仅可以根据美国海军的要求同时为多架飞机提供安全通信，还可以提供飞行前检查功能，以确保成功运行。" CMS 总裁 Mike Twyman 说。除了 AN/USQ-167 CDLS，Cubic 期待与 SPAWAR 合作，提供先进的数据链路系统，确保快速、准确和安全地分发 ISR 数据。②

3. Cubic 交付两套 Sharklink 系统

2020 年 7 月，Cubic CMS 部门获得 NAVWAR 价值 900 万美元、为期五年的独家采购合同，以制造交付通信数据链系统技术更新（CDLS-TR）设备，包括两套"鲨链"（Sharklink）系统，安装在两艘航空母舰上。最初的 Sharklink 系统目前安装在"尼米兹"号和"卡尔文森"号上。

作为美国海军 CDL 系统的一部分，高性能 Sharklink 是一个水面数据终端。它支持与机载和舰载平台的安全、远程高数据速率通信。Cubic 的 Sharklink 系统将扩展美国海军航空母舰的能力，以同时与战斗群内飞行的多架有人和无人机进行通信。Sharklink 采用灵活的架构设计，最多可同时支持 8 个链路的增长。它提供实时图像、全动态视频、音频和传感器数据。通过即时传输数据，使部署人员能够作出更明智的决策。美国海军将使用软件定义的无线电架构平台来支持当前和未来的 CDL 波形。③

---

① Cubic to supply CDLS for US Navy. Naval Technology, September 4, 2012. [https://www.naval-technology.com/news/newscubic-to-supply-cdls-us-navy/]

② Cubic Receives Award for Common Data Link Split Radio from US Navy's SPAWAR Systems Center Pacific. CUBIC, July 6, 2016. [https://www.cubic.com/news-events/news/cubic-receives-award-common-data-link-split-radio-us-navys-spawar-systems-center]

③ Cubic to deliver Sharklink system to two US Navy CVN aircraft carriers. Naval Technology, July 8, 2020. [https://www.naval-technology.com/news/cubic-to-deliver-sharklink-system-to-two-us-navy-cvn-aircraft-carriers/]

6.2.4 作战部队邮件系统（BFEM）

作战部队邮件系统（Battle Force E-mail，BFEM）提供通过高频射频的安全电子邮件功能。该系统通过船与船之间的特定频率临时点对点连接，提供了一个半双工、载波感知、多接入的电子邮件网。

BFEM 66 系统架构如图 6-6 所示。该系统主要使用高频频谱，在盟军/北约/联军水面部队之间提供基本的 IP 数据传输能力。该系统支持 SMTP/POP3 电子邮件，数据速率可达 9.6kbps，使用 KG-84A/C 或 KIV-7 加密进行安全传输。[①]

图 6-6　BFEM 66 系统架构

BFEM 66 系统的运行特点如下：
- 一旦无线网络正确建立，系统将完全自动；
- 在载波侦听多址（CSMA）网络规程中操作；
- 数据通过一系列与以太网 LAN 几乎相同的点对点连接传输，但数据速率要低得多；
- 无线电连接是半双工的；
- 成员系统监控网络，但仅在收到带有特定用户地址的数据包时作出响应；
- 自适应链路质量，如果链路良好，则发送的数据包数量会增加；
- 即使无线电链路仅间歇性可用，也将完成交付；
- 如果未在指定的时间段内完成交付，则"返回给发件人"；
- 数据包操作确保无错误发送。

6.2.5 作战幸存者定位（CSEL）

6.2.5.1 概况

作战幸存者定位（Combat Survivor Evader Locator，CSEL）是美国空军、海军和陆军的联合三军项目，可提供可靠的 24 小时双向近实时安全消息传递和语音通信以及准确的地理

---

① John Draper. Battle Force Email (BFEM) and other HF Issues. OPNAV N6 Conference, 17 Nov 2000. [ADA404824.pdf]

定位。其目标是使救援部队能够在全球所有地形、威胁和能见度条件下首次尝试验证和提取幸存者信息，而不受幸存者的位置或环境影响。该系统取代了所有用于机组人员和特种部队的联合作战搜索和救援无线电，以保障生存、逃避和人员救援行动。它提供安全的双向超视距、接近实时的数据通信、精确的军用GPS，以及在现有无线电上增加的无线电通信模式。

CSEL由马萨诸塞州汉斯科姆空军基地的电子系统中心共同管理，提供军事救援队和需要援助的人之间所需的全球识别、定位和通信。这些新型生存无线电设备的主要特点是它们能够为搜救部队提供在任何范围内定位、验证和与被击落机组人员通信的能力。这是通过使用嵌入式GPS接收机和卫星将幸存者位置、身份验证和状态消息中继到救援部队来实现的。

6.2.5.2　发展现状

CSEL系统通过卫星在世界任何地方定位和营救被击落的飞行人员。CSEL通过用更新的GPS定位和通信技术取代生存无线电 AN/PRC-90 和 AN/PRC-112 设备来提供更强的搜索和救援能力。CSEL与之前的生存无线电设备的区别在于双向加密超视距数据通信能力。

随着罗克韦尔（被波音公司收购）于1996年被选为主要承包商/系统集成商，空军于1997年12月接收了首批30台CSEL，用于运行测试和评估。CSEL于2002年投入使用。2004年9月，美国陆军首次使用CSEL（由第3步兵师使用）。2006年1月，CSEL达到初始作战能力；2009年11月，CSEL达到完全作战能力。

2011年10月19日，波音公司向美国联合部队交付了第50000套CSEL战斗搜索和救援通信系统。该系统的扩大使用大大增强了美军快速认证和营救被击落飞行员或作战部队的能力。CSEL于2005年首次被美国中央司令部授权在战区使用。该系统提供实时通信功能并增强与孤立人员的协调能力，允许救援队使用多卫星、超视距安全通信和GPS精确定位孤立的人员。①

6.2.5.3　系统功能与组成

CSEL提供多功能语音和安全数据，包括6个可编程UHF语音、SATCOM和低利用概率，4个视距UHF固定频率，1个搜索和救援卫星辅助跟踪（SARSAT）系统非安全数据频率，23条预编程信息，多频段/宽带VHF/UHF，以及军用GPS、反欺骗模块（SAASM）。②

CSEL是一个端到端系统，由三部分组成，即手持无线电设备的用户部分、用于卫星通信的超视距（OTH）部分以及地面部分，如图6-7所示。③

（1）用户部分，包括：AN/PRQ-7手持无线电台（HHR）；无线电设备适配器（RSA）和CSEL规划计算机；AN/CYZ-10数据传输设备；可充电和不可充电电池。

HHR结合了卫星链路数据和视距语音通信以及GPS导出的坐标，以快速识别、定位和认证幸存者。无线电设备适配器 J-6431/PRQ-7 是一个公文包大小的小型设备，提供 HHR、CSEL规划计算机和AN/CYZ-10数据传输设备之间的物理接口。CSEL规划计算机托管任务

---

① Boeing Delivers 500th CSEL Search and Rescue Communications System. Oct. 19, 2011.［https://boeing.mediaroom.com/2011-10-19-Boeing-Delivers-50-000th-CSEL-Search-and-Rescue-Communications-System］

② NAVAIR. Combat Survivor Evader Locator（CSEL）System.［https://www.navair.navy.mil/product/combat-survivor-evader-locator-csel-system］

③ Combat Survival Evader Locator（CSEL）System.［https://olive-drab.com/od_electronics_csel.php］

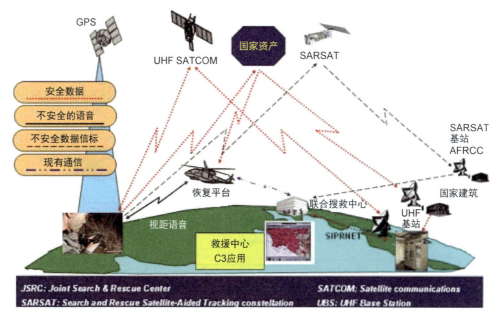

图 6-7 作战幸存者定位系统组成

加载应用软件,该软件允许将频率、航路点、GPS 和通信密钥、识别码和 GPS 参考数据从参考无线电加载到目标无线电。

每次配置无线电时,AN/CYZ-10 数据传输设备都需要加载 GPS 加密密钥,并通过 RSA 连接到 HHR。密钥填充设备和 HHR 通过结合下一代选择性可用性反欺骗模块(SAASM)GPS 模块,为 CSEL 提供了改进的抗干扰和欺骗能力。

(2)地面部分,包括位于联合搜救中心(JSRC)的多个指挥、控制和通信(C3)工作站。

CSEL 地面部分由多个联合搜救中心计算机工作站组成,其中包含 CSEL 命令、控制和通信(C3)应用程序。它们通过 SIPRNET 链路接收幸存者消息,该链路利用现有的国防信息系统网络连接到所属的 UHF 基站。联合搜救中心人员阅读这些信息,根据需要将其发送到其他地点,在国家图像和测绘局(NIMA)地图上跟踪幸存者的位置,规划和协调救援行动,并在整个过程中通过 UHF 卫星通信将信息传回幸存者。

(3)超视距部分,包括 4 个 AN/GRC-242 无线电基站,也称为 UHF 基站。

OTH 部分通过军用 UHF 卫星通信系统和民用搜救卫星辅助跟踪(Cospas-Sarsat)系统进行通信。UHF SATCOM 模式支持 UHF 基站和无线电之间通过专用 5kHz 信道进行双向安全数据通信。联合搜救中心通过安全 UHF SATCOM 数据传输对消息进行响应。

CSEL UHF 基站与海军计算机和电信区域主站(NCTAMS)设施位于同一地点,AN/GRC-242 UHF 无线电设备基站位于 NCTAMS 设施中,如图 6-8 所示。

6.2.6 高频无线电组(HFRG)

6.2.6.1 概况

高频无线电组(High Frequency Radio Group,HFRG,型号 AN/URC-131(V))是水面

图 6-8 太平洋海军计算机和电信区总站的卫星天线

舰艇外部无线电通信系统的全自动子系统。HFRG 在甚低频（VLF）、低频（LF）、中频（MF）和高频（HF）频段运行，支持全双工、半双工和单工操作，用于战术和长途语音、中断连续，下边带（LSB）、上边带（USB）、独立边带（ISB）、幅度调制等效（AME）和 Link 11 操作模式下的波、电传和数字数据通信。

6.2.6.2 系统功能与组成

AN/URC-131（V）高频无线电组（HFRG）系统是一个集成的固态海军通信套件，旨在在同一地点的舰载环境中平衡发射机和接收机的性能。

HFRG 由三个子系统组成：发射子系统、接收子系统和控制/监控子系统（CMS）。

发射子系统：发射子系统在 2~30MHz 的频率范围内运行（以 10Hz 为增量），主要用于宽带电路。发射子系统旨在允许所有激励器在 Link 11 模式下运行，包含支持两路 1kW 窄带电路所需的资产，这些电路是主要的 HF Link 11 电路。发射子系统的操作需要宽带和窄带天线，其操作配置是根据来自 CMS 的命令完成的，频率变化（窄带除外）在 100 毫秒内完成。发射子系统在配置系统时向 CMS 报告，并报告检测到的故障。

接收子系统：接收子系统在 14kHz~1.619MHz 和 2~30MHz 的频率范围内运行（以 10Hz 为增量）。接收子系统至少需要 2 个宽带天线和 1 或 2 个额外的天线，专用于舰船信号利用设备（SSEE）。接收子系统的操作配置是根据来自 CMS 的命令完成的，频率变化在不到 20ms 内完成。

控制/监控子系统（CMS）：当系统由水面舰船自动通信控制系统（SSACCS）控制时，CMS 是 HFRG 控制的备份点。SSACCS 通常通过与 CMS 的接口控制 HFRG，但如果 SSACCS 无法运行，CMS 会自动承担远程控制、性能监控、测试、操作员界面和操作特性显示等功能。CMS用于向发射和接收子系统发送配置命令，然后从这些子系统接收配置完成和操作特性。[1]

6.3 战术通信2

6.3.1 数字模块化无线电（DMR）

6.3.1.1 概况

数字模块化无线电（Digital Modular Radio，DMR，型号 AN/USC-61（C））是海军第一台软件定义无线电，已成为美国军方的通信系统标准。DMR 有 4 个独立的全双工信道，为水面舰艇、潜艇和岸上指挥提供多种波形，并为语音和数据通信提供相关的内部多级信息安全。单个 DMR 能够在高频（HF）、甚高频（VHF）和特高频（UHF）视距以及 UHF 卫星通信（SATCOM）频段替换大量现有的海军和海岸警卫队传统无线电。

DMR 是一种软件可配置和可编程的开放系统架构，采用开放式架构标准构建，使用商用现货/非开发项目硬件，是海军向舰队提供 UHF 卫星通信综合波形（IW）和移动用户目标系统（MUOS）波形的主要解决方案。其通过继续提供改进的功能和互操作性，同时适应下一代通信波形，如 MUOS、综合波形和未来的高级网络通信波形，成为海军针对 2MHz～2GHz 射频频谱的完整战术通信解决方案，如图 6-9 所示。其总承包商为美国通用动力 C4 系统公司，目前部署在 12 个不同的美国舰船和潜艇平台上。具有 IW/MUOS 能力的 DMR 于 2017 年开始部署。

6.3.1.2 发展现状

海军于 1998 年开始为水面和水下舰艇以及一些陆基站点配备 DMR，目前有 500 台安全的

图 6-9 数字模块化无线电 AN/USC-61（C）

四通道 DMR 无线电支持全球海军行动。作为美国军方使用的第一台软件定义无线电，DMR 为海军带来了长期的成本效益，因为这些技术进步使用软件，避免了耗时且成本密集的硬件更换。

2015 年 2 月，通用动力公司通过升级高频动态路由（HFDR）软件，将 DMR 的 4 个通道变成 8 个虚通道。除了 HFDR，新的高频虚拟信道开发软件将 DMR 的通信能力扩展到 16 个虚拟信道，在 HF 视距和 UHF 卫星通信频率下运行。通过两次新的软件升级，美国海军的安全 HF 通信容量增加了 4 倍，而无须添加额外的硬件或更改空间受限的舰载无线电室的配置。

---

[1] Navy-radio. US Navy HF Transceivers & Transmitter-Receivers. [https://www.navy-radio.com/xmtr-xcvr-ship.htm]

通用动力公司还在努力将新的移动用户目标系统（MUOS）波形集成到DMR无线电中。一旦MUOS网络投入使用，海军人员就将体验到与使用手机相似的全球范围、语音清晰度和连接速度。①

2016年，海军采购了645套DMR系统，安装在各种平台上，包括"尼米兹"级航母（CVN 68），"阿利·伯克"级导弹驱逐舰（DDG 51），"马金岛"（LHD 8）和"美国"级两栖攻击舰（LHA 6），"圣安东尼奥"级两栖运输舰（LPD 17），"刘易斯"和"克拉克"级舰（T-AKE）。DMR还用于提供高频能力，作为高频分配放大器组（HFDAG）的一部分。美国海岸警卫队于2019年接收DMR系统。

如图6-10所示是DMR系统过去20年（1998—2018年）的发展。

6.3.1.3　系统功能与组成

DMR系统经过认证，可通过HF、VHF、UHF和SATCOM信道在多个独立安全级别（MILS）上传输安全语音和数据，根据美国海军的规范开发，并满足所有严格的环境、EMI和性能要求使用。DMR经联合互操作性测试司令部（JITC）认证，符合美国政府的UHF SATCOM。

性能：4个全双工通道；VHF/UHF视距和HF/UHF超视距波形能力；4个通道上的可编程Type-1 MILS认证；美国海军和美国海岸警卫队舰载环境的资质；联盟互操作；对外军售（FMS）五眼（FVEY，美/英/澳/加/新西兰）批准。②

DMR的功能特点：整个HF/VHF/UHF/SATCOM系统单点控制；舰载通信系统架构显著简化；嵌入式Type-1加密；嵌入式红/黑基带切换和路由；使用可配置的嵌入式预选器过滤实现卓越的协同站点性能；减少人力需求；高可靠性；内置测试（BIT）。

美国海军的全面后勤支持包括：单一仓库和共同物流；通用运维培训；常用手册；低生命周期成本；维护成本低。

6.3.1.4　采办动态

2021年8月26日，通用动力任务系统公司在马里兰州国家港口举行的海军联盟海空天研讨会上推出了新的Badger软件定义无线电，如图6-11所示。

Badger是基于DMR开发的更新、更小的版本，具有两个通道而不是4个通道，为美国海军水面战舰、航母和潜艇以及岸上设施的固定站点提供安全通信。Badger汲取了DMR的优点，并通过采用更小的封装为船舶系统提供现代语音互联网协议接口，可以在更多平台上使用，包括无人水面舰艇。Badger提供与四通道DMR相同的波形、安全性和灵活性，但占地面积更小。双通道Badger的大小是DMR的1/4，具有MILS功能，使其能够在无线电的两个通道中的每一个通道上同时以多个安全级别进行通信，并且每个通道都可以调谐到广泛的频率范围。此外，Badger的软件定义、灵活的开放架构使未来的下一代通信（包括波形、加密算法和高级网络连接）能够随着需求的发展而轻松整合。

---

① Digital Modular Radios by General Dynamics Quadruples U. S. Navy Network Communications Capacity with New Software. GENERAL DYNAMICS, February 04, 2015. [https://www.gd.com/Articles/2015/02/04/digital-modular-radios-general-dynamics-quadruples-us-navy-network]

② GENERAL DYNAMICS. Digital Modular Radio（DMR）. [https://gdmissionsystems.com/products/communications/radios/digital-modular-radio]

图 6-10 数字模块化无线电的发展

图 6-11 ┃ 新型 Badger 软件定义无线电

DMR 和 Badger 在位于亚利桑那州斯科茨代尔的通用动力任务系统工厂生产。[①] 截至目前,通用动力公司已向海军交付了 900 多台 DMR 无线电。

6.3.2 基于 DMR 的移动用户目标系统(MUOS on DMR)

通用动力公司完成了基于 DMR 的移动用户目标系统(MUOS on DMR)卫星通信的测试。内置的四通道数字模块化无线电(DMR)使用 MUOS 卫星和地面站模拟器完成了语音呼叫,从而完成 DMR 与陆军 AN/PRC-155 双通道背负式无线电之间的数据传输。

6.3.3 两栖战术通信系统(ATCS)

6.3.3.1 概况

两栖战术通信系统(Amphibious Tactical Communications System,ATCS)基于 Ultra Orion X500 无线电(图 6-12)提供视距舰载系统解决方案,以支持两栖指挥、控制、通信、计算机和情报,保障可靠、高容量的岸对岸、舰对舰和舰对岸语音、数据和视频通信。

ATCS 由无线电、功率放大器、天线等设备组成,用于取代美国海军遗留的 AN/SRC-57 数字宽带传输系统(DWTS)和海军陆战队的 AN/MRC-142 无线电终端。ATCS 具有由虚拟化核心网络支持的基站,可在 MV-22"鱼鹰"倾转旋翼机中进行运输。这些无线电将提供两个独立的 LTE 无线网络——一个用于高容量网络流量,另一个用于智能手机、平板电脑和指挥所。

图 6-12 ┃ Ultra Orion X500 战术无线电设备

Ultra TCS X500 通信系统由大容量、多任务、多通道无线电组成,可提供高达 1Gbps 的吞吐量。这些无线电可以支持两个点对点链路或点对点、点对多点和网状网络链路的混合,总共两个软件定义的无线电信道,具有安全的 802.11 或 LTE 接入信道。每个 X500 通道都

---

① Edward Lundquist, Special Correspondent. General Dynamics mission Systems Introduces Badger Software-Defined radio for Voice, Data Communications. SEAPOWER Magazine, August 26, 2021. [https://seapowermagazine.org/general-dynamics-mission-systems-introduces-badger-software-defined-radio-for-voice-data-communications/]

可以在内部加密或使用外部加密设备。这些无线电在 L 波段、S 波段、C 波段和 NII/ISM 频段以及选定的 LTE 手机频段中运行。

这些无线电设备可以在多个频带内同时工作，具有多种波形、电子对抗措施（ECCM）防护和抗干扰能力。它们具有安全的图形用户界面、MIMO 技术和符合 MIL-STD-810G/461F 和 IP67 行业标准的加固机柜。

6.3.3.2 采办动态

海军选择超级电子公司的战术无线电系统与美国海军陆战队进行舰对岸通信。

2020 年 7 月，美国海军信息战系统司令部授予超级电子公司（Ultra Electronics）一份价值 1.454 亿美元的合同，用于开发和生产美国海军两栖战术通信系统（ATCS）。①

早于 2018 年，NAVWAR 已向 Ultra TCS（战术通信系统）提供了一份 ATCS 的独家合同，涉及 73 个 ATCS 系统，包括 49 个海军和 24 个海军陆战队系统。Ultra TCS 也是海军 AN/SRC-57 和海军陆战队 AN/MRC-142 无线电的原始设备制造商，用 ATCS 取代这些设备不会产生大量重复成本。

根据这份合同，Ultra TCS 将于 2030 年 7 月前在加拿大蒙特利尔完成这项工作。

6.3.4 数字宽带传输系统（DWTS）

数字宽带传输系统（Digital Wideband Transmission System，DWTS）是一种 LOS 战术无线电系统，为语音、视频和数据提供战术数字宽带传输，以支持登陆部队的指挥。DWTS 由两个组件组成，即岸基的美国海军陆战队 AN/MRC-142 和舰载的美国海军 AN/SRC-57。DWTS 提供点对点（基于 AN/MRC-142）、舰对舰（基于 AN/SRC-57）和舰对岸（AN/MRC-142 和 AN/SRC-57）通信。DWTS 为联合特遣部队（CJTF）、两栖特遣部队（CATF）、登陆部队（CLF）、水上两栖部队和岸上的美国部队提供至关重要的通信。该系统为海上和岸上的指挥官提供进入海上全球指挥控制系统（GCCS-M）的通道，以确保共同获取情报、地图、作战顺序和后勤信息。DWTS 为战斗群规划、视频电话会议、战斗群电子邮件连接、互联网连接和战斗群内电话连接提供数据传输。②

6.3.5 高频舰载自动链路建立无线电（HF SAR）

高频舰载自动链路建立无线电（High Frequency Shipboard Automatic Link Establishment [ALE] Radio, HF SAR）的自动链路建立（ALE）是用于启动和维持语音、数据、文本、即时消息、互联网消息或图像通信的短波通信。ALE 以声音和视觉方式向无线电操作员发出警报，以便他们可以立即开始彼此通信。ALE 旨在通过使无线电运营商自动选择两个电台或电台网络可以发送和接收的最佳 HF 频率来克服其中的一些缺陷。

配备 ALE 的无线电使用 ALE 控制器中的呼号或地址，该控制器不断扫描频率列表，侦听其他 ALE 无线电呼号。要到达特定电台，呼叫者只需输入呼号，就像拨打电话号码一样。ALE 控制器选择最佳可用频率并发出包含呼号的简短数字选呼信号。当远程扫描站检测到

---

① John Keller. Navy chooses tactical radio system from Ultra Electronics for ship-to-shore communications with U.S. Marines. Military Aerospace, Aug. 3, 2020. [https://www.militaryaerospace.com/communications/article/14180843/radio-tactical-shiptoshore]

② Department of Defense IMT-2000 Technical Working Group Interim Report. 27 October 2000. [dod_imt2k.pdf]

其呼号的前几个字符时，它会停止扫描并停留在该频率上。两个站点的 ALE 控制器会自动握手以确认已建立链接并准备好进行通信。①

6.3.6　增强型定位报告系统——数据无线电（EPLRS-DR）

增强型定位报告系统——数据无线电（Enhanced Position Location Reporting System-Data Radio，EPLRS-DR）是"蓝色支持绿色"（BISOG）计划，提供安全的抗干扰（AJ）、特高频（UHF）(420~450MHz）和视距（LOS）数据通信，以支持吞吐量高达 54kbps 的两栖作战。EPLRS-DR 在舰载网络与岸基海上战术数据网络和陆军战术互联网之间提供嵌入式位置定位信息。为了满足国家安全局（NSA）授权，KOK13 加密设备被 KOK23/战斗密钥生成器（CKG）加密设备取代。EPLRS/EMUT 工作包括天线升级，EPLRS-DR 还包括登陆部队基础设施。

2021 财年，美国海军采购了 8 套 EPLRS 系统。一套完整的系统由一个 AN/VRC-114（V）2 无线电支架、一个 RF-5051PS 电源和相关辅助设备组成。②

6.3.7　增强型背负式 UHF 终端（EMUT）

增强型背负式 UHF 终端（Enhanced Manpack UHF Terminal，EMUT，型号 AN/PSC-5，又名 Spitfire）是一种小型、轻便的背负式多频段多模无线电（VHF 和 UHF），可为作战人员提供指挥控制通信并支持特种作战部队，被各军种用作半双工、安全、数据和数字语音通信的终端，如图 6-13 所示。与以前的设备相比，Spitfire 增加了嵌入式通信安全（COMSEC）和按需分配多路访问（DAMA）功能。宽带和窄带范围都已扩展，适用于人工背负和移动战术车辆中的语音和数据。Spitfire 的超视距（BLOS）范围扩展能力用于陆军的移动卫星通信 OE-563 功能，用于移动车辆平台，例如高机动性多用途轮式车辆（HMMWV）。

图 6-13　AN/PSC-5 UHF 终端

---

① John Keller. General Dynamics upgrading Navy shipboard radio with long-range HF automatic link establishment (ALE). Military & Aerospace electronics，26 MAY，2016.［https://www.militaryaerospace.com/computers/article/16715078/general-dynamics-upgrading-navy-shipboard-radio-with-longrange-hf-automatic-link-establishment-ale］

② https://www.stratvocate.com/files/2021/OPN_BA2_BOOK-p735/OPN_BA2_BOOK.html

EMUT 提供以下集成功能：窄带和宽带语音/数据通信、UHF SATCOM 和 LOS 单通道、嵌入式 COMSEC。EMUT 提供窄带（2.4kbps）和宽带（16kbps）语音处理，并将接受数据速率为 75bps~19.2kbps 的数字数据输入/输出（I/O）。该终端包含嵌入式数据和语音加密/解密，可与 TSEC/KG-84A、TSEC/KYV-5（高级窄带数字语音终端［ANDVT］）和 TSEC/KY-58（VINSON）互操作。加密绕过可用于传输未加密的语音和数据。

兼容 EMUT 的基带 I/O 设备包括 DMDG 和 AN/PSC-2 以及 PC。EMUT 与其他已通过联合互操作性测试中心（JITC）认证的 UHF DAMA SATCOM 终端以及来自 UHF LOS 和 VHF LOS 系列的其他无线电互操作。当上述无线电与任何 VINSON、ANDVT 系列和 KG-84 加密设备基带 I/O 设备连接时，EMUT 将与它们互操作。①

6.3.8　单通道地面和机载无线电系统（SINCGARS）

单通道地面和机载无线电系统（Single Channel Ground and Airborne Radio System, SINCGARS，型号 RT-1523）是美国和盟军军队使用的作战网络无线电（CNR）。作战网络无线电围绕三个系统设计：SINCGARS、高频无线电和战术卫星（TACSAT）。每个系统都有不同的能力和传输特性。SINCGARS 是由用户拥有和操作的甚高频调制（VHF-FM）作战网络无线电系列。

SINCGARS 由 L3 公司研制生产，可为作战人员配备经过时间测试的安全语音和数据通信，以实现更好的指挥和控制。SINCGARS 符合北大西洋公约组织的互操作性要求。这些处理语音和数据通信的无线电设计可靠、安全和易于维护。可提供车载、背包、机载和手持式外形规格。

联盟和联合作战需要与其他参战部队交换语音和数据信息。SINCGARS 在跳频（Frequency Hopping, FH）模式下提供了安全、低概率的拦截/电子攻击语音通信。后续改进提供了通过不断发展的陆军和海军陆战队战术互联网交换安全数据，从而提高态势感知能力，更方便地与敌人交战，同时降低误伤的可能性。此外，增强型定位报告系统（EPLRS）被军队用于提供指控数据分发、战场态势感知和位置定位服务。

如图 6-14 所示，L3 哈里斯本地单元可以使用前面板上灵活的频率选择和安全选项有效地管理多项操作。SINCGARS VHF 无线电专为满足多种任务需求而设计——使用车载放大器适配器作为士兵徒步和移动时的背负式设备。作为一个背负式设备，它允许 C2 应用程序访问战术互联网。SINCGARS 通过无线电战斗识别（RBCI）功能增强了作战人员的安全性和意识，该功能可以在地面或空中充当询问者或响应者的角色。当与可用的嵌入式 SAASM GPS 接收机结合使用时，它可以

图 6-14 ｜ SINCGARS RT-1523 甚高频无线电设备

---

① Enhanced Manpack UHF Terminal (EMUT) (aka Spitfire). GlobalSecurity, 12 July 1999. [https://www.globalsecurity.org/space/library/report/1999/nssrm/initiatives/spitfire.htm]

在单个系统中提供安全的语音、数据和位置报告。[①]

6.3.9 战术变体开关（TVS）

战术变体开关（Tactical Variant Switch，TVS）可为战术语音终端（TVT）、终端、加密设备、多路复用器、调制解调器以及无线电发射机和接收机之间提供自动数字切换和清晰加密信号的控制，具有红色和黑色两种配置。TVS 为窄带和宽带信号提供切换，并允许在舰上环境中连接综合业务数字网络（ISDN）电话设备。TVS 是模块化的、可扩展的，并包含一个用于安装在标准舰载设备机架中的底盘设计。TVS 装置由一个黑色战术开关、一个红色会议开关和一个红色数据开关组成。

MTX-R BTS/RCS 是美国 CORNET 技术公司的产品，如图 6-15 所示。MTX-R BTS（黑色战术开关）专为舰载通信应用而设计，在调制解调器、加密设备、无线电发射器和接收器之间执行清晰和加密信号的自动切换和控制。MTX-R BTS 能够互联多达 512 个单独的宽带（25kHz）模拟端口，轻松处理舰上通信，包括模拟和数字接口控制以及窄带和宽带信号。[②]

图 6-15 黑色战术开关和红色会议开关

MTX-R RCS（红色会议开关）是一种无阻塞、高速数字会议交换机，专为军事设施和应用加固。该会议交换机最多可将 352 个双源 ISDN 电话（32 个 PRI）连接到 256 个设备。电话会议在单个加密设备上最多可包括 63 组。每个交换机同时处理 256 个电话会议，包括 ISDN 数字电话、模拟电话和 VoIP 电话。[③]

美国海军目前使用 SA-2112 和 AN/USQ-155（V）系统在各种水面舰艇上作为红黑开关。TVS 是一个"独立"的交换基础设施，不依赖任何外部接口进行操作。AN/USQ-155（V）TVS 将取代遗留的 SA-2112 开关。

2003 年 3 月发布的招标公告显示，SPAWAR 授予 IDIQ/公司固定价格合同，在合同的五年期限内，预计为各种舰船平台提供的 TVS 数量为：DDG 每年 3 台，CVN 每年 1 台，T-AKE 每年 2 台，LPD 每年 1 台。

[①] SINCGARS RT-1523 VHF RADIO. L3HARRIS. [https://www.l3harris.com/all-capabilities/sincgars-rt-1523-vhf-radio]
[②] CORNET TECHNOLOGY. MTX-R BTS-Black Tactical Switch. [https://cornet.com/product/mtx-r-bts/]
[③] CORNET TECHNOLOGY. MTX-R RCS（Red Conference Switch）. [https://cornet.com/product/mtx-rcs-red-conference-switch/]

6.3.10 红黑开关（SA-2112）

SA-2112（V）/STQ 安全语音开关（Secure Voice Switch，SVS）系统旨在满足美国海军对集成安全/非安全系统的要求。该系统由中央安全语音开关 SA-2112（V）/STQ 和多个远程控制指示器（CIN）C-10276/SSC 组成。模块化 SVS 用提供远程使用访问、明文/加密功能和多通道选择的单个自动开关取代了专用的普通和安全语音开关。SVS 和 CIN 是为海军平台开发的独立单元，符合 MIL-E-16400 的要求和通道间隔离的安全通信标准。[1]

Esterline Palomar 产品公司为军用机载、地面和舰载应用设计和制造高度可靠的安全语音和数据交换系统。安全通信系统为多任务平台中的多个接口提供多功能和安全的通信，其通信解决方案在融合网络中实现安全和信息保障。[2]

6.3.11 小型按需分配多路访问（Mini-DAMA）

舰载 Mini-DAMA（Mini-Demand Assigned Multiple Access，小型按需分配多路访问，型号 AN/USC-42）系统是舰载 DAMA 收发器的商用现货变体，针对潜艇应用进行了小型化。

舰载 DAMA 以比其他 DAMA 和非 DAMA 终端更小的封装提供双向卫星加密语音和数据通信，在不增加卫星数量的情况下提供足够的卫星接入以满足当前的用户需求。Mini-DAMA 通过多路复用提供传统终端 4 倍的 UHF 卫星频道容量，从而提高现有卫星频道的利用率并减少对额外卫星的需求。

Mini-DAMA 由一个组合了多路复用器和 UHF 收发器的单个机箱组成。设备将在定期大修、有限可用性和改装期间安装在所有配备 SATCOM 的舰船上。它提供了 TD-1271B/U 的小型化版本，并结合了 UHF 卫星通信和视距收发机功能。Mini-DAMA 使用 5kHz 或 25kHz 卫星频道，可以在 DAMA 或非 DAMA 模式下运行。Mini-DAMA 计划通过 MIL-STD-188-181B、高级数字波形（ADW）以及 MIL-STD-188-183A/184 和图形用户界面（GUI）进行技术插入。

Mini-DAMA 为多达 8 个半双工网络的飞机（V3）和潜艇（V1）提供 UHF 卫星信道利用。岸基 DAMA 为岸上站点提供多路复用器、DAMA 恒定键警报、控制监视器组、VME 集成通信系统和各种互连硬件。Mini-DAMA 是 UHF DAMA 计划的第二阶段，嵌入目前由单独设备执行的加密和数据传输功能。生产变体将提供一个或两个通道配置。[3]

UHF 传统通信系统组合包括 4200 多个系统和组件。UHF 系统通过窄带 UHF 卫星通信为 C2、瞄准和情报网络提供连接。传统项目支持通过 DAMA 在 5/25kHz 信道上交换战斗群安全协调数据、组织消息、战术数据和 UHF 卫星通信语音。UHF 传统通信 LOS 系统还通过提供冗余或重叠形式的通信来支持 A2/AD，以防美国卫星被威胁国家瞄准。这些系统支持海上作战中心系统工程，并安装在陆基宙斯盾上。

---

[1] Secure Communications Management Systems. Naval Technology. [https://www.naval-technology.com/contractors/navigation/esterline/]

[2] https://www.palomar.com/

[3] Mini-Demand Assigned Multiple Access（DAMA）. GlobalSecurity, 12 July 1999. [https://www.globalsecurity.org/space/library/report/1999/nssrm/initiatives/minidama.htm]

6.3.12　5/25kHz UHF SATCOM

5/25kHz 特高频卫星通信（UHF SATCOM）需要大量的卫星通信终端设备来满足特殊的通信需求。该项目包括采购现成的非开发项目（NDI），用于替换过时的卫星通信终端和基带设备。这些项目符合舰队、国防部（DoD）和盟军互操作性的联合参谋长（JCS）授权（CJCSI 6250.01）。目前正在通过升级舰队广播系统（SSR-1 和 HSFB）来满足这一要求，该系统将为海军的每艘舰艇提供有保障的互联网协议（IP）能力。

根据美军联合参谋部的规范，窄带卫星通信工作在 UHF 频谱，资源访问采用 WCDMA 和传统波形。传统有效载荷可配置为通过单接入专用 5/25kHz 信道或通过时分多址（TDMA）的多接入时间共享信道提供资源。TDMA 用于按需分配多址（DAMA）和综合波形（IW）处理信道。

USSPACECOM 可将窄带资源分配为专用信道（5/25kHz），对 DAMA、IW 和 WCDMA 接入的分配是有限窄带资源的最有效利用。窄带 DAMA 具有两种不同通信服务和操作方案的波形，即 5kHz 和 25kHz DAMA。[①]

例如，AN/PRC-117F 由 L3 公司生产，采用 MIL-STD-188-181B 调制和高性能波形数据操作，是一种先进的多频段、多任务、单兵携带无线电（图 6-16），可提供可靠的战术通信。它结合了美国政府 Type-1 型加密，用于安全语音、高速数据、专用和 DAMA 卫星通信、SINCGARS 和 ECCM 操作。它支持 25kHz 宽带和 5kHz 窄带通道中的加密语音和数据通信。卫星通信模式下的 AN/PRC-117F 与 VINSON KY-57（宽带 25kHz）、ANDVT KY-99/99A 和 KG-84C 加密设备兼容。

图 6-16　AN/PRC-117F 多频段电台

6.4　卫星通信

6.4.1　海军多波段终端（NMT）

6.4.1.1　概况

海军多波段终端（Navy Multi-band Terminal，NMT，型号 AN/WSC-9）是一种多频带卫

---

① CJCSI 6250.01G, Department of Defense Satellite Communications. Joint Staff, Washington, D. C., 26 July 2022.

星通信终端，是海军传输各种受保护和宽带指挥、控制和通信（C3）应用数据（安全语音、图像、数据和舰队广播系统）的主要手段。NMT 终端将 EHF 和 AEHF 系统与双向 Ka 和 X 波段通信以及全球广播服务集成在一起。它还与宽带全球卫星通信兼容，并可与空军和陆军系统互操作。

NMT 正在取代美国海军舰艇、潜艇和海岸站上的 AN/USC-38/后续终端（FOT）和 AN/WSC-6 超高频卫星通信（SHF SATCOM）终端，主要承包商为雷声网络中心系统公司。其作战任务包括：特种作业；战略核行动；战略防御；战区导弹防御；太空行动和情报。

NMT 代表了雷声公司在海军通信领域的另一个基准。作为美国海军和联盟伙伴的下一代 SATCOM 系统，NMT 可在舰船或潜艇的计算机网络与全球信息网络之间提供无缝、可靠的连接，为舰船、潜艇提供多频带卫星通信（SATCOM）能力，并为海岸站点提供受保护的 MILSATCOM。NMT 预计将安装在大约 300 艘美国海军舰艇、潜艇和岸站上，取代 20 世纪 80 年代中期以来雷声公司开发和维护的几个现有卫星通信系统。新系统将为海军指挥官和海员提供更大的数据吞吐能力。

NMT 提供了新的军事卫星通信保护和宽带服务，由先进极高频（AEHF）和宽带全球卫星通信系统（WGS）卫星提供。它还增加了用户访问的数量，并提供了更多的保护和宽带吞吐量。NMT 通过在程序中增加 SHF 宽带抗干扰调制解调器，增强了空间弹性，提高了受保护的 SATCOM 能力和抗干扰路径。它是海军减轻 C3 作战问题的关键元素，是弹道导弹防御任务的助推器。

相比以前的系统，NMT 设计可靠性提高了 22%。完全重新设计的用户界面，使操作人员使用起来更容易，减少了 85% 的操作终端交互步骤。通过减少部件数量和终端在舰船上的占地面积，降低了舰队的运营成本。装备有 NMT 的军队能够访问军用 EHF 和 SHF 卫星，包括在 AEHF 卫星、军事星（Milstar）、特高频后继卫星（UFO）、临时增强极地 EHF 有效载荷上的受保护卫星通信服务。它使用 WGS 和国防卫星通信系统（DSCS）卫星提供宽带通信访问。

雷声公司自 2003 年被美国海军授予原型开发合同以来一直参与 NMT 项目。2010 年 10 月，雷声公司收到了下一代 NMT 卫星通信终端的第一份生产订单。最初的生产规模是 22 套系统，包括 15 个舰船、5 个潜艇和 2 个岸上终端，以及其他服务和产品，总价值超过 3700 万美元。

2012 年 11 月 8 日，NMT 进入全速生产状态。截至 2016 年 7 月已交付 223 套系统，完成了 132 个舰船、潜艇和岸上平台的安装。三个国际合作伙伴——加拿大、荷兰和英国——正在购买 NMT 的一种变型。国防部 Teleport 和增强型极地卫星通信系统项目已经采购了 NMT，以向舰队提供岸上回传能力。

6.4.1.2　采办动态

2020 年 12 月，雷声公司宣布获得价值 4880 万美元的订单，用于制造 NMT 终端，为美国和盟国海军部队提供安全 SATCOM 能力。①

2021 年 1 月，雷声空间和机载系统公司获得海军信息战系统司令部授予的价值 1995 万美元的合同，继续生产更多的 NMT 终端。合同初始预计于 2022 年 5 月完成，NMT 项目的总

---

① Raytheon to continue building NMT SATCOM computer networking terminals under terms of $48.8 million order. Military & Aerospace Electronics, Dec. 22, 2020. [https://www.militaryaerospace.com/communications/article/14189481/satcom-computer-networking-terminals]

累计价值达到 5.5788 亿美元。①

6.4.2 商业宽带卫星计划（CBSP）

6.4.2.1 概况

商业宽带卫星计划（Commercial Broadband Satellite Program，CBSP）是美国海军为解决军方对商业卫星的依赖而开展的一项以开发和部署专门为提高海军商业卫星通信能力而设计的卫星通信终端的项目。哈里斯公司海事卫星通信终端系列为部署的小型和大型海军作战舰艇和支援舰提供可靠的高数据速率通信。这些终端在 DSCS/WGS 或盟军军用卫星上的 X 和 Ka 波段以及商业卫星上的 C 波段中运行。当前的终端变体是基于哈里斯公司传统海上终端的 COTS/NDI 卫星通信系统。

CBSP 部队级终端（Force Level Variant Terminal，FLV）为大型海军战斗舰艇和支援舰艇提供高数据率的商业卫星通信，同时具有双 C/Ku 波段操作，能够承受舰上恶劣环境，具有完全稳定的三轴定位器；支持高达 51.84Mbps 的数据速率的全双工通信，使用单载波信道（SCPC）调制解调器和动态带宽调制解调器。对于大型舰船，终端可以配置双天线，以尽量减少上层结构阻塞的影响。

CBSP FLV 是在美国海军的 AN/WSC-8（V）终端上扩展的一种 COTS/NDI 卫星通信系统，后者由哈里斯公司提供，展示了 99% 的舰队可用性，同时支持按需带宽网络。为了保障舰员生活质量，CBSP FLV 为美国海军陆战队员提供了更多的接入：浏览网页；电子邮件；聊天室；文件传输；互联网协议电话。

CBSP 单元级终端（Unit Level Variant Terminal，ULV）为小型海军战斗舰艇和支援舰艇提供高数据率的商业卫星通信。终端提供三波段操作，包括军事卫星上的 X 波段和 Ka 波段以及商业卫星上的 Ku 波段和 Ka 波段；支持高达 21.4Mbps 的数据速率的全双工通信，使用单载波信道（SCPC）调制解调器和动态带宽调制解调器。天线提供 IISS-601 标准 G 和 MIL-STD-188-164A 兼容的波束模式，使用一个 1.32m 反射器安装在一个封闭在保护性天线罩内的高动态三轴定位器上。定位器提供连续方位轴旋转，并包含稳定的惯性元件。下面甲板上的通信设备被安置在一个单一的冲击/振动隔离 RFI 屏蔽柜中，包含调制解调器，一个信标接收器，终端控制器天线控制单元，电源调节器和电缆的支持设备。

CBSP ULV 是在美国海军 AN/WSC-6（V）9 终端上扩展的一种 COTS/NDI 卫星通信系统，后者由哈里斯公司提供，展示了 99% 的舰队可用性，同时支持按需带宽网络。CBSP ULV 支持多种任务，包括提高舰员生活质量和军事卫星通信弹性。如图 6-17 所示，CBSP ULV 为商业卫星通信提供

图 6-17 CBSP ULV 设备

---

① Navy Multiband Terminal production continues with new order. Shephard media, January 28, 2021.［https://www.shephardmedia.com/news/digital-battlespace/navy-multiband-terminal-production-continues-new-o/］

终端到岸上、终端到太空和地面连接。

美国海军预计最终将部署 200 个高容量终端，这些终端将能够以 21.4Mbps 的速率发送数据，而目前的国际海事卫星（INMARSAT）和商业宽带卫星计划终端只能以 4Mbps 的速率传输数据。CBSP 的生产公司包括：CVG 公司，供应小型船舶变型（SSV）终端；哈里斯公司，为巡洋舰和驱逐舰供应单元级变型（ULV）终端，为航空母舰和其他大型甲板舰艇供应部队级变型（FLV）终端。

此外，为了向终端提供卫星通信能力，海军正在与世界上最大的卫星通信能力商业供应商——国际通信卫星组织（Intelsat）进行合作。早前，海军曾授予国际通信卫星组织一份价值 5.427 亿美元的合同，提供 C、Ku 和 X 波段的商业卫星通信服务。

6.4.2.2 发展现状

2008 年 5 月，CVG 公司从 SPAWAR 获得了一份便携式卫星通信合同，用于向海军提供其集成便携式卫星通信终端。合同为期五年，潜在价值高达 4.41 亿美元。[①]同月，哈里斯公司也获得一份为期五年、价值 8500 万美元的 CBSP FLV 合同，用于为航空母舰和其他大型甲板舰提供先进通信。6 月，哈里斯公司又获得一份为期五年、价值 7700 万美元的 CBSP ULV 合同，用于为巡洋舰和驱逐舰提供高速通信。2009 年 11 月 3 日，哈里斯公司宣布已经成功完成了一个卫星终端的系统资格测试，该终端将为美国海军护卫舰、巡洋舰和驱逐舰上的人员提供互联网、视频和其他宽带服务。测试的完成表明 CBSP ULV 合同进入初始生产阶段。

2010 年 1 月 25 日，国际通信卫星组织的子公司国际通信卫星总公司从 SPAWAR 获得一份提供 CBSP 卫星通信服务的合同。合同要求国际通信卫星组织提供以下商业卫星通信服务：C、Ku 和 X 波段卫星资源，陆地地面站，地面回收和带宽管理服务。

2008 年以来，根据无限期交付/无限数量 CBSP ULV 合同已经交付了 70 台终端。2014 年 4 月 22 日，美国海军授予哈里斯公司一份价值高达 1.33 亿美元的为期八年的合同，以提供舰载终端，使舰员能够访问高带宽语音和数据通信。合同要求哈里斯公司提供多达 120 台终端。到 2022 年，新授予的 CBSP ULV 和 FLV 合同总值将超过 2.5 亿美元。[②]

6.4.3 全球广播服务（GBS）

6.4.3.1 概况

全球广播服务（Global Broadcast Service，GBS）是一种基于卫星的广播系统，提供近全世界范围的、高容量的、单向的作战军事数据传输，以支持舰队指挥中心和驻扎、过境和部署到全球危机和作战区的联合作战部队。GBS 作为一种单向宽带传输广播，支持及时交付用于任务保障和战区信息传输的数据和视频产品，为全球部署的 1000 多个接收套件提供服务，支持美国国防部和其他政府组织和机构。其主要承包商为通用动力 C4 系统公司和 AQYR 技术公司。

GBS 是全球信息栅格的军事卫星通信（MILSATCOM）扩展，是由空军监督的联合 ACAT I

---

① US Navy Beefs Up Commercial Satellite Capacity for Ships. Defense Industry，Jan 26，2010.［https：//www.defenseindustrydaily.com/US-Navy-Beefs-Up-Commercial-Satellite-Capacity-for-Ships-06128/］

② Harris Inks Satellite Broadband Contract with US Navy. Geospatial World，April 22，2014.［https：//www.geospatialworld.net/news/harris-inks-satellite-broadband-contract-with-us-navy/］

项目，海军联合开发的 ACAT Ⅲ 项目。GBS 与其他通信系统接口，以减轻过度负荷和饱和的卫星网络，并向以前无法容纳的（由于低带宽）用户提供信息服务。它为舰队和打击群指挥官提供了海上可用的最高宽带数据速率，在特高频后继卫星（UFO）上每个信道高达 23.5Mbps，在宽带全球卫星通信星座中为 45Mbps。GBS 还能够提供关键的信息产品，以在危机和作战环境中提供可靠的指挥和控制。

6.4.3.2 发展现状

GBS 于 1998 年通过通信有效载荷开始广播。2008 年 10 月起形成初始作战能力。2014 年，GBS 卫星广播管理器（SBM）架构利用两个站点过渡到国防信息系统局。2016 年，GBS 广播开始从数字视频广播卫星（DVB-S）标准过渡到 DVB-S 第二代（DVB-S2）标准，截至 2019 年 8 月，该工作正在进行并接近完成，如图 6-18 所示。①

图 6-18　全球广播服务

海军 GBS 已全面部署，并正在进行维护和改进工作。体系结构增强允许用户、信息产品、介质类型和安全级别之间更好地共享和重新分配广播覆盖范围和带宽。2011 财年，在所有配备 GBS 的平台上建立了全球 SIPRNET 分离互联网协议能力，使用户能够通过备用离船系统请求实时数据，以便通过 GBS 进行交付，并显著增强了作战人员的态势感知能力。维护工作包括升级接收广播管理器 GBS 应用软件，并转向使用标准化调制解调器替代在用集成接收机解码器的数字视频广播卫星第二代（DVB-S2）传输安全广播架构。

2016 年开发了 GBS 第四阶段功能，包括升级的可移动地面接收套件（TGRS），新的背包便携式接收套件（RPRS），新的手提箱便携式接收套件（SPRS），以及第二代数字视频广播卫星（DVB-S2）波形的集成，以更有效地利用可用的卫星带宽。

2016 年 5 月 25 日到 6 月 30 日，空军作战测试和评估中心（AFOTEC）进行了 FOT&E-1

---

① GLOBAL BROADCAST SERVICE Fact Sheets. SPACE FORCE, Oct, 2020. [https://www.spaceforce.mil/About-Us/Fact-Sheets/Article/2197768/global-broadcast-service/]

演习，参与测试和评估的有陆军测试和评估司令部、美国海军陆战队作战测试评估处、以及海军指挥官、作战测试和评估部队。海军"卡尔文森"号航母（CVN-70）和"圣达菲"号潜艇（SSN-763）通过宽带全球卫星通信（WGS）系统进行通信。

到 2021 年，所有巡洋舰和驱逐舰都配备 GBS，同时安装 AN/WSC-9 海军多波段终端（NMT），为 GBS 提供天线。

6.4.3.3 系统功能与组成

1. 系统功能

GBS 为指挥官和士兵提供实时态势感知，可用于通知和更新战场上与战术网络断开连接的弱势部队。凭借比传统卫星终端高 20 倍的带宽，GBS 使士兵能够在几分钟而不是几小时内安全地接收大型数据文件，同时减轻战术网络的负担和网络拥塞。

GBS 为部署的指挥所和驻军提供仅接收高速广播的大容量数据和多媒体产品，包括无人机（UAV）视频、图像、情报、地图、天气、生物识别数据以及安全和系统软件更新。GBS 是一种广播服务，大量最新数据文件可以同时传送到作战中的下属部队，而无须在指挥网络上增加额外负载。GBS 利用军用和商用卫星，通过国防部远程传输站点和国防部信息网络（DoDIN）发送信息。由于 GBS 采用的是国防部的企业网络而不是陆军的战术网络，因此它释放了战术网络带宽，用于其他关键数据交换。GBS 可用于向全军战术网络传输设备快速推送软件更新和安全补丁。

GBS 包括由武装部队和其他政府机构拥有和运营的各种接收套件，以及与国防信息系统局（DISA）国防企业计算中心（DECC）共处一地的卫星广播管理器（SBM）。DECC SBM 通过国防部信息网络（DoDIN）连接到各种国家资源，并生成广播以通过全球国防部电信/标准战术入口点（STEP）在宽带全球卫星通信系统（WGS）卫星上传输。

2. 系统组成

GBS 系统由三部分组成：空间部分、传输部分和接收部分。其主要组件如图 6-19 所示。

空间部分包括 WGS 上的 GBS 转发器、特高频后继卫星（UFO），以及政府额外租用的商业卫星能力，以满足运营需求。

传输部分由 GBS 操作中心和卫星广播管理器（SBM）组成。位于科罗拉多州彼得森空军基地的 GBS 操作中心，通过位于俄克拉何马州俄克拉何马市和宾夕法尼亚州麦坎尼克堡的主要和备用 SBM 远程创建和管理 GBS 广播。SBM 接收来自各种来源和包的数据和视频产品，这些源信息进入卫星广播。SBM 通过 DOD 传输站点为 WGS 卫星提供接口，固定主要接入点为 UFO 卫星和商业卫星提供接口。

接收部分由地面和海基移动终端组成，提取适当的信息分发给选定作战区域内的最终用户。接收套件配置包括可移动地面接收套件（TGRS）、背包便携式接收套件（RPRS）、手提箱便携式接收套件（SPRS）、舰载接收套件和水下接收套件。

3. 可移动地面接收套件

GBS 可移动地面接收套件（Transportable Ground Receive Suite，TGRS）使战场边缘的移动用户能够接收关键任务语音、数据和视频并对其进行处理，以供军事决策者和前线部队使用。GBS TGRS 设备坚固耐用，可以在世界任何地方进行快速部署，为驻军、中转和战区基地的部队提供高速、大容量的多媒体通信和信息流。

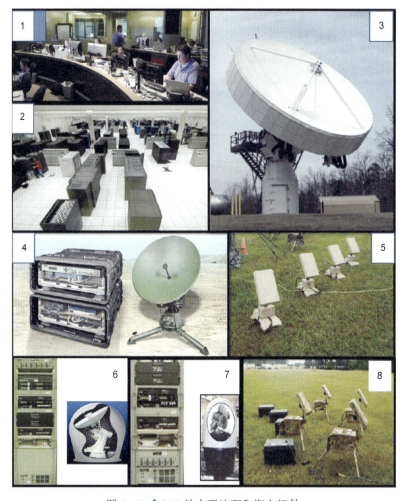

图 6-19 ┃ GBS 的主要地面和海上组件

1—GBS 操作中心；2—国防企业计算中心（DECC）；3—主要接入点；4—可移动地面接收套件；
5—背包便携式接收套件；6—舰载接收套件；7—水下接收套件；8—手提箱便携式接收套件。

每个 TGRS 包括一个仅接收单向天线（OWA）和包装在两个操作运输箱中的接收广播管理器（RBM），一个用作非密飞地，另一个用作机密飞地，如图 6-20 所示。

图 6-20 ┃ 可移动地面接收套件

OWA 是一种非常小的孔径天线，与多种卫星通信系统兼容——包括国防部开发的和商用的卫星。它接收来自特高频后继（UFO）或宽带全球卫星通信系统（WGS）卫星的 Ka 频段下行链路信号的广播信息，或来自兼容商用卫星通信系统的 Ku 频段载波下行链路的广播信息。

RBM 可设置在距 OWA 最远 150ft 的地方，从天线接收广播流，在本地处理信息，并通过基于 IP 的网络向用户提供信息。每个转接箱都包括网络和最终用户设备，以允许与本地网络用户共享广播数据并观看广播标准或高清视频流。对于机密广播，数据由 Type-1 的高保证互联网协议加密器（HAIPE）解密，并由用于此类数据的运输箱内的设备进行处理。

其优点包括：能够同时处理两个满载 45Mbps 广播载波下行链路；接收和处理非机密或机密（Type-1）数据和视频；利用 COTS 技术降低成本并实现远程升级；模块化设计有利于多种配置选择。①

图 6-21 所示是通用动力公司研制的 TGRS 系统架构。

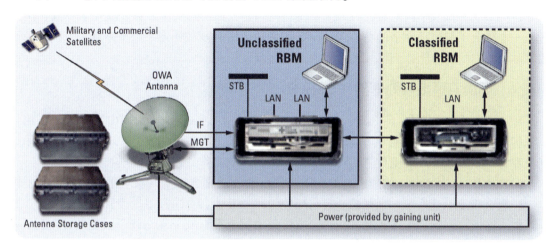

图 6-21 ｜ TGRS 系统架构

6.4.3.4 作战使用

GBS 是宽带全球卫星通信（Wideband Global Satcom，WGS）系统的一部分，允许授权用户访问关键操作的高速数据下载。它是一种单向服务（只接收），作为标准双向系统的补充，为用户提供额外优势。GBS 于 2001 年首次部署，用于支持使用 UFO 卫星的持久自由军事行动。目前在 WGS 星座上运行，该星座目前有 10 颗卫星在地球同步轨道上运行，正在建造第 11 颗下一代卫星。②

最新的 WGS 卫星提供 4.875GHz 的瞬时可切换带宽，向战术用户提供的容量为 2.1～3.6Gbps，甚至更高，具体取决于地面终端、数据速率和所采用的调制方案的组合。WGS 提供了 19 个独立的覆盖区域，可以在每颗卫星的视野范围内为北纬 65 度和南纬 65 度之间的作战人员提供服务。用户通过 8 个由单独的发射和接收相控阵构成的可操纵/可塑形 X 波段

---

① GENERAL DYNAMICS Mission Systems. Global Broadcast Service Transportable Ground Receive Suit. [https://gdmissionsystems.com/products/communications/global-broadcast-service-transportable-ground-receive-suite]

② Global Broadcast Service provides needed communications resiliency. Satellite-evolution.com，March 2020. [aqyr.pdf]

波束提供服务；通过10个可操纵的Ka波段波束通过独立可操纵的双工平面碟形天线提供服务，其中3个具有可选择的极化；通过1个X波段地球覆盖波束提供服务。

GBS的单向宽带服务能够近乎实时地将机密和非密数据和视频传输，以支持关键任务。它基于商业卫星广播技术，就像家庭直播卫星电视供应商所使用的技术一样。这种现成的商业技术相对便宜，很容易融入现有系统和流程，并且允许较小和更具移动性的单元使用终端。

任何需要数据的国防部客户都可以请求访问GBS。对于地面用户来说，允许访问的三个终端是AN/TSR-11、AN/PRS-11和AN/PRS-12。TSR-11是一个可移动终端，而PRS-11和PRS-12是背包便携式。用户可以根据其任务需要访问广播的机密或非密端，并可以通过SBM门户在线请求访问特定任务数据。GBS是美国国防部情报、监视和侦察（ISR）能力的重要组成部分，支持ISR核心任务的灵活、安全的基础设施可以重新用于支持更广泛的作战概念。

美国国防部目前正在考虑许多项目来使网络现代化，使其更具探索性、弹性和有效性。GBS提供了一种低成本高效益的方式来支持这些目标，而不需要大量额外支出。随着国防部进入一个混合卫星通信网络的新时代，GBS的创新应用应该被视为一个整体解决方案的关键因素。

6.4.4 环境卫星接收处理器（ESRP）

环境卫星接收处理器（Environmental Satellite Receiver Processors，ESRP）是海军采用的气象接收和记录设备以预测环境对舰队作战的影响。陆上ESRP设备接收来自本国和国际的气象和海洋卫星家族的环境数据的环境数据读出，以支持作战任务的规划和执行。

AN/SMQ-11是ESRP的舰载组件，用于接收和处理来自国防气象卫星、国防天气卫星系统、联合极地卫星系统、地球静止运行环境卫星和其他各种国际卫星项目的遥感数据。这些系统为海上打击群和岸基指挥部提供了直接从本国和国际气象和海洋学（MTOC）卫星系列下载地球静止和极轨道关键原始数据的能力。该数据可由最终用户定制，为作战人员提供安全的高分辨率视觉和红外图像，用于任务规划和执行。当前的作战概念使用这种实时数字读出（DRO）能力。其承包商是雷声技术服务公司。

SMQ-11是一种独立的环境卫星地面接收器。该系统由三个主要组件组成：电动天线、信号处理和调度组件、以及名为TeraScan的图像处理软件。SMQ-11能够从军用DMSP和NOAA TIROS极轨卫星接收可见光、红外和水蒸气波长的原始图像数据。此外，可以从WE-FAX（气象传真）频道上的GOES卫星接收卫星图片和有限选择的天气图。TeraScan应用程序允许用户执行许多不同的功能，包括定义感兴趣的扇区、分辨率子采样、图像增强和着色，以及显示地理/沿海/政治边界。生成的相邻极地轨道器图像可以通过TeraScan软件"拼接"在一起，如果它们相遇，一定会产生大的马赛克。该系统还能够循环播放卫星图像。[1]

每个SMQ-11配备战术先进计算机版本4（TAC-4），包括工作站、彩色显示器、不间断电源和配电单元。SMQ-11B具有双频阵列天线（图6-22），通常安装在岸上。有些系统配备有多频阵列天线（SMQ-11C）。舰载版本的AN/SMQ-11包含额外的电路，用于控制和稳定天线，以补偿船舶的运动。

---

[1] GlobalSecurity. Satellite Receiver (SMQ-11). [https://www.globalsecurity.org/space/systems/an-smq-11.htm]

图 6-22 AN/SMQ-11 天线

6.4.5 海军极高频卫星通信计划（NESP）

海军极高频卫星通信计划（Navy EHF SATCOM Program, NESP）终端将海岸、舰船、潜艇平台与军事星（Milstar）星座相连，为海军战略与战术部队提供可靠耐用、适应性高的世界范围内的指挥与控制通信，确保作战部队的信息优势，利用 Milstar 系统的优异性能增强作战人员的全方位防护。在要求抗干扰和防截获性能的紧迫环境下，NESP 终端可提供最基本的安全通信。

NESP 终端具有三种不同的配置以对应舰船、潜艇平台和岸基。尽管每一个终端的基本性能相同，但它们的天线与外围设备因所对应平台不同而有所变化。

为适应 1992 年 Milstar 计划的重修，NESP 终端也进行了升级，在原有的战略低数据速率（LDR）基础上增加了战术中数据速率（MDR）性能。最大 LDR 为 2.4kbps，而最大 MDR 将高于 1.544Mbps。现有的 NESP 舰船与岸基终端也进行升级，增加了中数据速率应用，以期达到联合低/中数据速率 Milstar 性能。除了对现有 NESP 舰船与岸基终端升级以外，为满足终端需求，海军总部已起草了一个新的后续终端计划。除了能够提供极高频低/中数据速率通信以外，后续终端还将支持超高频卫星通信与全球广播业务。潜艇低数据速率终端正在进行中数据速率升级，包括新的天线杆与 16 英寸天线的改进，以及增加超高频卫星通信和全球广播业务。

海军总部开发了两种新型通信控制器——海军 EHF 通信控制器（NECC）和时分多址接口处理器（TIP）。NECC 和 TIP 是能够更有效利用 Milstar 卫星资源的基带接口部件。NECC 支持低数据速率网络，TIP 支持中数据速率网络。

6.4.6 高级时分多址接口处理器（ATIP）

6.4.6.1 概况

高级时分多址接口处理器（Advanced Time Division Multiple Access [TDMA] Interface

Processor，ATIP）是一种两层以太网桥接设备，安装在海军多波段终端（NMT）的舰船、潜艇平台和岸基上。ATIP通过动态带宽管理、更高的扩展数据速率（XDR）和增加吞吐量，显著改进了先进极高频（AEHF）系统的性能。

6.4.6.2 采办动态

2018年8月15日，Comtech电信公司获得SPAWAR授予的一项为期10年、价值1910万美元的合同，用于为ATIP生产终端提供长期支持。①

6.4.7 移动先进极高频终端（MAT）

移动先进极高频终端（Mobile Advanced Extremely High Frequency ［AEHF］ Terminal，MAT）是海军采用AEHF卫星星座提供关键通信的解决方案，以支持"塔卡木"（TACAMO）地面移动通信任务，同时满足移动性、尺寸和质量要求。

2020财年的工作任务为继续对MAT进行技术可行性研究、安全性研究和预算研究。其他研究包括高空电磁脉冲（HEMP）研究、现有终端研究、基带研究、未来兼容性研究和后勤通用性研究。评估可用技术替代方案的技术可行性研究。通过现有终端研究，以评估使用GOTS设备的效率。通过基带研究，确保正确定义与其他系统的接口和相互关系。通过未来兼容性研究，以适应潜在的未来系统（如演进战略卫星）。此外，还为MAT工作制定技术和采购文件，包括RFP开发和协调以及技术规范。

6.4.8 舰员电视导播器（TV-DTS）

舰员电视导播器（Television Director To Sailors，TV-DTS）向海军部队提供连续的全球武装部队无线电和电视系统电视、音频和数据广播的能力。TV-DTS使用从国际通信卫星组织（INTELSAT）租用的C波段92dBW全球卫星转发器向1.2m舰载仅接收终端广播3.712Mbps信号。舰载终端也具有Ku功能，可以直接从Direct TV、UBSS等商业供应商接收卫星电视广播。②

6.4.9 增强型移动卫星服务（EMSS）——铱星IRIDIUM

6.4.9.1 概况

增强型移动卫星服务（Enhanced Mobile Satellite Services，EMSS）是美国国防部通过美国太空军（USSF）与铱星公司（Iridium）签订的多年合同，通过专用安全网关为无限数量的用户提供即时语音和窄带数据，包括卫星电话、信息设备、远程传感器等。该计划实现安全、可靠、低延迟的全球通信以及人员和资产跟踪解决方案，提供全球手持语音、数据、寻呼，为美国联邦政府提供铱星脉冲（Iridium Burst）和广播网状铱星分布式战术通信系统（DTCS）服务。③

---

① Comtech Telecommunications Corp. Receives $2.8 Million Delivery Order to Support U.S. Navy's Advanced Time Division Multiple Access Interface Processor Terminals. Businesswire, August 15, 2018.［https://www.businesswire.com/news/home/20180815005160/en/Comtech-Telecommunications-Corp.-Receives-2.8-Million-Delivery-Order-to-Support-U.S.-Navy%E2%80%99s-Advanced-Time-Division-Multiple-Access-Interface-Processor-Terminals］

② https://www.globalsecurity.org/space/library/report/1999/nssrm/initiatives/tvdts.htm

③ https://www.iridium.com/enhanced-mobile-satellite-services/

在过去20年中，铱星公司和国防部共同开发了一个操作环境，该环境提供了关键的网络透明度和协作，以成功执行美国政府的任务。铱星公司通过专用网关和通信基础设施为美国政府的情报和军事机构提供真正的全球安全连接，从而获得快速应对任何情况所需的实时态势感知。可以访问的服务包括：

- 全球安全标准语音和数据；
- 专用国防部/美国政府网关；
- 安全语音加密和优先级排序（NSA Type-1 和 AES 256 加密）；
- (增强型) 短脉冲数据（SBD）；
- 广播、网络语音通信；
- 数据和物联网应用；
- 24/7/365 增强型移动卫星服务（EMSS）客户服务。

2019年1月，铱星公司推出了 Iridium Certus 宽带服务，完成了多年星座升级，更换了所有卫星，并更新了包括专用美国政府网关在内的配套地面基础设施。Iridium Certus 是专门为开发专业应用而设计的独特平台，也是目前全球唯一真正运行的宽带服务。铱星首次推出的服务命名为 Iridium Certus 350，即可为用户提供 352kbps 的通信速率。2020年2月，Iridium Certus 700 正式上线，最高下载速度较上一代翻一番，已达 704kbps。

Iridium Certus 以最高的 L 波段提供高质量的语音和数据服务，支持移动连接、人员跟踪和超视距通信。网状低地球轨道（LEO）卫星的 Iridium Certus 具有高可靠性和低延迟设计。标准 IP 数据下载速率高达 704kbps，上传速率高达 352kbps，是高品质语音通话、电子邮件、互联网访问、视频流、文件和物联网数据传输的理想选择。铱星公司提供的产品和服务非常适合关键的政府和军事应用，因为它的 L 波段频率能够抵御恶劣天气，包括雨、雪和雾。①

COMSAT 公司是美国国防部增强型移动卫星服务（EMSS）计划的独家服务提供商。先进的多军种 Certus 平台支持关键的连接需求，无论位置、地形和天气如何。COMSAT Certus 服务还使军事、政府和企业用户能够使用高度安全可靠的语音和数据连接，低地球轨道卫星通信网络在世界各地传输涉密或敏感信息。②

6.4.9.2 发展现状

铱星卫星通信系统是美国摩托罗拉公司在20世纪90年代部署的低轨卫星通信星座。其初始设计理念是在地球低轨道部署77颗卫星，覆盖地球表面任何地方，满足实时通话需求。不过，后来计算表明，只需66颗卫星就能完全满足需求。

一代铱星星座的66颗卫星运行在780km的太空轨道上，倾角为86.4度，使用 Ka 频段与关口站进行通信，使用 L 频段和终端用户进行交互，每颗卫星质量在680kg左右，功率为1200W，采取三轴稳定结构，服务寿命 5~8 年。二代铱星星座（Iridium NEXT）单星质量为860kg，设计在轨使用寿命为15年，66颗在轨工作卫星和9颗在轨备份卫星，从2017年1月14日到2019年1月11日，通过 SpaceX 公司的"猎鹰"9号（Falcon-9）运载火箭分8次发射并完成部署。二代铱星将聚焦窄带业务，拓展宽带业务，并逐步向宽带业务转变。

铱星 Iridium Certus 窄带和宽带业务如图 6-23 所示。

---

① https://www.iridium.com/iridiumcertus/
② https://news.satcomdirect.com/cwc-newsletter/apr-2019/comsat-offers-iridium-certus-to-us-dod-government-and-commercial-users/

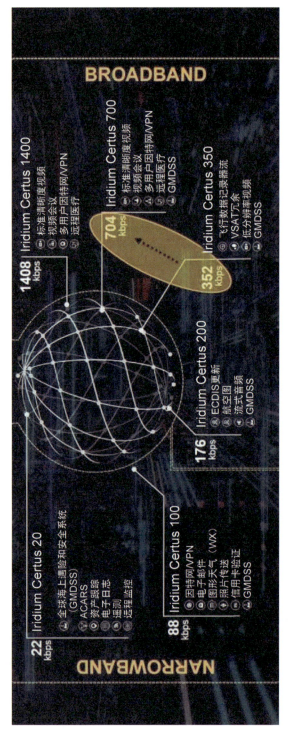

图 6-23　铱星 Iridium Certus

6.4.9.3 采办动态

2019年9月，铱星公司与美国太空军签订了一份为期7年、价值7.385亿美元的固定价格通话合同，用于提供指定的卫星通话服务，包括无限制的全球标准和安全语音、寻呼、传真、短脉冲数据（SBD）、铱星脉冲（Iridium Burst），为无限数量的国防部和其他联邦政府用户提供RUDICS和分布式战术通信系统服务。根据与美国太空军签订的另外两份合同，铱星还为美国政府的专用铱星网关提供维护和支持工作。这些合同中不包括Iridium Certus广播时间服务。

6.4.10 超高频卫星通信（SHF SATCOM）

6.4.10.1 概况

超高频卫星通信（SHF SATCOM）通过卫星在全球指定的移动单元和岸上站点之间提供通信链路，在各级冲突期间为全球海军平台提供可靠、高容量和可互操作的宽带通信，具有高度的抗干扰和测向能力。SHF通过国防卫星通信系统（DSCS）、宽带全球卫星通信（WGS）、军事卫星通信系统提供军用X/Ka波段能力，并通过商用卫星通信系统提供C波段能力。

超高频卫星通信系统是安装的三个卫星通信系统之一，在SHF范围（3~30GHz）内运行。卫星通信系统组合在一起，是一个信息交换系统的组合，该系统使用卫星作为通信和控制的中继站，以及提供数据以管理卫星资源的质量监测子系统。舰载卫星通信配置的大小和复杂性各不相同，取决于信息通信量、通信类型和舰艇的作战任务。[1]

超高频卫星通信计划包括：WSC-6（V）5、7和9终端；安装在潜艇上的X波段套件升级至EHF后续终端；安装在水面舰艇上的增强型带宽高效调制解调器。WSC-6终端是舰队中的主要卫星通信终端，设计用于水面舰艇，以满足海军SHF舰岸通信要求，为作战人员提供语音、视频、数据和图像需求的带宽，包括NIPRNET、SIPRNET、联合全球情报通信系统（JWICS）、联合集中器架构（JCA）、视频电话会议和电话，同时保持在舰载环境的成本、质量和尺寸限制范围内。WSC-6由无线电组和天线组组成。天线组被配置为单配置或双配置，以提供360°的天线覆盖。[2] 20世纪90年代初以来，该终端一直在舰队中服役，并处于维护状态。

新的WSC-9海军多波段终端（NMT）正在取代WSC-6。截至2016年8月，128个终端中的56个已经更换，到2024年将安装另外55个终端。其中2个终端由于其平台将在2024财年之前退役所以不会被更换。剩余的15个终端（LCS 2-16）尚未添加到更换目标中。

WSC-6（V）5和7的承包商是马萨诸塞州的雷声公司，WSC-6（V）9的承包商是弗罗里达州的哈里斯公司。

6.4.10.2 发展现状

SHF系统支持美国与其庞大的军事设施网络以及在地面和海上运营的其他政府机构之间的全球安全语音和高数据速率通信。这些系统用于高优先级通信，例如在国防官员和战场指

---

[1] Military Analysis Network. Radio Communications System. June 30, 1999. [https://man.fas.org/dod-101/sys/ship/weaps/radio.htm]

[2] https://www.globalsecurity.org/space/systems/an-wsc-6.htm

挥官之间交换战时信息，以及向各种用户传输空间作战和预警数据。SHF 卫星通信系统的骨干是国防卫星通信系统（DSCS）。DSCS 服务寿命延长计划（SLEP）将延长最后四颗 DSCS Ⅲ 卫星的寿命和能力。2007 年，DSCS 卫星被更先进的宽带卫星取代。[①]

部队级的航空母舰和多用途两栖攻击舰，以及单元级的巡洋舰和导弹驱逐舰通过 AN/WSC-6 SATCOM 终端访问国防卫星通信系统 DSCS Ⅲ 卫星，该终端严格在 RF 频谱的 X 波段部分运行，数据速率最多为 T1（1.544Mbps）至 E1（2.048Mbps）。部队级舰艇还能够通过商业宽带卫星计划（CWSP），使用商用卫星获得高达 4Mbps 的更大带宽，通过 AN/WSC-8 SATCOM 终端访问在 C 波段运行的商用卫星。

单元级的护卫舰、反水雷艇和海岸巡逻舰等大多数水面舰使用国际海事卫星（INMARSAT）终端访问商业 INMARSAT 卫星服务，该终端严格在 RF 频谱的 L 波段部分运行，数据速率仅为 64~128kbps。

6.4.11　国际海事卫星（INMARSAT）

6.4.11.1　概况

国际海事卫星组织（International Maritime Satellite Organization，INMARSAT）成立于 1979 年 7 月 16 日，总部设在英国伦敦，在联合国国际海事组织机构的授意下成立。该组织以国际通信卫星组织（Intelsat）为蓝本，是一个不以营利为目的的国际组织，设立的宗旨是为航运界提供卫星通信网络。INMARSAT 现拥有美国、英国、日本、挪威等 87 个成员国。经过 40 多年的发展，INMARSAT 目前拥有并运营着位于赤道上方 35786km（22236 英里）地球静止轨道上的 14 颗卫星，计划 2025 年前再发射 6 颗，连接超过 160000 部航行器和 17000 架飞机。[②]

INMARSAT 是一种商用现货卫星系统，通过租用的信道提供高达每秒 128kbps 的各种备份能力。INMARSAT 原为一个政府间的合作组织，最早提供的业务仅限于为航行在世界各地的舰船提供全球通信服务。后来，INMARSAT 将通信服务范围扩大到陆地移动的车辆和空中航行的飞机。在 1994 年 12 月的第 10 次特别大会上，其更名为"国际移动卫星组织"（IMSO），但仍保留 INMARSAT 的缩写，成为唯一能提供全球海上、空中、陆地、救险、定位等卫星移动通信服务的组织。

6.4.11.2　发展现状

1976 年，美国为满足海军通信的需要，先后向大西洋、太平洋和印度洋上空发射了三颗海事通信卫星，建立了世界上第一个海事卫星通信系统。其中大部分通信容量供美国海军使用，小部分通信容量向国际商船开放。1979 年 7 月 16 日，国际海事卫星组织成立。1982 年 2 月 1 日，该组织通过租用美国的海事通信卫星（Marisat）、欧洲航天局的欧洲海事通信卫星（MARECS）和国际通信卫星组织的国际通信卫星-V 等卫星的通信容量，沿用海事通信卫星的技术体制，组成了第一代国际海事卫星通信系统，并开始营运。

第二代卫星及以后，Inmarsat 发射了自己的专用卫星。在轨运行的 4 颗第四代卫星（I-4）是当前的主力，每个 I-4 卫星有三种类型的覆盖。

---

① Super High Frequency (SHF) Satellite Systems. 21 November 1997. [http://www.wslfweb.org/docs/roadmap/irm/internet/milsat/cat/html/sshf.htm]

② https://www.inmarsat.com/en/about.html [2022-12-24]

（1）每颗卫星都配备了一个覆盖地球表面 1/3（除两极外）的全球波束。

（2）每个区域波束覆盖全局波束的一小部分，但所有区域波束提供的覆盖范围实际上与全局波束相同。区域波束的使用允许用户终端（也称为移动地球站）使用明显更小的天线进行操作。I-3 卫星引入了区域波束。每个 I-3 卫星提供 4~6 个点波束；每个 I-4 卫星提供 19 个区域波束。

（3）3 颗 I-4 卫星提供窄波束。窄波束的大小各不相同，往往宽几百千米。窄波束虽然比全球或区域波束小得多，但数量要多得多，因此提供了相同的全球覆盖范围。窄波束允许更小的天线和更高的数据速率。它们构成了 Inmarsat 手持设备（GSPS）和宽带服务（BGAN）的骨干。I-4 卫星引入了这一覆盖范围。每个 I-4 卫星提供大约 200 个窄波束。

第五代卫星（Global Xpress，I-5）使用 4 颗地球静止轨道卫星提供全球覆盖。每颗卫星支持 89 束波束，每颗卫星的总覆盖面积约为地球表面的 1/3。此外，每个卫星有 6 个可转向波束，可以移动这些波束以向选定位置提供更高的容量，如图 6-24 所示。

图 6-24 Inmarsat 第五代卫星 Global Xpress

目前最新的第六代卫星（I-6）是迄今为止发射的最大和最先进的商业通信卫星。第一颗 I-6 卫星于 2021 年 12 月 22 日由三菱重工从日本 JAXA 种子岛航天中心发射。第二颗 I-6 卫星初始计划于 2023 年与 SpaceX 一起发射。[1,2,3]

6.4.11.3 系统功能与组成

1. 系统组成

Inmarsat 海事卫星通信系统主要由空间段卫星、网络操作中心、网络控制站、岸站、船站以及用户终端组成。

（1）空间段卫星。主要有四颗地球静止轨道卫星，将全球分为太平洋、印度洋、大西洋东和大西洋西 4 个洋区，实现了除两极之外的全球覆盖。第三代卫星已退役或转为备用卫星，第四代和第五代卫星在轨运行。如图 6-25 所示是 I-4 卫星覆盖图。

---

[1] https://www.inmarsat.com/en/about/technology/satellites.html

[2] Peter B. de Selding. Launch of Inmarsat's 3rd Global Xpress Satellite Bumped to June by Centenario Delay. Space News, May 6, 2015. [https://spacenews.com/launch-of-inmarsats-3rd-global-xpress-satellite-bumped-to-june-by-centenario-delay/]

[3] Caleb Henry. Ariane 5 launches satellites for Egypt, Inmarsat. Space News, November 26, 2019. [https://spacenews.com/ariane-5-launches-satellites-for-egypt-inmarsat/]

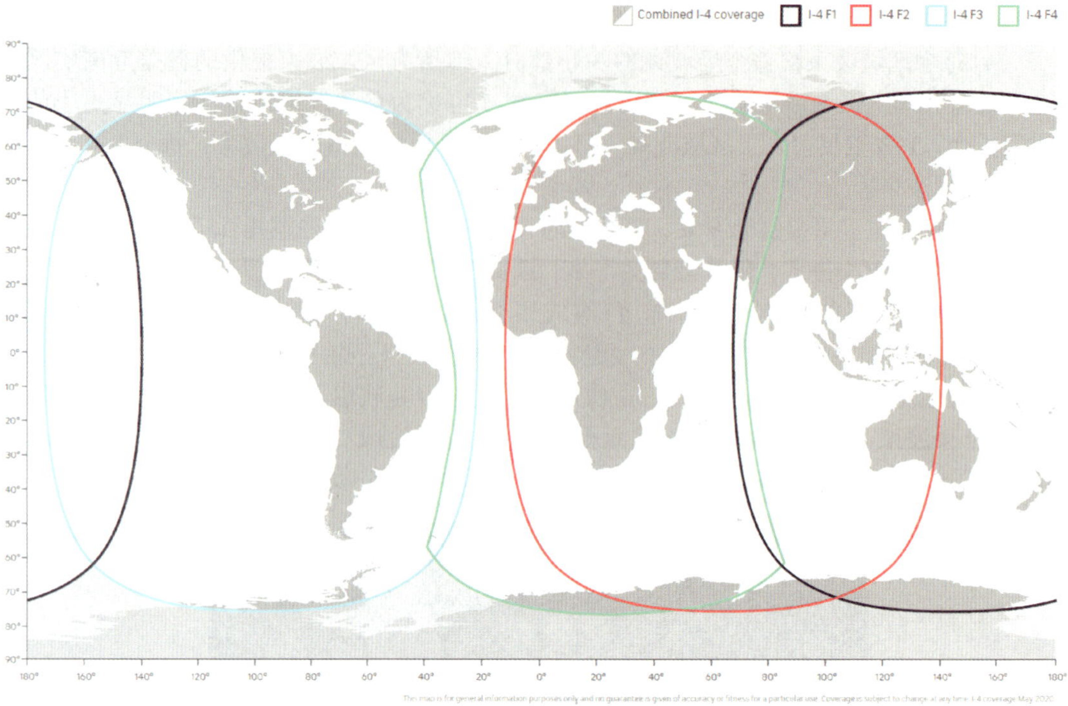

图 6-25 ┃ 第四代 I-4 卫星覆盖

（2）网络操作中心（NOC）。位于英国伦敦总部的大楼内，任务是监视、协调和控制 Inmarsat 网络中所有卫星的工作运行情况。

（3）网络控制站（NCS）。每个洋区分别有一个岸站兼作网络控制站，该站作为接线员对本洋区的舰站与岸站之间的电话和电传信道进行分配、控制和监视。

（4）岸站（LES）。岸站是设在海岸边上的地球站，基本作用是经由卫星与船站进行通信，并为船站提供国内或国际网络的接口。岸站采用双波段工作方式（L 和 C 波段），C 波段用于语音，L 波段用于数据。

（5）船站（SES）。船站是设在船上的地球站，是系统中的终端系统，用户可通过所选的卫星和地面站与对方进行双向通信，采用 L 波段。

2. 传统网络服务

Inmarsat 从投入运行至今的发展中，逐步推出多种类型的标准移动终端，提供语音和数据服务。

（1）IsatPhone-移动卫星电话。一款轻便的袖珍双模卫星和 GSM 900 手机，该服务通过 I-4 印度洋卫星在亚洲、非洲和中东提供，于 2009 年开始在全球运营。

（2）Fleet。包括 Fleet77、Fleet55 和 Fleet33（数字 77、55 和 33 代表天线直径，单位为厘米）。这三项海事服务结合了全球语音和传真通信，64kbps 和 128kbps 的移动 ISDN 数据，以及基于 IP 的移动分组数据服务（MPDS），用于电子邮件、网络浏览和其他办公应用。

（3）Swift 64。通过其移动 ISDN 和基于 IP 的移动分组数据服务（MPDS）产品，为高质量语音、电子邮件、互联网和内部网访问以及视频会议等应用提供带宽。

（4）GAN。全球区域网（Global Area Network，GAN）服务通过便携式终端提供高质量的语音,以及64kbps移动ISDN和基于IP的移动分组数据服务(MPDS)的组合。该服务于2017年1月初停止。

(5) Inmarsat-A。Inmarsat-A是1976年启用的第一个系统,采用模拟FM通信制式,为海事界提供了全球双向电话、传真、数据和电传通信。该服务于2007年年底停止。

(6) Inmarsat-B、M和Mini-M。Inmarsat-B是Inmarsat-A的数字式替代产品,于2016年12月30日停止服务。它能够提供高质量的电话、传真、数据和电传服务,并与全球海上遇险和安全系统(GMDSS)兼容。

Inmarsat-M系统是1993年推出的第一款公文包卫星电话,是B型站的简化型,以较低的数据速率提供双向语音电话(4.8kbps)、遇险警报、传真和数据服务。该服务已停止。

Mini-M是1995年推出的一种更小型的M站,基于数字技术,使用Inmarsat第三代卫星的点波束,是一个全天候、全球覆盖的移动通信终端,可提供4.8kbps语音、2.4kbps传真和数据服务。该服务已停止。

(7) Inmarsat-C。主要用于数据通信,于1991年开始在全球运营,采用全数字化的存储转发信息传递方式,可以提供600bps低速数据、电传和传真业务。Inmarsat-C终端装有GPS,可提供全球定位服务。

(8) Aero。Inmarsat在航空通信领域的应用始于1990年,为飞机提供模拟语音/传真/数据服务。也可向驾驶舱和客舱机组人员提供通信业务,不仅提供个人通信,更主要用于空中交通管制。该系统由Inmarsat和航空工业界制定并形成统一的工业技术标准,解决了过去使用VHF通信受限于视距传播以及短波通信可靠性差的问题。

3. 高级网络服务

(1) Global Xpress。2015年以来,Inmarsat通过Global Xpress网络提供高吞吐量服务。该服务提供基于IP的全球服务,下行链路高达50Mbps,上行链路5Mbps,延迟为700ms,为海事、航空、政府和企业市场提供服务。现有的BGAN L波段网络支持Global Xpress,并使用这两种网络的组合提供服务,以提高可用性和可靠性。

(2) BGAN。陆地上使用的宽带全球区域网(BGAN),可在全球所有I-4卫星上使用。BGAN使用I-4卫星提供高达800kbps的共享信道IP分组交换服务和从32kbps到X-Stream数据速率的流IP服务(服务取决于终端机型)。大多数终端还提供64kbps的电路交换移动ISDN服务,甚至提供低速(4.8kbps)语音等服务。

(3) FleetBroadband。一种海事服务,基于BGAN技术,提供与BGAN相同的服务和使用相同的基础设施。一系列FleetBroadband用户终端可供选择,专为安装在船上而设计,旨在提供经济高效的高速数据和语音通信,包括同时语音和数据、标准IP(在共享信道上的速度高达432kbps)、64kbps的ISDN和流数据(高达256kbps)。

(4) SwiftBroadband。一种航空服务,基于BGAN技术,提供与BGAN相同的服务和使用相同的基础设施。旨在满足客机、公务机和政府飞机上乘客、机组人员和飞行员的高速数据通信需求。同时提供语音和数据包,以及每信道高达432kbps的基于IP的数据和64kbps的ISDN。

6.4.11.4 作战使用

1. 无人艇远程指挥控制

AI Marakeb USV公司与Scotty Group和Inmarsat合作,制作了一个高质量的无人艇

（USV）视频和自动导航解决方案，可通过卫星传输进行优化。

AI Marakeb USV 部署了 UHF 无线电通信系统，用于远程指挥和控制 USV 的自动驾驶仪。自动驾驶仪用于提供航行和操作船舶所需的转向能力。UHF 无线电还连接到一个高分辨率摄像机，该摄像机能够将视频流/监控图像从船只传输到岸基指挥控制室。虽然 UHF 无线电可以提供即时控制 USV 所需的主要通信服务，但由于 UHF 无线电的范围仅限于视距通信，其最大范围只能扩展到 10km 或 15km。提供一种能够扩展 USV 通信距离的服务，从而提高 USV 的能力，这对于作战成功至关重要。

AI Marakeb USV 将配备 UHF 和 Inmarsat FB 500 终端，即使在传统 UHF 无线电系统的范围之外，也能提供远程指挥、控制和获取视频流所需的即时、可靠和超视距通信服务。使用 FB 500 单元，USV 运营商可以在世界各地指挥、控制和获取 USV 的视频流图像。Inmarsat FB 终端的增加使该无人艇的通信距离得以扩大，适用于海上监视、海上边界安全、环境遥感灵敏度、漏油和有害物质检测、反海盗巡逻和预警等任务。

如图 6-26 所示，用户终端能够通过 I-4 网络同时进行语音和数据呼叫，还可以用于发送指挥控制信息以及接收流视频，AI Marakeb USV 采用类似技术。①

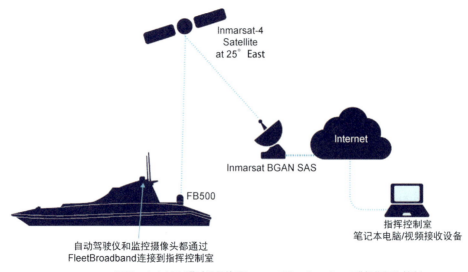

图 6-26 ┃ 使用 FleetBroadband 实现无人艇指挥控制

2. 反恐行动

作为与国际维和行动整合的一部分，哥伦比亚海洋巡逻船 ARC 7 DE AGOSTO 于 2015 年 8 月 8 日抵达亚丁湾，旨在应对非洲之角和西印度洋日益增长的海盗和海上武装抢劫威胁。该船上有一个西班牙海军联络小组，帮助协调与欧盟海军旗舰 ESPS Galicia 的日常行动。建立一个可靠的通信链路对反恐行动的成功至关重要，Inmarsat FB 被证明完全符合这一要求。ARC 7 上使用了 FB 500，它允许海军舰艇和总部随时与哥伦比亚和联盟内部发生的事情保

---

① Inmarsat Global Government Maritime Case Studies. August 2020.〔https://www.inmarsat.com/content/dam/inmarsat/corporate/documents/government/solutions-services/Inmarsat_Global_Government_Maritime_Case_Studies_August_2020_EN.pdf.coredownload.inline.pdf〕

持联系。

6.4.12 宽带抗干扰调制解调器系统（WAMS）

6.4.12.1 概况

宽带抗干扰调制解调器系统（Wideband Anti-jamming Modem System，WAMS）是海军的下一代宽带卫星通信调制解调器，与舰船和潜艇上的海军多波段终端（NMT）以及岸上现代化企业终端（MET）集成，通过在宽带全球卫星通信（WGS）上提供宽带抗干扰卫星通信吞吐量，增强舰载和艇载的海军多波段终端（NMT）的通信能力。WAMS 通过空间段抗干扰多样性（EHF/AEHF 和 WGS），使 NMT 舰船和配备了调制解调器的潜艇能够在更接近威胁干扰机的宽带链路上运行。WAMS 能够使用 WGS 的 X 和 Ka 波段资源，以确保在 A2/AD 环境中访问任务关键通信。WGS 上使用 WAM 保护的战术波形（PTW）增强了 AEHF 扩展数据速率（XDR）服务，以提供必要的通信吞吐量来支持关键的指挥和控制能力。

6.4.12.2 采办动态

2020 年 8 月 4 日，NAVWAR 授予 L3 哈里斯公司一份价值 4760 万美元的合同，用于开发和建造宽带抗干扰调制解调器（WAM）。合同期内海军可能采购多达 966 套 WAM 设备。[①]

6.5 PNT

6.5.1 全球定位系统（GPS/GPS Mod）

6.5.1.1 概况

全球定位系统（Global Positioning System，GPS）是一种以人造地球卫星为基础的高精度无线电导航的定位系统，它在全球任何地方以及近地空间都能够提供准确的地理位置、车行速度及精确的时间信息。GPS 自问世以来就以其高精度、全天候、全球覆盖、方便灵活吸引了众多用户。GPS 是美国从 20 世纪 70 年代开始研制，1978 年 2 月首次发射，历时 20 年，耗资 200 亿美元，于 1994 年全面建成，是具有在海、陆、空进行全方位实时三维导航与定位功能的新一代卫星导航与定位系统。

使用授时和测距的导航系统全球定位系统（NAVSTAR GPS）项目是一种天基卫星无线电导航系统，可为授权用户提供"24/7"全球全天候三维位置、速度和时间数据。海军的职责包括通过导航战（NAVWAR）计划在 275 艘水面舰艇和潜艇以及 3700 多架飞机上集成 GPS，将舰载作战系统与导航传感器系统接口（NAVSSI）集成，以及为高优先级作战平台部署基于 GPS 的 PNT 服务（GPNTS）和抗干扰（A/J）保护。NAVSSI 是一种现役舰载系统，它收集、处理位置、速度和时间数据，并将其传播给武器系统、C4I 以及水面舰艇上的作战支持系统。GPNTS 将结合下一代 GPS 接收机，最初是选择性可用性反欺骗模块（SAASM），随后是军用码（M-code）接收机，以确保海军舰艇能够使用最新 GPS 卫星广播的新 GPS 信号。GPNTS 还具有 A/J 天线和多个原子钟，以支持可靠的定位、导航和授时服务。导航战提供抗

---

① John Keller. Navy chooses L3Harris to design and build wideband SATCOM terminals for ships, submarines, and shore sites. Military & Aerospace Electronics, Aug. 5, 2020.［https://www.militaryaerospace.com/communications/article/14181036/wideband-satcom-terminals］

干扰天线，以保护空中和海上海军平台免受 GPS 干扰，从而确保在 GPS 干扰环境中持续保持高水平的任务效能。GPS 不仅在精确导航中发挥着关键作用，而且在为精确打击武器、海军水面火力支援系统和舰艇 C4I 系统提供精确的时间同步方面也发挥着重要作用。

所有海军平台 GPS 安装均已完成。空中导航战计划继续测试海军无人机（如"火力侦察兵"）的合适 A/J 天线。F/A-18 E/F/G "超级大黄蜂" / "咆哮者" 飞机的 A/J 天线安装工作正在进行，每年大约安装 24 个。正在努力将 GPS A/J 天线集成到 E-2D "鹰眼" 飞机和 H-1 直升机中。海上导航战计划正在主要水面作战舰艇和海军潜艇部队上安装 GPS A/J 天线。海军正在选定的海军水面作战舰艇上完成 NAVSSI 的安装。NAVSSI 的安装将继续在新建造舰船上进行，直到 GPNTS 批准用于所有基线。GPNTS 计划于 2017 年 6 月达到里程碑 C，2020 年 3 月实现初始作战能力。

GPS 现代化解决海军将空军开发的具有 M 码功能的 GPS 接收机集成到海军空中和海上平台的问题。现代化的 GPS 接收机将在太空中接收新的 M 码 GPS 信号，包括增强的密码学，提供更高的位置和时间精度，提供改进的信号干扰和欺骗保护，并支持蓝色力量 GPS 电子攻击。

如图 6-27 所示是 GPS 的高层作战概念图。

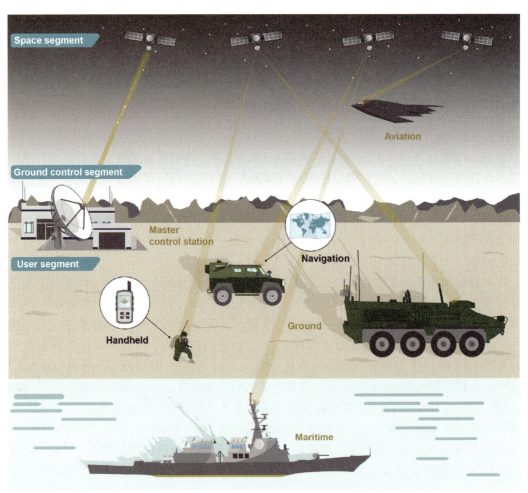

图 6-27 ┃ GPS 的作战使用

1. GPS 的任务

全球定位系统是一个轨道卫星星座,为全世界的军事和民用用户提供导航数据。该系统由位于科罗拉多州施里弗空军基地(Schriever Air Force Base, Colo.)的太空大队 Delta 8 运营和控制。

GPS 卫星每 12h 绕地球运行一圈,持续发射导航信号。使用适当的设备,用户可以接收至少 4 个卫星信号来计算位置、速度和时间。信号非常准确,时间可以精确到百万分之一秒,速度可以精确到每小时几分之一英里,位置可以精确到 100 英尺以内。接收机已被开发用于航天器、飞机、船舶、陆地车辆和精确制导弹药,也可用于手提。[1,2]

GPS 提供 24/7/365 导航服务,包括:

- 极其准确的三维位置信息(纬度、经度和高度)、航速(速度和方向)和精确时间;
- 全球通用网格,可轻松转换为任何本地网格;
- 被动全天候操作;
- 持续实时信息;
- 支持无限数量的用户和区域;
- 对民用用户的支持比加密密钥用户的准确性略低。

GPS 星座设计和运行 24 颗卫星,由 6 个轨道平面组成,每个平面至少有 4 颗卫星。

GPS 卫星从佛罗里达州卡纳维拉尔角空军基地(Cape Canaveral Air Station, Fla.)发射到近圆形的 11000 英里高空轨道上。在环绕地球的同时,系统在两个不同的 L 波段频率上传输信号。GPS 卫星的设计寿命为 7.5~15 年。

2. 系统背景

位于施里弗空军基地的 Delta 8 第二太空作战中队(2SOPS)运营的 GPS 主控站负责监测和控制 GPS 卫星星座。GPS 专用地面系统由位于世界各地的 6 个美国空军专用监测站和 4 个专用地面天线组成。监测站使用 GPS 接收机被动跟踪所有卫星上的导航信号。2007 年,GPS 又增加了 10 个共享监测站(国家地理空间情报局的一部分——NGA 监测站网络),提高了系统对所有用户的整体准确性。来自监测站的信息在主控站进行处理,并用于更新卫星的导航消息。

主控站工作人员使用 S 波段信号通过地面天线向 GPS 卫星发送更新的导航信息。地面天线还用于向卫星传输命令和接收健康状况数据(遥测)。

GPS 项目办公室正在努力增强当前基于卫星的定位和导航设备提供的许多功能。2014 年 4 月,开始对附加民用信号(L2C 和 L5)进行导航电文的运行前广播。此外,下一代卫星将提供更高的信号准确性和可靠性,以便在有争议的环境中运行。地图绘制、空中加油和交会、大地测量以及搜索和救援行动等应用将从这些增强功能中受益。

在美国参与"沙漠盾牌"和"沙漠风暴"行动期间,GPS 功能受到了考验。盟军严重依赖 GPS 在毫无特色的阿拉伯沙漠中航行。在"持久自由""贵族之鹰"和"伊拉克自由"

---

[1] U.S. Air Force. Global Positioning System. November 2015. [https://www.af.mil/About-Us/Fact-Sheets/Display/Article/104610/global-positioning-system/]

[2] U.S. Space Force. FACT SHEETS: Global Positioning System. Oct 2020. [https://www.spaceforce.mil/About-Us/Fact-Sheets/Article/2197765/global-positioning-system/]

行动期间，全球定位系统的贡献显著增加。在伊拉克自由行动期间，GPS 卫星星座允许以精确（约 10 英尺）和最小的附带损害投掷 5500 枚 GPS 制导的联合直接攻击弹药。这几乎是联军针对伊拉克目标投放的 29199 枚炸弹和导弹总数的 1/4。GPS 继续在空中、地面和海上行动中发挥关键作用，指导无数服务人员和设备确保他们准时到达目标。

位于加利福尼亚州洛杉矶空军基地的太空与导弹系统中心（SMC）是国防部领导采购 GPS 卫星和用户设备的执行机构。

6.5.1.2 发展现状

1. GPS 星座现状

第一颗 GPS 卫星最初是在 1978 年由美国国防部发射的，但多年来，许多组织在其改进中发挥了作用。洛克希德·马丁公司设计并制造了 12 颗 GPS ⅡR 卫星，然后应空军的要求，又建造了 8 颗具有额外信号能力的卫星，空军将其命名为 GPS ⅡR-M。

现今，大约 60% 的当前 GPS 星座由洛克希德·马丁公司设计和制造的 GPS ⅡR 卫星组成，它们于 1997 年开始发射，第一颗具有 M 码功能的 GPS 卫星 GPS ⅡR-M 于 2005 年开始发射。

洛克希德·马丁公司也成为 GPS Ⅲ 团队的一员。GPS Ⅲ 团队由太空与导弹系统中心的 GPS 理事会领导。太空司令部的第二太空作战中队（2SOPS）位于科罗拉多州施里弗空军基地，为民用和军用用户管理和运营 GPS 星座。美国空军宣布选择洛克希德·马丁公司签订一份固定价格型生产合同，用于生产 22 颗 GPS Ⅲ 后续卫星，合同总价值估计高达 72 亿美元。

预计第一颗 GPS ⅢF 卫星将于 2026 年发射。空军是采购这些卫星的牵头机构。全球有超过 40 亿用户依赖 GPS 的 PNT 信号。尽管 GPS 卫星星座继续提供有价值的服务，但它需要新的现代化技术和能力来应对未来的挑战、任务和威胁。

为了帮助太空军实现当今 GPS 星座的现代化，洛克希德·马丁公司正在设计和建造多达 32 颗下一代 GPS Ⅲ/ⅢF 卫星。如图 6-28 所示是洛克希德·马丁公司生产的几型 GPS 卫星的发展情况。

2020 年 6 月 30 日下午，美国太空军及其任务合作伙伴从佛罗里达州卡纳维拉尔角空军基地的太空发射中心成功发射了第三颗 GPS Ⅲ 卫星（SV03）。洛克希德·马丁公司制造的卫星被 SpaceX 的猎鹰 9 号运载火箭运送到轨道上。

SV03 将加入目前由 31 个运行航天器组成的 GPS 星座，并将成为第 22 颗具有 M 码能力的卫星。GPS 卫星在六条中地球轨道（MEO）上运行，高度约为 20200 千米（12550 英里）。每颗卫星每天环绕地球两次。GPS 为全球数十亿用户提供 PNT 服务。GPS Ⅲ 是最新一代 GPS 卫星，为用户带来新功能，包括精度提高 3 倍，抗干扰能力提高多达 8 倍。

2020 年 11 月 5 日，携带 GPS Ⅲ SV04 的猎鹰 9 号从佛罗里达州卡纳维拉尔角空军基地升空。

2021 年 6 月 17 日，SpaceX 猎鹰 9 号运载火箭从卡纳维拉尔角空军基地的 40 号航天发射场升空，搭载第五颗 GPS Ⅲ 航天器（SV05）进入中地球轨道。GPS Ⅲ SV05 是第 24 颗加入当前 GPS 卫星的 M 码卫星，该卫星星座由 31 个航天器组成，是 M 码完全作战能力所需的最后一颗。

GPS HERITAGE

洛克希德·马丁在设计、建造和维护美国空军GPS方面有着深厚的传统。作为当今GPS星座的支柱，我们的GPS IIR/IIR-M卫星继续在其设计寿命之外提供服务。通过GPS III/IIIF，我们正在用灵活、新技术和先进的能力帮助实现当今GPS的现代化，以帮助空军满足未来不断变化的任务需求。

GPS IIR
自第一颗GPS IIR卫星发射以来，GPS已完全融入现代生活的方方面面——提供持续可靠的功能，以满足全球数十亿GPS用户的需求。
- 1997—2004年发射12颗卫星
- 频率：L1、L2
- 提高了信号可靠性
- 板载可重新编程处理器
- 原始设计寿命：7.5年

GPS IIR-M
为了加强运营和导航，对8颗GPS-R卫星进行了现代化改造。也许最重要的是，GPS IIR-M卫星包括新的民用和军用信号，提供了额外的能力。
- 2005—2009年发射8颗卫星
- 增加L2C民用信号
- 增加L1M和L2M军事信号
- 抗干扰柔性电源
- 原始设计寿命：7.5年

GPS III
GPS III将满足用户的新需求，并以更高的安全性、信号完整性和令人难以置信的准确性应对明天的威胁。
- 10颗GPS III卫星的合同
- 设计寿命加长，达到15年
- 准确度提高3倍
- 抗干扰能力提高8倍
- L1C全球导航卫星系统（GNSS）兼容性
- 经验证与当前GPS星座和OCX地面控制段兼容
- 旨在结合新技术和不断变化的任务需求进行发展

GPS IIIF
GPS III后续计划（GPS IIIF）建立在GPS III灵活设计的基础上，为星座带来新的功能。
- 选择建造多达22颗额外的GPS IIIF卫星
- 区域军事保护能力
- 全数字导航有效载荷
- 进一步增强了弹性
- 搜救有效载荷
- 提高精度的激光回复反射器阵列

LOCKHEED MARTIN

© 2019 Lockheed Martin Corporation

图6-28 | GPS卫星的发展情况

2. GPS 现代化的背景和发展路线图

2022 年 5 月，美国政府问责局（GAO）发布了《GPS 现代化》报告，对 GPS 现代化相关项目的进展情况、存在问题等进行了概述，介绍美国 GPS 现代化当前总体发展态势。[①]

GPS 系统是全球超过 60 亿用户的首选定位、导航和授时（PNT）服务源，对美国关键基础设施的运行至关重要，并且已经渗入生活的方方面面。GPS 系统由三个部分组成：空间段、地面段和用户段。美国太空军致力于维护一个健康的 GPS 星座，保障 PNT 全球服务的可用性和可靠性，而设备和性能的持续改进一直是重要方面。另外，当前卫星的老化和激烈的国际竞争使美国 GPS 优势受到威胁，加快对 GPS 现代化的投资对美国的利益至关重要。

GPS 现代化是设备性能持续改进的重要措施，其作为一项持续的、耗资数十亿美元的庞大工程，旨在提升 GPS 系统的功能和整体性能。升级后的功能包括新的民用和军用 GPS 信号，其中军用 GPS 信号即 M 码，将通过使用更强大的信号和更宽的无线电频率范围，帮助军事用户免受干扰，还将通过加密信号来增强对 GPS 信号的保护以应对欺骗问题。

2022 年 4 月，美国太空军发布了最新的 GPS 战略路线图（图 6-29），描述了所有任务到 2028 财年末的研制计划。其中空间段包括 GPS Ⅲ 卫星和 GPS ⅢF 卫星的部署工作，地面控制段包括下一代操作控制系统（OCX）的升级工作，用户段包括围绕 M 码用户设备研制、部署和试验所进行的下一代专用集成电路（ASIC）、M 码卡、M 码接收机研制以及武器系统适配应用工作，最终将提升 GPS 系统的功能和整体性能，保障其实现可靠可信的 PNT 体系。

GPS 现代化战略基于美国现有的 GPS 系统进行了功能、性能上的升级，并进行了军用 M 码能力的设计和改造，对美国发展其以 GPS 为核心的弹性可靠的定位导航授时体系具备积极意义，但受制于 M 码能力研制和部署的滞后，其形成能力尚需时日。当其形成完全能力时，将逐渐使导航战这一构想形成现实，为美军联合作战和全域作战的实施提供重要支撑保障。

3. GPS 现代化相关项目进展

（1）空间段推进 GPS Ⅲ 和后续卫星的部署和替代工作。

GPS Ⅲ 卫星共计 10 颗，其将补充并最终取代目前的 GPS 卫星星座，维持能力并提供新的信号。较之前的卫星，GPS Ⅲ 精度提升了 3 倍，抗干扰能力提升了 8 倍，并全面兼容 M 码，另外还增加了新的 L1C 民用信号，与欧洲的伽利略全球导航卫星系统兼容，将提供更广泛的民用用户连接。截止到 2023 年 5 月，太空军已经接收了 6 颗 GPS Ⅲ 卫星的运行。

GPS Ⅲ 项目目前状态是已经完成了前六颗卫星的运行验收工作，且完成了 SV07、SV08 号卫星的发射前准备工作，而 SV09 卫星正在进行系统级测试。后续将主要完成 SV10 卫星的组件交付和安装工作。

GPS ⅢF 旨在提供增强的区域军事保护信号以及对搜救服务的支持。美国空军在完成关键设计评审（CDR）的基础上，在开发或测试任何 GPS ⅢF 卫星之前，于 2020 年 7 月作出了 GPS ⅢF 里程碑 C 的决策。第一次发射预计在 2026 年，随后在接下来的 10 年中再发射 21 颗 GPS ⅢF 卫星。目前到 2028 年前，将完成 1 颗卫星的发射任务和另外 3 颗卫星的研制任务。

---

① GPS Modernization: Better Information and Detailed Test Plans Needed for Timely Fielding of Military User Equipment. Report GAO-22-105086, May 2022. ［https://www.gao.gov/assets/gao-22-105086.pdf］

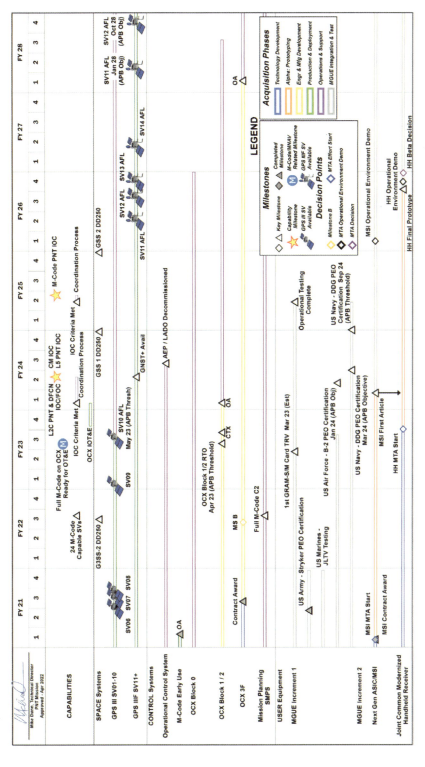

图 6-29 | GPS 现代化路线图

GPS ⅢF 项目目前状态是完成了综合基线评审（IBR）、实施设计评审（IDR），以及 4 颗卫星的采办合同授予。后续将保障在 2026 年前，SV11 和 SV12 卫星具备发射能力。

（2）地面控制段部署和升级下一代操作控制系统。

下一代操作控制系统（OCX）将取代目前的地面控制系统，升级目前的 GPS 主控制站以及世界各地的监测站，包括 OCX Block 0、OCX Block 1、OCX Block 2。OCX Block 0 将提供发射和检验系统，并支持 GPS Ⅲ卫星的初始测试，并提供现代赛博安全能力。OCX Block 1 和 OCX Block 2 将为前代卫星和 GPS Ⅲ卫星提供指挥和控制，对当前和现代化信号进行监测和控制，以及具备全面 M 码广播能力。

截止到 2021 年 7 月，"下一代操作控制系统"已经完成所有 17 个监测站的部署，正在进行系统集成和验证工作，以具备 2022 年第四季度完成运营准备工作。

（3）用户段以军用 GPS 用户设备的研制和试验为核心。

军用 GPS 用户设备（MGUE）增量 1 计划为作战人员提供具有 GPS 军用码（M 码）功能的 GPS 接收机，配套 GPS 现代化的改进，可增强抗干扰和抗欺骗能力。其将开发两种类型的 M 码卡，一种用于地面平台，另一种用于空中和海上平台。L3 哈里斯公司获得了开发地面平台 M 码卡的合同，而 BAE 和雷声公司分别获得了开发地面平台 M 码卡和空中/海上平台 M 码卡的合同。M 码卡需满足相应军种的作战测试才能实现计划里程碑。

MGUE 增量 1 目前仅仅完成了美国海军陆战队联合轻型战术车辆（JLTV）现场用户评估（FUE）工作，远远落后于进度安排。后续的主要工作是 GPS 接收应用模块（标准/手持）技术需求认证以及主要平台研发试验/作战试验。

美国空军于 2018 年 11 月批准了军用 GPS 用户设备增量 2 的采购策略，主要是针对两个中间件快速原型的设计和应用。首先是开发适用于微型串行接口接收机板卡（MSI）的下一代专用集成电路，其次是开发手持式 GPS 接收机。

MGUE 增量 2 后续将集中在微型串行接口接收机板卡的接收卡和手持设备两个方面相继完成初步设计评审、关键设计评审、原型样机、合格测试和最终作战演示，预计最终于 2026 年第四季度达到初步作战能力。

4. 现代化存在的问题与发展

GPS 现代化项目虽然取得众多成就，但是每个部分都面临着巨大的风险。当前状况是空间部分接近 M 码广播的全面运行能力，地面段在 2023 年年初获得全部 M 码能力，而用户段 M 码用户设备进度依然大幅度滞后。

（1）空间段导航有效载荷方面的技术挑战延缓了卫星测试计划。GPS ⅢF 卫星开发导航有效载荷方面遇到了技术挑战，其在建立提供 GPS 信号的飞行任务数据单元的 6 个开发版本时遇到了技术挑战，造成了卫星交付延迟的风险。目前，太空军需要通过调整测试计划以缓解目前交付的第一颗 GPS ⅢF 卫星可能出现的延误问题。

（2）地面控制段面临进度延误和成本增长问题。下一代操作控制系统目前经历着进度延误和成本增长的问题。主要原因：一是更换原始服务器硬件导致推迟了 10 个月；二是新冠疫情导致了 2 个月的延迟；三是软件开发工作以及世界各地监测站安装的升级等方案确定导致了 12 个月的延迟。而后续软件测试和验收测试所受到的影响暂时难以评估。

（3）用户段基于 M 码卡的研制和应用大大滞后。用户段的核心内容是 M 码卡的研制和应用，而问题也集中于此：一是 MGUE 设备使用的 ASIC 存在采购过早存在后期集成风险问题，并且其跨系统兼容性也有待检验；二是 M 码卡在相关平台无法正确解析 M 码的授时信号，存在一定技术缺陷；三是 M 码接收机的试验和应用相应推迟；四是 PNT 数据库中基于M 码现代化的信息是不完整的，且质量和准确性也存在问题。

从目前 GPS 现代化的现状看，空间段除了少量技术问题需要进行攻克外基本完成了全能力部署，地面控制段也将于 2023 年中段实现初步能力部署，而用户段由于 M 码用户设备的交付延迟和定位导航授时数据库缺乏等原因远远落后于进度，其对美国国防部制定相关决策造成了一定的影响。

实现以 GPS 为核心的导航战对抗体系尚需时日。导航战技术着重解决攻防两端对导航源的争夺问题，美军视导航战为电磁战和赛博空间战等新兴作战样式的重要组成部分，GPS 现代化战略对于美国实现导航战体系对抗的优势地位具备核心涵义。但目前 M 码能力交付大幅落后，则使美军军事作战平台的 GPS 军事应用的可信性和弹性能力不能达到预期，相关试验的滞后也使其真正应用大大滞后。

6.5.1.3　系统功能与组成

全球定位系统（GPS）是美国拥有的一套设施，它为使用者提供定位、导航和授时（PNT）服务。这套系统由三个部分组成：空间段、地面控制段和用户段。美国空军承担空间和控制部分的开发、维护和运行。[①]

1. 空间部分

GPS 空间段由向用户发射无线电信号的卫星星座组成。美国致力于在 95% 的时间内保持至少 24 颗运行的 GPS 卫星可用。为确保这一承诺，美国太空部队十多年来一直在运行 32 颗 GPS 卫星。

（1）星座布置。

GPS 卫星在中地球轨道（MEO）飞行，高度约为 20200km。每颗卫星每天环绕地球两次。GPS 星座中的卫星排列成 6 个等距环绕地球的轨道平面。每个平面包含 4 个由基线卫星占据的"时隙"。这种 24 时隙排列的方式确保用户可以从地球上几乎任何一点观看至少 4 颗卫星。

每当基线卫星维修或退役时，太空部队通常飞行超过 24 颗 GPS 卫星以维持覆盖范围。额外的卫星可能会提高 GPS 的性能，但不被认为是核心星座的一部分。

2011 年 6 月，美国空军成功完成了 GPS 星座扩展，被称为"可扩展 24"配置，如图 6-30 所示。24 个时隙中的 3 个被扩展，6 颗卫星被重新定位，所以额外的 3 颗卫星成为星座基线的一部分。

（2）当前和未来的卫星。

GPS 星座是新旧卫星的混合体。图 6-31 中总结了当前和未来几代 GPS 卫星的特点，包括 Block IIA（第二代，"高级"）、Block IIR（"补充"）、Block IIR-M（"现代化"）、Block IIF（"后续"）、GPS III（第三代）和 GPS IIIF（"后续"）。

截至 2023 年 5 月，GPS 星座共有 32 颗运行卫星，不包括已退役的在轨备用卫星。

---

① Official U.S. government information about the Global Positioning System (GPS) and related topics. [https://www.gps.gov/systems/gps/]

图 6-30 全球定位系统星座"可扩展 24"

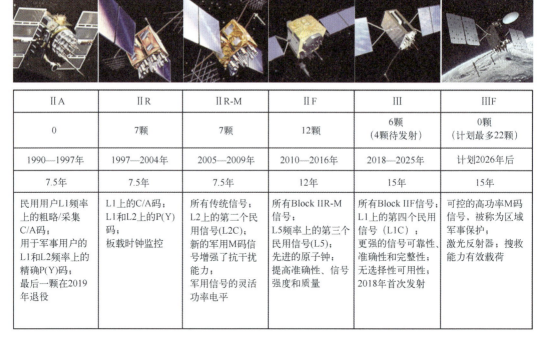

ⅡA	ⅡR	ⅡR-M	ⅡF	Ⅲ	ⅢF
0	7颗	7颗	12颗	6颗（4颗待发射）	0颗（计划最多22颗）
1990—1997年	1997—2004年	2005—2009年	2010—2016年	2018—2025年	计划2026年后
7.5年	7.5年	7.5年	12年	15年	15年
民用用户L1频率上的粗略/采集C/A码；用于军事用户的L1和L2频率上的精确P(Y)码；最后一颗在2019年退役	L1上的C/A码；L1和L2上的P(Y)码；板载时钟监控	所有传统信号；L2上的第二个民用信号(L2C)；新的军用M码信号增强了抗干扰能力；军用信号的灵活功率电平	所有Block ⅡR-M信号；L5频率上的第三个民用信号(L5)；先进的原子钟；提高准确性、信号强度和质量	所有Block ⅡF信号；L1上的第四个民用信号（L1C）；更强的信号可靠性、准确性和完整性；无选择性可用性；2018年首次发射	可控的高功率M码信号，被称为区域军事保护；激光反射器；搜救能力有效载荷

图 6-31 当前和未来几代 GPS 卫星的特点

2. 地面控制部分

GPS 控制段由全球地面设施网络组成，这些地面设施跟踪 GPS 卫星、监控其传输、执行分析并向星座发送命令和数据。当前的操作控制段（OCS）包括一个主控制站、一个备用主控制站、11 个指挥控制天线以及 16 个监测站。这些设施的位置如图 6-32 所示。

（1）主控站（Master Control Station）。

提供对 GPS 星座的指挥和控制；使用全球监测站数据计算卫星的精确位置；生成导航信息以上传到卫星；监控卫星广播和系统完整性，以确保星座正常和准确性；执行卫星维护

图 6-32 GPS 控制段

和异常解决，包括重新定位卫星以保持最佳星座；目前使用单独的系统（AEP 和 LADO）来控制运行和非运行卫星；由完全可操作的备用主控制站提供支持。

空军目前通过一个名为 AEP 的系统指挥和控制正在运行的 GPS 星座。该系统能够管理当今所有的 GPS 卫星。AEP 是指 2007 年实施的体系结构演进计划（Architecture Evolution Plan）。根据这一计划，空军用基于现代 IT 技术的全新 GPS 主控站取代了原来的基于大型机的 GPS 主控站。

2007 年，空军部署了发射/早期轨道、异常分辨率和处置操作（Launch/early orbit, Anomaly resolution, and Disposal Operations, LADO）系统，以处理非运行 GPS 卫星（Block IIA/IIR/IIR-M、IIF）。LADO 系统具有三个主要功能：遥测、跟踪和控制；卫星移动的规划和执行；模拟 GPS 有效载荷和子系统的不同遥测任务。

（2）监测站（Monitor Station）。

当 GPS 卫星从头顶经过时跟踪它们；采集导航信号、距离/载波测量值和大气数据；将观察结果反馈给主控站；利用精密的 GPS 接收机；通过 16 个站点提供全球覆盖（6 个来自空军，10 个来自 NGA）。

（3）地面天线（Ground Antenna）。

向卫星发送命令、导航数据上传和处理器程序加载；采集遥测；通过 S 波段通信并执行 S 波段测距，以提供异常分辨率和早期轨道支持；包括 4 个专用 GPS 地面天线和 7 个空军卫星控制网络远程跟踪站。

图 6-33 形象显示了监测站、主控站和地面天线之间的关系。

（4）操作人员。

GPS 星座始终如一地提供高性能服务，这要归功于其操作员——美国空军第 2 太空作战中队（2SOPS）和空军预备役第 19 太空作战中队（19SOPS）人员在施里弗太空军基地的不懈努力。2SOPS 和 19SOPS 一起使 GPS 卫星 24/7 全天候飞行，为数十亿民用和军用用户提供持续可用性和高精度。

图 6-33 地面控制流程

3. 用户设备部分

用户段由 GPS 接收机组成，它们从 GPS 卫星收到信号并利用传来的信息计算用户的三维位置和时间。

6.5.1.4 增强系统功能

GPS 卫星为民间和军方的用户提供服务。民用服务对全世界所有用户都一样是免费的、不间断的。军用服务只对美军和盟军以及得到批准的一些政府部门开放。有许多对 GPS 的增强可以使 GPS 满足用户在定位、导航和授时（PNT）方面的特殊要求。增强是一个提高 PNT 的精确性、完整性、可靠性和可用性的系统，这个增强部分是 GPS 本身原来并不具有的。它包括但不限于如下各项。

1. 全国范围差分 GPS 系统（NDGPS）

NDGPS 是由联邦铁路管理局、美国海岸警卫队和联邦公路管理局运营和维护的地面增强系统，为地面和水面的用户提供更精确和完全的 GPS，如图 6-34 所示。NDGPS 是按照国际标准建造的，世界上五十多个国家已经采用了类似的标准。

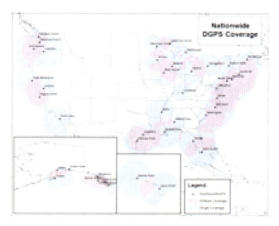

图 6-34 NDGPS

2. 广域增强系统（WAAS）

WAAS 是由美国联邦航空管理局（FAA）运营的一个区域天基增强系统，支持北美各地的飞机导航。虽然 WAAS 主要为航空用户设计，但它广泛应用于其他 PNT 用户的接收机中。

FAA 致力于按照 GPS WAAS 性能标准中规定的性能水平提供 WAAS 服务。FAA 正在改进 WAAS，以利用未来 GPS 生命安全信号提供更好的性能。WAAS 服务可与其他区域天基增强系统服务互操作，包括日本（MSAS）、欧洲（EGNOS）和印度（GAGAN）运营的服务。

图 6-35 所示为支持 WAAS 的地球同步轨道卫星。

图 6-35 ┃ 支持 WAAS 的地球同步轨道卫星

3. 持续运行参考站（CORS）

美国 CORS 网络由国家海洋大气管理局管理，负责保存和分发 GPS 数据，主要通过后期处理为精确定位和大气模型的应用服务，如图 6-36 所示。CORS 正在被现代化更新以支持实时的用户。

超过 200 个私人、公共和学术组织向 CORS 提供了来自近 2000 个 GPS 跟踪站的数据。

4. 全球差分 GPS（GDGPS）

GDGPS 是 NASA 喷气推进实验室（JPL）开发的高精度 GPS 增强系统，用于支持 NASA 科学任务的实时定位、授时和轨道确定需求，如图 6-37 所示。

NASA 未来的计划包括使用跟踪和数据中继卫星系统（TDRSS）通过卫星发布实时差分校正信息。该系统被称为 TDRSS 增强服务卫星（TASS）。

图 6-36 ┃ CORS

图 6-37 ┃ GDGPS

5. 国际 GNSS 服务（IGS）

IGS 是由来自 80 个国家的 200 个组织提供的 350 个 GPS 监控站所组成的网络，如图 6-38 所示。它的使命是按照全球导航卫星系统（GNSS）的标准提供最高质量的数据和产品，支持地球科学研究、跨学科应用和教育事业，并且促进其他有益于社会的用途。大约有100个IGS监控站可以在收集后一小时之内播出它们的跟踪数据。

图 6-38 IGS

在世界范围内还有其他的增强系统，包括政府的和商业的。这些系统使用差分的、静态的或实时的技术。此外，其他卫星导航系统也有增强版。美国为确保国际增强系统与GPS和美国GPS增强系统的兼容性，正与许多国家展开合作。

6.5.1.5 系统性能

GPS的准确率取决于GPS卫星在太空中广播其信号的精度，但用户接收到的信号取决于其他因素，包括卫星几何形状、信号阻塞、大气条件和接收机设计特征/质量。例如，在开阔的天空下，支持GPS的智能手机通常可以精确到4.9m半径范围内。但是，它们的准确性在建筑物、桥梁和树木附近会变差。高端用户通过双频接收机和/或增强系统提高GPS精度，可以实现几厘米的实时定位，以及毫米级的长期测量。[①] 如图6-39所示为GPS水平位置误差直方图。

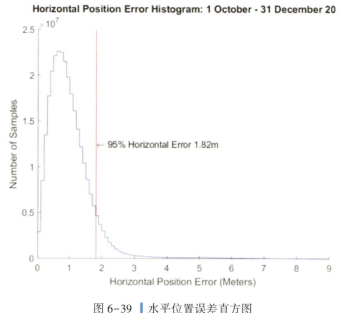

图 6-39 水平位置误差直方图

① https://www.gps.gov/systems/gps/performance/accuracy/

1. 定位

很多事情都会降低 GPS 定位精度。常见原因包括：由于建筑物、桥梁、树木等造成的卫星信号阻塞；室内或地下使用；从建筑物或墙壁反射的信号（多径）。GPS 多径问题如图 6-40 所示。

不太常见的原因可能包括：无线电干扰或拥塞；大型太阳风暴；卫星维护/机动造成覆盖范围的临时空白；不符合 GPS 接口规范的设计不当的设备。在许多情况下，设备的 GPS 硬件工作正常，但其地图软件有问题。例如，用户经常被以下内容误导：错误绘制的地图；缺少的道路、建筑物、社区等；错误估计的街道地址。

美国政府承诺提供符合《全球定位系统标准定位服务（SPS）性能标准》[①] 规定精度水

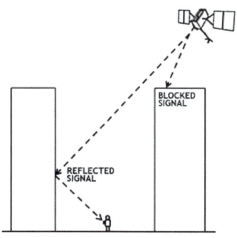

图 6-40 ┃ GPS 多径问题

平的 GPS。精度承诺不适用于 GPS 设备，而是适用于空间传输的信号。例如，政府承诺以 95% 的概率，在星座时隙中的所有健康的卫星上，以小于或等于 2.0m 的每日全球平均用户范围误差（URE）在空间广播 GPS 信号。实际性能通常要好得多。2021 年 4 月 20 日，所有卫星的全球平均 URE 值 95% 的时间小于或等于 0.643m。

需要明确的是，URE 不是用户准确性。用户精度取决于卫星几何形状、URE 和本地因素（如信号阻塞、大气条件和接收机设计特征/质量）的组合。如图 6-41 所示，为了计算它的位置，GPS 设备测量它与多个 GPS 卫星的距离（范围）。URE 是测距精度的量度。用户精度是指设备计算出的位置与真实位置的接近程度，以半径表示。

正在进行的 GPS 现代化计划将进一步提高民用和军用用户的准确性。

2. 速度

与定位一样，GPS 的速度精度取决于许

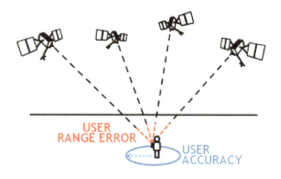

图 6-41 ┃ 测距精度与用户精度

多因素。美国政府在任何 3s 间隔内提供全球平均用户距离率误差（URRE）小于或等于 0.006m/s 的空间 GPS 信号，概率为 95%。该测度必须与政府控制之外的其他因素结合，包括卫星几何形状、信号阻塞、大气条件和接收机设计特征/质量，以计算特定接收机的速度精度。

3. 时间

GPS 时间传输是将时钟和网络同步到协调世界时（Coordinated Universal Time，UTC）的常用方法。政府通过 GPS 信号分发由美国海军天文台（USNO）维护的 UTC，在 95% 的时间

---

① Global Positioning System Standard Positioning Service (SPS) Performance Standard, 5th Edition, April 2020.

里相对于 UTC 的时间传输精度小于或等于 30ns（十亿分之一秒）。该性能标准假定在固定位置使用专门的时间传输接收机。

4. 军用与民用

空间 GPS 信号的用户距离误差（URE）实际上对于民用和军用 GPS 服务是相同的。然而，当今大多数民用设备仅使用一种 GPS 频率，而军用接收机使用两种。使用两个 GPS 频率可通过校正地球大气造成的信号失真来提高准确性。双频 GPS 设备在商业上可用于民用，但其成本和尺寸限制了它的专业应用。

使用增强系统，民用用户实际上可以获得比军队更好的 GPS 精度。

政府不会降低民用 GPS 精度，在 1990 年代，GPS 采用了一种称为选择性可用性（Selective Availability）的功能，该功能在全球范围内有意降低了民用精度。

2000 年 5 月，在克林顿总统的指示下，美国政府停止使用选择性可用性，以使 GPS 对全球民用和商业用户的反应更加灵敏。美国政府无意再次使用选择性可用性。

6.5.1.6 GPS 信号

GPS 信号由全球定位系统卫星广播，以实现卫星导航。地球表面或附近的接收机可以使用这些信息确定位置、速度和时间。

GPS 信号包括测距信号（用于测量到卫星的距离）和导航消息。导航消息包括星历数据，用于计算每颗卫星在轨道上的位置，以及整个卫星星座的时间和状态信息，称为年历。

有 4 种为民用设计的 GPS 信号规格。按照发布的顺序，它们是 L1 C/A、L2C、L5 和 L1C。L1 C/A 也称为传统信号，由所有当前运行的卫星广播。L2C、L5 和 L1C 是现代化信号，仅由较新的卫星广播（或根本不广播），截至 2021 年 1 月，尚未考虑完全用于民用。此外，还有公开频率和芯片速率的限制性信号，但加密编码只供授权方使用。一些受限制信号的有限使用仍然可以由无解密的平民使用，这被称为无编码和半编码访问，并得到了官方支持。①

1. 共同特征

GPS 卫星（在 GPS 接口规范文件中称为空间飞行器）使用二进制相移键控（BPSK）同时传输多个测距码和导航数据。只使用有限数量的中心频率；利用不同的测距码来区分使用相同频率的卫星；换句话说，GPS 使用的是码分多址。测距码也被称为芯片码（参考 CDMA/DSSS）、伪随机噪声和伪随机二进制序列（参考它是可预测的，但在统计上类似于噪声）。

一些卫星以正交幅度调制（QAM）的形式，以相同频率发射若干个 BPSK 流。然而，与典型的正交幅度调制系统中单个比特流被分割成两个半符号率比特流以提高频谱效率不同，在 GPS 信号中，同相和正交分量是由独立的（但功能相关的）比特流调制的。

卫星由称为航天器编号（SVN）的序列号唯一标识，该序列号在其生命周期内不会改变。此外，所有运行中的卫星都使用航天器标识符（SV ID）和伪随机噪声（Pseudo Random Noise, PRN）编号，唯一标识卫星使用的测距编码。接口规范中描述的 SV 标识符和 PRN 编号之间存在固定的一一对应关系。与 SVN 不同，卫星的 SV ID/PRN 号可能会改变（也改变它使用的测距编码）。在任何时间点，任何 SV ID/PRN 码最多被单个卫星使用。一个 SV ID/PRN 码可能在不同的时间点被多颗卫星使用，而一个卫星可能在不同的时间点使

---

① WIKEPEDIA. GPS signals. [https://en.wikipedia.org/wiki/GPS_signals]

用了不同的 SV ID/PRN 码。GPS 星座的当前 SVN 和 PRN 编号可以在导航中心（NAVCEN）网站找到[①]。

2. 传统 GPS 信号

最初的 GPS 设计包含两个测距码：粗略/采集（C/A），公众可以免费获得；限制精码（P），通常保留用于军事应用。

（1）粗略/采集码。

C/A PRN 码是 Gold 码，周期为 1023 个码片，以 1.023Mchip/s 传输，1ms 重复一次。它们与 50bps 的导航消息异或，相位调制前文所述的载波。这些编码仅在它们几乎完全对齐时才匹配或强自相关。每颗卫星都使用唯一的 PRN 码，该编码与任何其他卫星的 PRN 码都没有很好的相关性。换句话说，PRN 码彼此是高度正交的。C/A 码的 1ms 周期对应 299.8km 的距离，每个码片对应 293m 的距离。（接收机在一个码片精度内很好地跟踪这些编码，因此测量误差远小于 293m。）

C/A 码是通过组合（使用"异或"）由最大周期 10 级线性反馈移位寄存器（LFSR）生成的 2 位流来生成的。通过选择性地延迟这些比特流之一来获得不同的编码。

（2）精确码。

P 码是一个比 C/A 码长得多的 PRN 序列。尽管 P 码码片速率（10.23Mchips/s）是 C/A 码的 10 倍，但它每周只重复一次，消除了范围模糊。假设接收机无法直接获取如此长且快速的编码，因此他们首先用 C/A 码"引导"自己以获取航天器星历，产生大致的时间和位置定位，然后获取 P 码以完善修复。

尽管 C/A PRN 对于每颗卫星都是唯一的，但每颗卫星传输主 P 码序列的不同段。每颗卫星重复发送其分配的主编码段，在每个星期日的 GPS 时间 00:00:00 重新开始。（GPS 纪元是 UTC 时间 1980 年 1 月 6 日星期日 00:00:00，但 GPS 不遵循 UTC 闰秒，因此 GPS 时间比 UTC 提前整数秒。）

P 码是公开的，因此为了防止未经授权的用户使用或潜在地通过欺骗干扰它，P 码与 W 码（一种加密生成的序列）进行异或以生成 Y 码。Y 码是卫星自反欺骗模块设置为"开启"状态以来一直在传输的内容。加密后的信号称为 P（Y）码。

（3）导航消息。

除了 PRN 测距码外，接收机还需要知道每个活动卫星的时间和位置。GPS 将此信息编码到导航消息中，并以 50bps 的速度将其调制到 C/A 和 P（Y）测距编码上。这里描述的导航消息格式称为 LNAV 数据（用于传统导航）。

导航消息传达三种类型的信息：GPS 日期和时间以及卫星的状态；所述星历表，用于发射卫星的详细轨道信息；年历，每颗卫星的状态和低分辨率轨道信息。

星历的有效期只有 4 小时；年历在两周内有效，精度几乎没有降低。接收机使用年历根据存储的时间和位置获取一组卫星。获取每颗卫星后，对其星历进行解码，以便卫星可用于导航。

导航消息由 1500 位长的 30 秒帧组成，分为 5 个 6 秒子帧，每个子帧有 10 个 30 位字。每个子帧都有以 6 秒为增量的 GPS 时间。子帧 1 包含 GPS 日期（周数）和卫星时钟校正信息、卫星状态和健康状况。

---

① https://www.navcen.uscg.gov/

有两种导航消息类型：LNAV-L 由 PRN 编号为 1~32（称为低 PRN 编号）的卫星使用；LNAV-U 由 PRN 编号为 33~63（称为高 PRN 编号）的卫星使用。这两种类型使用非常相似的格式。子帧 1~3 相同，而子帧 4 和 5 几乎相同。每种消息类型都包含使用相同导航消息类型的所有卫星的年历数据，但不包含另一种。

每个子帧都以遥测字（TLM）开头，使接收机能够检测子帧的开始并确定导航子帧开始的接收机时钟时间。接下来是切换字（HOW），给出 GPS 时间（实际上是传输下一个子帧的第一个比特的时间）并标识完整帧内的特定子帧。子帧的其余 8 个字包含特定于该子帧的实际数据。每个字包括使用基于汉明码的算法生成的 6 位奇偶校验，该算法考虑了该字的 24 个非奇偶校验位和前一个字的最后 2 位。

在读取并解释一个子帧之后，可以通过使用时钟校正数据和切换字来计算发送下一个子帧的时间。接收机从遥测字的检测中知道接收到下一个子帧开始时间的接收机时钟时间，从而能够计算通过时间来计算伪距。

6.5.1.7 GPS 现代化

GPS 已成为国家关键基础设施的一部分。金融市场、交通系统、公用事业、乘用车行业以及农业和建筑行业都依赖 GPS 的定位、导航和授时（PNT）信号。全球超过 40 亿用户依赖 GPS 的 PNT 信号。仅在美国，全球定位系统估计每年可带来 3000 多亿美元的经济效益。自 GPS 问世以来，这一数字总计超过 1.4 万亿美元。

全球定位系统现在由 2019 年年底新成立的美国太空军（USSF）拥有和运营。GPS 对作战人员来说是一个非常有价值的工具，可使他们能够准确地完成任务，并安全返回家园。

今天的太空与 1978 年第一颗 NAVSTAR 卫星发射时不同。太空已经成为一个竞争更加激烈的环境，竞争对手也越来越多。作战人员需要增强能力，以应对不断演变的威胁。将 GPS 作为"作战系统"的关注点重新回归的必要性从未如此明确。

GPS 现代化计划（图 6-42）是一项持续的、耗资数十亿美元的工作，旨在升级全球定位系统的功能和整体性能。升级后的功能包括新的民用和军用 GPS 信号。通过现代化提高 GPS 性能，促进了美国在全球导航卫星系统的服务、提供和使用方面保持领先地位。

图 6-42 GPS 现代化

GPS 现代化涉及一系列连续的卫星采办，包括 GPS Block ⅡR-M、GPS Block ⅡF、GPS Ⅲ 和 GPS ⅢF（Follow-On，后续）。同时，还涉及对 GPS 控制段的改进，包括 GPS Ⅲ 应急操作（COps）、M 码早期使用（MCEU）和下一代操作控制系统（OCX）。GPS 现代化涉及用更新的、功能更强大的卫星和地面系统完全替换旧的 GPS 卫星和地面系统。这项工作需要来自国防部的大量资源，以及来自交通部的资助。

GPS 现代化的第一步发生在 2000 年 5 月，当时克林顿总统指示国防部关闭 GPS 选择性可用性（Selective Availability）功能。选择性可用性是通过 GPS 卫星在全球范围内实施的故意降低民用 GPS 精度。20 世纪 90 年代，民用 GPS 读数的误差可能高达 100m。在选择性可用性被停用的当天，民用 GPS 精度提高了 10 倍，在民用和商业应用领域掀起了一场世界性的革命。

2007 年，美国政府宣布将在没有选择性可用性功能的情况下建造 GPS Ⅲ。

GPS 现代化的概要情况如图 6-43 所示。

1. 空间段现代化

作为美国太空军利用新技术和先进能力使当今 GPS 卫星星座现代化工作的一部分，洛克希德·马丁公司正在建造多达 32 颗下一代 GPS Ⅲ/ⅢF 卫星（图 6-44）。

这些卫星正在该公司位于科罗拉多州丹佛市附近的近 40000 平方英尺的 GPS Ⅲ 处理设施中组装和测试。随着新技术的出现，或随着空军任务需求的变化，GPS Ⅲ 卫星采用灵活的模块化架构设计，以允许直接、低风险地插入新功能。也许最重要的是，GPS Ⅲ 卫星将更难被干扰，这让军事用户可以放心地在最重要的时间和地点使用 GPS。

随着 GPS Ⅲ 的发展，作为空军 GPS ⅢF 采购的一部分，该卫星的设计将包含新的全数字导航有效载荷、提高精度的激光后向反射器阵列、区域军事保护（RMP）能力和政府配备的搜救有效载荷。

此外，洛克希德·马丁公司所有未来的 GPS Ⅲ 卫星均已验证与下一代操作控制系统（OCX）和现有 GPS 星座兼容，从而显著降低了将 GPS Ⅲ 添加到星座中的风险，提高了安全性、信号完整性和令人难以置信的准确性。

（1）下一代 GPS Ⅲ。

洛克希德·马丁公司目前签约设计和建造 10 颗 GPS Ⅲ 卫星，这些卫星将用于保持 NAVSTAR 全球定位系统的运行。该系列的第一颗卫星（SVN 74）于 2018 年 12 月发射。最近一次 GPS Ⅲ 发射是 2023 年 1 月发射第六颗卫星（SVN 79）。[①]

GPS Ⅲ 提供比早期设计的 GPS 卫星更大的性能改进，包括：
- 精度提高 3 倍；
- 抗干扰能力提高 8 倍；
- 一种新的 L1C 民用信号，它与国际全球导航卫星系统（如欧洲的伽利略）兼容，以改善民用用户的连接；
- 模块化设计，允许未来添加新技术和功能，以更好地应对不断变化的任务需求和新出现的威胁。

（2）GPS ⅢF：更强大的功能。

随着 GPS ⅢF（后续）计划的实施，更多的功能即将到来。洛克希德·马丁公司目前正在与多达 22 颗 GPS ⅢF 卫星签订合同，从 GPS ⅢF SV11 开始。GPS ⅢF 卫星将具有：

---

① Maddie Saines. GPS Ⅲ SV06 launched. GPS World, January 18, 2023. ［https://www.gpsworld.com/gpsiii-sv06-launch/］

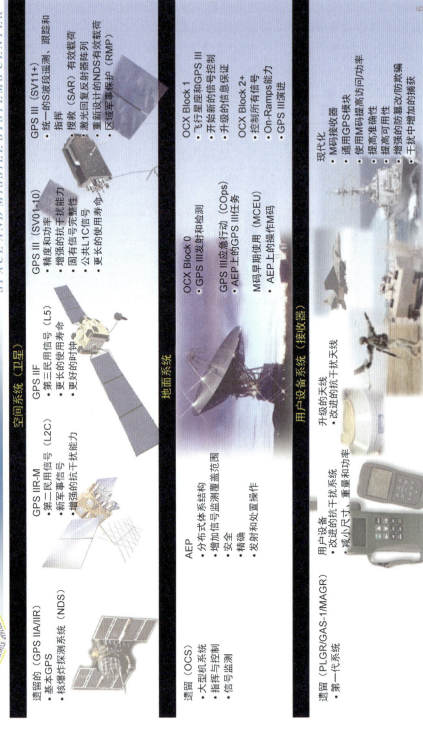

图 6-43 GPS 现代化概要

图 6-44 ┃ GPS Block Ⅲ 卫星

- 区域军事保护能力,可在战区提供高达 60 倍的抗干扰能力,以确保美国和盟军在敌对环境中无法被阻止使用 GPS;
- 一种提高精度的激光后向反射器阵列;
- 新的搜救有效载荷;
- 全数字导航有效载荷。

GPS ⅢF SV13 及更高版本将包含 LM2100 战斗巴士(Combat Bus),一种增强型空间飞行器,能够提供更大的弹性和赛博强化能力,以应对日益增长的威胁,并提高航天器的功率、推进力和电子设备。

LM2100 战斗巴士还能够托管洛克希德·马丁公司的增强系统端口接口(ASPIN),这将为未来的在轨服务和升级提供机会。

洛克希德·马丁公司是 GPS Ⅲ 团队的一员,该团队位于美国太空军洛杉矶空军基地的太空和导弹系统中心。GPS 控制段的维持由彼得森太空军基地的 GPS 维持部管理。位于施里弗太空军基地的第二太空作战中队为民用和军用用户管理和运营 GPS 星座。

2. 控制段现代化

作为 GPS 现代化计划的一部分,空军多年来不断升级 GPS 地面控制段。地面升级对于指挥和控制新的 GPS 卫星以及增强赛博安全至关重要。

(1) 下一代操作控制系统。

下一代操作控制系统(Next Generation Operational Control System,OCX)是 GPS 控制段的未来版本。OCX 将指挥所有现代化和传统 GPS 卫星,管理所有民用和军用导航信号,并为下一代 GPS 运营提供更好的赛博安全和恢复能力。它将包括:主控站和备用主控站;专用监测站;地面天线;GPS 系统模拟器;标准化太空训练。

OCX 开发遵循增量方法:

Block 0 是发射和控制系统(LCS),旨在控制发射和早期轨道操作以及所有 GPS Ⅲ 卫星的在轨检查。OCX Block 0 是 OCX Block 1 的一个子集,为 Block 1 提供硬件、软件和赛博安全基础。

Block 1 展示了控制所有传统卫星和民用信号（L1 C/A）、军用信号（L1P（Y）、L2P（Y）），GPS Ⅲ卫星和现代化民用信号（L2C），以及航空安全飞行信号（L5）的作战能力。此外，Block 1 将具备控制现代化军用信号（L1M 和 L2M，M 码）和全球兼容信号（L1C）的基本作战能力。它还完全满足信息保障/赛博防御要求。

Block 2 提供先进的作战能力，以控制现代化军事信号（L1M 和 L2M，M 码）的先进功能。

Block 3F 将使用新功能升级 OCX，以与 GPS ⅢF 空间段和军用 GPS 用户设备（MGUE）增量 2 功能同步。OCX Block 3F 需要发射和操作 GPS ⅢF 卫星。

（2）GPS Ⅲ应急操作。

GPS Ⅲ应急操作（Contingency Operations）将驾驶 GPS Ⅲ卫星进入运行星座，保持当前的性能水平并避免降级。

OCX Block 1 的当前采办计划（操作 GPS Ⅲ卫星的能力）使 GPS 星座维持面临风险，因为当前控制段无法操作 GPS Ⅲ卫星。GPS Ⅲ COps 是对当前控制段的修改，以操作 GPS Ⅲ卫星的 PNT 和核爆炸探测系统（NDS）有效载荷，并在 OCX Block 1 交付之前保持有限的测试 M 码能力。

COps 依靠 OCX Block 0 发射 GPS Ⅲ及处置重大异常。

（3）M 码早期使用。

M 码早期使用（M-Code Early Use，MCEU）是向军用 GPS 用户群体提供现代化军用 GPS 信号（称为 M 码）的核心能力所必需的。如果没有 M 码，军用 GPS 用户将继续受到 GPS 干扰和欺骗的威胁。因此，通过提供 M 码信号，MCEU 将在 OCX Block 1 交付之前提供更大的保护，防止这些威胁。

此外，当 MCEU 投入运行时，它可以支持军用 GPS 用户设备的运行测试。

3. 新的民用信号

GPS 现代化计划的一个重点是向卫星星座添加新的导航信号。正在部署三种民用信号：L2C、L5 和 L1C。传统的民用信号 L1 C/A 将继续广播。因此，总共有 4 个民用 GPS 信号。用户必须升级设备以从新信号中受益。

随着空军发射新的 GPS 卫星以取代旧的 GPS 卫星，新的民用信号正在逐步增加。在 18~24 颗卫星广播之前，大多数新信号的使用将受到限制。

（1）L2C。

L2C 是第二个民用 GPS 信号，专门为满足商业需求而设计。它的名称是指信号使用的无线电频率（1227MHz，或 L2），以及它用于民用的事实。还有两个 L2 频率的军用信号。

当在双频接收机中与 L1 C/A 相结合时，L2C 能够实现电离层校正，这是一种提高精度的技术。使用双频 GPS 接收机的民用信号享有与军方相同的精度（或更好）。

对于现有双频操作的专业用户，L2C 可实现更快的信号采集、增强的可靠性和更大的工作范围。L2C 以比传统的 L1 C/A 信号更高的有效功率广播，因此更容易在树下甚至室内接收。

（2）L5。

L5 是第三个民用 GPS 信号，旨在满足生命安全运输和其他高性能应用的苛刻要求。其名称是指美国对信号所用射频的指定（1176MHz）。

L5 在专用于航空安全服务的无线电频带中广播。它具有更高的功率、更大的带宽和先进的信号设计。未来的飞机将结合 L1 C/A 使用 L5，以提高精度（通过电离层校正）和健壮性（通过信号冗余）。除了提高安全性外，使用 L5 还将提高美国领空、铁路、水道和公路的容量和燃油效率。

2009 年，空军成功地在 GPS ⅡR-20（M）卫星上广播了实验性 L5 信号。2010 年 5 月发射了第一颗带有全 L5 发射器的 GPS ⅡF 卫星。

2014 年 4 月，空军开始在 L5 信号上广播民用导航（CNAV）信息。然而，L5 仍处于运行前状态，在宣布运行之前，用户应自行承担使用风险。

（3）L1C。

L1C 是第四个民用 GPS 信号，旨在实现 GPS 和国际卫星导航系统之间的互操作性。它的名称是指信号所使用的无线电频率（1575MHz，或 L1），以及它用于民用的事实。L1 处还有两个军用信号，以及传统的 C/A 信号。L1C 不应与 L1 C/A 混淆。

L1C 采用多路二进制偏移载波（MBOC）调制方案，在保护美国国家安全利益的同时实现国际合作。该设计将改善城市和其他挑战性环境中的移动 GPS 接收。

美国和欧洲最初开发 L1C 作为 GPS 和伽利略的通用民用信号。日本的准天顶卫星系统（QZSS）和中国的北斗系统也在采用类似 L1C 的信号。

2018 年 12 月发射第一颗 L1C GPS 卫星。L1C 以与原始 L1 C/A 信号相同的频率广播，该信号将被保留以向后兼容。

几种 GPS 民用信号的特征对比如表 6-1 所示。

表 6-1 几种 GPS 民用信号的特征对比

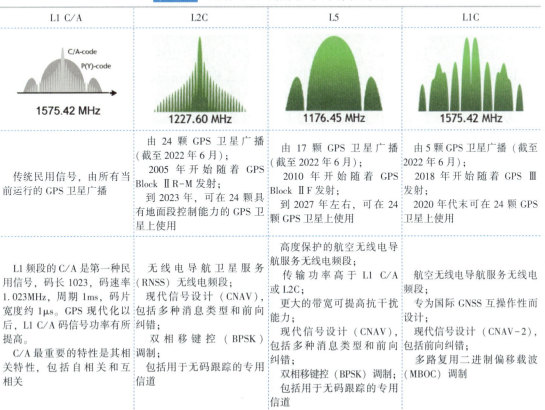

L1 C/A	L2C	L5	L1C
1575.42 MHz	1227.60 MHz	1176.45 MHz	1575.42 MHz
传统民用信号，由所有当前运行的 GPS 卫星广播	由 24 颗 GPS 卫星广播（截至 2022 年 6 月）；2005 年开始随着 GPS Block ⅡR-M 发射；到 2023 年，可在 24 颗具有地面段控制能力的 GPS 卫星上使用	由 17 颗 GPS 卫星广播（截至 2022 年 6 月）；2010 年开始随着 GPS Block ⅡF 发射；到 2027 年左右，可在 24 颗 GPS 卫星上使用	由 5 颗 GPS 卫星广播（截至 2022 年 6 月）；2018 年开始随着 GPS Ⅲ 发射；2020 年代末可在 24 颗 GPS 卫星上使用
L1 频段的 C/A 是第一种民用信号，码长 1023，码速率 1.023MHz，周期 1ms，码片宽度约 1μs。GPS 现代化以后，L1 C/A 码信号功率有所提高。C/A 最重要的特性是其相关特性，包括自相关和互相关	无线电导航卫星服务（RNSS）无线电频段；现代信号设计（CNAV），包括多种消息类型和前向纠错；双相移键控（BPSK）调制；包括用于无码跟踪的专用信道	高度保护的航空无线电导航服务无线电频段；传输功率高于 L1 C/A 或 L2C；更大的带宽可提高抗干扰能力；现代信号设计（CNAV），包括多种消息类型和前向纠错；双相移键控（BPSK）调制；包括用于无码跟踪的专用信道	航空无线电导航服务无线电频段；专为国际 GNSS 互操作性而设计；现代信号设计（CNAV-2），包括前向纠错；多路复用二进制偏移载波（MBOC）调制

4. 民用导航（CNAV）消息

GPS 现代化计划正在为 GPS 星座添加新的民用信号。新信号使用现代化的民用导航（CNAV）消息格式，该格式比原始民用信号（C/A 码）上的传统导航（LNAV）消息更灵活。CNAV 还提供了前向纠错等现代功能。

美国空军目前在 L2C 和 L5 上广播 CNAV 消息，这些消息来自能够传输这些信号的所有运行 GPS 卫星（即 GPS ⅡR-M 和 GPS ⅡF）。L2C 和 L5 信号目前处于运行前状态。政府正在为用户熟悉的设备开发提供运行前 CNAV 消息。

2014 年，空军开始在 L2C 和 L5 上广播 CNAV 消息。在此之前，这些信号仅发送不包含数据的默认消息（消息类型 0）。

6.5.1.8 采办动态

下一代 GPS Ⅲ 卫星将自身推进轨道。①

2021 年 6 月 17 日，由洛克希德·马丁公司设计和制造的第五颗 GPS Ⅲ 卫星现在正驶向距离地球 12550 英里的轨道。这标志着支持美国太空军 GPS 卫星星座的现代化工作又进一步。早些时候发射的太空飞行器 GPS Ⅲ SV05 是最新的下一代 GPS Ⅲ 卫星，这是一个由太空军拥有和运营的系统。GPS Ⅲ SV05 将成为第 24 个在轨启用军用码（M-code）信号的 GPS 太空飞行器，完成星座的基线要求，为军队提供更安全，更难以干扰和欺骗的 GPS 信号。

与早期设计的在轨 GPS 卫星相比，GPS Ⅲ 卫星具有显著的性能提升，包括：精度提高 3 倍；抗干扰能力提升 8 倍；全新的 L1C 民用信号，与欧洲伽利略等国际全球导航卫星系统兼容，提升民用用户连通性。

洛克希德·马丁公司导航系统副总裁 Tonya Ladwig 说："随着我们将每颗卫星送入轨道，我们帮助美国太空军实现 GPS 星座的现代化，并设想未来的能力。我们接下来的三颗卫星，GPS Ⅲ SV06、SV07 和 SV08 已经完成，正在等待发射日期。"

美国东部时间 6 月 17 日下午 12 点 09 分，GPS Ⅲ SV05 从佛罗里达州卡纳维拉尔角太空部队发射升空后约 90 分钟，美国太空军及洛克希德·马丁公司丹佛 GPS Ⅲ 发射和检验操作中心的工程师宣布，GPS Ⅲ SV05 与其 SpaceX 猎鹰 9 号火箭分离并在他们的控制下"飞行"。在未来几天，GPS Ⅲ SV05 的机载液体远地点发动机将继续推动卫星进入其运行轨道。到达后，工程师将发送卫星命令部署其太阳能电池阵列和天线，并准备将 GPS Ⅲ SV05 移交给太空作战司令部。

据 2008 年 5 月的报道，美国空军授予洛克希德·马丁团队 14 亿美元的合同，用于建造 GPS Ⅲ 空间系统。

作为美国重要的国家基础设施的一部分，GPS 每年带来约 3000 亿美元的经济效益，自成立以来贡献了 1.4 万亿美元。在全球范围内，超过 40 亿军事、民用和商业用户依赖 GPS 的定位、导航和授时信号。

---

① Lockheed Martin-Built Next Generation GPS Ⅲ Satellite Propels Itself To Orbit. PRNewswire, June 17, 2021.［https://news.lockheedmartin.com/2021-06-17-Lockheed-Martin-Built-Next-Generation-GPS-Ⅲ-Satellite-Propels-Itself-to-Orbit］

6.5.2 基于 GPS 的定位、导航和授时服务（GPNTS）

6.5.2.1 概况

定位、导航和授时（Positioning, Navigation and Timing, PNT）通常用于描述全球定位系统（GPS）/全球导航卫星系统（GNSS）星座提供的服务，或表示支持导航的各种方法和技术。这些词的定义如下：

定位是指参考标准大地测量系统，例如 1984 年世界大地测量系统（WGS84）或国际陆地参考框架（ITRF），能够在二维或三维的情况下精确地确定一个人的位置和方向。

导航是确定当前和所需位置（相对或绝对）并对航向、方向和速度进行修正，以在世界任何地方（从水下到水面以及从水面到空中）获得所需位置的能力。

授时是从世界任何地方的标准协调世界时（UTC）和用户定义的参数中获取和保持精确时间的能力，包括时间转移。①

基于 GPS 的定位、导航和授时服务（GPS-Based Positioning, Navigation and Timing Service, GPNTS）是海军的下一代定位、导航和授时（PNT）系统。GPNTS 是一个 ACAT Ⅲ 采办项目，承包商是雷声集成防御系统公司。GPNTS 与 NAVSSI（导航传感器系统接口）和 WRN-6 相匹配，为需要 PNT 信息的武器、作战、导航和其他 C4I 系统提供关键任务的实时 PNT 数据服务。GPNTS 提供强大、安全、集成和可互操作的以网络为中心的 PNT 能力，包括：

- 向太空信号现代化的迁移（M 码）；
- 整合平台 GPS 接收机的可伸缩解决方案；
- GPS 安全架构；
- 开放式架构方法，允许集成备用 PNT 源；
- 选择性可用性反欺骗模块（SAASM）；
- 与 GPS 抗干扰天线配对；
- 在 GPS 拒止环境中提供扩展的授时。

GPNTS 对于国家关键基础设施运作至关重要。无论是民用、商用还是军用，几乎所有部门都依赖准确的 PNT 信息来提供服务。然而，使用 GPS 作为 PNT 数据主要的，并且在许多情况下是唯一的来源，使这些部门容易受到 GPS 信号有意或无意中断的影响。更复杂的是，技术的进步使得广播模拟 GPS 信号的能力变得相对简单，进一步将 PNT 相关系统置于危险之中。

GPNTS 以舰载用户系统所需的格式接收、处理和分发三维位置、速度、加速度、姿态、时间和频率。GPNTS 是美国海军舰艇以及美国海岸警卫队（USCG）、军事海运司令部（MSC）和对外军售（FMS）平台的项目。GPNTS 系统使用商业、开放系统架构方法开发，以满足网络为中心的面向服务架构（SOA）环境中的用户需求。GPNTS 系统包含嵌入式非开发项目（NDI）军用级选择性可用性反欺骗模块（SAASM）GPS 接收机，包括抗干扰 GPS 天线系统。此外，美国空军 GPS 理事会目前正在开发具有 M 码功能的军用 GPS 用户设

---

① National Positioning, Navigation, and Timing (PNT). NASA, May 22, 2014.
[https://www.nasa.gov/directorates/heo/scan/communications/policy/policy_pnt.html]

备（MGUE）。GPNTS MGUE 集成和测试始于 2016 财年，GPNTS 计划从 SAASM 配置过渡到 M 码。

6.5.2.2 定位、导航和授时

定位、导航和授时（PNT）是信息优势的关键组成部分，尤其是在获得和维持战场空间感知以及确保指挥和控制方面。PNT 为水面、水下、空中和太空装备提供位置和精确时间参考，从而实现导航、通信和有保证指挥控制的安全。①

1. 航行安全

机动自由是在战斗中取得优势的不可或缺的组成部分，无论是在陆上、海上、水下还是空中。在过去十年中，海上电子导航系统的出现极大地提高了我们利用战场空间的能力。通过将数字海图与导航传感器集成，这些增强功能可提供实时 PNT 信息。

1998 年，海军作战部长指示所有在役的海军舰艇从使用硬拷贝海图导航过渡到电子导航能力。到 2001 年，海军电子海图显示和信息系统（ECDIS-N）的标准已经制定，为海军从纸质海图过渡到最先进的电子导航系统铺平了道路。ECDIS-N 结合了软件和硬件，以数字方式显示覆盖有自动连续定位数据的导航图，同时支持导航的辅助设备的数据，如雷达、环境传感器、船舶性能参数和自动识别系统（AIS）。结果是一个官方的数字导航图，带有增强的态势感知工具，可促进航行安全。

自 2005 年首次获得海上 ECDIS-N 认证以来，海军一直积极寻求在整个舰队中安装电子导航系统。目前，大约 78% 的水面部队和 82% 的潜艇部队实现电子导航。除了计划退役的那些舰艇外，舰队的其余部分在 2016 财年末进行 ECDIS-N 认证。

ECDIS-N 使用由国家地理空间情报局（NGA）制作的数字航海图（DNC）库。DNC 是一个数据库，由涵盖全球海事领域的大约 5000 张海图提供支持。GPS 修复从舰载传感器自动更新，消除了在硬拷贝海图上手动绘制所固有的传统延迟。

DNC 显示基本的导航数据并可以集成更高分辨率的数据。例如，港口的 DNC 显示地形和测深数据、航道、已建立的导航设备和固定点、浮标和航道标记，以及航行危险。后续的 ECDIS 系统将与北约船只互操作，并能够为舰桥提供导航和战术数据。它还将包括额外的军事层面的重要作战信息，例如地雷战区、天气警报和冰区范围。总的来说，这些能力代表了海军航行安全的实质性改进，并大大增强了我们主导海上战场的能力。

2. 精确时间和全球定位系统

精确和同步的时间对于各种服务至关重要。其中包括准确的导航和定位、互联网上数字数据的对齐和传输，以及分布式计算机网络、通信系统、高速金融经纪和交易网络以及大型区域电网的同步。

对于美国军方而言，精确授时意味着更安全的导航、更准确的定位、将弹药对准目标同时最大限度地减少附带损害，并确保通信系统和指挥控制网络的安全和带宽。为使之成为现实，时间必须在纳秒级内已知和传输。

位于华盛顿特区的美国海军天文台（USNO）负责维护精确时间并向国防部用户提供。USNO 实现的协调世界时（UTC（USNO））是 DoD 标准，是 GPS 和其他军事应用的主要时

---

① Deputy Chief of Naval Operations for Information Dominance（OPNAV N2/N6）. Positioning, Navigation and Timing. CHIPS, May 3, 2013.［https://www.doncio.navy.mil/chips/ArticleDetails.aspx?ID=4618］

间参考。USNO 的主时钟（MC）的精度使其成为互联网网络时间协议（NTP，一种促进数字数据传输的互联网标准）的参考选择。MC 是确定 UTC 的主要贡献者，UTC 是主要的国际民用时间参考。

MC 是数十个独立运行的原子钟的集合。它的主要备份是位于科罗拉多州施里弗空军基地（Shriever Air Force Base, Colorado Springs, Colo.）的备用主时钟设施。世界上大多数计时实验室都不会连续运行，但国防部要求 USNO 提供不间断的时间参考。没有其他连续运行的计时服务能够保持 USNO 主时钟的精度。

USNO 传播协调世界时的主要方式是通过 GPS，超过 95% 的军事用户依靠 GPS 进行时间传输。USNO 监控 GPS 星座并为单个 GPS 卫星提供系统定时偏移和定时数据。有两个级别的 GPS 服务：

标准定位服务（SPS）是一种定位和授时功能，可在全球范围内持续向所有公共用户提供，无须用户付费。SPS 利用 L1 频段中的单频 GPS C/A（粗略/采集）码，提供水平方向 9m 和垂直方向 15m 的可预测定位精度，以及 UTC 40ns 以内的时间传输精度。

精确定位服务（PPS）是一种高度精确的定位、速度和授时能力，可供授权的军事用户使用。PPS 在 L1 和 L2 频段都使用双频 GPSP（Y）码，提供比单频 SPS 更强大的服务。它的水平定位精度为 2.7m，垂直定位精度为 4.9m，时间传输精度优于 UTC 的 30ns。PPS 通过使用加密拒绝未经授权的用户使用。

3. PNT 融合和分发系统

海军正在对其舰载 PNT 融合和分配系统进行现代化改造。正在开发的系统是基于 GPS 的 PNT 服务（GPNTS）。GPNTS 旨在取代导航传感器系统接口（NAVSSI）套件和独立军用 GPS 接收机（WRN-6）。GPNTS 计划于 2016 财年首次部署，并将在 2029 年达到完全作战能力。GPNTS 将为舰队在反介入/区域拒止环境中提供更强大的 PNT。增强功能包括最新的选择性可用性和反欺骗（SA/AS）军用 GPS 接收机；数字调零 GPS 抗干扰天线，以及用于同步时间和频率的冗余铷钟。GPNTS 还是开发和集成海域 GPS 接收机的领先系统，该接收机能够接收和使用新的军用专用 M 码信号。

海军的七艘全球分布的海洋调查船（T-AGS）每年 365 天运行，为各种海军和国际海事任务作出了重大贡献。在海军海洋学办公室（NAVO）测量员和技术人员等全职船员的协助下，这些军用测量船在世界各地的海洋中作业，收集高分辨率信息以纳入航海图和测深数据库。其多波束、广角精密声呐系统使连续勘测宽阔的海底地带成为可能。这种能力不仅可以产生航海图数据，还可以通过调查协助反水雷措施，以检测可能反映水雷布置的变化。T-AGS 调查船还测量水、海床和沉积物特征，以支持反潜声呐操作。

4. 构建弹性 PNT 能力

2021 年 5 月，兰德公司发布报告《分析更具弹性的国家定位、导航与授时（PNT）能力》，研究美国如何构建更具弹性的国家 PNT 能力，重点探讨是否需要对其 PNT 体系核心，即全球定位系统（GPS）进行备用能力投资。报告评估了 GPS 系统面临的一系列现实威胁，分析了 GPS 系统中断对国家 PNT 能力的影响，以及投资 GPS 系统备用能力的必要性。①

---

① Richard Mason, James Bonomo, Tim Conley, et al. Analyzing a More Resilient National Positioning, Navigation, and Timing Capability. RAND Report, May 2021. [https://www.rand.org/pubs/research_reports/RR2970.html]

现代经济、军事、技术、社会等各领域广泛依赖 PNT 能力，GPS 系统在美国 PNT 体系中一直发挥着关键作用，已成为大多数人心目中 PNT 的代名词。有证据表明，GPS 系统正面临多种现实威胁：较大规模的威胁包括针对太空系统的核战争、太阳风暴等极端天气、大规模网络入侵等；较小规模的威胁则包括对局部地区或部分城市 GPS 信号的干扰或欺骗等。

GPS 系统是美国目前应用最为广泛的 PNT 系统，因此也可能成为美国主要对手的主要攻击目标。此外，在某些场合，由于 GPS 信号弱以及受到干扰等原因，单靠 GPS 可能无法提供 PNT 能力。因此美国近年来十分重视非 GPS 系统的建设和开发，以使其能作为 GPS 的补充，在 GPS 拒止环境下提供持续 PNT 服务能力。表 6-2 列出了利用无线 PNT 信号、机会信号等几类补充性 PNT 技术选项，包括多 GNSS 系统、eLoran、伪卫星以及利用无线局域网、LTE、5G 信号等方案。未来，这些技术还会持续发展，并终将联合 GPS 构成美国的完整 PNT 体系。

表 6-2 补充性 PNT 选项

类别	示例	特征
无线 PNT 信号	多 GNSS 星座 eLoran 系统 卫星时间与位置（STL） NextNav Locata 系统 伪卫星	来自位置已知发射机的射频信号； 用户根据伪距计算时间和位置； 保持用户为匿名
机会信号	WiFi/WLAN LTE/4G 蜂窝 5G 蜂窝 中频差分 GNSS 自动识别系统（AIS）	并非主要用于导航的现有射频信号； 用户通过三角测量和测距计算位置； 用户可能或无法从信号中获得时间信息
无线时间信号	WWVB DCF77	偏远地区用户可用； 保持用户匿名； 只提供时间
有线时间信号	网络时间协议（NTP） 精确时间协议（PTP） 光纤 "白兔"技术	双向通信上发生变化，以测量时间传递延迟； 只提供时间
基于用户设备	守时时钟 芯片级原子钟 惯性导航系统（INS） 同时定位与地图（SLAM）	无新信号； 只依靠对用户设备的修改； 通常情况下是不同于 GNSS 的传感器和技术； 可能保持用户匿名
PNT 弹性技术	调零天线 测向仪 干扰或信号降级检测系统	使 GPS 信号和现有用户设备继续使用； 维持友好环境下的标称 PNT 性能

报告分析认为，GPS 系统中断对美国总体 PNT 能力的影响有限。

一是 GPS 系统远非美国 PNT 体系的唯一组成部分。虽然 GPS 系统是美国国家 PNT 体系的核心部分，但远不是其唯一组成要素。早在美国家航空航天局 2008 年发布的《国家 PNT 体系结构研究》报告中，美国家 PNT 体系就被构想为由不同卫星系统组成，包括地面授时传输系统、星跟踪系统、分布式时钟等。如今，可用的 PNT 相关技术更加广泛，包括欧洲"伽利略"卫星系统，集成到芯片上的原子钟等。

二是美已广泛应用多种替代性和补充性 PNT 能力。在美国，已有多种替代性和补充性 PNT 能力投入应用，同时还在研发其他相关技术。国家 PNT 体系的多样性，增强了应对 GPS 系统中断的能力。在某些区域，对于某些功能，现有 PNT 体系几乎完全可以应对 GPS 系统中断的风险。

三是"应急"技术提高了 PNT 体系的总体稳健性。"应急"技术的发展，使 PNT 体系在全美范围内的稳健性得到提高。当 GPS 中断导致难以采用自动化方式执行任务时，还可采用手动策略，尽管此时执行任务的效率或有效性会有所下降。

四是美已拥有多种强大的反 GPS 欺骗手段。美目前已拥有多种方法，可通过实施全面监控来检测敏感应用程序中的 PNT 欺骗手段。尽管并不总能实施这种全面监控，但这属于系统设计或监管方面的问题，并不是因为缺少 GPS 替代信号。

五是 GPS 系统中断所产生的损失并非不可承受。GPS 中断所产生的损失虽然真实，但在采用现有替代方案和补充技术的条件下，其估算结果并没有设想得那么高。

不同类型 PNT 系统所面临的威胁各不相同。蜂窝基站、Wi-Fi 信号等技术的多样化发展，以及备份时钟等 PNT 系统的分散化部署，有助于降低国家 PNT 体系的整体风险。因此，应当把国家 PNT 体系的分散性和多样性视作是一种优势。另外，应尽量避免当前和未来的系统对 GPS 过度依赖。国家依赖 PNT 能力的各类重要系统应谨慎进行系统设计，尽可能避免其对 GPS 系统产生过度依赖。这种依赖关系会增加 GPS 系统中断带来的风险。例如，运输系统如果仅设计为依靠 GPS 单一数据源进行导航，就很容易受到 GPS 欺骗信号的干扰。对于此类系统的设计，数据的完整性和真实性验证至关重要，应尝试采用来自不同传感器或来源的数据。

6.5.2.3 采办动态

1. 美国海军发布 RFP 用于 GPNTS 硬件采购

2020 年 8 月 10 日，美国海军信息战系统司令部（NAVWAR）发布征求建议书（RFP）用于 GPNTS 后续硬件生产单元的采购。[①]

2021 年 9 月 20 日，美国国防部宣布 Sechan 电子和系统工程支持公司（SESCo）获得总计 4.5285 亿美元的 IDIQ 多项奖励合同，用于 GPNTS 后续硬件生产单元。

2. 雷声公司获得 GPNTS 软件合同

2019 年 11 月 19 日，雷声公司获得一份价值 6150 万美元的外部链接交付合同，用于 GPNTS 软件支持，包括改进的开发、集成和测试、缺陷纠正、工程中期/最终软件构建的准备和交付以及 GPNTS 软件需求和配置基线的输入。合同计划于 2024 年 11 月完成。[②]

6.5.3 嵌入式 GPS/INS 现代化（EGI-M）

6.5.3.1 概况

嵌入式 GPS/INS（Embedded GPS/INS，EGI）是一种组合的 GPS/INS 飞机定位、导航和

---

① Global Positioning System (GPS)-based Positioning, Navigation, and Timing Service (GPNTS) Hardware Production Follow-on. GOCTRIBE, August 11, 2020. [https://govtribe.com/opportunity/federal-contract-opportunity/global-positioning-system-gps-based-positioning-navigation-and-timing-service-gpnts-hardware-production-follow-on-n0003920r0001-1]

② Raytheon's GPNTS for Future US Navy Nav Systems. Defense Industry Daily, Nov 19, 2019. [https://www.defenseindustrydaily.com/raytheons-gpnts-for-future-us-navy-nav-systems-06992/]

授时系统，具有独立、全姿态、紧密耦合的特点，提供的导航信息包括：线速度和角加速度的输出；线速度和角速度、位置；姿态（横滚、俯仰）；平台方位；磁航向和真航向，高度，身体角速率；时间标签，UTC 同步时间。EGI 将 GPS 接收机卡与 INS 组合在一个 20 磅的单元中，作为对现有系统的升级或作为旧系统的替代。EGI 的承包商是霍尼韦尔公司和诺斯罗普·格鲁曼公司。

EGI 现代化（EGI Modernization，EGI-M）项目升级了 EGI 设计，以增强对现有和新出现的导航战威胁的对抗能力，结合设计特点（如接口标准化和软件模块化），在成本有效的情况下，结合替代导航和授时源，降低国防部应对任何新发现的威胁的成本和时间线，并保持现有部队能力。将 M 码和潜在的广播式自动相关监视（ADS-B）合规能力纳入 EGI 接收机，同时解决部件过时问题。

EGI-M 系统基于模块化开放系统架构，支持将新功能快速插入军用飞机，如 F-22 喷气式战斗机和 E-2D 舰载雷达飞机，以在 GPS 拒止环境中运行。EGI-M 提供最先进的机载导航能力和开放式架构，能够快速响应未来的威胁。完全现代化的系统集成了新的支持 M 码的 GPS 接收机，提供与民用控制空域的互操作性，并实现了新的弹性计时能力。独特的模块化平台接口设计能够向后兼容现有的平台足迹和接口（A-Kit），使当前平台能够轻松集成和部署诺斯罗普·格鲁曼公司的 EGI-M 解决方案。同时，EGI-M 的模块化软件/硬件，使 EGI-M 在现在和未来都可以从具有最佳软件和硬件技术的快速升级中受益。

6.5.3.2　发展现状

20 世纪 90 年代中期以来，霍尼韦尔公司已经生产交付了 6 万多套 EGI，其 EGI 集成了波束形成抗干扰系统，与传统的零干扰系统相比，在受 GPS 挑战的环境中提供了更好的保护。霍尼韦尔的 EGI 系列，包括在大多数军用飞机上使用的 H-764，以及 FALCN，如图 6-45 所示。①

图 6-45　H-764（左），FALCN（右）

2018 年 11 月，美国空军首次推出 EGI-M 计划，其目标是为 E-2D 和 F-22 提供一种能够快速集成新能力的新型开放系统架构。

2019 年，诺斯罗普·格鲁曼公司成为 EGI-M 的承包商，开始 EGI-M 的工程与制造开发（EMD）阶段，为 E-2D "鹰眼"和 F-22 "猛禽"飞机开发升级的嵌入式 GPS 系统。根据该合同，F-22 的导航系统 LN-100 将升级为 LN-300；E-2D 的 LN-251 将升级为 LN-

---

① Embedded GPS/INS. Honeywell, Feb 2019.［https://aerospace.honeywell.com/us/en/learn/products/sensors/embedded-gpsins］

351。根据合同要求，EGI-M 在 EMD 阶段结束时提供三种主要功能：①EGI-M 集成了一个新的支持 M 码的 GPS 接收机，可在各种操作环境中提供改进的性能；②EGI-M 包括一种新的弹性（非基于 GPS）计时能力，以帮助满足飞机网络和子系统计时要求；③EGI-M 按照严格的 DO-178 和 DO-254 设计流程进行开发，支持民用控制空域的安全认证和互操作性。①

2020 年 2 月 28 日，格林·希尔（Green Hills）软件公司选择了 INTEGRITY-178 实时操作系统（RTOS）在四核 ARM Cortex A53 中央处理器上运行，用于 EGI-M 程序开发。

2020 年 9 月 2 日，诺斯罗普·格鲁曼公司成功完成 EGI-M 计划的关键设计评审（CDR）里程碑。②

6.5.3.3 采办动态

1. 霍尼韦尔公司获得 35 亿美元合同建造 EGI-M 系统

2020 年 2 月，美国空军授予霍尼韦尔公司一份价值 35 亿美元、为期 15 年的潜在合同，以建造和维护机载 EGI-M 系统。根据这份合同，霍尼韦尔将在佛罗里达州克利尔沃特开展工作，在 2035 年 12 月之前完成提供 EGI/EGI-M 系统的生产、维护和工程技术服务。佐治亚州罗宾斯空军基地的空军生命周期管理中心是合同主体。③

2. 霍尼韦尔首次在 EGI 系统中使用 M 码接收机

2021 年 12 月，霍尼韦尔公司成功对旨在实现替代导航产品的新技术进行飞行测试，包括支持 M 码的 EGI 系统。这些测试包括为霍尼韦尔测试飞机配备替代导航技术，展示了在 GPS 拒止环境中提供持续导航解决方案的一个重要里程碑。这也是机载 M 码接收机首次在配备 EGI 的飞机上飞行，展示了 M 码在实时机载环境中的有效性。

第三代 M 码是军用 GPS 技术的最新进展，旨在通过更强大、更有弹性的导航解决方案在具有挑战性的环境中进行操作。霍尼韦尔将向国防部和国际客户提供其第三代 M 码 EGI。M 码与其他导航产品一起为军用空中和陆地航行器提供更安全、更有弹性的导航。④

6.5.4 空中/海上导航战（Air/Sea NAVWAR）

6.5.4.1 概况

导航战（Navigation Warfare，NAVWAR）为海军空中/海上平台提供 GPS 保护，通过使用抗干扰天线系统为作战人员提供持续访问 GPS 的能力，这些天线系统旨在应对由于有意和无意干扰导致的 GPS 电子战威胁。典型配置为用更大的导航战天线和单独的天线电子设备替换平台现有的 GPS 天线，同时保留平台的 GPS 接收机。未来的设计可能会将导航战天

---

① Woodrow Bellamy Ⅲ. Northrop Grumman's E-2D, F-22 Embedded GPS System Upgrade to Run on INTEGRITY-178 RTOS. ACIATION TODAY, March 10, 2020. [https://www.aviationtoday.com/2020/03/10/northrop-grummans-e-2d-f-22-embedded-gps-system-upgrade-run-integrity-178-rtos/]

② Tracy Cozzens. Northrop Grumman's EGI-M navigation system completes critical design review. GPS World, September 8, 2020. [https://www.gpsworld.com/northrop-grummans-egi-m-navigation-system-completes-critical-design-review/]

③ Honeywell Wins $3.5Bn for Embedded GPS Inertial Navigation System Modernization (EGI/EGI-M). Military Leak, February 11, 2020. [https://militaryleak.com/2020/02/11/honeywell-wins-3-5bn-for-embedded-gps-inertial-navigation-system-modernization-egi-egi-m/]

④ M-Code Receiver Flown in an Embedded GPS/INS, a First by Honeywell. Inside GNSS, February 12, 2021. [https://insidegnss.com/m-code-receiver-flown-in-an-embedded-gps-ins-a-first-by-honeywell/]

线和天线电子设备组合成一个单元。①

进攻性导航战措施包括干扰和欺骗敌方通信。防御性导航战措施包括抗干扰天线、通信电子保护（包括特殊调制）以及在 GNSS 操作中断期间确定 PNT 数据的替代技术。②

在美国的 GPS、欧洲的伽利略（Galileo）和俄罗斯的 GLONASS 等全球导航卫星系统（GNSS）发展之前，自定位依赖于惯性导航系统，惯性导航系统在离开已知的测量位置后会随着时间的推移而失去精度；导航依赖于计算从当前位置到另一个位置的方向和距离；时间取决于时钟。所有这些都基于测量位置和天体导航，且非常耗时。

基于 GNSS 的导航需要与这些卫星进行通信以获得位置和时间信息，这种通信必须接近即时，以支持军用和民用。有数十万个军事系统依赖导航卫星系统进行机动、攻击和通信，即使在卫星导航相关信号退化或不可用时，此类系统也必须保持其能力。民用应用包括金融交易、空中交通管制和铁路交通安全等。干扰这些信息的传递或降低其准确性是进攻性导航战的本质，阻止这些活动是防御性导航战的本质。

与此相关的是，军队必须知道他们的关键卫星信号何时被欺骗或干扰，以便评估 GNSS 相关活动的可靠性并启动防御措施。此外，重要的军事系统必须能够承受由彻底的干扰和欺骗引起的 GNSS 中断。敌军不断在全球范围内部署更先进的干扰和欺骗技术，危及 GNSS 输入接收机、下游网络和子系统的 PNT 数据的安全性和可靠性。

空中导航战（Air NAVWAR）计划通过使用抗干扰天线系统（如 BAE 的 C-CRPA）保障作战人员能够继续使用 GPS，这些天线系统旨在对抗因有意和无意干扰而造成的 GPS 电子战威胁。GPS 天线系统（GAS-1）是一种七元件接收模式可控天线（CRPA），为 GPS 信号提供抗干扰调零保护。这是一种联合军种产品，目前由美国空军和几个盟国使用。GAS-1 集成在 MH-60、C/KC-130、HH-60H、P-3 和 P-8 飞机上，作为海军导航战计划的一部分。GAS-1N 是一种四元件 CRPA，使用 GAS-1 天线电子设备，安装在 AV-8B 飞机上。高级数字天线产品（ADAP）CRPA 是下一代导航战保护设备，安装在 MH-53E 飞机上。

C-CRPA 精密天线阵列和配套电子设备在干扰信号的情况下为 F/A-18E/F 和 EA-18G 飞机提供自适应零位转向。天线接收来自 NAVSTAR GPS 卫星的 L1 和 L2 频率的右旋圆极化辐射信号。2012 财年，空中导航战开始在 F/A-18E/F 和 EA-18G 上安装 ADAP 天线电子设备以及共形 CRPA，预计 2031 财年将具备完全作战能力。

海上导航战（Sea NAVWAR）包括两个增量，增量 1 和增量 2 的目的是整合空军 GPS 局开发的产品（GAS-1 和 ADAP），以最大化海军水面平台上的通用天线和电子设备。增量 3 的需求已纳入 OE-538 Inc 2 计划（PMW 770），并将集成潜艇抗干扰 GPS 增强功能（SAGE）以满足潜艇需求。该计划实施抗干扰保护和其他 GPS 现代化增强措施，以确保 GPS 信号在位置、时间和精度方面的持续可用性，从而支持作战能力。

6.5.4.2 打赢导航战

1. 干扰攻击和欺骗攻击

为美军及其盟友提供 PNT 能力的系统已成为军事行动不可或缺的部分。美国军方及其盟国使用这些系统，包括 GPS 和其他全球导航卫星系统（GNSS），以实施重要的作战行动。

---

① Jan Tegler. NACAIR Today: Aviation Systems Programs. DefenseMediaNerwork, February 28, 2017. [https://www.defensemedianetwork.com/stories/navair-today-aviation-systems-programs/]

② Dave Adamy. Navigation Warfare. EMSOPEDIA. [https://www.emsopedia.org/entries/navigation-warfare-2/]

这些行动包括导航、创建通用作战图像（COP）、瞄准、通信、武器制导和侦察。

同时，美国对PNT系统的严重依赖为对手创造了一个有吸引力的作战目标。敌人能够释放欺骗信息，例如，通过广播虚假的GPS信号或重新利用真正的信号以延迟接收，可以破坏通信线路，并有可能使美国军队与自己的盟友对抗。[①]

攻击的共同点是GPS信号，它是PNT数据的主要来源。因为GPS信号通常比较微弱（像其他GNSS信号一样），所以它是一个相对容易干扰的目标。事实上，一个简单的1W干扰器可以在10km或更大范围内阻止GPS服务。而且，由于干扰只需要低功率信号，因此很难检测干扰机的位置，从而延迟快速应对措施。这些因素使干扰成为一种简单、廉价和有效的威胁。

欺骗攻击是导航战中另一种常见的攻击矢量。在欺骗攻击中，对手用假信号代替真实的PNT信息。这样可以欺骗目标犯错误，例如瞄准错误或进入非预期的区域。欺骗相比干扰实施起来要困难得多，但如果成功，则危害更大。试图欺骗GNSS信号的一方必须跟踪目标并实时模拟信号。假信号必须在功率、时间同步和位置上与真实信号紧密相符，以欺骗接收器使用它。

此外，使用选择性可用性反欺骗模块（SAASM）或M码GPS信号（受加密保护）的军事系统可以阻止欺骗行为。采用这些技术的接收机具有解密密钥，可以对信号进行认证，因此几乎不可能进行欺骗。然而，这些接收机价格昂贵，使用解密密钥需要专门的基础设施和授权。由于这些原因，并非所有军用GNSS接收机都使用加密信号，可能受到欺骗攻击。

据报道，在过去十年中：

2017年，黑海发生了一次欺骗攻击，大约20艘船只被其自动识别系统所欺骗，这些船只距离实际位置约25英里。

2018年10月，香港维多利亚港的一场灯光秀中，GPS干扰导致46架无人机从空中坠落。

2019年，俄罗斯境内和周边地区发生了近10 000起GPS欺骗事件，这些事件主要发生在乌克兰周围，尤其是乌克兰和俄罗斯军队正在争夺的克里米亚半岛。

2. PNT保护相关政策

近年来，美国政府确立了政策立场，并提供了详细指导，以提高关键PNT系统的恢复能力。

2020年2月，特朗普总统签署了一项行政命令，题为"通过负责任地使用定位、导航和授时服务加强国家韧性"。该文件承认，PNT系统受到的攻击是对关键基础设施的威胁，可能危及健康和公共安全。它还命令国家标准与技术研究所为PNT系统制定与赛博安全风险管理框架相当的赛博安全建议。

2021年2月，按照该命令的指示，国家标准与技术研究所发布了其"基础PNT：应用赛博安全框架负责使用PNT服务"。该文件为使用PNT服务时的风险管理提供了灵活的框架。它认识到PNT系统容易受到干扰和操纵（无论是自然的、人为的、有意的还是无意的），并就用户如何发现对服务、设备和数据的威胁提供了指导。该文件还包括帮助组织检

[①] Matt McLaughlin. Winning Navigation Warfare. Orolia. July 2021. ［https://www.orolia.com/winning-navigation-warfare/］

测对 PNT 服务攻击（如干扰和欺骗）的信息，以及如何有效应对和恢复对系统的扰乱。

2021 年 3 月，美国陆军的有保证的 PNT/空间跨功能团队批准了"导航战态势感知简化能力开发文件"。该文件要求对作战人员的导航战态势感知能力进行实验和快速原型制作。该计划旨在为陆军部队提供实时评估其 PNT 系统的能力，并在 GPS 降级或被拒止的情况下提供有益的能力。

3. 导航战对抗

为了应对 PNT 系统成为电子战攻击的目标，美军开发了有效的导航战防御系统。这些措施包括：监测 PNT 信号的完整性；提高 PNT 系统的弹性；使用人工智能检测和阻止攻击。

（1）完整性监测。

监测 PNT 信号的完整性使用户能够确定它们是否可以被信任。这些解决方案包括：

选择性可用性反欺骗模块（SAASM）：军用 GPS 接收机使用该技术解密精确的 GPS 观测。2006 年后部署的军用接收机必须使用 SAASM。

M 码：用于美军行动的 L1 和 L2 波段的 GPS 军用信号，由 2018 年首次进入轨道的 GPS Block Ⅲ 卫星提供。M 码旨在提高对 GPS 威胁（如干扰和欺骗）的抵抗力。联邦法律要求 2017 年后采购的军用 GPS 设备能够使用 M 码。由于这项技术相对较新，美国部队刚刚开始部署使用这种信号设备。欧盟成员国的一些部队也开始使用 M 码。

PRS：公共监管服务（Public Regulated Service，PRS）通过欧盟的卫星导航系统"伽利略"为政府用户和敏感应用提供加密导航服务。

OSNMA：开放服务导航消息认证（Open Service Navigation Message Authentication，OSNMA）支持"伽利略"信号的认证。这提高了信号的鲁棒性，并确保信号没有被篡改。

美军还可以通过关联攻击面有限的各种传感器（如原子钟和惯性测量装置）提供的信息来评估 PNT 信号的完整性。如果所有传感器都一致，则更能确保易受攻击的传感器（如 GNSS 接收机）的完整性。然而，如果一个传感器与其他传感器不一致，则该传感器可能被视为故障或损坏。

信号行为监测代表了评估 PNT 系统完整性的另一种方法。通过观察 PNT 信号的行为，如漏失、不连续性、异常信号波动、数据位变化或其他异常，该技术可以检测信号源的潜在故障或错误操作。

（2）提高弹性。

提高 PNT 系统的弹性是寻求防御电子战攻击的首要目标。抗干扰天线和 M 码接收机是帮助 PNT 恢复能力的两种常用措施。抗干扰解决方案使用智能技术，如接收模式可控天线（CRPA），以集中卫星信号并远离干扰。M 码接收机使用更高功率的信号来抵抗干扰，以及加密和其他安全功能，以阻止欺骗攻击。

通过结合不同的服务和技术，美军可以克服和削弱一种或多种 PNT 防御的攻击。一种常见的组合是使用带有 GNSS 接收器的惯性测量单元来提供导航弹性以及用于授时的精密保持振荡器。由于这些设备是独立的传感器并且不依赖外部参考，因此它们几乎不受干扰和欺骗的影响。然而，这些设备中的微小误差会随着时间的推移而累积，使其不如 GNSS 准确，尤其是在长期拒止 GNSS 的情况下。

更高级别的集成可能会添加其他导航信号来补充 PNT 解决方案。例如，新的低地球轨道（LEO）卫星提供类似于 GNSS 的导航信号，但信号强度要强得多。这些卫星离地球更近,因此更难干扰。

通过使用不是专门为导航设计的无线电信号,例如用于手机或数字电视的无线电信号,可以实现进一步的弹性。测量来自发射器的时间延迟或这些信号的到达角度(通常称为"机会信号")可用于确定位置。组合可能包括几种不同的传感器,如相机、激光雷达、雷达和数字地图匹配。许多自动驾驶汽车在其驾驶系统中使用这种方法,将环境的视觉感知与存储在内存中的周围环境知识相结合。

(3)人工智能。

移动系统正在发展以具有更强大的处理器、更大的内存和更先进的软件,人工智能(AI)也有助于提高效率,特别是在 PNT 应用方面。人工智能现在正通过训练算法来检测干扰和欺骗的存在,并向系统发出威胁告警,从而应用于导航战。随着新威胁的出现,算法会更新,以便继续保护 PNT 系统。

例如,许多商用 GNSS 接收器使用人工智能技术在城市环境中实现多路径接收。人工智能在视觉导航系统中也被证明是有效的,它被用来识别物体和参考点。在这些场景中,人工智能可以在对象周围制导并使用它们来实现更准确的导航。

通过分析 GPS 接收机通常提供的信息模式,如位置、速度和时间,算法可以评估数据是否可疑以及是否可能是欺骗的结果。例如,国土安全部在 2021 年发布了 PNT 完整性库和 Epsilon 算法套件,以防止 GNSS 系统受到欺骗。该套件旨在为 PNT 用户提供基本的欺骗检测功能,而无须修改现有的 GPS 接收机。

6.5.4.3 采办动态

1. BAE 系统公司和诺斯罗普·格鲁曼公司开发抗干扰导航战传感器[①]

美国正在着手开发未来的 GPS 接收机,以更好地应对敌对电子攻击。2011 年 9 月,空军向 BAE 系统公司和诺斯罗普·格鲁曼公司授予了两份价值 4700 万美元的合同,用于开发导航战传感器,该传感器可以替代飞机和导弹上使用的军用 GPS 接收机。该系统是在空军的导航战技术倡议下开发的,也称为"导航三位一体"(TNT),旨在保持空军在极端 GPS 对抗下的行动自由。

导航战传感器旨在取代机载 GPS/INS 系统中的传统 GPS 元件,将与现有的嵌入式 GPS 接收机兼容,即使在严重干扰下也能提供 10m 的 CEP 定位精度。除了提供一致的定位、导航和授时数据外,它还有助于保护蓝军跟踪网络和数据链的安全,两者都被认为是容易受到敌人电子攻击的关键基础设施。

设计用于在恶劣的电子环境中运行,未来的接收机还将提供作为信号智能传感器的态势感知功能,支持 GPS 干扰器的检测、表征、地理定位和报告。联网的导航战传感器还能够与其他联网的导航战接收机交换敌方干扰器位置,从而优化针对威胁的集体对抗措施。该系统将集成多模 Y 码、M 码和 C/A 码(YMCA)接收机,以提供比当前 M 码抗干扰 GPS 接收机更先进的功能。它可能包括惯性传感、芯片级原子钟、抗干扰天线电子、测向和地理定位算法等先进技术,以实现空军预期的高水平生存能力。

[①] Tamir Eshel. BAE Systems, Northrop Grumman to Develop Anti-Jam 'NAVWAR Sensors' for the U.S. Air Force. Defense Update, Oct 4, 2011.[https://defense-update.com/20111004_bae-systems-northrop-grumman-to-develop-anti-jam-navwar-sensors-for-the-u-s-air-force.html]

2. BAE 系统公司建造 F/A-18 飞机天线，以阻断敌方 GPS 干扰[①]

2017 年 6 月，美国海军航空战中心授予 BAE 电子系统部门签订一份价值 1230 万美元的合同，以建造多达 265 个共形接收模式可控天线（C-CRPA）用于海军 F/A-18 舰载战斗机。扁平的 C-CRPA 天线紧密贴合 F/A-18 飞机的机身，以防止过度的空气动力阻力和增加飞机的雷达散射截面（RCS）。该天线专为海军的 F/A-18E/F 喷气式战斗轰炸机和 EA-18G 电子战飞机设计。该天线长宽为 14.1inch×14.1inch，高 2.3inch，重 4.5lb。

6.5.5 导航传感器系统接口（NAVSSI，AN/SSN-6（V））

6.5.5.1 概况

导航传感器系统接口（Navigation Sensor System Interface，NAVSSI，型号 AN/SSN-6（V））系统是一个综合舰载系统，自动接受、处理和分发来自舰上不同来源的导航和时间信息，并帮助导航员验证数据、使用数字地图和航路点。项目的主要功能是收集、处理、集成导航数据，并将其分发给武器系统、作战支持系统、C4ISR 系统和其他信息系统用户。这些系统依靠 NAVSSI 提供关键的定位、导航和授时（PNT）数据。

NAVSSI 与所有舰载导航传感器系统接口，包括惯性导航系统（INS）、环形激光陀螺导航仪、全球定位系统（GPS）、陀螺罗盘、速度记录仪、风传感器、测深仪和数字磁罗盘。NAVSSI 接收这些系统的输出，并使用它们实时构建 PNT 数据的"超集"，其中包含宙斯盾（AEGIS）、舰艇自防御系统（SSDS）、各种武器系统（包括 MK 86 GFCS、MK 34 GWS、RAM 等）所需的信息，其概念如图 6-46 所示。

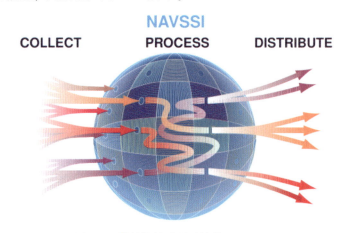

图 6-46 导航传感器系统接口 NAVSSI

海军舰艇 NAVSSI 包括航空母舰、巡洋舰、驱逐舰、两栖船坞运输舰、两栖攻击舰以及指挥舰。NAVSSI 可针对每个级别以及同一级别内不同舰艇的不同作战系统套件进行配置。[②]

---

① John Keller. Navy asks BAE Systems to build F/A-18 aircraft antennas that cut through enemy GPS jamming. Military Aerospace，June 27，2017. ［https://www.militaryaerospace.com/rf-analog/article/16726113/navy-asks-bae-systems-to-build-fa18-aircraft-antennas-that-cut-through-enemy-gps-jamming］

② John McHale. Titan and Carlo Gavazzi provide rack-mount systems for NACSSI program office. Military & Aerospace Electronics，Sept. 1，2005. ［https://www.militaryaerospace.com/computers/article/16707970/titan-and-carlo-gavazzi-provide-rackmount-systems-for-navssi-program-office］

6.5.5.2 系统功能与组成

NAVSSI 利用惯性导航系统（INS）、AN/UQN-4 声呐探测装置和电磁记录仪的输入，提供极其准确的位置（纬度和经度）、速度（N-S、E-W 和垂直）、本舰航向（OSH）、横摇、俯仰、龙骨下方下深度、过水速度（OSS）、本舰距离（OSD）和精确的时间。NAVSSIAN 还通过两个嵌入式 GPS VME 接收卡（GVRC）接收 GPS 卫星数据。[①]

在自动模式下，NAVSSI 为每个输出组件选择最佳源。在手动模式下，操作员选择源以提供适当的输出。

NAVSSI 为舰载武器系统和作战支援系统提供高度准确、健壮、实时的导航信息。此外，NAVSSI 为舰船的导航团队提供了一个专用工作站，用于在高精度数字航海图上规划和监控船舶机动。

NAVSSI 由三个部分组成：显示控制子系统（DCS）、舰桥工作站（BWS）和实时子系统（RTS）。

（1）显示控制子系统（DCS）是舰船导航团队的专用工作站，可自动执行传统手动执行的导航和驾驶功能。DCS 提供实时显示，其中己方船舶数据覆盖在数字航海图（DNC）上。此外，分布式控制系统使用联合军种开发的符合海军电子海图显示和信息系统（ECDIS-N）的接口来增强能力。DCS 为操作和维护提供整体系统控制、数据处理、数据存储和人机界面。DCS 还装有传感器接口单元（SIU），用于处理来自 AN/UQN-4 的龙骨声呐信号下方的深度数据。DCS 监视器可用作 BWS 的备份。

（2）舰桥工作站（BWS）是位于舰桥/驾驶室的远程工作站。BWS 使舰船的领航员或舵手能够从舰桥上执行 DCS 的所有功能。BWS 提供 DCS 的并行操作员控制、查询和读取。

（3）实时子系统（RTS）是各种传感器之间进行通信以获得 NAVSSI 的输入并向各种船舶系统提供可用输出信息的主要手段。RTS 分析各种来源的导航传感器数据，并将数据集成到最佳解决方案中。这些数据通过使用点对点连接和局域网（LAN）连接的组合分发到舰上用户系统。RTS 具有其他功能，如嵌入式 GPS VME 接收卡（GVRC）和船舶惯性导航系统的监视器。双 RTS 配置可确保在任何组件发生故障时系统持续运行。

如图 6-47 所示为 NAVSSI 系统架构。

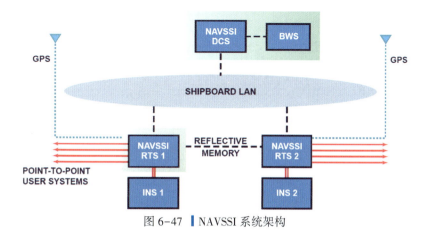

图 6-47　NAVSSI 系统架构

[①] AN/SSN-6(Ⅴ)2 Navigation Sensor System Interface System. June 30, 1999. [https://man.fas.org/dod-101/sys/ship/weaps/an-ssn-6.htm]

海军导航系统项目办公室的专家为 NAVSSI 选用了 Titan 公司的机架和 Carlo Gavazzi 公司的 VME 背板。Titan 公司为 NAVSSI 系统提供硬件系统集成、设计和支持服务。NAVSSI 有两个基本部分：基于 Motorola PowerPC 处理器和 WindRiver VxWorks 实时操作系统的计算机，以及基于 Sun 处理器和 Solaris 操作系统的显示器。

NAVSSI 计划面临的一个持续挑战是需要适应不断变化的系统接口。需要特定定位数据的新应用的信号接口更改需要新的布线、金属加工、机架空间和测试。

6.5.5.3 技术特点

NAVSSI 的集成理念从一开始就是适应每一个外部系统，所有支持用户连接所需的接口更改都由 NAVSSI 提供。与外部系统的接口是根据特定平台的需求以及与导航和武器装备的连接性定制的。

NAVSSI 与多种武器系统接口，包括：战斧作战计划和演习评估（TEPEE）；先进战斧武器控制系统（ATWCS）；MK 86 火炮火力控制系统（GFCS）；MK 160 GFCS 和增程制导弹药（ERGM）；战术任务规划系统（TAMPS）；先进作战指挥系统（ACDS）；战区弹道导弹防御系统（TBMD）；战斗部队战术训练器（BFTT）。

NAVSSI 与以下海军传感器系统接口，包括：GPS VME 接收卡（GVRC）；航母导航系统（CVNS）AN/WSN-1；惯性导航系统（INS）AN/WSN-5；环形激光陀螺导航器（RLGN）AN/WSN-7；多普勒声呐速度记录仪（DSVL）；AN/UQN-4/4A 测深仪；电磁记录仪（EM Log）。

1. NAVSSI 提供给用户系统的输出数据
- 精确时间；
- 位置、速度和加速度；
- 横摇、俯仰和航向；
- GPS 接收机初始化数据；
- 水面航向和速度；
- 真实和相对风速和风向；
- 龙骨下方深度。

2. NAVSSI 功能和特点[①]
- 集成多种导航信息来源，包括 GPS 和惯性系统；
- 即使在复杂的环境中，也能保持较高的精度；
- 提供一个单一的、通用的、全舰范围的导航解决方案；
- 提供超过 99% 的操作可用性；
- 使用 COTS 组件来最小化系统成本；
- 支持海军采用无纸化导航的倡议；
- 比 GPS 本身更精确、更稳定的性能；
- 遵循国防信息基础设施公共操作环境（DII COE）；
- 符合海上全球指挥控制系统（GCCS-M）标准；

---

① Navigation Sensor System Interface：Integrated Navigation. Space and Naval Warfare Systems Center, San Diego, CA, AUG 1998.［https://pdf4pro.com/cdn/system-interfacenavigation-sensor-599413.pdf］

- 使用联合军种开发的指挥显示和控制-惯性导航系统（COMDAC-INS）软件；
- 使用国家图像和绘图局（NIMA）数据产品；
- 符合软件工程学会能力成熟度模型的标准；
- 提供最佳的惯性、卫星和多普勒声呐滤波最佳位置。

6.5.6 国防高级 GPS 接收机（DAGR）

6.5.6.1 概况

国防高级 GPS 接收机（Defense Advanced GPS Receiver, DAGR, 型号 AN/PSN-13A/B）是一款轻便、手持式 GPS 精确定位服务接收机。它是军用级双频接收机，具有解码加密的 P（Y）码 GPS 信号所需的安全硬件。与商用 GPS 接收机不同，DAGR 是当今最可靠、最成熟的提供安全、基于 SAASM 的手持式军用 GPS，如图 6-48 所示。

图 6-48 GPS 手持接收机

DAGR 由罗克韦尔·柯林斯公司（Rockwell Collins）制造，于 2004 年 3 月投入生产，第 40 000 台于 2005 年 9 月交付。据新闻来源国防工业日报估计，到 2006 年年底，美国和世界各地的盟友已经签署了价值近 3 亿美元的 DAGR 合同，订购了近 125 000 台设备。DAGR 取代了 1994 年首次部署（已停产）的 "精密轻型 GPS 接收机"（PLGR）。[①]

2020 年 7 月，罗克韦尔·柯林斯公司 GPS 业务被 BAE 系统公司以 19 亿美元收购。该收购带来了 GPS 抗干扰和反欺骗技术，能够为一系列防御任务提供可靠的导航和制导。柯林斯公司表示，已在 280 多个机载、地面和武器系统平台上交付了 150 万台设备。[②]

6.5.6.2 技术特点

DAGR 提供移动地图和态势感知能力，并满足严格的环境要求。DAGR 拥有超过 450 000 个部署单位，为作战和平台集成提供了可靠的接口。依靠美国首批手持式 GPS 接收机项目的增强型干扰保护，包括选择性可用性反欺骗模块（SAASM）安全。

DAGR 地图系统允许加载和查看地图集，包括矢量地图、光栅地图、卫星图像和非地理

---

① BAE SYSTEMS. Defense Advanced GPS Receiver. [https://www.baesystems.com/en-us/product/defense-advanced-gps-receiver]

② Sandra Erwin. BAE Systems completes acquisition of Collins' military GPS business. Space News, July 31, 2020. [https://spacenews.com/bae-systems-completes-acquisition-of-collins-military-gps-business/]

（位图）图像。它能够在移动地图显示器上显示地图/图像、航路点、路线和警报，从而增强态势感知。

SAASM特征包括：使用成熟的12信道GPS信号处理器进行全方位导航（可扩展至36个通道）；加速Direct-Y码和C/A码采集；使用密钥数据处理器的下一代安全架构；键控时非密操作和更新的安全特点。

主要功能和优点：小巧轻便；速度精度在0.4m/s以内；三个独立的串行数据端口；防水达1m；双频同步跟踪L1和L2 GPS信号；保持内部时间，以便在每次启动时快速获取GPS信号；动态地图的态势感知（高达32MB）；激光测距仪、火力支援等功能；从PC或其他DAGR传输数据/地图；带航路点存储的区域导航；单位、基准和坐标格式的用户设置。

GPS特点：提高采集/再采集性能并降低功耗的策略；在完全关闭后不到100s内无时间、位置或年历的冷启动；在多种干扰环境中扩展性能，41~44dB J/S保持状态5跟踪，54~66dB J/S保持状态3跟踪，初始C/A码采集期间24dB。[①]

6.5.6.3 采办动态

BAE收购柯林斯后，GPS接收机产品有增长。

2020年11月，美国太空军授予雷声公司、L3哈里斯公司和BAE系统公司三家公司总价值5.52亿美元的合同，用于2021年2月17日设计和制造先进的GPS接收机，为美国军队提供定位、导航和授时。其中BAE系统公司在该合同中占据最大份额2.47亿美元。[②]

太空军的太空和导弹系统中心正在采购新型军用GPS接收机，这种接收机体积更小、质量更轻，并将允许军方使用抗干扰GPS信号，即M码或军用码。L3哈里斯随着军事部门用M码替代传统GPS接收机，如精确制导弹药和手持设备等系统中的M码变体，新采购的硬件（称为军用GPS用户设备[MGUE]增量2微型串行接口）在未来十年可能价值数十亿美元。

多年来，美国国防部一直因M码接收机的交付延迟而受到批评。洛克希德·马丁公司制造了新的GPS Ⅲ卫星广播M码信号，但要利用这项技术，需要升级地面控制系统和接收设备。

6.5.7 卫星信号导航装置（SSNS，AN/WRN-6（V））

6.5.7.1 概况

卫星信号导航装置（Satellite Signal Navigation System，SSNS，型号AN/WRN-6（V））是一种军用GPS导航系统，用于美国海军的许多作战舰艇，为舰艇的导航和作战系统提供精确的地理位置信息。WRN-6最多可以跟踪5颗卫星，并接收和处理L1和L2 P/(Y)码以及L1 C/A码。该导航系统还能够进行选择性可用性和反欺骗（SA/AS）操作。

---

① Defense Advanced GPS Receiver (DAGR) Data Sheet. BAE SYSTEMS. [https://www.baesystems.com/en-us/product/defense-advanced-gps-receiver]

② Sandra Erwin. BAE Systems positioning for growth in military GPS following Collins acquisition. Space News, February 17, 2021. [https://spacenews.com/bae-systems-positioning-for-growth-in-military-gps-following-collins-acquisition/]

6.5.7.2 发展现状

WRN-6 作为传统的 GPS 舰载接收机，为舰上的许多 C2 系统提供定位、导航和授时数据。WRN-6 包含一个老化的 GPS 接收机，于在 20 世纪 80 年代开始设计、制造和安装在舰艇上。

WRN-7 是 WRN-6 的非密替代品，安装在数量有限的外军舰船上。WRN-7 与 WRN-6 相同，但用于加载 P/Y 码加密密钥的 KYK 输入除外。它容易受到与 WRN-6 相同的潜在缺陷的影响。

2014 财年以后，美国海军舰载导航系统都向 GPNTS 进行了迁移。

6.5.7.3 系统功能与组成

GPS 用户段设备安装在舰船、飞机和移动车辆上，最常见的舰载接收机是 WRN-6。当 GPS 接收机从 4 颗 GPS 卫星获取卫星信号，实现载波和代码跟踪，并读取导航消息时，它就可以开始导航了。GPS 接收机通常每秒更新一次其伪距和相对速度。下一步是计算 GPS 接收机位置、接收机速度和 GPS 系统时间。GPS 接收机必须非常准确地知道 GPS 系统时间，因为卫星信号向 GPS 接收机指示来自卫星的传输时间。GPS 接收机使用系统时间作为接收卫星信号的参考时间。信号离开卫星和到达 GPS 接收机天线之间的时间差与卫星和接收机之间的距离成正比。因此，GPS 卫星和 GPS 接收机必须使用相同的时间基准。GPS 接收机没有使用卫星中的原子钟，因为这样的时钟会使接收机太昂贵。取而代之的是，使用了一个较便宜的晶体振荡器，接收机校正其与 GPS 系统时间的偏差。

WRN-6 有三种工作模式。"初始化"模式是设置启动的一部分。在初始化过程中，操作员可以手动或从其他设备测试当前位置、日期和时间数据。"导航"模式为正常工作模式，在该模式下，接收机接收卫星数据，并计算导航数据，与其他互联的系统交换数据，并监控装置的性能。"导航"模式允许操作员输入任务数据，查看位置、速度和时间数据，并控制设备的配置。"自检"模式允许操作员随时对导航装置进行完整的测试。当该装置处于测试状态时，它将不会跟踪卫星。该系统根据 GPS 卫星发送的信号计算精确的位置坐标、高程、速度和时间信息。在 P 模式下，它的精度为 16m；在 C/A 模式下，其精度为 100m。

WRN-6 与典型的商用 GPS 接收机不同。它由 R-2331/URN 无线电接收机、AM-7314/URN 天线放大器、AS-3819/SRN 或 AS-3822/URN 天线和 C-11702/UR 指示器控制组成。其中接收机和指示器控制是该装置的两个主要部件。

R-2331/URN 是 WRN-6 的接收机/处理器，具有独特的美国海军输入/输出套件，通过双 MIL-STD-1397 海军战术数据系统（NTDS）A 类或 B 类接口向导航或作战系统提供数据。电子组件装在防冲击和防损坏的底盘中，输入/输出连接位于机箱的前部和后部。除了双 NTDS 接口外，无线电接收机还包含：一个用于横滚、俯仰、航向和速度输入的同步接口；DOD-STD-1399 精确时间和时间间隔（PTTI）接口；ICD-GPS-060 HAVEQUICK 接口；ICD-GPS-150 仪器端口数据链路接口。R-2331/URN 还包含操作员控制装置和指示器。C-11702 指示器控制被用作系统的操作员输入/输出接口。[1]

PTTI 接口具有每秒 1 个脉冲（PPS）输入、1 个 PPS 输出和每分钟 1 个脉冲输出

---

[1] Military Analysis Network. [https://man.fas.org/dod-101/navy/docs/swos/e1/MOD4LES4.html]

（PPM）。WRN-6 上的独特接口意味着没有商业替代品可以替代它。①

6.5.8 用于水面舰艇的非 GPS 辅助 PNT（NoGAPSS）

用于水面舰艇的非 GPS 辅助 PNT（Non GPS Aided PNT for Surface Ships，NoGAPSS）为作战系统、武器、导航、指挥、控制、通信和其他系统所需的有保证的定位、导航和授时（A-PNT）数据提供了额外的弹性，在 GPS 干扰或拒止环境中提供了对网络基础设施至关重要的时间和频率同步。

6.5.9 M 码（M-Code）

6.5.9.1 概况

M 码或军用码（Military Code，M-Code）作为一种新军用信号，旨在进一步提高军用 GPS 信号的抗干扰和安全访问。M 码使用与之前的军用 P（Y）码相同的 L1（1575.42MHz）和 L2（1227.60MHz）传输波段。新信号的形状使其大部分能量位于边缘（远离现有的 P（Y）和 C/A 载波）。与 P（Y）码不同，M 码被设计为自主的，这意味着用户可以仅使用 M 码信号计算他们的位置。P（Y）码接收机通常必须首先锁定 C/A 码，然后转移以锁定 P（Y）码。

M 码是 GPS 计划的下一个演进步骤，它使军用和民用 PNT 解决方案更具弹性。特别是，M 码加密为 GPS 信号提供了急需的防御性改进。②

6.5.9.2 发展现状

与以前的 GPS 设计大相径庭的是，除了广角（全球）天线外，M 码还打算从高增益定向天线广播。定向天线的信号称为点波束，旨在瞄准特定区域（即直径数百千米），并将本地信号强度提高 20dB（10 倍电压场强，100 倍功率）。拥有两个天线的副作用是，对于点波束内的接收机，GPS 卫星将显示为两个 GPS 信号占据相同的位置。

虽然在 GPS Block IIR-M 卫星上可以使用全球 M 码信号，但在部署 GPS Block Ⅲ 卫星之前，点波束天线将不可用。与其他新的 GPS 信号一样，M 码依赖下一代操作控制系统（OCX），原计划于 2016 年 10 月投入使用，但已推迟到 2022 年。

2005—2016 年发射的 GPS Block IIR-M 和 IIF 卫星（共 19 颗）的 M 码能力有限。GPS Block Ⅲ 卫星（共 10 颗）的能力得到了增强，其中第一颗卫星于 2018 年发射，4 颗现已投入使用。它们提供增强的信号可靠性、准确性和完整性，以及改进的干扰防御。

M 码的完全作战能力（FOC）通过引入 OCX 软件来实现，该软件正在 17 个全球监测站的网络中进行安装。安装在 6 个站点的 OCX Block 0 于 2020 年 6 月开始试验，并于 2021 年 11 月实现了 M 码早期使用（MCEU）的操作验收。更多的 OCX 模块正在筹备中，初始计划在 2022 年初过渡到完全作战能力。

新的 M 码加密系统是现代化的 NAVSTAR 安全算法（MNSA），最新的接收机被称为军用 GPS 用户设备（MGUE）。为了最大限度地利用 M 码提供的优势，用户需要配备 MGUE。

---

① Bill Woodward and Rich Webb. Preserving a Legacy：Integration of SAASM and Commercial GPS Receivers with Existing Shipboard Systems. Inside GNSS，May/June 2008.［https://www.insidegnss.com/auto/mayjune08-woodward.pdf］

② Giles Ebbutt. Encrypted GPS M-Code：It's Here, and It's Critical. Orolia, 2021. ［https://www.orolia.com/encrypted-gps-m-code-its-here-and-its-critical/］

2021年5月，国防部宣布授予BAE系统公司一份为期10年、价值3.25亿美元的合同，为美军提供MGUE增量1通用GPS模块。

6.5.9.3 M码接收机

支持M码的接收机设备包括不同的组件，每个组件的开发和制造都是现代化工作的关键，如图6-49所示，包括：特殊的M码专用集成电路芯片；在空军军用GPS用户设备（MGUE）计划下开发的特殊M码接收卡；能够使用来自GPS卫星的M码信号的下一代GPS接收机。[①]

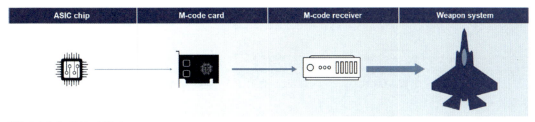

图6-49 全球定位系统用户设备集成

如图6-50所示为M码接收机集成和测试。

6.5.9.4 信号设计特点

在导航战（NAVWAR）背景下，现代化军事信号的目标是保护美国及其盟国对GPS的军事使用，防止GPS的敌对使用，同时维护民用无线电导航服务的和平使用。此外，现代化需要提高民用和军用GPS服务的性能。因此，GPS现代化信号设计团队的工作是设计一种信号，保障增强的军用无线电导航服务的功能、性能和灵活性，同时确保当前的军用和民用接收机继续以与现在相同或更好的性能运行。

虽然在早期考虑GPS现代化的过程中提出的一些方法涉及L1（1575.42MHz）和L2（1227.6MHz）现有载波以外的新频率，但在现有无线电导航卫星服务（RNSS）频带内运行的技术和监管优势，加上L频带或其他频谱的稀缺，将任何新的军事信号限制到当前注册的GPS频带。挑战是确定民用和军用信号组合架构的设计，该架构将适合频段，但具有足够的隔离度以防止相互干扰。由于美国打算停止使用选择性可用性，L1上的C/A对于民用和航空用途将更加重要。1998年3月宣布，C/A码信号也将在L2上传输。此外，计划在1176.45MHz处安装一个新的民用信号。

1997—1998年，GPS联合项目办公室（JPO）领导了对L1和L2上使用的新型军用信号设计的初步调查。考虑了几种基本不同的信号架构，以及各种调制设计和从空间飞行器发射新信号的替代方案。最终得出结论，即频率复用是可行的，L1和L2上的信号架构应在民用的每个频带的中心包括C/A码信号，同时保留Y码信号，并且新的军事信号应该使用"分裂频谱"调制，将其大部分功率置于分配频带的边缘附近。结果表明，偏移载波调制是最佳选择，并且通过航天器上单独的RF链和天线孔径传输新的M码信号具

[①] GPS Modernization: DOD Continuing to Develop New Jam-Resistant Capability, But Widespread Use Remains Years Away. Report GAO-21-145, Jan 19, 2021. [https://www.gao.gov/products/gao-21-145]

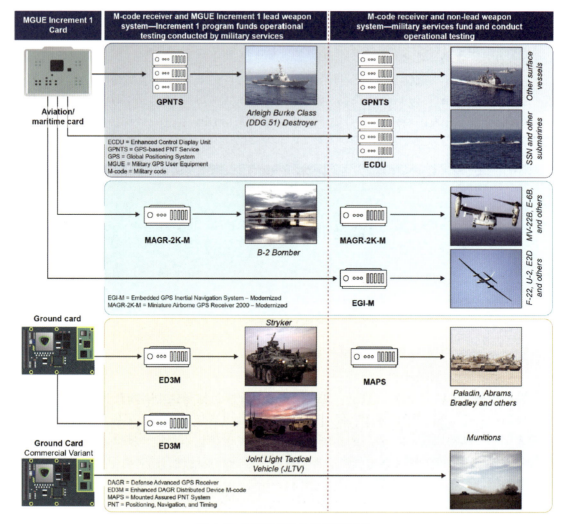

图 6-50 ▎M 码接收机集成和测试

有明显的优势。

1998 年年底,JPO 成立了 GPS 现代化信号设计团队,以进一步检查调制设计,同时设计 M 码信号的其他部分,包括信号采集方法、新的数据消息格式和新的安全架构。1999 年 8 月,JPO 向 GPS 独立审查组简要介绍了由此产生的设计建议,审查组批准了设计建议,同时开始了现代化航天器和 M 码信号接收机的设计和开发。新的信号架构如图 6-51 所示。[①]

M 码信号设计需要提供比 Y 码信号更好的抗干扰能力,主要是通过在不干扰 C/A 码或 Y 码接收机的情况下以高得多的功率进行传输。M 码信号还需要与 GPS 对敌方的干扰兼容。该设计应提供比目前更强大的信号采集,同时在排他性、认证性和保密性方面提供更好的安全性,以及精简的密钥分发。在其他方面,M 码信号应当提供至少与 Y 码信号相当的性能,甚至提供更好的性能。它还应提供比 Y 码信号更大的灵活性。

---

① Barker B C, Betz J W, Clark J E, et al. Overview of the GPS M code signal[C]//Proceedings of the 2000 National Technical Meeting of the Institute of Navigation, 2000: 542-549.

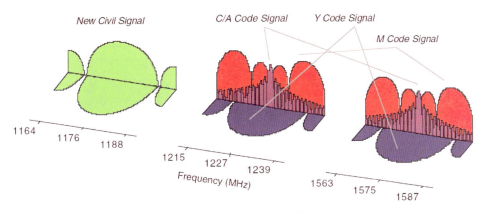

图 6-51 | GPS 现代化的信号架构

在提供这些优点的同时，M 码信号必须与 L1 和 L2 上的当前信号共存，而不干扰当前或未来的民用或军用用户设备。此外，无论是在航天器上实施还是在未来的用户设备上实施，都必须是简单和低风险的。特别是，由于航天器上的发射功率是有限的，并且对许多应用都有很高的需求，因此 M 码信号设计和总体信号架构必须尽可能具有功率效率。

推荐的 M 码设计在约束条件下满足这些需求。M 码信号的调制是具有副载波频率 10.23MHz 和 5.115M 扩展比特每秒的扩展码速率的二进制偏移载波信号，表示为 BOC（10.23，5.115）（简称 BOC（10，5））调制。扩展和数据调制采用双相调制，使得信号占据载波的一个相位正交信道。扩展码是来自信号保护算法的伪随机比特流，没有明显的结构或周期。

数据消息在内容、结构和比特率方面提供了相当大的灵活性，并结合了强大的前向错误控制。数据消息的各个方面可以在不同的轨道平面、不同的单个卫星、甚至给定卫星的不同载波上进行不同的配置，从而允许相当大的操作灵活性。

M 码信号的安全设计基于下一代密码学和其他方面，包括新的密钥体系结构。通过卫星的 RF 和天线设计，给定的卫星可以在每个载波频率（但物理上不同的载波）发射两个不同的 M 码信号。这允许对于地球和空间用户具有足够宽的角度覆盖的较低功率信号（称为地球覆盖信号），以及在点波束中发射的较高功率信号（点信号），以便在局部区域中从空间获得更大的抗干扰。这两个 M 码信号在从同一卫星以相同载波频率发射时，是具有不同载波、扩展码、数据消息和其他方面的不同信号。

最终 M 码的主要设计特点如下。

信号采集设计：M 码信号专为自主采集而设计，因此接收机将能够获取 M 码信号，无须访问 C/A 码或 Y 码。当初始时间不确定性约为秒时，已经考虑了许多选项来实现干扰中 M 码信号的稳健采集。基线 M 码信号设计建议需要在严重干扰下运行的接收机使用可提供大处理增益的处理架构直接获取 M 码导航信号。

信号调制设计：BOC（10，5）调制使用 10.23MHz 方波副载波，通过以 5.115Mbps 的速率扩频码位进行调制；扩频码转换与方波副载波的转换对齐。

信号数据报文设计：M 码信号数据消息结构旨在满足以下一组标准。提供格式、控制和内容的灵活性；提高所有关键参数的性能（例如，降低错误率和减少数据收集时间）；提高系统的数据安全性和完整性；增强系统的安全架构和密钥管理基础设施；随着军事应用、技术和任务要求的发展，使未来能够适应 GPS 数据消息。

简言之，所提出的数据消息设计用基于分组消息的通信协议代替了帧的使用，如在当前导航数据消息中那样。军用导航数据消息内容的控制也得到了显著改善。每个操作 M 码的航天器可以在 L1 和 L2 信道上以不同的数据速率发送不同的数据消息内容。类似地，来自不同航天器的数据消息内容可能不同。这种灵活性允许系统运营商以各种空分或频分模式配置空间段，以响应广泛的操作需求和环境。

M 码信号设计是未来几十年军用 GPS 应用的核心。创新的 BOC 调制设计允许继续军用现有 GPS 频率，同时支持导航战。它确保了与现有军用和民用 GPS 接收机的向后兼容性，同时通过高功率传输保护 GPS 的军事用途，以提高抗干扰能力。BOC 调制还允许接收机利用其宽带特性。使用直接采集技术的 M 码信号的自主采集提供了增强的健壮性。强大的新数据消息格式显著提高了 GPS 数据消息的关键性能指标，减少了当前格式中存在的低效率，并提供了在空间数据内容中管理 GPS 信号的灵活性，以满足广泛的当前和未来操作需求。它为作战人员提供了空中密钥更新能力，同时提供了相当大的灵活性，以适应 GPS 业务需求的增长和变化。新的安全功能提供了更好的安全性和更好的易用性。

即使在地球覆盖功率级别，M 码信号也能提供与 Y 码信号相当的抗干扰能力、更稳健的捕获、更大的抗干扰性、更好的安全特性和改进的数据消息。

6.5.9.5 采办动态

1. Orolia 公司 PNT 解决方案推出 M 码军用 GPS 接收机

2020 年 11 月，Orolia 公司宣布在其 PNT 解决方案系列中推出 M 码军用 GPS 接收机。该产品线包括支持 M 码的移动任务授时和同步平台，例如 SecureSync IDM 弹性时间和频率参考解决方案、国防信息系统局（DISA）批准的首个时间服务器以及 Versa 移动 PNT 平台，以满足尺寸、质量、功率和成本（SWaP-C）要求。

Orolia 长期支持国防部对选择性可用性反欺骗模块（SAASM）的 PNT 设备的需求。Orolia 现在在其所有用户产品中都支持 M 码，并对 M 码的最终用户设备提供两种功能：模拟和支持。Orolia 提供了一种非常简单且无缝的升级路径，可以在该平台上从 SAASM 升级到 M 码。①

2. BAE 公司获得 M 码 GPS 模块合同

2021 年 12 月，美国国防后勤局（DLA）授予 BAE 系统公司 3.16 亿美元合同，用于先进的 M 码全球定位系统模块。M 码是一种军用信号，旨在保护定位、导航和授时功能免受干扰。BAE 导航和传感器系统业务开发总监表示，军方正在转向 M 码，以实现有保证的定位、导航和授时能力。该合同能够在 21 世纪 20 年代末满足国内和国际对 GPS 接收机中 M 码模块的需求。

BAE 目前正在提供两种 M 码 GPS 接收机：微型精密轻型 GPS 接收机 Engine-M-Code 和 NavStrike-M GPS 接收机。

---

① Matteo Luccio. M-code receivers start to roll out. GPS World, February 1, 2021.［https://www.gpsworld.com/m-code-receivers-start-to-roll-out/］

早在 2021 年 5 月 20 日，国防后勤局也曾授予 BAE 公司 3.25 亿美元的 M 码 GPS 模块合同，用于在 2030 年前提供与先进 M 码信号兼容的现代化 GPS 用户设备（MGUE）增量 1 通用 GPS 模块，以支持电子战环境。[1]

6.5.10 多平台抗干扰 GPS 导航天线（MAGNA）

6.5.10.1 概况

多平台抗干扰 GPS 导航天线（Multi-platform Anti-jam GPS Navigation Antenna，MAGNA）是一款技术先进的抗干扰 GPS 导航天线，可以提供 GPS 保护。这些天线提供的信号对飞机的抗干扰保护大于 90dB J/S，通过在干扰 GPS 接收机之前拒绝干扰信号来减少 GPS 干扰的影响，使士兵能够继续访问 GPS 提供的定位、导航和授时服务。

五月花（Mayflower）通信公司和 BAE 系统公司在美国海军 SPAWAR 的资助下开发了 MAGNA，并在美国陆军 PEO AVN 下进一步改进，以支持 SWaP 约束的空中、海上和地面平台的 GPS 保护要求，例如固定翼/旋转飞机、舰船、UAV 和战术车辆。MAGNA 基于 SWaP 优化 GPS 抗干扰天线技术，该技术针对小尺寸、质量和功率（SWaP）进行了优化，包括小型天线系统。

所有相关的 GPS 抗干扰电子设备都位于天线内部，MAGNA 提供了恢复可靠 GPS 来源所提供优势的反制措施。即使卫星信号被转子叶片中断，MAGNA 也能正常工作。该系统检测到干扰信号并消除干扰，让无干扰的 GPS 信号到达接收机。

MAGNA-F（Federated，NavGuard 710）是市场上同类产品中性能最高、体积最小的联合 GPS 抗干扰解决方案，采用 3.5inch 直径的接收模式可控天线（CRPA），与现有的固定接收模式天线（FRPA）兼容。MAGNA-F 提供了一种经济实惠的 SWaP-C 替代方案，可替代更大、更昂贵的现有抗干扰系统。它与 C/A、SAASM 和 M 码兼容。[2]

美国政府已在多个飞机平台上对 MAGNA-F 进行了集成、测试并在导航战（NAVWAR）操作环境中飞行。

MAGNA-I（Integrated，NavGuard 730）是市场上一款高性能但体积较小的 GPS 抗干扰集成解决方案，具有 4.5inch 直径的 FRPA 兼容封装。MAGNA-I 简化了平台集成并降低了生命周期成本。此外，MAGNA-I 支持铱星通信信号的传输/接收，可用于超视距无人机 C2 操作和备用/应急平台通信。这两型 MAGNA 产品如图 6-52 所示。

图 6-52　MAGNA-F（左）和 MAGNA-I（右）GPS 抗干扰系统

6.5.10.2 采办动态

2020 年 10 月，五月花通信公司获得了一份价值 5600 万美元的 GPS 导航天线系统合同，

---

[1] Robert Johnson. DLA Exercises $316M Option on BAE Contract for M-Code GPS Modules. December 3, 2021. [https://potomacofficersclub.com/news/dla-exercises-316m-option-on-bae-contract-for-m-code-gps-modules/]

[2] NacGuard 700 MAGNA-F. Mayflower Communications, May 2022. [https://www.mayflowercom.com/us/products/gps-anti-jam-products/navguard-502-magna-f/]

用于为 MAGNA 提供 GPS 保护，预计完成日期为 2024 年 9 月 28 日。[1]

2022 年 5 月，五月花通信公司收到美国联邦航空管理局（FAA）对其两种型号的 MAGNA GPS 抗干扰产品的技术标准订单（TSO-C190）授权，将 MAGNA 系统用于军用和商用航空。[2]

6.6 其他

6.6.1 高频超视距健壮通信体系（HFORCE）

高频超视距健壮通信体系（High Frequency Over-the-Horizon Robust Communications Enterprise，HFORCE）解决在卫星通信拒止的环境中对受保护和可靠的 BLOS C4I 的需求，在这些环境中，有机会利用海岸基础设施来解决卫星通信拒止的缺口。HFORCE 原型有可能增强当前的天基 BLOS 系统，在卫星拒止的环境中提供一种经济、可靠和安全的替代能力。HFORCE 项目将利用大增益集线器阵列来提高 HF 链路的性能，从而解决这一差距。与多载波波形和自适应调度相结合的大增益集线器为大型平台提供了 Mbps 级的数据速率，与传统方法相比，低检测概率性能得到了数量级的改善。小规模的演示集中在物理层的系统性能上。HFORCE 将专注于一个更大规模的原型中心，用于传统波形和传统无线电。

目前，美国对高度竞争环境的关注突出了对受保护（抗干扰和低检测概率）通信的日益增长的需求。JALN-M 和 HFORCE 等项目解决了能力差距（网络连通性、网络容量、信息和数据共享、网络管理），以便在卫星拒止的环境中实现有保障的通信。尽管这些项目将补充和备份现有能力，但如果卫星通信完全被拒止，它们可能成为唯一可用的通信路径。海军目前正在 JALN-M 项目下制作并演示空中中继替代卫星通信能力。HFORCE 项目将通过基于集线器的 HF 通信体系结构展示弹性和吞吐量增强。

2018 年的工作主要包括：利用 JALN-M 弹性研究的结果，为 HFORCE 演示计划的制订和成本分析提供信息，采购商用现货硬件以安装原型半规模集线器，并启动 HF 保护波形（HFPW）开发，包括与遗留波形的互操作性；进行 HFORCE 研究，以评估和分析使用高频全球通信系统（HFGCS）和岸上系统代替发射和接收阵列的情况；顶部高频天线；自动化数字网络系统（ADNS）与 HFORCE 原型系统和舰载 HF 系统接口，包括数字移动无线电（DMR）和作战部队战术网络（BFTN）。

6.6.2 海上联合空中层网络（JALN-M）

海上联合空中层网络（Joint Aerial Layer Network Maritime，JALN-M）是海军对 JALN 体系结构的实施，可在任何环境下提供可靠的通信，特别是在反介入/区域拒止（A2/AD）时。当空间层通信中断或丢失时，JALN-M 建立和恢复与高容量主干（HCB）层、分布接入

---

[1] Tim Biba. October 2, 2020. Rep. Moulton Announces $56 Million Military Contract with Mayflower Communications. Mayflower Communications, October 2, 2020. [https://www.mayflowercom.com/us/rep-moulton-announces-56-million-military-contract-mayflower-communications/]

[2] Tracy Cozzens. Mayflower receives FAA approval for GPS anti-jam antennas. GPS World, May 25, 2022. [https://www.gpsworld.com/mayflower-receives-faa-approval-for-gps-anti-jam-antennas/]

范围扩展（DARE）层和过渡层的连接。JALN-M 是一种强大、可靠的通信能力，通过 HCB 提供联合连接，通过伪卫星 DARE 能力提供海军平台连接。JALN-M 使用扩展数据速率（XDR）波形（海军多波段终端［NMT］）进行战斗群内 DARE 通信，将通用数据链（CDL）波形用于 HCB 交叉链路能力，并利用增强型 UHF/HF 波形进行联合连接。[1]

此外，定位、导航和授时（PNT）功能也被开发并集成到 JALN-M 吊舱中，并向其他吊舱子系统提供位置和授时数据，无论是否有 GPS 连接。由于吊舱被设计为在 A2/AD 环境下运行，因此吊舱 HCB 和 XDR（NMT）子系统需要在没有 GPS 的情况下提供 PNT 数据，并且有保证的 PNT 子系统将提供该数据。其目的是在拒止环境中提供替代通信路径，以支持通过 ADNS 的关键信息交换需求。

JALN-M 解决了能力差距（网络连接性、网络容量、信息和数据共享以及网络管理），以确保在任何环境中实现有保证的通信、指挥和控制。JALN-M 是一种系统能力演示系统，通过机载 JALN-M 吊舱演示海军舰对舰/潜艇和舰/海上对 DoDIN 通信，该吊舱承载扩展数据速率、高容量主干和有保证的 PNT 有效载荷，并利用现有舰队通信内部结构，最大限度地减少所需能力的变化。JALN-M 演示旨在向国防部和海军领导层通报 JALN-M 的未来发展（技术和计划风险），以及 JALN-M 作为未来在卫星拒绝通信威胁情况下恢复通信和网络连接的能力的可行性。

尽管联合空中层网络（JALN）的目标是在 2024 年实现完全作战能力，但已有空军人员及其他军事人员从中受益。例如，2009 年以来，通过两份总价值达 3.13 亿美元的战场机载通信节点（BACN）计划，美国空军电子系统中心部署了一种机载通信系统。该系统能够为 2 架喷气式飞机和 4 架 RQ-4"全球鹰"无人机上的作战人员提供实时的战场信息，使得地面部队即使位于超视距无线电台的覆盖范围之外，也能够与上空的喷气式飞机的飞行员共享信息。在 BACN 部署之前，地面人员必须通过联合战术空中控制员和空中作战中心来调用空中打击坐标，然后提供给飞行员。这种方法的问题在于，从地面操作人员调用坐标到开始实施地面打击，通常至少需要 12min。[2]

---

[1] Greg Giaquinto. Smooth Sailing Expected for U.S. Navy Fleet Communications Program. Forecast International, May 1, 2015. [https://dsm.forecastinternational.com/wordpress/2015/05/01/smooth-sailing-expected-for-u-s-navy-fleet-communications-program/]

[2] 方志英. 美军研发联合空中层网络[J]. 卫星与网络, 2015 (08): 46-47.

第 7 章

PMW 146：海军通信卫星

7.1 概述

7.1.1 主要项目

海军通信卫星（PMW 146）项目办公室是 PEO C4I&SS 的下属机构，在 NAVWAR 重组之前属于 SPAWAR 的空间系统项目执行办公室（PEO SS）（图 7-1）。2020 财年新成立的美国太空军正在进行陆军和海军相关军事卫星通信业务的整合，PMW 146 的项目已经移交到美国太空军。

图 7-1　空间系统项目执行办公室

PMW 146 分管的项目包括以下几部分。

1. 卫星系统

卫星系统项目包括移动用户目标系统（MUOS）和特高频后继卫星（UFO）。美国海军部署的 MUOS 是一种支持以网络为中心的窄带卫星通信系统。MUOS 系统计划发射 6 颗卫星，现已发射 5 颗。它在原有的窄带系统特高频后继卫星（UFO）基础上建立，进而取代 UFO。MUOS 参考陆地蜂窝第三代宽带码分多址（WCDMA）技术体制，利用 WCDMA、抗干扰、RAKE 接收、空中接口、星上处理等技术，显著提高了带宽容量和覆盖范围，提供全球覆盖、高健壮性、灵活性、具有联合互操作性的超视距通信。

另外，军事星（Milstar）、先进极高频卫星（AEHF）、国防卫星通信系统（DSCS）、宽带全球卫星通信（WGS）4 个项目是联合军种卫星通信系统，不属于海军 PMW 146 分管。但这几个项目作为美国军事卫星通信体系的组成部分，与海军多个项目存在关联，因此也在本章进行介绍。

2. 在轨卫星

在轨卫星包括舰队卫星通信系统（FLTSATCOM）和租赁卫星（LEASAT），一起支持全球范围内的海军飞机、舰船、潜艇和地面站之间以及战略空军司令部和国家指挥机构网络之间的特高频（UHF）卫星通信。

随着海军对 UHF 卫星通信容量不断增长，FLTSATCOM 系统已经不能满足海军的要求，而且卫星寿命已超过其预定的设计寿命，在 20 世纪 90 年代逐渐被 UFO 卫星所取代。

3. 技术演示

技术演示包括海军纳卫星（Naval Nanosat）和综合通信扩展能力项目（ICE-Cap）。近年来全球小卫星发展活跃，纳卫星的体积小、质量轻，因此成为一种负担得起的资产。ICE-Cap 即"冰帽"，是为美国海军开发的 3U 通信实验立方体卫星（CubeSat），演示从低地球轨道（LEO）立方体卫星到地球同步轨道 MUOS 卫星的交叉链路，以便将信息即时传递到地面数据网络，以解决通信能力不足的问题。

7.1.2 美军卫星通信体系

战术通信卫星（Tactical Communication Satellite，TACSAT）是一种能为战场上的军用飞机、舰船、车辆和个人便携式终端等移动单元提供通信服务的卫星。

卫星通信广域覆盖特性决定了其是解决军事通信中超视距应用难题的主要手段。在军事应用中，卫星通信主要有三类保障对象：一是面向作战单兵、分队和战术作战平台（如战术飞机、装甲车辆等），为其提供接入应用，满足指挥控制、信息支援等应用需求；二是面向各类指挥所和作战平台（如大型舰船、预警机等），满足对上、对下信息传输组网需求；三是为通信网络节点提供组网链路，实现广域范围超视距组网。

为满足军事应用需求，并考虑建设投入及系统可行性，美军构建了一个由窄带、宽带、受保护卫星系统组成的军事卫星通信系统，并将商用卫星资源纳入体系架构，并以此架构为基础建设了几代军事卫星通信系统，成为美军历年来在全球范围内所有军事行动的主要保障手段。

美国军事卫星通信（MILSATCOM）系统由美国国防部负责并维护，负责为美军提供空间多维信息链接。窄带系统采用特高频（UHF）频段，提供用户的语音、低速率数据、移动通信等服务；宽带系统采用 X 和 Ka 频段，主要解决大容量、高速率数据通信需求；受保护系统则采用极高频（EHF）频段，主要解决保密、抗干扰、防探测和防非授权通信需求，适用于保密通信。如图 7-2 所示为美军卫星通信体系。

受保护	宽带		窄带	商用
MILSTAR/AEHF	DSCS/WGS	UFO/WGS	UFO/MUOS	C/Ku/Ka
EHF	SHF/X/Ka	Ka	UHF	C/Ku/Ka
 (AEHF)	 (DSCS)	 (WGS)	 (MUOS)	
LDR/MDR/XDR（低速/中速/高速）；指挥控制范围扩展；抗干扰、低截获、低检测、抗电磁脉冲；星间链路（无地面中继）；生存能力强	DSCS卫星，只有X频段；WGS卫星，X和Ka频段；高速传输；有限的抗干扰保护	UFO和WGS卫星的Ka载荷；高吞吐量；小用户天线；智能推送/定制广播	用户重量轻、可移动；可穿透树叶遮蔽；无抗干扰能力；信道按需分配	容量不断增长；高吞吐量，无防护；按需要的服务付费

图 7-2 美军卫星通信体系

通常，战略核力量使用受保护卫星通信系统，如军事星（Milstar）和先进极高频卫星（AEHF）。大数据和情报任务使用宽带全球卫星通信系统（WGS）。作战人员使用主要由传统军用 UHF 卫星通信系统组成的窄带系统。

随着卫星通信技术在军事领域的广泛应用，以及美军全球作战环境多样性和不可预测性的增加，包括舰队卫星通信（FLTSATCOM）、特高频后继卫星（UFO）等传统的窄带军事卫星通信系统都已超过设计寿命，越来越显示出其容量不足、抗干扰能力差等缺点，难以满足美军作战需求。为此，美国国防部一方面持续对 UFO 等卫星系统进行完善升级，包括加装 EHF 插件、增加编码功能、提升终端性能等；另一方面由 PMW 146 牵头研发更为先进的移动用户目标系统（MUOS），以满足那些机动性更强、容量需求更大、业务质量要求更高的用户需求。

然而，更高容量的移动用户目标系统（MUOS）WCDMA 终端部署缓慢，迫使美军不得不继续依赖那些濒临淘汰的传统 UHF 卫星，因此出现了危机。

2022 年 7 月 26 日，美军联合参谋部发布《卫星通信》标准规范，其中定义为：军事卫星通信（MILSATCOM）包括美国防部拥有和运营的那些系统（卫星、控制段、地面段、用户终端、企业卫星通信网关和特定任务卫星通信网关）。MILSATCOM 可分为三种系统类型：窄带、宽带和受保护。[1]

---

[1] CJCSI 6250.01G, Department of Defense Satellite Communications. Joint Staff, Washington, D. C., 26 July 2022. [https://www.jcs.mil/Portals/36/Documents/Library/Instructions/CJCSI%206250.01G.pdf]

1. **窄带**

　　窄带卫星通信（Narrowband SATCOM）被定义为当前、计划中和未来国防部拥有、租赁和托管的卫星通信资产，这些资产运行于 UHF 频谱。使用宽带码分多址（WCDMA）和传统波形来访问资源。WCDMA 是通过移动用户目标系统（MUOS）支持用户的主要有效载荷。传统有效载荷可配置为通过单接入专用 5kHz 和 25kHz 信道，或通过时分多址（TDMA）的多接入时间共享信道提供资源。TDMA 用于按需分配多址（DAMA）和集成波形（IW）处理信道。UHF 后继卫星（UFO）、舰队卫星（FLTSATCOM）和 MUOS 卫星上的转置服务是互操作性的遗留服务。传统窄带资源没有计划补充。应使用 WCDMA 波形满足未来窄带卫星通信系统的要求。窄带提供可靠、安全、固定站点和移动数据和语音通信，不受恶劣天气条件、茂密的树叶、地形遮蔽和距离限制的影响。窄带卫星通信提供电磁干扰（EMI）缓解能力，包括自动监测所有 UHF 卫星通信下行链路、信号特征、自主 UHF 上行链路地理定位。此外，MUOS WCDMA 提供了滤波、开槽和物理缓解，每个足迹有 16 个固定波束。

2. **宽带**

　　宽带卫星通信系统为国防部的许多通信提供了主要传输路径，包括高质量的语音、图像、视频和数据传输。宽带 MILSATCOM 在 X 和 Ka 波段工作。X 波段的资源通过国防卫星通信系统（DSCS）、宽带全球卫星通信（WGS），并通过 IP 系统访问。军用 Ka 波段的资源通过 IP 系统由 WGS 访问。宽带提供保护功能，如 EMI 检测、表征和缓解，可配置波束，以及高质量语音、图像和数据电路的可调功率电平。宽带 SATCOM 以频分多址（FDMA）或几种 TDMA 方案之一运行。未来的受保护抗干扰战术卫星通信（PATS）系统将具有额外的增强能力，以消除或减轻卫星通信在核前和核后环境中的有意或无意降级、中断、拒绝、未经授权的访问或利用。使用受保护的战术波形（PTW），这些系统可以动态地适应在竞争激烈的环境（包括 EMI 和恶劣天气环境）中提供高吞吐量，并在资源受限的情况下为更高优先级的用户提供近乎实时的资源分配。此外，PATS 将为良性和竞争环境中的战术作战人员提供全球超视距、抗干扰、低截获概率（LPI）通信。PATS 基础设施将在各种频带上运行，包括宽带、商用和国际系统分配的资源，以及受保护的战术卫星通信（PTS）星座，该星座由在轨 PTW 处理军用 Ka 波段和 X 波段的自由飞行和托管有效载荷组成。

3. **受保护**

　　受保护的战略卫星通信（Protected Strategic SATCOM）系统具有额外的能力，可以通过所有操作环境消除或减轻有意或无意的卫星通信降级、中断、拒绝、未经授权的访问或利用。EHF、Ka、Q 和 V 波段可通过军事星（Milstar）、UFO/EHF、UFO/EHF 增强型、先进极高频卫星（AEHF）、临时极地系统、增强型极地系统（EPS）以及未来的 EPS 再资本化进行访问。受保护的战略卫星通信系统在分散的地理区域为军事卫星通信提供最大程度的保护，同时提供灵活的支持，如低截获概率（LPI）、低检测概率（LPD）、低利用概率（LPE）、抗干扰和防闪烁。这主要通过使用军用标准波形来实现。受保护的战略卫星通信为全球战略通信任务以及战术用户提供灵活的支持。演进型战略卫星通信计划将取代现有系统，继续支持战略通信。目前不支持战略任务的战术用户预计将过渡到 PATS。然而，在向 PATS 或其他卫星通信系统过渡期间，这些没有战略任务的用户可获得超出战略用户需求的演进型战略卫星系统资源。

7.1.3 美国太空军

美国太空军（United States Space Force，USSF）成立于 2019 年 12 月 20 日，是美国国防部继陆军、海军、海军陆战队、海岸警卫队、空军之后的第六支独立武装部队。国会在《2020 财年国防授权法案》（NDAA）中正式设立了太空军。成立以来，美国太空军通过建立独具特色的作战组织架构，体系化地应对太空作战中的各项任务，初步确立了太空军的独立军种地位。图 7-3 是美国太空军徽标。

USSF 在空军部内组织，其职能与美国空军处于同等水平，类似于海军陆战队在海军部内的结构。太空军有责任组织、训练和装备以太空为重点的军事力量。具体来说，太空军负责太空发射、卫星运行、太空环境监视、卫星防御和部分导弹防御功能。以前，太空军和任务分散在整个国防部。随着

图 7-3 美国太空军（USSF）徽标

太空军的成立，国防部设想将所有或许多这些任务、部队和权力机构整合到太空军的职权范围内。太空军随后将为武装部队的其他部门提供太空支持。[1]

使命任务：USSF 负责组织、训练和装备 Guardians（守卫者）以开展全球太空作战，以增强联合和联军作战方式，同时还为决策者提供军事选择以实现国家目标。[2,3]

座右铭：Semper Supra 或"永恒至上"。

总部：华盛顿特区五角大楼。

规模：太空军是美国最小的军种，由 8 600 名军事人员（4 286 名士兵和 4 314 名军官）、4 927 名文职人员组成，并运行着 100 多颗卫星。其预计规模为 16 000 人。

尽管美国军事太空能力自 20 世纪 50 年代以来取得了显著进步，但它们在不同军种之间存在分歧，空军、陆军和海军都保持着以太空为重点的计划。为了应对对太空日益加深的依赖，对这种不同结构的担忧开始出现，20 世纪 60 年代以来引发了关于在军队中建立一个独立的以太空为重点的军种的讨论。终于，众议院 2018 财年通过了国防太空军，特朗普总统在 2019 年指示建立一个单独的太空军种[4]。该提案指导在空军部内组建一支太空军，得到了两党的支持，并导致国会通过该提案作为 2020 财年国防授权法案的一部分。

太空军成立的另一个原因是，美国国家卫星目前由多个军种和机构控制，这可能导致过度保密和信息共享的缺乏，在情报界称为合作壁垒。而现在，太空军的太空作战司令部将统

---

[1] Kari A. Bingen, Kaitlyn Johnson, John Dylan Bustillo, Marie Villerreal Dean. U. S. Space Force Primer. CSIS, Aerospace, December 22, 2022. [https://aerospace.csis.org/us-space-force-primer/]

[2] United States Space Force Mission, U. S. Space Force. [https://www.spaceforce.mil/About-Us/About-Space-Force/Mission/]

[3] 在美国太空军（USSF）一周年庆典活动中，美国副总统迈克·彭斯（Mike Pence）宣布该部队成员为"守卫者"（guardians）。彭斯表示："陆军士兵、海军水手、空军飞行员、海军陆战队员和守卫者将世代保护我们的国家"。

[4] Sandra Erwin. Trump signs defense bill establishing U. S. Space Force：What comes next. Space News, December 20, 2019. [https://spacenews.com/trump-signs-defense-bill-establishing-u-s-space-force-what-comes-next/]

领五角大楼所有军用卫星，为美军的全球军事行动提供太空支援。

太空军旨在创建一个负责训练、开发和采购装备的组织，以支持美国军方的太空能力和行动。USSF"守卫者"部署了100多颗卫星，对卫星的指挥控制进行运营和维护，这些卫星提供定位、导航和授时（PNT），战略和战术通信，情报、监视和侦察（ISR）以及天气信息，进行太空发射并运营国家的太空发射场，同时还维护着广域的卫星、地面望远镜和雷达网络，提供导弹发射预警并跟踪航天器和轨道碎片。他们被要求提供太空优势，运用广域的进攻和防御能力来支持美国的军事任务。

太空军被有意设计成一个精简、敏捷且以任务为中心的组织，因此，其"守卫者"和参谋人员数量明显少于其他军事部门，以消除传统的官僚主义层级。太空军依靠空军部提供日常保障职能，例如后勤、基地运营和安全、文职人员人力资源和招聘、IT保障、审计和财务保障等。

美国空军一级司令部和编号航空队之下还设有"联队"和"大队"，太空军则不设联队或大队，而只设一个由上校领导的指挥层级，称为"Delta"（音译"德尔塔"，有"三角翼""三角洲"等含义）。"Delta"用作军事组织编制尚属首次，选用其作为太空军部队层级的名称是出于文化上的原因，其三角翼形状是太空军徽章和军旗的核心设计元素。这里暂时仍译为"大队"。Delta大队之下的基层部队是由中校领衔的中队，这与空军是一样的。

如图7-4所示，太空军由三个野战司令部组成，即太空作战司令部（SpOC）、太空系统司令部（SSC）和太空训练与战备司令部（STARCOM）。它们进一步分为17个大队（Delta）和3个提供任务支持功能的基地大队。[①,②]

图7-4 美国太空军组织机构

---

① https://www.spoc.spaceforce.mil/About-Us/Fact-Sheets/Display/Article/3000826/ussf-organization

② 涂国勇，路建功，吕久明，等．美国太空力量体系建设及作战运用研究［M］．北京：中国宇航出版社，2021．

1. 太空作战司令部（SpOC）

太空作战司令部（Space Operations Command，SpOC）负责为作战指挥官生成、演示和维持太空作战能力。SpOC 是为作战指挥官、联盟伙伴、联合部队和国家提供空间力量和能力的主要力量。SpOC 在 USSF 和美国太空司令部（USSPACECOM）的连接处运行，是一种独特的运营方式，它既可以作为 USSF 的野战司令部，也可以作为 USSPACECOM 的军种司令部。指导 SpOC 有三个优先事项：准备（一支战斗准备、ISR、赛博安全部队）、合作（在美国政府、盟国和商业伙伴之间）和投射（在太空中、从太空和到太空的战斗力）。此外，SpOC 由太空基地 Deltas（SBD）1 和 2 提供支持，它们为军事设施提供任务支持功能，如信息技术和医疗保障。

根据美国太空军网站公示的组织架构，太空作战司令部下辖 9 个任务大队和 2 个太空基地，新的组织机构将集成按太空作战功能来编列的作战部队，如图 7-5 所示。①

图 7-5 太空作战司令部下属机构（2022 年 7 月）

太空作战司令部官网显示，最新的一个任务大队 Space Delta 18（国家太空情报中心）成立于 2022 年 6 月 24 日。各任务大队的主要职能见表 7-1。

---

① https://media.defense.gov/2022/Jul/15/2003036207/-1/-1/0/220715-F-FE269-0003.JPG

表 7-1　太空作战司令部下属任务大队

名　称		任　务
Space Delta 2	Space Domain Awareness 太空域感知	综合 ISR、空间观测和环境监测，使能太空作战管理并支持地面作战
Space Delta 3	Space Electronic Warfare 太空电子战	运营电子攻击、防护和保障能力，以保护和防御太空域
Space Delta 4	Missile Warning 导弹预警	为美国和国际伙伴提供战略和战区导弹预警
Space Delta 5	Command and Control/Combined Space Operations Center（CSpOC）指挥和控制	维护作战空间和太空军全球感知，使能数据驱动的决策
Space Delta 6	Cyber Operations 赛博作战	执行赛博作战，以保护太空作战、网络和通信，并运营空军卫星控制网络
Space Delta 7	Intelligence, Surveillance, and Reconnaissance（ISR）情报、监视和侦察	提供情报数据，保障对手空军能力的探测和表征
Space Delta 8	Satellite Communications and Navigation Warfare 卫星通信和导航战	向美军、联盟伙伴和商业/民用用户提供定位、导航、授时（PNT）和卫星通信
Space Delta 9	Orbital Warfare 轨道战	进行保护和防御行动，并提供应对选项，以威慑和挫败对手的太空威胁
Space Delta 18	National Space Intelligence Center 国家太空情报中心	提供无与伦比的技术专长和改变游戏规则的情报

下面重点针对太空任务大队 8"卫星通信和导航战"（Space Delta 8）进行更详细的介绍，其业务涵盖了 PMW/A 170（通信与 GPS 导航）和 PMW 146（海军通信卫星）的相关项目，包括最近从美国海军移交到太空军的 MILSATCOM 系统。

2021 年 9 月，美国陆军和海军卫星作战部门开始在太空军进行整合，以创建一个更加一体化的美国军事卫星通信体系。Space Delta 8 接管 11 颗海军窄带通信卫星的运营，其中包括移动用户目标系统（MUOS）、特高频后继卫星（UFO）和舰队卫星通信系统（FLT-SATCOM）UHF 卫星。[1,2]

Space Delta 8 运营着 66 颗卫星，包括 37 颗 GPS、6 颗 AEHF 通信卫星、5 颗 Milstar 卫星、2 颗增强极地系统有效载荷卫星、10 颗宽带全球卫星通信（WGS）和 6 颗国防卫星通信系统（DSCS）。其总部位于科罗拉多州施里弗太空军基地（SFB），是美国太空军的一个组成部分。该组织于 2020 年 7 月 24 日成立并启动。

任务：重点是定位、导航和授时（PNT）与卫星通信（SATCOM），为作战人员和民用用户提供 PNT 信号的唯一全球实用工具，是为总统、国防部长、国家决策者、战区指挥官以及全球战略和战术部队提供受保护的军事卫星通信（MILSATCOM）的协调中心。Delta 指挥官负责指挥和控制国家的 MILSATCOM 和全球定位系统（GPS）星座，开发和训练太空作战人员，并通过 24/7 的行动提供能力。[3]

---

[1] Sandra Erwin. Army, Navy satellite operations to consolidate under Space Force. Space News, June 23, 2021. [https://spacenews.com/army-navy-satellite-operations-to-consolidate-under-space-force/]

[2] Sandra Erwin. Space Force reveals which Army and Navy units are moving to the space branch. Space News, September 21, 2021. [https://spacenews.com/space-force-reveals-which-army-and-navy-units-are-moving-to-the-space-branch/]

[3] Space Delta 8 Fact Sheet, U.S. Space Force, September 2022. [https://www.spacebasedelta1.spaceforce.mil/About-Us/Fact-Sheets/Display/Article/2817086/space-delta-8/]

中队：第 8 作战训练中队（Combat Training Squadron，CTS）、第 2/4/10/53 太空作战中队（Space Operations Squadron，SOPS）。

第 2 太空作战中队（2nd SOPS）通过运营 Navstar GPS 为全球军事和民用用户提供精确的三维定位、导航和授时信息，GPS 是军用最大、世界上使用最广泛的卫星星座，由 37 颗卫星组成。该中队对 GPS 星座执行连续指挥和控制，并通过施里弗 SFB 的主控制站和全球专用地面天线、监测站网络提供能力。GPS 作战人员协作单元（Warfighter Collaboration Cell）是 24/7 作战人员的一部分，是向作战人员和作战指挥部提供近实时支持的中心。此外，通过美国海岸警卫队导航中心，每年向全球 40 亿平民用户交付 120 000 多件产品。

第 4 太空作战中队（4nd SOPS）负责美国太空军的受保护宽带军事卫星通信系统。它们在战时和非战时为联合和联盟作战人员提供全球、安全、可生存的战略和战术通信。该中队还与东道国合作伙伴一起在不同地点运营三个移动星座控制站。在更高的战备等级和演习期间，这些人员分别部署在美国战略司令部和美国北方司令部。此外，它们还为美国和盟军提供可靠的星载通信。其座右铭"连接作战力量"反映了中队增强国家安全和军队宽带通信能力的责任。该中队负责通过专用极高频天线和空军卫星控制网络，指挥控制军事星（Milstar）、先进极高频（AEHF）、国防卫星通信系统（DSCS Ⅲ）和宽带全球卫星通信（WGS）卫星星座。

第 10 太空作战中队（10nd SOPS）的任务包括舰队卫星通信系统（FLTSATCOM）星座、特高频后继（UFO）星座和移动用户目标系统（MUOS）星座的运行，这些星座能够提供 EHF、UHF、宽带码分多址（WCDMA-3G 蜂窝技术）和全球广播系统（GBS）通信。此外，10nd SOPS 运营两个 EHF 包，为在北极地区运行的军事平台提供关键和受保护的战略通信。最后，10nd SOPS 随时随地为美军提供关键的语音和数据通信。该中队的业务由美国海军卫星运营中心（NAVSOC）转移而来。

第 53 太空作战中队（53nd SOPS）利用 5 个地理上分开的宽带卫星通信运营中心，通过对 MILSATCOM 的实时相关监测、控制和管理，提供任务保证和持续运营支持。我们的"守卫者"使能 Fight SATCOM 并为总统、参谋长联席会议主席、作战指挥官、地面机动部队和海上部队提供 24/7/365 用户支持。宽带卫星通信运营中心是指定卫星、终端和用户的第一道防线，提供对国防部拥有的宽带全球卫星通信（WGS）有保证的访问。前陆军第 53 信号营是控制 WGS 和 DSCS 通信星座有效载荷的美国军事单位。

2. 太空系统司令部（SSC）

太空系统司令部（Space Systems Command，SSC）负责为作战人员开发、采办和部署有杀伤力和有弹性的太空能力。此外，SSC 还负责 USSF 空间系统的发射、开发测试、在轨检查和维护，以及 USSF 科学和技术活动的监督。SSC 分为 5 个项目执行办公室：①，②

确保进入太空（PEO AATS）；

军事通信与 PNT（PEO Milcomm &PNT）；

空间传感（PEO SN）；

作战管理指挥、控制和通信（PEO BMC3）；

太空域感知和战斗力（PEO SDACP）。

---

① https://www.ssc.spaceforce.mil/About-Us/SSC-Today
② PROGRAM EXECUTIVE OFFICES – Space Systems Command
［https://www.ssc.spaceforce.mil/Program-Executive-Offices］

SSC 由以下 2 个 Delta 和 1 个 SBD 组成：

太空发射 Delta 30；

太空发射 Delta 45；

太空基地 Delta 3。

SSC 成立于 2021 年 8 月 13 日，改组自原加利福尼亚州洛杉矶空军基地的太空与导弹系统中心（SMC），改组后提升至野战司令部（FIELDCOM）级别。

太空和导弹系统中心是美国空军采购和开发军用空间系统的卓越采购中心，包括全球定位系统、军用卫星通信、国防气象卫星、太空发射和测距系统、空军卫星控制网络、天基红外监视系统和空间态势感知能力。

作为美国太空军和国防部的首要太空能力交付组织，太空系统司令部专注于应对当今和未来有争议的太空领域中非常真实的威胁，正在发展具有弹性的体系联合部队太空能力，以保持国家在太空方面的战略优势。

（1）PEO AATS

确保进入太空（Assured Access to Space，AATS）是太空系统司令部内最大的组织，拥有一万多名军事、文职和承包商人员。AATS 提供发射服务，并提供联合作战人员、作战司令部、情报机构、民用服务和商业航天工业使用的在轨能力。AATS 工作人员管理维持项目，以支持国防部和商业发射客户。根据目前的预算和项目规划，该部门将在未来几年的国防计划中执行一系列项目和其他工作，总额约为 190 亿美元。

AATS 正在领导国家规划一个新的太空机动任务区，以提供应对商业卫星发射节奏增长所需的太空接入、机动和后勤能力，并为轨道机动的新型作战概念做好准备。这一举措还将把今天的发射场改造成现代太空港，包括与空军研究实验室、国防创新部门和其他合作伙伴一起投资在轨服务和机动原型设计。

（2）PEO Milcomm &PNT

军事通信与定位、导航和授时（Milcomm & PNT）项目执行办公室为太空系统司令部开发、生产、交付和维护关键和创新的军事通信与 PNT 系统，提供能够抵御威胁的下一代能力。该部门产品组合涵盖战略卫星通信、受保护的战术卫星通信、宽带卫星通信、窄带卫星通信、卫星通信指挥与控制、PNT 服务、GPS 用户设备、以及 GPS 指挥控制任务领域。

（3）PEO SN

空间传感（Space Sensing）是太空系统司令部的项目执行办公室，负责提供持久、有弹性的全域感知，使作战人员能够威慑、防御和获胜。该部门领导导弹预警、跟踪和防御（MW/MT/MD）、天基环境监测（SBEM）以及其他战略和战术传感能力的采办、开发和维持，为作战人员提供天基作战空间感知能力。

（4）PEO BMC3

作战管理指挥、控制和通信（Battle Management Command & Control & Communications，BMC3）是太空系统司令部的项目执行办公室，负责推进太空作战和战术指挥与控制（C2）能力，并领导卫星控制网络（SCN）的现代化和维持。

BMC3 专注于提供最先进、有弹性和集成的太空指挥、控制和通信（C3）系统，以实现及时的多域作战，使其能够在正确的地点、正确的时间、比以往更快地利用太空作战效果。

（5）PEO SDACP

太空域感知和战斗力（Space Domain Awareness and Combat Power，SDACP）项目执行办公室能够快速检测、警告、表征、归因和预测国家、盟国和商业太空系统的潜在和实际威胁。该部门汇集了从高容量地面雷达和光学系统到天基资产的各种多域装备，以最大限度地全面表征太空域。

（6）太空发射大队 45 号

太空发射大队 45 号部署于帕特里克太空军基地（Patrick Space Force Base – Space Launch Delta 45），分为四组完成任务。发射组对运载火箭和航天器的处理过程进行任务保证；行动组负责运营和维护东部发射场的资产，并负责发射场运营、天气和通信保障；任务保障组组通过各种职能对任务提供保障；医疗组提供医疗和公共卫生服务。

（7）太空发射大队 30 号

太空发射大队 30 号部署于范登堡太空军基地（Vandenberg Space Force Base – Space Launch Delta 30），为美国空军、国防部、国家航空航天局、国家项目和各种私营承包商的西海岸发射活动提供支持。联队支持各种运载器的处理和发射，包括 Atlas V（阿特拉斯）、Delta IV（德尔塔）、Delta II、Pegasus（飞马座）、Minotaur（牛头怪）、Taurus（金牛座）和 Falcon（猎鹰）。该部门还支持所有洲际弹道导弹的兵力开发和评估，以及导弹防御局（MDA）的试验和行动。

（8）太空基地 3 号

太空基地 3 号（SBD 3）为位于加利福尼亚州埃尔塞贡多的太空系统司令部和洛杉矶空军基地提供服务。SBD 3 负责太空军执行其任务所需的所有非作战支持，以提供有杀伤力和有弹性的太空能力。

3. 太空训练和战备司令部（STARCOM）

太空训练和战备司令部（Space Training and Readiness Command，STARCOM）负责太空专业人员的培训和教学并发展战备太空部队，以应对太空域的作战挑战，还负责制定太空作战条令、战术、技术和程序，以及测试和评估 USSF 能力。STARCOM 由以下 Delta 组成：

Space Delta 1——训练；

Space Delta 10——条令和兵棋推演；

Space Delta 11——射程和攻击力；

Space Delta 12——测试和评估；

Space Delta 13——教育。

如图 7-6 所示是美国太空军的能力（部分）[1]，主要显示了静止地球轨道（GEO）[2]、中地球轨道（MEO）和低地球轨道（LEO）对应的项目。本书涵盖下列项目：

GEO：军事星（Milstar），先进极高频（AEHF），国防卫星通信系统（DSCS），宽带全球卫星通信（WGS），以及商业卫星通信。

MEO：GPS IIR，GPS IIR-M，GPS IIF，GPS III 等系列 GPS 星座。

LEO：国防气象卫星计划（DMSP）。

---

[1] Fact Sheets：Space Force Capabilities. U. S. Space Force, Published April 15, 2022.［https://media.defense.gov/2022/Jul/15/2003036088/-1/-1/1/SPACE%20FORCE%20CAPABILITIES%20R17.PDF］

[2] 地球静止轨道（geostationary orbit，GEO）指位于地球赤道面内，轨道半径约为 42164km 的地球同步轨道。地球同步轨道（geosynchronous orbit，GSO）是一个以地球为中心，且轨道周期和地球绕定轴自转周期（23h 56min 4s）相一致的轨道。

图 7-6 ┃ 美国太空军的能力示意图

7.2> 卫星系统

7.2.1 移动用户目标系统（MUOS）

7.2.1.1 概况

美军从 20 世纪 70 年代开始发展军用特高频频段（UHF，300~400MHz）窄带卫星通信系统，先后发射战术卫星（TACTSAT）、舰队卫星通信（FLTSATCOM）、特高频后继卫星（UFO）等，卫星信号收发能力和可用带宽逐步增强，其中 UFO 卫星从 1993—2000 年先后发射了 11 颗，主要为前线士兵、陆地车辆、海上舰船、各型飞机提供低速语音和数据通信，甚至用于"战斧"巡航导弹的远程通信。美国的许多盟友及其自身军事力量依靠海军卫星的窄带通信方式进行通信。超过 60% 的军事卫星通信用户通过 UHF 频段获得支持。UHF 频段是军方的通信工具，因为它是唯一能穿透丛林树叶、恶劣天气和城市环境的无线电频率。该频段具有覆盖区域广、信号穿透性好、易于与同频段地面电台集成等优势，可为一线战术部队作战人员提供支持。由于 UHF 频段较低，能在较高纬度地区使用。目前约有 67000 个 UHF 终端在 50 多个国家军用终端配置，其中许多设计为小型便携式，足以深入战区。尽管空军监管大多数国防部空间系统，但海军负责国防部所有 UHF 窄带卫星通信。

在过去的 40 余年里，美国海军已经发射了若干新的卫星用于替换星座中的老旧卫星，UHF 卫星已经成为各军兵种部门使用的联合资产，然而，通信波形和体系结构并没有发生显著变化。随着对 UHF 频段卫星通信带宽和通信容量需求的增加，原有使用广域 UHF 频段波束的 UFO 卫星难以满足要求，2010 年后逐步被新一代 UHF 频段卫星通信系统——移动用户目标系统所替代。

移动用户目标系统（Mobile User Objective System，MUOS）是下一代窄带战术通信系统，可以改善美军的通信。海军负责提供窄带卫星通信，各军种部门负责采购具有 MUOS 功能的终端。除了为美国军方的所有分支提供可靠的通信保障，海军交付的 MUOS 提供的天基窄带能力能够支持国家紧急援助、灾难响应、以及人道主义援助，前提是这些任务在信息保障政策的范围内得到适当的装备和运作。

MUOS 向终端、平台、战术运营商和运营中心提供全球窄带连接。该系统取代了 20 世纪 90 年代速度较慢、移动能力较弱的 UFO 卫星通信系统。MUOS 主要服务于美国国防部，主要针对移动用户（例如空中和海上平台、地面车辆和徒步士兵），用于扩展用户的视距内（lines-of-sight）语音、数据、视频通信。

MUOS 采用商用第三代宽带码分多址（WCDMA）蜂窝电话网络架构，并将其与地球同步卫星相结合，以提供一种新的、更强大的 UHF 通信系统。MUOS 包括一个由 4 颗运行卫星组成的卫星星座、一颗在轨备用卫星、一个地面控制和网络管理系统，以及一个用于用户终端的新波形。地面系统包括传输、网络管理、卫星控制和相关基础设施，用于发射卫星和管理用户通信。

MUOS 结合了传统的 UHF 波形和新的宽带码分多址，有很大的容量增益，MUOS 将在作战人员需要时向他们提供语音和数据。有效载荷特性验证（PCV）支持测试和评估活动，包括在要求规范范围之外使用 MUOS 系统。①

MUOS 卫星具有特高频遗留有效载荷，能提供类似于传统特高频卫星的替换能力。MUOS 还具有 WCDMA 有效载荷，能显著提高同时语音和数据服务的数量，以满足不断增长的作战人员需求。MUOS 为移动作战人员提供 10 倍于美国海军当前一代 UFO 卫星的通信能力，以 384kbps 的速率传递/中继窄带战术信息，如语音呼叫、数据通信、文件传输和电子邮件。

如图 7-7 所示为 MUOS 的概念图。

图 7-7 移动用户目标系统（MUOS）

7.2.1.2 发展现状

MUOS 的主要系统承包商是洛克希德·马丁公司，其为美国海军移动部队开发、提供了安全的特高频（UHF）卫星通信（SATCOM）。② 主要分包商包括通用动力任务系统公司（地面运输体系结构）、波音公司（遗留 UFO 和部分 WCDMA 有效载荷）和哈里斯公司（可部署网状反射器）。该项目交付了 5 颗

---

① SSC PAC/SPAWAR Poster Display. Milcom, October 29, 2018. [https://events.afcea.org/Milcom18/Public/SessionDetails.aspx?FromPage=Sessions.aspx&SessionID=7034&SessionDateID=516]

② https://www.lockheedmartin.com/en-us/products/muos.html

卫星、4个地面站和1个地面运输网络，耗资73.4亿美元。

MUOS无线电终端用户——支持移动、战术地面、海上或空中作战——可以在全球范围内无缝连接到全球信息栅格（GIG）以及国防交换网络（DSN）。MUOS的新功能包括在基于高速互联网协议的系统上同时播放清晰的语音、视频和任务数据。

MUOS网络由4颗轨道卫星（MUOS-1~4）和4个中继地面站的初始配置维持。在轨备用卫星MUOS-5将确保网络始终可用，以支持美国和盟军机动部队，并积极保障传统的UHF系统。当前5颗卫星的运行参数见表7-2。

表7-2 MUOS卫星运行参数

	MUOS-1	MUOS-2	MUOS-3	MUOS-4	MUOS-5
北美防空司令部ID	38093	39206	40374	40887	41622
国际代码	2012-009A	2013-036A	2015-002	2015-044A	2016-041A
近地点	35570.9km	35564.5km	35548km	35565.1km	34958.9km
远地点	36016.5km	36024.6km	36039.5km	36022.2km	36629.0km
倾角	2.7°	2.9°	2.5°	2.6°	5.2°
周期	1436.1min	1436.1min	1436.1min	1436.1min	1436.1min
半主轴	42164km	42165km	42165km	42164km	42164km
RCS	未知				
发射日期	2012-2-24	2013-7-19	2015-1-21	2015-9-2	2016-6-24
发射场	空军东部试验场（AFETR）				

MUOS-1于2012年2月24日搭载Atlas-5火箭发射升空，在太平洋上空运行，在距地面22300英里（35888km）的地球同步卫星轨道上悬停，其辽阔的轨迹能够覆盖地球上的大片区域，能够为舰船、潜艇、飞机、陆地车辆和部队的终端提供服务。MUOS-2于2013年7月19日搭载另一枚Atlas-5火箭发射升空，在美国本土上空运行。MUOS-3在大西洋上空运行，下一步将使用3G蜂窝技术组装全球通信系统，用于舰船、潜艇、飞机、陆基车辆和部队手中的终端。与以往相比，新系统提供了更多的随需应变带宽，更好的语音质量、同步语音和数据，以及在偏远地区、恶劣天气和城市环境中更好的移动连接。MUOS-3在距地面22300英里（35888km）的地球同步卫星轨道上悬停，其覆盖面积占地球的近1/3。MUOS-4于2015年9月2日发射升空，在大西洋上空运行，如图7-8所示为MUOS-4的在轨运行图像。[①]

MUOS-5于2016年6月24日发射，是一颗在轨备用卫星。

国防部已投资近74亿美元开发、建造、交付MUOS。然而，卫星系统和兼容用户终端之间的长期差距限制了国防部充分使用该系统的能力。国防部一直在慢慢将MUOS移交给美国太空军。最初于2019年5月宣布，该系统将转移到空军部，2021年1月正式移交里程碑决策权。

美国海军于2004年开始MUOS卫星和地面系统开发活动，计划在2009年实现初始作战能力（IOC），并在2013年实现完全作战能力（FOC）。在项目开始时，海军将MUOS IOC定义为拥有第一颗在轨运行的卫星。海军还强调，为了利用MUOS能力，国防部必须部署其计划的MUOS兼容用户终端总数的20%，同时做好建立网络的准备。然而，如图7-9所示，MUOS卫星和地面系统开发中的技术挑战导致里程碑显著延迟或未按原定计划实现。

---

① https://www.n2yo.com/satellite/?s=40887［2022-12-10］

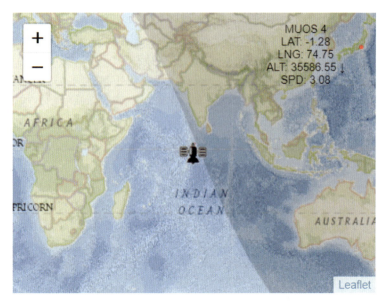

图 7-8 ▎MUOS-4 卫星在轨运行

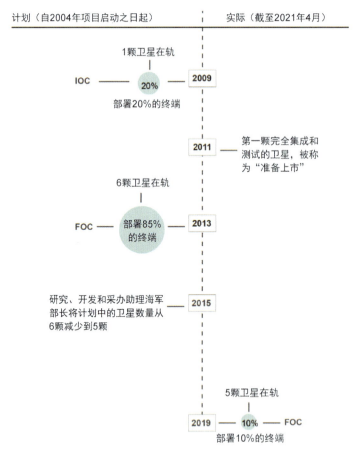

图 7-9 ▎MUOS 计划的能力交付与实际

MUOS 窄带卫星通信系统的完整星座已经在轨运行了数年，但用户仍然无法获得其全部先进能力，被迫依赖负担过重的传统能力。美国政府问责局（GAO）报告了 MUOS 的几个问题。卫星星座已经存在多年，但地面终端系统的发展进展缓慢。[①]

美国政府问责局报告指出，分散的采购过程阻碍了用户设备的分配，各军种负责采购自己的设备。这使得终端的部署很难与空间段的开发保持一致。2020 年，参谋长联席会议成立了窄带网络过渡计划工作组，以解决这一问题。[②]

但是在部署 MUOS 终端方面的延迟导致了对传统能力的过度依赖。GAO 指出，2019 年海军的一项分析发现，用户超额订阅了可用的 UHF 频道。太空司令部官员承认，一些用户在假设没有可用的情况下放弃了请求 UHF 服务。

由于缺乏从 UHF 卫星通信网络向 MUOS 网络过渡的规划，MUOS 的推广工作也被推迟。国防部直到 2020 年才开始制订网络过渡计划。

使过渡过程更加复杂的是，未来的 MUOS 卫星将不支持传统网络。当各军种和联合部队过渡到新系统时，目前的一批 MUOS 卫星被设计成与 UHF 卫星通信系统一起工作，而维持卫星的设计则假定过渡已经完成。一个可能的解决方案是国防信息系统局正在开发的网关，它将翻译 MUOS 和 UHF SATCOM 之间的通信。这将使不打算过渡到 MUOS 网络的用户能够继续通信。未来的 MUOS 卫星也被推迟，这也可能缓解一些过渡的紧迫性。尽管存在这些问题，但海军还没有充分规划军队未来的窄带需求，也没有充分规划 MUOS 后如何继续保持能力。

报告最后提出了两项建议。首先，它建议国防部在近期探索提供窄带卫星通信的其他选择；其次，国防部应确保窄带卫星通信要求得到更新，这样太空军就可以最早在 2022 财年分析替代方案。

如图 7-10 所示为 MUOS-4 卫星在装配测试，以及封装在运载火箭有效载荷整流罩中。

图 7-10　MUOS-4 卫星在装配和测试中（左），卫星封装在运载火箭有效载荷整流罩中（右）

---

① Nathan Strout. Government watchdog: Lack of user equipment holds back military's narrowband satellite capabilities. C4ISRNet, Sep 8, 2021.［https://www.c4isrnet.com/battlefield-tech/space/2021/09/07/government-watchdog-lack-of-user-equipment-holds-back-militarys-narrowband-satellite-capabilities/］

② Satellite Communications: DOD Should Explore Options to Meet User Needs for Narrowband Capabilities. GAO Report to Congressional Committees. GAO-21-105283, September 2021.［https://www.gao.gov/assets/gao-21-105283.pdf］

7.2.1.3 系统功能与组成

MUOS 是国防部的下一代窄带军事卫星通信系统，取代即将达到设计寿命的 UFO 星座。它是一个基于卫星的通信网络，旨在为固定和移动终端用户提供全球、窄带、超视距的 P2P 和网络通信服务。MUOS 的吞吐量容量是目前窄带卫星通信的 10 倍。海军设计 MUOS 来提高当前 UFO 卫星星座的系统可用性水平，以及改善小型、弱势终端的可用性。

为实现下一代窄带通信，每颗 MUOS 卫星都有两个有效载荷：一个与现有的窄带能力一致，即传统的 UHF 卫星通信系统，目前许多移动部队仍在使用该系统；另一个支持新的 WCDMA 波形，可以提供更先进的能力，如增加通信容量、减少信号干扰和改善连接。一旦投入使用，MUOS 将提供 16 倍于其最终取代的传统系统的容量。图 7-11 描述了 MUOS 的 6 个组成部分（段）：空间传输段、地面传输段、网络管理段、卫星控制段、地面基础设施段和用户进入段。MUOS 系统组成部分之间的结构关系如图 7-12 所示。

图 7-11 MUOS 的 6 个组成部分（段）

1. 空间传输段

空间传输段（Space Transport Segment，STS）由 4 颗可操作的卫星和 1 颗在轨备用卫星组成。该卫星星座被设计为覆盖北纬 65°至南纬 65°的地区，并对 65% 以上的服务区提供双重覆盖。目前正在运行的 4 颗 MUOS 卫星分别位于西经 100°（MUOS-1，太平洋上空）、西

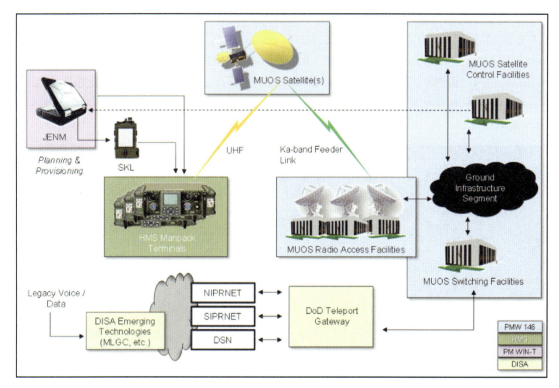

图 7-12 MUOS 系统视图

经 177°（MUOS-2，美国本土上空）、西经 15.5°（MUOS-3，大西洋上空）和东经 75°（MUOS-4，印度洋上空）。在轨备份星 MUOS-5 位于西经 72°，可提高中东和南亚等热点地区的通信保障能力。

2. 地面传输段

地面传输段（Ground Transport Segment，GTS）由 4 个无线电接入站（RAF）和 2 个交换站（SF）组成，用于管理 MUOS 通信服务，包括无线电资源分配和用户认证、路由、交换和移动性管理。项目经理计划为 GTS 提供一个与国防部电报系统的接口来访问 DISN 服务，包括国防交换网络、NIPRNet 和 SIPRNet。

3. 网络管理段

网络管理段（Network Management Segment，NMS）由一个网络管理站（NMF）组成，它托管设备来进行网络管理功能，支持通信规划，并确定特高频窄带干扰的位置。NMF 与旧金山和夏威夷瓦希亚瓦的空军和皇家空军合作。

4. 卫星控制段

卫星控制段（Satellite Control Segment，SCS）由两个卫星控制站（SCF）组成，一是位于加利福尼亚州穆固角（Point Mugu，CA）的海军卫星操作中心总部的 MUOS 遥测、跟踪和指挥（TT&C）主控站，二是位于科罗拉多州施里弗空军基地的备份控制站。监控系统由两个主要子系统组成：卫星控制子系统和轨道分析子系统。控制子系统指挥控制维持卫星在轨的功能，并接收卫星的遥测，以监测卫星的健康状况。控制子系统还控制卫星上的特高频通信有效负载。

5. 地面基础设施段

地面基础设施段（Ground Infrastructure Segment，GIS）主要包括卫星控制站（Stellite Control Facilites，SCF）、无线电接入站（Radio Access Facilities，RAF）、交换站（Switching Facilities，SF）和网络管理站（Network Management Facilities，NMF），相关信息如图7-13所示。GIS提供了地面站之间的地面网状连接，包括SCF、NMF和RAF等，其依赖现有的DISN基础设施。

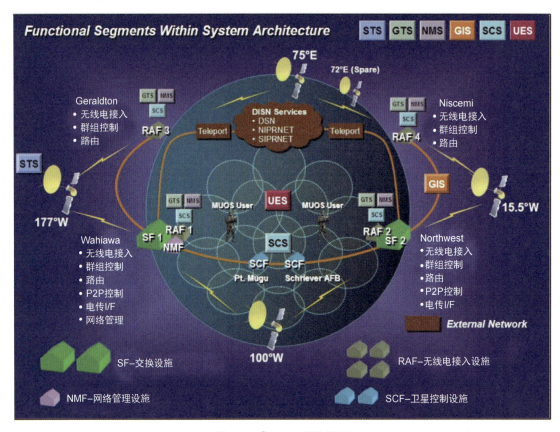

图7-13 MUOS操作视图

卫星控制站包括卫星遥测、跟踪和指挥子系统，由主/备控制站组成；无线电接入站的功能包括无线电接入网络（RAN）与核心网中承载业务相关的功能；交换站的功能包括核心网中除去承载业务相关的其余部分功能；网络管理站主要用于优先级指定、资源管理以及管理相关模块的用户数据。

MUOS包括4个地面站设施，选址于2007年完成，每个地面站为MUOS星座4颗活动卫星中的一颗提供服务，分别设在澳大利亚杰拉尔顿（Geraldton）、意大利西西里岛尼塞米（Niscemi）、弗吉尼亚州诺斯韦斯特（Northwest）以及夏威夷瓦希亚瓦（Wahiawa）。

6. 用户进入段

用户进入段（User Entry Segment，UES）提供了MUOS终端与MUOS之间的软件接口，包括与MUOS兼容的通信服务的协议、格式和物理层特性。这些部门负责开发和部署与MUOS兼容的终端。手持式、手动包、小型安装（HMS）手动无线电（AN/PRC-155）是目前唯一可用并参与MOT&E-2的生产代表终端。

MUOS卫星系统支持体积小、质量轻的通信设备，改进了高度机动的用户设备的性能。例如，传统的典型AN/PSC-5增强型背负式特高频终端（EMUT）（图6-13），不带电池时重11lb，具有23.5dBW的EIRP，-15.9dB/K的G/T，可支持16kbps的通信。与之相比，在适宜的环境下，MUOS的目标是用只有8.5dBW的EIRP和-27.7dB/K的G/T支持手持终端，速率达到32kbps，目标质量带电池总计不超过1lb。

MUOS系统建设中，没有安排专用的应用终端，通过对现有终端软件升级实现MUOS新波形的能力。目前，美国陆军、海军、空军主用的UHF频段卫星应用终端正在进行针对MUOS的相关升级和测试工作。美军主用的AN/PRC-117F多频段电台（图6-16），具有传统UHF及新一代的MUOS的WCDMA卫星通信波形。

MUOS兼容原有的UHF终端。而新的MUOS用户终端将给移动作战单元带来一场"通信革命"。新的终端轻巧灵活，可实现手持；运行功率低，从而增强了隐蔽性，更重要的是能与联合战术无线电系统（JTRS）体系兼容。

7.2.1.4 系统运行架构

图7-14说明了MUOS的系统运行架构。MUOS系统的核心部分由地球同步轨道上的4颗活动卫星和地面上的4个无线电接入站（RAF）组成。每颗卫星都可以搜索到两个无线电接入站，每个无线电接入站也可以搜索到两颗卫星。MUOS终端与卫星通信通过UHF上行和下行链路。卫星将每个特高频上行链路转换为数字格式，并通过Ka波段馈线下行链路将数字化信号发送到射频。根据3GPP地面术语，特高频上行链路、卫星和Ka波段下行链路的组合被称为用户到基地（U2B）路径。

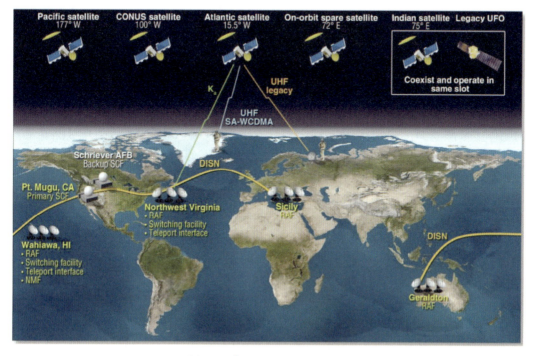

图7-14 | MUOS系统运行架构

RAF 会解调和解码从卫星接收到的所有用户流量。所有 RAF 都通过大容量光纤地面链路相互连接，如图中的橙色线所示。这种地面连接允许 RAF 将数据发送到最近的卫星，卫星将数据路由到国防信息系统网（DISN）或适当的 MUOS RAF（一个在特高频覆盖范围内拥有/看到目标用户的卫星）。每个 RAF 从两颗卫星接收所有数据，并通过模拟 Ka 波段馈线链路将大约一半的数据上行到视野中的两颗卫星。每颗卫星放大从其两个 RAF 接收到的信号，将其向下变频转换到特高频波段，并通过特高频下行链将其传输到 MUOS 终端。Ka 波段上行链路、卫星和特高频下行链路的组合构成了基地到用户（B2U）路径。

网络管理站（NMF）提供了一个关于通信规划、分配和确定对 MUOS 通信资源的优先级访问的管理系统。它为 MUOS 系统提供了在绝对必要的时候，执行基于优先级的实时通信资源分配、资源的重新分配和低优先级流量的优先抢占所需的信息。网络管理站还提供了管理 MUOS 网络和提供态势感知所需的工具。二级卫星控制站（SCF）从卫星接收状态信息（通过 RAF），并通过安全的遥测链路向卫星发送命令。卫星控制站的操作员配置卫星，并确保其保持在适当的轨道位置。

MUOS 信号从用户到基地和从基地到用户的流程如图 7-15 所示，它还显示了用于特高频和 Ka 波段的上行和下行链路的频率。每颗 MUOS 卫星都使用一个具有 14m 的反射器的多波束天线（MBA），用于传输和接收 MUOS 特高频 WCDMA 信号。传统的特高频信号由该卫星的 MBA 接收，但通过单独的传统发射天线在 UHF 下行链路上传输，它有一个 5.4m 的反射器。MBA 和传统的发射天线反射器都是由镀金网构成的，因此它们可以存储在一个小的体积内，然后在卫星进入轨道后展开。MBA 形成的 16 道波束能够完整覆盖卫星的广播信号覆盖区，而多波束的采用能够使 UFO 卫星系统极大地提高天线增益。额外的天线增益使得提供与手持终端的连接成为可能，而且也大大降低了所有终端所需的发射功率。

如图 7-15 所示，UHF 上行链路（300~320MHz）和下行链路（360~380MHz）各分配 20MHz 的带宽。上行和下行链路分为 4 个带宽 5MHz 的 WCDMA 信道。在一个给定的 5MHz 信道内的每个用户被分配了不同的扩展代码，最多允许 500 个用户共享单个信道，这取决于数据速率和终端类型的混合。MBA 使所有 4 个信道能够在 16 束中的每一个中上重复使用，导致每颗卫星产生 64 个 WCDMA 信道（16 束×4 各信道/束＝64 信道）。在 U2B 路径上，64 个信道中的每一个通过数字 Ka 波段馈线下行到每个 RAF（每个 RAF3zhu2 个信道）。在 B2U 路径上，每个 RAF 通过模拟 Ka 波段馈线上行链向两个卫星上行链路发送 32 条信道。卫星将其接收到的 64 个信道（每个 RAF 的 32 个信道）切换到适当的下行链路波束和信道。每颗卫星的 64 个信道均称为卫星波束载波（Satellite Beam Carrier，SBC）。在系统加载的限制范围内，地面设施试图尽可能均匀地分散在可用的所有 SBC 中负载，以最大限度地提高系统容量。

图 7-16 显示了 4 个活跃的 MUOS 卫星提供的全球覆盖范围（北纬 65°到南纬 65°）。在灰色阴影区域内的 MUOS 终端可以看到两颗 MUOS 卫星。图中还显示了单个 MUOS 波束提供的覆盖范围，以及由两颗卫星覆盖的地球表面的部分覆盖面（双覆盖面）。70%以上的覆盖面积由两颗卫星覆盖。当某颗卫星失效、阻塞或卡顿时，两颗卫星的覆盖范围为一个区域提供了更多的通信能力。

图 7-15 MUOS 信号流量

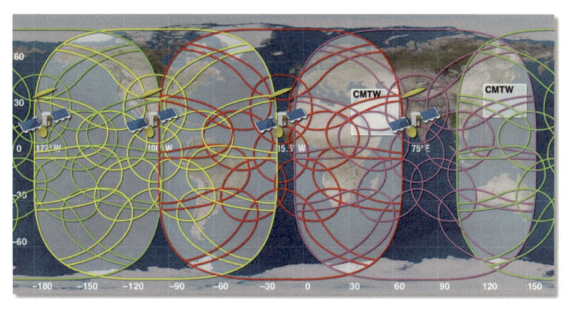

图 7-16 MUOS 全球覆盖

7.2.1.5 系统性能和技术特点

1. MUOS 特高频频率规划

MUOS 特高频频率规划如图 7-17 所示，MUOS 上行链路在必要时动态缺口，以遵守东道国协议，虚线框表示为未来 MUOS 使用分配的频带。

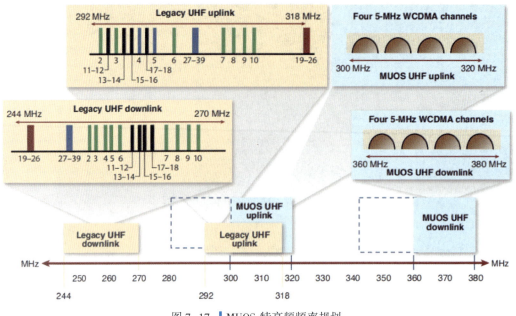

图 7-17 MUOS 特高频频率规划

MUOS 卫星在用户链路使用两个 UHF 频段：一个是在卫星上搭载的 UFO 载荷使用的频率，上行为 292~318MHz、下行为 244~270MHz，用于遗留 UHF 卫星用户终端；另一个是 MUOS 基于 WCDMA 新波形使用的频率，上行为 300~320MHz、下行为 360~380MHz，上下行工作频段均划分为 4 个 5MHz 的 WCDMA 载波通道。UFO 遗留载荷的频率也落在 MUOS UHF 上行链路 5MHz 频道中。

馈电链路采用 20/30GHz 的 Ka 频段，馈电链路上行中心频率为 30GHz。工作带宽为 372MHz，采用右旋圆极化（RHCP）；下行包括 3 个工作带宽为 450MHz 的信道，采用极化复用方式。

MUOS 卫星采用了洛克希德·马丁公司的 A2100M 卫星平台，整星功率 9.8kW，高 7.9m，宽 4.3m，太阳电池翼展开后跨度为 28m，卫星发射质量达 6800kg，工作在倾斜同步轨道。

卫星星上采用弯管式透明转发方式，处理和交换工作由地面控制段完成，与用户终端通信使用 UHF 频段卫星，与地面控制段通信采用 Ka 频段，用户到用户的通信必须经过两跳完成。卫星采用一副物理口径 14m 收发共用的 UHF 频段折叠肋式可展开天线和一副 5.4m 直杆径向肋式可展开 UHF 频段发射天线。前者通过 16 个馈源产生 16 个收发波束，用于基于 WCDMA 新波形的收发，并用于遗留 UHF 频段卫星业务的接收；后者提供 1 个全球覆盖波束，用于遗留 UHF 频段卫星业务的发送。

MUOS 卫星 UHF 移动通信信号波形采用 3G 公共空中接口 SA-WCDMA（Spectrally Adaptive-WCDMA），网络基础架构采用 UMTS。单颗 MUOS 卫星就能提供 4083 个 2.4kbps 新的 WCDMA 终端同时接入，并能同时提供 106 个 UFO 终端接入，单星容量可达到 10.054Mbps。

2. 卫星束和卫星束载体

一个 MUOS 卫星广播信号覆盖区由 16 道波束组成。在 16 道卫星波束中，每一束都有 4 个波束载波上工作，每颗卫星共有 64 个卫星波束载波（SBC）。每个 SBC 包含 5MHz 潜在的特高频频谱资源,供用户通信。图7-18以红色显示了太平洋(PAC)卫星(MUOS-1)的广播信号覆盖区,以蓝色显示了美国本土(CONUS)卫星(MUOS-2)的广播信号覆盖区。

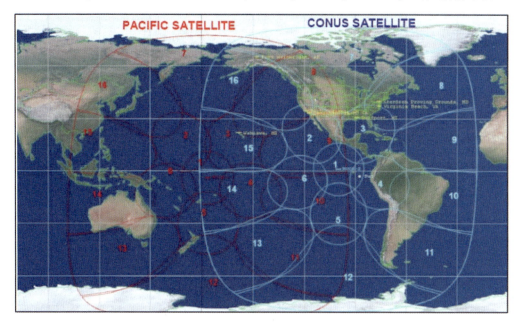

图7-18 美国太平洋和本土卫星束服务区

每颗MUOS卫星在至少两个无线电接入站的视野内。64个SBC穿过每颗卫星,其中一半起源和终止于所支持的无线电接入站。例如,32个SBC终止于弗吉尼亚州Northwest的无线电接入站,32个SBC终止于夏威夷瓦希亚瓦的无线电接入站。

UHF频段除了我们所需的卫星通信信号之外,还大量填充外部干扰,包括视距通信信号、雷达信号、无线电导航信号和商业电视等,需要使用可以与其他用户共享带宽的调制技术。使用功率控制和扩频码分多址使MUOS能够与传统用户共享频带,而不会使遗留用户或MUOS WCDMA用户造成显著的性能下降。自适应信号处理用于消除U2B和B2U路径上的干扰。5MHz WCDMA上行信道内的传统用户和外部干扰通过在RAF执行的处理来删除。通过由MUOS终端进行自适应滤波来减轻特高频下行的外部干扰。此外,MUOS功率控制回路自动增加发射功率以补偿发生的任何损耗。

MUOS在U2B和B2U路径上独立实现闭环功率控制,使每个终端传输足够的功率关闭其特高频上行链路,卫星传输足够的功率以关闭其所有特高频下行链路。基于3GPP WCDMA的手机具有非常相似的功率控制回路;然而,由于终端和RAF之间有640ms的往返传播延迟,MUOS的功率控制更具有挑战性,与地面WCDMA系统一样,MUOS使用了两个功率控制回路:一个是试图跟踪信道增益的变化,以实现目标E_b/N_0(每单位能量位与噪比功率谱密度比)的内环;另一个是监控通信性能并对目标E_b/N_0进行调整的外环。为了处理长时间的延迟,MUOS使用了在陆地系统中没有发现的两种关键技术。第一,内环使用线性预测,根据当前和过去的衰减值,预测未来通道640ms的衰减状态。第二,尽管地面系统依赖于循环冗余检查失败来估计性能(以便外环可以对目标E_b/N_0进行适当的调整),但MUOS外环通过对在每个10ms帧上进行的信干扰比测量序列应用多项式拟合来估计瞬时块误差率。这些算法的详细信息见参考文献。①

另一个 MUOS 功率控制的挑战涉及国防部唯一的网络能力,其中一个用户的传输被发送到一个网络的所有其他成员。网络的成员可以在同一光束、同一卫星的不同光束或不同的卫星光束中。因为一次只有一个网络用户进行传输,所以网络的 U2B 功率控制与点对点连接的电源控制的工作原理相同。然而,在 B2U 路径上,卫星必须为每个包含网络成员的 SBC 提供足够的电力,以确保最不利的终端能够达到所需的服务质量。该目标将通过以下方式来实现。如果没有从给定 SBC 中的任何用户终端中听到任何信息,则地面站将通过在每个电源控制间隔的开始时以明确表示增量的方式来降低 SBC 每个用户的功率。同时,网络上的每个用户都在不断监测其下行链路信号干扰比。当用户确定下一个功率控制减少将使其信干扰比降低到指定的阈值以下时,它会向地面设施发送消息,要求在下一个功率控制间隔内不减少功率,或者如果需要,增加下一个功率控制间隔的功率。这样,所有用户都被分配卫星功率,以保持其所需的性能水平。

除了扩频谱调制外,MUOS 还使用了最先进的纠错编码与 Turbo 解码,以减少所需的功耗并提高鲁棒性。在 RAF 和用户终端中都使用 Rake 接收器(Rake 接收器通过相干地组合每个路径上接收到的能量来对抗多路径衰落)来对抗衰落信道的影响。广泛的模拟和硬件测试已经表明,在 MUOS 上使用的 Rake 接收器在各种特高频卫星通信通道上提供了良好的性能。MUOS 波形还包含了广泛的交织技术,包括间隔长达 640ms 的上行交错选项。MUOS 网络具有一个基于 IP 的核心功能。所有数据都在终端内通过高保证 IP 加密器(HAIPE)或安全通信互操作性协议(SCIP)设备进行加密。SCIP 用于 MUOS 用户和国防交换网络(即国防部地面语音网络)之间的所有传输。②

3. SA-WCDMA 通信服务

SA-WCDMA 的设计目的是使用自适应功率控制,通过提供每个用户满足服务质量(QoS)要求所需的最小信号功率,最大化干扰和最大化系统容量。具有 MUOS SA-WCDMA 波形的 MUOS 无线电用于检测附近非计划发射器的存在,并缺口该频率。

SA-WCDMA 通信服务包括语音和数据。

(1)语音。

MUOS 旨在在各种环境中的不同终端类型的用户之间提供可理解的、可接受的语音服务。语音质量在很大程度上取决于所使用的特定语音编码器(声编码器)和来自用户周围环境的背景噪声。MUOS 旨在提供语音两个 QoS 级别:"对话"语音和"识别"语音。MUOS 使用混合激发线性预测增强(Mixed Excitation Linear Predictive-enhanced,MELPe)低速率声码器,以 2.4kbps 的速率用于对话语音服务。MUOS 使用以 9.6kbps 的速率传输的 G.729 语音编解码器用于识别语音服务。MUOS 项目办公室采用语音识别协议,为高优先级的用户提供比对话语音更优越的语音质量。

---

① Zunich, G, Sadowsky J S, Butts N, et al. MUOS Point-to-Point Power Control[C]. Proceedings IEEE Military Communications Conf. (MILCOM) 2009, Boston, MA.

② Doshi B T, Zhang Q Q. Communications and Networking Technologies: Guest Editors' Introduction. JOHNS HOPKINS APL TECHNICAL DIGEST, VOLUME 30, NUMBER 2 (2011)[https://www.jhuapl.edu/Content/techdigest/pdf/V30-N02/30-02-Oetting.pdf]

（2）数据。

MUOS 支持三种类型的数据传输服务：流、突发和数据流（stream, burst, and flow）。流传输服务通过 MUOS 传输具有低容忍错误的位，而不重新传输错误位。流媒体的一个典型应用是视频或视频电话会议。突发服务提供限制传输总延迟和消息损失概率。突发消息基本上是没有错误的。也就是说，当在接收到的消息中检测到错误时，这些消息将重新发送，直到检测不到错误。突发服务的一个典型应用程序是发短信。数据流是一种非实时地将数据从源传输到目的地的传输服务。数据流服务提供无错误数据，当检测到错误时，将重新传输数据。数据流服务的一个典型应用程序是电子邮件。

4. MUOS 网络类型

点对点（P2P）：P2P 服务是指单个 MUOS 用户与另一个 MUOS 用户或数据终端通信。P2P 服务与一个典型的电话通话关系最为密切。P2P 服务可以支持语音或数据通信。用户只需在 MUOS 中注册其终端就可以调用另一个 MUOS 终端。

点对网络（P2N）：当一个 MUOS 终端连接到另一个网络，并且可以通过该网络与单个用户或多个用户通信时，就会发生一个 P2N。P2N 发生在 MUOS 终端连接到 IP 网络，如 SIPRNET 或 NIPRNET，或者可能发生在战术层面，MUOS 终端连接到战术服务器。

组（或网）：当 MUOS 终端同时发送到多个接收 MUOS 终端时，会发生组服务。在组调用中，发送的 MUOS 终端可以通过多个光束、光束载波或 MUOS 卫星与多个 MUOS 终端通信。MUOS 采用了两种类型的组服务：

（1）即时分配的网络是 MUOS 中的标准组调用。它们在进入系统后立即在计划优先级使用。每次 MUOS 终端传输数据时，动态分配即时分配网络的卫星资源。

（2）固定分配的网络是作为其供应过程的一部分而计划好的网络。固定分配网络的卫星资源（即下行链路代码和电源）不像 P2P 呼叫和即时分配网络那样动态分配。相反，固定分配的网络资源在特定时间或几天内按预定使用。因此，这些网络优先级高于即时分配的网络。

5. 网络管理

网络管理段（NMS）由位于夏威夷瓦希亚瓦的 NCTAMS-PAC 人员操作。他们管理物理分散的 MUOS 地面系统组件，并支持来自单个位置的用户通信。NMS 提供了地面系统组件的配置、运行状况和状态的操作员显示，包括故障、配置、会计、核算、性能和安全（FCAPS）管理。

NMS 有两个管理飞地：秘密飞地和仅供官方使用（FOUO）的飞地。NCTAMS-PAC 网络管理器使用秘密网格，用于 MUOS 资源管理、通信规划和分配、频率管理、配置管理和安全。FOUO 飞地旨在为网络管理人员提供管理 MUOS 地面网络的能力，包括 GTS 和 GIS 网络元素。[1]

NMS 要求 30 人在瓦希亚瓦轮班操作，在其他三个皇家空军/空军基地各有 2 名随叫随到的维护人员，共有 36 名工作人员支持"24/7"操作。MUOS 网络管理人员管理地面系统的主要功能如下：

---

[1] Mobile User Objective System (MUOS) Multi-Service Operational Test and Evaluation-2 Report. Director, Operational Test and Evaluation (MOT&E), June 2016. [https://apps.dtic.mil/sti/pdfs/AD1011965.pdf]

- 网络健康。NMS 工作人员必须通过监控事件、预测和隔离问题以及监控系统性能来保持网络的运行状况。管理网络运行状况包括收集和管理 FCAPS 数据。管理人员使用 IBM Tivoli Netcool 故障管理应用程序收集简单网络管理协议（SNMP）故障。
- 配置。NMS 员工必须能够修改网络，以提供最终用户服务，并维护网络的运行状况。
- 态势感知。NMS 的员工需要能够测量和监控系统的资源和指标。
- 通信规划。NMS 的工作人员必须支持 SMDC/ARSTRAT（美国陆军空间与导弹防御司令部/陆军战略部队司令部）和区域卫星通信支持中心（RSSC）的规划和供应。
- 安全。NMS 安全管理员必须强制执行安全策略和程序，以防止未经授权的进入程序，并根据 MUOS 密钥管理计划处理加密密钥。

6. MUOS 性能分析

MUOS 是美国窄带军用通信卫星系统，支持 UHF 频段的全球多业务用户群。该系统为较新、较小的终端提供了增强的通信能力，同时仍然支持与传统终端的互操作性。MUOS 旨在支持需要更大的移动性、更高的比特率和更高的操作可用性的用户。

MUOS 运行时，用户之间的信息流与现在的系统大不相同。用户终端通过 UHF WCDMA 上行链路与卫星进行通信，把信息发送到 MUOS 卫星；卫星通过 Ka 频段馈线链路将其转发至位于瓦希亚瓦（夏威夷）、切萨皮克（弗吉尼亚）、尼塞米（意大利）和杰拉尔顿（澳大利亚）的 4 个互联地面站点之一。网络管理站识别通信的目的地，并将信息路由到适当的地面站点，然后该地面站通过 Ka 频段上行链路到卫星，最后卫星经由 UHF WCDMA 下行链路到正确的用户。位于瓦希亚瓦的网络管理站具有政府控制的、基于优先级的资源管理能力，能够适应和响应不断变化的运营通信需求。此外，MUOS 将提供选择的国防信息系统网络服务，提供以前系统上 UHF MILSATCOM 用户无法使用的语音和数据能力。对于卫星遥测、跟踪和指挥，MUOS 将使用位于加利福尼亚州穆古角的海军卫星操作中心总部及其位于科罗拉多州施里弗空军基地运营的现有控制中心。

MUOS 部署后，将为混合终端人群提供服务。一些用户将具有仅能够支持传统波形的终端，而其他用户将具有能够支持 MUOS 公共空中接口的较新终端。每一颗 MUOS 卫星都携带与 UFO-11 类似的传统有效载荷。这些传统有效载荷将继续支持传统终端，允许逐步地过渡到 MUOS WCDMA 波形。

MUOS 卫星星座由 4 颗同步卫星与 1 颗在轨备用卫星组成，备用卫星可随时漂移到有需要的地区，以增加这个地区的可用信道数量。MUOS 采用 WCDMA 蜂窝技术来实现全球覆盖；容量达到 UFO 系统的 10 倍以上，信道可用率大于 97%；窄带语音信道传输速率可达 9.6kbps，宽带数据信道传输速率可达 64kbps，仍然使用 BPSK 调制方式。[①]

MUOS 的性能远远超过了现有的 UFO 系统，特别是在通信容量和信道可用性方面。为各种作战环境下的机动部队或移动单兵提供更大的通信容量是 MUOS 追求的最终目标。MUOS 采用的 WCDMA 蜂窝体系结构正是实现这个最终目标的关键技术。

每颗 MUOS 卫星可支持 127 个独立的点波束，并把其需要覆盖的区域划分为 127 个蜂窝，每个蜂窝由一个点波束来对应。各个蜂窝的面积不尽相同，热点地区由若干个蜂窝来覆

---

① Selected Acquisition Report: Mobile User Objective System (MUOS). Defense Acquisition Management Information Retrieval, March 12, 2018. [https://www.esd.whs.mil/Portals/54/Documents/FOID/Reading%20Room/Selected_Acquisition_Reports/ FY_2017_SARS/18-F-1016_DOC_70_Navy_MUOS_SAR_Dec_2017.pdf]

盖，每个蜂窝的面积相对小些（最小的约 800km×1000km）；而对幅员辽阔但通信需求量少的地区，则仅用一个"大"蜂窝来覆盖。

UFO 系统中采用的是单区制，即只用一个"蜂窝"覆盖所有地区，在其中实行频分多址（FDMA）。各个用户在同一时间内使用不同的频率来通信。在 MUOS 中，由于采用了 WCDMA 蜂窝技术，不同的蜂窝间可实现频率再用；同一个蜂窝里，所有用户在同一时间内使用相同的频率来通信，其信道的划分是通过不同的波形，即不同的扩频码来区分的。

UFO 只有一个"蜂窝"，其信道受到的干扰主要是系统内其他信道的干扰。而对于多蜂窝的 MUOS 系统，每一个信道除了受到本蜂窝内其他信道的干扰外，还会受到邻近蜂窝的信道对其产生的干扰。所以，在相同传输条件下，就 MUOS 单个蜂窝而言，它可提供的信道数显然要比 UFO 系统少。然而，MUOS 划分的蜂窝数众多（127×4＝508 个），各个蜂窝可用信道数的总和则比 UFO 大得多。

由此可见，由于采用了 WCDMA 蜂窝技术，MUOS 要取得高于 UFO 10 倍以上的系统总容量并不是十分困难的事情。

7. UHF 频段卫星通信未来发展趋势

（1）通信容量更大，未来将朝网络化方向发展。如今，海军正在从现有的 UFO 卫星星座向 MUOS 转变。作为 UFO 的后续，MUOS 将是一个更现代、更有能力的卫星通信系统，它将提供比现有 UFO 系统大 10 倍以上的容量来满足不断增长的军事需求。另外，为适应未来作战，满足从"以平台为中心"向"以网络为中心"转变的需求，拟将 IP 技术首先应用到 MUOS 系统中，支持大量移动用户中低速率的 IP 业务传输，后续再向其他类型的卫星通信系统推广，以实现不同卫星通信系统在网络层面的无缝链接。

（2）卫星通信装备向小型化、标准化方向发展。后续的 MUOS 星座将支持手持通信终端，而现有的最小 UFO 通信终端是背负式的。因此，卫星通信终端的体积将向小型化方向发展。另外，在卫星通信装备发展方面，各国都致力于制定一套设计标准，以便兼容不同系统的操作，软件通信体系结构（SCA）则是开发军用无线电通信软件的全球权威性标准。因此，UHF 频段卫星通信终端的开发也开始使用 SCA 作为通信软件开发标准，以满足各系统间可互操作的需求。后续的 MUOS 通信终端将是软件可编程的，可与传统 UFO 通信终端互操作，并且与联合战术无线电系统（JTRS）兼容。

（3）支持移动终端，增强"动中通"能力。MUOS 星座网络组建后，不仅支持单颗卫星内的波束切换，还将实现卫星间的波束切换，全面提高移动性管理功能。终端用户无论身处移动的车辆、舰艇还是飞机内，都可以实现自由通信。

7.2.1.6　采办动态

1. 加拿大寻求购买美国 MUOS 卫星系统

在 2018 年全球军事卫星通信会议上，加拿大武装部队空间需求主管卡梅伦·斯托尔茨上校表示，加拿大希望接入 MUOS，以获得赤道南北 65°的特高频卫星覆盖。[①]

美国于 2015 年向合作伙伴开放了移动用户目标系统（MUOS），该系统的大部分都是作为一个国家项目建立和启动的。2016 年，加拿大曾考虑与主承包商洛克希德·马丁公司共

[①] Caleb Henry. Canada seeks buy-in for access to U.S. MUOS satellite system. SpaceNews, November 8, 2018.［https://spacenews.com/canada-seeks-buy-in-for-access-to-u-s-muos-satellite-system/］

同资助第六颗 MUOS 卫星。由于 MUOS 已经完成，加拿大正在考虑使用美国对外军售计划来访问该系统。加拿大希望在 2021 年前具备窄带卫星系统（最好是 MUOS）的初始运行能力。斯托尔茨说，加拿大已被告知，美国将向加拿大提供有保障的 MUOS 接入，但具体工作细节尚未确定。

2. 美国太空军准备窄带卫星通信系统招标

美国太空军预计 2023 年早些时候发布两颗移动用户目标系统卫星的招标，旨在确保军事用户能够获得安全通信。[①] 太空军在其 2023 年财政预算申请中透露，计划花费 37 亿美元开发两颗卫星，并将在 21 世纪 20 年代末发射。其中包括 2023 财年的 1.65 亿美元和未来五年的 14 亿美元。

该采办旨在延长星座的寿命，是海军发起的一系列研究的结果，并由太空军继续推进。根据 2022 年《防务新闻》的一项分析，洛克希德·马丁公司、诺斯罗普·格鲁曼公司和波音公司——全球四大军事承包商中的三家——都参与了这些研究。太空军可能会在第一阶段选择一家以上的公司，然后这些公司之间会展开竞争。

除了日程安排和风险管理之外，太空军还在对 MUOS 等系统进行近期升级，并为这些星座的未来版本制定计划，将恢复能力和弹性列为优先事项。对于此类卫星来说，它们的设计不能抵抗赛博威胁和敌方干扰，平衡这些需求可能是一项挑战。由于第六颗和第七颗 MUOS 卫星的能力仍保密，所以太空军没有透露他们可能需要什么样的有限弹性措施。

7.2.2 特高频后继卫星（UFO）

7.2.2.1 概况

UHF 卫星通信的工作能力对于完成海军作战使命非常重要，是海军主要的通信手段，海军、海军陆战队、空军和陆军中的全球通信，大都依赖 UHF 卫星通信。但是舰队卫星通信系统（FLTSATCOM）已经超过了其预定的设计寿命，并且也已经超载，因此美国海军制定了 UHF 卫星通信的后续计划，即特高频后继卫星系统（UHF Follow-on，UFO），增加了信道数量，为海军提供未来的 UHF 卫星通信业务。UHF 卫星通信提供了必要的连通性，以便在战场上实现机动优势和信息优势。UFO 在低强度冲突和特种作战期间为战术用户提供舰对岸、舰队广播和其他优先通信链路。

UFO 军事卫星的要求由参谋长联席会议提出，初始计划由 9 颗卫星组成星座，研制单位是空间与海战系统司令部（SPAWAR），生产单位是休斯航天通信公司（Hughes Space and Communications Company），该公司现为波音卫星系统公司（Boeing Satellite Systems Inc.），在加利福尼亚州的埃尔塞贡多（El Segundo, CA）制造。设计制造该卫星的目的是用来接替 4 颗 FLTSATCOM 卫星和 3 颗 LEASAT 卫星。由于 EHF 信号比 UHF 信号的抗干扰性和抗截获性更好，因此从第 4 颗 UFO 卫星开始，后续卫星装备 EHF 通信能力。

UFO 由美国海军投资和运营，为飞机、舰船、潜艇和地面部队提供通信。地面终端段由现有卫星通信站的设备和常驻人员组成。卫星由位于加利福尼亚州穆古角文图拉县海军基

[①] Courtney Albon. Space Force readies narrowband satellite communications solicitation. C4ISRNet, Oct 22, 2022. [https://www.c4isrnet.com/battlefield-tech/space/2022/10/21/space-force-readies-narrowband-satellite-communications-solicitation/]

地的海军卫星运营中心（NAVSOC）控制。①

7.2.2.2 发展现状

美国共研制了 11 颗 UFO 卫星，其中 8 颗为工作星，3 颗为在轨备份星。UFO 卫星于 1993 年 3 月 25 日首次发射，至 2003 年年底发射完毕。目前有 7 颗卫星在轨运行，覆盖全球。

20 世纪 90 年代，美国海军开始用休斯航天通信公司建造的一个定制卫星星座来替换和升级其 UHF 卫星通信网络，称为 UFO 系列，支持海军的全球通信网络，服务于海上舰艇和其他各种美军固定和移动终端。它们与已经投入使用的陆基和海基终端兼容。1988 年 7 月，该公司赢得了由空间、通信和传感器项目执行办公室授予的固定价格合同的竞争。最初的协议要求该公司建造和发射一颗卫星，并提供另外 9 颗卫星的选择权。后来增加了 1990 年 5 月的 F2、F3，1990 年 11 月的 F4~F6，1991 年 11 月的 F7~F9。1994 年 1 月，海军延长了合同，订购了第 10 颗卫星（F10）及其发射服务，使其总价值达到 17 亿美元。F10 于 1999 年 11 月发射。1999 年 11 月，空间和海战系统司令部通信卫星项目办公室在合同中增加了第 11 颗卫星（F11）。2001 年 1 月，波音卫星系统公司被授权开始生产 F11（图 7-19），并于 2003 年发射。随着 F11 的建造获得授权，美国海军继续维持 UFO 星座的运营。②

图 7-19 第 11 颗 UFO 卫星

UFO 通过 8 颗在轨卫星提供全球覆盖，其中 2 颗覆盖 4 个地理足迹区域：美国大陆、太平洋、大西洋和印度洋。1 颗作为在轨备用卫星进行维护。阿特拉斯（Atlas）系列火箭被选择用于从佛罗里达州卡纳维拉尔角发射 UFO 卫星，Atlas Ⅰ 用于发射 F1~F3 卫星，Atlas Ⅱ

---

① Department of Defense. Ultra High Frequency Follow-On Satellite, Report Number 92-112, June 30, 1992. [https://media.defense.gov/1992/Jun/30/2001714617/-1/-1/1/92-112.pdf]

② https://secure.boeingimages.com/archive/Eleventh-UHF-Follow-On--UFO--Satellite-in-Orbit-2F3XC5HGP4J.html

用于发射 F4~F8，Atlas ⅡA 用于发射 F9~F10，Atlas Ⅲ用于发射 F11。

自 1993 年 9 月 3 日成功发射后，F2 是系列卫星中第一个投入使用的。F3 于 1994 年 6 月 24 日发射，F4~F6 于 1995 年发射，F6、F7 于 1996 年发射，F8 于 1998 年 3 月 16 日发射，F9 于 1998 年 10 月 20 日发射，用于取代 F7，以覆盖大西洋范围。F7 则重新定位以覆盖美国大陆范围。F10 于 1999 年 11 月 22 日发射，F11 于 2003 年发射。

UFO 从 1993 年开始取代 FLTSATCOM 和 LEASAT 卫星，它是作为一流的先进通信链路提供给美国海军舰船使用的，与原来的 FLTSATCOM 和 LEASAT 卫星系统可兼容，可以使用这两个系统现有的 UHF 卫星地面终端，并将在未来一段时间内与 FLTSATCOM 和 LEASAT 系统交互使用这些地面终端。该卫星设计运行寿命是 10 年，使用了先进的按需分配多路访问（DAMA）技术。UHF 系统支持数以万计的固定和移动用户，包括便携式单兵、舰船、潜艇、飞机和其他移动终端。UFO 系统通过 3 颗 UFO 卫星上的 Ka 波段组件提供临时全球广播服务（GBS）能力。UFO 还包括一个 EHF 包，主要用于海军用户的加密、高抗干扰和生存通信，与以前的 UHF 卫星相比，显著提高了抗干扰能力并增加可用带宽。后续，UFO 系统被更先进的 MUOS 取代。

7.2.2.3 系统功能与组成

1. 系统组成

UFO 卫星通信系统由空间段、地面段和用户段组成。

（1）空间段：由 4 颗业务卫星和 1 颗备份卫星组成，可覆盖地球南北纬 70°之间的所有区域，其上行频率为 290~320MHz，下行频率为 240~270MHz，并在其带宽范围内提供 39 个信道，包括 17 个 25kHz 的中继信道、21 个 5kHz 的窄带信道，以及 1 个 25kHz 的舰队广播信道，总带宽为 555kHz。而以前的 FLTSATCOM 仅提供 23 个信道。

（2）地面段：包括一些地面网络，并由统一空间作战中心控制，通过远程工作站对卫星实施遥测、跟踪和指挥工作，包括遥测线路监测和状态控制。

（3）用户段：由各种用户终端组成，装备在机载、舰载、车载等平台。

如图 7-20 所示为 UFO 1 卫星在轨运行图像。①

图 7-20 UFO 1 卫星在轨运行

---

① https://www.n2yo.com/satellite/? s=22563

2. 系统性能

UFO卫星通信系统为美国海、陆、空作战提供了全球战略与战术通信能力，可实现舰舰、舰岸、舰机平台之间语音和数据信息的传输。

11颗UFO卫星虽然同属一个系列，但仍有不断的改进。第1~3颗卫星载有UHF和SHF频段有效载荷；第4~6颗卫星增加了EHF频段有效载荷；第7颗卫星的EHF频段载荷提供了2倍的能力；第8~10颗卫星上的SHF频段有效载荷被GBS替换。

UFO系统主要服务于战术用户。UFO提供的通道几乎是FLTSATCOM的2倍，每个通道的功率大约增加10%。UFO系统卫星上具有处理1条SHF（超高频）上行线路的能力，从第4颗UFO卫星开始，搭载抗干扰的EHF（极高频）组件。该组件带有一个地球覆盖波束和一个可操纵的5°点波束，增强了它的战术用途。EHF能力还允许UFO网络连接到战略Milstar系统，EHF组件的工作与Milstar卫星系统的地面终端相兼容，该系统价格相对便宜。从第4颗UFO卫星开始，还携带在Ka波段工作的全球广播服务天线。UFO总线和有效载荷重2844kg（6270lb）。太阳能电池板跨度18.4m（60ft），产生2500W电力。UHF系统支持固定和移动用户，包括便携式、舰船、潜艇、飞机和其他移动终端。

3. 卫星平台

UFO卫星已被证实是一个非常灵活的平台，用于发展国防部关键的先进通信服务。UFO卫星由波音公司制造，采用601卫星平台，三轴稳定，卫星设计寿命14年，由两个主要模块组成：总线模块包含总线电子设备、推进子系统和电池组；有效载荷模块包含通信设备和天线。

波音公司和海军采用积木方法，分阶段增强了星座的能力，见表7-3。

表7-3 UFO卫星的分阶段配置

Spacecraft	Block	Weight (lbs)*	Power (w)**	L (ft)	W (ft)	Payload
F1~F3	I	2600	2500	60	23	UHF/SHF
F4~F7	II	3000	2800	60	23	UHF/SHF/EHF
F8~F10	III	3400	3800	75	23	UHF/EHF/GBS
F11	IV	3000	2800	60	23	UHF/EHF

F1~F3卫星（Block I）携带UHF和SHF有效载荷，提供移动通信和舰队广播服务。

从F4开始，增加了额外的EHF有效载荷，以提供受保护的通信。该附加装置包括分布在地球覆盖波束和可操纵5°波束之间的11个EHF信道，与Milstar接地端子系统兼容。EHF子系统使用先进的信号处理技术，提供增强的抗干扰遥测、指挥、广播和舰队互联通信。EHF舰队广播功能取代了SHF舰队上行链路的需求。

F7对EHF软件包通过使用先进的数字集成电路技术进行了增强，提供了20个信道，基本上将容量提高了一倍。SHF有效载荷由F8~F10的高数据速率GBS封装包代替，这个新组件包括4个130W、24Mbps的军用Ka波段（30/20GHz）转发器，带有三个可操纵的下行链路点波束天线（2个在500nmi，1个在2000nmi），以及一个可操纵和一个固定的上行链路天线。这一改进使每颗卫星的传输能力均达到96Mbps。典型的GBS信息产品包括视频、地图、标绘和大地测量、图像、天气、远程学习，以及其他数据。GBS卫星的高功率宽带转发器使高速数据传输能够到达指定的广播区域。通过甚小孔径终端，信息被传播给各种移动和战术用户。①

F1～F7 包括一个 SHF 子系统，该子系统在卫星进站时，提供指挥和测距能力，以及舰队广播服务的安全上行链路，该服务以 UHF 频段下行。

F11 携带增强的 EHF 套件和升级的 UHF 有效载荷，其中 UHF 提供了比以前系统使用的相同频谱更大的通信信道容量，UHF 有效载荷包括一个新的 UHF 数字接收机，提供两个额外的 UHF 信道。每颗卫星有 11 个固态 UHF 放大器和 39 个 UHF 信道，总带宽为 555kHz。

F1～F7 和 F11 的一侧各有 3 块太阳能电池板，使卫星翼梢之间的长度超过 60ft。F8～F10 的一侧各有 4 块太阳能电池板，使卫星翼梢相距 75ft。这些阵列在 F1～F3 卫星上总共产生 2500W 的电力，在 F4～F7 和 F11 卫星上产生 2800W 的电力，在 F8～F10 卫星上产生 3800W 的电力。这几类卫星的平均质量分别为 2600lb（UHF 有效载荷）、3000lb（附加 EHF 有效载荷）和 3400lb（GBS 有效载荷）。

如图 7-21 所示为 UFO Block Ⅰ 至 Ⅳ 卫星的示意图。

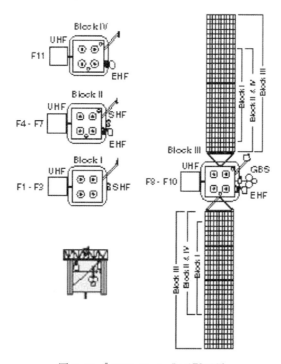

图 7-21 UFO Block Ⅰ 至 Ⅳ 卫星

7.2.2.4 技术特点

UFO 是窄带军事卫星通信系统，于 1993 年 11 月实现了初始作战能力，2000 年 2 月实现了完全作战能力。目前的 UFO 星座由 8 颗运行中的 UFO 卫星组成，再加上两颗舰队卫星和商业租赁卫星，所有这些卫星都构成了 UHF 星座，为海军的全球通信网络提供支持，为海上舰船和美国海军方的其他固定和移动终端服务。

---

① UHF Follow-On Program, U.S. NAVY FACT SHEET, December 11, 2003.

随着 MUOS 系统的持续部署，UHF 星座将全天候保障作战人员。然而，目前的 UHF 星座接近其寿命末期，为了满足作战人员对卫星通信能力日益增长的需求，海军已经提出了若干缓解措施，以在在轨卫星丢失的情况下优化 UHF 能力。因此，目前的 UHF 星座为作战人员提供的全球信道比要求的数量多了约 111 个。增加的 111 个频道相当于 3 颗 UFO 卫星，比所需的全球频道数量多 39%。[①]

UFO 星座有助于满足美国国防部在全球范围内的卫星通信需求，包括 UHF 和 EHF 无线电通信，以及在 F8~F10 卫星上的 GBS 能力。这些系统包括面向所有海军舰艇的舰队广播，以及面向特定的飞机、舰艇、潜艇和地面部队的指挥控制网络。

UFO F11 卫星于 2003 年 12 月上线，是 UFO 和 MUOS 之间的过渡。UFO F11 配备了 UHF 和 EHF 有效载荷以及先进的可调谐数字接收器，可以提供 41 个频道。F11 的目的是维持星座运行，直到国防部下一代 MUOS 服役。

UFO 系统的用户遍及美国军队的所有部门，包括白宫、国务院和国土安全部。目前大约有 2 万个 UHF 卫星终端在使用中。其中许多都很小，便于携带，可以深入军事战场。UHF 频率能穿透丛林植物和恶劣天气，还能穿透城市和峡谷。

7.2.3 宽带全球卫星通信（WGS）

7.2.3.1 概况

宽带全球卫星通信（Wideband Global SATCOM，WGS）是一种大容量通信卫星，以前称为宽带填隙卫星（Wideband Gapfiller Satellite）系统。它主要是为美国国防部设计和开发的，美国太空军的太空系统司令部负责 WGS 计划的开发、采办、部署和维护。参与 WGS 计划的国际合作伙伴包括澳大利亚、加拿大、丹麦、卢森堡、荷兰和新西兰。位于科罗拉多州施里弗空军基地的 Space Delta 8 第 4 太空作战中队负责管理 WGS 总线（平台）。美国陆军空间与导弹防御司令部（SMDC）第 53 信号营（现在的 53nd SOPS）管理 WGS 有效载荷和网络。

作为美国军方全球卫星通信的骨干，WGS 卫星系统通过卫星星座和相关控制系统的采办和运营为美国国防部、政府组织和国际合作伙伴提供灵活、高容量的通信。WGS 提供基本的通信服务，使作战指挥官能够在战时和非战时对其战术部队进行指挥和控制。战术部队依靠 WGS 提供与国防信息系统网络（DISN）的高容量连接。[②]

在轨 WGS 星座由地球同步轨道上的 10 颗卫星组成。第一颗 WGS 卫星于 2007 年 10 月 10 日由联合发射联盟 Atlas V 运载火箭发射进入轨道。第十颗卫星 WSG-10 于 2019 年 3 月成功发射。

每颗 WGS 卫星都为美国军队和国际合作伙伴提供通信能力、连接性和灵活性方面的巨大飞跃，同时与当前和未来的终端无缝集成。仅一颗 WGS 卫星就能提供比整个传统国防卫星通信系统（DSCS）星座更多的 SATCOM 容量。

7.2.3.2 发展现状

2001 年，波音综合防御系统公司领导的一个团队获得了开发 WGS 系统的合同。该合同

---

① SPAWAR. Mobile User Objective System（MUOS）Fact Sheet，December 2011. https://www.secnav.navy.mil/rda/Documents/muos_overview_for_asn_rda_12-27-11-s.pdf

② Fact Sheets：Wideband Global SATCOM Satellite，March 22, 2017.［https://www.spoc.spaceforce.mil/About-Us/Fact-Sheets/Display/Article/2381695/wideband-global-satcom-satellite］

价值 1.603 亿美元，最高可扩展至 13 亿美元。波音团队同意根据协议提供卫星、航天器和有效载荷控制设备，以及后勤、培训和持续的工程保障。波音的承包商团队包括哈里斯公司（Harris）、ITT 工业、Logicon 和 SAIC。Harris 提供卫星通信地面终端以及终端和有效载荷接口，ITT 提供通信网络和控制系统，Logicon 提供通信软件，SAIC 扩展工程和通信架构。

WGS 卫星通信系统分为两个 Block。Block Ⅰ 包含 WGS 1~3 卫星，Block Ⅱ 包含 WGS 4~6 卫星。Block Ⅱ 后续包含 WGS 7~10 卫星。美国太空司令部估计每颗卫星耗资约 3 亿美元。该计划使用 Delta Ⅳ 和 Atlas Ⅴ 作为运载火箭。

WGS-1 于 2007 年 10 月 10 日由 Atlas Ⅴ 运载火箭发射进入轨道，命名为 USA-195，于 2008 年 4 月投入使用，在太平洋地区运行。WGS-2 于 2009 年 4 月成功发射到地球静止轨道，命名为 USA-204，在印度洋地区运行，为驻伊拉克和阿富汗的美军提供高容量通信链路。WGS-1 和 WGS-2 都是从美国佛罗里达州卡纳维拉尔角空军基地的 41 号航天发射场发射的。

WGS-3 于 2009 年 12 月在 41 号航天发射场由 Delta Ⅳ 运载火箭发射进入轨道，在大西洋地区运行。WGS-4 于 2012 年 1 月在同一地点发射。随后于 2013 年 5 月发射了 WGS-5，2013 年 8 月发射了 WGS-6。

2011 年 9 月，美国空军将订单价值扩大到 10.9 亿美元，以促进 Block Ⅱ 后续 WGS-7 的制造、发射和在轨激活。随后在 2012 年 1 月根据一份价值 6.73 亿美元的合同，行使了另外两颗卫星 WGS-8 和 WGS-9 的选择权。2012 年 7 月，波音公司收到了一份价值 3.387 亿美元的合同以建造 WGS-10。

WGS-7 和 WGS-8 分别于 2015 年 7 月和 2016 年 12 月发射。WGS-9 于 2017 年 3 月发射，由美国空军、加拿大、丹麦、荷兰、卢森堡和新西兰组成的国际合作伙伴资助。WGS-10 于 2019 年 3 月成功发射。

2019 年 12 月，波音公司宣布开发出 WGS-11，这是其商用 702 型卫星的新变体，与之前的卫星相比，它可以提供更高的带宽效率和信号功率。2020 年 10 月，波音和美国太空军完成了 WGS-11+通信卫星的首次重大设计审查。该卫星在该公司的埃尔塞贡多工厂生产，计划于 2024 年交付。WGS-11+预计将包括先进的数字有效载荷和操作能力。

7.2.3.3　系统功能与组成

WGS 提供目前由国防卫星通信系统（DSCS）提供的服务和目前由 UFO 卫星的 GBS 有效载荷提供的全球广播服务 Ka 波段广播服务的延续和增强。WGS 是一种大容量卫星通信系统，旨在为作战人员提供比现有系统更新和更强大的能力，与现有的控制系统和终端兼容。WGS 为美国武装部队和全球其他机构提供双向 X 波段和 Ka 波段通信以及 Ka 波段广播服务。

1. 系统组成

WGS 系统是一个功能强大的军用通信卫星星座，利用了通信卫星行业的成本效益方法和技术进步。WGS 系统由三个主要部分组成：空间段（卫星）、控制段（运营商）和终端段（用户）。每颗 WGS 卫星都在 X 和 Ka 频段提供服务，并具有前所未有的跨频段能力，可在卫星上的两个频率之间跨频段传输。WGS 通过新的双向 Ka 频段增强了单向全球广播服务（GBS）服务。

空间段指在轨卫星，包括 Block Ⅰ、Block Ⅱ 和 Block Ⅱ 后续，目前 10 颗卫星在轨。

控制段指卫星运营商，负责指挥和监控卫星总线和有效载荷系统，以及管理在卫星上运行的网络。

终端段指 WGS 系统提供的通信服务的用户。WGS 的用户包括澳大利亚国防军和美国陆军地面移动终端、美国海军舰艇和潜艇、国家核力量指挥机构以及各种国家安全/盟国部队。

2. 系统性能

WGS 系统提供 4.875GHz 瞬时可切换带宽，分配有大约 500MHz 的 X 波段和 1GHz 的 Ka 波段频谱。

WGS 系统的每颗卫星提供 2.1~3.6Gbps 的数据传输速率，具体取决于地面终端、数据速率和所采用的调制方案的组合。每个 WGS 系统可以提供比 DSCS 服务寿命增强计划（SLEP）卫星快 10 倍的数据传输速率。[1]

3. 卫星平台

卫星本身的主要承包商是波音卫星开发中心，WGS 卫星构建在波音 702 型卫星上，具有 13kW 的功率和灵活的覆盖区域。波音 702 型卫星在推进、发电和热控制方面采用了先进技术，可以通过可重构天线和数字信道器连接覆盖视场内的 X 和 Ka 波段用户。

7.2.3.4 采办动态

WGS-11+卫星和地面系统完成关键里程碑[2]。

2022 年 1 月，在洛杉矶空军基地，美国太空军太空系统司令部（SSC）的 WGS-11+项目成功完成了关键设计评审，根据要求进行了评估，以确保向作战人员提供最佳能力。该项目保持积极的五年计划，预计交付时间比传统 WGS 卫星快 6 个月该项目的承包商是美国波音公司。五天的 CDR 展示了波音公司准备使用快速原型制作和增材制造以破纪录的速度为作战人员提供商业技术。

革命性的 WGS-11+卫星（图 7-22）将比整个现有的 WGS 星座具有更大的通信灵活性，并将在竞争环境中为作战指挥官提供 2 倍的任务能力。通信渠道和地面足迹可以根据作战人员的需求进行独特定制。这可以提高任务灵活性和响应能力，同时占用空间更小，有助于干扰防护。WGS-11+最终将加入由 10 颗 WGS 卫星组成的星座，大大增强国防部及其盟国基本通信服务的全球覆盖范围。

图 7-22 WGS-11+卫星（波音公司）和 DSCS Ⅲ卫星（右）

---

[1] https://www.aerospace-technology.com/projects/wgs-satellite/
[2] Wideband Global Satellite Communications Program completes major milestone in development of WGS-11+ Satellite and Ground System. Space Systems Command（SSC）News，February 01，2022.［https://www.ssc.spaceforce.mil/Newsroom/Article-Display/Article/2919779/wideband-global-satellite-communications-program-completes-major-milestone-in-d］

WGS-11 的功能增强，可以实现更灵活的操作并带来额外的弹性功能，以保护他们所依赖的专用通信。

7.2.4 国防卫星通信系统（DSCS）

7.2.4.1 概况

国防卫星通信系统（Defense Satellite Communications System，DSCS）星座通过对抗环境为全球用户提供远程通信。DSCS 支持国防通信系统、地面机动部队、机载终端、海上舰船和美国国防部。

DSCS Ⅲ 卫星（图 7-22）支持全球分布的国防部和国家安全用户。14 颗 DSCS Ⅲ 卫星中的最后 4 颗接受了服务寿命增强计划（SLEP）的改装。对这些卫星进行的改装将通过更高功率的放大器、更灵敏的接收器和额外的天线连接选项以显著提高容量。DSCS 通信有效载荷包括 6 个独立的超高频（SHF）转发器通道、3 个接收天线和 5 个发射天线，为地球覆盖、区域覆盖和/或点波束覆盖提供可选选项；星载还有一个专用的单通道转发器。[1]

DSCS 卫星提供有效实施全球军事通信所需的能力。它可以快速适应动态操作条件并在压力环境下执行。DSCS 使用大型或小型终端运行。DSCS 的独立频道通过分配接收器灵敏度和发射器功率，根据操作需要或地理位置对用户进行分组，从而提供最大效率。其天线包括宽带多波束和两个地球覆盖接收天线；两个发射多波束、带万向节的碟形天线和两个地球覆盖天线。传输能力高达 200Mbps。

从 2007 年开始，DSCS 被宽带全球卫星通信（WGS）系统取代。

7.2.4.2 发展现状

DSCS 经历了三个主要阶段：IDCSP（初始国防通信卫星计划）、DSCS Ⅱ 和 DSCS Ⅲ。自首次发射以来，DSCS 一直是军用卫星通信的"主力军"。

1. IDCSP

1960 年 4 月，美国防高级研究计划局开始了 Advent 计划的工作，旨在交付一颗军用通信卫星。事实证明，该设计概念对于当时的技术而言过于先进，该计划于 1962 年 5 月被取消。IDCSP 是为交付工作卫星而推荐的两种后续方法之一。

Philco 公司（现为福特航空航天公司）承包了这项工作。IDCSP 交付了一颗简单的、自旋稳定的卫星，该卫星被放置在不需要位置保持或主动高度控制的亚同步轨道上。其容量约为 1Mbps。

1966 年 6 月进行了 7 颗卫星的首次发射。该系统在 1968 年宣布投入运行，并更名为初始国防卫星通信系统（IDSCS）。共建造了 34 颗 IDSCS 卫星，其中 8 颗发射失败。

2. DSCS Ⅱ

DSCS Ⅱ 根据计划 777 进行开发，为美国武装部队提供安全的语音和数据传输。该计划由国防通信局（DCA）（现国防信息系统局）管理。卫星使用去旋转天线平台进行旋转稳定。通信有效载荷包括两个 X 波段信道。转发器由可控窄波束天线和通信驱动机制保障。

1971 年进行了第一颗 DSCS Ⅱ 卫星的发射。

---

[1] Fact Sheets：Defense Satellite Communications System，March 22, 2017. [https://www.spaceforce.mil/About-Us/Fact-Sheets/Article/2197790/defense-satellite-communications-system/]

3. DSCS Ⅲ

1975年12月12日，通用电气和休斯飞机公司获得研发合同，开始 DSCS Ⅲ 设计研究。

第一颗 DSCS Ⅲ 卫星（A-1）于1982年10月发射。最后一颗 DSCS Ⅲ 卫星（B-6）于2003年8月发射。1980年代初至2003年期间共发射了14颗 DSCS Ⅲ 卫星。其中5颗仍在运行并继续以各种不同的方式使用（B-13，B-8，B-11，A-3，B-6），所有 DSCS Ⅲ 卫星都超过了其10年的设计寿命。

最近退役的 DSCS Ⅲ 卫星是 B-7。2022年12月9日，科罗拉多州施里弗太空军基地的第4太空作战中队正式退役 DSCS Ⅲ 卫星 B-7。退役程序于2022年10月下旬开始，通过推进器燃烧将卫星移动到更高的轨道。操作进行了大约两周，并取得了成功。退役后的 B-7 被置于超同步轨道，为部署新的、更先进的技术腾出空间。①

7.2.5 先进极高频（AEHF）

7.2.5.1 概况

先进极高频（Advanced Extremely High Frequency，AEHF）系统是一个联合军种卫星通信系统，可为高优先级军事地面、海上和空中资产提供可生存的、全球性的、安全的、受保护的和抗干扰的通信。AEHF 使国防部能够在各级冲突中控制战术和战略部队，并支持联合部队获得太空优势。②

AEHF 旨在提供跨任务领域的连接，包括陆、空和海战、特种作战、战略核作战、战略防御、战区导弹防御以及太空作战和情报。AEHF 系统为作战人员提供广播、数据网络、语音会议和战略报告能力。它还为指挥官提供近乎全球的覆盖范围、多用户连接、受保护的数据，具有易于使用的优势。AEHF 保护包括抗干扰功能、低检测概率（LPD）、低截获概率（LPI）和高级加密系统。

该系统由地球静止轨道（GEO）上的卫星组成，其吞吐量是20世纪90年代 Milstar 卫星的10倍，并显著增加了用户的覆盖范围。AEHF 于2010年年底首次推出，最后一颗 AEHF 卫星于2020年3月26日发射。AEHF 在北极和南极之间提供连续24小时的全球覆盖。

洛克希德·马丁公司在其位于加利福尼亚州桑尼维尔的先进卫星制造工厂设计、加工和制造了所有6颗在轨 AEHF 卫星。多个国际合作伙伴参与了 AEHF 计划。除美军外，AEHF 还为包括加拿大、荷兰和英国在内的国际合作伙伴提供服务。

AEHF 系统是预计将取代 Milstar 的卫星系统之一，增强了 Milstar 的能力，并扩展了军事星通信架构。单用户的数据速率将大幅提高，是 Milstar 的4倍多。因此，对于之前 Milstar 的每一个环节，信息传递以4倍的速度在12个通道中进行，就像一条单车道公路被改造成一条12车道信息高速公路。

7.2.5.2 发展现状

截至2005年初，对 Milstar 星座的预测揭示了2011—2014年时间框架内的健康星座。该

---

① 1st Lt. Hillary Gibson. SpOC Officially Retires DSCS Satellite. Space Operations Command, December 14, 2022. [https://www.spoc.spaceforce.mil/News/Article-Display/Article/3245751/spoc-officially-retires-dscs-satellite]

② Fact Sheets：Advanced Extremely High Frequency System (AEHF). October 14, 2020. [https://www.spoc.spaceforce.mil/About-Us/Fact-Sheets/Display/Article/2381348/advanced-extremely-high-frequency-system-aehf]

星座将保持强大的低数据速率（75~2400bps）能力，为战略部队提供指挥和控制，并且比全球中等数据速率服务（4800bps~1.544Mbps）少一颗卫星，源于1999年4月Milstar Flight 3卫星的运载火箭故障。计划在2008年4月首次发射AEHF卫星后完成一项全球能力。

AEHF计划在合作发展伙伴关系下与加拿大、荷兰和英国开启合作和互操作性的新时代。每颗卫星都计划与升级的一次性运载火箭（EELV）一起发射，最初的发射计划在2007年进行。[①]

AEHF-1的设计与Milstar兼容，并增强了Milstar的能力。在AEHF-2发射和部署之后，两颗卫星均提供XDR服务（高达8.139Mbps），从而为美国和国际合作伙伴提供一套全新的覆盖网络和安全服务。

AEHF计划延迟源于两个确定性因素：一是新研制的信息保障产品的生产和交付，导致卫星指挥控制终端延迟，卫星发射延迟12个月；二是计划外的有效载荷组件测试和现有关键电子组件的更换，导致成本增加。预计这些综合成本和进度影响将使AEHF计划的总成本增加约20%。

与其他AEHF子系统同时开发新的、复杂的信息保障产品是该计划的技术挑战和高风险领域。国家安全局（NSA）与军事卫星通信联合计划办公室密切合作，实施了多项降低风险的行动，以维持正在进行的卫星集成和测试活动。尽管做出了这些努力，但最终信息保障产品和卫星指挥控制终端的延迟交付，使政府无法按计划将它们交付给AEHF主承包商洛克希德·马丁公司。

首颗AEHF卫星的发射实际上推迟到了2010年8月14日。

2013年9月18日，美国空军从佛罗里达州卡纳维拉尔角空军基地的41号航天发射场成功发射了第三颗卫星。AEHF-3卫星由Atlas V运载火箭送入轨道。[②]

2019年8月8日，第五颗AEHF卫星同样在佛罗里达州卡纳维拉尔角空军基地成功发射。AEHF-5完成了由5颗卫星组成的地球同步环，为在地面、海上和空中平台上作战的战略指挥和战术作战人员提供全球覆盖，以实现可生存、高度安全和受保护的通信。

2020年3月26日，第六颗AEHF-6卫星成功发射。

7.2.5.3 系统功能与组成

AEHF系统由三个部分组成：空间段（卫星）、地面段（任务控制和相关通信链路）和终端段（用户）。这些段以从75bps到大约8Mbps的一组特定数据速率提供通信。

空间部分是5颗计划卫星以及5颗传统的Milstar卫星组成的交联星座，以提供全球覆盖。任务控制部分控制在轨卫星，监测卫星健康状况，并提供通信系统规划和监测。该部分具有高生存能力，具有固定和移动控制站。系统上行链路和交联链路将以极高频（EHF）运行，而下行链路则以超高频（SHF）运行。终端部分包括固定和移动地面终端、舰艇和水下终端以及机载终端。计划在未来几年内部署的国防卫星系统将包括比以往更多的微波硬件。相控阵每颗卫星将使用数千个微波模块，一些卫星星座将由多达20~30颗卫星组成。如果没有更便宜的微波硬件，这些关键的空军任务系统中的一些可能无法负担得起。

AEHF卫星旨在直接响应作战指挥官和用户终端的服务请求，优先提供实时点对点连接

---

① Advanced Extremely High Frequency (AEHF). [https://www.globalsecurity.org/space/systems/aehf.htm]
② Air Force Launches 3rd AEHF Satellite. Military News, 19 Sep 2013. [https://www.military.com/daily-news/2013/09/19/air-force-launches-3rd-aehf-satellite.html]

和网络服务。机载信号处理将提供保护并确保军事服务部门和其他在陆地、海上和空中操作终端的用户之间的最佳资源利用和系统灵活性。AEHF 系统向后兼容传统 Milstar 卫星和终端的低数据速率（LDR）和中等数据速率（MDR）功能，同时提供扩展数据速率（XDR）和其他改进的功能，成本大大低于以前的系统。

7.2.5.4 技术特点

假设一个完整的星座由 3 颗 AEHF 和 1 颗转换卫星（TSAT）组成，这将在北纬 65°和南纬 65°之间提供 24 小时连续覆盖。AEHF 允许国家安全委员会和联合作战指挥官通过全面核战争在各级冲突中联系其战术和战略部队，并保障获得信息优势。

虽然 AEHF 与 Milstar 相似（图 7-23），但有许多重要的升级将显著扩展 MILSATCOM 的能力。AEHF 可以有效地模拟 Milstar 卫星，以允许大型已安装的地面、舰载和机载终端基地立即利用其广泛的能力。XDR 服务大大增加了覆盖选项，允许分布式用户更好地访问资源，包括：

- 改进的自适应天线可以抵消旨在破坏美国作战人员通信的敌方发射器的影响；
- 新的窄带服务使特种作战部队和其他弱势用户能够有效地访问通信；
- "虚拟卫星"控制使作战人员能够积极管理成功交战所需的通信资源；
- 大大增强了安全性改造以阻止密码信息被盗。

这些服务是由重大的技术成就促成的。首个动态控制的上行链路和下行链路相控阵天线为广泛的用途提供全球资源共享。该计划成功地整合了商业微电子支持能力，同时减轻了卫星的质量和功率，同时又不牺牲商业市场上无法获得的系统和服务的基本军事本质。总体而言，一颗 AEHF 卫星将胜过整个 Milstar 星座。

图 7-23 AEHF 卫星（左）和 Milstar（右）

7.2.5.5 采办动态

2019 年 6 月，在科罗拉多州施里弗空军基地举行的卫星控制授权仪式上，美国空军第 4 太空作战中队（4nd SOPS）从太空与导弹系统中心（SMC）和第 14 空军接收其星座中一颗新卫星 AEHF-4 的控制权。

在仪式上，SMC 批准 AEHF-4 准备好运行，将控制权移交给第 14 空军，后者将控制权委托给第 50 太空联队，然后是第 50 作战大队，最后是第 4nd SOPS。

AEHF 平台的新增对于整个第 50 太空联队作战具有重要意义，因为它增加了空中、陆地和海上的覆盖范围，以实现远程通信和更强的交联能力。①

7.2.6 军事星（Milstar）

7.2.6.1 概况

军事星（Milstar）是一种联合军种卫星通信系统，可为高优先级军事地面、海上和空中资产提供可生存的、全球性的、安全的、受保护的和抗干扰的通信。Milstar 使国防部能够在各级冲突中控制战术和战略力量，并保障联合部队获得太空优势。其前身为军事战略和战术中继卫星（Military Strategic and Tactical Relay），负责为美国总统、国防部长和美国武装部队提供可靠的卫星通信，确保最低限度的拦截或探测。Milstar 旨在克服敌方干扰和核效应，是一个强大可靠的通信系统。

Milstar 卫星提供安全、抗干扰的全球通信以满足美国军方的要求。其目标是创建一个全球性的、安全的、核生存的、天基通信系统（在 20 世纪 80 年代里根政府期间被认为是国家的首要任务）。Milstar 旨在执行机载所有通信处理和网络路由，从而降低对易受攻击的陆基中继站的需求，并减少通信在地面被拦截的机会。

该项目的主要承包商是洛克希德·马丁公司。每颗卫星的造价约 8 亿美元，设计寿命为 10 年。总共建造了 6 颗，其中 5 颗到达了它们的地球同步运行轨道，并仍在服役。该卫星通过 Titan IV 火箭进行发射，6 次发射都是在卡纳维拉尔角空军基地的 40 号航天发射场完成。这些卫星旨在提供难以检测和拦截的通信，并且在发生核战争时能够生存。

7.2.6.2 发展现状

军事星（Milstar）是美国打造的第一、第二代通信卫星，在很大程度上提高了美国在极端情况下的可靠指控能力。20 世纪 80 年代，Milstar 系统开始研制，是世界上第一个采用了极高频、快跳频等新技术的卫星通信系统。Milstar 最初的用途是为美军提供在核冲突中或在受敌攻击状态下的应急通信系统，为了防止太空核爆的打击，它具有抗核加固能力，能防御 500m 左右爆炸的战术核弹头的热辐射、高能粒子破坏。此外，Milstar 还具备自主控制能力，能在地面控制站站长时间无法对其发出控制指令的情况下，仍然自动保持工作状态。

冷战结束后，军方于 1992 年重组了 Milstar 计划，删除了一些不需要的能力，并增加了冷战后环境所需的新能力。1994—2003 年，美国发射了 6 颗 Milstar 卫星（F-1~F-6），其中 5 颗目前正在运行，1 颗发射失败。

Block I：F-1 于 1994 年 2 月 7 日通过 Titan IV（401）A 火箭发射，F-2 于 1995 年 11 月 7 日发射。目前，两颗 Block I 卫星（USA-99 和 USA-115）仍在运行。

Block II：F-3 于 1999 年 4 月 30 日通过 Titan IV（401）B 火箭发射，由于数据库错误影响了运载火箭的上部姿态控制系统，它被放置在比原计划更低的轨道上，并因过高的部署速度而受损进而导致发射失败。F-4~F-6 分别于 2001 年 2 月、2002 年 1 月和 2003 年 4 月成功发射。

Milstar 系统至今仍在使用，为军事用户提供受保护的卫星通信。Milstar 后续的先进极高

---

① U.S.A.F.'s 4th Space Ops now in control of the AEHF-4 satellite. Milsat Magazine, June 2019. [http://www.milsatmagazine.com/story.php?number=579503815]

频（AEHF）系统由 5 颗卫星组成，与 Milstar 完全兼容，形成了一个完整的卫星星座。

7.2.6.3 系统功能与组成

AEHF 卫星是美国打造的第三代通信卫星，极大地增强了美军的体系作战能力。AEHF 卫星采用了 Milstar 上已有的扩频、调频、星间链路和星上处理等技术，具有非常强的战场生存能力，特别是减小了对地面保障系统的依赖，降低了地面破坏攻击的可能性。即便地面控制站被破坏，整个系统仍能自主工作半年以上。

前两颗卫星（Block Ⅰ）携带低数据速率（LDR）有效载荷。LDR 有效载荷可以在极高频（EHF）范围内通过 192 个通道传输 75～2 400bps 的数据。加密技术和卫星到卫星的交联提供了安全的通信、数据交换和全球覆盖。其他三颗卫星（Block Ⅱ）携带 LDR 和中等数据速率（MDR）有效载荷。MDR 有效载荷可以通过 32 个通道传输 4 800bps～1.544Mbps 的数据。更高的数据速率为用户提供了在短时间内传输大量数据的能力。这 5 颗卫星，连续 24 小时以 LDR 和 MDR 覆盖北纬 65°和南纬 65°之间的作战人员。

Milstar 系统的一个关键特征是美国武装部队的作战人员使用可互操作的终端。例如，海基终端可用于将数据实时上传到潜艇和导弹驱逐舰上携带的巡航导弹上。陆基终端为移动的陆基作战人员提供通信和数据交换。Milstar 星座的主要指挥和控制是通过具有高生存能力的任务控制部分完成的，该部分具有固定和移动控制站。第二种指挥和控制方法是使用综合指挥控制系统（CCS-C）和空军卫星控制网络。该集成系统通过 S 波段链路为 Milstar 和 AEHF 卫星系统提供备份指挥控制。

该卫星的质量为 4 500kg（9 900lb），并配备了太阳能电池板，可产生 8kW 的电力为其转发器供电。

Milstar 系统由三个部分组成：空间段（卫星）、地面段（任务控制和相关通信链路）和终端段（用户部分）。空间段由在轨卫星系统组成，利用交联通信实现卫星间通信。地面段控制在轨卫星，监测飞行器健康状况，并提供通信系统规划和监测。该部分具有高度生存能力，具有固定和移动控制站。系统上行链路和交叉链路将在极高频率范围内运行。终端段包括固定和地面移动终端、舰艇和水下终端，以及所有军种使用的机载终端。太空系统司令部（SSC）负责获取空间段、地面段以及太空军终端部分。[①]

7.3 在轨卫星

7.3.1 舰队卫星通信系统（FLTSATCOM）

7.3.1.1 概况

FLTSATCOM（又称 FLTSAT）是美国海军的卫星通信系统，用于海军舰船、潜艇、飞机和地面站之间的特高频无线电通信。FLTSATCOM 为美国海军提供多信道 UHF 通信，同时也保障美国空军轰炸机和导弹发射控制中心、全部机载指挥站及某些美国陆军核导弹部队。这些卫星上的大多数转发器都是简单的中继器，没有身份验证，也无法控制它们重新传输的内

---

① Fact Sheets：Milstar Satellite Communications System，March 22，2017.［https://www.spoc.spaceforce.mil/About-Us/Fact-Sheets/Display/Article/2381718/milstar-satellite-communications-system］

容。FLTSATCOM 还通过托管的空军卫星通信（AFSATCOM）有效载荷提供战略部队与国家指挥部门之间的连接。

FLTSATCOM 项目由空间和海战系统司令部管理。其承包商是加利福尼亚州的 TRW 国防与空间系统集团公司。20 世纪 80 年代前后共发射了 8 颗卫星，在北纬 70°和南纬 70°之间提供全球 UHF 通信服务。卫星系统支持移动地面终端，其中包括陆军 AN/PSC-5、空军小型航空终端、海军小型 DAMA 终端、联合（UHF）军事卫星通信网络集成（JMINI）控制系统以及海军战斗群和特殊情报通信。海军使用 1 个 25kHz 舰队广播频道和 9 个 25kHz 舰队中继频道。舰队广播频道在 SHF 接收广播，执行舰载处理，并在 UHF 下行。[①]

如图 7-24 所示，FLTSATCOM 是美国海军进行舰—舰和舰—岸通信主要依靠的特高频卫星通信系统。所有战斗舰艇和舰队其他舰船均装备了卫星通信设备，由于 UHF 卫星通信对于海军作战非常重要，海军对其要求不断增长，容量不断加大，FLTSATCOM 系统已经不能满足海军的要求，而且卫星寿命已超过其预定的设计寿命，从而迫使海军研究替代方案。

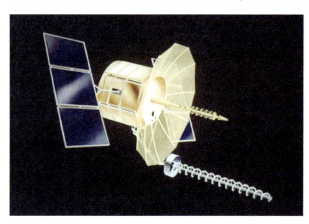

图 7-24 ▎舰队卫星通信

7.3.1.2 发展现状

FLTSATCOM 于 1981 年 1 月开始全面运行，作为林肯实验卫星系列和 TACSAT-1 的衍生产品，FLTSATCOM 由海军开发，是第一个在太空中为战术用户服务的完整作战系统。通过卫星携带的特殊转发器，它还支持空军卫星通信系统，这是美国战略核能力的一个重要组成部分。[②]

FLTSATCOM 退役后，海军开发了更先进的 UFO 卫星（特高频后继）取代它。从 2009 年 9 月开始，海军承包商又开发了下一代卫星系统来取代 UFO，即移动用户目标系统（MUOS）。

1971 年 9 月 27 日，美国国防部副部长戴维·帕卡德批准采购美国海军拟议中的 FLT-SATCOM 系统。

1977 年 3 月 31 日，TRW 系统集团完成了 FLTSATCOM 卫星的第一个飞行模型的集成。5 月，TRW 系统集团完成了对 FLTSATCOM 卫星模型的测试，标志着开发阶段已完成。

---

① （U）Fleet Satellite Communications (FLTSATCOM), 01 August 1997. [http://www.wslfweb.org/docs/roadmap/irm/internet/milsat/init/html/fltsat.htm]

② https://www.daviddarling.info/encyclopedia/M/military_reconnaissance_and_surveillance.html#FLTSATCOM

1978—1989年，Atlas Centaur 火箭两颗卫星上携带了 EHF 通信组件，用来为"军事星"（Milstar）卫星的快速跳频抗干扰通信部件进行试验。

FLTSATCOM-2 于 1979 年 5 月发射，最初定位在西经 23°的轨道位置。在 FLTSATCOM-3 号卫星发射后，这颗卫星被移动到东经 72°轨道位置，覆盖从非洲到菲律宾的印度洋地区。

FLTSATCOM-3 于 1980 年 1 月发射，FLTSATCOM-5 在 1981 年 8 月的发射过程中受损。

FLTSATCOM-6 在 1987 年 3 月发射后不久被雷电击中摧毁。

FLTSATCOM-7（又名 USA 20）于 1986 年 12 月发射，与 FLTSATCOM-1 并置在同一轨道上。

如图 7-25 所示是 LEASAT 2 号卫星①和 FLTSATCOM 8 号卫星在轨运行的图像②。

 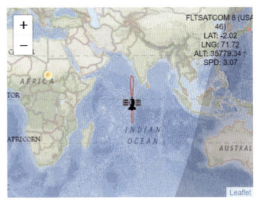

图 7-25 LEASAT 2（左）和 FLTSATCOM 8 卫星在轨运行

7.3.1.3 系统功能与组成

1. 系统组成

美国海军特高频舰队卫星通信系统由 4 颗同步轨道卫星、地面控制站和各种通信终端组成。4 颗卫星分别位于东经 72°、东经 172°、西经 23°和西经 100°上空。该卫星由 TRW 公司制造，发射时重约 1860kg。它装有两种组件，一种是带通信设备的有效负载组件，另一种是带电源和太阳能电池组的航天器组件。通信设备由特高频、超高频和 S 波段中继器、转发器和天线组成。

最后两颗 FLTSATCOM 卫星（7 号和 8 号）携带有 44GHz 上行链路和 20GHz 下行链路的 FLTSATCOM EHF 包（FEP），最初由林肯实验室开发。FEP 被设计用来演示 EHF 终端的操作能力，并证明 Milstar 系统的关键功能。EHF 包装有地面覆盖和点波束天线。它解调多达 32 个接收到的信号，处理并重新格式化和调节这些，以便下行传输。上行链路是频分多址（FDMA）和多频移键（MFSK）调制，它们被组合成一个单时分复用（TDM）的下行数据流。③

卫星由载荷模块、航天器模块、天线、太阳能阵列和远地点反冲电机（apogee kick motor）组成。在发射之前的配置中，它重 4173lb，AKM 发射后重 2273lb。卫星配置包括一

---

① https://www.n2yo.com/satellite/? s=15236
② https://www.n2yo.com/satellite/? s=20253
③ Fleet Satellite Communications（FLTSATCOM）(U), 01 August 1997[https://www.globalsecurity.org/space/library/report/1999/nssrm/initiatives/fltsat.htm]

个六边形结构,有效载荷和航天器设备面板连接在该结构上。主平台支持联氨罐、太阳能电池板驱动器、反应轮和电子设备,以及为航天器和设备面板提供接口。[①]

FLTSATCOM系统的地面部分包括指定用户和移动用户之间的连接,包括大多数美国海军舰艇和指定的空军和海军飞机、潜艇、全球地面站和总统指挥网。这些终端分别由各个军种管理。

2. 系统性能

FLTSATCOM卫星的基本任务是提供通信能力,以改善舰队通信,并为国防部优先用户的作战使用做好准备。世界范围的战术通信采用240~400MHz的UHF频段,非常适合移动用户。终端相对来说不易识别,可与不需要"指向"的简单固定天线一起工作。

FLTSATCOM通信卫星系统作为美国海军飞机、舰艇、潜艇和地面站之间的全球UHF通信链路。这种高容量的空间通信系统使海军既能进行岸对舰队的通信,也能进行舰艇、飞机和潜艇之间的单向通信,这些舰艇、飞机和潜艇之间的距离超过了视距。卫星同时提供了30个语音频道和12个电传打字机频道。VHF/UHF上行链路在290~320MHz内,而VHF下行链路在240~270MHz内。S波段的传输用于指令和信标。这些通道中的一些被保留下来,用于美国空军的高优先级地对空通信,E-3A空中预警和控制系统,以及总统指挥结构的组成部分。

每颗FLTSATCOM卫星上有23个信道,频率范围为244~400MHz,其中9个25kHz的宽带信道用于海军中继通信(7个低功率、2个高功率),12个5kHz的窄带信道作为空军卫星通信系统AFSATCOM的一部分,1个500kHz的宽带信道供国家指挥管理局使用,1个25kHz的信道(SHF上行,UHF下行)用于舰队广播。岸站采用SHF扩频信号发往卫星,卫星接收后采用UHF抗干扰信号向各舰船通播,同时也用于岸站间,舰队的弹道导弹潜艇、航空母舰、巡洋舰等之间的指挥与控制链路的计算机数据交换。

FLTSATCOM系统中,有5个岸站及各种通信终端,还有控制站及远程跟踪站,如舰载站、潜艇站、机载站、陆上车载站及背负站等。这些站可以传送FM模拟话、24kbps PSK调制的声码话、75bps FSK电传与1.2~9.6kbps PSK的数据。该系统部分信道采用了按需分配多路访问(DAMA)方式,1条25kHz带宽的信道中可容纳13条1.2kbps数据或7条2.4kbps的密话(或传真),可供数百用户使用,系统中大量使用了AN/UCA-1或2跳频扩频调制解调器,目前系统中约有8 000个UHF终端,2010年约有11 000个UHF终端,拟在飞机、舰船、潜艇和岸站上使用新型UHF通信终端,如Titan Linkabit公司的AN/USC-42 Mini-DAMA,以便为小型舰船、潜艇和飞机提供按需分配多址功能。

3. 卫星平台

与大多数军事和商业通信卫星不同,FLTSATCOM卫星使用了一个三轴稳定系统,使天线一直指向地球,利用反作用控制轮组件代替旋转稳定。电力(1.1kW直流)由2块三节太阳能电池板提供,太阳能电池板安装在从卫星体伸出并在太空中展开的吊杆上,时钟驱动使太阳能电池板保持在最佳接收方向,其太阳能电池组设计成能在运行5年之后提供1400W的功率。此外,一组镍镉电池在日食期间提供能量,根据需要还可将其电能供给峰值负载。卫星设计寿命为5年,三轴稳定在地球同步轨道上,距离地球赤道22250n mile。

[①] Melancon P, Smith R. (1980), Fleet satellite communications /FLTSATCOM/ program. 8th Communications Satellite Systems Conference, 17 Aug 2012 [https://arc.aiaa.org/doi/10.2514/6.1980-562]

卫星由 TRW 制造，前 6 颗卫星的质量为 1884kg，其余 2 颗为 2310kg。卫星的太阳能电池翼展为 13.2m。卫星装有 4 副天线：一副发射用的带螺旋双线馈源的 4.8m 特高频抛物面反射器天线；一副 UHF 18 匝的螺旋形接收天线；一副安装在星体上，位于 UHF 抛物面反射器"透明"部分之后的 UHF 喇叭形天线；一副 S 波段锥形螺旋跟踪遥测天线。此外，一些卫星上还装有一个 EHF 组件，这种设备组件可提供初始试用性的 EHF 通信能力。

卫星呈六角形，高约 1.7m，直径约 2.7m。一个直立的 5.3m 的金属丝网抛物面通信天线，2m 的实心部分从卫星的一端延伸出来，从另一端伸出的是卫星卸载远地点发动机的喷嘴。美国国家航空航天局和美国空军计划在轨道上运行 4 颗卫星，其中包括一颗空间站备用卫星，位于近赤道地球同步轨道，提供近全球覆盖。FLTSATCOM 卫星比之前的卫星 TACSAT-1 重 250lb。①

向地球静止轨道发射了 8 颗卫星，其中 6 颗发射成功，目前均已超过预定寿命，只有第 7 颗和第 8 颗仍在使用。FLTSATCOM-1 于 1978 年 2 月发射，覆盖从东南亚到美国西海岸的太平洋地区，其轨道位置为东经 172°。

FLTSATCOM-8（又名 USA 46）于 1989 年 9 月发射，定位在大西洋上空西经 23°的轨道位置，为第 2 颗带 EHF 组件的 FLTSATCOM 卫星。②

7.3.2 租赁卫星（LEASAT）

7.3.2.1 概况

租赁卫星（Leased Satellites，LEASAT）是一系列卫星，于 20 世纪 80 年代发射，作为商业企业开发，为美国军方提供专用通信服务。该计划源于 1976 年的国会审查，建议增加租赁商业设施的使用。这些卫星归休斯通信公司所有，旨在为空中、海上和地面部队提供全球特高频通信。该系统的主要用户是美国海军，还向空军和地面机动部队提供了一些支持。LEASAT 卫星和海军的 FLTSATCOM 卫星现在已经基本上被 UFO 卫星所取代。③

LEASAT 卫星系统作为 FLTSATCOM 通信卫星的补充；当 FLTSATCOM 卫星失效不能工作时，可以替补 FLTSATCOM 卫星，使该卫星的用户群仍能继续工作。由于卫星属休斯公司所有，所以称其为"租赁"星，该卫星的各种通信终端与 FLTSATCOM 系统相同。④

早在 1978 年 9 月，美国海军就与休斯通信公司签定了一份合同，要求为国防部提供工作寿命至少五年的全球卫星业务，由美国海军代表国防部作为执行代理人。用户包括海军、空军、海军陆战队和陆军。合同要求休斯通信公司负责设计、制造、发射并管理整个卫星系统。该系统被命名为 LEASAT，其第一颗卫星在 1984 年 8 月 31 日发射，卫星的额定寿命为 10 年。计划配置 4 颗卫星，美国本土、大西洋、太平洋和印度洋上空各一颗。第五颗是备份星。LEASAT F1 从航天飞机上发射，被放置在一个圆形轨道上，高度约 296km，倾角为 28.6°。发射地点是美国卡纳维拉尔角。⑤·⑥

---

① https://nssdc.gsfc.nasa.gov/nmc/spacecraft/display.action? id=1980-004A
② Larry Van Horn. Fleetsatcom System. Milcom Monitoring Post, January 2007.［http://mt-milcom.blogspot.com/p/alphabravocharlie-frequency-bandplans.html］
③ https://www.daviddarling.info/encyclopedia/L/Leasat.html
④ 冯化平. 太空与卫星武器传奇[M]. 沈阳：辽海出版社，2009.
⑤ https://nssdc.gsfc.nasa.gov/nmc/spacecraft/display.action? id=1984-093C
⑥ 陈德顺. 租赁卫星（Leasat）[J]. 中国航天，1985，8：45-46.

7.3.2.2　系统功能与组成

1. 系统组成

LEASAT 的地面部分包括承包商的操作控制中心（COCC）、两座移动地面站（MGS）、四座承包商的卫星控制站（CSCS）和相互联接的租赁线路。地面部分还包括与华盛顿海军通信指挥控制中心相联接的通信设备和租赁线路，海军通信指挥控制中心负责整个租赁卫星系统的工作协调。

CSCS 设在加利福尼亚州的埃尔塞贡多，配备有计算机以及与 CSCS 相联接的通信设备。CSCS 通过海军的 AN/FSC-79 型 SHF 终端，接收来自卫星的遥测与测距数据，并向卫星发送指令。CSCS 装置能够对指令调制器中的卫星指令正常逻辑进行人工与计算机自动控制，并且能够将遥测接收机的输出数据传给遥测解调器或测距设备。

两座自动的 SHF 移动地面站可以在租赁卫星飞行的转移轨道段提供整个跟踪和指挥（TT&C）功能。一旦需要，这两座地面站还能为 CSCS 提供备份的辅助工作。移动地面站的地点在诺福克和关岛，诺福克的移动地面站控制大西洋和美国大陆的卫星，关岛的移动地面站控制太平洋和印度洋的卫星。移动地面站在整个卫星发射阶段运行，当卫星运行正常后，它即处于备用（非运行）方式。这两座移动地面站可由 C-130 运输机运输，转场工作在两周之内就可以完成。

2. 卫星平台

LEASAT 卫星的直径是 4.26m，高为 6.17m，它带有所配置的 UHF 和全方向天线，总有效载荷质量（包括发射托架）是 7711kg，和运载器脱离后的质量是 6895kg，开始运行后卫星上通信站的质量是 1388kg。

卫星是旋转稳定的，旋转部分包含太阳阵列、用于姿态确定和地球指向参考的太阳和地球传感器、电池以及所有推进和姿态控制硬件。反旋天线平台包含地球指向通信天线、通信中继器和大部分遥测、跟踪和指挥（TT&C）设备。

星上通信有效载荷包括两个大型螺旋特高频天线，提供 UHF 频段（240~400MHz）的接收和发射能力。遥测、指挥和舰队广播上行链路以及信标采用 SHF 频段（7250~7500MHz，7975~8025MHz）。星上 12 个 UHF 中继器提供了主要通信能力。

海军舰队的主要广播功能包括 SHF 上行链路以及 SHF 和 UHF 下行链路。该信道的附加天线为 SHF 上行链路和下行链路地球覆盖喇叭，分别支持上行链路和采集/定时功能。舰队广播的 UHF 下行链路被多路复用到 UHF 发射螺旋线上。

租赁卫星本身装有内部的推进系统，因此不再需要外部的近地点、远地点助推发动机。近地点发动机（由民兵导弹的固体发动机改装）在熄火后被抛弃。两台推力各为 440N 的远地点发动机使用一种双组元推进剂。反推控制系统使用单组元推进剂，共有 6 台推力各为 22N 的推力器。远地点发动机和反推控制系统在爬升和轨道飞行期间，均可独立或合作进行各种机动。

7.4　技术演示

7.4.1　海军纳卫星（Naval Nanosat）

7.4.1.1　概况

近年来，全球小卫星（发射质量低于 500kg）发展态势强劲，发射数量逐年大幅增长，已成为世界航天活动的主要构成部分之一。随着微光机电系统技术、微纳加工技术以及创新系统运营模式不断发展，小卫星进一步朝着微小型化发展，在成本更低、周期更短、发射更便捷等需求驱动下，200kg以下小卫星逐渐成为发展最活跃的领域。国际上对小卫星（SmallSat）的分类主要以卫星质量为依据，一般情况下，将迷你卫星（MiniSat）、微卫星（MicroSat）、纳卫星（NanoSat）、皮卫星（PicoSat）和飞卫星（FemoSat）等质量低于500kg的卫星统称为小卫星。

纳卫星（NanoSat）通常指质量小于10kg、具有实际使用功能的卫星。随着高新技术的发展和需求的推动，微纳卫星以体积小、功耗低、开发周期短，可编队组网，能以更低的成本完成很多复杂的空间任务的优势，在科研、国防和商用等领域发挥着重要作用。

7.4.1.2 发展现状

纳卫星主要由民用公司制造，为新兴国家提供研制、发射、迅速部署航天器的能力。表7-4所示为各种类别卫星的2015年数量占比。另外，564个纳卫星于2016年11月底发射。[①]

空间为海军和海上战术通信、导弹预警、情报和监视提供了关键的任务通道，但许多问题限制了其使用，如开发和运营费用高、建设时间长、空间日益拥挤和争夺，敌对卫星威胁着从通信到安全等一切控制手段。

美国国土安全部（DHS）估计，1.6万亿美元的美国收入（2015年）来自卫星活动。纳卫星是一种潜在的海上解决方案，开发成本低，速度快，数量多，可以抵御威胁但没有传统系统提供的能力。随着国防预算的削减，数十亿美元的专用卫星似乎即将完工，其中包括美国2009年耗资120亿美元的转型卫星通信系统（TSAT）计划，这标志着从战略层面向小规模战术层面的转变。

表7-4 卫星类别

类别	卫星质量	2015年数量占比
Extra Large	大于8000kg	19%
Very Large	4001~8000kg	15%
Large	1501~4000kg	9%
Medium	501~1500kg	10%
Minisat 迷你卫星	100~500kg	10%
Microsat 微卫星	10~100kg	7%
Nanosat 纳卫星	1~10kg	48%
Picosat 皮卫星	0.1~1kg	
Femtosat 飞卫星	小于100g	

商用电子产品以高容量、低单位成本和可靠性驱动制造，降低了故障率，这对军事解决方案至关重要，有利于为海军部队建造低成本、快速反应和可靠的廉价作战纳卫星。

基于COTS的成像和传感芯片将对未来几十年空间经济的现状提出挑战，其典型代表是萨里SSTL的纳卫星链STRaND（2012）。其包括一部智能手机，其中包括加速度计、磁强

---

① Dr Chris Lavers, NANOSATELLITES FOR FUTURE NAVAL AND MARITIME APPLICATIONS, July 13, 2017. [http://blogs.plymouth.ac.uk/dcss/2017/07/13/nanosatellites-for-future-naval-and-maritime-applications/]

计、GPS接收器、陀螺仪、气压计和摄像头，用于在空间环境中测试智能手机组件，使用加载的应用程序。2015—2025年，应发射包括纳卫星在内的1400多颗卫星，其中1998—2017年计划发射的纳卫星数量如图7-26所示。

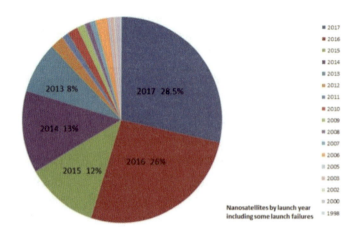

图7-26 1998—2017年计划发射的纳卫星

发射需求减少意味着60多个国家正在开发智能手机的太空能力，以更低的成本执行更重卫星的功能（立方体卫星的成本为100万美元，而全尺寸卫星的成本为2～10亿美元）。SpaceX首席执行官埃隆·马斯克（Elon Musk）预计，成本可能降至每千克20万美元。

在不久的将来，海军也许能够部署几十颗纳卫星来满足其作战需求。海洋服务部门对这些微型卫星非常感兴趣，因此建立了一个实验室，旨在快速测试和部署新的原型。纳卫星可以小到一个咖啡杯，使它们既轻又便宜。另一个潜在优势是它们的多功能性——一次发射就有可能把几十个小型航天器送入近地轨道，而只有两三次发射就可以部署整个星座。

7.4.1.3 系统功能与组成

1. 系统性能

除了体积小之外，纳卫星的一个主要优点是使用商业组件和软件带来的低成本。这种将现成设备组合在一个小包装中的做法，使航天器的快速测试和原型制作成为可能，其成本仅为典型军事通信或侦察卫星的一小部分。

由美国海军建造的小型卫星将作为校准目标和技术演示，有助于增强其跟踪太空中小型物体的能力。此外，纳卫星将拥有不同组合的射频反射器，这些反射器反射雷达，用于增加空间物体跟踪，而光学反射器则用于反射激光，用于精确测量卫星高度。

除了最先进的研究和开发，还需要大幅度降低有效载荷的尺寸、质量和功率，这些载荷以前在更大的卫星上执行海军气象探测任务。大型系统的一个例子是"风卫星"WindSat——一种测量海洋表面矢量风的微波辐射计。此外，还将考虑海军感兴趣的其他任务。更小、更具成本效益的卫星将使海军能够在资源有限的情况下继续执行重要的太空任务。

云特征：足够分辨率的专业图像，以便在可见光、红外和被动微波光谱部分识别环境现象。云特征化产品用于广泛的业务领域。对探测、识别和分类各种云类型，以便在短期、中期和长期云预测模型中使用。

战区天气图像：具有足够分辨率的专业图像，能够识别光谱中可见光、红外和被动微波光谱部分的环境现象。战区天气图像支持战术天气预报，识别短期或快速变化的天气现象。

海洋表面矢量风（OSVW）：用于热带气旋位置的实时预报和同化到预报模型中的。对探测强风和海洋，尤其是热带气旋风场。

热带气旋强度：支持实时预报和预报，以确保海上安全和预警。目前由 DMSP SSM/I 和 SSMI/S、AMSR、风卫星和热带降雨测量任务（TRMM）微波成像仪（TMI）测量。

海冰特征：北极航行安全海冰预测工具中同化的数据，目前由 DMSP SSMI/S 公司开发。

新技术将使纳卫星从大学实验扩展到实际任务。将考虑 3 个单元（3U）和 6 个单元（6U）的 CubeSat（立方体卫星）自由飞行任务设计，以及类似大小的托管有效载荷。具体的航天器总线型号或设计尚未选定，尽管可以假设大约一半的 3U 航天器或三分之一的 6U 航天器的尺寸、质量和功率将用于功率管理、姿态控制、通信和其他基本航天器功能。

2. 卫星平台

纳卫星系统包括计算设备，该计算设备被配置为实现中央用户地面模块，该中央用户地面模块使得用户能够仿真具有固定位置并且从至少一个纳卫星发送和接收消息的多个中央用户地面节点，第二计算设备被配置为实现远程用户地面模块，该模块使得用户能够仿真不具有固定位置并且从至少一个纳卫星发送和接收消息的多个远程用户地面节点，以及至少一个附加计算设备，被配置为实现仿真纳卫星的纳卫星空间模块，该纳卫星从地面节点发送和接收消息。①

MMA 设计公司获得了一个第一阶段的 SBIR，为小型卫星立方体卫星固有的较小外形因素开发一个可部署的吊杆。MMA 被授予海军第一阶段 STTR，开发一种偏置馈电反射阵列天线，连接到喷气推进实验室（JPL）设计的辐射计，并安装在旋转立方体卫星上，旨在提供广域覆盖，我们提出的系统设计使用了我们的佐治亚理工学院合作伙伴和 JPL 合作伙伴的经验和技术诀窍②。

对于 3U 立方体卫星设计，安装在大约 10cm×10cm×15cm 内，质量不超过 2.5kg；对于 6U 立方体卫星设计，安装在 10cm×10cm×30cm 内，质量不超过 5kg。在吞吐量有限的 UHF 或 S 波段通信链路上运行在低地球轨道（LEO）空间环境中生存至少两年。要想在功率限制很大的情况下运行，要么占空比很低，要么瞬时功率很低。

7.4.1.4 立方体卫星

立方体卫星（CubeSat）是被称为纳卫星的小型卫星系统的子集。在小型卫星系列中，立方体卫星由形状、大小和质量等标准化特征定义。

标准的立方体卫星"单元"称为 1U。1U 立方体卫星是一个 10cm 的立方体，质量为 1.33~1.5kg。立方体卫星的大小范围通常从 1U 到 27U。

大多数立方体卫星都是作为现成的商业产品生产的。这在一定程度上是由于立方体卫星固有的标准化，使得批量生产的组件和现成的部件对商业供应商的生产具有吸引力。每颗卫

---

① System and method for demonstration and evaluation of a nanosatellite communication constellation. [https://techlink-center.org/technologies/system-and-method-for-demonstration-and-evaluation-of-a-nanosatellite-communication-constellation/a73740a1-b7fe-430e-90b7-9b71795f994a]

② Navy Phase I STTR Novel Nanosat Payloads for Naval Weather Needs. [https://mmadesignllc.com/research-grant/navy-phase-i-sttr-novel-nanosat-payloads-for-naval-weather-needs/]

星的成本约为130万美元，而传统卫星建造则需要数亿美元。

立方体卫星任务允许灵活性，包括快速后续飞行，具有计划的、渐进的技术改进，与使用更大、更传统的卫星相比，整体成本效率更高。总体结果是，立方体卫星的工程和开发成本低于高度定制的小型卫星。立方体卫星有效载荷也享有商业立方体卫星技术的成本优势，但它们往往更专门用于立方体卫星用户选择的任务。

7.4.1.5 技术特点

1. 体积小、质量轻

纳卫星的体积小、质量轻，使其成为一种负担得起的资产。ICE-Cap 有效载荷是一颗 3U 的纳卫星，大小与一块面包相似，将作为 SSO-A 任务的一部分，与 70 多颗其他卫星一起由 SpaceX "猎鹰" 9 号火箭进行商业发射。除 ICE-Cap 卫星外，该任务还将发射其他三个海军项目。这些甚至更小的 1U 纳卫星每侧仅有 10cm。

海军制造的小型卫星将用作校准目标和技术演示，以改进对空间小物体的跟踪。这些卫星将拥有不同组合的射频反射器和光学反射器，射频反射器反射雷达波用于改进空间物体跟踪，光学反射器反射激光用于精确测量卫星高度。

传统卫星的设计周期通常为 8~10 年，预计将在轨道上运行 15~20 年。相比之下，一颗纳卫星的设计周期为 12~18 个月，预期寿命约为 3 年。这些缩短的时间线允许不断的技术插入。SSO-A 任务中的海军卫星利用了这些进步，是未来海军太空工作的开拓者。

2. 卫星系统的补充

在海军环境和地面战场上，偏远地区的作战可见度往往缺乏从战场到司令部的超视距无线电通信。在这方面，海军的许多研发项目正在聚焦更广泛的专业军事知识。

美国陆军战略司令部纳卫星计划（Strategic Command Nanosatellite Program，SNaP）已经在帮助处境不利的用户，通过"天眼"提供语音、数据和图像。纳卫星被视为有效的基于低地轨道天基移动电话塔，部署的数量足以提供广域能力，如果被摧毁，则很容易被替换，并且可靠性要求降低。

纳卫星补充了更大的任务，填补了目前没有空间系统支持的战斗机地面组件的空白。低地轨道的另一个优势是靠近上层大气，允许监测战场上的化学品以及空间海洋环境。

纳卫星的孔径有限，但合作分布式卫星可以提供更大的有效孔径（图 7-27），具有更高的分辨率和抗损耗能力，并且比现有的海上无人机更难瞄准。

3. 发射可用性

发射可用性是一个严重的瓶颈，专用发射器很少，过度依赖"背负式"发射。海军和陆军应用的纳卫星都提供了更大的自由度，可以从悬挂式火箭升降机移动到飞行器、气球和更有效的火箭发射（减少资本和降低风险）。DARPA 正在研究减轻质量、提高光学监视可靠性、探索化学/电力推进、先进结构、附加层技术以及用于无线电和传感的微型射频技术。

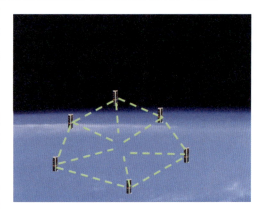

图 7-27 更大的有效孔径（合作卫星）

7.4.1.6 采办动态

2021年6月30日,导弹防御局(MDA)的两颗纳卫星(被称为立方体卫星)从加利福尼亚州的莫哈韦航空航天港发射到近地轨道,可能在美国未来的导弹防御中发挥重要作用。[①]

立方体卫星网络通信实验(CNCE)Block 1 是 MDA 的 Nanosat 测试平台计划的一部分,使用小型低成本卫星来演示在轨纳卫星之间的网络无线电通信。MDA 将进行为期90天的演示,并将任务延长一年,以确保两颗立方体卫星能够正确导航、接收和向无线电和网络发送信号并按预期运行。

这些卫星将测试降低系统风险的关键技术,例如高超声速和弹道跟踪空间传感器。CNCE Block 1 任务将通过减小尺寸、质量和功率来证明先进通信技术的可行性,以支持导弹防御通信架构。MDA 正在开发高超声速和弹道跟踪空间传感器有效载荷。当最终部署在近地轨道卫星上时,它将检测和跟踪高超声速和弹道导弹威胁,并为导弹防御系统和作战人员提供关键数据。

立方体卫星由 Virgin Orbit 的子公司 VOX Space 的 LauncherOne 火箭送入太空,作为与 DOD 太空测试计划的有效载荷共享安排的一部分。

其他参与 CNCE Block 1 立方体卫星开发和实验的机构有国防部领导的移动立方体卫星指挥和控制(MC3)、地面站网络、空间动力学实验室(任务集成商)、Space Micro 公司(有效载荷)和 Blue Canyon 技术公司(航天器总线)。

7.4.2 综合通信扩展能力项目(ICE-Cap)

7.4.2.1 概况

纳卫星技术使大学、商业企业和政府机构开发利用低成本和响应能力强的卫星成为可能。然而,这项技术的一个局限性是通信能力不足。综合通信扩展能力项目(Integrated Communications Extension Capability,ICE-Cap)即"冰帽",是为美国海军开发的3U通信实验立方体卫星(CubeSat),演示从低地球轨道(LEO)立方体卫星到地球同步轨道移动用户目标系统(MUOS)卫星的交叉链路,以便将信息即时传递到地面数据网络,这将是通信能力不足的解决方案。ICE-Cap 还将演示使用立方体卫星从两极中继 UHF 卫星通信(SATCOM),并将使空间飞行器的无线电、天线和其他技术成熟和小型化,用于潜在的 UHF 卫星通信任务。

ICE-Cap 项目作为卫星通信系统的力量倍增器使用。ICE-Cap 的实施旨在证明低地球轨道卫星将 MUOS 和常规 UFO 卫星星座的覆盖范围扩大到极地地区的能力。ICE-Cap 被设计成与 MUOS 特高频卫星通信系统一起工作,以便为 MUOS 范围之外的战斗机提供通信和数据中继能力。MUOS 通过 WCDMA 波形为移动部队提供类似手机的能力,此外还支持 UFO 卫星目前产生的 UHF。ICE-Cap 纳卫星作为现有 MUOS 星座的中继,通过利用 MUOS WCDMA/CDMA 交联能力实现按需测控和有效载荷数据检索,以减少通信能力短缺。此外,它还可以通过 MUOS 进行通信,从而减少对国防部超小卫星专用地面站的需求。ICE-Cap 通过建

---

① David Vergun. Nanosatellites Could Play Pivotal Role in Defense Against Enemy Missiles. DOD News, July 12, 2021. [https://www.defense.gov/News/News-Stories/Article/Article/2685840/nanosatellites-could-play-pivotal-role-in-defense-against-enemy-missiles/]

立一个通信桥梁,将极地地区的孤立用户与 MUOS 卫星通信系统连接起来。基于其轨道,该卫星将机动部队的通信延伸到极地地区。①

该区域处于 MUOS 监管范围之外,随着该区域的海冰继续融化,该区域的活动开始增加,北极变得越来越重要。由于其资源、海上航线和战略军事重要性,北极地区正迅速成为少数拥有领土或在该地区活动的国家争夺的地区。由于美国政治、军事和经济利益的增长,美国及其盟友对于在极地地区的持续行动至关重要。通过利用 MUOS 的灵活性和适应能力,以及与立方体卫星等微型卫星相关的相对廉价的资金需求,可以确定将两者结合起来的廉价和有效的解决办法。

在太平洋 SPAWAR 系统中心(SSC PAC)的支持下,美国海军的空间系统项目执行办公室(PEO SS)开发了 ICE-Cap 卫星项目,并于 2015 年 12 月发射到太阳同步的低地球轨道。美国陆军空间与导弹防御司令部(SMDC)提供了由微纳空间(Space Micro)公司制造的卫星总线(SMDC-ONE)。有效载荷由不同的承包商提供,包括火神无线(Vulcan Wireless)公司的 UHF 软件定义无线电、因诺航空(InnoFlight)公司的高保证 IP 加密器、物理光学(Physical Optics)公司的高增益天线、微纳空间公司的全向 Omni 天线/总线集成/飞行计算机和 SSC PAC 的飞行软件。

如图 7-28 所示为冰帽卫星收起和部署的样子。

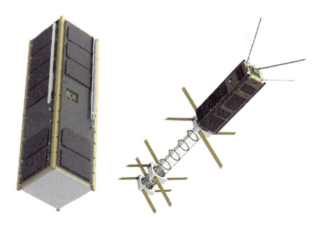

图 7-28 冰帽卫星(左为收起,右为部署)

ICE-Cap 的高层作战概念图(OV-1)如图 7-29 所示,左图中橙色线条为 MUOS WCDMA 链路,右图黄色线条为传统的 UHF SATCOM 中继链路。②

7.4.2.2 采办动态

1. 美国海军发射一颗纳卫星

2018 年 12 月 3 日,太空航空工业公司(SPACE FLIGHT)在加利福尼亚州范登堡空军基地搭乘 SpaceX "猎鹰" 9 号成功发射了第一个完全专用的 SSO-A 任务 "小型卫星快车"(SmallSat Express),如图 7-30 所示。这是一次商业发射,来自 17 个国家、34 个不同机构

---

① US Navy nanosatellite to boost UHF communications for polar regions, November 20, 2018[https://www.naval-technology.com/news/nanosatellite-uhf-communications-polar/]。

② Peter Yoo, Dmitriy Obukhov, Austin Mroczek. Integrated Communication Extension Capability (ICE-Cap). 29th Annual AIAA/USU Conference on Small Satellites, 4 August 2015.

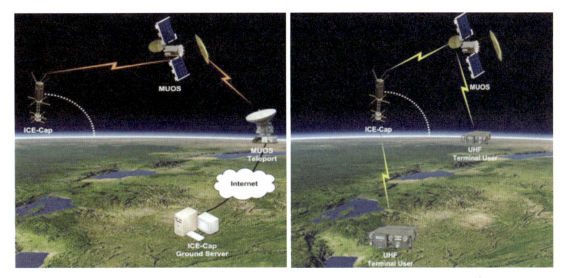

图 7-29 ICE-Cap 高层作战概念图

的 64 颗飞行器被送入轨道。其中包括美国海军的 ICE-Cap 卫星。[1],[2]

图 7-30 SSO-A 任务发射

这次发射原定于 11 月 19 日进行,后被推迟,以进行额外的飞行前检查。对于 SpaceX 来说也意义重大,因为其"猎鹰"9 号火箭被用于破纪录的第三次任务。

SSO-A 任务是太空航空工业公司运营的一个商业计划:购买一架完整的 SpaceX "猎鹰" 9 号火箭,并将其完全装满多个航天器进行发射。这项任务被称为"太阳同步轨道-A" (Sun Synchronous Orbit-A),其中"A"代表计划中的一系列此类发射中的第一次。[3]

---

[1] https://spaceflight.com/sso-a/
[2] Stephen Clark. Spaceflight's 64-satellite rideshare mission set to last five hours. Spaceflight NOW, December 3, 2018. [https://spaceflightnow.com/2018/12/03/spaceflights-64-satellite-rideshare-mission-set-to-last-five-hours/]
[3] SSO-A — first Rideshare mission of Spaceflight Industries. eoPortal, Sep 6, 2018. [https://www.eoportal.org/other-space-activities/sso-a#sso-a-sun-synchronous-orbit--a--first-rideshare-mission-of-spaceflight-industries]

第8章 PMW 750：航母与航空集成

8.1 概述

PMW 750 项目办公室的名称是"航母与航空集成"（Carrier and Air Integration），任务主要包括：①海军舰船新建和改装（SCN）：提供经过测试和集成的部队级 C4I 能力现代化；②现代化（Mod）：计划安装和实施；③先进性计划（AP）：部队级 C4I 能力的现代化计划；④航空集成：集成海军航空体系 C4ISR 能力。[①]

愿景：为美海军航母、两栖舰、指挥舰和飞机提供集成的和可互操作的 C4I 能力。

如图 8-1 所示为 PMW 750 的主要业务概要情况。对 C4I 进行集成的主要有以下平台：①新建、改装或现代化的大型甲板舰 C4I 集成，包括 CVN、LCC、LHA、LHD；②舰载机陆基战术作战中心（LTOC）和移动战术作战中心（MTOC）C4I 集成，包括 P-8A、P-3C、E-2D；③舰载无人机 C4I 集成，包括 MQ-25A、MQ-4C。

本章对 PMW 750 进行集成的平台和分管的项目进行综述。

（1）平台。
- CVN，"尼米兹"级和"福特"级核动力航母；
- LCC，"蓝岭"级指挥舰；
- LHD/LHA，"美国"级和"黄蜂"级两栖攻击舰；
- MQ-25A Stingray，"黄貂鱼"无人加油机；
- MQ-4C Triton，"特里同"无人侦察机。

（2）项目。
- TacMobile 战术行动。

[①] Captain Rob Cassol. Carrier and Air Integration Program Office (PMW 750). 2020 NDIA Fall Forum, 27 October 2020.

图 8-1 ▏PMW 750 航母与航空集成概要

8.2 航母与航空平台

8.2.1 CVN

8.2.1.1 概况

航空母舰是一种以舰载机为主要作战武器的大型水面舰艇，可以提供舰载机的起飞和降落。舰队中的其他舰艇提供其保护和供给，而航空母舰则提供空中掩护和远程打击能力。作为美国海军的核心，航母舰员及其舰载机联队队员均可随时参加各种任务训练和装备作战，包括在电磁频谱域和赛博空间中实施海洋控制、打击和机动。其他海军力量均无法具备相应的作战范围和深度。[①]

通常，航空母舰的存在会阻止潜在对手打击美国的利益。航空母舰通过支持和保障飞机作战，攻击具有威胁的空中、海上和岸上目标，并参与持续的力量投送行动以支持美国及其盟军。航空母舰及其打击群还参与海上安全行动，以阻止对商船的威胁，并防止利用海洋进行恐怖主义和海盗活动。航空母舰还为灾难响应和人道主义援助提供了独特的能力。其搭载的舰载机联队提供直升机进行直接救援，并提供 C4I 设备进行保障，以确保快速安全地运送

---

① 下述所有水面、水下、空中平台内容均参考美国海军官网最新文件 https://www.navy.mil/Resources/Fact-Files/，以及海军舰艇注册库（Naval Vessel Register）[https://www.nvr.navy.mil/INDEX.HTM]，更新至 2023 年 6 月。

援助物资。航空母舰作为现代海战的核心作战兵器,具有较强的战斗能力,可执行多种攻击任务,包括对空作战、反舰作战、反潜作战、对陆攻击等,其中核心是对陆攻击。

图 8-2 "尼米兹"级(左)和"福特"级(右)航空母舰

"尼米兹"级(CVN 68)是目前世界上在役数量最多、搭载舰载机最多、现代化程度最高、作战能力最强的一级航空母舰,可搭载 7 种不同用途的舰载飞机对敌方飞机、船只、潜艇和陆地目标发动攻击,可以支援陆地作战,保护海上舰队,可以在周围方圆几百海里的海面上布雷,实施海上封锁。由它领衔组成的航母战斗群通常由 4~6 艘导弹巡洋舰、驱逐舰、潜艇和补给舰只构成。该级舰的舰体和甲板采用高强度钢,可抵御半穿甲弹的攻击,弹药库和机舱装有 63.5 毫米厚的"凯夫拉"装甲,舰内设有 23 道水密横舱壁和 10 道防火隔壁,消防、损管和抗冲击等防护措施完备,能够承受 3 倍于第二次世界大战时期"埃塞克斯"级航母受到的打击。它能够进行远洋作战夺取制空和制海权,攻击敌海上或陆上目标,支援登陆作战及反潜等。

"福特"级(CVN 78)是"企业"级和"尼米兹"级航空母舰的替代舰,该级航空母舰将成为危机应对的首要前沿资产,并在重大作战行动中发挥早期决定性作用。"福特"级航空母舰及其航母打击群(CSG)将提供前沿存在、威慑、海上控制、武力投送、海上安全和人道主义援助的核心能力。该级航空母舰是美国第一种利用计算机辅助设计(CAD)的航空母舰,应用了虚拟影像技术,在设计过程中能精确模拟每一个设计细节,并且预先解决相关的布局问题,对各部件实际制造的掌握精确度也大幅提高,此外也容许多组团队在同一时间分别进行设计开发,节约时间。乍看之下,"福特"级的布局似乎与"尼米兹"级大致相似,实际上其做了相当多的改良。该级航空母舰带来了增强的作战能力,改善了舰员居住质量,并降低了总成本。其设计大幅减少了舰上人员编制,相比"尼米兹"级,其能在少近 600 人的情况下有效运行,设计的改进也允许搭载的舰载机以更少的人员有效运行。新技术和新设计减少了舰员舰上轮值和维护的工作量。与"尼米兹"级相比,"福特"级航空母舰每艘舰在其 50 年的使用寿命期间将节省近 40 亿美元的总成本。

与"尼米兹"级相同,"福特"级同样拥有 4 具弹射器,其中 2 具位于舰艏,另外 2 具位于斜角甲板,差别在于"尼米兹"级采用的是蒸汽式弹射器,"福特"级采用了新研发的电磁弹射器(Electromagnetic Aircraft Launch System,EMALS)。除了弹射器外,"福特"级也以先进阻拦装置(Advanced Arresting Gear,AAG)取代"尼米兹"级传统式的拦阻索,如图 8-3 所示。自交付以来，CVN 78 已使用 EMALS 和 AAG 进行了 8100 余次发射和拦截。该舰目前正在完成其首个计划增量可用性（PIA），并计划于 2022 年年底投入舰队使用。CVN 78 上的改进将延续到该级别的下一艘航空母舰 CVN 79~81。

图 8-3 电磁弹射器（左）和先进阻拦装置（右）示意

与"尼米兹"级相比，"福特"级在飞行甲板布局方面最主要的改良，在于改进了油料与弹药补给的动线，节省了机队加油挂弹的作业时间。"福特"级配备的 A1B 反应堆，功率较"尼米兹"级增加 25%以上，能充分供给 EMALS 所需的电力；除了新反应炉外，"福特"级还使用了全新的整体轮机系统以及配电系统，电力的整合、分配架构也重新进行了规划，例如在全舰各处设置分区供电系统，并设置一个计算机控制配电系统，使电力的分配合理化。作为第一艘全电力航母，首舰"福特"号（CVN 78）减少了舰上的蒸汽服务管线，降低了维护要求并改善了腐蚀控制，新的 A1B 反应堆、电磁弹射系统、先进拦阻装置和双波段雷达（Dual Band Radar，DBR）都提升了能力并减少了人员配备。"福特"级旨在最大限度地提高舰载机的打击能力，通过对其系统和配置进行优化，最大限度地提高了舰载机的出动架次率（Sortie Generation Rate，SGR），使其 SGR 比"尼米兹"级提高 33%。该舰的配置和发电装置旨在在其 50 年的使用寿命期间具有普遍适配性，包括定向能武器。

8.2.1.2　建造服役情况

"尼米兹"级航母共建造 10 艘（CVN 68~77），目前全部在役。首舰 CVN 68 从 1975 年 5 月开始，已服役近 50 年；最后一艘舰"布什"号 CVN 77 于 2009 年 1 月 10 日服役。

下一代航空母舰的主力舰"福特"号 CVN 78 于 2017 年 7 月 27 日服役，作为 2012 年退役的"企业"号（CVN 65）的兵力结构替代品。2021 年 4 月中旬，CVN 78 完成了为期 18 个月的交付后测试和试验（PDT&T）和作战系统舰艇认证试验（CSSQT），2021 年 8 月又完成了全舰冲击试验。在 PDT&T 期间，该舰完成了所有要求的测试，提前完成了计划内的工作，提高了新技术的系统可靠性，并作为航母飞行资质认证的平台，在东海岸为 400 多名新获得和重新获得资格的飞行员进行了资质认证。

"福特"级还有 3 艘（CVN 79~81）在建，CVN 82 处于订购状态。"福特"级的第三艘 CVN 80"企业"号，是美国海军历史上第九艘以 Enterprise 命名的舰船，计划于 2028 年交付，届时替换"尼米兹"级的二号舰"艾森豪威尔"号 CVN 69。未来的 CVN 80 和 CVN 81"多里斯·米勒"号采取的是"双航母采购"机制，在一定程度上降低采购成本、加快建设速度。

"尼米兹"级和"福特"级是世界上最大的水面舰，每艘都设计为大约 50 年的使用寿命，只需一次中期换料。目前 CVN 68~72 均已在弗吉尼亚州纽波特纽斯造船厂完成中期换料大修（RCOH），CVN 73~74 目前正在进行中期换料大修，CVN 75 和 CVN 77 目前正在进行"船坞级计划增量可用性"维护，CVN 76 则在横须贺进行修整。

8.2.1.3 性能参数

美国海军航空母舰一般性能参数见表8-1。

表 8-1 美国海军航空母舰一般性能参数①

	"尼米兹"级	"福特"级
建造商	纽波特纽斯造船厂	纽波特纽斯造船厂
首舰服役日期	1975年5月3日	2017年7月22日
首舰单位成本	约85亿美元（2012财年）	128.87亿美元（2008币值）
满载排水量	97 000t	100 000t
长×宽	332.8m×40.8m	332.8m×40.8m
飞行甲板宽	76.8m	78m
航速	30kn+	30kn+
动力	2个核反应堆，4轴	
编制	舰员3000~3200人，舰载机联队1500人，其他500人	4539人
舰载机	60架+	75架+
弹射器	蒸汽式弹射器	电磁弹射器
武备	NSSM、RAM、CIWS	ESSM、RAM、CIWS
C4I	ACDS 0、Link 4A/11/16、S-Tadil J、GCCS-M、SSR-1、WCS-3A（UHF DAMA）、SRC-61 DMR（SATCOM）、WSC-6（SHF）、WSC-8（SHF）、WSC-9 CBSP、USC-38（EHF）、SSR-2A（GBS）、SSDS MK2、CAPSTONE	Link 4/11/16、SSDS MK2、CEC
（描述）	美国海军自成立以来，在不同层次建立了相应的指挥控制系统，在总体作战方面，海上全球指挥控制系统（GCCS-M）为各级指挥员提供实时的共用态势图，战术旗舰指挥中心和旗舰数据显示系统则进行舰艇编队的攻防综合指挥和控制；在具体层级方面，水面舰艇指挥控制系统包括海军战术数据系统（NTDS）、先进作战指挥系统（ACDS）和宙斯盾作战系统（AEGIS），潜艇作战指挥系统则包括AN/BSY-1、AN/BSY-2、AN/BYG-1、NSSN C3I 等综合作战系统。为解决指挥控制系统的融合互通，美国海军研究探索了 CEC 协同作战系统，该系统实现作战信息共享，统一协同作战行动。 航母编队指挥信息系统是衡量航母编队信息化水平和作战能力的标志性装备之一。美国航母编队指挥系统以海上全球指挥控制系统（GCCS-M）、战术旗舰指挥中心/联合指挥中心（TFCC/JOC）、海军战术指挥保障系统（NTCSS）等为主要支持，统筹编队、战区和联合部队层次上的作战信息，基本实现了互操作和网络化作战指挥。航母编队联合指控可划分为战略、编队、功能任务 3 个层面。 在战略层面，以 GCCS-M 为核心，既作为海军战略指控系统，也作为各作战平台指控系统的一部分，平台指控系统通过 GCCS-M 接收所需的战略与战役情报信息，满足决策指挥与控制需求。在编队层面，以 TFCC/JOC 为基础，显示和处理舰艇运动和位置数据、信号情报数据，并通过 GCCS-M 传输的超视距雷达跟踪数据、天气信息等，协助指挥官进行作战方案编制、作战资源协调和管理等。在功能任务层面，以航母反潜战术支援中心（CV-TSC）、海军分布式通用地面系统（DCGS-N）为典型系统，保障航母编队反潜作战以及对陆攻击任务的执行

---

① 杜建明，等. 美国核动力航空母舰——从"企业"到"福特"[M]. 北京：海潮出版社，2013.

8.2.2 LCC

8.2.2.1 概况

两栖指挥舰为舰队指挥官提供指挥和控制。2艘"蓝岭"级指挥舰（LCC）是仅有的作为专用两栖/指挥舰设计建造的舰只，服役后一般作为舰队旗舰。其核心是作为大型海上指控中心，为复杂海战和两栖作战提供通讯中继、资料处理、情报分析、电子对抗与指挥决策等支援，是指挥现代化海上作战的专业旗舰。

作为专业指挥舰，其优良性能主要表现在强大的指挥控制功能上。按照美国海军现行的指挥体制，海军指挥控制系统（NCCS）由岸基舰队指挥中心（NFCC）和旗舰指挥中心（TFCC）共同组成，其中NFCC是设在岸上的陆基指挥所，TFCC则是像"蓝岭"级这样的海上指挥控制舰。LCC是美国海军装备序列中首型大量应用先进计算机的作战舰艇，通过联合行动中心内大量功能强大的先进计算机和技术人员，几乎一劳永逸地解决了美国海军过去在面对大量信息资料的脑力识别分析，手动分类提交信息资料所造成的信息反馈不及时的问题。

在具体的作战指挥中，设在夏威夷的NFCC将各种作战指令、作战海域的海上监视情报、敌情威胁及作战海域的环境数据发送到TFCC，经过处理之后分送各个指挥位置和作战部队。与此同时，TFCC还会不断收到各部队关于自身状况、作战行动海域的海上监视情报及作战任务的进展情况的报告，这些信息经过汇总处理之后，将报告NFCC。由此可见，在海上作战指挥中，"蓝岭"号处于中心环节，起着承上启下的重要作用。

如图8-4所示，从外形上看，LCC舰身实际就是从硫磺岛级两栖攻击舰发展而来，也具有一定输送兵员的能力，但是在实际作战中它并不承担两栖登陆作战任务。因此在设计之时，舰体大部分机库和船坞均被去除，取而代之的是各种控制指挥室和数据分析系统。该平台拥有包括旗舰指挥中心、作战情报中心、综合通信中心、对海作战指挥中心、登陆部队火控中心、反潜战中心等几大舱室模块，同时还囊括了海军战术数据系统、两栖指挥情报系统和海军情报处理系统。舰上装备有70多台发信机和100多台收信机，连接在一起，并同3组卫星通信装置相通，可与外界进行高速信息交流，并且接收的全部密码可自动进行翻译，通过舰内自动装置将译出的电文送到指挥人员手中，同时可将这些信息存储在综合情报中心的计算机中。

图8-4　"蓝岭"级指挥舰

该级舰宽阔的甲板上安装有各种通信、电子对抗与支援（ECM/ESM）系统的天线，上层建筑被集中布置在舰体中部，可能会对船电系统造成干扰的系统和装置都被安装在甲板下方，在实际使用中会造成严重信号干扰的收发天线被分开安装在舰首和舰尾，经过以上一系列精心设计的甲板区域极大地解决了大量船电设备安装所造成的信号干扰问题。

8.2.2.2　中枢指挥中心

LCC 指挥舰主要设有中枢指挥中心和 8 个次级指挥中心，分别为登陆兵力指挥中心、海上作战指挥中心、反潜作战指挥中心、登陆兵力火力控制中心、战术情报信息中心、本舰防御作战指挥中心、区域防空指挥所、综合通信中心。如图 8-5 所示为 LCC 20 舰上的中枢指挥中心。

图 8-5　LCC 20 舰上的中枢指挥中心

中枢指挥中心定位于综合性指挥中心，具备集中与分散相结合的两栖作战对空、对陆、水下、对海综合指挥能力，并可实施对两栖联合登陆部队的直接指挥控制，指挥能力覆盖远海机动作战、两栖作战涉及的情况判断、作战筹划、行动控制、过程监控、战果评估的各个环节。其中心面积约为 100 平方米，主要设施是一个大型指挥控制系统，与众多密集的通讯设备联通在一起，通过高性能数据链，它可以接收到远在本土的最高指挥中心的作战指令，以及由其他探测平台传来的实时作战态势信息和情报。中心设有 13 部 TA-980U 卫星电话终端，两个 1.1m×1.1m 的正方形战术显示屏，随时显示整个舰队的位置和活动情况。舰队最高指挥机构坐镇在这里，通盘掌控和指挥登陆作战命令的分发和反馈情况，保障海上作战行动的顺利实施。

（1）登陆兵力指挥中心为登陆部队常设专项指挥机构，具备对以空地特遣部队为主体的两栖联合登陆部队的作战态势掌握、战术行动控制、支援保障等各项指挥控制能力，装备有海军战术数据系统终端、两栖指挥情报系统终端和海军情报处理系统终端。登陆部队指挥员使用这些设施掌握登陆作战的进展情况，对先头部队的作战行动及后勤保障提供支援。

（2）海上作战指挥中心为对参与两栖作战的航母编队、其他类型舰艇编队实施指挥控制的常设专项指挥机构，装备有战术数据系统终端和战术显示屏。

（3）反潜作战指挥中心为对参与两栖作战的水面舰艇、潜艇、空中平台进行反潜作战指挥控制的常设专项指挥机构，与海上作战指挥中心设在同一舱室内。

（4）登陆兵力火力控制中心为常设的兵力火力组织协调机构，其职责主要为响应突击上陆阶段、巩固与扩大登陆场阶段的两栖联合登陆部队的火力支援请求，并协调参与两栖作战的各型兵力，对登陆作战区域实施对陆联合攻击、对空联合打击等战术行动。

（5）战术情报信息中心主要为空中拦截控制、威胁判断显控台、武器协调显控台等作战环节提供火控级情报，设有由各类显示屏、标图板、通信设备、终端机组成的 8 部显控台，包括空中拦截控制台、空中优劣形势控制台、战术系统显示台、威胁判断显控台、武器协调显控台等。

（6）本舰防御作战指挥中心主要为本舰实施防空、反舰、反潜作战指挥提供本舰指挥支持。

（7）区域防空指挥所监测、识别包括弹道导弹和巡航导弹在内的所有空中目标，并下达拦截指令。

（8）综合通信中心实现对各类通信手段的一体化综合运用和通信运维管理，设有 200 多个控制台，协调控制 200 余种收发信装置，保障舰队与陆上指挥部及舰队下属各作战部队的通信。

作为海上作战指挥中心，LCC 19 中枢指挥中心接收来自 NFCC 的各类作战计划、行动控制、情报保障、战场环境保障等数据，进行情况判断、计划决策后，形成指挥控制命令并下发至下属次级指挥中心（7 个传统指挥中心和 1 个区域防空指挥所），由次级指挥中心组织两栖编队内各下级指挥部位进行对空、对海、对陆、反潜、两栖等方面的协同作战指挥和通信综合应用；同时，作为承上启下的关键骨干节点，中枢指挥中心持续实施汇集参与进行两栖作战的编队内部的兵力状态、作战计划执行情况、实施战场环境及作战效果等信息，并依据预先设定的规则和力度将上述信息上报至岸基舰队指挥中心。LCC 19 作战指挥控制模式如图 8-6 所示。

8.2.2.3　建造服役情况

美国海军的指挥舰仅建造 2 艘（LCC 19~20）。LCC 19"蓝岭"号于 1970 年 11 月服役，自 1979 年起担任第七舰队旗舰，由海军掌控，并被前沿部署到日本横须贺，没有移交给军事海运司令部；LCC 20"惠特尼山"号 1971 年 1 月服役，自 1981 年起担任第二舰队旗舰，2005 财年被移交军事海运司令部管理，由海军人员和商业雇员（CIVMAR）共同运作，但依然作为海军现役旗舰，于 2005 年 2 月起担任第六舰队旗舰。

这 2 艘舰的服役寿命于 2011 年由海军作战部长（CNO）延长至 2039 年。海军海上系统司令部（NAVSEA）和军事海运司令部（MSC）正在联合执行使用寿命延长计划（ESLP）。ESLP 专注于确保平台能够支持舰队指挥官的全部任务要求，该计划规定了系统/设备的维修和大修、陈旧设备的更换以及选定系统、空间和设备的现代化，以纳入使用寿命延长计划。主要改进方向将是舰上发电和配电、供暖通风与空调（HVAC）升级、操作空间优化、可居住性和安全性改造以及腐蚀控制。

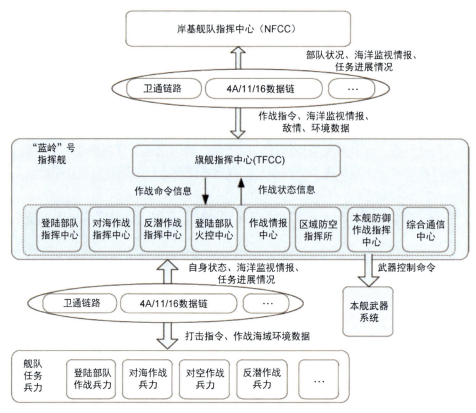

图 8-6 LCC 19 作战指挥控制模式

8.2.2.4 性能参数

美国海军指挥舰一般性能参数见表 8-2。

表 8-2 美国海军指挥舰一般性能参数[①]

	"蓝岭"级指挥舰
建造商	费城造船厂（LCC 19），纽波特纽斯造船厂（LCC 20）
首舰服役日期	1970 年 11 月 14 日
满载排水量	19 000t
长×宽	190m×32m
航速	23kn
动力	1 台汽轮机，2 台锅炉，单桨
编制	军官 34 人，士兵 564 人，雇员 154 人，军人 157 人，参谋人员 300 人
舰载机	无（仅设直升机着陆区）
武备	CIWS，MK 38
C4I	Link 4A/11/14，JTIDS，TBMCS，CBSP，USC-38 SATCOM，WSC-3 EHF SATCOM，NMT，WSC-6 SHF SATCOM，HFRG，MDS，DAMA QUAD，JSIPS-N，NAVSSI

---

① Jane's Fighting Ships. 2020−2021.

(描述)	与上述指挥机构对应，中枢指挥中心主要部署美军海上全球指挥控制系统舰队级（GCCS-M，舰队级）；作战情报中心主要部署海军情报处理系统（NIPS）；登陆部队指挥中心、登陆部队火控中心、对海作战指挥中心、作战情报中心、反潜战中心等5个指挥中心根据其功能定位，主要部署专项指挥功能应用系统及旗舰数据显示系统（FDDS）；本舰防御作战指挥中心主要部署海军战术数据系统（NTDS）及其改进系统，先进作战指挥系统（ACDS），区域防空指挥所主要部署宙斯盾作战系统（AEGIS）； 综合通信中心主要部署综合通信管理系统等①

8.2.3 LHD/LHA

8.2.3.1 概况

目前美国拥有世界上规模最大、能力最强的两栖部队。两栖舰旨在支持海军陆战队的海上作战机动（Operational Maneuver From The Sea，OMFTS）和舰到目标机动（Ship to Objective Maneuver，STOM），具有在危险航线上航行、在岸上快速集结战斗力的能力。由于其固有的能力，该类舰已经并将继续被要求在短时间内支持人道主义和其他应急任务。

两栖攻击舰的主要作战任务是执行两栖登陆和兵力投放，单纯依靠直升机投送兵力意味着士兵在落地后无法得到重火力的有效支援，只能凭借自身携带的便携式火箭筒和反坦克导弹等武器作战，很容易被敌方重装甲部队或者火炮火力压制，甚至遭遇失败。为此，美国海军在后续的两栖攻击舰上设计了宽大的坞舱，并在舰体内部设计了专门滚装货运甲板。这样两栖攻击舰成为既有飞行甲板和机库，又保留坞舱和货舱的多用途战舰。

"美国"级（LHA 6）和"黄蜂"级（LHD 1）两栖攻击舰（图8-7）为海军陆战队提供由海到陆的空中和水面兵力投送能力，坞舱携带的气垫登陆艇（LCAC）和通用登陆艇（LCU）非常适合执行各种作战和非作战任务，具有广泛的存储能力，这些舰艇操作并支持AV-8B战斗机，并正在进行改装以操作F-35B战斗机，在伊拉克战争、阿富汗战争期间都表现出了出色的远征投送能力。在伊拉克战争中，2艘LHD充当了"海鹞"航母的角色，出动AV-8B打击伊拉克的纵深目标。2011年LHD 3也出动AV-8B打击了伊拉克政府军目标，其他舰也在近年来打击"伊斯兰国"的作战行动中出力不少。

图8-7 "美国"级（左）和"黄蜂"级（右）两栖攻击舰

LHA是所有两栖战舰中最大的一型舰，类似于小型航空母舰，能够进行垂直/短距起降（V/STOL）、短距起飞垂直着陆（STOVL）、垂直起降（VTOL）、倾转旋翼飞机旋翼操作。

---

① 陈峰,徐英桃. 美海军"蓝岭"号指挥舰信息系统发展情况及启示[J]. 舰船电子对抗，2021, 44（03）：21-25.

美国海军现代两栖舰通过充当两栖戒备群（ARG）或远征打击群（ESG）的基石来进行武力投送并保持前沿存在。该类舰运输和登陆带有飞机和登陆艇的陆战队远征部队（MEU）或陆战队远征旅（MEB）。

如图 8-8 所示为 LHA 上配置的指挥与控制系统。

图 8-8　LHA 上配置的指挥与控制系统

该级舰原称 LHA（R），主要作为美国两栖登陆作战中空中支援武力的投射平台，建造的前两艘被称为 Flight 0，拥有巨大的机库、弹药库与维修设施，着重航空武力的强化；建造的后三艘被称为 Flight 1，设计概念与构造有所不同，缩小舰桥体积，以腾出机库空间，并保留一小规模的坞舱结构，在航空与水面作战能力之间寻求较佳的平衡性。

LHA 取代了原有的 5 艘已退役的美国海军第二代"塔拉瓦"级两栖攻击舰，其中 LHA 6 和 LHA 7 都是针对航空能力进行优化的 LHD 变体。该级舰旨在适应海军陆战队未来的空战部队，包括 F-35B 联合攻击战斗机和 MV-22"鱼鹰"，具有额外的航空保障能力和增加的燃料容量，同时还提供额外的货物装载能力，并实现更广泛、更灵活的指挥和控制能力。

LHA 作为 LHD 的航空能力增强版，与 LHD 最大的不同是，LHA 的机库空间、机修空间、航材仓储均有所增加，并重新配置了 C4ISR 系统。LHA 6 和 LHA 7，通常被称为 LHA Flight 0 型，与 LHD 级的主要区别包括扩大的机库甲板、增强的航空保障设施、增加的航空燃料容量、额外的航空储藏室、拆除的井甲板，以及可重新配置电子设备的 C4ISR 套件，LHA Flight 0 型通过增强的保障能力和提高 JP-5 燃料容量来增强海军陆战队航空兵作战能力。LHA 8 将是第一艘 Flight 1 型舰，通过重新整合甲板来增强远征作战能力，同时保持 Flight 0 的主要航空特征。

如图 8-9 所示为 LHA 6（Flight 0）到 LHA 8（Flight 1）的内部设计变化。

8.2.3.2　建造服役情况

"黄蜂"级 LHD 的设计建造基于塔拉瓦级两栖攻击舰。其中首舰 LHD 1 于 1989 年 7 月 29 日服役，最后一艘 LHD 8 于 2009 年 10 月 24 日服役，该舰以全新的复合燃气涡轮与电力推进动力系统取代了复杂笨重且反应缓慢的蒸汽涡轮系统，成为美国海军第一艘用整合式电力推进系统的作战舰艇。

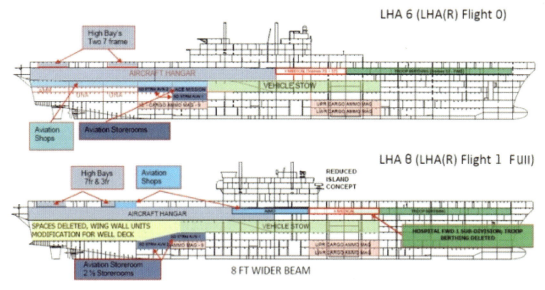

图 8-9 LHA 6 到 LHA 8 的内部设计变化

为 LHD 8 设计和建造的推进装置、配电和辅助系统也用于"美国"级 LHA。其中首舰 LHA 6 于 2014 年 10 月 11 日服役，LHA 7 于 2020 年 7 月 15 日服役，而 LHA 8 目前正在亨廷顿·英格尔斯造船厂建造，预计将于 2024 年加入舰队。最近的第四艘 LHA 9 于 2022 年 12 月开始建造。交付 LHA（R）"美国"级两栖攻击舰是"大型甲板两栖攻击舰"（Big Deck Amphib）项目增量开发的下一步。

8.2.3.3 性能参数

美国海军两栖攻击舰的一般性能参数见表 8-3。

表 8-3 美国海军两栖攻击舰一般性能参数

	"美国"级	"黄蜂"级
建造商	亨廷顿·英格尔斯造船厂	亨廷顿·英格尔斯造船厂
首舰服役日期	2014 年 10 月 11 日	1989 年 7 月 29 日
满载排水量	43 000t	40 000t（LHD 1~7）/41 800t（LHD 8）
长×宽	260m×32m	253m×32m
航速	20kn+	20kn+
动力	2 台燃气轮机，2 台辅助电动机，双轴双桨	LHD 1~7：2 台燃油锅炉，2 台蒸汽轮机，双轴双桨 LHD 8：2 台燃气轮机，2 台电动机，双轴双桨

(续)

	"美国"级	"黄蜂"级
编制	军官 102 人，士兵 1102 人	LHD 1~7：军官 66 人，士兵 1004 人 LHD 8：军官 65 人，士兵 994 人
舰载机	F-35B、MV-22、CH-53E、UH-1Y、AH-1Z、MH-60S	F-35B、MV-22、AV-8B、CH-46、CH-53E、UH-1N、AH-1W
登陆/攻击艇	3 艘 LCAC 或 2 艘 LCU	
武备	SEARAM, ESSM, CIWS	SEARAM, NSSM, CIWS
C4I	Link 4A/11/16/22, SSDS MK2, CEC	Link 4A/11/14/16, SSDS MK2, ACDS, MTACCS, SSR-1 SATCOM, WSC-3（UHF），USC-38（EHF），SMQ-11 Metsat
（描述）	"美国"级两栖攻击舰具备完备的编队及本舰防御作战指挥能力，配备了相应的指挥控制及通信装备，主要有海上全球指挥控制系统、舰艇自防御系统、两栖突击引导系统、火力支援多服务自动化指控系统等，具备两栖戒备或两栖攻击群指挥、两栖突击引导、火力支援指挥等能力，能够根据战场态势拟订对海、对陆、反潜打击计划和两栖作战计划，进行任务分配、作战行动指挥和通信协调，指挥引导气垫艇群、两栖车辆群、陆战队突击上陆，指挥陆上作战，实现"在必要的时候把部队投送到必要的地点"的目标。其指挥控制系统中广泛采用了通用处理及显示系统，各指挥战位使用的计算机通过舰载网络连接，采用统一设计的人机交互软件读取数据信息并进行显示①	"黄蜂"级增强了指挥、通信和控制能力，因此它可作为两栖作战的指挥舰，对一场旅级规模的两栖攻击战进行指挥和控制。 作为两栖打击群（远征打击群）的指挥舰和两栖作战指挥舰，"黄蜂"级配备完善的指挥控制系统，包括全球广播系统、协同交战系统、联合海上指挥控制系统、两栖作战指挥系统及通用数据链等，以满足不同的作战需求。据称其还具有接入美国全球信息网络的能力，能够对战区内美三军联合作战进行指挥控制

8.2.4 MQ-25A Stingray

8.2.4.1 概况

MQ-25 Stingray（"黄貂鱼"）将是世界上第一架可作战的舰载无人机，并提供空中加油和 ISR 能力，从而增强舰载机联队（CVW）和航母打击群（CSG）的作战能力和多功能性。将一架持久的海基加油机整合到 CVW 中，将更好地利用美国海军的战斗攻击机并扩大其航空母舰的作战范围。该系统将成为未来 CVW 的关键部分，是海军战略无人作战框架的核心，为未来所有舰载无人系统奠定基础，并开创了前沿的有人-无人编队（MUM-T）作战概念。海军计划让所有"尼米兹"和"福特"级航空母舰最终都具备 MQ-25 能力，如图 8-10 所示②。

该项目源自原来的 RAQ-25A 航母舰载空中监视与打击无人机系统项目（UCLAS），是美国海军将无人机纳入航母作战和运作环境的第二阶段尝试，第一阶段是 X-47B。MQ-25 由两个主要部分组成：MQ-25 空中系统（飞行器）和航母无人机任务控制系统（UMCS），

---

① 朱磊,丁军,梁立. 美国级两栖攻击舰作战能力分析[J]. 指挥控制与仿真, 2017, 39（02）：145-148.
② 董晓明. 海上无人装备体系概览 [M]. 哈尔滨：哈尔滨工程大学出版社, 2020.

图 8-10 ▎MQ-25A "黄貂鱼" 舰载无人空中加油机

后者作为前者的航母集成和指挥控制所需的系统和有效载荷。

美国海军将 MQ-25A 定位为一种能够满足航母舰载机空中加油单一任务需要的简单平台，要求能够在距离航母 500 海里处输送约 6.8 吨的燃油，主要用于释放用于伙伴加油的现役 F/A-18E/F 舰载机战斗力，以及保障其他舰载战斗机的任务出航和返航回收，使编队整体战斗力提高 20%~30%。尽管美国海军在 MQ-25A 的项目需求中并未提及隐身要求，但波音公司仍采用了背负式内埋进气道、V 形尾翼、菱形机身截面和翼身融合等有利于提高隐身性能的措施。

后续，美国海军计划逐步提升 MQ-25A 能力，按照计划该机最初仅能提供空中加油能力，以后利用开放式的系统架构进行增量式能力升级，不断增加空中受油、搭载武器的能力，并提高情报、监视、侦察能力。数年后，MQ-25A 的入役将承担起航母舰载机加油任务，缓解舰载战斗机数量短缺问题，同时帮助美国海军探索有人/无人舰载机协同作战运用，为未来舰载无人作战飞机融入航母作战体系奠定基础。

8.2.4.2 建造服役情况

尚未服役，目前正在进行飞行测试。

2018 年 8 月，海军向波音公司授予了一份工程和制造开发（EMD）合同，用于设计、开发、制造、测试、交付和保障 4 架 MQ-25A 工程开发模型（EDM）。

2019 年，开发团队使用 MQ-25A T1 测试模型进行了首次试飞，试飞中的数据源于推进主要系统和软件的开发，并支持快速开发测试计划。如图 8-11 所示为 MQ-25 T1 测试模型。

2020 年，海军执行了购买 3 架额外测试飞机的合同选择权。

2021 年夏季，MQ-25A T1 测试模型成功地与 F/A-18、F-35C 和 E-2D 进行了空中加油飞行。

2021 年 12 月，海军在 CVN 77 上使用 MQ-25A 模型完成了航母无人机演示（UCAD），为未来的舰载无人机系统（UAS）作战奠定了基础。

在接下来的几年中，波音公司将交付 EDM 飞机并在其位于密苏里州圣路易斯的工厂进

图 8-11 MQ-25 T1 测试模型独特的背部内埋进气道

行测试,然后在飞行测试计划期间转移到派突森河海军航空站,并在新泽西州莱克赫斯特和佛罗里达州埃格林空军基地进行额外测试。

美国海军计划 2023 财年开始采购 MQ-25A,每年采购 4 架,总计采购 72 架,于 2025 年具备初始作战能力。

8.2.4.3 性能参数

美国海军 MQ-25A 无人机的一般性能参数见表 8-4。

表 8-4 美国海军 MQ-25A 无人机一般性能参数

	MQ-25A 无人机
承包商	波音公司
主要功能	空中加油
长	15.54m
宽	22.86m(机翼展开)/9.54m(机翼折叠)
高	2.99m(机翼展开)/4.79m(机翼折叠)
动力	劳斯莱斯 AE3700N 发动机
航电系统	MTS-A 光电和 ALR-69(V)雷达告警系统,仅仅具备低限度的 ISR 能力

8.2.5　MQ-4C Triton

8.2.5.1　概况

MQ-4C Triton("特里同"或"人鱼海神")是一种自主作战系统,使用多个海上传感器提供持久的海上 ISR 能力。MQ-4C 飞行器基于美国空军(USAF)RQ-4B"全球鹰",而其传感器则基于国防部库存中已安装的(或整个系统)组件。与 P-8A 载人飞机一起,MQ-4C Triton 是海军海上巡逻和侦察部队(MPRF)系统簇(FoS)的组成部分。MPRF 是 MQ-4C Triton 的作战代理。

MQ-4C 广域海上监视无人机是美国海军未来重要的海上情报、监视和侦察平台,也是美国海军未来关键的海上作战力量。该无人机源于美国海军航空系统司令部(NAVAIR)海军和海军陆战队无人飞行器系统办公室（PMA-263）的广域海上监视系统（Broad Area Maritime Surveillance，BAMS）项目，该计划要求数十架由地面站控制的高空、远程无人机，配合 P-8A"海神"反潜巡逻机使用。BAMS 无人机的任务包括海上监视、敌方作战信息搜集、战斗毁伤评估、港口监视、通信中继，支持海上封锁、水面战、对地攻击、作战空间管理和为海上打击任务提供目标指示。[①]

2008 年 4 月，经美国国防部副部长批准，BAMS 项目进入系统开发和验证阶段。在公开竞标阶段，诺斯罗普·格鲁曼公司的 MQ-4 在与波音公司的"湾流 550"公务机平台和洛马公司 MQ-9 的竞争中脱颖而出，获得了价值 11.6 亿美元的合同。2010 年，BAMS 项目无人机被赋予 MQ-4C 代号。

如图 8-12 所示为 MQ-4C 无人机。对美国海军机载情报、监视和侦察（ISR）能力来说，MQ-4C 为海上巡逻侦察部队（MPRF）带来的力量提升是十分重要的，通过为水面作战、海外作战和国土防御提供通用作战图像，MQ-4C 的长航时特性使其具有很强的海域感知能力。该系统能提高战场态势感知能力，并缩短感知到打击的链条。在其 ISR 任务中，它将支持优势决策的精度和机动性，同时提供联网战场的数据和通信中继服务。

图 8-12 ┃ MQ-4C Triton 广域海上监视无人机

MQ-4C 具有高续航能力，能够从世界各地的 5 个陆基机场起飞作战。作战时，MQ-4C 与现役的 P-3C 和 P-8A 反潜机，或者美国空军 RQ-4B"全球鹰"无人机驻扎在一处。它们的任务有相关和互补性，驻扎在一处将提高人力、培训和维护效率，此外美国海军还追求 MQ-4C 与 RQ-4B 的作战、培训和生产共性。MQ-4C 的作战概念（CONOPS）包括 4 个飞机监视航线，提供每周 7 天、每天 24h、半径 2000n mile 范围的持久 ISR 能力。通过其作战位置提供的对高密度海上通道、沿海地区和国家利益的区域覆盖，MQ-4C 可实现全球监视。

MQ-4C 任务载荷及性能如图 8-13 所示。作为 BAMS 的重要组成部分，MQ-4C 可搭载包括多功能主动阵列传感器（MFAS）、AN/ZLQ-1 电子支援措施、通信中继设备和自动识别系统（AIS）等在内的多种传感器系统，能够完成跨洲际飞行，并且具备多目标、全天候、全时段侦察监视能力，可充当网络中继平台与数据融合中心，与作战飞机、舰艇平台和空空导弹、电子攻击系统与定向能武器等先进武器等组织配合实现信息火力融合，建立战场

---

① 陈祖香. 美国 MQ-4C 无人机基本性能及作战应用[J]. 飞航导弹，2016（12）：16-21.

空间的通用作战图，使得 BAMS 能在战区内自主完成"侦察—判断—决策—行动"循环，并减少对天基平台和本土指挥的依赖。

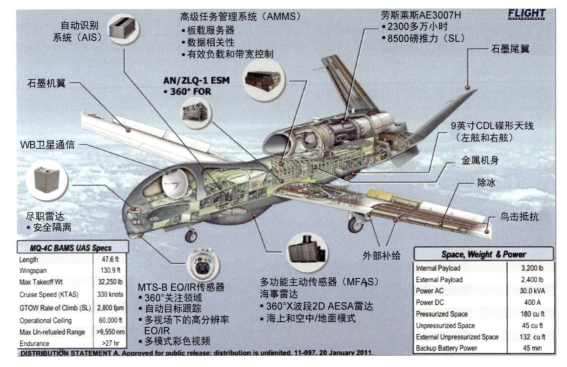

图 8-13　MQ-4C 任务载荷及性能

根据美国海军的作战理念，MQ-4C 将作为 P-8A 的一个补充，进一步拓展 P-8A 的海上侦察域。并且 MQ-4C 可在广阔海域内持续不断地监视海上或陆地目标，大幅增强美国海军的战场态势感知能力，还能通过通用保密卫星数据链实现作战情报的无缝连接，将其所探测到的潜在目标信息及时传给 P-8A，协助其跟踪并攻击目标，显著缩短作战反应时间。

8.2.5.2　建造服役情况

2012 年 6 月，首架 MQ-4C 正式出厂，被命名为 Triton，该无人机已进行了地面测试。

2013 年 5 月，MQ-4C 完成首飞，在管制空域中飞行了 80min，最高飞行高度约 6096m，标志着对其未来作战能力的一系列验证试验工作正式启动。

2014 年 10 月，第二架系统开发与演示验证 MQ-4C 完成了横穿美国的飞行，标志着该型无人机已经从飞行测试过渡到作战能力测试。

2015 年 4 月，MQ-4C 完成安装多功能主动传感器搜索雷达后的首次飞行测试。

2015 年，海军获得了 6770 万美元的第一轮低速率初始生产（LRIP）先期采购资金，并启动第二轮低速率初始生产合同谈判。

2016 年 6 月，MQ-4C 通过通用数据链系统首次与 P-8A 成功交换了全动态视频信息，试验验证了 MQ-4C 利用光电/红外（EO/IR）相机跟踪水面目标，为远处的 P-8A 机组人员形成态势感知提供信息的能力。

2018 年 5 月，MQ-4C 实现基线版本的初始作战能力，计划部署在关岛的安德森空军基地。

2020年1月，美国海军实施了MQ-4C的首次作战部署，将2架MQ-4C部署到安德森空军基地。

2020年年底，MQ-4C达到多源情报版本初始作战能力。

美国海军计划采购68架MQ-4C无人机，陆续组建5个MQ-4C无人机中队（每个中队将有12架轮流执勤和维护，另外8架为备用），最终构建广域海上监视系统。

如图8-14所示为MQ-4C广域海上监视系统（BAMS）的作战应用。

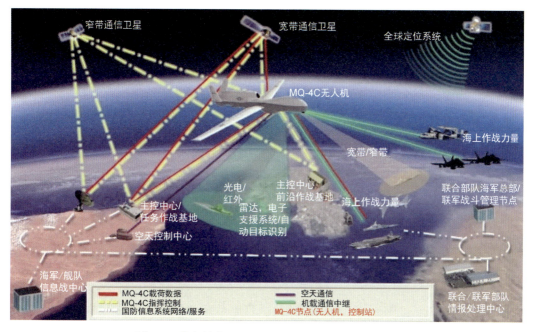

图8-14　广域海上监视系统（BAMS）的作战应用

8.2.5.3　性能参数

美国海军MQ-4C无人机的一般性能参数见表8-5。

表8-5　美国海军MQ-4C无人机一般性能参数

	MQ-4C无人机
承包商	诺斯罗普·格鲁曼公司
主要功能	持续海上情报、监视和侦察
长	14.5m
宽	39.9m（机翼展开）
高	4.7m
最大起飞质量	14.6t
速度	320kn
升限	18600m
动力	劳斯莱斯AE3007H发动机
续航时间	24h+

(续)

编制	每个地面站 5 人（飞机操作员 1 人、战术协调员 1 人、任务有效载荷操作员 2 人、信号情报协调员 1 人）
航电系统	多功能有源传感器（MFAS）：第一种根据海上任务需要配备的传感器设备，帮助载机平台在 18000m 超高空实现海域态势的精准感知。 多频谱目标截获系统（MTS-B）：具备红外、光电、激光指示等能力，并采用了先进的数字体系结构，可以实现远程空中监视、高空目标截获、跟踪、测距，主要用于侦察和瞄准。 自动识别系统（AIS）：可以接收到海面上行驶的船只通过 VHF 频段广播数据传输系统自动、定时播发的信息，有效地采集到相关的船籍、船型、位置和航向等多种数据，从而可以全面地掌控目标海域的战场态势，完善海上 ISR 手段
C4I（描述）	MQ-4C 搭载了多型高速通信设备，装备了 VHF/UHF、Link 16 数据链、通用数据链等十几种通信天线，能够在本机与 P-8A、舰队、作战飞机、基地之间建立无线通信网络，分发或中继战术情报信息，提供加密的数据语音通信服务。在战略层面，MQ-4C 利用卫星通信天线将收集或中继的数据通过宽带卫星通信系统、军事卫星通信系统、海事卫星等传输到卫星地面站、永久作战基地或舰队指挥中心；在战役战术层面，MQ-4C 利用数据链和各种天线在本机与 P-8A、前沿基地、舰队和战术作战飞机等战术节点间建立无线数据通信网络，分发或中继战术情报信息，协助航空管制，并提供加密的数据语音通信服务。 ISR 数据传输：宽带 Ka 和 X 波段军用卫星通信系统、Link 16 数据链。 空中指挥控制信号传输：窄带卫星通信系统。 通信中继平台：VHF/UHF 中继载荷

8.3 战术行动（TacMobile）

8.3.1 概况

战术行动（Tactical Mobile，TacMobile）项目是美国海军海上巡逻侦察部队（MPRF）集成 C4I 能力的重要推动项目，是 P-8A、P-3C、MQ-4C 等舰载有人/无人机的支撑项目，为海上巡逻侦察飞机提供远征地面保障，保障其作战能力和战术的持续性。其与海上巡逻与监视飞机项目办公室（PMA-290）和巡逻侦察组指挥官建立了强有力的伙伴关系。

TacMobile 项目概况如图 8-15 所示。[①]

TacMobile 项目提供渐进式系统和设备升级，以支持 MPRF 指挥官计划、指挥和控制海上巡逻侦察飞机及其内其他指定任务单元的战术行动。TacMobile 提供海上巡逻侦察飞机（主要是 P-8A 和 MQ-4C）与海上情报监视和侦察企业之间的关键回溯能力。其主要执行任务包括沿海、公海和陆地长驻监视、反水面战、超视距瞄准、缉毒行动、力量投送、反潜战、猎雷、搜索和救援、指示和警告，以及特种作战等。

TacMobile 是一个长期、持续多年的采办项目，为 MPRF 提供逐渐升级的 C4I 能力。

2020 财年的主要工作包括：

（1）一部分用于完成最终独立设备的采购，通过实现 TacMobile 项目增量 2.1 总存量目标，以支持全球范围内增加的作战需求。全球部队管理政策增加了对 P-8A 的作战需求，这笔资金提供了在全球范围内开展多地点 P-8A 监视行动的能力，以应对/监测日益增长的威胁。P-8A 监视计划确保美国及其盟国不受限制地获得海上通信线路和航行自由，同时将其

---

① Mr. Roland Feghali, Tech. Dir and Cybersecurity Lead (PMW 750). PMW 750 Carrier and Air Integration Program Office Brief to NDIA, 25 October 2016.

TacMobile Overview

- TacMobile是海上巡逻和侦察部队（MPRF）的关键C4I推动者
  - P-8A、P-3C、AAS依赖TacMobile进行作战
  - 为P-8A海神和P-3C猎户座提供持久的作战和战术能力
    - C4I基础设施和作战管理
    - 武器系统接口
    - 战术决策辅助工具
    - 任务后ISR处理利用传播（PED）
    - 反潜战声学分析和任务重建
- 22个平台（总库存目标）
  - 战术作战中心（TOC）
  - 机动战术作战中心（MTOC）
- 与PMA-290和CDR巡逻侦察大队建立了强有力的合作伙伴关系

TacMobile被归类为一种武器系统

图 8-15 TacMobile 项目概况

与盟军的通信 C4I 和互操作性进行最大化。

（2）一部分为机动战术作战中心（MTOC）的人员配备/训练/装备工作采购两套额外的 MTOC 移动装备和远征装备，以支持增加的全球海上巡逻侦察部队（MPRF）行动。9 处现有的 MTOC 于 20 世纪 90 年代中期采购，用以支持 P-3 作业。随着 P-8A 飞机取代 P-3，以及全球作战需求的增加，美国海军意识到需要更多的 MTOC 以便有效地进行多点 P-8A 监视行动，以对抗/监测日益增长的威胁。

（3）一部分用于支撑 TOC 和 MTOC 处 C4I 和 P-8A 飞机接口的技术更新，以及采购 MTOC 系统的最后独立成品以满足作战需求；此外还支撑安装 2019 采购的技术更新项目，以保证互操作性，解决网络安全问题，并延长现场系统的使用寿命。

（4）一部分用于支持 TOC 和 MTOC 处 C4I 和其他飞机接口的技术更新（TR）。其中，TR 2.1.1 获取了个人便携式通用数据链系统以及战术移动声学支持系统（TacMASS）部件的技术更新；TR 2.1.2 则继续支撑全球广播系统（GBS）、超高频（SHF）、特高频（UHF）和甚高频（VHF）的技术更新，并增加 C4I 网络架构升级，以及为 TOC 提供网络数据存储。

TacMobile 项目增量 2.1 全速率生产和部署已于 2012 年 11 月授权部署新的能力，包括 P-8A 多任务海上飞机任务支持、应用和系统接口，以及 TOC 和 MTOC 所需的关键通信升级，用以支持 P-8A 的情报监视和侦察行动。TacMobile 项目增量 2.1 已于 2013 年 10 月获得了初始作战能力（IOC），并在 2016 年 4 月达到完全作战能力（FOC）。

TacMobile 项目增量 2.1 的升级和技术更新（增量 2.1.1 和 2.1.2）将支持不断发展的 P-8A Inc 2 和 Inc 3 Block 1、MQ-4C 基线和 MQ-4C 多源情报（Multi-INT）能力，以及仍在机队服役的 P-8A 和 P-3C 早期版本。TacMobile 项目增量 3 正处于技术成熟和风险降低阶段，增量 3 将支持 P-8A Inc 3 Block 2 和 MQ-4C 多源情报先进能力，以及仍在机队服役的 P-8A 和 P-

3C 早期版本。TacMobile 项目增量 3 预计在 2023 财年实现初始作战能力。

8.3.2 系统组成

海军 TacMobile 项目提供 MPRF 指挥官实施以下行动的能力，包括计划、指挥和控制海上巡逻侦察飞机（MPRA）的战术行动，以及在各自职责范围内的其他指定任务单元。支撑这些任务的 TacMobile 系统包括战术作战中心（TOC）、移动战术作战中心（MTOC）和模块化、高度便携的 P-8A 飞行套件（FAK）等。TacMobile 系统共有 5 个主要组件，目前由 23 个不同的子系统组成，它们同步开发协同工作并同时部署。新的或现代化升级的飞机接口是专门为集成到新的或现代化升级的 C4I 基础设施而构建的。

TOC 和 MTOC 为 MPRA 在主要作战基地、主要部署地点和前线作战基地提供作战支持，与在航母上为舰载战术空军联队提供的支持类似。P-8A FAK 支持 1-2 架 P-8A 飞机的短时间部署，具有最低限度的 MTOC 能力。TOC，MTOC 和 P-8A FAK 支持持续态势作战和战术感知、MPRA 任务前协调和规划、任务和目标简报、战术飞行支持、任务后传感器数据分析、数据传递等，并反馈给飞机传感器操作员和指挥官。

TacMobile 项目基线分为增量 2.0、增量 2.1、增量 2.1.1 技术更新、增量 3 等。TacMobile 项目及其现代化，为底层 C4I 基础设施组件和搭载在 C4I 基础设施上的飞机支持能力组件同步提供技术更新和增量能力升级。

作为一类武器系统，TacMobile 主要实施以下任务：C4I 基础设施和战斗管理；武器系统接口；战术决策辅助；任务后 ISR 处理利用传播（PED）；反潜战（ASW）声学分析和任务重建。

其目标是对 22 处海军平台进行整合，这 22 处平台包括 7 个战术作战中心（TOC）和 15 个移动战术作战中心（MTOC）。

7 个 TOC：6 个作战系统，分别位于佛罗里达州杰克逊维尔、意大利西格内拉、夏威夷卡内奥赫湾、华盛顿惠特贝岛、日本嘉手纳和巴林；1 个实验室系统，为 TacMobile 系统集成实验室（TMSIL），与 PMA-290 办公室的 P-8A 帕克斯河系统集成实验室（PAXSIL）一起部署在 SSC 大西洋舰队马里兰州帕塔克森特河。

15 个 MTOC：10 个作战系统，其中 5 个系统位于佛罗里达州杰克逊维尔，5 个系统位于华盛顿惠特贝岛；1 个实验室系统，为飞机集成实验室，位于达拉斯海军支队；1 个 C4I 工程和维护保障系统，位于 SSC 大西洋在职工程活动中心（ISEA）；1 个 C4I 移动系统，位于佛罗里达州杰克逊维尔海军航空技术培训中心（CNATT）；还有 2 个系统正在与 2019 财年采购的 C4I 设备和 2020 财年采购的独立移动设备进行生产/集成，以满足当前的操作配置/需求。

这些任务得到了 TOC 和 MTOC 的支持。每个 TacMobile 单元都是一个系统的系统（SoS），TOC 在固定地点提供传感器和战术数据通信系统，任务规划/任务支持，传感器分析能力，航空电子设备和武器系统接口，媒体设备和数据处理能力。MTOC 作为可扩展的移动版本的 TOC，用于在遥远的前线作战基地机场应急行动和支持 MPRA 行动。该项目确保现有的 TOC 和 MTOC 可互操作，以满足其作战需求。TOC/MTOC 将继续为 MPRF 飞机提供地面指挥和控制、回溯能力和 C4I 接口，以及包括 P-8A 多任务海上飞机（MMA）基线和增量 2 在内的系统演化，为 P-8A 增量 3 发展未来 C4I 支撑能力，先进机载传感器和 MQ-4C 无人机系统等。

如图 8-16 所示为 TacMobile 对于 P-8A/P-3C 舰载机任务集的支撑情况。

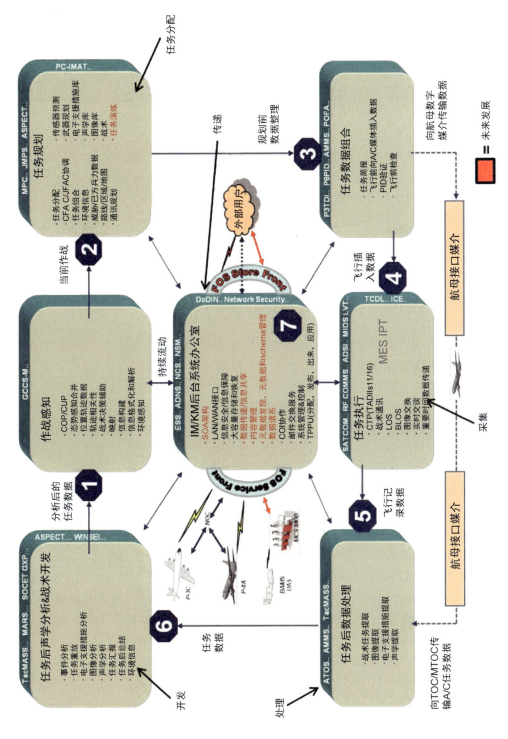

图 8-16 | TacMobile 对于 P-8A/P-3C 舰载机任务集的支撑情况

8.3.3 技术特点

TacMobile 项目采用渐进式开发战略，包括增量升级，以满足新的和紧急的舰队需求，同时能保持现有能力。主要包括：在 TOC 内为战区反潜战（ASW）和情报监视侦察（ISR）指挥官提供通用战术图像，同时为有人驾驶和无人驾驶的 MPRF 飞机提供飞行前和飞行后的支持；在 MTOC 内为有人驾驶的 MPRF 飞机提供战术上的优势，同时飞行套件可以支持有人驾驶的 MPRF 飞机在短期远征部署。

TacMobile 项目的初始需求是适应更小的占地面积和可伸缩的以网络为中心的面向服务架构（SOA）配置。后续额外需求是简化任务飞机的飞行前数据插入（PID）流程，并满足飞机和海上情报监视侦察企业之间传感器数据共享的需求。

TacMobile 项目提供的服务包括：各种传感器信息设备相关性分析，数据管理支持，指挥辅助决策，数据通信，数据传递任务规划、评估和监测，并向岸上和舰上的作战用户发出威胁警报。随着传感器技术的进一步应用于 MPRF/MPRA，TOC 和 MTOC 传感器分析设备将不断发展，以支持新的传感器能力。

8.3.4 采办动态

2017 年 3 月 23 日，美国立方体公司（Cubic）宣布与 SPAWAR 签订一份价值 2000 万美元的合同，用于为 TacMobile 项目开发和供应个人便携式通用数据链（PCDL）系统。履约期将包括一个 18 个月的基本采购期和 4 个为期一年的生产和工程服务选项。工作将在圣迭戈进行，初始预计于 2018 年 9 月完成。如果所有选项都得到实施，工作将持续到 2022 年 9 月。根据合同，Cubic 将负责采购、生产、组装、测试、记录和交付 TacMobile PCDL 系统以及备用套件作战中心。PCDL 是 TacMobile 系统中的一个子系统，提供与飞机的安全数据连接，用于传输包括全动态视频（FMV）在内的 ISR 数据。Cubic 还将为生产支持、现场测试、培训文档、培训支持和后勤支持提供工程服务。

Cubic 能够利用其 MANTIS 系列经过实战验证的宽带通用数据链地面终端，并集成来自 TeraLogics 子公司的统一视频 FMV 软件，为 SPAWAR 提供终极便携式解决方案，该软件是一种托管在 Cubic 的 DTECH 实验室移动模块化微安全飞地（Mobile Modular Micro-Secure Enclave，M3-SE）网络硬件。TeraLogics 的统一视频是一种安全的、基于云的 FMV 管理工具，适用于企业和战术用户，通过将具有地理空间信息的实时视频与查看者添加的内容配对，可简化分析员工作流程、实现协作并创造任务机会。DTECH 实验室设计并集成了可部署、便携式和战术网络通信技术，提供极端的模块化、冗余、可靠性和集成电源功能，允许用户通过任何可用的网络技术进行通信。

第9章 PMW 760：水面舰船集成

9.1 概述

PMW 760 项目办公室的名称是"水面舰船集成"（Ship Integration），任务是为海军和海岸警卫队新建和现代化的水面舰艇提供设计、集成、测试并交付具有互操作性的安全的端到端的 C4I 能力，并采用系统工程和配置管理流程来增加部署 C4I 基线的通用性，降低生命周期成本，维持舰队作战人员的有效作战力。

PMW 760 将 PEO C4I 产品集与作战能力构建相结合，使用改进的体系工程进行严格采购，实施低成本的集成。PMW 760 的目标是定义一个标准架构，通过相关设计完成作战能力的增量式提高，这些能力在上舰安装前已经经过实验室测试和认证。PMW 760 与舰队司令部（TYCOM）、水面作战副指挥官（SEA 21 项目）、PEO IWS 和产品项目办公室进行对接，以规划、发展、集成和认证 C4I 基线，目前已验证了约 180 艘现役水面舰船的技术、后勤和安装战备情况。如图 9-1 所示为 PMW 760 的主要业务概要情况。

本章对 PMW 760 集成的平台进行综述，主要包括：
- AEGIS BMD/AEGIS Ashore 宙斯盾弹道导弹防御/陆基宙斯盾；
- CG Mod "提康德罗加"级导弹巡洋舰现代化；
- DDG 51 "阿利·伯克"级导弹驱逐舰；
- DDG 1000 "朱姆沃尔特"级导弹驱逐舰；
- LPD 17 "圣安东尼奥"级两栖运输舰；
- LSD Mod 船坞登陆舰现代化；
- LCS 濒海战斗舰任务模块（水雷战、反潜战和水面战）；
- FFG 62 "星座"级导弹护卫舰；
- CGNSC 和 OPC 国家安全舰和离岸巡逻舰；
- T-AKE "刘易斯"和"克拉克"级干货弹药船；
- T-EPF "先锋"级快速远征运输舰；
- T-AO "约翰·刘易斯"级和"亨利·凯泽"级舰队补给油船；

图 9-1 ▎PMW 760 水面舰船集成概要[①]

- LCU 通用登陆艇；
- SSC 岸舰连接器（LCAC 101 级）；
- T-AGOS "无暇" 级和 "胜利" 级海洋监视船。

图 9-2 显示了 PMW 760 集成的水面舰船平台。

图 9-2 ▎PMW 760 集成平台概要

---

① Jeff Sanders. PMW 760 Overview. 2020 NDIA Fall Defense and Industry Forum, 27 October 2020.

9.2 水面舰船平台

9.2.1 AEGIS

9.2.1.1 概况

宙斯盾（AEGIS）是美国海军最重要的作战系统。宙斯盾作战系统以宙斯的神盾命名，是一个高度集成的全舰作战系统。宙斯盾舰是装备了宙斯盾作战系统（AEGIS Combat System，ACS）的水面舰，而宙斯盾作战系统是围绕宙斯盾武器系统（AEGIS Weapon System，AWS）构建的。[①]

从时间上讲，宙斯盾武器系统要早于宙斯盾舰和宙斯盾作战系统，ACS 的核心是 AWS，这是一个集中的、自动化的指控及武器控制系统，被设计成一个从探测到杀伤的完整武器系统。作为一个防空系统，AWS 的任务是防御飞机、反舰巡航导弹和弹道导弹的攻击，其体系结构设计出色，优良的可伸缩性、可扩展性使其保持近半个世纪的不断发展，在美国海军中的历史最久。

从 20 世纪 80 年代开始，配备宙斯盾作战系统的"提康德罗加"级导弹巡洋舰与"阿利·伯克"级导弹驱逐舰就成为美国海军最为倚重的水面舰艇。从 1969 年诞生至 2022 年 6 月，宙斯盾系统已经装备了 27 艘"提康德罗加"级巡洋舰（CG 47~73，前 5 艘已退役）和 70 艘"阿利·伯克"级驱逐舰（DDG 51~119，121），现役 92 艘宙斯盾舰是美国海军水面作战力量的绝对主力。宙斯盾巡洋舰和驱逐舰构成了美国水面海军的主体，并将在未来几十年继续构成水面舰队的核心。宙斯盾作战系统能够在许多前线同时作战：防空、反水面、反潜和打击战。宙斯盾部署在美国海军、美国全球主要盟国海军百余艘舰艇、美国海岸警卫队舰艇，甚至陆基弹道导弹防御设施上。宙斯盾是一个保护资产免受来自飞机或导弹的空袭的系统，它探测空中威胁，计划如何应对威胁，并发射导弹拦截和消灭威胁。

如图 9-3 所示，宙斯盾的任务包括：
- 自我防御（保护主机平台不受攻击）；
- 区域防空（例如，保护包含主机平台的海军特遣部队）；
- 远程防空及弹道导弹防御（例如，保护一个地理区域免受远程弹道导弹袭击）。

宙斯盾作战系统由以宙斯盾武器系统为中心的 20 多个子系统组成，具有多任务能力，可同时支持防空（AAW）、对海（SUW）、反潜（ASW）和对陆打击（Strike）等方面战。它通过对舰上的对空、对海和水下传感器及武器的全面控制，为编队提供综合的纵深防御。图 9-4 所示为宙斯盾作战系统框图，其核心也是宙斯盾武器系统的关键组成部分为 C&D、WCS 和 SPY-1A。图示从左到右分别完成探测、控制和交战功能。

为了符合协同交战能力（CEC）的要求，美国海军对 SPY-1A、C&D、WCS 和 ADS 的程序都进行了改进，并增设协同交战能力处理器和数据分发系统，这样的宙斯盾系统才能适应战斗群协同交战能力的要求，同时也为实施联合作战的战区弹道导弹防御（TBMD）系统打下基础。

---

① 董晓明，冯浩. 美国海军水面舰船作战系统及装备——PEO IWS 项目概览[M]. 北京：国防工业出版社，2021.

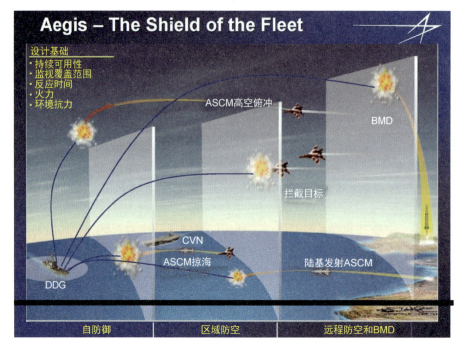

图 9-3 ┃ 舰队之盾

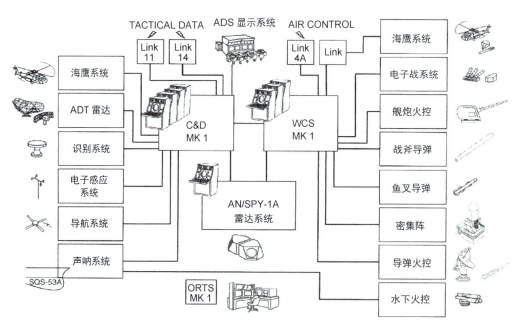

图 9-4 ┃ 宙斯盾作战系统

宙斯盾作战系统是一个高度综合了现代雷达和导弹技术的全武器作战系统，所有的子系统均由战备完好性测试系统（ORTS）保障。该系统能为编队更有效地部署 F-14 和 F/A-18 战斗机提供清晰的空中态势图。当编队中的巡洋舰和驱逐舰为战斗群承担区域防御任务时，宙斯盾作战系统能使战斗机集中在外层防空上。

第一艘宙斯盾舰下水是 1981 年。40 多年来，宙斯盾舰在对船体等硬件不断改装的同时，宙斯盾作战系统的版本也从基线 0 升级到了基线 9、基线 10。出现新的威胁，就用新的技术来应对。另外，海军也在研制新的作战装备，希望能尽快用到舰上。同时，技术的进步，特别是雷达、计算机和显示技术的飞速发展，使有的装备很快过时而被淘汰，因此必须引入新的替代品。为了解决这些现实问题，只有改变观念，把改进当作正常的开发过程来对待。海军宙斯盾项目办公室创建宙斯盾基线升级的过程就是改进和研发。

目前对宙斯盾作战系统产生深远影响的是 BMD 计划，它不但推动了宙斯盾舰的现代化改装，而且使得改装成为常态。

9.2.1.2　AEGIS BMD（宙斯盾弹道导弹防御系统）

由于弹道导弹的威胁在迅速蔓延，加强弹道导弹防御（BMD）及区域防空能力显得更加迫切。宙斯盾弹道导弹防御系统（AEGIS BMD）是未来发展的重点之一，未来宙斯盾的改装主要围绕弹道导弹防御能力展开。其于 20 世纪 80 年代中期开始研发，90 年代末调用"伊利湖"号和"皇家港"号两艘宙斯盾巡洋舰作为试验舰，试射 SM-3 导弹，它能够拦截更远程、更复杂的弹道导弹。

2006 年，美国导弹防御局（MDA）公布了宙斯盾 BMD 的主要拦截范围概念图（图 9-5），由此可以看到他们对宙斯盾 BMD 强大处理能力的期待。MDA 根据导弹的射程、速度、飞行路径及处理时间不同，对弹道导弹进行了分类，并定义与之相对应的拦截机制。显然，依靠单个系统不能应对所有的威胁，实施 BMD 多层部署的同时，还得与"威胁"俱进。在美国导弹防御局的文件中，关于宙斯盾 BMD 系统的现状有如下记载：已经在海上执行导弹防御的巡逻任务；通过 SM-3 导弹的升级，能够拦截更远程、更复杂的弹道导弹；日本在美国弹道导弹防御系统的同盟国中处于第一位；欧洲及太平洋各国对于获得部署在海上的导弹防卫系统保持兴趣。

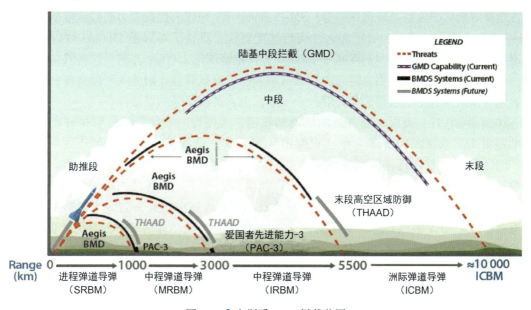

图 9-5　宙斯盾 BMD 拦截范围

美国海军的防御构想取决于防御政策，美国海军和 MDA 决定以螺旋式的方式来实施宙斯盾现代化计划，同时分阶段提高宙斯盾弹道导弹防御体系的能力，防护区域也是阶段性的扩大。2012 年之后，BMD 功能成为宙斯盾作战系统的标准配置，实现其多层部署的构想。

9.2.1.3 AEGIS Ashore（陆基宙斯盾）

2009 年 9 月，奥巴马政府推出一项导弹防御系统部署方案，即欧洲分阶段适应性方案（EPAA），旨在保护欧洲部分地区（应对来自伊朗的威胁），包括装备弹道导弹防御系统的美国海军舰、设在土耳其的尖端雷达及设在罗马尼亚和波兰的陆基宙斯盾（AEGIS Ashore）设施。该方案分三个阶段实施：第一阶段是 2011 年在土耳其部署 AN/TPY-2 雷达并在地中海部署 4 艘宙斯盾舰，第二阶段是 2015 年在罗马尼亚部署陆基宙斯盾反导系统和陆基 SM-3 型导弹，第三阶段是 2018 年将该系统扩至波兰。

陆基宙斯盾作为一种陆地使用的反导系统，比大型陆基导弹拦截系统更为灵活，可配备 24 枚 SM-3 导弹，具备强大的短程和中程弹道导弹末端拦截能力。其将海基宙斯盾上部的菱形结构改为三层建筑，系统内部与海基系统一样安装 4 部大型 AN/SPY-1 相控阵雷达，以及除拦截导弹之外的所有作战要素，包括指挥自动化系统、垂直发射系统、计算机系统、显示系统、电源和水冷却系统、外墙、地面和楼梯。系统布局也与驱逐舰上装备的相同：指挥控制位于第一层，中央处理器安装在第二层，雷达装置安装在第三层。

SM-3 型导弹是宙斯盾系统的反弹道导弹，主要用于大气层外直接拦截处于上升段或中段的来袭弹道导弹，为美国海军和北约盟国提供全战区高层弹道导弹防御能力。部署在罗马尼亚的陆基宙斯盾系统所使用的拦截弹为 SM-3 Block IB 型导弹，部署在波兰的宙斯盾系统采用更加强大的 SM-3 Block ⅡA 型（由美国和日本合作研制）。按美军部署计划，陆基宙斯盾系统先使用海陆通用的 SM-3 Block IB，2018 年使用扩大射程的 Block ⅡA，将陆基宙斯盾系统的拦截高度从 160km 扩大到 500km。SM-3 Block ⅡA 导弹能够覆盖更大的范围，其将配备性能更好的焦平面红外成像探测器。SM-3 Block ⅡA 导弹的拦截能力和拦截范围比现有的 SM-3 有很大提高，发动机直径加大，飞行速度更快，具备了对射程 5500km 以内的中远程弹道导弹的拦截能力，拦截高度超过 1000km，拦截范围达 2500km 左右，同时具备反卫星能力。尽管其弹体进行了加粗，但与美军现有垂直发射系统兼容，因此既可以装备在陆基宙斯盾的垂直发射系统中，也可装备在舰载垂发系统上，具有很强的灵活性。

2018 年 10 月，美国《防务新闻》网站报道，美国海军和导弹防御局利用位于夏威夷的陆基宙斯盾系统成功击落一枚远程弹道导弹靶弹。该测试标志着正在开发中的 SM-3 Block IIA 导弹在该年度连续两次成功拦截目标。同时，这也是 SM-3 Block ⅡA 在 5 次拦截测试中第 3 次拦截成功，有报道将这次拦截称为"一个里程碑式的事件"。导弹防御局在一项声明中表示，当天的成功试验证明了欧洲分阶段适应性导弹防御方案第 3 阶段架构的有效性，它对于多域导弹防御作战的未来具有重要意义，并为 SM-3 Block ⅡA 导弹计划关键的初始生产采购奠定了基础。SM-3 Block ⅡA 预计将装备在罗马尼亚和波兰的美国陆基宙斯盾阵地以及日本未来的陆基宙斯盾系统上，这使其成为美国中短程弹道导弹防御战略的基石。

9.2.1.4 AEGIS Mod（宙斯盾现代化）

美国海军正在实施的宙斯盾现代化（AEGIS Mod）计划是指对装备着宙斯盾系统的舰实

施以武器体系为中心的软/硬件现代化改装。其中最耐人寻味的就是"软件螺旋式更新"和"计算机系统 COTS 化及 OA 化"。目前完成现代化改装的舰所使用的宙斯盾作战系统的基线称为基线 7 CR 3/CR 4,① 这是完全基于美国海军开放式架构计算环境（OACE），将硬件和软件分开实施的结果。他们相信，宙斯盾作战系统采用开放式架构后，可以通过与不同公司合作，使宙斯盾舰在余下的服役期限内能够更简便、更经济地进行升级改进。

美国海军推行宙斯盾现代化计划是为了更有效地应对现代威胁。从第一艘称为宙斯盾舰的导弹巡洋舰"提康德罗加"级舰 CG 47 服役（1983 年）至今经过了 40 年，所谓现代化是指对装备宙斯盾系统的舰实施以武器体系为中心的软/硬件现代化改装。与构成舰本身的船体、轮机、电气各部分相比，威胁的变化和武器技术的革新以极快的节奏在领跑。因此，在服役期中途对舰载武器装备等的现代化改装，是为了在船体本来的有效寿命之前使作战系统不至于老化而能够继续使用。通常，美国海军船体的有效寿命是 35 年，而"阿利·伯克"级 ⅡA 型以后的新舰计划将寿命延长到 40 年。目前美国海军现役"提康德罗加"级和"阿利·伯克"级各型共有 92 艘宙斯盾舰。它们已成为水面作战部队的主力舰，一项对全舰实施现代化的计划正在进行，而这个计划的实施将长达 20 年左右。

2012 年开始，美国海军对"提康德罗加"级舰和"阿利·伯克"级舰完全依照 OACE 加入 CR 3/ACB 12，到这个阶段，BMD 功能已经是作战系统的标准配置。

宙斯盾现代化引入的新功能包括：

（1）海军一体化火控-防空（NIFC-CA）是处理威胁的又一种模式，它利用 SM-6 导弹的主动功能，在超过宙斯盾视界的范围，通过 CEC 与飞机协同作战，能够对威胁予以拦截。

（2）单一合成空中态势图（Single Integrated Air Picture，SIAP）是用共同的算法综合多层次情报，使战区内所有舰艇都能够获得统一态势感知的信息系统，是美国海军实现联合作战在内的网络中心战（NCW）不可缺少的功能。

（3）综合体系结构行为模型（IABM）是实现 SIAP 所必要的，是提供共同算法的基础。

从 2016 年度开始采办的"阿利·伯克"级 Ⅲ 型舰，计划装备由 S 波段和 X 波段组成的双波段雷达（DBR），这是按比例减小的为 CG（X）研发的防空反导雷达（AMDR）。这种新型雷达所需要的电力很大，可想而知，电源装置和冷却功能也要相应大幅增加。作为 CG（X）的要求，前提是靠本舰雷达探测、跟踪目标并控制导弹，所以考虑的是使用 22 英尺 S 波段天线。但是，若有效利用遥感和网络技术，则没有必要再考虑目前 S 波段天线的规模。其 Ⅲ 型用 12～14ft 的 S 波段天线即可。

关于对付弹道导弹的问题，将来要修改的海上配备把对付 IRBM（中程）和 ICBM（洲际）级的中、远程弹道导弹作为 2030 往后威胁的那些型号，根据评估来看，到 2030 年左右，对付中、短程弹道导弹的配备将会变成当务之急。之前计划以 ACB 14 为起点实现宙斯盾 BMD 5.1，从 CG（X）开始以 ACB 16 为起点来开发宙斯盾 BMD 6.0，可是在这次大幅度的计划更改中，Ⅲ 型舰的目标改为从 ACB 16 开始将宙斯盾 BMD 5.1 和宙斯盾武器系统现代化时间表相结合来实现。

---

① 本书中所用的 CR 是 COTS Refresh 的缩写，即商用现货更新之意，后缀数字表示进步的程度。ACB 是 Advanced Capability Build 的缩写，即先进能力构建（软件更新）之意，后缀的两个数字表示更新的年份，ACB 08 是指 2008 年开始更新。无论是 CR 还是 ACB，其后缀数字越大，表明武器系统体系越先进。

9.2.2 CG 47

9.2.2.1 概况

"提康德罗加"级(CG 47)导弹巡洋舰是多任务水面战斗舰艇,可以执行空战、水下战、海军水面火力支援和水面战,能够支持航母战斗群和两栖部队,或独立作战,并作为水面行动群的旗舰,如图9-6所示。

图9-6 "提康德罗加"级巡洋舰

该级舰配备的"战斧"巡航导弹赋予其远程打击战能力。其设计具有防御高性能飞机和水面、空中和潜射导弹威胁的能力。配备的宙斯盾作战系统使其能够控制其操作区内的所有友方飞机,并且仍具有监视、探测和跟踪敌机和导弹的能力。"标准"系列导弹的技术进步与宙斯盾作战系统相结合,提高了水面作战人员的防空战能力。该级舰是航母打击群的重要组成部分,作为空战指挥官为航母编队提供保护。

CG 47研发始于20世纪70年代,当时为降低成本采用了"斯普鲁恩斯"级(DD 963)驱逐舰的舰体设计,所以它在舰体空间和适航性方面有所不足,而且舰体服役至今也出现了一定程度的老化。伴随着驱逐舰大型化发展趋势,巡洋舰与美军现役"阿利·伯克"级驱逐舰(DDG 51)相比,两者在吨位上已无明显差距。另外,由于电子系统的进步,CG 47的宙斯盾系统在性能上已有所不足,与DDG 51相比,其雷达在探测能力上已出现一定差距。此外,CG 47在自动化指挥和控制系统上稍显落后,这让美国海军编队的指挥作战能力也受到了一定的影响。

鉴于上述问题,美国海军多次提出退役老旧批次的提议,在奥巴马政府任内的2013年,因为自动减赤,美国海军提出首先封存后11艘该级舰(CG 63~73),待前11艘(CG 52~62)退役后再进行现代化改装并重新交付,使得该级舰可以服役至21世纪30—40年代,但美国国会坚决不同意美国海军在没有替代舰的情况下退役CG 47级舰的提议,并于2015年发布国防授权法案,强迫美国海军根据"2-4-6"计划指导CG 47现代化(CG Mod),该计划旨在保持宙斯盾巡洋舰的任务相关性,以支持进入21世纪的海军兵力结构。如图9-7所示,该计划为该级舰引入了新的任务和联合作战能力,采用了基于宙斯盾作战系统的拦截升级战略。现代化形成了一种具有成本效益的投资策略,可延长船舶的使用寿命并降低运营和维护成本。

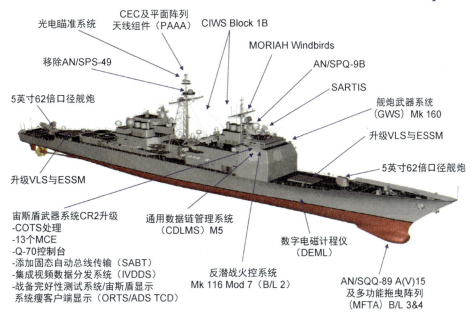

图 9-7 "提康德罗加"级巡洋舰现代化

该计划允许海军每年对 2 艘 CG 47 级巡洋舰进行现代化改造,现代化改造工作不超过 4 年,允许不超过 6 艘舰同时进行现代化改造。现代化的主要内容是安装宙斯盾开放式架构（AOA）以升级宙斯盾武器系统,ACB 08/ACB 12（先进能力构建）软件以及相关的显示器和计算基础设施。新软件取代了几个基线,并提供了改进的战术性能和功能。AOA 升级提供了未来作战系统在整个生命周期内的增长以及任务扩展（如 BMD）的能力。武器和传感器组也将得到改进,以提升其反潜能力。升级的 C4I 系统以及改进的部队保护能力也作为现代化的一部分安装。通过安装 CIWS Block 1B、ESSM、Nulka 和 SPQ-9B 雷达来改善分层防御,以增加对水面和空中威胁的探测和应对。升级计划还包括重要的船机电系统,其中包括质量和运动校正的改进,船体和甲板室结构改进,腐蚀控制增强,机库甲板加固,分配系统增强和许多服务质量升级。现代化包括新的综合船舶控制（Integrated Ship Controls，ISC）项目或称为 Smartship 系统,对尚未进行升级的船舶进行全电气化改装。

在"2-4-6"计划的指导下,CG 63 和 CG 64 已于 2015 年进行了现代化改造,CG 65 和 CG 69 已于 2016 年进行了现代化改造,在接下来的几年里,更多该级舰接受了现代化改造,以确保其达到预期的 35 年使用寿命。另外值得一提的是,CG 53 在 2017 年基于宙斯盾基线 8 的硬件安装了最新的基线 9,成为该级舰中战力最强的舰只,此举旨在验证美海军利用数周而不是数月甚至数年时间升级作战系统想法的可行性。

但根据美国海军近期公布的 2020 财年《30 年造舰计划》,拟取消巡洋舰现代化和延寿计划。美国海军于 2022 年 4 月发布的 2023 财年预算申请草案中宣布：将在 2027 年前退役全部 22 艘 CG 47 级巡洋舰,其中包括正在进行现代化升级、原定延寿服役至 2038 年的该级舰只。①

9.2.2.2 建造服役情况

"提康德罗加"级巡洋舰总计建造27艘（CG 47~73）。首舰CG 47于1983年1月22日服役，最后一艘CG 73于1994年7月4日服役。该级舰前5艘（CG 47~51）较早于2004年已退役；最近于2022年9月又接连退役5艘（CG 61，66，68，72，73）②，2023年9月退役4艘，服役30年左右，尚未达到其设计舰龄35年。目前，"提康德罗加"级巡洋舰仍在役13艘。最新消息称将于2027年前全部退役，届时美国海军将首次没有"巡洋舰"舰种服役。

最近两年的美国海军年度预算显示，计划于2023财年退役5艘"提康德罗加"级巡洋舰（CG 52，53，56，57，69），2024财年退役5艘（54，55，63，67，69）。美国海军希望在5年内退役老旧的"提康德罗加"级巡洋舰，但是海军每年的舰艇建造、退役计划与国会有反复的博弈过程。例如，"维克斯堡"号（CG 69）在2022年已完成85%的现代化大修，海军花费近300万美元，因此国会否决了FY23海军关于该舰的退役申请，然而海军在FY24再次提出CG 69的退役计划。③,④

9.2.2.3 性能参数

美国海军巡洋舰的一般性能参数见表9-1。

表9-1 美国海军巡洋舰一般性能参数

	"提康德罗加"级（CG 47）
建造商	亨廷顿·英格尔斯造船厂，巴斯钢铁造船厂
首舰服役日期	1983年1月22日
满载排水量	9700t
长×宽	172.8m×16.8m
航速	30kn+
动力	4台燃气轮机，双轴
编制	舰员300人，军官30人
舰载机	SH-60
武备	MK 41，ASROC，MK 46，RGM-109，SM-2/3/6，ESSM，MK 45，MK 15

---

① Report to Congress on the Annual Long-Range Plan for Construction of Naval Vessels for Fiscal Year 2023. Office of the Chief of Naval Operations, Washington, DC, April 2022. [https://media.defense.gov/2022/Apr/20/2002980535/-1/-1/0/PB23%20SHIPBUILDING%20PLAN%2018%20APR%202022%20FINAL.PDF]

② Heather Mongilio. Sailors Bid Farewell to USS Monterey as Navy Prepares to Decommission 3 More Cruisers This Month. USNI News, September 19, 2022. [https://news.usni.org/2022/09/19/sailors-bid-farewell-to-uss-monterey-as-navy-prepares-to-decommission-3-more-cruisers-this-month]

③ Mallory Shelbourne. FY 23 Budget: Navy Wants to Shed 24 Ships for $3.6B in Savings Over Next Five Years. USNI News, March 28, 2022. [https://news.usni.org/2022/03/28/fy-23-budget-navy-wants-to-shed-24-ships-for-3-6b-in-savings-over-next-yive-years]

④ Mallory Shelbourne. FY2024 Budget: Navy Request Calls for 9 New Ships, Asks to Shed 2 Littoral Combat Ships, 9 Other Ships. USNI News, March 13, 2023. [https://news.usni.org/2023/03/13/fy2024-budget-navy-request-calls-for-9-new-ships-asks-to-shed-2-littoral-combat-ships-9-other-ships]

(续)

	"提康德罗加"级（CG 47）
C4I	AEGIS, CEC, NTDS, Link 4A, Link 11, Link 14, Link 16, Link 22, GCCS-M, SATCOM WRN-5, WSC-3（UHF）, USC-38（EHF）, UYK-7/43/44, SQQ-28
（描述）	"提康德罗加"级的宙斯盾作战系统版本为基线1~4，和美国海军如今不断成熟改进的海军一体化火控防空（NIFC-CA）系统、协同交战能力（CEC）系统等愈发难以契合。 CG 47~51的宙斯盾系统版本为最早的基线1，但CG 49~51使用的则有若干改良，包括战情中心的显示屏扩大、电子作战程序自动化、通信系统与国家指挥网络连接、加强作战操作准则及可靠性、加装战术情报系统等，并加装SQQ-28直升机数据链/声呐信号处理系统以配合SH-60B反潜直升机。 CG 52~58的宙斯盾系统版本为基线2，其改良包括加装战斧巡航导弹的SWG-2战斧武器火控系统（TWCS）、改良的SQQ-89反潜战斗系统与Link 11数据链等，并开始以MK 41 VLS取代MK 26，从CG 54并开始敷设SQR-19拖曳阵列声呐，从CG 56以后则将原本的SQS-53B舰首声呐换装为SQS-53B，反潜作战系统升级为SQQ-89（V）3。 CG 59~64的宙斯盾系统版本为基线3，新增改良包括换装新的SPY-1B相控阵雷达与自动锁定系统，将舰上雷达串联运作，并将部分显示器换成UYQ-21。 CG 65~73的宙斯盾系统版本则为基线4，将原先UYK-7计算机换装为UYK-43/44，运算速度提升4~6倍，并全面换用UYQ-21显示器。 此外，CG 56~67换装新的SQS-53B舰首声呐，CG 65的反潜作战系统仍为SQQ-89（V）3，整合有SQS-53B（V）2舰首声呐、SQR-19B（V）3拖曳声呐与MK 116 Mod 7反潜火控系统。 CG 66~67的反潜火控系统为SQQ-89（V）7，而自CG 68起则使用更新型的SQS-53C舰首声呐，反潜火控系统为SQQ-89（V）6

9.2.3 DDG 51

9.2.3.1 概况

"阿利·伯克"级（DDG 51）导弹驱逐舰是提供多任务攻防能力的军舰，能够进行防空战（AAW）、反潜战（ASW）和反水面战（SUW），既可以独立作战，也可以作为航母打击群、水面行动群和远征打击群的一部分。该驱逐舰的武器装备极大地扩大了该舰在使用MK 41垂直发射系统（VLS）的打击战中的作用，并且从配备宙斯盾基线9的舰艇开始，具备弹道导弹防御（BMD）能力。

DDG 51级驱逐舰用于取代"查尔斯·亚当斯"级（DDG 2）导弹驱逐舰，同时作为"提康德罗加"级宙斯盾巡洋舰的补充力量，用于编队防空的抗饱和攻击。

"阿利·伯克"级包括4个单独的变体或"Flight"（型）。如图9-8所示为四型舰的首舰，分别为Flight Ⅰ的DDG 51, Flight Ⅱ的DDG 72, Flight ⅡA的DDG 79和Flight Ⅲ的DDG 125。

DDG 51级采用全新的舰体设计，采用全钢结构，其船型改变了美国驱逐舰的传统线型，明显吸取了苏联驱逐舰船型的优点，如加大了舰的宽度，采用了丰满的水线面，水线以上明显外飘，艏部采用V形剖面，这些船型特点改善了DDG 51级的耐波性。该级舰融合了"斯普鲁恩斯"级（DD 963）驱逐舰的大部分推进装置和机械装置，以及在"基德"级（DD 993）和"提康德罗加"级（CG 52）驱逐舰上得到验证的集成宙斯盾武器系统（AWS）。AWS由多功能相控阵雷达、先进的AAW和ASW系统、垂发装置和战斧武器系统组成。

DDG 51级装备宙斯盾作战系统，该系统是一个能够探测、跟踪并摧毁敌方飞机、导弹、水面舰艇和潜艇的攻防兼备的作战系统。该系统以舰艇平台为中心，在极短时间内，可对几百个目标进行探测、跟踪和攻击，立体空间防御范围达320~480km。其主要作战使命是：

图 9-8 "阿利·伯克"级驱逐舰 Flight Ⅰ/Ⅱ/ⅡA/Ⅲ 首舰

保护航母战斗群免受对手的全方位、多层次、多目标饱和攻击；在编队航行中，及时发现并击毁来袭的飞机、导弹；护卫军船、商船和两栖部队；进行防空、反导防御作战，并具有联合作战能力。

宙斯盾作战系统由指挥控制系统、探测与跟踪系统、武器控制系统、火控系统、导弹发射系统及作战使用与测试系统等组成。宙斯盾作战系统重要的武器系统之一是垂直发射系统，DDG 51 级舰装备了两组 MK 41 型导弹垂直发射系统，混合装载"标准"舰空导弹、"战斧"巡航导弹和"阿斯洛克"反潜导弹。"标准"导弹的备弹量足以对付 2 次空中饱和攻击。由于采用垂直发射技术，因此发射率可达到 1 发/秒，与常规发射架相比，大大缩短了反应时间，并且同样的空间至少可多贮存 25% 的导弹。其中 DDG 51 ⅡA 型舰在武器系统方面的一个重要变化是增加了垂直发射系统的导弹发射单元。Ⅰ、Ⅱ型舰上前后两个垂直发射系统各有 3 个单元用于装设导弹吊装机，ⅡA 型舰不再装设导弹吊装机，因而可各增加 3 个导弹垂直发射单元（图9-9），这一改进除了降低垂直发射系统的费用外，更重要的是增加了导弹库容量，由第一代的 90 个发射单元（艏 29 个艉 61 个）增加为 96 个垂直发射单元（艏 32 个艉 64 个），进一步增强了舰上的攻防作战能力。[①]

宙斯盾系统的核心是 AN/SPY-1D 多功能相控阵雷达（图9-10），该雷达可同时高速搜索、跟踪处理多目标，并具有同时引导多枚导弹进行对空拦截的能力，为 DDG 51 级对付空中饱和攻击创造了必要的技术前提。宙斯盾系统反应速度快，AN/SPY-1D 型雷达从搜索状态转入跟踪状态仅需 50μs；抗干扰性强，在有源或无源电子干扰、海面杂波等恶劣环境下仍能正常工作；作战时可以综合使用各种武器抗击多方向、多批次的饱和攻击，并且可全天

---

① 徐青. 国外现代驱逐舰和护卫舰[M]. 哈尔滨：哈尔滨工程大学出版社，2017.

图 9-9 ▎Flight ⅡA 的 MK 41 垂直发射系统

候作战,为舰队提供有效的区域防空。AN/SPY-1D 多功能相控阵雷达配合 3 部 AN/SPG-62 目标照射雷达,再结合全方位、高发射率的 MK 41 型导弹垂直发射系统,使 DDG 51 级成为世界上第一级能够对付空中饱和攻击的驱逐舰。DDG 51 ⅡA 型舰采用的是更先进的 AN/SPY-1D (V) 雷达,该雷达带有跟踪起始处理器,经过改进设计,可加强舰船对付沿海海区,尤其是背景杂波的性能,其主要改进点是将 16 号数据链综合进系统中,从而满足本舰与战斗群其他兵力单元之间数据传输的要求,增强本舰在沿海作战中的自身防御能力。

图 9-10 ▎Flight ⅡA 的 AN/SPY-1D 雷达

Flight Ⅲ 的升级以 AN/SPY-6 (V) 1 防空反导雷达 (AMDR) 系统为中心,该系统提供了比 Flight ⅡA 更强大的能力。AMDR 使 Flight Ⅲ 能够同时执行 AAW 和弹道导弹防御 (BMD),满足了海军对增强型水面战舰综合防空反导 (IAMD) 能力的迫切需求。

同时,DDG 51 级现代化计划也正在进行中,通过提供全面的中期升级,以确保 DDG 51

级将保持任务连贯性。DDG 现代化计划的目标是减少工作量要求并提高作战能力，同时降低海军的总成本。现代化改造也被引入新建舰艇，以提高该级别最新船舶的基线能力，并在新建舰和服役舰之间提供通用性。迄今为止，已完成或正在进行 37 项现代化改造，并通过未来几年的防御计划计划进行另外 17 项现代化改造。

9.2.3.2 建造服役情况

DDG 51 级驱逐舰原计划建造 62 艘就停止建造，但由于日渐增强的弹道导弹防御（BMD）及区域防空需求，在 2008 年 DDG 1000 计划缩减之后，2010 年 DDG 51 级项目又重新启动。截止到目前，"阿利·伯克"级已建造 4 型，其中：Flight Ⅰ 为原始设计，包括 DDG 51~71；Flight Ⅱ 为 DDG 72~78；Flight ⅡA 为重启型，包括 DDG 79~124 和 DDG 127；Flight Ⅲ 为 DDG 125~126，DDG 128 及其后续。首舰 DDG 51 于 1991 年 7 月 4 日服役，目前已有 73 艘（DDG 51~121，123，125）该级舰交付美国海军，另有 10 艘处于不同建造阶段，9 艘签订合同。

目前，该级舰 Flight Ⅲ 首舰"卢卡斯"号 DDG-125 由英格尔斯造船厂建造，2023 年 5 月完成了验收试验，于 2023 年 6 月 27 日交付美国海军，2023 年 10 月 2 日正式服役。该舰首次装备了雷声公司的新型 AN/SPY-6 防空反导雷达，同时升级宙斯盾作战系统。Ⅲ 型舰在航母打击群中将取代退役的"提康德罗加"级巡洋舰，承担区域防空任务。①

英格尔斯造船厂和通用动力巴斯钢铁造船厂（BIW）在一份为期五年的合同中赢得了建造 9 艘"阿利·伯克"级 Ⅲ 型舰的合同。英格尔斯造船厂将在 2023—2027 财年建造 6 艘，而 BIW 将建造另外 3 艘。海军考虑了政府和行业的目标，将两家造船厂的工作量稳定性纳入竞争战略的制定中。海军的目标是公平竞争，继续为美国采购关键的 Ⅲ 型舰能力，同时保持两家能够建造 DDG 51 级驱逐舰的造船厂，并促进竞争，以实现节约。②

BIW 于 2023 年 1 月交付了 ⅡA 型 DDG-120。该舰于 6 月服役。船厂于 2023 年 6 月为其第一艘 Ⅲ 型舰"威尔逊"号（DDG-126）铺设了龙骨。BIW 同时正在建造其他 5 艘：DDG 124，122，127，132，130。

英格尔斯造船厂同时还在建造 4 艘"阿利·伯克"级 Ⅲ 型舰：DDG 128，129，131，133。

9.2.3.3 性能参数

美国海军导弹驱逐舰的一般性能参数见表 9-2。

表 9-2 美国海军导弹驱逐舰一般性能参数

	Flight Ⅰ / Flight Ⅱ	Flight ⅡA	Flight Ⅲ
建造商	巴斯钢铁造船厂，亨廷顿·英格尔斯造船厂		
作战系统集成商	洛克希德·马丁		
首舰服役日期	1991 年 7 月 4 日	2000 年 8 月 19 日	2023 年 10 月 2 日

---

① Mallory Shelbourne. Navy Takes Delivery of First Flight Ⅲ Destroyer Jack H. Lucas. USNI News, June 27, 2023. [https://news.usni.org/2023/06/27/navy-takes-delivery-of-first-flight-iii-destroyer-jack-h-lucas]

② Sam LaGrone. Navy Awards Ingalls 6 Flight Ⅲ Arieigh Burke Destroyers, Bath Iron Works 3 as Part of 5-Year Deal. USNI News, August 1, 2023. [https://news.usni.org/2023/08/01/navy-awards-ingalls-6-fight-iii-arleigh-burke-destroyers-bath-iron-works-3-as-part-of-five-year-deal]

(续)

	Flight Ⅰ / Flight Ⅱ	Flight ⅡA	Flight Ⅲ
满载排水量	8000t	9700t	9700t
长×宽	153.92m×18m	155.29m×18m	155.29m×18m
航速	30kn+		
动力	4台燃气轮机，双轴		
编制	283～286人	329人	359人
舰载机	MH-60R		
武备	MK 41 VLS, SM-2/3/6, CIWS, ESSM, ASROC, MK 46, MK 45		
C4I	AEGIS, CEC, SATCOM SRR-1, WSC-3 (UHF), USC-38 (EHF), WSC-9 (NMT), SQQ-28, TADIX-B, Link 22, NIFC-CA	AEGIS, TADIX-B, TADIL-J, CEC, Link 4A, Link 11, Link 16, Link 22	AEGIS, TADIX-B, TADIL-J, CEC, Link 4A, Link 11, Link 16, Link 22
（描述）	DDG 51级是美国海军首次应用数据多路系统作为舰上数据传输新方法的舰艇。数据多路系统是一个将所有主要控制操纵台连接在一起，并向它们提供舰向信息的通信总线，数据以很高的速度在数据多路系统总线上顺次传输，每个控制操纵台利用这些信息提供状态报文、控制、报警等。数据多路系统是冗余系统，操纵台之间的通信分布在两条总线上进行，如果有一条总线失效，则另一条总线承担全部通信任务。数据多路系统降低了舰艇对战斗损伤的敏感性，并使DDG 51级电缆的质量大为减轻（约40t），这使该舰与其分系统都能自由扩展或改变。由于数据多路系统的冗余度和易于扩展配置的优点，将对舰艇的高速数据传输、处理具有重大的意义。 装备的宙斯盾作战系统是一个集传感器、武器系统、计算机、软件和显示系统为一体的综合海上作战系统，可支持执行多种任务，如防空、弹道导弹防御、反潜、水上防御、海军对岸水上火力支援及发射战斧巡航导弹打击目标等。宙斯盾弹道导弹防御（AEGIS BMD）在新的软件协调下，可以反巡航导弹、反弹道导弹甚至反卫星作战		

9.2.4 DDG 1000

9.2.4.1 概况

"朱姆沃尔特"级（DDG 1000）导弹驱逐舰是提供多任务进攻和防御能力的军舰，强调21世纪联合作战所需的多种能力，包括防空战（AAW）、反潜战（ASW）、反水面战（SUW）和对陆攻击。DDG 1000级可以独立运作，也可以作为航母打击群、水面行动群和远征打击群的一部分。这些舰艇的隐身性和作战能力为潜在对手创造了新的战场复杂性。DDG 1000级还将作为加速新作战能力以及快速开发和验证作战战术、技术和程序的关键推动因素。作为世界上最大、技术最先进的水面战舰，DDG 1000是新一代多任务驱逐舰的主力舰，旨在加强海上海军力量。DDG 1000将能够执行一系列威慑、力量投送、海上控制以及指挥和控制任务，同时允许海军随着新系统和任务的开发而发展，如图9-11所示。

DDG 1000级驱逐舰的技术特点如下：

（1）开发和应用智能产品模型，实现了基于仿真的采办。

（2）采用"人力系统集成"设计方法，在不影响作战效能的前提下，减少了舰员配备需求，降低了全寿期费用。

（3）为提高隐身性，采用穿浪单体内倾船型以降低雷达反射波截面积，使该舰更难被敌

图 9-11 "朱姆沃尔特"级导弹驱逐舰

方发现。

(4) 桅杆、传感器和天线、舰桥、排烟/气口等都集成封闭在集成甲板舱和采用复合材料的上层建筑内,顶部看不见众多的雷达、通信天线,外观显得干净简约。

(5) 采用主动和被动传感器以及 AN/SPY-3 多功能雷达(Multi-Function Radar,MFR),能够在极其困难和杂乱的海陆界面进行区域空中监视,执行低空/超低空搜索、火控跟踪与照射任务,自动探测与跟踪低空来袭导弹,并为改进型"海麻雀"导弹(ESSM)、"标准"导弹(SM-2/SM-3)以及未来发展的反巡航导弹提供目标照射,同时凭借其多功能性取代了现役多部雷达,提高了隐身性能。

(6) 采用沿舷侧分布在舰艇周围双层壳体之间,而不是集中布置在舰艇中心的先进垂直发射系统,通过将导弹分散部署在舰艇外围,避免了一弹命中弹仓,就会损失所有导弹而导致舰艇灾难性损失的情况,从而大大提高了舰艇的生命力。

(7) 采用先进舰炮系统,可在两栖作战和联合对陆作战中提供持续高强度的火力支援。

(8) 采用综合电力系统(Integrated Power System,IPS),能够从相同的燃气轮机原动机为推进、船舶服务和作战系统负载提供电力,可将电力按需分配给各系统,并为未来的高能武器上舰预留了电力裕量,是美国海军第一种采用创新和高生存能力的综合电力系统的水面战舰。

(9) 采用基于开放式架构的全舰计算环境(Total Ship Computing Environment,TSCE),将作战系统、预警系统、动力系统、武器系统等进行信息整合,最终形成一个统一的"网络中心战"单元。

(10) 除采用 HSI 设计方法外,集成了新的自动化控制和电子信息技术,改进维修、保障和训练体系,将人员编制控制在 178 人,减员幅度惊人。

围绕上述技术特点,DDG 1000 级驱逐舰项目将重点放在 10 项关键技术的工程研制模型(EDM),如图 9-12 所示,包括外围垂直发射系统、先进舰炮系统、综合电力系统、AN/SPY-3 多功能雷达系统、全舰计算环境、综合水下作战系统、集成上层建筑、自动灭火系统、红外实体模型和船体线形尺度模型。得益于这些关键技术的支撑，DDG 1000 级成为了具有超强机动能力、隐身性能以及强大火力的新一代多任务驱逐舰。

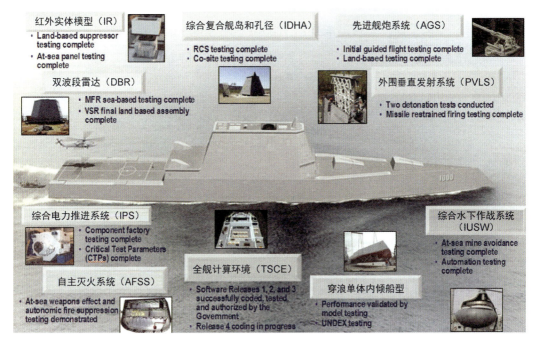

图 9-12 ┃ DDG 1000 级驱逐舰的十大关键技术

9.2.4.2 建造服役情况

海军原计划采购 32 艘该级舰，后削减至 3 艘（DDG 1000~1002）。通用动力巴斯钢铁造船厂负责 DDG 1000 级的设计、建造、集成、测试和交付，以及 DDG 1002 的钢制甲板室、机库和船尾外围垂直发射系统（PVLS）；亨廷顿·英格尔斯造船厂为 DDG 1000 和 DDG 1001 建造了复合甲板室、直升机机库和 PVLS。

首舰 DDG 1000 于 2009 年 2 月开始建造，于 2016 年 10 月 15 日投入使用。该舰原定于 2015 年交付，但由于复杂技术问题的影响，进度有所推迟，其主要原因是一些非常独特而领先的技术和系统在安装、集成和测试时遇到了挑战。海军于 2020 年 4 月 24 日接受了 DDG 1000 的最终交付，完成了双重交付过程，标志着向下一阶段的开发和综合海试过渡。DDG 1000 加入了美国太平洋舰队的作战部队，并被分配到水面发展 1 中队。DDG 1000 于 2020 年 5 月进行了 MK 46 点火结构试验（STF），标志着 DDG 1000 级驱逐舰舰载武器系统首次进行大口径弹药射击，并首次于 2020 年 10 月使用 SM-2 导弹对 MK 57 垂直发射系统进行实弹测试。

DDG 1001 的船机电（HM&E）于 2018 年 4 月 26 日交付美国海军，并于 2019 年 1 月 26 日在加利福尼亚州科罗纳多投入使用。2020 年 3 月，该舰完成了作战系统可用性测试，并正在激活武器、传感器和通信系统。DDG 1001 将参加正在进行的测试活动、舰队演习和定期海上活动，以保持舰员的熟练程度，并为舰队提供参与作战场景的早期机会。

DDG 1002 在巴斯钢铁厂建造，目前正在海试中。2022 年 9 月，英格尔斯造船厂开始该舰的作战系统激活工作，预计将于2023年10月完成。该舰预计最早于2024年4月交付。[1]

9.2.4.3 性能参数

美国海军DDG 1000导弹驱逐舰的一般性能参数见表9-3。

表9-3 美国海军DDG 1000导弹驱逐舰一般性能参数

"朱姆沃尔特"级（DDG 1000）	
建造商	巴斯钢铁造船厂，亨廷顿·英格尔斯造船厂
首舰服役日期	2016年10月15日
满载排水量	16000t
长×宽	186m×24.6m
航速	30kn+
动力	2台主涡轮发电机，2台辅涡轮发电机，2台先进感应电动机，双轴
编制	178人
舰载机	MH-60R，VTUAV
武备	PVLS，ESSM，ASROC VLA，CIGS
C4I	TSCE，CEC
（描述）	全舰计算环境（TSCE）是DDG 1000的十大关键技术之一。DDG 1000采用TSCE作为舰艇各系统（指控情报、平台控制、动力系统、武器系统等）的集成系统来进行信息整合，以发挥系统整体资源优势，最终形成一个统一的网络中心战节点。TSCE基于开放式架构（OA），通过软、硬件的模块化、构件化和服务化，解决了各分系统独立运行、互操作困难、资源无法共享等问题，最终达到跨平台、跨领域的协同交战能力。总体来说，TSCE是一个包括岸基保障、C4ISR、交战以及船机电平台的全舰系统。TSCE集成的任务系统可划分为如下几大类： C2I，即指挥、控制和情报系统。 综合（外部）通信控制，主要包括海军公共数据链（CDL-N）、无线电通信、卫星通信（SATCOM）等系统。 传感器，主要包括雷达、声呐、敌我识别、光电/红外和电子支援设备等子模块系统。 交战，包括武器控制系统、外围垂直发射系统（PVLS）、近程火炮和诱饵发射系统等。 舰船平台，主要包括导航、综合舰桥、光电侦察、机电控制等多个领域，可统称为舰船控制系统。 航空，主要包括垂直起降无人机系统、直升机系统等。 支援保障，主要指训练系统、战备状态评估系统等

9.2.5 LPD 17

9.2.5.1 概况

两栖船坞运输舰（LPD）是为各种远征作战任务装载、运输和投送登陆部队的舰种。LPD用于运输和登陆海军陆战队及其设备和补给品，通过气垫登陆艇（LCAC）或通用登陆艇（LCU）以及两栖攻击车（AAV），支持两栖攻击、特种作战或远征作战任务，并作为两栖作战的二级航空平台，是一种非常灵活和多用途的舰艇，能够执行各种远征作战任务，既能独立作战又能编入两栖特遣部队、两栖戒备群、远征打击群或联合特遣部队。舰载的LCAC或LCU为陆战队员运送装备和物资，AAV或直升机/垂直起降飞机提供垂直立体支援和突击登陆能力。

---

[1] Sam LaGrone. Last Zumwalt-class Destroyer Lyndon B. Johnson Leaves Bath Iron Works Bound for Mississippi. USNI News, January 13, 2022. [https://news.usni.org/2022/01/13/last-zumwalt-class-destroyer-lyndon-b-johnson-leaves-bath-iron-works-bound-for-mississippi]

美国海军的355艘造舰计划目标要求获得和保持38艘两栖舰的两栖部队规模,其中包括12艘LHD/LHA型舰、13艘LPD 17 Flight Ⅰ型舰和13艘LPD 17 Flight Ⅱ型舰。目前对38艘两栖舰艇的需求涵盖了部署两个海军陆战队远征旅突击梯队所需的舰队规模。

"圣安东尼奥"级两栖船坞运输舰是21世纪上半叶美国海军新锐主力之一,其整合了坦克登陆舰(LST)、货物运输舰(LKA)、船坞登陆舰(LSD)和船坞运输舰(LPDS)的功能(图9-13)。LPD在概念上与LSD相似,但是在两栖戒备群,车辆、设备和海军陆战队的负载通常有所不同。"圣安东尼奥"级LPD Flight Ⅰ型舰(LPD 17~29,共计13艘)作为"奥斯汀"级(LPD 4)、"安克雷奇"级(LSD 36)、"查尔斯顿"级(LKA 113)和"纽波特"级(LST 1179)两栖舰的替代型号,取代了超过41艘老旧两栖舰。2018年,海军决定将LX(R)工作与LPD Flight Ⅱ设计结合,新建的LPD Flight Ⅱ型舰(LPD 30~,预计13艘)将成为即将退役的"惠德贝岛"级(LSD 41/49)船坞登陆舰的替代型号,逐步取代该级12艘老旧舰艇。LPD比LSD拥有更大的飞行甲板、飞机维修机库和车辆停放库,还拥有更强大的指挥和控制能力和医疗能力。

图9-13 "圣安东尼奥"级两栖运输舰LPD 17(左)和LPD 30概念图(右)

Flight Ⅱ型舰保留了Flight Ⅰ型舰基本舰体设计,取消了一些较为昂贵的设备以降低成本,单艘造价得以从Flight Ⅰ型的21亿美元降低至Flight Ⅱ型的14亿美元,但其综合性能仍远高于将被取代的LSD 41/49级。根据2015年末的公开信息,Flight Ⅱ型相比Flight Ⅰ型的主要调整如下:

取消了原本的AEM/S全封闭隐身桅杆,改用和"阿利·伯克"级驱逐舰相似的传统轻型合金桅杆;

取消了原有大型机库设计,改用较小型机库,不再容纳MV-22倾转旋翼机;

取消了原有RHIB突击艇专用收纳段,将RHIB突击艇重新收纳在露天无遮蔽的甲板上;

取消了原有的两座MK 44"大毒蛇Ⅱ"30mm自动炮,改用MK 38"大毒蛇Ⅰ"25mm自动炮;

取消了原有AN/SPS-48E 3D远程对空警戒雷达;

扩大了泛水坞舱,可多容纳1艘LCAC;

舰上陆战队乘员舱缩减1/3;

主机数量减半,动力输出减半;

扩大车辆甲板1/4;

舰上医疗舱减半。

如图 9-14 所示为相比 LPD 17 Flight Ⅰ，Flight Ⅱ的主要调整。

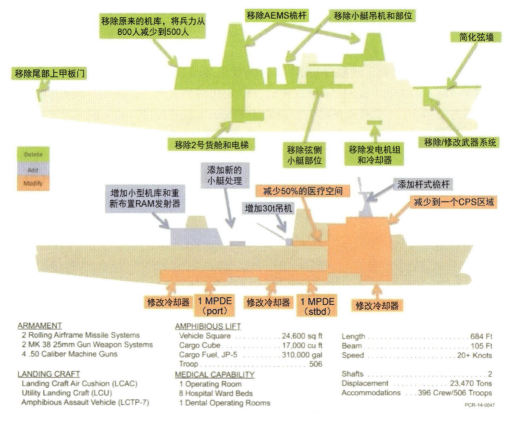

图 9-14　相比 Flight Ⅰ（上），Flight Ⅱ（下）的主要调整

LPD 为海军和海军陆战队提供现代化的海基平台，该平台是联网的、可生存的，可以在 21 世纪作战，配备 MV-22 运输机和升级的 AAV，以将海军陆战队投送到岸上作战，满足未来美国海军快速应付区域冲突、将两栖陆战队运送上岸的任务需求。

9.2.5.2　建造服役情况

"圣安东尼奥"级两栖船坞运输舰 Flight Ⅰ型首舰 LPD 17 于 2006 年 1 月 14 日服役，部分舰（LPD 21/24/25）为纪念恐怖袭击和航空袭击的遇难者而命名，并采用袭击地点的材料铸造。最近的 LPD 28 于 2022 年 7 月 30 日服役；最后 1 艘 Flight Ⅰ型舰 LPD 29 目前正在亨廷顿·英格尔斯造船厂建造，通过吸取前 13 艘舰艇的经验教训来改进技术和降低成本。Flight Ⅱ首舰 LPD 30 于 2019 年 4 月开始建造，计划在 2025 财年交付；LPD 31~33 处于合同阶段。预计最终将共有 26 艘 LPD 17 级两栖舰在役。

9.2.5.3　性能参数

美国海军两栖船坞运输舰的一般性能参数见表 9-4。

表 9-4　美国海军两栖船坞运输舰一般性能参数

	"圣安东尼奥"级（LPD 17）
建造商	亨廷顿·英格尔斯造船厂
首舰服役日期	2006 年 1 月 14 日

(续)

	"圣安东尼奥"级（LPD 17）
满载排水量	25300t
长×宽	208.5m×31.9m
航速	22kn
动力	4台柴油机，双轴
编制	舰员383人，海军陆战队队员3人
舰载机	CH-53E, MV-22, AH-1Z, UH-1Y, MH-60
登陆/攻击艇	2艘LCAC或1艘LCU，14辆AAV
运输能力	LPD 17~27：699人（最多800人）LPD 28~29：650人
武备	MK 46, RAM
C4I	SSDS MK 2, GCCS-M, CEC, JTIDS, Link 16, AADS
（描述）	该级舰被称为"灵巧舰"，大量采用了计算机技术和信息技术。先进的集成舰桥系统、无线电舰内通信、机舱控制系统以及燃料控制系统和损管系统，大大提高了它的自动化程度，减少了工作量。舰上的海上全球指挥控制系统（GCCS-M）、海军战术指挥支援系统（NTC-SS）、联合战术信息分发系统（JTIDS）（含Link 16号数据链）等信息系统可保证它能与岸上的指挥机构、编队内的舰艇以及登陆部队进行不间断的信息共享。 LPD 17是美国海军第一艘装备光纤全舰广域网的舰船。全舰广域网将全舰的各机电系统、作战系统、传感器以及指挥控制节点的显控台连接在一起，在战时可提供实时的决策信息。除此之外，该系统还能提供全舰人员的上网服务以及进行交互式训练等，例如其中的全舰训练系统可用于对各部门舰员的训练，作战部队训练设施可用于对海军陆战队员的训练。在舰上，每个士兵都有自己的上网账号，在自己的铺位上就能上网。这个目标的实现得益于光纤广域网的上舰使用和舰员人数的大幅度减少

9.2.6 LSD Mod

9.2.6.1 概况

船坞登陆舰（LSD）支持两栖作战，包括通过气垫登陆艇（LCAC）、常规登陆艇（LCC）和直升机登陆敌方海岸。该舰在两栖攻击行动中与船员和登陆人员一起运输和投送两栖艇和两栖车。

"惠德贝岛"级（LSD 41）是专门设计用于运输和投送LCAC的第一艘两栖船坞登陆舰，它拥有所有美国海军两栖平台中最大的登陆艇容量，一次可携带4艘LCAC，此外它还将为LCAC和LCC提供对接和维修服务。1987年，海军开始建造LSD 41级的变体"哈珀斯·费里"级（LSD 49），仅设计携带2艘LCAC，有利于增加其载货能力，改善登船部队的设施和提供更大的作战范围。如图9-15所示，这两型舰有90%的设计是相同的，只是后者在满载排水量和装载能力上略大，部分舰体结构作了少量调整。LSD可容纳相当数量的部队，但携带的货物和车辆数量超过两栖运输舰LPD。

LSD 41级上层建筑布置在舰的舯前部，上层建筑后部有宽敞的甲板，舰内有较大的装载空间。因此，总体布置体现了均衡装载的设计思想。在这级舰上能装载登陆部队、坦克、直升机或垂直短距起降飞机，尤其是坞舱较大，其尺寸为134m×15.24m，突出了以装载登陆艇为主、兼顾其他装备的做法。

图 9-15 "惠德贝岛"级（左）和"哈珀斯·费里"级（右）船坞登陆舰

LSD 49 级比 LSD 41 级约重 1000t，可以装载较多的装备。由于装载能力不同，舱内空间利用亦有区别。LSD 41 级货舱容积为 141.58m³，甲板面积为 1161.3m²。LSD 49 级货舱容积为 1914.2m³，甲板面积为 1876.6m²。尽管后者甲板面积增加，但两型舰的装备搭载各有侧重，LSD 41 级上登陆艇装载量比 LSD 49 级多一倍，后者则主要以运载物资为主，两舰装载不同，体现功能不一，便于灵活使用。

美国海军曾计划用 LPD 17 Flight Ⅱ 舰取代 LSD，但为了满足其 355 艘舰队扩充任务，这些舰将保留更长的使用寿命。通过制订寿命延长计划可使该级舰在整个使用寿命期间保持良好的可用状态。美国海军自 2008 年开始实施 LSD 中期现代化升级计划（LSD Mod），将船舶的使用寿命延长至 40 年。

2009 年 5 月，首艘完成中期现代化升级的 LSD 44 交付海军，升级后的 LSD 44 计划服役至 2038 年。现代化升级内容包括：升级了柴油机，改进了工程控制系统，提升了航空作业能力，安装了新的空气压缩机。对于这些采用蒸汽动力辅机的老旧舰艇，LSD 44 以及其他同类舰都将更换为电力辅机，这一改变将降低舰的维护要求。2012 年，美国海军宣布，为削减维护成本，LSD 41 和 LSD 46 将于 2013 年退役，但国会指示美国海军让其继续服役。同年 7 月，通用动力公司下属国家钢铁造船厂（NASSCO）获得价值约 1.15 亿美元的合同，为 LSD 进行干船坞现代化升级与维修，并对舰上的一些系统进行更换，如工程控制系统、动力管理平台以及冷水分布系统等。2017 年 12 月，BAE 系统公司获得价值约 1.398 亿美元的合同，以升级和改造 LSD 46，协议将涉及升级系统、高级系统的安装以及其他舰载设备的强化升级。4 艘 LSD 49 级舰均已在 2014 年完成了现代化改造。

9.2.6.2 建造服役情况

该级舰总计建造 12 艘，包括"惠德贝岛"级 8 艘（LSD 41~48）、"哈珀斯·费里"级 4 艘（LSD 49~52）。首舰 LSD 41 于 1985 年 2 月 9 日服役，LSD 49 于 1995 年 1 月 7 日服役。目前在役 10 艘，LSD 41 和 LSD 43 已分别于 2022 年 7 月、2021 年 3 月退役。

9.2.6.3 性能参数

美国海军船坞登陆舰的一般性能参数见表 9-5。

表 9-5 美国海军船坞登陆舰一般性能参数

	"哈珀斯·费里"级	"惠德贝岛"级
建造商	阿冯达尔造船厂	洛克希德造船厂，阿冯达尔造船厂
首舰服役日期	1985 年 2 月 9 日	1995 年 1 月 7 日

(续)

	"哈珀斯·费里"级	"惠德贝岛"级
满载排水量	17000t	16000t
长×宽	185.6m×25.6m	
航速	20kn+	
动力	4台柴油机，双轴	
编制	军官22人，士兵391人	
舰载机	CH-53	
登陆/攻击艇	2艘CV和4艘LCAC，或9艘CV和21艘LCM 6，或1艘CV和3艘LCU，或64艘LVT，2艘LCPL	
运输能力	402人（最多504人）	
武备	CIWS，RAM，MK 38	
C4I	SATCOM SRR-1，WSC-3（UHF），SSDS MK 1或MK 2	
（描述）	1993年1月，美国海军通过"快速反应作战能力"（Quick Reaction Combat Capability，QRCC）计划，演示了用于开发SSDS的技术；同年6月，SSDS开发成功并在LSD 41上成功进行了一次海上演示，在此基础上形成了SSDS MK 1； 1997年5月，美国海军在LSD 48上进行了SSDS的战术评估测试； 1997年10月，LSD 48正式成为美国第一艘装备SSDS MK 1系统的舰艇。此后，SSDS MK 1主要安装在LSD 41/49级船坞登陆舰上	

9.2.7 LCS

9.2.7.1 概况

濒海战斗舰（LCS）是一种快速、敏捷、以任务为中心的小型水面战斗舰，旨在在近岸环境中作战，应对沿海地区的全球挑战和威胁。LCS能够支持前沿存在、海上安全、海上控制和威慑，旨在为沿海地区提供联合力量介入，既可以独立作战，也可以作为包括大型、多任务水面作战单元在内的联合作战部队的一部分在高威胁环境中作战。

LCS共有"自由"级和"独立"级（图9-16）两种变体，分别由两个行业团队设计和制造。其中"自由"级（奇数舷号编列，如LCS 1）由洛克希德·马丁公司主导，在位于威斯康星州马里内特的芬坎蒂尼造船厂建造，采用钢制单体船设计。"独立"级（偶数舷号编列，如LCS 2）由通用动力公司主导，在位于阿拉巴马州莫比尔的奥斯塔造船厂建造（LCS 2和LCS 4除外），采用铝制三体船设计。

LCS按型号配装大西洋舰队和太平洋舰队。截至2021年6月，这些舰艇分为两个中队："自由"级分配给位于圣迭戈的第1濒海战斗舰中队（LCSRON 1），"独立"级分配给位于佛罗里达州梅波特的第2濒海战斗舰中队（LCSRON 2）。两型舰都可以执行水面战的主要作战任务。其他任务模块正在测试中。

在濒海战斗舰保障概念下，后勤、维护和训练等许多传统舰载功能都由外部机构执行，因此将这些功能从舰员中移除，以达到最小配员模型。LCS远程保障的推动者是维护保障团队（MST）。MST与区域维护中心（RMC）、任务包保障设施（MPSF）和供应企业协调所有LCS的维护和后勤问题。LCS中队（LCSRON）、LCS训练设施（LTF）和水面舰艇指挥官（TYCOM）海上训练编队的参谋人员提供训练和认证职能。

图 9-16 ┃"自由"级(左)和"独立"级(右)濒海战斗舰

LCS 是一种模块化的、可重构的舰船,其设计目的是在近海区域满足水面作战、反潜战和反水雷任务的需求。每艘 LCS 都有一个可替换任务包,并为各战区提供主要任务系统。该系列战舰采用开放式结构设计、配备模块化武器系统、传感器系统以及各种有人机和无人机,用以巩固和扩大其沿海海上霸权地位,并为美联合部队进入关键战区提供支持。

软件系统要求 LCS 可在冲突地区的濒海环境作战一段时间,能与美国海军舰队、美国海岸警卫队或盟邦舰队协同作业,此外也可以独立作战。LCS 的架构分为两大类:"海上骨架"(LCS Sea Frame)或称"核心系统"是所有 LCS 的最基本共通单元,不因任务而有不同,包括舰体载台、动力与航行操作系统以及其他必备的基础系统等;而任务模块(Mission Modules)则是 LCS 用以执行任务的装备,是即插即用的装备模块,根据不同的用途而规划出几种不同的任务模块。如图 9-17 所示,目前 LCS 规划了三种任务模块,包括水面战(SUW)、水雷战(MCM)、反潜战(ASW)。

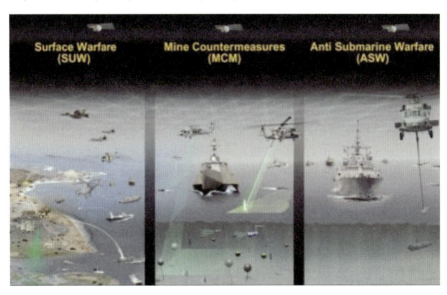

图 9-17 ┃濒海战斗舰的三种任务模块

为了达到"即插即用",LCS 的作战系统使用开放式架构,具备任务模块计算环境以及任务模块应用软件来与各种不同任务模块连接。为了便于快速换装,LCS 的任务模块子系统都安装在符合标准货柜尺寸的容器内,安装固定后只需接上电源以及与舰上作战系统的数据扁平电缆就能运作。一个基本的"核心系统"结合特定任务所需的任务模块后，便形成一个完整的 LCS 单元；若要更换任务，LCS 只需换装对应的任务模块，而"即插即用"的特性使 LCS 能直接在第一线军港基地里迅速换装任务模块而不需回到场站设施进行。硬件系统上，LCS 任务模块中也包含广泛的无人化载具，包括垂直起降的无人飞行载具、无人水面载具、半潜式无人载具、水下无人载具等。LCS 的核心系统包括有限度情报/监视/侦测系统、指管通情系统、水面目标侦测/识别/追踪系统、导航系统、自卫装备、水雷回避系统、鱼雷侦测与回避系统、警告性射击武器以及相关的核心人员等；任务模块则包括外部模块、各种有人/无人载具、施放式感测装备、水雷对抗装备以及相关的任务人员等，能在一天之内于第一线完成更换。

水面战模块：主要用于对付近海或沿岸水面舰艇特别是高速密集小艇。其配置包括一架安装有光电/红外传感器和"地狱火"反战车导弹、机枪、火箭的 MH-60R 直升机。舰上搭载的 MQ-8B 和无人水面艇也将配备光电/红外传感器和武器。舰载装备则包括 2 套拥有稳定基座的 MK 44 30mm 遥控机炮模组、3 组非视线火力投射系统（Non Line of Sight Launch System, NLOS-LS）的 15 联装发射器（共 45 枚），以及 2 组非致命武器套件，用来对付迫近的敌方高速快艇。

水雷战模块：主要用于执行反水雷作战，包括 1 架配备一系列水雷侦测、反制载具的 MH-60S 直升机，3 架垂直起降无人机 MQ-9A。舰载装备则包括无人水面艇、WLD-1 遥控猎雷系统（Remote Mine-hunting System, RMS）、战场预置独立水下载具（BPAUV）和 RE-MUS 无人潜航器。

反潜战模块：主要用于执行反潜作战，包括一架配备吊放声呐、声呐浮标和鱼雷的 MH-60R 直升机，此外舰上亦配备 3 架 MQ-8B。舰载装备则包括一套轻量化主动式宽带变深声呐（Lightweight Broadband Variable Depth SONAR, LBVDS）、一具 AN/SQR-20 多功能拖曳阵列声呐（MFTA），其中 LBVDS 与 MFTA 能够组成一套完整的主/被动拖曳阵列声呐系统。

9.2.7.2 建造服役情况

LCS 项目于 2002 年 2 月启动，相比其他舰艇，LCS 项目大大缩短了采办、设计和建造舰艇的时间。截至 2023 年 9 月，共有 35 艘 LCS 被授予（LCS 1～32, 34, 36, 38），其中 3 艘已退役（LCS 1, 2, 4），同时，还有 5 艘 LCS 在建。

2023 年 7 月 22 日，"堪培拉"号濒海战斗舰（LCS 30）在澳大利亚悉尼的皇家澳大利亚海军东部舰队基地码头举行服役仪式。这是美国海军历史上第一艘在美国境外加入战斗序列的美国海军舰艇。美国海军部长 Del Toro 亲赴澳大利亚参加仪式。[1]

2023 年 9 月 16 日，第 13 艘自由级濒海战斗舰"马里内特"号（LCS 25）在密歇根州梅诺米尼港举行服役仪式，正式加入美国海军战斗序列。该舰由洛克希德·马丁公司的马里内特海事造船厂制造，在 2 月份完成验收试验后交付海军。重要的是，LCS 25 交付了一个修复方案，修复了连接该舰柴油发动机和大功率燃气轮机的复杂传动机构的设计缺陷。[2]

---

[1] Benjamin Felton. USS Canberra Commissions in RareOverseas Ceremony. USNI News, July 22, 2003. [https://news.usni.org/2023/07/22/video-uss-canberra-commissions-in-rare-overseas-ceremony]

[2] Sam LaGrone. Navy Commissions LCS USS Marinette, 4 Freedom-Class to Decommission This Year. UNSI News, September 17, 2023. [https://news.usni.org/2023/09/17/video-navy-commissions-lcs-uss-marinette-4-freedom-class-to-decommission-this-year]

马里内特海事造船厂还在建造未来的美国海军 LCS 27，预计于 2023 年交付海军。未来的 LCS 29 和 LCS 31 也在船厂建造中。船厂还在为沙特皇家海军建造 4 艘基于自由级设计的多任务护卫舰，为美国海军建造星座级导弹护卫舰。

与此同时，据 USNI 新闻报道，海军于 2023 年退役了 4 艘自由级濒海战斗舰（LCS 5 和 LCS 11，LCS 7 和 LCS 9）。

2021 年 7 月 29 日，独立级濒海战斗舰首舰 LCS 2 在圣迭戈海军基地举行退役仪式。该舰于 2006 年 1 月 19 日开工，2010 年 1 月 16 日服役，舰龄仅 11 年半。自由级首舰 LCS 1 从 2008 年 11 月 8 日服役，到 2021 年 9 月 29 日退役，舰龄不满 13 年。就技术状况而言，部分濒海战斗舰由于生产较早，存在工艺不够成熟、建造存在缺陷、模块化装备不到位等问题，与后期建造的濒海战斗舰存在较大差距；如果要达到较理想的水平，需要在舰体结构、作战系统等方面进行很多工作，所费不赀。美国国防部和白宫预算办公室经过通盘考虑，决定将部分生产较早或暴露出重大故障的濒海战斗舰提前退役。

最近的海军 FY2024 年度预算显示，计划于 2024 财年退役 11 艘各型舰艇，其中包括 2 艘独立级濒海战斗舰，LCS 6 和 LCS 8，分别于 2015 年和 2016 年服役，由奥斯塔造船厂建造，设计舰龄 25 年。但该退役计划未获议会批准。之前海军曾计划于 2023 财年退役 9 艘濒海战斗舰，议会批准了 4 艘。①,②

目前，美国海军正在进行濒海战斗舰的"补救"工作：一是提高可靠度，解决濒海战斗舰批量服役以来所暴露的各种性能问题，其中主要是动力系统的设计缺陷；二是提高杀伤力，例如加装 NSM 反舰导弹，还在态势感知方面进行软件升级和硬件性能提升；三是改进舰员编制以及训练模式；四是加强后勤维修供应能力，提高前沿部署的持久力。

9.2.7.3 性能参数

美国海军濒海战斗舰的一般性能参数见表 9-6。

表 9-6 美国海军濒海战斗舰一般性能参数

	"自由"级	"独立"级
建造商	洛克希德·马丁	通用动力，奥斯塔造船厂
首舰服役日期	2008 年 11 月 8 日	2010 年 1 月 16 日
满载排水量	3450t	3200t
长×宽	118.1m×17.6m	128.5m×31.6m
航速	40kn	
动力	2 台燃气轮机，2 台柴油机，4 部喷水推进器	
编制	40 人	
舰载机	MH-60R/S, VTUAV	

---

① Mallory Shelbourne. SECNAV, CNO Pushing Plans to Decommission 11 Warships in Fiscal Year 2024. USNI News, March 20, 2023. [https://news.usni.org/2023/03/20/secnav-cno-pushing-plans-to-decommission-11-warships-in-fiscal-year-2024]

② Sam LaGrone and Heather Mongilio. House Funding Bill Blocks Amphib, LCS Decommissionings, Ban Funds to Support Abortion Travel. USNI News, June 14, 2023. [https://news.usni.org/2023/06/14/house-funding-bill-blocks-amphib-lcs-decommissionings-ban-funds-to-support-abortion-travel]

(续)

	"自由"级	"独立"级
武备	SeaRAM、NSM、RGM-84D、AGM-114L、RIM-116B	
C4I	COMBATSS-21	ICMS（将被 COMBATSS-21 替代）
（描述）	COMBATSS-21 融合了开放式架构的宙斯盾系统（AEGIS）基线 7 的经验与规格，采用全分散式的开放式架构，能与雷达、声呐、舰炮系统、导弹发射装置、干扰弹发射器和电子战等单元相连，可以根据任务的变化轻易换装不同的模组和装备，实现"即插即用"，与宙斯盾基线 7 的共通性达到 60% 左右，能提供全范围海军和美国海岸警卫队舰船之间的互操作性。同时具有良好的可扩充性，具有"A 射 B 导"的协同交战能力（CEC）	ICMS 属于美国海军 TACTICOS 战斗管理系统的衍生系统，其采办成本和操作成本较低。ICMS 集成了传感器和武器系统，包括光电/红外线传感器、声音搜寻雷达、舰载导弹系统、57 毫米舰炮、电子战装置以及通讯系统。ICMS 应用了建立于 SPLICE 中间件的开放式结构，可对传感器和武器系统进行高效费比和低风险的集成

9.2.8 FFG

9.2.8.1 概况

"星座"级导弹护卫舰（FFG 62）代表了美国海军的下一代小型水面战舰。作为一型灵活的多任务战舰，该级舰能够在蓝水和沿海环境中作战，提供增强作战可信的前沿存在，从而在海上提供军事优势。星座级护卫舰将具备执行空战、反潜战、水面战、电磁机动战的多任务能力。这些能力包括"企业空中监视雷达"（EASR）、宙斯盾作战系统基线 10、MK 41 垂发系统、通信系统、对抗措施以及电子战/信息作战领域的附加能力，具有灵活的设计以适应未来发展。

"星座"级护卫舰效果如图 9-18 所示。

图 9-18 "星座"级护卫舰效果图

2019 年 1 月，美国海军向业界宣布了星座级护卫舰的任务要求和武器设备配置需求。"星座"级护卫舰任务要求为反潜反舰、日常巡航、融入体系、区域防空，具体包括：
- 在对抗性环境下部署和使用无人作战系统；

- 通过本舰和其他网络中的传感器，扩大态势感知范围；
- 在对抗性环境下具备强大自卫能力，包括对抗小型水面舰艇；
- 通过超地平线反舰武器，让敌舰面临威胁；
- 使用主动、被动传感器执行反潜任务；
- 在执行护航任务时，成为防空驱逐舰的能力倍增器；
- 为舰队提供电子侦察和目标定位任务，为战区内电磁对抗提供支持；
- 实施电子情报搜集和电子侦察；
- 在非战争条件下执行常规水面作战任务，如人道主义救灾等。

如图9-19所示，"星座"级护卫舰武器设备配置包括：

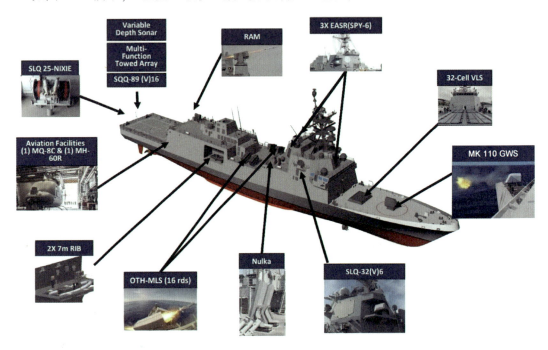

图9-19 "星座"级护卫舰的武备

- 配备EASR三面阵有源相控阵雷达和基于宙斯盾源代码的作战管理系统；
- 32单元MK 41垂直发射系统（而不是最初提出的16单元）；
- 主要防空武器为一坑四弹方式发射的ESSM中程舰对空导弹，最大载弹量达到128枚，同时具备发射SM-6远程防空导弹的能力；
- 配备舰壳声呐和两种拖曳线列阵声呐；
- 反潜武器为垂直发射的"阿斯洛克"（ASROC）反潜导弹和三联装反潜鱼雷；
- 配备"拉姆"近防反导系统；
- 提供足够的空间和发电能力，在今后安装150kW级的固态激光定向能武器，主要用于反无人机和小型水面有人/无人快艇；
- 配备1架MH-60R"海鹰"直升机和1架MQ-8C"火力侦察兵"无人机；
- 配备海军一体化火控-防空（NIFC-CA）系统，具备CEC协同交战能力，向"海上猎手"号无人舰等无人武库舰/反潜舰提供目标指示。

根据美国海军制定的"星座"级作战能力需求（图9-20），所有武器和传感器系统都是基于现有装备或者为今后的其他战舰共同研发的新系统，无须为星座级单独开发，也就不会产生额外的系统集成、培训、维护和后勤成本。作战系统通用性和互操作性将是今后美国海军的一个重点发展方向，通过软件升级提高各类型平台的作战效能，舰员们在接受基础训练后就可以分配到不同战舰上操作相同的武器、传感器和火控系统。①

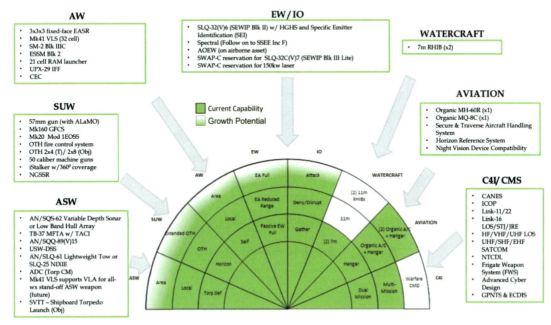

图9-20 "星座"级护卫舰作战能力需求

可以看出美国海军对"星座"级的要求是相当务实的，没有任何超出目前技术装备水平的前卫设计，但是其性能非常全面，防空、反潜、反舰面面俱到，载弹量也远超普通的大型护卫舰，可以伴随航母打击群提供"阿利·伯克"级和"提康德罗加"级都有所欠缺的反潜、反舰和中/近程防空能力，单独作战时也有足够的能力自卫。

9.2.8.2 建造服役情况

美国海军于2020年授予芬坎蒂尼公司团队10艘"星座"级护卫舰合同（首舰+后续9艘选择权）。该合同包括交付后可用性支持和舰员培训，合计合同价格为55亿美元。此外，美国海军还计划再建造10艘星座级护卫舰，共计20艘。国会在2020财年批准了12.812亿美元的资金采购了首舰FFG 62，并在2021财年批准了10.531亿美元资金采购了2号舰FFG 63。此前提出的2022财年预算要求10.879亿美元用于采购3号舰FFG 64，2023财年预算要求10.912亿美元用于采购4号舰，并为后续舰提供7490万美元的提前采购（Advance Procurement, AP）资金。2021年5月20日，美国海军授予FFG 63的合同选择权。2022年6月17日，美国海军授予FFG 64的合同选择权期权，价值约为5.36亿美元。②

---

① Dr. Reagan Campbell, FFG (X) Update, National Symposium—Surface Navy Association, January 15, 2019.
② CRS. Navy Constellation (FFG-62) Class Frigate Program: Background and Issues for Congress. May 11, 2022.

2022年1月11日,"星座"级护卫舰项目经理凯文·史密斯上校在美国水面海军协会年度研讨会上表示,"星座"级护卫舰项目2022财年重点任务包括:①

完成护卫舰详细设计;

开始首舰建造;

继续宙斯盾作战系统开发和集成工作;

继续推进陆基工程现场(LBES)开发。

后期随着"星座"级护卫舰进入详细和功能设计阶段,美国海军计划如下:

FFG 62:2022财年第1季度完成细节设计并开工建造;2023财年第1季度铺设龙骨;2025财年第1季度下水;2026财年第3季度交付;2030年形成初始作战能力。

FFG 63及后续舰:2022财年第3季度开工建造,后续舰将以平均半年一艘的速度开工,最快将于2035年前完成首批10艘星座级建造。

首舰造价预计为12.8亿美元,其中7.95亿为设计和舰体建造费用,剩余则为政府供应设备(GFE)的采购费用,后续2~10号舰按照2018财年时值美元计算,平均造价预计为7.81亿美元,低于国会设置的8~9.5亿美元的上限。

9.2.8.3 性能参数

美国海军护卫舰的一般性能参数见表9-7。

表9-7 美国海军护卫舰一般性能参数

	"星座"级(FFG 62)
建造商	马里内特造船厂
首舰服役日期	预计2026年
满载排水量	7300t
长×宽	151.2m×19.7m
航速	26kn+
动力	1台燃气轮机,2台推进电动机,4台柴油发电机,1套辅助推进系统
编制	舰员200人
舰载机	MH-60R,MQ-8C
武备	MK 41,MK 49,RGM-184A,MK 48,NSM,RAM
C4I	AEGIS BL 10,NIFC-CA,CEC,CANES,ICOP,Link 11,Link 16,Link 22,HF/VHF/UHF LOS,UHF/SHF/EHF SATCOM,NTCDL,GPNTS & ECDIS

9.2.9 CGNSC和OPC

9.2.9.1 概况

美国军方设计和建造这些国家安全舰是为了保护更大范围内的国土安全,增强法律的执行力,确保国家安全并完成相应的防御任务以支持海岸警卫队"预防和响应"的战略理念:预防潜在危险以及事故中或预防措施失败时出现的违法行为并快速有效地作出响应。

---

① https://www.navalnews.com/naval-news/2022/01/u-s-navys-constellation-class-new-frigate-to-start-construction-this-year/

"传奇"级国家安全舰（National Security Cutter，NSC）隶属于美国海岸警卫队（USCG），作为其"深海融合体系"项目的重要组成部分，正在逐步替代前级汉密尔顿级巡逻舰，如图9-21左图所示。美国海岸警卫队隶属于国土安全部，平时负责美国沿海水域、航道的执法、水上安全、遇难船只及飞机的救助、污染控制等，战时则是美国海军的一个组成部分。该级舰艇是美国海岸警卫队拥有的最先进的舰艇，能执行海事安全、环境保护以及国防等任务。

图9-21 "传奇"级国家安全舰和"传承"级离岸巡逻舰

该级舰能满足高续航力巡洋舰的所有海事安全需求，其设计还包括两艘钢性充气艇的艉部布放和回收区域，一个能停靠有人或无人旋转翼飞机的飞行甲板。在艉部设有硬壳充气艇的收放区，安装了先进的C4ISR系统，配备一套远程综合后勤系统。该级舰的特点是：具有远洋航海能力，续航力大，只装备少量轻型武器系统，能够担负海上执法、海上搜救以及支援美国海军的军事行动，构成了美国海岸警卫队的主力执法力量。

"传承"级离岸巡逻舰（Offshore Patrol Cutter，OPC）隶属于美国海岸警卫队，是其新一代中型巡逻舰，如图9-21右图所示。美国海岸警卫队计划采购25艘该级舰，该级舰同属于"深海融合体系"项目，其定位介于传奇级国家安全舰和哨兵级巡逻艇之间，旨在取代上世纪六七十年代建造的29艘中等续航力巡逻舰。该级舰相较于传奇级大量引入商业化民用标准建造，其承建商东方造船厂此前主要建造民船，也是首次承建这种高标准的准军事化船舶。"传承"级巡逻舰预计单舰建造成本不高于4.5亿美元，后续量产舰压缩到4亿美元之内，远低于"传奇"级7.35亿美元的单舰造价。

"传奇"级与"传承"级均具备反舰导弹发射位和安装MK 41或MK 56垂直发射装置、拖曳声呐的能力，但均处于"备而不装"（For but not with）的状态。

9.2.9.2 建造服役情况

"传奇"级国家安全舰首舰WMSL 750于2008年8月服役，目前在役9艘（WMSL 750～758），在建2艘。洛克希德·马丁公司为该舰生产和集成C4ISR系统，亨廷顿·英格尔斯造船厂主要建造该级舰艇的船体和机械与电子系统。

2016年9月，美国海岸警卫队授予东方造船厂一份合同用于建造9艘"传承"级离岸巡逻舰。2018年10月，因"迈克尔"飓风对东方造船厂的设施造成损害，海岸警卫队将计划在该船厂建造的该级舰数量从9艘减少到4艘（WMSM 915～918），并决定重新选择建造商。2022年7月，奥斯塔造船厂收到海岸警卫队授予的总价高达33亿美元的合同，用于建造该级舰后续舰只。最初的合同金额仅为 2.0826 亿美元，但如果海岸警卫队确定行使该合同的全部选择权，奥斯塔造船厂将总计获得 11 艘（WMSM 919~929）该级舰的建造合同。首舰 WMSM 915 于 2020 年 4 月在东方造船厂开工建造，该级已完成船体的防锈底漆的涂刷，2022 年 10 月完工交付。

9.2.9.3 性能参数

美国海岸警卫队国家安全舰和离岸巡逻舰的一般性能参数见表 9-8。

表 9-8 美国海岸警卫队国家安全舰和离岸巡逻舰一般性能参数

	"传奇"级	"传承"级
建造商	洛克希德·马丁，亨廷顿·英格尔斯造船厂	东方造船厂，奥斯塔造船厂
首舰服役日期	2008 年 8 月 4 日	尚未服役
满载排水量	4 200t	4 400t
长×宽	127.4m×16.5m	109.7m×16.45m
航速	28kn	27kn
动力	1 台燃气轮机，2 台柴油机，双轴	2 台柴油机，4 台柴油发动机，双轴
编制	128 人，含 17 名军官	至少 95 人
舰载机	H-65，VUAV	MH-60，MH-65
武备	CIWS，MK 110	
C4I	COMBATSS-21，Link 11，Link 22	Link 22
（描述）	有美国海军标准的数据链和卫星通信设备，还有海事组织民用标准的无线电、卫星通信系统，满足各种任务需求。其数据传输系统与美国海军的数据传输系统完全兼容，可以在一个自动控制系统中与它们一起运行。该级舰安装有新的 C4I 装备，包括来自美国海军的最新型全球指挥与控制系统软件，可以跟踪重要的海上目标，并获得敏感隔离信息设施（SCIF），敏感分隔式信息设施将使该舰能够获取其自身传感器作用距离之外的海上舰船的信息，通过增加的外部通信设备，该舰还可以和海岸警卫队、国土安全和国防部其他的平台进行信息的共享	—

9.2.10 T-AKE

9.2.10.1 概况

作为美国海军最新的作战后勤部队（Combat Logistics Force，CLF）在役补给舰，"刘易斯和克拉克"级（T-AKE）干货弹药船（图 9-22）的主要任务是为快速战斗支援舰和作战舰艇提供弹药、食品、有限的燃油、修理部件及其他消耗品，帮助海军维持前沿存在的能力。其目的是取代"基拉韦厄"级（T-AE 26）弹药补给船、"火星"级（T-AFS 1）和"天狼星"级（T-AFS 8）战斗补给船，与"亨利·凯泽"级（T-AO 187）补油船、供应级（T-AOE 1）快速战斗支援舰共同构成航母编队的航行补给力量。

图 9-22 "刘易斯和克拉克"级干货弹药船

T-AKE 项目的主要目标是以最低的生命周期成本提供有效的舰队在航补给能力。为实现这一目标,该级舰的设计和建造均符合商业规范和标准,并通过了美国航运局、美国海岸警卫队和其他监管机构的认证/分类。T-AKE 集燃油、弹药、备品补给等功能于一身,为保证安全,舰上燃油补给站设置在 01 甲板,远离货物区,这样的设计也使货物区的操作更方便。在环境保护方面,舰上装备了一套联合污水和可再用废水处理系统,并在燃油存储区域安装了双壳储油设备,避免因事故而造成燃油泄露。

舰上舱室功能分明,如图 9-23 所示,补给货舱为 2 个多用途干货弹药舱,1 个冷藏舱,3 个特种设备和维修备件舱,5 个燃油舱,1 个溢油舱,2 个淡水舱,还有货物转运间、车间及储藏室等舱室。舰上共有 6 部载重能力 7300kg 的升降机,可将所有运载的货物提升到主甲板上的发送区,采用美国标准横向干液货补给装置,可搭载 2 架垂直补给直升机。

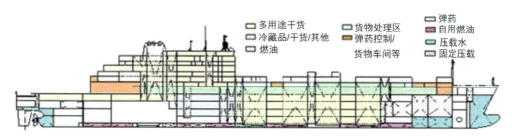

图 9-23 "刘易斯和克拉克"级干货弹药船舱室布置图

T-AKE 具有以下技术特点:

(1) 采用民船标准建造,降低全寿期费用。

T-AKE 按照民船标准建造,降低了设计和建造要求,具有较好的经济性,并可减少船舶在 40 年服役期内的运行费用。

(2) 环保设计，保护海洋环境。

T-AKE 是美国海军第一型不对臭氧层产生有害气体的军舰，船上还装备了一套联合污水和可再用废水处理系统，能尽量减少有害液体的排放。与 T-AFS 1、T-AE 26 相比，T-AKE 向海洋环境排放的污染物总量减少了 95%。在燃油存储区域安装了双壳储油设备，可避免因事故而造成燃油泄露。

(3) 采用开放式甲板运输通道，建有军辅船中最大的直升机平台。

T-AKE 的甲板通道设计成铲车可以通行的开放式通道，利于货物运输。艉部建有军辅船中最大的直升机平台，还建有能够容纳两架直升机的燃料补给和故障维修车间。

(4) 安装了美国海军第一套舰上货物管理系统。

T-AKE 安装了美国海军补给船第一套货物管理系统。该系统利用条形码扫描机和软件，使船员可以追踪任何一件物品的装卸，航母编队指挥官可以精确定位舰上任何一件货物，大幅减少了船员查找货物的时间。

(5) 一舰多能。

T-AKE 设有可重构货物储藏区，可以根据需要重新配置，可重构货物储藏区的储藏集装箱被称作 QUADCON。船上有两个货舱既能装载弹药，又能装载干货，一舰多能的设计减少了美国海军补给船的型号。美国海军目前发展的补给船只有"刘易斯"级和"克拉克"级干货弹药船一种型号。

9.2.10.2 建造服役情况

"刘易斯和克拉克"级干货弹药船目前在役 14 艘（T-AKE 1~14），首舰 T-AKE 1 于 2006 年 6 月服役，最后一艘 2012 年 10 月服役。其中 12 艘舰艇为海军舰队提供多产品作战后勤保障，2 艘作为海上预置部队的一部分服务于美国海军陆战队。所有这些都由美国海军的军事海运司令部运营。

9.2.10.3 性能参数

美国海军干货弹药船的一般性能参数见表 9-9。

表 9-9 美国海军干货弹药船一般性能参数

	"刘易斯和克拉克"级（T-AKE 1）
建造商	通用动力国家钢铁造船厂
首舰服役日期	2006 年 6 月 20 日
满载排水量	41 000t
长×宽	210m×32.2m
航速	20kn
动力	综合电力推进，4 台柴油发电机，单桨
编制	53 人
垂直补给直升机	MH-60
载荷能力	6675t 干货，1716 吨冷冻物资，18000 桶燃油，200t 便携淡水
C4I	

9.2.11 T-EPF

9.2.11.1 概况

"先锋"级快速远征运输船（T-EPF）是一种浅吃水、全铝制商用双体船，能够在战区内运送人员和货物，为作战指挥官提供高速海上运输机动性以及固体货物装卸能力和灵活性，缩小低速海运和高速空运之间的差距。T-EPF能够实现快速投送、敏捷机动和维持模块化的力量部队，以应对各种军民突发事件，如非作战撤离行动、人道主义援助和救济。T-EPF由美国军事海运司令部主导经营的JHSV项目发展而来，在全球范围内运输部队、军用车辆、货物和设备，体现了美国海军高速机动的新理念。

如图9-24和图9-25所示，T-EPF可以看成是澳大利亚双体运输舰的扩大升级版，采用双体穿浪船体设计并能够在浅水区域中航行。其大型飞行甲板，开放式任务舱和可居住空间为执行从海上安全行动到人道主义援助和救灾的各种任务提供了机会。该船的灵活性还使其能够支持潜在的未来任务，如特种作战、指挥与控制以及主要医疗行动。该船能够以最少的外部支持进入小巧、简陋和退化的港口，为舰队和战斗指挥官提供了独特的选择。

图9-24 "先锋"级快速远征运输船

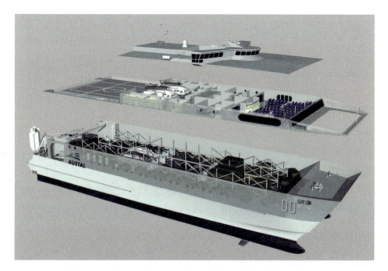

图9-25 "先锋"级快速远征运输船的舱室分区

T-EPF 设计用于在三级海况下以 35 节的平均速度运输 600 吨军用货物远至 1200 海里。该船能够在浅水港口和水道中作业，艉部有吊桥可以接驳港口码头，并拥有滚装卸货设施，能够满足完全战斗状态下 M1A2 主战坦克的自主上下舰和物资的滚装装载/卸载。T-EPF 包括一个用于直升机操作的飞行甲板和一个允许车辆快速驶离船舶的卸载坡道。该船的浅吃水（低于 15 英尺）将进一步加强沿海作业和港口通道，这使得 T-EPF 成为支持广泛行动的极其灵活的资产，包括机动和维持、小型或受损港口的救援行动、灵活的后勤保障或作为快速运输的关键推动因素。

T-EPF 拥有 26 名平民船员，为 312 名登船部队提供航空式座位，另有 104 名固定泊位，由美国海军的军事海运司令部运营。

9.2.11.2 建造服役情况

2008 年，美国海军授予奥斯塔造船厂一项固定价格激励合同，用于"先锋"级快速远征运输船首舰 T-EPF 1 的详细设计和建造，合同还包括建造多达 9 艘额外船只（T-EPF 2~10）和相关岸基备件的选项，这些选项均已获批。奥斯塔造船厂随后于 2016 年 9 月获得了 T-EPF 11~12 的建造合同，后又获得了 T-EPF 13~14 的建造合同。目前已经有 13 艘 T-EPF 交付美国海军，其余 2 艘处于建造阶段。

9.2.11.3 性能参数

美国海军快速远征运输船的一般性能参数见表 9-10。

表 9-10 美国海军快速远征运输船一般性能参数

	"先锋"级（T-EPF 1）
建造商	奥斯塔造船厂
首舰服役日期	2012 年 12 月 5 日
满载排水量	2 500t
长×宽	103m×28.5m
航速	35~40kn
动力	4 台柴油机，4 台喷水推进器
编制	26 人
舰载机	CH-53E, MH-60S
载荷能力	312 人，545t 设备物资
C4I	

9.2.12　T-AO

9.2.12.1　概况

舰队补给油船（T-AO）的主要使命是从基地港口到舰队间穿梭支援航母编队，并向"萨克拉门托"级和"供应"级（T-AOE）快速战斗支援舰进行再补给，所携燃油足以对航母战斗群进行 3 次燃油补给。如图 9-26 所示，T-AO 目前有两型："亨利·凯泽"级（T-AO 187~189，193~204）和"约翰·刘易斯"级（T-AO 205~211）。前者 15 艘为现役，设计使用寿命 35 年，现役船龄已陆续接近；后者处于建造和合同中。

图 9-26 "亨利·凯泽"级和"约翰·刘易斯"级舰队补给油船

"亨利·凯泽"级由军事海运司令部运营,为美国海军在海上的舰艇提供燃料补给,并为分配给航母的飞机提供航空燃料;能携带航空燃料、柴油和润滑油,以及少量新鲜和冷冻食品、饮用水和其他物品。该级船按商用油轮标准设计,斜艏柱带有球艏,方艉,有艉楼,两层连续甲板,由 13 个主舱壁横向分隔,货舱由 2 个纵舱壁进一步分隔。其中 3 艘(T-AO 201,203,204)为满足 1990 年《原油污染法案》的要求,改进设计成为双层壳体。海上航行补给用绞车均设置在主甲板上,主甲板上面有一连续的上甲板。舰上大部分货舱储存燃油,只在艉楼后端有一小干货舱,面积为 690m²。上层建筑设在后部,桥楼、居住舱室、机舱均布置在后部,艉部有直升机甲板,无机库,舰上不带直升机。桥楼的前端可储存 8 个冷冻货物标准集装箱,可装 128 个货物托盘。上甲板有无障区,储存在艉楼干货舱的干货可用铲车运到中部干货传送站,经上层建筑内中央通道可运到艉部直升机甲板,用直升机进行垂直补给。补给装置设在舯部,有 5 个燃油补给站(左舷 3 个,右舷 2 个),2 个干货补给站(左右舷各 1 个),能同时为 2 艘舰艇进行燃油补给,每小时输送 3046.9m³ 舰用柴油和 2044.1m³ 航空燃油。其居住性较好,自动化程度较高,所有主、辅机由集中控制站遥控和监测,主机可在舰桥控制。舰上燃油、润滑油、航空燃油的贮量由计算机管理系统监视。

"约翰·刘易斯"级用于取代 4 艘 20 世纪 90 年代建造的供应级(T-AOE)快速战斗支援舰和 15 艘"亨利·凯泽"级舰队补给油船(图 9-27),与"刘易斯和克拉克"级(T-AKE)干货弹药船形成搭配。相对于上一代补给舰,新舰没有特别新的技术,该级船全部采用双层壳体,防止意外和被击伤后造成燃油泄漏,功能以燃料补给为主,货物弹药补给能力不高,拥有 1 个飞行甲板、5 个液货补给站和 2 个干货补给架。采用更新型高效的补给装置——电气标准张力并行补给方法(E-STREAM),使用全电动力智能化控制来取代过去传统的液压海上补给装置,单一榴架补给输送效率提高 80%。

9.2.12.2 建造服役情况

"亨利·凯泽"级原计划建造 18 艘(T-AO 187~204),其中 T-AO 187 于 1986 年 12 月 19 日服役。其中 T-AO 191 和 T-AO 192 没有建造完成,分别在完工进度约 95.3% 和 84% 时停止建造,后于 2011 年拆解;T-AO 190 于 2008 年通过对外援助出售给智利海军;T-AO 193 于 2022 年 10 月退役;其余 14 艘则处于现役状态。

"约翰·刘易斯"级计划采购 20 艘。前 6 艘设计和建造合同于 2016 年 6 月签订,首舰 T-AO 205 于 2019 年 5 月开工建造,2020 年 12 月下水,2022 年 7 月 26 日服役。后续还有 4 艘处于建造阶段,4 艘处于合同阶段。

图 9-27 "约翰·L·刘易斯"级的液货补给站

9.2.12.3 性能参数

美国海军舰队补给油船的一般性能参数见表 9-11。

表 9-11 美国海军舰队补给油船一般性能参数

	"亨利·凯泽"级	"约翰·刘易斯"级
建造商	阿冯达尔造船厂	
首舰服役日期	1986年12月19日	尚未服役
满载排水量	42 000t	49 850t
长×宽	206.5m×29.7m	227.3m×32.2m
航速	20kn	
动力	2 台柴油机，双轴	
编制	89 人	99 人
载荷能力	149400~180000 桶燃油或航空燃料	156000 桶燃油或航空燃料，1576m² 干货舱，1362m² 冷冻舱

9.2.13 T-AGOS

9.2.13.1 概况

海洋监视船（T-AGOS）由军事海运司令部（MSC）运营，旨在收集水下声学数据，以支持大西洋和太平洋舰队指挥官的反潜作战任务。

海洋监视船目前有两型："胜利"级和"无暇"级（图 9-28）。胜利级海洋监视船基于小水线面双体船（SWATH）设计，即使用两个相互平行的潜艇状船体构成小水线面船型，水线面积仅为同等排水量常规单船体船只的 1/4 左右，大大减少了船体受海浪运动的影响，增加了船体稳定性，有利于拖曳作业，同时，其甲板面积增加 40%~50%，可搭载更多任务电子设备，旨在在恶劣天气条件下在高纬度低速行驶时获得更大的稳定性。"无暇"级的船体基于"胜利"级的船体设计，但具有更强大的推进装置，专为部署额外的低频主动拖曳式声呐（LFA）而设计。两型船均使用监视拖曳阵列传感器系统（SURTASS）设备来收集

图 9-28 | "胜利"级(左)和"无暇"级(右)海洋监视船

海底声学数据,其中"无暇"级为弥补该型声呐对安静型潜艇探测能力的不足,特地研制并装配了低频主动拖曳式声呐,水下探潜能力进一步提升。SURTASS 拖揽 1800m,可探知 150~450m 深度潜艇的方位和类型;LFA 主动声呐用以对付被动声呐无法探知的安静型潜艇。这种主被动配合的声呐系统,探测距离最远可达 100n mile。船上还载有电子设备来处理这些数据,先进的中央数据采集系统(Central Data Acquisition System,CDAS)可以对各种水文条件进行综合分析,并且可以将信息数据通过卫星系统传输至陆基网点进行综合分析。图 9-29 是 SURTASS 和 LFA 工作示意图。

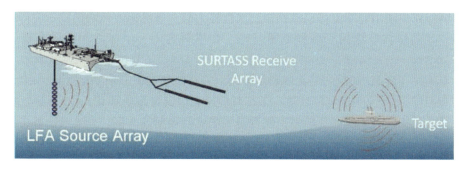

图 9-29 | SURTASS 和 LFA 工作示意图

9.2.13.2 建造服役情况

"胜利"级海洋监视船建造 4 艘。首舰 T-AGOS 19 的合同于 1986 年 11 月签订,1991 年 9 月服役;后续 3 艘舰(T-AGOS 20~22)的建造选择权于 1988 年 10 月行使。

"无暇"级首舰 T-AGOS 23 的龙骨于 1993 年 2 月 2 日于坦帕造船厂铺设,在造舰进度达 60%时因造船厂出现困难而中止,随后造舰合同于 1995 年 4 月 20 日转租给霍尔特船舶公司得以完成建造,最终于 2001 年 10 月进入 MSC 服役。

9.2.13.3 性能参数

美国海军海洋监视船的一般性能参数见表 9-12。

表 9-12 美国海军海洋监视船一般性能参数

	"胜利"级	"无暇"级
建造商	麦克德莫特船舶公司	坦帕造船厂/霍尔特船舶公司

（续）

	"胜利"级	"无暇"级
首舰服役日期	1991年9月5日	2001年3月22日
满载排水量	3400t	5500t
长×宽	71.48m×28.53m	85.8m×29.2m
航速	10节，拖曳阵列时3节	13节，拖曳阵列时3节
动力	4台柴油机，2台电动机，双轴，2台船艄推进器	3台柴油机，2台电动机，双轴，2台喷水推进器
编制	19~22名船员，5名技术人员，最多15名海军人员	20名船员，5名技术人员，最多20名海军人员

9.2.14 LCU

9.2.14.1 概况

通用登陆艇（LCU）是两栖部队使用的坚固的钢制排水船，用于将设备和部队从船上运送到岸边、沿岸边以及从岸边运回两栖战舰；也用于支持人道主义/海上行动，能够将货物、履带式和/或轮式车辆和部队从两栖攻击舰运送到合适的滩头阵地或码头；还用于支持建立伙伴关系任务、提供潜水队或小型船只支持、协助港口清理、进行有限的监视以及支持许多其他任务。

在两栖作战中使用登陆艇可追溯到第二次世界大战。该艇能通过两栖攻击舰搭载运输至目标区域。登陆艇被广泛用于各种军事行动，在岸海之间、岸岸之间运送车辆、人员和货物。

LCU具有用于装载/卸载的船首和船尾坡道，并且能够在海上独立运行长达10天。通过连接船首和船尾，多个LCU可以创建一条临时堤道，以支持滚通卸载。LCU是重型起重艇，其有效载荷是气垫式登陆艇的2倍多，航程是气垫式登陆艇的6倍。登陆艇能够将货物、履带式和/或轮式车辆和部队从两栖攻击舰运送到合适的滩头阵地或码头。

9.2.14.2 建造服役情况

LCU目前有两型，LCU 1610级和LCU 1700级（图9-30）。前者32艘为现役，设计使用寿命为25年，部分已超过50年；后者处于建造和合同中，计划建造32艘，用于一对一替换前者。

图9-30 LCU 1610级（左）和LCU 1700级（右）通用登陆艇

LCU 1700级详细设计和建造合同于2018年3月30日授予路易斯安那斯威夫特造船厂，价值1800万美元。该船的详细设计正在进行中，时间大约31个月。同时，该合同中还包括多达 31 艘 LCU 1700 级通用登陆艇的建造选项，如果全部执行，最迟交付日期为 2027 年，价值也将达到 4.294 亿美元。

LCU 1700 将和 LCAC 的替代者岸舰连接器（SSC）构成美国海军两栖舰队 LPD、LHD 和 LHA 的向陆突击和转运力量。

9.2.14.3 性能参数

美国海军通用登陆艇的一般性能参数见表 9-13。

表 9-13　美国海军通用登陆艇一般性能参数

	LCU 1610 级	LCU 1700 级
建造商	多个造船厂零星建造	路易斯安那斯威夫特造船厂
首舰服役日期	20 世纪 50 年代	尚未服役
满载排水量	203~392.2t	434.9t
长×宽	41.1m×9.1m	42.4m×9.4m
航速	11kn	
动力	2 台柴油机，双轴	
编制	13 人	13 人
载荷能力	127t	154.2t
武器升降机	1 辆 M1A1 坦克，6 辆 LAV 步兵战车，或 350 名士兵；400 名士兵或 127t 货物	2 辆 M1A1 坦克或 350 名士兵；400 名士兵或 154.2t 货物
C4I	升级开发中	商用导航雷达，军事通信套件

9.2.15　SSC

9.2.15.1　概况

岸舰连接器（Ship Shore Connector，SSC）是现有气垫登陆艇（LCAC）的替代艇，后者已接近服役使用尾声。SSC 将能够部署于 LPD 17 级、LSD 41/49 级、LHA/LHD 级以及远征运输舰上，主要用于在从两栖舰到海滩的各种环境条件下运输作战部队的武器系统、设备、货物和人员，其效果图如图 9-31 所示。

图 9-31　岸舰连接器效果图

SSC项目是15年来第一个主要的由海军"内部"设计,而不是由私营企业设计的海军采购项目。SSC与LCAC在作战要求上基本相同,即在距目标10km以上的近海与登陆舰分离,15min内将人员和装备送上海滩。SSC与LCAC具有相似的配置、尺寸和间隙,以保证SSC与现有井甲板装备的两栖舰的兼容性。相比LCAC,SSC在操作性、可靠性和可维护性等方面有显著改进,如图9-32所示。SSC具有以下优势:

(1) 载重更大:SSC最大载质量增至74t,满足美军主战坦克搭载需求。

(2) 动力更强:SSC采用综合性能更高的船用燃气轮机,使得该艇可在距海岸40km处发起全速冲锋,相比之下LCAC在距海岸24km处发起冲锋才更安全。

(3) 稳定性更高:SSC船体采用铝合金材料建造,还在螺旋桨防护罩和轴系上使用复合材料,具备更高的稳定性和耐腐蚀性。

(4) 数字化程度更高:SSC采用数字化航行操作系统,包含新型指挥系统、玻璃化信息座舱和类似战斗机的电传控制系统等,保证该型登陆艇能够在复杂海况下稳定航行;此外还采用了数字飞行控制和计算机自动化技术,以取代现有岸舰连接器上使用的传统操纵杆和踏板,艇上计算机能快速计算诸如风速和导航信息等相关细节。

(5) 维护成本更低:SSC采用众多商用造船技术,尽可能降低造价和维护成本,同时其设计寿命也更长,为30年。

(6) 其他:SSC的艇上电子装备还采用了较低的频率,从400Hz降低到60Hz,以便更好地与采用海军通用标准的舰艇系统实现同步;SSC还把齿轮箱的数目从8个减至2个;具有改进的围裙设计以减少阻力等。

图9-32 SSC和LCAC的区别

9.2.15.2 建造服役情况

SSC项目包括总计73艘艇(1艘测试培训艇和72艘作战艇)的采购。2012年7月,德事隆系统公司从美国军方获得了2.13亿美元的合同，用于设计和建造一艘SSC测试训练艇LCAC 100，此后又陆续获得了LCAC 101、LCAC 102等8艘SSC的合同。2014年11月，首艘SSC正式开工建造。2019年，首艘SSC完成了公司内部测试。2020年2月，首艘SSC（LCAC 100）交付美国海军。2020年4月，美国海军宣布出资3.86亿美元采购15艘SSC。SSC项目处于由德事隆系统公司进行批量生产的阶段，目前已完成4艘。

9.2.15.3 性能参数

美国海军岸舰连接器的一般性能参数见表9-14。

表9-14 美国海军岸舰连接器一般性能参数

	LCAC 100
建造商	德事隆系统公司
首艇服役日期	2020年2月
满载排水量	181t
长×宽	27.98m×14.71m
航速	35kn+
动力	4台燃气轮机
编制	艇员5人
载重能力	74t
C4I（描述）	SCC在驾驶舱模块中引入了新的指挥、控制、通信、计算机和导航（C4N）组件，这使艇上该站位编制从3人减少至2人。L-3通信公司负责C4N组件的设计、集成和测试。 SSC配备了符合SAASM标准的嵌入式全球定位系统（GPS）/惯性导航系统（INS），用于提供准确的导航和定位。海上导航和态势感知由BridgeMaster E水面搜索雷达提供。指挥和控制由AN/APX-123识别敌我（IFF）转发器提供。通信系统包括AN/ARC-210 UHF/VHF/SATCOM、AN/ARC-220 HF和用于安全语音/数据通信的增强型位置定位报告系统

9.3 海军打击群

9.3.1 组织结构

冷战结束后，美国对海军战略进行了数次重大调整，开始推行远洋前沿进攻型的由海向陆、以海制陆战略，将主要作战对象由苏联转向威胁美国利益的地区性军事强国；强调以机动、灵活、多样的"前沿存在"代替"前沿部署"，采用联合作战的方式从海上采取军事行动，夺取制陆权。2002年7月，美国海军出台《21世纪的海上力量》战略报告，强调未来美国海军要在现有基础上重新组合，成立37支独立的海军打击群，包括12支航母打击群（Carrier Strike Group，CSG）、12支远征打击群（Expeditionary Strike Group，ESG）、9支水面行动群（Surface Action Group，SAG）和4支巡航导弹核潜艇打击群，并提出从"海上基地""海上盾牌""海上打击"三个方面加强海军建设。

9.3.1.1 航母打击群（CSG）

美国航母打击群是以航母（CVN）为核心，以巡洋舰（CG）、驱逐舰（DDG）、核潜艇（SSN）、支援舰（T-AOE）为辅助，以舰载机为主要作战手段，实现海空一体的立体战斗群体。作为海军应对重大突发事件的核心作战能力，美国航母打击群的编制不是固定的，打击群内舰艇编成随着任务不同而不同，可以扩大也可以缩小，编制通常包括一艘航空母舰、一艘巡洋舰、两艘导弹驱逐舰、一艘攻击型核潜艇和一艘快速作战支援舰。与过去的"航母战斗群"（Carrier Battle Group，CBG）相比，航母打击群拥有更少的水面作战舰艇，尽管其目的是继续扮演为海岸和海上联合部队提供防空能力的角色，以及对陆地和海上目标进行打击。

作为军事战略的重要支柱，航母打击群是显示国家力量、支持外交政策、保证国家利益、制止危机和冲突的有效兵力。和平时期，它可以通过军事演习、访问他国军港等活动开展外交与军事合作；危机时期，它可以通过快速部署来实施武力威慑；战争时期，它可以对敌海上和陆上纵深目标实施战术或战略核/非核攻击。航母打击群的作用：保护海上运输航道的使用与安全；保护两栖部队的运输与任务执行；协同陆基飞机共同形成与维持特定地区的空中优势；以武力展示的手段满足国家利益需求；进行大规模海空正面对战。

美国拥有11艘现役航母，现役航母打击群为9个，如表9-15所示。其中，华盛顿号（CVN 73）已于2017年8月4日进坞接受为期4年的换料大修；"福特"号（CVN 78）已于2017年7月22日服役，但尚未正式作战部署。此外，CSG 4在2004转为大西洋打击训练群，CSG 6于2004重组不过现已取消，CSG 15已取消并将母舰转为CSG 7，CSG 7因为经费问题于2011年并入CSG 9。

表9-15 美国海军现役航母打击群

航母打击群序列	航母打击群旗舰	母　　港
CSG 1	"卡尔·文森"号（CVN 70）	布雷默顿海军基地
CSG 2	"布什"号（CVN 77）	诺福克海军基地
CSG 3	"斯坦尼斯"号（CVN 74）	诺福克海军基地
CSG 5	"里根"号（CVN 76）	横须贺海军基地
CSG 8	"杜鲁门"号（CVN 75）	诺福克海军基地
CSG 9	"罗斯福"号（CVN 71）	圣迭戈海军基地
CSG 10	"艾森豪威尔"号（CVN 69）	诺福克海军基地
CSG 11	"尼米兹"号（CVN 68）	埃弗里特海军基地
CSG 12	"林肯"号（CVN 72）	圣迭戈海军基地

航母打击群的主要编成包括：

（1）航空母舰。

航空母舰是整个航母打击群的核心舰艇，航母打击群司令部和舰载机联队大部都驻扎在航空母舰上。

（2）导弹巡洋舰。

1个航母打击群通常包含1或2艘导弹巡洋舰，目前全部为"提康德罗加"级。而"提康德罗加"级导弹巡洋舰虽然与"阿利·伯克"级导弹驱逐舰在吨位上相差不大，但其仍然是航母打击群中不可取代的，因为导弹巡洋舰要承担编队防空指挥任务，舰上战情中心CIC的核心就是防空作战区。

（3）驱逐舰中队。

美国海军驱逐舰中队一般有6或7艘驱逐舰，但是不一定都跟着航母打击群出去执行任务，通常根据任务不同有2~6艘驱逐舰跟随航母。目前驱逐舰中队全部都是"阿利·伯克"

级导弹驱逐舰,驱逐舰中队指挥机构驻航母。

(4) 攻击型核潜艇。

航母打击群编制 1 或 2 艘攻击型核潜艇,任务是执行反潜、先期侦查和警戒任务,通常会前出编队 50 海里以上。目前现役攻击型核潜艇包括"洛杉矶"级、"海狼"级和"弗吉尼亚"级。

(5) 快速战斗支援舰。

快速战斗支援舰是为航母打击群内提供油料、弹药、淡水等干货与液货物资,其航速必须可以跟随整个打击群快速行动,一般在 25 节以上。快速战斗支援舰并不是航母打击群必须配备的舰艇,通常不配备或只配备 1 艘。目前现役快速战斗支援舰为供应级。

(6) 舰载机联队。

舰载机联队是航母打击群的主要打击单位,为独立作战单位,拥有完善的组织构架。舰载机联队拥有 9 个飞行中队和 0.2 个外派中队,具体如下(第 11 舰载机联队,2018 年编制):

- 战斗攻击机中队 VFA-147:12 架 F-35C "闪电";
- 战斗攻击机中队 VFA-156:12 架 F/A-18E "超级大黄蜂";
- 战斗攻击机中队 VFA-154:12 架 F/A-18F "超级大黄蜂";
- 陆战队战斗攻击机中队 VMAF-323:12 架 F/A-18C "大黄蜂";
- 舰载预警机中队 VAW-115:5 架 E-2C "鹰眼";
- 电子攻击机中队 VQA-142:5 架 EA-18G "咆哮者";
- 海上打击直升机中队 HSM-75:11 架 MH-60R(有 3~5 架驻其他舰艇);
- 海上战斗直升机中队 HCS-8:12 架 MH-60S;
- 0.2 个舰载运输机中队 VCR-30,2 架 C-2A "灰狗"(该 0.2 个中队是外派,非舰载机联队管辖)。

9.3.1.2　远征打击群(ESG)

远征打击群(ESG)由两栖戒备群(Amphibious ReadinessGroup,ARG)发展而来,是美国海军军事转型的产物。其具体做法是:在两栖戒备群 3 艘两栖舰艇的基础上,增加 1 艘导弹巡洋舰、2 艘导弹驱逐舰、1 艘攻击型核潜艇和下一代驱逐舰、护卫舰等护航兵力,使其具有较强的综合作战能力,同时具备航母战斗群的强大火力和两栖戒备群的多用途、灵活性,从而能够单独执行前沿威慑任务,成为航母打击群的有力补充。因此,远征打击群的目的是能够在中低威胁环境下抵御空中、水面和水下的威胁,提供战斧导弹的远程打击能力,并为其舰载海军陆战队远征军(MEU)提供海军水面火力支持。

美国海军作战部长在《21 世纪海上力量》中对远征打击群做了扼要的说明:"远征打击群绝不仅是两栖戒备群的简单扩编,它将配备具有强大攻击力的水面战舰和潜艇,从而成为一支完整意义上的远征作战部队。"其主要任务是运送海外远征部队和海军特种部队,不用借助航母战斗群就可以独立完成战略、战术打击任务。与航母战斗群相比,远征打击群的打击力量稍逊一等,但它更灵活、机动,能对突发的军事冲突作出快速反应,其打击力量仍然令人生畏。

美国海军拥有 7 艘"黄蜂"级(LHD 1~5,7~8)及 2 艘"美国"级两栖攻击舰(LHA 6~7),以现役 9 艘两栖攻击舰为核心,组成 9 个现役远征打击群,如表 9-16 所示。

表 9-16　美国海军现役远征打击群

远征打击群名称	远征打击群核心
"黄蜂"号远征打击群	"黄蜂"号两栖攻击舰（LHD 1）
"埃塞克斯"号远征打击群	"埃塞克斯"号两栖攻击舰（LHD 2）
"基萨奇"号远征打击群	"基萨奇"号两栖攻击舰（LHD 3）
"拳师"号远征打击群	"拳师"号两栖攻击舰（LHD 4）
"巴丹"号远征打击群	"巴丹"号两栖攻击舰（LHD 5）
"硫磺岛"号远征打击群	"硫磺岛"号两栖攻击舰（LHD 7）
"马金岛"号远征打击群	"马金岛"号两栖攻击舰（LHD 8）
"美国"号远征打击群	"美国"号两栖攻击舰（LHA 6）
"的黎波里"号远征打击群	"的黎波里"号两栖攻击舰（LHA 7）

进入 21 世纪，美国海军在战略调整中将两栖戒备群升级成了远征打击群，其最大的变化就是加入了巡洋舰、驱逐舰、攻击核潜艇等战斗舰艇，具备了完整的打击体系，可以单独执行威慑和战斗任务。以"黄蜂"号远征打击群为例，它由"黄蜂"号两栖攻击舰（LHD 1）、"惠德贝岛"号船坞登陆舰（LSD 41）、"施里夫波特"号两栖船坞运输舰（LPD 12）、"约克城"号导弹巡洋舰（CG 48）、"麦克福尔"号导弹驱逐舰（DDG 74）、"康涅狄格"号攻击型核潜艇（SSN 2）以及第 22 海军陆战队远征队组成。该远征打击群是美国海军为东海岸配置的第一支远征打击部队，2004 年正式作为作战编队服役。

如图 9-33 所示为两栖戒备群和远征打击群的区别。

9.3.1.3　水面行动群（SAG）

水面行动群（SAG）产生于"分布式杀伤"作战概念。2014 年，美国海军战争学院根据近海战斗舰编队对海上、陆上目标打击的兵棋推演结果，针对水面舰艇反舰能力不足提出"分布式杀伤"作战概念，其核心内涵是增强美国海军水面舰艇的攻击力，在广阔海域将若干艘"宙斯盾"战舰组成的"水面行动群"分散部署，增大对方探测和打击难度，提高自身生存力、杀伤力；同时发挥美军技术优势，通过平台分散、火力集中实施高效打击和摧毁，以确保美海上优势。水面行动群将能够独立作战或与航母打击群或远征打击群一起作战，如图 9-34 所示。

2019 年 9 月 12 日，美国海军"阿利·伯克"级驱逐舰"拉森"号（DDG 82）和"法拉格特"号（DDG 99）驶离母港，与"福利斯特·舍曼"号驱逐舰（DDG 98）及"诺曼底"号巡洋舰（CG 60）组成水面行动群，进行计划内的海上作战部署。然而意外的是，它们所护卫的主角"杜鲁门"号航母（CVN 75）因为突发性的电力系统故障而无法随队出发，需要回厂维修。本次"杜鲁门"号的临时缺阵，并且无法在短时间内再找到其他有档期的航母，导致"航母打击群"变阵为"水面行动群"，这是美国东海岸/大西洋方向 2006 年以来第一次以"水面行动群"编成进行作战部署。

除了上述航母打击群、远征打击群、水面行动群之外，2002 年发布的《21 世纪的海上力量》报告中提到的"4 支巡航导弹核潜艇打击群"，但在此后美国海军的相关报告中鲜有提及。2002—2008 年，4 艘"俄亥俄"级弹道导弹核潜艇（SSBN 726～729）先后改装为携带常规制导导弹巡航导弹核潜艇（SSGN 726～729），但未见组建"4 支巡航导弹核潜艇打击群"的相关报道。

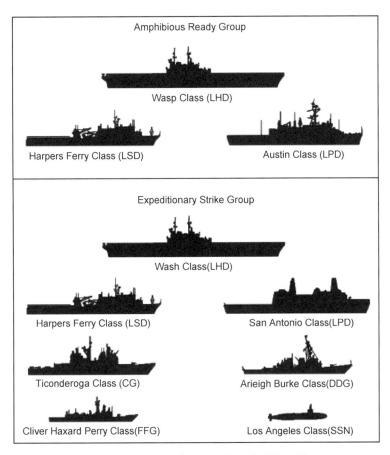

图 9-33 ┃ 两栖戒备群和远征打击群的区别

图 9-34 ┃ 美国海军水面行动群

下面分别对海军打击群的 C4ISR 系统的各个要素进行阐述。

9.3.2 指挥控制

美国海军目前使用的数十个系统可以归类为指挥控制（C2）系统，包括 GCCS-J、GCCS-M、MIDS、MOS、TBMCS 等。

9.3.2.1 海军指挥控制现状

1. 海上全球指挥控制系统

海上全球指挥控制系统（GCCS-M）是 GCCS 系统簇（FoS）的海上组件，该家族还包括联合、陆军和空军组件。GCCS-M 部署在大约 325 艘舰船和潜艇上，以及 65 个岸上和战术移动站点。GCCS-M 是一个非常复杂的系统，其大量输入和输出意味着所有这些接口的互操作性一直是该系统主要关心的问题。通常，当确定一个新的输入或输出时，必须采取特定的步骤将该组件集成到 GCCS-M 中。虽然 GCCS-M 项目在这些工作中取得了很大的成功，但这种方法不能适应网络中心环境的要求，在这种环境中，来自系统的输入或输出可能成为常规。此外，GCCS-M 用户界面复杂，在操作员能够有效地使用该系统之前需要大量的培训。

2. 联合指挥控制

联合指挥控制（JC2）项目旨在取代整个 GCCS 系统簇。虽然可能仍然有一些与 JC2 相关的特定服务的组件，但其目的是通过常用的组件提供更多的总体功能，以及从现代化、以服务为基础的角度发展 JC2。这两个特征应该导致允许与外部系统更容易交互的 JC2 能力。

JC2 采用增量式开发方式，解决了 C2 系统转换时必须解决的问题之一，即遗留系统和新系统必须共存一段时间，用户必须具备某种统一的能力。也就是说，用户必须访问 GCCS-M 才能获得某些功能，然后单独访问 JC2 才能获得其他功能。这是不可接受的，因为这些不同的功能通常被一起使用来完成一个整体任务。因此，JC2 的架构应该提供这种统一的功能。

3. 网络中心企业服务

JC2 打算利用国防信息系统局（DISA）正在开发的网络中心企业服务（NCES）。NCES 采用与 JC2 一样的增量式开发，增量 1 阶段从 2006 财政年度开始一直持续到 2008 财政年度。

这一发展也为海军提供了另一个贡献专长的机会。尤其是，ONR 赞助了可扩展战术 C4I 框架（Extensible Tactical C4I Framework，XTCF）的开发，PEO C4I 赞助了企业服务总线的开发，这些产品可以提供临时的类似 NCES 的功能，用于操作使用和原型探索，也可在部署时包含在实际的 NCES 套件中。

4. 分布式通用地面站

分布式通用地面站（DCGS）被设想为一个系统簇，为联合特遣部队（JTF）及其下属提供 ISR 处理和利用。DCGS 集成骨干网（DIB）和 NCES 有许多共同的特征。因此，DIB 和 NCES 有可能合作提供通用的产品，从而有助于在 C2 和 ISR 处理系统之间建立更紧密的联系。

5. 作战层面的指挥控制

上述海军 C2 系统主要面向战术层面，而不是作战层面。当然，作战层面的计划和执行并不关注战术执行，而是关注确保战术执行中的预期成功最终导致冲突的预期最终状态所必需的决策。有一种趋势认为，如果 C4ISR 系统能够支持战术执行，包括针对时间关键目标的联合火力应用，那么它也能够支持作战层面的规划。事实并非如此。支持作战决策所需的信息更加多样化，在许多情况下，更侧重于复杂的情报，而不是监视和侦察。在支持作战级信息作战战役时尤其如此。

尽管上述 C2 系统主要集中在战术层面，但最近国防高级研究计划局–联合部队司令部也有开发支持作战决策的工具，包括预测外交、信息、军事、和经济（Diplomatic, Information, Military, and Economic, DIME）行动对政治、军事、经济、社会、信息和基础设施（Political, Military, Economic, Social, Information, and Infrastructure, PEMSI）的影响。这些模型和其他工具将有助于指挥官制订作战级别的作战计划，包括所有的 DIME 行动和 PEMSI 效应。

9.3.2.2 通用作战图像（COP）

多个来源的跟踪数据，包括武器系统、组织和非有机传感器以及情报来源等作为 GCCS FoS 的输入，通过生成 COP 作为输出。精确的 COP 对于作战指挥官至关重要，因为它有助于作战指挥官的自我同步，减少通信需求，从而建立对局势的共同理解，以提高指挥速度。术语"通用作战图像"中的"通用"一词并不意味着所有参与者都具有相同的显示图片，相反，它意味着所有参与者都可以访问共同的数据来源，这些数据可以根据特定用户的需要和设备以不同的方式显示。访问数据是这里的关键。从以网络为中心的角度来看，用户应该尽快以某种可理解的形式访问数据，即使可能需要进一步处理数据。这是因为不同的用户对数据有不同的需求，额外的处理可能会根据某些用户的观点删除信息内容。

COP 的 4 个组成部分包括空中图像、水面图像、水下图像和地面图像。

1. 空中图像

COP 的空中图像部分显示了飞机、巡航导弹和弹道导弹的航迹（已知位置和身份），无论它们是友好的、中立的还是敌对的。鉴于弹道导弹具有典型的独特性和可观测性，航空情况中的具体问题主要与飞机和巡航导弹有关。空中图像的缺点包括缺少航迹、一个目标的多航迹指定、目标间航迹号交换和目标识别错误。其缺陷的产生是由缺乏跨部队的共同时间标准、未能实现共同的大地坐标系、相关/去相关算法的差异、不一致的 Link 16 数据链实现以及数据链之间缺乏连通性等原因造成的。

早前 PEO 通过设计开发新的组件来解决这些问题。如 PEO IWS 开发了 OATM，并与 SIAP 联合系统工程组织（JSSEO）合作，从 OATM 和 SIAP 获得了一个通用的跟踪管理器。这些开发被集成到宙斯盾和海军陆战队通用航空指挥和控制系统（CAC2S）中。CAC2S 用于取代早前海军陆战队空中指挥和控制系统（MACCS）的 C2 设备，后者为航空作战单元提供必要的硬件、软件、设备和设施，以有效地指挥、控制和协调空中作战。此外，PEO C4I 和 PEO IWS 开发了一种适用于两个领域——C2 和作战系统——的通用航迹管理器。

2. 水面图像

水面图像根据从飞机、直升机以及无人机收集的传感器数据建立。水面图像的缺点包括传感器覆盖通常不足以提供完整、持久的覆盖，而且那些可用的传感器输入是手动组装的，而不是联网在一起。这里的"联网"意味着对同一目标的不同观测结果是相互关联的，并且传感器之间的轨道切换是以同步、自动的方式可靠地完成的。海军作战部长办公室（OPNAV）进行的分析表明，传感器联网将极大地改善水面图像。OPNAV 的工作人员通过"单一综合海事图片"计划以网络传感器提供海上监视。

3. 水下图像

水下图像主要涉及潜艇和水雷的位置和识别。在探测安静型潜艇和隐形雷区的能力方面存在重大缺陷。改善水下传感器网络的手段也显得必要，但首要任务是需要改善传感器的检测和处理能力。

4. 地面图像

随着海军远程火力武器的部署，必须进行监视的内陆范围大大增加。地面图像监视的实体包括联盟、中立和敌对的实体。美国海军在很大程度上依赖于其他服务部门的传感器和情报手段来为地面图像提供关于联盟、中立和敌对实体的信息。国防部长办公室（OSD）早前发起了一项称为单一综合地面图像（Single Integrated Ground Picture，SIGP）计划以提供必要的地面图像。随着所有的服务和情报实体转向以网络为中心的操作，来自外部来源的输入应该可以随时提供给海军。

9.3.2.3 面向服务架构

面向服务架构（SOA）是一种前瞻性强大的技术基础设施，用于组合"进行中"（on the fly）的部队，以快速响应新的威胁，并简化军事行动所需的部队建设。美国海军部积极"设计愿景"，以确保新兴的商业标准及其在整个海军部队中的采用能够提供一致的、可互操作的 C2 系统。

美国海军进行的与面向 C2 的 SOA 相关研究项目及其负责机构包括：

1. 可组合 FORCEnet，SPAWAR

可组合 FORCEnet（Composable FORCEnet）是一种动态选择特定网络的信息资源的能力，这些信息资源最适合解决特定的问题或提供特定的信息。可组合 FORCEnet 的实现必须具有以下总体能力：

识别战场参与者的能力以及确定他们组织能力和需求的能力。

将参与者聚集在一个联盟中，朝着共同的任务目标努力的能力。

在联盟内部交换信息的能力。

建立与参与者的能力和限制相一致的新的作战概念（新的作战方式）的能力。

通过向现有联盟成员增加功能或向联盟增加新的参与者，向联盟引入新能力的能力。

2. FORCEnet 参与软件包，SPAWAR

FORCEnet 参与软件包（FORCEnet Engagement Packages）是参与者带到战斗中的能力组合，该组合与参与者可以支持的特定任务区域相关联（图 9-35）。这里的参与者可以是单个实体，也可以是构成一个更大组织的多个实体。

FORCEnet 参与软件包由平台类型（包括它们的组织能力）和它们之间的连接来定义。不同的布线安排和/或不同的参与者集合将定义不同的 FORCEnet 参与软件包。FORCEnet 参与软件包包括以下能力：

通过注册表动态发现可用参与者的能力。

组成参与包的能力。

协调参与包的执行的能力。

3. 可扩展战术 C4I 框架，ONR

可扩展战术 C4I 框架（Extensible Tactical C4I Framework）允许通过使用松散耦合的、分

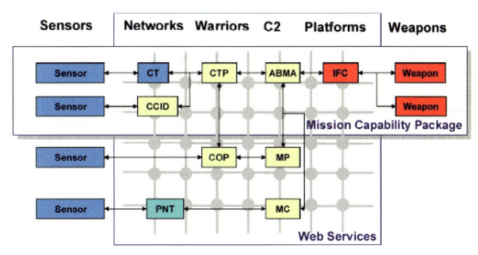

图 9-35 FORCEnet 参与软件包概念集合示意

布式的、可重用的、基于标准的服务在不同的 C2 系统之间交换数据。可扩展战术 C4I 框架使用了以下 Web 服务技术：

描述信息的 XML；
用于描述服务接口的 Web 服务描述语言（WSDL）；
用于访问 Web 服务的简单对象访问协议（SOAP）；
用于注册和定位 Web 服务的通用描述、发现和互操作性（UDDI）。

4. 企业服务总线，SPAWAR

企业服务总线（Enterprise Services Bus，ESB）采用将 SOA 与现场可配置的工作流管理集成在一起的方案设计，提供一系列核心、企业和特定任务的服务：

认证和授权服务，将身份管理解决方案与总线隔离开；
注册分布式服务的注册服务；
信息流的发布和订阅消息/警报服务；
基于 Collaxa 公司商用 BPEL 服务器的工作流协调服务。
商用开源门户产品：
一系列遗留和任务应用程序；
一系列权威的蓝军情报数据源。

5. 联合协调实时参与，ONR

联合协调实时参与（Joint Coordinated Real-Time Engagement，JCRE）提供作战概念和软件，以实现跨多战区和梯队的联合实时作战和交战（图 9-36）。它将使联合部队指挥官能够迅速有效地同步和开展军事行动，在全球开展有时间限制的行动。联合协调实时参与提供以下服务：

全球态势感知服务；
全球资源管理服务；
全球同步服务。

6. 模型驱动架构

模型驱动架构（Model-Driven Architectures，MDA）提供了企业业务规则与执行这些规

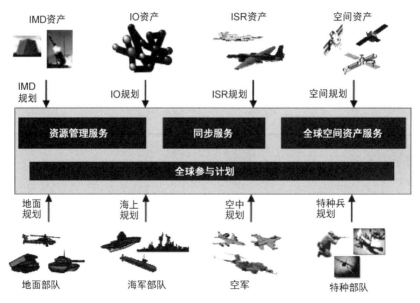

图 9-36 联合协调实时参与实施概念示意

则以进行业务的平台的严格分离。这里的"平台"指的是计算基础设施：操作系统、硬件、中间件（不是飞机、陆地车辆或船舶）。系统工程师通过构建一个平台独立模型（PIM）来描述一个企业如何执行它的业务，包括其规则、数据、提供的服务以及使用的服务。PIM 采用统一建模语言（UML）表示，已经成为设计和实现软件的行业标准。因此，系统的 PIM 用将用于开发系统的类似语言表示，提供了从系统设计到实现的直接路径。

在现实世界中实际执行企业业务规则的 PIM 实例称为平台特定模型（PSM）。PIM 可以明确地生成 PSM，因为 PIM 本身是一种可执行语言。PSM 是结合了特定平台的接口和服务的 PIM 功能。最后，使用 PSM 生成一个平台特定实施（PSI），即实际的可执行代码。PIM 被提供给组件开发人员，成为计算平台的 PSM 和 PSI 的开发。这项任务可以高度自动化，并得到商用工具的支持。

MDA 方法对于 C2 系统的实现有许多优点。首先，PIM 保证从它派生出来的所有 PSM 具有执行企业业务规则的公共能力；PSM 可以相互替换，尽管由于平台的不同可能会有一些性能上的差异。

其次，PIM 可以用来在系统实现之前对分布式系统的功能进行测试。这是通过为仿真环境的计算平台或平台生成 PSM 来实现的。PIM 中的错误可以在实现之前通过仿真测试发现，并在实际系统中进行测试。

再次，系统的变化，无论是由于错误、算法技术的进步，还是螺旋式开发工作带来的功能增加，都可以很容易地通过对 PIM 的变化来适应。这些更改的正确性可以在向各个系统开发人员分发修订后的 PIM 之前通过模拟加以验证。由于系统开发人员有一个从 PIM 到 PSI 的转换过程，因此可以快速、低成本地对其系统进行所需的更改，并且出错的可能性很小。

最后，PIM 的使用将系统与计算平台技术的变化隔离开。例如，若一个单独的系统开发人员希望从一个专有的架构转移到一个开放的架构，那么开发人员只需要更新其从 PIM 生成 PSI 的过程。

7. 模型驱动算法

DARPA 的信息开发办公室（IXO）将模型驱动开发扩展到了 MDA 之外的领域，如在异构城市侦察、监视和目标获取（Reconnaissance，Surveillance，and Target Acquisition，RSTA）团队（Heterogeneous Urban RSTA Team，HURT）项目下，研究人员开发了一种使用基于模型的控制算法来控制一组无人机的系统。其挑战是，演示其能在 10 天内调试该系统，以适配一组不在设计范围内的全新无人机。

DARPA IXO 的联合空地统一自适应重规划（Joint Air/Ground Operations：Unified，Adaptive Replanning，JAGUAR）项目也使用基于模型的方法来实现体系结构的灵活性。JAGUAR 的目标是将空中作战中心的作战速度转变为"思维速度"，将基于知识的计划开发能力嵌入到随机、动态的控制框架中，以创建一个具有自我意识、适应性和灵活性的系统，并扩展到大型问题和复杂领域。这个想法是在模型中捕捉关于战场中实体的所有已知信息：它们如何移动，如何与其他实体交互，如何易受攻击，如何安全等。一旦被校准为现实生活中的对应物，一个实体的模型就可以与其他实体的模型结合起来执行合作任务，比如打击威胁。

基于模型的系统最引人注目的方面是它自己发现完成任务的新方法的能力。在一个模型驱动的系统中，人们不会用一个策略或规则来完成一项任务。相反，人们指定了任务的期望最终状态、达到该最终状态的约束、可用资源（包括时间）、环境（包括中立和敌对的实体）以及它们如何相互作用的模型。

9.3.2.4　传统 C2 系统向网络中心企业服务的过渡

海军 C2 能力的成功和及时转型，以应对 21 世纪作战环境的挑战和灵活、可组合打击群的需求，是一项多层面的任务。关键方面包括以下内容：

（1）架构。企业、节点和系统架构属性必须在新的和现代化的硬件和软件中进行实例化，这些硬件和软件实施企业、利益共同体（COI）和本地服务，并符合 GIG 架构、网络中心战参考模型、以网络为中心的数据策略和其他架构治理。

（2）技术。不断发展的 C2 环境必须能够利用商业和政府来源的快速变化的技术同时保持向后的兼容性并支持细粒度的技术更新和系统升级。

（3）过程。在将 C2 系统逐步过渡到新的以网络为中心的模式时，保持能力连续性并适应可用资源的演进方法是必不可少的。

（4）理论、战术、技术和程序。虽然 C2 转型的纯技术方面正在进行，但具有这些能力的用户需要在其对 C2 行动的共同认知方面进行相应的发展，这种匹配的演进需要培训、实验验证、指导手册和说明以及政策。

美国海军一直以来都在应对 C2 系统面临的挑战。随着联合空中、水面和水下平台越来越依赖于通信和信息处理，对通用的、可互操作的 C2 系统的需求变得越来越迫切。为了实现这一目标，美国海军尝试了诸如 FORCEnet 的体系结构倡议，分布式工程设备（Distributed Engineering Plant，DEP）和联合分布式工程计划（Joint Distributed Engineering Plan，JDEP）的实施方法主要侧重于航母打击群。即便如此，部署重要的新 C2 系统和一个通用的、更新的软件负载所需的时间，即使是在一个打击群中，也比未来打击群的愿景所需的时间要长。造成更长时间的因素包括：信息系统基础设施的技术更新和新服务的实施；新硬件和任务服务软件的整合；互操作性缺陷的纠正；在单个平台和协调的战斗群行动中对舰上人员的培训。

随着作战变得更加信息密集，一个不可避免的后果是 COI、节点和系统之间日益增长的交互、协作和依赖。这在打击小组、联合特遣部队的各个组成部分以及整个 GIG 都是如此。这种集成的结构将在资源有限的情况下极大地提高作战能力，但它必然会使从遗留系统向未来 C2 系统的过渡变得复杂，因为任何地方的变化都会在任何地方产生影响。需要一个全面的、基于架构的方法，考虑到依赖性，并拥有平衡和优化整个舰队的 C2 实施的工具。这些工具应该包括在作战、处理和物理抽象层次的可执行架构，通过来自作战和试验的数据进行验证和校准，继续建立在当前的分析工作之上。

信息技术社区应对这类过渡挑战的方法是演进的螺旋升级过程。这一策略拒绝大规模的升级，因为大规模升级涉及用新系统完全替换旧系统。而是，在作战优先级、预算和舰队进程的现实情况的指导下，进行了一系列谨慎有序和适应性强的小规模变革。

任何给定的螺旋升级都通过需求分析、体系结构和设计、实现、测试及评估来产生能力的增量，应在舰队试验中彻底测试结果，以确保作战的有效性和可支持性。一旦经过验证和批准，产生的变更集就可以在定期维护期间或部署期间在整个舰队中推出，并且每个螺旋升级的结果形成计划和执行下一个螺旋的基础。

任何海军 C2 发展战略都将在不断变化的联合作战和架构政策和任务的环境中执行。OSD 在 GIG 的总体框架下积极推动转型，以实现一个共同的以网络为中心的愿景。美国海军深受这一国防部级别活动的原则、标准、资源分配和其他方面的影响，确保联合领域的决策完全符合舰队的需求，并支持海军自身的转型战略和优先事项，这非常符合海军的企业利益。

能否成功地从目前的 C2 系统过渡到未来几十年的作战任务、威胁和兵力结构所要求的 C2 系统，取决于一个全面的、一致的、长期的战略。该战略必须以网络为中心，以实施整个国防部信息架构，并保持现实世界中预算和作战投入的可执行性。

9.3.3 计算

海军正在开始建立一支基于能力的部队。这种国防规划方法对海军的 C4ISR 系统提出了普遍要求，要求其能够迅速适应敏捷、即兴的对手的行动以及不断变化的美国目标的要求。这种适应的需要意味着需要灵活的系统提供以下服务：

（1）为用户提供适合其特定行动的可用 ISR 信息的能力（可能包括与适当信息源的直接连接和其他人对信息的预处理，以支持作战使用）。

（2）重新配置集成 C2 应用程序的能力，以适应海军打击群正在进行的改进工作流。

（3）能够采用现有的新技术，帮助调整现有的作战能力，以便更好地适应对手的特定活动和美国当前行动目标。

（4）支持将软件应用程序和用户连接起来的对等群（ad hoc peer groups）的动态整合，使新的信息流具有比现有系统更高的数据整合水平。

这些需求要求海军的 C4ISR 系统不仅支持互操作性（包括盟军和海军内部）——这是目前海军强调在机器之间连贯地传输信息的能力，也就是共享信息以实现合作行动的能力，而且支持可组合性和适应性，可组合性和适应性的实现需要互操作性。

可组合性：通过重新配置现有子系统的集成来动态创建新的工作流的能力，以服务于当前和长远的行动；

适应性：能够快速增强和使用现有子系统用于任务，这些子系统最初不是为该任务设计。

9.3.3.1 可组合性和架构

海军打击群的一个主要目标是能够组装和使用量身定制的能力包，以便在涉及同时、模糊和动态行动突发事件的情况下最优利用有限的资源。满足这个目标意味着组织和行为属性的可用性，这些属性可以按照上面定义的可组合性和适应性来处理。实现这种转换能力需要一个体系结构基础，包括操作、技术和系统视图，它由一个成熟、健壮、可伸缩、自我管理和以网络为中心的信息基础设施支持。可组合性包括整个打击群、单个平台、平台托管的系统以及系统内部组件和功能的组合，可组合性应用于战争的作战和战术层面。海军的目标是需要在操作和技术架构级别上的可组合性。作战可组合性是指能够将作战单元和资源组合成具有特定任务或目标的特定能力的量身定制的一揽子方案。这个过程发生在组织层次结构的上下文中，在这个层次结构中，给定的级别可以分解为下一个更低级别的实体，并且可以由这些实体组成一个定制的包。具有代表性的等级如下：

- 企业（例如联合任务部队）；
- 子企业或利益共同体（COI）；
- 节点或平台；
- 系统；
- 子系统；
- 组件。

因此，系统和子系统功能可以通过集成各种组件来定制；节点可以通过托管各种系统来定制；企业或 COI 可以通过合并节点来定制；等等。在技术层面上，实现这种作战可组合性要求层次结构中的实体拥有一组支持作战组合的属性。这些属性包括：纵向和横向的管理接口；一致的数据模型；适合实体级别的一致的实例化；一致的作战概念（CONOPS）和职责分配；一致的资源维护管理规定。

集成软件子系统的信息系统架构和各个软件子系统的具体设计将在决定海军能否很好地实现其可组合性目标方面发挥重要作用。面向服务架构（SOA）和可组合架构是由商业需求引发的概念，在这些体系结构中，已经为企业服务总线（ESB）开发了用于在标准框架内组装服务的概念。ESB 的一个重要方面是将物理网络连接抽象为允许不同的物理排列，而不需要开发新软件。

ESB 可以以多种形式出现，包括来源于关注网络覆盖的动态创建研究。可以通过使用在软件应用程序层和网络层之间的系统级运行的协议套件来创建覆盖。覆盖允许软件应用程序之间的逻辑连接，这些软件应用程序被设计用于在不同的网络之间透明地交换需要发生的信息。通过添加叠加协议软件作为应用接口，可以在不需要新软件的情况下形成信息交换对等组。例如，这样一个对等组可能将绑定到网状网络的用户与来自无人、传感器网络的信息以及来自计算机应用程序的远程 IPv6 网络的信息连接起来。

所有这些概念都建立在将系统分解为子系统的特定方法之上，这样就可以灵活地集成它们来实现可组合性和适应性目标，以及追求支持实施的开放标准。

9.3.3.2 技术成熟度

系统工程对于需求驱动系统设计的计算需求是一个相对成熟的领域，但构建可互操作的、可组合的、面向服务的系统，其技术成熟度仍有待加强。

1. 面向服务架构的系统工程

部分问题可能对系统的成功使用造成阻碍，如：

（1）基于经验的管理和实现 SOA 的方法并不成熟；

（2）系统服务的可靠性取决于组成给定功能的组件的可靠性和可用性；

（3）新集成系统服务所需的安全级别和相应的防御机制将取决于许多问题；

（4）国防部对最大规模的 SOA 的开发计划；

（5）海军打击力量的部署方法需要为特定团队安排制定作战概念。

除此之外，将遗留系统集成到新的灵活架构中也是一个困难且昂贵的问题。该问题在商业世界中得到解决。在商业世界中，每个企业都必须开发自己的策略来管理遗留系统的集成。类似地，海军应该开发自己的策略来管理能够将遗留系统实际集成到更新、更灵活的体系结构中的风险。它还需要确定何时结束不能参与 SOA 的遗留应用程序的生命周期，并开发新的、更易维护和扩展的版本。

目前战场上的绝大多数 C4ISR 系统在未来十几年内仍将存在。目前计划在未来十年投入使用的 C4ISR 系统必须能够与传统系统互操作并具有数据兼容性。传统的解决方案是应用单独开发的应用程序，有时称为中间件，将信息从一个系统转换到另一个系统。然而应用程序的开发经常占用大量资源，并且需要很长的开发时间来实现。

所需要的是一个独立的信息解析器，它可以将信息重组为不同的格式，并为其他应用程序提供信息数据库。通过关注信息而不是其格式，海军可以从现有和未来的 C4ISR 项目中获得协同效益。当前的信息交换原则涵盖同类产品交换，包括通过调频语音、战术数据链、文本文件、信息和电子邮件进行传输。数据交换环境利用大量的数据链路协议和数据项描述，这些协议和描述对于每个域都是唯一的，很少有通用的功能。每个实体都维护与其战场、职能领域或指定任务相关的独立文档和应用程序。传感器提供关键的红方（对手）、蓝方（友军）和灰方（中立）部队数据，让舰队完成任务。

迫切需要通信和信息交换架构的技术进步，以消除与基于消息或协议的信息系统互操作性级别相关的不足。数据链路和基于消息的交换通常会带来与管理消息传输相关的挑战，这些挑战包括协议格式化、通信设备开销、有限带宽、非标准数据定义、不一致的数据协议实现。需要一种结构，能够根据协议接收消息，提取信息内容，然后根据信息内容和适用的路由规则集合智能地传播信息。

为了成功地开发新的体系结构和使用所需的支撑技术（既有现有技术也有新兴技术），海军应该采取广泛的措施，包括技术和系统管理计划。此外至关重要的是，海军应开发一个过程，通过该过程开发和维护 SOA 的经验教训、最佳实践和"如何去做"知识库，从而最终开发出基于 SOA 的系统开发和发展的综合参考架构。对于海军专用的 C4ISR 系统来说尤其如此，这种系统不太可能与该领域的其他联合工作重复。

2. 可组合架构

将海军部队重新设计成更具活力的打击力量，要求海军部队组成部分能够组建特设小组——这些小组既是海军的有机组成部分，也能与联盟部队协同作战。随着时间的推移，可用于这种组合的时间预计会变得更短，实现部队的快速组合成为一种至关重要的能力。目前的实践可能需要几周到几个月的时间来进行组件级集成，远远超出了下一代海军打击作战所设想的时间框架。海军作战所需的特设小组的可组合性对于海军应用来说尚不是一项足够成熟的技术。

3. 适应性架构

适应性是开发可组合系统的长期目标，以便在最初未计划或设计的角色中发挥作用，并且以一种最佳地应用来实现目标响应。系统级适应性（即按需自动重新配置和适应）尚不是一种可靠的、大规模的自动化能力，即使当前国防部和非国防部在适应性系统方面的研究投资继续进行。在上述可组合系统实践的基础上快速配置系统的半自动化和人在回路能力将使海军打击群具有比现在更大的灵活性，以执行新的和快速变化的任务，特别是在沿海或公海和沿海联合作战中。实现这种程度的半自动适应性（在可组合架构的设计中用作目标功能）有助于关注可组合的面向服务架构的开发和部署。

9.3.3.3 面向服务架构的安全性

安全性是策略和技术的混合，来自于对系统使用案例环境中的漏洞进行的风险评估。可组合性和适应性实现的安全含义如下：不能预先知道所有的弱点，因为它们根据要集成的组件的特定组合而变化，并且不能预先知道所有的风险参数，因为它们是由集成特定的新系统能力以处理特定使用案例的值来确定的。因此，需要一个系统功能来提供重新配置安全特征（认证、授权、多级安全、数据完整性保证、源保护等）的能力，以匹配驱动重新配置的情况。这个系统功能必须能处理程序和技术的建立。海军关注该问题的原因在于：

（1）海军设备将成为其他配置的一部分，在正常使用的情况下，海军应确保这些配置得到适当的保护。

（2）海军将对使用其他军种的 C4ISR 系统感兴趣，并且必须确保安全政策不会过度抑制，并且海军用户准备好以要求的方式操作。

9.3.3.4 面向服务架构的数据工程

就其本身而言，面向服务架构不能解决当前和发展中的海军 C4ISR 系统的信息互操作性和数据共享需求。SOA 为这些功能开辟了新的机会，因为数据和计算的分离使得信息交换更加灵活。这种分离的关键促成因素是使用元数据。

前期海军和联合部队已探索了这些能力的应用。例如，开发 XML 模式数据类型来提供各种系统中数据元素的描述和更好的互操作性。商业计划将这些活动视为长期数据工程活动的一部分，通过资源描述框架（RDF）和网络本体语言（OWL）等新语言以及新的网络服务描述能力提供更好的语义，以允许数据资源的更多可组合性。这些基于 RDF 及其本体扩展 OWL 的新技术扩展了元数据的能力，从而在信息交换方面提供了更好的机器对机器的自动化。它们也提供了一个框架，在这个框架中可以用更少的甚至完全没有人机交互来进行信息交流。

OWL 在 2004 年初成为一个工业标准。它基于 DARPA 开发的代理标记语言（DAML），专门解决军用 C4ISR 系统的互操作性需求。OWL 还旨在提供一种更丰富的元数据形式，可用于对非文本信息（如图像和流媒体视频产品）进行注释，从而实现更快速、更精确的基于内容的搜索。

海军和国防部在短期 XML 需求上做出了努力，后续扩展以探索和利用这些新的和正在出现的技术来实现更大的数据集成和信息交换。

9.3.3.5 通信系统和面向服务架构

海军 C4ISR 系统具有高度分布式特点，依赖组件之间的及时通信来实现时敏性能需求。

对于软件和硬件组件的预设配置，可以评估响应时间与性能需求，以及分配给通信的时间预算。然而对于 SOA 来说，可能会有一些事先未知的配置，而这些配置正是通信性能需求所强调的。这种可能性表明需要在服务架构的组件级别收集时间利用的度量，以便可以在使用前确定新配置的集成性能。

这些测量值可以内置到系统中，并通过以往使用历史进行收集。当集成到作为 SOA 支持环境一部分的一套性能模型中时，可以开发出具有预期性能的结果。特别是，复杂的通信系统模型可用于评估特定任务的延迟时间。当与用于导出传感器延迟、计算延迟和用户输入/输出延迟的模型相结合时，可以对通信需求和 SOA 特定新应用的现有能力充分性进行总体评估。为了实现这种能力，海军必须使嵌入式测量和性能模型成为交付系统的一部分，这些嵌入的度量和性能模型将在系统的生命周期中使用，以预测新的 SOA 配置可能出现的性能问题。

9.3.3.6　C4ISR 系统开发和保障方法的转变

用于开发和保障 C4ISR 子系统的传统海军流程与面向服务架构和可组合架构的建立 C4ISR 子系统的可组合性和适应性需求不一致。为了开发面向服务架构和可组合架构的生产要素的 C4ISR 子系统，海军需要进行新的工作分配，由其开发团队、研究团队、作战团队和系统保障团队执行。

1. 开发

目前，海军通常会通过执行严格的系统需求流程来开发新的 C4ISR 系统。这个过程使操作需求与新的子系统的技术要求保持一致。新的 C4ISR 子系统的技术要求分为：

（1）所需子系统功能的识别。

（2）子系统功能性能要求的推导。

（3）为了内部设计目的和外部系统互操作性，必须满足的集成标准。

（4）整个子系统可靠性、安全性、可测试性、可支持性等的需求。

基于这组要求，新的 C4ISR 子系统的设计被推导出，包括硬件/软件架构、特定硬件组件的选择和所需软件组件的描述。硬件和软件被细分为 COTS 可用的组件和定制开发的组件，开发是基于各种计划工作的结果来管理的。该过程与 SOA 和可组合架构联系起来时，可以发现以下几个问题：

（1）前期海军没有使用与可组合性相关的特性。即没有工作确定如何设计新的 C4ISR 子系统，以使其也适用于需求分析中考虑的特定计划用途之外的用途，从而更好地适应更高级别的 SOA。

（2）没有海军试验计划来评估在工作流程配置中使用新 C4ISR 子系统组件的能力，或者不是专门设计的特殊任务。

（3）为处理上述两个问题而制定的采购评估标准（指标）有限，承包商和采购官员均可将其作为确定成功开发工作的基础，使用通过网络中心战和战争参考体系结构生成的需求是第一步，可以扩展以满足这一需求。

（4）标准是实现互操作性（以及可组合性和适应性）的关键部分，海军应确保通过制定新标准和废除过时标准，使标准一直保持最新。

虽然互操作性标准可能确保组件可以集成，但它们不能保证特定 C4ISR 子系统的软件或硬件组件已被选择以实现使用的灵活性。此外，海军倾向于将构成 C4ISR 子系统的硬件和软件捆绑在一起，因此，对于给定的子系统，相对稳定的软件集可能会导致硬件非常陈旧，并且从集成角度来看，其功能失调。本质上，可组合性和适应性要求持续的现代化，以允许尽可能容易地插入新的 COTS 产品，以及允许迁移到支持 SOA 的不断发展的标准集。此外，随着时间的推移，将出现现有体系结构无法支持的新用例，导致 C4ISR 子系统根据经验进行重新配置。这种经验包括一套强大的模拟和分析活动以及定期的动手测试、练习和试验，以验证端到端设计的完整性和健壮性，建立端到端性能的现实界限，并适应创新。这个过程需要一个焦点，将经验整合到整个 SOA 和组件 C4ISR 子系统的新需求中。

与海军 C4ISR 子系统作为部分 SOA 架构相关的一个重要问题是规模评估。设备的潜在重新配置和潜在并发使用与事先未知的场景相关。由于部分 SOA 是在达到容量限制时调整信息流的特性，所以评估必须考虑流量减少如何影响操作。一个有用的 SoS 仿真模型的逼真度要求是高度可变的，这取决于所评估的情况和问题。有用的评估可能需要在实验室和现场实验中混合使用现场设备和模拟设备。这种可能性表明，海军需要建立一个新概念，用于评估海军任务的能力限制和性能退化，作为体系能力、性能限制、战斗损伤和信息战的函数。必须协调仪器、仿真功能和活动组件的使用，以支持瓶颈组件的可靠隔离。

2. 研究

海军资助了一些研究工作，为这些体系结构开发概念。例如，空间和海战系统司令部的可组合 FORCEnet 项目已经确定了涉及支持可组合性和适应性的技术的机会；DARPA 也就该问题开展了一些有限的研究。

3. 作战

除了开发和研究团队需要的新的努力之外，实现可组合性和适应性的工作还需要作战团体的巨大努力。实现高度依赖于操作输入的 SOA 有两个方面，首先需要一个熟悉 C4ISR 架构的操作员团队，其次，团队成员需要担任两个关键角色：

（1）提供一系列潜在的作战使用案例，随着时间的推移，这些案例可能会出现，需要海军做出响应。案例包括海军使用其他军种开发的子系统，以及其他军种使用海军开发的子系统；还包括军种和友军的联合小组使用各种 C4ISR 子系统作为一种集成能力。这些案例对于有形地评估整个系统体系结构的可组合性和适应性是必要的。此外，将要求作战团队在逐个用例的基础上制定评估标准，以衡量整体架构的作战响应能力。这些输入对于提供概括需求的基础是至关重要的。

（2）支持制定作战构想，解决现场操作人员在建立新配置时将发挥的作用、他们为提供控制所需的工具种类，以及他们为建立及时的重新配置所需的技术支持。

4. 系统保障

为了快速执行上述任务，需要能够处理整个系统的专门保障能力。通常，保障团队是为解决一个特定子系统而组建的，并且不具有跨越多个子系统进行修改的能力，需要一个系统保障策略来满足这种 SOA 驱动的需求。此外，通过网络修改软件似乎是快速调整的必要条件。然而，随着快速变更能力的提高，需要开发快速测试方法，包括回归测试以及针对用户界面调整的快速远程用户培训。

9.3.4 通信

有效的通信是海军的基本要求。FORCEnet 作为"海上力量21"支柱的建立强调了这一要求。有效的通信也是实现前面所要求的可组合和适应的 C4ISR 系统的关键要素。

9.3.4.1 海军通信现状

海军行动需要各种平台之间的链接，包括潜艇、水面舰、飞机和岸基站点。这些平台之间的链接支持广泛的应用，包括指挥和控制、作战管理、传播通用作战和战术图像、传感器数据传播、时敏目标和其他目标的追踪和交战，以及许多 C4ISR 功能。海军为不同的应用使用各种通信链路。如图 9-37 给出了当前和计划中的主要卫星数据链路，以及视距（LOS）数据链路和超视距（BLOS）数据链路。

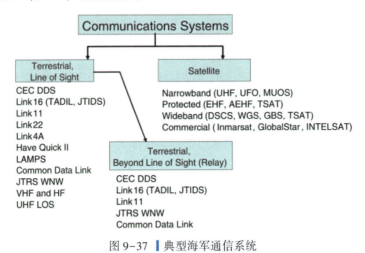

图 9-37 典型海军通信系统

此外，还有基于甚低频（VLF）电磁波和声学的水下、水面通信技术，这些技术具有非常低的数据率，可以支持战略隐蔽的水下通信。以有线设备（如使用光纤的系留浮标）和激光束的形式使用光学技术也被探索用于特定应用。这些通信链接大多数都是针对于特定平台和应用程序的，并且具有有限的联网能力。海军通过设计和更新平台系统，在与遗留设备对接的同时大大提高通信连接能力。

此外，美国海军还利用其他国防部项目来促使技术进步。例如，协同交战能力（CEC）集成了传感器、决策者和射击人员，用于协同 BLOS 武器交战；联合战术无线电系统（JTRS）宽带网络波形（WNW）软件无线电支持多个链路和波形，提供许多不同系统之间的链接，并可以作为一个移动自组织网络（Mobile Ad Hoc Network，MANET）运行。

美军通信带宽不足，导致其军队不得不在带宽受限的条件下开展作战行动。早前开发的通信卫星系统大幅改善和提高了通信能力，宽带通信在 X 和 Ka 波段提供。根据国防卫星通信系统（DSCS）服务寿命延长计划（SLEP），DSCS 提供的 X 波段通信能力增加了一倍，随着宽带全球卫星通信系统（WGS）的部署，这一能力增加一个数量级以上。托管在特高频后继卫星（UFO）上的 Ka 波段全球广播服务（GBS），取代了一个托管在 WGS 上的双向 Ka 波段系统。美国海军通信卫星系统如图 9-38 所示。

除了上述系统，美国海军还负责开发了 UHF 窄带系统。虽然在 UHF 上可用的带宽较少，但这些频率穿透力极强，对于拥有小型终端的移动用户很重要。移动用户目标系统（MUOS）取代了 UFO 系统，为作战人员提供更强大的能力。

为了增强现有的军事卫星通信，美国海军严重依赖商业卫星通信。根据商业宽带卫星计

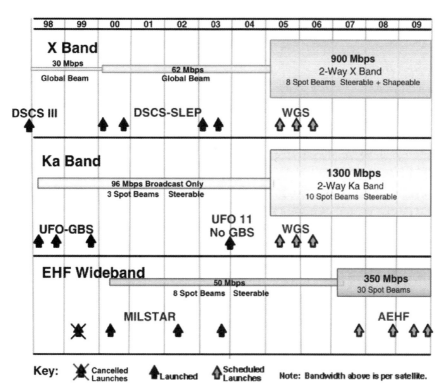

图 9-38 美国海军通信卫星系统

划（CWSP），美国海军从国际通信卫星组织和 SES Americom 公司租用了 C 波段转发器。上述 56kbps L 波段 Inmarsat 频道则是从 Intelsat 租用的。

9.3.4.2 海军通信发展

FORCEnet 和 GIG 架构提供了联合军种通信能力发生变革的前景，带宽不再是限制。FORCEnet 架构支持多种多样的联合军种应用和服务，每种应用和服务都具有不同的服务质量、无处不在的联网能力、开放式架构、商业标准、与正在开发的核心联网能力和应用的兼容性以及可伸缩性。

GIG 的转换基础设施包括三个物理层组件：

（1）通过 GIG 带宽扩展计划实现的高速地面主干网。

（2）在转型卫星通信系统（TSAT）计划下，利用自由空间光（Free Space Optical，FSO）和射频（RF）通信将这一主干网扩展到空间。

（3）GIG 扩展到移动用户，采用联合战术无线电系统（JTRS）。

GIG 基础设施将通过标准化的多层协议和接口支持网络服务。GIG 体系结构中需要的不同系统和接口处于不同的成熟度级别。JTRS 是 FORCEnet 愿景的关键推动者，该计划经历了严重的成本超支、进度延迟和性能问题。由于存在这些问题，2006 年众议院国防授权法案取消了目前的 JTRS 豁免程序，允许军种购买战术无线电通信以满足他们的即时需求。

9.3.4.3 存在的问题

1. 过渡

美国海军面临着从传统和商业通信链路的通信带宽有限的当前环境过渡到未来跨统一互联网协议网络的无限带宽环境的艰巨挑战。当前协议的局限性及其持续发展并没有使这项任务变得更容易。在可能持续十年或更长时间的过渡期间，带宽将继续受到限制。因此，海军需要按平台建立带宽分配，并确保其开发和部署的 C4ISR 应用程序与这些分配保持一致。

2. 体系结构开发

美国海军负责创建一个可实现的架构用于建立一个通信架构组，该架构组应该解决实现体系结构所需的策略、预算和技术问题，为确定延迟和预测未来带宽需求所需的测试制订计划。该小组制定了一个 2015 年时间框架内实施的可完全实现架构以及一系列过渡性架构，以连接当前和未来的能力。目前的海军通信能力在近来作战中表现良好，但在高压环境下，如果敌方发动侵略性信息战，可能会缺乏一定的通信能力。例如，在美国海军目前的通信能力中，至少有一部分是很容易被拒止的，尤其是像 Inmarsat 这样的商业通信系统。

开发的通信体系结构的最重要属性是灵活性、可伸缩性、互操作性和健壮性，允许适应未来许多不确定的情况。然而，还有必要制定面向用户的业绩衡量标准，以设计和量化未来的通信架构，确保提供足够的带宽，支持关键的作战需求。

为了帮助确保有效通信的可用性，面向用户的体系结构分析应该从一个主动的假设开始：对手攻击"以网络为中心"的海军计划和联合军事行动——通信系统。这意味着，健壮性和通信系统的监控、冗余和管理问题，以及确保成功行动所需的性能提供问题，需要作为核心架构的一部分加以解决。支持运营的策略和政策，以及相关的绩效指标，需要与适当的组织协调制定。这些战略和政策包括以下内容：

可扩展到海军和其他可能支持增援行动的分析工具的追踪和回溯能力；

跨军种和作战司令部（COCOM）以及与各种联盟伙伴进行以网络为中心的行动；

支持国防部关于任务规划、发布、处理和应用（TPPU）的原则；

开发具有替代通信路径和分布式同步数据存储和计算的健全基础设施。

其他影响架构的因素包括可能同时参与行动的单元数量，以及回溯和追溯的程度。ISR 的新能力将带来进一步的伸缩问题，例如无人机的高清晰度电视（HDTV）标准，无人机数量和其他收集能力的显著增加，迁移到 HDTV 标准将大大提高视频采集的质量，改善目标识别和分辨率，但它将需要增加通信带宽；收集能力的提高将大大增加在一定时间内可以覆盖的地区，从而提高总体的打击反应能力。

3. IP 成熟度和安全性

以网络为中心的能力建立在 IP 的使用之上，特别是建立在国防部规定的 IPv6 之上。IP 的使用促进了互操作性，并提供了更好的带宽利用率。

4. 在建平台能力

为了支持对自适应和可组合的 C4ISR 架构的需求，舰船平台需要能够在进程中与任何必要的平台快速建立通信。要做到这一点，需要自动频谱和密钥管理能力，包括频谱管理、通信安全和密钥管理。

当舰船在建时，网络中心作战能力的建立应该在规模上能够平稳地扩展，从少数几个平台到具有其他作战单元的多个战斗群。体系结构必须有处理丢失的通信链路或平台和/或节点的选项。此外，有必要为在建的部队建立指标体系，并测试已部署的系统，以确保实现这些指标的目标。例如，一个行进中的水面行动小组可能会建立自卫所需的通信，以抵御一系列可能的攻击，并同时启动通信，以水平扩大兵力覆盖范围，包括 6 艘新舰和 8 架新飞机，以及增加支援和发展打击目标的 6 个回溯节点。同时，防止干扰的后备通信计划需要进入一个战备状态,以便在需要时进行非常快速的重新配置。一个度量标准可能是能够在不到 2min 内完全集成每个平台或节点,并在不到 10min 内使全兵力和回溯完全发挥作用;对干扰和其他攻击作出反应的时间应该为几秒。

5. 带宽要求

图 9-39 显示了如果信息交换的响应时间与现在相同,那么随着用户数量的增加和支持的增加,以网络为中心的作战如何对"核心"带宽造成压力。以网络为中心的作战和 TPPU 增加了用户数量和用户可以访问的数据量。此外,在线增值功能可能需要将信息移动到不同的位置,以提取可采取行动的信息。如果响应时间保持不变(或者按照未来原则的要求缩短),那么这些需求都会增加对带宽的需求。图中金字塔的顶端代表高端技术工作,下面是分布式超级计算机之间的高端交换和大规模分布式数据存储能力,这些能力可以快速搜索复杂的数据集,为海军部队提供高质量的目标信息。

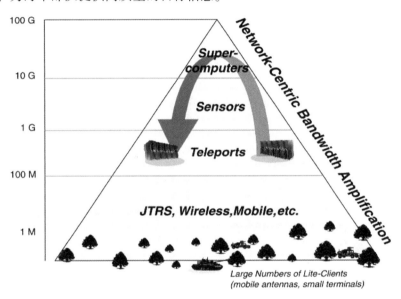

图 9-39 对于响应时间不变和大量用户的以网络为中心的作战带宽

美国海军需要制订一个积极的长期计划用于大幅度增加带宽。大量用户访问越来越多的信息的速度将是网络中心战的主要优势之一。然而,在向高带宽通信过渡的过程中,海军有必要分配带宽并确保应用程序考虑到带宽限制。

6. 体系结构验证

由于通信架构及其延展性的正确性非常重要,因此需要进行大规模的测试,以提供对通信需求的深入了解。由于体系结构中包含的功能尚未开发,因此此测试将具有挑战性。可能有用的技术包括使用商业宽带通信和/或在船上预载数据以模拟大容量军事通信。确保测试提供预期的信息将需要仔细的准备、受控的执行和广泛的监视。这些测试需要细分为可管理的部分。对于所有这些活动,都需要对信息的流动和不足进行广泛的监测。建立这一系统以获取端到端和跨越多个平台的信息非常重要,以便更好地了解部队的通信性能。

在这些测试中需要捕获的度量的例子包括:将各种元素完全以网络为中心的作战所需的时间,传输信息所需的时间,由于缺乏通信而延迟的任务的数量(和重要性),以及从各种攻击中恢复所需的人员数量和时间。为了帮助确保对通信功能的理解,能够解释结果的技术专家应该部署在战场上的大多数关键网络位置。

7. 开发和作战测试

除了上述测试以帮助量化能力需求和验证海军通信架构的其他方面外，还需要对通信系统进行持续的压力测试，目的是确保以网络为中心的能力在战斗和攻击的压力下可用。为了识别隐藏的缺陷，测试应该增加数据加载和其他压力，直到通信系统故障。这样才可以找到缺陷并进行改善。为了确保进行的是真正的测试而不是演示，测试人员必须有机会在必要时中断操作。

对通信系统进行测试的应包括以下内容：

早期技术和开发测试；

用于演示运营网络恢复能力的测试；

冲击力测试；

分层测试。

8. 技术进展和要求

许多技术的发展会增强海军士官的能力，例如：

高级多功能射频概念（AMRFC）；

安全移动环境（SME）；

70~90MHz 的卫星通信技术；

大数据先进概念技术演示；

InfiniBand，一种新兴的高性能协议；

无线网络；

自主网络防御；

传输控制协议（TCP）缩减缓解措施；

通用通信接口模块。

9. 训练

为了成功执行 NCO，需要几乎所有的海军人员接受通信作战训练，包括架构概念、快速反应部队建立、网络攻击和恢复，以及信息保证。

9.3.5 情报、监视和侦察

C4ISR 的 ISR 组成部分的主要功能是发现、锁定和追踪友军和敌军，以及评估对目前区域内敌方目标的损害。除了感知，该功能还包括传感器任务和感知信息的集成、处理和利用。

9.3.5.1 海军 ISR 现状

海军打击群的 ISR 能力由一系列海军、联合和国家传感器系统提供，包括天基、机载、水面和水下平台，以及一些陆基和舰上系统，用于传感器及其数据的任务分配和利用。

1. 天基 ISR

美国拥有强大的天基图像情报（IMINT）、信号情报（SIGINT）和测量特征情报（MASINT）收集系统，并一直在发展其 ISR 能力，海军部队能够从这些系统中获得数据，并能够为这些能力分配任务。几十年来，这些能力为对固定目标的精确打击提供了手段。随着任务、收集和处理速度的提高，同样的能力已经开始将可重定位目标置于危险之中。

2. 机载 ISR

美国海军和国防部对空中监视能力进行了改进，新的多任务海上飞机、广域海上侦察无人机和空中通用传感器，以及对"全球鹰""捕食者"无人机和 E-2C 飞机的升级，将提供信息以明显增强空中、地面、水面和水下图像。由于资金短缺，因此海军打击群需要更好地获取现有高水平空军和联合机载设备的数据，如机载预警和控制系统（AWACS）、联合监视目标攻击雷达系统（JSTARS）和 U-2 飞机。

3. 水面舰艇 ISR

海军水面舰艇上的传感器通常是作战系统的组成部分，但与其他单位共享的数据可以与其他数据融合以创建更完整的图像或增加指挥官的态势感知。安装在"宙斯盾"巡洋舰和驱逐舰上的防空雷达（如 SPY-1，SPS-48，SPS-49），通过协同交战能力（CEC）联网，是联合部队指挥官近海作战空中图像的主要贡献者。

4. 潜艇 ISR

攻击核潜艇（SSN）经常被用于沿海地区的 ISR，因为其具有的 SIGINT 能力、特种作战部队、以及其隐蔽性。

5. 反潜战 ISR

目前的反潜 ISR 包括舰、艇和机载传感器，以及部署在海底的声呐传感器阵列。水面舰艇和攻击核潜艇携带舰壳声呐和拖曳阵列，固定翼飞机和直升机携带磁异常检测（MAD）传感器、传统光电（EO）、红外（IR）、SIGINT 和雷达系统，潜望镜的优化传感器以及倾斜声呐。

6. 任务分配和利用

海军打击群依赖大量不同的系统进行任务分配和利用，这些系统有时具有重叠的能力。战术控制系统是美国国防部为实现控制无人机和接收无人机数据的通用系统而进行的一次尝试，但随着新型无人机的出现，独立控制系统的数量不断增加。

于是美国国防部指导开发了一个通用的联合军种图像处理系统（Joint Service Imagery Processing System，JSIPS），但只有海军版本的 JSIPS-N 取得了成果。美国海军航空系统司令部开发了 JSIPS-N 和后来的精确定位工作站（PTW），用于利用图像获取战斧巡航导弹和战术飞机的地面定位坐标。美国陆军开发了战术利用系统（TES），海军海上系统司令部开发了其水面舰艇上使用的海军版本 TES-N。这两个系统（JSIPS-N 和 TES-N）具有重叠的能力，因此，负责采办、技术和后勤的国防部副部长指示各军种合作开发了分布式通用地面站（DCGS）。

DCGS 是各机构合作努力的结果，用于从各平台任务分配、处理、利用和传播（TPED）信息。DCGS 大大加强了美国未来的打击行动。它将指挥控制系统、无人机和有人驾驶飞机的地面站、IMINT 和 SIGINT 的传播和处理能力以及定位系统结合在一起，形成一个可以按比例扩大以支持指挥、按比例缩小以安装在战术平台上的架构。DCGS 通过将所有传感器和地面站整合到一个通用的网络上，创建了一个共享信息的环境。它极大地改善了实时情报的流动，提高了联合作战人员的作战能力，并为网络管理和安全提供通用的开发、信息管理和工具。DCGS 的海军版本（DCGS-N）作战概念如图 9-40 所示。[①]

[①] C4ISR for Future Naval Strike Groups. Washington, D.C.: National Academies Press, 2006. [www.nap.edu]

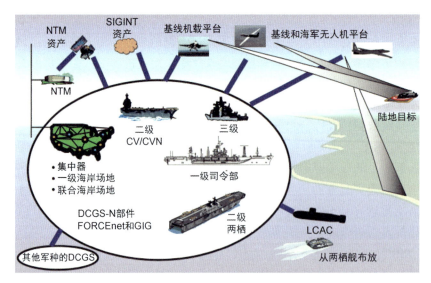

图 9-40　DCGS-N 作战概念示意图

9.3.5.2　存在的问题

1. 反潜战

由于在载人平台上使用有机传感器的搜索率有限，特别是在对抗小型安静型柴油潜艇的不利近海环境中，因此反潜战正朝着更大程度地依赖分布式和舷外传感器的方向发展。早期在大多数紧急情况下，并没有足够的载人平台可用于反潜作战，所需的态势感知和部队保护能力只能通过分布式传感器而不是载人舰艇来实现。然而，分布式广域监视声学系统和分布式大区域战术反潜声学传感器受到当前指挥、控制和通信约束的限制。

早期的反潜战监视系统依靠被动声学和光纤电缆将信息发送回作战人员进行检测和分类。但是，由于依赖电缆，很难迅速和/或秘密地在海底使用监视阵列，而且电缆系统受到拖网和其他人为措施的影响，这些措施可能极大地损害其生存能力和/或持久性。为了摆脱这些电缆问题，有必要提高每个监视节点的阵列自动检测和分类能力，这些能力反过来又将减少分布式监视阵列的大范围射频通信总带宽需求。此外，在这个领域还有很多技术有待证明，包括通过低概率探测/拦截（LPD/LPI）方法从远离对手的远程地点进行通信的能力，以及根据需要将诸如 LCS 及其模块等连接到视距之外的能力。

目前，反潜战大面积搜索系统通常以声呐浮标为基础，依赖于主动声学多站点技术，以实现进攻或防御角色的高接触率。目前，主动多站点技术通过 P-3 飞机不断监测分布式区域得以实现。这些 P-3 飞机无限期地飞行并监视这些传感器区域。同时，无人机项目正朝着各种反潜作战应用的方向发展，从装备了用于大范围搜索的非声学传感器的无人机，到装备了作为多站点作战的一部分的主动源的无人艇，以及依赖于特殊的艇载传感器的无人潜器，这些传感器均可以支持在敌对行动前对敌方潜艇进行秘密跟踪和牵引作战。总而言之，先进的传感器、信号处理、通信和 C2 技术是未来分布式 ASW 传感器操作的关键。

2. 战区防空与导弹防御

海军战区防空和导弹防御（暂时不包括弹道导弹）目前高速发展。如配备 SPY-1（D）V 和 SM-2 Block Ⅲ B/Ⅳ 的宙斯盾、配备 RAM 导弹的舰船自防御系统以及配备 ESSM 导弹的新型 SPY-3 多功能雷达（MFR），具有自动火力控制和严格计时能力；带有 CEC 的新型

"鹰眼"-2000 和发展中的海军 NIFC-CA 网络，带有下一代的"先进鹰眼"、宙斯盾 SM-6、CEC 和有源电子扫描阵列（AESA）雷达，能为内陆打击巡航导弹提供超视距打击能力。

以 CEC 和联合军种单一合成空中态势图（Single Integrated Air Picture，SIAP）为代表的传感器网络是监视战区空中流量的综合手段，该传感器网络还可以为近距离空中支援的冲突解除提供一些基础。与此同时，海面致力于研究解决发现的两个缺陷：一是对于 NIFC-CA 来说，没有一个功能可以明确识别远程目标，以确保 SM-6 不会攻击友军或中立的飞机或导弹；二是 CEC 与 Link 11/16 战术数据链存在互操作性问题。据此，美国海军研究了来自太空、陆地和海上的传感器网络与特定传感器网络的融合。

3. 打击战

用于打击战的精确制导武器的制导技术，尽管在近几十年里取得了巨大的进步，但不同的定位系统制导技术依然有各自的缺陷，如 IMINT 系统使全球定位系统精确制导的武器能够对固定目标进行精确的地理定位，空中发射的激光制导武器能够实现精确打击，甚至对移动目标也是如此，但是，与 IMINT 系统相关的瞄准过程对于可重新定位的目标来说太慢，并且容易受到隐藏对抗的影响，而激光制导武器将飞行员置于暴露的危险之中。

对此，美军提出了潜在解决方案：一个方案包括分层的 ISR 感知能力，这些能力相关联地提供持久的监视；另一个方案是任务组织和利用，随着传感器、平台、站点和指挥控制节点的数量持续增长，指挥官和分析人员越来越需要使用大量不同的传感器和信息采集源在广阔的区域内收集和处理大量数据。当前的流程需要大量的专业知识和人力来完成这些工作。传感器分析人员需要快速筛选与广阔区域相关的大量数据，以评估友军状态和敌情。由于分析人员的减少以及很少有人受过多传感器分析的训练，这个问题变得更加复杂。所有这些因素都表明，工作流程和工作量可能是严重限制海军作战的关键问题。

9.3.5.3　ISR 架构

1. 设计基础

总体架构的设计过程包括开发备选架构、使用任务指标进行权衡研究以确定这些架构的特征，以及选择一个基准架构。在总体架构设计的背景下，某些基础知识特别适用于 ISR 组件。

平衡情报和战术监视的需要：ISR 体系结构的设计过程必须平衡战术监视和情报的不同需求。军方和情报部门的需求是重叠的，需要一个平衡的架构来避免两个任务的折中。

地面、空中和天基设备之间的分配需求：在机载和天基资产之间分配需求是实现可负担的 ISR 架构的基础。

感知现象学的适当运用：海军的任务需求结合作出准确和及时决策所需的广泛的物理和现象信息需求，推动海军作出的必需的体系结构选择，以便开发一个可负担的、有效的和平衡的 ISR 系统。

涵盖空间和时间：ISR 架构的开发必须考虑到作为空间和时间的函数所需的信息量。

数据量的决定和提供：ISR 架构设计中的一个关键考虑因素是不同传感器和平台提供的数据的性质，数据量是其主要特征之一，数据量对数据通信以及 ISR 架构集成、处理和利用 ISR 数据的能力都有很大的影响。

2. 架构层级概念

闭环任务分配、收集和利用：ISR 系统的任务分配、收集、集成、处理和利用被看作一个系统的系统。这个系统的系统应该作为一个闭环过程，以便为 ISR 提供支持指挥官意图所需的信息。

网络中心战的非传统 ISR 系统：网络中心战的出现使出现在任务执行中的任何平台和设备均可作为 ISR 系统。

作战移动情报：移动情报（Movement Intelligence，MOVINT）作为海军 ISR 架构的一个关键组成部分，是一种新的 ISR 来源和方法，通过利用战场上的移动和变化来提供对手活动的重要信息，为未来作战提供了优势。

无人传感器平台：新兴的无人水下、机载和天基系统为海军提供了绝佳的潜在优势。

回溯：回溯可以降低海军的成本并保持图像分析员的能力，还能使海军参与分布式、多军种的工作，以支持战区指挥官处理来自当前传感器和正在开发的系统的大量信息。

9.3.5.4 发展情况

1. 增强任务分配和利用

DARPA 的任务分配和利用项目：DARPA 开展了多个项目来研究 ISR 的任务分配和利用技术，如先进 ISR 管理项目、动态数据库项目、动态战术瞄准项目等。

全球网络中心监视和瞄准项目（GNCST）：负责网络和信息集成的助理国防部长水平融合（HF）项目集内的一项原型工作，用于演示将作战能力集成到 GIG 体系结构中。

联合瞄准和攻击评估能力（JTAAC）：由 NAVSEA 资助的一个原型项目，旨在显著缩短时敏打击的时间线，其特点是优化了机载 ISR 平台的任务分配和实时传感器指向。

2. 水下监视

分布式自主水下传感器（AUS）网络是用于探测和跟踪柴油潜艇的传感器网络的重要组成部分，鉴于 AUS 放置、维护和获取数据的困难，海军开发了一种远程水雷侦察系统（LMRS），将其作为关键基础设施单元来精确和秘密地部署传感器，提供日常维护，并将传感器网络连接到外部世界。

AUS 具有大面积覆盖、隐蔽操作和单节点故障容错的优点，该网络允许被动声学监视、分布式主动监视和与其他收集设备一样的多站点操作，以对抗诸如不依赖空气的（AIP）柴油潜艇的威胁。LMRS 是一种秘密的水雷侦察系统，通过能够从攻击核潜艇发射和回收的自主潜航器进行部署。LMRS 提供了一种早期、快速、准确的方法来探测潜在的雷区。

自主水下传感器网络（AUSN）中的节点通过光纤连接，并使用 LMRS 来提供与远程监视设备的连接。AUSN 阵列允许收集、存储、处理和利用来自阵列场的数据。通过远程重新接入的可能性，AUSN 可以长时间处于休眠状态（可能在低功率模式或睡眠模式下运行），然后由来访的 LMRS 不时地重新激活，以进行数据收集、控制或主动操作。

该自主传感器阵列部署在指定的位置，根据命令、按计划或由观察到的信号触发，以各种模式收集声学信息。LMRS 可能会在传感器部署之前对要监控的区域进行调查，从而绘制出实际的海底特征并将这些特征对传感器场性能的影响考虑在内。传感器位置是已知的，并且它们以足够的精度被放置在适当的位置，使得它们可以作为相控阵被操作，并且在稍后的时间被重新访问。

3. 机载监视

内陆范围的无人机载监视：实现持续监测需要依靠有机设备，如为航母打击群提供机载 ISR 的联合无人作战空中系统（Joint Unmanned Combat Air System，J-UCAS），为远征打击群提供机载 ISR 的无人驾驶垂直起降（VTOL）和短距垂直起降（STOVL）飞机。

超长续航机载 ISR 收集器：目前有三种相互竞争的方法来实现超长时间的持续监视，即卫星、高空低续航无人机（HALE UAV）和高空飞艇，它们各有优缺点。低地球轨道卫星在许多关键指标方面提供了核心能力，但由于具有开普勒轨道，它们在实现长时间停留或连续覆盖方面受到限制，每次轨道通过仅允许 5~10min 的覆盖。根据轨道高度，需要 10 颗或更多卫星的星座来实现合理的连续性，开发和获取成本很高；无人机的开发和采购成本较低，但需要在附近区域建立空军基地，运营成本较高。因此高空低续航飞艇成为备选方案，并承诺降低成本。

4. 天基雷达

技术的发展允许天基雷达（Space-Based Radar，SBR）系统具有 SAR 成像和地面目标运动指示器（GMTI）监视的能力，使其可用于各种陆地和海上监视任务。SBR 系统在集成监视系统中的作用既广泛又关键。SBR 系统可以在一天中的任何时间和任何天气下不受限制地访问地球的每个角落。通过良好的系统设计，SBR 卫星群可以在任何战区的大部分时间内提供高水平的持续监视。这个系统独特的俯瞰视角在视野范围和观察方位的多样性方面都是无与伦比的。

第10章 PMW 770：水下通信集成

10.1 概述

PMW 770 项目办公室的名称是水下通信集成（Undersea Communications and Integration），任务是通过连接有人/无人系统和水下航行器的架构，为海军提供集成和互操作的 C4I 能力和支撑，以最大限度地提高联合作战能力。

愿景：通过提供战略战术水下平台与海军战术网格之间的关键通信系统和能力，使美国海军潜艇部队能够提供有效威慑，确保作战时的水下优势并取得胜利。

如图 10-1 所示为 PMW 770 的主要业务概要情况。[1]

本章对 PMW 770 集成的平台和分管的项目进行综述，主要包括：

（1）平台。
- SSBN，"俄亥俄"级战略核潜艇（SSBN 730）；
- SSGN，"俄亥俄"级巡航导弹核潜艇（SSGN 726）；
- SSN，"洛杉矶"级攻击核潜艇（SSN 688）/"海狼"级攻击核潜艇（SSN 21）/"弗吉尼亚"级攻击核潜艇（SSN 774）。

（2）天线系统和特殊通信。
- CSRR，通用潜艇无线电舱；
- TBA BRR-6，拖曳浮标天线；
- SCB，潜艇通信浮标；
- OE-538，多功能桅杆式天线系统；
- SubHDR，潜艇高数据率；
- SAMS，潜艇天线改装和维护；

（3）岸基/NC3 系统集成。
- SUBOPAUTH，潜艇作战授权；

---

[1] CAPT David Kuhn. PMW 770. NDIA Fall Undersea Warfare Conference，23 SEPT 2020.

图 10-1 ｜ PMW 770 水下通信集成概要

- FSBS，固定潜艇广播系统；
- TACAMO GC-M，"塔卡木"地面移动通信；
- LBUCS，低频段通用通信系统。

(4) 技术转移和特殊项目。

- 海底星座（Undersea Constellation）；
- LBS-AUV，濒海战场感知自主水下航行器；
- OCOMMS，模块化光学通信（在 AdvHDR 先进高数据率天线中出现）；
- LPI/LPD，低截获/低检测。

(5) 潜艇通信和集成。

- SSCS，岸舰通信系统；
- UAC2，水下确保指挥控制。

(6) 其他。

- SCAP CEP，战略通信持续评估项目；
- XENG，过渡工程。

10.2 水下平台

10.2.1 SSBN

10.2.1.1 概况

战略核潜艇，也称为弹道导弹潜艇（SSBN），专为隐蔽精确投送核弹头而设计，被用作潜射弹道导弹（SLBM）的隐蔽发射平台，如图 10-2 所示。

图 10-2 "俄亥俄"级（左）和"哥伦比亚"级（右，效果图）战略核潜艇

"俄亥俄"级战略核潜艇是美国建造的第四代弹道导弹核潜艇，是美国贯彻"核三位一体"思想的战略核武器库的海基力量，也是冷战时期的典型产物。该级艇专为扩大威慑范围而设计。为了减少补给和维护所需的时间，该级艇配备了3个大直径后勤舱口，使艇员能够快速转移补给托盘、设备更换模块和机械部件，从而提高其作战可用性。该级艇设计允许在大修之间运行15年或更长时间。平均而言，这些潜艇在海上运行77天后会在港口停留35天进行维护。

该级潜艇采用单壳型艇体，外形近似于水滴形，长宽比为13.3∶1。舰体艏艉部是非耐压壳体，中部为耐压壳体，耐压壳体从舰艏到舰艉依次分为指挥舱、导弹舱、反应堆舱和主辅机舱4个大舱。每艘艇最初都携带多达24个带有多个独立目标弹头的SLBM。然而，根据美、俄两国达成的《削减进攻性战略武器条约》，每艘潜艇的4个导弹发射管永久停用，现在最多可携带20枚导弹。其战略武器是"三叉戟"Ⅱ D5（UGM-133A）导弹，与已退役的"三叉戟"Ⅰ C4导弹相比，前者能提供更大的射程和精度。

该级艇原计划的服役期为30年，但经过分析和技术升级之后，服役时间能够延长到40年以上，即完成第一个20年服役周期之后，经过大修和延寿，再完成一个20年的服役周期。照此计算，其首艇SSBN 730经过延寿后的退役时间将会在2025年左右。实际上由于反应堆老化和艇体疲劳等因素以及其他相关资料的显示，美国海军将在2027年退役第一艘该级潜艇，其后直到2039年，其余13艘该级艇也逐渐老化并达到退役条件，直至全部退役。

"哥伦比亚"级战略核潜艇是美国建造的第五代弹道导弹核潜艇，预计建造12艘，用于替代"俄亥俄"级战略核潜艇。其作为美国未来的海基战略威慑力量，是海军的首要采购重点。作为"俄亥俄"级的替代型号，该级艇必须按计划建造，并从2027财年开始陆续交付，以满足美国战略司令部的要求。作为美国海军最大、能力最强、最先进的潜艇，该级艇将确保持续的海基战略威慑到21世纪80年代。

该级艇装备了美国最新研制的SIB型核反应堆，寿命长达42年，与潜艇的全寿命周期基本相同，在整个潜艇正常服役寿命期间无须进行费时、昂贵又高风险的核燃料再填装工程，并且能更有效率地产生与分配运用潜艇电力。该反应堆提升了功率密度，进一步提高了反应堆的自然循环能力，使"哥伦比亚"级核潜艇在中低速航行时不使用主动环水泵，进一步降低了机械噪声。此外为了提升水下静音性能，该艇艉采用了电力驱动系统、喷水推进装置以及X形尾舵设计。X形尾舵相较于传统的"木"形尾舵，舵叶面积更大，通过对4

个舵叶的联合控制，使得每个舵叶受力更均匀，机动性能更强。X形尾舵的每个独立舵叶均具有垂直和水平操纵能力，在卡舵等情况下的安全冗余更高。如图10-3所示为"哥伦比亚"级战略核潜艇的性能配置。

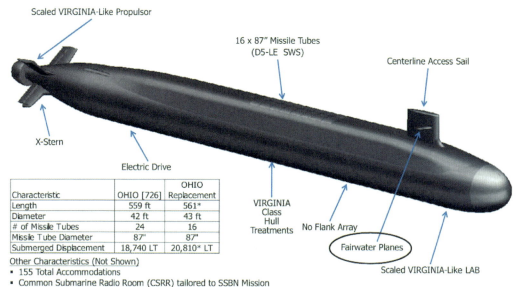

图10-3 "哥伦比亚"级战略核潜艇性能配置示意

10.2.1.2 建造服役情况

"俄亥俄"级战略核潜艇共建造18艘（726~743），首艇SSBN 726于1981年11月11日服役。21世纪初，该级艇服役已满30年，较早入役的前几艘已经开始老化，已无力承担常态战略核威慑巡航值班。同时，根据美、俄两国达成的《削减进攻性战略武器条约》，美国海军决定将该级艇前4艘（726~729）改装成为携带常规制导导弹的巡航导弹核潜艇（SSGN），故目前在役的SSBN为14艘（SSBN 730~743），如表10-1所示。其中，SSBN 730于1984年10月服役，SSBN 743于1997年9月服役。

"哥伦比亚"级战略核潜艇于2014年完成定型设计，包括总体设计、水动力设计、耐压壳、武器系统等；2017年6月进入详细设计阶段，签署首批建造合同。首艇SSBN 826于2021财年开工建造，根据世界各国战略核潜艇10年左右的基本建造周期，将于2028年左右下水，2031年服役，并开始作战值班。全部12艘艇将于2039年建造完毕。美国海军FY2023经费预算估计首艇的建造费用为152亿美元，包含大约66亿美元的规划和详细设计等费用；估计12艘的总造价为1127亿美元。

2022年6月的消息显示，SSBN 826已举行了铺设龙骨仪式，正式开工建造。① 另外，

---

① John Grady. Keel Laid For Nuclear Ballistic Missile Submarine District of Columbia. USNI News，June 4，2022. [https://news.usni.org/2022/06/04/keel-laid-for-nuclear-ballistic-missile-submarine-district-of-columbia]

SSBN 827 正在订购中。

10.2.1.3 性能参数

美国海军战略核潜艇的一般性能参数见表10-1。

表10-1 美国海军战略核潜艇一般性能参数

	"俄亥俄"级	"哥伦比亚"级
建造商	通用动力电船公司	
首艇服役日期	1984年10月6日	尚未服役
水下排水量	19 000t	21 000t
长×宽	170.69m×12.8m	171m×13m
航速	20kn+	
动力	1个核反应堆，2台涡轮机，单轴	1个核反应堆
编制	159人，含15名军官	155人
武备	UGM-133A，MK 68，MK 48	
C4I	CCS MK 2 Mod 3，UYK 43/44	—
（描述）	其作战中枢为雷声公司的 CCS MK 2 型作战指挥系统，CCS MK 2 有指挥、航行战术控制、武器控制、目标动态分析等功能，并具备对付超视距目标的能力。CCS MK 2 将原来 CCS MK 1 和 AN/BSY-1 的手动、计算机辅助和拖曳阵列声呐目标运动分析操作方式集成起来，能以集成的单一方式分析目标动态，一次可控制 4 枚 MK 48 鱼雷进行交战。在硬件方面，CCS MK 2 以一部 UYK 43 与一部 UYK 44 来取代原本的一部 UYK 7 和两部 UYK 44 的架构，软件由 CMS 2 和 ADA 语言编写，并引进商规软硬件。在 CCS MK 2 中，UYK 43 用来处理 CCS MK 1 中 UYK 7 的全部功能，以及其中一部 UYK 44 的武器数据处理工作，包括背景处理、分配资料、伺服器、资料连通等。而 CCS MK 2 的 UYK 44 则专门处理攻击超视距目标以及武器火控等工作，以一个 CP-2037/UYK 平行处理器来协助处理高目标航迹速度。在界面方面，CCS MK 2 以四部商规 MK 130 通用显示器（CDS）取代原本 CCS MK 1 的 MK 81 武器控制台。MK 130 以其硅谷影像公司（Silicon Graphics）的 4D/20 个人信号工作站为基本架构，处理速率可达 8MIPS；其显示器为一部 19 英寸（48.26cm）的光栅扫描主显示器，解析度为 1280×1024 相素，能同时显示来自两个不同感测器的图像和文字、数字信息，并可同时开启 16 个视窗；而其他的人机界面则包括专用开关、一个小键盘和一个 QWKRTY 键盘。MK130 CDS 可互换显示与操控机能，提高了系统交互操作与备援能力，其中两部 CDS 用于超视距目标的定位在 CCS MK 2 中，配套的集成声呐系统为 BQQ-5E，新增了基阵更长的 TB-29 拖曳阵列声呐，并以 UYK 43 主机取代过去的 UYK 7	—

10.2.2 SSGN

10.2.2.1 概况

冷战结束后的核态势评估确定，美国只需要其 18 艘"俄亥俄"级战略核潜艇（SSBN）中的 14 艘即可满足国家战略部队的需求。因此，美国海军决定将 4 艘"俄亥俄"级潜艇改造成常规对地攻击和特种作战平台，即"俄亥俄"级巡航导弹核潜艇（SSGN），如图10-4所示。这使海军能够利用现有的潜艇技术，同时扩大能力以满足美国作战指挥官当前和未来的需求。SSGN为美国海军提供了来自隐蔽平台的前所未有的打击和特种作战任务能力。配备战术导弹并具备卓越的通信能力的SSGN能够直接支持作战指挥官的打击和特种作战部队的要求。

图10-4 "俄亥俄"级巡航导弹核潜艇

SSGN项目办公室在五年多的时间内以比构建新平台更低的成本和更少的时间为4艘SSBN更换燃料并改装为SSGN。海军授予通用动力电船公司合同，将SSBN转换为SSGN，该公司在海军造船厂内进行这项工作——这是第一次进行这种合作。事实证明，这种首创的合作伙伴关系非常成功，因为该项目按计划完成。2002—2008年，SSGN 726~729共计4艘艇改装成为携带常规制导导弹的巡航导弹核潜艇，除了大量的改装工作外，所有4艘潜艇都需要进行换料大修（Engineered Refueling Overhaul，ERO）。华盛顿普吉特海湾海军造船厂为SSGN 726和SSGN 727进行了ERO，弗吉尼亚诺福克海军造船厂则为SSGN 728和SSGN 729进行了ERO。

每艘潜艇上24个直径为88英寸的"三叉戟"弹道导弹发射管中的22个被改装成为垂直发射系统，其中每个系统均为包含7枚战斧巡航导弹（UGM-109C/D/E）的发射簇，每艘潜艇最多能够携带154枚战斧巡航导弹。这些导弹发射管还可以容纳额外的贮存罐，用于存放特种作战装备、食品和其他消耗品，以维持增强潜艇保持前沿部署以支持作战指挥官任务的能力。导弹发射管还能够容纳未来的有效载荷，如新型导弹、无人机和无人水下航行器。在改装中，每个SSGN都会配置通用潜艇无线电舱（CSRR）、两个高数据率天线和作战管理中心，以显著增强其通信能力和指挥控制能力。这些新功能使每个SSGN都可以充当前沿部署的秘密小型战斗联合指挥中心。

SSGN一次最多可容纳66名特种作战人员。在导弹舱中安装了额外的泊位以容纳增加的人员，并采取了其他措施来延长特种部队部署在SSGN上的时间。最前面的两个导弹发射管被永久改造成潜水舱，允许秘密投送和回收特战部队人员。每个潜水舱还可以容纳一个干甲板掩蔽舱，从而增强SSGN的特种作战能力。SSGN是海军未来作战力量的关键要素。凭借其巨大的有效载荷能力、双组乘员部署概念和固有的隐身性能，每个SSGN都为作战人员带来了任务灵活性和增强的作战能力。

10.2.2.2 建造服役情况

2002年9月26日,美国海军与通用动力电船公司签署4.429亿美元合约,为首艇SSBN 726进行改装。该艇于2002年11月停役回到通用动力电船公司的船坞,先进行炉芯更换作业,然后开始改装,改装完成后于2005年12月完成海上测试,2006年2月7日重新服役,2007年10月部署。SSN 728于2003年8月开始改装,2006年4月重新服役。SSBN 727于2004年10月开始改装,2006年11月重新服役。SSBN 729于2004年10月开始改装,2008年3月重新服役。

10.2.2.3 性能参数

美国海军巡航导弹核潜艇的一般性能参数见表10-2。

表10-2 美国海军巡航导弹核潜艇一般性能参数

	"俄亥俄"级（SSGN 726）
建造商	通用动力电船公司
首艇服役日期	1981年11月11日
水下排水量	19 000t
长×宽	170.69m×12.8m
航速	20kn+
动力	1个核反应堆,2台涡轮机,单轴
编制	159人,含15名军官
武备	UGM-109C/D/E, MK 68, MK 48
C4I	AN/BYG-1
（描述）	潜艇作战系统将C4ISR功能集成在一起,高效处理艇艏主被动声呐、舷侧声呐阵列和艇艉拖曳阵列产生的海量信号数据,自动分析并追踪声呐系统探测到的水面和水下目标,建立战场态势感知图像,控制鱼雷和反舰导弹的诸元装订和发射;配备对陆攻击巡航导弹的潜艇还具备接收对陆攻击指令和目标信息、规划导弹航路、控制导弹发射的功能。该系统采用开放式架构,旨在分析并跟踪潜艇及水面舰艇目标,进行态势感知,并操控鱼雷及导弹。该系统整合了声呐、电子对抗、雷达、导航、潜望镜、通信、指挥以及武器,能全面处理并评估所有作战数据,协调/融合所有传感器、武器及作战机动要求,并进行作战控制。该系统能侦察大量目标,并能运用平台搭载的武器,与多个威胁目标同时交战。侦察过程实现了高度自动化,能掌握导航、目标跟踪、通信、连接及武器遥测数据的范围,从而便于处理和评估。融合的数据以图片和文字格式通过网络,在通用显控台上呈现给系统操作者/指挥官,便于优化态势感知。 为了实现系统功能,所需的硬件要素包括:一个传感器数据转换器/处理器（带有两台计算机）;多个作战显控台,每台带有一台计算机;一个武器数据转换器/处理器（带有两台计算机）;连接所有子系统和组件的双冗余作战数据总线。系统的核心是一组分布式计算机,与传感器、处理器、武器控制系统都有接口。系统硬件的冗余程度达到100%,能在保持系统性能的同时容忍大范围的设备故障。作战数据总线以1Mbps的串行速率在每个双总线上以MIL-STD-1553B格式提供其他设备之间的通信。数据在总线上传播,从每个计算机同时传输到其他所有计算机,以使所有计算机在相同时间接收数据。总线的每一半具有提供所有需要的系统通信能力。总线可以采用铜线和光纤两种形式。 AN/BYG-1系统的任务包括:分析来自潜艇传感器的目标信息,在公海及濒海环境下跟踪潜艇及水面舰艇;操控重型鱼雷打击潜艇及水面舰艇;接收作战打击任务,进行任务规划,操控战斧巡航导弹;接收并整合所有传感器数据及外部战术情报,生成综合战术态势

10.2.3 SSN

10.2.3.1 概况

随着国外柴电/不依赖空气（AIP）推进潜艇数量的增加,美国潜艇部队依靠其技术优势以及核动力提供的速度、续航力、机动性、隐身性和有效载荷保持其在水下战场的领先地位。攻击核潜艇（SSN）旨在：寻找和摧毁敌方潜艇和水面舰艇；使用战斧巡航导弹（UGM-109C/D/E）和特种作战部队向岸上投送力量；执行情报、监视和侦察（ISR）任务；支持航母战斗群作战；参与水雷战。

如图 10-5 所示，美国海军目前在役的 SSN 共有三型："洛杉矶"级（SSN 688）、"海狼"级（SSN 21）和"弗吉尼亚"级（SSN 774）。

图 10-5 "海狼"级（左）、"洛杉矶"级（中）和"弗吉尼亚"级（右）攻击核潜艇

"弗吉尼亚"级潜艇有几项创新技术可显著增强其作战能力，包括近海作战。"弗吉尼亚"级潜艇具有电传操纵船舶控制系统，可提供改进的浅水船舶操纵能力。该级其他艇支持特种作战部队，包括可重新配置的鱼雷室，可容纳大量特种作战部队人员及其设备，以进行长时间部署。该级潜艇还有一个供潜水员使用的大型潜水舱（Lockout Truck，LOT）。在"弗吉尼亚"级潜艇中，传统的潜望镜被两个光学桅杆所取代，这些桅杆在伸缩臂上装有可见光和红外数码相机。随着筒型潜望镜的拆除，舰艇的控制室已下移一层甲板并远离弧形艇体部分，提供了更大的空间，改进了布局，从而为指挥官提供了增强的态势感知能力。此外，"弗吉尼亚"级旨在通过快速引入新系统和有效载荷，通过广泛使用模块化结构、开放式架构和 COTS 组件，在其整个生命周期内保持最佳作战状态。

作为"弗吉尼亚"级 Block Ⅲ 合同的一部分，海军重新设计了大约 20% 的舰艇以降低采购成本。大多数变化都发生在艇艏，传统的球形空气声呐已被大孔径声呐阵列（Large Aperture Bow，LAB）取代，这降低了采购和生命周期成本，同时提供增强的被动探测能力。艇艏还采用 2 个大直径 87 英寸的弗吉尼亚有效载荷管（Virginia Payload Tube，VPT）取代了 12 个独立的垂直发射系统（VLS）发射管，每个发射管都能够使用已经部署的多功能圆柱式发射管（Multiple All-up Round Canisters，MAC）发射 6 枚战斧巡航导弹。与较小的 VLS 发射管相比，由于体积增加，VPT 简化了结构，降低了采购成本，并提供了更大的有效载荷灵活性。

Block Ⅳ 通过更改设计来降低总拥有成本。通过进行这些较小规模的设计更改以延长潜艇的组件级生命周期，海军将延长基地保障可用性之间的周期并增加部署数量，以提高其可靠性。Block Ⅰ~Ⅲ 计划进行 4 轮周期维护和 14 轮周期部署。Block Ⅳ 旨在将维护周期减少 1~3 轮，并将部署周期增加到 15 个。海军将此称为 3∶15。下一个重大变化是，从目前正在建造的第二艘 Block Ⅴ（SSN 803）开始加入弗吉尼亚有效载荷模块（Virginia Payload Module，VPM）。VPM 在位于艇中部的新艇体部分中加入了 4 个额外的大直径有效载荷管。每个 VPM 能够携带 7 枚战斧巡航导弹，总计增加 28 枚导弹。VPM 重建了干甲板掩蔽舱，进一步增强了特种作战能力，并允许海军通过多个艇外接口搭载额外的先进载荷。

"弗吉尼亚"级已经开始第五批次的建造，前四个批次在艇体结构、声呐系统、武器载荷等方面进行了改进，性能不断优化，以适应美军不断演进的水下作战理念。未来，"弗吉尼亚"级还会装备高超声速飞行器，并采用全电推进。这些新技术不但能持续提升"弗吉尼亚"级的作战性能，还能为美国下一代攻击核潜艇SSN(X)提供技术储备。

"弗吉尼亚"级核潜艇的主要改进见表10-3。

表10-3　"弗吉尼亚"级核潜艇的主要改进

批　　次	数量	主　要　改　进
Block Ⅰ	4	—
Block Ⅱ	6	装备LWWAA舷侧阵声呐，艇体分段数量由10个降至4个，加装LMRS
Block Ⅲ	8	2具VPT代替12个垂发单元，大孔径声呐代替球形声呐
Block Ⅳ	10	增强可维护性，维护周期由4次降至3次，部署周期由14个增至15个，加装LVA垂直舷侧阵声呐
Block Ⅴ	10	增加4具VPM
Block Ⅵ	5	计划中，加装超高声速飞行器，采用全电推进等
Block Ⅶ	5	计划中，加装超高声速飞行器，采用全电推进等

10.2.3.2　建造服役情况

美国海军目前共有三型共计49艘攻击核潜艇在役，其中"洛杉矶"级25艘，"海狼"级3艘，"弗吉尼亚"级21艘。

"洛杉矶"级潜艇是潜艇部队的骨干力量，初始建造62艘（SSN 688～725，750～773，表10-6），是美国海军有史以来建造数量最多的核潜艇。目前仍有25艘在役（SSN 722，725，750～754，756～773）。首艇SSN 688于1976年11月13日服役，2011年2月4日退役；SSN 773于1996年9月13日服役；最近退役的是SSN 721，于2023年1月24日退役。自SSN 719开始的后续艇均加装了12单元垂发系统（VLS），可发射"战斧"巡航导弹，从而增加了每艘艇的武器携带数量，加强了"洛杉矶"级的对陆攻击能力。

"海狼"级潜艇原计划建造29艘，后由于美国军事预算缩水，国防工业普遍不景气，加之革新技术运用较多，技术经验匮乏，导致建造期间事故频发，预算超标，最后只建造3艘（SSN 21～23，表10-6）。该级潜艇安静、快速、装备精良，并配备了先进的传感器。虽然没有垂发系统，但装备有8个鱼雷发射管，鱼雷室最多可容纳50件武器。其中3号艇SSN 23拥有一个100英尺的艇体延伸部分，称为多任务平台。这一平台提供了额外的有效载荷，用于进行机密研究和先进技术开发并增强作战能力。

"弗吉尼亚"级潜艇为最新一级攻击核潜艇，用于取代陆续达到退役期的"洛杉矶"级潜艇。其建造工作分批进行，每一批都有所改进和升级，已经披露了7个批次（Block Ⅰ～Ⅶ）的建造计划，整个建造过程可能会持续到2040年以后。该级潜艇计划建造48艘，目前已有21艘在役（SSN 774～794），另外13艘在建（SSN 795～807）。

"弗吉尼亚"级潜艇目前在役/在建的为前五个批次，Block Ⅰ（SSN 774～777），Block Ⅱ（SSN 778～783），Block Ⅲ（SSN 784～791），Block Ⅳ（SSN 792～801），Block Ⅴ（SSN 802～811）。未来还将在Block Ⅴ的设计改进基础上继续建造Block Ⅵ和Block Ⅶ。

10.2.3.3　性能参数

美国海军攻击核潜艇的一般性能参数见表10-4。

表 10-4　美国海军攻击核潜艇一般性能参数

	"洛杉矶"级	"海狼"级	"弗吉尼亚"级
建造商	通用动力电船公司，纽波特纽斯造船厂	通用动力电船公司	通用动力电船公司，亨廷顿·英格尔斯造船厂
首艇服役日期	1976 年 11 月 13 日	1997 年 7 月 19 日	2004 年 10 月 3 日
水下排水量	7 000t	9 300~12 300t	7 900t
长×宽	109.73m×10.06m	107.6m×12.2m	114.8m×10.36m
航速	25kn+		
动力	1 个核反应堆，单轴		
编制	143 人，含 16 名军官	140 人，含 14 名军官	132 人，含 15 名军官
武备	UGM-109C/D/E, VLS, MK 48	UGM-109C/D/E, MK 48	UGM-109E, VLS, VPT, MK 48
C4I	AN/BYG-1		
（描述）	该系统采用开放式架构，旨在分析并跟踪潜艇及水面舰艇目标，进行态势感知，并操控鱼雷及导弹。该系统整合了声呐、电子对抗、雷达、导航、潜望镜、通信、指挥以及武器，能全面处理并评估所有作战数据，协调/融合所有传感器、武器及作战机动要求，并进行作战控制。该系统能侦察大量目标，并能运用平台搭载的武器，与多个威胁目标同时交战。侦察过程实现了高度自动化，能掌握导航、目标跟踪、通信、连接及武器遥测数据的范围，从而便于处理和评估。融合的数据以图片和文字格式，通过网络在通用显控台上呈现给系统操作者/指挥官，便于优化态势感知。 为了实现系统功能，所需的硬件要素包括：一个传感器数据转换器/处理器（带有两台计算机）；多个作战显控台，每台带有一台计算机；一个武器数据转换器/处理器（带有两台计算机）；连接所有子系统和组件的双冗余作战数据总线。系统的核心是一组分布式计算机，与传感器、处理器、武器控制系统都有接口。系统硬件的冗余程度达到 100%，能在保持系统性能的同时容忍大范围的设备故障。作战数据总线以 1Mbps 的串行速率在每个双总线上以 MIL-STD-1553B 格式提供与其他设备之间的通信。数据在总线上传播，从每个计算机同时传输到其他所有计算机，以使所有计算机在相同时间接收数据。总线的每一半具有提供所有需要的系统通信能力。总线可以采用铜线和光纤两种形式。 AN/BYG-1 系统的任务包括：分析来自潜艇传感器的目标信息，在公海及濒海环境下跟踪潜艇及水面舰艇；操控重型鱼雷打击潜艇及水面舰艇；接收作战打击任务，进行任务规划，操控战斧巡航导弹；接收并整合所有传感器数据及外部战术情报，生成综合战术态势

10.3　天线系统和特殊通信

10.3.1　通用潜艇无线电舱（CSRR）

10.3.1.1　概况

为了应对新的全球作战环境，美国海军开始将其作战理念从平台中心战转变为网络中心战。对于潜艇来说，以网络为中心的作战方式、与海军及其联合作战平台共享信息的需要，暴露了潜艇通信技术的不足。早期的潜艇通信套件主要由较旧的遗留系统组成，或者由零碎的无线电套件和部分来自商用现货（COTS）技术供应商的新技术进行集成，这些系统在设计时并没有考虑到网络中心战能力，从而导致潜艇作战能力参差不齐。[①]

---

① Shawn S. Roderick. The Common Submarine Radio Room. Monterey, California：Naval Postgraduate School，2011-06.

1995 年，美国海军决定开展一项"以网络为中心的通信系统设计来支持潜艇部队的指挥和控制要求"，该新系统将"为潜艇用户与全球信息栅格（GIG）的其他联合、海军、国防部（DoD）、联邦、盟军和联盟部队用户之间的信息交换提供无缝、透明、安全的连接，以支持潜艇作战任务区"。①

这个系统即为通用潜艇无线电舱（Common Submarine Radio Room，CSRR）项目。

CSRR 是美国海军横跨潜艇和水面舰艇的通用无线电舱系统的通信桥梁。CSRR 为美国海军提供了一套使用快速 COTS 更新和可转移到水面舰载系统的全谱、大容量、可互操作的水下通信系统，从最初的设备采购到部署和维护，均采用体系（SoS）工程和集成方法，使用通用的、模块化的开放式系统架构，提供了跨潜艇级别的标准基线。CSRR 项目模型如图 10-6 所示。

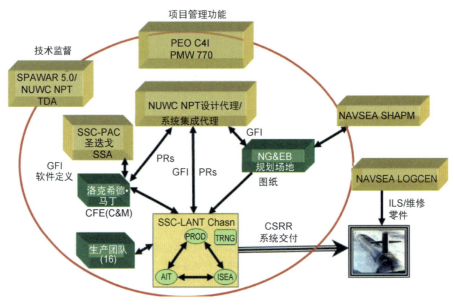

图 10-6 | CSRR 项目模型

CSRR 是一个集成化的 COTS 系统，而且是专用的通信组件，可以灵活地根据"俄亥俄"级（SSBN 和 SSGN）、"海狼"级（SSN）、"弗吉尼亚"级（SSN）和"洛杉矶"级（SSN）潜艇的独特平台特性进行定制，通过开放式系统架构实现高度自动化，开放式系统架构联合并利用其组成系统来提供单独运行无法实现的功能。首批 CSRR 为"弗吉尼亚"级潜艇研制，然后扩展到"俄亥俄"级和"海狼"级潜艇。该设计减少了 30%的无线电舱的面积。"弗吉尼亚"级 CSRR 成功地保持了通用软件基本型，其与"俄亥俄"级潜艇有 85%的程序通用，与"海狼"级潜艇有 91%的程序通用。随后，"洛杉矶"级潜艇也获得了这种转换升级。如图 10-7 所示为 CSRR 的作战概念图。

CSRR 安装在潜艇上，具有以下 8 种任务场景：对陆攻击（STK）；情报、监视和侦察（ISR）；航母打击群/远征打击群作战（CSG/ESG）；特种作战；水雷战（MIW）；水下战（USW）；水面战（SUW）；战略威慑（SD）。

---

① Integrated Maritime Communications Systems Mission Need Statement, 1995, 2.

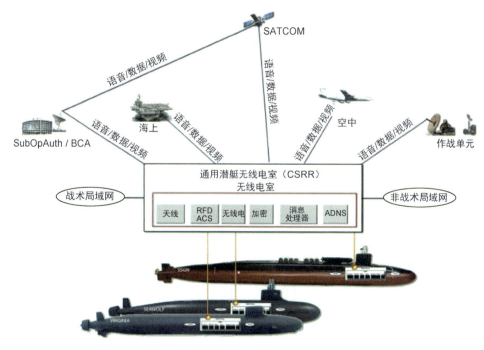

图 10-7 CSRR 概念图

10.3.1.2 系统组成

CSRR 作为一个 SoS，集成了多种其他项目系统，如极高频组件（EHF）、全球广播服务（GBS）、自动化数字网络系统（ADNS）、潜艇桅杆和舷外电子天线 OE-538/OE-592/OE-562、潜望镜、浮线天线、拖曳浮标天线、潜艇单向消息系统（SubSMS）、数字模块化无线电（DMR）等。每个系统都提供一个聚合组件，集成时就会形成一个由多个系统组成的系统。每个单独的系统都有自己的项目进度表和所需的能力，集成在一起时，可以实现作为单个组件不可能实现的能力。

CSRR 将各个项目办公室采购的单个组件系统集成在一起，如图 10-8 所示，并将子系

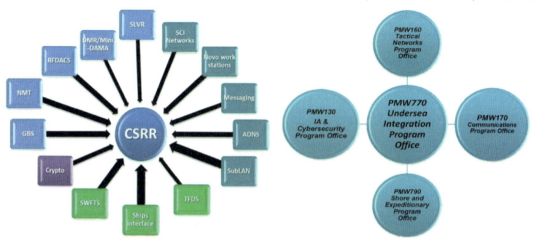

图 10-8 CSRR 集成的各子系统及其办公室

统组件和辅助设备（如机架、机架布线和路由器）采购或修改到一个公共的开放式架构基线中，由 CSRR C+M 软件提供对物理组件的控制和管理。自动化系统/应用程序指导 CSRR 项目如何实现每个版本的现代化，以考虑后续技术插入活动来集成新产品和能力。CSRR 的子系统集成情况如图 10-9 和表 10-5 所示。

图 10-9　CSRR 子系统集成情况

表 10-5　CSRR 子系统集成情况

项目办公室/子系统	描　述
PMW 130	
加密通用外壳（Crypto Universal Enclosure，CUE）	CUE 为各种现代加密设备提供一个通用主机
电子密钥管理系统（EKMS）	EKMS 处理平台上的管理和密钥生成功能
加密设备（Crypto）	加密设备支持 IP 网络之间的安全通信，大多托管在 CUE 中
PMW 160	
自动化数字网络系统（ADNS）	ADNS 提供广域网（WAN）连接，是海军带宽优化 POR，利用船/岸 WAN 内的可用通信链路为语音、视频和数据提供服务路由
敏感隔离信息网络（SCI-Net）	SCI 网络的主要任务是提供与情报信息的连接，为舰载分析员提供对国家和服务战略和战术数据库的访问
潜艇局域网（SubLAN）	SubLAN 与其他子系统结合并提供舰载网络服务，使用 CSRR 作为舰外服务的网关，以提供端到端的网络中心战能力
PMW 170	
军事战略战术中继系统（Milstar）海军 EHF 计划	MILSTAR EHF 为极高频频段用户在所有环境中提供战术和战略通信

(续)

项目办公室/子系统	描述
海军多波段终端（NMT）	NMT 支持用于受限卫星通信的高级甚高频计划，通过宽带全球卫星通信（WGS）和国防卫星通信系统（DSCS）进行超高频通信（SHF）
全球广播服务（GBS）	GBS 通过提供高带宽能力，利用 CSRR 和 ADNS 将信息传送到机密和非机密计算机
数字模块化无线电（DMR）	DMR 是一种多通道软件可编程无线电，能够在 HF/VHF/UHF 频谱范围内运行，并可与传统系统互操作和兼容
小型按需分配多址（Mini-DAMA）	Mini-DAMA 是保留在"洛杉矶"级潜艇 CSRR 增量 1 V3 中的传统双通道 VHF/UHF 无线电，其 COTS 替代品是 DMR。Mini-DAMA 建于 20 世纪 90 年代，提供 UHF SATCOM 和 LOS 能力，并集成了高级数字波形（ADW），以支持中数据率信道接入协议（MCAP）电路
MD-1324 高级数字波形调制解调器	MD-1324 具有高级数字波形，通过调制解调器与 DMR 功率放大器的接口支持 MCAP（中数据率信道接入协议）
PSC-5D 集成波形无线电	PSC-5D 是一个安装在"洛杉矶"级潜艇上的商业电台，提供信息作战能力
PMW 770	
射频分配和控制系统（RFDACS）	RFDACS 在无线电和潜艇天线系统之间提供了一个自动接口，将射频频率放大并分配给各种系统，如 GPS
Q-70 和 Novo CSRR 工作站	工作站提供操作员和 CSRR 之间的人机界面，C+M 软件提供了图形用户界面，用于校准和操作操作员使用的各种通信电路
RT-9000 高频收发器	RT-9000 是一种安装在"洛杉矶"级潜艇上的 COTS 无线电，提供高频语音和数据功能
CSRR 辅助设备	包括高频调制解调器、安全语音开关、黑色音频开关
潜艇低频/甚低频 VME 总线接收器（SLVR）	SLVR 是能够接收和处理所有海军、特种和北约模式的甚低频/低频接收机
时间和频率分配系统（TFDS）	TFDS 为攻击型潜艇的通信、电子战、潜望镜、导航、战斗和船舶控制系统提供精确的时间和频率信息
OE-538 多功能桅杆天线	OE-538 是一种改进的多功能组合通信、导航和敌我识别桅杆式天线系统，适用于所有潜艇，涵盖了所有 VLF 到 UHF 要求的射频频谱，包括 IFF 和 GPS，并提供了显著的可靠性改进
潜艇高数据率（SubHDR）天线	SubHDR 天线为 EHF、SHF 和 GBS 潜艇通信提供连接，支持高达 8Mbps 的数据速率
PMW 790	
海军模块化自动通信系统（NAVMACS）	NAVMACS Ⅱ 是一个船对船、船对岸的信息系统，它处理组织信息流量，并将其发送到舰上局域网，以分发到适当的邮箱
潜艇单向消息系统（SubSMS）支持服务器	SubSMS SS 是发送和接收通过 IP 广播接收的组织消息流量的主要系统，该系统具有与 NAVMACS Ⅱ 的接口，管理信息接收、处理、存储和传输
其他（PEO C4I 以外的项目）	
潜艇战联合战术系统（SWFTS）	SWFTS 是一个 SoS 模型，由战斗控制、传感器、SubLAN 和根据系统命令之间的相互协议管理的 CSRR 组成，CSRR 被认为是 SWFTS 中的一个子系统（SWFTS 体系结构见图 10-10）
战略系统项目（SSP）	SSP 监督所有 NC3（核指挥控制和通信）系统

如图 10-10 所示为潜艇战联合战术系统体系结构。

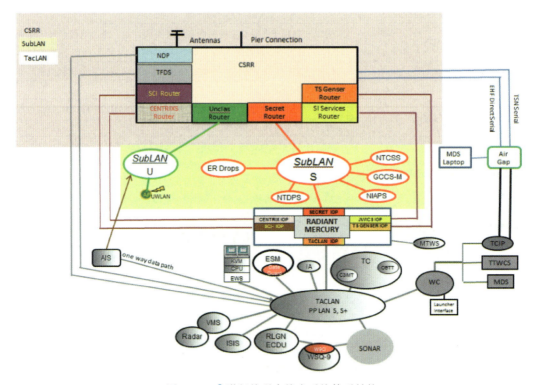

图 10-10 ┃ 潜艇战联合战术系统体系结构

如图 10-11 所示为 CSRR 体系结构的相关子系统（项目）。

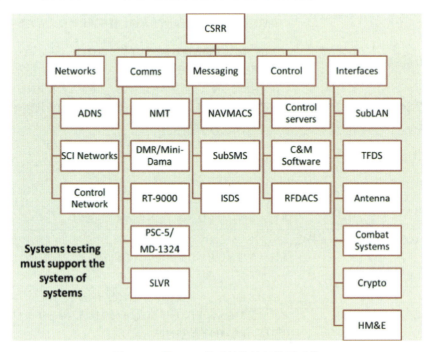

图 10-11 ┃ CSRR 体系结构的相关子系统

10.3.1.3 技术特点

CSRR 是一种以网络为中心的通信系统，旨在支持潜艇部队的 C4I，为国防部、联邦、联盟和联合部队之间的信息交换提供无缝、透明、安全的连接。图 10-12 为 CSRR 能力生产文件（CPD）的作战视图 OV-1。[①]

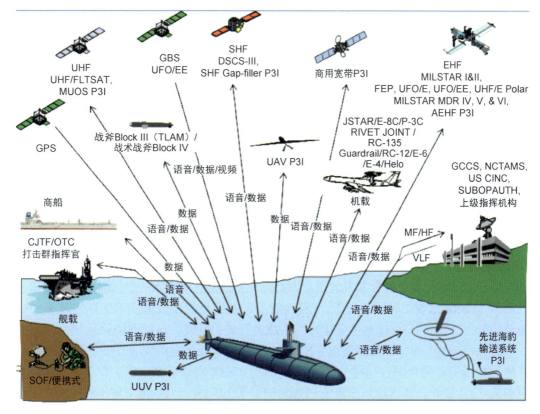

图 10-12 CSRR 作战视图（OV-1）

注：P3I—预先规划的产品改进

CSRR 代表了潜艇通信技术采购、集成和管理方式的范式转变。CSRR 将现有的项目（POR）技术与 COTS、政府现货（GOTS）、非开发项目（NDI）硬件和特定应用软件通过开放的体系结构方法集成到所有潜艇的公共通信套件中。CSRR 系统作为通信网关，可与 DOD C4I 基础设施进行互操作。[②] CSRR 的目标是利用现有的海军 C4I 采购项目（POR）来创建一个跨潜艇舰队的通用通信基线，而不是开发新技术。因此，CSRR 是一个体系（SoS）。通用性通过标准化的用户和设备界面实现，通过为 CSRR 设计的 C+M 软件进行管理。使用开放的架构，加上非专有的标准/协议，意味着 CSRR 能够快速响应由于任务或过时问题导致的设备需求变化，同时利用现有的 POR 投资，从而降低生命周期成本。

作为一个 SoS 项目，CSRR 的体系结构由单独管理的项目组成，将来自海军和国防部的各种项目组件集成到一个经过完全集成和全面测试的外部通信系统中，该项目适用于所有级

[①] Mitchell D. Seime. Common Submarine Radio room: A case study of a system of systems approach. Monterey, California: Naval Postgraduate School, September 2014.

[②] Revision 4 of the Test and Evaluation Master Plan (TEMP) for Common Submarine Radio Room (CSRR), 2009, I-1.

别潜艇。除了集成，CSRR 项目开发、采购和部署关键的 SoS 基础设施和产品，为美国潜艇部队提供从单一工作站到完全集成可控的无线电舱。CSRR POR 产品包括射频（RF）分配和控制系统、具有 C+M 软件的统一无线电舱工作站、COTS 服务器、路由器、电话、打印机和其他通信基础设施（如机架间布线）。

CSRR 将各种组件及配套设备集成到一个通用架构，包括海军自动化数字网络系统（ADNS）、数字模块化电台（DMR）、极高频组件/后续终端（EHF/FOT）、全球广播服务（GBS）、超高频（SHF）、潜艇单向消息系统（SubSMS）。CSRR 的 C+M 软件负责管理这些组件，并控制、处理和传输 C4ISR 信息，为潜艇舰队提供安全隐蔽通信。

该项目的技术方法基于一个通用开放式系统架构、通用软件、通用技术文档和统一软件支持（SSA）。通用软件配置包括代码结构、数据库跟踪需求、软件源文件、基线文件、主机设备和处理器以及审核验证。采用开放式系统架构技术，优点是最大限度地利用了 COTS，允许快速插入技术，解决了新出现的需求和/或系统过时的问题。由于不断变化的需求和新出现的技术进步，这种设计灵活性在潜艇通信计划中尤为重要。CSRR 现代化计划将继续应用开放式系统架构概念和计划，使平台的技术更新与现代化同步进行。非专有标准和协议的使用增强了该项目高效和有效地响应需求变化、整合商业系统改进以及提高全球信息网格内部互操作性的能力。

CSRR 整合了 POR 组件系统，进行了必要的修改以适应相关支持设备，并执行新能力的协调开发、测试和安装。设计和开发是以串行方式完成的，对于每一级别潜艇都会形成一个系统版本。CSRR 系统工程计划指出，CSRR 项目的关键性能参数取决于实际组成某一版本的系统的能力。当某一 POR 发生变化时，系统进行能力升级，包括自动化数字网络系统增量 3（ADNS Inc3）、海军多波段终端（NMT）、联合战术无线电系统（JTRS）和移动用户目标系统（MUOS）。每个项目保持各自的采办职责，CSRR 将这些系统集成到总体架构中，提供更新的 C+M 软件，并创建系统级文档和培训。图 10-13 为 CSRR 增量 1-V3 版基线体系结构示例。

10.3.1.4 发展历程

最初的 CSRR 是基于"弗吉尼亚"级潜艇 SubECS（潜艇外部通信系统，Submarine Exterior Communications System）的设计。SubECS 作为 SoS 采用的是螺旋式开发方法，2000 财年的 DOT&E 报告对 SubECS 的描述如下：一个像伞一样的计划，将 15 个较小的采购项目和 COTS 组件集成到一个支持网络中心战的系统中。

在 CSRR 项目开始时，SubECS 无线电舱的采购已经进行了 5 年，由洛克希德·马丁公司和电船公司的一个双行业团队领导。"弗吉尼亚"级外部通信系统代表了潜艇部队通信的未来方向，包括网络就绪组件和采用 GOTS 和 COTS 技术的架构。但是随着"弗吉尼亚"级外部通信系统的改进，其缺点逐渐显现，即它只适用于"弗吉尼亚"级潜艇。[①] CSRR 的目标是利用"弗吉尼亚"级外部通信系统的投资、技术和方法，为所有级别的潜艇建立一个单一的 ECS 架构基线。CSRR 是一个开放的体系结构系统，集成现有的 POR，同时最大限度地利用 GOTS/COTS，并提供 C+M 来管理 POR 物理组件，以控制、处理和传递 C4ISR 信息。[②]

---

① SPAWAR, Common Submarine Radio Room（CSRR）Acquisition Plan（AP）/Acquisition Strategy（AS），2007，2.
② SPAWAR, CSRR Acquisition Plan, 1.

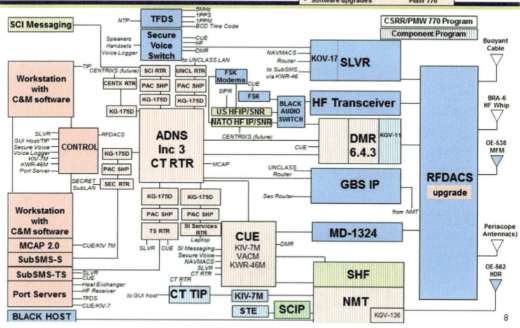

图 10-13　CSRR 增量 1-V3 版基线体系结构

　　CSRR 上的配套软件可以自动处理音频、视频以及数据信息。另外，软件的自动化功能可以使操作员面对发生改变的通信环境的时候，更加方便地切换通信样式，缩短反应时间，甚至可以通过单击鼠标就让一艘舰艇马上转为无线电静默状态。这套软件与无线电舱中每一个收发器以及每一个其他设备都相联，操作员只要通过它与设备建立了联系，那么所有通信线路的配置工作都可以自动完成。操作员可以通过这套软件形象地建立通信链路，并针对不同的任务保存多种设置。这样，他们就可以在操作时对预设的通信方案进行调整，而软件则会自动对设备重新进行调谐。[①]

　　CSRR 减少了操作员的工作量，提高了他们理解通信规划图的能力。系统的高度自动化让操作员们的工作主要集中在设定和监控设备运行方面。如果某台设备坏了，系统会自动提醒操作员调整舰艇的通信状态。舰上的其他人员也会从该系统获益，比如指挥员可以更清楚地了解本舰的通信状况，其通过显示屏上显示的数据就可以马上判断出哪种通信方式是切实可行的。高度的自动化还降低了系统出现人为错误的概率。

　　由于高度自动化减少了对人力的依赖，所以 CSRR 总体上降低了军舰的拥有成本，它为海军提供了一个可以应用于所有水下平台的操控中心，成为海事勤务的一个通行标准。另外，它还可以节省培训费用。美国海军已经向位于乔治亚州的金斯湾潜艇基地以及华盛顿州的班戈尔潜艇基地里的三叉戟训练中心提供了全套的模拟系统硬件和操控软件，这套设备可以为舰艇指挥员进行维护训练和团队合作训练提供"俄亥俄"级弹道导弹核潜艇的模拟

---

① 丽塔·布兰德. 美国海军将实现潜艇无线电舱标准化，提升带宽效能. 美国信号杂志，2007 年第 12 期.

平台。

同时,潜艇综合计划办公室以及海军航空系统司令部联合研发了多项可重构训练系统(Multi-Reconfigurable Training System,MRTS)。该系统是一套经济可行的训练解决方案,它的应用促使训练水平与装备现代化水平保持同步。MRTS 是用在显示器上显示出来的模块面板来代表实际的硬件设备,它可以组合出 CSRR 想要设定的任何情况。另外它还具有一个过去的训练系统不具备的特点,即可以组织多种状况下的团队合作训练。CSRR 给艇员们带来的最大好处就是使他们的训练更加综合,也使他们更轻松地面对装备升级。不同平台之间本身的相似性以及 MRTS 的正规训练将使艇员们可以在不同的潜艇之间流动任职,而且迅速适应新岗位的需要。现在艇员们只需要去掌握不同任务舰艇之间那些很细微的差别就可以了,而不用像过去那样由于不同的潜艇之间在通信系统架构方面千差万别,掌握起来那么困难。由于采用了开放式架构,所以 CSRR 的升级更轻松、更便宜也更快捷。CSRR 将减少潜艇设备带有的水面舰艇设备的痕迹。例如,"弗吉尼亚"级潜艇安装了 CSRR,所以它上面只需要 9 台通信设备,与之形成鲜明对比的是,没有安装 CSRR 的"洛杉矶"级潜艇则需要 13 台通信设备。CSRR 机组和 MRTS 机组对照如图 10-14 所示。

图 10-14 CSRR 机组和 MRTS 机组对照

采用商业化技术(这种技术本来就比常规技术更经济)最大的好处是可以综合以往其他项目的经验进行最优设计。现代化可编程电台的应用降低了设备的负荷,而自动化软件的引入也令操作员可以在不同的任务中使用同样的电台,只要重新设定一下就可以了,而过去在执行不同任务的时候往往要使用不同的电台。在过去的通信系统下,艇员们往往需要为一些特定的通信方式准备部分电台,所以正常情况下真正用到的电台甚至只占总数的 1/3。有了可编程电台,艇员们就可以针对任务,通过软件对现有电台进行重新设定,这样就可以省去过去需要多带的那部分电台。

除了目前可以胜任的任务外,CSRR 未来需要与各种海军装备平台进行通信,最主要的两方面通信需求是与战斗编组内其他成员间的通信以及与岸上设施间的通信。CSRR 的操作使用与海军其他的无线电舱是相通的,而且可以跟保密 IP 路由网络以及非密 IP 路由网络建立通信。

从适用性方面来看,CSRR 的一个重要优势在于,它可以支持所有潜艇平台的现代化改造,而且在艇员培训和后勤补给方面完全是通用的,这个特点可以把艇队的协同性提高一个档次。不同级别舰艇上需求方面的共性为负责研发的工程技术人员提供了很大帮助。例如,CSRR 最先在"海狼"级潜艇上装配的时候,只有 17% 的需求与通常标准的需求相一致,但当来自"海狼"级潜艇、海军 PEO C4I 以及洛克希德·马丁公司的工程专家一起解决这个问题的时候,他们发现不同的平台之间存在许多共同之处。以此为出发点,经过努力,其通用性从 17% 上升到了 85%。

10.3.1.5 采办动态

2004 年 11 月,美国海军选择洛克希德·马丁公司为"海狼"级潜艇的 CSRR 软件设计代理商和中间软件保障代理商,洛克希德·马丁公司为"俄亥俄"级、"弗吉尼亚"级和"海狼"级潜艇提供 CSRR 解决方案,与美国海军的一体化产品设计团队(IPT)一起为所有潜艇方案提供通用软件基本型。

作为"俄亥俄"级弹道导弹核潜艇的替代骨干系统,CSRR 已于 2005 年 10 月投入使用,并提供了骨干系统大概 30% 的总效能。2006 年 9 月,CSRR 成功完成了首次功能测试,获得初始作战能力(IOC)。第一艘装备 CSRR 的"海狼"级潜艇是 SSN-21,时间是 2006 年夏天。2006 年 11 月,第一部装配到"俄亥俄"级战略核潜艇上的全基带 CSRR 也已经完成并开始发挥效用。2007 年,CSRR 先后成功地集成在"弗吉尼亚"级攻击核潜艇、"海狼"级和"俄亥俄"级等水下作战平台上,并完成了包括系泊及海上实际操作的多项测试和评估,实现了美国海军历史上的第一个自动化无线电舱。截至 2007 年已有三艘"海狼"级潜艇、两艘"俄亥俄"级巡航导弹核潜艇、两艘"俄亥俄"级战略核潜艇装备了 CSRR,第一部装配到"弗吉尼亚"级潜艇上的全基带 CSRR 也于 2007 年开始测试,并于 2018 年达到完全作战能力(FOC)。第一艘装备 CSRR 的"洛杉矶"级潜艇是 SSN-767,时间是 2012 年。

SPAWAR 在 2012 年 12 月初发布了一份关于"CSRR C+M 软件的设计和维护"项目的征求建议书(N00039-13-R-0001),向行业寻求持续开发、维持和维护 CSRR 的 C+M 软件。美国海军要求中标承包商维护和升级现有的 CSRR C+M 软件,并表示同时授予一份为期 5 年的成本加奖励(CPIF)合同。

CSRR 作为一种产品架构和项目策略,已经证明了对 PEO C4I 产品集进行多种产品集成的有效性。自初始的增量 1-V0 版以来,CSRR 一直处于迭代升级中。2014 年,增量 1-V3 版已安装于"弗吉尼亚"级和"洛杉矶"级潜艇上。截至 2019 年 4 月,美国海军已完成了 5 个级别潜艇的 140 多次安装和现代化改造。

实际测试证明,CSRR 在不同的潜艇平台具有良好的通用性与开放性,提高了潜艇通信系统的自动化程度,同时为潜艇扩展新的通信能力和业务提供了可扩展空间。CSRR 成功装配在多艘潜艇上,该系统低廉的成本以及良好的兼容性都让海军方面有意把这项技术(通用无线电舱）引用到水面平台上。海军 PEO C4I 正努力把这套系统移植到像濒海战斗舰这样的一些新建平台上，甚至想通过这套系统实现旧平台的升级。现在，洛克希德·马丁公司在 CSRR 系统的基础上，将相关技术进一步推广，提出了适用于水面及其他不同舰艇平台的 CRR 系统，其应用与技术视图如图 10-15 所示。①

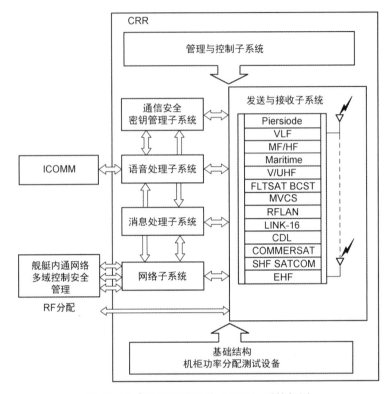

图 10-15 通用无线电舱（CRR）系统框图

10.3.2 拖曳浮标天线（TBA BRR-6）

10.3.2.1 概况

20 世纪 70 年代，美国海军设计了一种代号为 AN/BRR-6 的系统，于 1981 年首次投入使用，用于为水下航行的潜艇提供通信手段。其本质为一种拖曳浮标天线（Towed Buoy Antenna，TBA），PEO C4I 称其为 TBA BRR-6（AN/BRR-6/6B）。该系统具有很大的操作灵活性，它提供了一种被动通信的手段，为"俄亥俄"级 SSBN 潜艇提供实时战术指挥控制和仅接收通信（即只接收信息不发送信息），在保持潜艇处于海底深处的同时最小化降低对舰艇机动性或可探测性的影响。其中 AN/BRR-6 安装在早期的潜艇上，AN/BRR-6B 安装在其他晚期的潜艇上。② 图 10-16 所示为 BA BRR-6 概念图和潜艇使用 TBA BRR-6 进行通信的示意图。

---

① 汤军，赵菲. 美军 JTRS 对海军通信装备发展的启示 [J]. 舰船电子工程, 2011, 6.
② Joseph Battista. NSWCCD-SSES completes first tests at new submarine buoy tow cable test site. WAVES, April 2014. [https://www.navsea.navy.mil/Portals/103/Documents/NSWC_Carderock/April2014_WAVES.pdf]

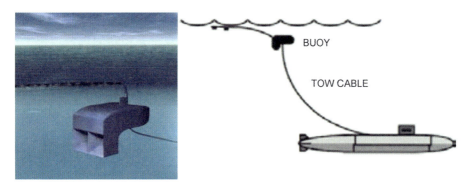

图 10-16 ┃ BA BRR-6 概念图（左）和潜艇使用 TBA BRR-6 进行通信的示意图（右）

10.3.2.2 系统组成

该系统由一个电子控制系统组成，具有与机械装卸和部署系统的接口，用于在一定水深从潜艇上布放和回收一个拖曳式浮标。该系统由一层增强型玻璃钢外结构对其中的无线电接收器通信系统进行包裹，一旦部署，该浮标会保持与水面接近，并通过其天线系统提供通信接收。该系统设计为由带有独立机械装卸系统的两个浮标组成，通过一个电子单元进行操控。TBA BRR-6 主要包括以下功能组件：[1]

- 拖曳浮标 TB-17/BRR-6（Bangor）或拖曳浮标 TB-18A/BRR-6（Kings Bay）；
- 接收器组件 OR-197/BRR-6；
- 特殊用途电缆组件 CX-13053/BRR-6；
- 浮标托架（cradle）MT-4905/BRR-6；
- 卷取机 RL-275/BRR-6；
- 传感器组 OA-8906/BRR-6；
- 浮标门传感开关（Buoy Door Sensing Switch）；
- 浮标控制指示器 C-0256A/BRR-6；
- 天线控制指示器 C-10257/BRR-6；
- 浮标深度控制指示器 C-10258A/BRR-6；
- 继电器组件 RE-1115/BRR-6；
- 互连箱（Interconnecting Box）J-3461/BRR-6；
- 拖曳式阵列控制指示面板。

10.3.2.3 技术特点

TBA BRR-6 安装在"俄亥俄"级 SSBN 和 SSGN 潜艇上，每艘潜艇有两个拖曳式通信浮标，支持海军核指挥控制和通信（NC3）战略要求，是 NC3 系统的重要组成部分，连接战略威慑任务中 POTUS 和 SSBN 的通信传输。其以 50bps 的数据速率接收从甚低频（VLF，10～160MHz）到高频（HF，2～30MHz）频段的信号，是接收紧急行动信息的主要手段。

TBA BRR-6 是一个拖曳式浮标，当潜艇处于潜望镜深度以下时，将 BRR-6 放置在水面附近。该系统使 SSBN 不需要浮出水面便能够接收通信，为潜艇和艇员将受攻击风险降至最低。该系统的故障会严重影响 SSBN 执行任务的能力。

---

[1] NAVEDTRA 14300, Navy Instructional Theory, NONRESIDENT TRAINING COURSE, August 1992.

该系统最初是采用模拟系统设计的，后来意识到其可靠性不足，同时过时电子系统的成本逐渐增加，故后续改用其他方案，通过采购现有控制系统，使新的设计适用于未来"俄亥俄"级潜艇升级项目的通信浮标。该系统基于 COTS 技术，具有数字格式，节省了控制柜大量空间，改进了操作员控制台和人机接口。

10.3.2.4 发展历程

2010 年，美国海军寻求一种替代的通信浮标用于安装在 SSBN 替代艇上，此外，该替代浮标预计还会改装至现役的 SSBN 和 SSGN，作为现役 AN/BRR-6/6B 拖曳浮标天线系统的替代产品。[1]

2010 年 5 月，美国海军水下战中心（NUWC）宣称有意授予洛马西皮坎（Sippican，初始建造商）公司一份关于 AN/BRR-6 浮标系统及其子部件测试、基线更新和分析的固定价格合同，用于支撑其可靠性和性能提升。合同商必须交付 AN/BRR-6 基线文件和提供工程建议用于计划和提出改进方案。

2013 年 2 月，NUWC 宣称有意授予洛马西皮坎公司一份固定价格、单一来源合同，用于技术分析 AN/BRR-6/6B 通信系统接收信噪比的性能。

2013 年 4 月，NUWC 宣称有意征集一项全面公开的竞争性投标，用于寻求绘制 30 套 AN/BRR-6 2A4A1 电路卡组件图纸的供应商，原供应商洛马西皮坎公司合同于 2013 年 9 月到期。

2015 年 10 月，NUWC 宣称有意通过单一来源投标从 Lebus 国际公司采购一种原型滚筒（drum），用于 AN/BRR-6 拖曳浮标测试，要求调整现有的 AN/BRR-6 滚筒组件。

2018 年 4 月，美国海军水面战中心（NSWC）发布需求通知，有意授予一项竞争性投标，用于制造和交付 110 套 AN/BRR-6 拖曳电缆储运柜组件，该组件包括一个现货、改动过的物品运输箱和一个铝制卷轴组件，用于储运新的和使用过的 AN/BRR-6 浮标拖曳电缆。

10.3.3 潜艇通信浮标（SCB）

10.3.3.1 概况

潜艇通信浮标（Submarine Communications Buoy，SCB）是 PEO C4I 与英国国防部联合进行的探索舷外航行器具备多种通信介质和传感器能力的可能性的项目，同时也可帮助美国海军解决目前安装在 SSBN 和 SSGN 潜艇上的现有 AN/BRR-6/6B 拖曳浮标天线系统的过时问题。

SCB 是一种拖曳通信浮标，设计用于潜艇在保持下潜和安全深度的情况下，全天候接收甚低频无线电信号。系统因此面对复杂的动态环境，其设计必须具备足够的鲁棒性和可靠性，才能接收来自任何可能方向的高振幅不规则无线电波。SCB 原型浮标如图 10-17 所示。

10.3.3.2 发展历程

2012 年 2 月，巴布柯克公司及其合作伙伴 SEA 公司已建立合作协议，为英国未来的"先锋"级潜艇替代计划（VRP）潜艇通信浮标（SCB）系统进行技术演示计划（TDP）投标。英国国防部计划为未来的 SSBN（类似于"先锋"级）开发潜艇拖曳式通信浮标系统，以满足该新平台未来的通信要求。TDP 计划作为该系统的前身，于 2011 年 12 月发布了该计划的招标邀请。

---

[1] Janes C4ISR & Mission Systems Maritime 2020-2021.

图 10-17 | SCB 原型浮标——SCB76

自 2008 年第一份合同进入工业招标以来，巴布柯克一直参与国防部的 SCB 开发计划，此前曾与国防部签订合同，承担概念设计和评估、分析、模型测试和平台集成研究。该公司明确表达了对下一阶段 TDP 的兴趣。

巴布柯克和 SEA 团队联手竞标具有技术挑战性的 SCB TDP，组建了一支具备高技术能力的团队，承担该项目的设计、开发、制造和生命周期方面的工作，预计将具有极高的要求、严格的可靠性和特征要求。拖曳式的 SCB 必须能够在任何时间和所有天气条件下接收甚低频无线电信号，并且必须在复杂的动态环境中运行。为了实现连续通信，浮标必须保持在海平面以下受控深度，同时保持隐蔽。SCB 的设计要求包括必须能够在一种流动性的环境下响应和控制其运行。

巴布柯克和 SEA 团队代表了成功交付 SCB TDP 所需的 TDP 经验、技术知识和互补技能的完美结合。巴布柯克公司在潜艇机械和机电系统的设计、开发、制造、支持、安装、维修和维护方面拥有丰富的经验，该公司对现有的拖曳 VLF 浮标系统进行了研究，对在英国进行的替代方案进行了分析，进行了水动力建模数据和商业研究，并在操纵系统、水下绞车技术和潜艇试验（包括 TDP）方面拥有经验和专业知识。SEA 是一家系统工程公司，专门致力于将复杂系统技术推向成熟，在交付 TDP 方面拥有丰富的经验，在开发模拟环境（尤其是高级架构）以及进行潜艇系统集成、测试和试验方面具有重要的领域专业知识。两家公司此前曾在 2004 年成功地合作开发了声呐 2112 计划。根据合作协议，巴布柯克公司负责项目管理、安全、设计和制造，SEA 负责 TDP 管理、系统集成、系统工程以及模拟和验证。

2012 年 5 月，巴布柯克和 SEA 团队被授予 SCB TDP 第一阶段合同，共有两个团队获得了第一阶段合同。该项目旨在消除拖曳通信浮标技术存在的风险，以应对未来通信需求。根据为期 14 个月的第一阶段仿真和测试合同，两个团队将各自研发一套潜艇通信浮标系统设计，并对其进行模型测试。基于第一阶段的成果，海军将选择其中一个团队进入第二阶段。根据国防部计划，第二阶段于 2013 年夏季开始，最终交付一套全功能原型系统并在作战环境中进行演示验证。

2013 年 11 月，巴布柯克和 SEA 团队被授予 SCB TDP 第二阶段合同，该合同是在成功完成第一阶段任务之后签订的，根据第二阶段为期 3 年的合同，巴布柯克和 SEA 团队将降低拖曳通信浮标技术的风险，以满足英国皇家海军未来的通信需求，并交付完整的原型系统并在作战环境中进行演示。巴布柯克公司表示，该团队将结合 TDP 经验、技术知识和互补技能来应对第二阶段合同下的挑战。

据美国海军 2018 财年项目经费报告显示，2016 财年该项目拨款 24 万美元用于完成最终报告，后续自 2017 财年开始，再无经费拨款及项目计划。

10.3.4 多功能桅杆天线（OE-538）

10.3.4.1 概况

OE-538 多功能桅杆天线（Multi-Function Mast Antenna）是美国海军一种高性能、桅杆式、通信和导航天线，由洛克希德·马丁公司承制，旨在用作新建或现役潜艇天线的替代升级。

目前美军所有核潜艇都采用多功能通信桅杆天线系统作为它们同飞机、水面舰、陆上设备的主要通信方式。美国海军的"俄亥俄"级战略核潜艇（SSBN）装备了 OE-207 型多功能通信桅杆天线，"洛杉矶"级攻击核潜艇、"洛杉矶"级改进型攻击核潜艇、"海狼"级攻击核潜艇均装备了 AN/BRA-34 型多功能通信桅杆天线作为主用天线（图 10-18，图 10-19）。最新的"弗吉尼亚"级攻击核潜艇则装备了 2 副基于 AN/BRA-34 系列天线改进的 OE-538/BRC 型多功能通信桅杆天线（图 10-20）。OE-538 天线系统已全面部署，目前处于运营和保障（O&S）阶段。

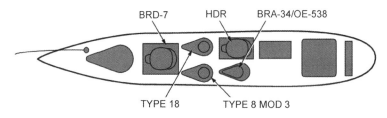

图 10-18 ▎"洛杉矶"级潜艇指挥室围壳[1]

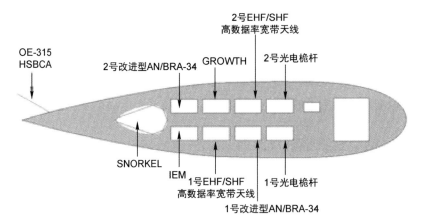

图 10-19 ▎"弗吉尼亚"级潜艇指挥室围壳[2]

---

[1] R. Axford, G. Fitzgerald. Tools for Analyzing and Describing the Impact of Superstructure Blockage on Availability in Shipboard and Submarine Satellite Communications Systems [J], COMMUNICATION SYSTEMS TECHNOLOGIES, August 2001.

[2] 宋光明，陈大勇. 潜艇桅杆通信天线发展研究 [J]. 舰船科学技术，2016，38（23）.

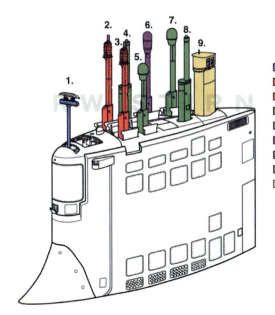

图 10-20 "弗吉尼亚"级潜艇桅杆和天线系统组成

10.3.4.2 系统组成

OE-538/BRC 系统的单个天线安装在一个流体动力流线型非贯穿式桅杆总成中。该系统具有同时传输和接收的功能。外部桅杆是一个极其坚固的流体动力优化组件,潜艇在恶劣的天气和海况下高速运行时也能使用。凭借其紧凑的模块化设计,OE-538 天线以比任何竞争解决方案更小的体积提供了所有这些功能。

如图 10-21 所示,OE-538/BRC 天线系统由 5 个单元组成:单元 1,天线/天线罩组件,是一个耐压天线罩,容纳所有需要的天线元件和相关的舷外电子设备;单元 5,天线控制单元(ACU),为外部接收器和收发器提供天线/天线罩组件和射频输入/输出端口的控制;单元 2,外部电缆组件,单元 3,壳体贯穿接头,单元 4,接线盒,一起提供天线/天线罩和天线控制单元之间的连接。①

天线/天线罩组件包含 4 个较高频率的天线元件(HF/VHF、UHF、IFF 和 GPS),用于接收和发射射频信号。信号通过适当的匹配网络、带通滤波器和放大器往返于这些天线元件。所有射频信号由双工滤波器单元多路复用到一条同轴射频线上。VLF/LF 接收通过带有集成前置放大器的 VLF/LF 交叉环形天线实现。VLF/LF 信号出现在天线底部的一组专用信号线上。

操作电源、控制和状态信息通过单独的专用导体传输到天线罩,RF,VLF/LF 和功率/控制/状态信号通过天线/天线罩底部的单个连接器传输到外部电缆组件,然后传输到壳体贯穿接头。接线盒可以直接安装在壳体贯穿接头上,也可以安装在贯穿接头 7 英尺以内。接线盒提供 VLF/LF 和其他天线/天线罩信号的分配。

天线射频信号和控制/状态信号从接线盒发送到天线控制单元,天线控制单元将单一的射频信号分成 4 个独立的信号,即 HF/VHF、UHF、IFF 和 GPS,同时通过控制/监控端口在

---

① OE-538/BRC Multifunction Communication Mast Antenna System, Lockheed Martin, 2006.

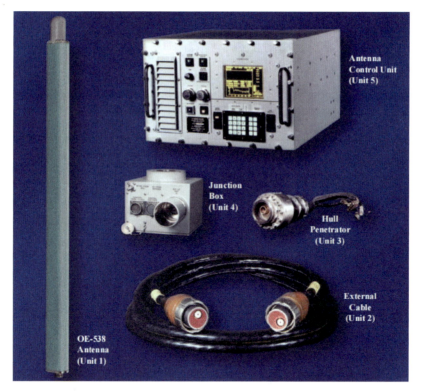

图 10-21 ｜ OE-538 多功能通信桅杆天线系统组成

远程位置提供天线/天线罩组件的本地和远程控制,或在前置面板系统状态显示器上显示系统状态。目前使用的远程控制端口是 RS-422,如果有需要可以实现不同的总线控制器端口,如 RS-232。

10.3.4.3 技术特点

OE-538 基于 AN/BRA-34 系列天线改进,设计与 OE-207/BR 型、AN/BRA-34 系列类似,其组成为天线体、控制器、分线盒和电缆组件等。OE-538 支持 VLF/LF 接收(10~170kHz)、MF/HF 收发(2~30MHz)、VHF 视距收发(30~174MHz)、VHF/UHF 视距收发(225~400MHz)、VHF/UHF 卫通收发(240~400MHz)、敌我识别 IFF 应答(980~1120MHz)、GPS 接收(1227.6±10)MHz,(1575.42±10)MHz,以及 Link 16 数据链、铱星通信等多种功能。其中 MF/HF 功能包括常规窄带和宽带调谐模式,不需要辅助外部调谐设备。当用于卫星通信时,该天线能够与 UFO 和 MILSTAR 卫星进行全双工 UHF 按需分配多址通信(DAMA)。

OE-538/BRC 的 5 个变体已经开发出来,它们也支持铱星收发和 Link 16 收发通信,并改进了 MF/HF 和 VHF/UHF STACOM 通信性能。这些功能可以添加到天线上,且不会降低潜艇的其他通信能力。

如图 10-22 所示为 OE-538 多功能通信桅杆天线系统性能。

OE-538A 是 OE-538 的改进版本,增加了支持移动用户目标系统(MUOS)、Link 16 战术数据链路(TDL)和铱星的功能。OE-538A 的组成部件在 OE-538 基础上去除掉 ACU,因为它由射频分配和控制系统(RFDACS)控制,该系统是 CSRR PoR 的一个组件,OE-538

Antenna System Performance

Power Handling Function	Band of Operation	Radiation Pattern			Capacity
		Polarization	Azimuth	Elevation	
VLF/LF Receive	10 kHz - 170 kHz	Vertical Linear	Crossed Figure-8	Similar to Monopole	Receive Only
HF Transceive	2 MHz - 30 MHz	Vertical Linear	Omni	Similar to Monopole	1 KW
VHF Transceive	30 MHz - 174 MHz	Vertical Linear	Omni	Similar to Monopole	100 W
UHF LOS Transceive	225 MHz - 400 MHz	Vertical Linear	Omni	Similar to Monopole	200 W
UHF SATCOM Transceive	240 MHz - 400 MHz	Circular	Omni	Hemispherical (See Note 1)	200 W
IFF Transpond	980 MHz - 1120 MHz	Vertical Linear	Omni	Similar to Monopole	1 KW Peak
GPS Receive	1227.6 MHz ± 10 MHz 1575.42 MHz ± 10 MHz	Circular	Omni	Hemispherical	Receive Only

Note 1: System provides both high angle and low angle modes for SATCOM operation. Elevation pattern is hemispherical in either mode, but gain is optimized at high (30° to 90° elevation) or low (horizon to 30° elevation) angles.

图 10-22 ┃ OE-538 多功能通信桅杆天线系统性能

到 OE-538A 配置的增量升级只影响天线罩组件，不需要修改其他组件。

OE-538B 是 OE-538A 的改进版本，增加了 GPS 抗干扰功能和 GPS 军事卫星的编码能力。OE-538B 的组成部件与 OE-538A 相同，OE-538A 到 OE-538B 配置的增量升级只影响天线罩组件，不需要修改其他组件。

10.3.4.4 采办动态

2006 年，澳大利亚国防部长宣布支持 6 艘"柯林斯"潜艇新型通信能力升级采购，其中包括 OE-538 天线系统。

2009 年 7 月，美国海军 SPAWAR 授予洛马西皮坎天线公司一份价值 690 万美元的成本加奖励/成本加固定费用合同，用于设计和开发 OE-538 Inc2 能力，该合同包括 OE-538 Inc2 硬件的低速率初始生产和全速率生产数量的选项，以及工程/仓库维修服务和供应项目订单的选项，如果全部执行，合同累计价值 5760 万美元。

2015 年 9 月，美国海军 SPAWAR 宣布与洛马西皮坎天线公司签订一份 3090 万美元的合同，用于 OE-538B 天线的升级以及用于海军潜艇的 OE-538 和 OE-538A 型天线的采购，合同适用于所有潜艇的现有和升级过的 OE-538 天线系统。

2016 年 11 月，美国海军与洛马西皮坎公司签订合同升级 OE-538B 以改善潜艇通信。合同内容涉及潜艇抗干扰 GPS 增强（Submarine Anti-Jam GPS Enhancement，SAGE）解决方案，由洛马西皮坎天线公司的分包商五月花通信公司提供支持，SAGE 是小型天线系统（SAS）的变体，专为安装在潜艇平台上而开发，以支持美国海军对 GPS 抗干扰的要求。

10.3.5 潜艇高数据率天线（SubHDR）

10.3.5.1 概况

潜艇高数据率（Submarine High Data Rate，SubHDR）由雷声公司于 20 世纪 90 年代研发，旨在将潜艇与全球广播服务（GBS）、MILSTAR 卫星和国防卫星通信系统（DSCS）连接到一起，发送和接收关键任务信息，如保密的宽带多媒体、语音和数据通信，进行图像和视频电话会议。该系统为潜艇提供与潜艇外部世界的高数据率通信和多频段卫星通信能力，极大地提高了潜艇的任务能力和潜艇艇员的生活质量。SubHDR 为潜艇舰队提供 EHF 低数据率能力、EHF 中等数据率能力、EHF 扩展数据率能力、军用超高频（SHF）能力和全球广播服务接收。该系统支持多任务、高机动、隐蔽的潜艇平台的当前和新出现的信息传输需求，支持参与地区和全球冲突的联合部队、海军部队和盟军。SubHDR 通过军用卫星运行，使水下部队能够全面参与协调舰队战斗群和联合特遣部队网络中心行动。

10.3.5.2　系统组成

SubHDR 系统组成包括 1 根水动力桅杆，可安装在潜艇鳍部，桅杆顶部安装由天线屏蔽器保护的带有桅杆状态传感器（MMS）的 552.5mm 多波段天线，如图 10-23 所示。通过桅杆状态传感器，可保证天线在 5 级海况下，始终与卫星方向保持一致，数据传输率达到了 256Mbps。桅杆装有 EHF 行波管，EHF/SHF 传输/接收电子设备，SHF 固态放大器和高压电源等系统电子设备。天线提供非常窄的波束宽度，结合信号生成和跳频，使信号不受干扰和拦截。

图 10-23 ┃ 安装在潜艇上的 SubHDR 示意图

10.3.5.3　技术特点

SubHDR 卫星通信系统为潜艇提供高数据率和多带卫星通信能力，使艇员能够在水下工作时通过升起一根微露出海面的天线发送和接收信息。SubHDR 可使水下部队充分地参与作战，与舰队作战群作战和"部队网"的运行相协调。

导航数据集成器多波段卫星通信桅杆具有抗干扰/降低拦截概率、EHF/SHF 中数据率卫星追踪和通信能力。系统能高数据率接收 Ka 波段信息，同时具有覆盖 Ku 波段的潜力。桅杆状态传感器用于补偿振动并测量在高速或高海况下运行时的桅杆弯曲度，对于实现与卫星的连续可靠连接至关重要。桅杆状态传感器还会随着舰艇运行进行自我调整以适时校正指向。EHF 波段信号所需的非常窄的波束需要与围绕军事星卫星的地球静止轨道精确对准，并且还需要精确的位置测量，该测量由 GPS 提供，由安装在天线杆下方的桅杆内的环形激光陀螺系统进行输入。

10.3.5.4　发展历程

SubHDR 的研制始于 1996 年，经过 PEO C4I 的遴选以及竞争性采购，最后确认了承包商雷声公司。在初始的 21 个月内，该系统对其 SHF 和 EHF 多频段卫星跟踪和通信能力进行了陆基、空中演示，随后多频段 SHF 和 EHF 卫星通信桅杆于 1999 年进行了全球广播服务、

Ka 频段高数据率接收能力的升级。在低速率初始生产期间（1999 年）生产了 7 个系统，该系统随后于 2000 年 8 月在攻击核潜艇 SSN 719 上进行测试，并于 2002 年 8 月在 SSN 719 上实施了更为深入的测试。

2004 年 6 月，英国国防部为改装的特拉法尔加级核动力攻击潜艇采购美国海军使用的 SubHDR 卫星通信系统。该笔订单由美国海军 SPAWAR 授予雷声公司，合同价值 3150 万美元，为其提供 12 套 SubHDR 天线桅杆系统，其中 7 套将通过美国国防部外国军售（FMS）项目提供给英国皇家海军。英国皇家海军的 4 艘"特拉法尔加"级潜艇将安装这种 X 波段的 SubHDR，后期还考虑购买 3 套 SubHDR 用于"机敏"级潜艇，以提高潜艇的先进 EHF 能力，数据传输率达到 1.554Mbps。

2010 年 3 月，雷声公司获得了一份价值 2810 万美元的固定价格合同，用于对之前授予采购的 8 套 SubHDR 系统进行整修，合同工作于 2010 年 12 月完成。截至 2010 年 8 月，雷声公司已向美国海军交付了超过 75 套 SubHDR 系统。

2014 年 7 月，为了保障 SubHDR 系统的现有作战需求，美国海军寻求一种新型设计能延长其故障间隔时间到 100000 小时或更长，以提高 OE-562A/USC-38(V) SubHDR 天线系统的可靠性、可维护性和可用性（RMA）。截至当前，已有 100 余套 SubHDR 系统服役。

2015 年 4 月，雷声公司获得了一份价值 8909 万美元的固定价格合同，用于采购 25 套 SubHDR 系统。该合同包含了美国海军（80%）和英国（20%）政府在对外军售计划下的采购。采购工作于 2018 年中完成。

2017 年 12 月，雷声公司获得了一份价值 2580 万美元的改装合同，用于采购 6 套 SubHDR 系统。该合同包括的选项如果行使，该合同的累计价值将上升至 1.147 亿美元。

2019 年 10 月，美国海军水下战中心授予 Serco 公司为期 5 年价值 4900 万美元的不定期/不定数量交付合同，为 SubHDR 提供系统工程技术服务。Serco 公司将对 SubHDR 项目的天线基座组进行维修，并对相关子系统进行评估和维修，以保证潜艇舰队发送和接收信息的关键任务系统正常工作。海军潜艇舰队依靠该系统进行安全的宽带通信、语音和数据通信、图像和视频电话会议等。该公司将在自己位于马萨诸塞州的工厂进行大部分工作，合同工作预计将于 2024 年 9 月完成。

2020 年 12 月，雷声公司获得了美国海军水下战中心的一份价值 7000 万美元的多年期无限期交付/不确定数量合同，以提供用于 SubHDR 桅杆组件的测试、检查、评估和整修。此外，雷声情报与航天公司将根据合同制造备用的 SubHDR 桅杆组件。该合同将在未来 5 年内确保现役潜艇舰队备件的维修和交付。

2021 年 1 月，雷声公司获得了美国海军一份价值 9000 万美元的合同，用于购买 23 套 SubHDR 系统，合同于 2020 年 12 月签订，采购工作预计将于 2024 年 1 月完成。

10.3.6 潜艇天线改装和维护（SAMS）

潜艇天线改装和维护（Submarine Antenna Modifications and Sustainment，SAMS）项目为传统的水下天线系统提供维护支持和改进其可靠性、可维护性和可用性（RMA）。传统天线提供联合海军和联合部队 VLF 到 UHF 范围内所需的通信能力。这些天线系统目前支持 SSBN 战略威慑的任务关键通信。

10.4 岸基/NC3 系统集成

10.4.1 潜艇作战授权（SUBOPAUTH）

潜艇作战授权（Submarine Operating Authority，SUBOPAUTH）项目对位于潜艇和"塔卡木"（TACAMO）广播控制站（Broadcast Control Authorities，BCA）站点的各种潜艇指挥、控制和通信（C3）系统进行维护和现代化。该项目致力于解决过时、可支持性、可持续性和网络安全问题。

SUBOPAUTH 总统决策指令（PDD）包括潜艇 C3 舰队孤立系统和信息筛查传输子系统（Information Screening and Delivery Subsystem，ISDS）。ISDS 由岸基和水上组件组成。岸基系统使 BCA 运营商能够筛选和管理所有输入的潜艇社区信息流量，然后构建和分发适用的广播。ISDS 允许交换关键任务命令和控制潜艇部队和 BCA 潜艇基地之间的通信。其控制中心如图 10-24 所示。

图 10-24　SUBOPAUTH 控制中心

SUBOPAUTH 是由海军部队指挥官（Navy Component Commander，NCC）任命的海军指挥官，负责确保安全和防止相互干扰，提供水域管理，并控制指定作战区域内指定潜艇的潜艇广播系统。[1]

SUBOPAUTH 可以执行分配和附属部队的作战控制或战术控制。在其作战区域内，潜艇部队利用水域管理快速有效地与敌方潜艇交战，同时防止对友军潜艇的无意攻击。与陆上火力支援协调措施类似，水域管理可能有助于减少或取消对参与水下行动的协调要求，或在参与行动之前强制要求具体协调。连同其他控制措施，水域管理和相关程序有助于确保水面和空中开火不会危及潜艇安全或干扰其他攻击手段。"防止相互干扰"是水域空间分配程序，旨在防止友军潜艇之间、潜艇与友军水面舰艇拖曳体之间、无人水下航行器与其他物体之间的水下碰撞。

---

[1] Joint Publication 3-32, Joint Maritime Operations. 08 June 2018. Incorporating Change 1, 20 September 2021.

10.4.2 固定潜艇广播系统（FSBS）

10.4.2.1 概况

固定潜艇广播系统（Fixed Submarine Broadcast System，FSBS）是一个安全的单向记录通信系统，用于支持部队指挥、部队管理、规划、作战情报以及日常管理，如图 10-25 所示。其主要作战任务面向 NC3，向隐身潜行的潜艇提供单向低频/甚低频（LF/VLF）战略和战术信息传输。海军陆基 LF/VLF 发射机发射的对潜指控广播是对潜广播系统的主体部分。LF/VLF 无线电广播具备良好的大气噪声、全球覆盖及海水穿透性等性能。对潜 LF/VLF 广播的工作频率范围为 14~60kHz。[①]

图 10-25　固定潜艇广播系统

10.4.2.2 系统功能与组成

FSBS 由三个独立的部分组成：广播控制站（Broadcast Cantrol Authorities，BCA）、广播键控站（Broadcast Keying Stations，BKS）和广播发射基站（Broadcast Transmit Stations，BTS）。紧急行动信息（即核武器的执行和终止）和其他关键任务指令由广播控制站生成，在广播键控站加密，由广播发射基站传输。FSBS 向部署的潜艇提供单向（岸-潜）信息服务，FSBS 包括 LF/VLF 系统，该系统向秘密行动的潜艇提供大面积的高度可靠的、每周 7 天、每天 24 小时的广播覆盖，除了向所有潜艇转发各种管理和操作信息外，FSBS 还专门针对部署的弹道导弹潜艇转发核武器指令和控制信息。

---

① Report No. DODIG-2014-083. INSPECTOR GENERAL. U. S. Department of Defense. Insufficient Infrastructure Support to the Fixed Submarine Broadcast System. June 23, 2014.

FSBS 系统的基本功能包括：

四组高功率（1~2MW）固定甚低频（FVLF）发射器系统，可在 14~30kHz 频率范围内提供潜艇通信广播的远程海洋区域覆盖。

FVLF 广播不需要通过暴露潜艇桅杆的方式来接收信息。

FVLF 项目为四组 FVLF 通信站（平均工作时间 36 年）提供升级以保证其到 2025 年的作战可用性。

提供距离扩展和缅因州通信站 FVLF 的拆分阵列能力，以满足舰队覆盖范围和吞吐量要求。

提供北达科他州通信站作为测试站点，用于 500kW FVLF 固态发射器模型研究，同时在 FVLF 站点的升级过程中作为可操作的 FVLF 站点以减少停机时间。

FSBS 在全球部署 9 个广播发射基站，分别位于美国夏威夷州、华盛顿州、北达科他州、缅因州、澳大利亚西部、日本冲绳、波多黎各、冰岛以及意大利，它们能以波特率 50 的速度向 SSBN 发送数据流。这些基站的地理位置允许潜艇重叠覆盖，这增加了成功接收消息流量的可能性。低频大功率信号能穿透海水，潜艇在水下便可接收国家最高指挥部的信息。指挥部还可通过"塔卡木"（TACAMO）挂载的长拖曳天线向水下潜艇发送消息。

如图 10-26 所示为 FSBS 作战概念图。

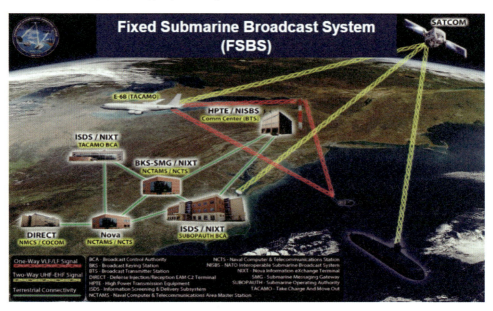

图 10-26　FSBS 作战概念图

10.4.2.3　采办动态

2016 年 9 月，空间与海战系统司令部（SPAWAR）大西洋中心授予大陆电子公司一项价值 1140 万美元的合同，用于更换 FSBS 的部分电子元件，包括匹配网络天线的螺旋线圈、液冷循环系统、两个 AN/FRT-64 甚低频发射机的栅极可变电感器以及 FSBS VLF/LF 发射机电源，合同工作于 2019 年完成。

2016 年 11 月，SPAWAR 发布了一份关于潜艇、机载和陆基 VLF/LF 接收器重新设计的 RFI，包括接收器的设计、开发、制造、组装和测试，以取代目前安装在海军潜艇、E-6B

飞机和陆基的 FSBS 老化系统，这些系统已接近其使用寿命。

2018 年 11 月，美国海军授予 PAR 技术公司子公司 RRC 一份为期 5 年的合同，为阿瓜达波多黎各发射基站海军无线电发射机设施（NRTF）及其低频 FSBS 提供 24/7/365（每年 365 天，每周 7 天，每天 24 小时）的运营和维护支持。阿瓜达 NRTF 由位于弗吉尼亚州诺福克的海军计算机和电信区大西洋主站（NCTAMS LANT）指挥，该合同价值 730 万美元，从 9 月开始执行，计划 2023 年 8 月完成。

10.4.3 "塔卡木"地面移动通信（TACAMO GC-M）

10.4.3.1 概况

20 世纪 60 年代，美国提出了 TACAMO（Take Charge and Move Out，"塔卡木"）机载甚低频对潜通信项目，在之后的几十年内进行了多次改进，并最终确定 TACAMO 为主要抗毁对潜通信系统，并着手对整个系统进行改进和完善，先后研发了 EC-130G、EC-130Q、E-6A 和 E-6B 等甚低频通信中继机，可实现 15h 以上的机动甚低频通信。[①]

TACAMO 项目任务包括：①通过协调 POR 的现代化和升级来支持地面通信；②确定非 POR 系统，对其制定采购、现代化和维护需求；③整合和维护 TACAMO BCA 站点的 C4I 设备。目前 TACAMO 项目采购并维护必要的固定和移动系统通信，以支持整个 TACAMO 和潜艇部队的任务。TACAMO GC-M（Ground Communications-Mobile）是 TACAMO 采用移动通信车辆的地面部分。

TACAMO 移动车辆通信如图 10-27 所示。

图 10-27　TACAMO 移动车辆通信

---

① 方传顺．美国海军"塔卡木"抗毁战略通信系统［J］．现代舰船，1998（05）：28-30.

10.4.3.2 系统组成

传统 TACAMO 系统为机载甚低频通信系统，最初采用 EC-130G/Q 螺旋式飞机，后采用 E-6A 喷气式飞机。该飞机采用 E-3A 预警机的机身配以 CFM56-2A2 发动机，改称为 E-6A 飞机。E-6A 衍生出了 E-6B 双重任务飞机。B 型于 1997 年服役，1998 年形成战斗力。B 型具有 A 型所有的作战能力，即对潜通信。B 型的改进之处在于加装了空中发射控制系统（Airborne Launch Control System，ALCS），能够控制陆基洲际弹道导弹发射的指令和通信，从而起到了美国核力量空中指挥所的作用。全机机组人员增至 23 人，外观上脊背增加了一个天线罩。

目前美国海军的 TACAMO 系统飞机分成两个飞行中队，一个中队部署在太平洋，另一个中队部署在大西洋和地中海地区。在这些区域内，每一时刻都要有一架飞机担任值班任务，即在空中适于向潜艇发信的地区飞行。随时能够向大多数潜艇传递紧急行动命令，并保证首次发射后潜艇能够收到报文。另有一架飞机处于一级战备状态，还有一架飞机待命，其余飞机将隐蔽在分散的基地内作为后备，或进行维护保养或进行人员培训。

TACAMO 系统由通信中央控制台和接收机/发射机组、甚低频功率放大器和天线耦合器以及双（长和短）甚低频拖曳天线组成。通信中央控制台是一个可供操作员控制各分系统的四座席控制台，被控制的分系统有甚低频发射和接收分系统、高频和特高频接收机/发射机、调制解调器和控制器、信息处理系统、通信保密设备、内部通信及辅助控制和监视设备。

10.4.3.3 技术特点

利用扩频最小频移键控（MSK）、频移键控（FSK）和连续波（CW）调制技术可以接收由海军甚低频岸基站、总统用的国家紧急空中指挥所飞机和各个空中指挥所发出的甚低频上行线路信号。高频收发信机提供附加的空对空、空对地通信能力，在特高频（UHF）频段内，"塔卡木"可与空军卫星通信系统和海军舰队卫星通信系统或任一其他视距话音通信系统连通，并可接收来自紧急火箭通信系统的信息。

信息处理分系统具有自动信息加密、优先等级识别、分类、格式化、显示、报文编辑和上行线路信息存储能力。发往下行线路信息被送到"小山雀"发射终端进行加密和抗干扰 MSK 调制及编码，甚低频功率放大器和天线耦合器将发射信号放大到 200kW 以上，然后将信号调谐到双拖曳天线上，双拖曳天线在需要发送信息时才从后机身放出。

飞机在小转弯盘旋飞行时发射甚低频信号，长拖曳天线的拖放长度是发射频率的二分之一波长，短拖曳天线拖放长度是以电子方式调谐到反射天线的长度，因此发射出去的信号是一种能以一定程度穿透海水的垂直极化甚低频信号。为达到约 70% 的理想垂直度，在长天线和短天线的端点都装有一个圆锥体或锥袋，以使天线达到所需的垂直度。

10.4.3.4 发展历程

1983 年 4 月，美国海军与波音公司签订了研制抗毁机载甚低频对潜通信系统（即 E-6A）的合同。1986 年，美国海军航空系统司令部批准 E-6A 开始生产，合同价款为 1.81 亿美元，年末生产出样机。1987 年 6 月开始飞行试验，并计划生产 15 架 E-6A，以取代早期的 EC-130 飞机。1987 年，罗克韦尔公司得到两项合同，其一是 860 万美元用于从 EC-130 飞机上拆下 AN/USC-13（V）通信设备，并重新安装到 E-6A 飞机上，其二是 1390 万美元用于研制甚低频固态发射机和双拖曳线天线。同年海军还签订了 2600 万美元的合同用于其他通信设备的采购。1988年，美国国会批准美国海军1989财年33450万美元的预算，用于采购7架E-6A飞机和改造一架E-6A以用于Milstar卫星通信系统的应用研究。1991年10月，克莱斯勒公司赢得2260万美元的合同，对"塔卡木"E-6A系统进行现代化改装。1994年6月，集成了高级航空电子设备单元的第一架E-6A飞机交付海军试验，该单元提高了飞机上的电文处理能力，提高了导航精度，改善了频率和时间标准以及将其卫星通信能力扩大到极高频频段。集成到"塔卡木"系统的主要分系统包括Milstar机载卫星通信终端、GPS、Milstar报文处理系统、时间频率标准分配系统、飞行管理计算机系统、MIL-STD-1553B总线和大功率发射机。1995年，波音公司把数字式自动驾驶仪安装到E-6A飞机上，并在E-6A飞机上试验了轨道改进系统。

10.4.3.5 采办动态

2021年12月消息称，美国海军正在计划用新的飞机接替TACAMO。空中战略指挥控制通信项目办公室（PMA-271）项目经理介绍，E-6A/B是基于1956年问世的商用飞机707而改装的，在采购该飞机时，预期使用寿命大约是25000飞行小时。PMA-271牵头完成了一个延寿项目，将E-6B使用寿命增加到大约45000小时，折算可用到21世纪30年代，E-6B因而得以继续履行其使命。

在2020财年年末，国防部加速了TACAMO任务的资本重组，该决议反映了美军认识到需要平衡老化的E-6B与TACAMO任务的重要性之间的关系。海军正在通过PMA-271启动TACAMO资本重组项目（E-XX），其已制定了初步的采办策略，由里程碑决策机构负责审批，目前已开展了第一次工业日活动，并在继续做市场研究。

2020年11月，E-XX被指定为重大防务采办项目，作为里程碑B之前的1B采办类别，几乎是最高优先级项目。2020年12月18日，PMA-271发布了信息征询书，宣布海军有意与洛克希德·马丁公司商讨，并授予其单一来源合同，在2022—2023财年采购最多3架C-130J-30用于测试和分析。相较当前的E-6B，加固型C-130J可适应多种机场。此外，鉴于E-6B的前任——EC-130G/Q也是该系列，因此选择C-130J也顺理成章。2021年1月5日，美国战略司令部司令在一次网络研讨会上称，"海军完全能够支撑我的任务需求——确保与弹道导弹核潜艇的抗毁性通信，我认为海军正在制定转向C-130的伟大决定"。

10.4.4 低频段通用通信系统（LBUCS）

低频段通用通信系统（Low Band Universal Communications System，LBUCS）作为FSBS的现代化升级项目，将升级FSBS的发射和接收子系统，这些子系统正接近其使用寿命。该项目主要任务包括：对FSBS的低功率发射和接收子系统现代化升级，简化FSBS架构，并通过高性能传输模式的形式提供额外的低频/甚低频（LF/VLF）能力。LBUCS项目的关键属性包括减轻过时和加密问题，更新低频/甚低频传输模式（在某些作战场景中至关重要），以及为每个发射机提供地理分集和冗余键控。

如图10-28所示为LBUCS作战概念图。LBUCS通过甚低频架构确保作战能力，为以隐身姿态运行的潜艇提供系统寿命延长和潜艇广播流量灵活性。灵活性包括增强的吞吐量和抗干扰能力，可确保向潜艇交付更多的作战产品，而不会有暴露桅杆的风险。灵活性还包括一个简化的岸基架构，以维持通信能力，同时最大限度地利用岸基站点（广播键控站）。LBUCS还提供了对甚低频接收系统的升级，具有所有可互操作的波形，以确保继续符合核指挥和控制系统技术性能标准（NTPC）。

2019年9月，美国海军与国际科学应用公司（SAIC）签订合同，以开发和生产 LBUCS 发射终端设备，用于帮助海军检查和修复现有舰队潜艇广播系统。

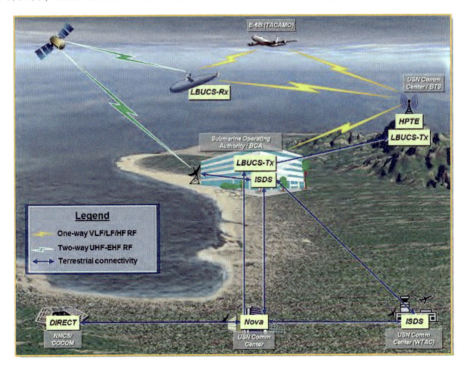

图 10-28　LBUCS 概念图

10.5 技术转移和特殊项目

10.5.1 海底星座

海底星座（Undersea Constellation）提供了一种创新的方法来解决未来的战略环境，同时满足当前的财政和兵力结构需求。采用创新方法来整合当前和新出现的技术以及作战方式，建立这个海底网络将允许海军部队采用能够充分利用海底机动空间的平台和系统。

海底星座项目利用水下通信、无人系统、传感器和配电网络方面的技术进步，在美国水下部队以及与空军、水面部队和岸上部队之间提供通信连接，以加强航母打击群和远征打击群作战，提供更强大的情报和监视能力，为海上拦截行动、反水面战和反潜战提供更大的连通性，同时支持特种作战和水雷战，能更好地对接战略力量，如图10-29所示。

海底星座作为一个新兴的网络将支持美国海军在水下领域获得信息优势，并将成为联合信息环境（JIE）的前沿和早期测试。由于其他联合部队在到达现场时可能会陷入海底星座，因此美国海军在实际构建海底星座时对JIE进行了测试。海军可靠的指挥控制链依赖于有弹性和安全的信息基础设施，实现这一目标的途径是通过可靠和安全的网络。

随着海军将海底星座发展为JIE的前沿，海底星座的成功可能会为JIE提供额外的支

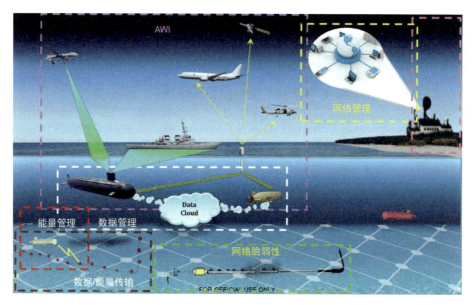

图 10-29 海底星座项目示意图

持。随着海军和工业界应对这一领域的挑战,海底星座的架构师必须解决这些海底网络的多模态适应性问题,即使用不同通信网络的潜器和传感器如何能够在彼此之间进行通信以提供信息优势。

建立海底星座连接潜艇、自主水面艇和水下潜器、分布式传感器网络、海底电缆和各种其他系统是一项艰巨的挑战。虽然"空中星座"(Air Constellation)通过类似的 RF 网络连接各平台,但海底星座必须将采用声学、射频、蓝绿色激光器、海底电缆网络以及其他通信手段的系统连接在一起。这项工作目前在海军的研发和采购下继续向前推进。

海底星座是一项创新倡议,为水下部队提供和航空部队同样强大的网络。海军表示其必须研究和开发新技术,以便与其水下部队进行较为可靠的沟通,即使他们处于水下很深的位置。这些技术涵盖了必须集成的各种尖端功能,以确保海底星座功能有效。包括七个关键技术支柱:

- 空中-水下接口,包括激光器、电缆、网关(浮标,潜器和其他平台)以及自动化网关接口;
- 数据和能源传输的可靠连接,包括潜器连接、服务质量、授时和信息保证;
- 系统级能源管理,包括分布式网状传感器、有效载荷通信和网络以及无人潜航器;
- 水下网络管理,包括网状网络、延迟考虑、用户界面和自主管理;
- 数据管理,数据策略,数据到知识算法,数据渗漏;
- 水下网络漏洞,包括干扰和欺骗、反篡改、信息保证、带宽管理和拖网阻力;
- 水下网络任务模型设计,包括端到端工程、风险敏感性以及成本和环境参数。

在 PEO C4I 和 PMW 770 的领导下,海军和工业合作伙伴正在共同努力执行"海底连接路线图",为开发和维持这些海底星座技术提供解决方案。海底连接路线图提供了继续海底信息优势所需能力的二十年发展前景,将帮助海军:

- 创建一个通用的海底连接体系结构,所有利益相关者都同意并将其用作各自项目的框架;

- 定义并预测海底连接技术开发的状态；
- 为海军信息优势路线图提供更多的海底连接粒度；
- 为行业提供与海底连接路线图架构相一致的未来支撑技术的见解。

10.5.2 濒海战场感知自主水下航行器（LBS-AUV）

濒海战场感知自主水下航行器（Littoral Battlespace Sensing Autonomous Underwater Vehicle, LBS AUV）由康士伯海事（Kongsberg Maritime）的子公司 Hydroid 开发，是 REMUS-600 AUV 的改型，后者主要用于海洋气象数据收集，如图 10-30 所示。

图 10-30 LBS AUV

2010 年 9 月，Hydroid 公司获得一份价值 843 万美元的成本加奖励合同，用于 LBS AUV 和相关支持设备。该合同将为 PEO C4I 的 PMW 120 项目办公室提供气象和海洋（METOC）数据收集、处理和数据/产品传播技术。该合同包括的五个选项如果全部行使，合同总价值将达到 7766 万美元。工作在马萨诸塞州波卡塞特进行。

2013 年 2 月，Hydroid 公司宣布其向 SPAWAR 提供 LBS AUV 的合同已从工程开发模型（EDM）阶段转移到全速生产（FRP）。[1]

2018 年 1 月 8 日，美国海军 NAVWAR 发布信息显示，PMW 120 项目办公室打算延长与 Hydroid 公司的现有合同，总共采购 4 个非开发项目 UUV。LBS-AUV 提高了环境特征的覆盖范围、准确性和精度，使作战人员能够通过优化传感器和武器平台的布局和操作模式来对装备分配进行战术调整，从而提高战术效率，同时减少时间和部队风险。它们是中型、中等续航能力的电动航行器。政府要求生产、部署和维护水下机器人，以提高海军持续收集海洋数据的能力。AUV 有两个变体：AN/WSQ-43（V）1 和 AN/WSQ-44（V）2。第一种变体是在 T-AGS 外发射的，第二种变体是从潜艇干甲板掩体发射的。本合同仅采购（V）2 变体。[2]

10.5.3 模块化光学通信（OCOMMS）

2017 年 3 月，SPAWAR 发布模块化光学通信（Modular Optical Communications, OCOMMS）载荷项目公告，旨在设计可用于有人潜艇/UUV 与飞机、水下平台间的全双工通信系统，该系统无须水面通信转换节点，水下平台间通信速率不低于 1Mbps，未来有望实现更高速率，空中通信距离超过 27km，水中深度超过 30m，并且具有低截获概率和低检测概率（LPI/LPD）特性。海军研究人员正在为这种光通信有效载荷寻找带宽、可用性和脆弱性

---

[1] Hydroid's LBS AUV enters full-rate production for US Navy. Naval Technology, February 20, 2013. [https://www.naval-technology.com/news/newshydroids-lbs-auv-enters-full-rate-production-us-navy/]

[2] https://govtribe.com/opportunity/federal-contract-opportunity/littoral-battlespace-sensing-autonomous-undersea-vehicle-lbs-auv-spawarheadquartersmktsvy147f5a

之间的技术平衡。

部分公开信息显示，海军主要感兴趣的是一种空中和水上光通信系统，该系统被封装为安装在飞机或吊舱中的平衡环，长不超过 16.5 英寸、边长不超过 15.5 英寸、高不超过 13.25 英寸、质量不超过 60 磅。感兴趣的技术包括工作在 450~550nm 区域的紧凑型脉冲激光器、大孔径窄带宽和宽视场光学滤波器、能够使用脉冲位置调制和解调光信号的通信调制解调器，以及灵敏的大孔径光学探测器。OCOMMS 项目示意图如图 10-31 所示。

该项目后被纳入 AdvHDR 项目。

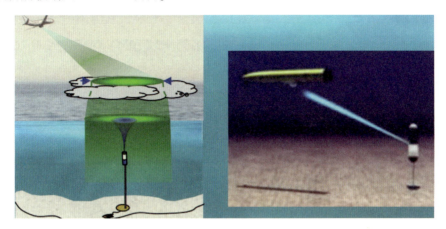

图 10-31　OCOMMS 项目示意图

10.5.4　低截获/低检测（LPI/LPD）

随着用户话音、数据、视频等应用业务的日益增多，对无线传输带宽提出了更高的要求，在军用领域，出现了以美军宽带网络波形（Wideband Network Waveform，WNW）、单兵电台波形（Soldier Radio Waveform，SRW）为代表的军用宽带通信系统，其中 WNW 波形的最高速率达 5 Mbps，SRW 波形的最高速率达 2 Mbps。就抗干扰能力而言，美军的 WNW 与 SRW 也根据应用环境，设计了多种工作模式，WNW 波形主要包括 OFDM 宽带模式、LPI/LPD 模式、抗干扰模式、BEAM 模式；SRW 波形则主要包括 Combat Comms、LPI/LPD 模式、电子战模式。

从抗干扰的侧重点来讲，低截获概率（Low Probability of Interception，LPI）与低检测概率（Low Probability of Deception，LPD）有所不同。其中 LPI 技术主要是确保信息安全，即使敌方知道我方在通信，但抓不住我方通信内容，主要实现手段包括定速/变速跳频、跳时、直序扩频、混合扩频、调制变换等技术。LPD 技术主要是防止频谱暴露，让敌方不知道我方在什么时间通信，主要包括功率自适应、定向天线、散射通信等技术。

10.5.5　先进高数据率天线（AdvHDR）

先进高数据率天线（Advanced High Data Rate Antenna，AdvHDR）项目致力于提供水下通信能力的研究和开发，用于取代 SubHDR 天线，提供改进的带宽。主要包括以下三方面内容：

（1）英美光学通信（OCOMMS）：致力于开发适用于部署在飞机和水下系统上的小尺

寸、低质量和光通信能力的系统。

（2）面向战术的技术插入桅杆（Tactically Oriented Technology Insertion Mast，TOTIM）：致力于减小成像传感器的尺寸，增加模块化，增加传感器功能，并支持特定任务下的有效载荷。

（3）低截获/低检测概率（LPI/LPD）：支撑以上工作开展，为有人/无人水下系统带来隐身、宽带宽和按需通信能力。

如图 10-32 所示为安装在潜艇桅杆上的 AdvHDR 卫星通信系统（3 个 Tx 阵列，1 个 Rx 阵列）。

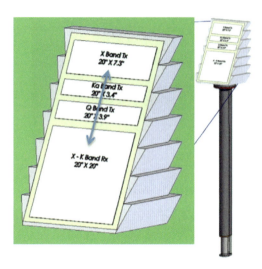

图 10-32　安装在潜艇桅杆上的 AdvHDR 卫星通信系统

10.6　潜艇通信和集成

10.6.1　岸舰通信系统（SSCS）

岸舰通信系统（Shore to Ship Communications Systems，SSCS）项目的重点是对具有成本效益的解决方案、维护和升级水下通信设备所需能力进行研究、开发、测试和评估。根据 CJCSI 6811.01《核指挥控制系统技术性能标准》，该项目应确保水下广播以满足对在视野深度以下运行的战略和战术潜艇部队的消息传送要求。

SSCS 是一种通信系统，旨在帮助船舶在离岸时保持可靠的通信连接。这些通信系统使近海船舶能够在超出沿海系统范围时访问实时数据和语音通信。通过使用卫星、微波设备或两者的结合，海上用户可以访问可靠的海上互联网连接。SSCS 提供了海上用户有效完成各种任务所需的基础设施。通过使海上舰队能够在各种任务中共享数据，用户可以更准确地确定如何定位关键平台，以使海上运行更加顺畅。此外，当驻扎在海上时，强大的通信链路对舰上人员来说是一个重要的通信组件。传统的海上通信链路迭代通常滞后、昂贵，并且在促进有效、低延迟的通信方面基本上无效。

10.6.2 水下确保指挥控制（UAC2）

水下确保指挥控制（Undersea Assured Command and Control，UAC2）项目提供完全集成和测试的UAC2通信系统，在传统通信不可用的环境中保障C2能力。UAC2降低了对手检测和攻击平台敏感性。

先进高数据率天线（AdvHDR）项目2018财年项目工作安排显示，开始低截获/低检测（LPI/LPD）技术开发阶段，并指出这项工作已转移至项目1411单元，并被称为水下确保指挥控制（UAC2）第一阶段技术开发。

10.7 其他

10.7.1 战略通信持续评估项目（SCAP CEP）

战略通信持续评估项目（Strategic Communications Continuing Assessment Program-Continuing Evaluation Program，SCAP CEP）对战略任务、作战区域和威胁分析进行定量评估，以确定战略海底通信在良性和压力环境下可以支持的作战区域。CEP项目评估SSBN潜艇上C3系统性能；向作战指挥官和系统规划人员报告结果，同时向海军提出建议以便立即改进，或对将来的新潜艇无线电舱及其部件进行改进。

该项目通过评估和报告舰队战略演习的结果，持续评估海军各个任务地点NC3网络系统性能的有效性。扩展的CEP将使用自动数据收集以涵盖来自Nova集线器和Nova信息交换终端（Nova Information eXchange Terminals，NIXT）的数据。海军核指挥控制与通信赛博评估项目（NC3-N Cyber Assessment Program，NCAP）扩展了海军NC3架构的网络安全评估。

CEP和SCAP共同对SSBN和核指挥控制系统（NCCS）的通信性能进行了重要分析。CEP作为美国战略司令部（USSTRATCOM）指导的项目，对用于向SSBN发送紧急行动消息的关键系统进行日常评估。随着架构现代化而产生变化，CEP继续评估这些关键系统的性能，以确保它们满足支持总统执行核武器命令的要求。SCAP是一项补充工作，为规划者提供建模和模拟能力，以评估NCCS管理和指导战略力量的能力。海军和USSTRATCOM使用这些研究来评估现有项目，证明项目改进的合理性，评估新程序并开发未来的系统架构。最重要的是，这些相对便宜的程序可以为NCCS提供未来或新出现的潜在问题的警告。

10.7.2 过渡工程（XENG）

过渡工程（Transition Engineering，XENG）项目支持概念工程、新技术评估、可靠性改进以及持续预研计划的产品改进评估，以支持当前和未来的水下通信应用。这项工作通过资助产品开发达到7级技术成熟度，缩小了国防科学技术（S&T）和水下通信POR之间的差距。

第 11 章 PMW 790：岸基与远征集成

11.1 概述

PMW 790 项目办公室的名称是岸基与远征集成（Shore and Expeditionary Integration），任务是为作战人员采购、集成、交付和支持可互操作的岸基 C4I 部队网络能力，向海军岸基和远征平台集成、安装和加速交付 C4I 能力。

愿景：成为作战人员综合岸基转型网络中心战能力的卓越提供商。

总体目标：确保计划安装在海军舰艇上的 C4I 系统具有匹配的适当容量的岸上设施，以支持舰队在全球的部署，包括将岸上站点及其地面互连迁移到一个连贯的、可扩展的、以网络为中心的通信和多路复用结构中，该结构旨在通过实现改进来优化功能，既满足当前的不足，又尽可能为未来的 C4I 架构提供构建模块。

如图 11-1 所示为 PMW 790 的主要业务概要情况。[1]

图 11-2 所示为 PMW 790 的项目组合。[2]

本章对 PMW 790 分管的项目进行综述，主要包括：

（1）弹性网络。

STACC，岸基战术保证指挥与控制（涵盖 VSE 虚拟安全飞地和 CENTRIXS 联合企业区域信息交换系统）。

（2）岸基 C3。

- C2OIX，指挥与控制官方信息交换；
- NC3 NMHS，海军现代化混合方案；
- Telephony，电话通信；
- JMINI CS，联合军事卫星通信网络集成控制系统；

---

[1] CAPT Kyle Turco, Program Manager. NDIA Briefing Shore and Expeditionary Integration PMW 790. NDIA 2020 Fall Forum, 27 October 2020.

[2] CAPT Kyle Turco, Program Manager. NDIA Briefing Shore and Expeditionary Integration Program Office PMW 790, 8 October 2019.

PMW 790
Shore and Expeditionary Integration

	提供弹性强、适应性强、可互操作且经济可承受的岸上和远征C4I能力，使所有领域的任务都能取得成功。	
790 项目组合–岸基信息战平台	执行产品和服务组合，使信息战（IW）平台能够满足从舰队指挥官到海上部队和我们的远征作战人员的端到端C4I需求	
弹性网络	在具有部门领先的安全和网络管理能力的DIL环境中，通过STACC、VSE/CMV、CENTRIXS和MOC在多个安全飞地上为有保证的C2提供可机动的、弹性的网络	
岸基C3	利用IP和RF路径实现现代冗余通信能力，实现舰船、潜艇、移动单元和岸上之间的现代化消息和协作服务（通过C2OIX、NMHS、Telephony/VTC和JMINI）	
岸基和远征平台	提供经济高效、可扩展和有弹性的C4I系统（通过DJC2、海军远征队、USNO和PTA），在联合、远征、精确时间和舰队C2任务中实现最大的作战灵活性	
倡议：C4I兵工厂-适应性部队包（AFP）	通过严格管理基础设施、系统和体系结构的方法，实现和维护可持续、可防御和安全的岸上平台，以确保网络弹性和有保证的C2能力	

图 11-1 PMW 790 岸基与远征集成概要

图 11-2 PMW 790 岸基与远征集成项目组合

- 岸上消息现代化。

（3）岸基 & 远征平台。

- DJC2，可部署的联合指挥与控制；
- 远征 C4I；
- USNO PTA Network，美国海军天文台精确计时和天文测量网；

- MOC,海上作战中心。

(4)其他。

- DMS,国防消息系统;
- IW CS,集成波形控制系统;
- Teleport,国防部远程传输系统。

如图 11-3 所示为 PMW 790 的作战视图(OV)。

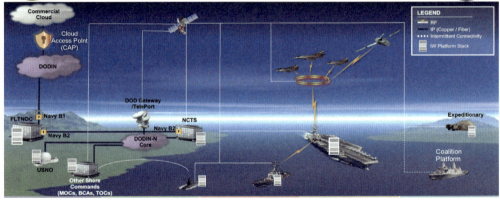

图 11-3 ┃ PMW 790 作战视图

11.2 弹性网络

11.2.1 岸基战术保证指挥与控制(STACC)

11.2.1.1 概况

岸基战术保证指挥与控制(Shore Tactical Assured Command and Control,STACC)项目的前身为战术交换(Tactical Switching,TSw)项目,TSw 将 20 世纪 70 年代基于串行的非 IP 传输通信基础设施重建为以网络为中心的基础设施,支持将岸上站点及其地面互联,迁移成一种连贯的、可扩展的、以网络为中心的能力。其主要目标是为流动客户和联合用户提供一个商业上标准化的、技术上兼容的和强大的网络。它的通信控制节点将与盟军和联盟网络互操作,通过提供端到端、安全、可靠、可重构和可持续的 C2 网络来满足部队网(FORCEnet)对网络中心作战的要求。以全 IP 网络为基础,TSw 有助于将所有海军语音、视频和数据网络完全集成到 GIG 内的所有服务中,该项目的实施提高了效率,减少了人力和海军岸上基地的总占地面积。TSw 具有以下作用:①基本的产品集和服务,作为端到端通信的助力;②解决岸上基础设施失调问题,以弥补海上 C4I 系统;③作为优先引入岸基技术的切入点。[①]

[①] Les Hubbard, Program Manager. NDIA Briefing Shore And Expeditionary Integration Program Office PMW 790. NDIA,29 October 2014.

如图 11-4 所示为 TSw 产品集对 C4I 服务的支撑。

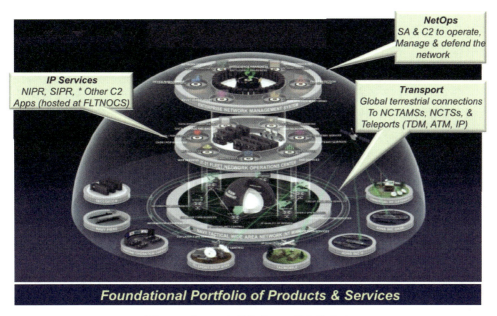

图 11-4　TSw 产品集是 C4I 服务的基础

该项目于 2015 年正式更名为 STACC，新名称反映了任务职责范围的扩大，并使 C4I 能力能够在单一 POR 下支持舰队。扩大和改进的职责包括全球持续作战（COOP）和人员分布式作战，在 5 个舰队网络作战中心（FLTNOC）提供标准 IP 服务：NCTAMS PAC（太平洋地区，PRNOC）和 NCTS 圣迭戈；NCTAMS LANT（大西洋地区，UARNOC）；NCTS 巴林（印度洋地区，IORNOC）；NCTS 那不勒斯（欧洲中部地区，ECRNOC）；西太平洋保障司令部第七舰队。每个 FLTNOC 托管企业网络管理系统（ENMS）管理和监控系统，该系统允许实时网络态势感知，并对 21 世纪信息技术（IT-21）海军全球态势感知岸上网络进行主动和预测性管理，以及跨多个安全飞地的扩展威胁服务。

11.2.1.2　系统组成

STACC 产品集覆盖广域地面传输服务、核心网络服务、网络监控和管理等方面，由硬件、软件、计算/处理、网络和存储技术组成。这些服务跨越多个安全分类级别，包括非密和秘密的 CENTRIXS-M、SCI 和 VSE。2016 财年，STACC 产品集吸收了三个额外的系统，并将在 PRNOC 和 UARNOC 实现岸上 CENTRIXS-M（海上联合企业区域信息交换系统）和 SCI（敏感隔离信息）NOC 的现代化。这种将物理和操作整合为一个综合海岸网络架构的做法，将在成本和性能方面改善可持续性。

CENTRIXS-M 是一个全球网络的组合，允许在战术和作战环境中的联盟伙伴之间有效和高效地共享秘密发布信息。CENTRIXS-M 支持世界各地的作战司令部，包括美国太平洋司令部、中央司令部和欧洲司令部。CENTRIXS-M 也被广泛用于支持像环太平洋（RIMPAC）这样的演习，该演习可能涉及超过 14 个国家。

SCI 网络系统是任务通信杀伤链中的关键要素。SCI 提供安全的电子邮件、聊天、网页浏览、视频、音频和其他常见的网络企业服务。此外 SCI 还为特殊情报以及其他 SCI 流量提供了一个渠道。该系统支持联合指挥和控制、态势感知、战损评估、指示和警告以及附加密码信息的传输。SCI 网络系统通过一个灵活的、商用现货的、以网络为中心的应用层系统，为联合特遣部队的最终用户和作战计划人员提供消息服务，该系统连接通信网络，还提供与其他美国关键网络的互操作性，如联合全球情报通信系统（JWICS）、NCTAMS 以及 SCI 网络作战中心。

STACC 产品集中增加的第三个系统是虚拟安全飞地（Virtual Secure Enclave, VSE）。VSE 是一个基于软件定义或虚拟专用网络（VPN）的弹性网络，能够显著改善网络运营、网络防御、维护和监控，旨在在竞争激烈的网络环境中生存。VSE 为终端用户提供了对 C2 应用程序的虚拟化访问，降低了硬件维护成本，可保障 C2 传播，改进了全球持续作战。为了应对网络攻击，VSE 从逻辑上将关键系统和用户与更大、更难防御的网络隔离开。在战争的作战层面，VSE 为指挥和控制应用程序提供了在拒止环境场景下的弹性网络。为了进一步降低复杂性，标准化硬件和软件 STACC 正在与 PMW 790 内的通用企业基准保持一致，这将使 STACC、可部署的联合指挥与控制（DJC2）和海军远征作战司令部（NECC）保持一致。

11.2.1.3 技术特点

STACC 是海军的 POR 项目，旨在巩固和现代化岸上广域网络服务基础设施，为海上部队和分配有战术、作战和战略任务的岸上指挥部提供支撑。STACC 通过提供与国防信息系统网络（DISN）的接口，直接支持海上传统网络（如 ISNS 舰载一体化网络系统）、综合海上网络和企业服务（CANES）和自动化数字网络系统（ADNS）以及安装在这些网络上的所有相关系统，从而实现海军战术部队内部以及与作战司令部、联合部队、联盟/任务合作伙伴和其他服务/机构的互操作性，如图 11-5 所示。

图 11-5　STACC 连接舰队、海上作战中心、联合和远征部队

STACC 在 5 个舰队网络作战中心拥有处理能力，覆盖了 CONUS 和 OCONUS 地区的 40 多个设施，支持超过 410 个水面和水下平台。STACC 将海军的岸上传统串行传输基础设施现代化为一个完全以 IP 网络为中心的体系，能够通过增加带宽来提供无缝和安全的传输，

以支持国防部、联盟在岸上设施和战术团队之间的语音、视频和数据操作。最终将有 1000 多种不同的 STACC 设备部署在五大海岸区域的 68 个地区，安装路由器、交换机、服务器、工作站、多级瘦客户机、跨越 5 个安全飞地的防火墙等。

STACC 采用模块化、开放式系统方法部署能力，利用现代技术，并在可能的情况下更新现有设施。STACC 项目强大的 FLTNOC 基础架构已经虚拟化，以减少物理基础架构，并扩展托管服务。

网络管理服务为用户提供对网络健康和状态的近乎实时的态势感知。STACC 使操作员能够了解网络正常状态和非正常状态，提供一个先发制人的网络空间能力，在网络拒止的信息环境中作战并取得胜利。STACC 的网络监控和管理系统也是海军赛博态势感知（Navy's Cyber Situational Awareness，NCSA）项目的关键和基础数据集提供商，该项目执行进一步的处理、关联和影响评估。STACC 网络核心服务产品为需要在战术环境中运行的程序提供平台支持服务，如电子邮件、聊天、域名系统、补丁和 C2 应用托管服务，包括 IaaS 和 PaaS 产品。

11.2.1.4 采办动态

2020 财年，STACC 开始扩展虚拟安全飞地（VSE），支持弹性指挥和控制计划，以支持更多主运行中心用户及其特遣部队指挥官（Commander Task Forces，CTF）。2020 财年的资金用于设计、集成、采购和安装硬件和软件，将 VSE 的用户容量从 1250 人扩大到 3500 人，以支持特定的作战计划，为主运行中心和 CTF 用户增加关键的 C2 应用程序，以便在竞争环境中作战。这一能力正在太平洋和大西洋地区的 26 个地区进行扩展。2020 财年，STACC 的资金还用于设计、集成、采购和安装硬件和软件，以实现冗余和弹性，从而将传统串行传输过渡到 IP 环境，扩展 IP 服务（CENTRIXS-M 和 SCI）以涵盖应用托管服务并扩展存储能力，并增强网络作战监控和管理，提供网络补救解决方案来检测、阻止和减少网络威胁，并为保障指挥控制提供地面通信和路由更改。

11.3 岸基 C3

11.3.1 指挥与控制官方信息交换（C2OIX）

11.3.1.1 概况

指挥与控制官方信息交换（Command and Control Official Information eXchange，C2OIX）项目的前身为战术消息传递系统（Tactical Messaging），为海军提供组织消息服务和与国防部用户（如战术部署用户、指定的联邦政府组织和外国盟友）的接口。该系统的特点是从位于两个 NCTAMS 的战术消息网关（Tactical Messaging Gateway，TMG）飞地向海上单元传输采用公钥基础设施（KPI）签署和加密的电子邮件。TMG 作为海上单元的代理，战术消息传递系统继续提供海军需求管理和产品认证，保留潜艇消息传递实施要求。战术消息传递系统后续被纳入 C2OIX 项目进行修改，以解决过时问题。C2OIX 通过利用现有的射频路径和岸上企业网络，促进水面舰艇、潜艇、岸上和战术移动单元之间的组织信息交流，为指挥官提供在海上或岸上交换 C2 官方信息的能力。

C2OIX 项目将战术消息传递系统和国防消息系统（DMS）合并为单一的服务寿命延长

项目，并管理组织记录信息流量的官方信息交换，为所有海上和岸上平台提供持续支持和现代化。C2OIX 支持所有海军信息需求，向岸上、海上和移动海军用户提供组织 C2 信息。

如图 11-6 所示为 C2OIX 的高层作战概念图（OV-1）。

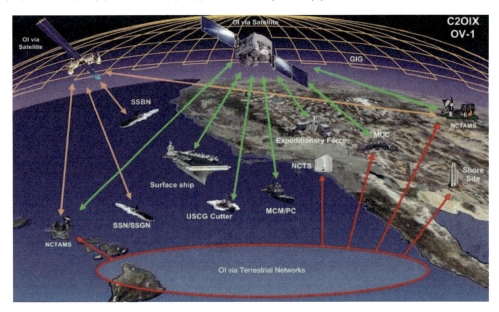

图 11-6　C2OIX 作战视图

11.3.1.2　系统组成

海上 C2OIX 由海军模块化自动通信系统 Ⅱ（Navy Modular Automated Communications System，NAVMACS）组成，NAVMACS Ⅱ 是一个舰载消息处理系统，负责防护广播频道，并提供唯一的常规服务（GENSER）绝密通信路径。岸基 C2OIX 通过 NCTAMS 的 C2OIX 2.X（AN/UYC-20（V）3）提供岸上消息传递基础设施。C2OIX 岸上部分和海上部分均满足海军记录消息传递要求，并实施采用开放系统架构开发的产品。

C2OIX 项目的海上部分由 NAVMACS Ⅱ 升级取代了旧的 NAVMACS 版本，旧系统不符合当前的网络安全要求。它还自动化和提高了处理舰上和潜艇上组织信息通信的速度和效率，并用一种统一的变体（AN/SYQ-26（V）7）取代了分布在美国海军、军事海运司令部、美国海岸警卫队的 10 个 NAVMACS 水面舰艇变体（图 11-7）。NAVMACS Ⅱ 目前处于运行和维护阶段，对所有缺乏支持和不符合网络安全要求的舰载系统进行技术更新，同时与 CANES 进行同步，预计 2023 年形成初始作战能力。

C2OIX 项目的岸上部分是基于 IP 的 C2OIX 岸上网关系统。C2OIX 将虚拟化岸上网关非密、秘密和绝密消息飞地上的所有政府官方信息交换系统软件套件，并在 NCTAMS 太平洋和 NCTAMS 大西洋提供集成跨域解决方案。目前采用的版本 C2OIX 2.X 处于运行和维护阶段，被部署在 NCTAMS 大西洋和 NCTAMS 太平洋的三个飞地（NIPRNet、SIPRNet 和 TS/C 终端服务中心），后续将被 C2OIX 3.X（AN/UYC-20（V）4）取代。C2OIX 3.X 能够通过各种卫星通信改变 NCTS 那不勒斯和 NCTS 关岛的串行通信路线。

11.3.1.3　发展现状

2013 年 5 月，美国海军宣布改变海军官方消息传递方式的计划，这是不断努力提高效

图 11-7 NAVMACS 系统的现代化升级

率和削减成本的结果。效率和成本是正在进行的消息传递改进过程的一部分,该过程最终以形成 C2OIX 新系统而告终。该系统于 2013 年 8 月上线,旨在简化用户和管理员的消息,并且在运行中每年能为海军节省超过 1500 万美元。

美国舰队网络司令部海军信息项目经理詹姆斯·麦卡蒂表示,海军通过取消当前的国防消息系统(DMS)基础设施并简单地使用现有的电子邮件基础设施进行最终交付,获得了显着的成本效益。利用这种方法,美国海军将能够以当前系统成本和大小的 10% 传递消息。

在第一阶段,C2OIX 采用现有的海军指挥电子邮件接口(Navy Interface for Command Email,NICE)软件的新版本取代当前的 DMS。NICE 是 2011 年以来在非密互联网协议路由网络(NIPRNet)上部署的消息传递系统,该软件部署在秘密和绝密网络上,同时创建了一个统一的系统用于海上和岸上勤务指挥。该阶段,100 台服务器被 5 台新服务器取代,这些服务器用于处理保密互联网协议路由网络(SIPRNet)的所有消息传递。

海军消息传递的另一个重大变化体现在机密系统的格式上。历来海军信息的格式全部采用大写字母,然而 2013 年 4 月 30 日以来,可以向所有指挥官发送大写和小写(或句子)的消息。2015 年,C2OIX 将与现有的传统消息传递功能无缝对接或吸收,并允许将混合大小写消息传递到所有消息传递系统。

C2OIX 的第二阶段也是最后阶段于 2014 年开始,并将消息传递引入真正的以网络为中心的云计算虚拟环境。该阶段移除 66% 的剩余服务器,与当前成本相比,每年可为海军额外节省 500 万美元。

11.3.2 海军现代化混合方案(NC3 NMHS)

核指挥控制和通信-海军现代化混合方案(Nuclear Command, Control, and Communications

Navy Modernized Hybrid Solution，NC3 NMHS）在攻击前的环境中为部队指挥、部队管理、态势监测和规划提供准确可靠的紧急行动信息传递，包括海军 Nova 主干网、TACAMO 地面通信、Nova 信息交换终端（NIXT）、甚低频和低频潜艇广播系统。

NC3 NMHS 是陆上主干网，以高度冗余和互连的架构为联合核力量单元在接收、验证、存储和转发 NC3 紧急行动信息的过程中提供联合保证的 NC3 信息，同时为海军岸舰通信系统提供了联合接口。

2018 年，项目组对系统主要任务产品 NC3 消息传递软件应用程序进行了现代化（图 11-8）。此次软件技术更新将确保软件满足消息处理子系统的要求，并接受运行测试和评估。软件技术更新将通过遵守国家安全局（NSA）确定的增强信息保障标准来增强网络安全态势。

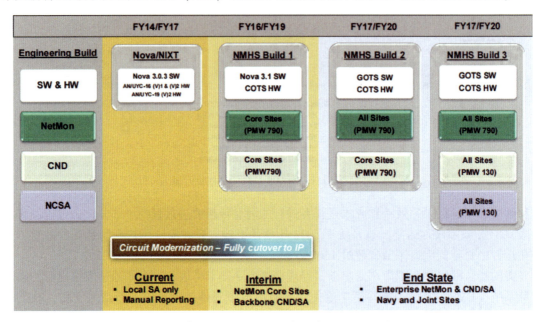

图 11-8 ▎NC3 NMHS 软件现代化路线图（2016 版）

11.3.3 电话通信（Telephony）

Telephony 作为海军的采购项目，旨在为完全集成的网络安全、语音和视频系统以及外围设备设计、采购、安装、维护和提供现役工程代理（ISEA）支持。该项目语音通信服务包括可接入本国、国际、国防交换网络（Defense Switched Network，DSN）的拨号，以及与这些网络相关的语音邮件服务。Telephony 部署和/或启用了以下功能：统一通信服务的会话管理器、安全和非密的语音和视频会议、非密的语音邮件以及电话管理服务。Telephony 与基础通信办公室（BCO）合作，通过战术网络和基础设施提供 DSN、C2 岸舰拨号和堤岸线路。

当前的海军交换机基础设施正接近过时，大多数系统已经达到寿命期。为了与国防部统一能力总体规划保持一致，并支持国防部首席信息官（CIO）在 2018—2022 财年的能力优先事项，以实现基础设施现代化并迁移到基于 IP 的终端，Telephony 正在部署国防信息系统局（DISA）批准产品列表中的语音和视频系统。语音、视频和/或数据服务的集成在互操作、安全和高度可用的 IP 网络基础设施中无处不在，独立于技术，为作战人员提供更高的任务效率。

如图 11-9 所示为 Telephony 项目的主要内容。

图 11-9 Telephony 项目的主要内容

Telephony 为全球海军设施提供指挥和控制语音能力，该项目有三个主要重点领域：

（1）根据 DISA 通用通信要求，2008 年在全球范围内更新和更换海军网络战司令部（NNWC）电话交换机和电缆设备，在 NNWC 电话交换机地点逐步升级固件、硬件和软件，并使电话交换机电缆厂现代化，项目包括工程设计、设备采购、安装、测试和初始后勤保障（培训、备件和保修）。

（2）参与海军 CIO 电信工作组，制定海军语音企业级方法的合作战略，该项目涉及当前海军语音服务的技术、获取、管理、迁移和业务流程改进方面，包括 Telephony 管理系统。

（3）岸基 Telephony 区域化计划的制订、管理和实施，旨在减少占地面积，实现语音产品企业级解决方案的标准化，并帮助 NNWC 开发标准化的操作和维护流程。

统一能力总体规划中 Telephony 关注的语音和视频能力如图 11-10 所示。

11.3.4 联合军事卫星通信网络集成控制系统（JMINI CS）

联合军事卫星通信网络集成控制系统（Joint MILSATCOM Network Integrated Control System，JMINI CS）是一项联合利益项目，由军事通信电子委员会（Military Communications Electronics Board，MCEB）指导，海军被指定为牵头机构。该项目提供全球特高频（UHF）卫星通信规划、管理和控制，以支持联合作战人员和国际合作伙伴执行任务。JMINI CS 和 IW CS（集成波形控制系统）都为整个联合团队的任务集提供了完整的通信路径，如集成广播服务、弹道导弹防御和战斧打击网络。JMINI CS 通过越来越有限的卫星信道提供卫星通信能力，提供远程系统监控和端用户故障排除能力，以促进作战任务和训练演习中的作战人员通信。

图 11-11 为 JMINI CS 高层作战概念图。

JMINI CS 对 UHF 军事卫星 5/25 kHz 的传统按需分配多址（DAMA）、按需分配单一接入（DASA）通道进行集成、动态和集中控制，以最大限度地利用现有资源，并对这些资源进行分散的基于网络的管理，用作态势感知工具。这通过一个由 4 个控制站组成的全球集成

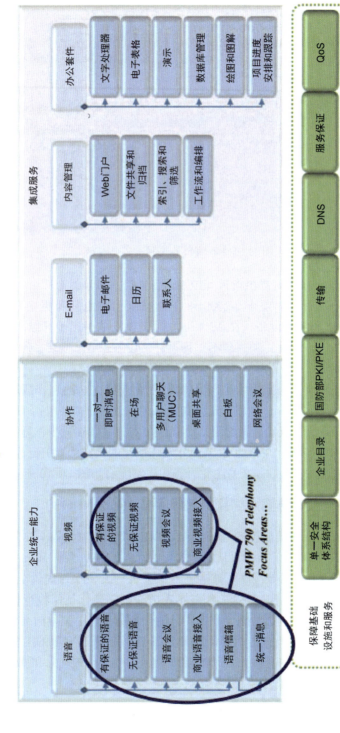

图11-10 | 统一能力总体规划中Telephony关注的语音和视频能力

统一功能：语音、视频和/或数据服务的集成，在互操作、安全和高可用的IP网络基础设施中无处不在、独立于技术，为作战人员提供更高的任务效率。

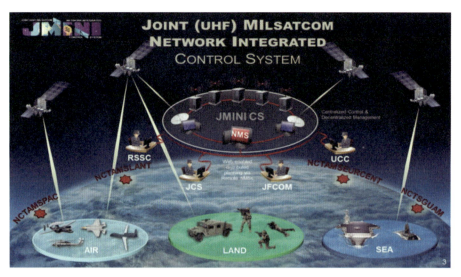

图 11-11 JMINI CS 高层作战概念图

系统来完成，这 4 个控制站位于 3 个 NCTAMS 站点（PAC，太平洋；LANT，大西洋；EURCENT，欧洲中部）和一个 NCTS 站点（Guam，关岛）。全球集成系统由两个主要的子系统组成：第一个子系统是网络管理系统，通过控制站和远程用户之间的安全广域网连接提供通信资源规划和管理；第二个子系统是信道控制器，提供网络管理系统和全球 UHF 微波通信卫星用户终端之间的射频连接。其他子系统还包括射频分配系统（RFDS）和资源控制器。

JMINI CS 具有以下能力：

支持全部 UFO 星座：每个覆盖区域具有 76 个 DAMA 信道，具有 5/25kHz 的混合 DAMA 和 DASA 信道（MIL-STD-188-183A）。

网络管理系统支持远程访问通信规划和管理：将网络管理系统功能扩展到参谋长联席会议（JCS）、作战指挥官（COCOM）、全球卫星通信保障中心（GSSC）和地区卫星通信保障中心（RSSC），通过 SIPRNet 实现基于网络的远程规划和管理。

对现场遗留的信道控制系统进行维护，包括 DAMA 卫星接入控制（SAC）。

UHF 军事卫星通信是地面移动作战人员、飞机、舰艇、特种部队、白宫通信、海岸警卫队、国土安全部以及其他机构和所有服务的主要通信方法，无法维持 JMINI CS 系统将严重削弱全球的 UHF 军事卫星通信，这对联合作战人员来说是一个不可接受的风险。JMINI-CS 进行概念开发和探索，以确定解决多个生命周期保障问题的经济高效的解决方案，从而最大限度地降低舰队的服务成本。该项目涉及 COTS 和 GOTS 硬件和软件的评估、开发、实验和集成测试，以替换过时的组件或子系统，同时保持与现有系统的互操作性。

JMINI CS 对作战人员和用户的影响见图 11-12，46% 的任务依赖 JMINI CS 对 UHF DAMA 信道的控制。

11.3.5 集成波形控制系统（IW CS）

集成波形控制系统（Integrated Waveform Control System，IW CS）是海军领导的联合利益项目，旨在增强全球特高频（UHF）卫星通信（SATCOM）的规划、管理和控制，通过分散的基于 Web 的管理来最大化现有的卫星通信资源，以支持联合作战人员和国际合作伙伴

UHF任务总数	使用DAMA的UHF任务数量	%UHF DAMA信道依赖JMINI CS的任务
853	396	**46%**

使用JMINI支持的任务*	没有JMINI的情况下拒绝任务
3 Priority 1 Missions 165 Priority 2 Missions 65 Priority 3 Missions	---- 124 Priority 2 Missions ALL 65 Priority 3 Missions 163 Lower Priority Missions

* These figures are a daily glance in FY13, and are a representation of usage

图 11-12 JMINI CS 对作战人员和用户的影响

任务。IW CS 为作战人员和美国盟友在战术和训练环境中提供可靠的通信，并优化对整个 UHF 军事卫星通信频谱的访问。IW CS 是对现有 UHF 信道设备的 JMINI CS 系统采用的传统 UHF SATCOM 按需分配多址（DAMA）协议的升级，并在传统的 5kHz 和 25kHz DAMA 上，对每个卫星的信道服务提供 2~3 倍的增长，以进一步最大化有限的卫星频道。

IW CS 为 UHF SATCOM 提供容量和能力增益，包括：提高 UHF 系统效率（更多访问）；简化终端操作；将 25 kHz UHF SATCOM 通道平均容量吞吐量提高翻倍。如图 11-13 所示为 IW CS 升级的效果和优势。

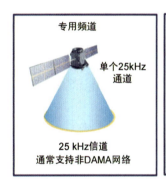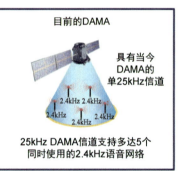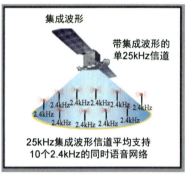

DAMA – Demand-Assigned Multiple Access

图 11-13 进行 IW CS 升级的优势

11.3.6 岸上消息现代化

岸上消息现代化（Shore Messaging Modernization）项目包括国防消息系统（DMS）、遗留消息系统、海军区域企业消息系统（Naval Regional Enterprise Messaging System，NREMS）、战术消息网关（TMG）、NC3 以及 DMS 信息保障产品。DMS 是遗留自动数字网络（AUTODIN）消息传递体系结构的国防部长办公室（OSD）授权替代品；它在整个国防部实施单一的组织消息系统，具有无缝的战略（岸上）和战术（海上）联合互操作性。遗留消息系统包括 NOVA、通用用户数字信息交换系统（CUDIXS）、国防消息发布系统（DMDS）、舰队 SIPRNET 消息（FSM）、舰队消息交换/目录更新和服务中心（FMX/DUSC）、个人电脑消息终端（PCMT）、GateGuard 和多媒体消息服务（MMS），在战术用户从遗留消息系统到 DMS 的扩展过渡期间，需要生命周期支持管理。为了简化软件升级和硬件报废更换，促进 DMS 服务提供商站点的整合，并为官方信息交换过渡提供明确的迁移路径，NREMS 正在用符合

DMS 标准的、以网络为中心的企业消息传递取代 DMS 经典客户端/服务器架构。TMG 是岸上组织和舰队之间的信息门户，TMG 整合了 DMS 核心和 COTS 产品，向舰队传递 DMS 信息和附件。TMG 充当海上单元的代理，并向 DMS 主干网提交消息。

遗留消息系统的现代化改造如图 11-14 所示。

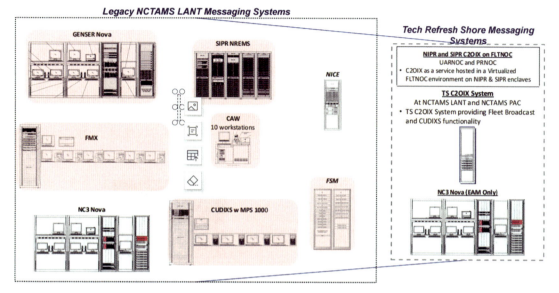

图 11-14 遗留消息系统通过技术革新进行现代化改造

岸上消息传递项目现代化是对上述项目产品进行现代化，海军信息现代化通过利用现有的射频路径和岸上企业网络，促进水面舰艇、潜艇、岸基和战术移动单元之间的组织信息传递，为指挥官提供了在海上或舰上交换 C2 官方信息的能力。该项目为舰队和包括 NC3 在内的所有战斗指挥部提供通信主干，为 100 多个海上单位（联合和联盟伙伴）提供关键的通信服务，并随时支持 40 个堤岸单元。

11.4 岸基 & 远征平台

11.4.1 可部署联合指挥与控制（DJC2）

11.4.1.1 概况

可部署联合指挥控制（Deployable Joint Command and Control，DJC2）项目是国防部长兼参谋长联席会议主席提出的国防部优先转型计划，旨在为指定的战区作战司令部（Geographic Combatant Commands，GCC）提供标准化、一体化、可快速部署、模块化、可扩展和可重构的联合指挥与控制（C2）能力。DJC2 是国防规划指南的实质性解决方案，该指南要求发展具有可部署 C2 能力的常设联合特遣部队（Joint Task Forces，JTF）。DJC2 将确保联合部队指挥官（Joint Force Commanders，JFC）得到装备、训练和组织，以履行他们 C2 的职责。该系统为 GCC 和 JFC 提供了一个任务关键的集成系统簇，用于计划、控制、协调、执行和评估作战。

DJC2 旨在快速部署，在数小时内安装完毕，并在 JTF 的所有行动中快速提供必要的 C2

任务和协作能力。该项目通过提供现成的、易于部署的 C2 功能以及以最低计算的总所有权成本获得的流程和应用标准化，显著提高了 C2 任务效率。DJC2 项目解决了《四年防务评估》的发现，即需要为每个 GCC 的 JTF 开发一个联合指挥和控制体系结构，以及 2001 年 4 月提交给国防部长的转型研究报告中描述的对可部署联合指挥和控制系统的需求。它总结了美国中央司令部的要求和经验教训，由国防部长兼参谋长联席会议主席通过的《2001 财政年度美国遭受恐怖袭击后恢复和反应紧急补充法案》提供资金。

DJC2 为人道主义援助和救灾提供联合特遣部队行动、禁毒、国土安全防御、作战指挥任务和海外应急行动。自应用以来，美国海军在世界各地多次使用 DJC2 进行人道主义援助/救灾行动，包括海地和尼泊尔的毁灭性地震、日本的海啸和利比里亚的埃博拉救援工作。此外，这些系统被广泛用于 JTF 总部的联合演习和培训。DJC2 将联合海上基地延伸至岸上，以进行快速、动态的联合行动。近几年，"环太平洋"演习的参与方也使用了 DJC2，但通常都是用于人道主义援助/救灾行动，如图 11-15 所示。

TOMODACHI行动：日本横田空军基地（2011年）

任务：
由PACOM部署（JCSE支持），以提供C2能力，在正常基础设施被潮汐破坏/摧毁的严峻环境中提供HA/DR支持的行动

海地CJTF：太子港（2010年）

任务：
担任海地CJTF的指挥所，为300名工作人员提供服务，包括SIPR/ NIPR/ NGO/ GBS/ JWICS/ VTC/ VOSIP/ VOIP/ PSTN/ DSN
DJC2海上变体在BATAAN上支持C2F

联合特遣部队关注回应：缅甸（2008）

任务：
在CG-08演习期间为潜在的现实世界行动提供美国独有的指挥中心
当"纳尔吉斯"气旋袭击缅甸时，启用了"即时"JTF总部，然后支持JTF转移到Utapao，而联合部队指挥官的指挥控制没有缺口

卡塔琳娜联合特遣部队：新奥尔良（2005）

任务：
在JRB NAS新奥尔良岸上指控部队支援联合兵力海上部队指挥官（JFMCC）

图 11-15 DJC2 应用于人道主义援助/救灾行动

DJC2 项目正处于运营和支持阶段，自 2008 年 9 月以来已成功实施了几轮技术插入。由于其开放式架构和模块化设计，DJC2 系统可以重新配置，以满足各种各样的形式，适合和功能。

11.4.1.2 系统组成

如图 11-16 所示，DJC2 的系统配置如下。

（1）途中系统：是一套机载系统，包括可快速配置的指挥控制系统组件、通信系统和网络等，安装于改造的空军 462L 底盘上，可在 90min 内迅速安装到 C-17 和 C-130 飞机上。指挥员从驻地飞往作战部署地的过程中，该系统可建立并维持有效的指挥控制和态势感知能力，允许指挥员接入保密 IP 路由网络（SIPRNET）和非密 IP 路由网络（NIPRNET），并提

图 11-16 DJC2 的主要系统配置

供接入 DJC2 核心系统的标准应用系统和早期进入系统的服务器和网络。该系统可同时接入 SIPRNET 和 NIPRNET 网络，每名操作员可接入特高频/甚高频（UHF/VHF）视距无线电和保密 UHF 卫星通信。

（2）快速反应包（RRK）：包括网络部件和便携式卫星天线，利用全球信息栅格（GIG）接入 SIPRNET、NIPRNET、因特网和联合战区信息交换系统（CENTRIXS）网络。

（3）早期进入配置（EE）：支持早期进入作战区域的小规模联合特遣部队的作战指挥，通常包括 20~40 个操作员席位、标准网络服务和地面建制通信系统等。

（4）核心配置系统（CORE）：具备全套 DJC2 能力，包括 5 种网络和 60 个操作员席位，支持小规模到较大规模的联合特遣部队的作战指挥，可在 24h 内完成架设并投入运行，通常采用组合化方舱或组合化账篷模式。

DJC2 提供套件式解决方案，能将其核心配置从 60 个用户扩展到 240 个用户，该配置中使用 NSWC 现有核心管理/维护的标准 DJC2 设备进行网络和通信服务。DJC2 可扩展性的配置如图 11-17 所示。[1]

DJC2 的系统组成如下[2]：

（1）指挥控制应用：使用联合指挥和控制系统（GCCS-J），包括通用作战图像（COP）、综合图像和情报（I3）、全球作战支援系统（GCSS）、联合作战计划和执行系统（Joint Operation Planning and Execution System，JOPES）、全球运输网（Global Transportation Network，GTN）、战区作战管理核心系统（Theater Battle Management Core System，TBMCS）远程系统等应用。

（2）协作信息环境（Collaborative Information Environment，CIE）：包括国防协作工具组件（Defense Collaboration Tool Suite，DCTS）、信息工作空间和视频会议。

---

[1] Backus R E, NSWC PCD. Deployable Joint Command &Control（DJC2）Overview, September 2012.

[2] 于子桓, 周小健, 冯剑波, 等. 新型机动式指挥控制系统装备建设构想 [J]. 指挥信息系统与技术, 2020, 11 (01): 89-94.

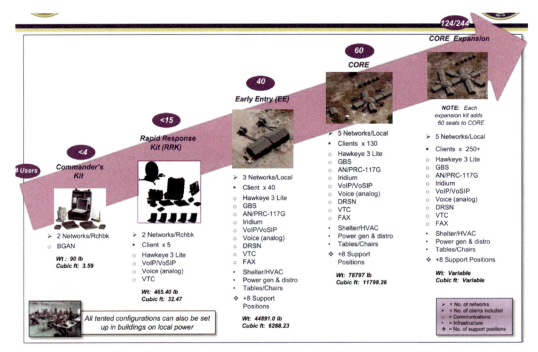

图 11-17 DJC2 具有可扩展性的配置

(3) 商用办公自动化系统。

(4) 情报系统：集装箱化联合全球情报通信系统（Containerized Joint Worldwide Intelligence Communications System，C-JWICS）/联合部署情报支持系统（Joint Deployable Intelligence Support System，JDISS）。

(5) 通信系统：USC60A 和 USC68 通信协议、全球广播服务（GBS）、国防红色交换网络（Defense Red Switched Network，DRSN）电话和内部通信设备。

(6) 网络：SIPRNET、NIPRNET、联合全球情报通信系统（JWICS）、联合企业区域信息交换系统（CENTRIXS）和非政府组织。

(7) 电力供应和环境控制等设备。

(8) 方舱和拖车等。

目前数套包含所有模块化基础设施的完整 DJC2 系统部署在夏威夷、日本等地。

11.4.1.3 技术特点

DJC2 提供了一个标准化的、可快速部署的、可扩展的和可重新配置的指挥和控制系统，允许在 6~24 小时内在世界任何地方建立一个具有协作能力的作战行动中心。这些作战中心在联合特遣部队（JTF）总部的快速集结中支持战区作战司令部和联合司令部。当执行从第一响应、小型早期进入、前沿部队作战中心到整个 JTF 总部的大规模操作时，可以使用 DJC2 系统。

DJC2 具有以下特点：

- 5 种网络，130 个客户端；
- 具有扩展服务的安全无线网络；
- IP 整合装置（EoIP）；

- 支持 C-JWICS/DODIIS（国防部情报信息系统）；
- 支持 GCCS-J；
- 强大的 8 Mbps 速率通信（GBS，TACSAT）；
- 在线国防信息互联/VTC（视频电话会议）/协作工具；
- 现场保障人员配备；
- 24 小时/7 天服务，保障门户网站、培训、技术手册、备件。

DJC2 具有平台的灵活性，能在如图 11-18 所示的场景广泛使用。

图 11-18 DJC2 平台灵活性

DJC2 试图提供可由 RCC 或 JTF 部署的标准的联合 C2 系统，以弥补当前对无源的和烟囱式的系统的依赖。注意，DJC2 不是联合全球指挥控制系统（GCCS-J）的后续或替代系统；相反，DJC2 将在其核心应用套件中利用 GCCS，确保与全球安装的 GCCS-J 的互操作性。

DJC2 项目的支撑保障工作由以下提供：

第 1 层，现场维护人员（承包商），这一类人员分布在每个战区作战司令部，与系统一起部署，为提升 GCC 人员技能水平定制技能组合，由 DJC2 项目资助。

第 2 层，后方支援保障，由 DJC2 运营支持中心（DOSC）提供 24 小时/7 天部署响应保障。

第 3 层，领域专家，包括设计代理（DA）和现役工程代理（ISEA）专家，主动执行技术更新和技术插入计划，用于缓解软硬件过时以及增强功能，维护系统安全、硬件以及现场系统的软件配置基线，同时支持训练或故障排除。

11.4.1.4 发展历程

DJC2 项目于 2007 年左右推出，通过不断的技术更新，始终保持现代化水平，如图 11-19 所示。

2008 年 9 月，DJC2 项目获得了完全作战能力（FOC），向以下机构交付了不同配置的共计 7 套系统，如图 11-20 所示。

（1）海军中央司令部（NAVCENT）接收了一个核心系统，以支持紧急作战需求声明及其作战计划连续性要求。

（2）美国非洲司令部（AFRICOM）接收了一个核心系统。

（3）美国欧洲司令部（EUCOM）接收了一个核心系统。

图 11-19 DJC2 通过技术插入/更新来保持其先进性（2012 版）

（4）美国太平洋司令部（PACOM）接收了两个核心系统，其中一个移交给海军第三远征部队。

（5）美国南方司令部（SOUTHCOM）接收了两个核心系统，其中一个移交给美国陆军南方司令部。

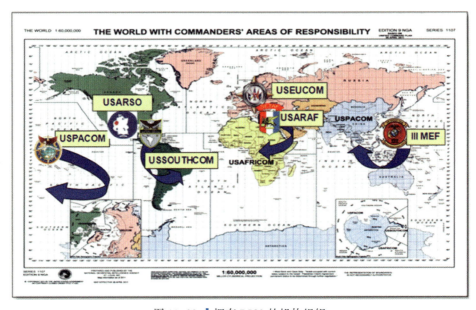

图 11-20 拥有 DJC2 的机构组织

11.4.1.5 采办动态

2017 年 1 月，企业云计算领域的领导者路坦力公司宣布其已被选中成为 CP 系统公司的分包商，为DJC2项目提供下一代飞地商业现货技术。CP公司具有一份总价值2880万美元的为期5年、固定价格的无限期交付/无限期（ID/IQ）合同，其中路坦力公司拿到该合同中约350万美元的订单。作为合同的一部分，路坦力公司将为其提供超融合计算平台，该平台利用商用硬件和软件定义的存储机制将传统计算和存储资源整合到单一来源中。该合同由海军空间和海战系统司令部授予，DJC2项目将通过该合同对其子系统进行现代化改造并减少其硬件占用空间，同时提高系统性能、可靠性、可扩展性、安全性和可支持性。

在2018年6月中旬到8月2日举行的2018年环太平洋演习（RIMPAC）期间，美国海军以前所未有的方式使用DJC2系统，实现了重要的新型作战能力，如图11-21所示。在演习中，美国海军第三舰队与PMW 790合作，将DJC2用作海上作战中心（MOC），MOC指挥官使用该系统对所辖的所有作战资产进行指挥控制。这些指挥控制工作通常在固定地点或舰上进行，之前从未在移动环境中执行过。作为海上作战中心，DJC2除了应具备常规的指挥控制和通信能力之外，还必须提供生成通用作战图、情报和战备状态的能力。PMW 790-DJC2团队的成员与第三舰队的代表合作，重新配置系统和网络以实现必需的能力。本次演习表明，海军已经可以在移动环境下实现机动指挥控制能力。DJC2系统未来还将不断进行升级以满足部队的作战需求。

图11-21　环太平洋演习期间美国海军第三舰队人员正在操作DJC2系统

11.4.2　海上作战中心（MOC）

11.4.2.1　概况

海上作战中心（Maritime Operations Center，MOC）建立在海军各司令部总部和舰队总部，全球联网，其主要职责是为海军部队指挥官（NCC）或联合部队海军指挥官（JFMCC）提供一支功能完备的参谋力量及指挥控制系统，并组织开展联合海上作战筹划、监督与执行。其作用是收集、共享、融合、分析和分发情报，并将来自各战术/单元级节点的通用作战图进行拼接融合，形成战役级的通用作战图。[①]

---

① 贺文红，王达，戚艳嘉. 美国海军海域态势感知力量浅析［J］. 舰船科学技术，2019，41（23）：216-221.

MOC 流程由海军创建，旨在改进战争作战层面的计划和执行，而远征 MOC 将这种能力从总部的传统环境中带出，并将其推进到战区中，以更接近于作战需要。海军高级领导人表示，需要重新调整和提高海军在战争作战层面（Operational Level of War，OLW）的运作能力，并培训能够在该级别指挥的指挥官。MOC 旨在实现这些能力，同时在海事总部之间提供一定程度的标准化。[1]

MOC 项目旨在建立网络化指挥部，这些指挥部将采用共同的条令、标准化的流程、受过教育和训练的人员以及共同的 C4I 系统。这些优势将使他们能够在军事行动范围内与不同的合作伙伴（联合、跨机构、联盟）开展行动。

11.4.2.2 系统组成

作为 PMW 790 分管的项目，MOC 项目负责实施未由其他项目办公室管理的 MOC 系统，通过系统协调海军和其他国防机构的项目来进行其他 MOC 系统的整合。目前主要包括：

（1）综合空间态势感知（Integrated Space Situational Awareness，ISSA），用于支持空间行动规划。

（2）中部 MOC（MOC in the Middle，MITM），可以将海军弹道导弹防御（BMD）通信量路由至海军链路监控管理工具（LMMT）。

（3）企业网络管理系统（ENMS），为维护 MOC 计算和网络基础架构提供标准化解决方案。

（4）指挥与控制战斗管理通信（C2BMC），一个导弹防御机构系统，使 MOC 能够支持 BMD 规划并提供态势感知。

11.4.2.3 技术特点

MOC 项目具有增强全球网络、组织一致性、各种命令角色之间的能力转换的特点，能提供核心基线和 MOC 独特的任务构建。其侧重于演进的 OLW 能力，以满足对灵活、可定制、可扩展和全球互联的作战需求，为 OLW 中的舰队/海军部队指挥官提供支撑。MOC 项目根据海军作战部长（CNO）/海军信息部队（NAVIFOR）的核心基线/任务构建列表（图 11-22），和美国海军舰队司令部（USFF）集成优先能力清单，协调 MOC 的标准化。

MOC 项目的重点是通过在全球网络 MOC 中建立基线功能来改进海军的 OLW C2，从而使舰队和海军部队指挥官能够在继续完成传统舰队管理功能的同时承担一系列服务和联合角色。MOC 架构增强了作战级别海军部队的 C2 能力，并通过全球可互操作的 C4I 系统实现。MOC 提供组织一致性，各种指挥角色之间转换的可扩展性和灵活性，以及海军和联合组织之间增强的全球网络。

如图 11-23 所示，全球 8 处 MOC 中，每一个所体现的 SoS 方法所需的最终状态/目标是由 NCC、JFMCC 和联合特遣部队指挥官（CJTF）实现全球网络作战层面的 C2 决策。

11.4.2.4 发展历程

MOC 概念源于海军在参与格林纳达（1983 年）、巴拿马（1989 年）和沙漠风暴行动（1991 年）的联合行动时，在作战计划、指挥控制以及军种互操作性方面遇到的困难。虽然海军作为部队提供者为这些行动作出了重大贡献，但人们普遍认为海军人员缺乏计划和指挥

---

[1] Hutchins S G, Kemple W G, Kleinman D L, et al. Maritime Headquarters with Maritime Operations Center: A Research Agenda for Experimentation. June 2009.

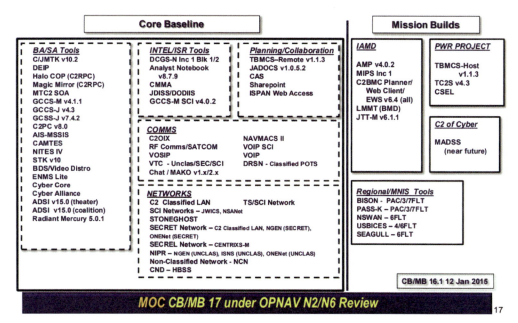

图 11-22 | MOC 核心基线/任务构建列表

图 11-23 | 全球 8 处 MOC 分布

战役和主要行动所需的专业知识和能力。简而言之，海军已经失去了在 OLW 进行计划和执行的能力。

2002 年，MOC 概念由美国第二舰队在"朱丽叶"舰队战斗演习（Fleet Battle Experiment Juliet, FBE-J）中首次使用，以战术备忘录草案（TACMEMO）为基础。MOC 概念和 TAC-MEMO 于次年在"基洛"舰队战斗演习（FBE-K，Kilo）中得到进一步发展。在接下来的几年里，另外六支舰队（第三、第五、第六和第七舰队，美国舰艇部队，太平洋舰队）作为 MOC 成立。2005 年，海军作战部长、副部长和主要舰队指挥官致力于通过在整个舰队中推广 MOC 概念来重振美国海军的作战级执行力。自引入 MOC 概念以来，后续又建立了两个具有 MOC 的舰队：2008 年的第四舰队和 2010 年的美国第十舰队。美国第二舰队及其 MOC

于 2011 年解散，作为海军重组的一部分加入美国舰队司令部。

11.4.2.5 采办动态

在 2021 年 8 月 3 日至 16 日举行的 2021 年大规模演习（LSE 2021）期间，美国海军第二舰队正在执行自 2018 年重建以来的第 7 次远征 MOC，第二舰队已经在美国本土的坦帕、佛罗里达州和北卡罗来纳州的勒琼营（Camp Lejeune），到遥远的大西洋战区，如冰岛的凯夫拉维克和美国海军指挥舰"惠特尼山"号（USS Mount Whitney）上建立了远征 MOC。

参与演习的作战单元和单位包括航母、潜艇、超过 50 个岸基虚拟单元和不受限的计算机生成兵力，此外还有海军官兵、海军陆战队、政府文职人员和合同雇员、指挥和培训人员为演习提供支持。参与的部队跨越 17 个时区，包括 6 个海军和海军陆战队组成司令部（美国舰队司令部、美国太平洋司令部和美国海军欧洲-非洲司令部、美国海军陆战队司令部、美国海军陆战队欧洲-非洲司令部，以及美国海军陆战队太平洋部队）、5 个舰队（第二、第三、第六、第七和第十）和 3 个海军陆战队远征军。来自美国第二舰队参谋部和海军预备役部队的 50 多名人员组成了位于远征 MOC 现场的团队。远征 MOC 的团队执行的任务，包括进行持续的作战规划，同时保持对舰队海事总部的反应能力。

对于 LSE 2021，远征 MOC 驻扎在利特尔克里克联合远征基地，排爆远征支援第 2 分队建造了超过 760 平方英尺的工作空间，并在整个演习期间维护了设备。使用的作战基础设施来自海军远征作战司令部（NECC），账篷配备了语音通信、数据共享、非机密和机密互联网以及商业星链所需的关键通信设备，可与当前海军部署的系统无缝协作，如图 11-24 所示。

图 11-24 成员在远征海上作战中心举行战略规划会议

LSE 2021 使用真实、虚拟和构造（LVC）训练系统的所有要素，是一项针对虚拟危机场景的全球综合演习。海军司令部将从太平洋穿过大西洋进入地中海，并通过 LVC 训练系统进行连接。作为更广泛的演习设计的一部分，LSE 2021 还将展示分布式海上作战、远征高级基地作战和争议环境中的沿海作战的灵活性，这向其竞争对手发出信号，美国军方仍为高端战争做好准备。

11.4.3 远征 C4I

远征 C4I（Expeditionary C4I）项目提供快速部署、自我可持续、适应任务要求、可扩展和敏捷的 C4I 保障功能，以支持水上和陆地反恐，部队维和，战区安全合作与参与，人道主义援助和灾难救援突发事件。

该项目为远征部队内的 TOA（Table of Allowance，部队与个人装备数量表）采购清单提供采购和整合，确保在海军远征作战司令部（NECC）中协调、追踪、采购和整合常见的 C4I 解决方案。通过改进创新、可互操作、安全可扩展的 C4I 解决方案的开发、测试、部署、维护和培训，提高远征部队的战备状态。

远征 C4I 项目为海军远征部队（NEF）提供可支持 C4I 的设备，根据 2010 年 5 月 14 日 PEO C4I，SPAWAR 和 NAVFAC 之间达成的协议备忘录，PMW 790 承担生命周期管理责任，SPAWAR 海军设施工程指挥部（NAVFAC）承担海军远征 C4I 设备的技术授权责任。该项目用于满足 OPNAV 和 NEF 定义的海军远征 C4I TOA 要求。PMW 790 负责所确定的 TOA 中所有 C4I 的计划管理、系统工程、采购、集成、现场培训、系统培训、信息保证、配置管理、物流管理和生命周期支持。

11.4.4　美国海军天文台精确计时和天文测量网（USNO PTA Network）

美国海军天文台（U. S. Naval Observatory，USNO）是由美国海军研究、开发和采办（ASN RDA）助理部长于 2016 年 4 月 4 日发起的紧急网络修复项目，该项目指导 PMW 790 提供即时网络缓解，快速采购和现场升级商业现货的 USNO 精确计时和天文测量（Precise Time and Astrometric，PTA）网络，并将项目过渡到 ACAT Ⅲ 进行长期维护。USNO PTA 网络支持 USNO 的关键任务，为美国和盟友提供精确的时间和天文数据，支持导航、定位和空间信息优势。

USNO PTA 网络是传统网络的 COTS/非开发现代化项目，为 USNO 提供安全、强大、具有弹性的网络基础设施。USNO PTA 网络是一个单一的网络，包括三个秘密的、非密的、系统的飞地：USNO Washington（华盛顿），哥伦比亚特区主钟，如图 11-25 所示；USNO Colorado（科罗拉多），备用主钟；USNO Arizona（亚利桑那），天文台控制站。该项目于 2018 财年达到初始作战能力（IOC），并在 2020 财年达到完全作战能力（FOC）。

图 11-25　USNO 华盛顿哥伦比亚特区主钟

来自 USNO 的时间，被称为协调世界时（UTC），是国防部的主要时间参考。PTA 网络支持 USNO 确定天体参考系（Celestial Reference Frame，CRF）和地球方向参数（Earth Orientation Parameters，EOP），这些数据共同为导航、定位、瞄准和武器制导，追踪空间平台和识别空间物体提供了重要的任务关键信息。该项目的范围包括实现 USNO 网络现代化,支持 USNO 开发的软件应用程序迁移,解决关键网络安全问题以及建立严格的加密现代化所需的活动。

2018 财年基本拨款 200.9 万美元,用于修复 USNO 网络上的关键网络安全漏洞,包括 PTA 网络。该笔经费用于维持所需安全姿态和确保 PTA 网络弹性所必需的设备现代化,这对于执行战术行动具有重要战略意义。

11.5 其他

11.5.1 国防消息系统(DMS)

国防消息系统(Defense Messaging System,DMS)是美国国防部部署的安全电子邮件和目录服务,旨在开发一个集成的全球信息系统,取代遗留自动数字网络(Automated Digital Network,AUTODIN)网络,用于传输机密和非机密数据。它基于 OSIX.400 邮件、X.500 目录和 X.509 公钥证书的实现,并具有扩展能力以满足军事消息传递的特定需求。

DMS 包括与其他政府机构、盟国、国防承包商和其他经批准活动的消息系统的接口。到 2003 财年,DMS 传输中心已实现传统的、非 DoD 和联合的互操作性。DMS 的主要目标定义为降低国防部消息服务的成本和人员配备要求,次要目标是提高消息传递的安全性和服务。

DMS 功能随着时间的推移从最初的 1.0 版本发展到当前的 3.0 Gold 版本。这些版本引入了新的功能和要求,部分还带有实体新组件,包括随机升级的安全解决方案。版本要求由服务和机构、COTS 和 GOTS 技术所确定,包括通过服务包引入的更新和修复。

DMS 提供国防部长办公室(OSD)授权,具有联合互操作、高保证组织消息传递能力。DMS 目前是岸上消息传递现代化项目的一部分,是 AUTODIN 消息传递体系的 OSD 授权替代品;它在整个国防部实施单一的组织消息系统,具有无缝的战略(岸上)和战术(海上)联合互操作性。海军打算将 DMS 向 C2OIX 中确定的网络格式转变,C2OIX 在整合和消除岸基和海上支持系统的同时仍在促进消息传输。

DMS 有助于信息优势的实现,即让国防部的任何成员都能通过一个全球性的、安全的、负责的和可靠的读写消息系统与国防部的任何其他成员进行消息交换。DMS 用于取代 AUTODIN,并降低这个基于 20 世纪 60 年代技术的遗留系统的成本和人力需求。为此,须在全球 7000 多个地点的 360 000 多台台式计算机上实施 DMS,包括其战术部队、盟友、其他指定的联邦政府用户和国防承包商。最终,DMS 会扩展到 200 万台计算机上,并通过在商业标准之间进行转换来提供普通电子邮件和"个人"消息。

11.5.2 Teleport

国防部远程传输系统(Teleport)为作战指挥官提供扩展的多波段和多媒体卫星通信能力,并无缝访问国防信息系统网络(DISN)和传统 C4I 系统的地面组件,以进行全球作战。通过 Teleport 系统,战术作战人员可以访问全部六种 DISN 服务,包括 DSN(国防交换网络)、DRSN(国防红色交换网络)、SIPRNET(保密 IP 路由网络)、NIPRNET(非密 IP 路由网络)、JWICS(联合全球情报通信系统)和 VTC(视频电话会议)。使用 ATM 交换机和 IP 网络为 X、C、Ku、Ka、EHF/AEHF、UHF 和 L 频段的关键卫星通信提供全球覆盖范围,增加的带宽和无缝接口。Teleport 功能包括跨频段、转化以及自动切换和路由。

Teleport 系统将卫星通信空间段与岸基基础设施联系起来，并为战术用户提供全球信息栅格（GIG）的全球通信接口。通过多条军事射频路径，Teleport 提供战场间 DISN 和 C4I 服务系统的消息回传，以及战场内通信保障以供战术用户使用。2001 年，国防部指定海军作为 Teleport 要求赞助商，国防信息系统局（DISA）作为 Teleport 执行代理。

Teleport 系统是全球分布式卫星通信设施，其在弗吉尼亚州、加利福尼亚州、德国、意大利、日本和夏威夷有 6 处核心站点，在巴林和澳大利亚有 2 个二级站点。站点由 4 个部分组成：

（1）射频段：由在 UHF、X、C、Ku、Ka 和 EHF 波段工作的卫星通信地球终端组成。终端通过军事或商业卫星在 Teleport 站点和部署的用户卫星通信终端之间提供射频链路。

（2）基带段：包括用于将数据流或打包数据连接到 DISN 的加密、转换，多路复用和路由功能。

（3）网络服务段：提供与 DISN 远程网络的连接以及满足用户需求所需的其他网络功能。

（4）管理控制段：提供 Teleport 基带硬件，地面终端硬件，传输安全和测试设备的集中监控。

如图 11-26 所示为 Teleport 站点组成。

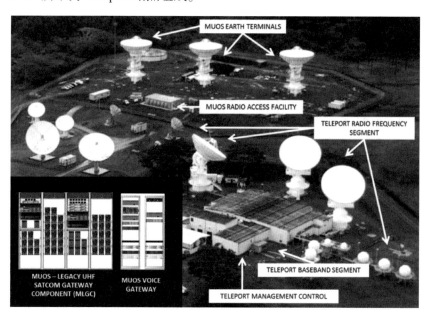

图 11-26 ▎Teleport 站点组成和分布

Teleport 系统第一代和第二代（GEN Ⅰ和 GEN Ⅱ）正在运营，第三代（GEN Ⅲ）已开始采购，包括以下三阶段。

阶段 1：通过使用海军多波段终端（NMT）向 Teleport 提供具有先进极高频率（AEHF）能力的终端，该阶段于 2010 年 9 月达到里程碑 C，2012 财年第二季度开始进行 NMT 安装。

阶段 2：升级 X/Ka 频段终端，使用陆军现代化企业终端确保与宽带全球卫星星座兼容，该阶段在 2011 财年进行了关键设计评审，并在 2012 财年第三季度达到里程碑 C。

阶段 3：提供移动用户目标系统（MUOS）传统 UHF 互操作性。

国防部 Teleport GEN Ⅲ 于 2018 财年实现完全作战能力。

11.5.3 NCTAMS/NCTS

美国海军计算机和电信区域主站(Naval Computer and Telecommunications Area Master Station,NCTAMS)是美国海军为各战区的海上/岸上海军、联合部队和盟军部队提供重要C4I作战服务的通信站点,负责各战区海军国防部信息网络(DoDIN)的运营、维护、安全和防护工作,主要有太平洋主站(NCTAMS PAC)和大西洋主站(NCTAMS LANT)。

海军计算机和电信站(Naval Computer and Telecommunications Station,NCTS)作为各主站的分站点,为美国海军、联合和盟军部队提供多频谱连接、网络运营和信息保障,以支持美国各舰队在各自责任战区的行动,主要有圣迭戈站(NCTS San Diego)、杰克逊维尔站(NCTS Jacksonville)、(意大利)西西里岛站(NCTS Sicily)、(意大利)那不勒斯站(NCTS Naples)、巴林站(NCTS Bahrain)、(日本)远东站(NCTS Far East)和关岛站(NCTS Guam)等,其全球分布如图11-27所示①。目前个别站点有调整。

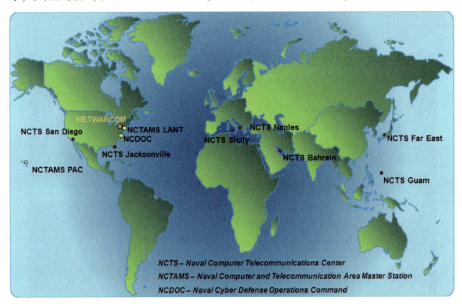

图11-27 美国海军计算机和电信站主要站点(2009年)

1. 太平洋主站(NCTAMS PAC)②

太平洋主站为所有太平洋海军电信系统用户提供运营指导和管理。除此功能外,太平洋主站还管理、运营和维护国防通信系统和海军电信系统资产,并为指挥官管理密码资源。海军安全小组为国防部全球高频搜索系统提供操作指导和管理,为美国提供全方位的信息资源服务、维护和维修以及通信/电子和国防信息系统,并为海军和太平洋地区的其他国防部活动提供全方位的自动化数据处理和信息资源服务。

该司令部主要位于夏威夷瓦胡岛(Oahu Hawaii)上的珍珠港-希卡姆联合基地(JBPHH)瓦希亚瓦附属基地,外围部门位于珍珠港希卡姆(马卡拉帕)联合基地和H·M·史密斯营地。

---

① Christine Carobine. NETWARCOM Data Strategy COI. NETWARCOM, 20 October 2009. [slides]

② https://www.navifor.usff.navy.mil/nctamspac/

太平洋主站拥有一支约 760 人的队伍，其中包括 450 名军人、184 名文职人员和 126 名承包商。组织机构包括普吉湾支队（Puget Sound）、圣迭戈站（NCTS San Diego）、关岛站（NCTS Guam, Marianas Islands）。

2. 大西洋主站（NCTAMS LANT）①

大西洋主站致力于运营和维护响应式信息传输系统，为大西洋舰队提供实时 C4I 信息支持。大西洋主站结合了传统上独立的消息流量处理和数据信息管理职责。这种通信和计算机技术的结合是确保作战人员在正确的时间访问正确信息的关键。其使命任务是运营和防护响应迅速、有弹性和安全的计算机电信系统，为全球海上和联合部队提供信息优势。

大西洋主站位于弗吉尼亚州诺福克，组织机构包括关塔那摩湾支队（Guantanamo Bay）、杰克逊维尔支队（Jacksonville）、西班牙罗塔支队（Rota, Spain）、希腊苏达湾支队（Souda Bay）、汉普顿站（NCTS Hampton Roads）、意大利西西里站（NCTS Sicily）。

3. 海军信息部队（NAVIFOR）

使命任务：海军信息部队（NAVIFOR）指挥官直接并通过对信息战（IW）体系的领导，产生了灵活且技术上优越的战备 IW 部队，训练有素、装备精良且经过认证，以确保海军能够果断地威慑和获胜。②

如图 11-28 所示是海军信息部队的组织机构。NCTAMS 太平洋主站和大西洋主站以及 NCTS 各站点都属于 NAVIFOR 的作战支持部队。此外还包括密码战 6 大队（CWG-6）、海军赛博防御作战司令部（NCDOC）、海军信息作战司令部（NIOC）、海军网络战发展大队（NCWDG）、海军网络战司令部（NETWARCOM）、海军情报局（ONI）。

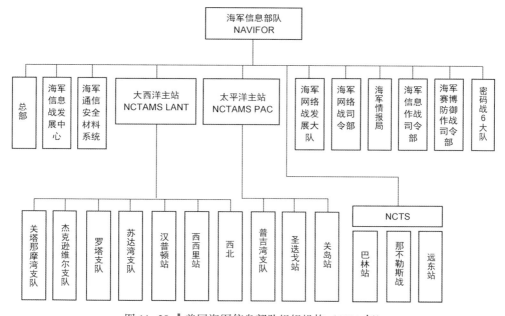

图 11-28 ┃ 美国海军信息部队组织机构（2022 年）

---

① https://www.navifor.usff.navy.mil/nctamslant/
② https://www.navifor.usff.navy.mil/

第 12 章

PMW 740：国际 C4I 集成

12.1 概述

PMW 740 项目办公室的名称是国际 C4I 集成（International C4I Integration），任务是为国际用户提供集成的 C4I 产品和服务，通过确保计算机和通信系统在多种平台上兼容并集成，如船舶、潜艇、飞机和岸站，来加强美国与其战略伙伴之间的信息共享，以支持美国的国家安全和外交政策目标，项目概要如图 12-1 所示。

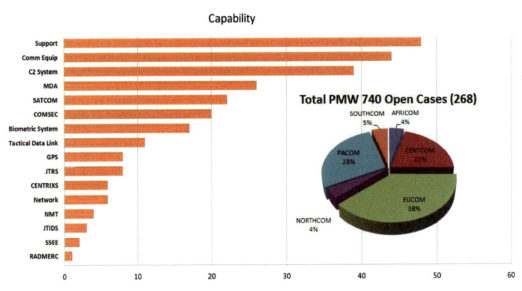

图 12-1 PMW 740 国际 C4I 集成项目概要（2016 年）

愿景：通过国际 C4I 互操作性和战略合作伙伴关系加强全球安全。

其总体目标是通过提供基于验证流程的定制集成解决方案来满足客户的成本、进度要求，从而增强美国与其战略合作伙伴之间的互操作性和性能要求。通过确保在特定成本、进度和性能要求内的互操作性，使美国作战人员与其战略合作伙伴之间能够更好地进行沟通和协调。[1]

PMW 740 正在与其战略合作伙伴建立更牢固的关系，以支持海军的海上战略。该项目办公室共享技术以帮助盟国现代化其 C4I 设备和系统，增强其自主能力，以支持美国的国防目标。例如，PMW 740 提供的产品和系统使战略合作伙伴能够维持公海和边境控制，并保护其自然资源和基础设施。

PMW 740 以适当、有效和集成的 C4I 解决方案响应每个国家/地区的目标、时间表和预算。该项目办公室提供"一揽子方法"，即执行军事任务所需的全部能力，而不仅是一件设备。PMW 740 在整个产品生命周期中为客户提供帮助，从最初的需求分析到产品维护和保障。PMW 740 的采购经验、基于验证流程和 C4I 专业知识可帮助各盟国实现与作战司令部（COCOM）区域战略相一致的能力。项目办公室利用 SPAWAR 和 PEO C4I 中提供的全部产品和专业知识，将当前和未来的 C4I 解决方案和服务与客户要求相匹配。

本章对 PMW 740 的国际项目进行综述，其代表性项目包括：

1. 产品（C4I）

指挥与控制（C2）：海上全球指挥控制系统（GCCS-M），防空系统集成（ADSI），Link-11/16/22。

通信：卫星通信，商业宽带卫星计划（CBSP），战术通信，数字模块化无线电（DMR），导航系统，全球定位系统（GPS），固定/便携式多波段无线电。

计算机：自动化数字网络系统（ADNS），联合企业区域信息交换系统（CENTRIXS），跨域解决方案，"辐射水星"（RADMERC），密码设备，网络/计算机。

情报：海域感知，情报、监视和侦察，自动识别系统，信息作战，气象和海洋学系统。

2. 服务

需求分析：作战概念发展，能力需求定义，替代评估分析，能力定制。

系统工程：可互操作系统架构设计，风险管理，商业现货（COTS）和政府现货（GOTS）集成，SoS 集成，配置管理。

安装测试：硬件和软件安装，测试计划和程序开发，能力需求验证，认证和鉴定支持，系统运行验证测试。

维护保障：工程技术支持，国内培训，训练保障，采购保障。

如图 12-2 所示为 PMW 740 主要产品和服务。[2]

其中涉及的非 POR 项目占比 71%，包括：

- 自动识别系统（AIS）；
- 联合企业区域信息交换系统（CENTRIXS）；
- C4I 监视、目标捕获和侦察（C4ISTAR）；

---

[1] PEO C4I. International C4I Integration Program Office (PMW 740) Overview. 14 OCTOBER 2016.

[2] Simon Smith. AFCEA Luncheon PMW 740. 9 JANUARY 2019.

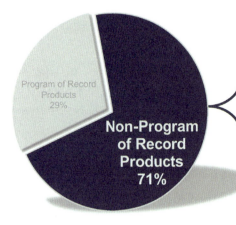

图 12-2 ｜ PMW 740 主要产品和服务一览

- 提升的持续监视系统（EPSS）；
- 高频/甚高频/特高频无线电；
- 海上演习和公告保障（MEAS）；
- 全球定位系统（GPS）；
- 海上监视系统（MSS）。

涉及的服务类型包括：
- 移动维修；
- 退货、维修和重新装运（RRR）；
- 供应保障；
- 技术援助；
- 培训。

PMW 740 与 PEO C4I 各项目办公室保持合作关系，如图 12-3 所示，其中蓝色字体为修改衍生的军售产品。①

---

① Rosa Puig. PMW 740 Overview-International C4I Integration Program Office. NDIA San Diego Fall Forum, October 2022.

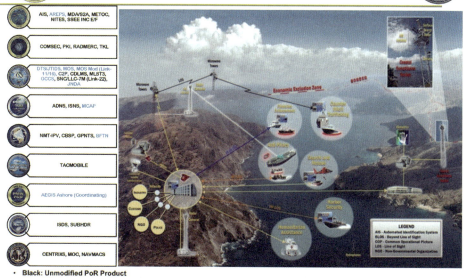

图 12-3 ┃ PMW 740 与各项目办公室之间的合作

12.2 国际项目

PMW 740 采用对外军售（FMS）和其他安全合作流程，通过对集成的 C4I 能力进行采购、集成、测试、培训和保障，促进与盟国和友好国家的互操作性。自 1935 年通过《中立法》加强对武器出口管制以来，美国始终把对外军售作为推进对外战略、争夺与维护全球霸权的重要手段。长期以来，美国一直通过对外军售巩固同盟关系，甚至控制盟友。在当前总体实力相对下降、挑战日趋激烈的情况下，美国更需要通过对外军售等方式提升盟友安全能力、巩固同盟关系，与"更强大的伙伴国一起领导世界"，通过强化发展全球盟友和伙伴国来维护国际秩序。

对外军售是由美国武器出口控制法案授权，是美国国防部负责执行的官方军品销售体系，是美国政府与武器购买国政府之间的官方军贸。武器购买方不直接与美国军工企业联系，而是在武器购买国的委托下，美国国防部作为"中间代理"，负责美国武器、服务和技术的购买和出口。它以防务援助的形式，通过美国和他国政府签订销售协议实现军备出口，美国国务院决定对外军售计划的具体目标国家。此外，美国还公开将对外军售当作调节美军武器库存、推陈换新的渠道，这不仅有助于美国实现政治外交目的，而且能给美国带来巨额军火利润。

PME 740 的全球合作伙伴及项目规模如图 12-4 所示。

截至 2022 年 9 月 27 日，PMW 740 全部项目总价值 28 亿美元，其中全部活跃项目 304 个，总计全球合作伙伴 73 个。

美国政府每年通过对外军售项目向其他国家输出近 430 亿美元的防务装备。对外军售项

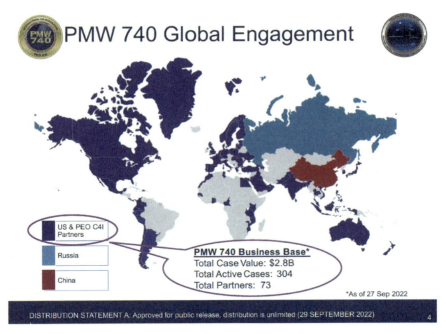

图 12-4 ｜ PME 740 的全球合作伙伴及项目规模

目对美国有重要的意义，包括：①支持美国总统、国防部和国务院的政策利益和目的；②协助盟友伙伴发展和构建特定军事能力；③增强和扩大结盟与伙伴关系；④方便美国进入海外基地，获得空域飞行权及预置战备物资；⑤支持美国的国防工业供应链。

如图 12-5 所示为 PMW 740 的 2007—2018 年对外军售情况。[1]

图 12-5 ｜ PMW 740 的 2007—2018 年对外军售情况

---

[1] Simon Smith. AFCEA Luncheon PMW 740. 9 JANUARY 2019.

国际项目包括安全援助（Security Assistance）和军备合作（Armaments Cooperation）两部分。PMW 740 贯穿了安全援助的全过程，如图 12-6 所示。

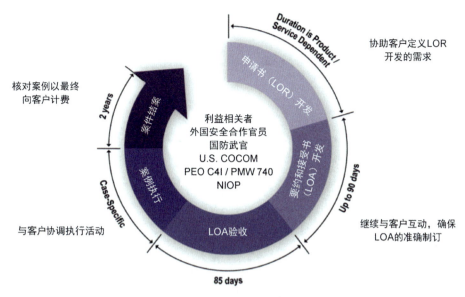

图 12-6 安全援助全过程

12.3 对外军售情况

12.3.1 2023/2024 财年

预计在 2023/2024 财年可能有如下军售合同：
哥斯达黎加：C4ISR 套件。
巴林：中央司令部合作网络（CENTCOM Partner Network，CPN）。
埃及：全国海上监控系统（MSS）。
通信安全（COMSEC）/特殊库存管理保障服务。
中国台湾：舰载通信安装。
沙特阿拉伯：C4ISR 升级及翻新，C4ISR 培训服务。

12.3.2 2021/2022 财年

菲律宾：C4ISTAR（指挥、控制、通信、计算机、情报、监视、跟踪、侦察）平台集成；卫星通信（SATCOM）扩展。
中国台湾：指挥和控制（C2）现代化；下一代海港（Seaport NxG），生命周期保障，舰上设备安装。
摩洛哥：微波网络系统安装和培训。
埃及：全国海上监视系统。
其中，海域感知解决方案如图 12-7 所示。

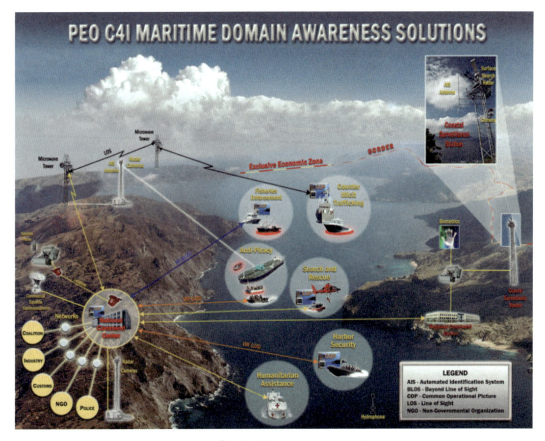

图 12-7 ▎海域感知（MDA）解决方案

12.3.3　2020 财年

对外军售总金额（TOA）：3.3 亿美元。

主要军售产品：战术作战中心（TOC）/移动战术作战中心（MTOC），广域海上监视系统（BAMS），战术辅助地面站（TAGS），C4I 系统等，如图 12-8 所示。①

12.3.4　2019 财年

菲律宾：C4ISTAR 平台集成。

巴哈马：海域感知（MDA）系统。

沙特阿拉伯：联合军种指挥与控制（JSC2）。

摩洛哥：联合全球指挥控制系统（GCCS-J）硬件/软件采购保障、集成/安装/交付保障、专业知识培训。

中国台湾：老化管理（Obsolesce Management），为现有系统实施老化解决方案，以维持当前 SoS 的作战可用性。

日本：宙斯盾作战系统，协助部署陆基宙斯盾，以确保作战互操作性。

---

① Travis Tillman. Naval Information Warfare Center Atlantic Fleet C4I And Readiness Department. 16 June 2021.

- ▼ 我们的工作
  - 为海军航空平台、外国军售和USCG舰艇提供C4I系统的工程、集成和生命周期支持。
- ▼ 主要系统
  - TacMobile战术作战中心/移动战术作战中心（MTOC）
  - 广域海上监视系统-演示(BAMS-D)，战术辅助地面站
  - C4I系统对外军售
  - 美国海岸警卫队舰艇建造和现代化
- ▼ 主要客户
  - PEO C4I PMW 740/750/760
  - NAVAIR PMA 290
  - USCG C5ISC 和 CG-9
  - NAVSEA & PEO

图 12-8 ┃ 2020 财年对外军售情况

12.3.5 2010 财年

对外军售总金额（TOA）：35.1 亿美元。

主要军售国家/地区：中国台湾、沙特阿拉伯、日本、韩国。

主要军售产品：集成 C4I，GCCS-M，CENTRIXS，UHF SATCOM，Mini-DAMA，COMSEC 设备，UHF/VHF 无线电，Link 11/16，海岸监视站，边界监视系统，自动指纹识别系统（AFIS），X 射线检查系统，非入侵式检查系统（NIIE）。

如图 12-9 所示为 2010 财年对外军售情况。

图 12-9 ┃ 2010 财年对外军售情况

附录 1 缩略语

A2/AD	Anti-Access/Area Denial	反介入/区域拒止
AAG	Advanced Arresting Gear	先进阻拦装置
AAW	Anti-air Warfare	防空战
ABCCC	Airborne Command and Control Center	空中指挥控制中心
ABMS	Advanced Battle Management System	先进战斗管理系统
ACAS	Assured Compliance Assessment Solution	有保证的合规评估解决方案
ACC	Advanced Cryptographic Capability	高级加密能力
ACDS	Advanced Combat Direction System	先进作战指挥系统
ACS	Afloat Core Services/ Agile Core Services	海上核心服务/敏捷核心服务
ADAT	Automatic Data Analysis Tool	自动数据分析工具
ADNS	Automated Digital Network System	自动化数字网络系统
ADS-B	Automatic Dependent Surveillance-Broadcast	广播式自动相关监视
ADSI	Air Defense Systems Integrator	防空系统集成器
AdvHDR	Advanced High Data Rate Antenna	先进高数据率天线
AEGIS	Airborne Early-warning Ground Integrated System	宙斯盾
AEHF	Advanced Extremely High Frequency	先进极高频（卫星系统）
AEP	Architecture Evolution Plan	架构演进计划
AES	Advanced Encryption Standard	高级加密标准
AFETR	Air Force Eastern Test Range	空军东部试验场
AFOTEC	Air Force Operational Test & Evaluation Center	空军作战测试和评估司令部
AFRICOM	U.S. Africa Command	美国非洲司令部
AIS	Automatic Identification System	船舶自动识别系统
ALE	Automatic Link Establishment	自动链路建立
ANDVT	Advanced Narrowband Digital Voice Terminal	高级窄带数字语音终端
ARG	Amphibious Readiness Group	两栖戒备群
ASCC	Autonomous System Control Center	自治系统控制中心

（续）

ASN（RD&A）	Assistant Secretary of the Navy Research, Development & Acquisition	研究、开发与采办助理海军部长
ASW	Anti-submarine Warfare	反潜战
ATCS	Amphibious Tactical Communications System	两栖战术通信系统
ATDLS	Advanced Tactical Data Link Systems	先进战术数据链系统
ATIP	Advanced Time Division Multiple Access（TDMA）Interface Processor	高级时分多址接口处理器
AUTODIN	Automated Digital Network	遗留自动数字网络
AWACS	Airborne Warning And Control System	空中预警与控制系统
BFEM	Battle Force Email	作战兵力邮件系统
BFTN	Battle Force Tactical Network	作战兵力战术网络
BGPHES	Battle Group Passive Horizon Extension System	战斗群被动视界扩展系统
BLOS	Beyond Line Of Sight	超视距
BMA	Battle Management Aids	战斗管理辅助
BMD	Ballistic Missile Defense	弹道导弹防御
C/A	Coarse/Acquisition	粗略/采集
C2	Command and Control	指挥和控制
C2AOS	Command and control Air Operations Suit	指挥控制空天作战套件
C2C24	Compile to Combat in 24 Hours	24小时内编译即作战
C2IS	Command and Control Information Service	指挥控制信息服务
C2OIX	Command and Control Official Information eXchange	指挥与控制官方信息交换
C2P	Command & Control Processor	指挥与控制处理器
C3	Command, Control and Communications	指挥、控制和通信
C4I	Command, Control, Communications, Computers and Intelligence	指挥、控制、通信、计算机和情报
C4ISR	Command, Control, Communications, Computers, Intelligence, Surveillance and Reconnaissance	指挥、控制、通信、计算机、情报、监视和侦察
CANES	Consolidated Afloat Networks and Enterprise Service	综合海上网络和企业服务
CAP	Channel Access Protocol	频道访问协议
cATO	Continuous Authorization to Operate	持续运营授权
CBSP	Commercial Broadband Satellite Program	商业宽带卫星项目
CCE	Common Computing Environment	通用计算环境
CCITP	Certified Counter-Insider Threat Professional-Fundamentals	认证反内部威胁专家-基础
CCOP	Cryptologic Carry-on Program	密码便携式项目
CDL	Common Data Link	通用数据链
CDLMS	Common Data Link Management System	通用数据链管理系统
CDLS TR	Communications Data Link System Tech Refresh	通信数据链系统技术更新

(续)

CDMA	Code Division Multiple Access	码分多址
CDR	Critical Design Review	关键设计审查
CDS	Cross-Domain Solutions	跨域解决方案
CEC	Cooperative Engagement Capability	协同交战能力
CENTRIXS-M	Combined Enterprise Regional Information Exchange System-Maritime	海上综合企业区域信息交换系统
CES	Core Enterprise Service	核心企业服务
CG	Guided Missile Cruiser	导弹巡洋舰
CI/CD	Continual Integration / Continual Deployment	持续集成/持续交付
CIK	Crypto Ignition Key	加密点火密钥
CIO	Chief Information Officer	首席信息官
CITC	Counter Insider Threat Capability	内部威胁防护
CJTF	Combined Joint Task Force	联合特遣部队
CNAV	Civil Navigation	民用导航
CND	Computer Network Defense	计算机网络防御
CNO	Chief of Naval Operations	海军作战部长
COCOM	Combatant Command	作战司令部
COI	Community-of-Interest	利益共同体
COMSEC	Communications Security	通信安全
CONOPS	Concept of Operations	作战概念
CONUS	Continental United States	美国大陆
COP	Common Operational Picture	通用作战图像
COTS	Commercial Off-The-Shelf	商用现货
CRPA	Controlled Reception Pattern Antenna	接收模式可控天线
CSBA	Center for Strategic and Budgetary Assessments	美国战略与预算评估中心
CSEL	Combat Survivor Evader Locator	作战幸存者定位
CSG	Carrier Strike Group	航母打击群
CSRR	Common Submarine Radio Room	通用潜艇无线电室
CT	Cipher Text	密文
CVN	Nuclear Powered Aircraft Carrier	核动力航空母舰
CVPA	Cooperative Vulnerability and Penetration Assessment	网络安全合作漏洞和渗透评估
DAGR	Defense Advanced GPS Receiver	国防高级全球定位系统接收器
DAMA	Demand Assigned Multiple Access	动态多址接入
DARPA	Defense Advanced Research Projects Agency	美国国防高级研究计划局

(续)

DBA	Database Administrator	数据库管理员
DCGS	Distributed Common Ground System	分布式通用地面系统
DCGS-N	Distributed Common Ground System-Navy	海军分布式通用地面系统
DCO	Defensive Cyberspace Operations	防御性赛博空间行动
DCS	Defense Communications System	国防通信系统
DDG	Guided-Missile Destroyer	导弹驱逐舰
DevSeeOps	Development, Security, and Operations	开发、安全和运营
DI2E	Defense Intelligence Information Enterprise	国防情报信息体系
DIB	DCGS Integration Backbone	DCGS 集成中枢
DII COE	Defense Information Infrastructure Common Operating Environment	国防信息基础设施公共操作环境
DISA	Defense Information Systems Agency	国防信息系统局
DISN	Defense Information Systems Network	国防信息系统网络
DJC2	Deployable Joint Command and Control	可部署的联合指挥与控制
DLP	Data Link Processor	数据链路处理器
DMO	Distributed Maritime Operations	分布式海上作战
DMR	Digital Modular Radio	数字模块化无线电
DMS	Defense Message System	国防消息系统
DOT&E	Director Of Operational Test & Evaluation	美国国防部作战试验与鉴定处
DSCS	Defense Satellite Communications System	国防卫星通信系统
DSN	Defense Switched Network	国防交换网络
DWTS	Digital Wideband Transmission System	数字宽带传输系统
ECDIS-N	Electronic Chart Display and Information System-Navy	电子海图显示和海军海军信息系统
EDM	Engineering Design Model	工程研制模型
EGI-M	Embedded GPS/INS-Modernization	嵌入式全球定位系统/惯性导航系统现代化
EHF	Extremely High Frequency	极高频
EKMS	Electronic Key Management System	电子密钥管理系统
EMS	Electromagnetic Spectral	电磁频谱
EMUT	Enhanced Man-pack UHF Terminal	增强型背负式特高频终端
EMW	Electromagnetic Maneuver Warfare	电磁机动战
EPCA	Enterprise Piers Connectivity Architecture	企业码头连接架构
EPLRS-DR	Enhanced Position Location Reporting System-Data Radio	增强型定位报告系统—数据无线电
EPM	Electronic Protection Measures	电子保护措施
ESG	Expeditionary Strike Group	远征打击群
ESRP	Environmental Satellite Receiver Processor	环境卫星接收处理器
EW	Electronic Warfare / Electromagnetic Warfare	电子战/电磁战

(续)

FCAPS	Fault Configuration Accounting Performance and Security	故障、配置、会计、核算、性能和安全
FCC	U.S. Fleet Cyber Command	美国海军舰队赛博司令部
FLTSATCOM	Fleet Satellite Communication	舰队卫星通信
FMV	Full Motion Video	全动态视频
FNMOC	Fleet Numerical Meteorology and Oceanography Center	舰队数值气象和海洋中心
FOC	Full Operational Capability	完全作战能力
FORCEnet	U.S. Navy FORCEnet	美国海军部队网
FOT&E	Follow-on Operational Test and Evaluation	后续作战测试和评估
FPGA	Field-Programmable Gate Array	现场可编程门阵列
FRP	Full Rate Production	全速生产
FSBS	Fixed Submarine Broadcast System	固定潜艇广播系统
GBS	Global Broadcast System	全球广播系统
GCCS	Global Command and Control System	全球指挥控制系统
GCCS-J	Global Command and Control System-Joint	联合全球指挥控制系统
GCCS-M	Global Command and Control System-Maritime	海上全球指挥控制系统
GENSER	General Service	常规服务
GEOINT	Geospatial Intelligence	地理空间情报
GIG	Global Information Grid	全球信息栅格
GIS	Geographic Information System	地理信息系统
GNSS	Global Navigation Satellite System	全球导航卫星系统
GOTS	Government off the shelf	政府现货
GPNTS	GPS-Based Positioning, Navigation and Timing Service	基于全球定位系统的定位、导航和授时
GPS	Global Positioning System	全球定位系统
HAIPE	High Assurance Internet Protocol Encryptor	高保证互联网协议加密器
HF	High Frequency	高频
HFIP	High Frequency Internet Protocol	高频互联网协议
HFORCE	High Frequency Over-the-Horizon Robust Communications Enterprise	高频超视距鲁棒通信体系
HFRG	High Frequency Radio Group	高频无线电组
HHR	Hand-Held Radios	手持无线电台
HM&E	Hull, Mechanical and Electrical	船机电
HMMWV	High Mobility Multipurpose Wheeled Vehicle	重型高机动多用途轮式车辆
HPAG	High Power Amplifier Group	高功率放大器组
HS	Hosting Services	托管服务

(续)

HWDDC	Hazardous Weather Detection and Display Capability		灾害天气探测和显示能力
IBS	Integrated Broadcast Service		综合广播的服务
IC	Intelligence Community		情报机构
ICADS	Integrated Communications and Data System		集成通信和数据系统
ICE-Cap	Integrated Communications Extension Capability		综合通信扩展能力
ICOP	Intelligence Carry On Program		情报便携式项目
IFF	Identification Friend or Foe System		敌我识别系统
INE	In-line Network Encryptor		内联网络加密器
INMARSAT	International Maritime Satellite Organization		国际海事卫星组织
INS	Inertial Navigation System		惯性导航系统
IO	Information Operations		信息作战
IOC	Initial Operational Capability		初始作战能力
IR	Infra-Red		红外
ISNS	Integrated Shipboard Network System		集成舰载网络系统
ISR	Intelligence, Surveillance and Reconnaissance		情报、监视与侦察
IW CS	Integrated Waveform Control System		集成波形控制系统
JADOCS	Joint Automated Deep Operations Coordination System		联合自动化深度作战协调系统
JALN-M	Joint Aerial Layer Network Maritime		海上联合空中层网络
JC2	Joint Command and Control		联合指挥与控制
JCS	Joint Chiefs of Staff		参谋长联席会议
JEM	Joint Effects Model		联合效应模型
JFC	Joint Force Commanders		联合部队司令部
JIE	Joint Information Environment		联合信息环境
JMINI CS	Joint (UHF) MILSATCOM Network Integrated Control System		联合军事卫星通信网络集成控制系统
JOPES	Joint Operation Planning and Execution System		联合作战计划和执行系统
JRSS	Joint Area Security Stack		联合区域安全栈
JSIPS-N	Joint Services Imagery Processing System-Navy		联合军种图像处理系统-海军
JTF	Joint Task Force		联合特遣部队
JTIDS	Joint Tactical Information Distribution System		联合战术信息分发系统
JTRS	Joint Tactical Radio System		联合战术无线电系统
JTT	Joint Tactical Terminal		联合战术终端
JWARN	Joint Warning And Reporting Network		联合预警和报告网络
KG	Key Generator		密钥发生器

(续)

KMI	Key Management Infrastructure	密钥管理基础设施
LBS-G	Littoral Battlespace Sensing-Glider	海底滑翔机
LBS-UUV	Littoral Battlespace Sensing-Unmanned Undersea Vehicle	濒海战场感知无人潜航器
LBUCS	Low Band Universal Communications System	低频段通用通信系统
LCAC	Landing Cushion Air Craft	气垫登陆艇
LCS	Launch and Control System	发射和控制系统
LCU	Landing Craft, Utility	通用登陆艇
LEASAT	Leased Satellite	租赁卫星
LEO	Low Earth Orbit	低地球轨道
LF	Low Frequency	低频
LMMT	Link Monitoring and Management Tool	链路监视和管理工具
LMS	Link Management System	链路管理系统
LNS	Legacy Network System	遗留网络系统
LOS	Line Of Sight	视距
LRIP	Low Rate Initial Production	低速初始生产
LTE	Long Term Evolution	远程演进
LVT	Low Volume Terminal	低容量终端
MAGNA	Multi-Platform Anti-Jam Global Positioning System (GPS) Navigation Antenna	多平台抗干扰全球定位系统导航天线
MAGTF	Marine Air-Ground Task Force	海军陆战队空地特遣部队
MASINT	Measurement and Signature Intelligence	测量与特征情报
MASN	Mission Area Sub-Network	任务区域子网
MAT	Mobile Advanced Extremely High Frequency [AEHF] Terminal	移动先进极高频终端
MCEN	Marine Corps Enterprise Network	海军陆战队企业网络
MCEU	M-Code Early Use	M码早期使用
M-Code	Military Code	军用码
MDA	Maritime Domain Awareness	海域感知
MEO	Medium Earth Orbit	中地球轨道
MET	Modernization of Enterprise Terminals	企业终端现代化
METMF(R) NEXGEN	Marine Corps Meteorological Mobile Facility (Replacement) Next Generation	下一代海军陆战队气象移动设备
METOC	Meteorology & Oceanography	气象与海洋学
METOC SPACE	Meteorology and Oceanography Space Systems	气象学与海洋学空间系统

MGUE	Military GPS User Equipment	军用全球定位系统用户设备
MIDS	Multifunctional Information Distribution System	多功能信息分发系统
MILSATCOM	Military Satellite Communications	军事卫星通信
MILSTAR	Military Strategic Tactical Relay	军事战略战术中继（军事星）
MLS	Multi-Level Security	多级安全
MOC	Marine Operation Center	海上作战中心
MTC2	Maritime Tactical Command and Control	海上战术指挥与控制
MTOC	Mobile Tactical Operations Center	移动战术作战中心
MUOS	Mobile User Objective System	移动用户目标系统
NALCOMIS	Naval Aviation Logistics Command/Management Information System	海军航空后勤指挥/管理信息系统
NAMS	Naval Aviation Maintenance System	海军航空维修系统
NAOC2	Navy Air Operations Command and Control	海军空中作战指挥与控制
NAVIFOR	Naval Information Force	海军信息部队
NAVMACS	Naval Modular Automated Communications System	海军模块化自动化通信系统
NAVSEA	Naval Sea Systems Command	海军海上系统司令部
NAVSSI	Navigation Sensor System Interface	导航传感器系统接口
NAVWAR	Navigation Warfare	导航战
NAVWAR	Naval Information Warfare Systems Command	海军信息战系统司令部
NC3 NMHS	Nuclear Command, Control and Communications Navy Modernized Hybrid Solution	核指挥控制和通信-海军现代化混合方案
NCDOC	Navy Cyber Defense Operations Command	海军赛博防御作战司令部
NCES	Net-Centric Enterprise Services	网络中心企业服务
NCSA	Navy's Cyber Situational Awareness	海军赛博态势感知
NCTAMS	Naval Computer & Telecommunications Area Master Station	海军计算机和电信区域主站
NCTS	Naval Computer and Telecommunications Station	海军计算机和电信站
NCW	Network Centric Warfare	网络中心战
NECC	Navy Expeditionary Combat Command	海军远征作战司令部
NESP	Navy Extremely High Frequency (EHF) SATCOM Program	海军极高频卫星通信计划
NGEN	Next Generation Enterprise Networks	下一代企业网络
NIFC-CA	Naval Integrated Fire Control-Counter Air	海军综合火控-防空
NILE	NATO Improved Link Eleven	北约改进型11号数据链
NIPRNET	Non-Secure Internet Protocol Router Network	非密互联网协议路由网络

（续）

NITES	Naval Integrated Tactical Environmental System	海军综合战术环境系统
NIWC	Naval Information Warfare Center	海军信息战中心
NMCI	Navy Marine Corps Internet	海军陆战队内联网
NMT	Navy Multiband Terminal	海军多频段终端
NNE	Naval Networking Environment	海军网络环境
NOBLE	Naval Operational Business Logistics Enterprise	海军作战业务后勤体系
NOC	Network Operations Center	网络操作中心
NoGAPSS	Non GPS Aided PNT for Surface Ships	用于水面舰艇的非全球定位系统辅助定位、导航和授时
NOME	Navy Operational Maintenance Environment	海军作战维修环境
NOSS	Navy Operational Supply System	海军作战供应系统
NSA	National Security Agency	美国国家安全局
NTCDL	Network Tactical Common Data Link	网络战术通用数据链
NTCSS	Naval Tactical Command Support System	海军战术指挥支持系统
NTDS	Naval Tactical Data System	海军战术数据系统
OA	Open Architecture	开放式架构
OCX	Next Generation Operational Control System	下一代操作控制系统
OIS	Oceanographic Information System	海洋信息系统
ONR	Office of Naval Research	海军研究局
OOMA	Optimized-Organizational Maintenance Activity	有组织的优化维护活动
OPNAV	Office of the Chief of Naval Operations	海军作战部长办公室
OPTEVFOR	Operational Test & Evaluation Force	作战测试和评估部队
OSA	Overmatch Software Armory	超越软件武器库
OSD	Office of the Secretary of Defense	国防部长办公室
OSPF	Open Shortest Path First	开放式最短路径优先协议
OTH	Over-The-Horizon	超视距
PAC	Pacific	太平洋
PEO	Program Executive Office	项目执行办公室
PIM	Platform Independent Model	平台独立模型
PKI	Public Key Infrastructure	公钥基础设施
PNT	Positioning, Navigation and Timing	定位、导航和授时
POPS	Primary Ocean Prediction System	初级海洋预报系统
POR	Program of Record	记录项目
PPLI	Precise Participant Location and Identification	参与者精确定位与识别

(续)

PPS	Precise Positioning Service		精确定位服务
QoS	Quality of Service		服务质量
RAVEN	Readiness Analytics and Visualization Environment		海军的战备分析和可视化环境
RDT&E	Research, Development, Test & Evaluation		研究、开发、测试和评估
RF	Radio Frequency		射频
RFI	Request for Information		信息请求书
RSCD	Remote Sensing Capability Development		远程感知能力开发
RTSO	Real Time Spectrum Operations		实时频谱作战
SA/AS	Selective Availability Anti-spoofing Module		选择可用性和反欺骗
SAMS	Submarine Antenna Modifications and Sustainment		潜艇天线改装和维护
SATCOM	Satellite Communications		卫星通信
SCAP CEP	Strategic Communications Continuing Assessment Program-Continuing Evaluation Program		战略通信持续评估计划-持续评估项目
SCB	Submarine Communications Buoy		潜艇通信浮标
SCI	Sensitive Compartmented Information		敏感隔离信息
SHF	Super High Frequency		超高频
SIGINT	Signal Intelligence		信号情报
SINCGARS	Single Channel Ground and Airborne Radio System		单通道地面和机载无线电系统
SIPRNET	Secret Internet Protocol Router Network		保密互联网协议路由网络
SKL	Simple Key Loader		简单密钥加载器
SLEP	Service Life Extension Program		服役寿命延长计划
SNAP	Shipboard Non-Tactical ADP Program		舰载非战术自动数据处理程序
SNC	System Network Controller		系统网控器
SNR	Sub-Net Relay		子网中继
SOPS	Space Operations Squadron		美国空军太空作战中队
SPAWAR	Space and Naval Warfare Systems Command		空间与海战系统司令部
SSBN	Strategic Submarine Ballistic Nuclear		弹道导弹核潜艇
SSC	Space Systems Command		太空系统司令部
SSC	Ship Shore Connector		岸舰连接器
SSCS	Shore to Ship Communications Systems		岸舰通信系统
SSDS	Ship Self Defense System		舰艇自防御系统
SSEE	Ship's Signal Exploitation Equipment		舰船信号利用设备
STACC	Shore Tactical Assured Command and Control		岸基战术保证指挥与控制
SubLAN	Submarine Local Area Network		潜艇局域网

(续)

SUBOPAUTH	Submarine Operating Authority	潜艇作战授权
SURTASS	Surveillance Towed Array Sensor System	拖曳式阵列监视传感器系统
TACAMO	Take Charge and Move Out	"塔卡木"地面移动通信系统
TADIL	Tactical Digital Information Link	战术数字信息链
TBA	Towed Buoy Antenna	拖曳浮标天线
TBMCS	Theater Battle Management Core Systems	战区作战管理核心系统
TCPED	Tasking, Collection, Processing, Exploitation and Dissemination	任务分配、收集、处理、开发和传播
TDL	Tactical Data Link	战术数据链
TDMA	Time Division Multiple Access	时分多址
TDS	Tactical Data System	战术数据系统
TES-N	Tactical Exploit System-Naval	海军战术开发系统
TGRS	The Global Broadcast Service (GBS) Transportable Ground Receive Suite	可移动地面接收套件
TIBS	Tactical Information Broadcast Service	战术信息广播业务
TKL	Tactical Key Loader	战术密钥加载器
TRANSEC	Transmission Security	传输安全
TSAT	Transformational Satellite	转型卫星通信系统
TSCE	Total Ship Computing Environment	全舰计算环境
TT&C	Telemetry, Tracking and Commanding	遥测、跟踪和指挥
TTNT	Tactical Targeting Network Technology	战术目标网络技术
TV-DTS	Television Director To Sailors	舰员电视导播器
TVS	Tactical Variant Switch	战术变体开关
U2B	User to base station	用户到基地
UAC2	Undersea Assured Command and Control	海底保障指挥控制
UFO	UHF follow-on	特高频后继（卫星通信系统）
UHF	Ultra High Frequency	特高频
ULV	Unit Level Variant	单元级变体
USCG	United States Coast Guard	美国海岸警卫队
USD (AT&L)	Under Secretary of Defense for Acquisition, Technology, and Logistics	国防部采办、技术与后勤副部长
USN	United States Navy	美国海军
USSF	United States Space Force	美国太空军
UTC	Coordinated Universal Time	标准世界时

(续)

VACM	View-based Access Control Model	基于视图的访问控制
VHF	Very High Frequency	甚高频
VIXS	Video Information Exchange System	视频信息交换系统
VLF	Very Low Frequency	甚低频
VoIP	Voice over Internet Protocol	互联网语音协议
VPM	Virginia Payload Module	弗吉尼亚有效载荷模块
VRAM	Vulnerability Repair Asset Manager	漏洞修复资产管理器
VSE	Virtual Secure Enclave	虚拟安全飞地
VTC	Video Teleconference	视频电话会议
WAMS	Broadband Anti-jamming Modem System	宽带抗干扰调制解调系统
WCDMA	Wideband Code Division Multiple Access	宽带码分多址
WGS	Wideband Global SATCOM	宽带全球卫星通信系统
WWMCCS	Worldwide Military Command and Control System	全球军事指挥和控制系统
XDR	Extended Data Rate	扩展数据速率
XENG	Transition Engineering	过渡工程